König David –
biblische Schlüsselfigur und
europäische Leitgestalt

Walter Dietrich / Hubert Herkommer (Hrsg.)

König David –
biblische Schlüsselfigur und
europäische Leitgestalt

19. Kolloquium (2000) der
Schweizerischen Akademie der Geistes- und Sozialwissenschaften

Universitätsverlag Freiburg Schweiz
W. Kohlhammer Verlag GmbH, Stuttgart

Bibliografische Information Der Deutschen Bibliothek

Die Deutsche Bibliothek verzeichnet diese Publikation in der Deutschen Nationalbibliografie; detaillierte bibliografische Daten sind im Internet über http://dnb.ddb.de abrufbar.

© 2003 by Universitätsverlag Freiburg Schweiz
W. Kohlhammer Verlag GmbH, Stuttgart
Herstellung: Paulusdruckerei Freiburg Schweiz

ISBN 3-7278-1374-1 (Universitätsverlag)
ISBN 3-17-017639-0 (Kohlhammer)
ISSN 1422-4364 (Reihe: Kolloq. Schweiz. Akad. Geistes-Soz.wiss.)

Vorwort

Kaum eine andere historische Gestalt hat sich dem Gedächtnis der Menschheit so tief eingeprägt wie König David. Vor rund dreitausend Jahren hat er in Israel den Grund zur Staatenbildung gelegt. In der Folge formten die Schriften der Hebräischen Bibel seine Gestalt aus. Drei Weltreligionen haben das geistige Fluidum dieser facettenreichen Persönlichkeit in ihren Erinnerungskulturen lebendig gehalten und brachten in weiten Bereichen der Geistes- und Kulturgeschichte Europas immer neue, faszinierende Bilder von Davids Leben und Taten hervor. So hinterliess der biblische König in Staat und Gesellschaft, in Literatur, Kunst und Musik des gesamten europäischen Kulturraums und weit darüber hinaus unauslöschliche Spuren.

Wer einem solchen einzigartigen Phänomen auch nur annähernd gerecht werden will, muss sich der Sichtweisen und Ergebnisse einer Vielzahl wissenschaftlicher Disziplinen bedienen, die im universitären Alltag allzu häufig getrennt nebeneinander herlaufen. David erzwingt die Zusammenschau. Sie kann nur gelingen, wenn die Judaistik, die christliche Theologie und die Islamwissenschaft mit der Geschichtswissenschaft, der Byzantinistik, der Kunst- und Musikgeschichte und der vergleichenden Literaturwissenschaft das Gespräch aufnehmen – um nur die wichtigsten Fachgebiete zu nennen. Sie alle vermögen Entscheidendes zur Einsicht in die schillernde Vielfalt des Untersuchungsgegenstandes beizutragen. Dadurch wirken sie mit an der Vergegenwärtigung der Vergangenheit, ohne die das Wissen um die geschichtlichen Wurzeln unserer Kultur verloren ginge und Perspektiven für eine gemeinsame humane Zukunft nicht zu gewinnen wären.

Inter- und transdisziplinäre Begegnungen kommen jedoch nicht von alleine zustande. Sie bedürfen in aller Regel eines entschlossenen Organisators. Er stand unserem Projekt zur Verfügung in Gestalt der Schweizerischen Akademie der Geistes- und Sozialwissenschaften (SAGW) und ihres zupackenden Generalsekretärs Beat Sitter-Liver, der von seiner Mitarbeiterin Annemarie Hofer-Weyeneth tatkräftig und liebenswürdig unterstützt wurde. Beat Sitter-Liver ist es ganz wesentlich zu verdanken, dass die Akademie ihr 19. Jahreskolloquium König David widmete. So fanden sich im Herbst 2000 in der idyllischen Abgeschiedenheit des bernischen Gerzensee rund dreissig Personen zusammen, die sich alle durch eine besondere Affinität zum Davidthema auszeichneten und ihre theologisch-geisteswissenschaftlichen Herkunftsdisziplinen in Vortrag und Diskussion dem interdisziplinären Gespräch und Gedankenaustausch öffneten. Es traf sich gut, dass das Berner Mittelalter-Zentrum im darauffolgenden Wintersemester seine öffentliche Ringvorlesung ebenfalls König David widmete. Einige der dort gehaltenen Vorträge sind hier den Symposiumsakten von Gerzensee hinzugefügt worden.

Bei der Veröffentlichung dieses umfangreichen Bandes waren die beiden Herausgeber auf kompetente Unterstützung angewiesen. Für ihre intensive Mithilfe bei der Lektorierung eines grossen Teils der Manuskripte sei Danielle Herkommer-Jaurant herzlich gedankt. Ihr waren auch die Übersetzungen der Zusammenfassungen ins Französische anvertraut, während die englischen Versionen in der Verantwortung von Margun Welskopf und Steven L. McKenzie lagen. Dem Übersetzerteam sind wir zu grossem Dank verpflichtet. Natalie Aebischer hat sämtliche Beiträge formatiert und Korrekturen eingearbeitet, Manuel Dubach hat beim Lektorat und bei der Erstellung der Register mitgeholfen. Auch ihnen beiden sei herzlich gedankt. Für die sorgfältige Betreuung des Bandes – der zugleich beim Kohlhammer Verlag in Stuttgart erscheint – gilt dem Freiburger Universitätsverlag unser besonderer Dank.

Am Fest des «heiligen David, König und Prophet» *Walter Dietrich*
Bern, den 29. Dezember 2002 *Hubert Herkommer*

INHALT

Vorwort   V

David im Alten Testament

König David – biblisches Bild eines Herrschers
im altorientalischen Kontext
   Walter Dietrich, Bern   3

David's Enemies
   Steven L. McKenzie, Memphis   33

David und die Liebe
   Thomas Naumann, Siegen   51

Viele Bilder – ein Text. Anmerkungen zur Logik der selektiven
Rezeption biblischer Texte anhand der Story vom Sieg Davids
über Goliat
   Stefan Ark Nitsche, München   85

David und Goliat. Eine psychoanalytische Interpretation
   Hans-Jürgen Dallmeyer, Göttingen   121

David als Psalmsänger in der Bibel. Entstehung einer Symbolfigur
   Klaus Seybold, Basel   145

David der Hirt. Vom «Aufstieg» eines literarischen Topos
   Regine Hunziker-Rodewald, Bern   165

David redivivus. Die Hoffnungen auf einen neuen David
in der Spätzeit des Alten Testaments
   Ernst-Joachim Waschke, Halle   179

David im Judentum

David im antiken Judentum
   Clemens Thoma, Luzern   213

Streben nach Sündlosigkeit als Mangel – Sündenverstricktheit als
Vorzug eines Herrschers. Gedanken zur Talmudstelle bJoma 22b
   Johannes Klein, Fagaras   229

Gestalt, Symbol und Chiffre. David in der Kabbalah
   R.J. Zwi Werblowsky, Jerusalem   239

Das Ende der David-Tradition. Jakob Frank und die Französische
Revolution
   Manfred Voigts, Berlin   249

David im Islam

David im Koran und in der islamischen Traditionsliteratur
   Simone Rosenkranz Verhelst, Luzern   283

König und Prophet. Zum Davidbild in islamischen Quellen
   Johann Christoph Bürgel, Bern   301

David im Christentum

Von David zu Christus
   Martin Karrer, Wuppertal   327

David – Christus – Basileus. Erwartungen an eine Herrschergestalt
   Claudia Ludwig, Berlin   367

Typus Christi – Typus Regis. David als politische Legitimationsfigur
   Hubert Herkommer, Bern   383

David und Saul in Staats- und Widerstandslehren der Frühen Neuzeit
Hans-Dieter Metzger, Halle 437

David in der Kunstgeschichte

David Rex et Propheta. Seine Bedeutung in der mittelalterlichen Kunst
Dorothee Eggenberger, Zürich 487

Sichtweisen des Mittelalters. König David im Bilderzyklus eines Bamberger Psalmenkommentars aus dem 12. Jahrhundert
Michael Stolz, Basel 497

«histrio fit David ...» – König Davids Tanz vor der Bundeslade
Julia Zimmermann, Berlin 531

David in der Musikgeschichte

David als «Musiktherapeut». Über die musikalischen Heilmittel Klang – Dynamik – Rhythmus – Form
Dagmar Hoffmann-Axthelm, Basel 565

König David und die Macht der Musik. Gedanken zur musikalischen Semantik zwischen Tod, Trauer und Trost
Therese Bruggisser-Lanker, Thun 589

Die David-Psalmen in der Musikgeschichte
Rüdiger Bartelmus, Kiel 631

König David als Typus Christi in der «Ordnung Melchisedeks». Musikologische und theologische Bemerkungen zu Antonio Vivaldis Dixit Dominus (Ps 110 bzw. Ps 109, Vulgata)
Jochen Arnold, Reutlingen 661

Die Vielzahl der Attribute des musizierenden und «springenden» David
Walter Salmen, Innsbruck / Kirchzarten 687

David im Musiktheater des 20. Jahrhunderts. Bemerkungen zu Werken von Carl Nielsen, Arthur Honegger, Kurt Weill und Darius Milhaud
Ernst Lichtenhahn, Zürich 731

David in der Literaturgeschichte

David im englischen Drama
   Balz Engler, Basel   761

David et Batsheba dans la littérature française. Sens spirituel et littérature d'imagination
   Olivier Millet, Basel / Philippe de Robert, Strasbourg   777

«König David, der liebliche Poet.» Die Konkurrenz zwischen Antike und Christentum im deutschen Barock
   Joachim Dyck, Oldenburg   795

Stefan Heym – Der König David Bericht
   Peter Rusterholz, Bern   809

Grundfragen und Grundlinien der David-Rezeption. Eine Nachlese
   Walter Dietrich in Zusammenarbeit mit Regine Hunziker-Rodewald und Johannes Klein   831

Register

I. Personen, Orte und Werke   843
II. Sachbegriffe   852

David im Alten Testament

König David –
biblisches Bild eines Herrschers
im altorientalischen Kontext

WALTER DIETRICH

Zusammenfassung:

Die Bibel bietet keinen Geschichtsreport über David, sondern entwirft Bilder von ihm. Deren Konturen mögen, namentlich in den Samuelbüchern, z.T. auf zeitgenössische Erinnerungen oder Quellen zurückgehen; die Farben aber stammen aus der Vorstellungswelt der Erzähler und spiegeln deren Überzeugungen. In Israels Umwelt gab es über die Jahrtausende gleichbleibende Vorstellungen davon, was einen guten Herrscher ausmacht: überdurchschnittliche persönliche Fähigkeiten, klare Legitimation zur Herrschaft, aussergewöhnliche Erfolge im Innern wie nach Aussen und unmittelbare Nähe zur göttlichen Welt. Eben diese Farben weist auch das biblische Davidbild auf. Doch mischen sich dahinein ganz unerwartete Töne: David hat Schwächen, seine Legitimation ist fragwürdig, er erleidet Fehlschläge im Innern wie gegen Aussen, er erlebt mit seinem Gott teils böse Überraschungen. Eben diese besondere Farbmischung macht den eigentümlichen Reiz des facettenreichen biblischen Davidbildes aus.

Résumé:

L'histoire biblique de David n'est pas un simple compte rendu. Elle brosse des tableaux de son personnage. Si les contours de ces tableaux peuvent être inspirés de sources ou de réminiscences contemporaines, notamment dans les livres de Samuel, leurs couleurs puisent dans l'imaginaire des narrateurs et reflètent leurs propres convictions. Dans l'entourage d'Israël, l'idée qu'on se faisait d'un bon souverain est restée la même des siècles durant: il devait se distinguer par ses qualités personnelles, par la légitimité évidente de son pouvoir, par des succès exceptionnels tant en politique intérieure qu'en politique extérieure et par des rapports privilégiés avec le monde divin. Ces couleurs se retrouvent dans le personnage de David; mais des nuances inattendues s'y mêlent: David a des faiblesses, sa légitimation est douteuse, il subit des revers en politique intérieure comme en politique extérieure, et son Dieu lui fait parfois de mauvaises surprises. C'est cette palette aux tons multiples qui donne tout son attrait à la figure biblique.

Abstract:

The Bible sketches pictures of David rather than offering a historical report about him. The contours of these sketches may sometimes go back to contemporary memories or sources, as partially in the books of Samuel, but their colors stem from the conceptual world of the narrator, whose convictions they reflect. In Israel's environment there were consistent ideas over the millennia about what comprised a good ruler: better than average personal qualities, clear legitimation of rule, exceptional success both inside and outside of the realm, and direct proximity to the divine world. The biblical picture of David exhibits just these colors. Nevertheless, there are some unexpected tones mixed in: David has weaknesses; his legitimation is questionable; he suffers failures within as well as on the outside of his kingdom; he experiences some unpleasant surprises from his God. It is precisely this special mixture of colors that comprises the particular appeal of the manifold Biblical picture of David.

Stichwörter:

David; Herrschaftslegitimierung; Gewalt/Gewaltüberwindung; Gott und König; Frömmigkeit; Königtum; Alter Orient

Über keine Herrscherpersönlichkeit des Alten Orients werden wir derart ausführlich und detailliert unterrichtet wie über David. Freilich ist es – mit einer einzigen, eher marginalen Ausnahme[1] – allein die Bibel, die uns über diesen Gründerkönig Israels informiert: dies dafür aber umso vielstimmiger und umfassender. Der Eigenart der Bibel als eines langsam gewachsenen und vielschichtig redigierten Korpus' von Schriften ist es zuzuschreiben, dass nur sehr wenige Zeugnisse als zeitgenössisch mit dem David des 10. Jahrhunderts v.u.Z. gelten können. Durch die Jahrhunderte hindurch hat man sich mit David immer aufs neue auseinandergesetzt, seinem Bild immer weitere Züge hinzugefügt, so dass er jetzt als eine für die Antike unvergleichlich farben- und facettenreiche Gestalt vor uns steht: als Kultstifter und Mäzen in der Chronik, als Beter in den Psalmen, als Vorbild in den Geschichts- und Prophetenbüchern – und schon in den Samuelbüchern, der relativ ältesten Quelle unseres Wissens von David, als äusserst lebensvolle, vielseitige Persönlichkeit.

Man könnte sagen, die Samuelbücher und dann die Bibel als ganze zeichneten in der Gestalt Davids ein idealtypisches Herrscherbild.[2]

Vor, neben und nach David gab es freilich noch viele andere Könige im Alten Orient, denen die Mit- und Nachwelt – und mit Vorliebe auch sie selbst – herausragende Herrschertugenden zuschrieben. Ihnen wollen wir uns zunächst zuwenden, um ein Bild idealer Herrschaft im syrisch-mesopotamischen Kulturraum zu gewinnen, das dann mit dem biblischen Bild Davids zu vergleichen sein wird.

Das in Frage kommende Quellenmaterial ist immens.[3] Wir konzentrieren uns auf solche Texte, die ein erkennbares Interesse am Persönlichkeitsbild der jeweiligen Herrscher (nicht so sehr an ihren einzelnen Taten) zeigen, also auf Texte vorwiegend (auto-)biographischer Natur. Solche gibt es von Königen vom 3. bis tief ins 1. Jahrtausend v.u.Z.[4] Wir beziehen uns auf die folgenden: Sargon von Akkade (23. Jh.), Schulgi von Ur (21. Jh.), Lipiteschtar von Isin (20. Jh.), Idrimi von Alalah (15. Jh.), den Hethiter Hattuschili III. (13. Jh.), Salomo von Juda und Israel (10. Jh.), Kilamuwa von Sam'al, Mescha von Moab, den Danunäer Azitawadda (alle 9. Jh.), Zakkur von Hamat und Panammu von Sam'al (beide 8. Jh.), schliesslich Asarhaddon von Assyrien (7. Jh.) und Kyros von Persien (6. Jh.).

1. Das Herrscherbild des Alten Orients

Stellt man die Beschreibungen der genannten Könige nebeneinander, so ergeben sich Koinzidenzen hauptsächlich in fünf Bereichen: Grosse – und auch kleinere! – Herrscher sind offenbar ausgezeichnet durch (1) bestimmte persönliche Vorzüge, (2) eine klare Legitimation zur Ausübung der Herrschaft, (3) aussergewöhnliche militärische und aussenpolitische Erfolge, (4) hervorragende Leistungen für den inneren Frieden und die Wohlfahrt des eigenen Landes und (5) eine besondere, Segen wirkende Nähe zur Sphäre des Göttlichen.[5]

1.1 Persönliche Vorzüge

Wenn altorientalische Künstler Könige in Stein meisselten, dann in hoheitlich-kraftvoller Gebärde, mit ebenmässig-edlen Gesichtszügen und einem gepflegt-vornehmen Äusseren.[6] Bis heute strahlen ihre Statuen eine eigentümliche Würde aus, beeindrucken die Jagd-, Kampf- und Siegesszenen, in denen die Könige mit Vorliebe gezeigt werden. Dieses Bild vom Herrscher wird in Worte gefasst in einem mesopotamischen «Mythos von der Erschaffung des Menschen und des Königs».[7] Da fordert der Hochgott Ea, nachdem die Normalsterblichen geschaffen sind, die Göttin «Bēlet-ilī, die Herrin der grossen Götter», auf: «Bilde nun den König, den überlegend-entscheidenden Menschen! Mit Gutem umhülle seine ganze Gestalt, gestalte seine Züge harmonisch, mach schön seinen Leib!»[8] Und so geschieht es.[9] Nach altorientalischer Königsideologie verkörpert der Herrscher menschliche Vollkommenheit. Er ist schön, stark, tapfer, tüchtig, klug und weise.

Es ist also nicht Eitelkeit, sondern pure Konvention, die Lipiteschtar sagen lässt, er sei «der Held mit dem leuchtenden Blick, der Erste, der die Wurfgeschosse schleudert, der (im Kampfe) brüllt, Lipit[e]schtar, Enlils Sohn».[10] Derselbe Herrscher wird ein andermal besungen als «König, der sehr grossen Rat (besitzt), Ratgeber, der beim Worte nicht ermüdet, Weiser, der die Entscheidungen trifft, das Volk recht leitet, (der) weiten Verstand (besitzt), der alles grossartig weiss».[11]

«Weisheit» ist eine wichtige Facette des orientalischen Königsbildes. Besonders stark in Erscheinung tritt sie beim biblischen Salomo, der bei seinem Herrschaftsantritt Gott um Weisheit bittet und gleich anschliessend, durch das berühmte ‹Salomonische Urteil›, das Erfülltsein dieser Bitte demonstrieren kann.[12] Ganz ausnahmsweise kann auch einmal die musische Begabung eines Königs hervorgehoben werden. Schulgi sagt von sich: «I, Šulgi, the king of Ur, [d]edicated myself also to music, [n]othing related to it was too complex for me!»[13]

1.2 Legitimität der Herrschaft

Wer die Herrschaft innehat, hat die Macht des Faktischen für sich. Doch Macht ist nichts Unverlierbares und Unbestreitbares. Sie will gesichert und erhalten sein: und zwar nicht nur mit machtpolitischen, sondern auch mit geistigen Mitteln. So gut wie alle Herrscher des Alten Orients bemühen sich, die Faktizität ihrer Herrschaft mit der Aura der Legitimität zu umgeben. Sie bzw. ihre Beauftragten bewegen sich dabei hauptsächlich auf zwei Argumentationslinien: der dynastischen und der plebiszitären.

Relativ einfach scheint die Sachlage bei Herrschern zu sein, die aus königlichem Geschlecht stammen. Sie betonen gern, dass schon ihr Vater auf dem Thron gesessen habe und sie ihm darin nachgefolgt seien.[14] Doch das dynastische Prinzip sichert nicht vor Ungemach. Es können mehrere Prinzen um das Erbe des Vaters streiten. Zumal, wenn dabei nicht der Älteste gesiegt hat, besteht Legitimationsbedarf.

Fast trotzig erklären manche Könige, sie hätten ältere Brüder gehabt oder seien überhaupt die Jüngsten in der Geschwisterreihe gewesen.[15] Salomo war nicht der Jüngste, aber doch erst der Zehnte;[16] die ersten drei Davidsöhne schieden vorzeitig aus dem Leben, dem Vierten, Adonija, nahm Salomo zuerst die Thronnachfolge und dann das Leben.[17] Abgrenzung und gewaltsames Vorgehen gegen um die Macht konkurrierende Brüder ist ein häufig wiederkehrendes Motiv in den Königsberichten. Kilamuwa von Sam'al fühlt sich zu einer Serie von Negativurteilen über seine Vorgänger, darunter seinen Vater und seinen Bruder, bemüssigt, um demgegenüber seine eigene grosse Tüchtigkeit hervorzuheben.[18] Idrimi schildert, wie er mit der gesamten königlichen Familie habe ins Exil fliehen müssen, sich aber, anders als seine (älteren) Brüder, mit dem vergleichsweise ruhigen Leben dort nicht habe abfinden wollen und sich daraufhin unter schweren Entbehrungen und Gefahren den Weg zum Thron freigekämpft habe.[19] Besonders ausführlich berichtet Asarhaddon über seinen Weg an die Macht: Sein Vater, König Sanherib, habe ihn den älteren Brüdern als Kronprinzen vorgezogen. Als diese sich mit Intrigen gegen ihn und schliesslich mit der Ermordung des Vaters[20] revanchierten, habe er sein Leben durch Rückzug an einen geheimen Ort fern der Hauptstadt retten müssen. Von dort aus habe er dann in einem Blitzkrieg Ninive zurückerobert, die unbotmässigen Brüder verjagt und ihre Parteigänger bestraft.[21] Derselbe Asarhaddon teilte später, um ähnliche Kämpfe um seine eigene Nachfolge zu vermeiden, die Herrschaft über Assyrien und Babylonien zwischen seinen Söhnen Assurbanipal und Šamaš-šum-ukīn auf, was diese aber nicht davon abhielt, gegeneinander einen erbitterten Bruderkrieg zu führen.[22]

Es liegt auf der Hand, dass der Drang zur Selbstlegitimierung noch zunimmt, wenn ein Herrscher sich nicht als Spross der regierenden Dynastie ausweisen kann, sondern als Usurpator mit dem Ruch der irregulären Thronfolge zu kämpfen hat. Solchen Königen ist es wichtig, ihren Aufstieg als möglichst unwiderstehlich, etwa vorhandene Widerstände als geringfügig, ihre Gegner als unfähig, ihre Förderer und Anhänger dagegen als machtvoll und zahlreich darzustellen.

Sargon der Grosse, der Gründer der Dynastie von Akkade, war ein Mann von offenbar unklarer Herkunft. Der Legende nach ist er nicht in der Hauptstadt geboren, sondern dorthin euphratabwärts in einem Schilfkörbchen gelangt, in dem ihn die Mutter aussetzte;[23] ein Bewässerungsaufseher barg ihn aus dem Fluss, zog ihn auf und beschäftigte ihn als Gärtner. Inschriften schildern ihn als einen Mann, der «zur Macht aufstieg und dabei weder Rivalen noch Opponenten hatte»; oder, ins Religiöse gewendet: «Enlil liess nicht zu, dass Sargon irgend jemand entgegentrat». Ähnlich fromm sagt viel später ein aramäischer Kleinkönig von sich: «Ich bin Zakkur, der König von Hamath und Luʿasch. Ein einfacher Mann war ich, aber Beʿelschemayn [berief] [mich] und stand mir bei. Und Beʿelschema[yn] machte mich zum König».[24] Die Könige syrischer Kleinstaaten des 1. Jahrtausends beriefen sich auf die Unterstützung durch die Könige des neuassyrischen Grossreichs; sie auf der eigenen Seite zu haben, war mindestens genauso wirksam wie die Hilfe von Göttern.[25] Kyros von Persien schliesslich, nicht eben der geborene Herrscher von Babylon, liess seine Machtübernahme dort angelegentlich begründen mit den Missetaten des letzten angestammten Babylonierkönigs Nabonid; dieser habe die heimischen Götter und Kulte missachtet und die Untertanen schamlos ausgebeutet, weshalb sein eigener Herrschaftsantritt im Himmel wie auf Erden freudig begrüsst worden sei: Der babylonische Staatsgott «Marduk, der grosse Herr, der seine Leute pflegt, blickte freudig auf seine [Kyros'] gute Taten und sein gerechtes Herz. ... Die Einwohner von Babel, das ganze Land Sumer und Akkad, Fürsten und Statthalter knieten vor ihm nieder, küssten seine Füsse, freuten sich über seine Königsherrschaft, es leuchtete ihr Antlitz.»[26]

1.3 Erfolge gegen Aussen

Zum Bild eines Herrschers im Alten Orient gehören unabdingbar militärische und aussenpolitische Erfolge. Beispiele dafür begegnen überall, in einschlägigen Texten wie in bildlichen Darstellungen. Könige werden gern als starke Krieger oder beim Entgegennehmen der Tribute unterworfener Feinde porträtiert. Der Assyrer Sanherib hat seinen neuen Palast in Ninive mit einem gewaltigen Reliefband schmücken lassen, das die Belagerung und Eroberung der judäischen Stadt Lachisch im Jahr 701 v.u.Z. zeigt. Manche Herrscher haben den Weg zum Thron als Generäle angetreten,[27] manche sind das zeitlebens geblieben oder haben andere Generäle für sich Krieg führen lassen. Die Annalen und Inschriften der besonders kriegerischen neuassyrischen Könige handeln in fast ermüdender Eintönigkeit von immer neuen Kriegen und Siegen,[28] von Eroberungen, Verwüstungen, Hinrichtungen und Verschleppungen, so dass bei der Lektüre fast das konkrete Empfinden für die in solchen Nachrichten sich verbergenden Schicksale von Menschen und Völkern abhanden kommen könnte.[29] Zumindest in ihrem Selbstbild stehen den assyrischen die Herrscher anderer Länder nur wenig nach. Grosskönige wie kleine Provinzkönige rühmen sich ihrer grossen Taten als erfolgreiche Feldherren.[30]

Hat denn, so fragt man sich, in damaligen Zeiten das Kriegsglück nie die Seiten gewechselt? Vermutlich schon, doch erfahren wir darüber aus den Königsbiographien extrem wenig. Kaum einmal findet sich eine Andeutung, dass eigentlich der Gegner überlegen und der eigene Sieg nicht von vornherein eine ausgemachte Sache war.[31] Nur selten kommt die Möglichkeit in den Blick, Aussenpolitik auch mit anderen als kriegerischen Mitteln zu betreiben: durch Verträge[32] etwa oder durch Heiraten.[33]

1.4 Erfolge im Innern

Was wäre ein König, der nicht seinem eigenen Volk zu Glück und Gedeihen verholfen hätte (oder dies zumindest von sich behauptete)? Das Augenmerk altorientalischer Herrscher galt dementsprechend nicht zuletzt der Wirtschaft und Verwaltung ihres Landes.

Sargon scheint im 23. Jahrhundert den ersten Zentralstaat Mesopotamiens errichtet zu haben. Die Kontrolle eines ungewöhnlich ausgedehnten Territoriums und dessen zentrale Verwaltung machten es möglich, Agrarprodukte aus den euphrataufwärts gelegenen Regenbaugebieten und den flussabwärts gelegenen Bewässerungskulturen in Akkade zusammenzuführen und dort Reichtum zu akkumulieren.[34] Auch der sprichwörtliche Reichtum Salomos (der nicht gar so gross gewesen sein wird, wie die Bibel gern möchte) kam nicht von ungefähr. Ausser der Kabinettsliste seiner Jerusalemer Zentralregierung ist eine Liste seiner israelitischen Provinzgouverneure bekannt,[35] die für die Versorgung des Hofes (faktisch die Erhebung von Naturalsteuern) sowie für die Organisation staatlicher Fronarbeit verantwortlich gewesen zu sein scheinen.[36] Mit diesen Mitteln konnte Salomo Grossbauvorhaben in der Hauptstadt und verschiedenen Festungs- und Vorratsstädten durchführen lassen, was wiederum der Stabilität und Effizienz seines Regimes diente.[37] Überhaupt scheint öffentliche Bautätigkeit als Qualitätsausweis erfolgreicher Herrschaft gegolten zu haben. Jeder König, der auf sich hält, meldet den Neubau oder Ausbau zahlreicher und bedeutsamer Zentren.[38]

Doch der Mensch lebt nicht vom Brot allein. Eine gute Regentschaft kennzeichnet nicht nur Wohlstand, sondern auch Gerechtigkeit. An Schulgi werden nebeneinander die Verdienste um die Ökonomie und um den inneren Frieden in seinem Land hervorgehoben. «Damit er die Gerste-Häuser des Landes mit Gerste fülle, damit er in den Vorratshäusern des Landes die Waren zahlreich mache ... damit er die Gerechtigkeit kein Ende finden lasse, damit er das Böse ... im Tiefsee-Ozean festhalte, damit einer den anderen nicht zum Mietling mache, hat Schulgi ... auf dem leuchtenden Thron Platz genommen».[39] Einen sozialpolitischen Akzent setzt auch Idrimi: «Bewohner, die in meinem Land bereits eine Wohnstätte hatten, liess ich besser wohnen; die aber keine Wohnstätte hatten, denen gab ich eine. Ich ordnete mein Land».[40] Salomo wiederum sorgte nach dem Zeugnis der Bibel für gerechtes Gericht und bewirkte, dass ganz Juda und Israel sicher und in Wohlstand lebten, «jeder unter seinem Weinstock und unter seinem Feigenbaum».[41] Bevor Panammu von Sam'al die Herrschaft antrat, sollen die Getreidespeicher leer und die Gefängnisse voll, und danach soll es genau umgekehrt gewesen sein.[42] Der Perser Kyros schliesslich hat nach eigenem Bekunden in Babylon für «Recht und Gerechtigkeit» gesorgt, hat «keinen Störenfried aufkommen» lassen, hat Menschen, die unter «Erschöpfung» litten, zu «Ruhe» verholfen und ihre «Fron» beendet.[43]

Offenbar, so zeigen die Zitate, gehört zu guter Herrschaft die Bereitschaft zum Kampf gegen das Böse. Böse ist es, wenn Menschen zu «Mietlingen» gemacht oder zur «Erschöpfung» getrieben werden. Böse sind «Störenfriede», welche die vom König aufgerichtete Ordnung gefährden. Gelegentlich schimmern in den Königsinschriften Nachrichten durch, dass die jeweiligen Herrscher mit diversen Widersachern fertig zu werden hatten. Stets wird dabei aber betont, dass sie ihren Gegnern nie mit deren eigenen Mitteln zurückzahlten. Ein Herrscher, der das Böse bekämpft – und das ist seine Pflicht –, darf dabei nicht selber zu bösen Mitteln greifen.[44] Er hat ein Vorbild zu sein an Integrität und Loyalität.

1.5 Nähe zum Göttlichen

Mit am glaubwürdigsten sind die altorientalischen Quellen darin, dass sie den Herrschern Frömmigkeit attestieren. Alle Menschen damals waren fromm, auch und erst recht die Könige. Immer wieder erfahren wir, wie sie sich in schwieriger Lage an die Götter wandten und von ihnen Rat und Hilfe erhofften (und natürlich auch erhielten).

Hattuschili vernahm von der Göttin Ištar, Zakkur vom Gott Be'elschemayn den (gut biblisch klingenden) Zuspruch: «Fürchte dich nicht!»[45], und Asarhaddon fühlte sich gar von einer ganzen Götterphalanx – Aššur, Sin, Šamaš, Bel, Nebo, Nergal, Ištar – zum Kampf um den Thron ermuntert: «Gehe ohne abzulassen; wir werden an deiner Seite gehen und deine Gegner töten!»[46] Grundsätzlich alle Kriege, die assyrische Könige führten, meinten sie im Auftrag ihrer Götter, namentlich Assurs und Ištars, zu führen.[47] Entsprechend sind errungene Erfolge neben der eigenen Tüchtigkeit der Hilfe der Götter zu danken.[48] Hattuschili fühlt dankbar, dass es Ištar war, die ihn in allen Gefahren «an der Hand hielt» und «an sich (nahm)»,⁴⁹ während Mescha bekennt: «Kamosch ... rettete mich vor allen Aufständischen und, fürwahr, liess mich herabsehen auf alle, die mich hassen».⁵⁰ Von Kyros heisst es: «Marduk ... suchte einen gerechten Herrscher nach seinem Herzen, er fasste ihn mit seiner Hand».⁵¹ Azitawadda stellt sich vor als «der Gesegnete Baals»,⁵² und Salomo erhält den Beinamen Jedidja, «Jah(we)s Liebling».⁵³

Ein guter König erfährt von den Göttern Gutes – und tut ihnen Gutes. Faktisch alle von uns hier in den Blick genommenen altorientalischen Herrscher haben Tempel erbaut⁵⁴ und Kulte gestiftet.⁵⁵ Das Do-ut-des funktioniert in beide Richtungen: Die Götter schenken Hilfe, die Könige weihen ihnen dafür Tempel und Kulte, wofür sie sich wieder durch ihre Unterstützung erkenntlich zeigen usf. Auf diese Weise erfüllt der König seine vornehmste Aufgabe: seinem Volk und Land göttlichen Segen zu sichern. Zur Hand geht ihm dabei die Priesterschaft, die für den rechten Dienst der jeweiligen Gottheit sorgt; nicht von ungefähr nahmen mehrere der hier vorgestellten Könige (vermutlich sogar alle) gelegentlich selbst Priesterfunktionen wahr und pflegten auf diese Weise unmittelbaren Kontakt zum Göttlichen.⁵⁶

Einmal allerdings ist von einem schweren Konflikt zwischen einem König und einem Gott die Rede. Laut Annalenbericht wollte Sargon neben seiner Hauptstadt Akkade ein neues Babylon erbauen und dafür das alte einreissen – samt seinen heiligen Stätten. Darüber waren die betroffenen Götter (bzw. ihre Priester) empört. Eine Hungersnot und eine daraus resultierende Revolte wird auf Marduks Grimm über das stattgehabte Sakrileg zurückgeführt; zuerst musste das Volk dafür büssen, am Ende aber auch der König – bis hinein ins Grab.⁵⁷ Doch dieser eine, eher tragische Fall vermag das generelle Bild eines harmonischen Hand-in-Hand-Arbeitens von Gott und König kaum zu stören.

2. David als altorientalischer Herrscher

Dieses Bild altorientalischen Herrschertums ist, wiewohl es aus einer Reihe durchaus heterogener Texte gewonnen wurde, insgesamt doch recht homogen. Ganz überwiegend ist es – soll man sagen: natürlich? – in hellen, ja leuchtenden Farben gehalten. Nur selten mischen sich etwas dunklere Töne ein. Es muss nicht betont werden, dass dabei nicht historische Korrektheit die Feder führt, sondern political correctness: Dem eben skizzierten Bild musste ein Herrscher entsprechen, wollte er seinem hohen Auftrag gerecht werden; mit diesen Zügen musste er sich darstellen (lassen), sollte die Nachwelt ihm ein ehrendes Andenken bewahren.

Auch bei nur oberflächlicher Kenntnisnahme der Bibel wird alsbald klar, dass das biblische Bild des Königs David dem altorientalischen Herrscherbild sehr weitgehend und bis in Einzelzüge hinein entspricht. Dies ist im Folgenden zu entfalten, ehe dann auch die Unterschiede in den Blick genommen werden.

2.1 Persönliche Vorzüge

Der biblische David weist alle die persönlichen Tugenden auf, die auch seinen Kollegen im Orient nachgesagt werden.[58] Als «rötlich, mit schönen Augen und von gutem Aussehen» wird er einmal beschrieben,[59] ein andermal als «starker Held und Mann des Krieges und verständig der Rede und ansehnlicher Mann».[60] Zwar gibt es scheinbar noch Stärkere, doch am Ende sind ihm alle unterlegen. Berühmtestes Beispiel ist Goliat. Dabei ist David für Sauls Rüstung, die ihn vor diesem bis über die Zähne bewaffneten Recken schützen soll, zu zart,[61] doch er siegt auch ohne sie. Es bleibt nicht bei diesem einen Mal, David wird zur schärfsten Waffe Israels gegen die Philister. Scheinbar mühelos bringt er als Brautpreis für Sauls Tochter Michal 200 Philistervorhäute bei, und bald geht unter den Frauen Israels und dann auch im Philisterland das Lied um: «Saul hat seine Tausend geschlagen, David seine Zehntausend.»[62]

Schön war David also und tapfer. Doch nicht nur das, er war auch klug. Nicht so extensiv wie bei Salomo, aber doch markant genug wird ihm das Attribut der «Weisheit» beigelegt. Die ihrerseits «weise» Frau von Tekoa attestiert ihm, er sei «weise gemäss der Weisheit des Engels Gottes».[63] Verschiedentlich schildert die Überlieferung David als ausgesprochen schlagfertig, geistesgegenwärtig, listig und gewitzt[64] – Gaben, die auch klugen Menschen nicht immer gegeben sind. Vor allem aber ist er berühmt geworden als Musiker und Poet. Schon der erste Schritt seiner Karriere, die Berufung an den Hof Sauls, soll hauptsächlich seinen musikalischen Fähigkeiten zu danken gewesen sein: Er wurde als Musiktherapeut für den schwermütigen König gebraucht.[65] Als Saul zusammen mit dem Kronprinzen Jonatan, Davids Freund, auf dem Schlachtfeld gefallen ist, dichtet David auf beide eine ergreifende Elegie.[66] Und bei der Überführung des Ladeheiligtums nach Jerusalem wird David als ekstatisch-ausgelassener Tänzer gezeigt.[67] Diese Schilderungen gehen an Intensität weit über das hinaus, was sich im Alten Orient an Bemerkungen über die Musikalität von Herrschern – genau genommen nur eines einzigen, Schulgis! – findet.

2.2 Legitimität der Herrschaft

David war nicht von königlicher Herkunft, daran lässt die Bibel keinen Zweifel. Er war Bauernsohn,[68] wurde dann Söldnerführer Sauls und später, mit einer Truppe angeheuerter Outlaws, Lehensmann der Philister. Aus dieser Position heraus stieg er zum König zuerst Judas, dann Israels auf. Das ist an sich die klassische Karriere eines Usurpators. Es lohnt sich wahrzunehmen, wie die Bibel sie beschreibt – und legitimiert.

Während David in seiner judäischen Heimat ohne den Einsatz von viel Gewalt auf den Thron gelangte,[69] stand ihm im israelitischen Norden der ja bereits herrschende König Saul mit seiner Familie im Weg. Das Schicksal wollte es, dass Saul mitsamt dreien seiner Söhne im Kampf gegen die Philister fiel – auffälligerweise indes gerade zu der Zeit, als der Söldnerführer David Vasall der Philister war. Wie von selber stellt sich der Gedanke ein, David könne mit der Niederlage und dem Tod Sauls etwas zu tun gehabt haben. Die Erzähler wehren ihn mit aller Kraft ab.[70] Sie lassen David möglichst weit vom Ort der Entscheidungsschlacht entfernt sein und ihn auf die Nachricht von der Niederlage entsetzt und voller Trauer reagieren. Als wenig später General Abner, Sauls Heerführer und selbst ein Mitglied der Königsfamilie, von Davids General Joab ermordet wird, soll das ohne Wissen und Billigung Davids geschehen sein. Und als man ihm den im Mittagsschlaf abgeschnittenen Kopf von Sauls Sohn und Nachfolger Eschbaal bringt, da lässt er die Mörder kurzerhand hinrichten.

Die biblischen Erzähler wollen keinen Zweifel aufkommen lassen: David hat nichts Unrechtes getan, um auf Sauls Thron zu kommen. Im Gegenteil, so betonen sie, er habe Saul und seine Familie, obwohl ihm von dort viel unbegründeter Hass entgegenschlug,[71] stets korrekt und grossmütig behandelt. Insbesondere Sauls Tochter Michal, seiner ersten Frau, habe er, solange wie nur irgend möglich, Achtung und Anhänglichkeit, und Sauls Sohn Jonatan, seinem Freund, Liebe und Treue über den Tod hinaus bewahrt.[72]

Und natürlich genoss David im Volk Zuneigung und Anerkennung. Der biblischen Darstellung zufolge faszinierte er zeit seines Lebens die unterschiedlichsten Kreise und Menschen: die Rechtlosen, die ihn zu ihrem Hoffnungsträger erkoren, «die Mägde der Sklaven», denen er gefallen wollte (und durch eine besonders freizügige Art des Tanzes gewiss auch gefiel), die Soldaten, die für ihn durchs Feuer zu gehen bereit waren, und dazu eine grosse Zahl wichtiger Führungspersönlichkeiten: Generäle, Stammesführer, Ratgeber, Propheten und Priester, nicht zuletzt: edle Frauen. Er erscheint als ein Mann von fast unwiderstehlichem Charme und Charisma.

So wird denn auch betont, dass David seine Herrschaft niemandem aufzwang. Die «Männer Judas» bzw. die «Ältesten Israels» kamen aus freien Stücken, ihn zu salben.[73] So ging bei seinem Aufstieg alles mit rechten Dingen, ja fast auf demokratische Weise zu. Er war ein Mann aus dem Volk, dem die Königsherrschaft nicht in die Wiege gelegt war. Doch mit göttlicher Hilfe und den ihm eigenen, unvergleichlichen Gaben bahnte er sich den Weg nach oben, scheute keine Seiten- und Umwege, überwand alle Widerstände und Widrigkeiten, mied jegliche schwere Schuld, bis er endlich den Platz errungen hatte, der ihm von Anfang an bestimmt war. Es muss nicht betont werden, dass eine solche Darstellung, wie historisch zutreffend sie immer sein mag, einen eminent legitimatorischen Effekt hat.

2.3 Erfolge gegen Aussen

Die Philister, die bei ihrem Vordringen vom Südwesten Palästinas ins Landesinnere Saul aus dem Weg geräumt hatten, fanden in David ihren Meister: symbolisch in seinem Sieg über Goliat, später dann in vielen Scharmützeln und Schlachten.[74] In den Kapiteln 2Sam 8–10 gewinnt man den Eindruck, David habe eine planmässige Expansionspolitik gegen die Nachbarn im Südosten, Osten und Norden betrieben. Das Summarium 2Sam 8,1-15 unterrichtet in annalistischem Stil über eine Vielzahl von Kriegen mit den Moabitern, den Aramäern von Zoba und Damaskus und den Edomitern,[75] der ausführliche Kriegsbericht 2Sam 10–12* über eine einzige, freilich mehrphasige Auseinandersetzung mit einer ammonitisch-aramäischen Koalition.[76] Offenbar verfügte David über eine schlagkräftige Armee und fähige Offiziere, die seinem Staat eine Vorrangstellung im gesamten syrisch-palästinischen Raum erkämpften.[77]

David war indes nicht nur Soldatenkönig und Kriegsherr, er flankierte und sicherte seine militärischen Erfolge durch diplomatische Aktivitäten. Vom König des phönizischen Tyrus soll er logistische Unterstützung für den Ausbau Jerusalems erhalten, und zwei aramäische Fürstentümer im Norden soll er nicht, wie ihre Bruderstaaten, bekriegt, sondern vertraglich an sich gebunden haben.[78] Hart und klug zugleich, ist er ein früher Vertreter der Maxime «divide et impera».

2.4 Erfolge im Innern

David wird uns von der Bibel als ein nicht nur aussen-, sondern auch innenpolitisch äusserst erfolgreicher Herrscher beschrieben. Schon sein Aufstieg vom Nobody zum Herrn einer Doppelmonarchie ist eine politische Meisterleistung. Besonders staunenswert ist dabei, wie viele Unbilden und Schwierigkeiten er auf diesem Weg zu überwinden versteht. Schon auf der Flucht vor Sauls Nachstellungen und erst recht als Philistervasall arbeitet er zielstrebig an seinem Wiederaufstieg. Er gewinnt als erste seine judäischen Landsleute für sich,[79] danach dann, durch eine raffinierte Mischung aus Geschmeidigkeit und Unnachgiebigkeit, auch die Israeliten. Geschickt respektiert er die je eigene geschichtliche und gesellschaftliche Prägung der beiden Reichsteile, und doch schmiedet er daraus energisch ein

Ganzes.[80] Umsichtig stellt er nach den bürgerkriegsartigen Auseinandersetzungen, die mit den Namen der Aufrührer Abschalom und Scheba verbunden sind, die Balance zwischen Nord und Süd wieder her.[81] Am Ende gelingt es ihm, mit Salomo einen Sohn als Nachfolger zu installieren, der sicher seine politischen Intentionen teilte und fortführte. Damit war der Anfang einer über Jahrhunderte anhaltenden Dynastiebildung gesetzt.

Gewiss hatte David Feinde, so wie wohl alle der vorhin vorgestellten altorientalischen Könige auch. Namentlich in den umfangreichen Textpassagen 2Sam 13–20 und 1Kön 1–2 – nach herkömmlicher Auffassung dem Kernstück der sog. «Thronfolgegeschichte»[82] – sind die Konflikte und Probleme in seinem Reich wie in seiner Familie mit Händen zu greifen. Doch wird uns bedeutet, er habe sämtliche Gegner in Schranken halten oder unschädlich machen können. Niemand durfte die von ihm angestrebte und aufgerichtete Ordnung ernsthaft stören oder dauerhaft zerstören. So behielt er denn, hören wir, die Regierungsgeschäfte vierzig Jahre lang in Händen und gab sie dann geordnet seinem Nachfolger weiter.

David, so geben uns die biblischen Tradenten zu verstehen, tat viel für den inneren Aufbau seines Reiches. Zwei Kabinettslisten sind überliefert:[83] mit säuberlich aufgeteilten Ressorts und den Namen der jeweils Verantwortlichen. Diese repräsentieren selbstverständlich nur die Spitzen einer recht umfangreichen und differenzierten Verwaltung; die genannten militärischen Führer z.B. stehen für das Offizierskorps, die religiösen Führer für das Kult- und Tempelpersonal, die Führer der Palastgeschäfte für das Verwaltungspersonal.

Wie ähnlich auch von anderen altorientalischen Königen, heisst es von David, er habe «seinem ganzen Volk Recht und Gerechtigkeit geschaffen» (2Sam 8,15). An einigen Stellen wird erzählerisch ausgeführt, was damit wohl gemeint ist: gerechtes Urteil, Milde gegen Schuldige, Fürsorge für die Benachteiligten.[84]

Schliesslich sei noch ein Indiz erfolgreicher Herrschaft genannt, das in den Davidberichten – eher beiläufig – auftaucht: Bautätigkeit. Nachdem David Jerusalem eingenommen hat, lässt er anscheinend den engen, auf einem Felssporn zusammengedrängten Stadtkern erweitern und sich von phönizischen Baufachleuten einen Palast errichten.[85] Demnach hat auch er sich, wie so viele andere Könige, ein Baudenkmal gesetzt – das dann freilich überstrahlt (oder gar überdeckt?) wurde durch die Baumassnahmen seines Nachfolgers Salomo.

2.5 Nähe zum Göttlichen

Die Bibel zeigt David auf die allerweitesten Strecken seines Lebens in vollkommenem Einvernehmen mit Gott. Noch ehe er einen Gedanken an die

Königsherrschaft hat fassen können, hat Gott ihn schon dazu ausersehen. Er hat David ins Herz gesehen, und David ist nach seinem Herzen.[86] Er geleitet seinen Erwählten auf dem Weg nach oben, führt ihn Schritt um Schritt dem vorgegebenen Ziel, dem Königtum, entgegen.[87]

David seinerseits dankt Gott für all dies mit Gläubigkeit und Frömmigkeit – wobei die biblischen Erzähler ihn gerade in diesem Punkt in Kontrast zu Saul, seinem Gegner und Vorgänger, zeichnen. Wiederholte Male richtet David in bedrohlichen oder unklaren Situationen Orakelanfragen an Gott, erhält jedesmal Antwort und findet so einen guten Ausweg;[88] Saul hingegen operiert in dieser Hinsicht völlig erfolglos.[89] David verfügt sein Leben lang über ihm wie Gott treu ergebene religiöse Berater,[90] während Saul diese von sich stösst.[91] David nimmt zu seinem Gott immer wieder Kontakt im Gebet auf,[92] bei Saul verlautet davon nichts.[93] Einen Tempel gebaut hat David zwar nicht (Saul natürlich erst recht nicht), doch wird berichtet, er habe den festen Plan dazu gehabt und bereits den richtigen, heiligen Ort dafür entdeckt.[94] Ein grosses Kultfest freilich hat David inszeniert – und damit den späteren Tempelbau im Kern vorbereitet: Er holte die heilige Lade, ein altehrwürdiges, dem «Jhwh der Heerscharen» geweihtes Kriegspalladium der israelitischen Stämme (an das Saul offenbar keinen Gedanken verschwendet hat), in feierlichem Rahmen und in festlicher Prozession nach Jerusalem (2Sam 6). Fortan stand sie, in der die Anwesenheit und Hilfsbereitschaft Jhwhs repräsentiert war, in einem Zeltheiligtum nahe der Residenz[95] und konnte von dort bei Bedarf mit in die Schlacht genommen werden.[96]

Bei Gelegenheit der Ladeüberführung wird David in priesterlicher Funktion gezeigt: Er bringt Opfer dar und führt einen womöglich ekstatischen, heiligen Tanz auf.[97] Die Überlieferung rechnet ihm das hoch an, während sie Saul dafür verurteilt, dass er einmal in höchster Not anstelle Samuels Opfer darzubringen wagte.[98]

3. David als Herrscher sui generis

Was bis jetzt sichtbar wurde – David als typischer und tüchtiger Herrscher altorientalischen Zuschnitts –, ist erst die Hälfte der biblischen Wahrheit. Der biblische David ist noch vieles andere mehr (und bemerkenswerterweise auch weniger) als seine Kollegen im Alten Orient. Gerade dieses «Mehr» (und auch «Weniger») ist es, was ihn als ungemein differenzierte und lebensechte Gestalt erscheinen lässt und was ihn zur einzigartigen Leitfigur der jüdisch-christlich geprägten Kultur- und Geistesgeschichte werden lassen konnte.

Wir bewegen uns, um dessen ansichtig zu werden, wieder in den fünf Beschreibungsfeldern, die wir nun schon zweimal abgeschritten haben – doch sind jetzt markant neue Akzente zu setzen.

3.1 Davids vielschichtige Persönlichkeit

David betritt die Bühne der biblischen Handlung gleichsam durch zwei verschiedene Eingänge: als Musiktherapeut des schwermütigen Königs Saul und als Bezwinger des Riesen Goliat. Damit werden zwei grundverschiedene Seiten an der Persönlichkeit Davids aufgezeigt: eine musischsanfte (die David später um ein Haar zum Opfer des unberechenbaren Saul hätte werden lassen[99]) und eine kampfbereit-harte (die nicht nur Goliat, sondern die Philister überhaupt und noch viele andere Menschen zu spüren bekommen). David ist nicht bzw. soll nicht dargestellt werden als der voranstürmende Held eines klassischen Epos. Er ist gewissermassen ein in sich differenzierter, fast ein gebrochener Held.

Schon die Goliatgeschichte zeigt ein merkwürdig ambivalentes Verhältnis zur Gewalt. Gewiss erringt David einen blutigen Triumph, doch agiert er eigentlich mehr als Prediger denn als Kämpfer[100] – und später wird recht absichtsvoll zu verstehen gegeben, dass womöglich gar nicht er, sondern ein gewisser Elhanan den Goliat aus Gat erschlagen hat.[101] Bei der Geschichte von den 200 Philistervorhäuten, die David als Brautpreis für die Königstochter Michal entrichtet, werden auch antiken Erzählern (und Hörerinnen) Schauder über den Rücken gelaufen sein – ebenso, wenn sie erfahren, er sei mit seinem Heerhaufen wutentbrannt gegen das Anwesen eines gewissen Nabal vorgerückt, der ihm nicht mit dem gehörigen Respekt begegnet war, um da alles totzuschlagen, «was an die Wand pisst».[102] Und wie könnten selbst davidbegeisterte Leser zufrieden damit sein, dass er bei Raubzügen alle Menschen, gross und klein, Frauen wie Männer, erschlagen habe, um sicherzustellen, dass es keine Zeugen gibt?[103]

Die biblischen Erzähler tun einiges dafür, die Davidgeschichte nicht in ein Loblied auf die Gewalt ausarten zu lassen. Die Dame Abigajil versucht, David von einem beabsichtigten Massaker abzuhalten – und er hört auf sie; andere dürfen ihm schwere Vergehen vorhalten – und riskieren dabei nicht ihr Leben.[104] Gegen Ende der Davidserzählungen wandelt sich der König mehr und mehr von einem, der Leid zufügt, zu einem, der Leid zulassen und erdulden muss. Man denke an den Abschalom-Aufstand und dessen traurig-triumphales Ende, wo der siegreiche König um seinen toten Sohn Abschalom haltlos weint und durch den General Joab erst wieder zur Staatsräson gerufen werden muss.[105] Und dann die letzten Szenen aus dem Leben Davids: der kraftlose, vor Kälte zitternde und selbst durch das schönste Mädchen des Landes nicht mehr zu erwärmende Greis – eher die Karikatur eines altersschwachen Potentaten als das würdige Altersporträt eines grossen Herrschers; schliesslich die Benennung Salomos als Nachfolger, wobei man den Verdacht nicht los wird, David sei da weniger der Agierende als vielmehr der Benutzte und gar Betrogene.[106]

«Ecce homo» steht zwischen den Zeilen der biblischen Davidbiographie! Diese Botschaft haben sehr genau die Kompositoren der David-Psalter verstanden.[107] Von den insgesamt 73, David in der Hebräischen Bibel zugesprochenen Psalmen sind auffallend viele Klagelieder. Dreizehn von ihnen werden konkreten Situationen in der Vita Davids zugeordnet[108] – zwölf davon Notsituationen. *Ecce homo!*

3.2 Davids angefochtene Herrscherlegitimität

Erstaunlich breit und empathisch erzählt die Bibel die Geschichte des Mannes, der *vor* David König war: eines Herrschers, der offenbar mit Zustimmung des Volkes und sogar Gottes an die Macht gelangte, der, obwohl er tragisch endet, sich zeit seines Lebens im Innern und nach Aussen Respekt zu verschaffen wusste. Die biblische Darstellung gibt zu erkennen, dass es für David nicht leicht war, diesen Mann zu beerben, und dass sein Verhalten Saul und den Sauliden gegenüber nicht über alle Zweifel erhaben war; es ist und bleibt irritierend, dass diese am Ende alle ausgelöscht oder doch ausgeschaltet sind.

Vom Beginn seines Aufstieges an erfahren wir von ernsthaften Widerständen gegen Davids Herrschaft. Jener Herdenbesitzer Nabal trotzt seinen Ansprüchen, verschiedene Gruppen arbeiten gegen ihn mit Saul zusammen; einmal machen sogar seine eigenen Leute Anstalten, ihn zu steinigen, als er sie vor Nomaden nicht hinreichend zu schützen vermag.[109]

Die ersten Schritte zu selbständiger Herrschaft kann David nicht im Einflussbereich Sauls, sondern nur in relativ abgelegenen Gegenden seiner judäischen Heimat tun. Er wird zu einer Art Bandenchef – nicht unbedingt ein Ehrentitel für einen auf sein Image bedachten Regenten. Noch problematischer ist es, dass er sich für längere Zeit in den Dienst der Philister begibt und dass just in diese Zeit die Niederlage Sauls gegen die Philister fällt. Es ist erstaunlich, wie breit die biblischen Erzähler davon berichten und wie sorgfältig sie dem Verdacht meinen entgegentreten zu müssen, David sei an Sauls Tod mitschuldig.

Und schliesslich der Abschalom-Aufstand. Wieder berichtet die Bibel davon in staunenswerter Offenheit. Sie lässt durchblicken, dass viele Menschen damals der Meinung waren, Davids Herrschaftszeit sei abgelaufen, es sei nunmehr die Zeit seines Sohnes und Nachfolgers gekommen. Für prodavidisch Gesonnene muss es fast ein Schock sein zu erfahren, dass damals praktisch das gesamte Volk von David abgefallen war, dass er sich gezwungen sah, seine Hauptstadt Jerusalem (vorübergehend, wie sich dann herausstellte) aufzugeben, und dass er sich faktisch nur noch auf seine Söldnertruppen stützen konnte.[110] Doch nicht Abschalom siegte, sondern

David. Man mache sich klar: David besiegt mit seinen Söldnern sein eigenes Volk – eine äusserst ungemütliche Vorstellung!

So sehr die Erzähler, aufs ganze gesehen, zeigen möchten, dass Davids Herrschaft legitim – im tiefsten von Gott legitimiert – war, so malen sie von ihr doch kein leuchtend-lügenhaftes Propagandabild,[111] sondern schildern sie als das, was sie wohl wirklich gewesen ist: in ihrer Legitimität bestreitbar und umstritten.

3.3 Davids problematische Erfolge gegen Aussen

David hat, nimmt man alle Informationen zusammen, sein Leben lang Krieg geführt. Die biblischen Autoren sprechen nur gelegentlich von den Opfern, die dies forderte.[112] Doch sind einige von ihnen dezidiert der Meinung, es sei zu viel Blut, das an Davids Händen klebte. Speziell in den späten Textschichten – in der deuteronomistischen Endredaktion der Samuelbücher wie auch in der Chronik und im Psalter – ist Distanz zu spüren gegenüber den eminent kriegerischen Zügen des älteren Davidbildes.

Sehr subtil und doch deutlich genug fällt die Kritik eines deuteronomistischen Schriftstellers aus, der dem König in einem Prophetenwort die Verheissung zukommen lässt, Gott wolle ihm «einen Namen machen, so gross wie die Namen der Grossen auf der Welt» (2Sam 7,9).[113] Kurz darauf folgt die (altüberlieferte) Liste der Kriege und Siege Davids, die ihn als Eroberer ganz Syrien-Palästinas zeigt (2Sam 8,1-14), und dort heisst es kurz vor Schluss in dem Fanfarenton, der dem gesamten Kapitel eigen ist: «So machte sich David einen Namen» (8,13). Ursprünglich war dies sicher rühmend gemeint; im Widerspiel zu der Ankündigung, *Gott* wolle ihm «einen Namen machen», wird daraus aber ein scharfer Tadel. Davids Name, so darf man verstehen, hätte durch anderes «gross» werden sollen als durch fortgesetztes Kriegführen.

Das dauernde Kriegführen, so wird uns bedeutet, war auch der Grund, dass Gott den Jerusalemer Tempel nicht von David erbaut haben wollte, sondern von seinem Nachfolger Salomo, von dem keinerlei kriegerische Auseinandersetzungen bekannt sind.[114] Krieg und Tempel, Töten und Beten – das passt nach dem Urteil dieser biblischen Schriftsteller nicht zusammen.

Erste Kritik an Davids Hang zum Kriegführen regte sich schon früh. Der Skandal um Batseba und Urija nämlich konnte sich, so wie die Bibel ihn darstellt,[115] nur in Kriegszeiten ereignen: David macht sich die Gattin eines im Felde stehenden Offiziers gefügig und schickt ihren Gatten, als der sich die Vaterschaft für das im Ehebruch gezeugte Kind nicht unterschieben lässt, mit einem militärisch unsinnigen Himmelfahrtskommando in den Tod. Die Moral der Geschichte ist nicht die Unmoralität des Krieges als solchen, wohl aber, dass im Krieg die Moral des Königs leicht abhanden kommt – und der Autor würde kaum widersprechen, wenn man verallgemeinerte: die Moral überhaupt.

3.4 Davids unvollkommene Regentschaft im Innern

Es ist eigentlich erstaunlich wenig, was die Bibel über ein erfolgreiches Regiment Davids zu berichten weiss. Man nehme zum Vergleich die Darstellung Salomos: Weisheit, Gerechtigkeit, Sicherheit, Wirtschaftsaufschwung, Wohlstand, Bautätigkeit allüberall – davon findet sich bei David nur wenig. Sein Leben erscheint weit überwiegend als Kampf mit allen möglichen Schwierigkeiten und Feinden. Kann aber ein Regent, der fortgesetzt um das eigene physische und politische Überleben ringen muss, seinem Land Ruhe und Prosperität bescheren?

In der Tat bescheinigt der biblische Bericht David eine ganze Reihe innenpolitischer Missgriffe und Misserfolge.

Vom Misslingen aller Versuche, mit der Dynastie Sauls eine befriedigende Form der Machtteilung oder Machtübergabe zu finden, war schon die Rede. Die Saulidenproblematik zieht sich, quälend fast, durch die gesamte Davidüberlieferung; man sieht zu, wie Zug um Zug die gegnerische Königslinie ausgelöscht wird.[116] Umso mehr läge an der Entwicklung der David-Linie. Doch auch da ist viel Negatives zu vernehmen. Es gibt zwar eine stattliche Reihe von Davidsöhnen, doch scheiden die Ersten und Hoffnungsvollsten unter ihnen – und zwar jeweils auf wenig rühmliche Weise – aus dem Kreis der Thronanwärter aus: Amnon, Abschalom, Adonija. Dafür macht der Spross einer zweifelhaften Verbindung, Salomo, das Rennen und muss überdies zu harten Massnahmen greifen, um seine Herrschaft zu konsolidieren: Hat da nicht ein Herrscher sein Haus miserabel bestellt?[117]

Besonders erhellend – bzw. ungünstig für das Bild Davids als eines erfolgreichen Herrschers – ist die Erzählung vom Beginn des Abschalom-Aufstands:[118] Der machtbewusste Prinz «stiehlt das Herz der Männer Israels», indem er sich ihnen gegenüber betont herzlich und volkstümlich gibt und ihnen mehr Gerechtigkeit in der Behandlung ihrer bei Hofe vorgetragenen Rechtsanliegen verspricht. Im Spiegel dieser – höchst erfolgreichen! – Politwerbung erscheint ein David, der sich kalt und unnahbar gibt und an dessen Gerechtigkeitssinn erhebliche Zweifel bestehen. Obendrein offenbart seine völlige Blindheit gegenüber den Umtrieben des rebellischen Sohnes einen eklatanten Mangel an Urteilsvermögen sich selbst wie anderen gegenüber. So entsteht der Eindruck, David habe die schwersten Krisen seiner Herrschaft selbst mit heraufbeschworen.

3.5 Davids spannungsvolles Verhältnis zu Gott

Es scheint, als wäre der biblische König David Inbegriff und Vorbild israelitischer Frömmigkeit. Das ist aber nur die eine Seite. Sein Gottesverhältnis wird immer wieder als getrübt dargestellt. Nach dem Ehebruch mit Batseba und dem Mord an Urija muss er dem Propheten Natan bekennen: «Ich habe mich *an Jhwh* verfehlt».[119] Wie ernst die biblischen Tradenten diesen Skandal nahmen und wie schwer sie ihn David verzeihen konnten, zeigt die Bemerkung eines deuteronomistischen Redaktors in 1Kön 15,5, David habe immer «getan, was recht war in den Augen Jhwhs», und sei «nicht abgewichen von allem, was er ihm befahl sein Leben lang – ausser in der Sache mit Urija, dem Hethiter».[120] Bekanntlich verfügte Gott als Strafe für diese Missetat den Tod des im Ehebruch gezeugten Kindes. Gegen dieses Verdikt bäumte sich David mit aller Kraft auf: vergeblich. Wir haben hier den Fall eines flehentlichen Gebetes Davids, das *nicht* erhört wurde. Auch diesem Erwählten erlaubt Gott nicht – zumindest in diesem todernsten Fall nicht –, mit ihm zu feilschen.

Man würde erwarten, dass für Eintrübungen des Gott-Mensch-Verhältnisses jeweils der Mensch verantwortlich ist. In der Davidüberlieferung aber gibt es einen Fall, wo *Gott* als der Verantwortliche, genauer: wo er als *Versucher* Davids erscheint, indem er ihn zu einer Volkszählung anstiftet, deretwegen dann schweres Unheil über Israel kommt. David verhält sich in dieser hochkritischen Situation zuerst recht eigensüchtig, dann aber höchst edelmütig. So gelingt es, die Krise dauerhaft beizulegen.[121]

König David ist mancher, teilweise schlimmer Vergehen, er ist aber auch feiner und grossszügiger Regungen fähig. Er kann eigene Fehler wahrnehmen bzw. sich auf sie hinweisen oder sich vor ihnen warnen lassen und sein Verhalten korrigieren. Die Bibel sieht den Grund solcher Fähigkeiten darin, dass dieser Herrscher nicht sich selbst für die oberste Instanz hielt, sondern Gott. Freilich, auch ein David wusste das nicht von vornherein und für immer, er musste diese Einsicht erlernen und sich in ihr üben. Als wichtiges Lehrmittel dazu erscheint die heilige Lade. Als David nach der Einnahme Jerusalems beschloss, das Ladeheiligtum in seine neue Residenz zu überführen, bedachte er alles, um dies zu einem festlichen und würdigen Ereignis werden zu lassen – nur nicht, dass Gott ihm einen Strich durch die Rechnung machen könnte.[122] Am Ende hatte er zu begreifen: Wann Gott sich (auf der Lade) wohin bewegt, darüber entscheidet nicht der König, sondern Gott selbst.

Später dann, als David die Lade, statt in das ihr angestammte Zelt, in einen eigens zu errichtenden Tempel stellen will, untersagt ihm Gott durch Natan den Tempelbau.[123] Dieses Verbot ist in der gesamten altorientalischen Literatur einmalig. Galt es sonst als heilige Pflicht der Herrscher, den von ihnen verehrten Gottheiten Tempel und Kulte zu stiften, so wird hier ein König von seinem Gott an der Erfüllung dieser Pflicht gehindert! Es gibt dafür – abgesehen von der platten historischen Auskunft, dass eben erst Salomo, nicht schon David den Jhwh-Tempel von Jerusalem errichtet hat – nur eine ernsthafte Erklärung: David soll die Lektion lernen, dass zwar er in all seinem Handeln und seinen Erfolgen auf Gott, dass Gott aber nicht auf sein frommes Handeln angewiesen ist. Das uralte Do-ut-des der Religionen wird hier durchbrochen. Gott, erfährt David (und erfahren alle, die dies lesen und hören), Gott gibt ohne Gegenleistung, und auch der Mensch soll, was er gibt, nicht als Gegenleistung geben, sondern aus Liebe.

Anmerkungen

[1] Auf dem Tel Dan wurde vor wenigen Jahren eine aramäische Inschrift aus dem Jahr 845 v.u.Z. gefunden, die einen König vom «Haus Davids» erwähnt; vgl. die Erstveröffentlichung von Biran / Naveh 1993, 1995 und die Diskussion bei Dietrich, 1997b. Die Inschrift ist ein gutes Jahrhundert jünger als König David, zeigt aber doch, dass damals bereits das Land Juda nach der von David gegründeten Dynastie benannt wurde.

[2] «Herrschaft» soll hier zunächst ohne Wertung als die Aneignung und Ausübung von Macht zur Steuerung eines komplexen, durch diverse Vorgaben, Gefahren, Widersprüche und Chancen gekennzeichneten Gemeinwesens verstanden sein.

[3] Im Blick auf den hier verfolgten Zweck ist wohl eine eigentliche altorientalistische Fachdebatte, gar im philologischen Bereich, nicht nötig. Ich beziehe mich, auch um der raschen Verifizierbarkeit und Verständigung willen, generell auf die gängigsten Sammlungen alttestamentlich relevanter altorientalischer Texte: James B. Pritchard (ed.), 21955: Ancient Near Eastern Texts Relating to the Old Testament (ANET), Princeton NJ: Princeton University Press; Otto Kaiser (ed.), 1985ff: Texte aus der Umwelt des Alten Testaments (TUAT), Gütersloh: Gütersloher Verlagshaus.

[4] Ich beschränke mich auf Herrscherdarstellungen im mesopotamisch-syrischen Raum. Zwar liessen sich ägyptische ebenfalls beiziehen, soweit sie sich mit den mesopotamischen treffen (vgl. etwa die sog. Neferti-Prophetie auf Pharao Amen-em-het [Anfang 20. Jh. v.u.Z., s. TUAT II/1, 102-110] oder den Bericht von der Krönung Hor-em-Hebs [um 1300 v.u.Z., s. TUAT I/5, 534-540]. Doch gibt es auch signifikante Differenzen zu den vorderorientalischen Kulturen – etwa die Vergöttlichung des Pharao oder die Überzeugung von seiner Unsterblichkeit –, die einen direkten Vergleich nicht geraten erscheinen lassen.

[5] Vgl. den etwas anders geordneten und gefüllten, sachlich aber ganz ähnlichen Katalog der Herrschertugenden bei Kraus, 1974, 251: «Der Herrscher, aus der regierenden Dynastie, stark, schön und von königlichem Äusseren, intelligent, aktiv und rechtschaffen, mit grossem Prestige im eigenen Lande und im Auslande, von den Göttern begünstigt und unermüdlich um ihre Kulte bemüht, sorgt für das materielle Wohlsein seines Volkes, gerechte Gesellschaftsordnung und geordnete Rechtspflege und führt erfolgreich Kriege.»

[6] Vgl. Pritchard 1954, 149-159 («Mesopotamian Royalties and Dignitaries»). Auch Wäfler 1975.

[7] So der Titel der den Text VAT 17019 diskutierenden Arbeit von W.R. Mayer 1987.

[8] Siehe M. Dietrich / W. Dietrich 1998, 234.

[9] Bēlet-ilī tut, wie ihr geheissen, und ihre Götterkollegen statten dann den Neuerschaffenen mit den konkreten Attributen der Herrschaft aus: Krone, Thron, Waffen, Rat usw.

10 Falkenstein / von Soden 1953, 129.
11 TUAT II/5, 684. Der Assyrer Asarhaddon rühmt sich als den «von den grossen Göttern Ersehnten, tüchtig, energisch, klug, weise», s. Borger 1956, 45.
12 1Kön 3. Auch sonst ist in der Salomo-Überlieferung 1Kön 3–11 «Weisheit» ein Leitwort, und in der Folge hat man Salomo förmlich zum Promoter aller Weisheit gemacht, indem man ihm alle möglichen Weisheitsschriften zuschrieb. Dazu und zum altorientalischen Hintergrund dieses Topos' siehe Wälchli 1999.
13 Vgl. G.R. Castellino 1972, 47.
14 Z.B. Salomo (1Kön 1,28-37; 8,20 u.ö.), Mescha (TUAT I/6, 646) oder Assurbanipal (Borger 1996, 14).
15 So Hattuschili III. und Idrimi (TUAT I/5, 482 bzw. 502).
16 2Sam 3,2-5; 5,14-16.
17 1Kön 1f.
18 TUAT I/6, 638.
19 Es zeichnet sich in seinem Bericht (TUAT I/5, 501-505) ein hindernisreicher Aufstieg ab, der demjenigen Davids nicht unähnlich ist: der Aufbruch zu den Sutäern, einem Nomadenstamm; dann, in Kanaan, die Sammlung von Exulanten aus der Heimat um ihn; eine Phase als Kommandant der «Hapiru» (nach alter These Vorläufer der biblischen «Hebräer»); schliesslich die Übersiedlung nach Mukisch/Alalah (allerdings per Schiff, was im Falle Jerusalems nicht möglich gewesen wäre).
20 Vgl. zu diesem dunklen Faktum von Soden, 1954, 105-118, und Borger in TUAT I/4, 391f, sowie 2Kön 19,37.
21 TUAT I/4, 393-395.
22 Vgl. die detaillierte, aus den Quellen gearbeitete Darstellung bei M. Dietrich 1970, 69-118.
23 Die Mutter trägt in der Geburtslegende die nicht sicher übersetzbare Bezeichnung *enītum*; E.A. Speiser gibt dies in ANET (119) mit «changeling» wieder, Goodnick Westenholz 1997, 39, mit «en-priestress». Vom Vater sagt der König, er habe ihn «nicht gekannt».
24 TUAT I/6, 626.
25 Kilamuwa wie Panammu von Sam'al verdankten ihre Herrschaft den Assyrern (TUAT I/6, 638.629).
26 TUAT I/4, 408.
27 Neben dem Hethiter Hattuschili III. (TUAT I/5, 491) etwa der grosse Babylonier Nebukadnezar (604-562) oder auch der Ägypter Horem-em-heb (s. Anm.4).
28 Auch Asarhaddon liefert dafür ein eindrückliches Beispiel in dem schon öfter zitierten Ninive-A-Prisma, TUAT I/4, 395-397.
29 Vgl. die in der Intention unterschiedlichen, in der Sache sich aber treffenden Darstellungen von Sodens (1954, 90ff), Rölligs 1986 und W. Mayers 1995.
30 Sargon d. Gr. will 34 Feldzüge gewonnen haben (ANET 266-268), Hattuschili sagt von sich: «wohin ich jeweils gegen ein Feindesland den Blick richtete, da richtete kein Feind den Blick auf mich zurück, und die Feindesländer besiegte ich eines nach dem anderen» (TUAT I/5, 484). Ähnlich der Danunäerfürst Azitawadda: «Ich unterwarf mächtige Länder im Westen, welche alle Könige, die vor mir waren, nicht unterworfen hatten» (TUAT I/6, 642). Mescha bejubelt seine Siege über Israel und die Massakrierung und Vertreibung von Israeliten (TUAT I/6, 646-650). Selten lassen die Texte etwas vom Aufwand und den Kosten erahnen, welche Aufbau und Unterhalt einer schlagkräftigen Armee verursachten, häufiger wird die positive Gegenrechnung aufgemacht: wie man Ruhe vor Feinden und Anerkennung bei vielen Nachbarn gewonnen habe.
31 Zakkur von Hamat berichtet: «Birhadad, der Sohn des Haza'el, der König von Aram, vereinigte s[ie][b]zehn Könige gegen mich» (TUAT I/6, 626); sie werden anschliessend alle aufgezählt und dann geschildert, wie hart diese hoch überlegene Koalition den Zakkur bedrängte, so dass nur mehr der Gott Beʿelschamayn helfen konnte.

[32] Idrimi mit dem Hurriterkönig Barattarna (TUAT I/5, 503), Salomo mit dem Tyrerkönig Hiram (bzw. Ahiram: 1Kön 5,15-32; 9,10-14).
[33] Dies die positive Bedeutung des von den biblischen Autoren mit Misstrauen beäugten Harems Salomos (1Kön 11,1.3) und seiner Heirat mit einer Pharaonentochter (1Kön 3,1; 9,16.24; 11,1).
[34] Vgl. ANET 266 und Weiss 1997.
[35] 1Kön 4,1-19. Vgl. dazu (äusserst kritisch) Niemann 1993, bes. 27-33, und (eher konventionell) Fritz 1995.
[36] Vgl. Dietrich 1986.
[37] 1Kön 9,15-19.
[38] Sargon baute in Kisch und Babylon, in Babylon wieder Kyros (und zwischen diesen beiden ungezählte andere), Hattuschili III. baute in Hawarkina und Delmuna, Mescha in Qericho und anderen von Israel zurückeroberten Ortschaften, Zakkur in Hazrak, Azitawadda in Azitawaddaja usf.
[39] Zitiert nach M. Dietrich / W. Dietrich 1998, 232.
[40] TUAT I/5, 504.
[41] 1Kön 4,25.
[42] TUAT I/6, 628f. Kilamuwa weist mit offenkundiger Befriedigung darauf hin, dass er den *muschkabîm*, einer bestimmten, wahrscheinlich sozial niedrigen Klasse in seinem Land, zu Vieh, Gold und Silber verholfen habe (TUAT I/6, 639). Und Azitawadda betont, er habe all seinen Untertanen «Wohlstand, Sättigung und Wohlsein» gebracht; «ich zerbrach die Übermütigen, und ich zerschlug all das Böse, das im Lande gewesen war» (TUAT I/6, 641).
[43] TUAT I/4, 408f.
[44] Hattuschili III. machten zwei bedeutende Gegner zu schaffen: sein Vorgänger Urhi-Tesup sowie ein gewisser Arma-datta, ein entfernter Verwandter, der ihm mit Intrigen und «Zauberei» nachstellte; natürlich wurde er mit beiden fertig, betont aber nachdrücklich, dass er sich ihnen gegenüber nie etwas habe zuschulden kommen lassen, dass er ihnen vielmehr stets mit Langmut und Grossmut begegnet sei, vgl. TUAT I/5, 487-490. So «tat ich», stellt er fest, «niemals eine böse Sache (nach Art) der Menschen» (TUAT I/5, 483f, ähnlich 491).
[45] TUAT I/5, 483; I/6, 627.
[46] TUAT I/4, 394.
[47] Vgl. dazu M. Weippert 1972.
[48] Dem Sargon verhalf Dagan zur Eingliederung Maris und Eblas in sein Reich (ANET 268), dem Zakkur Beʿelschemayn zum Sieg über eine feindliche Koalition (TUAT I/6, 626), dem Asarhaddon Marduk und Aššur zur Flucht vor seinen ihm nachstellenden Brüdern (TUAT I/4, 349).
[49] TUAT I/5, 483.
[50] TUAT I/6, 646f.
[51] TUAT I/4, 408.
[52] TUAT I/6, 641.
[53] 2Sam 12,25.
[54] Salomo (1Kön 6–8), Mescha (TUAT I/6, 646).
[55] Schulgi, Idrimi (TUAT I/5, 504), Azitawadda (TUAT I/6, 643), Kyros (TUAT I/4, 409).
[56] Sargon fungiert als Priester Anus (ANET 267); Hattuschili, als Kind dem Priesterdienst geweiht (TUAT I/5, 483), amtet als Priester des Wettergottes von Nerikka (489) und der Sonnengöttin von Arinna (490); Salomo agiert bei der Tempelweihe faktisch als Jhwh-Priester (1Kön 8).
[57] Wurde etwa seine Grabruhe gestört, womöglich gar gezielt deswegen, weil man ihn als Urheber schweren Unglücks ausfindig gemacht hatte?
[58] Es sei ausdrücklich betont: Nicht historische Korrektheit steht hier im Vordergrund, sondern political correctness.

59 1Sam 16,12; vgl. auch – davon wohl literarisch abhängig – 1Sam 17,42.
60 1Sam 16,18.
61 1Sam 17,39.
62 1Sam 18,7; 21,12; 29,5.
63 2Sam 14,20. Zur Auslegung dieser Erzählung vgl. Dietrich / Naumann 1995, 266-270, sowie die dort angegebene Literatur. Die Wortwurzel ḥkm wird nur hier in den Samuelbüchern auf David angewandt. Doch die verwandte Wurzel bjn «verständig sein» begegnet auch in dem vorhin zitierten Tugendkatalog 1Sam 16,18. Die «verständige Rede» (nᵉbôn dābār) ist eine weisheitliche Kategorie, wie sich an der Formulierung vom «[weisen (ḥākām) und] verständigen (nābôn) Herzen» Salomos (1Kön 3,9.12) erkennen lässt. Blicken wir über die Samuelbücher hinaus, so stossen wir auf Begriffe von der Wurzel ḥkm mehrfach in den sog. Davidpsalmen (Ps 19,8; 37,30; 51,8); an der letztgenannten Stelle bittet ‹David› in aller Form Gott um Weisheit – warum sollte Gott ihm gegenüber kleinlicher gewesen sein als gegenüber Salomo?
64 1Sam 21,11-16; 27,8-12; 29,8; 2Sam 6,20-22; 12,22f; 15,23-37.
65 1Sam 16,14-23; das Motiv von dem vor Saul musizierenden (ngn) David noch in 1Sam 18,9; 19,9. Dieselbe Wurzel begegnet auch im ‹David›-Psalm 68,26, überdies die in 1Sam 16,16.23 erwähnte «Leier» (kinnôr, dazu Näheres bei Braun 1999, Register s.v.) in Ps 57,9; 108,3 (und noch häufiger in nicht David zugeschriebenen Psalmen).
66 2Sam 1,17-27. Es besteht kein Grund, dieses poetisch hochrangige Klagelied – und ebenso die viel knappere Klage auf den ermordeten General Abner, 2Sam 3,33f – dem David abzusprechen.
67 2Sam 6,5.14. Aus Davids Verhalten erwächst dann ein schwerer Konflikt mit Michal, 2Sam 6,16.20-23. Siehe dazu Dietrich / Naumann 1995, 135-137.
68 Überdies war er in seiner Herkunftsfamilie der Jüngste (1Sam 16,1-13): eine Thematik, mit der sich sonst nur solche Herrscher befassen, die sich als Prinzen gegen ältere Brüder durchgesetzt haben, nicht dagegen Usurpatoren (ob ein Usurpator der erste oder achte Sohn seines nichtköniglichen Vaters ist, ist für die Machtfrage eigentlich unerheblich). Die Bibel überträgt hier also ein traditionelles Motiv aus der Königsapologien gewissermassen verschärfend auf David – als ob seine älteren Brüder die Chance oder auch nur die Idee gehabt hätten, König zu werden. Dass das Problem freilich auch in nichtköniglichen Familien eine Rolle spielt, zeigen deutlich genug die Vätergeschichten der Genesis, vgl. dazu Syrén 1993.
69 Um die anfängliche Zurückhaltung seiner Landsleute und den Widerstand einzelner wohlhabender Agrarier aufzuweichen, genügten gezielte materielle Zuwendungen und die pure Präsenz einer kampferprobten Truppe, vgl. 1Sam 25; 30,26-30; 2Sam 2,1-4.
70 Vgl. zum Folgenden 1Sam 27 – 2Sam 4.
71 Nicht nur an Sauls Verfolgungswut ist hier zu denken (die David mit Grossmut beantwortet: 1Sam 24; 26), sondern an die Auseinandersetzungen mit Sauls Sohn Eschbaal (2Sam 2f), an die undurchsichtigen Umtriebe des Saul-Enkels Merib-Baal (2Sam 16,1-4) sowie an die Renitenz von Schimi (2Sam 16,5-8) und Scheba (2Sam 20), die wie Saul Benjaminiter waren.
72 2Sam 1,17-27; 3,12-16; 9,1-13; 19,25-31. Zu diesen Erzähllinien vgl. die Studien in Clines / Eskenazi 1991 sowie die Arbeiten von Jobling 1976 und Veijola 1990. Verwiesen sei zudem auf das lehrreiche und spannende, vorwiegend an Jugendliche gerichtete Sachbuch von Zitelmann 1999.
73 Die Israeliten handelten mit ihm zuvor einen Vertrag aus (2Sam 5,3). In Juda, Davids Heimat, war dies offenbar nicht nötig, dort «salbte» man ihn ohne Umstände zum König (2Sam 2,4).
74 1Sam 17f; 23,1-5; 2Sam 5,17-25; 21,15-22; 23,8-23.
75 Die pauschale Erwähnung der Philister in V.1 dürfte sekundär sein. Jeweils siegt David, tötet Abertausende von Kriegern (einmal ausdrücklich auch Kriegsgefangene: V.2), lähmt Streitwagenpferde (mit denen seine Fusstruppen nichts anfangen können), schleppt Beu-

tegut nach Jerusalem und setzt in den Nachbarländern Gouverneure ein, die künftig Tribut einzutreiben haben. Immer ist David Subjekt der Handlungen, so als hätte er für seine Siege keine Armee gebraucht. Zweimal wird hervorgehoben, dass es Gott war, der dem König diese Erfolge ermöglichte (V.6.14).

[76] Dieser Bericht ist wahrscheinlich mehrstufig gewachsen, vgl. die Analyse von Hübner 1992, 170-176.

[77] Hervorzuheben ist hier die von ihm aufgebaute Berufsarmee, mit der er notfalls sogar das Volksheer schlagen konnte (2Sam 15; 18), und aus dieser wiederum einige, ihm besonders treu ergebene Spezialeinheiten: die «Dreissig», die «Helden», die «Kreti und Pleti» (2Sam 8,18; 15,18; 23,18-39; 1Kön 1,8.38).

[78] 2Sam 5,11. – 2Sam 8,9f bzw. 3,3.

[79] 1Sam 22,1f; 25; 30,26-30.

[80] Dem dient nicht zuletzt eine offenbar wohlbedachte Heiratspolitik: Michal ist Israelitin, Ahinoam und Abigajil Judäerinnen, Batseba Jerusalemerin.

[81] 2Sam 19,10-16.

[82] Vgl. dazu grundlegend Rost 1926 und die neuesten Analysen in de Pury / Römer 2000.

[83] 2Sam 8,16-18; 20,23-26. Zum gegenseitigen Verhältnis beider Listen und ihrer Bedeutung vgl. Arneth 2000, 149-163.

[84] Zu Beginn seiner Karriere wird David Anführer von Verschuldeten und sozial Randständigen (1Sam 22,1f). Nach einem erfolgreichen Kampf sorgt er dafür, dass sie alle gleichen Anteil an der Beute erhalten (1Sam 30,21-26). Persönliche Feinde, die ihm das Schicksal in die Hände spielt, lässt er laufen (1Sam 24; 25; 26; 2Sam 19). Wo er als Richter agiert (oder zu agieren glaubt), zeigt er ein Herz für die Schwachen (2Sam 12,5f; 14,11).

[85] 2Sam 5,9.11. Die Erweiterung des Stadtgebiets ist offenbar so vorgestellt, dass am Ofeloder am Zionsberg hangabwärts Abfangmauern aufgezogen und dahinter Aufschüttungen bis in die Höhe der Hügelkrone vorgenommen wurden.

[86] 1Sam 16,7; 13,14.

[87] Zur regelmässig wiederkehrenden Mitseinsformel siehe oben 2.2.

[88] 1Sam 22,5; 23,1-5.12; 2Sam 2,1; 5,17-25; 21,1.

[89] 1Sam 14,18f.37; 28,6.

[90] Zu denken ist an die Propheten Gad (1Sam 22,5; 2Sam 24,10ff), Natan (2Sam 7; 12; 1Kön 1), auch Samuel (1Sam 13,14; 16,1-13; 19,18-24) sowie an die Priester Abjatar und Zadok (1Sam 22,20-23; 2Sam 15,23ff).

[91] Vgl. das Zerwürfnis mit Samuel (1Sam 13; 15; 28) und den Massenmord am Priestergeschlecht von Nob (1Sam 22f).

[92] Z.B. 1Sam 23,10f; 25,32.39; 2Sam 7,18-29; 12,13; 24,10.17; 1Kön 47b-48. Laut Veijola 2000, 178, verdanken sich all diese kurzen Prosagebete übrigens einer späten, deuteronomistischen Redaktion. Ähnliches gilt für die David in den Mund gelegten Psalmen 2Sam 22 und 23,1-5. Das Stossgebet 2Sam 15,31 hingegen gehört einem vor-deuteronomistischen Textstratum an.

[93] Im einzigen, im Wortlaut mitgeteilten Gebet beklagt Saul Gottes Schweigen: 1Sam 14,41.

[94] 2Sam 7,2; 24,16-24 und dazu Schenker 1982 und Dietrich 1992, 31-37. Der Chronist hat David noch viel mehr für den Tempel tun, ihn nämlich konkrete Vorbereitungen für dessen Bau und für den darin zu zelebrierenden Kult treffen lassen; hiernach hätte Salomo nur mehr das von David vorweg Bedachte in die Tat umsetzen müssen (1Chr 22-29).

[95] 2Sam 6,17; 1Kön 1,39.

[96] 2Sam 11,11; 15,24f.

[97] 2Sam 6,13f. Ähnliches wird von Salomo erzählt, vgl. 1Kön 8. Übrigens figurieren alle Davidsöhne in einer Beamtenliste als Priester (2Sam 8,18).

[98] 1Sam 13,8-14.

⁹⁹ Zweimal wirft Saul nach David den Spiess, während dieser musiziert: 1Sam 18,11; 19,10. (David scheint gewitzt genug gewesen zu sein, den Patienten aus dem Augenwinkel zu beobachten!) Hinzu kommen noch andere, mehr indirekte Mordversuche Sauls (1Sam 18,20-26; 19,11f) und später die Verfolgung des flüchtigen David.

¹⁰⁰ 1Sam 17,37.44-47.

¹⁰¹ Vgl. 2Sam 21,19 und dazu Dietrich 1996.

¹⁰² 1Sam 25,22.34. Auch wird erzählt, dass David skrupellos die Sympathien anderer ausnutzt, auch wenn er diesen damit schadet (vgl. 1Sam 21f, vor allem das Bekenntnis 22,22, sowie 1Sam 19,17; 20,33).

¹⁰³ 1Sam 27,8-12.

¹⁰⁴ Vgl. 1Sam 25 (und dazu die schöne Arbeit von Levenson 1978) sowie 2Sam 16,7 und 12,1-15.

¹⁰⁵ 2Sam 15–19. Obwohl er es versucht, kann David den Tod seines Kindes nicht verhindern. Der dafür Verantwortliche, General Joab, und sein Bruder Abischai – die ‹Zeruja-Söhne›, gegen die David kaum ankommt (2Sam 16,9; 18,2; 19,23; 20,4ff) – mögen Leitbilder der Gewalt sein, nicht David. Vgl. hierzu die ausführlichen Analysen von Bietenhard 1998.

¹⁰⁶ Die kritische Analyse von 1Kön 1f ergibt einen Textgrundbestand, der von den Vorgängen um die Machtübernahme Salomos ein äusserst düsteres Bild zeichnet, vgl. Veijola 1975, 5-29, und Dietrich 1997, 253-257.

¹⁰⁷ Es gibt vier solche Sammlungen: Ps 3–41; 51–72; 108–110; 138–145. Die Davidisierung des Psalters ist neuerdings gründlich untersucht worden von Kleer 1996.

¹⁰⁸ Ps 3; 7; 18; 34; 51; 52; 54; 56; 57; 59; 60; 63; 142.

¹⁰⁹ Vgl. 1Sam 23,12.19; 26,1; 30,6.

¹¹⁰ Freilich geben die Erzähler ein wenig Gegensteuer, indem sie Davids Rückzug aus Jerusalem laut beklagt werden (2Sam 15,23) und ihn im transjordanischen Gilead tatkräftige Hilfe finden lassen (2Sam 17,27-29).

¹¹¹ Insofern sind die wissenschaftlichen Beiträge, welche in den Samuelbüchern schlankweg eine «Legitimation» oder eine «apology» Davids meinen erkennen zu können (Weiser 1966; McCarter 1980, 1981), zu einseitig.

¹¹² Es sind natürlich meist die Gegner, deren Verluste an Menschen und Material benannt werden: die Philister, die «Zehntausende» verloren (1Sam 18,6 u.ö., vgl. 17,52), Nomadenstämme des Südens (1Sam 27,8f; 30,17). Die Leiden des eigenen Volkes werden in 2Sam 18,8 angedeutet. Womöglich spiegeln sie sich auch darin, dass die von David vorgenommene Volkszählung – durchgeführt durch den Armeechef Joab als eine Art Generalmusterung (2Sam 24,1-9) – dezidiert als Sakrileg hingestellt wird.

¹¹³ Zur Textschichtung in 2Sam 7 vgl. Dietrich 1992, 114-136.158f.

¹¹⁴ Angedeutet findet sich dies in 2Sam 7,8-16, ausgeführt in 1Kön 5,17f und 1Chr 22,8f; 28,3. Den biblischen Schreibern wird zupass gekommen sein, dass im Namen Salomo das Wort für «Friede» (hebr. *šālôm*) mitzuklingen scheint – auch wenn dies kaum die ursprüngliche Bedeutung des Namens trifft, dieser vielmehr ein sog. Ersatzname sein dürfte, der an Batsebas gefallenen Ehemann oder an ihr verstorbenes Kind erinnern, vgl. 2Sam 11f und dazu Stamm 1980.

¹¹⁵ Die Batseba-Salomo-Novelle 2Sam 11 + 1Kön 1f ist vermutlich einer der ältesten Bestandteile der Davidüberlieferung, vgl. Dietrich 2000a.

¹¹⁶ Bis zur Erhebung Davids zum König Israels (2Sam 3) ist sie ohnehin dominant, doch bleibt sie danach weiter präsent (wobei man die *Benjaminiten* Schimi und Scheba, dezidiert Stammesgenossen Sauls, gewiss einzubeziehen hat): 2Sam 7,9; 9,1-13; 12,7f; 16,1-4.5-14; 19,17-24.25-31; 20,1-22; 21,1-14; 1Kön 2,8f.36-40. Näheres zu dieser Thematik bei Dietrich 1997b, 62-67.263-268.282-289.

¹¹⁷ Die überwiegend düstere Familiengeschichte Davids wird hauptsächlich im Bereich der sog. Thronfolgegeschichte erzählt (2Sam 11–19; 1Kön 1f), die sich indes kaum als eigenständige literarische Einheit erweisen lässt (trotz der neuerlichen Untersuchung Seilers nicht) – genauso wenig, wie die davon traditionell gern unterschiedene (und im Bereich von 1Sam 16

– 2Sam 5 gesuchte) sog. Aufstiegsgeschichte. Beides ist eng ineinander verflochten, beides ist auch in der Tendenz keineswegs so unterschiedlich, wie oft angenommen, sondern prodavidisch und davidkritisch zugleich. Vgl. zur Diskussion Dietrich / Naumann 1995 und zu alternativen bzw. integrativen Lösungsansätzen Gunn 1978 oder Dietrich 1997b, 229-273.

[118] 2Sam 15,1-6.

[119] 2Sam 12,12; fast wortwörtlich gleich in Ps 51,6.

[120] Damit wird eine Formulierung vom Ende der Skandalerzählung aufgenommen: «Und schlecht war die Sache, die David getan hatte, in den Augen Jhwhs» (2Sam 11,27b). Dieses Urteil – das dann ja der Prophet Natan David zu übermitteln hat (2Sam 12,1ff) – haftete tief im Gedächtnis der Nachwelt.

[121] Zur Analyse von 2Sam 24 vgl. die Arbeit von Schenker 1982. Die dort angestellten Überlegungen freilich, dass David die Volkszählung durchaus hätte durchführen dürfen, hätte er nur die nötigen kultischen Sicherheitsvorkehrungen getroffen, entschärfen das Problem der rätselhaften Feindseligkeit Gottes, das sich in 2Sam 24,1 derart anstössig stellt, dass der Chronist es vorzog, anstelle Gottes Satan zum Versucher zu machen (1Chr 21,1). Zum theologischen Problem vgl. Dietrich / Link 2000, 75-85.

[122] Bei der feierlichen Prozession kam laut 2Sam 6,1-6 der Ochsenwagen, auf dem die Lade stand, ins Wanken, und ein Priester, der sie stützen wollte, fiel augenblicklich tot um. David wurde «zornig» über dieses Zeichen göttlichen «Zorns» (2Sam 6,7f), doch blieb ihm nichts übrig, als die Prozession abzubrechen und auf ein Zeichen göttlichen Einverständnisses zu warten (2Sam 6,9-12).

[123] Vgl. 2Sam 7,1-11 und dazu den Forschungsüberblick bei Dietrich / Naumann 1995, 143-148.

Bibliographie*

Arneth, M., 2000: *«Sonne der Gerechtigkeit». Studien zur Solarisierung der Jahwe-Religion im Lichte von Psalm 72* (Beihefte zur Zeitschr. für Altorientalische und Biblische Rechtsgeschichte, Bd. 1), Wiesbaden: Harrassowitz.

Bietenhard, S.K., 1998: *Des Königs General. Die Heerführertraditionen in der vorstaatlichen und frühen staatlichen Zeit und die Joabgestalt in 2 Sam 2-20; 1 Kön 1-2* (Orbis Biblicus et Orientalis, 163), Fribourg / Göttingen: Universitätsverlag / Vandenhoeck.

Biran, A. / Naveh, J., 1993: «An Aramaic Stele from Tel Dan» in *Israel Exploration Journal*, 43, pp. 81-98.

Biran, A. / Naveh, J., 1995: «The Tel Dan Inscription: A New Fragment» in *Israel Exploration Journal*, 45, pp. 1-18.

Borger, R., 1956: *Die Inschriften Asarhaddons, Königs von Assyrien* (Archiv für Orientforschung, Beih. 9), Graz: Selbstverlag E. Weidner.

Borger, R., 1996: *Beiträge zum Inschriftenwerk Assurbanipals*, Wiesbaden: Harrassowitz.

Braun, J., 1999: *Die Musikkultur Altisraels/Palästinas. Studien zu archäologischen, schriftlichen und vergleichenden Quellen* (Orbis Biblicus et Orientalis, 164), Fribourg / Göttingen: Universitätsverlag / Vandenhoeck.

Castellino, G.R., 1972: *Two Šulgi Hymns (BC)* (Studi semitici, 42), Rom: Istituto di studi del vicino oriente.

Clines, D.J.A. / Eskenazi, T.C. (eds.), 1991: *Telling Queen Michal's Story* (Journal for the Study of the Old Testament, Suppl. Ser. 119), Sheffield: Academic Press.

de Pury, A. / Römer, T. (ed.), 2000: *Die sogenannte Thronfolgegeschichte Davids. Neue Einsichten und Anfragen* (Orbis Biblicus et Orientalis, 176), Fribourg / Göttingen: Universitätsverlag / Vandenhoeck.

Dietrich, M., 1970: *Die Aramäer Südbabyloniens in der Sargonidenzeit* (Alter Orient und Altes Testament, 7), Kevelaer / Neukirchen-Vluyn: Butzon & Bercker / Neukirchener.

Dietrich, M. / Dietrich, W., 1998: «Zwischen Gott und Volk. Einführung des Königtums und Auswahl des Königs nach mesopotamischer und israelitischer Anschauung» in *FS Oswald Loretz* (Alter Orient und Altes Testament, 250), Münster: Ugarit-Verlag, pp. 215-264.

Dietrich, W., 1986: «Das harte Joch (1 Kön 12,4). Fronarbeit in der Salomo-Überlieferung» in *Biblische Notizen*, 34, pp. 7-16.

Dietrich, W., 1992: *David, Saul und die Propheten* (Beiträge zur Wissenschaft vom Alten und Neuen Testament, 122, 2.Aufl.), Stuttgart u.a.: Kohlhammer.

Dietrich, W., 1996: «Die Erzählungen von David und Goliat in I Sam 17» in *Zeitschrift für die alttestamentliche Wissenschaft*, 108, pp. 172-191.

Dietrich, W., 1997a: «*dāwīd, dôd* und *bytdwd*» in *Theologische Zeitschrift*, 53, pp. 17-32.

Dietrich, W., 1997b: *Die frühe Königszeit in Israel. 10. Jahrhundert v.Chr.* (Biblische Enzyklopädie, 3), Stuttgart u.a.: Kohlhammer.

Dietrich, W., 2000a: «Das Ende der Thronfolgegeschichte» in de Pury, A. / Römer, Th. (eds.), *Die sogenannte Thronfolgegeschichte Davids. Neue Einsichten und Anfragen* (Orbis Biblicus et Orientalis, 176), Fribourg / Göttingen: Universitätsverlag / Vandenhoeck, pp. 38-69.

Dietrich, W. / Link, Chr., 2000: *Die dunklen Seiten Gottes. Bd. 2: Allmacht und Ohnmacht*, Neukirchen-Vluyn: Neukirchener.

Dietrich, W. / Naumann, Th., 1995: *Die Samuelbücher* (Erträge der Forschung, 287), Darmstadt: Wiss. Buchgesellschaft.

Falkenstein, A. / von Soden, W., 1953: *Sumerische und Akkadische Hymnen und Gebete*, Zürich / Stuttgart: Artemis.

Fritz, V., 1995: «Die Verwaltungsgebiete Salomos nach 1.Kön. 4,7-19» in Weippert, M. / Timm, S. (eds.), *Meilenstein. FS H. Donner* (Ägypten und Altes Testament, 30), Wiesbaden: Harrassowitz, pp. 19-26.

Gunn, D.M., 1978: *The Story of King David. Genre and Interpretation* (Journal for the Study of the Old Testament, Suppl. Ser. 6), Sheffield: Academic Press.

Hübner, U., 1992: *Die Ammoniter* (Abhandlungen des Deutschen Palästinavereins, 16), Wiesbaden: Harrassowitz.

Jobling, D., 1976: «Saul's Fall and Jonathan's Rise» in *Journal of Biblical Literature*, 95, pp. 367-376.

Kleer, M., 1996: *«Der liebliche Sänger der Psalmen Israels». Untersuchungen zu David als Dichter und Beter der Psalmen* (Bonner Biblische Beiträge, 108), Bodenheim: Philo.

Kraus, F.R., 1974: «Das altbabylonische Königtum» in Garelli, P. (éd.), *XIXe Rencontre Assyriologique Internationale*, Paris: Geuthner, pp. 235-261.

Levenson, J.D., 1978: «1 Samuel 25 as Literature and as History» in *Catholic Biblical Quarterly*, 40, pp. 11-28.

Mayer, W., 1995: *Politik und Kriegskunst der Assyrer* (Abhandlungen zur Literatur Alt-Syrien-Palästinas und Mesopotamiens, 9), Münster: Ugarit-Verlag.

Mayer, W.R., 1987: «Ein Mythos von der Erschaffung des Menschen und des Königs» in *Orientalia*, 56, pp. 55-68.
McCarter, P.K., 1980: «The Apology of David» in *Journal of Biblical Literature*, 99, pp. 489-504.
McCarter, P.K., 1981: «‹Plots, True or False›. The Succession Narrative as Court Apologetic» in *Interpretation*, 35, pp. 355-367.
Niemann, H.M., 1993: *Herrschaft, Königtum und Staat. Skizzen zur soziokulturellen Entwicklung im monarchischen Israel* (Forschungen zum Alten Testament, 6), Tübingen: Mohr.
Pritchard, J.B., 1954: *The Ancient Near East in Pictures Relating to the Old Testament*, Princeton: University Press.
Röllig, W., 1986: «Assur, Geissel der Völker. Zur Typologie aggressiver Gesellschaften» in *Saeculum*, 37, pp. 73-107.
Rost, L., 1926: *Die Überlieferung von der Thronnachfolge Davids* (Beiträge zur Wissenschaft vom Alten und Neuen Testament, 42), Stuttgart: Kohlhammer.
Schenker, A., 1982: *Der Mächtige im Schmelzofen des Mitleids* (Orbis Biblicus et Orientalis, 42), Fribourg / Göttingen: Universitätsverlag / Vandenhoeck.
Seiler, S., 1998: *Die Geschichte von der Thronfolge Davids (2 Sam 9–20; 1 Kön 1–2). Untersuchungen zur Literarkritik und Tendenz* (Beihefte zur Zeitschrift für die alttestamentliche Wissenschaft, 267), Berlin u.a.: de Gruyter.
Stamm, J.J., 1980: «Der Name des Königs Salomo» (1960) in ders., *Beiträge zur hebräischen und altorientalischen Namenkunde* (Orbis Biblicus et Orientalis, 30), Fribourg / Göttingen: Universitätsverlag / Vandenhoeck, pp. 45-57.
Syrén, R., 1993: *The Forsaken First-Born. A Study of a Recurrent Motif in the Patriarchal Narratives* (Journal for the Study of the Old Testament, Suppl. Ser. 133), Sheffield: Academic Press.
Veijola, T., 1975: *Die ewige Dynastie. David und die Entstehung seiner Dynastie nach der deuteronomistischen Darstellung*, Helsinki: Suomalainen Tiedeakatemia.
Veijola, T., 1990: «David und Meribaal» (1978) in ders., *David. Gesammelte Studien zu den Davidüberlieferungen des Alten Testaments*, Helsinki / Göttingen: Finnische Exegetische Gesellschaft / Vandenhoeck, pp. 58-83.
Veijola, T., 2000: «Das Klagegebet in Literatur und Leben der Exilsgeneration am Beispiel einiger Prosatexte» (1983) in ders., *Moses Erben. Studien zum Dekalog, zum Deuteronomismus und zum Schriftgelehrtentum* (Beiträge zur Wissenschaft vom Alten und Neuen Testament, 149), Stuttgart u.a.: Kohlhammer, pp. 176-191.
von Soden, W., 1954: *Herrscher im alten Orient*, Berlin u.a.: Springer.
Wäfler, M., 1975: *Nicht-Assyrer neuassyrischer Darstellungen* (2 Bde), Kevelaer: Butzon und Bercker.
Wälchli, S., 1999: *Der weise König Salomo. Eine Studie zu den Erzählungen von der Weisheit Salomos in ihrem alttestamentlichen und altorientalischen Kontext* (Beiträge zur Wissenschaft vom Alten und Neuen Testament, 141), Stuttgart u.a.: Kohlhammer.
Weippert, M., 1972: «Heiliger Krieg in Israel und Assyrien» in *Zeitschrift für die alttestamentliche Wissenschaft*, 84, pp. 460-493.
Weiser, A., 1966: «Die Legitimation des Königs David» in *Vetus Testamentum*, 16, pp. 325-354.

Weiss, H., 1997: Art. «Akkade» in *The Oxford Encyclopaedia of Archaeology in the Near East*, vol. 1, New York / Oxford: Oxford University Press, pp. 41-44.

Westenholz, J.G., 1997: *Legends of the Kings of Akkade. The Texts* (Mesopotamian Civilizations, 7), Winona Lake IN: Eisenbrauns.

Zitelmann, A., 1999: *Jonatan, Prinz von Israel. Roman aus der frühen Königszeit*, Weinheim / Basel: Beltz.

* Zu «ANET» und «TUAT» s.o. Anm.3.

David's Enemies

STEVEN L. MCKENZIE

Abstract:

My paper is something of a synopsis of the portrait of David in my book, *King David: A Biography* (Oxford University Press, 2000). I begin with the view, common among biblical scholars, that the account in 1Sam 16 – 1Kgs 2 is based on material that was apologetic in nature and sought to legitimate David. Since apology by definition is designed to obscure history, my approach is to read «against the grain» by proposing that David was indeed responsible for the deeds against which the narrative seems to defend him. In so doing, I also employ the following assumptions as techniques for reconstructing the David behind the biblical narrative.

Analogy. David's actions would have been analogous with those of other human beings and especially with those of other Near Eastern monarchs. He would have possessed the same drives toward ambition and self-preservation as any person, particularly one in power. More specifically, his execution of Saul's sons (2Sam 21:1-14) is analogous to the annihilation of the previous royal house typically carried out by usurpers (1Kgs 15:29;16:11; 2Kgs 10:11; etc.) and was probably motivated by the same political concerns.

Cui bono («Who benefitted?»). The fact that David was the primary beneficiary from the deaths of the series of adversaries described in 1-2Samuel (Nabal, Saul and his heirs, Abner, Ishbaal, Amnon, Absalom, and Amasa) raises the suspicion that David was responsible for them, despite the narrator's protests to the contrary.

Overstress. The more the narrative seems at pains to assert David's innocence and uninvolvement, the more likely that the opposite was true. Thus, all of 1Sam 24 – 2Sam 1 seems devoted to proving David's non-complicity in Saul's death: 1Sam 24–26 contend that he refused to kill «Yahweh's anointed» when he had the chance, so that he must not have done so ultimately; chapters 27–30 depict David as being far removed from the battle in which Saul lost his life; 1Sam 31 – 2Sam 1 describe Saul's death at his own hand as well as David's great remorse and his execution of the man who claimed to have finished Saul off.

Apologetic pattern. The accounts of David's adversaries share a pattern: someone who is an obstacle to David's career dies at an opportune moment for David (Nabal, Saul and his heirs, Abner, Ishbaal, Absalom). The death is often violent and under questionable circumstances. In some cases (Saul and Ishbaal) David has the killers executed. In others (Abner, Absalom, Amasa) Joab is blamed and reprimanded but not punished. Indeed, Joab's assassinations of Abner and Amasa are essentially identical. David then laments profusely over the deaths of Saul and Jonathan, Abner, and Absalom. Finally, in 2Sam 13–20 especially, the gentleness of David in contrast to the harshness of the «sons of Zeruiah» appears as a *Leitmotif.*

Oddities. There are a number of odd and intriguing features in these narratives that hint that more is going on beneath the surface of the story. These features may lend themselves to various explanations, but some of them at least suggest a more direct involvement by David in the deaths of his enemies than the narrative as a whole admits.

In short, David's enemies met a common fate, and a critical reading of the narrative as apology indicates that they did so at his hand. The one exception is also the most renowned: 2Sam 21:19 attributes the slaying of Goliath to Elhanan the Bethlehemite, and the name Goliath occurs only twice (V.4, 23) in the Hebrew text of 1Sam 17. The Philistine champion in the story was originally nameless.

Zusammenfassung:

Dieser Beitrag ist eine Art Kurzfassung des Davidporträts, das ich in meinem Buch *King David: A Biography* (Oxford University Press, 2000, deutsch: «König David», 2002) entworfen habe. Ich setze ein mit der unter Bibelwissenschaftlern verbreiteten Einsicht, dass der Bericht 1Sam 16 – 1Kön 2 auf Material beruht, das apologetischer Natur und zur Legitimation Davids gedacht ist. Da Apologetik von Haus der Verdunkelung von Geschichte dient, ist es mein Ansatz, die Texte «gegen den Strich» zu lesen: Ich unterstelle, dass David tatsächlich verantwortlich war für die Taten, gegen die ihn die Erzählung in Schutz zu nehmen scheint. Dabei verwende ich die folgenden methodischen Hilfsmittel zur Rekonstruktion des *hinter* der biblischen Erzählung stehenden David:

Analogie. Davids Aktionen werden analog zu denen anderer Menschen und insbesondere zu denen anderer altorientalischer Monarchen gewesen sein. Er wird denselben Drang zu Aufstieg und Selbsterhaltung besessen haben wie jede Person und wie besonders die Inhaber von Macht. Speziell die von ihm veranlasste Exekution der Saul-Söhne (2Sam 21,1-14) entspricht dem Brauch von Usurpatoren, das vorangehende Herrscherhaus auszulöschen (1Kön 15,29; 16,11; 2Kön 10,11 u.ö.), und wahrscheinlich diente sie den nämlich politischen Zielen.

Cui bono («Wer hatte den Vorteil?»). Die Tatsache, dass David der Hauptnutzniesser einer Reihe von Todesfällen unter seinen Gegnern war (Nabal, Saul und seine Nachkommen, Abner, Eschbaal, Amnon, Abschalom, Amasa), weckt den Verdacht, dass er – ungeachtet aller Proteste der Erzähler – dafür auch verantwortlich war.

Überbetonung. Je mehr sich die Erzählung um den Nachweis von Davids Unschuld und Nicht-Verwickeltsein bemüht, umso wahrscheinlicher ist das Gegenteil richtig. Der gesamte Passus 1Sam 24 – 2Sam 1 dient dem Nachweis, dass David mit Sauls Tod nichts zu tun hatte: Nach 1Sam 24–26 weigert er sich, «Jhwhs Gesalbten» bei günstiger Gelegenheit umzubringen, die Kapitel 27–30 versetzen ihn weit weg von der Schlacht, in der Saul sein Leben verlor; 1Sam 31 und 2Sam 1 erzählen, dass Saul von eigener Hand starb und dass David sehr um ihn trauerte und den Mann, der Saul den Todesstoss versetzt haben wollte, hinrichten liess.

Apologetische Strukturmuster. Die Berichte von Davids Gegnern haben ein gemeinsames Muster: Jemand, der Davids Karriere im Weg steht, stirbt in einem für David günstigen Augenblick – oft eines gewaltsamen Todes und unter obskuren Umständen. In einigen Fällen (Saul und Eschbaal) lässt David die Mörder exekutieren, in anderen (Abner, Abschalom, Amasa) wird Joab der Tat bezichtigt und dafür getadelt, aber nicht bestraft; Joabs Morde an Abner und Amasa sind weitgehend identisch. David indes beklagt den Tod von Saul und Jonatan, von Abner und von Abschalom überschwenglich. Der Gegensatz zwischen Davids Grossmut und der Brutalität der «Zerujasöhne» wird besonders in 2Sam 13–20 zum Leitmotiv.

Merkwürdigkeiten. Einige merkwürdige und irritierende Züge in den Erzählungen verraten, dass da mehr vorgefallen ist, als sich an der Erzähloberfläche zeigt. Für diese Züge mag es unterschiedliche Erklärungen geben, doch zumindest einige von ihnen lassen eine direktere Verwicklung Davids in den Tod seiner Gegner vermuten, als die Erzählung preisgeben möchte.

Kurzum, Davids Gegner ereilte ein gemeinsames Schicksal, und dieses kam, wie eine kritische Lektüre der apologetisch gefärbten Erzählung zeigt, von der Hand Davids. Der einzige Fall, der eine Ausnahme macht, ist zugleich der berühmteste: 2Sam 21,19 schreibt die Tötung Goliats dem Betlehemiter Elhanan zu. Im hebräischen Text von 1Sam 17 begegnet der Name Goliat lediglich zweimal (V.4.23). Ursprünglich hatte der Philisterrecke in der Erzählung keinen Namen.

Résumé:

Cet article donne en quelque sorte un condensé du portrait de David que j'ai présenté dans mon livre (*King David: A Biography*, Oxford University Press: 2000). Je pars de l'idée, communément admise par les chercheurs, que l'épisode biblique (de 1Sam 16 à 1Rois 2) se fonde sur des sources de nature apologétique qui cherchaient à légitimer David. L'apologie tendant par définition à occulter l'histoire, je propose ici de prendre le contre-pied de l'apologie en attribuant à David la pleine responsabilité des crimes dont le récit semble vouloir le disculper. Ce faisant, je me sers des hypothèses suivantes pour reconstituer le personnage qui se cache derrière le récit:

Analogies. Les actions de David étaient analogues à celles d'autres êtres humains, et tout particulièrement à celles d'autres souverains du Proche-Orient. Il avait les mêmes instincts d'ambition et de conservation que n'importe qui, et surtout l'instinct du pouvoir. L'exécution des fils de Saül, notamment (2Sam 21,1-14), rappelle l'élimination de la lignée royale antérieure qui caractérise les usurpateurs (1Rois 15,29; 16,11; 2Rois 10,11, etc.); elle découlait probablement des mêmes calculs politiques.

À qui cela profitait-il? La mort de ses adversaires (Nabal, Saül et ses héritiers, Abner, Ishbaal, Amnon, Absalom et Amasa), rapportée dans les livres de Samuel, profitait en premier lieu à David lui-même – ce qui fait soupçonner qu'il en était responsable, même si le narrateur soutient le contraire.

Exagérations. Plus le récit insiste sur l'innocence de David, assurant qu'il n'a rien à voir avec ces décès, plus il est probable que c'est le contraire qui est vrai. Ainsi, le passage de 1Sam 24 à 2Sam 1 semble entièrement consacré à démontrer que David n'était pas impliqué dans la mort de Saül: les chapitres 1Sam 24 à 26 s'attachent à raconter comment il épargna «l'oint de Yahvé» alors que l'occasion se présentait à lui de le tuer, ce qui suggère qu'il ne l'a pas tué plus tard non plus; les chapitres 27 à 30 soulignent que David était fort éloigné du champ de bataille où Saül trouva la mort; enfin, les chapitres 1Sam 31 à 2Sam 1 décrivent comment Saül périt de sa propre main, et comment David se lamenta et fit exécuter l'homme qui disait avoir donné la mort au roi blessé.

Schéma apologétique. Les histoires des adversaires de David suivent toutes le même schéma: un homme qui fait obstacle à la carrière de David (Nabal, Saül et ses héritiers, Abner, Ishbaal, Absalom) meurt à un moment opportun pour ce dernier. Ce sont souvent des morts violentes, survenues dans des circonstances douteuses. Dans certains cas (Saül, Ishbaal), David fait exécuter les assassins. Dans d'autres (Abner, Absalom, Amasa), il blâme et réprimande le meurtrier – Joab en l'occurrence – mais ne le punit pas. De fait, les meurtres d'Abner et d'Amasa sont pratiquement identiques. David se lamente abondamment après la mort de Saül et de Jonathan, d'Abner et d'Absalom. Enfin, dans 2Sam 13 à 20 surtout, la bonté de David, opposée à la rudeur des «fils de Çeruya», fait figure de leitmotiv.

Détails insolites. Nombre de passages surprenants et insolites indiquent qu'au-delà des mots, il y a beaucoup de choses que l'histoire ne dit pas. Si ces passages peuvent se prêter à des explications diverses, certains d'entre eux suggèrent à tout le moins que David était plus impliqué dans la mort de ses ennemis que le récit veut bien l'admettre.

Les ennemis de David partagent donc tous le même sort, et une lecture critique du récit à tendance apologétique montre que David en était l'artisan. Le seul cas qui fasse exception est justement le plus connu: Selon 2Sam 21,19, c'est Elhanân, de Bethléem, qui tua Goliath, et le texte hébreu de 1Sam 17 ne mentionne que deux fois ce nom de Goliath (v. 4, 23). Le champion des Philistins dont parle l'histoire n'avait pas de nom à l'origine.

Key words:

Apologetic/apology; assassination, murder; usurper; David

1. Preliminaries

My approach to the Bible's account of David is laid out in my book *King David: A Biography*.[1] In brief, the search for the historical David is limited to the biblical material. The recently discovered Tel Dan inscription mentions the dynasty or «house of David»[2], but there is no direct reference to David or information about his life in any contemporary source outside of the Bible. This search is further restricted for all practical purposes to the section about David in the Deuteronomistic History (1Sam 16 – 1Kgs 2). The references to David in Psalms are predominantly in the headings, which are later additions apparently based on Samuel-Kings and historically unreliable. Outside of the headings David's name occurs only a handful of times within psalms, without any information about his life. The account in Chronicles is also based primarily on Samuel-Kings, the differences resulting mostly from the Chronicler's ideological and stylistic alterations, though the possibility that Chronicles preserves older, useful data should be kept open.

The Deuteronomistic Historian (henceforth «Dtr») seems to have drawn on older sources in composing the story of David. Scholars typically designate these the «Story or History of David's Rise» in much of 1Sam 16–31 and the «Succession Narrative» or «Court History» in much of 2Sam. Until quite recently the Davidic-Solomonic date of these sources, especially the so-called «Succession Narrative» was nearly universally accepted. Today, however, there is considerable debate over the date and nature and even the existence of these sources. The issues are complex and cannot be treated here. Whatever the origin of this material, what is important for this presentation is the pro-Davidic, apologetic tone of the material that scholars have long recognized. This feature surfaces especially where David's enemies are concerned. Throughout 1-2Sam those who stand in the way of David's advancement inevitably die at opportune moments for his career but without his involvement. The text often seems to go out of its way in order to point out that David was elsewhere at such moments and ignorant of the deaths of his adversaries. In fact, the author even explains that, when possible, David punished those who actually did the killing. This apologetic flavor is a literary feature, but it has implications for the historicity of the story. For who would invent accusations of murder against David only to try to explain them away? In order to reconstruct history one must read «against grain of the narrative», that is try to discern the features of it that are apologetic and then suggest an alternative that is analogous to the practices of ancient Near Eastern monarchs and to human beings in general. Often the narrative itself raises problems for its apologetic claims and points to a different historical reality. The following survey of the narratives about David's principal enemies illustrates this approach.

2. Nabal

The story of David's encounter with Nabal and Abigail in 1Sam 25 is paradigmatic for an apologetic reading of the David story.³ Judging from his great wealth (V.2), «Nabal» was probably the chieftain of the Calebites (V.3), the leading clan in the tribe of Judah, and hence was an important political figure as well.⁴ Although couched in polite language, David's initial message to Nabal was essentially extortion. He makes it clear that he could take what he wanted from Nabal's shepherds at any time (V.7). The peace he wished to Nabal was contingent on Nabal's payment of the «gift». The story freely admits David's intent to obliterate all the males (every «one who pisseth on the wall», V.22 KJV) in Nabal's household. The violent intent is partly justified by Nabal's depiction as an unsavory character (V.3). But also, the story explains how Abigail prevents David from shedding innocent blood by convincing him to leave vengeance to Yahweh, and indeed, Nabal's death a short time later is attributed to Yahweh.

It is obvious that David benefited enormously from Nabal's death, and here we have the pattern that will become familiar throughout the David story. An important figure who stands in his way dies at an opportune moment under questionable circumstances, yet his innocence is asserted. It is hard to overstate how important Nabal's death was for David. He married the widow, Abigail, and through her assumed Nabal's wealth and status among the Calebites, the leading clan in Judah. Overnight he became the richest and most powerful man in Judah; the throne over Judah was but a short step from there. Thus, when David entered Hebron, the Calebite capital, to be crowned king over Judah, he did so with Abigail on his arm (2Sam 2:2). In light of these considerations, it is hard to avoid the suspicion that David was actually responsible for Nabal's demise.⁵ It is worth observing, furthermore, the contrast between the story of Abigail and Nabal and the more famous account of Bathsheba and Uriah later in 2Sam 11–12. In both cases, David apparently killed a man and took his wife. The difference is that 2Sam 11–12 make no attempt to cover up David's guilt but frankly recount David's crime. Unlike the surrounding narrative these chapters are not apologetic, and in my judgment are a later addition.

3. Saul

David's most obvious enemy in 1Sam is King Saul. Saul's enmity begins following the defeat of Goliath when he hears the women's victory song, «Saul has slain his thousands and David his ten thousands» (1Sam 18:7), and he begins to watch (literally, «eyed») David suspiciously from then on

(V.8). Saul's reaction here as elsewhere is part of the characterization of him as inept and unstable, tormented according to 1Sam 16:14-23 by an evil spirit from Yahweh. His jealousy and fear of David (1Sam 18:12, 15, 29), says the writer in effect, is irrational, even insane. David is completely blameless.

But a careful reading suggests that David was not so innocent and Saul not so irrational. Saul's fear, according to his words to Jonathan in 1Sam 20:31 («As long as the son of Jesse is alive upon the earth, you will not establish your kingship») was that David would prevent him from establishing a dynasty by taking Jonathan's place as his successor. The stories also make clear that Saul is not just afraid for his heir but for himself. 1Sam 18:8b puts it succinctly: «What more can he have than the kingdom?»[6] In other words, he fears that David will lead a revolt and overthrow him as king. The biblical story also indicates that David had both the capability and the desire to lead a revolt. It has long been recognized that the word «love» in the ancient Near East signifies political loyalty, so that when 1Sam 18:16 states that all Israel and Judah loved David, it is saying that the people of Israel and Judah were loyal to him. The reason is that he «went out and came in before them» (V.13). This is an idiom for military success. David «had success in all his undertakings» (V.14). He had won the devotion of the army as a war hero by his victories over their enemies. In short, the verse is saying that the army's primary loyalty was to David. The claim that all Israel and Judah were loyal to David is an exaggeration. But this text admits that David had acquired the power to rival Saul.

The story of David's marriage to Michal hints at David's political ambition. Saul spoke of Michal being a «snare» for David (V.21). But it was not Michal who was the real lure. Both Saul and David speak not of his marrying Michal but of his becoming the king's son-in-law. David is driven not by feelings for her but by ambition. He risks his life in order to enter into the royal family and closer to the power he craves. His ambition is obvious. And his slaughter of the Philistines for their foreskins attests his ruthlessness. Saul has good reason to be afraid.

I would speculate that the reason Saul drove David out and sought to kill him was because David had tried to overthrow Saul. 1Sam 18–20 admits that he was suspected of plotting to do so and suggests that he had the power and ambition for such an attempt. These chapters, of course, protest strongly against this accusation and assert that David was innocent of any intention to overthrow Saul. The modern reader is compelled by their «overstress» on this point to suppose precisely the opposite.[7] This is a radical suggestion, and impossible to prove. But it would account for the events the Bible describes as well as the vehemence of its apologetic denial of such a charge.

David was the one primarily responsible for Saul's death. A number of features of the narrative point in this direction, though the details of his involvement cannot be reconstructed. First, beginning with 1Sam 24, the rest of the book is preoccupied with trying to show that David had nothing to do with Saul's death. Thus, chapters 24 and 26 tell of occasions when David could have killed Saul but refused because he was Yahweh's anointed. Chapters 27–29 recount David's service of the Philistines as a mercenary but explain that he deceived them and actually remained loyal to Saul. His deception, by the Bible's own admission, entailed plundering Canaanite villages and slaughtering their inhabitants so that he could take the booty to the Philistines and claim that it came from Judah. David was ready to march to war with the Philistines against Saul because, the writer explains, once in battle he would turn against them and aid Saul. But the Philistines did not trust him and forced him to depart. Hence, while the battle on Gilboa was taking place, David and his men were far away pursuing the Amalekites who had raided Ziklag (chap. 30). Even chapter 28, which is probably a later addition,[8] shows by means of Saul's encounter with the medium at En-dor that his death was preordained by Yahweh. Finally, in what will become a familiar pattern, 1Sam 31 – 2Sam 1 recount David's grief at learning of the deaths of Saul and Jonathan and his execution of the man who claimed, probably falsely, to have finished off Saul at his own request. As in 1Sam 18–20, the narrative protests David's innocence and uninvolvement too much, and the critical reader is hard pressed not to suspect that the truth was otherwise.

There are other features that reinforce this suspicion. One of these concerns chronology. 2Sam 2:10-11 says that David ruled over Judah for seven and a half years but that Saul's son and successor, Ishbaal/Ishbosheth, reigned only two years over Israel. This indicates that during the final five and a half years of Saul's reign David was ruling over Judah. This might explain the Philistines' reference to him in 1Sam 21:12 – long before Saul's death – as the «king of the land». 1Sam 16:1-13, though likely a later addition, is also remarkably frank in admitting that David was anointed king long before Saul died. As king of Judah, David's relationship with the Philistines may have been more formal than the Bible indicates; the two entities, perhaps along with others (e.g., Nahash of the Ammonites, cf. 2Sam 10:1-2), may have formed a coalition against Saul, who was prepared to deal with the Philistines to his west but could not also withstand David on his south.

The setting of the battle between Saul and the Philistines on Mt. Gilboa is suspicious. This location is too far north of the territory of both combatants to make historical sense and likely reflects the author's attempt to distance David geographically from Saul's death. Even more suspicion is raised by the story in 2Sam 1, in which an Amalekite comes to David bringing news of Saul's death as well as his crown and armbands – the very symbols of Saul's power. The man's actions bespeak a widespread understanding that Saul was David's enemy and that David wished to be king. The narrative explains that David acted properly toward Saul and executed the Amalekite for extending his hand against Yahweh's anointed. But the story also admits that David ended up with the tangible symbols of Saul's royal authority, which would be strongly incriminating evidence. We may never know for sure exactly how or where Saul died. But we must at least suspect that David was involved. This suspicion is not just a modern one. Later, during Absalom's revolt as David fled Jerusalem, the Benjaminite, Shimei, jeered at David saying, «Yahweh has requited you for all the blood of the house of Saul, in whose place you have become king ... « (2Sam 16:8). Shimei and others clearly saw David as a usurper who had killed his predecessor, and this was likely historical reality.

4. Abner

The writer of 2Sam 2–3 goes to great lengths to show that David was not involved in Abner's assassination but that Joab acted purely on his own. In chapter 2 he provides a motive for Joab in the death of his brother Asahel at Abner's hand. In chapter 3 he relates that Abner initiated a treaty making David king of Israel, thus removing any motive David would have for killing him. The story also suggests here that the treaty called for Abner to be the army commander, providing yet more motive for Joab. Three times the text states that Abner left his meeting with David «in peace» (V.21.22.23). It also says explicitly that David knew nothing of Joab's summons of Abner (V.26) and that he found out about the murder only after it had happened (V.28). It even hints that David was aware of Joab's grudge against Abner and tried to avoid any confrontation by sending Joab out on a raid when Abner was due to visit (3:22-25). David's innocence is further indicated in his reaction to Abner's murder. He is described as distraught and terribly upset with Joab. He announces immediately that he and his kingdom are innocent of Abner's blood (V.28). He places the guilt squarely on Joab and curses his family with disease and suffering as retribution (V.28-29). He distances himself from the «sons of Zeruiah», who are too violent for him. He also composes a eulogy for Abner (V.33-34) and calls him «a prince and a great man in Israel» (V.38). He mourns bitterly for him with fasting (V.33) and commands Joab and the army also to mourn (V.31). The end result, reports the writer, is that everyone was pleased with David's actions and understood that he had no part in Abner's death (V.37).

But, the very fervency with which the writer asserts David's innocence leads a historian to suspect his complicity, and an inspection of the details of the story augments this suspicion. To begin with, David had incentive to get rid of Abner. With Saul gone, Abner was the most powerful man in Israel. The Bible makes clear that he was the power behind Ishbaal's kingship (2Sam 2:8-10) and the one who controlled the army. With Abner gone, dominion over Benjamin and Israel would be there for the taking, and David would be without challengers. The story of Asahel's death, which supposedly furnished Joab's motive, is historically suspect. Apart from the private conversations between the two men on the battlefield, which the author obviously could not have known, the portrait of Asahel here as an inexperienced youth is in tension with his inclusion in the list of David's «mighty men» in 2Sam 23:18-19, where he is a seasoned warrior renowned, ironically, for his wielding of a spear. It is hard to see how Asahel could have died before David became king of Israel yet still appear on the honor roll for David's army. The story of his death may be fictional with a purely apologetic function. The same may be said of the story of the conflict between Abner and Ishbaal in 2Sam 3. Again, the author would not have had access to private conversations between the two men. In addition, Ishbaal's accusation and Abner's actions are also somewhat hard to believe. Both of them would have understood the implications of the affair with Rizpah. But it is unlikely that Abner was covertly trying to replace Ishbaal, since he had the power to do so openly at any time. It would also be very foolish of Ishbaal to accuse Abner of treason knowing that he actually controlled the power of the kingship. This entire story may have been contrived as a way of attributing to Abner the initiation of the parley with David. I suspect that the historical situation was otherwise and that David lured Abner to the negotiation session in order to have him assassinated.

This suspicion seems confirmed by consideration of David's response to Abner's death. In addition to the pattern that we have witnessed before in the deaths of Nabal and Saul whereby David's career benefits enormously from the death of his adversary, his profuse expression of grief mirrors his response to the news about Saul. There is also an overt comparison with Nabal's death in David's lament in 2Sam 3:33, which reads, «Should Abner die $k^e m \hat{o} t$ $n \bar{a} b \bar{a} l$?» which is usually translated «as a fool dies», but might be read «Should Abner die as Nabal died?» In any case, the allusion to Nabal is unmistakable. More important is the fact that despite the condemnations and curses that David heaps on Joab in the story, he does not punish him. This is a strong indication that he sanctioned Abner's death. The order to Solomon on his death bed is hardly historical; it is part of an apology for Solomon in 1Kgs 2 defending him for the bloodbath that accompanied his accession to the throne. The real reason for Joab's execution is that he supported Adonijah as David's successor instead of Solomon. Besides, the events in 1Kgs 2 take place 33 years later according to the chronology of 2Sam, when Joab is an old man. The punishment is meaningless after so long a time. In brief, it is logical to assume that Joab acted on orders from David in executing Abner.

5. Ishbaal and Saul's heirs

We need not pause long with Saul's heir, Ishbaal, called Ishbosheth in 2Sam.[9] 2Sam 4 tells how two of Ishbaal's own captains assassinated him as he slept and brought his head to David in hopes apparently of receiving a reward. As before, the writer claims that David was unaware of and uninvolved in this assassination. The story says David had the two assassins summarily executed and their dismembered corpses displayed in Hebron to show his displeasure at their crime. But Ishbaal's death came at an extremely convenient time for David. He was the last obstacle between David and the throne of Israel and as Saul's heir would always have been a source of concern for the usurper, David. Like the Amalekite in 2Sam 1, the actions of Ishbaal's assassins reflect a widespread understanding that David was the enemy of Ishbaal and would soon be king in his place. Also, as with Saul's death, David ended up with the incriminating evidence in his possession. Just as the Amalekite's story in 2Sam 1 may be designed to explain how David got Saul's diadem and bracelets, so this story explains how he came to have Ishbaal's head!

It is appropriate here to mention briefly the rest of Saul's heirs. According to 2Sam 21:1-14 David had seven sons and grandsons of Saul executed. The story explains that David was forced to do this in order to halt a famine incurred by Saul as punishment for his violation of a treaty with the Gibeonites. While the Bible mentions this treaty (Josh 9) there is no record of Saul's breaking it, and the apologetic nature of this story is patent. David is painted not as the typical Near Eastern usurper who wipes out his predecessor's line but as the hero who saves Israel from disaster caused by his predecessor. Only Mephibosheth[10] remains alive – albeit under house arrest – because he is lame and hence not a real threat. It is likely his survival that generated the motif of David's covenant with Mephibosheth's father, Jonathan. Similarly, David ensured that Saul's daughter Michal would not produce any more heirs to the throne by isolating her under palace arrest (2Sam 6:20-23), ostensibly as a member of his harem, though it remains doubtful whether she was ever actually married to him.

6. Amnon

The story of David's reign in 2Sam 13–19 recounts the deaths of two of his sons, Amnon and Absalom. I would suggest that they, too, were their father's enemies, and that these narratives are apologetic. There are several general reasons for this suggestion. First, at the times of their deaths Amnon and Absalom were each the oldest son and therefore heir to the throne. David likely perceived them as a threat to his own rule – all the more so with Amnon, whose mother, Ahinoam, may once have been Saul's wife. If so, «[Amnon's] removal eliminate[d] the last vestiges of Saul's legacy from the succession.»[11] Second, the accounts of their deaths, especially that of Absalom, evince a familiar pattern: the death of a prominent person benefits David, yet his involvement is emphatically denied – someone else is blamed, and David mourns bitterly. Third, a special motif emerges in this material – the gentleness of David in contrast particularly to the «sons of Zeruiah.» It surfaces twice in regard to Shimei (16:9-10; 19:21-22) but also is evident where David's sons are concerned. It is because he loves Amnon that he does not punish him (13:21), and the same is true by implication for Absalom. He orders the army not to harm Absalom (18:5), yet Joab violates the order (18:9-15). Hence, David is heartbroken at the death of each of his sons (13:36; 19:1). In short, David is too gentle for his own good. Violent deeds are consistently blamed on the sons of Zeruiah, who are just too rough for gentle David. But a modern historian evaluating these stories will doubt that a man with David's political savvy and longevity was quite so gentle with his enemies as the writer describes. Even 1Sam portrays him as a man who annihilated entire cities.

There are also hints of a different reality within the stories themselves. In the story of Amnon, the writer makes a special point of noting that Absalom invited David to the festival where Amnon was killed (2Sam 13:24-25) and even pressed David trying to persuade him to come, though David ultimately declined – and that is the point. Historically, it is unlikely that Absalom would have been so intent on inviting David, especially if he planned to kill Amnon. But this fits the apologetic intent of the story. «It may be that David was later suspected of complicity in the murder of Aminon. The narrator seems to be exerting himself to show that the king was in no way implicated.»[12] As in the case of Joab, Absalom's motive is presented as a personal desire for revenge. David is completely unaware of Absalom's actions, as he had been of Joab's. As with Saul, David is not present when Amnon is killed. As he had done with both Saul and Abner, David exhibits extreme sorrow at the news of Amnon's passing. Thus, again I suspect that David was a party to Amnon's assassination. This conclusion is supported by other details of the story. The claim that Absalom took refuge from

David for three years in Geshur (2Sam 13:37-39) is curious. David had a treaty with Talmai, king of Geshur that had been sealed by marriage to Maacah, Absalom's mother. So why did David not compel Talmai to return Absalom from Geshur? If David was involved in the conspiracy against Amnon, he may have sent Absalom to Geshur for safe-keeping. He had no real intention of punishing Absalom. As with Joab, David cursed and threatened Absalom but never punished him for his crime. After three years, when the furor over Amnon's murder had died down, Absalom could return.

7. Absalom

As for Absalom, he clearly posed a serious threat to David's sovereignty and the unity of the kingdom. If David had a hand in Amnon's assassination because he suspected him of treason, he surely had Absalom killed for rebellion. Again, the story pattern is familiar: Joab killed Absalom – in direct violation of David's explicit order (18:5). David became distraught when he learned of his son's fate and mourned profusely (19:1-5). The device of pinning violent deeds on Joab and illustrating David's innocence by his lamentation is one we have seen before in 2Sam, especially for Abner, but the death reports of Saul and Ishbaal are also parallel. The narrative reports no effort by David to punish Joab for dispatching Absalom. Joab was probably following orders, not disobeying them.

8. Amasa

We may also deal briefly with Amasa, the commander of Absalom's army. In 2Sam 20:4, he is suddenly David's army commander. This is odd. Why would David appoint the enemy he had just defeated as commander of his troops? Again, the reason is a literary or apologetic – it provides a motive for Joab. The whole episode bears a striking resemblance to Abner's murder (2Sam 3). In each case, David makes an undisclosed arrangement with the opposing commander. Then Joab assassinates the commander without David's knowledge. Even Joab's technique is similar in both cases. He greets his enemy with one hand and stabs him in the belly with the other. The text deflects blame from David, explaining that he knew nothing of the plot and was not present when the killing took place. But as before, it was clearly David who stood to benefit. He had plenty of reason for wanting to get rid of Amasa, not the least of which was punishing him for rebelling. Amasa would also have been a future danger to David because of his influence in the army.[13] As in previous cases, Joab was again the agent. But David ordered Amasa's execution as he had those of Nabal, Saul, Abner, Ishbaal, Amnon, and Absalom.

9. Goliath

There is one name missing from my survey of David's enemies – traditionally the most famous of his adversaries, Goliath. This is because it is likely that David never fought Goliath. I base this claim on two considerations. First, 2Sam 21:19 attributes the killing of Goliath to a certain Elhanan rather than to David. Second, the name Goliath occurs only twice in the story in 1Sam 17 (V.4.23); David's adversary is generally referred to simply as «the Philistine.» Apparently, at some point in its growth, the legendary tale of David and the giant Philistine gathered some of the details of the Elhanan report, including the name Goliath. But David's giant enemy was originally nameless.

10. Conclusion

I have drawn David as a man who assumed and maintained power through violence. While this is, to be sure, a portrait, I would contend that it is at least realistic and probably closer to the historical David than most depictions, especially the traditional one. All it means is that David was a typical ancient Near Eastern monarch with normal human instincts. That is not a very exciting ending, so I offer instead the summary of David once articulated by a student of mine: «So basically David killed everyone except Goliath.»

Notes

[1] McKenzie 2000.
[2] Lemaire 1994, 33, has subsequently argued that the expression «house of David» also occurs in the Mesha inscription from ninth-century Moab, and Kitchen 1997, 29-44, has suggested that David's name occurs in the tenth-century Egyptian Shoshenq relief.
[3] See the excellent article by Levenson 1978, 11-28. See also Levenson / Halpern 1980, 507-518. Much of the discussion that follows is based on these two articles.
[4] The Hebrew word *nabal* means «fool» or «criminal.» This was probably not, however, the man's real name (Who would give such a name to a child?). His real name may have been Jether or Ithra. This conjecture is based on two passages found elsewhere. 1Chr 2:17 refers to Jether as the father of Abigail's son, Amasa. And 2Sam 17:25 names Ithra the Ishmaelite as the husband of David's sister, Abigail. Jether and Ithra are variant spellings of the same name.
[5] Abigail is subtly implicated by hints in her speech. She wishes that all David's enemies and those who seek to do him harm will be like Nabal (V.26). The statement presupposes Nabal's death before it occurs. Some commentators (e.g., Klein 1983, 247, and McCarter 1980, 394) even conclude that the verse is out of place, although there is no manuscript support. As the story stands, Abigail is portrayed as having knowledge beforehand of the disaster that is about to strike her husband. She also wishes that Yahweh would sling David's enemies away (V.29 – who could miss the allusion to David's weapon of choice?), and the story reports that Nabal's heart died inside of him and became «like a stone» (V.37). Abigail thus appears to know the form Nabal's death will take before he dies. This would be impossible unless she was responsible for it. Abigail's closing remark contains a suggestive double meaning: «When Yahweh has dealt well with my lord, then remember your servant» (V.31). The first half of the statement can be interpreted in two ways: (1.) «When Yahweh has rewarded my lord David with kingship» or (2.) «When Yahweh has given my husband (Nabal) his just deserts.» The unfolding of the story favors the second interpretation. Abigail's request that David should «remember» her is a thinly veiled marriage proposal. David «remembers» her when he sends for her to take her as his wife (V.39-42). This happens after Nabal is dead but before David becomes king, that is, when Yahweh has «done well» with Nabal but not yet with David.
[6] This verse is part of a series of additions to the Masoretic text in chapters 17–18 that are lacking in the LXX. In the original version of the story, Saul did not immediately jump to the conclusion that David was out to overthrow him. The author of the verse nonetheless understood Saul's fear in the previous narrative.
[7] Wesselius 1990, 336-351.
[8] See Van Seters 1983, 261-264.
[9] Scribes who copied the book evidently found the presence of «Baal» in an Israelite name offensive and replaced it with the word *bosheth*, which means «abomination» or «shame» in Hebrew. 1Chr 8:33 and 9:39 retain the *-baal* element and give this name as «Eshbaal.» This *-baal* element probably did not originally refer to the Canaanite god, Baal. The word means «lord» or «master» and could also be used for Yahweh. Some scholars believe that the *-bosheth* element is an original and genuine part of the name based on parallels in other languages where a similar element appears in proper names with the meaning «protective spirit.» See most recently Hamilton 1998, 228-250, and previous works cited by him.
[10] The name was probably originally Meribbaal, as explained by McCarter 1980, 124-125.
[11] Halpern 1997, 322.
[12] McCarter 1984, 334.
[13] 2Sam 17:25 suggests yet another reason. There we learn that Amasa was Abigail's son by Ithra or Jether (1Chr 2:17). If this was the real name of «Nabal» it would explain both Amasa's joining the revolt in the first place and his continuing threat to David. He may have seen David as the man responsible for his father's death and who had usurped his father's place as Calebite chieftain before he usurped Saul's kingship. If so, David had to kill Amasa before Amasa killed him.

Bibliography

Halpern, B., 1997: «Text and Artifact: Two Monologues?» in Silberman, N.A. / Small, D. (eds.), *The Archaeology of Israel: Constructing the Past, Interpreting the Present* (Journal for the Study of the Old Testament, Suppl. Ser. 237), Sheffield: Academic Press, pp. 311-341.

Hamilton, G.J., 1998: «New Evidence for the Authenticity of *bšt* in Hebrew Personal Names and for Its Use as a Divine Epithet in Biblical Texts» in *Catholic Biblical Quarterly*, 60, pp. 228-250.

Kitchen, K., 1997: «A Possible Mention of David in the Late Tenth Century BCE, and Deity *Dod as Dead as the Dodo?» in *Journal for the Study of the Old Testament*, 76, pp. 29-44.

Klein, R.W., 1983: *1 Samuel* (Word Biblical Commentary, 10), Waco TX: Word.

Lemaire, A., 1994: «‚House of David' Restored in Moabite Inscription» in *Biblical Archaeology Review*, 20/3, pp. 30-37.

Levenson, J., 1978: «1 Samuel 25 as Literature and History» in *Catholic Biblical Quarterly*, 40, pp. 11-28.

Levenson, J. / Halpern, B., 1980: «The Political Impact of David's Marriages» in *Journal of Biblical Literature*, 99, pp. 507-518.

McCarter, P.K., 1980: *I Samuel* (Anchor Bible, 8), Garden City NY: Doubleday.

McCarter, P.K., 1984: *II Samuel* (Anchor Bible, 9), Garden City NY: Doubleday.

McKenzie, S.L., 2000: *King David: A Biography,* Oxford: Oxford University Press.

Van Seters, J., 1983: *In Search of History: Historiography in the Ancient World and the Origins of Biblical History*, New Haven CT: Yale University Press.

Wesselius, J.W., 1990: «Joab's Death and the Central Theme of the Succession Narrative (2 Samuel IX-1 Kings II)» in *Vetus Testamentum*, 40, pp. 336-351.

David und die Liebe

Thomas Naumann

Zusammenfassung:

Im Blickpunkt des Beitrags steht die Frage nach der *literarischen* Ausgestaltung von Personenbeziehungen Davids am Beispiel Michals, Jonatans und Batsebas. Ausgangspunkt ist die Verwendung des Wortes hebr. *'aheb*, seine emotionale Grundierung und die damit verbundene Liebesmetaphorik. David erscheint in 1Sam 16–20 häufig als Zielpunkt des Liebens anderer, niemals selbst als Subjekt des Liebens. Anders als das komplexe Verhältnis zu Michal spiegelt die Bindung Jonatans an David die leidenschaftlichste Liebesbeziehung der Davidüberlieferung, der man «homoerotische» Dimensionen nicht absprechen kann.
Bei den Batseba-Episoden rückt angesichts der kontroversen Debatte zwischen Cheryl J. Exum und George Nicol um die Rolle Batsebas als Opfer, Mittäterin oder Initiantin des Ehebruchs die Frage nach dem Prozess in den Blickpunkt, durch den im Wechselspiel zwischen Erzähltext und Leserperspektive literarische Charaktere imaginiert werden.

Résumé:

Partant de la tonalité affective du terme hébreu *'aheb*, utilisé pour caractériser les relations émotionnelles les plus diverses, l'article étudie les relations de David avec Mikal, Jonathan et Bethsabée sous l'angle de leur traitement littéraire. Dans le récit d'1Sam 16–20, David apparaît souvent comme l'objet de l'affection ou de l'amour des autres, jamais toutefois comme sujet aimant. Si les rapports de David et de Mikal sont complexes, le sentiment qui lie Jonathan à David est le plus passionné de toute l'histoire, et on ne peut nier qu'il ait une dimension homophile.

Les épisodes consacrés à Bethsabée ont suscité des interprétations diverses, comme le montre la discussion qui oppose Cheryl J. Exum à George Nicol quant au rôle joué par Bethsabée: est-elle victime, complice ou même instigatrice de l'adultère? Cette discussion invite à se pencher sur le processus par lequel les personnages littéraires se constituent, dans l'interaction du texte et de ses lecteurs.

Abstract:

The focus of this article is the question of the *literary* description of David's personal relationships, such as those with Michal, Jonathan, and Bathsheba. The point of departure is the Hebrew verb '*aheb*, its emotional basis, and the metaphor of love that is tied up with it. David appears frequently in 1 Sam 16-20 as the object of others' love but never as the subject of love. In contrast to the complex relationship of David to Michal, Jonathan's attachment to David, the «homoerotic» dimensions of which are undeniable, reflects the most passionate relationship of love in the David tradition.

In light of the controversial debate between Cheryl Exum and George Nicol concerning Bathsheba's role as victim, accessory, or initiator of adultery, the Bathsheba episode raises the question about the process through which literary characters are imagined in the interplay of narrative text and reader's perspective.

Stichwörter:

David und die Liebe; David und Michal; David und Jonatan; David und Batseba; Davids Ehebruch; Genderspezifische Bibellektüre; Homosexualität; Literarische Hermeneutik; Erzählkunst in der Bibel

1. Das Thema

Davids Frauenbeziehungen haben die Gemüter von jeher stark bewegt und in der Rezeptionsgeschichte ein vielfältiges Echo hervorgerufen. Unter den nicht wenigen Frauen um David ragen einige heraus, mit denen aussergewöhnliche Ereignisse verbunden und erzählerisch exzeptionell ausgearbeit werden.[1] Zu denken ist an Prinzessin Michal, die Tochter Sauls, die David lieb gewann und die er als Goliattöter um 200 Vorhäute der Philister freite; jene Michal, die Davids Leben vor den Nachstellungen ihres Vaters rettete, darauf von Saul mit einem anderen Mann verheiratet und diesem auf Davids Geheiss wieder weggenommen wurde, um als Königin in Jerusalem zu sein, wo sie sich den Zorn Davids zuzog und kinderlos blieb. Oder an die schöne und kluge Abigajil, die Frau des judäischen Herdenbesitzers Nabal, die im Freischärler und Guerillaführer David den künftigen König Israels erkannte, und durch ihren couragierten Einsatz ein Blutvergiessen verhinderte, einen ungeliebten Ehemann durch einen Schlaganfall bzw. Gottesschlag (1Sam 25,37f) verlor und so nicht ohne Raffinesse Davids Ehefrau wurde. Vor allem Batseba, die Schöne, deren Anblick beim Baden des Königs Begierde weckte, was erst zum Ehebruch, dann zum Mord an ihrem Mann Urija führte und schliesslich in der Geburt Salomos gipfelte. Jene Batseba, die später gemeinsam mit dem Propheten dem greisen David die Thronfolge ihres Sohnes Salomo ablisten sollte. Nicht zu vergessen die zehn Nebenfrauen des Königs, die David bei seiner Flucht aus Jerusalem zurückliess, die der Usurpator Abschalom auf dem Dach des Palastes zum Zeichen seiner Machtübernahme öffentlich beschlief, und die nach der Rückkehr Davids nach Jerusalem weggeschlossen wurden – wie «Witwen zu Lebzeiten ihres Mannes» (2Sam 20,3). Endlich Abischag von Schunem, Siegerin im Schönheitswettbewerb in Israel, die dem greisen König ins Bett gelegt wurde, als jener nicht mehr warm zu werden vermochte. Neben all diesen Frauen (vgl. auch die Listen in 2Sam 3,2ff; 5,13ff) steht Davids Beziehung zu Jonatan, dem Sohn König Sauls, von der David in seiner Wehklage über den erschlagenen Freund singen konnte, dass seine Liebe ihm wunderbarer als Frauenliebe gewesen sei (2Sam 1,26).

Während die Rezeption in den Religionsgemeinschaften erhebliche Mühe aufwandte, die Vorstellung von David als «Mann nach Gottes Herzen» mit der Disparatheit der biblischen Überlieferung in Einklang zu bringen, reizten Dichterinnen und Künstler von jeher die Abgründigkeiten von Davids Machtpolitik und Frauenbeziehungen, die in den Texten sichtbar werden. Zur Ikone homoerotischen Begehrens etwa geriet der Hirtenknabe aus Betlehem in Gestalt der Florentiner Jünglingsskulptur des Michelangelo. In den Texten von Else Lasker-Schüler und Rainer Maria Rilke findet sich die David-Jonatan-Konfiguration poetisch veredelt und den heterosexuellen bürgerlichen Normalbeziehungen der Geschlechter gegenüber gestellt.[2]

Die Frage nach dem historischen David nahm 1972 Stefan Heym in seinem klugen und unterhaltsamen Roman «Der König David Bericht» auf und stiess damit auf ein grosses Interesse auch bei Bibelwissenschaftlern, weil sie darin ihre eigene Methode historisch-kritischer Rekonstruktion romanhaft gespiegelt fanden. Heym liest die biblischen Texte mit der Hermeneutik des Verdachts. Er unterstellt ihren Autoren, das wahre Bild des historischen David verbergen zu müssen oder bestenfalls in Nebensätzen oder zwischen den Zeilen zeigen zu können, wer David war. So legt Stefan Heym seinem Historiker Ethan ben Hoshaja ein inzwischen geflügeltes Urteil in den Mund:

> «Mit einem Glück und mit der Hilfe unseres HErrn Jahwe mochte es mir sogar gelingen, ein Wörtchen hier und eine Zeile dort in den König-David-Bericht einzufügen, aus denen spätere Generationen ersehen würden, was wirklich in diesen Jahren geschah und welch ein Mensch David, Jesses Sohn, gewesen: der zu ein und derselben Zeit einem König und des Königs Sohn und des Königs Tochter als Hure diente, der als Söldling gegen sein eigenes Volk focht, der den eigenen Sohn töten und seine treuesten Diener umbringen liess, ihren Tod aber laut beweinte, und der einen Haufen elender Bauern und widerspenstiger Nomaden zu einer Nation zusammenschweißte.»[3]

Die Suggestivkraft dieses sog. «kritischen» Umgangs mit den Texten und das aufklärerische Pathos dahinter bestimmen auch die wissenschaftlichen Davidbiographien bis hin zu Steven L. McKenzies jüngstem Versuch, aber auch die lebhafte feministische Forschung in den letzten beiden Jahrzehnten. Daneben ist – bestimmt von den unterschiedlichen Interessenlagen der Gegenwart – im gleichen Zeitraum eine intensive Diskussion des Verhältnisses von Jonatan und David getreten. Während auf der einen Seite die Möglichkeit einer homoerotischen Liebe Davids mit einer jahrhundertealten biblisch begründeten Verteufelung der Homosexualität im Rücken vehement bestritten wird, gilt die Geschichte auf der anderen Seite als wichtiger Beleg dafür, dass die hebräische Bibel homoerotische Männerbeziehungen auch positiv darstellen kann. In dieser Frage entgeht kaum jemand dem Zirkel apologetischer Interessen.

Anders als künstlerische Adaptionen es sind, ist *exegetisches* Fragen an Text und Wortlaut der Überlieferung gebunden. Was lässt sich Texten nach den Kriterien gegenwärtiger philologischer Erkenntnis tatsächlich abgewinnen? Dabei sei sogleich zugestanden, dass Erzähltexte mehrdeutig sind und unterschiedliche, sogar konträre Lesarten erfordern können. Doch lässt sich auch in den Zeiten der postmodernen literaturhermeneutischen Debatte noch darüber streiten, welche Lesarten vom Zeichenbestand eines Textes her ermöglicht werden.

Mein recht vage formuliertes Thema «David und die Liebe» verlangt nach näherer Klärung. Ich möchte es auf die Personenbeziehungen Davids begrenzen, die erotisch bzw. sexuell konnotiert sind oder sein können, was das Thema David und seine Söhne bzw. seine Tochter aus-[4], die Beziehungen zu den Ehefrauen und zu Jonatan aber einschliesst. Bezugspunkt ist die literarische Überlieferung, nicht die historische Rekonstruktion. Ich frage danach, wie Personenbeziehungen auf der Ebene der Erzählung literarisch ausgearbeitet werden und wie – im Hinblick auf 2Sam 11 – der Prozess abläuft, durch den sie in der Imagination der Lesenden entstehen. Die Personen, von denen die Rede sein wird, sind *literarische* Personen. Den historischen David wie auch den historischen Erzähler belasse ich getrost im Dämmerlicht historischer Hypothesen.

Den Einstieg soll die Frage bilden, wo Wortbildungen der Wurzel «lieben» (hebr. *'aheb*) in Beziehungsschilderungen vorkommen. Ich werde auf das Beziehungsdreieck David-Michal-Jonatan eingehen, lasse die wichtige Geschichte von Abigajil[5] wegen des knappen Raumes beiseite und möchte mich- wegen des Ranges, den dieses Thema in der Rezeptionsgeschichte hat – etwas ausführlicher mit David und Batseba beschäftigen.

2. Vorfragen

1. Der hebräische Begriff für Lieben (*'aheb*) gibt in seiner Grundbedeutung die Empfindung eines starken Gefühls und einer Erregung wider. Er beschreibt ein sinnliches Verlangen, das nach Gemeinschaft mit der Person drängt, die man liebt. Der Begriff ist stark emotional besetzt und daher gut geeignet, auch die erotische und sexuelle Liebe zu beschreiben. Für den Sexualverkehr selbst wird das Wort jedoch nicht verwendet.[6] Es beschreibt vielmehr die emotionale Basis der Liebe. Sie wird auch nicht als reine Empfindung gedacht, sondern als eine Haltung, die auf eine entsprechende Lebenspraxis drängt. Das Gegenwort für «lieben» in der hebräischen Bibel ist «hassen». Die Emotionalität und Leidenschaft ist ihr gemeinsamer Grund.

Der hebräische Liebesbegriff ist – wie im Deutschen auch – erheblich breiter als die erotische Liebe zwischen Mann und Frau. Er umschliesst die verwandtschaftlichen Beziehungen zwischen Eltern und Kindern oder die freundschaftlichen zwischen Menschen oder die auf Loyalität und Gefolgschaftstreue gestützten Beziehungen zwischen Lehrer und Schüler, Heerführer und Soldat, König und Volk. Selbst die Liebe zum Nächsten und die Liebe zu Gott wird mit *'aheb* ausgedrückt. Es sind also die Belege im Einzelfall und in ihrer Verwendung im Kontext der Szene jeweils genau darauf zu prüfen, welche Konnotationen und welche emotionale Intensität der Liebesbegriff jeweils trägt.

2. Die Basis der altorientalischen Ehe und Familie ist eine auf Loyalität gegründete Arbeitsgemeinschaft, die oft nach Nützlichkeitserwägungen und nicht unbedingt auf der Basis «romantischer» Liebe geschlossen wurde. Im Bereich königlicher Eheschliessungen sind vor allem die Kalküle von Macht, Ansehen und Einfluss mit in Betracht zu ziehen. Andererseits fehlt auch das leidenschaftliche, selbstvergessene Liebesdrängen nicht, weder in den vorehelichen noch in den ehelichen Beziehungen. Das erstere belegen die hebräischen Liebeslieder, die in das Hohelied Salomos Eingang gefunden haben, oder zeigt das Liebeswerben Jakobs um seine schöne Rahel (Gen 29f). Insgesamt ist in der hebräischen Bibel eher von Liebe die Rede, bevor es zur Eheschliessung kommt, also in der Eheanbahnung, weniger während der Ehebeziehung.

3. Die altisraelitischen Erzähler sind äusserst sparsam in der Darstellung von Empfindungen und Beziehungen, von inneren Einstellungen und Motivationen des Handelns. Der Erzählstil ist ganz durch die Wiedergabe äusserer Handlungen bestimmt und wirkt daher knapp und lakonisch. Hier kommt die alte Regel traditionellen Erzählens zu ihrem Recht: alles, was an Eigenschaften, Charakterisierungen und Beziehungen mitgeteilt werden soll, muss in äusseren Handlungen der Tat und der Sprache Ausdruck finden. Ein Beispiel mag dies verdeutlichen: Wenn Batseba vom Tod ihres Mannes Urija erfährt, würde ein moderner Erzähler nicht versäumen, ihre innere Haltung zu schildern: ob sie verzweifelt über den Verlust des geliebten Ehemannes ist oder eher erleichtert, oder sogar einen kleinen Triumph verspürt, dass sich das Problem nach dem Ehebruch auf diese Weise gelöst hat. Der biblische Erzähler sagt nichts dergleichen, sondern zeigt nur eine einzige Handlung: «Als die Frau des Urija hörte, dass ihr Mann Urija tot sei, hielt sie die Totenklage um ihren Ehemann» (2Sam 11,26). Eine solche Erzählweise ist voller Hintergründigkeit, weil die inneren Einstellungen und Handlungsantriebe verborgen bleiben und sich dadurch oft unterschiedliche, auch gegensätzliche Möglichkeiten des Verstehens ergeben, und weil der Erzähler selten hilft, zu grösserer Klarheit zu gelangen.

Bei aller Sparsamkeit in der Darstellung emotionaler Befindlichkeiten gilt indes, dass Schmerz und Trauer deutlicher ausgearbeitet werden als die positive Empfindung liebender Zuneigung. Die emotional bewegendsten Liebeszenen der Bibel sind Szenen des Abschiedsschmerzes und der Trauer. Die Väter Jakob und David beklagen herzzerreissend ihre Söhne: Jakob weint um Josef (Gen 37), David beklagt den Tod Abschaloms (2Sam 19) oder das Sterben seines ersten Kindes mit Batseba (2Sam 12,16ff). Auch Davids Trauer um Saul und Jonatan gehört mit hierher (s.u.).

Man wird also im Hinblick auf Darstellung und Beschreibung liebender Beziehungen in den Erzählungen der Bibel nicht allzu Deutliches erwarten dürfen. So findet sich etwa in der langen Erzählung von Abraham und Sara nicht ein einziger Satz, der von einer persönlichen oder gar liebevollen Beziehung dieses Ehepaars zueinander redet. Alles bleibt unausgesprochen. Wer diese Zurückhaltung ins Kalkül zieht, wird bescheiden und vorsichtig bei der psychologischen Auswertung seiner literarischen Befunde. Denn wo sich nichts findet, ist nicht unbedingt die Darstellung von Beziehungslosigkeit und emotionaler Kälte bezweckt. Andererseits gilt: Dort, wo ausnahmsweise von Liebe explizit die Rede ist, da will sie besonders hervorgehoben sein.

3. David, Saul, Michal und Jonatan

Für die erzählende Davidüberlieferung ergibt sich ein überraschender Befund: An keiner einzigen Stelle wird gesagt, dass David irgend jemanden geliebt habe. Umgekehrt wird von keiner Person so oft wie von David gesagt, dass er von anderen Personen geliebt worden sei. David ist nie Subjekt, oft aber Objekt von hebr. *'aheb*.[7] Doch ist gerade das Vexierspiel dieser ungleichgewichtigen Liebesbeziehungen mit 1Sam 16-20 auf einen recht engen Textbereich begrenzt. Darüber hinaus ist von Liebe auch in der Davidüberlieferung nicht mehr die Rede.[8]

> Im Zusammenhang der Eheschliessungen Davids ist – ausgenommen einzig bei Michal – von Liebe nie die Rede. Das entscheidende Stichwort ist normalerweise «jemanden zur Frau nehmen». Auch in den Daviderzählungen werden immer wieder Frauen «genommen» und «gegeben», oft als Manövriermasse im Spiel der Macht,[9] ohne dass über die Situation oder das Einverständnis der Frauen etwas mitgeteilt wird. Bei der Prüfung der Belege für die Ehen Davids fällt jedoch auf, dass Davids Eheschliessungen nicht ausschliesslich nach dem Muster «Er nahm sie sich zur Frau» erzählt werden. Von den beiden Frauen Abigajil und Batseba, die am stärksten literarisch präsent sind, heisst es, dass «sie seine Ehefrau(en) wurden» (1Sam 25,42; 2Sam 11,27). Die Erzählperspektive ruht hier jeweils auf den Frauen als Handlungssubjekten. Anders Michal, die von Saul «vergeben» wird (1Sam 18, 25,44), obwohl von ihr und ihrer Liebe zu David die Initiative zur Heirat ausgeht. Die Liste der Frauen und Nebenfrauen in Jerusalem (2Sam 5,13) und die Heiratsnotiz mit Ahinoham (2Sam 25,43) folgen dem üblichen Schema.

Beim Aufstieg Davids an Sauls Hof werden ihm von zahlreichen Seiten Liebesbeweise entgegengebracht. Saul nimmt David in seinen Dienst als Waffenträger und Musiktherapeuten, denn er «liebte ihn sehr» (16,21), und David findet Sauls Gefallen (18,22). Von allen Dienern an Sauls Hof, von allen Kriegsleuten wird ihm Liebe entgegengebracht (18,5.22). Nach seinen siegreichen Kriegszügen ziehen ihm tanzende Frauen enthusiastisch entgegen. Ganz Israel und Juda liebt David (18,16). Jonatan und Michal lieben David. Was aber ist mit David?

In der erzählerischen Strategie sind diese zahlreichen Liebesbeweise zunächst der Glanz, der den Aufsteiger umgibt. Dahinter steht auch ein theologisches Konzept. Die Erwählung durch Gott setzt sich auf der menschlichen und politischen Ebene fort, denn «Gott ist mit David». Scheinwerfer sind auf David gerichtet, die ihn von verschiedenen Seiten anstrahlen. Nimmt man diese Konzeption wahr, ist noch nicht verwunderlich, dass David selbst nicht als Liebender gezeigt wird. Der Erzähler will auf dieser Ebene nicht Beziehungen oder die Beziehungsfähigkeit Davids beleuchten, sondern die Beliebtheit Davids als des kommenden Königs im Spiegel der anderen sichtbar machen. Die Liebe, die ihm von allen Seiten begegnet, geschieht ihm. Sie ist Teil seiner Erwählung und seiner Qualitäten als Krieger, als Musiker und als Mann. Selbst der Name David bedeutet vermutlich nichts anderes als «Liebling».[10] Angesichts dieser klar erkennbaren Erzählstrategie ist jedenfalls Vorsicht bei dem Urteil angebracht, David solle hier als gefühlskalter Newcomer gezeichnet werden, der die Liebe, die ihm entgegengebracht wird, wegen charakterlicher Mängel gar nicht erwidern kann.

Einige Konstellationen gehen jedoch emotional deutlich tiefer, als dies mit der Kategorie «Beliebtheit» zu erfassen ist. Schon die Liebe Sauls zu David hat eine solche leidenschaftliche Seite, die dann auch in ihr ebenso leidenschaftliches Gegenteil umschlägt. Aus der Liebe wird Neid und Eifersucht, dann Furcht, Hass und der Wunsch, David zu töten.[11]

Auch die Liebe Michals[12] wird deutlich herausgehoben. Dem Goliattöter David steht die versprochene Königstochter Sauls mit Namen Merab zu. Der inzwischen schon misstrauische Saul schiebt den Hochzeitstermin auf und verheiratet Merab schliesslich mit einem anderen, so dass sich David am erwarteten Termin der Hochzeit vor vollendete Tatsachen gestellt sieht. In dieser mental und politisch heiklen Situation zeigt Michal ihre Liebe für David. Der Satz (1Sam 18,20) ist bemerkenswert, denn es ist in hebräischen Erzähltexten das einzige Mal, dass von einer Frau gesagt wird, dass sie einen Mann liebt.[13] Diese Liebe Michals soll wohl als besonders starke emotionale Bindung an David verstanden werden. Michal ergreift mit ihrer Liebe die Initiative, David zu heiraten. Saul sucht zwar auch diese Heirat zu verhindern, er verlangt einen Brautpreis von 100 Philistervorhäuten[14], in der Hoffnung, David werde den Kampf mit den Philistern nicht überleben. Doch der Held zählt dem König die doppelte Menge vor und wird dessen Schwiegersohn und Ehemann Michals (in dieser Reihenfolge!). In einer anderen dramatischen Szene tritt Michal ihrem Mann als Fluchthelferin an die Seite. Vor die schwierige Situation gestellt, sich auf Leben und Tod zwischen Saul, dem Vater, und dem Ehemann entscheiden zu müssen, rettet sie David, indem sie den eigenen Vater betrügt (1Sam 18,11-17) und sich selbst durch eine Notlüge vor dem Zorn Sauls bewahrt. So werden in äusseren Handlungen die Taten der Liebe sichtbar. Nur ist die Szene, in der David in höchster Lebensgefahr von seiner Ehefrau Abschied nimmt, derart nüchtern erzählt, dass die Rolle Michals auch jeder Dienstbote hätte übernehmen können.[15] Merkmale einer irgendwie gearteten Beziehung Davids zu seiner Frau oder Bindung an sie sind dem Text nicht zu entnehmen. Der Erzähler meidet jede Emotionalisierung. David lässt sich diese Rettung durch Michal erwiderungslos gefallen und geht davon. Man muss hiermit Davids tränenreichen Abschied von Jonatan vergleichen, um die sprechenden Unterschiede dieser beiden Szenen zu sehen. Fortan ist Michal Spielball im Machtkampf der Männer. Dass Saul sie erneut verheiratet, d.h. vergeben hat, wird einmal ganz nebenbei mitgeteilt (2Sam 25,44). Im Kampf um die Herrschaft über den Nachfolgestaat Sauls macht es David dann zur einzigen Bedingung für den Vertrag mit dem Nordreich, dass ihm Michal zurückgegeben wird, denn die Saultochter ist Garantin für die Kontinuität zur Herrschaft Sauls.[16] Als Michal auf Davids Geheiss ihrem zweiten Mann Palti weggerissen wird, verschweigt der Erzähler jede Reaktion Michals. Von Palti indes zeichnet er eine kleine Miniatur: «Ihr Mann aber ging mit und folgte ihr weinend bis Bahurim» (2Sam 3,16). Wiederum wird Liebe in äusseren Handlungen sichtbar gemacht. Und man gewinnt den Eindruck, als wolle der Erzähler durch diese kleine, ergreifende Szene etwas von der Gewalttätigkeit Davids und von seinem eigenen Mitgefühl für die Opfer dieser Politik darstellen.

Michal bleibt kinderlos, gewinnt aber noch einmal besondere Statur angesichts der Feierlichkeiten beim Einzug der Lade in Jerusalem. Von ihrem Fenster aus beobachtet sie den entblösst vor der Lade und vor allem Volk tanzenden David und «verachtete ihn in ihrem Herzen» (2Sam 6,20). Als David in den Palast kommt, tritt ihm Königin Michal entgegen und schleudert dem gefeierten Tänzer ihre geballte Missbilligung ins Gesicht. Durch seine Schamlosigkeit, die eines Königs unwürdig ist, habe sich David mit dem niederen Volk gemein gemacht und sich vor den Mägden seines Volkes nackt gezeigt, so wie es nur die Leute aus der Unterschicht tun. In dieser Geste tritt Michal kühn und kühl – ganz als Aristokratin[17] – hervor. Davids Entgegnung ist leidenschaftlich, sexuell konnotiert und durch seine Machtposition als König und Ehemann bestimmt. Er straft Michal als Mann, indem er ihr androht, bei den von Michal gering geachteten Frauen aus der Unterschicht sexuell aktiv zu werden. Auch diese Reaktion fordert die psychologische Phantasie im Hinblick auf die Motivationen der Protagonisten heraus, die in dieser Streitszene wiederum nicht genau markiert sind. Die Folgen für das persönliche Geschick Michals, die dieser Auftritt nach sich zieht, sind immens. Sie bleibt kinderlos, was vor dem Normenhintergrund des Alten Israel, in dem das Lebensglück an Nachkommenschaft und familiäre Kontinuität gebunden wird, einer Art Todesurteil gleichkommt. Der Erzähler verabschiedet Michal aus der Erzählung mit den Worten: «Michal aber, die Tochter Sauls bekam kein

Kind bis an den Tag ihres Todes» (V.23) – und lässt doch im Ungewissen, ob er darin Davids Strafe oder Michals eigene stolze Entscheidung sieht.

Wir kehren nochmals an den Anfang der Geschichte und zu den Liebeserweisen für David zurück und wenden uns Jonatan zu. Wie Michal, so ist auch Jonatan für David ein entscheidendes Bindeglied zum Königshaus Saul. Die Absicht des Erzählers ist leicht zu erkennen. Mit Jonatan und Michal steht das Haus Sauls bedingungslos zu David auch dann noch, als Saul – einseitig und grundlos, wie die Erzählung nicht müde wird zu betonen – das Tischtuch zerschnitten hat und zum Widersacher wurde. Auch in der Männerbeziehung zwischen Jonatan und David sind politische und persönliche Aspekte zusammen zu denken. In der Kontinuität zwischen der Herrschaft Sauls und der Herrschaft Davids wird letztlich der schwermütige und von Gott verworfene König Saul als Störenfried isoliert. Kronprinz Jonatan hingegen verkörpert die gute Seite des Königtums Sauls. Er ist es, der David liebt, einen Bund mit ihm schliesst und letztlich zugunsten Davids auf die Königsherrschaft verzichtet, weil er Davids göttliche Erwählung erkennt und anerkennt.

Hinter und neben dieser politischen und theologischen Zielsetzung der Erzählung treten aber auch die Umrisse einer persönlichen Beziehung zweier Menschen hervor, die zu den leidenschaftlichsten gehört, von denen die hebräische Bibel zu erzählen weiss: Jonatan und David. Wie nichts sonst wird diese Liebe in 1Sam 18-20 immer wieder thematisiert. In ihrer positiven Beschreibung ist es jedoch immer Jonatan, von dem sie ausgeht. Nicht weniger als sieben Mal wird betont, dass sich Jonatan als Liebender tief an David bindet,[18] so als wäre dies eine sehr einseitige Beziehung. Erst in den Szenen des Abschieds, in der Erfahrung des Verlusts zeigt sich dann, wie auch David diese Liebe Jonatans erfahren hat. Aber dass und wie er sie erwidert, findet sich literarisch nicht ausgeformt.

Gleich als David an Sauls Hof kommt, fliegt ihm das Herz Jonatans zu. «Und es wurde das Herz Jonatans durch das Herz[19] Davids gebunden, denn er liebte ihn wie sein eigenes Leben» (18,1). Jonatan schliesst mit David einen Bund unter Waffengefährten und schenkt ihm Mantel, Rüstung und Waffen. Und der Erzähler wiederholt Jonatans Motivation für diese Geste noch einmal: «weil er ihn liebte wie sein eigenes Leben» (V.3). Doppelt wird diese Liebe mit einem der stärksten Bilder verglichen, die dem Erzähler zur Verfügung stehen. Über die Missgunst Sauls und seine dunklen Pläne unterrichtet Jonatan den Freund (oder muss man nicht sagen: den Geliebten?), und wieder wird der innere Antrieb dieses Verhaltens dem Leser besonders erklärt: «denn er hatte grosse Zuneigung zu ihm gefasst» (19,1). Jonatans Liebe zu David wird auch von David ausdrücklich gewürdigt (20,3). Jonatan verteidigt David gegenüber den Mordgelüsten Sauls. Und als David fliehen muss, bewahrt ihn Jonatan erneut vor einem

Anschlag Sauls, zieht sich dafür aber den Zorn Sauls zu (20,30). Semantisch interessant ist dessen Wutausbruch: «‹Du Bastard, Sohn einer Zuchtvergessenen.› Und er sprach zu ihm (Jonatan): ‹Meinst du denn, ich wisse nicht, dass du dir den Sohn Isais ausgewählt hast, dir zur Schande, zur Schande der Nacktheit deiner Mutter?›» (V.30) Denn als Leser fragt man sich, ob es nur die Angst um das Königtum ist, die Saul zur Wahl von solch sexuell konnotierten Kraftausdrücken treibt, wenn er die Männerbeziehung Jonatans und Davids reflektiert. Auch Sauls Perspektive indiziert durch den Begriff «wählen» eine dauerhafte und folgenreiche Bindung Jonatans an David. Die Dinge spitzen sich zu, und der Abschied ist unumgänglich. Er findet ohne Zeugen auf offenem Feld in der Frühe des Morgens statt und wird mit grosser Innigkeit und emotionaler Tiefe erzählt. Nun wird uns auch David, der sich als Flüchtling verborgen halten muss, als Liebender oder wenigstens die Liebe Jonatans Erlebender gezeigt. Er trat aus seinem Versteck, «warf sich vor Jonatan auf die Erde, beugte sich dreimal nieder, und sie küssten einer den andern und weinten umeinander, [David aber am allermeisten][20] (20,41b).» Dieser Abschied auf dem Feld scheint endgültig.[21] Den Tod Jonatans und Sauls auf dem Schlachtfeld von Gilboa besingt David mit seiner berühmten Klage, deren letzter Teil hier zitiert sei:

> Töchter Israels, weint um Saul,
>   der euch lieblich mit roten Karmesingewändern gekleidet,
>   der goldene Pracht auf eure Kleider getan!
> Wie sind gefallen die Helden inmitten der Schlacht,
>   Jonatan erschlagen auf den Höhen!
>   Schmerz empfinde ich um dich,
>   mein Bruder Jonatan,
>   du warst mir so liebreizend.
>   Wunderbarer war deine Liebe mir als Frauenliebe.
> Weh, dass die Helden fielen,
>   das Rüstzeug des Kampfes entschwand (2Sam 1,24-27).

Es fällt auf, dass im Lied die Frauen Israels gleichsam als Chor aufgefordert werden, den Tod Sauls zu beweinen. Jonatans Tod zu beklagen, behält sich der Sänger David jedoch selber vor, als wolle er den Schmerz um Jonatan nicht mit anderen teilen. Jetzt, nachdem Jonatan verloren ist, findet David zur poetischen Sprache der Liebe. Im ganzen Lied tritt der Sänger nur im Hinblick auf Jonatan mit betontem Ich hervor. Er bekennt seinen Schmerz, der ihm die Brust zuschnürt,[22] nennt Jonatan seinen «Bruder» und bringt in dieser Zärtlichkeitsmetapher seine engstmögliche Bindung an ihn zum Ausdruck.[23] Sodann beschreibt David die Wirkung der Liebe Jonatans auf sich selbst. Das hebräische Adjektiv *na'em* bezeichnet die angenehmsten Empfindungen, die sich erfahren lassen. Jonatans Zuneigung war ihm kostbar und süss, eine Quelle reinen Wohlgefühls.²⁴ Diese Zuneigung drängt nach Vergleich in einer Redefigur, die letztlich die Unvergleichbarkeit herausstellen will: Wunderbar, das heisst alle Grenzen des Fassbaren übersteigend, sei diese Beziehung ihm gewesen. So wie in der Spruchweisheit die Liebe des Mannes zur Frau zu den Dingen zählt, die so wunderbar sind, dass sie sich dem Verstehen entziehen (Spr 30,18). Die Liebe zu Frauen ist für David der Massstab, den Jonatans Beziehung zu ihm weit hinter sich lässt. Interessant ist die Perspektive dieser Sätze. David ist auch hier eindeutig der Bezugspunkt der Liebe. Er thematisiert seinen eigenen Schmerz und beschreibt nur, was Jonatans Liebe für ihn selbst war. Auch hier kein Wort liebender Hingabe an den Freund, kein Wort der Leidenschaft, die von ihm, David, ausgegangen oder wenigstens durch ihn erwidert worden wäre. David reflektiert die Hingabe des anderen an sich selbst und beklagt, was ihm so kostbar widerfahren ist und was jetzt schmerzlich fehlt. Diese Perspektivierung fügt sich gut zu dem, was auch in den erzählenden Abschnitten ausgeformt ist.²⁵

Auf den Streit, ob der Erzähler diese Männerbeziehung als innige Männerfreund- und Waffenbrüderschaft inszeniert, ob er die homoerotischen Dimensionen ins Blickfeld rücken möchte oder sogar eine homosexuelle Dauerbeziehung beschreibt, die nicht im Gegensatz dazu stehen muss, dass sowohl Jonatan wie David später Familien gründen, kann hier nur kurz eingegangen werden. In der kirchlichen Auslegungstradition wurde zumeist tapfer und mit nicht geringer Anstrengung versucht, homoerotische Deutungen auszuschliessen und die Geschichte so mit der alt- und neutestamentlichen Verurteilung verschiedener gleichgeschlechtlicher Sexualpraktiken unter Männern in Übereinstimmung zu bringen. Nicht ohne aufklärerische Lust an der Provokation hat dagegen der Romancier Stefan Heym den Bogen nach der anderen Seite überspannt und David als Hure dargestellt, die gleichzeitig dem Sohn wie dem Vater zu Willen war (s.o.). Bei der Beurteilung der Frage steht letztlich der erotische Gehalt der Liebes- und Beziehungsmetaphorik in den besprochenen Textstellen zur Debatte. Denn wie im Deutschen können die Wörter «lieben», «gefallen» usw. deutlich erotische oder sexuelle Konnotationen tragen, aber sie müssen es nicht. Alle diese Begriffe begegnen etwa auch in politischen oder eher vergeistigten Zusammenhängen wie der Beschreibung von Gottesbeziehungen. Hinzu kommt, dass in der Sprache mancher altorientalischer Verträge, in denen die politische Loyalität und die Treueverpflichtung zweier Vertragsparteien festgelegt wird, Wendungen der Liebesmetaphorik begegnen. Das Wort «lieben» wird darin zum politisch-juristischen Fachbegriff aus dem Vertragswesen und beschreibt die unbedingte Loyalität gegenüber einem Höhergestellten. Und hat Jonatan mit David nicht einen Vertrag der Waffenbruderschaft geschlossen?²⁶

Wie soll man die Szenen lesen? Was nötigt dazu, diese Erzählung mit den Augen assyrischer Vertragsbuchhalter zu lesen? Silvia Schroer und Thomas Staubli lesen sie von der Liebesmetaphorik des Hohenliedes her und finden erotische Anspielungen zuhauf, die sie zu der These führen, in der David-Jonatan-Konfiguration sei eine aktive homosexuelle Männerbeziehung literarisch ausgestaltet.[27] Und natürlich liess der exegetische Gegenangriff nicht lange auf sich warten, der durch minutiöse Begriffsuntersuchungen die These zu erhärten sucht, dass es vor allem politische und religiöse Aspekte sind, die durch die Beziehungsmetaphorik ins Bild gesetzt werden sollen.[28]

M.E. ist durch Textanalyse allein die Reichweite des Liebesverhältnisses von David und Jonatan nicht genau zu bestimmen, aber die Spannweite der Alternativen ist doch eingrenzbar. So lässt sich der emotionale Tiefengehalt der Liebesmetaphorik in den einzelnen Szenen nicht einfach auf die Ebene der Loyalität, der Gefolgschaftstreue unter Waffenbrüdern hin verringern. Mit dem emotionalen Tiefengehalt ist eine erotische Spannung in der Bindung Jonatans an David deutlich eingeschrieben, die der Erzähler positiv und ohne jeden Anflug des Anrüchigen entfaltet[29], und nicht erst für die Augen gegenwärtiger Leserinnen und Leser. Mehr aber ist nicht gesagt, und der Imagination stehen auch damit verschiedene – aber nicht mehr alle – Möglichkeiten der Ausgestaltung dieses Verhältnisses zur Verfügung.[30] Wie die altisraelitischen Erzähler selbst dieses Verhältnis verstanden, können wir nicht in Erfahrung bringen, weil wir nicht durch die Texte hindurch in ihre Herzen schauen können. Erkennbar aber bleibt: So emotional aufgeladen erscheint keine weitere Personenbeziehung Davids, und schon gar keine zu Frauen.[31]

Im Hinblick auf die kulturgeschichtliche Frage nach Homosexualität in der Welt und Umwelt der Bibel, der Martti Nissinen unlängst eine umfassende und klärende Studie gewidmet hat,[32] wäre ferner zu bedenken:
1) Die Begriffe homo- und heterosexuell, homoerotisch, homosozial usw. sind sämtlich moderne Differenzierungsbegriffe, die sich kulturgeschichtlich nicht einfach auf antike Literaturen oder aussereuropäische Kulturen übertragen lassen.
2) Moderne LeserInnen neigen wahrscheinlich bei antiken Beziehungsschilderungen leichter zu homosexuellen Bewertungen, weil *die deutlichen körperlichen Ausdrucksformen* von nicht unbedingt sexuell konnotierter Zuneigung, die in der Antike selbstverständlich waren, heute eher tabuisiert sind.
3) Die orientalische Kulturgeschichte kennt sehr wohl nicht tabuisierte sexuelle Prägungen und Praktiken, die sich mit der säuberlichen Unterscheidung von hetero- und homosexuell nicht hinreichend beschreiben lassen.[33]
4) Die biblischen Verbote in Lev 18,22 und 20,13 wenden sich gegen sexuelle Gewaltpraktiken, die mit dem, was die Moderne unter homosexuellen Beziehungen versteht, nichts zu tun hat.

4. David und Batseba

Im kulturellen Gedächtnis des Abendlandes ist das Thema «David und die Liebe» fast vollständig auf den Ehebruch mit Batseba fixiert, wahrscheinlich aus zwei recht gegensätzlichen Gründen. Zum einen wegen des moralisch-religiösen Dilemmas von Davids Sündenfall, der sich schwer mit dem verklärenden Bild vom frommen König und Prototyp des Messias verträgt; zum anderen – wie die Kunstgeschichte verrät[34] – wegen der männlichen Lust am Blick auf eine schöne Frau (beim Baden), die hier eine biblische und daher religiös unverfängliche Gestaltungsvorlage fand. Dagegen fanden Batsebas Aktivitäten im Zusammenhang der Thronnachfolge Salomos (1Kön 1f) nicht in gleicher Weise Beachtung.

Geht man von Art und Umfang der narrativen Präsentation aus, dann ist die in sich abgrenzbare Episode in 2Sam 11-12 keine Geschichte von Batseba und David, sondern eine von David. Die einprägsame Auftaktszene ist auf wenige Verse begrenzt und erzählerisch vor allem der Anstoss der Folgeereignisse: In deren Mittelpunkt steht David, dem es nach dem Ehebruch nicht gelingt, den von der Front zurückbeorderten Urija zum Übernachten bei seiner Frau zu bewegen und der deshalb – von seiner Hilflosigkeit zum Äussersten getrieben – zum intriganten Mörder wird (Kap.11). In Kap.12 geht es um den vom Propheten Natan überführten, verurteilten und begnadigten König und den um sein sterbendes Kind trauernden Vater. Die Ehebruchszene am Anfang und die Erwähnung der Geburt Salomos bilden einen knappen Rahmen um diese Ereignisse. Von Batseba ist vor allem in diesem Rahmen die Rede. Eingebettet ist die ganze Geschichte zudem in die Szenerie des Krieges vor Rabba Ammon, wodurch die Abwesenheit Urijas motiviert und der Schauplatz seines Todes eingeführt wird. Nach dem Modell der impliziten Anwesenheit der Abwesenden durchdringen und beleuchten sich Kriegsgeschehen und die Ereignisse in Jerusalem wechselseitig – eine Gemengelage aus «war, sex and crime». Die traditionelle und beliebte Begrenzung des Themas der Erzählung auf Davids Ehebruch und seine anschliessende Hochzeit mit Batseba verdankt sich einer individualistisch verengten Sichtweise mit einer starken Fokussierung auf den Erzählanfang und auf das Sexuelle und lässt Wesentliches ausser Betracht.[35] Dies sei vorweg geschickt, wenn ich mich nun ausschliesslich mit Batseba und David in den genannten Randszenen beschäftigen will.

Ich gebe zunächst eine Übersetzung, die sich möglichst nahe am hebräischen Text hält:

    1) Und es geschah zur Wiederkehr des Jahres,
       zu der Zeit, da die Könige (zum Krieg) ausziehen,

da schickte David Joab aus und mit ihm seine Knechte und ganz Israel,
damit sie die Ammoniter zugrunde richteten und Rabba (die Hauptstadt Ammons) belagerten.
David aber blieb in Jerusalem.
2) Und es begab sich zur Abendzeit,
da stand David von seinem Ruhebett auf,
und er erging sich auf dem Dach des Königspalastes.
Da sah er eine Frau, die sich wusch, vom Dach aus,
und die Frau war von sehr schönem Aussehen.
3) Und David schickte hin
und er erkundigte sich nach der Frau,
und man/er sagte:
«Das ist doch Batseba, die Tochter des Eliam, die Frau des Hetiters Urija.»
4) Da schickte David Boten,
und er nahm sie,
und sie kam zu ihm,
und er schlief mit ihr.
Und sie reinigte/heiligte sich von ihrer Unreinheit.
Dann kehrte sie in ihr Haus zurück.
5) Und die Frau wurde schwanger,
und sie schickte und liess David mitteilen und sagen:
«Ich bin schwanger!»
6) Da sandte David zu Joab: «Schick mir den Hetiter Urija» ...

Auf die Schwangerschaftsanzeige durch Batseba nimmt David nicht noch einmal Kontakt mit ihr auf. Er sucht das Problem unter Männern zu lösen. Seine Versuche, Urija als den Vater des Kindes erscheinen zu lassen, scheitern am Ethos des gottesfürchtigen und mit seinen Mitkämpfern solidarischen Soldaten und treiben David zu einer letzten Tücke, die im Auftragsmord an Urija vor den Toren Rabba Ammons gipfelt.

In 2Sam 11,26f heisst es sodann:

26) Und als die Frau Urijas hörte, dass ihr Ehemann Urija tot war,
hielt sie für ihren Ehemann die Totenklage.
27) Und als die Trauerzeit vorüber war,
nahm David sie in seinem Haus auf.
Und sie wurde seine Frau
und gebar ihm einen Sohn.
Aber das, was David getan hatte, war böse in den Augen Jhwhs.

Nach dem Auftritt des Propheten Natan, Davids Trauer um das Kind und im Anschluss an den Tod des Kindes ist dann noch einmal von Batseba die Rede (2Sam 12,24f):

24) Dann tröstete David Batseba, seine Frau,
und er kam zu ihr
und schlief mit ihr,
und sie gebar einen Sohn
und er nannte seinen Namen Salomo ...

Ein erster Überblick möglicher Charakterisierungen zeigt Batseba als passiven und literarisch recht unausgeformten Charakter. Als Schöne ist sie Objekt der Begierde Davids und Zielpunkt seiner Handlungen. Die Eröffnungsszene ist ganz von der Perspektive Davids bestimmt, der auch fast immer das Subjekt der Handlungssätze ist. David sieht, schickt und erkundigt sich, schickt Boten und nimmt sie (nicht wie manche deutschen Übersetzungen nahelegen: Er lässt sie holen) und schläft mit ihr. In knappsten Sätzen ist das ganze Geschehen mehr angedeutet als entfaltet. Selten ist Batseba selbst Subjekt der Handlung: Sie folgt der königlichen Aufforderung, reinigt sich, kehrt nach Hause zurück, wird schwanger und lässt dies David mitteilen. Sie klagt um den Tod ihres Ehemannes, wird Davids Frau und gebiert. Nirgends spricht sie ein Wort. Der Erzähler erteilt es ihr nicht. Es gibt aber auch keine Hinweis auf ihre Gefühlslage, ihre Wahrnehmung der erzählten Ereignisse. Nicht einmal, als ihr Kind stirbt, gewährt uns der Erzähler einen Blick auf die trauernde Mutter. Allein Davids verzweifelter Versuch, das Leben des Kindes zu erhalten, wird ausführlich dargestellt. Handlungskompetenz wird Batseba nur noch als Gebärerin eines weiteren Sohnes zugestanden. Dann verabschieden wir sie gemeinsam mit Salomo und dem Propheten Natan aus der Erzählung, bis sie sehr viel später im Thronfolgestreit wieder – und ganz anders – auf der Bühne des Geschehens erscheint (1Kön 1f).

Die Präsentation Batsebas gibt noch anderes zu erkennen. Die Schöne gehört kaum zur sozial niederen Schicht. Sie ist die Ehefrau eines Offiziers Davids, wohnt in Sichtweite zum Königspalast, hat ein eigenes Haus, in das sie zurück kehrt (V.4), und verfügt offenbar über Dienstpersonal, das sie zu David zu schicken in der Lage ist (V.5). Was die Art und den Umfang der erzählerischen Präsentation Batsebas betrifft, wird man sie eher als passive Nebenfigur ansehen müssen, die mit der erzählerisch und psychologisch reich gezeichneten Gestalt Davids oder Urijas nicht vergleichbar ist.[36] Was bedeutet dieses formale Argument aber für das Verständnis der Figur Batseba, das im Kopf des Lesers entsteht?

Unlängst hat Alice Bach dezidiert bestritten, dass sich durch mechanisches Sammeln von Textmerkmalen ein literarischer Charakter angemessen rekonstruieren lasse.[37] Ein literarischer Charakter ist nicht die Summe der im Text mitgeteilten Hinweise, der passiv rekonstruiert und sodann in die groben Kategorien von Haupt- und Nebenpersonen, flachen und ausgeführten Charakteren aufgeteilt werden kann. Dies sei strukturalistische Einfallslosigkeit. Alice Bach weist auf den Literaturwissenschaftler Seymor Chatman hin, der das Generieren eines literarischen Charakters als einen integralen Prozess zwischen Text und Leser versteht.[38] Chatman hatte beobachtet, dass Leser oft bei der Erstbegegnung mit einem literarischen Charakter ein bestimmtes Bild entwerfen, ein Paradigma von Eigenschaften, und mit dieser «Brille» dann weiter lesen, um es gegebenenfalls zu korrigieren. Sie sind aber selten bereit, ihren ersten Eindruck wirklich drastisch zu verändern. So zeigt sich die Konstituierung eines literarischen Charakters zwar als elastischer Prozess, in dem das Bild der Person aus der Vielfalt angebotener und denkbarer Möglichkeiten schrittweise imaginiert wird. Aber der Leser ist doch auf den ersten Eindruck hin recht festgelegt. Für die Batsebageschichte ist diese Beobachtung hilfreich. Denn es ist gerade die überaus prominente Erstbegegnung der Leser mit Batseba als der schönen Frau beim Baden, die sie ins Zentrum des Geschehens und der erzählerischen Perspektive rückt und die Leser letztlich nicht davon überzeugt, dass sie im Gesamt der Erzählung nur Nebenfigur und Handlungsagent sein soll, wie Adele Berlin meinte und mit den oben dargestellten literarischen Merkmalen zu begründen suchte.[39] Diese markante Auftaktszene setzt die Phantasie in Bewegung – nicht nur die männliche – und fordert uns geradezu dazu auf, nicht nur die äussere Erscheinung Batsebas, sondern auch ein Charakterbild der Schönen zu entwerfen. Da der Erzähler aber kaum etwas tut, uns dabei zu helfen und diesen Imaginationsprozess zu lenken und zu begrenzen, kommt es zur grossen Vielfalt der Sichtweisen.

Die kleine Eröffnungsszene skizziert in knappen Strichen die entspannte Situation eines ausgeruhten, untätigen Königs zur Abendzeit, und sie erzählt ausschliesslich aus der Perspektive Davids. Stellen wir uns den Erzähler als einen Kameramann vor, dann zeigt er zunächst die Situation auf dem Palastdach, auf dem David spazieren geht. Und dann verschmilzt seine Kamera mit den Augen Davids. Wir stehen mit David auf dem Dach, wir sehen, was er sieht, wir sehen mit seinen Augen: «... eine Frau, die sich wusch». Und auch den Eindruck, den diese Frau auf ihn macht, bekommen wir mitgeteilt: «Und die Frau war von sehr schöner Gestalt.»[40] Durch diese Erzählweise wird nicht nur David als Voyeur gezeigt, sondern auch wir als Lesende werden in diese Position des Voyeurs gedrängt. Nicht nur hier wird deutlich, dass der Erzähler auf männliche Adressaten setzt, ihnen eine Männergeschichte präsentiert. Er zwingt ihnen die Perspektive des Voyeurs auf, macht sie zu Mitwissern und letztlich zu Mitbegehrenden. Für diese Auftaktszene benutzt er ein auch sonst bekanntes Erzählmotiv von der «Beobachtung der schönen Frau beim Baden»,[41] das er nur auf Jerusalemer Verhältnisse zurecht zu schneiden braucht. Dieses Motiv setzt männliche Sexualität und erotisches Begehren, die ausgelebt oder gebändigt werden wollen, in ein einprägsames Bild. Gerade weil so knapp erzählt und auch die Schönheit Batsebas nicht detailliert wird, haben wir gar keine Möglichkeit, uns diesem Blick zu entziehen. Auf diese Weise werden die Leser von Anfang an gezwungen, den Weg Davids mitzugehen – und zwar nicht nur bis ins Schlafgemach, sondern bis zum Auftritt des Natan. Dessen «Du bist der Mann» (12,7) trifft nicht nur David, sondern auch den Leser, sofern er diesen Mann durch die Untiefen der Geschichte begleitet hat. Der Erzähler setzt auf die Sexualisierung des männlichen Blicks in seiner Ambivalenz zwischen Schaulust, Begierde und Scham.[42] Er bedient sich dieses Blicks aber nicht rein akklamatorisch, sondern setzt sich durch den Gang der erzählten Ereignisse auch mit seinen Gefahren auseinander.[43]

> Das erzählerische Handlungsspiel mit dem sexualisierten Blick findet sich in den Daviderzählungen noch mehrfach und in unterschiedlichen Variationen. Am deutlichsten und mit 2Sam 11,2 recht ähnlich ist es in der Episode von Amnon und Tamar entwickelt, so dass die starke Parallelität und der Eindruck «wie der Vater, so der Sohn» diese Episoden zusammenbindet. Mit umgekehrten Vorzeichen erscheint es im Voyeurismus Michals, die von ihrem Fenster aus den nackt vor der Lade tanzenden David betrachtet und ihn kritisiert. Die Verbindung von Nacktheit und Scham, Sexualität und Fruchtbarkeitsaspekten zeigt sich auch in dieser Szene. Michals Kritik an David, weil er sich «vor den Mägden seiner Knechte» nackt gezeigt habe, steht ihre bleibende Kinderlosigkeit gegenüber, während David ankündigt, er werde sich bei den Mägden seines Volkes «zu Ehren bringen» (2Sam 6,22). Die Batsebaepisode von 2Sam 11 ist auch in diesem Horizont zu lesen. Zu denken ist überdies auch an jene Szene, in der Abschalom als Zeichen seiner Machtübernahme auf dem Palastdach die Nebenfrauen seines Vaters «vor den Augen ganz Israels» beschläft (vgl. 2Sam 16,22 mit 12,11).

Frauen werden die Geschichte wahrscheinlich anders lesen. Sie entwickeln Widerstand gegen diese Perspektive, die der Erzähler seinen Lesern bereits am Anfang aufzwingt, weil sie sich nicht mit David, sondern nur mit dem Objekt seines Sehens und seiner Begierde identifizieren können.[44]

Aus den formalen Beobachtungen, dass Batseba im Gesamt der Erzählung keine wesentliche Rolle spielt, hat Norman R. Whybray eine psychologische und charakterliche Bewertung abgeleitet. Er meint, dass der Erzähler Batseba als eine zwar schöne, aber gutmütige und auch etwas stupide Frau zeichnen wolle, eine leichte Beute für entschlossene Männer. Während Adele Berlin grundsätzlich davor warnte, literarische Beobachtungen allzu forsch zu psychologisieren, hat George Nicol dem Urteil Whybrays energisch widersprochen. Wer die Zielstrebigkeit und Durchsetzungsfähigkeit Batsebas in 1Kön 1f sieht, wird sie auch am Anfang ihrer königlichen Karriere nicht für so unbedarft halten können. Auch die Batseba in 2Sam 11 sei mehrdeutiger und hintergründiger, als es die Oberfläche des Textes vermuten lässt und die schlichte These vom unschuldigen Opfer männlich-sexueller Begierde einfangen kann. So sammelt Nicol Beobachtungen für seine These, dass Batseba schon in 2Sam 11 die klug kalkulierende und clevere Frau war, als die sie sich sehr viel später in den Thronfolgestreitigkeiten erweist. Er kann dabei auf eine Reihe von älteren Auslegungen zurückgreifen, die offenbar um der moralischen Entlastung Davids willen Batseba mehr oder weniger offen eine Mitbeteiligung oder sogar die Initiative zum Ehebruch zuschreiben. Sie habe durch ihr Bad zu nah am Palast und so offensichtlich unter des Königs Augen, sogar der Abendkühle in Jerusalem trotzend, Davids Begierde absichtlich geweckt. Und zwar zu einem Zeitpunkt, an dem sie empfängnisbereit war und hoffen konnte, schnell schwanger zu werden. Sie sei freiwillig zum König gekommen und habe sich nicht gegen den Beischlaf gewehrt, wie dies später Tamar gegenüber den Zudringlichkeiten ihres Halbbruders Amnon tun wird (2Sam 13,12ff). In ihrer Schwangerschaftsmitteilung an den König (V.5) muss daher nicht die Klage einer verzweifelten verführten Frau, sondern kann ruhig der triumphierende Ton einer Frau vernommen werden, die ihre Machtmittel geschickt zu gebrauchen weiss. In dieser Interpretationslinie Nicols kommt dann Randall Bailey zu der Ansicht, Batseba sei Vertreterin einer einflussreichen Jerusalemer Familie, die sich skrupellos über das Bett des Königs und unter Opferung ihres Ehemannes zur Mutter des Thronfolgers emporgearbeitet hat.[45]

Im Horizont gegenwärtiger Perspektiven und Wahrnehmungen verschärft sich dieser Auslegungsstreit noch einmal durch die Arbeiten von J. Cheryl Exum.[46] Ist es Zufall, fragt sie, dass die Mittäterthese vor allem von Männern vertreten wird? Sie rückt Davids sexuelle Besitzergreifung Batsebas in die Nähe einer Vergewaltigung (*raped by the penis*) und wirft den Auslegern vor, sich durch ihre Interpretation an dieser Vergewaltigung zu beteiligen, indem sie nach dem bekannten Muster «blaming the victim» das Opfer zur Täterin machen. So werde Batseba durch den Schreibstift der Exegeten nochmals Gewalt angetan (*raped by the pen*). Ihre Kritik reicht aber noch weiter. Auch der Erzähler selbst tue Batseba Gewalt an, indem er sie als badende Schöne dem voyeuristischen Blick Davids und der männlichen Leser aussetzt, sie als Lustobjekt benutzt und ihr keine eigene Individualität, keine Stimme zugesteht.[47] So zerstört er sie gewissermassen und erzählt die Situation so zweideutig, dass der Text die Möglichkeit einer Mittäterschaft Batsebas nicht eindeutig ausschliesst. Zudem wird die ganze Geschichte in den Rahmen eines männlich-patriarchalen Wertesystems gestellt, das Frauen zwangsläufig erniedrigt. Batseba wird über ihren Vater und ihren Ehemann definiert: zunächst bei der ersten Nennung ihres Namens als «Tochter Eliams», später und in schablonenhafter Wiederholung als die «Frau des Hetiters Urija». Sie wird als Objekt des Begehrens und nach ihrem Ehebruch nur noch in ihrer Gebärfunktion «gebraucht». Die Beispielgeschichte Natans vergleicht den Ehebruch Davids mit einem Viehdiebstahl und zeigt damit ein Eherecht, das über die Besitzrechte der Männer definiert wird. Ehebruch im alttestamentlichen Verständnis heisst, in die Ehe eines anderen Mannes einbrechen. Den Gipfel setze dem Ganzen noch die göttliche Strafandrohung an David in 12,11: «Weil du mich verachtet und die Frau des Hetiters Urija weggenommen hast», spricht Gott zu David, werde ich «deine Frauen vor deinen Augen wegnehmen und sie einem anderen geben, dass er im Angesicht der Sonne deine Frauen beschlafe». Die Frauen Davids werden völlig unschuldig zur Manövriermasse einer göttlichen Strafbestimmung, die sich dazu noch in der Vorstellung einer öffentlichen Gruppenvergewaltigung gefällt.

J. Cheryl Exum führt ihren Angriff auf zwei Ebenen, die sie nicht versucht, deutlicher voneinander zu trennen. Die eine ist die Frage nach der Intentionalität des Textes: Was steht im Text, was steht nicht im Text, von welchem Wertesystem ist er geprägt, was sind seine Mitteilungsinteressen und Wirkabsichten? Die Interpretationsaufgabe auf dieser Ebene wäre: Beobachten und die Beobachtungen im Rahmen des mitgeteilten Normensystems einer Erzählung zu bewerten. Die zweite Ebene ist das Unbehagen, das einen modernen Leser oder eine Leserin befallen kann, deren/dessen Wertvorstellungen und biographische Erfahrungen auf solche biblischen Texte trifft. Auf dieser Ebene geht es um die Frage: Was löst der Text bei mir aus? Lasse ich mir die Geschichte gefallen oder nicht? Oder in die narratologische Terminologie gewendet: Möchte ich als realer Leser die Rolle des idealen Lesers als des gedachten Zielpunktes der erzählerischen Bemühungen eines Erzähltextes einnehmen oder nicht? Aus dem Unbehagen, dass sie gern einen anderen Text gelesen hätte, entwickelt J. Cheryl Exum eine Hermeneutik des Verdachts, mit der sie Batseba gegen die Art und Weise, wie sie erzählerisch präsentiert wird, verteidigt. Im Hintergrund steht eine literaturhermeneutische Debatte, die Alice Bach im Hinblick auf die Batseba-Episoden methodisch etwas deutlicher entwickelt hat und die auf ein Ineinanderfallen dieser beiden Ebenen hinausläuft.[48] Sie wendet sich gegen den Optimismus einer Textinterpretation, die meint, durch aufmerksame Beobachtung der Textstrukturen zu einer präzisen Bestimmung der erzählten Charaktere gelangen zu können und dabei den Anteil, den der Leser bei der Sinnstiftung leistet, ignoriert. Die Leser sehen die Charaktere aber nicht unbedingt vom Text her, indem sie die angebotenen Textsignale zu einer Figur zusammensetzen, sondern nach dem Mass ihrer jeweiligen Einsicht, Weltsicht und biographischen Erfahrung. Nimmt man dies wahr, dann ist Batseba zwar in Hinsicht auf den Umfang ihrer narrativen Präsentation durch einen Erzähler Nebenfigur, aber nicht ihm Hinblick auf eine Perspektive, die sich eben besonders für diese Erzählfigur interessiert und das Spiel der Marginalisierung nicht mitspielen will. Batseba soll nicht als passive «nonperson» oder als Objekt männlicher Phantasien wahrgenommen werden, weil ich dies als Leser und Leserin nicht will. Vielmehr lesen im Prozess der Lektüre Frauen *ihre eigenen* Erfahrungen mit in den Text hinein. Auf diese Weise gewinnt der Charakter ein Eigenleben in unserem Bewusstsein, das letztlich unabhängig von der Story wird, in der wir ihn vorgefunden haben. So fordert Alice Bach eine doppelt orientierte Lektüre: die Wahrnehmung des Textes und die Kritik seiner Tendenz und ideologischen Interessen auf der einen Seite und daneben die kritische Rekonstruktion der Gestalt Batsebas durch Leser und Leserinnen, die letztlich frei gegenüber dem Geschriebenen sind und nach Möglichkeiten suchen, unter denen eine literarische Figur zum Träger eigener Erfahrungen und Perspektiven werden kann.

> Ich kann hier die Debatte nicht führen, halte es aber für schwierig, wenn beide Wahrnehmungsebenen ineinanderfallen und nicht mehr unterschieden wird zwischen dem, was in einem Text beobachtet werden kann und welche Bewertungsmassstäbe er selber entwickelt (im Blick auf den idealen Leser als Zielpunkt aller erzählerischen Bemühungen) und dem, was ein Text im Leser auslöst und wie er ihn auf dem Hintergrund seiner eigenen Erfahrungen sieht und bewerten möchte (die Position des realen Lesers). Ganz trennen lassen sich diese Ebenen freilich nicht. Schon die «reine» Textbeobachtung ist durch die Perspektive des Lesers und seine biographischen Erfahrungen bestimmt. Aber im *praktischen* Verfahren ist die Unterscheidung der Ziele der Textinterpretation (Mitteilungsinteressen des Textes; Lektüreinteressen des Lesers) ebenso sinnvoll und notwendig wie auf der Ebene der Textarbeit die Unterscheidung von Textbeobachtung und Bewertung dieser Beobachtung.

Ich kehre zu J. Cheryl Exums engagiertem Plädoyer zurück. Ihr Vergewaltigungsvorwurf an die Interpreten hatte eine nicht weniger deutliche Stellungnahme des angegriffenen George Nicol[49] zur Folge, der sich nicht zu Unrecht gegen ein Verfahren wehrt, abweichende Lesarten desselben Textes in einer solch dezidierten Weise zu kriminalisieren. Gleichzeitig erneuert er seine Sicht von Batseba als der «cleveren Frau und Mittäterin beim Ehebruch» und sucht diese am Text zu begründen.

Ist der Text so schillernd und mehrdeutig, so ambivalent, dass er derartig gegensätzliche Möglichkeiten des Verständnisses freisetzen oder sogar einfordern kann? Oder sind nicht doch Textsignale zu beobachten, die einer solchen Gegensätzlichkeit der Interpretationen Riegel vorschieben können? Oder entscheidet allein die Perspektive des Lesers? J. Cheryl Exum zeigt ihre Perspektive/Interessen dadurch, dass sie die Batsebageschichte von dem Vergewaltigungstext Ri 19f her liest, und Georg Nicol führt seine Leser zuerst zur Batseba von 1Kön 1f, bevor er sich unserer Szene zuwendet. M.E. empfiehlt es sich, literarische Charaktere zunächst aus dem Text heraus zu entwickeln, in denen sie Gestalt gewinnen sollen, und nicht in ein Licht zu stellen, das aus anderen Quellen stammt. Wir haben schon gesehen, dass der Erzähler sein Verhältnis zu Batseba nicht deutlich und schon gar nicht eindeutig klärt. Er teilt nichts mit, das uns diese Frau sympathisch erscheinen lässt, aber auch nichts, das uns zwingen würde, sie unsympathisch zu finden. Die knappe Art der Darstellung scheint eine Mittäterschaft Batsebas zwar nicht gerade zu fordern, aber eben auch nicht deutlich auszuschliessen. Die in einem einzigen knappen Satz mitgeteilte Ehebruchszene ist klar erkennbar keine Vergewaltigung, sondern beschreibt den sexuellen Umgang mit den Worten, mit denen er auch das zweite Mal in V.27 beschrieben wird. Dort geht dem Beischlaf immerhin voraus, dass David seine Frau getröstet habe. Die Gewaltanwendung in der Auftaktszene aber liegt in V.4 zuvor.[50] David sieht die Frau, erkundigt sich nach ihr, und nachdem er weiss, dass sie die Ehefrau eines anderen ist, schickt er Boten und nimmt sie. Diese Reihenfolge macht ganz klar, dass David eine einmalige Liason mit einer verheirateten Frau im Sinn hat, jedenfalls keine Ehe beabsichtigt. Die entsprechende Wendung steht eigenartig im syntaktischen Zusammenhang und setzt damit ein Aufmerksamkeitssignal. Noch bevor es zur Begegnung zwischen David und Batseba kommt, so hält der Erzähler fest, hat sie David genommen, d.h. seiner Verfügungsgewalt unterworfen, wie das hebr. Verb *laqah* in diesem Zusammenhang deutlich macht. Frauen «nehmen» ist in 2Sam 11f doch nicht einfach Allerweltssprache, wie George Nicol verharmlosend glauben machen will, sondern heisst: dass ein Mächtiger kraft seiner Machtbefugnis die Frau eines anderen wegnimmt.[51] In dieser Formulierung verbinden sich machtpolitische und sexuelle Ambitionen.[52] «Hinschicken» und «nehmen» – genauso wird in 2Sam 3,15 formuliert, als Eschbaal auf Davids Geheiss Michal ihrem Mann Palti wegnehmen lässt. Das Kommen Batsebas zu David folgt auf diesen Gestus der Besitzergreifung (V.4) und wird daher kaum freiwillig zu nennen sein. Darin, dass der König die Macht hat, die Töchter ihren Familien zu nehmen, sieht das sog. Königsrecht in 1Sam 8,10-18 eine der Gefahren, die vom Königtum ausgehen wird. Und in der Spiegelung des Ehebruchs in der Natanepisode (2Sam 12) wird David mit einem reichen Mann verglichen, der das einzige, liebevoll gepflegte Lamm eines armen Mannes weg genommen hat, weil er die Macht dazu besass (V.4). Endlich variiert die göttliche Strafandrohung das Thema ein weiteres Mal: Weil du die Frau des Urija zur Frau genommen hast, werde ich deine Frauen vor deinen Augen wegnehmen (V.10f). Das hebr. Verb *laqah* gewinnt hier echte Leitwortfunktion, weil es verschiedene Szenen auf eine hintergründige Weise zusammenbindet. David ist hier «taker par excellence», und dafür wird er beschuldigt und bestraft. Die Art und Weise, wie Davids Verhalten durch Gott bewertet (V.27b) und im Auftritt des Natan gespiegelt wird, lässt für die Mittäterinthese mindestens wenig Raum. Jedesmal steht allein David im Blickpunkt.

Der Hinweis, dass Batseba sich von ihrer Unreinheit gereinigt habe, wird allgemein als Hinweis auf die besondere Empfängnisfähigkeit nach der Menstruation gesehen. Aber die Wendung ist im Hebräischen nicht so klar. Syntaktisch handelt es sich um eine Parenthese, einen Umstandssatz der Gleichzeitigkeit innerhalb einer Narrativreihe. Die Handlung Batsebas steht im zeitlichen Zusammenhang mit dem Sexualverkehr. Entweder ist diese Reinigung notwendig, weil David mit Batseba während ihrer Menstruation Umgang hatte, oder es ist ein Reinigungsritual (im Hebräischen

«Heiligung») im Blick, durch das Batseba nach dem Ehebruch, den sie als kultische Verunreinigung erlebt, einen zerbrochenen Zustand wiederherzustellen sucht.[53] Diese rituelle Heiligung und das Waschen, bei dem David die Schöne beobachtet hat, sind jedenfalls erkennbar zwei verschiedene Dinge.[54]

Kein Leser kann daran gehindert werden, in der in V.5 folgenden Schwangerschaftsmitteilung einen triumphierenden Ton zu hören, aber die übrigen Textsignale und Bewertungen sprechen nicht unbedingt dafür.

Wie steht es mit David? Die Erzählung fällt über ihn durch die Schilderung des Ereignisverlaufs ein vernichtendes Urteil. Sympathiemerkmale des Erzählers für seinen Protagonisten gibt es keine, freilich auch keine negativen Urteile über das klare Urteil Gottes hinaus. Was treibt den König, der sein Heer in den Krieg verabschiedet und gerade auf dem königlichen Dach Siesta gehalten hat? Im Normgefüge der Erzählung soll man einen König sehen, der in diesem Vexierspiel aus Sex, Macht und Mord der Versuchung zur Despotie erliegt. Dafür steht die Autorität des göttlichen Urteils ein (V.27b). Wer von hier aus urteilt, wird ideologisch korrekt den Stab brechen und ein hartes Urteil über den seine Triebe nicht zügelnden und seine Macht missbrauchenden David fällen, der über Frauen und über Leichen geht. Wer diese Erzählung im Rahmen menschlicher und männlicher Erfahrungen bedenkt und sich nicht zu schnell von dieser widersprüchlichen Gestalt Davids abwenden will, wird *mit* und auch *gegen den* Text Lebenssituationen konstruieren, in denen ein solches Geschehen zwar nicht akzeptabel, aber angesichts der vollen widersprüchlichen Männlichkeit Davids auch nicht unverständlich wird. So hat etwa der New Yorker Rabbiner H. Hirsch Cohen[55] zu diesem Text die Szenerie einer Lebenskrise erfunden, in der ein alternder König – allein in Jerusalem – schmerzhaft das Abnehmen seiner Lebenskräfte empfindet und durch diese schöne Frau hingerissen noch einmal das Leben und heisse Leidenschaften spürt; durch eine einzige unbedachte Handlung wird er in einen Strudel der Verstrickungen hineingezogen, in dem die Begierde zum Ehebruch, der Ehebruch zu Täuschung und Lüge, diese wiederum zum Mord und jener zur Verdrängung führen. Doch das gehört zur zweiten Ebene der Interpretation, zu den Gedanken, die ein Text beim Leser bewirken kann, aber nicht muss. Man könnte auch ganz andere Szenarien angesichts dieses Textes erfinden. Die Erzählung wehrt sich immerhin erkennbar gegen allzuviel Verständnis für den Mann David, indem sie deutlich macht: Nicht schon der gestrauchelte, sondern erst der ausweglos überführte David bringt den Mut zur Reue auf.

Was gibt der Text über Davids persönliche Beziehung zu Batseba zu erkennen, über das nur zwischen den Zeilen mitgeteilte sexuelle Begehren und über Eheschliessung und Kindszeugung hinaus? Auf zwei Details möchte ich hinweisen. Nachdem Urija tot und Batseba damit Kriegerwitwe geworden war, heisst es in V.26: «Und als die Trauerzeit vorbei war, nahm David sie in sein Haus auf.» Das hebr. Wort *'asaf*, bedeutet einsammeln, aufnehmen. Der Ausdruck verrät nicht eine kalte Geste der Besitzergreifung wie *laqaḥ* in V.4, sondern kennzeichnet eine Geste des Aufnehmens und Schützens.[56] Nach dem Tod Urijas, den David angeordnet und gerade noch zynisch quittiert hat (V.25), nimmt er die Witwe in seinem Haus auf. Das zweite Detail ist die Geste des Tröstens, mit der David Batseba begegnet, nachdem das Kind des Ehebruchs gestorben war. Das hebr. Wort *niḥam* bezeichnet ein emotional tief verankertes Verhalten, das Einfühlungsvermögen, die Fähigkeit, Leid und Mitleid zu empfinden, voraussetzt. Diese Geste des Tröstens Davids gilt Batseba als Person und Ehefrau Davids, die hier erstmals nicht mehr als «die Frau des Urija» bezeichnet wird. Freilich steht auch diese Geste des Tröstens wieder im Zusammenhang der raschen Zeugung des nächsten Sohnes: Salomos. Aber der Geschlechtsverkehr scheint hier doch nicht die Tröstung selbst zu sein. Diese Stelle ist meines Wissen der einzige Satz in der Davidgeschichte, in dem – ausserhalb von Sex, Macht und Fortpflanzung – von einer emotionalen Beziehung Davids zu einer seiner Ehefrauen die Rede ist.[57] Freilich steht auch er im Zusammenhang der Trauer Davids um einen seiner Söhne und damit in einer Szenerie, in der auch sonst die stärksten Emotionalisierungen der Davidgestalt sichtbar werden.

Die andere Batseba-Episode ist rasch angedeutet. Im Thronnachfolgekampf an Davids Lebensende (1Kön 1-2) treten die Protagonisten vom 2Sam 12 erstmals wieder in Erscheinung: Natan, Batseba, Salomo. David hatte die Nachfolgefrage offenbar sträflich unklar gelassen, und Prinz Adonija, der nach Abschalom Nächstgeborene, der einen Grossteil der einflussreichen Leute und die Königsöhne hinter sich weiss, reklamiert bei einem Fest die Königswürde für sich. Von allen Königsöhnen findet sich allein Salomo nicht eingeladen. Offenbar gibt es schon länger einen Streit der Hofparteien, von denen die eine Salomo auf den Thron bringen will. Ihr sucht Adonija mit seinem Streich zuvor zu kommen. Da treten Natan und Batseba in Aktion und erinnern den alten König in zwei aufeinanderfolgenden Audienzen in doppelter Beredtsamkeit an ein angebliches früheres Thronversprechen zugunsten Salomos, das er einst Batseba gegeben haben soll, bis endlich David seinen Sohn Salomo zum Nachfolger bestimmt. Dass es dieses Versprechen nie gegeben hat und David hier einer Intrige aufsitzt, wird nicht ausdrücklich gesagt. Aber die Überlieferung kennt ein solches Gelübde nicht, und Adonijas Machtergreifung müsste anders erzählt werden, wenn es eine klare Thronfolgeregelung Davids gegeben hätte. Und später kann selbst Batseba nicht widersprechen, dass Adonija der eigentlich berechtigte Thronnachfolger gewesen wäre (1Kön 2,32).[58]

Dieser Adonija, der die Krone verlor, wendet sich nun ausgerechnet an Batseba. Sie soll seine Interessen bei Salomo unterstützen. Und sie tut es, und wir Leser wissen nicht, ob sie ihm damit einen Gefallen erweisen oder endgültig das Genick brechen will. Auch diese Episode ist voller Hintergründigkeit.

Batseba wird in der Thronfolgeepisode in einer ganz anderen Rolle als in 2Sam 11f gezeigt. Sie tritt auf Anraten Natans vor den auf seinem Sterbebett liegenden, impotenten König hin, während dieser von der schönen Abischag von Schunem «umsorgt» wird. Diese ungeheuerliche Szene[59] ist nur knapp skizziert – welch ein Kontrastbild zu 2Sam 11,2f! Batseba redet einfallsreich und klug kalkuliert. Sie reklamiert ein Gelübde, das David ihr persönlich geleistet haben soll. Und indem es ihr gelingt, dies dem König einzureden, gewinnt sie das Königtum für ihren Sohn. Der Schwur, den David dann leistet, gilt Batseba allein – gewissermassen in einer Privataudienz, ohne die Anwesenheit der mächtigen Notabeln Natan oder Benaja. Zu diesem Zweck muss Batseba eigens erst wieder zum König gerufen werden.[60] Die ganze Überredungsszene wirft nochmals ein kurzes, geheimnisvolles Licht auf das Verhältnis Davids und Batsebas zueinander: ein Verhältnis, in dem ein solches Versprechen dem König, den man sich nicht unbedingt als senil vorzustellen braucht, nicht ganz abwegig erscheint.

Die politische Macht Batsebas im Staat als Mutter des Königs erhellt schlaglichtartig die Szene, in der sie in Sachen Adonija eine Unterredung mit Salomo führt. Als sie zu Salomo in den Thronsaal tritt, steht der König von seinem Thron auf, tritt ihr entgegen und vollzieht die Proskynese vor ihr, d.h. er wirft sich vor ihr auf die Erde, wie man sich vor einem König niederwirft. Anschliessend wird ein Thron neben den Thron Salomos gestellt, für die «Mutter des Königs», wie es ausdrücklich heisst (2Kön 2,19). Die Szene reflektiert den ausserordentlich hohen machtpolitischen Stellenwert der «Mutter des Königs» im Jerusalemer Königtum.[61]

Hält man beide, weit auseinander liegenden Batseba-Episoden in 2Sam 11f und in 1Kön 1f nebeneinander, zeichnen sie zwei recht unterschiedliche Charakterbilder derselben Frau. Vergleicht man die Batseba von einst mit der Batseba vom Ende der Geschichte, könnte man von Charakterentwicklung sprechen. Aber Stationen oder Motivierungen einer *Entwicklung* bleiben ganz unausgesprochen. Die Episoden zeigen kontrastive Bilder derselben Person: die Erfahrung der Demütigung und Inbesitznahme am Anfang und die Erfahrung der durch eigene Courage gewonnenen politischen Macht am Ende der Geschichte. Wie die Brücke ausgesehen hat, die sich von dem einen Pfeiler zum anderen spannt, überlässt der Erzähler unserer Imagination. Es sind die Leser, die hier Zusammenhänge konstruieren müssen.[62]

Die Geheimnisse der Beziehungen Davids und seiner Liebesfähigkeit hat der Erzähler nie gelüftet. War die Beziehung zu Michal, die ihn liebte, für David mehr als nur ein Spielball im Machtkalkül? Und war Davids Reaktion auf Michals Spott über seinen Tanz vor der Lade etwas anderes als die Trotzreaktion eines Beschämten und in seiner männlichen Eitelkeit Verletzten, der deshalb ganz seiner sexuellen und politischen Potenz vertraut und Michal von ihr ausschliesst? Und Abigajil, die clever und klug den hitzköpfigen Guerillaführer aus der Wüste «um den Finger wickelt», die ihm mit noch mehr als den «Waffen einer Frau» entwaffnend entgegen tritt und tatsächlich davor abhält, Blut zu vergiessen; die in ihrer Weisheit den künftigen König erkennt und segnet und David mit den Massstäben gelingender Königsherrschaft vertraut macht (1Sam 25)? Als Liebender wird David nur in seiner Beziehung zu Jonatan und in seiner Trauer über seine Söhne gezeigt. War Jonatan nur Waffenbruder, Bundesgenosse und Kampfgefährte oder doch die einzige wirkliche leibliche und seelische Liebesbeziehung, zu der David fähig und in der Lage war?

Das Geheimnis um «David und die Liebe» hat der Erzähler nie gelüftet. Und weil er dieses Geheimnis nie gelüftet, aber durch Andeutungen hintergründig und aufregend gehalten hat, feiert es beim Wiederlesen permanent seine Auferstehung – in den Köpfen der Leserinnen und Leser dieser faszinierenden Erzählung, ohne je zur Ruhe zu kommen.

Anmerkungen

[1] Einen Überblick über die «Frauentexte» in 1/2Sam und ihre Erforschung bietet Müllner 1999a (Lit.); vgl. ferner Berlin 1982; Schroer 1992; Exum 1993; Willi-Plein 1995; Dietrich 1997.
[2] Lasker-Schüler widmet dem Thema «David und Jonatan» in den Hebräischen Balladen (1913) zwei Texte; Rilke verfasst in seiner Sammlung «Der Neuen Gedichte anderer Teil» (1908) eine «Klage um Jonathan» (vgl. auch die drei Texte «David singt vor Saul» in der vorhergehenden Sammlung von 1907). Zu diesen und weiteren Beispielen aus Literatur und Kunst vgl. Popp 1997.
[3] Heym 1974, 12.
[4] Zur Davidtochter Tamar ist vor allem die Monographie von Müllner 1997 heranzuziehen, während sich de Robert (1999) unlängst in einem Aufsatz den Beziehungen Davids zu seinen Kindern gewidmet hat.
[5] Vgl. Schroer 1992; Bach 1994.
[6] Dafür stehen die Begriffe «erkennen» bzw. «sich legen» zur Verfügung. Zum Liebesbegriff insgesamt vgl. Wallis u.a. 1973 und Jenni 1971.
[7] Vgl. 1Sam 16,21; 18,1.3.16.20.22.28; 20,17 (zweimal); 2Sam 19,7.
[8] Ausgenommen das Sprichwort in 2Sam 19,6, in dem Davids Verhalten gegenüber seinen Soldaten mit den Kategorien «lieben» und «hassen» beschrieben wird. Und natürlich ist Amnon in Liebe zu Tamar entbrannt (2Sam 13).
[9] Vgl. Linafelt 1992.
[10] Zum Namen Davids vgl. Stamm 1980, 25-43.
[11] Zur Gestaltung Sauls vgl. Gunn 1980 und Exum 1992.

¹² Michals Charakter wird in einzelnen Erzählfragmenten in unterschiedlichen Episoden beleuchtet, was sie zur literarisch fragmentierten Frau macht. Vgl. neben 1Sam 18 noch 1Sam 19,8-24; 25,44; 2Sam 3,13-16; 6,16-23 und Clines / Eskenazi 1991; Bach 1993; Exum 1993, 42-60. Als interessantes Beispiel einer modernen romanhaften Adaption der Michalgestalt sei auf Grete Weils Roman «Der Brautpreis» (1988) verwiesen, in dem die Autorin ihre eigene Biographie in derjenigen Michals spiegelt.

¹³ Vgl. noch die Mutterliebe Rebekkas für ihren Sohn Jakob (Gen 25,28), ferner Ez 16,38 (Liebe zur Stadt im Bild einer Frau); Rut 4,15 (Liebe der Schwiegertochter Rut zur Schwiegermutter Noomi). In der Liebespoesie des Hohen Liedes ist dagegen öfter von der Liebe einer Frau zu ihrem Geliebten die Rede.

¹⁴ Dieser derbe Erzählzug geht davon aus, dass sich die Philister als Unbeschnittene von den Israeliten und den anderen umgebenden Völkern wie den Ägyptern unterscheiden. Historisch verifizierbare Analogien solcher Trophäen sind aus dem Alten Orient bisher sowenig bekannt wie das öffentliche Beschlafen der Frauen des Vorgängers zum Zweck königlicher Machtübernahme (2Sam 16,22).

¹⁵ Vgl. Bach 1993, 72.

¹⁶ Das verwirrende Geschick Michals in der Überlieferung, bei der manche Brüche zu beobachten sind, hat in der historischen Forschung zu der plausiblen Annahme geführt, dass die Jugendliebe Michals ein Konstrukt der Erzähler ist, wodurch sie die positiven Bindungen Davids an das Königshaus Sauls herausstellen und verstärken wollten. Vgl. Stoebe 1958; Kaiser 1990.

¹⁷ Bezeichnenderweise wird Michal in dieser Szene wieder «Tochter Sauls» genannt. Die Benennungen Michals zeigen ihre schwierige Position zwischen saulidischer und davidischer Herrschaft. Als Davids Retterin wie als Objekt davidischer wie saulidischer Machtpolitik wird Michal «Davids Ehefrau» genannt (1Sam 19,11; 25,44; 2Sam 3,14); als David verachtende und die Königswürde reklamierende die «Tochter Sauls».
Hinter der aristokratischen Attitüde kann sich auch die israelitische Auseinandersetzung mit den kultischen Gepflogenheiten in kanaanäischen Stadtstaaten verbergen, denen sich David erkennbar öffnet. Hierzu Willi-Plein 1997.

¹⁸ Jonatan erscheint als Subjekt von *'aheb* – lieben in 1Sam 18,1.3; 20,17 (zweimal); vgl. ferner 1Sam 18,22; 19,1; 20,11 (gefallen); 20,4 (Bereitschaft zu tun, was Davids Seele begehrt); 20,12-16 (Jonatan schwört David unbedingte Treue); 20,40f (küssen und weinen). Vgl. die Wortstatistiken bei Zehnder 1998.

¹⁹ Im Hebräischen steht das Wort *näfäš* für «Seele», «Leben»; es kann im hiesigen Zusammenhang treffend mit «Herz» wiedergegeben werden.

²⁰ Die Bedeutung des letzten Satzteils, der syntaktisch als Ellipse verstanden werden kann, ist textlich unklar. Sicher scheint, dass Davids Empfindung noch einmal herausgestellt werden soll. Buber / Rosenzweig 1979 übersetzen: «bis es David überkam», McCarter 1980 mit «unto weeping greatly». Andere halten den Satzteil für unübersetzbar.

²¹ 1Sam 23,16-18 berichtet in einer religiös aufgeladenen, aber emotional ganz unausgeformten Szene, dass Jonatan den von Saul verfolgten David noch einmal traf und «seine Hand stark machte durch Gott». Im nochmaligen Bundesschluss tritt Jonatan die Königswürde über Israel dezidiert an David ab.

²² Diese Erfahrung steht hinter dem hier verwendeten hebräischen Verb *ṣrr*.

²³ In V.23 werden Saul und Jonatan gemeinsam als Geliebte und Teure bezeichnet. Die verwandtschaftlichen Beziehungsbegriffe «Bruder» und «Schwester» sind in der altorientalischen Liebespoesie offen für die Kennzeichnung d/s Geliebten. Belege finden sich in der ägyptischen Liebeslyrik. Im Hohelied des Alten Testaments findet sich die Bezeichnung «Schwester» (4,9). Vgl. Schroer / Staubli 1996, 19.

²⁴ Zum Bedeutungsspektrum gehören deutsche Äquivalente wie «hold, angenehm, schön, liebreizend» usf. Die Übersetzung von Schroer / Staubli 1996, 19: «Du warst mir eine grosse Lust» weckt angesichts des gegenwärtig inflationären Verständnisses des Lust-Begriffs ungenaue Assoziationen.

25 Gunn 1980, 93, schliesst aus diesem klaren literarischen Befund auf eine einseitige homoerotische Beziehung Jonatans zu David.
26 Eine Vielzahl von Fachgelehrten der letzten Jahrzehnte hat das David-Jonatan-Verhältnis als Loyalitätsverhältnis unter Waffenbrüdern und stolze Männerfreundschaft ohne homoerotische Implikationen beschrieben, wobei die leidenschaftlichen Züge der Jugendlichkeit der beiden geschuldet seien. Denn, wie Kaiser 1990, 296, recht apodiktisch urteilt: «Gibea liegt nicht in Hellas, sondern in Benjamin und Bethlehem in Juda: im hyperbolischen Vergleich leuchtet die Zuneigung auf, die beide verband.»
27 Die Ähnlichkeiten mancher Züge mit der Liebesmetaphorik des Hohenliedes listen die Autoren eindrücklich auf. Indem sie aber jeden Versuch unterlassen, mögliche nicht sexuell konnotierte Bedeutungen des Liebesbegriffs in der David-Jonatan-Kofiguration auch nur zu prüfen, verliert ihre kleine Studie an Überzeugungskraft.
28 Vgl. Zehnder 1998, der wiederum mit grosser Kraftanstrengung jeden erotischen Unterton ausschliessen möchte, was m.E. nicht überzeugt.
29 Nimmt man an, dass der Erzähler zu einer Zeit seine Geschichte erzählt, in der das Heiligkeitsgesetz das Sexualverhalten in Israel normierte, dann hat er keinerlei Probleme, das von ihm dargestellte Verhältnis von David und Jonatan mit den Bestimmungen von Lev 18,22; 20,13 für vereinbar zu halten. Vgl. Dietrich 1997, 291f; Nissinen 1998, 56.
30 Vgl. den «salomonischen» Satz W. Dietrichs 1997, 292: «Welche Facetten der Liebe in der Beziehung zwischen David und Jonatan aufleuchteten bzw. von den Erzählern zum Leuchten gebracht werden, darüber wird sich Klarheit wohl nicht erzielen lassen. In jedem Fall aber gilt: Die David-Jonatan-Geschichten taugen zur Verfemung gleichgeschlechtlicher Beziehungen, wie sie in christlichen Kreisen und gerade auch unter Berufung auf die Bibel üblich ist, nicht.» M.E. gibt der Erzähler ein Verständnis, das alle erotischen Dimensionen ausblendet, nicht frei.
31 Starke Emotionalisierungen treten vor allem in den Abschieds- und Trauerszenen Davids hervor. Vgl. neben den genannten die Szenen in 2Sam 3 (Abner); 2Sam 12,16ff (Batsebas erster Sohn); 2Sam 19,1ff (Abschalom).
32 Vgl. Nissinen 1998. Seine m.E. überzeugende These zu unserer Frage: «The relationship of David and Jonathan can be taken as an example of ancient oriental homosociability, which permits even intimate feelings to be expressed. In this sense it can be compared to the Love of Achilles an Patroclus (in Homer's Iliad) or the love of Gilgameš and Enkidu. In these relationships emotional partnership is emphasized, whereas erotic expressions of love are left in the background and only to be imagined ...» (56). Unter Nissinens reichen Literaturangaben findet sich nur Otto 1996 noch nicht verzeichnet.
33 Vgl. Heine 1989, 177f; Al-Wardi 1972.
34 Vgl. Welzl 1994, die ältere Literatur verzeichnet.
35 Vgl. Näheres bei Dietrich / Naumann 1995, 233-244.
36 Vgl. u.a. Whybray 1968; Gunn 1978; Fokkelman 1981 und Berlin 1982. Letztere spricht von einer reinen Agentenfunktion Batsebas (73).
37 Vgl. Bach 1993, 61f.
38 Vgl. Chatman 1978, 118f.
39 Vgl. Berlin 1982.
40 Worin die Schönheit ihrer Gestalt gesehen werden will, oder ob sie sich bekleidet oder nackt wusch, das alles bleibt unausgesprochen.
41 Zu den Erzählmotiven in 2Sam 11 zuletzt Naumann 2000.
42 Vgl. die Arbeiten von Kleinspehn 1989a und 1989b, die aber in der Einbeziehung antiker Zeugnisse unbefriedigend bleiben.
43 Das Thema Blick und Blickwechsel wird auch in der wichtigen Bewertung des Geschehens aus der Sicht Gottes weitergeführt: «Und es war, was David getan hatte, böse in den Augen Jhwhs» (2Sam 11,27 im Kontrast zu V.25). Unter dem Thema «Blickwechsel» untersucht Müllner 1999b die Darstellung des Verhältnisses von David und Batseba in Romanen des 20. Jh.s

44 Zum Voyeurismus der Szene und zu den geschlechtsspezifischen Unterschieden ihrer Rezeption vgl. Bach 1993, 70f; Exum 1993, 174f. Der Einwand Nicols 1997, 45-47, von Voyeurismus könne wegen der lakonischen Zurückhaltung des Erzählers keine Rede sein, übersieht die Perspektive.

45 Vgl. Bailey 1990, 84f.

46 Vgl. Exum 1993, 177-201.

47 Die einzige wörtliche Rede Batsebas «Ich bin schwanger» (V.5) bringt ihre Funktion in der Geschichte präzise auf den Punkt.

48 Vgl. Bach 1993, 62f.

49 Vgl. Nicol 1997, 43-54.

50 Zur Diskussion um die Gewaltförmigkeit der Szene vgl. Müllner 1997, 92-96.

51 Vgl. Linafelt 1992.

52 Im Horizont der Gesamterzählung ist Batseba die letzte Frau und Rabba Ammon die letzte Hauptstadt, die David erobern wird.

53 Die hebräische präpositionale Fügung, die syntaktisch eine Parenthese innerhalb einer Reihe von Handlungssätzen bildet, lautet etwa: «Und sie war sich heiligend von ihrer Unreinheit.» Die Parenthese gibt die Begleitumstände für die vorangegangenen Narrative oder wenigstens für den letzten an. Vgl. Willi-Plein 1993, 45f, die an ein Ritual der Selbstheiligung denkt, mit dem Batseba den Zustand der Kultfähigkeit wieder herstellt: «Batseba macht sich für ihren Ehemann Urija wieder verfügbar, sie eignet sich ihm an.» Dass sie dies tut und wohl tun muss, zeigt, in welchen Zustand sie durch David gebracht worden ist.

54 Anders Exum 1993; Müllner 1997, 89.

55 Cohen 1965.

56 Vgl. etwa Jos 2,18; 20,4.

57 Es verdient angemerkt zu werden, dass Davids Geste des Tröstens, die in den gegenwärtigen Interpretationen gänzlich übergangen wird, in der bild- und tonkünstlerischen Rezeptionsgeschichte ein breites Echo fand.

58 Zu den Frauengestalten in 1Kön 1f vgl. vor allem Häusl 1993; zur syntaktischen und narrativen Analyse der «Intrigenszenen» vgl. jetzt Bartelmus 2001. Herrn Kollegen Bartelmus danke ich für Einsicht in das noch unveröffentlichte Manuskript.

59 Ungeheuerlich darin, dass Batseba unaufgefordert ins Schlafgemach des Königs tritt, während Abischag den König «bediente». Unabhängig davon, wie Abischags Aufgabe im Einzelnen zu verstehen ist, wird sie nicht als Krankenschwester, sondern als sexuell attraktive Schöne eingeführt, die den König in seinem Bett erwärmen soll.

60 Der Schwur an Batseba lautet: «*Dein* Sohn Salomo soll nach mir König sein» (1Kön 1,30). Erst im Krönungsbefehl in der Öffentlichkeit an Zadok, Natan und Benaja spricht David von «*meinem* Sohn Salomo».

61 Zur Rolle der Königinmutter vgl. die klassische Studie von Donner 1959; zuletzt die Zusammenfassung neuerer Thesen bei Kyung Sook Lee 1999, 131-136.

62 Kessler 1989 überschreibt seinen Beitrag «Durch Demütigung zur Macht» und setzt beide Pole in ein *kausales* Verhältnis.

Bibliographie

Al-Wardi, A., 1972: *Soziologie des Nomadentums*. Aus dem Arabischen, Neuwied / Darmstadt: Klett.
Bach, A., 1993: «Signs of the Flesh: Observations on Characterization in the Bible» in *Semeia*, 63, pp. 61-79.
Bach, A., 1994: «The Pleasure of Her Text» in A. Brenner (ed.), *Feminist Companion to Samuel and Kings* (A Feminist Companion to the Bible, 5) Sheffield: Academic Press, pp. 106-129.
Bailey, R.C., 1990: *David in Love and War. The Pursuit of Power in 2 Samuel 10-12* (Journal for the Study of the Old Testament, Suppl. Ser. 75), Sheffield: Academic Press.
Bartelmus, R., 2001: «Sachverhalt und Zeitbezug: pragmatisch-exegetische Anwendung eines noetischen Theorems auf 1 Kön 1» in ders. / Nebes, N., *Sachverhalt und Zeitbezug. Semitistische und alttestamentliche Studien. FS A. Denz zum 65. Geburtstag* (Jenaer Beiträge zum Vorderen Orient, 4), Wiesbaden: Harassowitz, pp. 1-20.
Berlin, A., 1982: «Characterization in Biblical Narrative. David's Wives» in *Journal for the Study of the Old Testament*, 23, pp. 69-85 (= dies., 1983: *Poetics and Interpretation of Biblical Narrative*, Sheffield: Academic Press = repr. 1994 Winona Lake IN: Eisenbrauns).
Buber, M. / Rosenzweig, F., 1979: *Die Schrift. Verdeutscht von Martin Buber gemeinsam mit Franz Rosenzweig* (vol. II: Bücher der Geschichte), 7., abermals durchgesehene und verbesserte Auflage der neubearbeiteten von 1955, Heidelberg: Lambert Schneider.
Chatman, S., 1978: *Story and Discourse*, Ithaca NY: Cornell University Press.
Clines, D.J.A. / Eskenazi, T.C. (eds.), 1991: *Telling Queen Michal's Story* (Journal for the Study of the Old Testament, Suppl. Ser., 119), Sheffield: Academic Press.
Clines, D.J.A., 1995: «David the Man: The Construction of Masculinity in the Hebrew Bible in ders., *Interested Parties. The Ideology of Writers and Readers of the Hebrew Bible* (Journal for the Study of the Old Testament, Suppl. Ser. 163), Sheffield: Academic Press, pp. 212-243.
Cohen, H.H., 1965: «David and Bathsheba» in *The Journal of Bible and Religion*, XXXIII/2, pp. 142-148.
de Robert, Ph., 1999: «David et ses enfants» in Vermeylen, J. (éd.), *Figures de David à travers la Bible* (Lectio divina, 177), Paris: Cerf, pp. 113-137.
Dietrich, W. / Naumann, Th., 1995: *Die Samuelbücher* (Erträge der Forschung, 287), Darmstadt: Wissenschaftliche Buchgesellschaft.
Dietrich, W., 1997: *Die frühe Königszeit in Israel. 10. Jahrhundert v.Chr.* (Biblische Enzyklopädie, 3), Stuttgart u.a.: Kohlhammer.
Donner, H., (1959 =) 1994: «Art und Herkunft des Amtes der Königinmutter im Alten Testament» in ders., *Aufsätze zum Alten Testament* (Beihefte zur Zeitschrift für die Alttestamentliche Wissenschaft, 224), Berlin u.a.: de Gruyter, pp. 1-33.
Exum, J.C., 1992: *Tragedy and Biblical Narrative. Arrows of the Almighty*, Cambridge MA: University Press.
Exum, J.C., 1993: *Fragmented Women: Feminist (Sub)versions of Biblical Narratives* (Journal for the Study of the Old Testament, Suppl. Ser. 163), Sheffield: Academic Press.

Exum, J.C., 1996: «Bathsheba plotted, shot, and painted» in *Semeia*, 74, pp. 47-73.
Fokkelman, J.P., 1981: *Narrative Art and Poetry in the Books of Samuel. A Full Interpretation Based on Stylistic and Structural Analyses*, Vol. 1: *King David (II Sam. 9-20 and I Kings 1-2)* (Studia Semitica Neerlandica, 20), Assen: Van Gorcum.
Gunn, D.M., 1978: *The Story of King David. Genre and Interpretation* (Journal for the Study of the Old Testament, Suppl. Ser. 6), Sheffield: Academic Press.
Gunn, D.M., 1980: *The Fate of King Saul. An Interpretation of a Biblical Story* (Journal for the Study of the Old Testament, Suppl. Ser. 14), Sheffield: Academic Press.
Häusl, M., 1993: *Abischag und Batscheba. Frauen am Königshof und die Thronfolge Davids im Zeugnis der Texte 1 Kön 1 und 2* (Arbeiten zu Text und Sprache im Alten Testament, 41), St. Ottilien: EOS-Verlag.
Heym, S., (1972 =) 1974: *Der König David Bericht. Roman*, Frankfurt a.M.: Fischer.
Heine, P., 1989: *Ethnologie des nahen und mittleren Ostens. Eine Einführung*, Berlin: Dietrich Reimer.
Jenni, E., 1971: Art. «אהב 'hb lieben» in ders. / Westermann, C. (eds.), *Theologisches Handwörterbuch zum Alten Testament*, 1, München / Zürich: Kaiser / Theologischer Verlag, col. 69-73.
Kaiser, O., 1990: «David und Jonathan. Tradition, Redaktion und Geschichte in I Sam 16-20. Ein Versuch» in *Ephemerides Theologicae Lovanienses*, LXVI, Leuven: Peeters, pp. 281-296.
Kessler, R., 1989: «2. Samuel 11: Batseba – durch Demütigung zur Macht» in Schmidt, E.R. u.a. (eds.), *Feministisch gelesen*, Stuttgart: Kreuz, pp. 114-119.
Kleinspehn, Th., 1989a: «Schaulust und Scham: Zur Sexualisierung des Blicks» in *Kritische Berichte. Zeitschrift für Kunst- und Kulturwissenschaft*, 3, pp. 29-48.
Kleinspehn, Th., 1989b: *Der flüchtige Blick. Sehen und Identität in der Kultur der Neuzeit*, Reinbek: Rowohlt.
Kyung, S. L., 1999: «Die Königebücher. Frauen-Bilder ohne Frauen-Wirklichkeit» in Schottroff, L. / Wacker, M.-T. (eds.), *Kompendium Feministische Bibelauslegung*, 2. Aufl., Gütersloh: Gütersloher Verlagshaus, pp. 130-145.
Linafelt, T., 1992: «Taking Women in Samuel» in Fewell, D.N. (ed.), *Reading between Texts. Intertextuality and the Hebrew Bible*, Louisville KY: John Knox, pp. 99-113.
McCarter, P.K., 1980: *I Samuel. A New Translation with Introduction and Commentary* (The Anchor Bible, 8), Garden City NY: Doubleday.
McKenzie, S.L., 2000: *King David. A Biography*, Oxford: University Press.
Müllner, I., 1997: *Gewalt im Hause Davids. Die Erzählung von Tamar und Amnon (2Sam 13,1-22)* (Herders Biblische Studien, 13), Freiburg: Herder.
Müllner, I., 1999a: «Die Samuelbücher. Frauen im Zentrum der Geschichte Israels» in Schottroff, L. / Wacker, M.-T. (eds.), *Kompendium Feministische Bibelauslegung*, 2. Aufl., Gütersloh: Gütersloher Verlagshaus, pp. 114-129.
Müllner, I., 1999b: «Blickwechsel: Batseba und David in Romanen des 20. Jahrhunderts» in Exum, J.C. (ed.), *Beyond the Biblical Horizon. The Bible and the Arts*, Leiden: Brill, pp. 90-108.
Naumann, Th., 2000: «David als exemplarischer König. Der Fall Urijas (2 Sam. 11) vor dem Hintergrund der altorientalischen Erzähltradition» in de Pury, A.

/ Römer, Th. (eds.), *Die sogenannte Thronfolgegeschichte Davids. Neue Einsichten und Anfragen* (Orbis Biblicus et Orientalis, 176), Fribourg / Göttingen: Universitätsverlag / Vandenhoeck, pp. 136-167.

Nicol, G.G., 1988: «Bathsheba. A Clever Woman?» in *The Expository Times*, 99, pp. 360-363.

Nicol, G.G., 1997: «The Alleged Rape of Bathsheba. Some Observations on Ambiguity in Biblical Narrative» in *Journal for the Study of the Old Testament*, 73, pp. 43-54.

Nicol, G.G., 1998: «David, Abigail and Bathsheba, Nabal and Uriah. Transformation within a triangle» in *Scandinavian Journal of the Old Testament*, 12, pp. 130-145.

Nissinen, M., 1998: *Homoeroticism in the Biblical World. A Historical Perspective*, Minneapolis MN: Fortress Press.

Otto, E., 1996: «Homosexualität im Alten Orient und im Alten Testament» in ders., *Kontinuum und Proprium. Studien zur Sozial- und Rechtsgeschichte des Alten Orients und des Alten Testament* (Orientalia biblica et christiana, 8), Wiesbaden: Harrassowitz, pp. 322-330.

Popp, W., 1997: «Der biblische David als schwule Ikone der Kunst und Literatur» in Härle, G. / Popp, W. / Runte, A. (eds.), *Ikonen des Begehrens. Bildsprache der männlichen und weiblichen Homosexualität*, Stuttgart: Metzler, pp. 67-100.

Schottroff, W., 1989: «Der Zugriff des Königs auf die Töchter. Zur Fronarbeit von Frauen im Alten Israel» in *Evangelische Theologie*, 49, pp. 268-285.

Schroer, S., 1992: *Die Samuelbücher* (Neuer Stuttgarter Kommentar – Altes Testament), Stuttgart: Katholisches Bibelwerk.

Schroer, S. / Staubli, Th., 1996: «Saul, David und Jonatan – eine Dreiecksgeschichte?» in *Bibel und Kirche*, 51, pp. 15-22.

Stamm, J.J., 1980: *Beiträge zur hebräischen und altorientalischen Namenkunde* (Orbis Biblicus et Orientalis, 30), Fribourg / Göttingen: Universitätsverlag / Vandenhoeck.

Sternberg, M., 1985: *The Poetics of Biblical Narrative. Ideological Literature and the Drama of Reading*, Bloomington IN: Indiana University Press.

Stoebe, H.J., 1958: «David und Mikal. Überlegungen zur Jugendgeschichte Davids» in *Von Ugarit nach Qumran, FS O. Eissfeldt* (Beihefte zur Zeitschrift für die alttestamentliche Wissenschaft, 77), Berlin: de Gruyter, pp. 224-243 = ders., *Geschichte, Schicksal, Glaube*, Frankfurt a.M. 1989, pp. 91-110.

Valler, Sh., 1995: «King David and ‚His' Women. Biblical Stories and Talmudic Discussions» in Brenner, A. (ed.), *A Feminist Companion to Samuel and Kings* (A Feminist Companion to the Bible, 5), Sheffield: Academic Press, pp. 129-142.

Wallis, G. u.a., 1973: Art. «אהב 'ahab» in Ringgren, H. / Botterweck, J.G. (eds.), *Theologisches Wörterbuch zum Alten Testament*, 1, Stuttgart u.a.: Kohlhammer, col. 105-128.

Welzl, P., 1994: *Rembrandts Bathseba – Metapher des Begehrens oder Sinnbild zur Selbsterkenntnis? Eine Bildmonographie* (Europäische Hochschulschriften, Reihe XXVIII Kunstgeschichte, 204), Frankfurt a.M. u.a.: Peter Lang.

Whybray, R.N., 1968: *The Succession Narrative. A Study of II Samuel 9-20; 1 Kings 1 and 2* (Studies in Biblical Theology, Second Ser. 9), London: SCM Press.

Willi-Plein, I., 1993: *Opfer und Kult im alttestamentlichen Israel* (Stuttgarter Bibelstudien, 153), Stuttgart: Katholisches Bibelwerk.
Willi-Plein, I., 1995: «Frauen um David. Beobachtungen zur Davidshausgeschichte» in Weippert, M. / Timm, St. (eds.), *Meilenstein. FS Donner* (Ägypten und Altes Testament, 30), Wiesbaden: Harrassowitz, pp. 349-361.
Willi-Plein, I., 1997: «Michal und die Anfänge des Königtums in Israel» in Emerton, J. A. (ed.), *Congress Volume. Cambridge 1995* (Vetus Testamentum, Suppl. 66), Leiden: Brill, pp. 401-419.
Zehnder, M., 1998, «Exegetische Beobachtungen zu den David-Jonathan-Geschichten» in *Biblica*, 79, pp. 153-179.

Viele Bilder – ein Text
Anmerkungen zur Logik der selektiven Rezeption biblischer Texte anhand der Story vom Sieg Davids über Goliat

STEFAN ARK NITSCHE

Zusammenfassung:

In einem ersten Abschnitt werden jene drei Konzepte zur politisch-theologischen Deutung der Welterfahrung beschrieben, die den biblischen Text vom Sieg Davids über Goliat (1Sam 17) geprägt haben. Alle dienen sie der Deutung der eigenen politischen Erfahrung: der Legitimation von souveräner Herrschaft, der Motivation zum Widerstand oder der Begründung von Hoffnung auf einen Umschwung bei gleichzeitiger Kritik an jeder gewalttätigen Aktion. Sie bestimmen jeweils auch eine der erkennbaren Etappen der Wachstumsgeschichte des Textes.

In einem zweiten Abschnitt werden einige Rezeptionen, die die Komplexität des Textes jeweils durch Auswahl eines der Konzepte entscheidend reduzieren, exemplarisch untersucht: Der Florentiner Michelangelo-David hat die Funktion, die Legitimation der Souveränität der Stadtrepublik vor Augen zu stellen. Die Darstellung Prinz Frederik Hendriks, eines siegreichen Feldherrn in den niederländischen Befreiungskriegen, als Goliatsieger dient der Motivation zum Widerstand. Die Predigten des byzantinischen Bischofs Johannes Chrysostomos aktualisieren jene Angebote des Textes, die Hoffnung auf einen Umschwung ohne Gewaltanwendung stiften können. Es zeigt sich, dass die Kompatibilität zwischen den Erfahrungshorizonten und den jeweils aktuellen Herausforderungen zur Interpretation der eigenen Wirklichkeitserfahrungen das entscheidende Moment für die Auswahl aus dem Deutungsangebot der biblischen Vorlage ist.

Mit Hilfe dieser Frage nach der Funktion der jeweiligen Gestalt der Story in ihrem Entstehungskontext wird dann in einem dritten Abschnitt für eine Phase der Wachstumsgeschichte des biblischen Textes ein mögliches Produktionsszenario rekonstruiert. So wird deutlich, dass nicht nur die Rezeptionen, sondern auch die biblische Vorlage Zeugnisse der Wirkungsgeschichte der biblischen Gestalt Davids darstellen.

Die zu Zeiten immer wieder neu aufbrechende Relevanz der Story findet ihren Niederschlag in der Rezeptionsgeschichte diesseits und jenseits der «Kanonisierung», in den Konjunkturzeiten ihrer Themen, Konstellationen und Interpretationsangebote. Die Auslegungsgeschichte (biblischer) Traditionsliteratur ist von der Sache her zwingend eine Open-End-Veranstaltung, wie gerade auch dieses Symposium gezeigt hat.

Résumé:

Dans sa première partie, l'article décrit les trois grands modèles d'interprétation qui ont marqué de leur empreinte le récit biblique de la victoire de David sur Goliath (1Sam 17). Ces modèles ont tous la même fonction: éclairer l'expérience politique vécue par le narrateur; ils légitiment le pouvoir du souverain, incitent à la résistance ou alimentent l'espoir d'un changement tout en critiquant le recours à la violence. Chacun d'entre eux caractérise une étape bien définie de la formation du texte.

La deuxième partie présente quelques cas exemplaires de réceptions qui réduisent la complexité du texte biblique en retenant l'un ou l'autre de ces modèles. Le David de Michel-Ange, à Florence, symbolise la souveraineté légitime de la république florentine. La représentation de Frédéric-Henri, prince qui remporta une série de victoires dans les guerres de libération néerlandaises, en vainqueur de Goliath est un appel à la résistance. Les sermons de Jean Chrysostome, évêque de Byzance, reprennent à leur compte l'espoir que peut susciter le texte en un changement sans violence. C'est la compatibilité entre les références qui s'offrent à l'esprit et le besoin de donner un sens aux événements du moment qui détermine le choix opéré parmi les modèles d'interprétation proposés.

La question de la fonction de ces différents aspects du récit biblique peut également être appliquée au processus de formation du texte lui-même. Dans une troisième partie, l'article suggère comment pourrait s'être déroulée la production du texte pour l'une de ses étapes. Il s'agit de montrer que l'évolution dans l'acception du personnage de David a marqué non seulement les réceptions de l'épisode biblique, mais aussi la constitution du texte lui-même.

L'histoire de David et Goliath est d'une actualité toujours renouvelée. Sa réception le démontre, avant et après la fixation du texte sous sa forme canonique, chaque fois que ses thèmes, ses situations et les interprétations qu'elle propose reviennent à l'ordre du jour. L'interprétation des textes bibliques est par nature une histoire sans fin.

Abstract:

The first section of this paper describes three concepts drawn from a political-theological outlook that have left their impression on the biblical text of David's victory over Goliath (1 Sam 17). Each of the three serves the interpretation of a particular political experience: legitimation of sovereign rule, motivation for resistance, or a basis for hope for change through contemporary criticism of violent deeds. Each of these earmarks one of the recognizable stages in the growth of this text.

The second section analyzes some of the receptions of the text that choose a single one of these concepts in the text, admittedly reducing its complexity. Michelangelo's sculpture of David in Florence served the function of legitimating that city's republic. The representation of Prince Frederik Hendrik, a victorious commander in the Netherlands wars of independence, as the slayer of Goliath served to motivate resistance. The preaching of the Byzantine bishop John Chrysostom emphasized those demands of the text for bringing about change without the use of force. This shows that the compatibility between individual experiences and the challenges of a given time serve as the key element for choosing from the variety of interpretations possible within the biblical story.

Asking the question in a third section of this article about the function of the story in its original context will help to reconstruct a possible production scenario for the growth process behind the biblical text. It thus becomes apparent that both receptions of the biblical original and the original itself are testimonies to the effect of the David character throughout time. The relevance of the story can be seen in the story's reception history before and after «canonization», in the primetimes of the story's topics, constellations and possible interpretations. The history of interpretation of traditional (biblical) literature is, by nature and necessarily, an open-ended process.

Stichwörter:

David und Goliat; Rezeptionsgeschichte; Michelangelo; Johannes Chrysostomos; Widerstand; Legitimation; Gewaltfreiheit; Funktion eines Textes / einer Story

Von König David – dies beweist nicht zuletzt der vorliegende Band – gibt es fast zahllose Bilder und Facetten, sodass es schier unmöglich scheint, sie zu einer Gestalt zusammenzudenken.

Viele Bilder und doch nur ein Text am Anfang?

Für David den Goliatsieger scheint dies der Fall zu sein.[1] Durch die Eingrenzung auf einen Aspekt der Biographie lässt sich die Logik der selektiven Rezeption biblischer Texte überschaubarer darstellen. Deshalb möchte ich hier am Beispiel der Story von David und Goliat das Zusammenspiel von biblischem Text und Rezeption skizzieren.

Meine Ausgangsthesen lauten:

(1) Die Bedingung der Möglichkeit einer selektiven Rezeption liegt primär nicht in einer defizitären Sicht auf den Text durch die Rezipierenden, sondern in der komplexen Komposition dieses Textes begründet.

(2) Aus der nachkanonischen Rezeptionsgeschichte zurückgefragt, erweist sich die sukzessiv entstandene biblische Textgestalt als eine kunstvolle Komposition verschiedener Neuerzählungen der Story in differierenden Kontexten. Kurz: Die Wachstumsgeschichte des Textes in seine «kanonische» Gestalt lässt sich als «vorkanonische» Rezeptionsgeschichte der Story verstehen.

(3) Sowohl für die Rekonstruktion der «nachkanonischen» als für jene der «vorkanonischen» (Neu-)Erzählungen der Story ist die Frage nach ihrer Funktion ein wesentliches Element.

Ich werde in einem ersten Schritt jene drei Konzepte zur politisch-theologischen Deutung der Welterfahrung beschreiben, die den Text geprägt haben. Sie bestimmen jeweils auch eine der erkennbaren Etappen seiner Wachstumsgeschichte (1.). In einem zweiten Abschnitt sollen dann die selektiven Rezeptionen, die die Komplexität des Textes jeweils entscheidend reduzieren, exemplarisch untersucht und in ihrer Verankerung im je eigenen Kontext und ihrer noch erkennbaren Funktion dargestellt werden (2.). Auf der Basis dieser Beobachtungen möchte ich dann für ein Konzept, die sogenannte JHWH-Kriegs-Tradition, versuchen, diesen methodischen Ansatz für die Interpretation des biblischen Textes fruchtbar zu machen (3).

1. Drei Befreiungsszenarien.
Die prägenden Konzepte der David-und-Goliat-Story in 1Sam 17

H. Münkler formuliert im Anschluss an H. Blumenberg und K. Kerényi: «Nicht der Ursprung des Mythos, die ursprüngliche Fassung der mythischen Erzählung, der Urmythos also, nach dem die Religions- und Literaturwissenschaftler verschiedentlich gesucht haben, ist von Interesse, sondern die Fülle seiner Ausgestaltungen und Forterzählungen. ... Was dabei sichtbar wird, ist die Fülle der Versuche, sich mit Hilfe des Mythos Klarheit zu verschaffen über die eigene Gegenwart, über die Frage, wie und warum das geworden ist, was ist, und wie es nun weitergehen kann und soll. Der Mythos, der ... dem Dasein Bedeutung beilegt, fordert die Präzisierung dieser Bedeutung heraus. Aus der allgemeinen muss eine bestimmte Bedeutung werden – dafür sorgt die Geschichte der Ausdeutungen. Diesen Ausdeutungen Aufmerksamkeit zu widmen, heisst der Geschichte in den Geschichten ... nachzuspüren.»[2] Jede Produktion ist auch Rezeption.

Ich werde also im Folgenden versuchen, die – im Detail durchaus umstrittene, in den grossen Linien aber weitgehend konsensfähige – Rekonstruktion der Wachstumsgeschichte von 1Sam 17,1-18,5 nachzuzeichnen als eine Rezeptionsgeschichte der D&G-Story. Dabei wird es wichtig werden, die Analyse erst dort an ihr Ziel gelangt zu sehen, wo die Frage nach der Funktion der Textentstehung in einem konkreten historisch verortbaren soziokulturellen und theologischen (religionsgeschichtlichen) Kontext gestellt und wo möglich auch beantwortet ist.

Erst dann, wenn es gelingt, Klarheit darüber zu bekommen, auf welche Herausforderungen biblische Texte und ihre Fortschreibungen reagieren; warum es an bestimmten Stationen der Tradierungsgeschichte der Texte nicht genügt hat, diese einfach zu lesen und unverändert weiterzugeben, sondern sie einer produktiven Relecture zu unterziehen – erst dann wird ihr spezifisches Profil deutlich.

1.1 Der Textbefund: Konkurrierende Konzepte der Befreiung

Wie kommt es zum Sieg Davids über Goliat, den Favoriten im Zweikampf? Nach dreitausend Jahren Rezeptionsgeschichte der Story scheint das keine Frage mehr zu sein. Wir wissen es: Weil der Kleine David war, siegte er über den Grossen, der Goliat hiess. Damit ist aber nur die Frage verlagert: Was macht David zu dem David, den wir kennen; Goliat zu Goliat, dem Prototyp des Mächtigen, der fallen muss – aus innerer Logik?

Drei konkurrierende Konzepte bietet der biblische Text als Erklärungsmodelle an. Sie sind in drei kunstvoll ineinander komponierten Szenarien entfaltet, die – jedes für sich – Kompatibilitätsangebote machen für differente Situationen, Positionen und Herausforderungen jeweiliger Rezeptionen und in sich, so meine These, bereits verschiedene, historisch verortbare Rezeptionen der D&G-Story darstellen.

(1) Motivation zum Widerstand: Das JHWH-Kriegs-Konzept

Schon lange wird in der Forschung der Zusammenhang zwischen 1Sam 17 und dem JHWH-Kriegs-Konzept[3] gesehen. Für G. von Rad «ist die Erzählung vom Davidskampf mit Goliath (1Sam 17) ... ohne Frage das Glanzstück in dieser Gruppe von vergeistigten Kriegserzählungen».[4] Ein Vergleich des Textes mit dem von v.Rad erarbeiteten Idealtypus einer JHWH-Kriegs-Erzählung zeigt, dass in 1Sam 17 zwar eine Reihe von Einzelzügen dieser Gattung und des ihr zugrundeliegenden Konzeptes aufscheinen, sie aber schwerlich als ein «Glanzstück» oder Prototyp angesehen werden kann. Die Auswertung dieses Vergleiches führt nämlich zu einigen überraschenden Ergebnissen: David übernimmt die Rollen Sauls und teilweise auch Gottes![5]

> Dass einige Glieder des Gattungsformulars fehlen, wäre für sich allein genommen noch nicht weiter von Belang, da dieses ja in der Regel nicht komplett in einem Einzeltext aufweisbar ist. Schwerer ins Gewicht fällt da schon, dass die klassische Rollenverteilung aufgebrochen ist: Nicht etwa vom angestammten Heerbannführer Saul werden die seiner Rolle entsprechenden Handlungen erzählt, sondern von David (der später ja diese Rolle von Saul «erben» wird). Ihm wird – ausgerechnet durch Saul – die theologische Auszeichnung «JHWH wird mit dir sein» (V.37) zugesprochen. Ein ähnliches Bild ergibt sich für die Verkündigung der *Siegesgewissheit*. Anfangs ist davon überhaupt nicht die Rede – im Gegenteil: Lähmende Furcht breitet sich aus. Später ist es David, der dem Heerbannführer Saul Mut zuspricht (V.32). Ebenfalls David ist es, der dem Heer verkündet, dass *JHWH die Feinde in ihre Hand gegeben hat*, wobei auffällt, dass er dies zuerst für sich selbst reklamiert (V.46), ehe er in V.47 dann diese Gewissheit dem ganzen Heer zuspricht. Das *Kriegsgeschrei* der Israeliten ist auch keineswegs das Signal zum *Gottesschrecken*. Zuerst bleibt es sogar völlig ohne Erfolg (V.20), dann wird es erst nach dem Erfolg (der Flucht der Philister) angestimmt (V.52). Dieser Erfolg wiederum wird auch nicht durch einen *Gottesschrecken*, sondern durch den Tod des Zweikämpfers ausgelöst. So ist das Kriegsgeschrei nur noch Signal zur Verfolgung der schon in Panik Fliehenden. David allein – und nicht der Heerbann – ist es denn auch, der (wahrscheinlich) die *erbeuteten Waffen JHWH übereignet*, wie aus dem literarischen Kontext (1Sam 21,10) zu entnehmen ist.
> In der Perspektive des Formulars übernimmt also David die Funktionen des eigentlichen Heerbannführers Saul. Ja, David ist der einzige, der sich überhaupt korrekt in Bezug auf das Konzept verhält. Darüber hinaus lassen bestimmte Züge der Erzählung den Schluss zu, dass David nicht nur Saul verdrängt, sondern auch in einige der im Konzept für JHWH reservierten Funktionen eintritt: Der Sache nach *zieht* David *vor dem Heerbann in die Schlacht*, und er ist es auch, der durch seine Tat die *Panik* unter den Philistern *auslöst*.

In der Regel wird dieser Befund einer doch weit über das zu Erwartende hinaus reichenden Abweichung vom Formular der Gattung und dem ihr zugrunde liegenden Konzept diachron erklärt. Der Grund für die Abweichungen wäre demnach darin zu suchen, dass eine bereits vorhandene Erzählung mit Hilfe des Konzeptes vom «JHWH-Krieg» interpretierend überarbeitet worden sei. Noch nicht geklärt ist damit aber, warum das, wenn schon überarbeitend und interpretierend eingegriffen worden ist, nicht so geschehen ist, dass der Text eindeutig wird im Blick auf das Konzept. Vielmehr bleibt festzuhalten, dass die Verteilung der Gewichte in Bezug auf das eigentlich handelnde Subjekt anders gestaltet ist, als das beim Konzept vom «JHWH-Krieg» zu erwarten wäre. Die aktive Beteiligung Davids ist viel stärker. Es liegt der Schluss nahe, dass es sich hier um eine bewusste Auseinandersetzung mit diesem Konzept der politisch-theologischen Wirklichkeitsdeutung handelt; eine Auseinandersetzung, in der eine pointiert eigene Position vertreten wird in der Frage nach dem Synergismus, des Zusammenspiels von Gott und Mensch; eine Position, die dem menschlichen Anteil am vorantreibenden und entscheidenden Handeln ein grösseres Eigengewicht zumisst als die späten JHWH-Kriegs-Texte. Das entschlossene Handeln eines, mit dem JHWH ist, kann zwar als Vollzug eines JHWH-Entschlusses *gedeutet* werden, aber die Niederlage der Feinde wird als Resultat menschlichen Handelns erzählt.[6] Dem entspricht auf der Erzählebene auch das Fehlen jeglicher Bitten oder Hilferufe Israels, JHWH möge eingreifen.

Zusammenfassend lässt sich also festhalten, dass hier nicht eine einfache Übernahme eines traditionalen Konzeptes vorliegt, sondern eine eigenständige Position der theologischen Wirklichkeitsdeutung, die in bezugnehmender Auseinandersetzung mit diesem theologischen Konzept entwickelt wird. So gewichtet, kann das Konzept zur Motivation eines politischen und militärischen Widerstandes gegen scheinbar übermächtige Gegner dienen, wie ich unten (3.) zu zeigen versuchen werde.

Diese Re-Formulierung des Konzeptes baut auf einem weiteren Konzept im Text auf, das, diachron gesehen, dieser Wachstumsschicht wohl bereits vorlag: dem Heroenkonzept.

(2) Legitimation der Herrschaft: Das Heroenkonzept

R. Bartelmus hat in einem religions- und traditionsgeschichtlichen Vergleich gezeigt, dass in 1Sam 17 klar zu erkennende Spuren eines weiteren Konzeptes auszumachen sind.[7] In Aufnahme von Überlegungen de Vaux'[8] ortet er ein Konzept der Legitimation politischen Handelns: das Heroenkonzept.[9] Dieses Konzept ist im Stadtkönigtum beheimatet: nicht nur sumerischer, kanaanäischer und griechischer Provenienz, sondern auch zu Davids Zeiten in Jerusalem. Als Trägerkreis beschreibt er jene, denen «daran gelegen war, David innerhalb der kanaanäischen Stadtkultur und der Vorstellungswelt Judas ... als legitimen König herauszustellen».[10] Die Notiz in 1Sam 17,54 mit der anachronistischen Nennung Jerusalems[11] als Aufbewahrungsort der Trophäen ist ihm dafür ein weiterer Hinweis. Wie eine grosse Anzahl von Belegen zeigt, gehört der Zweikampf mit der Überwindung eines übermächtig scheinenden Gegners zum festen Bestandteil des Motivfundus dieses Konzepts. Die Darstellung dieses Kampfes wird häufig mit einer detaillierten Beschreibung der Waffen eröffnet.[12] Auch Schmähreden gehören zum Eröffnungsritual eines Duells.[13] Die Einholung der erbeuteten Trophäen schliesst die Sage ab.[14] Bartelmus geht es nicht um den Aufweis einer gattungs- oder traditionsgeschichtlichen Abhängigkeit, sondern um die Beschreibung eines in bestimmten Phasen der Entwicklung eines Stadtkönigtums allgemein relevanten Konzeptes im alten Orient: Die Herrschaft des regierenden Königs oder der Dynastie wird legitimierend begründet. Wesentliches Moment dieses Konzeptes ist die rein immanente Beschreibung des Geschehens und die Erklärung durch einen überraschenden Sieg einzig aus den Fähigkeiten und Talenten des Helden. Theologische Deutungen spielen dabei keine Rolle.

So lassen sich die beiden Erzähleben des Textes auch als eine Auseinandersetzung zweier Konzepte verstehen; allerdings so, dass das JHWH-Kriegs-Konzept in den Rezeptionen häufig (aber eben nicht immer) den stärkeren Eindruck hinterlassen hat. Dabei wird aber das Heroenkonzept nicht unterdrückt (vgl. unten 2.1).

(3) Die «Entmilitarisierung»[15] der Story

Auch wenn sich beinahe alle Motive der Erzählung auf ihrer immanenten oder narrativen Ebene mit dem Heroenkonzept und der JHWH-Kriegs-Tradition in Verbindung bringen lassen,[16] muss auch auf jene Erzählmuster, die der Josefsnovelle (Gen 37-50) entnommen scheinen, hingewiesen werden. Eine ganze Reihe von Einzelszenen sind geprägt durch die Intertextualität zwischen beiden Erzählungen.

Mit 1Sam 17,12 beginnt eine neue Szene: Wir sehen den Vater, der seinen jüngsten Sohn mit Verpflegung zu den Brüdern schickt, sie zu grüssen und Nachricht von ihrem Wohlergehen mit nach Hause zu bringen. Mit diesem Stichwort provoziert der Erzähler wenigstens unter den Gebildeten seines Publikums einen Wiedererkennungseffekt: Hier wird transparent auf eine andere Geschichte erzählt, in der ein besorgter alter Vater seinen Jüngsten zu den älteren Brüdern schickt, um Nachricht von ihnen zu erhalten (Gen 37,12-14). Der Beginn der Josefsgeschichte ist spätestens seit dieser Rede mit aufgerufen. Gleichzeitig wird der umständliche Einstieg in den neuen Erzählstrang nachträglich klar. Das Retardieren hatte nicht nur den Zweck, den Erzählrhythmus zu brechen und die Spannung zu steigern, sondern die Aufmerksamkeit auf dieses kunstvolle literarische Spiel mit der Intertextualität zu lenken.

Die intertextuellen Bezüge sind schon häufiger, wenn auch noch nicht in ihrer ganzen Breite, gesehen worden.[17] Allerdings wurden daraus bisher noch keine Schlüsse für eine Rekonstruktion der Intention dieser Transparenz der Story gezogen. M.E. könnte so versucht worden sein, die politische Brisanz des Aufrufs zum bewaffneten Widerstand, der ja mit der Story immer wieder verbunden worden war, zu mildern durch ein Erzählen, das transparent ist auf das Geschick des weisen und unkriegerischen Josef, der nicht durch Waffen, sondern durch seine Klugheit den Fortbestand Israels sicherte.[18] Eigentliches Subjekt des Handelns ist hier wie dort Gott selbst:

«Gott gedachte es gut zu machen, um zu tun, was jetzt am Tage ist, nämlich am Leben zu erhalten ein grosses Volk» (Gen 50,20; vgl. 45,5).

Unter dem Gesichtspunkt der Fragestellung nach den Szenarien der Befreiung, die im Text eine Rolle spielen, kommt hier also ein weiterer Aspekt ins Spiel. Sofern man Josef überhaupt als Befreier verstehen will (immerhin ist er es, der seiner Sippe die Migration nach Ägypten und damit ein Überleben in der Hungersnot ermöglicht), muss man ihn als einen Retter ohne Waffen ansehen. Josef rettet seine Sippe ohne militärische Mittel, allein mit Hilfe seiner von Gott verliehenen Weisheit und diplomatisch-politischen Begabung.

In einem Text, der von der Spannung zweier Konzepte geprägt ist, die sich nicht nur theologisch schwer in Einklang bringen lassen, sondern auch den expliziten Widerspruch zwischen der militärischen Befreiung mit Waffengewalt und dem Anspruch auf den völligen Verzicht auf *menschliche* Gewaltanwendung nicht aufheben, kann die Intertexualität mit einem waffen- und gewaltfreien Retterszenario als ein klärender Lesehinweis verstanden werden. Die Erzählung in ihrer Endgestalt veranlasst denn auch eine ganze Reihe von Rezipierenden, sich gerade in der Begründung von gewaltfreiem Widerstand auf sie zu berufen.[19]

1.2 Die Inkohärenzen des Textes

Der Text der Story in 1Sam 17,1–18,5 ist also geprägt von drei Befreiungsszenarien, die erzähltechnisch zu einer kohärenten, aber komplexen Handlungseinheit montiert und alle drei in der Rezeption wirksam wurden, wie unten (2.) exemplarisch zu zeigen sein wird. Welches Konzept dabei als prägend angesehen wird, ist nicht zwingend determiniert; zwar setzt der Text in seiner kompletten Gestalt Schwerpunkte im Hinblick auf ein «vergeistigtes» (v.Rad) oder «entmilitarisiertes» (Rose) Wahrnehmen eines eminent blutigen Geschehens, aber andere Lesarten sind möglich und keineswegs von vornherein als nicht textgemäss zu disqualifizieren.

Gleichzeitig aber ist die komplexe Struktur und Gestalt des Textes Anlass, nach seiner Inkohärenz zu fragen. Schon lange wurde aufgrund dieser und anderer Beobachtungen in der Forschung nach der literarischen Einheitlichkeit, bzw. literarkritisch zu klärenden Uneinheitlichkeit gefragt. War die Frage erst einmal gestellt, wurden denn bald auch Dubletten identifiziert und die Inkohärenzen mit dem literarischen Kontext benannt.

Nicht nur die prägenden Konzepte, die in sehr unterschiedlichen theologischen, soziokulturellen und politischen Kontexten verankert sind, lassen keine andere Antwort zu; auch eine Reihe von Inkohärenzen, die zwischen dem Text und seinem literarischen Kontext bestehen, zwingen dazu.

(1) Inkohärenzen im Blick auf den literarischen Kontext

Schon früh wurde die Diskrepanz zwischen 1Sam 17 und 2Sam 21,19 gesehen. Für zwei verschiedene Helden wird der Goliatsieg reklamiert: Elhanan ben Jaïr und David ben Isai, beide aus Betlehem.[20] Auch das erste Nachspiel (17,55-58, mit Sauls offenkundigem Unwissen im Bezug auf die Identität des Siegers) steht in einem zu klärenden Widerspruch einerseits zur Erzählung selbst, in der sich Saul und David bereits begegneten, und zum literarischen Kontext andererseits: In 1Sam 16,14-23 ist zu lesen, dass David auf Empfehlung der Knechte Sauls an dessen Hofstaat gerufen wird, um dem König als Musiktherapeut zu dienen. Aus diesem Text lässt sich darüber hinaus auch noch eine weitere Begründung für diesen Ruf an den saulidischen Hof lesen: David soll Waffenträger des Königs werden. Insbesondere das zweite Nachspiel (18,1-5), in dem explizit davon die Rede ist, dass Saul David *nach* dem Goliatsieg an den Hof holt (18,2), steht dazu im Widerspruch. Auch die ausführliche Einführung Davids in 17,12-14 erscheint nach 1Sam 16,1-13.14-23 überflüssig.

Schwierigkeiten bereitet auch die Schlussnotiz in 17,54, nach der David die Waffen Goliats in sein Zelt bringt, wird doch in 1Sam 21,10 (und 22,10) davon erzählt, dass wenigstens das Schwert Goliats im Heiligtum von Nob aufbewahrt wurde. Auch die Notiz von der Verbringung des Hauptes Goliats nach Jerusalem bereitet im Blick auf die in der erzählten Abfolge der Ereignisse erst später erfolgte Eroberung Jerusalems (2Sam 5) Schwierigkeiten.

(2) Inkohärenzen im Text

Innerhalb der Erzählung ist immer wieder beobachtet worden, dass in zwei Fällen nach einer direkten Rede eine weitere (ebenfalls mit der Formel «NN sagte» eingeleitet) derselben Person zu stehen kommt (V.8-9.10; 34-36.37). Die komplexe Rede Davids in 17,45-47 hat drei Adressaten: den Philister, die ganze Erde und diese ganze Gemeinde. Auch dies wird des öfteren als eine literarkritisch zu deutende Spannung benannt, ebenso wie das zweimalige Aufeinanderzugehen der beiden Kontrahenten David und Goliat (V.40.41; 48). Auch der zweifache Tod des Philisters wirft Fragen auf (V.50 und 51), ebenso wie die Herkunft des Schwertes, mit dem David den Riesen tötet, fehlt es doch in der ansonsten so detailreichen Schilderung der Bewaffnung des Herausforderers.[21]

1.3 Die diachronen Modelle zur Erklärung der Inkohärenzen

Bereits innerbiblisch wurde versucht, den eklatantesten Widerspruch zu lösen. In 1Chr 20,5 wird durch einen leichten Eingriff in den Konsonantenbestand von 2Sam 21,19 Elhanan als der Sieger über den *Bruder*

Goliats bezeichnet. In der rabbinischen Literatur wird das Problem von 17,55-58 diskutiert und folgende Erklärung angeboten: Es gehe nicht darum, den Namen des Siegers zu erkunden, sondern dessen Herkunft. Damit soll geklärt werden, ob er als Konkurrent für König Saul in Betracht zu ziehen sei.[22]

Die neuere und neueste Forschung ist durch Dietrich und Naumann[23] detailliert und präzise kommentiert dargestellt worden, so dass es hier genügt, die Lösungsangebote in ihren wesentlichen Zügen zu skizzieren. In der neueren Forschung wurden erste literarkritische Versuche mit Hilfe der am Pentateuch entwickelten Quellenscheidung versucht. Man entdeckte dann auch einen dem Jahwisten und einen dem Elohisten angehörenden Erzählstrang, die redaktionell miteinander verbunden worden waren.

Neue Nahrung hat die Diskussion durch die Entdeckung einer im Vergleich zum MT-Text wesentlich kürzeren Fassung der Story in der Vaticanus-Ausgabe der Septuaginta (LXX[B]) erhalten. Bereits J. Wellhausen hat die möglichen Schlussfolgerungen daraus gezogen: Entweder handle es sich bei der LXX[B]-Variante um eine ältere, noch nicht vollständige Fassung, oder um eine nachträgliche, «harmonisierende Kürzung», um das Problem der Inkohärenzen zu eliminieren.[24]

Heute wird, neben klassischen literarkritischen Modellen, die von der redaktionellen Zusammenarbeit zweier oder mehrerer Quellen ausgehen, vor allem mit Hilfe der Redaktionsgeschichte gearbeitet, um die Wachstumsgeschichte des Textes bis in seine Endgestalt zu rekonstruieren. Dabei wird davon ausgegangen, dass es eine frühe Fassung der Story gab, die in fast allen Modellen dem Bestand der Aufstiegsgeschichte Davids (AGD) zugerechnet wird. In diese Fassung wurden dann «jüngere, tendenziöse und legendenhafte Zuwächse»[25] eingefügt.

R. Bartelmus[26] geht von einem vierstufigen Wachstumsmodell aus, in dem ursprüngliche Notizen aus einer Heldenliste (überliefert in 2Sam 21,15-22 und 23,8-23) unter dem Einfluss eines Heroenkonzeptes auf David übertragen wurden. Die so entstandene Heldensage wurde dann mit Hilfe des JHWH-Kriegs-Konzeptes weitergeschrieben (LXX[B]-Bestand), bevor eine letzte Überarbeitung im 2. oder 1. Jh., die auf Teile der Josefsnovelle transparent ist, schliesslich zum heutigen MT-Bestand führte. Bartelmus ist, soweit ich sehen kann, der einzige, der versucht die verschiedenen Wachstumsstufen nicht nur in ihrer relativen Chronologie zu bestimmen, sondern auch nach den dahinter liegenden Konzepten so zu fragen, dass ihre Funktion im Entstehungskontext deutlich wird.

W. Dietrich fragt über die, durch die ursprünglich textkritischen Beobachtungen am Text ausgelösten, literarkritischen und redaktionsgeschichtlichen Ansätze hinaus nach möglichen mündlichen Überlieferungsvorgängen. Die unstrittigen Textsignale für das Nebeneinander verschiedener Varianten der Story könnten auch als Indiz «für das Zusammenfliessen zweier Überlieferungen in der hebräischen Version der David-Goliat-Geschichte gewertet werden.»[27] Nach seiner Analyse werden in 1Sam 17 zwei mündlich überlieferte Erzählungen von einem Redaktor miteinander verknüpft, der auch ihre Einpassung in die David-Saul-Geschichte und ihre theologische Kommentierung vornimmt.[28] Damit entwickelt Dietrich zweifellos eine Vorstellung von der Wachstumsgeschichte, die das Nebeneinander von verschiedenen Konzepten zur Deutung des Erzählten verständlich machen kann. Wie es aber zu den verschiedenen Varianten der D&G-Story kam, welche Funktion sie in ihrem jeweiligen Entstehungs- und Überlieferungskontext hatten, welche Trägerkreise dafür verantwortlich waren und schliesslich, welche Funktion die kommentierende Sammlung der verschiedenen Überlieferungen hatte, blendet er allerdings aus – wie beinahe alle anderen Ausleger auch.

1.4 Die Frage nach der Funktion eines Textes

Hier liegt m.E. ein Desiderat der aktuellen Auslegung. Dabei geht es mir nicht primär um eine möglichst genaue Datierung, sondern um die in den Varianten der D&G-Story erkennbaren Intentionen. Alle Varianten, die im Kanon heute in einer Textgestalt vereint überliefert werden, verdanken sich, so meine These, einer Rezeption der Story mit der Absicht, je aktuelle Gegenwart zur Sprache zu bringen, zu deuten oder zu legitimieren.[29] Die ausserkanonische Rezeptionsgeschichte der Story zeigt, dass nur in solchen Fällen eine produktive, Texte oder Darstellungen produzierende Rezeption, basierend auf einer Re-Lecture, zu beobachten ist. Andernfalls wird die Standard-Version der Story weitertradiert.

Fragt man jedoch nach der Intention der drei den Text prägenden Ausgestaltungen der differierenden Konzeptionen, so wird es möglich, die Funktionen ihrer Verwendung zu beschreiben. Auf der Folie einer rekonstruierten Geschichte Israels von den Anfängen der Staatsbildung unter David über die zunehmend massiveren Gefährdungen dieses Staates, den Verlust der Souveränität mit der Zerstörung Jerusalems bis weit in die nachexilisch-frühjüdische Zeit hinein lässt sich die Funktion der jeweiligen Gestalt der Story vom Goliatsieger benennen. Alle dienen sie der Deutung der eigenen politischen Erfahrung: der Legitimation von souveräner Herrschaft (1.1.2 und 2.1), der Motivation von Widerstand (1.1.1, 2.2 und 3.) oder der Begründung von Hoffnung auf einen Umschwung bei gleichzeitiger Kritik an jeder gewalttätigen Aktion (1.1.3 und 2.3). Daraus wiederum kann, unter Berücksichtigung des hermeneutischen Zirkels, ein weiteres Argument für die Datierung, gewonnen werden – oder diese zumindest überprüft werden (vgl. unten 3.).

2. «Les-Arts» der Story. Selektive Rezeptionen der Erzählung vom Sieg über Goliat

Die ausser- und nachkanonische Rezepzionsgeschichte zeigt, dass die drei oben skizzierten Befreiungsszenarien in bestimmten Kontexten wieder relevant wurden. Bezeichnenderweise wurde allerdings in der Regel selektiv rezipiert.[30] Je nach eigener Position und konkreter Herausforderung wurde jeweils eines der drei Konzepte aufgegriffen und für die eigene Intention fruchtbar gemacht, eine je eigenständige Les-Art[31] der Story entstand. Ich kann dies hier nur exemplarisch andeuten.[32]

2.1 Das Heroenkonzept: Der Michelangelo-David

Auf dem Höhepunkt der Auseinandersetzungen um die Macht im Florenz der Renaissance tritt ein Gigant auf den Plan. Seit 1504 beherrscht eine vier Meter hohe Statue des Hirtenjungen, der den Riesen bezwungen hatte, die Piazza della Signoria von Florenz. Über Jahrzehnte hinweg war der siegreiche junge, noch ungekrönte David zum Sinnbild einer Stadtrepublik entwickelt worden; einer Stadt, die sich zunehmend von Papst und Kaiser emanzipieren konnte. Der politische Diskurs um die neue Identität der Stadt wurde in den Schriften der Humanisten, vor allem aber im Medium der darstellenden Kunst geführt. Der Rekurs auf den Goliatsieger, der den angestammten Herrscher Saul beerben wird, spielte dabei eine herausragende Rolle.[33] Die Serie von öffentlichen und privaten Darstellungen der Story gipfelte dann 1504 in der Aufstellung der berühmt gewordenen Marmorstatue des Michelangelo auf der Piazza della Signoria, dem Machtzentrum der Stadt.

Schon ein erster Blick zeigt, dass hier, gut im Renaissanceweltbild verankert, der einzelne Mensch, der siegreiche Heros, zum Fluchtpunkt aller Interpretation des politischen Aufstiegs der Stadt wird. Ein profan-antikes Konzept wurde zur Legitimation der republikanischen Verfassung auf eine biblische Gestalt projiziert – analog zum Heroenkonzept der ältesten biblischen Fassung der D&G-Story, und dieser Rekurs auf ein biblisches Konzept dient zur Legitimation der Souveränität. Die Fronten allerdings hatten sich geändert. Die Behauptung der Souveränität der Bürger war mittlerweile innerhalb der Stadt notwendig geworden, denn die Familie der Medici hatte anderes im Sinn.

Nicht nur die Fronten hatten sich verschoben und damit die Funktion des Rekurses auf die Story, auch der geistige Kontext war ein anderer geworden. Die Inanspruchnahme der Autorität der *biblischen* Tradition hatte nicht mehr dieselbe Durchschlagskraft wie noch wenige Jahre zuvor. Der Siegeszug der Wiederentdeckung der pagan-antiken Traditionen war weit

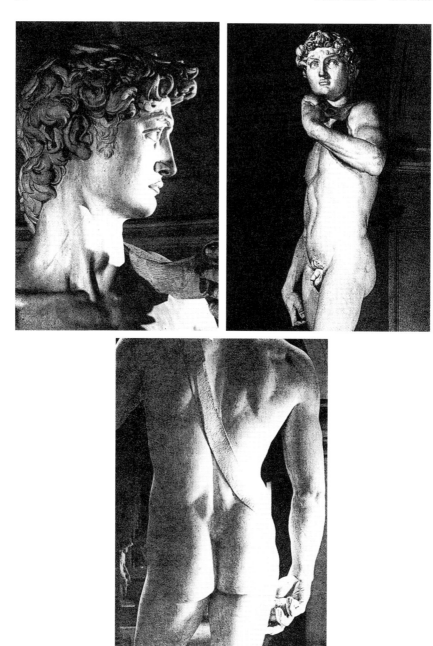

Abb. 1: Michelangelo Buonarotti, Marmor-David: «Il Gigante»; Kopie: Florenz, Piazza della Signoria, Original: Florenz, Galleria dell'Accademia

fortgeschritten. Und so kam auch ein anderes Konzept innerhalb des biblischen Textes vom Goliatsieg zum Zug: Unabhängig von allen in den florentinischen Vorläufern (z.B. der Paradiestür des Baptisteriums) noch greifbaren theologischen Interpretationen der Story stellt Michelangelo hier den Sieg über den Vertreter der Tyrannei als Erfolg eines autonomen Individuums, seiner Fähigkeiten und Talente dar. Lediglich die (beinahe versteckte) Schleuder liefert überhaupt einen Lese-Hinweis, der es ermöglicht, die Figur als den biblischen David und nicht etwa als eine Gestalt der paganen antiken Tradition zu identifizieren und so ihren Erfolg auch theologisch zu deuten.[34]

Die Medici – die Statue war ja eine Kampfansage an sie – hatten verstanden. Sie nahmen die Herausforderung an und antworteten ebenfalls mit den Mitteln der darstellenden Kunst. Ein erster Versuch, die Provokation durch eine weitere Skulptur zu neutralisieren, schlug noch fehl. Bandinellis «Herkules tötet den Wegelagerer Cacus» war in den Augen der florentiner Öffentlichkeit misslungen. Dieser «Melonenquetscher», wie der Muskelprotz abfällig bezeichnet wurde, konnte den strahlenden Helden der Republikaner nicht ausstechen. Dann aber wurde am 27.4.1554, dem Jahrestag der Einsetzung der Medici als

Abb. 2: Benvenuto Cellini, Perseus besiegt die Medusa; Florenz, Piazza della Signoria

Herzöge der Toskana, in der Loggia, genau in der Blickrichtung des Goliatsiegers, eine Skulptur aufgestellt, die ebenfalls einen Sieger darstellte; einen Sieger, der wie David triumphierend ein abgeschlagenes Haupt emporreckt: «Perseus befreit Andromeda» von Cellini.

Die Botschaft war klar: die Stadt, symbolisiert in der hilflosen Jungfrau Andromeda in der Gewalt der Medusa, verdankt ihre Freiheit dem neuen Fürsten, Herzog Cosimo de Medici. Der Kampf um die Macht in der Stadt, der sich im Figurenprogramm der Piazza widerspiegelt, war zu Ende und die Souveränität der Bürger eine Epoche der Stadtgeschichte.

2.2 Motivation zum Widerstand: Die europäischen Befreiungskriege und die D&G-Story

In der öffentlichen Deutung der Erfolge der Niederlande gegen die Spanier in der ersten Hälfte des 17. Jhs. spielt der Rekurs auf die D&G-Story ebenfalls eine grosse Rolle. Anders aber als durch Michelangelo in Florenz wird hier die Interpretation des aktuellen politisch-militärischen Geschehens mit Hilfe einer Rezeption versucht, die die transzendete Ebene der Story bewusst einbezieht: Militärischer Widerstand wird so theologisch als legitim begründet.

1628 fiel dem im Auftrag der Westindischen Kompanie agierenden Kaperkapitän Piet Hein eine spanische Silberflotte, die aus Mittelamerika heimkehrte, in die Hände. Mit den so gewonnenen Mitteln rüstete der Statthalter Prinz Fredrik Hendrik von Oranien ein Heer aus und eroberte die von den Spaniern gehaltene Stadt s'Hertogenbosch in Brabant. Die Festung hatte als uneinnehmbar gegolten; um so grösser war der Triumph für die nördlichen Provinzen.[35]

In vielen Liedern und Lobgedichten wurde dieser Sieg besungen; und Jakob Gerritszen Cuyp malte den Statthalter 1630 als David.[36] Er stellte Frederik Hendrik, in ein antikisierendes Gewand gekleidet, porträtgetreu in der Rolle des Goliatsiegers dar, der den Betrachter direkt anblickt. Über ihm schwebt ein Putto, der im Begriff ist, den Helden mit Lorbeer zu krönzen. Ein Spruchband in seiner Hand verkündet: *gloria in excelsis*. Im Hintergrund ist der kopflose Rumpf des Riesen vor der Silhouette der Stadt s'Hertogenbosch zu sehen, umgeben von staunenden Zuschauern. Zu Füssen des Siegers liegt das Haupt des besiegten Riesen, in dem noch der Stein steckt. David / Frederik Hendrik ist lediglich mit Hirtenstab und Schleuder bewaffnet. Vier tanzende Putten und sieben singenden Frauen umringen ihn. Die Frauen tragen die Trachten der sieben nördlichen Provinzen; die Älteste hat den Psalter aufgeschlagen; sie singen Ps 98,1:

> «Singt JHWH ein neues Lied, denn er tut Wunder. Es half ihm seine Rechte und sein heiliger Arm.»

Abb. 3: *Jakob Gerritszen Cuyp: Frederik Hendrik als der triumphierende David; s'Hertogenbosch, Rathaus*

Das ist die bürgerliche Deutung des Sieges. Zwar hat der Prinz die Stadt eingenommen, aber auch Gott hatte seine Hand im Spiel. Kein Grund also, den Sieg für sich allein zu reklamieren: eine ziemlich deutliche Kritik an den Ansprüchen des Siegers.

Die hofeigene Darstellung und Deutung des epochalen Ereignisses fiel dann auch entsprechend anders aus. Wie der Mediciherzog bevorzugte Frederik Hendrik die pagane antike Tradition und liess sich als siegreiche Gottheit porträtieren.

Als Mars lässt er sich darstellen, und nicht mehr im Auftrag Gottes wird er mit dem Siegeskranz gekrönt, sondern in eigener Machtvollkommenheit. Diese Darstellung lässt keinen Raum mehr für eine Kritik am Selbstverständnis des Helden.

Abb. 4: *Thomas Willeboirts Bosschaert, Prins Frederik Hendrik als Overwinnaar ter Zee*

2.3 Gewaltfreie Konfliktlösungen: Johannes Chrysostomos und die Illustrationen der Lutherbibel

Johannes Chrysostomos, der Bischof der Kaiserstadt Byzanz (398-403 n.u.Z.), hat dagegen eine andere Intention in seiner Rezeption der Story. Bezeichnend dafür sind beispielsweise seine Homilien zu den Samuelbüchern. Er geht kritisch auf die Funktion der D&G-Story als Legitimation gewaltsamer Abrechnung mit Feinden ein, die offenbar, zumindest in seinen Augen, ein Problem der damals aktuellen Hofpolitik darstellt.

Johannes versucht am Beispiel Davids, der die Situation des in seiner Hand befindlichen Saul in der Höhle von En Gedi nicht ausnützte (1Sam 24), zu zeigen, um wieviel herrlicher ein solcher Sieg der Vernunft wäre als jener, den er mit Waffengewalt errungen ...

> «... als er den Goliath überwunden und das Haupt dieses Barbaren abgehauen hatte. Denn dieser Sieg war herrlicher; die Siegeszeichen waren schöner, die Beute war vortrefflicher und der Triumph vollkommener. Dort hatte er der Schleuder, der Steine und der Schlachtordnung nötig. Hier tat alles die Vernunft. Er brauchte keine Waffen dazu und sein Triumph kostete kein Blut. Er trug aus diesem Streit nicht das Haupt eines Barbaren zurück, sondern den getöteten und entkräfteten Zorn. Er hing seine Siegeszeichen nicht in Jerusalem auf, sondern in der Stadt, die oben ist. Ihm kamen keine Frauen aus den Städten mit Reigentanz entgegen, doch die Heere der Engel jauchzten über ihm und bewunderten seine Sanftmut und Geduld. Er hatte, obwohl er den Saul am Leben gelassen hatte, dennoch einem Feind unzählige Wunden beigebracht.»[37]

Offenbar setzt Johannes in seinen vielen Anspielungen die D&G-Story nicht nur voraus, sondern wendet sich auch gegen ihre Rezeption als Legitimation für eine gewalttätige Beseitigung von (innenpolitischen) Gegnern. Auch in der 3. Homilie zu den Samuelbüchern (am darauffolgenden Tag gehalten) kommt Johannes wieder auf dieses Thema zurück. Er erinnert an die Macht des Wortes, die die Auseinandersetzung mit Saul in der Höhle von En Gedi zu einem (vorläufigen) friedlichen Abschluss brachte und findet dann seine Position auch in der Erzählung 1Sam 17 selbst bestätigt, indem er das oben als «Entmilitarisierung» beschriebene Konzept für seine Rezeption des biblischen Textes auswählt:

> «Denn diese Stimme war es, die den Philister zu Boden warf. Ehe er den Stein auf ihn losschleuderte, hatte er ihn schon in seinem Gebet angegriffen. Denn er schleuderte ihn ... erst, als er gesagt hatte: Du kommst zu mir in deiner Götter [Namen], ich aber komme zu dir im Namen des Herrn Zebaot, den du heute verhöhnt hast. Mit diesen Worten schleuderte er den Stein auf Goliath. Diese Stimme war die Ursache, dass der Stein traf; diese Stimme jagte dem Philister einen Schrecken ein und vertilgte den Stolz des Widersachers. Und was dürfen wir uns darüber wundern, dass die Stimme eines Gerechten den Zorn besänftigt und Feinde überwindet, da sie selbst die Teufel vertreibt?»[38]

Und er schliesst seine Predigt:

> «So mache du es auch, mein Geliebter, und bemühe dich, den Kindern sowohl der noch lebenden als auch der schon gestorbenen Feinde Gutes zu tun. ... Alles dies lasst uns nicht nur bewundern, sondern auch tun, wenn wir von hier weggehen. Lasst uns unsere Feinde aufsuchen, uns mit ihnen versöhnen und sie zu unseren wahren Freunden machen.»[39]

Beide Predigten zeigen, dass in den Augen des «Predigers mit dem Goldmund» am byzantinischen Hof einer Rezeption der D&G-Story gesteuert werden musste, die die Legitimation von Gewalt in Auseinandersetzungen lieferte. Daraus wird zum einen ersichtlich, dass die Story in der Spätantike eine Beliebtheit erlangt hatte, die es erlaubte, mit biblischen Argumenten die Verlängerung der Politik in gewalttätige Konfliktlösungen hinein zu begründen,[40] zum anderen aber, dass im Rekurs auf den biblischen Text selbst auch eine andere Intention zu begründen war, eine Position, die die gewaltfreie Lösung von Konflikten zum Ziel hat.

Eine ähnliche Zuspitzung lässt sich auch in der Auslegung durch Martin Luther entdecken, der sich mit einer den gewaltsamen Widerstand legitimierenden Rezeption der D&G-Story durch T. Müntzer konfrontiert sieht. Deutlich wird dies vor allem in der von Luther selbst kontrollierten Illustration seiner Biblia Deutsch. Ein Vergleich der insgesamt drei verschiedenen Graphiken, die zu Luthers Lebzeiten die Story illustrierten, zeigt, dass das Grössenverhältnis zwischen den beiden Kombattanten immer mehr zuungunsten Davids verschoben wurde.

Ein Prozess, der sich auch im textkritischen Vergleich zwischen den Fassungen von Septuaginta, Vulgata und masoretischem Text von 1Sam 17,4 beobachten lässt: Der Riese wird im Lauf der Überlieferungsgeschichte des Textes immer grösser.[41] Die Vermutung liegt nahe, dass dabei sowohl im biblischen Text als auch bei Luther eine theologische Entscheidung zu Grunde liegt: Je grösser der Riese und je kleiner der Knabe, desto mehr Gewicht liegt auf dem Handeln Gottes, desto weniger auf der blutigen Eigeninitiative des jungen Helden. Ist das eine späte Antwort des Wittenbergers auf Müntzer?

2.4 Rezeption als Auswahl aus dem Angebotsensemble der Vorlage

Diese wenigen Beispiele, die sich durch die Fülle des Materials der Rezeptionsgeschichte der Story von David und Goliat bis in die Gegenwart aktueller Sportberichterstattung mühelos erweitern liesse, belegen m.E. meine erste These, dass die selektive Rezeption keine Folge einer defizitären Sicht auf den Text durch die Rezipierenden ist. Vielmehr wählen Rezpierende aus den Angeboten des Textes jenes Deutekonzept für politische Erfahrungen aus, das ihrem Kontext und ihrer Intention entspricht.

Abb. 5: Illustrationen der Lutherbibel (1524, 1535, 1540): Das «Wachstum» Goliats

Dieser Auswahlprozess ist nicht beliebig, sondern wird durch die Spannung zwischen den Angeboten des Textes und den aktuellen Herausforderungen gesteuert. Je nach Situation wird die Story zur Legitimation von Herrschaft, zur Motivation von Widerstand oder zur Begründung von Hoffnung auf gewaltfreie Überwindung von Widerständen mit Worten oder Bildern neu erzählt.

Dieses Spiel funktioniert, weil auch die Erzähl-Varianten oder «Les-Arts» im biblischen Text als Reaktion auf aktuelle Kontexte in Rezeption der Story entstanden sind, so meine zweite Ausgangsthese. Am Beispiel der speziellen Ausgestaltung der JHWH-Kriegs-Tradition in 1Sam 17 (siehe oben 1.1) möchte ich dies im Folgenden zeigen.

3. Theologische Motivation zum Widerstand im biblischen Text. Die Story in der Rezeption der antibabylonischen Partei vor dem Untergang Jerusalems

Versucht man nun die an der ausserkanonischen Rezeptionsgeschichte der D&G-Story gewonnenen Beobachtungen für die literarkritische Analyse von 1Sam 17 fruchtbar zu machen, dann zeigt sich, dass die Wachstumsgeschichte des Textes auch als Rezeptionsgeschichte der Story verstanden werden kann; eine Story, die zu verschiedenen Zeiten der Geschichte Israel/Judas mit verschiedenen Intentionen neu erzählt und dann auch überliefert worden ist, indem sie in den bereits vorliegenden Text eingeschrieben wurde. Die durch die Literarkritik gewonnenen Ergebnisse (siehe oben 1. 3) dergestalt auszuwerten, heisst die Rekonstruktion der Kontexte zu nutzen für die Rekonstruktion der *intentio auctoris* (Eco) im Spannungsfeld zwischen Rezeption vorgegebener Tradition mit Dignität und Produktion angesichts neuer Herausforderungen.

3.1 Die Neu-Erzählung der Story

(1) Historischer Kontext: Der Umgang mit der Schmach

Beinahe unstrittig ist die Forschung zu dem Ergebnis gelangt, dass es eine Wachstumsstufe des Textes gegeben haben muss, die in weiten Teilen mit der in der Vaticanushandschrift der Septuaginta (LXX[B]) überlieferten Gestalt[42] übereinstimmt.[43] Viel spricht dafür, dass sie in die späte staatliche Zeit (7./6. Jh. v.u.Z.) datiert werden kann. Die letzten Jahre der eigenstaatlichen Existenz des Königreiches Juda waren geprägt von der Frage, wie man sich angesichts des sich anbahnenden und dann vollziehenden Wechsels der Grossmachtstellung von den Assyrern zu den Babyloniern verhalten sollte.

Der Neu-Erzähler dieser Fassung der D&G-Story führt seinem Publikum in dieser Situation auf der historischen Bühne der Davidzeit vor, wie angesichts einer schmachvollen Situation, in der in den Augen der Welt die Reihen Israels verhöhnt werden (1Sam 17,10.36.45), ein Davidide handelt. Seine Intention ist es, den Widerstand gegen die Fremdherrschaft zu motivieren und zu legitimieren. Sein Ziel ist es, gerade angesichts der scheinbar unüberwindbaren Hegemonialmacht Hoffnung zu stiften.

> Dies könnte in die Zeit des Königs Joschija (639-608) führen oder aber direkt in die letzten Jahre der eigenstaatlichen Existenz Judas vor dem Fall Jerusalems (587/6). Für letzteres lassen sich in meinen Augen durch die Arbeit C. Hardmeiers[44] mehr Argumente finden. Deshalb entwickle ich mein Szenario für die Zeit der babylonischen Vorherrschaft.

Die Intention des Erzählers weist ihn m.E. als ein Mitglied jener antibabylonischen Partei aus, die Hardmeier die «Hilkiaden» genannt hat. Das verbindet ihn auch mit dem Propheten Hananja von Gibeon (Jer 27-28), der mit Hilfe einer Zeichenhandlung verkündet: Innerhalb von zwei Jahren wird das Joch Babels zerbrochen sein, die Geräte des Tempels werden wieder in Jerusalem sein.[45] Der Neu-Erzähler greift dazu auf die im Rahmen der Thronaufstiegsgeschichte (AGD: 1Sam 16*–2Sam 6*) bereits vorliegende und wohl mit hoher Dignität ausgestattete Geschichte von David, dem wahren Hirten des Volkes und seiner Heldentat zur Befreiung des Volkes von der Fremdherrschaft zurück. Die in dieser Fassung bereits vorgegebene Gegenüberstellung von Saul und David dient ihm zur Klarstellung, wie ein König und Hirte seines Volkes sich zu verhalten hat, will er des Titels würdig sein. Nicht wie Saul, den der Mut verlässt, sondern wie der Sohn des Isai soll sich der Sohn des Joschija verhalten.

(2) Goliat in zeitgenössischer Rüstung

Der Erzählrhythmus der Neu-Erzählung der Story zeigt die Gewichtungen ihrer Intention. Die Detaillierungsphasen machen deutlich, worauf der Erzähler die Aufmerksamkeit seines Publikums lenken will. Schon im Setting dienen ihm die Ortsangaben dazu: Socho und Aseka gehörten zum Festungsgürtel um Jerusalem, den wahrscheinlich Joschija, der Vater des amtierenden Königs, erbaut oder ausgebaut hat.[46] Bereits mit dieser Angabe wird bei den Adressaten also die Assoziation an eine auch aktuell vorstellbare Verteidigungssituation geweckt. Das grosse Gewicht, das nun auf die detaillierte Schilderung der Bewaffnung gelegt wird, will den dort aufmarschierenden Feind plastisch werden lassen. In mehreren Versen nimmt sich der Erzähler dafür Zeit.

K. Galling hat der Bewaffnung des Riesen eine eingehende Analyse gewidmet. Er macht deutlich, dass eine historisch präzise Verortung als philistäische Ausrüstung der Eisenzeit IIa aufgrund der erhaltenen Abbildungen nicht möglich ist.[47] Die meisten der Ausrüstungsgegenstände lassen sich in den Zeitraum zwischen dem 8. und 6. Jh. datieren.[48] Galling resümiert: «Die insgesamt singuläre Waffnung Goliaths hat der Erzähler ... aus verschiedenen, ihm bekannten Ausrüstungsstücken zusammengesetzt.»[49]

Der Neu-Erzähler ergänzt die ihm bereits vorliegende Schilderung der Bewaffnung des Zweikämpfers durch die Waffen der Riesen, die «Davids Helden» erschlagen haben (2Sam 21), sowie durch eine aus der eigenen Erfahrungswelt des rezipierenden Neu-Erzählers stammende Kriegsausrüstung. Dieser von Galling beschriebene Anachronismus lässt sich damit erklären, dass gerade die detaillierte Beschreibung der Ausrüstung des Philisters ihm die Möglichkeit bietet, den zeitgenössischen Widersacher in die Story einzuschreiben.[50] Die gesamte Kriegsmaschinerie des aktuellen Gegners wird auf den Zweikämpfer projiziert, der zudem als eine Synopse der von Davids Helden besiegten Riesen erscheint. Von dort (2Sam 21,19) bekam der bis zu diesem Zeitpunkt namenlose Zweikämpfer wohl auch erst seinen Namen: Goliat.[51]

Die bereits vorgegebene erste Rede des Herausforderers schlägt nun das Thema auch der aktuellen Bedrohung an: Wem soll oder muss Israel dienen?[52] Diese Rede wird in V.10 durch eine vom Neu-Erzähler nachgeschobene weitere Goliatrede interpretiert. Erzähltechnisch geschickt wird bereits im Mund des Philisters das entscheidende Leitwort eingeführt: Diese Herausforderung ist ein Verhöhnen Israels, eine Schmach!

Damit ist das erste Identifizierungsangebot der Neu-Erzählung der Story abgeschlossen. Die Vorgabe ist transparent auf das Ringen des nachjoschijanischen Staates um die Souveränität angesichts der babylonischen Hegemonialabsichten. Wie reagieren die Verantwortlichen? In 1Sam 17,11 (aus der Vorlage übernommen) wird die Mutlosigkeit und Furcht des Königs und seines Heeres knapp, aber deutlich gezeigt. Im letzten Jahrzehnt der Existenz Jerusalems scheinen nicht wenige in der Stadt angesichts der Übermacht Babels von einer Lähmung ergriffen gewesen zu sein, die jeden Widerstand als sinnlos erscheinen liess.[53]

(3) Der Politikwechsel Zidkijas – eine Folge der Neu-Erzählung der Story?

Auch Zidkija selbst ist in den ersten Jahren seiner Regierung nach der Einsetzung durch Nebukadnezar keineswegs gewillt, Widerstand gegen Babel zu leisten.[54] Stellt der Neu-Erzähler seinem Publikum, zu dem wohl auch, oder sogar in erster Linie, Zidkija gehört, dessen bisherige Politik in der Gestalt Sauls vor Augen? Das wäre ein geschickter Schachzug, da doch jeder wusste, wie es mit Saul weiterging: Er wurde durch einen Widerstandswilligen abgelöst. Und der betritt jetzt die Szene, nicht ohne noch einmal in der Wunde der Mutlosigkeit zu rühren (17,32). Den Vorwurf, er wäre nicht in der Lage, gegen den militärischen Riesen zu bestehen, sein Kampfeswille wäre purer Wahnsinn, entkräftet David sofort mit einer Erzählung, die auf drei Ebenen gleichzeitig operiert. Zum einen erweist er sich auf der Erzählebene als mutig genug, einem Löwen das geraubte Lamm wieder zu entreissen; zum zweiten ist das Raubtier als Metapher für einen scheinbar übermächtigen Feind allseits bekannt;[55] zum dritten kommt mit der Hirtenmetapher ein Titel des davidischen Königtums ins Spiel, dessen sich der Held als würdig erweist.

Mit dem Stichwort «retten» wird zudem auf die Exodus-Tradition – als das Befreiungsszenario schlechthin – angespielt. Diese Anspielung wird in der dem Neu-Erzähler zu verdankenden Erweiterung der Vorlage in V.37 noch einmal bestätigt. Bezeichnenderweise aber erscheint David jetzt als Objekt der Rettung. Die Intention ist deutlich: JHWH greift ein.[56]

Und weiter wird Saul demontiert: Seine Rüstung, die wie eine kleine Ausgabe der Goliat-Rüstung anmutet, behindert den Helden. Er legt sie ab. Der Grund allen Hoffens auf Erfolg des Widerstandes kann nicht durch Waffen- oder Bündnispartner (literarisch: Sauls Waffenleihgabe, aktuell: Ägypten) gelegt werden, sondern einzig im Vertrauen auf JHWH.[57]

(4) Eine «würdige» Antwort

Der Neu-Erzähler beschleunigt jetzt (wie seine Vorlage) das Tempo (V.40f), konfrontiert die beiden Kontrahenten, benützt dann aber eine Eigenart seiner Vorlage, die bis auf die Heroensage zurückgeht, nämlich die Schmähreden vor dem eigentlichen Zweikampf,[58] um einen neuen Schwerpunkt zu setzen: Er schickt dem Waffengang ein Rededuell voraus, das in zwei Durchgängen mit Rede des Philisters und Widerrede Davids gestaltet ist und in seiner Dramaturgie die Stelle der eigentlichen Auseinandersetzung einnimmt.[59] Nach der beleidigenden Bezeichnung als «Hund» droht der Philister David an, er werde unbestattet auf dem Kampfplatz zurückbleiben. Der Satz «Ich werde dein Fleisch den Vögeln des Himmels und dem Getier des Feldes geben» (V.44) ist eine im zeitlichen Umkreis der Neu-Erzählung relativ häufig anzutreffende Formulierung für die auch im Fluchkatalog Dtn 28 erwähnte Schändung der Würde eines Toten.[60] David kontert. Er nimmt den Fluch auf, stellt ihn aber in einen neuen Argumentationszusammenhang. Damit wird deutlich, dass die Hoffnung für die aktuelle Gegenwart im zwangsläufigen Eingreifen JHWHs selbst begründet ist: JHWH wird den Feind in die Hand des Helden geben. Auf jenen wird sein Fluch zurückfallen, denn «JHWHs ist der Kampf. Alle Welt soll erkennen, dass Israel einen Gott hat» (V.47).[61]

So formuliert der Neu-Erzähler im Mund Davids eine Antwort, die ein Davidide schuldig ist angesichts der höhnenden Herausforderung eines Unbeschnittenen.

Damit scheint schon alles Wesentliche gesagt, denn jetzt folgt im raschen Tempo die narrative Einlösung des im Rededuell bereits deutend Angekündigten. Gar nicht mehr überraschend geschieht das scheinbar Unmögliche: Die waffenstarrende Kriegsmaschine fällt, beim Feind bricht Panik aus, und das israelitische Heer verfolgt, beflügelt durch den Sieg seines Helden, den Feind bis hinunter in die Küstenebene, macht seine Niederlage vollständig. David, der wahre Hirte seines Volkes aber, der es dem Rachen des Feindes aus dem Norden entrissen hat, kehrt mit den Trophäen (hebräisch: Geräte) zurück. Der Schluss der übernommenen Vorlage (V.54) mag dem Publikum des Neu-Erzählers der Story wie ein Anklang an jenes verheissungsvolle Wort des Propheten Hananja geklungen haben, der ebenfalls den Widerstand gegen Babylon anfachen wollte:

«So hat gesprochen JHWH Zebaot, der Gott Israels: Ich habe zerbrochen das Joch des Königs von Babel. Und ehe zwei Jahre vorüber, will ich alle Geräte (!) des Hauses JHWHs, die Nebukadnezar, der König von Babel, von diesem Ort weggenommen und nach Babel geführt hat, wieder an diesen Ort [= Jerusalem] bringen» (Jer 27,2-3).

3.2 Ein narratives Positionspapier

Der Neu-Erzähler bot seinem Publikum deutliche Identifizierungsmöglichkeiten an: Er schildert Goliat transparent auf die aktuelle Militärmaschinerie des Feindes; er lokalisiert die Szene am Verteidigungs- und Festungsgürtel um Jerusalem; er benennt das aktuelle Thema: Wem wollt ihr dienen?

Er bot seinen Adressaten zwei Alternativen der Reaktion als Modelle an und erzählte so geschickt, dass er ohne direkte Abwertung Sauls nur eine mögliche Antwort offen liess: David. Dabei bediente er sich aktueller Vorstellungen und Begrifflichkeiten, die ihn als einen Zeitgenossen der letzten Jahrzehnte vor der Katastrophe von 586 ausweisen. Ich will nicht sagen, dass damit der einzig denkbare Kontext für diese Wachstumsschicht des biblischen Textes der D&G-Story beschrieben ist, aber die Wahrscheinlichkeit ist m.E. doch sehr gross, das das Ringen um die richtige Politik gegenüber Babel das Erfahrungsszenario für die Neu-Erzählung der Story abgab. Die Nachrichten in 2Kön 25,1 in Verbindung mit Ez 7,15 und Jer 7,3 zeigen, dass «sich der unglückliche Zedekia zum Abfall von Babylon» entschloss.[62]

Wie es zu dieser, wie die Geschichte ja rasch zeigen sollte, fatalen Kehrtwende in der Politik des ursprünglich babeltreuen letzten Königs oder Reichsverwesers von Juda kam, ist in den Einzelheiten nicht mehr aufzuhellen. Hat unsere Erzählung dabei eine Rolle gespielt? Möglicherweise. Wahrscheinlich war Zidkija eine Figur (und nicht gerade der «Schachkönig») im aussenpolitischen Spiel Ägyptens unter der 26. Dynastie. Unter

Umständen weckten auch Probleme an der Nordostgrenze des babylonischen Reiches Hoffnungen. Doch eine antibabylonische, proägyptische Partei am Hof in Jerusalem war wohl ebenfalls beteiligt; eine Partei, die sich, wie das Schicksal Jeremias zeigt, bis zum letzten bitteren Augenblick stur an einen noch immer möglichen «Endsieg» klammerte;[63] eine Partei, die sich, wie die scharfe Polemik Jeremias zeigt, aller ihr zu Gebote stehenden Möglichkeiten bediente, um die öffentliche und die massgebliche Meinung zu beeinflussen. Neben der prophetischen Zeichenhandlung Hananjas (Jer 27) und priesterlichen Orakeln gehörte dazu auch die «historische Kurzgeschichte».[64] Hardmeier hat gezeigt, dass dieses propagandistische Mittel nicht nur von der probabylonischen Schafanidenpartei zur Rechtfertigung ihrer Politik verwandt wurde, sondern auch von der antibabylonischen Fraktion der von ihm so genannten Hilkiaden.

Die Argumente Lohfinks und Hardmeiers für die ursprüngliche Selbständigkeit der «historischen Kurzgeschichte» gelten wohl auch für die Rezeptions-Fassung der D&G-Story in der spätvorexilischen Zeit. Es handelt sich um aktuelle narrative Positionspapiere, die die eigene politische Option im Rückgriff auf bereits als Geschichte JHWHs mit seinem Volk akzeptierte Vorlagen zur Sprache bringen. Diese «Les-Art» wurde m.E. ursprünglich als eigenständiger Text geschaffen und überliefert, bis sie dann später in das DtrG eingefügt wurde.

3.3 Innerbiblische Kritik an der historischen Korrektheit der Neu-Erzählung

Wenn diese Fassung der Story ursprünglich selbständig existiert hat, dann bietet sich auch zwanglos eine Klärung des Inkohärenzproblems zwischen 1Sam 17 (David als Goliatsieger) und 2Sam 21 (Elhanan als Goliatsieger) an. Nach Brueggeman[65] ist der sogenannte «Anhang» in 2Sam 21–24 eine kunstvolle chiastische Konstruktion des DtrG (teilweise mit Hilfe alten Materials), um die in der Aufstiegsgeschichte Davids und in der Thronnachfolge-Erzählung entfaltete Königsideologie zu dekonstruieren. Die Kapitel 2Sam 21–24 könnten, nach Brueggeman, als eine Art Kommentar zur Davidbiographie gelesen werden, der versucht, «to dismantle the high royal theology which has been enacted elsewhere in the narrative, and historically in the Jerusalem establishment». Gerade auch die Heldenkampfliste in 2Sam 21,15-21 zeigt einen David, der «does not act but is surrounded by those who act. In 21:17 the high formula of royal theology is surrounded by David's passivity and weariness.»[66]

So lässt sich die Notiz 2Sam 21,19 als Kritik eines Historikers an der oben rekonstruierten Les-Art der Story durch die antibabylonische Fraktion verstehen. Dem Neu-Erzähler wird entgegengehalten, dass keineswegs David den Goliat besiegt hatte, sondern einer seiner Helden, Elhanan[67].

Das liegt ganz auf der Linie des Propheten Jeremia und jener Fraktion, die gegen den Widerstand votierte.

3.4 Die Frage nach der Funktion eines Textes

Der vorgestellte Versuch der Rekonstruktion der Funktion einer Neu-Erzählung der Story zeigt m.E., welche Spielräume für die Exegese neu gewonnen werden können, wenn man die literarkritische Rekonstruktion der Wachstumsgeschichte eines Textes als Rezeptionsgeschichte einer Story reformuliert: Die Funktion einzelner Textgestalten in ihrem jeweiligen Kontext lässt sich beschreiben, die Kontextualität biblischer Überlieferung nachzeichnen (oben These 3). So lässt sich auch eine Folie gewinnen, mit deren Hilfe die komplexe Fülle der nachkanonischen Rezeptionen als dem Text angemessen beschrieben werden kann. Sie aktivieren, vom eigenen Erfahrungshorizont ausgehend, jene Elemente der Vorlage, die sich als kompatibel erweisen mit den eigenen Fragen und Herausforderungen.

Auf die Versuche der Rekonstruktion der Geschichte eines Textes von seiner mutmasslich ersten bis hin zur heute vorliegenden Gestalt und der Rekonstruktion der Welt der Entstehung der Textgestalten zu verzichten, wäre in meinen Augen der Verzicht auf die Erkenntnis der Kontextualität aller kulturellen Artefakte und damit auch der biblischen Erzählungen, Reden und Dichtungen und der in ihnen sichtbar werdenden Positionen. Es wäre die unerzwungene Vernachlässigung einer Dimension der Tradition, die mutwillige Reduktion auf eine Zweidimensionalität, in der uns diese Texte dann zwangsläufig als zeitlose An- und Zumutungen entgegenträten: entweder mit dem Anspruch unbedingter und zeitloser Wahrheit im normativen Rang oder als blosses poetisches Spielmaterial zur Auslegung je eigener Erfahrungen.

4. Biblische Vorlage und Rezeptionen: Zeugnisse der Wirkunggeschichte einer biblischen Gestalt!

«Die Bibel ist alles andere als tot und abgetan. Das ist vor allem das Verdienst der Künstler.»[68] Dieses Urteil W. Wiegands im Feuilleton der Frankfurter Allgemeinen Zeitung wird auch durch den Befund der Wirkungsgeschichte der biblischen Gestalt König Davids bestätigt. Warum aber greifen Künstler – und nicht nur sie – immer wieder auf dieses Buch zurück, wenn sie nach einer Form suchen, ihrer Sicht auf die eigene Welt Gestalt zu geben? Wiegand fährt fort: «Unmöglich ist es selbst in unserer hochmodernen Welt, sich der betörend schönen Bibelsprache zu entziehen, die überall in unserer Kultur ihren Abdruck hinterlassen hat.» Biblische Texte, so möchte ich diesen Satz weiterschreiben, verdanken ihre an postmoderne Ästhetik erinnernde sprachliche und inhaltliche Komplexität nicht dem Kompositionswillen eines Autors, sondern der Kompositionskraft der vielen an der Wachstumsgeschichte der Texte Beteiligten, die sich jeweils auf ihre Kontexte einlassen. Gerade in diesem Wachstumsprozess aber liegen in meinen Augen ihre Interpretationspotentialien begründet. Die zu Zeiten immer wieder neu aufbrechende Relevanz der Story, die Konjunkturzeiten der Themen, Konstellationen und Interpretationsangebote finden darin ihren Niederschlag. So entsteht eine Traditionsliteratur, die auch über die Kanonisierung hinausreichend einen Impuls für Rezipierende freisetzt, sich im Horizont ihres Kontextes ebenfalls den Text zu eigen zu machen – in der ganzen Bandbreite von der Identifikation mit dem vorliegenden Text bis hin zur Neu-Formulierung in Affirmation oder Widerspruch.

Verstehen sich Rezipierende dergestalt als Glieder in der Kette einer «konsequenten Tradierungsgeschichte» (K.Baltzer), dann stehen sie auch nicht mehr in der Gefahr, die eigene Les-Art des Textes absolut zu setzen. Der Beitrag der historisch-kritischen Analyse des Textes wird so gesehen zum Garanten der Kritik an der eigenen Position und wehrt der Gefahr einer Haltung, die die eigenen Ergebnisse als end-gültigen Abschluss der jeweiligen Fragestellung versteht.

Um es mit A. Goldberg zu sagen: «Der bestimmten, endlichen Menge graphischer Zeichen entspricht eine noch offene Menge sprachlicher Zeichen».[69] Eine noch offene, keine beliebige Menge! Die Auslegungsgeschichte von (biblischer) Traditionsliteratur ist von der Sache her zwingend eine prinzipielle Open-End-Veranstaltung.

Anmerkungen

1. Bis auf wenige Ausnahmen, die sich auf Ps 144 und 151 der Septuagintafassung der hebräischen Bibel beziehen, haben alle nachkanonischen Rezeptionen der Story von David und Goliat 1Sam 17,1–18,5 als Ausgangspunkt.
2. Münkler 1990, 8, in Aufnahme einer Argumentation von Kerényi: «Das Urphänomen Mythos ist eine Bearbeitung der Wirklichkeit. Keine abgeschlossene Bearbeitung! ... Zum Wesen des Mythos gelangen wir, wenn wir wissen, dass der Mythos eben die ihm eigene, nicht abgeschlossene Bearbeitung der Wirklichkeit ist. Abgeschlossen wäre der Mythos tot ...» (Kerényi 1965, 133). Vgl. auch Blumenberg 1979.
3. Ich verwende hier, wie mittlerweile in der Forschung Konsens, den Begriff «JHWH-Krieg» anstelle von «Heiliger Krieg». Dies entspricht der Begrifflichkeit der Texte mehr und vermeidet falsche aktuelle Konnotationen.
4. Von Rad 1951, 47.
5. Für die Details vgl. Nitsche 1998, 49-52.
6. JHWH als Subjekt von Handlungssätzen erscheint entsprechend auch nur in den direkten Reden, nicht in den narrativen Elementen des Textes.
7. Bartelmus 1979, 79-150; bes. 121-40.
8. DeVaux 1960, I, 160ff.
9. Bartelmus 1979, 128.
10. Bartelmus 1979, 130, mit Verweis auf 31-78: «III. Der geistige und soziokulturelle Hintergrund der Motivkombination von Gen 6,1.2.4. Das Heroenkonzept im Rahmen der Religionsgeschichte».
11. Vgl. unten 1.2.
12. Z.B. Achill – Hektor: *Ilias* XVIII, 466ff; aber auch *Ilias* III, 330ff; VII, 206ff u.ö.
13. Bartelmus 1979, 74 Anm.93; vgl. z.B. Achill und seinen Anwurf «du Hund»: *Ilias* XX, 449; XXII, 345; s. auch LXX[B] zu V.43.
14. Vgl. wiederum *Ilias* XXVII passim, bes. 122.162ff.186ff.
15. Zum Begriff Rose, 1976.
16. Auch das Belohnungsmotiv, vgl. *Ilias* VI, 190ff in der Belopherontessage, das sich allerdings auch aus der Rezeption der Erzählmuster der Josefsgeschichte erklären lässt.
17. Vgl. die Kommentare zur Stelle, bes. Stoebe 1973; Garsiel 1985, 120-121; vgl. dazu Dietrich / Naumann 1995, 59.
18. Für die Details siehe Nitsche 1998, 34f; vgl. dazu auch den antiken Roman *Josef und Aseneth*, der ebenfalls die Josefsgeschichte mit der D&G-Story intertextuell verknüpft. Vgl. Nitsche 1998, 133-139.
19. Vgl. dazu unten 2.3.
20. In 1Sam 21,10 wird indirekt die Version von 1Sam 17 bestätigt, wenn der Priester von Nob David auf dessen Frage nach Waffen ein Schwert übergibt mit der Bemerkung, das sei jenes, das dieser dem Philister Goliat abgenommen habe, den er im Terebinthental erschlagen habe.
21. Vgl. dazu die Diskussion bei Galling 1966, der vermutet, der mit «Wurfspiess» übersetzte Begriff wäre eigentlich als auf dem Rücken zu tragendes Sichelschwert zu verstehen.
22. Midrasch Samuel, 22,1; dt. Wünsche 1910, 118.
23. Dietrich / Naumann 1995; vgl. auch Jenni 1961; Radjawane 1972; Preuss 1993.
24. Lösung A: LXX[B] als die «ursprüngliche Form» der Erzählung: Wellhausen 1871, 104f. Lösung B: LXX[B] als «harmonistische Kürzung» der Erzählung: ders. als Herausgeber der vierten Auflage von Bleek, Einleitung in das Alte Testament (Berlin, ⁴1878), 216. In seiner Composition des Hexateuchs und der historischen Bücher des Alten Testaments (³1899), 247, verweist Wellhausen dann auf Lösung A. Vgl. dazu auch Stoebe 1956 und die Diskussion bei Barthélemy / Gooding / Lust / Tov 1986.
25. Dietrich / Naumann 1995, 88.
26. Bartelmus 1979, 128-140.

27 Dietrich / Naumann 1995, 91; vgl. Dietrich 1997. Vgl. auch Tov 1997, 277-279, der ebenfalls für ein Modell plädiert, nach dem zwei ursprünglich selbständige Texte kompositionell miteinander verschränkt wurden.
28 Dietrich 1997, 184: Er rekonstruiert eine «erste Erzählung» vom Sieg des Schleudersoldaten David über den philistäischen Zweikämpfer Goliat aus Gat und einem dadurch ermöglichten Sieg Israels über die Philister, sowie eine «zweite Erzählung» (legendarisch ausgeschmückt) von dem Hirtenknaben David, der in eine Philisterschlacht gerät, sich als Zweikämpfer anbietet, siegt, daraufhin vor den König gerufen wird und eine reiche Belohnung erhält; dazu identifiziert er noch redaktionelle Erweiterungen.
29 Vgl. Utzschneider 1994, 22, der in der Analyse der exegetischen Arbeit am Buch Exodus zu dem Schluss kommt, «dass sich Konvergenzen [in der Forschung] auch dann abzeichnen können, wenn die Ausgangspunkte – wie man für das Urkunden- und das Bearbeitungsmodell ja angenommen hat – unvereinbar erscheinen. Ich meine, der ... sehr allgemeine gemeinsame Nenner aller neueren Textvorstellungen: ein interpretativer Prozess als Movens der Textbildung ist ein solcher Fluchtpunkt, und er dürfte auch ehestens der literarhistorischen Wirklichkeit entsprechen».
30 Lediglich die historisch-kritische Forschung des 19. und 20. Jahrhunderts und die literaturwissenschaftlichen Interpretationen des späten 20. Jahrhunderts versuchen, das Ganze des Textes in den Blick zu nehmen.
31 Mit diesem Begriff versuche ich die «Kunst» einer eigenständigen Rezeption, die zu einer neuen Variante («Les-Art») der Story führt, zu würdigen; vgl. Nitsche 1998, 18, und 1999.
32 Für die umfassende und systematisierte Rezeptionsgeschichte der D&G-Story vgl. Nitsche 1998.
33 Vgl. dazu Herzner 1978 und 1982; Verspohl 1997; Nitsche 1998, 222-264.
34 Zur spannenden Frage, warum Michelangelo überhaupt noch auf eine biblische Story zurückgegriffen hat, vgl. meine Thesen in Nitsche 1998, 260-264.322-324.333-337.
35 Vgl. Japikse 1936, 156-162; Woltjer 1991, 40.43.
36 S. dazu Tümpel 1994, 688.47ff; Wishnevsky 1967, 47-49.
37 Patrologia Graeca 54, 688.47ff; übersetzt vom Verf.
38 Patrologia Graeca 54, 703.4; übersetzt vom Verf.; ein Hinweis auf Paulus? (vgl. Patrologia Graeca 61, 573.25).
39 Patrologia Graeca 54, 708.40ff; übersetzt vom Verf.
40 Vgl. die Wirkung von Athanasius, *Epistula ad Marcellinum,* und Gregor von Nazianz, *Contra Julianem*; siehe Nitsche 1998, 168-173.
41 LXX[B]: vier Ellen (ca. zwei Meter); Vulgata: fünf Ellen; MT: sechs Ellen (ca. drei Meter).
42 Ungefährer Umfang der LXX[B]-Fassung: 17,1-11.32-54; ohne V.38c.41.48e.f.50.51d; mit LXX[B]-Fassung von V.43.
43 Und zwar unabhängig davon, ob man in LXX[B] ein quasi archäologisches Dokument dieser Wachstumsstufe sieht oder ob man die für den LXX[B]-Text Verantwortlichen als antike Literarhistoriker versteht, die zu ähnlichen Schlüssen gelangt sind wie die moderne Forschung. Im letzteren Fall wird lediglich die Bandbreite der lit.-hist. Analyse des Textes verbreitert und dem Verdacht gesteuert, moderne literarkritische Ergebnisse verdankten sich einer modernen Perspektive.
44 Hardmeier 1990.
45 Hananja zerbricht das hölzerne Joch, das der Prophet Jeremia trägt, um deutlich zu machen, dass die Unterwerfung unter Babel der Wille JHWHs sei.
46 Siehe Alt 1953.
47 Galling 1966, 156.
48 Die Bewaffnung Goliats:
 (a) Eine Lanze, die mit einem Weberbaum verglichen wird, was nicht unbedingt auf deren Überdimensionalität schliessen lassen muss, sondern auch als ein Hinweis auf eine besondere Vorrichtung zur Stabilisierung der Flugbahn verstanden werden kann. Das

Lanzenende besass «zwei lange Bänder, die bei einem Wurf die Balance ausgleichen und beim Stoss das Herausziehen erleichtern» (Galling 1966, 159). Der Erzähler denkt bei seinem Vergleich «an den langen Faden des Weberstocks ..., der am Ende des Weberstockes befestigt ist, bevor man die Schlaufenreihe herstellt» (161). Dabei fällt auf, dass der Speer (V.7a-b) des Philisters in bemerkenswerter Parallelität zu 2Sam 21 beschrieben wird. Nach 2Sam 21,16 erschlägt Abischai einen Riesen, der eine Lanze trug, deren Gewicht 300 Schekel betrug (vgl. 1Sam 17,7b: 600 Schekel Eisen). Nach 2Sam 21,19 trug Goliat (!), der Gegner Elhanans, einen Speer, dessen «Schaft wie ein Weberbaum war».

(b) Ein Schuppenpanzer, der seine Heimat, «wie man seit langem erkannt hat, im mesopotamisch-syrischen Raum» hat (161).

(c) Ein eherner Helm, der an einen assyrischen Spitzhelm erinnert (163).

(d) Beinschienen, die u.a. einem griechischen Söldner zugeordnet werden, «der diese bei dem Kampf um Karkemisch (605/4 v.Chr.) zurückliess» (165). Galling hält es für möglich, dass ausländische Hilfstruppen der Assyrer mit Beinschienen ausgerüstet waren.

(e) Und ein «Wurfspiess», der nach Ausweis von Jer 6,23 und 50,42 zur Ausrüstung der Heerscharen des Feindes aus dem Norden gehört.

Ein Vergleich der Bewaffnungslisten in Jer 46,3-4; Ez 23,24 mit 2Chr 24,14 und Neh 4,10 bestätigt die in 1Sam 17,5-7 verwendete Begrifflichkeit als aus dem 7./6. Jahrhundert stammend!

[49] Galling 1966, 167; Galling kann sich hier eine bissige Randbemerkung zu F. Schachermeyr, Indogermanen und Orient (1944, 83), nicht verkneifen: «Die sachgemäße und von der Gattung der Erzählung nicht zu lösende Interpretation wird verlassen, wenn man 1. Sam. xvii das Zeugnis entnimmt, ‹wie der schlachtengewaltige nordische Vorkämpfer dem tückischen Ferngeschoss des kleinen Juden unterlag›» (167 Anm.1).

[50] Das ist bei allen Darstellungen von der Antike bis in die Gegenwart zu beobachten: Goliat trägt jeweils zeitgenössische Rüstungen und Waffen. Im Umkehrschluss können solche Beobachtungen Anhaltspunkte für die Datierung und Lokalisierung einer bestimmten Rezeption der Story liefern. Im vorliegenden Fall (1Sam 17,5-7) weist dies in die spätvorexilische Zeit.

[51] Vgl. 2Sam 21,15-21, bes. V.19. Darüber, dass der Name Goliat erst verhältnismässig spät in den Text kam, besteht heute weitgehend Konsens: «Der Name Goliath in 17,4 und 23 stellt eine nachträgliche Einschaltung auf der Basis von II Sam 21, 19 dar» (Kaiser 1990, 282 Anm.12). Zur Übernahmetechnik der einzelnen Motive aus der Liste in 2Sam 21 vgl. Bartelmus 1979, 132-135, wenn ich auch mit Galling 1966 diesen Prozess später ansetzen würde als Bartelmus.

[52] Vgl. dazu nur die Zeichenhandlung der Propheten Jeremia und Hananja mit Hilfe eines Joches; aber auch Jer 5,19.

[53] Vgl. dazu die in Lachisch gefundenen Ostraka; s. auch Donner 1995, 411: «Bitter beklagen die Verteidiger den Umstand, daß es in Jerusalem Leute gibt, die die Verteidigungskraft des Landes untergraben (Ostrakon Nr. 6, Z. 5-7): ‹Und siehe, die Worte der [Obersten?] sind nicht gut, [vielmehr] schlaff zu machen deine [?] Hände [und] sin[ken zu lassen] die Hände der M[änner ...]› Gemeint sind Miesmacher, Defätisten, Zivilisten nach der Art des Propheten Jeremia, dem tatsächlich hohe Beamte in Jerusalem ganz ähnliche Vorwürfe gemacht haben (Jer 38,4: ‹Da sprachen die Beamten zum König: Dieser Mann muß sterben! Denn er macht ja doch nur die Hände der Kriegsleute, die in dieser Stadt übriggeblieben sind, und die Händes des ganzen Volkes schlaff, indem er derartige Reden gegen sie führt. Ja, dieser Mann ist nicht auf Heil für dieses Volk bedacht, sondern auf Unheil!›)» Auch auf Zidkijas Vorgänger Jojachin, den Drei-Monats-König, der Jerusalem 597 kampflos übergab, ist die Beschreibung Sauls und seines Heeres transparent.

[54] Vgl. Donner 1995, 408-410.

[55] Vgl. Jer 4,17; 5,6; 12,8; 49,19; 50,44; Mi 5,7; sowie die Klagelieder Ps 7,3; 10,9; 17,12; 22,14. Bär/Bärin dient ebenfalls als Metapher für eine gewaltige Macht, die besonders dann, wenn ihr Eigenstes (die Jungen) gefährdet wird, zu unberechenbarem Zorn fähig ist

(2Sam 17,8; Hos 13,8; Spr 17,12). Der Held fürchtet sich also auch nicht vor einem gereizten, zornigen Gegner, wie es wohl von Nebukadnezar zu erwarten war, wenn man ihm die Gefolgschaft aufkündigt.

56 Das Plus der LXX[B] in V.36 geht m.E. auf das Konto eines Redaktors, der diese Rezeption in exilischer oder frühnachexilischer Zeit in das DtrG eingearbeitet hat (vgl. auch u.a. Stoebe 1973, 331 Anm.37a).

57 Vgl. Jes 37,19-20; vor allem aber 37,35: JHWH lässt Hiskija ein Wort über den Widersacher ausrichten: «Denn ich will diese Stadt schützen, dass ich sie errette um meinetwillen und um meines Knechtes David willen.» Wieder also der vor allem in der Hoftheologie beheimatete Rekurs auf die Erwählung Davids (und seines Hauses).

58 Vgl. Krinetzki 1973, 202; Bartelmus 1979, 74.

59 Ich gehe davon aus, dass in LXX[B] die ursprüngliche Fassung von V.43 erhalten blieb: «Und David sagte: ‹Nein, sondern schlimmer als ein Hund!›». Anders z.B. Stoebe 1973, 332 Anm.43c (und mit ihm beinahe alle anderen Ausleger): Das wäre der «Eintrag eines Gedankens, der dem Text ebenso fremd ist, wie er unhebräisch empfunden ist (Ausweitung der Vorlage nach dem Vorbild der Streitgespräche griechischer Helden)». «Außerdem weitet die LXX in 17,43 deutlich – und in wenig vorteilhafter Weise – den Text aus». Laut Gooding 1986, 68f, «... legt sie David einen in eine griechische Komödie, nicht aber in den hochernsten Zusammenhang von I Sam 17 passenden Witz in den Mund ...» (Dietrich 1997, 177 und Anm.19). Stoebe, Dietrich und Gooding sehen mit dem Verweis auf griechische Helden m.E. zwar richtig, deuten aber nicht zwingend. In der Gattung der Heroensage ist durchaus Platz für eine solche Replik, die dann in späteren Rezensionen des Textes ersatzlos gestrichen wurde. Insofern stellt sich die Frage, was denn eigentlich «unhebräisch» sei? Wohl eher das von allen Freunden der lichtvollen David-Retter-Gestalt empfundene Unbehagen gegenüber solch verbal-brutaler Rede im Munde des Vorbildes.

60 Dtn 28,26; vgl. 2Sam 21,10; gegen Israel: Jer 7,33; 16,4; 19,7; 34,20; Ps 79,2; gegen Ägypten: Ez 29,5; 32,4; gegen Jerobeam: 1Kön 14,11; gegen Baësha: 16,4; gegen Ahab: 21,24.

61 Vgl. die Schmähungen des Rabschake in Jes 36,7.18-20; siehe auch Ps 79,10; 115,2; 42,4.11; Joel 2,17.

62 Donner 1995, 410.

63 Vgl. dazu Hardmeier 1990; Seebass 1970; Schenker 1982; Fensham 1982; Stipp 1992 u.a.

64 Zum Begriff Lohfink 1978.

65 Brueggeman 1988.

66 Brueggeman 1988, 385. 394; in Aufnahme der Argumentationen von Childs 1979, 275: «In sum, the final four chapters, far from being a clumsy appendix, offer a highly reflective, theological interpretation of David's whole career and umbrating the messianic hope, which provides a clear hermeneutical guide for its use as sacred scripture»; von David Gunn übernimmt Brueggeman den Begriff der «deconstruction» (385). Zum Begriff «Dekonstruktion» vgl. Derrida 1986; s. auch Völkern 1993.

67 Vgl. auch die Korrektur der Darstellung Cäsars, der sich selbst als Sieger über die *Tigurini* an den Ufern der Savonne darstellt, durch Plutarch und Appian: «just as Cæsar says that *he* cut pieces the Tigurni on the banks of the Saône, whereas Plutarch and Appian let us know that it was his lieutenant Labienus who did so» (Conybeare / Stock 1905, 251).

68 Wiegand 2001.

69 Die Schrift «ist eine genau definierte Menge graphischer Zeichen. Das Artefakt ‹Schrift› ist präzise festgelegt und kann keiner Veränderung unterliegen. Dieser bestimmten, endlichen Menge graphischer Zeichen entspricht eine noch offene Menge sprachlicher Zeichen. Die Menge der sprachlichen Zeichen nimmt in der Auslegung zu, weil immer mehr entdeckt wird, was alles sprachliches Zeichen ist» (Goldberg 1987, 14).

Bibliographie

Alt, A., 1953: «Festungen und Leviten im Lande Juda» in ders., *Kleine Schriften zur Geschichte des Volkes Israel II*, München: C.H. Beck, pp. 306-315.

Bartelmus, R., 1979: *Heroentum in Israel und seiner Umwelt. Eine traditionsgeschichtliche Untersuchung zu Gen.6,1-4 und verwandten Texten im Alten Testament und der altorientalischen Literatur*, Zürich: Theologischer Verlag.

Barthélemy, D. / Gooding, D.W. / Lust, J. / Tov, E., 1986: *The Story of David and Goliath. Textual and Literary Criticism* (Orbis Biblicus et Orientalis, 73), Fribourg / Göttingen: Universitätsverlag / Vandenhoeck.

Blumenberg, H., 1979: *Arbeit am Mythos*, Frankfurt a.M.: Suhrkamp.

Brueggemann, W., 1988: «2 Samuel 21-24. An Appendix of Deconstruction?» in *Catholic Biblical Quarterly*, 50, pp. 383-397.

Childs, B.S., 1979: *Introduction to the Old Testament as Scripture*, Philadelphia PA: Fortress.

Conybeare, F.C. / Stock, S.G., 1905: *Grammar of Septuagint Greek*, Boston MA; Neudruck: Peabody MA: Hendrickson, 1995.

Derrida, J., 1986: *Positionen*, Graz: Böhlau.

Dietrich, W. / Naumann, T., 1995: *Die Samuelbücher* (Erträge der Forschung, 287), Darmstadt: Wissenschaftliche Buchgesellschaft.

Dietrich, W., 1997: «Die Erzählungen von David und Goliat in I Sam 17» in *Zeitschrift für die alttestamentliche Wissenschaft*, 108, pp. 172-191.

Donner, H., 1995: *Geschichte des Volkes Israel und seiner Nachbarn in Grundzügen* (Grundrisse zum Alten Testament, 4), 2. Aufl., Göttingen: Vandenhoeck.

Fensham, Ch.F., 1982: «Nebukadrezzar in the Book of Jeremiah» in *Journal of the Northwest Semitic Languages*, 10, pp. 53-65.

Galling, K., 1966: «Goliath und seine Rüstung» in Andersen, G.W. u.a. (eds.), *Volume du Congrès, Genève 1965* (Supplements to Vetus Testamentum, 15), pp. 150-169.

Garsiel, M., 1985: *The First Book of Samuel. A Literary Study of Comparative Structures, Analogies and Parallels*, Ramat Gan: Revivim-Publ.-House.

Goldberg, A., 1987: «Die Schrift der rabbinischen Schriftausleger» in *Frankfurter Judaistische Beiträge*, 15, pp. 1-15.

Hardmeier, C., 1990: *Prophetie im Streit vor dem Untergang Judas. Erzählkommunikative Studien zur Entstehungssituation der Jesaja- und Jeremiaerzählungen in II Reg 18-20 und Jer 37-40* (Beihefte zur Zeitschrift für die alttestamentliche Wissenschaft, 187), Berlin / New York: de Gruyter.

Herzner, V., 1978 und 1982: «David Florentinus I und II» in *Jahrbuch der Berliner Museen*, Neue Folge 20, pp. 43-115, und Neue Folge 24, pp. 63-142.

Japikse, N., 1936: *Die Oranier*, München: Callwey.

Jenni, E., 1961: «Zwei Jahrzehnte Forschung an den Büchern Josua bis Könige» in *Theologische Rundschau*, 27, pp. 1-32.97-146.

Kaiser, O., 1990: «David und Jonathan. Tradition, Redaktion und Geschichte in I Sam 16-20. Ein Versuch» in *Ephemerides theologicae Lovanienses*, 66, Leuven: Peeters, pp. 281-296.

Kerényi, K., 1965: *Auf den Spuren des Mythos*, München / Zürich: Langen / Müller.

Krinetzki, L., 1973: «Ein Beitrag zur Stilanalyse der Goliathperikope (1 Sam 17,1 – 18,5)» in *Biblica*, 54, pp. 187-236.
Lohfink, N., 1978: «Die Gattung der ‹historischen Kurzgeschichte› in den letzten Jahren von Juda und in der Zeit des babylonischen Exils» in *Zeitschrift für die alttestamentliche Wissenschaft*, 90, pp. 319-347.
Miscall, P.D., 1986: *1 Samuel. A Literary Reading*, Bloomington IN: Indiana University Press.
Münkler, H, 1990: *Odysseus und Kassandra. Politik im Mythos*, Frankfurt a.M.: Fischer.
Nitsche, S.A., 1994: *König David. Gestalt im Umbruch*, Zürich: Artemis & Winckler; 2. Aufl. 2002: Gütersloh: Gütersloher Verlagshaus.
Nitsche, S.A., 1998: *David gegen Goliath. Die Geschichte der Geschichten einer Geschichte. Zur fächerübergreifenden Rezeption einer biblischen Story*, Münster: Lit-Verlag.
Nitsche, S.A., 1999: «‹Les-Arts› biblischer Texte: David gegen Goliath in der Gegenwart. Exegetische Anmerkungen zu einer Lehre von der Kenosis der Schrift» in Anselm, R. / Schleissing, S. / Tanner, K. (eds.), *Die Kunst des Auslegens. Zur Hermeneutik des Christentums in der Kultur der Gegenwart*, Frankfurt a.M.: Peter Lang, pp. 131-167.
Preuß, H.D., 1993: «Zum deuteronomistischen Geschichtswerk» in *Theologische Rundschau*, 58, pp. 229-246.341-395.
Rad, G. von, 1951: *Der heilige Krieg im Alten Israel* (Abhandlungen zur Theologie des Alten und des Neuen Testamentes, 20), Zürich: Zwingli-Verlag.
Radjawane, A.N., 1972: «Das Deuteronomistische Geschichtswerk. Ein Forschungsbericht» in *Theologische Rundschau*, 38, pp. 177-216.
Rose, M., 1976: «‹Entmilitarisierung des Krieges›? Erwägungen zu den Patriarchen-Erzählungen der Genesis» in *Biblische Zeitschrift*, 20, pp. 197-211.
Schenker, A., 1982: «Nebukadnezars Metamorphose vom Unterjocher zum Gottesknecht» in *Revue Biblique*, 89, pp. 498-527.
Seebass, H., 1970: «Jeremias Konflikt mit Chananja» in *Zeitschrift für die alttestamentliche Wissenschaft*, 82, pp. 449-452.
Stipp, H.-J., 1992: *Jeremia im Parteienstreit. Studien zur Textentwicklung von Jer 26, 36-43 und 45 als Beitrag zur Geschichte Jeremias, seines Buches und judäischer Parteien im 6. Jahrhundert* (Bonner Biblische Beiträge, 82), Frankfurt a.M.: Hain.
Stoebe, H.-J., 1956: «Die Goliathperikope 1 Sam XVII 1 – XVIII 5 und die Textform der Septuaginta» in *Vetus Testamentum*, 6, pp. 397-413.
Stoebe, H.-J., 1973: *Das erste Buch Samuelis* (Kommentar zum Alten Testament, VIII/1), Gütersloh: Gütersloher Verlagshaus.
Tov, E., 1997: *Der Text der hebräischen Bibel. Handbuch der Textkritik*, Stuttgart u.a.: Kohlhammer.
Tümpel, C. (ed.), 1994: *Im Lichte Rembrandts. Das Alte Testament im Goldenen Zeitalter der niederländischen Kunst*, Münster / Zwolle: Waanders.
Utzschneider, H., 1994: «Die Renaissance der alttestamentlichen Literaturwissenschaft und das Buch Exodus. Überlegungen zu Hermeneutik und Geschichte der Forschung» in *Zeitschrift für die alttestamentliche Wissenschaft*, 106, pp. 197-223.

Vaux, R. de, 1960: *Das Alte Testament und seine Lebensordnungen*, Bd. 2, Freiburg: Herder.

Verspohl, F.-J., 1997: «Der Platz als politisches Gesamtkunstwerk» in Busch, W. (ed.), *Funkkolleg Kunst. Eine Geschichte der Kunst im Wandel ihrer Funktionen*, München / Zürich: Piper, pp. 365-391.

Völkner, P., 1989: *Derrida und Husserl. Zur Dekonstruktion einer Philosophie der Präsenz*, Wien: Passagen-Verlag.

Wellhausen, J. (/ Bleek, F.), 1878: *Einleitung in das Alte Testament*, 4. Aufl., Berlin: Reimer.

Wellhausen, J., 1871: *Der Text der Bücher Samuelis untersucht*, Göttingen: Vandenhoeck.

Wellhausen, J., 1899: *Die Composition des Hexateuchs und der historischen Bücher des Alten Testaments*, 3. Aufl., Berlin: Reimer.

Wiegand, W., 2001: «Das Buch der Bücher – im neuen Jahrtausend» in *Frankfurter Allgemeine Zeitung* vom 2.1.2001.

Wishnevsky, R., 1967: *Studien zum «portrait historié» in den Niederlanden*, Diss. München: Ludwig-Maximilians-Universität.

Woltjer, J.J., 1991: «Der niederländische Bürgerkrieg und die Republik der Vereinigten Niederlande (1955-1648)» in Perti, F. / Schöff, I. / Woltjer, J.J. (eds.), *Geschichte der Niederlande*, München: Deutscher Taschenbuch Verlag, pp. 7-48.

Wünsche, A. (ed.), 1910: «Der Midrasch Samuel» in ders. (ed.), *Aus Israels Lehrhallen*, V.1, Leipzig: Pfeiffer, pp. 3-170.

David und Goliat
Eine psychoanalytische Interpretation

HANS-JÜRGEN DALLMEYER

Zusammenfassung:

Der Text, von dem sich durch die Ergebnisse der historisch-kritischen Forschung annehmen lässt, dass er aus zahlreichen Überlieferungen komponiert wurde, zeigt sich in dem psychoanalytischen Deutungsversuch als eine intuitiv höchst kunstvoll und komplex verdichtete Erzählung. In ihr drücken sich Not, Wünsche und Werte überwiegend in der Bildersprache individueller Träume aus. Die Interpretation versucht, die Probleme und geistigen Konfliktlösungsstrategien der Erzähler nachzuzeichnen und in die Sprache der heutigen Zeit zu übersetzen.

Aus dieser Sicht lässt sich die Szene des siegreichen Kampfes Davids gegen Goliat, des Kleinen und Schwachen gegen den Grossen und militärisch Überstarken, als eine mythische Szene verstehen, die jeder Mensch – unbewusst – aus seinen Träumen kennt: ein aufrüttelnder, Akzente setzender, Mut zusprechender oder auch warnender Wunschtraum wird in schwierigen Zeiten produziert, in Lebensumständen, die real als ein Alptraum aus Verfolgung und Untergangsängsten erlebt werden.

Die Aussage des Textes, seine bewusste und unbewusste Übertragungsbotschaft, löst im Leser Gegenübertragungs-Reaktionen aus, die wiederum bedeutsam sind für das Verstehen des Text-Sinnes.

Résumé:

Vu sous l'angle de la psychanalyse, ce texte qui, d'après les résultats de la critique historique, doit avoir été composé à partir de nombreuses traditions différentes, se présente comme un récit complexe et dense qui joue ingénieusement des différents niveaux de l'expression. La détresse, les désirs et les valeurs des narrateurs y sont rendus le plus souvent dans la langue imagée du rêve individuel. La présente interprétation tente de dépeindre ces problèmes, de décrire les stratégies idéelles choisies pour les résoudre et de les traduire dans la langue de notre temps.

Dans cette perspective, la victoire de David sur Goliath – victoire du petit sur le grand, du plus faible sur le plus fort – apparaît comme une scène mythique que chacun reconnaît dans son inconscient: un beau rêve de cette sorte, qui incite à l'action, indique des priorités, encourage ou avertit, naît dans les temps difficiles, dans des circonstances ressenties comme un cauchemar fait de persécutions et d'angoisses existentielles.

L'appel du texte, le transfert conscient ou inconscient qu'il propose, déclenche dans le lecteur des réactions de contre-transfert qui influencent sa compréhension du sens profond du récit.

Abstract:

Historical-critical scholarship has concluded that the text of the David story is the composite of numerous traditions. However, a psychoanalytic approach shows it to be a story that is intuitive, highly artful, packed with complexity. It expresses needs, wishes, and values predominately through the metaphorical language of individual dreams. The interpretation offered in this paper seeks to draw out the problems and strategies for conflict resolution in the story and to translate them into present-day language.

From this perspective, the scene about David's victorious battle against Goliath – the small and weak against the large and militarily superior – may be understood as a mythic scene which everyone knows, unconsciously, from their dreams. Difficult times can produce a dream that rouses, empowers, inspires, or even warns. The real life circumstances, however, may be a nightmare of persecution and fear of failure.

These messages of the text, both conscious and unconscious, summon contrasting reactions on the part of the reader. Such reactions are nonetheless meaningful for the understanding of the text's sense.

Stichwörter:

König David; Goliat; Saul; Samuelbücher; psychoanalytische Bibelinterpretation; tiefenhermeneutische Kulturanalyse; traumanalytische Textinterpretation

1. Einleitung: Ein grandioser, hinterfrag-würdiger Sieg!*

Der Kleinere, Schwächere, scheinbar Chancenlose kam, sah und siegte – wen spricht solch ein Erfolgserlebnis nicht an? Ist solch ein genialer Sieg nicht der Wunschtraum eines jeden Menschen: mit wenig Einsatz, als kräftemässig Unterlegener, viel erreichen zu können? Aus welchen Quellen speist sich die Faszination der Szene, das Geheimnis ihrer Wirkung über Jahrtausende und über unterschiedliche Kulturkreise hinweg? Bezieht David den Mut, die Kampfesstärke aus seinem Glauben? Welche Stärke würden wir fragen: die der Muskeln, des Geistes, der leidenschaftlichen Gefühle? Wie lässt sich die so nachhaltig weiterwirkende Botschaft des Textes verstehen, von der Schönau (1991, 72) generell sagt: «Das ‹tua res agitur›[1], das letztlich die Märchen-Botschaft ist, wird aber nicht explizit ausgesprochen, sondern ist in der unbewussten Appellstruktur enthalten»? Die Frage stellt sich: Aus welchem Geist heraus, mit welchen Wünschen, Vorstellungen und Zielen ist diese Geschichte komponiert und bis heute tradiert?

Beim Lesen der Davidererzählung in den beiden Samuelbüchern entstand in mir der Eindruck, dass sich von 1Sam 1 bis 2Sam 20 durch das mitunter recht verwinkelte Labyrinth der biblischen David-Überlieferungen[2] das Grundthema einer idealtypischen Persönlichkeitsreifung in einer Übergangsgesellschaft der Frühzeit unserer Kultur zieht. Das Motto liesse sich in psychoanalytischer Terminologie umreissen mit «vom Narzissmus zum Objekt» (Grunberger 1982) – oder freier ausgedrückt: von der Destruktivität gieriger Selbstliebe zu kulturschaffender gegenseitiger Achtung und zur gelebten Re-ligio im ursprünglichen Wortsinn als Fähigkeit zur seelischen Rück-Bindung und zu verbindlichen Beziehungen («Objekt-Beziehungen» als Art der Beziehung des Subjekts zu seiner inneren und äusseren Welt). – Erst ab 2Sam 21 überwiegt m.E. der Eindruck einer Sammlung von Fragmenten, denen eine gezielte innere Linienführung fehlt.

Es ist hier nicht der Raum, die These eines sorgfältig konzipierten Entwicklungs- und Bildungsromans zu belegen.[3] Im Folgenden wird versucht aufzuzeigen, dass sich der Kampf des jugendlichen David gegen Goliat als ein Knotenpunkt der Persönlichkeitsentwicklung Davids verstehen lässt, als ein Fokus – vergleichbar dem initialen Traum eines Menschen am Anfang eines Erkenntnis- und Reifungsprozesses. In solch einem Brennpunkt, hier im Bibeltext als literarische Vision dargeboten, werden bereits die Leidenschaften und zu erwartenden Konflikte wie in einem Entwurf für die Zukunft inszeniert.

> In methodischer Hinsicht orientiert sich die Interpretation an den Prinzipien der Traumdeutung, von der Altmann (1981, 29) fordert: «In einer lege artis durchgeführten Analyse ist die Deutung der Symbole ohne Kenntnis des Träumers und seiner augenblick-

lichen Lebensumstände ein wirkungsloses Unterfangen». Wir kennen zwar nicht den realen Träumer, doch vermitteln uns die Erzähler ein erstaunlich lebendig und kohärent gezeichnetes Persönlichkeitsbild ihres Haupthelden David. Indem wir seine Figur im Kampf mit Goliat vor dem Hintergrund der Gesamterzählung betrachten, erhalten wir literaturanalytisch die für ein tiefergehendes Verständnis notwendigen Hinweise.

Träumen und literarischen Texten ist gemeinsam, dass sie sich an der «Grenze zum ‹Sagbaren›» (Lorenzer 1986, 24) bewegen: «Die ‹kulturellen Zeugnisse› bergen, analog den Traumbildern, die verpönten Lebensentwürfe» (85); sie unterscheiden sich gleichzeitig[4]. Für die Enträtselung der Textbedeutung ist das szenische Verstehen, bezogen auf psychoanalytische Theorien, neben den Einfällen und Mitteilungen aus dem Gesamttext eine weitere Verstehenshilfe. – Eine dritte Erkenntnisquelle ist die Gegenübertragung als Reaktion auf die Übertragung des Analysanden, bzw. des Textes. Sie wird im Schlusskapitel dargestellt.

Nach den drei allgemeinen methodischen Vorbemerkungen noch drei speziellere: Wir können erstens nicht davon ausgehen, dass die Israeliten vor ca. drei Jahrtausenden so dachten, wie es uns mit der Art unseres intellektuell-wissenschaftlichen Diskurses vertraut ist. Nach Thomas ist unsere moderne westliche Welt charakterisiert durch ein «Fehlen der Neugier» und durch «Misstrauen» gegenüber der Welt der Träume: «Unsere analysierende und diskriminierende Art zu denken neigt dazu, den Traum der Realität gegenüberzustellen, mit einem impliziten negativen Werturteil über die Traumwelt» (1997,145).[5] – Lorenzer spricht von «einer eingleisig-aufklärerischen Vernünftigkeit», bei der «das Eigengewicht der Bilder als Vermittlungsinstanzen für die konkrete Auslegung des Unbewussten zu gering wiegt» (1986, 58).

Generell lässt sich sagen, dass die Prozesse der Selbsterkenntnis einerseits über die archaischem Erleben näherstehenden Träume stattfinden und andererseits über Erfahrungen im sozialen Umfeld; beide Welten geben Rückmeldungen, die in ein irritierendes und anregendes Spannungsverhältnis zueinander geraten, wenn sich das Individuum auf beide Erlebniswelten einlässt.

Zum Zweiten: Imaginationen gingen früher sehr viel mehr in die Alltagssprache ein, wir kennen sie nicht nur aus unseren Träumen, sondern auch durch die prachtvoll ausgeschmückte Erzählwelt altorientalischer Märchen. Die beiden Samuelbücher erwecken den Eindruck, dass ihre Autoren die blütenreiche Sprache der Märchen bewusst vermeiden wollten und streckenweise besonders geordnet und rational «überzeugend» argumentierten, z.B. wenn sie Namen grosser Stammbäume aufzählen oder die Übergrösse Goliats beschreiben – was ihnen jedoch nur teilweise überzeugend gelingen konnte. Die Übergänge sind fliessend, fast unmerklich. Zum Beispiel[6] beginnt die Erzählung von dem Kampf Davids gegen Goliat in 1Sam 17,1-3 in einer distanzierten, logisch nachvollziehbaren Schilderung des Kampfortes. Plötzlich schlägt die rationale Sprache um in Bilder phantasie- und affektvollen Erlebens, als würde ein «böser Traum», ein Alptraum erzählt: *Da trat aus den Reihen der Philister ein Zweikämpfer hervor mit dem Namen Goliat, aus Gat, sechs Ellen und eine Spanne hoch ... (V.4-11).* Wir beginnen bei solch einer Erscheinung zu staunen, wenn wir das Wundern über Wunder und Träume nicht verlernt haben. Plötzlich beginnt hier ein Sprachstil, wie wir ihn aus dem Bericht über einen Traum kennen, aus dem sich der Träumer noch kaum gelöst hat, sich aber mit Hilfe eines anderen und der Erzählung befreien will. Die Reaktion des aufmerksamen, einfühlsamen Zuhörers trägt zur Selbsterkenntnis und zur Objektivierung bei.

Die Erzähler dichteten, imaginierten hier eine pseudo-logische, phantastische Szene; aus den Widersprüchen zwischen Wunschtraum und Realität entwickeln sie im Verlauf der Samuelbücher einen Weg der Erkenntnis (wie in einer therapeutischen Traumanalyse). Werden die unterschiedlichen Welten aber einseitig mit unserem heutigen rationalen Verstand betrachtet, irritieren sie und erscheinen vielleicht sogar als psychiatrische Krankheit (Pseudologia phantastica[7]).

Drittens: Wie schon angedeutet sprechen uns die bildhaften Szenen eines Traumes auf eine andere geistig-sinnliche Weise an als das reflektierte Sprechen. Benedetti (1998, 49) charakterisiert den Unterschied: «Das Gegensatzpaar ‹Imago versus Symbol› hängt meines Erachtens mit dem Vorgang des Erwachens, des Übergangs vom primärprozesshaften zum sekundärprozesshaften Denken zusammen. Wenn beim Erwachen eine Traum-Imago dem Träumer zum Symbol, zum Sinnbild wird, dann ist immer das Wort, der Name, in den das Bild übersetzt wird, Träger des Sinns. Das Erlernen des Wortes hat dem Menschen die Bedeutungsspannung und die Bedeutungsambivalenz vermittelt, indem aus einem – postnatalen – ursprünglichen Zustand, wo Aussenwelt und Innenwelt Spiegelbilder waren, die separate Gegenständlichkeit von Welt und Subjekt wurde. Das ‹gewortete› Symbol lässt uns den Sinn erleben.» Und Benedetti ergänzt: «Anliegen der Psychoanalyse ist die Übertragung des Bildes in einen Gedanken, eine Erkenntnis und somit die Schaffung des *bewussten Symbols*, auch dort, wo es nach dem Erwachen nicht evident ist» (ebd. 48).

Die Bilder einer Traumerzählung sind mehr oder minder assoziativ, intuitiv verdichtet, aneinandergefügt und sind dann durch Affektzusammenhänge oder Vorstellungsinhalte miteinander verbunden. Ein Beispiel: Goliat ist wie ein übermächtiger «böser Dämon» beschrieben, – er tritt in einem spiegelbildlichen Zusammenhang zu dem *bösen Geist* (Wahnvorstellung, H.J.D.) in König Saul auf. Goliat spiegelt die Ängste und das wahnhafte Denken des israelitischen Volkes wider. Die (Krankheits-) Geschichte Sauls bildet dadurch einen Rahmen, eine thematisch verwandte Parallelerzählung zu der Geschichte von Goliat; gemeinsam ist beiden das Thema eines Wirkens «böser» Kräfte. David hat sich von Anbeginn an mit beiden Erscheinungsformen der Destruktivität eines tyrannischen *bösen Dämons* auseinander zu setzen und uns den Kampf mit den menschlichen *bösen* Mächten bzw. *Dämonen* im Verlauf seines ganzen Lebens vorzuführen. Goliat und der *böse Dämon* in Saul sind Davids erste Konfliktgegner.

Zusammenfassend eine Illustration, um die Art psychoanalytischen Wahrnehmens zu verdeutlichen: Ein junger Mann (David) arbeitet bei einem Chef (Saul) und bekommt zunehmend Konflikte mit ihm – dies wäre die äussere Geschichte, ob als «history» oder als «story» verstanden. Nun träumt der Lehrling (für den Beruf eines Königs) von seinen Tagesereignissen und gestaltet im Traum (oder Tagtraum) den Sieg über eine mächtige, ihm fremd erscheinende Gestalt, oder er erlebt eine Verfolgung durch sie. Dieses imaginierende Verarbeiten der Ereignisse des Tages spielt sich in der Traumszene als subjektives, inneres Drama ab; der Träumer hat eine eigene «story» schöpferisch imaginierend produziert. Der psychoanalytische Blick vergleicht nun die äusseren und inneren Dramen und versucht ihre Diskrepanzen und Auffälligkeiten vom Träumer her zu verstehen und zu erklären (z.B.: who is who im Traum?).

Ein anderer methodischer Schritt in der psychoanalytischen Erkenntnissuche ist im Schlusskapitel der Interpretation dargestellt. In ihm wird beschrieben, wie auch der Analytiker zum Lehrling im Dienste der Botschaft des Textes werden kann und wie sich für ihn Konflikte produzieren: im Interpreten beginnen die gelesenen Geschichten zu arbeiten, ihre Appelle beginnen zu wirken; vielleicht träumt er sogar von ihnen. Wie hängen nun seine Reaktionen oder seine Träume (als aktuelle, subjektive Wirklichkeit und als Widerspiegelung) mit den Inhalten des Textes oder der Arbeit am Text zusammen? Wie prägen sein Erleben und Denken seine Interpretation? Solchen Fragen wird abschliessend nachgespürt. – Beide Zugangswege zum Unbewussten ergänzen sich; bei beiden spielt eine Übertragung irritierender Botschaften die Schlüssel-Rolle für das Erschliessen wichtiger, unbewusst wirkender Zusammenhänge.

2. Der Kontext des Kampfes

Der Kampf Davids mit Goliat ist eine dichterisch gestaltete Erzählung, mitten im Kontext des ersten Samuelbuches. Zugleich aber reflektiert er die zeitgeschichtlichen Verhältnisse, da in Palästina um die Vorherrschaft zwischen verschiedenen Volksgruppen gekämpft wird. Wir wissen aus anderen Texten der Epoche, was für unruhige, bedrohliche Zustände von der vorstaatlichen zur staatlichen Zeit herrschten: «Das Richterbuch zeichnet ein ständiges Auf und Ab bzw. ein Hin-zu-JHWH und Weg-von-JHWH, und, in genauer, von Gott bewirkter Entsprechung dazu, auf dem politisch-militärischen Feld einen ständigen Wechsel zwischen Erfolg und Misserfolg ... Schliesslich breitet sich in Israel ein blutig-brutales Chaos aus» (Dietrich 1997, 21).

In den ersten Kapiteln des ersten Samuelbuches wird bereits die Suche der Israeliten nach Selbsterkenntnis ausgesprochen, um mit ihrer Hilfe die Existenz besser zu bewältigen. Die *Ältesten* des Volkes fragen: *Warum hat uns der Herr heute den Philistern erliegen lassen* (1Sam 4,3)? In ihrer selbstkritischen Ursachenforschung kommen sie auf zwei Antworten. Zuerst benennen sie ihre zu nachlässige religiöse Haltung und sorgen für Abhilfe: *Lasst uns die Lade unsres Gottes von Silo zu uns her holen, dass er in unsere Mitte komme und uns aus der Hand unsrer Feinde errette!* (1Sam 4,3). – Zum anderen schauen sich die Ältesten nach besseren Staatsformen um und fordern einen König, *wie es bei allen Völkern Brauch ist* (1Sam 8). Sie wünschen mehr Unabhängigkeit von ihrem Gott und seinen Repräsentanten Eli und Samuel; sie wollen erfolgreicher für sich kämpfen können; dazu soll nun eine dritte Institution zwischen Gott und Volk geschaffen werden.

Aus solchen Umständen, Phantasien und Erkenntnissen heraus entwickelt der Text die beiden Könige Saul und David. Militärisch kann Saul beachtliche Erfolge vorweisen, doch überwirft er sich immer mehr durch seine Willkür und Eigenmächtigkeit mit seinem Gott, der als eigentlicher Machthaber und Führer gezeichnet ist. *Als nun der Geist des Herrn von Saul gewichen war, quälte ihn ein böser Geist, vom Herrn gesandt* (1Sam 16,14). Saul wird jähzornig, ängstlich und erkrankt psychisch; dem Herausforderer Goliat weicht er aus.

Die Erzählung lässt eine neue Ära beginnen, als David zum neuen König gesalbt wird (1Sam 16,1-13). Zunächst tritt er als bescheidener, aber befähigter Hirtenjunge in den Dienst Sauls. David hat nicht nur den Erwartungen des Volkes und seines Gottes zu entsprechen, er gerät auch unausweichlich in einen unterschwelligen Rivalitätskampf mit Saul, dem disqualifizierten König.

3. Der Kampf: die Dynamik der äusseren und inneren Abhängigkeiten Davids. Drei Be-Deutungsebenen der Binnenwelt des Textes (1Sam 16–18).

3.1 Vorbemerkungen

Das 17. Kapitel des 1. Samuelbuches schildert den Kampf Davids gegen Goliat. Aus einer Sicht, welche die Dramatik der lebensgeschichtlichen Herausforderung für David berücksichtigt und den hebräischen Endtext als Dichtung in einer Sprachform der damaligen Zeit ansieht, umfasst die Szene auch die beiden flankierenden Kapitel 16 und 18. Im 16. Kapitel sagt JHWH der Gottlosigkeit Sauls und der Ängstlichkeit des Propheten Samuel den Kampf an; Samuel wird angewiesen, David zum neuen König zu salben. Die szenische Einheit endet im 18. Kapitel mit den unmittelbaren Folgen von Davids Sieg, er wird sowohl geachteter Schwiegersohn Sauls als auch Zielscheibe (Objekt) dessen mörderischer Eifersucht.

Davids erstes Auftreten bei Saul schildern zwei unterschiedliche Versionen. Jede der beiden enthält einen anderen Konflikt und eine spezifische Herausforderung. In der ersten Version (1Sam 16,14-23) wird David gezielt als Musiktherapeut von den Dienern Sauls gesucht, zur Behandlung des *bösen Dämons*. David folgt dem Ruf: Sein Gegner wird damit auch der gefährliche Verfolgungswahn, d.h. der *böse Geist* Sauls. Mit Lautenspiel gelingt es David vorübergehend, die Symptome zu lindern. Saul *gewann ihn sehr lieb, so dass er sein Waffenträger wurde.*

In der zweiten Version (1Sam 17) kommt David nicht wegen der psychischen Bedrohung zu Saul, sondern wegen der äusseren, militärischen Gefahr. Eine ausweglos erscheinende Lage ist für König Saul und die Israeliten durch Goliat entstanden, einen übermächtigen Einzelkämpfer der Philister, den man nicht weniger als *bösen Dämon* sehen kann. Das Gewicht seiner Rüstung und seine Grösse sind beängstigend-eindringlich beschrieben.

David reizt der Kampf gegen Goliat, vor dem alle Israeliten Angst haben. Der Ausgang des ungleichen Kampfes ist allgemein bekannt: Der knabenhafte Jugendliche, der zu klein und schwach für die Rüstung des ängstlichen Königs ist, trifft den Grossen, Starken und Gepanzerten mit einem Stein seiner Schleuder ins Gehirn. David schlägt Goliat mit dessen grossem Schwert den Kopf ab.

Die zwei Szenen von Davids erstem Auftritt scheinen sich zu widersprechen.[8] Dagegen lässt sich fragen, ob die Erzähler mit dem eigentümlichen Doppelauftritt Davids – bewusst oder unbewusst – ein besonderes Anliegen an die Adresse der Leser verbanden, denn andere Textzusammenhänge sind überaus sorgfältig aufgebaut und gezielt platziert.

Psychodynamisch spiegeln beide Szenen in einer erstaunlich anschaulichen Weise zwei vorherrschende Wesenszüge und Fähigkeiten des jungen David wider. Die Charakterzüge sind aber – wie die Textstellen – weitgehend voneinander isoliert, ohne inneren Ausgleich dargestellt. Wer mit Identitätskonflikten Jugendlicher vertraut ist, den verwundern die gespaltenen psychischen Erlebens- und Verhaltensmuster nicht. Das Erstaunliche ist jedoch, dass die allgemeinmännliche Reifungsproblematik – einerseits der gefühlsarme («coole») Akteur, Einzelkämpfer und Eroberer, andererseits der naive, dienende, hilfsbereite, unterwürfige Junge – als Thematik die gesamte Erzählung der beiden Samuelbücher kreativ durchzieht und in vielen Konflikten sich zunehmend entwickelt, als entspräche sie einem Konzept der Erzähler.

3.2 Die Deutungsebene des interaktionellen Geschehens zwischen Saul, David und Goliat

Diese Sicht lässt sich am leichtesten nachvollziehen und ist unmittelbar aus dem Text und Kontext zu erschliessen. Die – fiktive – Dramatik erscheint als reales Geschehen. Beginnen wir mit Saul, dessen *böser Geist*, Angst und Versagen den gegnerischen Riesen Goliat – und David – auf den Plan rufen.

Mit dem Auftreten Goliats beginnt der Generationenkonflikt zwischen der Vaterfigur Saul und dem Jüngling David. Saul, ursprünglich der Grösste und Stärkste der Israeliten, der alle um Hauptslänge überragt (1Sam 9,1), ist alt und krank geworden und ist seinen Herausforderern, ob Goliat oder später David, nicht mehr gewachsen.

Goliat wirkt durch seine Übergrösse und durch seine grossspurige, *höhnische* Rede: *Als Saul und ganz Israel diese Worte des Philisters hörten, verzagten sie und fürchteten sich sehr* (1Sam 17,10.11). Betrachten wir jedoch Goliats Rede genauer, so überrascht – im Hinblick auf das, was von David folgt –, welch gemässigtes Angebot er, der sich überlegen wähnt, den Israeliten offeriert; fast liesse sich von Fairness sprechen, von einem Stellvertreterkampf, in dem für beide Seiten dieselben Regeln gelten: *Erwählt euch einen Mann, dass er zu mir herabkomme! Vermag er mit mir zu kämpfen und erschlägt er mich, so wollen wir eure Knechte sein; bin aber ich ihm überlegen und erschlage ihn, so sollt ihr unsre Knechte sein und uns dienen* (1Sam 17, 8.9). Im Blick auf die blutig-chaotischen Zustände der damaligen Zeit ein durchaus gemässigtes Angebot.[9]

David ist im Text als kompromissloser und stärker als alle anderen beschrieben, er gibt dem Feind keine Überlebenschance. David beeindruckt, weil er kämpferischer ist als alle Zeitgenossen: *und die tanzenden Frauen sangen*: *Saul hat seine Tausende geschlagen, David aber seine*

Zehntausende (1Sam 18,7). Diese Wesensseite des Davidbildes ist wohl für viele Leserinnen und Leser weniger verständlich. Aus militärischer und existentieller Sicht gibt die brutale Schlagkraft Davids aber durchaus einen Sinn: Wenn sich die israelitischen Stämme behaupten wollen, müssen sie kampfstärker sein als ihre Nachbarn und dürfen sich nicht durch Unterwürfigkeit und «faule Kompromisse» selbst schädigen. Die Erzähler beschreiben die Gefahren, die von den Feinden ausgehen, und erkennen realitätsgerecht, dass sie entschlossene Kämpfer wie David brauchen, um überleben zu können. Es ist, als ob die Gefahren durch Ammoniter, Philister und andere Völker historisch so lebensnah geschildert sind, um Davids überlegene Stärke zu legitimieren.

Wenn wir das Bild in eine Erkenntnis übertragen, ein «bewusstes Symbol», d.h. einen Gedanken schaffen (s.o. Benedetti 1998), so könnte die erste Botschaft der Erzähler, vertreten durch die Gestalt Davids, lauten: Wenn ihr Israeliten das grosse Ziel – mehr Autonomie, Macht und Freiheit – erreichen wollt, müsst ihr es mit letzter Konsequenz verfolgen, als ginge es dabei um das Überleben in einem Kampf.

Jedoch – und dadurch erhält der Davidroman seine wohl einmalige kulturgeschichtliche Bedeutung im Gegensatz zu vielen anderen Heldensagen – im Fortgang des Textes formulieren die Erzähler auch eine Gegenthese in der anderen, feinfühligen und mitunter ohnmächtigen Seite Davids: Sie erzählen als eine weitere Botschaft, wie David lernt, seine kämpferische Einstellung mit einer differenzierteren Glaubensform zu verbinden, in der dann Gegner auch mitfühlend geachtet werden (z.B. 2Sam 10,1.2).

Davids Zwiespältigkeit stellt sich z.B. an zentraler Stelle in seiner Rede, unmittelbar vor der Kampfszene, dar. Die widersprüchliche Diskussion um Gottes Einfluss und um den Überlebenswunsch des Volkes findet in 1Sam 17,45-50 lebhaften Ausdruck. Dort pariert David Goliats Worte der Verachtung und Drohung mit einer Rede, in der er zwischen der Vorstellung von Gottes Machtausübung und dem eigenen kämpferischen Überlebenswillen hin- und herspringt.

Die Gegenrede Davids auf die selbstherrliche, höhnische Herausforderung des Goliat-Feindbildes verdeutlicht offensichtlich ein zentrales Anliegen der Erzähler, denn der Ausgang des Kampfes, den sie nun schildern wollen, wird mit einem siegesgewissen Gottesbeweis für *alle Welt* verbunden. Doch liest sich die Rede Davids wie eine brillant formulierte, aber noch nicht gelungene Kompromissbildung der widersprüchlichen Strebungen. Für den Widerspruch zwischen der realistischen Einsicht in Selbstkämpfen-müssen und der Wunschvorstellung Gott-für-sich-kämpfen-lassen-wollen scheinen sich die Israeliten noch keine Lösung ihres Glaubens- bzw. Aggressionskonfliktes denken zu können.

So bleibt im Text (1Sam 17,47) die Frage offen, wie JHWH «Sieg schafft» (Zürcher Bibel) bzw. «hilft» (Übersetzung durch Nitsche, in diesem Band) oder «errettet» (Stolz 1981). Die unterschiedlichen Rollenzuweisungen zeigen auch, wie anregend Differenzen in den geistigen Vorstellungen vom Wirken eines Gottes(-bildes) für den Dialog sein können, wenn wir versuchen, die Aussagen szenisch-bildhafter Symbolik «auf den Begriff zu bringen».

Die Antwort in der Rede Davids wirkt wie eine sprachliche Spitzfindigkeit: Stehen sich nicht in Wirklichkeit «konkrete» Waffen gegenüber: Schwert und Speer – Schleuder und Stein, so als wirke Gott nur durch jeweils unterschiedliche Waffensysteme. Gelöst wird der Konflikt erst in einem späteren Kapitel auf einer symbolisch höheren Verständnisebene: Das Instrument der Aggression, das Schwert Goliats, wird beim *Ephod*, einem heiligen Gegenstand, aufbewahrt und David gereicht; so wird die Angriffswaffe Goliats zu einer Defensivwaffe in der Hand Davids, als er sich mit dem Schwert gegen den *bösen Geist* Sauls verteidigen muss, *es gibt nicht seinesgleichen* (1Sam 21,10). Das Schwert wird jetzt durch das Heiligtum legitimiert, es wird im Auftrag JHWHs, sozusagen als geheiligte Waffe im Sinne eines «guten» Geistes, verliehen. –

David ist nicht nur als harter, allen überlegener Kämpfer geschildert. Erstaunlicherweise ist ein libidinöser Wunsch Davids stärkste Motivation für seinen Kampf mit Goliat! Als David erstmals zum Heer Sauls kommt, fragt er dreimal nach der Belohnung für den Sieg über Goliat und erhält dreimal die gleiche Antwort: *Wer ihn erschlägt, den will der König sehr reich machen und ihm seine Tochter geben, und seines Vaters Haus will er steuerfrei machen* (1Sam 17,25. 27.30). Erst nachdem er dreimal diese Antwort gehört hat, entschliesst sich David zu dem Kampf. Er will eine Königstochter, die er noch gar nicht kennt, gewinnen und erobern, dafür kämpft er gegen Goliat.

Vordergründig betrachtet scheint Weiblichkeit im Kampf zwischen David und Goliat keine Rolle zu spielen. David ist Goliat gegenüber ein unerschrockener, pfiffiger, frecher, mannstarker Herausforderer, der auf seine Fähigkeiten und auf seinen Gott vertraut. Jedoch ist er gegenüber dem *bösen Geist* in Saul ein hilfsbereiter, argloser Musikant, eine wehrlose Marionette übermächtig erscheinender Vaterfiguren (Vater Isai, Saul), jeden Blick für Konkurrenz und Konflikte abwehrend. In einem etwas antiquierten psychoanalytischen Jargon liesse sich von einer «passiv-femininen Unterwürfigkeitshaltung» in Bezug auf Saul sprechen. Der Begriff hat in diesem Zusammenhang seine angemessene Bedeutung, weil es bei dem «Femininen» hier um männliche Traumbilder und entsprechende unbewusste weibliche Identifizierungen, Motivationen und Determinierungen des männlichen Verhaltens geht. Bisher lernten wir David nur mit seiner männlichen Kampfkraft kennen. Wie sieht es also mit seinen latenten weiblichen Identifizierungen und seiner Liebesfähigkeit aus?

In der traumähnlichen Sprache des Textes tauchen Davids libidinöse Bedürfnisse auf. Die Königstochter verlockt ihn, angeboten von einer zunächst positiven männlich-väterlichen Figur (Saul), zu der allerdings David selbst, in seiner passiven Haltung, noch nicht herangereift ist. Denn wir erfahren im weiteren Verlauf, dass David in der äusseren Realität zu diesem Zeitpunkt noch nicht fähig ist, sich auf die Liebe zu einer Frau einzulassen. David bindet sich an Jonatan und in idealisierender Liebe (Abhängigkeit) an Saul; doch dass er Michal, die ihn liebte (1Sam 18,20), seinerseits geliebt hätte, davon lesen wir nichts. In symbolischer Ausdrucksweise erfahren wir letztlich: *Michal aber, die Tochter Sauls, blieb kinderlos bis an den Tag ihres Todes* (2Sam 6,23).

Erstmals erscheint hier ein zweites, noch verborgenes Gesicht Davids als sein Wunsch, nicht nur ein Kämpfer, sondern auch ein Mann zu sein, fähig zur Liebe und zu Gefühlen. Träume und ihre Symbolik haben nach Benedetti (1998, 17-22) «zwei Gesichter». Betrachten wir nun die beiden Versionen bzw. Seiten des zweifachen Auftritts Davids vor Saul wie Aspekte eines in sich zusammenhängenden Traumes, so weist uns die mythische Phantasiebildung auf den «Doppelsinn» des Textes hin. Die Dynamik eines doppelten, widersprüchlichen Sinnes entwickelt sich aus dem Spannungsverhältnis zwischen Männlichem und Weiblichem, einem «funktionalen Gegensatzpaar»; Davids umfassendere Herausforderung wäre dann, nicht nur Goliat zu besiegen, sondern die aus der Identitätsproblematik entstehenden Konflikte schöpferisch zu lösen.

Bisher betrachteten wir die Interaktionen des literarischen David auf der Ebene des manifesten Textgeschehens mit den definierten Figuren Saul und Goliat. Szenen offenbaren jedoch auch die Dynamik verdrängter Konfliktmuster und weisen ebenso auf abgewehrte Entwicklungspotentiale hin.

3.3 Die Sichtweise der Objektstufenebene: Übertragungskonflikte Davids aufgrund verinnerlichter Objektbeziehungen

Wer sich aufmacht und in Florenz den alten Kommunalpalast Bargello besucht, um die David-Statuen des Donatello und des Verrocchio zu betrachten, kann in dem Museum etwas Überraschendes entdecken: zu Füssen des schlanken, lässigen Jünglings David liegt das mächtige Haupt eines relativ alten, zerquält-zerfurcht aussehenden Mannes mit wallendem Vollbart! Könnte nach Vorstellung beider Künstler der bartlose Jüngling ein Sohn dessen sein, den er getötet hat? Verbirgt sich im Kampf mit Goliat eine Vatermord-Phantasie oder zumindest ein mörderischer Rivalitätskampf mit einem älteren Bruder? Und wenn wir diese, das konventionelle Denken erschreckende Vorstellung bejahen müssen: Was bedeutet sie?

Für beide unbewussten Phantasien und Konfliktfelder gibt es Hinweise im Text. «Unbewusster Konflikt» würde heissen, dass David keinerlei Blick für seine infantilen Abhängigkeiten und Fixierungen hat und auch nicht für die Notwendigkeit, sich mit seiner latenten Aggression gegenüber den Primärobjekten seiner Kindheit (Eltern, Geschwister) auseinander zu setzen. Doch prägen solche Übertragungsstrukturen bereits sein Verhalten: vordergründig brav und sympathisch-hilfsbereit, agiert er, blindlings und unermüdlich getrieben, seine Selbstbehauptungskämpfe aus, in denen er – beginnend mit Goliat – reihenweise und bedenkenlos mächtige Gegner tötet. Sein Verhalten als Kämpfer ist dem vergleichbar, das dem gefürchteten Goliat nachgesagt wird!

Obwohl David auf Wunsch Gottes von Samuel zum künftigen König gesalbt worden ist, fehlt ihm anfangs jede Einsicht und Motivation, seine Einstellungen und sein Verhalten zu ändern, um höhere Ziele zu erreichen. Eine neue Leitlinie erhält Davids Werdegang erst nach und nach durch das «Wollen» seines Gottesbildes, das aus dem einfachen Hirtenjungen des Volkes eine vorbildliche königliche Gestalt machen will.

Wie erklären sich Davids innere Abhängigkeiten? Über die Beziehung Davids zu seinem Vater Isai erfahren wir wenig, aber Wichtiges (1Sam 17,12-20). Isai wird geschildert als ein fürsorglicher, liebevoller Vater, der David losschickt, um den drei ältesten Söhnen, die sich in Sauls Heer befinden, Proviant zu schicken. Nicht zuletzt wird einer der Offiziere des Heeres reichlich bedacht. Isai legt Wert auf Korrektheit und Kontrolle, er will ein Pfand als Bestätigung haben (V.8). Auch soll sich David eilends auf den Weg machen und sich nach dem Befinden der Brüder erkundigen. – Isai ist in seiner aufmerksamen Zugewandtheit, Hilfsbereitschaft und väterlichen Besorgtheit ein gutes Vorbild für David, der später ähnliche Tugenden gegenüber Saul zu erkennen gibt. Gleichzeitig ist Isai durch seine wohlmeinende Güte ein Vater, mit dem es schwer sein muss, sich kritisch auseinander zu setzen.

Der väterliche Auftrag bedeutet für David die äussere Trennung von seinem Familienverband. David kommt zu Saul, einer väterlichen Ersatzfigur. Bei ihm lernt David die negativen Wesensseiten (*bösen Dämonen*) kennen, die ihm aufgrund der positiven Identifizierung mit seinem Vater fremd sind. David, in seinem Gehorsam, *ging hin, wie ihm Isai geboten hatte* (1Sam 17,20).

Ganz anders verläuft die Szene zwischen David und seinem ältesten Bruder Eliab, von dem man Dankbarkeit für den Botendienst erwarten könnte. Kaum, dass sie voneinander hören, geraten sie miteinander in Streit (1Sam 17,28-30). David hat Goliats Auftreten und die Angst der Israeliten miterlebt. Er fühlt sich herausgefordert, ihn reizt auch die Kopfprämie des Königs. Bevor es aber zum Kampf mit Goliat kommt, muss sich David im Wortgefecht gegen seinen grossen Bruder behaupten, denn Eliab mischt sich vorurteilsbeladen, bevormundend und überheblich in die Gespräche Davids mit den anderen Männern ein. Er wirft David Versäumnisse, *Vermessenheit* und einen *schlimmen Sinn* vor. David hat keine Schwierigkeiten, sich gegen den Grossen zu behaupten: Mit einer hingeschleuderten Bemerkung fertigt er den Bruder ab und lässt ihn damit einfach stehen, sozusagen, als sei dieser für ihn bereits erledigt.

Solche Formen souveräner Selbstverteidigung fehlen David gegenüber Saul fast völlig. Nur in der symbolischen Szene, wo Saul ihm die königliche Rüstung und sein Schwert anlegen will, besinnt sich David auf seine eigenen besseren Möglichkeiten. Die übergrosse Rüstung hätte ihn gelähmt und behindert.

Wer ist Goliat? Die ausführliche Beschreibung der Grösse dieses gefährlichen Kriegsmannes beeindruckt seit Jahrtausenden, nur: Wer nüchtern nachrechnet, bemerkt, dass die Längenmasse nicht zur menschlichen Wirklichkeit passen. Selbst wenn man die kleinste der verschiedenen Masseinheiten für eine Elle verwendet (nach Brockhaus 1997), hätte Goliat mehr als drei Meter gross sein müssen. Wie lässt sich das Geheimnis seiner Faszination, die Wirkung der dichterischen Übertreibung, verstehen?

Goliat korrespondiert mit einem unsterblichen Traumbild. Er ist ein übermächtiger, grandios-bedrohlicher und vieldeutiger männlicher Geist, Riese oder Dämon, wie ihn die meisten Menschen aus Angstträumen kennen, eine überlegene, imposante Gestalt, die durch ihre archaische Primitivität, bedrohliche Nähe oder vergewaltigende Annäherung meist Unterlegenheits- oder gar Untergangsängste auslöst, die aber auch zum Kampf herausfordern kann. Solch ein Riese erscheint als wenig differenzierte Repräsentanz von Männlichkeit in vielen Träumen und Märchen.

In unseren nächtlichen Träumen spiegeln sich in verschlüsselten Bildszenen aktuelle Tageserlebnisse wider. Gleichzeitig wurzeln die Träume in einer Vorgeschichte, in eingravierten affektbeladenen Kindheitserlebnissen, die unauslöschbar hängen geblieben sind. Solche Traumszenen, entstanden aus Engrammen der seelischen Frühzeit und aus dem aktuellen Tagesgeschehen, beinhalten eine Botschaft, die Erfüllung eines Wunsches (Freud 1900) oder sogar den Entwurf einer Problemlösung (Benedetti 1998).

In der mythischen Erzählung besiegt David, der Jüngste und in Kinderzeiten Schwächste seiner Familie, seinen ersten übermächtig erscheinenden Dämon, allen besserwisserischen Zweiflern (besonders Eliab und Saul) zum Trotz. Er beweist allen, wozu er fähig ist. Das alte Traummotiv Stirb-und-Werde kennzeichnet visionär in einem ersten Reifungsschritt das

Überwinden alter unterwürfiger Abhängigkeitsmuster und den Beginn eines mutigen Ja zum Wachsen eigener körperlicher und geistiger, libidinöser Triebkräfte; später wird sich dieses Traummotiv in der Erzählung von Batseba und Urija wiederholen (2Sam 11f).

David fühlt sich in seinen jungen Jahren zu mehr fähig als zu Botengängen und zu Dienstleistungen. Erfolgreich besiegt er in Goliat einen übergross und übermächtig erscheinenden Gegner, wie er ähnliche (als «Objekte» seines kindlichen Zornes und seiner Empörung) aus Kindheitstagen kennt. Er erschlägt in Goliat einen gefürchteten Dämon, aber was bedeutet seine unkritische und hörige Ohnmacht, sein Gelähmtsein gegenüber dem *bösen Geist* in König Saul?

Man könnte sagen, dass David in dieser Schwellensituation seines Lebens, dem Verlassen der familiären Geborgenheit, einen Angst- und Initialtraum erlebt. In Goliats Bild wird er zunächst unausweichlich konfrontiert mit der Feindseligkeit und den destruktiven Kräften neuer Rivalen, seien es Brudergestalten oder sei es eine für den Jüngling noch übermächtige Vaterfigur. Davids Reaktionen auf die Konkurrenzkonflikte sind kontraphobisch: Alle anderen geraten in Angst und Panik, nur er – sein bewusstes Ich – nicht. David scheut keine wilden Tiere mehr und keine Wildheit von destruktiven Männern, er ist voll Selbstvertrauen und positiv identifiziert mit starken Vaterfiguren (nicht zuletzt auch seinem Gottvater).

Jedoch, wenn man davon ausgeht, dass die anderen Gestalten – die israelitischen Krieger und Saul – in der Goliatszenerie projizierte Alter Ego's (andere Aspekte seines David-Ich) widerspiegeln, dann zeigt sich eine starre Abwehr realitätsgerechter Ängste. Ängste erkennt sein Ich ausschliesslich in den anderen. Die lähmende Angst der «anderen» Männer (Israeliten) zeigt – denn so wie die anderen will Ich nicht sein –, wie sehr sein bewusstes David-Ich eigene Ängste noch verleugnen muss. Davids Leben wäre höchst gefährdet, bliebe er auf diese psychische Position einer recht eingeschränkten Realitätsprüfung fixiert. Und tatsächlich muss David bald von Jonatan und Michal zur Flucht gedrängt werden, damit er sich retten kann, nun vor der übermächtigen Aggressivität des *bösen Geistes* in Saul, dem er mit seiner Musizierkunst nicht gewachsen ist.

3.4 Übertragungs- und Reifungsaspekte einer Subjektstufendeutung

Wer einem Menschen gegenübertritt, begegnet in der Art seines subjektiven Blickes immer auch sich selbst. Im Erfassen des Fremden versuchen wir, uns ein Bild zu machen. Je länger wir betrachten und je weniger die fremde Gestalt uns mitteilt, um so mehr werden unsere Vorstellungen über andere von eigenen, unbewussten, Phantasien geprägt (Vorgang einer Projektion).

Hierbei kommt es nicht nur zu einer unbewussten Übertragung von Eltern- oder Geschwisterbildern auf die andere Person, wie im vorigen Kapitel dargestellt (Objektstufe). Projiziert werden Selbstbilder, mit denen wir im Konflikt sind und Schwierigkeiten haben (Subjektstufe, vgl. die unterschiedlichen Sichtweisen bei Kemper 1955, 155). Ein Grundmuster der Projektionen ist, dass eine Person das, was für sie unangenehm oder unverträglich ist, in irgendeiner Form affektiv intensiviert an anderen Menschen wahrzunehmen glaubt. Dieser vermeintlichen Wahrnehmung am anderen liegt meist eine Verzerrung zugrunde, weil sie einseitig, subjektiv überbewertet wird. Verkennung und empathische Einfühlung können hierbei eng verschwistert sein.

In Goliat sehen die israelitischen Kämpfer um Saul das Feindbild eines übergrossen, gefährlichen Mannes und unbesiegbaren Kämpfers. Ihre Angst ist projektiv übersteigert, denn so hemmungslos und schlimm, wie sie ihn sehen, wollen sie selbst – vor ihrem Selbstbild – keinesfalls sein. Dieser Selbstbild-Riese präsentiert sich ihnen nicht nur mit den vermeintlich überdimensionalen Ausmassen seines Körpers und seiner Rüstung. Goliat zeigt in psychischer Hinsicht das narzisstisch geprägte Bild eines überheblichen, anmassenden und höhnischen Verhaltens. Er ist erstarrt in der eigenen Selbstherrlichkeit, in militanter ausbeuterischer Macht- und Besitzgier, schamlos orientiert am eigenen Vorteil; ein Typ, der blind ist für Schwächere wie David und für eigene Schwächen. Einen differenzierenden Blick für neue Verhältnisse hat dieser scheinbare Riese nicht entwickelt. Sein Denkvermögen hat sich reduziert auf narzisstische Bahnen von eigener Überlegenheit und Stärke. Goliat stirbt daher an seinem primitiven, infantilen Überlegenheitswahn, und niemand betrauert ihn.

Unschwer kann sich der unbefangene Betrachter daran erinnern, dass diese – in Goliat gesehenen – Wesenszüge (Eigen-Mächtigkeit, bezogen auf die Vorstellungen ihres Gottes, und Selbstbereicherung) sehr ähnlich denen sind, die der Gott der Israeliten so oft schon seinem Volk vorgeworfen hat, zuletzt unmittelbar im Kampf mit den Amalekitern (1Sam 15). In Goliat könnten die Israeliten ihr eigenes Spiegelbild erkennen, doch sind sie starr vor Angst und Abwehr.

Goliat, Inbegriff eines übermächtigen Feindbildes, lässt also nicht allein die Züge eines arroganten grossen Bruders wiedererkennen oder die überlegene Macht des Vaters, bei dessen Forderungen sich Söhne im Alter um die Pubertät oft gedemütigt und als «Knechte» fühlen. Der scheinbar nur *bescheidene Knabe* David mit seinem geringen Selbstwertgefühl begegnet in Goliat darüber hinaus auch eigenen, abgewehrten Grössenphantasien, ausufernden narzisstischen Wünschen, gross und stark zu sein und alle zu beherrschen. Bei der inneren «Aufspaltung» (Kohut 1973, 215) sind die Strukturen seines Denkens und Fühlens noch recht unentwickelt bzw. eng fixiert: David präsentiert sich nach aussen als der nur brave, dienende Sohn und Knecht, jeder «böse» Geist scheint ihm abzugehen. Die als «negativ» erscheinenden Selbstaspekte, in denen sich auch kraftvolle Wunschträume verbergen, sind bei David abgespalten, aus dem Bewusstsein verdrängt und auf andere Menschen projiziert (Goliat und Saul). Doch gerade er wird durch seinen Gott erwählt und herausgefordert, gross und mächtig, eine verantwortungsfähige Führerpersönlichkeit zu werden.

Ahnen lässt sich, dass sich David ganz ohne solch einen «bösen Geist» des Ungehorsams und der Eigen-Mächtigkeit nicht aus dem Gefängnis seiner Hörigkeit und einseitigen Vaterbindung befreien kann. Bemerkenswerterweise ist David der einzige Israelit, der – vertrauend auf sich und die Unterstützung seines Gottvaters – nicht mit Angst und Selbsterniedrigung Goliat gegenübertritt.

David erschlägt – wie in einem Traum – in Goliat das Negativbild selbstherrlicher Übergrösse und primitiver Männlichkeit, eine bildhaft-symbolische Form, sich von dem grandiosen, anmassenden Bild zu distanzieren. Weitaus schwieriger wird für ihn sein, positive Formen eigener Selbstbehauptung und Machtentfaltung zu entwickeln, d.h. narzisstische und aggressive Bedürfnisse zuzulassen und zu kultivieren.

Nach der Kampfszene (in 1Sam 17) folgen vierzehn Kapitel (bis 2Sam 1), in denen es um die unmittelbaren Auswirkungen des Kampfes geht: Verfolgung, Flucht, Depression, Ohnmacht, Widerstandskämpfe, trotziger Frontenwechsel und zuletzt Trauer über den Tod des Verfolgers Saul und seines Freundes Jonatan. Die Frage stellt sich: Was hat der Sieg dann David gebracht? Der grössere Zusammenhang zeigt, dass ein traumhafter Sieg, für sich genommen, so gut wie nichts bedeutet; dass das Wahr-werden-lassen solch eines Wunschtraumes ein langer Weg ist, der einen Reifungsprozess voraussetzt. Dieser lässt sich durch die gesamte biblische Davidgeschichte nachzeichnen. Die Erzähler entfalten einen Entwicklungs- und Bildungsroman, dessen Episoden Beispiele bieten, wie sich das Leben mit seinen Höhen und Tiefen meistern lässt. So ist in David und Goliat auch der Ambivalenzkonflikt zwischen Klein-sein bzw. sich Klein-fühlen und Gross-werden-wollen, Wie-die-Grossen-zu-werden symbolisch dargestellt.

Der Sieg ist wie die Erfüllung eines Wunschtraumes – in einer blutig-chaotischen Existenz, die als Alptraum bezeichnet werden kann. Das Gottesbild der Samuelbücher hat die Funktion einer weisen, verlässlichen und flexibel-bezogenen Führerrepräsentanz, die vorhandene Kräfte entfalten lässt und ihre Integration fördert. Später wird sich auch zeigen, wie Gott Davids ausufernden Triebkräften Grenzen setzt, wo es notwendig ist. –

Goliat ist jedoch nicht nur die Gestalt eines übergrossen Einzelkämpfers, sondern er steht stellvertretend für die Philister, den realen Hauptgegner der israelitischen Stämme, und deren militärische Übermacht. Schon im

Auftritt und im Streitgespräch zwischen David und Goliat (1Sam 17,40-47) zeigt sich die Dimension der geistigen Auseinandersetzung: David tritt mit Witz, Selbst- und Gottvertrauen an, Goliat ist als primitiver Sprücheklopfer und übergrosse Karikatur gezeichnet. Die impliziten Erzähler agieren subtil und brillant und produzieren schöpferisch Szenen und Bilder, letztlich den ganzen Davidroman, um ihre Vorstellungen von einer siegreichen und sensibel-offenen Lebensbewältigung dem Volk nahe zu bringen. David ist für die Erzähler der Typos von Mensch, der ihren Glauben mit siegreichem Meistern der existentiellen äusseren und inneren Konflikte verbinden kann.

4. Die Wirkungsgeschichte als schöpferisches Produkt von Übertragungs- und Gegenübertragungsprozessen

Im vorigen Kapitel betrachteten wir einzelne Szenen und Beziehungsstrukturen im sozialen Umfeld der Figur des David sozusagen «von oben», wie aus der Sicht eines Supervisors oder Beobachters, der relativ distanziert betrachtet und um eine möglichst objektive, umfassende Interpretation bemüht ist. Aber indem wir betrachten, beginnt uns der Text in einen inneren Dialog zu verwickeln, je nachdem, wie wir uns auf ihn einlassen: «Wer einen Text interpretiert, bildet mit ihm eine Szene ... Die Lesenden verhalten sich, als spräche der Text sie an, z.B. ‹Folge mir!›, oder ‹Lerne von mir!›, ‹Lass dich verwirren!›, oder ‹Komm mit ins Reich geheimer Lüste!›. Solche Botschaften eines Textes können Lesende bewusst, aber auch unbewusst wahrnehmen» (Pietzcker 1992, 10.11).

Der literarische Text «überträgt» eine Botschaft, einen unbewussten Appell. Wodurch zeichnen sich «verwirrende» Übertragungs-Phänomene eines literarischen Textes aus? Lorenzer (1986, 32) sagt, «der Textinhalt muss doppeldeutig sein. Unterhalb der manifesten Bedeutung muss im Text ein anderer, konkurrierender ‹Sinn› enthalten sein – vergleichbar der verborgenen Figur eines Vexierbildes. Die Gegensätzlichkeit und *Eigensinnigkeit* ist entscheidend; der latente Sinn eines Textes ist ja nicht der ‹Tiefsinn› des manifesten».

Wie unterschiedlich die (Gegenübertragungs-) Reaktionen der Leser sein können, selbst wenn die Interpreten exzellente Erforscher der Materie sind, verdeutlichen zwei Beispiele: Nitsche sucht nach dem historischen Kern und berichtet, dass Goliat «tatsächlich» im Zweikampf getötet wurde. Und noch überraschter sind wir, wenn wir dann lesen: «Der siegreiche Gegner Goliaths war auch nicht David, ein Hirtenjunge aus Bethlehem, sondern einer der kampferfahrenen Helden des *Königs* David, der ebenfalls aus Bethlehem stammte» (1994, 39). – In einem wenig später erschienenen Beitrag folgert Dietrich (1995, 247), der die Widerspiegelung der David-Gestalt in modernen Romanen (von S. Heym, J. Heller, T. Lindgren, G. Weil) untersucht hat: «Entmythisierung verlangt das Volksmärchen von Davids Sieg über Goliat; nach einem historischen Kern zu suchen wäre zwecklos».

Was vermittelt uns denn nun die Erzählung des Kampfes: konkrete Wirklichkeit bzw. wenig gelungene Verschleierung der wahren Verhältnisse (David als einer, der für sich kämpfen lässt?) oder ein vielschichtiges Volksmärchen, einen Mythos, welcher zur Entmythisierung bzw. zu einer ansprechenden Übersetzung – in das Denken und Imaginieren der Gegenwart, unter Einbeziehung neuzeitlicher Tatsachen – herausfordert?

Übertragung provoziert im Leser Gegen-Übertragungsreaktionen. Letztere lassen daher Rückschlüsse auf das Übertragungs-Angebot und die unbewusste Dynamik der strukturellen Konflikte eines Textes und seiner Beziehungsfiguren zu. Mit Sandler / Dare / Holder (1973, 64) verstehe ich die «Gegenübertragung als eine spezifische Gefühlsreaktion des Analytikers auf spezifische Qualitäten seines Patienten» (hier: seines Textes). Wichtig ist also ein «Eintauchen» des Analytikers in die Szene, eine Identifikation mit dem Haupthelden und mit dessen sozialen «Beziehungsfiguren» (Lorenzer 1986, 13) und eine Reflexion darüber, was diese Wechselbeziehungen in ihm anstossen. Auf diesem Weg beginnt sich ein subjektives Texterlebnis zu entfalten, das in der Auseinandersetzung mit der Rezeption anderer Interpreten wieder zu kritischer Distanz und grösserer Objektivität findet. – Abschliessend möchte ich einen Aspekt meiner Gegen-Übertragung in den Blick nehmen und deren Einfluss auf mein Verständnis des Textes und auf die Interpretation verdeutlichen.

Während meiner Arbeit an diesem letzten Kapitel hatte ich einen Gegenübertragungstraum, der mich zuerst beunruhigte, der mir dann aber half: Darin fuhr der Träumer im Auto auf einer breiten, autobahnähnlichen Strasse, bis diese plötzlich abbrach und in ein Gelände überging, das für ein Auto völlig unbefahrbar war; er – wie die anderen Fahrer – sieht sich gezwungen auszusteigen, zu Fuss weiterzugehen und sich neu zu orientieren.

Der Blick nach innen, auf die «Baustelle» einer Neuorientierung, verheisst keinen schnellen, pfiffigen «Sieg»! Die Person ist unmittelbar gefordert: das «Aussteigen» aus den bequemen, aber starren Konstruktionen der Gewohnheiten zugunsten neuer Erfahrungen. So mag es den Autoren der David-Erzählung gegangen sein, nachdem im Volk die Idee eines Königtums entstanden war: Einerseits beflügelte die Vision von einem grandiosen Blitzsieg Davids über Goliat und die Philister ihre Phantasie, andererseits realisierten sie, dass für die Umsetzung der Vision eine neue selbstbewusste Machtpolitik und ein Umdenken in fundamentalen Glaubensfragen unvermeidlich sind. Sie hielten fest an ihrer Wunsch-Phantasie, verleugneten aber nicht die Mühen und Schmerzen der vielen kleinen Schritte, die sie dann anschaulich im Text folgen lassen. Davids Gratwanderung zwischen Alt und Neu, im Konfliktfeld zwischen unbewussten Ängsten oder anderen Widerständen und den Erwartungen, die ihn herausfordern (s.o., auf der Objekt- und Subjektstufe), erscheint mir als das «Vor-Bild», das uns die unbekannten Autoren vermitteln wollen: David, der wagemutige Mensch, der die Auseinandersetzungen weder mit Goliat noch mit seinen sensiblen, gefühlshaften Wesensseiten scheut und dadurch des Königsamtes würdig wird.

Die Gegenübertragung ist eine Hilfe bei dem Versuch, sich in fremde Welten einzufühlen. Der Traum des Interpreten als Reaktion auf den Text zeigt einerseits interkulturelle Gemeinsamkeiten von Wunschträumen, andererseits Unterschiede. Gemeinsam sind seinem Traum und der Vision der Erzähler die Wünsche nach einem siegreichen Vorwärts-kommen und nach entlastenden Annehmlichkeiten. Unterschiedlich sind die träumend erhofften Hilfskonstruktionen: Der moderne Mensch träumt davon, sich mit Hilfe des Technikwahns (Auto, Autobahn) rasant vorwärtszubewegen, er hofft, dass ihm technische Hilfsmittel in der Meisterung des Lebens und bei der Erkenntnissuche weiterhelfen, wohingegen «das Volk» in den Samuelbüchern immer wieder zum verlockenden Wahn des Paradiesglaubens regrediert: es hofft, dass eine allmächtige elterliche Gestalt konkret existiert, für alles sorgt, kämpft, die Verantwortung übernimmt – und nie aus dem Paradies vertreibt. Übereinstimmend konfrontieren jedoch beide imaginierten Texte mit der Allgemeingültigkeit der desillusionierenden nachparadiesischen Botschaft (*Im Schweisse deines Angesichtes sollst du dein Brot essen,* Gen 3,19; bzw. *Seid Männer und kämpft*! 1Sam 4,9).

Der ermutigende Appell der Erzähler fordert heraus, das Leben und den Sieg – wie David mit seiner primitiven Schleuder – selbst in die Hand zu nehmen, im Vertrauen auf die Hilfe einer wegweisenden, guten-göttlichen Unterstützung. Goliat und den alternden Saul hingegen lassen die Erzähler im Verfolgen ihrer Ziele scheitern: sie sind erstarrt; beide Einzelkämpfer bekämpfen zwischenmenschliche Hilfsmöglichkeiten, es gelingt ihnen nicht, aus den Zwängen, Panzerungen ihres Überlegenheitswahns auszusteigen. Saul kann weder die Hilfe Davids noch eines ihm grenzensetzenden Gottes annehmen; trotz einer unterschwelligen positiven Bindung an David und an seinen Gott (z.B. 1Sam 14,36-41 oder 1Sam 15,24.31) findet er nicht zu einer wirklichen Einsicht und Neuorientierung. Saul ist fixiert auf Rivalität und Feindseligkeit, er geht durch die eigene Hand zugrunde, indem er sein Schwert gegen sich richtet (1Sam 31,4).

Schönau (1991, 72) schreibt über die Rezeption erzählender Texte: «Unsere Bereitschaft, einer Geschichte zuzuhören, gründet zwar offenbar auf der lustvollen Erwartung, eine ‹unerhörte Begebenheit›, etwas Neues, Unbekanntes zu erfahren, dessen Struktur sich aber in der Analyse regelmässig als prototypisch erweist, weil in ihr in irgendeiner Form die Wiederkehr des Verdrängten stattfindet».

Solch eine «unerhörte Begebenheit» erzählt der Kampf zwischen David, dem in Selbstgefälligkeit erstarrten Goliat und dem alternden, jähzornigen Saul. Auch Saul wurde einst als junger Mann von Samuel zum König gesalbt (1Sam 10,1), er entwickelt sich dann aber im Alter zu einem vom *bösen Geist* besessenen Verfolger, der die Entfaltung des Jüngeren und ein solidarisches Miteinander nicht aushält. Welche Familiengeschichte ist frei von solchen dialogfeindlichen, patriarchalen Strukturen?

In der Initialszene Davids spielt Weibliches nur eine Nebenrolle. Weibliche Gestalten werden in seinem Leben eine zunehmende Bedeutung gewinnen, ja sie werden sogar den Ausweg aus den erstarrten Verwicklungsmustern der Vater-Sohn-Konflikte bahnen.[10]

Wer sind David und Goliat? Aus psychoanalytischer Sicht spiegeln sich in den Gegnern seelische Bedürfnis- und Bindungsstrukturen wider, wie sie jeder Mensch spürt, wenn er im Konflikt ist zwischen einer Wunschvorstellung und ihrer Realisierung bzw. Abwehr. In der biblischen Kampfszene siegt David souverän; um so mehr wird er durch den einfachen Sieg aus der (Auto-)Bahn seiner vertrauten Beziehungsstrukturen, der konventionellen Erwartungsmuster und sozial vorgegebenen, «betonierten» Lebensentwürfe geworfen. – Wenn Raguse (1993, 212) von dem Motiv einer «Selbst-Findung des Lesers im Text» spricht und die daraus entstehende Problematik diskutiert, so erscheint mir die Thematik einer «Selbst-Findung» für die Lesenden bereits durch die alte israelitische Erzählung vorgegeben – mit einem speziellen Akzent: David wird nicht als Mensch beschrieben, der seine Identität «findet», sondern der sie bis zuletzt, auch als König, Vater und alternder Mensch, suchen muss.

Abschliessend lässt sich sagen, dass die unbewusste Bedeutung der Kampfszene im Widerspruch zum vordergründigen Eindruck steht und diesen ergänzt. Der Text appelliert nicht nur: Seid wagemutig und furchtlos wie David und verlasst euch auf euren Gott, dann werdet ihr auch mit bescheidenen Mitteln siegen können. Eine andere, überraschende Botschaft steht sozusagen «dahinter» (1Sam 19ff): Fürchtet den Gegner (den erstarrten, primitiven *bösen Geist*, den es in allen Menschen gibt) und eure Unterlegenheitsgefühle, sammelt alle Kräfte, spürt eure Aggression gegenüber übermächtig erscheinenden Gegnern – dann wird euch euer Gott die materiellen und die geistigen Waffen in die Hand geben, um die Konflikte des Lebens besser zu meistern.

Mit anderen Worten: Den Erzählern gelingt es im Fortgang der Geschichte, den ermutigenden, grandiosen Traumsieg – in Analogie zu einem desillusionierenden psychoanalytischen Erkenntnis- und Heilungsprozess – «in gemeines Unglück zu verwandeln» (Freud 1895, 312), gegen das sich die psychisch aufgerichteten Israeliten mit David dann besser zur Wehr setzen können. David, der Heros und Mann aus dem Volk, behauptet sich gegen alle Feinde; aber mehr noch: ungewöhnlich revolutionär steht er als paradigmatische Textfigur für einen modern-aufklärerischen Aufbruch, der uns noch heute aufrütteln kann. Sein Vorbild appelliert, um es mit Worten von Lorenzer (1986,27) zu formulieren, «dass die Auseinandersetzung zwischen Wünschen, Normen und Werten offen und mit Bewusstsein geführt wird». Die offene, geistig-religiöse Auseinandersetzung um Liebe und Gewalt, Kampf und Friedensfähigkeit, ist die Thematik des 2. Samuelbuches, eingeflochten in die Expansionspolitik und in die Thronfolgegeschichte. Zuvor lernt David als Flüchtender, seine anfangs starren, behindernden Übertragungsabhängigkeiten zu lockern. Durch die konfliktreichen Entwicklungsprozesse, bei denen der Kampf gegen das Feindbild Goliat an erster Stelle steht, lassen die Erzähler David zu einem Symbol der individuellen und kulturellen Befreiung von Unterdrückung, Willkür und Chaos werden.

Anmerkungen

* Herrn Prof. Dr. H. Raguse danke ich für wertvolle Anregungen beim Fertigstellen des Manuskriptes.
[1] Übersetzt: Deine Angelegenheiten werden im Text behandelt (H.-J.D).
[2] Vgl. z.B. die historisch-kritischen Textanalysen von Dietrich / Naumann 1995 und Dietrich 1996.
[3] Dies bleibt einer anderen Veröffentlichung vorbehalten: Dallmeyer / Dietrich 2002.
[4] «Das Vermögen des Dichters, das Goethe in die berühmten Worte seines Tasso gefasst hat: ‹und wenn der Mensch in seiner Qual verstummt, gab mir ein Gott, zu sagen wie ich leide›, besteht darin, das Leiden in Bilder zu heben, analog zu den Bildern des Traumes ... Im Gegensatz zum Traum geschieht dies freilich in Bildern, die nicht nur im Kopfe des Träumers umgehen, sondern greifbar gemacht sind im künstlerischen Gebilde – dem Text: dem Text als real-greifbarem Symbolgefüge, wobei der Traum des Träumers freilich schon insofern Symbolbildung ist, als da die unbewusste Gestalt an der Grenze zum ‹Sagbaren› in ‹innere› Bilder gehüllt wird, die ‹Asozialität› des Abgewehrten so dem System sozial tolerierter Symbole vermittelt wird. Der Dichter bzw. Künstler muss die Symbolbildung einen entscheidenden Schritt darüber hinaustreiben... Das Unsagbare muss in eine Mitteilungsform eingebunden werden, die stummgewordene oder unerlöste Empfindungen spürbar macht» (Lorenzer 1986, 24).
[5] Thomas beschreibt die andersgeartete Verbindung, welche die griechisch-römische Zivilisation zu ihren Träumen gehabt hat: «Wie Roger Caillot sagte, ist das Labyrinth griechisch, genau wie die Akropolis es ist, und das griechische und schliesslich römische «Wunder» besteht gerade darin, Tag- und Nachtwelt, Apollon und Dionysos, Wissen und Glauben, Kausalprinzip und Analogiedenken, konzeptuelles und mythisches Denken vereint zu verwirklichen, sie einander gegenüberzustellen, und dies in der Vorstellungswelt der Individuen genau wie in den öffentlichen Institutionen» (1997, 148).
[6] Alle Bibelzitate sind der Zürcher Bibel entnommen und kursiv gesetzt.
[7] Das Klinische Wörterbuch Pschyrembel (1994, 1258) gibt das unterschiedliche Verständnis exakt wieder. Es übersetzt das aus dem Griechischen stammende Eigen-

schaftswort «phantastica» zutreffend mit: «zum Vorstellen befähigt», definiert dann aber kategorisch das Krankheitsbild diskriminierend als «Lügensucht, bei der märchenhafte Erlebnisse ausgedacht u. als wahre Erlebnisse erzählt werden».

[8] Aus überlieferungsgeschichtlicher Sicht nimmt man an, dass entweder aus «zwei ursprünglich in sich geschlossenen Parallelerzählungen» ein neues Ganzes gemacht wurde, oder «dass eine ursprüngliche Erzählung erweitert worden wäre» (Stolz 1981, 114).

[9] Dies erinnert an das demütige, mutlose Angebot der Männer von Jabesch in Gilead, als sie von den Ammonitern belagert werden (1Sam 11,1f). Der Angreifer liess sich aber nicht auf den israelitischen Vorschlag der Unterwerfung ein, sondern reagierte grausam: *So will ich mit euch einen Vertrag schliessen, dass ich jedem von euch das rechte Auge aussteche und damit Schmach bringe über ganz Israel* (V.2). Der darauf erfolgende Sieg über die brutalen Ammoniter war Sauls erster militärischer Erfolg gewesen.

[10] Vgl. 1Sam 25; 2Sam 14.

Bibliographie

Altmann, L., 1981: *Praxis der Traumdeutung*, Frankfurt a.M.: Suhrkamp.
Benedetti, G., 1998: *Botschaft der Träume*, Göttingen: Vandenhoeck.
Dallmeyer, H.-J., 1996: «Zur Dynamik der negativen Übertragung und destruktiver Übertragungsformen» in *Forum der Psychoanalyse*, 12, pp. 1-18.
Dallmeyer, H.-J. / Dietrich, W., 2002: *David – ein Königsweg. Psychoanalytisch-theologischer Dialog über einen biblischen Entwicklungsroman.* Göttingen: Vandenhoeck.
Dietrich, W., 1995: «Der Fall des Riesen Goliat. Biblische und nachbiblische Erzählversuche» in Ebach, J. / Faber, R. (ed.), *Bibel und Literatur*, München: Fink, pp. 241-258.
Dietrich, W. / Naumann, Th., 1995: *Die Samuelbücher* (Erträge der Forschung, 287), Darmstadt: Wissenschaftliche Buchgesellschaft.
Dietrich, W., 1996: «Die Erzählungen von David und Goliat in I Sam 17» in *Zeitschrift für die alttestamentliche Wissenschaft*, 108, pp. 172-191.
Dietrich, W., 1997: *Die frühe Königszeit in Israel. 10. Jahrhundert v.Chr.*, Stuttgart u.a.: Kohlhammer.
Freud, S., 1895: *Studien über Hysterie*, Frankfurt a.M.: S. Fischer.
Freud, S., 1900: *Die Traumdeutung*, Frankfurt a.M.: S. Fischer.
Grunberger, B., 1976: *Vom Narzissmus zum Objekt*, Frankfurt a.M.: Suhrkamp.
Kemper, W., 1955: *Der Traum und seine Be-Deutung*, Hamburg: Rowohlt.
Kohut, H., 1973: *Narzissmus. Eine Theorie der psychoanalytischen Behandlung narzisstischer Persönlichkeitsstörungen*, Frankfurt a.M.: Suhrkamp.
Lorenzer, A., 1986: «Tiefenhermeneutische Kulturanalyse» in ders. (ed.), *Kultur-Analysen. Psychoanalytische Studien zur Kultur*, Frankfurt a.M.: Fischer, pp. 11-98.
Nitsche, S.A., 1994: *König David: Gestalt im Umbruch*, Zürich: Artemis.
Pietzcker, C., 1992: *Lesend interpretieren: zur psychoanalytischen Deutung literarischer Texte*, Würzburg: Königshausen und Neumann.
Pschyrembel, W., 1994: *Klinisches Wörterbuch*, Berlin u.a.: de Gruyter.
Raguse, H., 1993: *Psychoanalyse und biblische Interpretation: eine Auseinandersetzung mit Eugen Drewermanns Auslegung der Johannes-Apokalypse*, Stuttgart u.a.: Kohlhammer.

Sandler, J. / Dare, Chr. / Holder, A., 1973: *Die Grundbegriffe der psychoanalytischen Therapie*, Stuttgart: Klett.
Schönau, W., 1991: *Einführung in die psychoanalytische Literaturwissenschaft*, Stuttgart: Metzler.
Stolz, F., 1981: *Das erste und zweite Buch Samuel,* Zürich: Theologischer Verlag.
Thomas, J., 1997: «Der Traum. Wege der Erkenntnis im klassischen Altertum» in Benedetti, G. / Hornung, E. (eds.), *Die Wahrheit der Träume,* München: Fink, pp. 145-185.

David als Psalmsänger in der Bibel
Entstehung einer Symbolfigur

Klaus Seybold

Zusammenfassung:

Das Bild Davids als königlicher Psalmsänger hat erst nachalttestamentlich seine klassische Gestalt gefunden. Es ist das Ergebnis einer längeren literarisch-theologischen Entwicklung, die nur phasenweise aufgehellt werden kann. Das legendäre Bild der frühen Überlieferung spielt dabei eine Rolle, wie die Monumente der Königspsalmen und die Geschichtskonstruktion der Chronikbücher. Die von den Psalmüberschriften geschaffene Vorstellung von David als dem Dichter, Sänger und Beter vor allem der Individualpsalmen ist aus der bereits kanonischen Überlieferung entlehnt und dient den Editoren des Psalters zur Legitimierung, Autorisierung und Typisierung der späten Psalmtexte als heiliger Schrift. In der Folgezeit wird sie je länger je mehr zum Leit- und Titelbild des biblischen Psalters.

Résumé:

La représentation de David en roi chantre des psaumes n'a trouvé sa forme classique qu'à une époque postérieure à l'Ancien Testament, au terme d'une évolution tant littéraire que théologique qui ne peut être tirée au clair qu'en partie. La figure légendaire de la tradition la plus ancienne et le monument édifié par les psaumes royaux y auront contribué tout comme le personnage historique composé par les livres des Chroniques. L'image évoquée par les titres des psaumes – celle d'un David poète, chantant et récitant les psaumes individuels surtout – puise dans la tradition canonique. Les éditeurs du Psautier s'en servent pour légitimer et autoriser les psaumes tardifs ainsi caractérisés comme des textes sacrés. Cette image s'imposera par la suite comme le frontispice et le symbole du Psautier.

Abstract:

The classic portrait of David as a royal singer of psalms is found only in the post-Old Testament period. It is the result of a long literary and theological development that can only be elucidated in terms of the phases through which it passed. The legendary portrait deriving from early tradition plays a role in this development and is found for example in the monuments of the royal psalms and the historical construction of the books of Chronicles. The superscriptions of the psalms, especially individual psalms, paint a picture of David as a poet, singer, and composer of prayers. But this idea of David is dependent on the canonical tradition about him and was used by the editors of the book of Psalms to help legitimate, authorize, and standardize the later psalms as sacred scripture. Subsequently, these superscriptions developed into the headings and titles of the biblical psalms.

Stichwörter:

David; Psalmsänger, Davidpsalmen; Bildsymbol; Psalter; Psalmüberschriften; Davidbild; Königspsalmen

Die Vorstellung von «David als Psalmsänger» ist das Ergebnis einer Entwicklung, die aus unterschiedlichen Motiven in Gang gebracht und unter dem Einfluss von bestimmten Interessen am Leben erhalten wurde. Ihre entscheidenden Impulse erhielt sie erst in nachkanonischer Zeit, aus der sich das klassisch gewordene Bild des König Davids mit der Harfe herleitet, das vollends seit den mittelalterlichen Psalterillustrationen das allgemeine Bewusstsein beherrscht. Die Geschichte dieser Entwicklung lässt sich zwar nicht vollständig, doch in einigen Momentbildern der biblischen und nachbiblischen Tradition beschreiben. Wie jede fixe Vorstellung oder plakative Darstellung offenbart sie mehr über die Interessen und Ziele der Initiatoren, Tradenten und Editoren des Psalters als über die einzelnen Psalmisten und ihre Texte und gehört weniger zur Entstehungs- als zur Rezeptionsgeschichte der biblischen Literatur. Sie erhellt insofern mehr den Vorgang der Präsentation als der Komposition der Psalmen und hat nicht so sehr mit deren Herkunft als vielmehr mit ihrer Wirkung, sozusagen der Verbreitungsstrategie des entstehenden Psalters zu tun. In dieser Form fixiert und kanonisiert aber ist das Bild von David als Sänger der biblischen Psalmen in einem bestimmten Sinn als Leit- und Titelbild auch Teil der biblischen Literaturgeschichte.[1]

Wir versuchen, einige Phasen der Entstehungsgeschichte jenes kanonisch gewordenen Bildes nachzuzeichnen und beginnen mit den historischen Voraussetzungen.

1. Die ältesten Überlieferungen und der historische David

Es gehört zum Kernbestand der biblischen Davidüberlieferung,[2] dass David eine Beziehung zu Musik und Gesang zuerkannt wird. Dass diese Überlieferung ihrem Charakter nach dem Medium der Sage (Heldensage, historischen Sage) zugehört, macht die historische Auswertung dieses Überlieferungselements kompliziert. Es ist zwar einerseits von vornherein anzunehmen, dass diese Sagen ihre letzten Wurzeln in der Person und Zeit Davids haben – sofern seine Historizität nicht grundsätzlich bestritten wird –, doch ist natürlich im Einzelnen schwer zu sagen, welche Elemente der Sagenüberlieferung zum historischen Kern gehören und welche nicht. Andererseits sind diese Sagen im Medium schriftlich-literarischer Tradition innerhalb einer Sagensammlung wiedergegeben, so dass ungewiss bleibt, was bei der schriftlichen Niederlegung noch hinzugekommen ist, um eine Darstellung der «Geschichte von Davids Aufstieg» zu gestalten. So ist es denkbar, dass die Angabe, dass der junge David als Hirte aus einem betlehemitischen Geschlecht «sich auf das Saitenspiel verstand» (1Sam 16,18), historisch zutreffend ist. Es ist aber genauso vorstellbar, dass diese Angabe im Zusammenhang von Prädikaten wie «ein tapferer Mann und streitbar, der Rede mächtig und schön von Gestalt, und der Herr ist mit ihm» – vor allem auch im Blick auf die letzte, die theologische Aussage – zu dem Idealbild eines jungen Mannes gehörte, wie es erst in der höfischen Epoche und d.h. in der nachdavidischen Zeit ausgebildet wurde. Dann wäre diese Beschreibung des jungen David eine prototypische, über deren historische Hintergründe nicht viel zu sagen wäre.

In ein anderes Licht aber gerät diese Beschreibung, wenn man die Stellen hinzuzieht, die von einem Konflikt zwischen König Saul und seinem Waffenträger David erzählen, der in der Szene seinen Ausbruch fand, in der der schwermütige Saul den Speer auf David warf, als dieser ihm «mit (der Laute) aufspielte, wie er jeden Tag zu tun pflegte» (1Sam 18,10). Denn er war ja auch wegen dieser seiner Kunst an den Königshof Sauls geholt worden (1Sam 16,22f). Dieses Motiv des die Laute (*kinnor*) schlagenden Pagen ist so stark in die Erzählung von der Entstehung des Konfliktes und des Zerwürfnisses verankert, dass es doch sehr naheliegend ist, anzunehmen, es gehöre zum Urgestein der Saul-Davidüberlieferung. Solches einmal vorausgesetzt, wäre hier möglicherweise ein Ansatzpunkt gewonnen. Wir hätten hier das Urbild der Vorstellung eines David, «spielend, die Laute in seiner Hand». Dabei ist bemerkenswert, dass von Gesang nicht die Rede ist. Es ist *e silentio* nicht sicher auszuschliessen, dass David bei jenen Gelegenheiten auch zur Laute gesungen hat. Aber es ist doch auffällig, dass darüber nichts gesagt ist, und man sich vorstellen muss, dass jene musiktherapeutischen Anlässe «ohne Worte» verliefen. Andererseits scheint der *kinnor* ein rhythmisch-begleitendes, kein melodisches Instrument gewesen zu sein.

Wie dem auch gewesen sein mag, es fügt sich gut, sich vorzustellen, dass David auch des Gesanges mächtig war, wenn er ihn bei jenen Gelegenheiten auch nicht einsetzte. So konnte sich das von der Sage geschaffene Bild, Abbild der Wirklichkeit oder nicht, von Erzählung zu Erzählung verbreiten und sich so dem kollektiven Gedächtnis einprägen, bis es schliesslich schriftlich aufgezeichnet wurde und in die Archive der Königszeit kam. Es ist gleichfalls gut denkbar, dass sich an die Vorstellung von dem die Laute schlagenden David schon frühzeitig neue Motive ankristallisiert haben.

Die Davidüberlieferung hat noch ein anderes Bild geschaffen, dieses Mal das des Königs David, und es, anders als die Sage, mit Quellenangaben dokumentiert, das wohl das Bild vom jungen, lauteschlagenden Pagen alsbald überlagert hat. Nach der erzählerischen Darstellung in 2Sam 2, die den Eindruck macht, den berichteten Ereignissen näher zu stehen als das von einer «Sage» im allgemeinen gilt, hat David – schon König von Juda – auf die Nachricht vom Tode Sauls und Jonatans auf dem Gebirge Gilboa hin ein Totenklagelied (*qinah*) gesungen (2Sam 1,17). Es ist dieses Lied ein

Trauerlied, das zu den Trauerriten gehört wie das rituelle Weinen und Zerreissen der Kleider (2Sam 1,11). Die Szene wiederholt sich beim Tode des Feldherrn Abner in 2Sam 3,31ff. Der Text des Totenklagelieds ist dort ebenfalls (fragmentarisch) wiedergegeben.

Schon im Blick auf die Art der Überlieferung der erzählenden Geschichten um David war festzustellen, dass es offenbar redaktionelle Interessen gab, das tradierte Bild auszugestalten und die Skizzen auszumalen. Das geschah zum einen auf der Ebene der schriftlichen Fassung des Erzählguts etwa dadurch, dass dem jungen David die erzieherischen Ideale des weisheitlichen Menschenbildes zugeschrieben wurden. Zum andern geschah es dadurch, dass die Szene vom Ausbruch des Konflikts zwischen Saul und David zur Schlüsselszene in der Darstellung gemacht und auf diese Weise das Bild des jungen Lautenspielers, den der Spiess des aufbrausenden Königs zwei Mal verfehlt, zu einem denkwürdigen Monument ausgestaltet wurde, das die Geschichte des frühen Königtums eindrucksvoll zusammenfasste.

Zum dritten geschah dies – von gleicher oder anderer Hand – auf der Ebene der literarischen Ausstattung und Anreicherung von Textsammlungen, die man mit der konventionellen Bezeichnung der «Erzählungen von Davids Aufstieg» zu umschreiben versucht. Dazu gehört die Zitation der von David angeblich gedichteten Liedtexte in 2Sam 1,17-27 und 3,33-34. Ersteres geben die Tradenten mit Quellenvermerk, aus einer Liedersammlung, genannt: «Buch des Wackeren», zitierend wörtlich wieder, mit dem Hinweis, «man sollte es die Söhne Judas lehren, das Bogen(lied)» – so ergänzt nach dem hier etwas rudimentären hebräischen Text.[3] Der Text ist ganz nach Art dieser Trauerlieder gestaltet, stellt das Einst und Jetzt vergleichend gegeneinander und führt so bewegende Klage über den eingetretenen Verlust. Hier wird die Klage dem Anlass entsprechend zum Heldenlied, strukturiert nach dem Refrain: «Wie sind die Helden gefallen!»

Dabei ist vor allem die Notiz interessant, dass David dieses Lied zum Zwecke der Belehrung der «Söhne Judas» bestimmt habe. Es liest sich, als ob die Editoren darauf verweisen wollten, dass der nachfolgende Text zwar von David verfasst wurde, dann aber Eingang in das genannte Liederbuch fand und dort zur weiteren Verwendung als Schultext entnommen werden sollte.

Aus dieser Darstellung sind folgende Überlegungen abzuleiten:
1. Es ist nicht ganz unwahrscheinlich, dass die zitierten Texte ganz oder zum Teil auf David zurückzuführen sind. Sie sind offenbar nach Form und Stil jener Epoche gestaltet. Die lapidare Diktion der Zeilen ist durch das Klagemetrum (3+2) gebunden, fügt sich aber nur schwer in eine feste Form. Nach Inhalt und im Ton sind die Lieder individuell gehalten und man meint, echte Betroffenheit zu verspüren.

2. Doch selbst wenn man konzediert, dass diese Texte von David stammen, muss man zugleich sagen, dass es profane Trauerklagen sind, die mit Liedern und Gebeten nach Art der Psalmen nichts oder nicht viel zu tun haben. Das gilt auch dann, wenn (spätere) Psalmen durchaus den Totenklagerhythmus (das Qina-Metrum) ihrerseits verwenden. Die Trauerlieder enthalten fast keine theologischen oder religiösen Motive, sind weder Hymnen noch Gebete und stehen insofern dem Wesen der Psalmen ziemlich fern. Auch sind die Psalmen, von einigen älteren Hymnen und Königsliedern abgesehen, erst Produkte der nachexilischen Zeit, so dass es einem Anachronismus gleichkäme, den David von 2Sam 1f als einen «Psalmsänger» zu bezeichnen.

3. Doch ist auch hier wieder festzustellen, dass das Bild vom «singenden und trauernden David» – einmal fixiert und dokumentiert – prototypisch geworden zu sein scheint. Dies gilt aber erst auf der literarischen Stufe der Edition des Sagenzyklus als «Geschichte von Davids Aufstieg» mit ihrem expliziten Zitationsbeleg. Und diese Stufe ist wohl in der frühen Königszeit anzusetzen.

Insgesamt wird man sagen können, dass die frühe erzählerische Davidüberlieferung das Bild von David als Lautenspieler und gelegentlichem Klageliedichter und -sänger gekannt und verbreitet hat, dass die literarische Edition in der Königszeit das überlieferte Davidbild dann mit Textdokumenten aus dem «Buch des Wackeren» unterlegt und damit festgehalten hat, und dass es nicht unwahrscheinlich ist, dass dieses Bild der historischen Realität nahekommt.

2. Das Davidbild der Redaktion der Samuelbücher

Soweit blieben offenbar die gestalterischen Linien der königszeitlichen Texte recht nahe bei den historischen Gegebenheiten. Diese wurden bei den späteren Bearbeitungen nicht zerstört, jedoch ergänzt und damit korrigiert. Dies geschah auf der Ebene der Endredaktion der Samuelbücher, die in einem besonderen Anhang unter den Dokumenten zur Davidzeit auch zwei, angeblich von David verfasste Texte bietet, einmal das Lied 2Sam 22, das text-, wenn auch nicht ganz wortgleich als Psalm 18 im Psalter überliefert wird, und zum andern die sog. letzten Worte Davids in 2Sam 23, die in den Schlussteil des Qumranpsalters 11QPs[a] als Psalm aufgenommen wurden.

Da die Einfügung dieses Anhangs (zusammen mit den Erzählungen in 2Sam 21 und 24) den fortlaufenden Text einer Geschichtsdarstellung zwischen 2Sam 20 und 1Kön 1f unterbricht und offenbar mit der Entstehung der kanonischen Samuelbücher zu tun hat, wird man die Einbringung der genannten Davidtexte erst in der Zeit der Konsolidierung des zweiten Kanonteils der sog. (Vorderen) Propheten ansetzen können und d.h. doch wohl erst in spätpersischer Zeit. Dafür spricht auch die Entstehungsgeschichte der Texte selbst. Beide sind von sehr unterschiedlicher Art. Ps 18 / 2Sam 22 ist eine Komposition aus Theophanie- und Königshymnen, die im Textkorpus selbst keinen bestimmten Verfasser namhaft macht, ja durch die Nennung von David im letzten Vers (V.51) die Angaben der Überschrift, dass der Text von David «gesungen wurde» (V.1), in Frage stellt. Er wird zwar in Teilen vorexilisch sein, kann aber in der überlieferten «Kantatenform» als Gesamtkomposition erst nachexilisch entstanden sein.

2Sam 23,1 nennt hingegen im Textkorpus selbst sogleich David als Verfasser: «Es spricht David, der Sohn Isais, es spricht der Mann, der hoch gestellt ward etc.» Von der literarischen Eigenart her gesehen, wäre es nicht ganz undenkbar, den «letzten Worten», die in einem Bekenntnis zum gerechten Herrscher gipfeln, davidische Verfasserschaft zuzuerkennen. Plausibler indes ist die Annahme, dass es sich um eine literarisch-theologische Gestaltung handelt, die erst nachträglich David überschrieben wurde. Die Imitation des Prophetenspruchs, die Gegenüberstellung der beiden Typen, die Definitionen des Gerechten und des Gottlosen, sprechen – der Tradition der Weisheit zugehörig – doch eher für spätere Abfassung (vgl. Ps 1; Jer 17; Ps 101; 112 u.a.), wie insbesondere auch das Theologumenon vom «Davidbund» (*berit*), das man sich nur schwer im Munde Davids vorstellen kann.

So ist der Schluss eigentlich zwingend: Beide Texte sind nachdavidisch entstanden, wurden aber von den nachexilischen Redaktoren und Editoren David zugeschrieben – zur höheren Ehre der nicht immer so glanzvollen Gestalt des David der Samuelbücher, zur höheren Ehre aber auch der Texte selbst, auf die nunmehr das Licht der klassischen Blütezeit Israels, der Glanz königlicher Herkunft, und der Würde göttlich offenbarter Zeugnisse (z.T. prophetischer Art) fallen sollte. Damit tritt – nach der Sagenedition – noch deutlicher jenes Anliegen hervor, das an David als einem «Verfasser» und «Dichter und Sänger» und nun eben auch an einem «Psalmsänger» und «weisen Denker» interessiert war, als dessen «Werk» man wichtige Texte auszeichnen und deklarieren konnte. Es geht um den höheren Rang der Texte, um ihre Qualität als heilsgeschichtlich verankerte und darum göttlich inspirierte Schriftzeugnisse. Das ist, wie zu zeigen sein wird, ein Interesse auch der Tradenten des Psalters. Sie benützen, sich am Beispiel «Moses und der Propheten» kanongeschichtlich orientierend, die Gestalt Davids in ihrer Funktion als Schöpfer inspirierter Poesie, hier an wenigen Texten wie 2Sam 22 und 23 – im gewissen Sinne ja schon 2Sam 1; 3 –, später in grossem Stil durchgeführt, um die höhere Qualität ihrer Texte zu demonstrieren.

3. Das Davidbild des chronistischen Werkes

Bei der Beschäftigung und Auseinandersetzung mit dem schriftlichen Erbe der vorexilisch-exilischen Epoche, in unserem Zusammenhang der Überlieferung der Samuel- und Königsbücher, hat das chronistische Werk in den beiden Chronikbüchern ein Davidbild geschaffen, das sich in vieler Hinsicht bewusst von dem traditionellen unterscheiden sollte und die theologische Image-Bildung nicht unwesentlich beeinflusst hat. Zwar kannten die Chronisten wohl Ende des 4., Anfang des 3. Jahrhunderts v.Chr. schon die Edition der Samuelbücher und das dort gezeichnete Davidbild. Sie gaben ihm aber aus ihrer Interessenlage und in ihrer Sichtweise ganz neue Züge, wobei sie tradierte Elemente und Motive in ihren Paraphrasen und Kommentaren der Samueltexte ihrem Konzept entsprechend wegliessen. Sie rezipierten weder das Bild des jungen David, der die Laute schlug, noch das des Königs, der die Totenklage hielt. Statt des musizierenden und dichtenden David heben sie den hohepriesterlichen König hervor, der nicht selbst klagt und singt, vielmehr als Vorbeter und Fürbitter vor dem Volk agiert und im Besonderen als Stifter und Begründer der liturgischen Einrichtungen des Kultes vor der heiligen Lade fungiert. Er war es, der die Priester- und Levitendienste ordnete, die Kultmusik einsetzte, die musikalischen Aufgaben verteilte, den Ablauf der Liturgie (unter Benützung des Psalters, vgl. 1Chr 16) bestimmte, vor allem den Tempelbau plante, den er dann seinem Sohn Salomo zur Ausführung anvertraute. Kurz, er wird als der Begründer des nachexilischen Tempeldienstes und der Kultmusik gefeiert. Als Psalmendichter und -sänger tritt er in chronistischer Sicht selbst nicht auf. Entsprechend werden ihm auch nicht «die letzten Worte» von 2Sam 23 oder der Psalm von 2Sam 22 zugeschrieben. Psalmdichtung und -gesang hat er an die levitischen Chöre delegiert. Er selbst bleibt der königliche Priester, «mit einem Mantel von Byssus bekleidet, ebenso alle Leviten, welche die Lade trugen, und die Sänger ... Aber David trug auch ein linnenes Ephod ...» (1Chr 15,27f) – wie ein Priester. Und: «Damals, an jenem Tage, hat David zum erstenmal Asaf und seinen Genossen aufgetragen, dem Herrn zu lobsingen» – es folgt eine liturgische Komposition aus den Psalmen 106; 96 und 105 (1Chr 16,7-36).

Es ist nicht ganz leicht, Bedeutung und Wirkung dieses Davidbildes zu bestimmen. Aber es müssen doch wohl levitische Kreise und Tempelsänger am Jerusalemer Tempel gewesen sein, die ein Interesse an einem solchen Bild hatten und die auf diese Weise eine Genealogie ihrer liturgischen Ämter und Aufgaben herzustellen versuchten. Dem steht aber das Davidbild der Psalmüberschriften gegenüber, das zeitlich nicht wesentlich später aufgekommen sein mag, aber eine ziemlich andersartige Vorstellung von David als Psalmdichter und -sänger bot.

4. Das Davidbild des Psalters

In den Psalmen[4] finden sich zwei Davidbilder. Das erste ist das Monumentalbild in den grösstenteils vorexilischen Königspsalmen. Diese Texte[5] stehen mit dem judäischen Inthronisationsritual in Zusammenhang und messen – mit Ausnahme von Ps 45, einem Hochzeitslied für den nordisraelitischen König – den regierenden König an dem Vorbild des Dynastiegründers, und zwar auf der Basis der Verheissung, dass der Nachfolger auf dem Thron als der Gesalbte in davidgleicher Funktion regieren werde. Insofern wird dort gelegentlich auf die Davidszeit angespielt, David selbst wird relativ selten[6] mit Namen genannt. Jedoch erscheint er in diesen Königszeugnissen immer als König und nie als Dichter oder Sänger.

Das zweite Davidbild, das des Psalmsängers, führt in die Archive der Schreiber und Schriftgelehrten, wo die Textsammlungen entstanden sind, aus denen am Ende der Psalter erwuchs.

Wohl viele Jahrzehnte, ja Jahrhunderte nach der Entstehung der Königspsalmen, die ja überraschenderweise von einem königlichen Sänger David (noch) nichts wissen, war in den Räumen der nachexilischen Psalterredaktion ein Davidbild lebendig, das als Leitbild die Arbeit der Tradenten massgeblich bestimmt hat. Die Belege gehören ausschliesslich zu dem redaktionellen Rahmenwerk der Psalmüberschriften und stammen sicher aus der Hand der mit der Sammlung und Zusammenstellung der Gebet- und Liedtexte beschäftigten Schreiber.[7] Deren Tätigkeit wird sich ebenfalls über längere Zeit erstreckt haben. Jedenfalls zeigen die unausgeglichenen Registratursysteme, die nachträglichen Änderungen, die Unterschiede zwischen den Fassungen des masoretischen, des griechischen und des qumranischen Psalters, dass viele Hände an dieser Arbeit beteiligt waren.

Der Name Davids wird in den Überschriften in verschiedener Weise benützt. Im Zentrum steht dabei die Formel *l^{e}dawid:* seit langem eine offene Wunde der Psalmenforschung, weil es einfach nicht gelingen will, das Rätsel ihrer Bedeutung zu lösen. Die jüngere Forschung hat sich wieder mit Vehemenz und auch mit einigem Erfolg auf die Probleme geworfen. Zu nennen sind hier vor allem die Beiträge von Notker Füglister, Jürgen van Oorschot und Martin Kleer.[8] Doch wird man noch nicht sagen können, vor allem das Problem der Herkunft und ursprünglichen Bedeutung der Formel endgültig gelöst zu haben. Im allgemeinen gab man früher die Formel mit: «von David», auch «für David», in der Verbindung mit «Psalm»: «ein Psalm Davids», wieder und versuchte, das hebräische *l^e* als *l^e auctoris,* als Angabe zur Verfasserschaft, zu deuten. Ernst Jenni hat wohl den endgültigen Beweis geführt, dass es im Hebräischen die spezielle Verwendung eines *l^e* als *l^e auctoris* nicht gegeben hat.[9] So muss man zunächst davon ausgehen, dass die Formel primär eine allgemeine Zuordnung und Zueignung bezeichnet, was natürlich die Frage der Autorschaft in ein neues Licht stellt.

Wichtig für eine Lösung der Frage der Bedeutung der Formel im Psalter scheinen mir folgende Beobachtungen zu sein:

1. Durch Zuordnung einer grösseren Zahl von Texten zu einem Namen sollen einheitliche Gruppen bestimmt und abgegrenzt werden. Das ist bei den Wallfahrtspsalmen so, bei den Korach- und Asaf-Psalmen – und wird auch für die David-Psalmen zutreffen. Auf diese Weise ergibt sich eine Reihe von Texten, deren besonderen Merkmale darin liegen, dass sie zum weit überwiegenden Teil aus individuellen Schriftstücken, sog. Ich-Psalmen besteht; dass sie vergleichsweise jung sind; dass sie im Umfeld des Jerusalemer Tempels entstanden sind; dass die Texte zwar individuelle Stile aufweisen, dass bei ihnen aber die Rechtsklage, vor allem die Feindklage, eine herausragende Rolle spielt. Sie bilden die Teilgruppen der vier David-Psalter.

2. Nach der Art einer Zuweisung sind (fast) alle Texte einzeln signiert bzw. gesiegelt (l^e inscriptionis).

3. Die interne Zuordnung und Einsortierung der Gruppe wird zu einem kleineren Teil von 13 Texten (masoretischer Text) durch die Lokalisierung in bestimmten Situationen der Biographie Davids gesucht, ein Vorgang, der offenbar nicht konsequent durchgehalten oder vorzeitig abgebrochen wurde. Dahinter steht wohl der Versuch einer Typisierung. Denn anders lassen sich die Zufälligkeit der Setzung und Streuung der Überschriften und ihre unterschiedlichen Ausmasse wohl nicht erklären.

4. Die griechische Übersetzung unterscheidet sehr genau Dativ und Genitiv in der Zuordnung der Psalmen.[10] Offenbar war dort noch ein Wissen von der formelhaften Verwendung des Zueignungsvermerks erhalten geblieben.

Hinter allen diesen Tätigkeiten lässt sich zunächst der Vorgang des Registrieren und Verteilens von Einzelblättern auf Serien vermuten, wie ja ähnliche Zuordnungen etwa von Gefässen zum Haushalt des Königs (*lmlk*) oder Gegenständen zum Heiligtum (*lqdš*) oder von anderen Dingen als Eigentum (Siegel) inschriftlich bekannt sind. Ihnen kommt die Funktion einer allgemeinen Kennzeichnung und Zuweisung zu. Vorstellbar sind demnach Regale oder Krüge für bestimmte Textserien, die man mit Namensetiketten unterschied, ohne über die Art der Zuordnung viel sagen zu wollen. Wahrscheinlich dachten die Redaktoren dabei zunächst weniger historisch als literarisch, soll heissen, ihr Interesse war nicht die historische Originalität des Textblatts, sondern die literarisch-theologische Qualität des Inhalts.

Diese Annahmen belegen die Vorgänge um die kanonische Mose-Überlieferung, etwa im Bereich des Deuteronomiums oder der Bücher

Leviticus und Numeri. Ähnliche literaturgeschichtliche Traditionsvorgänge müssen sich auch bei der Entstehung der grossen Prophetenbücher und im weisheitlichen Bereich um die Gestalt Salomos abgespielt haben: im Psalter sind Ps 72[11]; 127 sind als Salomo-Psalmen ausgewiesen.

Man muss – wie bekannt – bei der Literaturgeschichte des biblischen Kanons mit der prinzipiellen und alles dominierenden Leitvorstellung rechnen, dass die Gewichtung und Erhaltung besonderer, vor allem neuer Texte nur durch Anbindung und Einschaltung in das bereits bestehende und ständig wachsende kanonische Repertoire gesichert werden konnte.[12] Ein direktes Zeugnis dafür bieten die vermutlich von denselben Tradenten und Editoren unternommenen Versuche, Psalmtexte gleicher oder ähnlicher Herkunft wie die der Davidpsalter in den entstehenden Kanon heiliger Schriften einzubringen. Sie versuchten durch Zuweisung zu anerkannten inspirierten Verfassern die Bedeutung ihrer Texte zu sichern. Dies gelang wie gezeigt im Blick auf David mit Ps 18, identisch mit 2Sam 22, in gewissem Sinn auch bei den sog. letzten Worten Davids 2Sam 23. Es gelang auch beim Hannapsalm (1Sam 2), beim Jonapsalm (Jon 2), Hiskijapsalm (Jes 38), Nahumpsalm (Nah 1), Habakukpsalm (Hab 3) etc., alle nach Wesen und Gattung potentielle Davidpsalmen. Sie fanden zwar keine Aufnahme mehr in der Tora wie die den Asaf-Psalmen nahestehenden Texte des Mosel·ieds (Ex 15) und des Mosepsalms (Dtn 32), wohl aber im werdenden Prophetenkanon. Die Zuschreibung wird zum Vehikel der Autorisierung der Lieder und Gebete als kanonische Texte. Den Psalmen aus den Sammlungen gelang dies im grossen Ganzen offensichtlich nicht mehr. So wurde ein dritter Kanonteil – auch für die liturgische und weisheitliche Literatur – wünschenswert und notwendig.

Natürlich lag darin auch der Anspruch persönlicher Verfasserschaft. Und das entsprach ja auch ganz der Strategie der Kanontradenten. Die Folge war die oft sehr seltsam anmutende und wenig konsequente Verortung in Szenen aus dem Leben Davids. Sie lässt ein mehr oder weniger schablonenhaftes Vorgehen und eine gewissen Zwang zur Typisierung und Historisierung erkennen. Dasselbe gilt dann auch für die musikalische Verwendung, die nach den Überschriften offenbar für sehr viele, wenn nicht alle Texte vorgesehen war.[13]

Dabei ist vorauszusetzen, dass das Bild Davids des Dichters und Sängers zunehmend eine hervorgehobene Rolle spielte. Aber woher stammt es?

Die einzige Antwort, die dem Gesagten entspricht, ist die, anzunehmen, dass in der Zwischenzeit das Davidbild der Geschichtsbücher im entstehenden Prophetenkanon, den sog. Vorderen Propheten, Verbreitung gefunden hatte. Man las in jenen Kreisen diese Schriften, man kannte die Erzählungen der Samuelbücher, man sah vor sich das Bild des Sängers an Sauls Königshof, des Königs, der um Saul und Jonatan die Totenklage hielt, wusste wahrscheinlich von der Konstruktion des chronistischen Geschichtswerkes, alles, was mit Tempel und Tempelmusik und Liturgie zusammenhing, auf Davids Initiative zurückzuführen und so zu legitimieren. Räumlich und zeitlich weit entfernt von dem Chronisten konnten die Psalmeditoren ja nicht gewesen sein. Übernahm doch die Chronik ihrerseits Texte aus dem entstehenden Psalter.[14]

So begannen – nehmen wir an – die Archivare, das Bild des Sängers und Beters David ihrerseits auszugestalten und auszumalen. Die pauschale Zuordnung macht spezifischen Inszenierungen Platz. Und sie waren bemüht, Analogien im Leben Davids zu finden. Mancherlei Irrtümer dabei zeigen, dass sie trotz aller «Schrifttreue» nicht immer sorgfältig und oft auch sehr zufällig vorgegangen sind.

So entnahmen die Archivare und Editoren, um den von ihnen verwalteten Texten zu Verbreitung und Verwendung zu verhelfen, den Überlieferungen sozusagen eine Kopie des traditionellen Davidbildes. Es sollte ihren Texten quasikanonische Würde verleihen – gleich den wenigen Texten, die noch in den Räumen des biblischen Kanons, in der Tora und den Propheten untergebracht werden konnten. Es sollte aber zugleich als situativer Rahmen und als Raster dienen, um die Fülle der Texte – mindestens der Idee nach – einzusortieren. Dass man sich schliesslich damit begnügen musste, die Davidsammlungen als Teile in das Grossprojekt des Psalters einzugliedern, zeigen Reste erhaltener Notizen wie z.B. das singuläre: «zu Ende sind (hier) die Gebete[15] Davids, des Sohnes Isais» in Ps 72,20.

Das Resultat war indes etwas gänzlich Neues. Aus den Beständen der gesammelten Votivtexte war ein für den einzelnen Menschen, seine persönlichen Anliegen gedachtes Lied- und Gebetbuch geworden, nach Ps 1 eine toraähnliche Buchrolle[16] in die Hand des «Gerechten» zur Andacht und Erbauung seiner Seele. In ihr sollte er sich – so war es wohl gedacht – mithilfe der davidischen Musterbiographie zurechtfinden. Wem anders unter den biblisch bekannten «Heiligen» hätte man dieses Buch im Ganzen zuschreiben können? Doch wohl nur dem legendären Sänger und Beter.

5. Das Davidbild in der späteren Überlieferung

War einmal ein solches Idealbild geschaffen, konnte es nicht ausbleiben, dass es einem doppelten Einfluss und Wandel unterworfen war. Einmal wurde es nach den Vorstellungen ausgestaltet, die sich aus den Einzeltexten ergaben.

Das heisst nichts anderes, als dass die David zugeschriebenen Texte autobiographisch voll ausgewertet wurden. So wurde der David als der Sänger von Ps 7 (Überschrift) und zugleich von Ps 8 der Dichter und Theologe, der den Satz formulierte, dass der Schöpfer den Menschen «um wenig geringer gemacht als (einen) Gott» und «mit Ehre und Majestät gekrönt» habe (8,6). Oder er wurde in Ps 60 zum Zeugen eines Orakelspruchs, der mit der Wendung: «Gott sprach in seinem Heiligtum» (60,8) zitiert wird. Als Beter und Sänger wurde er mit den unter seinem Namen gesammelten Texten identifiziert und bekam vielfältige menschliche Züge. Die Lebensbreite des historischen David liess ja viele Episoden zu. Das Idealbild des Gerechten entstand.

Das Davidbild veränderte sich aber auch durch andere Einflüsse, die aus den religiösen Strömungen der späteren Zeit resultierten. Die zunehmende Autorität des Prophetenkanons und das wachsende Bedürfnis nach autorisierten Offenbarungen machten aus den Liedern und Gebeten des königlichen Sängers göttlich inspirierte Texte. Dieser Vorgang ist daran erkennbar, dass David immer mehr zum Medium eines Offenbarungsmittlers stilisiert wurde, d.h. zum Prototyp eines Propheten, dem es nach den Vorstellungen der Zeit zukam, die Zukunft für die Gegenwart weissagend zu deuten.

Diese doppelte Veränderung führte zu einer Entwicklung, die einmal in Gang gekommen, schnell Fahrt gewann. Das wird am deutlichsten an den verschiedenen Textversionen, in denen der Psalter überliefert wurde: in der protokanonischen Fassung, in der Fassung des Qumran-Psalters und in der griechischen Übersetzung.

Im Textbestand, in dem die drei Psalterversionen noch weithin übereinstimmten, ergab sich ein synthetisches, ein mosaikartiges Davidbild. Die gut 70 ihm zugeschriebenen Psalmen – und die Zahl nimmt ja in den Parallelpsaltern immer mehr zu – zeichnen ein feingerastertes Bild vielfältiger Glaubensvollzüge. Er ist es, der klagt und preist, schreit und stöhnt, singt und betet, zweifelt und glaubt, flieht und standhält. Es ist ein Bild wie im Grossformat. Es ist das prototypische Bild des frommen und weisen Sängers, ein Idealbild also, dem sich der Gläubige durch seine Gebete annähern sollte. Durch das Buch Jesus Sirach vom Beginn des 2. vorchristlichen Jahrhunderts ist belegt, dass dieses Idealbild zu lebendiger Wirklichkeit erwacht ist.

5.1 Das Zeugnis des Jesus Sirach

Bei Jesus Sirach liest man im sog. Preis der Väter in Kap. 47 unter anderem über David:

> 8 «Bei all seinem Tun stimmte er (David) Loblieder an
> für Gott, den Höchsten, in rühmenden Worten.
> Mit ganzem Herzen liebte er seinen Schöpfer
> und jeden Tag lobte er ihn mit Liedern.
> 9 Er liess Saiteninstrumente[17] (G: Psalmsänger) zur Liedbegleitung
> vor dem Altar aufstellen
> und ordnete den Klang der Lieder zur Harfe ...»

Das ist die Auswirkung des synthetischen Idealbilds,[18] das der entstehende Psalter verbreitet hat. Das Bild vom Psalmsänger ist nun zu seiner vollen Ausbildung gekommen. Es lässt die Angaben anderweitiger Verfasserschaft, Hinweise auf die Korachiten, Asafiten, Salomo, ja auf Mose[19] selbst, völlig in den Hintergrund treten. Das Bild des Psalmsängers David[20] wird zum Leitbild, das auch die Vorstellung vom frommen und weisen Schriftgelehrten prägt, den sich nach Ps 1 der Psalter als idealen Leser wünscht.

5.2 Der Qumran-Psalter

Der Qumran-Psalter aus der 11. Höhle (11QPs^a), der bekanntlich grosse Teile des letzten Psalterdrittels masoretischer Zählung in abweichender Reihenfolge enthält, bietet gut zehn Psalmtexte, die bisher nur zum Teil bekannt waren, darunter ein Verzeichnis der literarischen Werke Davids, das wohl als Kolophon zum Psalter gedacht war. Dieses Verzeichnis lässt erkennen, dass man nunmehr in grosser Zahl und d.h. wohl alle Psalmen auf David zurückführte, nachdem schon die griechische Übersetzung die Zahl der David zugeschriebenen Texte um etwa zehn erhöht hatte. Offenbar setzte sich die Idee eines Davidpsalters immer weiter durch. In jenem Kolophon wird das Davidbild noch einmal in bedeutsamer Weise erweitert und bereichert.

> «(2) Und David, der Sohn Isais, war weise, und ein Licht wie das Licht der Sonne, und ein Dichter (*swfr*), (3) auch klug und vollkommen auf allen seinen Wegen vor Gott und den Menschen. Und der Herr gab (4) ihm einen einsichtigen und hellen Geist. Und er schrieb (5) 3 600 Psalmen; dazu Lieder vor dem Altar und über dem (6) täglichen Brandopfer zu singen, für alle Tage des Jahres 364; (7) und für das Sabbatopfer, 52 Lieder; und für das Opfer zum (8) Neumond und für alle Festversammlungen und für den Versöhnungstag, 30 Lieder. (9) Und alle Lieder, die er sprach, waren 446, und die Lieder (10) für die Schalttage (für das Schlagzeug?), 4. Insgesamt waren es 4 050. (11) Alle diese sprach er als Prophetie, die ihm vom Höchsten gegeben war».[21]

In unserem Zusammenhang interessieren nicht so sehr die Zahlenangaben und ihre Herkunft[22] oder die Angaben zum Solarkalender mit einem Jahr von 364 Tagen oder über die Kompositionen für die Instrumentalmusik (unsicherer Text). Vielmehr ist für uns der Schlusspassus von Bedeutung, der den Dichter und Weisen David nun auch unter die Propheten einreiht. Wie, ist David auch unter den Propheten? Wie immer man die Wendung: «sprechen als Prophetenwort» versteht, hier im zusammenfassenden Schlusswort werden Davids Worte als «Prophetie» ausgegeben, die ihm durch Inspiration geschenkt wurde. Nach dem Prophetenverständnis der Zeit handelt es sich um Weissagungen, die in der Gegenwart als erfüllt gelten. Und unmittelbar vor dem als «David's Compositions» apostrophierten Abschnitt stehen in diesem Psalter auch noch «Davids letzte Worte» aus

2Sam 23. Diese Perikope war wohl der Ausgangspunkt für die prophetische Deutung. Denn Davids Worte werden dort mit der altehrwürdigen Formel für den prophetischen Gottesspruch eingeführt, gefolgt von der Aussage: «Der Geist des Herrn redet in mir, und sein Wort ist auf meiner Zunge» (V.2). Durch die Zusammenstellung aber wird klar, dass nicht nur die letzten Worte Davids, sondern alle seine Dichtungen, und d.h. die 4050 Psalmtexte insgesamt als prophetische Weissagungen zu verstehen sind. Damit aber wandelt sich das Verständnis der Psalmen. So werden ja auch die Psalmen in Qumran nicht nur abgeschrieben, gelesen und meditiert (man zählte etwa 40 Psalter-Exemplare); sie werden als Weissagungen für die Gegenwart ausgelegt. Die qumranspezifischen Auslegungen der sog. *Pescher*-Kommentare zu den Psalmtexten[23] zeigen, dass man aus ihnen ablas, was für die Gegenwart vorausgesagt war. Es galt sie als Weissagung zu entziffern. Apokalyptisches Denken prägt den Umgang mit den Psalmen.

5.3 Die griechische Psalterüberlieferung

In der griechischen Fassung des Psalters zeigt sich zunächst eine ganz ähnliche Entwicklung. Die Zahl der David zugeschriebenen Psalmen wird erhöht (80 statt 73); die der biographischen Szenerien erweitert (Ps 144: «gegen Goliad»; Ps 27: «vor dem Gesalbtwerden»). Ps 151, nur in der Septuaginta und jetzt auch im Qumran-Psalter 11QPs[a] überliefert, ist ein Lied, in dem David selbst seine Salbung durch Samuel besingt. Diese Akzente zeigen zwar eine historisierende Darstellung; zugleich aber wird deutlich, dass es sich nicht nur um den «geschichtlichen» David, Sohn des Isai, vielmehr um den gesalbten und inspirierten prophetischen Sänger handelt, dessen Psalmen nun auch die Zukunft weissagen.[24]

Und in der Folge findet sich auch in den urchristlichen Zeugnissen des Neuen Testaments bekanntlich dieses Bild: David ist als Empfänger göttlicher Offenbarung ein Prophet. Apg 2,29ff: «Ihr Männer, liebe Brüder, lasset mich frei reden zu euch von dem Erzvater David. Er ist gestorben und begraben, und sein Grab ist bei uns bis auf diesen Tag. Da er nun ein Prophet war und wusste, dass ihm Gott verheissen hatte mit einem Eide, dass die Frucht seiner Lenden sollte auf seinem Stuhl sitzen, hat ers zuvor gesehen und geredet von der Auferstehung Christi ...»[25] Der «Prophet» David als Offenbarungsmittler. Oder Hebr 4,7 von Ps 95: Gott spricht in diesem Psalm zur christlichen Gemeinde «nach so langer Zeit durch David». Es gilt aber der Psalm auch als «Weissagung» für die Gegenwart. –

Doch daneben taucht im Neuen Testament und in der jüdischen Tradition jenes andere Bild wieder auf: der David des Monumentalbilds in den Königspsalmen. Und die christliche Gemeinde stellt sich mit den jüdischen Gemeinden angesichts dieses Denkmals die Frage, ob nicht auch darin eine uneingelöste Weissagung schlummert. Die Antworten fallen verschieden aus. Nur zwei seien zitiert:

> «Alles, was David in seinem Buch gesagt hat, gilt im Blick auf ihn, im Blick auf ganz Israel und im Blick auf alle Zeiten».[26]
> «Denn nicht David ist gen Himmel gefahren. Er spricht aber: Der Herr hat gesagt zu meinem Herrn: Setze dich zu meiner Rechten, bis dass ich deine Feinde lege zum Schemel deiner Füsse.» (Apg 2,34f)

6. Zusammenfassung

Das Gesagte ein wenig zusammenfassend ist etwa Folgendes festzustellen:
Es sind im Verlauf der biblischen Literaturgeschichte unterschiedliche Davidbilder entstanden: das sagenhafte Bild des geschichtlichen David, das szenische Denkmal Davids mit der Laute und als Totenkläger, das Monumentalbild der Königspsalmen, das hohepriesterliche Bild, das Idealbild des Beters und Sängers der Psalmen und das Heiligenbild des göttlich inspirierten Propheten. Ihre Gestaltung und Erneuerung im Wechsel der Zeiten repräsentieren literarische Vorgänge, besonders bei der Psalmensammlung und Psalterentstehung. Sie verschmelzen in einem Prozess der Synthetisierung dort zu einer Ikone, welche nun unauslöschlich in den Psalter eingeprägt ist. Sie spiegeln aber auch die theologischen Entwicklungen wider, die dazu geführt haben, dass der Psalter Teil des Kanons heiliger Schriften wurde, dass schlichte, individuelle, späte Texte meist von Laien zu dem autorisierten Gotteswort werden konnten, von dem der Glaube so vieler Menschen leben sollte. Durch diese Art von Bebilderung des Psalters selbst aber konnte im Sinne einer vereinfachenden, zunächst gleichsam imaginären Illustration die Entwicklung hin zur heiligen Schrift visualisiert, d.h. für den allgemeinen Gebrauch einsichtig und plausibel gemacht werden. Es gelang auf diese Weise den theologisch ausserordentlich komplizierten Vorgang der Kanonisierung von Texten begreiflich zu machen, ja zu propagieren und zu popularisieren. Dadurch wurde es der Nachwelt einfach gemacht, David als Gestalt der Heilsgeschichte zu begreifen, ihn als Medium der Offenbarung zu verstehen und sich mit ihm in vielen Lebenslagen betend zu identifizieren. Doch gingen in dem plakativen synthetischen Grossbild der David-Ikone auch gewichtige Elemente historischer Überlieferung und die darauf gründende theologische Differenzierung auf und damit gewissermassen verloren. Der Gewinn der bildlichen Vereinfachung hat seinen Preis. Die Symbolfigur löst die konkrete Realität jener Psalmtexte zugunsten einer allgemeinen Typisierung der Gebete und Lieder auf, fördert damit zwar in weitem Masse ihre Verwendbarkeit, trägt aber auch zu erheblichen individuellen Sinnverlusten bei.

Anmerkungen

1. Eine der eindrücklichsten Darstellungen Davids als Sänger stammt aus der Synagoge von Gaza (6. Jh. n.Chr.). Das Fussbodenmosaik zeigt König David mit einer mehrsaitigen Harfe und der hebräischen Legende *dwyd* (heute im Museum für Musik und Ethnologie in Haifa).
2. Zum Folgenden vgl. – ausser den Samuelkommentaren – vor allem Dietrich 1997.
3. Wörtliche Übersetzung: «Und David sang diese Totenklage ... – und er sprach, um die Söhne Judas zu lehren ‹den Bogen›. Siehe es ist aufgeschrieben im Buch des Wackeren ...». Überliefert ist nur das Wort «Bogen», so dass man den Text (allzu) wörtlich auch auf das Bogenschiessen beziehen könnte.
4. Zum Folgenden vgl. Seybold 1986 und 1996 passim.
5. Im Allgemeinen zählt man zu den Königspsalmen die Texte: Ps 2; 18; 20; 21; 45; 72; 89; 101; 110; 132; 144.
6. In den Texten selbst Ps 18,51; (72,20); 89,21.36.50; 122,5; 132,10.17; 144,10.
7. Eine Überschneidung ergibt sich bezeichnenderweise bei Ps 18, wo David in V.51 im Korpus der Königspsalmkomposition genannt ist und zugleich in der Überschrift V.1. Dazu insbesondere Kleer 1996; Auwers 1999.
8. Vgl. im Einzelnen die Bibliographie.
9. Jenni 2000, 71.
10. Pietersma 1980, 217f.
11. Trotz der Notiz Ps 72,20, welche offensichtlich Ps 72 zu den «Gebeten Davids» zählt. Hier treten zwei Zuordnungskonzepte zutage, die sich überkreuzen und hierin ihre primär editorische Intention preisgeben.
12. Vgl. die sehr umfangreiche sog. apokryphe und pseudepigraphische Literatur vor allem aus der zwischentestamentlichen Zeit.
13. Dafür stehen die gerade bei den David zugeschriebenen Texten sehr häufigen musikalisch zu deutenden Begriffe: *schir* «Lied, Gesang», *mizmor* «Lied mit Instrumentalbegleitung», *lamennaseach* «für den Chorleiter», u.a.
14. 1Chr 16,8-36 = Ps 105,1-15; Ps 96; Ps 106,1.47f.
15. Die griechische Übersetzung liest charakteristischerweise «Hymnen» statt «Gebete».
16. Vgl. Kratz 1996.
17. Vgl. Füglister 1988.
18. Vgl. Marböck 1982, 46f: «Zentrum von Sirachs Davidbild ist, wie schon durch das kultische Bild ... und den Hinweis auf das Gebet ... vorbereitet, dessen persönliche Frömmigkeit und Sorge für den Gottesdienst ... Ein Zug, der weder in den Samuelbüchern noch in der Chronik mit ihrer Betonung von Davids Bedeutung für den Kult besonders hervortritt, steht überaus selbständig und charakteristisch am Beginn ... Alles, Davids Tun, sein Herz, seine Zeit sind von seiner *persönlichen Frömmigkeit als umfassender Haltung* geprägt.»
19. Ps 90 wird als einziger Psalm Mose zugeschrieben.
20. Das Motiv vom Instrumentenbauer David geht auf Am 6,5 zurück, wo Trunkene erwähnt sind, die «zur Laute plärren, (wie David) sich Liedinstrumente erfinden». Der Text ist dunkel und scheint am Ende beschädigt; «wie David» scheint eine Glosse zu sein.
21. Vgl. Abegg / Flint / Ulrich 1999, 583f.
22. Die grosse Gesamtzahl (4050) könnte noch eine Erinnerung daran enthalten, dass aus den mit Votivgaben gefüllten Archiven zunächst nur 73 (später 150) Texte ausgewählt wurden.
23. Mehrere *Pescher*-Texte zu Psalmstellen sind in Qumran bezeugt, z.B. zu Ps 37: 4QpPs 37 oder zu Ps 68: 1QpPs.
24. Möglicherweise zeigt sich in der Übersetzung des hebr. *lmnṣḥ* (gewöhnlich wiedergegeben mit: «für den Chorleiter») εἰς τὸ τέλος in gleicher Weise eine eschatologische Ausdeutung wie in den Kommentaren aus Qumran.
25. Apg 4,25f nach Ps 2 «Du (Gott) hast durch den Mund unseres Vaters David, deines Knechtes, durch den Heiligen Geist gesagt: ‹Warum toben die Völker ...›».
26. Midrasch Tehillim Ps 18,1.

Bibliographie

Abegg, M. / Flint, P. / Ulrich, E. (eds.), 1999: *The Dead Sea Scrolls Bible*, Edinburgh: T&T Clark.
Auwers, J.-M., 1999: «Le David des psaumes et les psaumes de David» in Desrousseaux, L. / Vermeylen, J. (éds.), *Figures de David à travers la bible* (Lectio divina, 177), Paris: Cerf, pp. 187-224.
Braun, J., 1999: *Die Musikkultur Altisraels/Palästinas. Studien zu archäologischen, schriftlichen und vergleichenden Quellen* (Orbis Biblicus et Orientalis, 164), Fribourg / Göttingen: Universitätsverlag / Vandenhoeck.
Childs, B.S., 1971: «Psalm Titles and Midrashic Exegesis» in *Journal of Semitic Studies*, 16, pp. 137-150.
Desrousseaux, L. / Vermeylen, J. (éds.), 1999: *Figures de David à travers la Bible* (Lectio Divina, 177), Paris: Cerf.
Dietrich, W., 1997: *Die frühe Königszeit in Israel. 10. Jahrhundert v.Chr.* (Biblische Enzyklopädie, 3), Stuttgart u.a.: Kohlhammer.
Evans, C.A., 1997: «David in the Dead Sea Scrolls» in Porter, S.E. / Evans, C.A. (eds.), *The Scrolls and the Scriptures. Qumran Fifty Years after* (Journal for the Study of the Pseudepigrapha, Suppl. Ser. 26), Sheffield: Academic Press, pp. 183-197.
Füglister, N., 1988: «Die Verwendung und das Verständnis der Psalmen und des Psalters um die Zeitenwende» in Schreiner, J. (ed.), *Beiträge zur Psalmenforschung. Psalm 2 und 22* (Forschung zur Bibel, 60), Würzburg: Echter, pp. 319-384.
Jenni, E., 2000: *Die hebräischen Präpositionen*, Bd.3: *Die Präposition Lamed*, Stuttgart u.a.: Kohlhammer.
Kleer, M., 1996: *Der liebliche Sänger der Psalmen Israels. Untersuchungen zu David als Dichter und Beter der Psalmen* (Bonner Biblische Beiträge, 108), Bodenheim: Philo.
Kratz, R.G., 1996: «Die Tora Davids. Psalm 1 und die doxologische Fünfteilung des Psalters» in *Zeitschrift für Theologie und Kirche*, 93, pp. 1-34.
Marböck, J., 1982: «Davids Erbe in gewandelter Zeit» in *Theologisch-praktische Quartalschrift*, 130, pp. 43-49.
Mathys, H.-P., 1994: *Dichter und Beter. Theologen aus spätalttestamentlicher Zeit* (Orbis Biblicus et Orientalis, 132), Fribourg / Göttingen: Universitätsverlag / Vandenhoeck.
Noll, K.L., 1997: *The Faces of David* (Journal for the Study of the Old Testament, Suppl. Ser. 242), Sheffield: Academic Press.
Pietersma, A., 1980: «David in the Greek Psalms» in *Vetus Testamentum*, 30, pp. 213-226.
Seybold, K., 1986 (^{2}1991): *Die Psalmen. Eine Einführung* (Urban-Taschenbuch, 382), Stuttgart u.a.: Kohlhammer.
Seybold, K., 1996: *Die Psalmen* (Handbuch zum Alten Testament, I/15), Tübingen: Mohr.
van Oorschot, J., 1994: «Nachkultische Psalmen und spätbiblische Rollendichtung» in *Zeitschrift für die alttestamentliche Wissenschaft*, 106, pp. 69-86.

Zenger, E., 1998: «David as Musician and Poet: Plotted and Painted» in Exum, J.C. / Moore, S.D. (eds.), *Biblical Studies / Cultural Studies. The Third Sheffield Colloquium* (Journal for the Study of Old Testament, Suppl. Ser., 266), Sheffield: Academic Press, pp. 263-298.

David der Hirt
Vom «Aufstieg» eines literarischen Topos

REGINE HUNZIKER-RODEWALD

Zusammenfassung:

Bei der Nachzeichnung von Davids Karriere dient das Bild des Hirten im Alten Testament zum einen der bewussten Kontrapunktierung von Macht und Ansehen und zum anderen der Darstellung einer Initiative auf Seiten Jhwhs, die sämtliche Erwartungen sprengt. Gewissermassen aus dem Nichts und ohne jedes Verdienst war David von Jhwh erhoben worden, eine Vorstellung, die in der spätexilisch-nachexilischen Zeit dann zum Paradigma für Israels Hoffnung auf Jhwhs Neuzuwendung «allein aus Gnaden» wurde. Für die im Rahmen dieser Hoffnung ausgesprochene Erwartung eines neuen David konstitutiv ist die enge Verbindung der Hirtenmetapher mit der Bezeichnung «Jhwhs Knecht».

Résumé:

Dans la narration de la carrière de David, l'image du berger sert de contrepoint au pouvoir et au prestige. Mais elle est aussi l'expression d'une initiative de Yhwh qui dépasse toute attente: il a tiré David du néant et l'a élevé sans qu'aucun mérite de David justifie cette faveur. Vers la fin de l'Exil et dans les temps qui suivront, cette image nourrira l'espoir d'Israël de voir Yhwh se retourner vers son peuple, avec sa grâce pour seul motif. Les textes porteurs de cet espoir expriment leur attente d'un nouveau David en alliant étroitement la métaphore du berger à la désignation de «serviteur de Yhwh».

Abstract:

In the portrait of David's career in the Old Testament, the image of the shepherd serves a twofold purpose. On the one hand, it provides a contrast to power and high standing. On the other hand, the shepherd image presents an initiative on Yhwh's side that goes beyond all expectations. From nowhere, as it were, and without David's involvement, Yhwh chose him, an idea that, in the late late exilic/post-exilic period, became a paradigm for Israel's hope that Yhwh would initiate new contact with his people «by grace alone». The close connection of the shepherd metaphor with the title «servant of Yahweh» is constitutive for the expectation of a new David, which is articulated in the context of this hope.

Stichwörter:

David; Hirtenmetapher

1. Hinführung

Ob der historische David in seiner Jugend einst tatsächlich das Kleinvieh seines Vaters hütete (vgl. z.B. 1Sam 16,11; 17,34), wird nie mehr mit Sicherheit auszumachen sein. Dass aber mindestens in 2Sam 5,2 und Ps 78,71f, wo von Davids übertragen verstandener Hirtenschaft die Rede ist, die gemeinaltorientalische Hirt-Königsmetapher mitschwingt, darf schon als sehr wahrscheinlich angenommen werden.[1] An den letzten beiden Stellen verdient allerdings Beachtung, dass David, der von Jhwh zum Weiden (רעה) des Volkes Ausersehene, hier nicht als רֹעֶה «Hirt» tituliert[2] wird. Die grammatische Form allein rechtfertigt zwar noch nicht, auf einen Gebrauch der Hirtenmetapher zu schliessen, der sich von demjenigen in Israels Umwelt unterscheidet; in dieser Hinsicht von Bedeutung aber ist die Art und Weise, wie Davids Karriere im Alten Testament mithilfe des Hirtenbildes zur Darstellung gebracht wird: Davids Weg nahm seinen Anfang im «Kleinen», und zwar entgegen jeder Erwartung. Oder hätte etwa der «Milchbart» aus 1Sam 17, der Jüngste unter seinen Brüdern (1Sam 16,11), «der hinter dem Kleinvieh» (2Sam 7,8) je von sich aus den Wunsch nach Macht hegen können? Dass eine solche Akzentsetzung letztlich der Legitimierung von Davids Ambitionen auf die Herrschaft dient, steht zu vermuten. Dabei wurde das für die Nachzeichnung von Davids Aufstieg verwendete Hirtenbild seiner traditionellen Konnotationen insofern entfremdet, als Macht und Ansehen damit nicht – wie sonst im alten Orient üblich – deklariert, sondern bewusst kontrapunktiert werden. Als Hirt steht David zu Macht/Stärke (1Sam 17) und Grösse/Alter (1Sam 16,1-13) in deutlichem Kontrast; er ist der Kleine, der Jüngste, der gewissermassen aus dem Nichts aufstieg (2Sam 7,8-10) – allein mit Jhwhs Hilfe.

Dieses theologische Konstrukt lässt auf ein sehr ähnliches, nämlich Jhwhs Liebe ausgerechnet zum Kleinsten unter den Völkern[3] durchblicken. Wie kein anderer repräsentiert der «*Kleine*», dessen Karriere beim Kleinvieh begann, die theopolitische Hoffnung des kleinen Israel auf ein Bestehen im Kontext existenzbedrohender Grossmachtinteressen.[4] Und offenbar an keinen besser auch als an den Namen dieses einen, der *ohne jedes Verdienst* allein mit Jhwhs Hilfe gross wurde, liess sich später dann die Hoffnung auf eine Wiederherstellung des Verhältnisses zwischen Jhwh und seinem Volk knüpfen (Ez 34,23f; 37,23f). Der eine Hirt – Indikator von Jhwhs Heilsabsicht gegenüber seinem Volk. Dem «Aufstieg» dieses Topos sei im Folgenden nachgegangen.

2. 1Sam 17: David – ein Jugendlicher mit der Erfahrung eines Hirten

Das 17. Kapitel im ersten Samuelbuch lässt sich als eine Muster-Erzählung für Israels Bestehen wider den Hohn der Völker lesen.[5] In keinem anderen alttestamentlichen Text ist eine derartige Häufung des Verbums חרף «verhöhnen» mit Israel als Objekt bezeugt.[6] Von den fünf Belegen in der hebräischen Version – in V.26 durch das Nomen חרפה «Verhöhnung» verstärkt – sind in der kürzeren, griechischen Version[7] immerhin noch deren drei (V.10.36.45) überliefert. Beide Textfassungen stellen mithilfe dieses Leitworts in Goliat den Prototypen selbstherrlichen imperialistischen Machtstrebens vor Augen. Diesem riesenhaften, gepanzerten und schwer bewaffneten Grossmaul tritt auf Seiten Israels nicht ein erfahrener Kämpfer entgegen, sondern ein jugendlicher Zivilist, auf den Goliat voller Verachtung herabschaut (V.42), seinen ganzen Hohn gegenüber Israel auf diesen einen fokussierend. Bezeichnenderweise nimmt Goliat David nicht als Hirten,[8] sondern einfach als einen Jugendlichen (נער, V.42, vgl. V.33) wahr. Von dessen früherer (!)[9] Hirtentätigkeit kann Goliat auch gar nichts wissen, denn David setzt ja nicht ihn, sondern nur Saul davon in Kenntnis (V.34), und zwar allein in der Absicht, Saul für sein riskantes (V.9!) Unternehmen zu gewinnen. Der sagenhafte Mut, den David früher Löwen und Bären gegenüber an den Tag gelegt haben will, ist nicht primär «hirten-»,[10] wohl aber «heldenspezifisch» und erinnert an Simson (Ri 14,5f) und v.a. an den in 2Sam 23,20f erwähnten Benaja, der einen Löwen erschlagen und einen ägyptischen Einzelkämpfer erledigt haben soll – nur mit einem Stock bewaffnet! Aufgrund dieser auffälligen Übereinstimmungen darf man wohl mit Recht schliessen, dass bei der literarischen Gestaltung von 1Sam 17 die alten Sagen- und Anekdotenreste in 2Sam 21,15ff und 23,8ff Pate gestanden haben, um David schon im Alter eines Jugendlichen jene Taten zuzuschreiben, die dort kampferfahrenen Recken zum Ruhm gereichen. Das Hirtenmotiv aber dient in 1Sam 17,32ff lediglich dazu, solchen Heldenmut im Erfahrungsbereich eines Jugendlichen[11] zu situieren – jenes *«Kleinen»*, dessen Sieg über den physisch Grossen allen Nachgeborenen auf Israels göttliche Bewahrung zu hoffen Anlass gab und gibt.[12]

3. 1Sam 16,1-13: David – als Jüngster zum Hüten des Kleinviehs beordert

Die Verachtung, die der junge David in 1Sam 17 von Seiten Goliats erfährt (V.42), wird innerhalb desselben Kapitels bereits in Eliabs Reaktion auf Davids neugierige Fragen anlässlich seines Besuchs im Kriegslager vorweggenommen. In V.28 beschimpft Eliab seinen jüngsten Bruder zornig als sensationslüsternen Gaffer und wirft ihm vor, nicht einmal seine paar (מעט) Schafe angemessen beaufsichtigen zu können.[13] Während in den V.34-37 lediglich davon die Rede ist, dass David früher für seinen Vater das Kleinvieh hütete, wird David innerhalb der V.12-31 nun ganz auf die Identität eines Hirten festgelegt (V.15.20.28). Das hiermit leicht variierte Davidbild wie auch die Tatsache, dass die V.12-31 in der Textüberlieferung keineswegs fest verankert sind,[14] geben zu der Vermutung Anlass, diese Verse könnten erst hinzugefügt worden sein, als mit Davids «vorgezogener» Salbung in 16,1-13 das entscheidende Vorzeichen vor den Komplex 1Sam 16–2Sam 5 gesetzt wurde.[15] Dabei scheint 16,1-13 präzis in jene Zeit zurückführen zu wollen, auf die David sich in 17,34-37 bezieht. Das dort vorgegebene Hirtenbild wird hier nun gezielt eingesetzt, um den נער aus 17,33.42 familienintern zu «verorten»: er ist der Jüngste (הקטן, vgl. 17,14) und hat seinen Platz völlig abseits des öffentlich-kulturellen Lebens. Um dies deutlich zu machen, wird David in 16,11 (vgl. 17,15.20.28) beim Kleinvieh «lokalisiert».[16] Ausgerechnet diesem unbeachteten *Jüngsten/ Kleinsten* gibt Jhwh vor dem physisch Grossen[17] den Vorzug, eine Vorstellung, die auch schon 17,1-11.32ff prägt. Sehr viel deutlicher aber als in Kapitel 17, wo ein Riese (V.4) das Grössenverhältnis bestimmt, wird David in 16,7 im Vergleich zu seinem älteren, hochgeschossenen Bruder als objektiv klein, aus menschlicher Perspektive geradezu unscheinbar vorgestellt.

4. 2Sam 7,8: David – «nur» ein Hirt

Im Unterschied zu 1Sam 16,1-13 und 17,12-31 ist in 2Sam 7,8a nicht Davids Jugend (vgl. 1Sam 17,33.42) zum Zeitpunkt seiner Erwählung von Interesse, sondern das «Faktum», dass Jhwh selbst (אני) es war, der David einst von der Weide holte.[18] Allein Jhwh auch war es, der dem zum *Nāgîd* Erhobenen zum Sieg über all seine Feinde verhalf (V.8b-10). David hat also – nach Amos' Vorbild (Am 7,14f)?[19] – lediglich als ein «Ausführungsorgan» von Jhwhs Willen zu gelten; nicht einmal sein legendärer Mut (1Sam 17,34-36) ist hier noch von Bedeutung. Das ganze Gewicht liegt auf dem Kontrast zwischen Davids früherer, für öffentliche Belange völlig irrelevanten Tätigkeit und seiner Auszeichnung von Seiten Jhwhs selbst mit einem Namen, der demjenigen der Grossen auf Erden vergleichbar ist (2Sam 7,9b). Für diesen Namen qualifiziert hat sich David – ausdrücklich unter Jhwhs Begleitung – als Anführer im Krieg (V.9a),[20] als der, der schon in Sauls Diensten «vor dem Volk her ins Feld und wieder heim zog» (1Sam 18,16, vgl. 2Sam 5,2a). Dass diese Vorstellung die Assoziation «Hirt» wecken konnte, ist in Num 27,17[21] und – auf David bezogen – in 2Sam

5,2b bezeugt, wo Davids übertragen verstandene Weidetätigkeit zu seinem *Nāgîd*-Amt in Parallele gesetzt ist. Der übertragene Gebrauch des Verbums רעה «weiden» ist hier klar militärisch konnotiert und lässt – vor jeder Anspielung auf Davids frühere Tätigkeit als Kleinviehhirt – auf die Rezeption prophetischen Sprachgebrauchs schliessen, werden doch schon im Nahum- und später u.a. im Jeremiabuch Heerführer als Hirten bezeichnet.[22] Wie diese war auch David ein Mann des Krieges, der Israel hauptsächlich mit militärischen Mitteln zu Macht und Ansehen verhalf.[23] Die militärische Konnotation des Verbums רעה «weiden» wird in der spätexilisch-nachexilischen Zeit dann, in Ps 78,70-72,[24] durch eine weisheitlich-ethische Präzisierung ersetzt und David, der «vom Hirten zum Hirten» Gewordene, als ein Vorbild an Lauterkeit und Klugheit präsentiert.[25] Gleichzeitig kommt – wie die eigens erwähnten Mutterschafe[26] vermuten lassen – Davids Zeit beim Kleinvieh neu unter das Vorzeichen der Bewährung zu stehen.[27] Auch unter diesem Aspekt aber bleibt David der «*Kleine*»,[28] in dem Jhwhs Heilsabsicht manifest wurde und in dessen Namen das kleine Juda (V.68) auf seine bleibende Erwählung zu hoffen wagt.

5. Ez 34,23; 37,24: Der neue David – Jhwhs Hirt und Knecht

Die Kontraststruktur, deren Gestaltung das davidische Hirtenbild in den oben besprochenen Texten jeweils dient, bildet in variierter Form auch das Grundmuster in der Verheissung Ez 34,23f.[29] Dem einen (אחד) Hirten David[30] steht hier eine – wie die zwischen maskuliner und femininer Suffigierung wechselnden Formulierungen erkennen lassen[31] – keinesfalls homogene, sondern dichotome Grösse gegenüber. Erklären lässt sich dies auf dem Hintergrund der V.16ff, wo bereits innerhalb von Jhwhs «Herde» zwischen maskulin bezeichneten Starken einerseits[32] und feminin bezeichneten Schwachen andererseits[33] unterschieden wird.[34] Deren von Unterdrückung durch die Starken geprägtes Verhältnis will Jhwh selbst wieder ins Lot bringen, die neugeschaffene Ordnung dann aber stabil zu halten, wird allein David obliegen. Die grammatische Konstruktion gibt Davids Aufgabe dabei – in Analogie zu Jhwhs Eingreifen in den V.16ff – als eine gezielt auf den Schutz der Schwachen ausgerichtete zu erkennen.[35] Die enge «Zusammenarbeit» zwischen Jhwh und David ist im Alten Testament einzigartig und lässt in dem neuen David geradezu Jhwhs irdischen (V.24aβ: בתוכם) Stellvertreter erkennen. Als ein solcher fungiert er ausdrücklich als Jhwhs «Knecht» (עבדי, V.23aβ.24aβ), eine Prädikation, die Davids Position als eine allein von Gottes Gnaden erlangte deklariert[36] und Davids irdischen Status klar eingrenzt: nicht König, nur ein *Nāśî'* «Fürst» ist er,[37] der eine wahre Repräsentant des von Jhwh selbst «vorgelebten» (V.11ff) Hirtenideals.

In Ez 37,15ff ist auf dem Hintergrund einer gegenüber Ez 34,23ff deutlich späteren historischen Situation[38] in den Begriffen גוי «Nation» (V.22) und עם «Volk» (V.23.27) zum einen Israels politische und zum anderen seine religiöse Verfasstheit angesprochen. Als der eine מלך «König» soll der neue David dem גוי und gleichzeitig als der eine רועה «Hirt» dem עם vorstehen. Der dem Kontext völlig fremde Begriff רועה «Hirt» scheint erst von einem Ergänzer im Zusammenhang mit der von Ez 34,23f her eingetragenen Davidverheissung[39] eingeführt worden zu sein, und zwar mit der Absicht, die Funktion des einen Königs aus V.22 zu präzisieren: Als Hirt hat dieser abgesehen von seiner politischen Aufgabe speziell darüber zu wachen, dass Israel – auch als גוי – Jhwhs עם bleibt und seine Gebote hält (V.24b).[40] Dem auf David bezogenen Hirtenbild aber haftet nebst der Konnotation vorbildhafter Treue gegenüber Jhwh[41] vor allen Dingen diejenige des Kleinen, des Geringen an (vgl. 1Sam 16,1-13; 2Sam 7,8). Auf diesem Hintergrund gelesen lässt sich die Präzisierung Ez 37,24 – übrigens die einzige Stelle im Alten Testament, in der die Hirten- mit der Königsprädikation eine Verbindung eingeht – kaum anders als im Sinne einer intendierten Redimensionierung des Königsamtes verstehen. Die Bezeichnung «Hirt» setzt das entscheidende Vorzeichen, unter dem Davids Königtum zu betrachten ist.[42] Wie kein anderer Name wird dadurch derjenige Davids nun gleichsam zur Chiffre für die gedankliche Verbindung von *Niedrigkeit und Hoheit zugleich*. Kein Zweifel, dieser Zusammenhang muss auch dem Verfasser des Lukasevangeliums bewusst gewesen sein, als er ausgerechnet Hirten als erste an die Krippe des Davidsohnes treten liess (Lk 2,8-20)!

6. David und pastorale Metaphorik

Entlang den oben besprochenen Texten, deren relative Chronologie hier nur in der gewählten Abfolge angedeutet werden konnte,[43] liess sich zeigen, dass das Bild des Hirten in der Davidüberlieferung vor allen Dingen der Kontrastgestaltung dient. Diese steht im Zeichen einer doppelten Klimax: einerseits wird der Ausgangspunkt von Davids Karriere zunehmend ins «Nichts» verlagert, und andererseits wird David auf der Basis der Verbindung der Hirten- mit der Knechtsprädikation in ein immer engeres Verhältnis zu Jhwh gebracht. Wir lesen von dem Kleinen, den Jhwh früher als Hirt schon aus Gefahr errettete (1Sam 17,34-37), von dem Jüngsten, den Jhwh beim Kleinvieh «aufspürte» (1Sam 16,1-13), und von Davids unverhoffter Erhebung und seiner permanenten Begleitung durch Jhwh selbst (2Sam 7,8). Der Kulminationspunkt wird erreicht, als sich im erwarteten einen

Hirten, Knecht und König Niedrigkeit und Hoheit aufs Engste verbinden (Ez 37).

Die altbekannte Hirtenmetapher aber erhält im Zusammenhang mit dieser Kontraststruktur eine Prägung ganz besonderer Art. Die im alten Orient konventionell-fixe Zuordnung von Hirt und Macht[44] wird relativiert, um nicht zu sagen: gesprengt. Als Hirt ist David nicht nur der aus menschlichem Blickwinkel gering Angesehene bzw. für untauglich Befundene (1Sam 17; 16,1-13), als Hirt wird David auch zum Typos des ohne jedes Verdienst völlig unerwartet von Jhwh Ausersehenen (2Sam 7,8). Dazu kommt eine aus dem Kontext zu erschliessende Konnotation: die Transparenz auf das Verhältnis zwischen Jhwh und seinem Volk. Deutlich wird dies in Ps 78,67ff, wo die Erwählung des Hirten und Knechts David zu derjenigen des Stammes Juda in Parallele gesetzt ist.[45] Und deutlich wird dies auch in Ez 34 und 37, wo die Erwartung des neuen David jeweils in unmittelbarer Nähe der Bundesformel steht und der eine Hirt und Knecht gewissermassen als Indikator des neu in Kraft gesetzten Verhältnisses zwischen Jhwh und seinem Volk fungiert. In Ez 34,24, wo das erste Element der im Ezechielbuch sonst immer in zweigliedriger Form auftretenden Bundesformel fehlt, wird die daselbst üblicherweise[46] voranstehende Deklaration von Seiten Jhwhs, sich Israel wieder zum Volk nehmen zu wollen, in V.23bβ durch die Ankündigung des einen Hirten David sogar schlicht und einfach ersetzt: Jhwh nimmt sich den einen Hirten zum Knecht und *in diesem* Israel zum Volk. Durch die Verbindung der Bezeichnung «Knecht» mit der Hirtenprädikation gewinnt die auf David bezogene Hirtenmetapher eine Bedeutungstiefe, die über die Deklaration irdischer Macht hinweg auf ein sehr viel grösseres Sinn-Ganzes verweist: Jhwhs heilvolles Wirken an seinem Volk.

Anmerkungen

[1] Vgl. z.B. McKenzie 2000, 47-51.67, der das auf den jungen David bezogene Hirtenbild auf der Basis von 2Sam 5,2 generell im Sinne einer Vorwegnahme von Davids künftiger Königsherrschaft deutet.

[2] «Hirt» war eine im alten Orient seit dem 3. Jahrtausend v.Chr. gebräuchliche Königstitulatur, die v.a. unter den neuassyrischen und neubabylonischen Königen sehr verbreitet war, vgl. Wallis 1993, 570-572.

[3] Dtn 7,7-8a, vgl. Mi 4,7; Jes 60,22 und auch 1Sam 2,8-10; Ps 113,7; Jdt 9,11. In Ps 78 vertritt David in der Abfolge der V.67ff den (kleinen) Stamm Juda als heilsgeschichtlichen Erben (vgl. 2Kön 17,18), wodurch der דוד «*Liebling*» geradezu zum exemplarischen Repräsentanten von Jhwhs *Liebe* (V.68) zum Kleinen wird.

[4] Die Philister werden schon auf der Stufe einer ersten, wohl noch vorexilischen Erzählkomposition (vgl. Dietrich 1997, 259ff; Kratz 2000, 182ff) und später auf der Stufe des deuteronomistischen Geschichtswerks auf die Assyrer bzw. Neubabylonier transparent geworden sein.

⁵ Vgl. 1Sam 17,26 (והסיר חרפה מעל ישראל) und Sir 47,4 (και εξηρεν ονειδισμον εκ λαου).
⁶ V.10.25f.36.45. Schon in 2Sam 21,15-22, einer Sammlung von Kurzberichten u.a. über Elhanans Kampf gegen Goliat (V.19) – «Ursprung der biblischen Goliat-Überlieferung» (Dietrich 1996, 185) –, ist ein philistäischer Einzelkämpfer erwähnt, der Israel geschmäht habe (V.21).
⁷ Dazu siehe Dietrich 1996, 176ff (Lit.).
⁸ Der Stecken (מקל) qualifiziert David keineswegs als Hirten, vgl. Ez 39,9, wo der Handstock (מקל יד) zu den Kriegswaffen gezählt wird; die in V.40 erwähnte Hirtentasche (אשר־לו כלי הרעים) könnte sekundär das Hapaxlegomenon ילקוט «Sammelbeutel»? erklären wollen, vgl. Stolz 1981, 113 mit Anm.46. Gemäss Alter 1999, 108, lenkt David mit dem Stecken Goliats Aufmerksamkeit bewusst von seiner Schleuder, einer durchaus nicht nur von Hirten verwendeten Waffe (vgl. Ri 20,16), ab.
⁹ Vgl. das x-*qatal* in V.34a (רעה היה), das klar auf einen vergangenen Sachverhalt verweist.
¹⁰ Sehr viel realistischer ist in Jes 31,4 von der Vertreibung eines Löwen und in Am 3,12 und Ex 22,12 (vgl. Codex Hammurapi § 266) von Bestimmungen zum Schutz des Hirten gegenüber Ersatzforderungen von Seiten des Herdeneigentümers die Rede, vgl. auch Gen 31,39. Die Vorstellung von David als Raubtier-Bezwinger wird später (Syr. IV; V; LAB LIX,5; vgl. MShem 20,107) zu einem eigenen Topos; als Raubtier-Zähmer erscheint David in Sir 47,3 (< Jes 11,6-8?), in einer Szene aus der Synagoge in Dura Europos (Schreckenberg / Schubert 1992, 174f) gar als «Orpheus» (vgl. Euripides, Βακχαι, Z. 562-564).

Jacob's Blessing; Orpheus / David, Dura Europos
(Schreckenberg / Schubert 1992, 175 unten)

11 Vgl. Gen 37,2 und auch Jes 11,6. Das Hirtenmotiv ist z.B. in 1Sam 19,5 – gegen Daly-Denton 2000, 308f – für die Rezeption von 1Sam 17 *nicht* konstitutiv.
12 Vgl. dazu 1Sam 19,5aα und im Blick auf die Rahmung des Psalters in LXX durch die Pss 2 und 151 Karrer 1990, 128 mit Anm.152.
13 Flavius Josephus (Ant. VI 178) ergänzt diesen Vorwurf Eliabs durch den Befehl, David solle sich gefälligst wieder zum Kleinvieh scheren.
14 Die V.12-31 fehlen u.a. in LXX[B].
15 Dabei wurde 1Sam 17 in 17,15 mit 16,14ff (V.22!) zu verknüpfen versucht und gleichzeitig in 16,19 der deutlich nachklappende Relativsatz אשר בצאן eingefügt, um zwischen 16,1-13 und 16,14ff einen Zusammenhang herzustellen. Innerhalb von c.17 wurden die V.12-31 an den Nahkontext adaptiert, indem die V.25f auf Goliats Schmährede in V.10 zurück- und gleichzeitig auf Davids Reaktion in V.36 vorgreifen.
16 Gemäss LAB LIX,4 wurde David nicht zum Opfermahl mitgenommen (1Sam 16,5f), weil seine Eltern ihn vergessen hatten, vgl. Syr. I,2f; 11Q05 Kol. XXVIII,4-8 (= Ps 151 A,2f), wo David Gott auf der Weide durch seine Musik auf sich aufmerksam macht. Gemäss YalqM Ps 118,214 ist Davids Verbannung auf die Weide darauf zurückzuführen, dass David aufgrund seiner rötlichen Gesichts- bzw. Haarfarbe (1Sam 16,11) von seinen Brüdern für ein Bastard gehalten wurde (vgl. LAB LIX,4) und deshalb als ein Sklave das Kleinvieh hüten musste.
17 Mithilfe derselben Wurzel גבה, die in 1Sam 16,7 der Charakterisierung Eliabs dient, wird in 10,23 auch schon Saul und in 17,4 Goliat beschrieben.
18 Dabei wird 2Sam 7,8 sich auf 1Sam 16,11f beziehen, interpretiert nun aber Samuels Tun als einen direkten Akt von Seiten Jhwhs selbst.
19 Vgl. die fast gleichlautende Formulierung מאחר/מאחרי הצאן (לקח) in Am 7,15a und 2Sam 7,8aβ.
20 Das in 2Sam 7,8b erwähnte *Nāgîd*-Amt wird in V.9a als eine primär militärische Aufgabe präzisiert, vgl. auch 1Sam 9,16.
21 Nur wenn einer vor der Gemeinde her aus- (= ins Feld) und wieder heimzieht, wird verhindert, dass sie wie Kleinvieh ohne einen Hirten ist, vgl. in 1Kön 22,17 die – ebenfalls in kriegerischem Kontext – bezeugte Negativ-Vision einer hirtenlosen, sich zerstreuenden Herde.
22 Vgl. Nah 3,18; Jer 6,3; 12,10; Mi 5,4b.5a; Jes 44,28 sowie auch Ps 2,9[LXX].
23 Vgl. Dietrich 1999, 594, und daselbst den Verweis auf Hebr 11,32, wo David mit den Kriegshelden des Richterbuches in eine Reihe gestellt wird.
24 Vgl. Hossfeld / Zenger 2000, 429.
25 Wörtlich כתם לבבו «mit lauterem Herzen» und בתבונות כפיו «mit klugen Händen»; beide Ausdrücke verweisen auf ein weisheitliches Herrschaftsideal, vgl. Hossfeld / Zenger 2000, 440.
26 Dass die Muttertiere (עלות) der besonderen Rücksicht bedürfen, ist z.B. in Gen 33,13 Thema. In 11Q05 Kol. XXVIII,4 (= Ps 151 A,1) wird David als der Betreuer speziell der wertvollen Nachzucht (גדיות) präsentiert.
27 Explizit mit seiner Bewährung begründet wird Davids Erwählung in MTeh Ps 78,21: «Weil er die Schafe zu weiden versteht, soll er kommen und meine Schafe weiden», vgl. in ExR II.2f die Deutung von Davids früherem Hirtendienst als Prüfung.
28 In der jüdischen Überlieferung wird David verschiedentlich als beispielhaft bescheiden charakterisiert: «humble, as though he were still the shepherd and not the king» (Ginzberg 1968, 102).
29 Ganz im Zeichen der Kontrastgestaltung steht auch die Verheissung Mi 4,14–5,5: aus der *kleinen* Sippe Betlehem Efrata soll jener hervorgehen, der weiden und *gross* sein wird bis zu den Enden der Erde (V.1.3). Weiden wird der Kommende im Gegensatz zu den Hirten in V.4b.5a nicht mit dem Schwert, sondern in Jhwhs Kraft (V.3.5a). Da dieser Text mit der Erwähnung Betlehems, nicht aber Davids eine Erwartung repräsentiert, die bewusst vor die Davidtradition zurückgeht, ist er für die Entwicklung des davidischen Hirtenbildes nur von untergeordneter Bedeutung.

30 Der Name «David» steht hier im Zeichen einer futurisierenden Ausweitung früherer Herrschaftsaussagen (Strauss 1992, 620) und wird nicht für den Messias, sondern für einen erwarteten Davididen jenes idealen «Gepräges», das in Ps 78,70ff vorgegeben ist, stehen.

31 In V.23 gerät in parallelisierten, inhaltlich nahezu identischen Formulierungen jeweils erst ein maskulines (עליהם, אתם) und direkt anschliessend ein feminines (אתהן, להן) Objekt in den Blick. In V.24 ist diese Unterscheidung dann zugunsten eines einheitlich bezeichneten Kollektivs (בתוכם, להם) aufgehoben.

32 Vgl. in V.18 die Verbformen תרפשון, תשתו, תרמסו, תרעו und die suffigierten Nomen מרעיכם, רגליכם (bis); in V.19b das suffigierte Nomen רגליכם (bis); in V.20 die suffigierte Präposition אליהם; in V.21 die Verbformen תהדפו, תנגחו, הפיצותם und das suffigierte Nomen קרניכם. Die hier jeweils Angesprochenen werden mit dem שה בריה in V.20bα zu identifizieren sein.

33 Vgl. in 34,17 das Personalpronomen אתנה; in V.19 die Verbformen תרעינה; תשתינה; in V.21 das Nomen הנחלות und das suffigierte Akkusativzeichen אותנה; in V.22 die Verbform תהיינה. Die hier jeweils Angesprochenen werden mit dem שה רזה in V.20bβ zu identifizieren sein.

34 Selbstverständlich steht der eine Hirt in c.34 auch den vielen Hirten, von denen in den V.1-10 die Rede ist, gegenüber. Gleichzeitig werden die V.23f auch in enger Anlehnung an Jer 23,4.5f formuliert sein; dazu und zu Ez 34 als Ganzem s. Hunziker-Rodewald 2001, 65-67.158-168.

35 Davids ordnungsstabilisierende Funktion ist sprachlich sehr subtil den Starken gegenüber mit Autorität (V.23aα: על) und den Schwachen gegenüber mit Solidarität (V.23bβ: ל ascriptionis, vgl. Jenni 2000, 54) konnotiert.

36 Die auf David bezogene עבד-Bezeichnung steht gemäss Ringgren 1986, 1001, im Alten Testament fast immer im Kontext von Erwählungsaussagen, siehe z.B. Ps 78,70a.

37 Das *Nāśî*'-Amt sei hier als eine klar unterhalb des Ranges eines Königs stehende, «geistliche» (vgl. die Bezeichnung עבדי in V.23aβ) Führungsfunktion bestimmt.

38 Gegenüber der euphorisch anmutenden Zukunftsvision Ez 34,23ff bildet Ez 37,15ff eine vergleichsweise sehr viel realistischere Konzeption, in der die Notwendigkeit einer auf Dauer (עולם, 5x innerhalb der V.25-28!) angelegten politischen wie auch religiösen Verfasstheit erkannt ist.

39 Vgl. dazu Levin 1985, 215.

40 Hierfür die Basis aber hat – ganz ähnlich wie in Ez 34,16ff – vorgängig Jhwh selbst geschaffen (V.23).

41 Die Konnotation vorbildhafter Treue gegenüber Jhwh verdankt sich der Verbindung des Hirtenbildes mit der Bezeichnung «Knecht» (Ez 37,24a, vgl. Ps 78,70ff). In Anlehnung an Ps 78,72 ist in PsSal 17,39f der erwartete Davidsohn (V.21), der die Herde des Herrn einst weiden wird, als ein sich durch sein Vertrauen auf den Herrn, seine Gottesfurcht und Treue Auszeichnender beschrieben.

42 Vgl. 4Q504 Frg. 2 Kol. IV,6-8, wo David, der alle Tage auf Israels Thron sitzen soll, nicht als König, sondern – in Anlehnung an 2Sam 5,2; 7,8-16 – nur als *Hirtenfürst* (רעי נגיד) bezeichnet wird.

43 Einzelheiten dazu s. Hunziker-Rodewald 2001, 46-50. 62-72.

44 S.o. Anm.2.

45 Vgl. die gleichlautenden Versanfänge (ויבחר) in den V.68 und 70.

46 Die einzige Ausnahme stellt Ez 37,27 dar; vgl. dazu Rendtorff 1995, 40f.

Bibliographie

Alter, R., 1999: *The David Story. A Translation with Commentary of 1 and 2 Samuel*, New York / London: W.W. Norton & Company Inc.
Daly-Denton, M., 2000: *David in the Fourth Gospel. The Johannine Reception of the Psalms* (Arbeiten zur Geschichte des antiken Judentums und des Urchristentums, 47), Leiden u.a.: Brill.
Dietrich, W., 1996: «Die Erzählungen von David und Goliat in I Sam 17» in *Zeitschrift für die alttestamentliche Wissenschaft*, 108, pp. 172-191.
Dietrich, W., 1997: *Die frühe Königszeit in Israel. 10. Jahrhundert v.Chr.* (Biblische Enzyklopädie, 3), Stuttgart u.a.: Kohlhammer.
Dietrich, W., 1999: Art. «David» in *Religion in Geschichte und Gegenwart*[4], 2, col. 593-596.
Ginzberg, L., 1968: *The Legends of the Jews, IV: Bible Times and Characters from Joshua to Esther*, Philadelphia PN: The Jewish Publication Society of America.
Hossfeld, F.-L. / Zenger, E., 2000: *Psalmen 51–100* (Herders Theologischer Kommentar zum Alten Testament), Freiburg u.a.: Herder.
Hunziker-Rodewald, R., 2001: *Hirt und Herde. Ein Beitrag zum alttestamentlichen Gottesverständnis* (Beiträge zur Wissenschaft vom Alten und Neuen Testament, 155), Stuttgart u.a.: Kohlhammer.
Jenni, E., 2000: *Die hebräischen Präpositionen. Bd. 3: Die Präposition Lamed*, Stuttgart u.a.: Kohlhammer.
Karrer, M., 1990: *Der Gesalbte. Die Grundlagen des Christustitels* (Forschungen zur Religion und Literatur des Alten und Neuen Testaments, 151), Göttingen: Vandenhoeck.
Kratz, R.G., 2000: *Die Komposition der erzählenden Bücher des Alten Testaments. Grundwissen der Bibelkritik* (Uni-Taschenbücher, 2157), Göttingen: Vandenhoeck.
Levin, C., 1985: *Die Verheissung des neuen Bundes in ihrem theologiegeschichtlichen Zusammenhang ausgelegt* (Forschungen zur Religion und Literatur des Alten und Neuen Testaments, 137), Göttingen: Vandenhoeck.
McKenzie, S.L., 2000: *King David. A Biography*, Oxford: University Press.
Rendtorff, R., 1995: *Die «Bundesformel». Eine exegetisch-theologische Untersuchung* (Stuttgarter Bibelstudien, 160), Stuttgart: Katholisches Bibelwerk.
Ringgren, H., 1986: Art. «עָבַד ʿābad» in *Theologisches Wörterbuch zum Alten Testament*, 5, col. 999-1003.
Schreckenberg, H. / Schubert, K., 1992: *Jewish Historiography and Iconography in Early and Medieval Christianity* (Compendia Rerum Iudaicarum ad Novum Testamentum, Sect. 3, Vol. 2), Assen / Minneapolis MN: Van Gorcum / Fortress Press.
Stolz, F., 1981: *Das erste und zweite Buch Samuel* (Zürcher Bibelkommentare. Altes Testament, 9), Zürich: Theologischer Verlag.
Strauss, H., 1992: Art. «Messias / Messianische Bewegungen I. Altes Testament» in *Theologische Realenzyklopädie*, 22, pp. 617-621.
Wallis, G., 1993: Art. «רָעָה rāʿāh» in *Theologisches Wörterbuch zum Alten Testament*, 7, col. 566-576.

Aufschlüsselung der Abkürzungen

4Q504	Text aus der Höhle 4 in Qumran
11Q05	Text aus der Höhle 11 in Qumran
Frg.	Fragment
Kol.	Kolumne

Ant.	Antiquitates Iudaicae
ExR	Exodus Rabba
LAB	Liber antiquitatum biblicarum (Pseudo-Philo)
LXX^B	Septuaginta nach Codex Vaticanus
MShem	Midrash Shemu'el
MTeh	Midrash Tehilim (Shoher Tov)
PsSal	Psalmen Salomos
Sir	Ben Sira, Jesus Sirach
Syr.	Syrische Psalmen
YalqM	Yalqut Makhiri

David redivivus
Die Hoffnungen auf einen neuen David in der Spätzeit des Alten Testaments

ERNST-JOACHIM WASCHKE

Zusammenfassung:

«Deuteronomismus» auf der einen und «Königstheologie» auf der anderen Seite bilden die beiden Traditionskreise, aus denen sich die sehr verschiedenen Vorstellungen und Erwartungen hinsichtlich des Königtums in exilisch-nachexilischer Zeit entwickelt haben. Die unter deuteronomistischem Einfluss formulierten Aussagen zielen darauf, die ursprünglich mit dem Königtum verbundenen Erwartungen auf Israel zu übertragen. Die in der Jerusalemer Königstheologie verwurzelten Aussagen bewahren demgegenüber eine Sichtweise, in der der Keim für die Hoffnung auf eine Erneuerung oder Wiederherstellung des Königtums angelegt bleibt. Diese Entwicklungen werden anhand der Redaktionsgeschichte der Prophetenbücher und des Psalters sowie des sozialgeschichtlichen Hintergrundes in der nachexilischen Zeit dargestellt.

Résumé:

Le «deutéronomisme» et la «théologie de la royauté» sont les deux courants dont sont issues les idées et les attentes très diverses qui s'expriment pendant et après l'Exil au sujet de la monarchie. Les déclarations influencées par l'œuvre deutéronomiste tendent à reporter sur Israël les espoirs placés à l'origine dans le pouvoir royal. Les déclarations inspirées par la théologie de la royauté de Jérusalem, par contre, conservent dans leur perspective l'espoir d'un renouvellement ou d'une restauration de la monarchie. L'article retrace ces mouvements de pensée tels qu'ils se reflètent dans la rédaction des Livres prophétiques et du Psautier, en les replaçant dans le contexte politique de la société d'après l'Exil.

Abstract:

There were two circles of tradition out of which the very different ideas and expectations of kingship in the exilic and post-exilic period developed. These were «Deuteronomism» and «royal theology.» The statements formulated under deuteronomistic influence were intended to transfer the expectations of kingship to Israel. The statements rooted in the Jerusalem royal theology, on the other hand, maintain a view in which the seed of hope for a renewal or re-establishment of the kingdom remains present. These developments are described with the help of the redactional history of the prophetic books and the Psalms as well as the sociological background of the post-exilic period.

Stichwörter:

Deuteronomismus; Königstheologie; Messianismus

1. Deuteronomismus und Königstheologie. Eine Grundlegung

In Jer 21,11–23,8 findet sich eine kleine Spruchsammlung über das judäische Königshaus. Sie wird eingeleitet mit der Mahnung:

> «Richtet allezeit recht und errettet den, der beraubt wurde, aus der Hand des Bedrückers, damit nicht hervorbreche wie Feuer mein Grimm und brennt, so dass niemand mehr löscht» (21,12).

Am Abschluss dieser Sammlung von Drohworten gegen das gesamte Königshaus und seine einzelnen Vertreter steht dann die Verheissung:

> «Siehe, Tage werden kommen, Spruch JHWHs, da lasse ich erstehen dem David einen gerechten Spross; der wird als König herrschen und Erfolg haben, und er wird Recht und Gerechtigkeit üben im Land. In seinen Tagen wird Juda Heil erfahren, und Israel wird in Sicherheit wohnen. Und dies wird sein Name sein, mit dem man ihn nennen wird: ‹JHWH ist unsere Gerechtigkeit›»(23,5f).

In dem Gegenüber der Kritik am Königshaus und der Hoffnung auf seine Erneuerung ist schon die Spannung des Themas angezeigt. Trotz des Wissens um das Versagen dieser Institution werden mit ihr dennoch Erwartungen auf eine heilvolle Zukunft verbunden. Man könnte diese Spannung auch in Anlehnung an Jan Assmann mit «Deuteronomismus» contra «Königsdogma» umschreiben.[1]

Diese Spannung, die Jan Assmann für Ägypten aufgewiesen hat,[2] soll in einem ersten Teil für das Alte Testament im Gegenüber der Königsvorstellung der Bücher Samuel und Könige und der Jerusalemer Königstheologie skizziert werden. Sie bildet den traditionsgeschichtlichen Hintergrund, vor dem sich in exilisch-nachexilischer Zeit die an David und seine Dynastie geknüpften Hoffnungen entwickeln konnten. Diese sehr unterschiedlichen Ausprägungen und Entwicklungen sollen in einem weiteren Teil näher beleuchtet werden. Am Schluss steht dann der Versuch, Konsequenzen für eine geschichtliche Beurteilung dieser Erwartung in der Spätzeit des Alten Testaments zu formulieren.

1.1 Deuteronomismus

Assmann spricht für Ägypten von einem «Deuteronomismus», der sich am Ende des neuassyrischen Reiches sowie in der persischen und hellenistischen Epoche auf Grund der politischen Destabilisierung des Reiches im Innern wie nach aussen herausgebildet hat. Er verwendet mit dem Begriff «Deuteronomismus» bewusst einen *terminus technicus* der alttestamentlichen Wissenschaft, er gebraucht ihn aber nicht im engeren literaturgeschichtlichen Sinn,[3] sondern umschreibt mit ihm sehr viel allgemeiner «die Sinngebung der Geschichte als Verschuldung».[4] Den Beweis hierfür bietet ihm die sog. Demotische Chronik, ein historiographisches Werk in demotischer Sprache aus ptolemäischer Zeit, das die Geschichte der 28.-30. Dynastie behandelt. In ihr werden die Könige nicht mehr entsprechend dem altägyptischen Königsdogma für sakrosankt erklärt und damit hinsichtlich ihres Verhaltens tabuisiert, sondern sie werden in ihrem Handeln und Wirken wie in den Königsbüchern des Alten Testaments «am Massstab des ‹Gesetzes› gemessen».[5] Der König ist nach dieser Sicht nicht der Souverän über das «Gesetz», er ist ihm unterstellt. Nicht das Königtum an sich ist der Garant für das Wohlergehen des Landes, sondern Bestand und Dauer sind nur jenem Königtum beschieden, das mit seiner Herrschaft den göttlichen Willen erfüllt. «Der Deuteronomismus», so J. Assmann, «reagiert auf die Erfahrung des Scheiterns, der Katastrophe, der Messianismus auf die Erfahrung der Unterdrückung».[6] Dem «Deuteronomismus» korrespondiert demnach in Ägypten ein «Messianismus», also die Erwartung eines zukünftigen Königs der Heilszeit, der gegenüber den katastrophalen Erfahrungen mit schlechten, gesetzlosen Königen das Idealbild des Königs zeichnet, der vom Gesetz nicht abweichen wird.[7]

Die Idealisierung des Königs auf dem Hintergrund des «Gesetzesgehorsams» ist dementsprechend auch im Alten Testament präsent.[8] David gilt hier als das Vorbild schlechthin. Er ist der Mann nach JHWHs Herzen (1Sam 13,14), während von seinen Nachfolgern gesagt werden kann, dass ihr «Herz nicht ungeteilt mit Gott war» (1Kön 15,3). Noch auf dem Sterbebett nimmt er seinen Sohn Salomo in die Pflicht, auf JHWHs «Wegen zu wandeln, seine Satzungen, Gebote, Rechte und Verordnungen zu halten, gemäss der Tora des Mose» (1Kön 2,5). So bildet er nicht nur den Massstab für die Beurteilung der judäischen Könige, sondern er bietet auch den Grund dafür, dass die Katastrophe trotz der Missachtung des «Gesetzes» durch die Mehrheit seiner Nachfolger erst so spät über Juda und Jerusalem hereingebrochen ist.[9] Es ist das Bild «von dem urbildlichen, theokratischen und dem vorbildlich gehorsamen David»,[10] das durch die dtr Redaktion der Samuel- und Königsbücher gezeichnet und später in der Chronik noch weiter ausgeformt worden ist. Der Gedanke an einen *David redivivus* ist damit allerdings nicht verbunden.

Die Wertschätzung, die David in diesem Kontext besitzt, ist durch sein Wirken für Jerusalem, für die Lade und den Tempel bereits eingelöst. Auch die mit ihm verbundenen göttlichen Verheissungen stehen deshalb nicht mehr aus, sondern gelten nach dieser Anschauung als erfüllt, bzw. sie werden wieder erfüllt, wenn der göttliche Wille entsprechend der Tora des Mose eingehalten wird (vgl. 1Kön 8,46ff). Dass Jerusalem zerstört und das Königtum untergegangen ist, wird mit der Schuld des Volkes und seiner Könige begründet (vgl. 2Kön 17,7ff) und nicht damit, dass Gott seine Verheissungen nicht wahrgemacht hätte. Erst wenn Israel nach der Katastrophe, die als Gottes Strafhandeln verstanden wird, umkehrt, dann werden auch die an David und seine Dynastie ergangenen Verheissungen neu in Kraft gesetzt. Die Erwartung richtet sich jedoch primär nicht auf die Restauration des Königtums, sondern auf die Wiederherstellung Israels. Das Königtum gehört nach dieser Sicht nicht mehr zu den Institutionen, mit denen das Wohl der Welt und das Heil der Gesellschaft ursächlich verbunden ist. Der König ist Teil des Volkes und repräsentiert nicht mehr Gottes Gegenwart. Nach dem dtr Königsgesetz ist es seine vornehmste Pflicht, die Tora, das «Gesetz» stets bei sich zu haben und sein Leben lang in ihr zu lesen, damit er lerne, Gott zu fürchten und alle seine Weisungen zu erfüllen. Er soll Vorbild sein, aber er darf sich nicht über sein Volk erheben (Dtn 17,19).

Die «Dissoziation von König und Gesetz», die nach Jan Assmann im Deuteronomismus des Alten Testaments weiter durchgeführt ist als im «Deuteronomismus» Ägyptens,[11] «degradiert» das Königtum in seiner politischen Bedeutung so stark, dass es am Ende völlig überflüssig zu sein scheint. Die Ambivalenz, die sich hier gegenüber dem Königtum eingestellt hat, transponiert die dtr Theologie schon an den Anfang der Geschichte des Königtums. In den Anhängen zum Richterbuch können die chaotischen Zustände Israel in vorstaatlicher Zeit noch mit dem Satz begründet werden: «In jenen Tagen gab es noch keinen König in Israel, ein jeder tat, was ihm recht dünkte» (Ri 21,25; vgl. 18,1; 19,1).[12] Als das Volk dann aber nach 1Sam 8 selbst einen König begehrt, nach dem Vorbild der anderen Völker, wird dies als ein Sakrileg gegenüber JHWHs Königtum verstanden (V.7). Damit wird ein Gegensatz zwischen weltlichem und göttlichem Königtum konstruiert, der, wie dem Alten Orient, so auch Israel/Juda bis zum Aufkommen des Deuteronomismus fremd gewesen sein dürfte.[13]

1.2 Königstheologie

Anders stellt sich das Bild ausserhalb der geschichtlichen Überlieferungen des DtrG dar. Sowohl innerhalb der prophetischen Überlieferungen als auch im Psalter finden sich Texte, die in verschiedener Form das davidische Königtum zum Thema haben. Gemeint sind die sog. «messianischen Weissagungen»[14] und die «Königspsalmen».[15] Nicht nur in einzelnen Formulierungen wird hier ein Königtum von ganz anderer Dimension beschrieben. Die Vorstellung dieses Traditionskreises lässt sich mit Odil Hannes Steck wie folgt zusammenfassen:

> «Das davidische Königtum ist nach dieser Sicht Regentschaft im Weltkönigtum JHWHs ... Der Jerusalemer König ist somit nicht einfach ein Stammes- oder Volkskönig, er ist in dieser Sicht die irdische Zentralfigur des Kosmos schlechthin, der Sach-

> walter des auf Zion thronenden Königsgottes, der diesen Kosmos hervorgebracht hat, über seinem Bestand wacht und zum tätigen Vollzug solch heilvoller Ordnung jedenfalls in dem konkreten, mit Jerusalem verbundenen Herrschaftsbereich seinen König einsetzt.»[16]

Das Königtum wird hier durchaus analog zu den altorientalischen Königsideologien in Israels Umwelt als zentrale Instanz vorgestellt, die für den Bestand der Welt in Gesellschaft und Natur unabdingbar scheint. Der König ist der Mittler zwischen Gott und Mensch, und durch sein Wirken wird die göttliche Ordnung in der Welt realisiert.[17] Sicher hat diese Vorstellung nicht ungebrochen Eingang in das Alte Testament gefunden. Aber die einzelnen Elemente sind im Psalter alle präsent.

Der König ist Sohn Gottes, von ihm gezeugt (Ps 2,7; 110,3). Gott ist sein Vater (89,27), zwar nicht der Physis nach, sondern per Adoption im Vollzug seiner Inthronisation; seine Gottessohnschaft ist aber «deswegen nicht weniger real».[18] Er sitzt zur Rechten Gottes (110,1) als sein höchster irdischer Repräsentant. Der Machtbereich Gottes ist gleichsam sein politisches Wirkungsfeld. Ihm gehört die ganze Welt (2,9; 72,8; 89,26), die Völker und Nationen bis an die Enden der Erde gelten als das ihm von Gott gegebene Erbe (2,8). Deshalb schmieden die, die sich wider ihn empören und sich gegen ihn verschwören, eitle, nichtige Pläne (2,1). In seiner Hand liegt das Zepter (2,9) und die Herrschaft auf seiner Schulter (Jes 9,5). Gottessohnschaft und Weltherrschaft als die Konstitutiva seines Königtums finden ihren Ausdruck auch in den aus Jes 9,5 bekannten Thronnamen: «Wunderplaner, Gottheld, Ewigvater, Friedefürst». Recht und Gerechtigkeit sind die Stützen seines Thrones gleich den Stützen des Thrones Gottes. Deshalb erbittet und erwartet man von seiner Herrschaft den Sieg (Ps 20,10) und einen alles umfassenden Heilszustand, den *Schalom*, so dass nicht nur das soziale gesellschaftliche Gefüge, sondern die ganze Natur befriedet werden. In seiner Herrschaft, die die Herrschaft Gottes widerspiegelt, ist allein der Segen der Völkerwelt begründet (72). Einem solchen König, für den selbst der Titel *Elohim*: «Gott, Göttlicher» (45,5) verwendet werden kann, wünscht man allseitiges Wohlergehen, Heil, das Gelingen seiner Pläne und einen immerwährenden Bestand seines Thrones. Dabei handelt es sich um Wünsche, die ihm gleichermassen auch als göttliche Zusagen zugesprochen werden (89,29f.37f).[19]

Wie gesagt, ungebrochen sind die altorientalischen Königsvorstellungen im Alten Testament nicht übernommen und tradiert worden. Deshalb wird man sich auch hüten müssen, aus der Summe der Einzelaussagen ein in sich geschlossenes Gesamtkonzept der Jerusalemer Königstheologie rekonstruieren zu wollen.[20] Was diese Anschauung konkret bedeutet, lässt sich deshalb immer nur punktuell am Einzelfall ablesen.

Ein eindrückliches Beispiel hierfür bietet Psalm 89, der den Untergang des davidischen Königtums beklagt.

Der wohl spätexilische und in letzter Redaktion sicher nachexilische Psalm beginnt mit einem Hymnus über Gottes Einzigkeit und seine Souveränität als Erhalter der Schöpfung (V.2f.6-19). Am Ende läuft er aus in eine Klage über den Verlust des Königtums (V.39ff). Dazwischen sind rückblendend in Form eines Orakels die Zusagen an David eingeschaltet.[21] Das, was oben anhand von Einzelaussagen skizziert worden ist, wird hier geschlossen als eine Erwartung formuliert, die sich im Umkreis der Exilszeit mit dem davidischen Königshaus verbunden hatte. Der davidische König, ausgestattet mit allen Insignien der Macht, ist der von Gott erwählte und gesalbte Herrscher (V.20f). Er darf Gott seinen Vater nennen (V.27). Seine Herrschaft ist in den idealen Grenzen des Gross- bzw. Weltreiches umschrieben (V.26), und er ist eingesetzt zum «Erstgeborenen, zum Höchsten der Könige der Erde» (V.28). Dem entspricht, dass Gott seine Herrschaft vor allen Feinden schützt und seinen Thron allezeit sichert (V.22-25.29f.34-38). Salbung, Erwählung, göttliche Vaterschaft, Weltherrschaft der Davididen und Zusage einer ewigen Dynastie gelten hier noch als die Fülle göttlichen Heilshandelns an dem König und seinem Volk. Am Ende des Psalms wird deshalb nicht einfach der Verlust des Königtums beklagt, sondern mit dem Verlust des Königs ist ganz offensichtlich das heilvolle Wirken JHWHs selbst in Frage gestellt. Deshalb klagt der Beter:

> «Du aber hast verworfen, verstossen/
>   hast gezürnt mit deinem Gesalbten.
> Du hast entweiht den Bund deines Knechtes/
>   hast geschändet zur Erde sein Diadem.» (V.39f)

Der Psalm ist so Klage und Anklage wider die unvorstellbare Möglichkeit, dass JHWH seinen Gesalbten habe fallen lassen können.

Sicher wird man mit G. von Rad einerseits sagen können: «Keiner der Königspsalmen ist messianisch ...; nichts weist auf die eschatologische Erwartung eines Erretterkönigs.» Dennoch ist andererseits die in den Psalmen tradierte und entfaltete Königstheologie «die Brücke zum Messiasglauben».[22] Die These kann nicht einfach dahingehend interpretiert werden, dass ein übersteigertes Königsideal angesichts katastrophaler Zustände der Gegenwart an den Horizont der Geschichte projiziert wird.[23] Sie ist vor allem darin begründet, dass in der Jerusalemer Königstheologie ein sakrales Verhältnis zwischen Gott und König gestiftet ist, sodass trotz des Unterganges und der daraus folgenden politischen Bedeutungslosigkeit des Königtums an den Verheissungen festgehalten wurde.

2. Hoffnungen auf David in der exilisch-nachexilischen Zeit

«Deuteronomismus» auf der einen und «Königstheologie» auf der anderen Seite bilden die beiden Traditionskreise, aus denen sich die sehr verschiedenen Vorstellungen und Erwartungen hinsichtlich des Königtums in exilisch-nachexilischer Zeit entwickelt haben. Etwas vereinfacht liesse sich sagen: Die unter dtr Einfluss formulierten Aussagen zielen darauf, die ursprünglich mit dem Königtum verbundenen Erwartungen auf Israel zu übertragen.[24] Man könnte dies auch mit dem etwas missverständlichen Begriff der «Demokratisierung» umschreiben. Die in der Jerusalemer Königstheologie verwurzelten Aussagen bewahren demgegenüber eine Sichtweise, in der der Keim für die Hoffnung auf eine Erneuerung oder Wiederherstellung des Königtums angelegt bleibt. «Demokratisierung» und «Restauration» stellen so gesehen zwei Seiten des gleichen Problems dar, nämlich den Verlust des Königtums zu kompensieren, allerdings in sehr unterschiedlicher Weise. J. Wellhausen hat den Hintergrund der Hoffnungen des Judentums in exilisch-nachexilischer Zeit einmal so zusammengefasst:

> «Das Reich Davids sollte wieder hergestellt werden, das war ihr Ideal. Darauf indessen legten sie kein Gewicht, dass wieder ein König an ihre Spitze trete. Sie liebten im allgemeinen die Könige nicht, die sie nur noch als Tyrannen kannten; sie fanden, dass Menschenherrschaft sich nicht vertrage mit der Gottesherrschaft. Die Souveränität wurde darum gern auf das Volk übertragen. Wie Israel der Knecht, d.h. der Prophet Jahves war, so ist Israel auch der Messias und der Erbe Davids, vorläufig in Schwachheit, künftig in Kraft. Doch hielt sich daneben auch die Idee des monarchischen Messias.»[25]

Das restaurative Element, «die Idee des monarchischen Messias», wie es in dem Wellhausen-Zitat heisst, ist in der Tat in den Überlieferungen des Alten Testaments nur wenig präsent. In der Regel ist es durch den Kontext überschrieben und nur noch hinter einzelnen Formulierungen erkennbar. Der Grund hierfür ist sicher nicht eine von altersher generell negative Einstellung Israels zum Königtum.[26] Vielmehr dürfte es, sicher nicht unbeeinflusst von der dtr Geschichtsschau, mit dem Sammlungs- und Redaktionsprozess der alttestamentlichen Überlieferungen in exilisch-nachexilischer Zeit überhaupt zusammenhängen. Dieser Prozess vollzog sich ja in einem zunehmenden zeitlichen Abstand zum davidischen Königtum, so dass die bald nach dessen Untergang einsetzenden Um- und Neuinterpretationen der Davidtradition auch hier ihren Niederschlag gefunden haben müssen. Des weiteren waren die an einer Restauration des davidischen Königtums interessierten Kreise auf Dauer offensichtlich nicht die führenden und sprachgebenden Tradenten jener Zeit.[27] Jedenfalls ergibt sich zunächst ein sehr verwirrendes Bild, wenn man die verschiedenen Anspielungen auf die Davidtradition in der prophetischen Überlieferung und im Psalter verfolgt.

2.1 Die Hoffnung auf David bei den Propheten

In den Prophetenbüchern finden sich verstreut Texte, die die Erneuerung des Königtums verheissen.[28] Nach Mi 5,1-5 wird ein neuer Herrscher für Israel aus Betlehem erwartet, dem Ursprungsort der Familie Davids. Seine Herrschaft «in der Kraft JHWHs, in der Hoheit des Namens seines Gottes» (V.3) wird dem Volk Sicherheit und Frieden bringen.[29] Ähnlich lautet die Aussage von Jes 9,1-6. Hier wird dem durch Krieg und Unterdrückung geschundenen Volk, «das im Finstern wandelt» (V.1), die Geburt eines königlichen Kindes angesagt. Dessen Herrschaft, gestützt auf Recht und Gerechtigkeit, soll den Frieden über Davids Thron und in seinem Reich sichern. Dem entsprechen die Thronnamen, die dem Kind bei seiner Inthronisation übereignet werden: «Wunderplaner, Gottheld, Ewigvater, Friedefürst» (V.5f). Von der gleichen Vorstellung ist auch die schon einleitend zitierte Verheissung aus Jer 23,5f geprägt. JHWH wird David einen «gerechten Spross» erstehen lassen und dessen Name wird sein: «JHWH ist unsere Gerechtigkeit».

Kennzeichnend für diese Erwartungen sind die Aufrichtung von Recht und Gerechtigkeit im Inneren sowie die Gewährung von Schutz und Sicherheit gegenüber Bedrohungen von aussen. Alle Texte stehen im Zusammenhang prophetischer Verkündigung, in der Israel/Juda Rechtsbruch, Bestechlichkeit sowie Gewalt und Unrecht gegenüber den Armen der Gesellschaft vorgeworfen und deshalb der Einbruch von äusseren Feinden und die Verwüstung des Landes als göttliches Strafgericht angekündigt wird. Die Wiederherstellung des *Schalom*, des ordnungsgemässen, heilvollen Zustandes, ist in diesen Erwartungen namentlich mit einem Herrscher aus der davidischen Dynastie verbunden. Der Sache nach stehen diese Erwartungen durchaus im Einklang mit der traditionellen Königsvorstellung, wie sie im Gebet für den König in Ps 72 formuliert wurde:

> «O Gott, gib dein Gericht dem König, / dem Königssohn übergib deine Rechte.
> Er regiere dein Volk in Gerechtigkeit, / nach gleichem Recht deine Armen.
> Tragen mögen Berge und Hügel / Frieden dem Volke.
> In Gerechtigkeit richtet er die Gebeugten des Volkes,
> er hilft den Kindern der Armen, / doch den Bedrücker wird er zermalmen.» (V.1-4)

Zu dieser Gruppe von Texten gehört auch die Verheissung eines «Reises aus Isais Stamm» in Jes 11,1-5(.6-8). Der künftige Herrscher ist hier ausgezeichnet durch «Weisheit und Einsicht», durch «Rat und Stärke», durch «Erkenntnis und Gottesfurcht». Ähnlich wie in Mi 5,1 greift die Verheissung mit der Nennung Isais als Vater Davids über das davidische Königshaus zurück auf die Keimzelle der Dynastie. Zugleich erweitert sie das Bild in zweifacher Richtung. Der König wird sein Amt nicht mit militärischer Stärke ausüben, sondern mit dem «Stab seines Mundes» und mit dem

«Hauch seiner Lippen» wird er die Frevler von der Erde vertilgen. Dieses Bild erinnert an die Aussage von Sach 4,6: «Nicht durch Kraft und nicht durch Stärke, sondern durch meinen Geist, spricht JHWH Zebaot». Das angesagte Heil ist dann schon nicht mehr auf das davidische Reich beschränkt, sondern schliesst die gesamte Kreatur in einem universalen Friedensreich mit ein, was in den bekannten Bildern des friedlichen Beieinanders von Wolf und Lamm und im Zusammenleben von Tier und Mensch gezeichnet wird (Jes 11,6-8).

In der Forschung sind diese Texte häufig als provokante Hoffnungen der vorexilischen Propheten gedeutet worden.[30] Angesichts der miserablen Zustände des Königtums ihrer Zeit hätten Jesaja oder auch Micha dessen völlige Erneuerung durch einen von Gott gesandten König proklamiert. Das dürfte so jedenfalls nicht zutreffend sein. Es kann ja nicht übersehen werden, dass diese Texte fast ausnahmslos in prophetischen Büchern stehen, in denen das Königtum ansonsten weder negativ noch positiv eine Rolle spielt.[31] In den Gerichtsankündigungen wird das Volk samt seiner Oberschicht angeklagt. Darin mag der König inbegriffen sein, aber *expressis verbis* wird er nicht genannt. Das gilt auch für die wenigen heilvollen Ausblicke, die sich mehr oder weniger sicher auf die Propheten selbst oder ihren näheren Tradentenkreis zurückführen lassen. Das Königtum kommt hier ebenfalls nicht vor. Das, was Walter Dietrich schon vor längerer Zeit für das erste Jesajabuch festgestellt hat, dass nämlich «die Traditionsmischung aus altorientalischer Königsideologie, Vorstellung vom Tierfrieden, aus Davids- und Zionstradition ... in zweifelsfrei echten Jesajaworten keine Analogie (hat)»[32], gilt entsprechend auch für Amos oder Micha.[33] Diese Texte sind nachträglich in die Prophetenbücher eingetragen und mit ihrem Kontext allenfalls sekundär verknüpft worden. Wichtiger als die Frage der Verfasserschaft sind in diesem Zusammenhang zwei andere Beobachtungen: 1) Die Verheissungen stehen alle am Schluss kleinerer oder grösserer Textsammlungen und scheinen redaktionell ganz bewusst plaziert worden zu sein.[34] 2) Insofern ihre Erwartungen noch auf dem Hintergrund der Jerusalemer Königstheologie formuliert und ausschliesslich an David und seiner Dynastie festgemacht worden sind, finden sie sich ausnahmslos in den prophetischen Überlieferungsteilen, die als geschichtlichen Kontext die Königszeit voraussetzen. Für den redaktionellen Prozess heisst das, dass Erwartungen, die in einer Zeit formuliert worden sind, als das Königtum schon nicht mehr existierte, in jenem Teil der prophetischen Überlieferung verankert worden sind, der als prophetische Verkündigung der Königszeit verstanden wurde. Die Erklärung hierfür ist m.E. eine sehr einfache. Restaurative Königserwartungen werden chronistisch verborgen und so in ihrer Aussage doppeldeutig.

Das kann am ersten Jesajabuch beispielhaft verdeutlicht werden. Die Botschaft dieses Buches soll auf Grund der geschichtlichen Nachträge der Kap 36–39 im engen Kontext der entsprechenden geschichtstheologischen Überlieferungen von 2Kön gelesen werden.[35] Ebenso wird die Berufung bzw. Beauftragung des Propheten exakt datiert, nämlich auf das Todesjahr des Königs Usia. Die Sprüche der sog. Denkschrift (6,1 – 8,18), an die dann die Verheissungen der Kapitel 9 und 11 angefügt worden sind, werden durch den Bericht über die Auseinandersetzung des Propheten mit Ahas in die Zeit des syrisch-ephraimitischen Krieges versetzt. Die Verheissungen des «königlichen Kindes» bzw. des «Reises aus Isais Stamm» könnten in diesem Zusammenhang auf einen davidischen König in der Nachfolge Ahas' ausgelegt werden. Zwei Könige sind für diese Deutung in der Auslegungsgeschichte immer wieder ins Spiel gebracht worden. Zum einen Hiskija, von dem auch in den Nachträgen Jes 36–39 die Rede ist, und zum anderen Joschija. Beide bieten sich schon deshalb an, weil von ihnen nahezu gleichlautend in 2Kön gesagt wird, dass es Könige ihresgleichen, die allein JHWH vertrauten und seinem «Gesetz» gehorsam waren, weder vorher noch nachher gegeben habe (18,5f; 23,25). In der exegetischen Wissenschaft ist denn auch viel Mühe darauf verwendet worden, diese Deutung historisch-kritisch zu sichern.[36] Anders als in dem Prophetenwort über den Altar zu Bethel allerdings, in dem es 1Kön 13,2 heisst: «Siehe, dem Haus David wird ein Sohn geboren werden, Joschija ist sein Name», und dessen Erfüllung in 2Kön 13,15ff genau notiert wird, wird in diesen Verheissungen aber kein Name genannt. Das genau macht ihre Doppeldeutigkeit aus. Sie können zwar in Bezug zu den geschichtstheologischen Überlieferungen von 2Kön unter dem Schema von Ankündigung und erfüllter Verheissung gelesen werden, aber sie müssen es nicht, denn es sind und bleiben offene Verheissungen. Dies dürfte aber auch die Absicht der Redaktoren gewesen sein, die diese Texte in die prophetischen Überlieferungen eingefügt haben.

In diesen Zusammenhang gehören auch Texte, in denen die Erwartung der Wiederherstellung des Reiches oder eines gerechten Regimentes sehr viel allgemeiner formuliert worden ist. Am Ende des Amosbuches findet sich die Verheissung, dass JHWH «die zerfallene Hütte Davids wieder aufrichten und ihre Risse zumauern und ihre Trümmer wieder herstellen und aufbauen wird, wie in den Tagen der Vorzeit» (Am 9,11f). Der nachfolgende Spruch umschreibt dann die Heilszeit in den Bildern von Fruchtbarkeit und Fülle des Landes als eines sicheren Wohnsitzes (9,13-15). Die Metapher der «zerfallenen Hütte» kann sowohl auf das davidische Königshaus wie auf das Reich selbst gedeutet werden. Sie zeigt aber in jedem Fall kein sonderliches Interesse an der Beschreibung eines möglichen zukünftigen Herrschers.

In anderer Weise zurückhaltend erweist sich auch die Ansage eines gerechten Regimentes in Jes 32,1-5. Erwartet wird ein König, der dem Recht gemäss herrscht und dessen politische Vertreter der Gerechtigkeit dienen (V.1). Die Bilder der Zuflucht und des Schutzes (V.2), in denen die neue Herrschaft vorgestellt wird, sind ebenso weisheitlich geprägt wie die Aussagen über die Auswirkung ihres Regimentes. Blindheit und Taubheit finden unter ihr ein Ende, Erkenntnis und Einsicht nehmen zu (V.3f). Die Ordnung in der Gesellschaft ist wieder hergestellt, wenn der Tor nicht mehr für edel und der Schurke nicht mehr für vornehm gehalten werden (V.5).

Anders als in Jes 9 und 11 ist hier allerdings nicht vom davidischen Königtum die Rede. Angesichts der Bilder einer korrupten Oberschicht, wie sie in 28-31 gezeichnet werden, werden hier ganz allgemein ein König und eine neue Beamtenschaft erwartet, die ein rechtes Regiment führen und die Gesellschaft von all ihren Übeln befreien. Gegenüber Jes 9 und 11 scheint hier in sehr viel nüchterneren Farben gemalt zu sein, weswegen diesem Text häufig das prophetische Element abgesprochen worden ist. Aber schon Karl Marti hatte vermutet, dass mit diesen drei Texten am Abschluss kleinerer Textsammlungen ein «Ausblick auf die messianische Zeit» gegeben werden soll[37], und ganz sicher will auch dieser Text wie die beiden anderen als Weissagung verstanden werden.[38] Das verdeutlichen spätestens die Aussagen von 32,15-20. Sie lesen sich wie ein Kommentar zu den einleitenden Versen des Kapitels. Die Gedanken von Recht und Gerechtigkeit, von Fruchtbarkeit und Fülle, von Schutz, Geborgenheit und Frieden werden wieder aufgenommen. Die dann angesagte Heilszeit ist allerdings nicht mehr an das Königtum gebunden, sondern sie wird durch den «Geist aus der Höhe» bewirkt, der sich dem ganzen Volk offenbaren bzw. der über das gesamte Volk ausgegossen werden wird[39].

Betrachtet man diese Weissagungen in ihrer redaktionellen Abfolge, dann lässt sich in der Tat eine Tendenz feststellen, die Werner H. Schmidt unter dem Titel «Die Ohnmacht des Messias» so beschrieben hat:

> «Der Messias hat die Aufgaben eines Herrschers, die Gewalt voraussetzen, verloren, dafür die Aufgabe des Propheten gewonnen. Das munus regium ist zugunsten des munus propheticum zurückgetreten. Die Unterscheidung zwischen Tat Gottes und des Messias hat sich immer stärker ausgeprägt, indem die königlich-messianische Herrschaftsgewalt mehr und mehr auf Gott übertragen wurde.[40]

Schon die noch volltönende Verheissung von Jes 9,5f wird am Ende dahingehend interpretiert, dass es der «Eifer JHWH Zebaots» ist, der dies alles bewirken wird. Machtmittel der Herrschers in Jes 11 ist auf Grund der göttlichen Geistbegabung das Wort und nicht die Kriegsgewalt. Der verheissene «Spross» nach Jer 23,5f wird zwar als König herrschen und für Recht und Gerechtigkeit im Lande eintreten. Die Aussagen, dass Juda in seinen Tagen Heil widerfahren und Israel in Sicherheit wohnen wird, sind hiervon aber abgetrennt[41] und werden mit dem Namen verbunden, der ihm gegeben wird: «JHWH ist unsere Gerechtigkeit».

Auch die bisher noch nicht angesprochenen Verheissungen passen sich weitgehend in diese Tendenz ein. Bei Ezechiel findet sich wie im Jeremiabuch das Bild von den Hirten, die ihre Herden zugrunde gerichtet haben.[42] Während Ez 34 nach dem grossen Gerichtswort über diese Hirten (V.1-10) verheisst, dass JHWH sein Volk selbst weiden wird (V.11-22), heisst es dann in V.23f:

«Ich werde über sie einen einzigen Hirten bestellen, der sie weiden soll, meinen Knecht David, der soll sie weiden und ihr Hirte sein. Und ich, JHWH, werde ihr Gott sein, und mein Knecht David wird Fürst sein in ihrer Mitte.»

Mit dem Bild des Hirten wird an bekannte Königsterminologie angeknüpft.[43] Angesichts dessen aber, dass JHWH der eigentliche Hirte Israels ist, entbehrt die Vorstellung jeder irdisch-politischen Kraft. Die Verheissung Ez 37,15ff, nach der JHWH sein in alle Welt zerstreutes Volk wieder sammeln wird, verspricht, dass das geeinte Volk dann auch nur einen einzigen König haben wird. Von einer politischen Funktion ist aber ebenfalls nicht die Rede. Ähnlich wie in dem redaktionellen Zusatz Hos 2,2 (vgl. auch 3,5), gilt er nur noch als Repräsentant bzw. als Symbol der staatlichen Einheit von Nord- und Südreich.

Die letzte grosse Verheissung innerhalb der prophetischen Überlieferung Sach 9,9f ist demgegenüber in ihrer politischen Erwartung schwieriger zu deuten. Aufgefordert werden in ihr Jerusalem/Zion, ihren König jubelnd zu empfangen (V.9a). Auch wenn der Name Davids nicht fällt, lässt der Ort doch einen Davididen assoziieren,[44] und in jedem Fall handelt es sich hier um den König der Heilszeit. Das zeigen schon die Erwartungen, die sich mit seinem Kommen verbinden. Ausgerottet werden die Werkzeuge des Krieges, von den Streitwagen über die Pferde bis hin zum Kriegsbogen (V.10a). Danach spricht er den Völkern Frieden zu, und seine Herrschaft erstreckt sich über die gesamte Erde (V.10b).

Die Schwierigkeit der Auslegung besteht darin, dass sich der griechische Text der LXX vor allem an einem Punkt von seiner hebräischen Vorlage unterscheidet.[45] Nach dem hebräischen Text ist es JHWH selbst, der Ephraim und Jerusalem entmilitarisiert.[46] Dementsprechend lassen sich die hebräischen Begriffe, mit denen der König charakterisiert wird, auf ein passives, ein ganz der göttlichen Führung unterstelltes Verhalten deuten. Sein Einzug auf «einem Esel, auf dem Hengst einer Eselin», wird dann als Zeichen seiner Schwachheit bzw. seiner Demut verstanden.[47] Nach dem griechischen Text ist es der König, der das Kriegsgerät vernichten wird.[48] Die Begriffe, die im Hebräischen sein passives Verhalten und seine Unterwürfigkeit zum Ausdruck bringen, sind hier ins Aktive gekehrt. Nicht «ihm wird geholfen werden»,[49] sondern er selbst ist der Retter;[50] er ist nicht niedrig oder schwach,[51] sondern sein Auftreten ist sanft, friedlich.[52] Dementsprechend wird sein Einzug auf einem jungen Reittier nicht als Zeichen seiner Niedrigkeit gedeutet, da es sich hier um «ein edles, königliches Reittier» handelt.[53]

Zwischen beiden Varianten einen Ausgleich zu suchen bzw. eine Angleichung vorzunehmen, verbietet sich. Eher scheinen die unterschiedlichen Interpretationen von Sach 9,9f ein Hinweis darauf zu sein, dass die anfänglich restaurativen Erwartungen im Laufe der Zeit nicht einfach aufgegeben wurden, sondern dass selbst die Hoffnungen der Spätzeit des Alten Testaments noch schwankten zwischen einem König als reiner Symbolgestalt der beginnenden Heilszeit und einem König, der diese machtvoll heraufführen sollte.[54] Eine exakte Beurteilung jener Erwartungen, die sich noch an einen mit politischen Machtmitteln ausgestatteten König richteten, ist insgesamt schwierig. Wie schon einleitend gesagt, sind die königstheologischen Elemente durch ihren Kontext weitgehend übermalt und auch teilweise uminterpretiert. Es handelt sich um die Sicht verschiedener Tradenten und Redaktoren, die sich in diesen Texten widerspiegelt. Welche Hoffnungen sich darüber hinaus im Frühjudentum der alttestamentlichen Zeit mit dem davidischen Königtum verbunden haben mögen, bleibt weithin im Dunkeln.

Wenn es etwa bei den Propheten Haggai und Sacharja messianische Hoffnungen hinsichtlich der Person Serubbabels gegeben haben sollte,[55] dann sind sie nur indirekt zu erschliessen und allenfalls in Relikten bewahrt. Gleiches gilt für Nehemia.[56] Man wird in diesem Zusammenhang auch nicht unberücksichtigt lassen dürfen, dass Juda nach dem Untergang des Staates und des davidischen Königshauses bis zur hasmonäischen Zeit am Ende des 2. Jh. v.Chr. politisch immer durch Fremdherrschaft (Neubabylonier, Perser, Ptolemäer, Seleukiden) bestimmt war. National-politische Hoffnungen konnten in dieser Zeit ohnehin nur konspirativ vertreten und kaum in das offizielle Schrifttum, zu dem die religiösen Überlieferungen des Alten Testaments gehören, aufgenommen werden. Aber es ist doch mehr als unwahrscheinlich, dass sich die restaurativen Königserwartungen ausschliesslich auf die exilische und allenfalls noch die frühnachexilische Zeit (Haggai, Sacharja) beschränken. Es bliebe dann unklar, auf welchem Hintergrund ein Text wie Sach 9,9f in seiner hebräischen wie in seiner griechischen Variante formuliert worden ist. Wenn die Auseinandersetzungen um die Wiederherstellung des davidischen Königtums nicht wenigstens punktuell über die gesamte Spätzeit des Alten Testaments hin wachgehalten worden wären, bliebe letztlich auch unverständlich, wieso mit einem Mal in Nachfolge der hasmonäischen Königszeit um die Mitte des 1. Jh. v.Chr. der Streit um das rechte messianische Verständnis wieder entbrennt, wie es PsSal 17,21 mit der Bitte dokumentiert:

> «Siehe zu, Herr, und richte ihnen auf ihren König, den Sohn Davids, zu der Zeit, die du ausersehen, o Gott, über Israel, deinen Knecht, zu herrschen.»[57]

Restaurative Königserwartungen sind nur die eine, spärlich belegte Möglichkeit, den Verlust des Königtums zu kompensieren. Eine andere, sehr viel breiter bezeugte Möglichkeit ist die Übertragung der mit David verbundenen Verheissungen auf Israel selbst. Diese deutet sich schon in Jes 32,15ff[58] an und ist auch in den redaktionellen Zusätzen zu Jes 11 erkennbar.[59] Als deutlichster Beleg hierfür gilt innerhalb der prophetischen Überlieferungen allerdings Jes 55,1-5.

Am Ende der deuterojesajanischen Sammlungen[60] wird in diesem Text eine Zeit angesagt, in der die Fülle der Heilsgaben, umschrieben mit den Metaphern Wasser, Korn, Wein, Milch und Most, als Geschenk angeboten wird (55,1-3a). Im Anschluss daran folgt die Verheissung, dass JHWH mit Israel eine ברית עולם, einen «ewigen Bund» schliessen wird, entsprechend den «beständigen Gnaden Davids» (V.3b). Der Bundesschluss wird dann in den V.4 und 5 durch zwei jeweils mit «siehe» (הן) eingeleitete Sätze ausgelegt. Der erste: «Siehe, als Zeugen für die Völker habe ich ihn gesetzt, zum Fürsten und Gebieter der Nationen» (V.4) fasst in äusserst dichter Form die Funktion Davids im göttlichen Geschichtsplan zusammen. Der zweite: «Siehe, Völker, die du nicht kennst, wirst du rufen; Völker, die dich nicht kennen, zu dir kommen sie gelaufen» (V.5a) setzt Israel als Vermittler des göttlichen Heilsplanes für die Welt ein.[61] Dass die Übertragung der Verheissung unter einer theokratischen Perspektive vollzogen ist, erweist nicht nur der abschliessende Finalsatz: «Um JHWH, deines Gottes willen, des Heiligen Israels, der dich verherrlicht» (V.5b), sondern ergibt sich aus dem Kontext der deuterojesajanischen Sammlung selbst. JHWH ist König (41,21; 43,15; 44,6) und herrscht als solcher auf dem Zion (52,7). Deshalb kann die königliche Funktion zunächst dem Perser Kyros mit allen Attributen Davids (Hirte, Gesalbter, Geliebter JHWHs) zuerkannt werden, während die Funktion des Zeugen mit dem «Gottesknecht» (Licht der Völker, Bund der Menschen, Ausübung von Recht und Gerechtigkeit) verbunden ist. Am Ende aber ist Israel unter der Obhut des Gotteskönigs vom Zion mit beiden Funktionen betraut.

2.2 Die Hoffnungen auf David im Psalter

Die Bedeutung Davids steht in Bezug auf die Kanon- und Wirkungsgeschichte des Psalters ausser Frage. Sie beschränkt sich nicht nur auf seine in der Tradition vorgegebene Rolle als Sänger, Dichter und Beter von Psalmen, wie sie sich in den Überschriften der Davidpsalmen und ihrer Sammlung zu grösseren und kleineren Davidpsaltern widerspiegelt.[62] Von nicht weniger Gewicht sind die sog. Königspsalmen.[63] Nach formkritischen Kriterien stellen diese zwar keine eigene Gattung im engeren Sinn dar. Sie sind vielmehr dadurch miteinander verbunden, dass sie in verschiedener Weise den König und seine Herrschaft zum Thema haben.[64] Deutlich besitzen hierbei die Pss 2; 72 und 89 für die ersten drei Psalmenbücher eine makrostrukturelle Funktion.[65] Das erste und zweite Psalmenbuch werden in dieser Perspektive gerahmt durch die zwei Psalmen, die die Einsetzung des Königs auf dem Zion und seine Herrschaft zum Segen und Heil der Welt zum Thema haben.

Ps 2 eröffnet mit der erstaunten Frage: «Warum toben die Völker und sinnen die Nationen nichtige Pläne?» (V.1) das erste Psalmenbuch (Ps 2–41).[66] Den widerspenstigen, um ihre Autonomie kämpfenden Machthabern wird in diesem einleitenden Psalm verkündet:

> «Ich habe eingesetzt meinen König
> auf Zion, meinem heiligen Berg.» (V.6)

Dieser König ist kein geringerer als Gottes Sohn, von ihm gezeugt (V.7), dem auf Verlangen die Weltherrschaft übertragen wird (V.8f).

Ps 72 steht am Ende des zweiten Psalmenbuches (43–72) und beinhaltet die Fürbitte für den König bzw. den Königssohn (V.1). Erbeten wird für ihn, dass er Gottes Volk in Gerechtigkeit regiere und die Schwachen in der Gesellschaft mit gleichem Recht behandle, so dass sie vor Gewalt und Unterdrückung geschützt sind (V.2-4.12-14). Von seiner Herrschaft, die die ganze Welt umspannt (V.8), wird deshalb ein universaler, Gesellschaft wie Natur umfassender Friede erwartet. Der Aufruhr der Völker «gegen JHWH und seinen Gesalbten», der in Ps 2,1 die Einsetzung des Königs auf dem Zion provoziert, ist hier ins Gegenteil verkehrt worden. Während Ps 2 in der Mahnung an die Könige und Machthaber der Welt endet, sich demütig und in Furcht dem Gott des Zions zu unterwerfen (V.10-13),[67] sind diese nach Ps 72 schon bezwungen. Sie huldigen und dienen ihm (V.9-11), so dass unter seiner Herrschaft «Segen gewinnen alle Völkerschaften der Erde» (V.17b).

Den Abschluss des dritten Psalmenbuches (73–89) bildet der schon erwähnte Ps 89, der an die göttliche Verheissung an David erinnert und den Verlust des Königtums beklagt. Daraus ergibt sich eine redaktionelle Klammer um die drei ersten Psalmenbücher, die diesen Teil des Psalters in einer auf das davidische Königtum ausgerichteten Perspektive verstanden wissen will. Dem entsprechen die Königstexte des Jesajabuches insofern, als Jes 9 die Geburt und Inthronisation des königlichen Kindes ansagt, und Jes 11 und 32 die gerechte Herrschaft des Königs der Heilszeit in ähnlichen Bildern und Begriffen wie Ps 72 verheissen. Jes 55,1-5 beinhaltet zwar nicht die Klage über den Untergang des Königtums, überträgt aber die Verheissung Davids auf Israel. Die sprachlich enge Verwandtschaft dieses Textes zu Ps 89 ist schon lange erkannt worden,[68] und «Ps 89 weitet in seinem Schlussabschnitt dann ‹demokratisierend› die messianische Perspektive auf Israel als Volk aus.»[69] Die parallele Abfolge der Königstexte im Jesajabuch und der Königspsalmen in den ersten drei Psalmenbüchern ist kaum als Hinweis darauf zu werten, dass zwischen den Redaktionen direkte Abhängigkeiten angenommen werden müssten. In diesem Fall wären engere sprachliche Berührungen zwischen beiden Textbereichen zu erwarten. Sehr viel wahrscheinlicher scheint es zu sein, dass die Stellung der Königspsalmen wie der Königstexte auf das gleiche Anliegen, die Vergegenwärtigung Davids und seines Königtums in exilisch-nachexilischer Zeit, zurückgehen. Im Rückgriff auf die gleichen Traditionen haben sich im Laufe der Zeit ganz offensichtlich vergleichbare Kompositionsmuster herausgebildet.[70]

Anders als in der prophetischen Überlieferung, in der sich der Bezug zum davidischen Königtum weitgehend auf die Königstexte beschränkt, lässt sich bei der Komposition des Psalters von einer grundlegenden Davidisierung sprechen. Diese beginnt nicht erst mit der Rahmung der Psalmensammlungen durch die Königspsalmen. Am Anfang steht vielmehr, dass eine grosse Anzahl von Psalmen ganz unterschiedlicher Gattungen mit der Überschrift לדוד versehen worden ist. Das Gros der so überschriebenen Psalmen findet sich im ersten und zweiten Psalmenbuch.[71] Dabei deutet diese Überschrift zunächst noch nicht auf David als Verfasser hin, sondern meint sehr viel allgemeiner, dass der entsprechende Psalm «in Bezug auf» David zu lesen und zu verstehen ist. Nach M. Kleers Analyse zur Davidisierung des Psalters hat dieser Prozess «in der Identitätskrise des Exils» seinen Ausgangspunkt genommen. «Der Beter ist eingeladen mit David in eine Schicksalsgemeinschaft zu treten, so seine Not zu bewältigen und Hoffnung für die Zukunft zu schöpfen».[72] Auf einer nächsten Stufe sind dann einzelne Psalmüberschriften noch um eine biographische Notiz aus der Davidüberlieferung erweitert worden, deren Funktion darin besteht, die Davidpsalmen mit den Daviderzählungen in den Samuelbüchern zu verbinden.[73] Dem entsprechen in etwa die Datierungen in den Überschriften zu den Prophetenbüchern sowie die geschichtlichen Anhänge Jes 36–39 und Jer 52. Auch diese wollen eine Verbindung von der prophetischen Verkündigung zu den entsprechenden Erzählungen in den Königsbüchern herstellen. Während der Geschichtsbezug in den Prophetenbüchern dazu dient, deren Botschaft «historisch» zu verankern, lädt der biographisch auf David hin verfasste Psalter dazu ein, dessen Geschichte betend zu meditieren. Israel soll die Höhen und Tiefen seines Lebens bedenken und soll sich seiner Verfolgungen, seiner Verfehlungen, aber auch der göttlichen Führung seines Weges erinnern.[74] In beiden Fällen handelt es sich um Vergegenwärtigung von Geschichte zur Bewältigung politisch und gesellschaftlich veränderter Lebensbedingungen. Diesen Prozess datiert Martin Kleer in das ausgehende 6. bzw. in das 5. Jh. v.Chr., also in die persische Zeit, in der auch die prophetischen Sammlungen mit Überschriften versehen und um die geschichtlichen Anhänge erweitert worden sein dürften.[75] Auf Grund der späteren Rahmung der ersten beiden Psalmenbücher durch die Königspsalmen 2 und 72 wird der am Lebensweg Davids orientierte Psalter nun auf dessen Königsherrschaft hin erweitert. David selbst ist der in Ps 2 von JHWH auf dem Zion eingesetzte König und zugleich ist er auch der Beter, der in Ps 72 die rechte Königsherrschaft für seinen Nachfolger erfleht. Dieses Verständnis legt jedenfalls die Überschrift dieses Psalms «für Salomo» in Verbindung mit der abschliessenden Notiz des zweiten Psalmenbuches nahe: «Zu Ende sind die Gebete Davids».[76] Mit diesem Vermerk ist dann die Perspektive des «historischen» David im Psalter verlassen worden.

Das dritte Psalmenbuch (73–89) besteht aus einer Sammlung von Asaf- und Korachpsalmen. Nur Ps 86 trägt noch die Überschrift: «Ein Gebet Davids». Am Ende aber steht der Ps 89, der den Untergang des Königtums beklagt und Gott darum bittet, die David erwiesene Gnade doch wieder zur Geltung zu bringen. Die Antwort darauf wird dann im vierten und fünften Psalmenbuch gegeben. Angesichts der Klage des Ps 89 soll der Beter/Leser dazu bewegt werden, «sein Vertrauen nicht auf menschliche Herrschaft, sondern auf die ewige Königsherrschaft JHWHs zu setzen, ohne damit jedoch die Hoffnung auf den ewigen Bestand des Davidbundes aufzugeben»[77].

Dieser Wechsel von einer «messianischen» zur «theokratischen» Perspektive, wie Erich Zenger meint, also der Wechsel vom davidischen Königtum zur Königsherrschaft JHWHs im Übergang vom dritten zum vierten Psalmenbuch, wird auf verschiedene Weise sichtbar. Während die ersten drei Psalmenbücher weitgehend aus Klage- und Bittgebeten bestehen, werden die letzten beiden von Hymnen und Psalmen mit hymnischer Grundstruktur bestimmt.[78] Die Königspsalmen stehen auch hier wieder an redaktionellen Nahtstellen von Teilsammlungen.[79] Im Unterschied zu den ersten drei Psalmenbüchern haben sie aber keine makrostrukturelle Funktion, und sie bilden nicht jenen übergreifenden redaktionellen Bogen, wie er für die ersten drei Psalmenbücher signifikant war. Zwar finden sich in den Königspsalmen noch traditionelle Herrschaftsvorstellungen. So lässt sich Ps 110 durchaus als Wiederaufnahme der Aussagen von Ps 2 verstehen.[80] Dieser Psalm erweitert die Herrschaftsvorstellung aber um die Funktion des Priesters (V.4). Ps 132 reflektiert im Kern die Dynastiezusage an David wie auch Ps 89,20ff, begründet sie aber mit Davids Einsatz für JHWHs Heiligtum. Insgesamt sind die Hoffnungen, die sich mit David im Psalter verbinden, in der Tendenz die gleichen, die auch die Königstexte in den Prophetenbüchern zu erkennen geben. Der Unterschied besteht vor allem darin, dass sie bei den Propheten Israel als göttliche Verheissungen zugesprochen werden, während Israel im Psalter diese Verheissungen betend reflektiert und meditiert.

3. Zum geschichtlichen Umfeld der Erwartungen – eine Zusammenfassung

«Deuteronomismus» und «Königstheologie» bilden die beiden Traditionskreise, aus denen sich die sehr verschiedenen Vorstellungen und Erwartungen hinsichtlich des Königtums in exilisch-nachexilischer Zeit entwickelt haben. Zugleich ist damit auf eine Differenz von Politik und Religion hingewiesen, die so der Antike sonst weithin fremd ist. Politik und Religion sind hier in der Regel nicht nur tief miteinander verzahnt, sondern stellen in der Trias Gott – König – Kult eine in sich geschlossene Einheit dar, in welcher die Ordnung der Welt, in der Gesellschaft wie in der Natur, begründet ist. Störungen bzw. Defekte innerhalb der Trias führen notwendig zur Destabilisierung der Ordnung und damit zum Einbruch des Chaos in die Welt.[81] Insoweit die Ordnung durch das erneute Funktionieren der Trias wieder hergestellt werden kann, wird durch derartige Krisen das Weltbild selbst nicht in Frage gestellt. Das gilt *mutatis mutandis* auch für Israel/Juda. So lange das politische Gemeinwesen intakt war, bedeuteten Gefährdungen auf dem Gebiet der Religion, des Staates oder des Kultes punktuelle und zeitbegrenzte Gefahren, die durch die Wiederherstellung der wahren Religion (Elija), durch Einsetzung des legitimen Königs (Joasch) bzw. durch Reinigung und Erneuerung des Kultes (Joschija) beseitigt werden konnten. Erst der Untergang der Staaten Israel (8. Jh. v.Chr.) und Juda (6. Jh. v.Chr.) mit dem Verlust des Königtums stellen hierauf bezogen eine ernsthafte Krise dar, die dadurch, dass das Königtum nicht wieder errichtet und die politische Selbständigkeit nicht wieder erlangt werden konnte, am Ende dazu zwang, das geltende Weltbild grundsätzlich zu hinterfragen und neu zu deuten. Nach der Zerstörung Jerusalems und seines Heiligtums standen alle drei Grössen in Frage: Gott – König – Heiligtum. Aufgrund dessen, dass den Juden unter persischer Herrschaft relative Autonomie auf dem Gebiet der Religion und des Kultes zugestanden wurde,[82] erwies sich auf Dauer allein die Frage nach dem Königtum als problematisch. Das bedeutet nicht, dass nicht auch Gottesvorstellung und Kult neu zu bestimmen waren. Der aufkommende Universalismus mit der Entwicklung des monotheistischen Gottesverständnisses ist hierfür ebenso kennzeichnend wie die Neuordnung des Kultus auf Grund der jüdischen Diasporasituation. Aber der Autonomie in religiösen und kultischen Fragen stand jetzt die Fremdbestimmung auf politischem Gebiet gegenüber. Auch diese war schon vorher insofern gegeben, als Israel wie auch Juda in der Zeit ihrer staatlichen Selbständigkeit politisch weitgehend von einer der altorientalischen Grossmächte abhängig gewesen waren. Doch der Einfluss, selbst wenn er wie in der Spätzeit des neuassyrischen Reiches auch Kult und Religion betraf, war nie direkt, sondern immer noch über die eigenen Institutionen vermittelt. Erst mit dem Untergang des Königtums war das Problem innerhalb der alten Koordinaten allein unter der Bedingung zu lösen, dass Politik und Religion definitiv voneinander geschieden wurden. Die Frage nach David und seiner Dynastie ist von der Exilszeit an jedenfalls notwendigerweise mit der Frage gekoppelt, inwieweit die ursprünglich durch den König repräsentierte Macht unabhängig von der Institution des Königtums überhaupt noch begründet werden kann.

Die Hoffnungen auf David nehmen sowohl in der prophetischen Überlieferung als auch im Psalter ihren Ausgangspunkt bei Aussagen, die in der Jerusalemer Königstheologie ihren Ursprung haben, und versuchen, die Erwartung in «geschichtlicher» Anbindung an das davidische Königtum zu formulieren. Auf dieser Ebene entbehren weder die Königstexte noch die Königspsalmen eines restaurativen Moments. In der redaktionellen Abfolge der Texte zeichnet sich dann hier wie dort die Tendenz ab, diese Erwartungen von ihrer institutionellen Bindung frei zu machen, um so Neu- und Uminterpretationen der Davidverheissung zu ermöglichen. Dabei gewinnt die Erwartung an einen «eschatologischen David» unter der Königsherrschaft JHWHs ebenso an Gewicht wie die Übertragung der Davidverheissung auf das Volk Israel. Die darin implizierte Abfolge von der Hoffnung auf Restitution des Königtums über Israels Einsetzung als «königliches» Volk («Demokratisierung») bis hin zur universalen und alleinigen Herrschaft Gottes (Theokratie) ist zunächst als ein Modell der Redaktion zu bewerten. Inwieweit sich daraus entsprechende geschichtliche Entwicklungen der Daviderwartungen in nachexilischer Zeit ablesen lassen, ist fraglich. Alle drei Tendenzen sind schon in Texten der exilisch-frühnachexilischen Zeit wahrnehmbar. Die unterschiedlichen Erwartungsrichtungen scheinen so gesehen eher an bestimmte Gruppen und Kreise im frühen Judentum gebunden gewesen zu sein, die je nach aussen- und innenpolitischer Lage zum Tragen gekommen sind.

Mit einiger Wahrscheinlichkeit darf angenommen werden, dass die Verkündigung der Propheten Haggai und Sacharja am Ende des 6. Jh. v.Chr. nicht nur den Wiederaufbau des zweiten Tempels befördert hat. Die innenpolitischen Kämpfe am persischen Hof beim Thronwechsel von Kambyses II. (530-522) zu Darius I. (522-486)[83] dürften zusammen mit der Wiederherstellung des Jerusalemer Heiligtums die Erwartung genährt haben, dass auch das davidische Königshaus wieder in neuem Licht erstrahlen werde. «Nicht nur die traditionell nationalistisch eingestellten Kreise werden durch sie [die Prophetie Haggais und Sacharjas] beflügelt, sondern auch viele, die dem ganzen Unternehmen anfangs skeptisch gegenüber gestanden hatten, mögen davon angesteckt worden sein.»[84] Die hohen nationalen Erwartungen dürften sich allerdings sehr schnell wieder gelegt haben. R. Albertz vermutet, dass Sacharja, der zunächst die Doppelherrschaft des Hohenpriesters und des Königs im Bild von den beiden «Ölsöhnen» ankündigt (Sach 4,1-6aα. 10aβ-14), diese Erwartung selbst noch korrigiert, indem er am Ende die Krone allein dem Hohenpriester Josua (6,11) zuerkennt, der so die Stelle des Platzhalters für einen zukünftigen König (3,8) einnimmt.[85] In eine ähnliche Richtung dürfte das Amt des Hohenpriesters selbst deuten, wie es sich mit dem zweiten Tempel herausgebildet hat. Seine Einsetzung durch das Ritual der Salbung (Lev 4,3.5.16; 6,15; 8,12; 21,12) wie auch die Ausstattung seines Ornates[86] zeigen ihn in der Nachfolge des Königs, dessen ursprüngliche Stellung im Kult nun auf ihn als höchsten Repräsentanten der Gemeinde übertragen worden ist. Je weiter im Laufe der Zeit die Wiederherstellung des Königtums in die Ferne rückte, gewann das Amt des Hohenpriesters dann auch an politischer Bedeutung.

Eine nur annähernd vergleichbare nationale Hochstimmung wie zur Zeit des Wiederaufbaus des Tempels lässt sich erst wieder zu Beginn der hellenistischen Zeit belegen und wird durch den Königstext Sach 9,9f dokumentiert.[87] Das heisst nicht, dass in späterer persischer Zeit alle nationale Hoffnung aufgegeben worden wäre, aber sie wurde, soweit es die Texte belegen, nicht in einer konkreten Forderung nach politischer Wiederherstellung des davidischen Königtums und seines Reiches erhoben. R. Albertz gibt hierfür einen der entscheidenden Gründe an. Ausgehend davon, dass die Prophetie überhaupt erst auf Grund der Exilserfahrungen in breiteren Schichten des Volkes Anerkennung gefunden hatte, geriet sie in frühnachexilischer Zeit schon bald wieder in Misskredit. Nicht unerheblichen Anteil daran hatte die Verkündigung Haggais und Sacharjas, die offensichtlich in bezug auf die politische Wiederherstellung Israels überhöhte Erwartungen geweckt hatte. Erfüllt hatte sich aber allein die «Prophezeiung» vom Wiederaufbau des Tempels.

Inwieweit die daraus resultierenden Enttäuschungen auch die Hoffnungen auf eine Erneuerung des Königtums verändert haben, ist schwer zu beurteilen.[88] Der Wechsel der Blickrichtung von einem König mit politischer Macht zu einem geistigen Führer seines Volkes bzw. zur reinen Symbolgestalt in der Königsherrschaft Gottes könnte in diese Richtung verstanden werden. Doch ähnlich wie bei der Übertragung der Davidverheissung auf das Volk handelt es sich primär um einen theologischen, wenn auch nicht von seinem politischen Kontext zu trennenden Interpretationsvorgang. Im Hintergrund aller Texte steht die feste Überzeugung, dass nur JHWH selbst das Heil, den *Schalom*, für sein Volk heraufführen konnte. Deshalb musste nicht ein neuer David kommen, sondern die mit ihm verbundenen Hoffnungen lebten in Israel fort. David wurde zum Vorbild und Israel zu seinem «Abbild». In den Prophetenbüchern waren die Verheissungen auf Dauer eingeschrieben, und mit dem auf David hin orientierten Psalter besass Israel ein geistiges Kompendium, sich seiner Geschichte zu erinnern und sich seiner Hoffnungen, unabhängig von der jeweiligen politischen Situation, zu vergewissern. Von daher lässt sich für das Alte Testament nur mit Einschränkung sagen, dass der «Messianismus» allein eine Reaktion «auf die Erfahrung der Unterdrückung»[89] darstellt. Er wird vielmehr einem völlig neuen theologischen Konzept subordiniert. In persischer Zeit gewinnt die Tora des Mose den Primat.

Sozialgeschichtlich kommen in diesem «Kompromissdokument»[90] die im frühen Judentum führenden laizistischen und priesterlichen Kreise («Ältestenrat und Priesterkollegium») zu Wort, die nach Rainer Albertz die Verantwortung dafür tragen, dass «die prophetischen Wortführer der nationalen Restitutionshoffnungen ... an die Kandare des Gesetzes» gelegt und «ihre gescheiterten Prophezeiungen in eine ferne Zukunft» verlegt worden sind.[91] Was aus diesen national orientierten Kreisen geworden ist, was sie in der nachexilischen Zeit bewegt hat, wissen wir nicht. Mit der Tora, dem Pentateuch, hatte sich das frühe Judentum jedenfalls eine völlig neue Ursprungslegende gegeben. Den Ausgangspunkt seiner Geschichte bildet nicht mehr das davidische Königtum, sondern die Väter, die unter der Verheissung von Land und Nachkommen nach Kanaan aufgebrochen sind.[92] Man kann natürlich fragen, ob das bekannte Bileamwort: «Ein Stern geht auf aus Jakob und ein Zepter erhebt sich aus Israel» (Num 24,17) bei seiner Aufnahme in den Pentateuch nicht schon mehr bedeutet hat als ein *vaticinium ex eventu* auf den «historischen» David.[93] Wirkungsgeschichtlich ist es jedenfalls sehr bald als eine messianische Ansage verstanden wurden.[94] Elemente der Königsideologie finden sich in charakteristischer Umformung auch noch in der Priesterschrift. Die Aussage der Gottebenbildlichkeit (Gen 1,26ff) etwa ist nicht vorstellbar ohne die Übertragung der königlichen Würde auf Israel und die Menschheit überhaupt (vgl. auch Ps 8).[95] Ebenso kann gefragt werden, ob in der dem Abraham nach der Priesterschrift gegebenen Verheissung, dass «aus ihm Könige hervorgehen werden» (Gen 17,6), nicht diese Übertragung noch nachklingt. Insgesamt aber wird durch die Vorrangstellung der Tora vor der Überlieferung des DtrG das Königtum zu einer Periode der Geschichte, und der Pentateuch scheint, darauf bezogen, beweisen zu wollen, dass es eine Geschichte Israels auch ohne diese Institution geben kann.

Die Spätzeit, wie sie in den Texten des Alten Testaments dokumentiert ist, war keine «messianische» Zeit. Aber die Hoffnungen auf David wurden tradiert und dadurch eben nie aufgegeben.

Anmerkungen

1 Assmann 1983.
2 Vgl. dazu auch Assmann 1999, 418ff.
3 Vgl. Roth 1981, 543ff.
4 Assmann 1999, 425.
5 Assmann 1999, 420, vgl. auch ders. 1979, 363f.
6 Assmann 1999, 425.
7 Assmann 1999, 422.426f.
8 Vgl. hierzu Veijola 1975, 127ff.
9 Vgl. nur die Formel «um Davids willen», die in unterschiedlicher Erweiterung und Ausformung gebraucht wird: 1Kön 11,13.32-34; 2Kön 8,19; 19,34; 20,6.
10 Von Rad 1947 (^{4}1971), 201.
11 Assmann 1999, 426.
12 Zur dtr Herkunft dieser Formel vgl. Veijola 1977, 15ff.115ff. U. Becker hält die Formel hingegen für nachdtr, da sie im Widerspruch zum Königsbild von DtrH steht (Becker 1990, 226ff.294f).
13 Unabhängig davon, ob man dieses Kap. insgesamt für dtr hält (Noth 1950 [^{2}1960], 56f; Boecker 1969, 19; Veijola 1977, 54ff u.a.) oder eine vordtr Vorlage annimmt (Dietrich ^{2}1992, 90ff: V.1-5.20b; Mommer 1991, 55ff: V.16.22), gehört der hier entscheidende Satz V.7 der dtr Redaktion an. Weder Ri 8,22f; Dtn 33,5 noch die Hervorhebung von JHWHs Königtum in Num 23 gegenüber der Anspielung auf das Königtum Sauls und Davids in Num 24, jene Texte also, von denen aus Crüsemann eine vordtr Tradition erhebt (Crüsemann 1978, 75-84), können die Beweislast dafür tragen, dass die Spannung zwischen weltlichem und göttlichem Königtum schon den Dtr vorgegeben gewesen sei. Zum einen ist das «hohe Alter» dieser Texte nicht über alle Zweifel erhaben, und zum andern ist fraglich, ob sie dieses Problem überhaupt im Blick haben. Völlig zu Recht verweist Crüsemann hingegen darauf, «dass Israel nirgends in seiner Umwelt auf ein göttliches Königtum traf, das in einem ausschliessenden Gegensatz zum irdischen stand» (Crüsemann 1978, 76).
14 Zu diesen Texten rechnet man weithin Jes 7,14f; 9,1-6; 11,1-8; 32,1-8; Jer 23,5f; 33,14-26; Ez 17,22-24; 34,23f; 37,21-25; Amos 9,11f; Mi 5,1-5; Hag 2,20-23; Sach 4,6-10; 6,9-14; 9,9f; sowie Zusätze von Jes 16,4b.5; Jer 30,8f; Hos 2,1-3; 3,5; Sach 3,8.
15 Hierzu gehören die Psalmen 2; 18; 20; 21; 45; 72; 101; 110; 132; 144,1-11; und ganz sicher ist auch Ps 89 sachlich mit dieser Gruppe verbunden.
16 Steck 1972, 19.
17 Zum Begriff der «Gerechtigkeit» als Prinzip der Weltordnung in den altorientalischen Königsideologien vgl. Schmid 1968, 23ff.
18 Wagner 1984 (1996), 202.
19 Vgl. zur Vorstellung auch Barth 1977, 169f.
20 Dies war das Problem der skandinavischen Forschung und der «Ritual-Pattern-School», vgl. den Überblick bei Ringgren 1952, 120ff; grundlegende Kritik hatten schon Bernhard 1961, 115ff, und Noth 1950 (^{2}1960) geäussert. Zum religionsgeschichtlichen Hintergrund vgl. Albertz 1992, 172ff.
21 Zu Aufbau und Interpretation des Psalms vgl. noch immer Veijola 1982, der allerdings eine weitgehende dtr Redaktion annimmt. Zur Kritik im einzelnen: Waschke 1987.
22 Von Rad 1933, 565.
23 Gegen Hesse 1973, 496 Anm.61, im Anschluss an Mowinckel.
24 Anders J. Becker (1977, 49ff), der die auf David bezogenen Hoffnungen im DtrG für restaurativ hält. Das Davidbild in der dtr Literatur ist allerdings sehr viel differenzierter. Nach Veijola zeichnet DtrH David als eine Person von «kanonischem» Rang (Veijola 1975, 127ff), demgegenüber offeriert DtrP Davids Verschuldung (2Sam 12,1-14, Veijola 1975, 138ff), während DtrN, wieder an DtrH anknüpfend, David als gesetzestreu idealisiert

und Israel in die Davidverheissung einbezieht (141f). Da die Dtr die Sohnesverheissung (2Sam 7,14) aber schon von Anfang an in Anlehnung an die «Bundesformel» formulieren (zur Begründung Waschke 1987, 167), ist m.E. die Einbeziehung Israels in die Davidhoffnungen nicht erst durch DtrN gegeben.

25 Wellhausen ⁵1904, 213.
26 Der noch heute immer wieder an Ri 8,22f festgemachte frühe Widerspruch in Israel gegen das Königtum (Crüsemann 1978, 75ff; Donner 1984, 169f; Albertz 1992, 121f) entspricht der Sichtweise (später) biblischer Überlieferung (s.o. Anm.13) und lässt sich historisch nicht sichern. Vgl. zur Rekonstruktion der frühen Königszeit jetzt Dietrich 1997, 148ff, bes. 198ff.
27 Siehe dazu u. 3.
28 Zur näheren Begründung der folgenden Überlegungen vgl. Waschke 1998.
29 Die redaktionelle Beurteilung dieses Textes ist schwierig. Nach Zapff (1997, 108ff) ist der Ursprung in der Ansage der sieben Hirten und acht Fürsten (5,4b-5a) zu sehen, die dann in 5,*1-3.5b um die Verheissung des «neuen David» erweitert worden ist. Die letzte Redaktionsstufe bilden dann 5,2.3b.
30 Beispielhaft für diese Sicht: Seybold 1972, vgl. die Zusammenfassung, 168ff.
31 Die einzige Ausnahme unter den vorexilischen Propheten bildet Hosea (vgl. dazu Jeremias 1983, 31f).
32 Dietrich 1976, 207 Anm.30.
33 Am 9,11-15 weist keine Verbindung zur Verkündigung des Amos auf. Lockere Bezüge bestehen zu 9,7-10, Versen, die ebenfalls schon redaktionell nachgetragen sind. 9,13aβγ.b ist fast wörtlich Joel 4,18 entlehnt, und 9,12a dient der Verbindung mit der nachfolgenden Obadjaschrift (vgl. Schart 1998, 96f.252f).
34 Hierzu Waschke 1998, 349ff.
35 Zur Bedeutung der historischen Einordnung prophetischer Verkündigung vgl. jetzt Jeremias 1999.
36 Die Diskussion wird in der Regel auf dem Hintergrund von Jes 7,14f und der Frage nach der Person des «Immanuel» geführt; vgl Laato 1988; Clements 1990; Seitz 1993, 60ff, auch Barth 1977, 170ff.
37 Marti 1900, 237.
38 Kaiser ³1983, 255.
39 Vgl. Waschke 1998, 360.
40 Schmidt 1989, 86f.
41 Angezeigt ist dies durch den Subjektwechsel von V.5b (König) zu V.6a (Juda). Letztlich ist JHWH allein Autor des verheissenen Geschehens, vgl. Wanke 1995, 205f.
42 In der Regel wird angenommen, dass Ez 34 mit dem Bild von den Hirten und der Herde literarisch von Jer 23,1-8 abhängig ist (Zimmerli 1972, 272; Vieweger 1993, 98ff; Levin 1985, 218f). Unabhängig davon, ob Jer 23,1-4.7f Jer-D (Thiel 1973, 246ff), nachdtr oder von Jeremiaschülern (Vieweger 1993, 102) verfasst worden ist, werden die Ansagen über einen «neuen David» in Jer 23,5f und Ez 34,23f als Nachträge beurteilt.
43 Vgl. Wallis 1993, 369ff.
44 Rehm 1968, 334.
45 Vgl. hierzu Seebass 1992, 53ff.
46 Subjekt von הכרתי kann nur JHWH sein.
47 Vgl. zu dieser Interpretation Schmidt 1989, 81f.
48 LXX: ἐξολεθρεύσει.
49 MT: Partizip Nif'al von ישע.
50 LXX wie auch alle anderen Versionen übersetzen aktiv «Helfer, Retter», vgl. Rudolph 1976, 177.
51 MT: עני.
52 LXX: πραΰς.
53 Vgl. Reventlow 1993, 95f.

54 Die Datierung der Verheissung ist umstritten, auch wenn angenommen wird, dass es sich hier um die jüngste der alttestamentlichen Königsverheissungen handelt (Seebass 1992, 53; Schmidt 1989, 80f u.a.). Zustimmung hat weithin Elligers Datierung gefunden, der Sach 9,1-8 als Reflexion über den Vormarsch Alexanders d. Gr. und dessen Sieg über Darius III. versteht (Elliger 1950, 63ff, vgl. auch Albertz 1992, 637f). Bestritten wird diese Datierung neuerdings von Kunz (1999, 166ff.169ff), der als historischen Hintergrund den Machtwechsel von den Ptolemäern zu den Seleukiden (202-198 v.Chr.) annimmt.
55 Vgl. dazu Beyse 1971, 83ff; Kellermann 1971, 59f.
56 Vgl. Kellermann, 1967a, 369ff; ders., 1967b, 179ff; In der Smitten 1974, 29ff.
57 Hierzu vgl. Waschke 1994.
58 Siehe oben.
59 Jes 11,10 greift mit der Aussage von einem «Spross aus Isais Wurzel» auf 11,1 zurück und deutet sie als «Panier für die Völker» auf Israel um, vgl. J. Becker 1968, 62.
60 Redaktionsgeschichtlich bildet dieser Text den Abschluss einer deuterojesajanischen Sammlung; nach Kratz wäre es die Sammlung der «Kyros-Ergänzungsschicht» (Kratz 1991, 216f), nach van Oorschot die der «sekundären Zionsschicht» (van Oorschot 1993, 269ff).
61 Vgl. hierzu Kratz 1991, 144f.175ff.; Waschke 1998, 362.
62 Hierzu Kleer 1996.
63 Zenger spricht in diesem Zusammenhang «von den den Psalter wie ein hermeneutisches Netz durchwirkenden Königspsalmen» (Zenger ²1996, 245).
64 Vgl. noch immer Gunkel / Begrich 1933, § 5.
65 Vgl. schon Westermann 1963 (1964), 331, weiter Wilson 1986; Zenger 1993, 69ff; Braulik 1995, 67ff.
66 Das erste Psalmenbuch ist durch die Überschrift der einzelnen Psalmen als ein grosser Davidpsalter ausgewiesen, nur bei Ps 10 (MT, nach LXX bilden Pss 9 und 10 unter der Überschrift: «Psalm Davids» einen einzigen Psalm) und Ps 33 fehlt ein Hinweis auf David.
67 V.11 ist verderbt. Durch Umstellung der letzten beiden Worte von V.11 und der ersten beiden von V.12 kann übersetzt werden: «mit Zittern küsst seine Füsse», vgl. Kraus 1979, 143f.
68 Vgl. Eissfeldt 1962 (1968), 47; Veijola 1982, 58f.
69 Lohfink / Zenger 1994, 149.
70 Vgl. Waschke 1998, 362ff.
71 Die insgesamt 73 Belege verteilen sich wie folgt: 1. Buch 37mal, 2. Buch 18mal, 3. Buch 1mal, 4. Buch 2mal und 5. Buch 15mal.
72 Kleer 1996, 126.
73 Abgesehen von der Überschrift von Ps 142 finden sich auch diese biographischen Angaben nur im ersten und zweiten Psalmenbuch.
74 Vgl. Kleer 1996, 110ff.
75 Vgl. Steck 1985, 56ff.
76 Kleer 1996, 80; Zenger 1993, 62.
77 Kleer 1996, 120.
78 Lohfink / Zenger 1994, 152.
79 So könnte nach Braulik (1995, 67) Ps 101 als Einleitung zum zweiten Teil des vierten Psalmenbuches (Pss 101–106) verstanden werden, dem im ersten Teil (Pss 90–100) eine Sammlung von JHWH-Königs-Psalmen (Pss 93–99) vorausgeht. Ps 110 bildet den Abschluss eines kleinen Davidpsalters (Pss 108–110), mit dem das fünfte Psalmenbuch eingeleitet wird. Am Ende dieses Buches findet sich ab Ps 138 wiederum eine Reihe von Davidpsalmen, die auf den Königspsalm 144 zulaufen.
80 Gese 1971, 138f.
81 Vgl. hierzu Assmann 1983, 371ff; ders. 1992, 48ff.
82 Dazu Donner 1984, 393ff. 405ff; Frei / Koch 1984.

[83] Vgl. Donner 1984, 387.
[84] Albertz 1992, 482.
[85] Albertz 1992, 483.
[86] Dazu Dommershausen 1984, 75ff.
[87] Albertz 1992, 638f.
[88] Albertz (1992, 483) glaubt, dass die heilsprophetischen Hoffnungen durch Korrekturen «entschärft», gesellschaftlich «marginalisiert» und in der Folgezeit «eschatologisiert» worden sind.
[89] Assmann 1999, 425.
[90] Zenger ²1996, 42f; den Hintergrund diskutiert Steck 1991, 13-19 (dort Lit.).
[91] Albertz 1992, 485.
[92] Köckert 1988, 164ff.300ff.
[93] Zur traditionellen Deutung vgl. Rehm 1968, 23ff. Die Zuordnung von Num 24,15-19 zu J und die Datierung in die frühe Königszeit sind unhaltbare Thesen (vgl. nur Levin 1993, 388).
[94] Oegema 1998, 111f.299f.
[95] Zum traditionsgeschichtlichen Hintergrund vgl. noch immer Schmidt 1973, 136-142.

Bibliographie

Albertz, R., 1992: *Religionsgeschichte Israels in alttestamentlicher Zeit* (Grundrisse zum Alten Testament, 8), Göttingen: Vandenhoeck.
Assmann, J., 1979 (1983): «Königsdogma und Heilserwartung. Politische und kultische Chaosbeschreibung in ägyptischen Texten» in Hellholm, D. (ed.), *Apocalypticism in the Mediterranean World and the Near East. Proceedings of the International Colloquium on Apocalypticism Uppsala*, August 12-17, 1979, Tübingen: Mohr, pp. 345-377.
Assmann, J., 1992: *Politische Theologie zwischen Ägypten und Israel*, Bonn: Bild-Kunst.
Assmann, J., 1999: *Ägypten. Eine Sinngeschichte*, Frankfurt a.M.: Fischer.
Barth, H., 1977: *Die Jesajaworte der Josiazeit. Israel und Assur als Themen einer produktiven Neuinterpretation der Jesajaüberlieferung* (Wissenschaftliche Monographien zum Alten und Neuen Testament, 48), Neukirchen-Vluyn: Neukirchener.
Becker, J., 1968: *Isaias – der Prophet und sein Buch* (Stuttgarter Bibelstudien, 30), Stuttgart: Katholisches Bibelwerk.
Becker, J., 1977: *Messiaserwartung im Alten Testament* (Stuttgarter Bibelstudien, 83), Stuttgart: Katholisches Bibelwerk.
Becker, U., 1990: *Richterzeit und Königtum. Redaktionsgeschichtliche Studien zum Richterbuch* (Beihefte zur Zeitschrift für die alttestamentliche Wissenschaft, 192), Berlin / New York: de Gruyter.
Bernhardt, K.H., 1961: *Das Problem der altorientalischen Königsideologie im Alten Testament* (Supplements to Vetus Testamentum, 8), Leiden: Brill.
Beyse, K.M., 1971: *Serubbabel und die Königserwartungen der Propheten Haggai und Sacharja* (Aufsätze und Vorträge zur Theologie und Religionswissenschaft, 52), Berlin: Evangelische Verlagsanstalt.
Boecker, H.J., 1969: *Die Beurteilung der Anfänge des Königtums in den deuteronomistischen Abschnitten des 1. Samuelbuches. Ein Beitrag zum Problem des*

«*deuteronomistischen Geschichtswerks*» (Wissenschaftliche Monographien zum Alten und Neuen Testament, 31), Neukirchen-Vluyn: Neukirchener.

Braulik, G., 1995: «Christologisches Verständnis der Psalmen – schon im Alten Testament?» in Richter, C. / Kranemann, B. (eds.), *Christologie der Liturgie. Der Gottesdienst der Kirche – Christusbekenntnis und Sinaibund* (Quaestiones Disputatae, 159), Freiburg i.Br. u.a.: Herder, pp. 57-86.

Clements, R.E., 1990: «The Immanuel Prophecy of Isa. 7:10-17 and Its Messianic Interpretation» in Blum, E. u.a. (eds.), *Die hebräische Bibel und ihre zweifache Nachgeschichte, FS R. Rendtorff*, Neukirchen-Vluyn: Neukirchener, pp. 225-240.

Collins, J.J., 1995: *The Scepter and the Star: The Messiah of the Dead Sea Scrolls and Other Ancient Literature*, New York / London: Doubleday.

Crüsemann, F., 1978: *Widerstand gegen das Königtum. Die antiköniglichen Texte des Alten Testamentes und der Kampf um den frühen israelitischen Staat* (Wissenschaftliche Monographien zum Alten und Neuen Testament, 49), Neukirchen-Vluyn: Neukirchener.

Dietrich, W., 1976: *Jesaja und die Politik* (Beiträge zur Evangelischen Theologie, 74), München: Kaiser.

Dietrich, W., 1989 (²1992): *David, Saul und die Propheten. Das Verhältnis von Religion und Politik nach den prophetischen Überlieferungen vom frühesten Königtum in Israel* (Beiträge zur Wissenschaft vom Alten und Neuen Testament, 122), Stuttgart u.a.: Kohlhammer.

Dietrich, W., 1997: *Die frühe Königszeit in Israel. 10. Jahrhundert v.Chr.* (Biblische Enzyklopädie, 3), Stuttgart u.a.: Kohlhammer.

Dommershausen, W., 1984: Art. «כֹּהֵן kohen II.» in *Theologisches Wörterbuch zum Alten Testament*, IV, Stuttgart u.a.: Kohlhammer, col. 68-79.

Donner, H., 1984: *Geschichte des Volkes Israel und seiner Nachbarn in Grundzügen* (Grundrisse zum Alten Testament, 4), Göttingen: Vandenhoeck.

Elliger, K., 1950: «Ein Zeugnis aus der jüdischen Gemeinde im Alexanderjahr 332 v.Chr. Eine territorialgeschichtliche Studie zu Sach 9,1-8» in *Zeitschrift für die alttestamentliche Wissenschaft*, 62, pp. 63-115.

Eissfeldt, O., 1962 (1968): «Die Gnadenverheißungen an David in Jes 55,1-5» in ders., *Kleine Schriften IV*, Tübingen: Mohr, pp. 44-52.

Frei, P. / Koch, K., 1984: *Reichsidee und Reichsorganisation im Perserreich* (Orbis Biblicus et Orientalis, 55), Fribourg / Göttingen: Universitätsverlag / Vandenhoeck.

Gese, H., 1971 (²1984): «Natus ex Virgine» in ders., *Vom Sinai zum Zion. Alttestamentliche Beiträge zur biblischen Theologie* (Beiträge zur evangelischen Theologie, 64), München: Kaiser, pp. 130-146.

Gressmann, H., 1905: *Der Ursprung der israelitisch-jüdischen Eschatologie* (Forschungen zur Religion und Literatur des Alten und Neuen Testaments, 6), Göttingen: Vandenhoeck.

Gunkel, H. / Begrich, J., 1933: *Einleitung in die Psalmen: die Gattungen der religiösen Lyrik Israels*, Göttingen: Vandenhoeck.

Hesse, F., 1973: Art. «χριω κτλ B. משח und מָשִׁיחַ; im Alten Testament» in *Theologisches Wörterbuch zum Neuen Testament*, IX, pp. 485-500.

In der Smitten, W.Th., 1974: *Gottesherrschaft und Gemeinde* (Europäische Hochschulschriften, Reihe XXIII, Theologie 42), Bern u.a.: Lang.

Jeremias, J., 1983: *Der Prophet Hosea* (Das Alte Testament Deutsch, 24/1), Göttingen: Vandenhoeck.
Jeremias, J., 1999: «'Prophetenwort und Prophetenbuch.' Zur Rekonstruktion mündlicher Verkündigung der Propheten» in *Jahrbuch für biblische Theologie*, 14, pp. 19-35.
Kaiser, O., ³1983: *Der Prophet Jesaja. Kapitel 13-39* (Das Alte Testament Deutsch, 18), Göttingen: Vandenhoeck.
Kellermann, U., 1967a: «Die politische Messias-Hoffnung zwischen den Testamenten» in *Pastoraltheologie*, 56, pp. 362-377.436-448.
Kellermann, U., 1967b: *Nehemia – Quellen, Überlieferung und Geschichte* (Beihefte zur Zeitschrift für die alttestamentliche Wissenschaft, 102), Berlin: de Gruyter.
Kellermann, U., 1971: *Messias und Gesetz* (Biblische Studien, 61), Neukirchen-Vluyn: Neukirchener.
Kleer, M., 1996: *«Der liebliche Sänger der Psalmen Israels». Untersuchungen zu David als Dichter und Beter der Psalmen* (Bonner Biblische Beiträge, 108), Bodenheim: Philo.
Köckert, M., 1988: *Vätergott und Väterverheißung. Eine Auseinandersetzung mit Albrecht Alt und seinen Erben* (Forschungen zur Religion und Literatur des Alten und Neuen Testaments, 142), Göttingen: Vandenhoeck.
Kratz, R.G., 1991: *Kyros im Deuterojesaja-Buch. Redaktionsgeschichtliche Untersuchungen zu Entstehung und Theologie von Jes 40-55* (Forschungen zum Alten Testament, 1), Tübingen: Mohr.
Kraus, H.-J., 1979: *Theologie der Psalmen*, Neukirchen-Vluyn: Neukirchener.
Kunz, A., 1999: *«Auch heute sage ich – eine Wiederholung verkünde ich dir». Untersuchungen zur literarischen Kontinuität und Diskontinuität in Sach 9,1-10.11-17; 10,3b-12 und zum sozio-kommunikativen Hintergrund der Textentstehung*, Diss. Leipzig.
Laato, A., 1988: «Immanuel – Who Is With Us? – Hezekiah or Messiah?» in Augustin, M. / Schunck, K.D. (eds.), *«Wünschet Jerusalem Frieden». Collected Communications to the XIIth Congress of the International Organization for the Study of the Old Testament, Jerusalem 1986*, Frankfurt a.M. u.a.: Lang, pp. 313-322.
Levin, Chr., 1985: *Die Verheissung des neuen Bundes in ihrem theologiegeschichtlichen Zusammenhang ausgelegt* (Forschungen zur Religion und Literatur des Alten und Neuen Testaments, 137), Göttingen: Vandenhoeck.
Levin, Chr., 1993: *Der Jahwist* (Forschungen zur Religion und Literatur des Alten und Neuen Testaments, 157), Göttingen: Vandenhoeck.
Lohfink, N. / Zenger, E., 1994: *Der Gott Israels und die Völker. Untersuchungen zum Jesajabuch und zu den Psalmen* (Stuttgarter Bibelstudien, 154), Stuttgart: Katholisches Bibelwerk.
Marti, K., 1900: *Das Buch Jesaja* (Kurzer Hand-Commentar zum Alten Testament, 10), Tübingen: Mohr.
Mommer, P., 1991: *Samuel. Geschichte und Überlieferung* (Wissenschaftliche Monographien zum Alten und Neuen Testament, 65), Neukirchen-Vlyun: Neukirchener.
Noth, M. 1950 (²1960): «Gott, König und Volk im Alten Testament» in ders., *Gesammelte Studien zum Alten Testament* (Theologische Bücherei, 6), München: Kaiser, pp. 188-229.

Oegema, G.S., 1998: «*The Anointed and His People.*» *Messianic Expectations from the Maccabees to Bar Kochba* (Journal for the Study of the Pseudepigrapha, Suppl. Ser. 27), Sheffield: Academic Press.
Oorschot, J. van, 1993: *Von Babel zum Zion. Eine literarkritische und redaktionsgeschichtliche Untersuchung* (Beihefte zur Zeitschrift für die alttestamentliche Wissenschaft, 206), Berlin / New York: de Gruyter.
Rad, G. von, 1933: Art. «βασιλευς B. מלך und מַלְכוּת im AT» in *Theologisches Wörterbuch zum Neuen Testament*, I, pp. 563-568.
Rad, G. von, 1947 ([4]1971): «Die deuteronomistische Geschichtstheologie in den Königebüchern», in ders., *Gesammelte Studien* (Theologische Bücherei, 8), München: Kaiser, 189-204.
Rehm, M., 1968: *Der königliche Messias im Licht der Immanuel-Weissagungen des Buches Jesaja* (Eichstätter Studien, Neue Folge 1), Kevelaer: Butzon und Bercker.
Reventlow, H. Graf, 1993: *Die Propheten Haggai, Sacharja und Maleachi* (Das Alte Testament Deutsch, 25/2), Göttingen: Vandenhoeck.
Ringgren, H., 1952: «König und Messias» in *Zeitschrift für die alttestamentliche Wissenschaft*, 64, pp. 120-147.
Roth, W., 1981: Art. «Deuteronomium II. Deuteronomistisches Geschichtswerk / Deuteronomistische Schule» in *Theologische Realenzyklopädie*, 8, Berlin / New York: de Gruyter, pp. 543-552.
Rudolph, W., 1976: *Haggai – Sacharja – Maleachi* (Kommentar zum Alten Testament, 13/4), Gütersloh: Mohn.
Schart, A., 1998: *Die Entstehung des Zwölfprophetenbuchs. Neubearbeitungen von Amos im Rahmen schriftübergreifender Redaktionsprozesse* (Beihefte zur Zeitschrift für die alttestamentliche Wissenschaft, 260), Berlin / New York: de Gruyter.
Schmid, H.H., 1968: *Gerechtigkeit als Weltordnung. Hintergrund und Geschichte des alttestamentlichen Gerechtigkeitsbegriffes* (Beiträge zur historischen Theologie, 40), Tübingen: Mohr.
Schmidt, W.H., [3]1973: *Die Schöpfungsgeschichte der Priesterschrift. Zur Überlieferungsgeschichte von Genesis 1,1-2,4a und 2,4b-3,23* (Wissenschaftliche Monographien zum Alten und Neuen Testament, 17), Neukirchen-Vluyn: Neukirchener.
Schmidt, W.H., 1989: «Die Ohnmacht des Messias. Zur Überlieferungsgeschichte der messianischen Weissagungen im Alten Testament» (1969) in Struppe, U. (ed.), *Studien zum Messiasbild im Alten Testament* (Stuttgarter Biblische Aufsatzbände, 6), Stuttgart: Katholisches Bibelwerk, pp. 67-88.
Seebass, H., 1992: *Herrscherverheissungen im Alten Testament* (Biblisch-theologische Studien, 19), Neukirchen-Vluyn: Neukirchener.
Seitz, C.R., 1993: *Isaiah 1-39* (Interpretation), Louisville KY: John Knox.
Seybold, K., 1972: *Das davidische Königtum im Zeugnis der Propheten* (Forschungen zur Religion und Literatur des Alten und Neuen Testaments, 107), Göttingen: Vandenhoeck.
Steck, O.H., 1972: *Friedensvorstellungen im alten Jerusalem. Psalmen. Jesaja. Deuterojesaja* (Theologische Studien, 111), Zürich: Theologischer Verlag.

Steck, O.H., 1985: *Bereitete Heimkehr. Jes 35 als redaktionelle Brücke zwischen dem Ersten und Zweiten Jesaja* (Stuttgarter Bibelstudien, 121), Stuttgart: Katholisches Bibelwerk.

Steck, O.H., 1991: *Der Abschluss der Prophetie im Alten Testament: Ein Versuch zur Frage der Vorgeschichte des Kanons*, Neukirchen-Vluyn: Neukirchener.

Thiel, W., 1973: *Die deuteronomistische Redaktion von Jeremia 1-25* (Wissenschaftliche Monographien zum Alten und Neuen Testament, 41), Neukirchen-Vluyn: Neukirchener.

Veijola, T., 1975: *Die ewige Dynastie. David und die Entstehung seiner Dynastie nach der deuteronomistischen Darstellung* (Annales Academiae Scientiarum Fennicae [Ser. B], 193), Helsinki: Suomalainen Tiedeakatemia.

Veijola, T., 1977: *Das Königtum in der Beurteilung der deuteronomistischen Historiographie. Eine redaktionsgeschichtliche Untersuchung* (Annales Academiae Scientiarum Fennicae [Ser. B], 198), Helsinki: Suomalainen Tiedeakatemia.

Veijola, T., 1982: *Verheissung in der Krise: Studien zur Literatur und Theologie der Exilszeit anhand des 89. Psalms*, Helsinki: Suomalainen Tiedeakatemia.

Vieweger, D., 1993: *Die literarischen Beziehungen zwischen den Büchern Jeremia und Ezechiel* (Beiträge zur Erforschung des Alten Testaments und des Antiken Judentums, 26), Frankfurt a.M.: Lang.

Wagner, S., 1984 (1996): «Das Reich des Messias. Zur Theologie der alttestamentlichen Königspsalmen» (1984) in ders., *Ausgewählte Aufsätze zum Alten Testament* (Beihefte zur Zeitschrift für die alttestamentliche Wissenschaft, 240), Berlin / New York: de Gruyter, pp. 199-212.

Wallis, G., 1993:, Art. «ראה ra'āh» in *Theologisches Wörterbuch zum Alten Testament*, VII, Stuttgart u.a.: Kohlhammer, col. 566-576.

Wanke, G., 1995: *Jeremia. Teilband 1: Jeremia 1,1–25,14* (Zürcher Bibelkommentare. Altes Testament, 20/1), Zürich: Theologischer Verlag.

Waschke, E.-J., 1987: «Das Verhältnis alttestamentlicher Überlieferungen im Schnittpunkt der Dynastiezusage und der Dynastiezusage im Spiegel der alttestamentlichen Überlieferungen» in *Zeitschrift für die alttestamentliche Wissenschaft*, 99, pp. 157-179.

Waschke, E.-J., 1994: «‚Richte ihnen auf ihren König, den Sohn Davids' – Psalmen Salomos 17 und die Frage nach den messianischen Traditionen» in Schnelle, U. (ed.), *Reformation und Neuzeit. 300 Jahre Theologie in Halle*, Berlin / New York: de Gruyter, pp. 31-46.

Waschke, E.-J., 1998: «Die Stellung der Königstexte im Jesajabuch im Vergleich zu den Königspsalmen 2, 72 und 89» in *Zeitschrift für die alttestamentliche Wissenschaft*, 110, pp. 348-364.

Wellhausen, J., ^{5}1904: *Israelitische und Jüdische Geschichte*, Berlin: Reimer.

Welten, P., 1979: «Lade – Tempel – Jerusalem. Zur Theologie der Chronikbücher» in Gunneweg, A.H.J. / Kaiser, O. (eds.), *Textgemäß. Aufsätze und Beiträge zur Hermeneutik des Alten Testaments, FS E. Würthwein*, Göttingen: Vandenhoeck, pp. 169-183.

Westermann, C., 1963 (1964): «Vergegenwärtigung der Geschichte in den Psalmen» in ders., *Forschung am Alten Testament. Gesammelte Studien I* (Theologische Bücherei, 24), München: Kaiser, pp. 306-335.

Wilson, G.H., 1986: «The Use of Royal Psalms at the ‚Seams' of the Hebrew Psalter» in *Journal for the Study of the Old Testament*, 35, pp. 85-94.
Zapff, B.M., 1997: *Redaktionsgeschichtliche Studien zum Michabuch im Kontext des Dodekapropheton* (Beihefte zur Zeitschrift für die alttestamentliche Wissenschaft, 256), Berlin / New York: de Gruyter.
Zimmerli, W., 1972: *Ezechiel: Gestalt und Botschaft*, Neukirchen-Vluyn: Neukirchener.
Zenger, E., 1993: «‚So betete David für seinen Sohn Salomo und für den König Messias'. Überlegungen zur holistischen und kanonischen Lektüre des 72. Psalms» in *Jahrbuch für biblische Theologie*, 8, Neukirchen-Vluyn: Neukirchener, pp. 57-72.
Zenger, E. (ed.), [2]1996: *Einleitung in das Alte Testament* (Studienbücher Theologie, 1,1), Stuttgart u.a.: Kohlhammer.

David im Judentum

David im antiken Judentum

CLEMENS THOMA

Zusammenfassung:

Es gibt eine reiche jüdische Wirkungsgeschichte des Königs David ab der nachbiblisch-frühjüdischen bis in die spätrabbinische Zeit. Sie ist u.a. in Qumran und in pharisäisch-rabbinischen Traditionen bezeugt.

Gott hat den Ehebruch und den Mord nach Davids Reue «umsonst» (*chinnam*) verziehen. Diese «gratia gratis data» wurde schon in frühjüdischer Zeit zur Hoffnung für sündige Menschen. Späteren Messiasgestalten wurde sie zur Voraussetzung für ihr Wirken.

Nach qumranischer Auffassung repräsentiert der Spross Davids den Bund Gottes mit seinem Volk (4Q 252); am Ende der Tage wird er das Königtum neu errichten und die Tora verbindlich auslegen. Für Ben Sira wird der neu aufspriessende David «ein Jubel für alle Frommen sein» (Sir 51,12). In rabbinischer Zeit wurde David als Lebendiger und dauernd Existierender gepriesen: Vom Himmel her und auch im Wurzelgrund der Welt wirkt er als König, Priester, Richter und Krieger.

Nach der Zerstörung des Zweiten Tempels entstand eine starke Davidserwartung. Man bittet täglich um sein Kommen (Schemone-esre). Man nimmt ihn als Vorbild für die Umkehr (MTeh 40,2). Der weiterlebende und wiederkommende David wird als Messias beschrieben (z.B. Josephus Ant 13,299f; PsSal 17f; bSan 98b).

In spätrabbinischer Zeit (in den Hekhalot) wird David auch als Leiter des himmlischen Gottesdienstes beschrieben. – Es sind starke Einflüsse christlicher Sohn-Davids-Vorstellungen auf jüdische Reflexionen über David in den ersten 10 Jahrhunderten unserer Zeitrechnung anzunehmen.

Résumé:

Le personnage du roi David a eu un grand rayonnement dans la tradition juive. On en trouve la trace depuis l'époque post-biblique du judaïsme naissant jusqu'à la fin de l'époque rabbinique. Les textes de Qumrân en témoignent, tout comme les traditions pharisiennes et rabbiniques.

Après le repentir de David, Dieu lui a pardonné «gratuitement» (*chinnam*) l'adultère et le meurtre dont il s'est rendu coupable. Dès les premiers temps du judaïsme, les pécheurs mettaient leur espoir dans cette grâce gratuite sur laquelle les prétendants messianiques fonderont plus tard leur activité.

D'après les textes de Qumrân, le descendant de David représente l'alliance conclue par Dieu avec son peuple (4Q 252). À la fin des temps, il rétablira un nouveau règne et révélera le sens ultime de la Torah. Selon le Siracide, ce nouveau David sera «un motif de louange pour tous les fidèles» (Si 51,12). L'époque rabbinique voit en David un éternel vivant qui œuvre du haut des cieux et du fond de la terre en tant que roi, prêtre, juge et guerrier.

Après la destruction du second Temple, la croyance en un retour de David se renforce, et on prie quotidiennement pour sa venue (chemone esre). Il est le modèle de la conversion (MTeh 40,2). Ce David vivant qui reviendra est décrit comme un messie (Flavius Josèphe, Ant 13,299s.; PsSal 17s.; bSan 98b).

Vers la fin de l'époque rabbinique, les traités des hekhalôt parlent aussi de David comme du maître de la liturgie céleste. Il est à supposer que les réflexions juives sur David ont été fortement influencées par la notion chrétienne de fils de David dans les dix premiers siècles de notre ère.

Abstract:

There is a long history of interpretation of King David, starting in post-biblical, early Jewish times and stretching as far as the late-rabbinic period. This is attested at Qumran and in Pharisaic-rabbinic traditions, as well as elsewhere.

When David repented, God »freely« (*chinnam*) pardoned his adultery and the murder. This *gratia gratis data* was understood as the grounds of hope for sinners already in the early Jewish period, and it was assumed by later understandings of the Messiah as the pre-condition for their effectiveness.

According to Qumranic views, the »shoot of David« represents God's covenant with his people (4Q 252). In the end of time he will re-establish the kingdom and give a binding interpretation of the Torah. For Ben Sira the newly sprouting David will be a »joy for all believers« (Sir 51,12). In the rabbinical-period, David was glorified as the living one and eternal one: Not only in heaven, but also rooted in earthly soil, he works as King, Priest, Judge and warrior.

After the destruction of the second temple, there arose a strong expectation of the coming of David or his scion. One prays daily for his coming (Schemone-esre); he is the model of repentance (MTeh40,2); he is described as the living and returning Messiah (Josephus, Ant 13,299f; PsSal 17f; bSan 98b).

In the late rabbinic period David is described as the leader of the heavenly service (Hekhalot). We have to assume very strong influences of Christian Son-of-David imagery on Jewish reflections on David in the first 10 centuries of the Common Era.

Stichwörter:

David; Sünde und Reue; Messias; Vorsteher der Engel; König; Ben Sira; Schemone-esre-Gebet

Besonders Abraham, Isaak, Jakob, Mose, Samuel, David, Salomo und die Propheten Jesaja, Ezechiel und Jeremia bewahrten das Volk Gottes vor Irrwegen, rissen es aus sündigen Sümpfen heraus, reformierten es und führten es einer friedlichen und gottverbundenen Zukunft entgegen. Es ist nicht zu entscheiden, wer von ihnen der grösste war. Sicher aber bilden Mose und David in der jüdischen Tradition das wichtigste personale Zweigespann, das Israel am deutlichsten in die Zukunft führt. Auch nach ihrem Tod führen beide das Volk Israel und seine Institutionen von der Wurzel der Welt her sukzessiv der Vollkommenheit und Endvollendung entgegen. Wir konzentrieren uns hier besonders auf David. Er legte die Grundlagen für den Tempelbau und den Tempelkult sowie für den Zusammenschluss der israelitischen Stämme. Er gilt ausserdem als Verfasser von mindestens 73 biblischen Psalmen und als Anreger für die Abfassung der beiden Bücher Samuel, der beiden Königsbücher und der beiden Chronikbücher. In Qumran wurde im 2. vorchristlichen Jahrhundert die These vertreten, David habe 3600 oder 4050 Psalmen und Gesänge verfasst. Eine weitere Bedeutsamkeit Davids liegt in seinem mysterialen Nachleben und Nachwirken. Der vom Propheten Natan formulierte Satz befestigte die Stellung Davids auf die Zukunft hin: ‹Für immer feststehend ist dein Haus und dein Königtum› (2Sam 7,16).

Wir betrachten hier vor allem den Wiederhersteller-König David, wie er in alttestamentlicher, frühjüdischer, neutestamentlicher und rabbinischer Zeit verstanden und umschrieben worden ist. David ist Vorbild und hintergründiger Begleiter Israels. Er entwirft und verkörpert das historische und endzeitliche Ideal-Israel religiös und politisch. Eine Fülle von Hinweisen aus Schrift, Tradition und modernen Literatur-Urteilen unterstützt unseren Gedankenweg[1]. Die Wirkungsgeschichte Davids, ab dem Aufkommen des Christentums, ist allerdings momentan in starke Verwirrungen hineingeraten. Man entdeckt immer mehr, dass spätere jüdische Davidsvorstellungen auch von Christusvorstellungen her modifiziert worden sind.[2]

1. Wirkungsgeschichte der Sünden Davids

David erlag der Schönheit der Batscheba, der Frau des Hetiters Urija. Er trieb Ehebruch mit ihr und zeugte mit ihr den prächtigen Nachfolger und Verheissungsträger Salomo. Urija, den Ehemann der Batscheba, liess er hinterlistig ermorden (2Sam 11). Ausserdem veranstaltete er eine Volkszählung, um seine strategischen Möglichkeiten abschätzen zu können und weniger auf den Beistand Gottes angewiesen zu sein (1Chr 21). Er habe – so lauten zusätzlich rabbinische Vorwürfe – seinen Sohn Abschalom zu weich erzogen. Ferner habe er in Ps 119,54 die Tora zu unverbindlich als «Gesänge» charakterisiert (bSot 35a)[3].

Die mehrmals zitierten *Sünden* Davids wurden in rabbinischer Zeit in verschiedenste Zusammenhänge hineingestellt. Rabbi Jehuda Hannasi' (um 220 unserer Zeitrechnung), führte sein Patriarchenamt auf David zurück und war deshalb bestrebt, die Sünden Davids herunterzuspielen (bShab 56a). Von mehreren rabbinischen Gelehrten wurde versucht, besonders aus den Psalmen 51 und 86 eine exemplarisch-vollkommene Reue Davids herauszudeuten (bBer 4a). Ferner wird im Falle der Sünde der Volkszählung darauf hingewiesen, dass der Satan und auch Gott selbst (2Sam 24,1; 1Chr 21,1) David zu dieser religiös-strategischen Tat verführt und aufgereizt haben (bBer 62b). Gott habe ihn und sein Volk deshalb sowohl bestraft als auch ihm verziehen (bShab 30a). Die erfolgreiche Regierung und die militärischen Siege Davids seien weitere Belegpunkte dafür, dass Gott die Sünden Davids verziehen habe. Auch die Geburt des Verheissungsträgers Salomo aus der verführten Frau Batscheba sei ein Verzeihungszeichen Gottes gewesen (MTeh 3,3 zu Ps 3,1; MTeh 4,2 zu Ps 4,2). Ein Zeichen der Verzeihung sei ferner das nachherige anhaltende Ruhen der Schekhina (der auf Erden weilenden Göttlichkeit) auf David gewesen (bPes 117a).

Schon in frühjüdisch-vorchristlicher Zeit herrschte in jüdischen (Priester-) Kreisen die Überzeugung, dass Gott dem David alle seine Sünden verziehen hat und dass an ihm deshalb kein Makel mehr ist. In der qumranisch-priesterlichen Schrift 4QMMT (Text C) ist vom sündigen Verhalten Israels Gott und seinen Geboten gegenüber die Rede. In den Versen 24-26 wird aber mit Bezug auf David ausgesagt, dass Gott ihm die Verzeihung der Sünden gewährt habe: «Rufe David in Erinnerung. Er war ein begnadeter Mann. Auch er wurde aus vielen Nöten befreit. Auch ihm wurden die Sünden vergeben»[4].

Die *Verzeihung der Sünden Davids* galt als untrügliches Verzeihungs-Vorzeichen für bereute Sünden auch späterer Mitglieder des Volkes Israel. David wurde zum Vorzeigefall für die Verzeihungstätigkeit Gottes gegenüber allen sündigen Israeliten. In yQid 1,10 (61d) wird gesagt, Gott sei bezüglich der Sünden Israels bewusst vergesslich. Dies habe auch David selbst bei seiner Formulierung von Ps 85,3 («Deinem Volk hast du die Schuld erlassen, hast zugedeckt alle seine Missetat») gemeint. Nach der Reuegesinnung decke Gott das Sündenhäuflein der Israeliten zu, um es nicht mehr zu sehen und nicht mehr daran zu denken.

Ähnlich wie Mose, der nach der frevelhaften Anbetung des goldenen Kalbes durch die Israeliten durch seine Fürbitte Verzeihung für das Volk erlangt habe (Ex 32), sei die Reue Davids über seine Sünden für Gott ein wichtiges Motiv geworden, um die Sünden der Israeliten immer wieder zu verzeihen. Eine wichtige Stelle für dieses Argumentationsschema findet sich in *SifDev 26 zu Dtn 3,23*: «Zwei gute Fürsorger standen Israel zur Verfügung: Mose und David, der König von Israel. Bei beiden bestand die Möglichkeit, dass ihnen ihre Sünden verziehen würden, und zwar als Lohn für ihre guten Taten. Beide baten aber Gott, dass er ihnen die Sünde aus reiner Gnade, umsonst (chinnam) vergebe». Daraus wird dann folgender Schluss für die jüdische Allgemeinheit gezogen: «Wenn Mose und David, denen ihre Sünden aufgrund ihrer guten Taten hätten vergeben werden können, Gott baten, er solle ihnen ‹chinnam› verzeihen, um wie viel mehr muss dann jemand, der nur einer von den Millionen ihrer Schüler ist, Gott bitten, dass er ihm aus reiner Gnade, umsonst, verzeiht». – Weil David seine Sünden ohne sein Verdienst vergeben worden sind, wird in der Liturgie des Versöhnungstages bei den Reuegebeten nicht auf seine schweren Sünden Bezug genommen. David wird nicht als Sünder in Erinnerung gerufen, sondern als Gereinigter und Geläuterter.

2. Davids Weiterleben und Weiterwirken

2.1 Der lebende und bestehende König

In dem in die Zeit des Bestandes des Jerusalemer Tempels zurückreichenden jüdischen Gemeindegebet «Beistand unserer Väter» ('esrat 'avôtenû) wird Gott gepriesen, weil er die Feinde der Israeliten in Ägypten in den Tod getrieben hat. Die daran anschliessende Lobpreisung lautet: «Deshalb haben dich die Geliebten gepriesen, sie haben Gott hochgelobt. Und die Lieblinge haben Hymnen, Lieder, Lobpreisungen, Segnungen und Dankeslieder dargebracht *dem König, dem Gott, der lebt und besteht*» (le-melekh El chay we qayyam!).

Gott ist der lebendige König des Himmels und der Erde. Er lebt, besteht und herrscht von Ewigkeit zu Ewigkeit. Das sind israelitische Glaubensaussagen aus der Zeit des Tempelbestandes. Auffallend in diesem Zusammenhang ist auch ein auf König David gemünzter Satz, der heute u.a. bei jüdischen Jugendlichen ein beliebter Song ist: «David melekh (zweimal), chay weqayyam – König David, er lebt und besteht!» David ist demnach nicht einfach gestorben und begraben, vielmehr führt er seine Tätigkeit vom Jenseits her weiter. Ähnlich wie Gott (laut dem 'esrat 'avôtenû) lebt und besteht, so lebt und besteht David in der Gegenwart und in der Zukunft. Mit diesem Satz will gewiss niemand den David zum Gott erklären oder ihm göttliche Eigenschaften zuschreiben. Andererseits ist der Satz keine Erfindung moderner jüdischer Jugendlicher. Vielmehr wurde er bereits in rabbinischer Zeit reflektiert. In bRHSh 25a wird er als Tradition der Gamliel-Familie wiedergegeben (vgl. PRE. 51,123a). Er gehört zu einer Anwendungsauseinandersetzung über folgende in der Mischna (mRHSh 2,9) stehenden Sätze: «Rabbi Akiba kam zu Rabbi Dosa ben Hyrkanos. Er sagte zu ihm: Wenn wir nach den Anweisungen des Rabban Gamliel unsere gesetzlichen Urteile fällen, dann sind wir verpflichtet, unsere Rechtsentscheide auch nach allen Rechtsentscheidungen der Gerichtshöfe, die seit den Tagen des Mose existiert haben, zu fällen. Es heisst ja: ‹Mose und Aaron, Nadab und Avihu sowie 70 Älteste Israels sind hinaufgestiegen› (Ex 24,9)». Es gibt seit Mose eine stets neu tradierte Kontinuität in den gesetzlichen Bestimmungen und auch in den Glaubensaussagen. Alles Gegenwärtige steht mit Gott, Mose und den Ältesten Israels in Beziehung. Wie die frühesten Ältesten von Gott und Mose beauftragt und ausgestattet waren, so sind es die rabbinischen Amtsträger in deren Sukzession (vgl. Num 11,24f; mAv 1,1f). Es gibt einen Autoritätsfaden von Mose und den Ältesten bis hin zu den Rabbinen. Wenn die Rabbinen den Satz bejahen «Der König David lebt und besteht», dann stehen sie in der Wahrheitstradition Moses und der Ältesten: Jede Wahrheit und jede Verpflichtung ist eine seit dem Sinaiereignis tradierte. David ist ein zweiter Mose, ein Ergänzungs-Mose. Auch er stand im Geiste am Berg Sinai, er «lebt und besteht» mysterial weiter und wird wiederkommen.

2.2 Biblische Grundlagen

Die älteste Erzählung über ein irdisches Weiterwirken einer alttestamentlichen Gestalt über den Tod hinaus stammt aus der Zeit, als der junge David seine ersten Erfolge und Triumphe auf Schlachtfeldern und auf der Ebene der menschlichen Beziehungen verbuchen konnte (1Sam 16–25). Davids Vorgänger Saul erkannte, dass er gegen die Philister kaum Siegesaussichten hatte. In depressiver Stimmung ging er zur Totenbeschwörerin von En-Dor (1Sam 28,3-25). Sie solle ihm den verstorbenen Propheten und Königsmacher Samuel aus der Unterwelt herausholen. So könne er erfahren wie es mit seinen eigenen künftigen Herrschaftschancen stehe. Die Auskunft der Wahrsagerin sei für ihn besonders deshalb nötig, weil sich der Ewige von ihm abgewandt habe. Die Frau holte den Samuel auf Sauls Bitte hin mit ihren magischen Kräften aus der Unterwelt heraus. Der aufgetauchte Samuel kündigte dem Saul Folgendes an: «Der Ewige reisst das Königtum aus deiner Hand und wird es deinem Konkurrenten David geben» (1Sam 28,17).

Die Königswürde und das Weiterleben und Weiterwirken Davids über seinen Tod hinaus wurde besonders nach dem babylonischen Exil zu einem religiösen Topos. Die Propheten Jeremia, Ezechiel und Sacharja kündigten die Befreiung Israels aus der Unterdrückung durch Fremdvölker an. Es werde so kommen, dass die Israeliten «dem Ewigen, ihrem Gott, dienen, und dem David, ihrem König, den ich (= Gott) für sie aufwecken (qûm) werde» (Jer 30,8f). David werde der Hirt Israels sein: «Und ich, der Ewige werde für sie Gott sein. Und mein Knecht David wird Fürst *(nasî')* in ihrer Mitte sein» (Ez 34,23f). Mit Gottes und Davids Hilfe werden die Israeliten «im Lande wohnen, das ich meinem Knecht Jakob gegeben habe und in dem eure Väter gewohnt haben ... Mein Knecht David wird für sie für immer Fürst sein. Und ich (= Gott) werde mit ihnen einen ewigen Friedensbund schliessen ... Ich werde sie vermehren und werde ihnen meinen Tempel in ihrer Mitte für immer geben» (Ez 37,24-26).

2.3 Das Aufspriessen Davids

David lebt und wirkt auch nach seinem Tod weiter. Er verweilt im Wurzelgrund der Welt und des Volkes Gottes, von wo aus alles erneut aufspriessen, aufleben und blühen kann. Von diesem nicht näher lokalisierten Grund-Ort her sprosst er immer dann wie eine Pflanze mysterial aus dem Erdboden hervor, wenn ein physischer oder geistiger Nachkomme ein königliches oder religiöses Amt in Israel ausübt. Dieser Vorstellungskreis wurde ab der Mitte des 2. Jhs.v.Chr. zusehends stärker. Im qumranischen Patriarchensegen ist die mit der Person Davids verbundene messianische Hoffnung so ausgedrückt: «Wenn Israel die Herrschaft hat, wird nicht ausgerottet sein einer, der aus dem Hause Davids darin thront; denn der ‹Herrscherstab› (Gen 49,10) ist der Bund (oder: das Unterpfand) des Königtums. Die Tausendschaften Israels sind die ‹Füsse› (Gen 49,10), bis der Gesalbte der Gerechtigkeit kommt, der Spross Davids, denn ihm und seinem Samen ward der Bund des Königtums über sein Volk gegeben für ewige Geschlechter» (4Qpatr 1-4). Im «Florilegium» Qumrans (4Qflor 1,10-12) wird erwartet, dass «der Spross Davids» am Ende der Tage das Königtum und den Tempel neu institutionalisieren wird. Der Begleiter Davids bei seiner Wiederkunft werde der «Erforscher der Tora» sein. Die endzeitliche Wiederherstellung Israels werde sich auf das davidische Königtum, den Tempelgottesdienst und die Toraauslegung beziehen. Die jetzt «zerfallende Hütte Davids» (Am 9,7) werde besonders vom wiederkommenden David mit neuem Glanz gefüllt werden (vgl. auch CD 7,12-21). Zur Renovierung der ‹zerfallenden› israelitischen Institutionen gehört – wie dies bereits in Qumran gesagt wird – auch die Zurückführung der Israeliten aus Gefangenschaft und Zerstreuung. Laut 4Q 457 «freut sich David darüber, dass er die Zerstreuten zurückbringen werde ...»[5]

Die davidische Dynastie ist in Israel stets präsent, sichtbar oder unsichtbar. David ist eine Dauerperson im Unter- und Hintergrund Israels. Seine Kraft und Macht wird jederzeit von den erleuchteten Israeliten wahrgenommen. Am Ende der Tage wird Israel ein gottgefälliges prächtiges Reich sein. Die Dauerperson David wird dann von allen Israeliten wahrgenommen werden.

In BerR 88,7 wird folgende rhetorische Frage gestellt: «Wer hätte erwartet, dass David bis zum Ende der Geschlechter König sein würde (David melekh 'ad sôf had-dôrôt)?!» Wie aber stellte man sich die Ausübung des Königsamtes Davids über seinen Tod hinaus vor? Zwei Begriffe wurden als Erklärung in Dienst genommen: zemach *Spross*, und qeren *Horn*. Die biblischen Stellen sind bekannt. Sie wurden und werden immer wieder zitiert (bes. Ez 29,21; Ps 18,3; 132,1f; 37,24-26). Wichtig für die spätere Glaubensentwicklung ist auch das in Sir 51,12 festgehaltene Lobgebet. Es handelt sich um einen liturgisch zeitweise wohl verpflichtenden Gebetstext, der später auch bei der Formulierung des Achtzehngebets den frühen Rabbinen zu Pate gestanden hat[6]. Der Sirach-Lobpreis greift fast alle endzeitlichen Anliegen auf, die im späteren Achtzehngebet vorkommen. Zwei Verse sind besonders bemerkenswert, weil sie – «Horn» und «Spross» verwendend – sowohl auf die Gestalt Davids hinweisen als auch auf die Erwählung Israels: «Preiset den, der ein Horn für das Haus Davids aufspriessen lässt, ja, auf immer währt seine Huld! ... Der König aller Könige ... richtet ein Horn auf für sein Volk. (Dieses wird sein) ein Jubel für alle seine Frommen, für die Söhne Israels, das Volk seiner Nähe, Halleluja!» Mit der endzeitlichen Wiederkunft Davids wird demnach also nicht nur das ideale Königtum neu aufblühen. Darüber hinaus wird auch die Gottesbeziehung des Volkes Gottes geheilt und intensiviert werden. Auch dafür ist David mit seiner in den Psalmen aufbewahrten Gebetsspiritualität das wegweisende Vorbild.

Laut dem jüdischen Hauptgebet, dem Achtzehngebet[7], wird der zu allen Zeiten sporadisch aufspriessende David in der Endzeit folgende Aufgaben zusammen mit Gott und den gerechten Gesetzeslehrern neu erfüllen: 1. Die Einsammlung der Exile (qibbuz galuyyot), d.h. die endzeitliche Restitution und Auffüllung des Volkes Gottes zu der von Gott geplanten Vollzahl. 2. Die Abschaffung der Unterdrückung seitens der israelfeindlichen Völker und Religionsvertreter. 3. Die Durchsetzung der endgültigen Anerkennung des Einen und Einzigen Gottes Israels (vgl. Sach 14,9; Dan 3,28f; 6,26-28). 4. Die Bestätigung der singulären Erwählung Israels allen Konkurrenten, Verdrängern und Unterdrückern gegenüber. 5. Die pädagogische und halakhische Reinigung Israels von allen Unklarheiten und Missgriffen (vgl. Mal 3,23). 6. Den Neubau und die vollkommene Gestaltung des Tempels, der Priesterschaft und des Gottesdienstes (vgl. 2Makk 14,31-36).

Für die Verwirklichung aller dieser Projekte sind jüdische Umkehr und Bereitschaft für das Endgericht die unabdingbaren Vorbedingungen[8]. Beide Ziele werden in der jüdischen Tradition häufig mit David, dieser Urgestalt der Umkehr und der Hoffnung auf Gottes rettendes Eingreifen in die Geschichte, in Verbindung gebracht. Im Psalmenmidrasch (MTeh 40,2) bekennt David, Gott wolle «weder Ganzopfer noch Schlachtopfer noch

Versöhnungsopfer, sondern er will mein Hoffen». Und etwas weiter unten mahnt der Verfasser dieses Midraschs seine Zuhörer und Leser mit den Worten: «Jeder der Umkehr tun will, denke intensiv an David».

3. David: Messias Israels

3.1 Wer ist ein Messias?

Josephus Flavius (ca.30-ca.100) meinte, der Hohepriester-Fürst Johannes Hyrkan I. (134-104) sei eine messianische Gestalt gewesen. Über ihn schrieb er: «Hyrkan lebte (in seinen späteren Jahren) in hohem Glück Er starb nach 31jähriger ausgezeichneter Regierungstätigkeit. Er hinterliess 5 Söhne. Er ist wahrlich glücklich zu preisen, und es gibt nichts in seinem Leben, weswegen das Schicksal getadelt werden dürfte. Er allein wurde von Gott der drei einflussreichsten Ämter für würdig erachtet, der Herrschaft über das Volk, der Hohenpriesterwürde und der Prophetie. Er hatte ferner so vertrauten Umgang mit der Gottheit, dass ihm nichts Zukünftiges verborgen blieb. So sagte er voraus, dass seine beiden ältesten Söhne nicht lange im Besitz der Macht bleiben werden. Es lohnt sich, von ihrem Niedergang zu reden, um zu zeigen, wie stark sich dieser vom Glück ihres Vaters unterschied»[9].

Johannes Hyrkan I. war kaum ein direkter Nachkomme Davids. Er war aber eine David-ähnliche, vom Geist und von der Tätigkeit Davids inspirierte und erfüllte Herrschergestalt: als Hoherpriester, König (Fürst), Prophet und intim mit Gott Verbundener. Er hatte wie David Einblicke in die Gegenwart und Ausblicke in die Zukunft.

Man kann sich bei der Charakterisierung damaliger Messiasvorstellungen in den beiden Jahrhunderten vor unserer Zeitrechnung mit einigem Recht auf dieses Josephus-Zitat über Johannes Hyrkan berufen. Der Messias ist priesterlich = er entsühnt; er ist königlich = er regiert; er ist prophetisch = er verkündet im Sinne des Willens und des Reiches Gottes. Ein zusätzliches Merkmal besteht darin, dass er wie Mose und David in intimem Kontakt mit Gott steht. Sein Schauen und Wirken ist auf die Zukunft des Volkes Gottes und auf dessen Regierungsrepräsentanten gerichtet. Wenn er auch vielleicht nicht direkter Nachfahre Davids ist, so ist er doch vom Geist und von der Kraft Davids genährt und gestärkt. Man kann ihn daher «Sohn Davids» nennen. David war ja auch König, Priester, Prophet, Gottvertrauter und Krieger. Vom Jenseits her nimmt er zu allen Zeiten eine fürbittende und helfende Funktion für Israel wahr. In MTeh zu Ps 4,1f wird vor allem seine fürbittend-sorgende Kraft für ganz Israel hervorgehoben. David setze sich nicht nur wirkungsvoll für Israel zur Zeit des Bestandes des Tempels ein, sondern auch in der Zeit, da der Tempel zerstört ist.

Hier kann nicht die ganze Geschichte des allmählichen Aufkommens messianischer Vorstellungen in Juda nach der Rückkehr aus dem babylonischen Exil wiedergegeben werden. Gesichert ist aber, dass ab der Mitte des 2. Jhs. v.u.Z. bei den Juden messianische Szenarien entworfen wurden: Wenn der Messias kommt, wird das Volk Israel wieder zur Fülle und zur Einheit zurückfinden, die verbannten und verschollenen Israeliten werden ins Land Israel zurückkommen. Ein neuer, vollkommener Tempelkult wird eingerichtet werden. Die judenfeindlichen Völker werden dank der Kriegskunst des Messias und seiner himmlischen und irdischen Helfer zugrunde gerichtet. Die staatlich-religiösen Einrichtungen werden dann problemlos und vollkommen existieren.

3.2 Diverse messianische Erwartungen

Die vielen qumranisch-messianischen Erwartungen brauchen hier nicht in extenso dargelegt zu werden. Laut 1QS 9,11 werden drei Heilsgestalten erscheinen. Ein Prophet, ein Priestermessias und ein Laienmessias. Laut CD 20,1 werden zwei Messiasse kommen: ein Laie und ein Hoherpriester. In 1QSa 2,11-22 wird geschildert, dass und wie der «Messias Israels» an einem feierlichen Festessen der Qumrangemeinde teilnimmt.

Die Herstellung von möglichst deutlichen und einfachen Vorstellungen über den kommenden Messias waren in frühjüdischer Zeit wahrscheinlich ein Hauptanliegen der Pharisäer. In den wohl pharisäisch verfassten Psalmen Salomos (frühes 1.Jh.v.Chr.) finden sich messianische Abschnitte (PsSal 17-18). In ihnen wird betont, dass zuerst und letztlich der Gott-König selber der Erlöser von allem Unheil ist (PsSal 17,1-4). Dann erst wird David als wiederkommender König von Israel geschildert und erwartet. Er wird die Feinde Israels besiegen und es Israel wieder ermöglichen, Gott wohlgefällig zu dienen. Der Sohn Davids wird auch die Fragen der reuigen Umkehr Israels und des Zusammenlebens mit Fremden und Beisassen restriktiv regeln (PsSal 17,29-32). Der Messias wird Jerusalem ganz heilig und ganz rein machen, wie es anfangs war (PsSal 17,33). Erst dann können sich die Völker dem Volk Gottes und der Heiligen Stadt wieder ehrfürchtig nähern (PsSal 17,34ff). Die Vorstellung, Gott selbst werde (am Ende der Tage) als Erlöser auftreten (vgl. Jes 43,1; 44,22; 15; 17; Jer 31,11 u.ö.), hat auch Vorstellungen göttlich-messianischer Zusammenarbeit hervorgerufen. In bSan 98b wird besonders aus Jer 30,9 und Ez 37,25 geschlossen, es werde eine göttlich-davidische Zusammenarbeit geben «wie zwischen Kaiser und Vizekaiser». David werde der wiederkommende Vizekaiser sein.

Messianische Erwartungen wurden besonders zur Zeit des ersten jüdischen Aufstandes gegen Rom als gefährlich erkannt (66-70/73 n.Chr.). Im täglich verpflichtenden Achtzehngebet, das ebenfalls weitgehend pharisäischer Initiative zu verdanken ist, haben die messianisch-davidischen Berakhot daher einen beruhigenden Ton:

(14) «Erbarme dich, Herr, unser Gott, mit deinen grossen Erbarmungen über dein Volk Israel, über deine Stadt Jerusalem, über Zion, den Ort Deiner Herrlichkeit, über deinen Tempel, über deine Wohnstatt und über das Königtum des Hauses Davids, des Gesalbten deiner Gerechtigkeit. Gepriesen seist du, Herr, Gott Davids, Erbauer Jerusalems.»

> In yBer 2,4 (5a) wird diese 14. Berakha u.a. so gedeutet: «... Es heisst ja: ‹Danach werden die Kinder Israels umkehren und den Ewigen, ihren Gott, und ihren König David suchen› (Hos 3,5). Die Rabbanen sagen: Wenn der Messias lebend ist, wird er den Namen David tragen, wenn er nicht (mehr) lebend ist, dann wird er immer noch David heissen... Rabbi Jehoschua ben Lewi sagte: ‹Spross› (zemach) ist sein Name. Rabbi Judan ben Aybo sagte: Er wird Menachem heissen ... Hier gibt es keinen wirklichen Dissens, denn der Zahlenwert von Zemach ist gleich dem Zahlenwert von Menachem (= 138).»
> Es ist klar, dass die Hintergrundvorstellung in der 14., 15. und 16. Berakha des Achtzehngebets der messianische Friede ist, der ein Ergebnis endzeitlicher Auseinandersetzungen sein wird. Hierzu passt bYom 10a: «Rav Jehuda sagte im Namen Ravs: Der Sohn Davids kommt erst, wenn die böse Regierung (Rom) sich während neun Monaten über die ganze Erde ausgebreitet hat; es heisst ja: ‹Er wird sie eine Zeit lassen, bis die Gebärende gebiert, und seine übrigen Brüder werden zu den Kindern Israels zurückkehren› (Mi 5,2)». Nach Hos 3,5 werden die Israeliten am Ende der Tage (beacharit ha-yamim) den Herrn, ihren Gott suchen und David ihren König.

(16) «Bewirke, Herr, unser Gott: Wohne in Zion! Deine Diener mögen dir in Jerusalem dienen. Gepriesen seist du, Herr, dem wir in Ehrfurcht dienen wollen.

(18) Lege deinen Frieden über dein Volk Israel und über deine Stadt und über deinen Erdteil. Und segne uns allesamt wie einen Mann. Gepriesen seist du, Herr, der du den Frieden schaffst.»

Diese Berakhot strukturieren die damals verbreiteten davidisch-messianischen Hoffnungen. Wie David einst die Grundlagen Jerusalems, des Tempels und der Volksgemeinschaft legte, so möge er als Wiederkommender die heilige Stadt und das jüdische Volk zu neuer Einheit und neuem Glück bringen. Sein Hauptwerk wird die neue Einführung der Gegenwart Gottes mitten unter seinem Volk sein.

Es gibt viele phantasievolle Vorstellungen über das Wie des endzeitlichen Erscheinens Davids zur Erfüllung messianischer Aufgaben. Ein kennzeichnendes Beispiel findet sich im Codex Neofiti 1, und zwar in einer Deutung zu Ex 12,42. Die an Pesach vorzulesende Bibelstelle lautet:

«Dies ist die Nacht, die zu Ehren des Ewigen von den Israeliten als Nacht des Aufmerkens durch alle Geschlechter gefeiert werden soll». Der Targumist unterteilt diese «Nacht des Aufmerkens» aus Pesach-liturgischen Überlegungen heraus in vier Nächte: in drei Nächte der Erinnerung (an die Schöpfung, an Abraham und Isaak und an den Exodus aus Ägypten) und in eine Nacht der Zukunftserwartung (messianische Erlösung). Der Kommentar des Targumisten zur vierten Nacht lautet:

> «Die vierte Nacht (wird sein), wenn die Welt zu ihrer Vollkommenheit gelangen wird, dass sie befreit werde. Die Eisenketten werden zerbrochen werden. Die Geschlechter der Bosheit werden weggewischt werden. Mose wird aus der Mitte der Wüste hervorkommen und der König Messias (der Sohn Davids) aus der Mitte des Himmels. Der eine wird an der Spitze einer Wolke (Schar) schreiten. Gottes Wort wird zwischen diesen zwei schreiten. Er und jene werden wie ein Einziger schreiten. Dies ist die Nacht des Pesach für den Namen des Herrn, die Nacht der Wache. Sie ist zur Befreiung für alle Geschlechter der Israeliten bestimmt».

Nach qumranischer und nach targumischer Auffassung ist das Ereignis des Erscheinens des Messias oder der Messiasse und ihrer Begleiter ein dramatisches Ereignis, das die Welt erschüttern wird. Das messianische Ereignis wird Klarheit in die Offenbarung Gottes bringen. Die Feinde des Volkes Gottes werden vernichtet werden. Die ganze Welt wird durchschüttelt werden, und das Volk der Erwählung wird um eine neue Gegenwartsweise Gottes herum glücklich leben können. Mose und David sind die entscheidenden Endheilsgestalten. Sie werden vom Logos Gottes zur Einheit zusammengeführt werden. Ihr Programm ist die Tora und die Herrschaft Gottes.

3.3 David als Leitgestalt für Visionäre und Prognostiker

Der biblische und der kommentierte David wird in der spätantiken und frühmittelalterlichen Literatur immer mehr zu einer Figur, in der Vorbildhaftigkeiten für die zu erstrebende Vollkommenheit des jüdischen Volkes und für dessen kommunitäre Ordnung liegen. Um dies anzudeuten, werden hier einige Sätze aus der Hekhalot-Literatur, d.h. der spätrabbinischen Mystik, wiedergegeben. In Hekh 124-126 (pp.56-59) erfährt der jüdische Visionär von den vielen Sünden Israels. Er sieht aber auch, dass und wie Perlen, Kronen, Weine, Balsamdüfte und anderes in den Himmelsräumen bereitet werden. Er fragt, für wen diese Kronen bereitet seien. Der himmlische Interpret antwortet: «Für David, den König Israels!» Als daraufhin der Visionär etwas von der Herrlichkeit Davids sehen möchte, antwortet der Interpret: «Gedulde dich noch drei Stunden, bis David hierher kommt und du seine Grösse sehen wirst!» Der Visionär erlebt dann einen himmlischen Sturm. «Und dann kam David, der König Israels, an der Spitze! Und ich sah alle Engel des Hauses David hinter ihm. Jeder einzelne trug seine Krone auf seinem Haupte. Aber die Krone Davids war glänzender und sonderbarer als alle anderen Kronen. Ihr Glanz reicht vom einen

Ende der Welt bis zum andern ... Als David, der König Israels, zum Tempel hinaufstieg, der im Himmelsgewölbe liegt, war für ihn ein Thron von Feuer bereitet, der 40 Parasangen hoch ist und doppelt so viel an Länge und doppelt soviel an Breite ... Als David kam und sich auf seinen Thron setzte, gegenüber dem Thron seines Schöpfers, und als alle Könige des Hauses David sich vor ihm niederliessen ..., da sprach David sogleich Loblieder und Lobpreisungen, die kein Ohr je gehört hat. Als David anhob und sprach: ‹Der Herr, der Gott, wird in Zion König sein von Generation zu Generation, Halleluja› (Ex 15,18; Ps 146,10), da hoben auch Metatron und alle Gestirne an, und sprachen: ‹Heilig, Heilig, Heilig ist der Herr der Heerscharen. Erfüllt ist die ganze Erde von seiner Herrlichkeit ...› (Jes 6,3). Und alle Könige des Hauses Davids sprechen: ‹Der Ewige wird König sein über die ganze Erde› (Ex 15,18)»[10].

Der verherrlichte David ist der Leiter des Gottesdienstes der Engel Gottes im Himmel. Als solcher ist er prächtig geschmückt und sitzt auf dem Thron der Herrlichkeit. Er beugt sich vor dem Königtum Gottes und überragt alle Engel an Würde und Heiligkeit. Die irdischen Gottesdienste des Volkes Gottes stehen in Verbindung mit diesem himmlischen Lobpreis Gottes unter Davids Regie.

Die jüdischen Zuschreibungen von höchster Würde und himmlischer Macht an David waren wohl teilweise als Abschirmungen des jüdischen Glaubens gegen christliche Verherrlichungen Jesu, des Sohnes Davids gedacht. Weit wichtiger als solche Konkurrenztendenzen blieben aber Hoffnungen auf das Kommen Davids und damit auf Restaurationen im jüdischen Volk. Die Ausgestaltung der Figur Davids in die Gegenwart und in die Zukunft des Volkes Gottes hinein war ein wichtiges Element zur Reaktivierung und Deutung der Offenbarungsgeschichte. Die inneren Strukturen und Institutionen dieses Volkes und das Verhältnis dieses Volkes zu Gott und zu den andern Völkern soll von David her wieder ins rechte Lot gebracht werden. In der Zwischenzeit leidet das Volk unter Katastrophen und teilweiser Unfähigkeit zu Erneuerungen und neuen Ordnungen. David ist der wahre Messias-König, der priesterliche, ideologische und politische Reformen durchführt. Weil ihm Gott alle seine Sünden vergeben hat, ist er mit Gottes und seiner eigenen Kraft fähig, das endzeitliche Heil Israels herbeizuführen. Davids Weiterwirken nach seinem Tod übertrifft seine Bemühungen und Erfolge zu seinen Lebzeiten bei weitem. Bis zum Ende der Tage bleibt er die mysteriale Herrscherfigur, die das Königtum Gottes über sein Volk repräsentiert.

Anmerkungen

[1] Vgl. die Forschungs- und Inhaltsübersichten unter dem Stichwort «David» bei Sinclair/ Thoma 1981.
[2] So besonders Hilton 1994/2000.
[3] Ps 119,54 lautet: «Gesänge waren mir deine Vorschriften im Hause meiner Fremdlingschaft».
[4] Discoveries in the Judaean Desert, Vol. 10, Qumran Cave 4: Miqzat ma'ase ha-Tora, ed. E. Qimron / J. Strugnell, Oxford 1994, 60-63.
[5] Discoveries in the Judaean Desert, Vol. 29, Qumran Cave 4, ed. J. Vanderkam / M. Brady / J. Strugnell, Oxford 1999, 416-419.
[6] Vgl. Maier 1990.
[7] Vgl. Heinemann 1977; Goldschmidt 1980; Kimelman 1988/89.
[8] Zu allen Punkten vgl. Seybold 1973; Thoma 1994.
[9] Bell 1,68f; Ant 13,299f.
[10] Die Übersetzung dieser liturgisch-ekstatischen Hymnen richtet sich nach der von Peter Schäfer herausgegebenen «Übersetzung der Hekhalot-Literatur II», Tübingen 1987.

Bibliographie

Goldschmidt, D.E., 1980: *On Jewish Liturgy. Essays on Prayer and Religious Poetry* (hebr.), Jerusalem.
Heinemann, J., 1977: *Prayer in the Talmud. Forms and Patterns* (Studia Judaica, 9), Berlin: de Gruyter.
Hilton, M., 1994 / 2000: *Wie es sich christelt, so jüdelt es sich. 2000 Jahre christlicher Einfluß auf das jüdische Leben*, London / Berlin: Jüdische Verlagsanstalt.
Maier, Johann, 1990: *Zwischen den Testamenten. Geschichte und Religion in der Zeit des zweiten Tempels* (Neue Echter Bibel, Erg.Bd. 3 zum AT), Würzburg: Echter.
Kimelman, R., 1988/89: «The Dayly Amidah and the Rhetoric of Redemption» in *Jewish Quarterly Review*, 74, pp. 165-197.
Seybold, K., 1973: «Spätprophetische Hoffnungen auf die Wiederkunft des davidischen Reiches in Sach 9-14» in *Judaica*, 29, pp. 99-111.
Sinclair, L.A. / Thoma, C., 1981: Art. «David in AT, NT, Judentum» in *Theologische Realenzyklopädie*, 8, pp. 378-388.
Thoma, C., 1994, *Das Messiasprojekt. Theologie christlich-jüdischer Begegnung*, Augsburg: Pattloch, pp. 113-117.339-352.

Abkürzungen

Qumranische und frühjüdische Texte:
CD	Damaskusschrift (Kairoer Geniza)
1QS	Sektenregel (Qumran Höhle 1)
1Qsa	Gemeinschaftsregel (Qumran Höhle 1)
4Q 252	Genesis Florilegium (Qumran Höhle 4)
4Q 457	eschatologische Hymne (Qumran Höhle 4)
4Q flor	eschatologische Midraschim (Qumran Höhle 4)

4QMMT   Schabbat-Opfer-Lieder (Qumran Höhle 4)
Ant   Antiquitates Judaicae (Flavius Josephus)
Bell   Bellum Judaicum (Flavius Josephus)
1/2Makk Makkabäerbücher
PsSal   Psalmen Salomos

Rabbinische Texte:
Die den abgekürzten Einzelwerken vorgelagerten Angaben weisen auf die zusammen gehörenden rabbinischen Büchergruppen hin: b = babylonischer Talmud, y = jerusalemischer Talmud, m = Mischna, M = Midraschwerk (allgemein), Sif = Midraschwerk zu Numeri oder Deuteronomium.
mAv   Sprüche der Väter
mRHSh   Mischna zum Neujahrsfest
MTeh   Psalmen-Midraschwerk
SifDev Sifra zum Buch Deuteronomium
yBer   Berakhot (Jerusalemischer Talmud)
yQid   Qidduschin (Jerusalemer Talmud)
BerR   rabbinisches Midraschwerk zum Buch Genesis
Hekh   Hekhalot (spätrabbinisches mystisches Werk)
PRE   Pirke deRabbi Elieser (frühmittelalterliches Midraschwerk)
bBer   Berakhot (Benediktionen)
bPes   Pesachim (Gesetze an Pessach)
bRHSh   jüdisches Neujahrsfest
bSan   Sanhedrin (Gerichtsurteile)
bShab   Schabbat
bSot   Sota (ehebrecherische Frauen)
bYom   Yoma (Versöhnungstag)

Streben nach Sündlosigkeit als Mangel – Sündenverstricktheit als Vorzug eines Herrschers
Gedanken zur Talmudstelle bJoma 22b

JOHANNES KLEIN

Zusammenfassung:

Einem Sündlosen ist der Zugang zur Macht zu verwehren: dies die Meinung der Talmudstelle bJoma 22b. Das Saul'sche Königtum sei von vornherein zum Scheitern verurteilt gewesen, weil Saul makellos gewesen sei. David hingegen habe den Vorzug gehabt, dank seiner Sündhaftigkeit jederzeit absetzbar zu sein. Deshalb durfte er an der Macht bleiben. Saul sei zwar ein guter Schriftgelehrter, aber als Herrscher ungeeignet gewesen.

Die auf den ersten Blick überraschenden talmudischen Urteile finden eine Entsprechung in modernen psychologischen Erkenntnissen. Eine Borderline-Persönlichkeit – als die Saul möglicherweise dargestellt ist – vereint in sich beste wie schlechteste menschliche Eigenschaften. So kann Saul schnell aus dem einen Extrem ins andere fallen: von übergroßer Gerechtigkeit in eklatanten Frevel. Das Pendeln zwischen den Extremen ergibt sich aus dem Bedürfnis, die eigene Makellosigkeit zu demonstrieren. David dagegen kann den Gedanken eigener Fehlbarkeit bejahen und bleibt darum als Mensch eine Einheit. Er ist kein Schriftgelehrter, aber ein guter Herrscher.

Résumé:

Il ne faut pas laisser un homme sans péché accéder au pouvoir: tel est le conseil d'un passage du Talmud (bJoma 22b). Le règne de Saül, lit-on ici, était d'avance voué à l'échec parce que Saül n'avait rien à se reprocher. David, par contre, avait l'avantage que ses péchés auraient pu justifier sa destitution à n'importe quel moment. C'est la raison pour laquelle il put rester au pouvoir. Saül était un bon docteur de la loi, mais ne convenait pas pour le trône.

Ces jugements du Talmud ont à première vue de quoi surprendre. Mais ils trouvent leur pendant dans les résultats des recherches psychologiques modernes. Le personnage de Saül pourrait en effet être une personnalité limite (ou borderline), qui réunit en elle à la fois le meilleur et le pire des qualités humaines. Cela expliquerait qu'il passe très vite d'un extrême à l'autre, d'un sens exacerbé de la justice au sacrilège le plus flagrant. Ce va-et-vient entre les extrêmes résulte du besoin de démontrer sa perfection. David, lui, peut accepter ses fautes et préserve ainsi la cohérence de sa personnalité. Il n'est pas un docteur de la loi, mais il est un bon souverain.

Abstract:

One without sin has to be denied access to power: So says the Talmud (bJoma 22b). The kingship of Saul was doomed to failure from the start because Saul was spotless. David, on the other hand, was sinful which had the advantage that he was deposable at any time. This is the reason why he was allowed to stay in power. Saul was, admittedly, a good scribe, but unsuited to being a ruler.

At first glance these Talmudic judgments are surprising, but they find their support in psychological insights. A borderline-personality – like the one Saul is apparently depicted as – encompasses the best and the worst of human qualities. So, Saul is able to go from one extreme to the next in split seconds: from enormous righteousness to outrageous wickedness. Saul's movement between extremes stems from his urge to demonstrate his own spotlessness. David, in contrast, is able to accept his own fallibility and thereby to maintain an even personality. He is not a scholar, but a good ruler.

Stichwörter:

Borderline-Persönlichkeit; Sündlosigkeit; Sündenverstricktheit; Saul; Talmud; Zwiespalt (des Geistes)

1. Wenn Sünden offen zutage liegen, wird das allgemein als Mangel empfunden. Dies trifft auch für Herrscher zu, und für sie ganz besonders. Das zeigt sich nicht nur in modernen Demokratien, wo es hin und wieder der Presse gelingt, durch das Aufdecken von Skandalen bestimmte Persönlichkeiten zum Abtreten von der politischen Bühne zu zwingen, sondern auch in autoritären Regimes, wo die Defizite der Oberen zwar nur hinter vorgehaltener Hand artikuliert werden können, deswegen im Volk aber doch bekannt und präsent sind.

Wo über Herrscher geschrieben wird, da nicht immer in der vielschichtig-diffenzierten Art, wie es die Bibel im Falle Davids tut.[1] Man kann mit den Sünden der Herrscher ja unterschiedlich umgehen. Eine erste Möglichkeit ist, den Herrscher zu entschuldigen, seine Vergehen zu mildern oder als vergeben zu betrachten. Im Falle des biblischen David geschieht das etwa so, dass nach der Batseba-Affäre (2Sam 11) Gott alsbald bereit ist, dem König zu vergeben (2Sam 12,13), oder dass die Versündigung bei der Volkszählung (2Sam 24) als Anstiftung durch den Satan erklärt wird (1Chr 21,1).[2]

Eine zweite Möglichkeit ist, den fehlbaren Herrscher als vorbildlich reumütig hinzustellen. Dies geschieht schon in der Bibel[3] und dann häufig in der Kirchengeschichte.[4] Der Koran (Sure 38,17-25) bietet insofern eine Steigerung, als er das Faktum der Sünde gar nicht mehr anspricht, dafür aber Davids Reumütigkeit umso mehr hervorhebt.[5]

Eine dritte Möglichkeit besteht darin, die Geschichten allegorisierend umzudeuten. David erscheint dann als Typus Christi. Damit entschwindet der sündige Mensch aus dem Blick. Solche Tendenzen hat es immer wieder in der alten Kirche gegeben.[6]

Eine vierte Möglichkeit ist, das Sündhafte einer eigenen, schlechten Welt zuzuordnen. Sie wird an einer zentralen Stelle[7] in dem Roman «Der König David Bericht» von Stefan Heym[8] angedeutet.

> Hier sagt der Eunuch Amenoteph zum Geschichtsschreiber Ethan: «Wahrlich, Ethan, du erstaunst mich. Hast du, der du die Ereignisse der näheren und ferneren Vergangenheit durchforscht, denn nie bemerkt, dass das Denken der Menschen ganz sonderbar zwiegespalten ist, wie auch ihre Zunge? Ist es doch, als lebten wir in zwei Welten: in einer, die beschrieben ist in den Lehren der Weisen und Richter und Propheten, und einer anderen, die wenig Erwähnung findet, die aber nichtsdestoweniger Wirklichkeit ist; in einer, die eingezäunt ist durch das Gesetz und das Wort deines Gottes Jahweh, und einer anderen, deren Gesetze nirgends aufgezeichnet sind, aber überall befolgt werden. Und gepriesen sei der Zwiespalt des Geistes, denn durch ihn kann der Mensch tun, was die Gesetze der wirklichen Welt erfordern, ohne deshalb den schönen Glauben an die Lehren der Weisen und Richter und Propheten aufgeben zu müssen; und nur jene enden in Verzweiflung, die in Erkenntnis des grossen Zwiespalts sich vornehmen, die Wirklichkeit den Lehren anzupassen. Denn es gibt keinen Weg zurück zu dem Garten Eden, von dem ich in euren Büchern gelesen habe und keiner kann die Sünde eures Vorvaters ungeschehen machen, der die Frucht vom Baum der Erkenntnis von Gut und Böse ass; doch haben die Menschen gelernt, mit der Erkenntnis zu leben.»[9]

Hier kommt zum Ausdruck, dass der Mensch in zwei Welten lebt: in einer, die gelehrt wird – und in der wirklichen. An der letzteren orientiert sich das Handeln der Menschen. Wer zwischen den beiden Welten trennen kann, d.h. wer gelernt hat, mit der Erkenntnis von Gut und Böse zu leben, der kann schön von der Welt reden – und sich doch mit der negativen Realität arrangieren. Auf unsere Problematik bezogen heisst das, dass er von David schön reden kann, ohne sich von seinen negativen Seiten allzu sehr irritieren zu lassen.

Alle diese Umgangsweisen gehen davon aus, dass Sünde etwas Negatives ist. So selbstverständlich diese Bewertung erscheint: Im Babylonischen Talmud (bJoma 22b) finden wir eine Stelle, die umgekehrt in der Sünde des Königs einen Ausweis seiner Befähigung zur Herrschaft sieht:

R. Jehuda sagte im Namen Schemuels: Weshalb hatte das Saul'sche Königshaus keine lange Dauer? – weil dieses ganz ohne Makel war, denn R. Johanan sagte im Namen des R. Schimon b. Jehozadaq, dass man nur denjenigen zum Verwalter über die Öffentlichkeit einsetzt, der einen Korb mit Kriechtieren hinter sich herzieht, damit man, wenn er hochmütig wird, zu ihm sagen kann: Tritt zurück.

R. Jehuda vertritt eine These, die er von Schemuel übernommen hat: Das Königtum Sauls habe nicht deswegen keinen Bestand gehabt, weil es sündhaft, sondern gerade, weil es makellos war. Gegen die Verblüffung, die diese These auslösen muss, wird die Erklärung gesetzt, dass man ein öffentliches Amt doch nicht einem makellosen Menschen überträgt, sondern einem mangelhaften; denn nur einen solchen kann man wieder loswerden. Der Makellose hingegen kann gefährlich werden, weil er dank seiner Unangreifbarkeit und Unabsetzbarkeit tun kann, was er möchte. Dazu darf er nicht die Chance bekommen; man muss ihn fallenlassen. Ein Amtsinhaber, dem seine Sünden bewusst sind, wird im Gegensatz zum Makellosen darauf bedacht sein, den Willen derer, die ihn eingesetzt haben, zu erfüllen. Weil er aufgrund seiner Sünden jederzeit absetzbar ist, wird er keine Gefühle des Hochmuts, man könnte auch sagen der *Omnipotenz*, entwickeln. Das ist ein grosser Vorzug.

2. Der Einblick in moderne psychologische Erkenntnisse kann dieses Urteil bestätigen. Dagmar Hoffmann Axthelm legt in ihrem Beitrag[10] überzeugend dar, dass die Erzählungen des ersten Samuelbuches uns in der Person Sauls eine Borderline-Persönlichkeit präsentieren.[11]

> Als Kriterien, die bei Saul zur Diagnose der Borderline-Persönlichkeit führen, nennt sie: den schmerzhaften «Vater-Sohn»-Konflikt zwischen Saul und David, den sie auf ein fehlendes Selbstbewusstsein und Urvertrauen in die eigene Persönlichkeit zurückführt; die Übermacht des Vaters, in unserem Fall des Gottvaters; die Glücksgefühle nach der Salbung; die Tatsache, dass er sich selbst nicht als Gottgeweihter sehen kann,

so wenig wie er später David als Erwählten respektieren kann; die Tatsache, dass Gott Saul fallen lässt; den Zwiespalt, der dadurch entsteht, dass er einerseits ein Mann des Volkes ist und andererseits König von Gottes Gnaden; die Erkenntnis, dass er mit Gott alles ist und ohne ihn nichts; die machtlose Einsamkeit, das Stehen vor dem Nichts, nachdem ihm Gott seinen Segen entzieht; die Schwäche der charakterlichen Ausstattung, die durchscheint, obwohl Saul auf den ersten Blick selbstsicher, machtbewusst und stark wirkt; schliesslich die Angst vor dem letzten Krieg, die ihn zu okkulten Handlungen treibt, und der darauffolgende Selbstmord. Wenn man das Faktum ernst nimmt, dass das Borderline-Syndrom sich oft über mehrere Generationen einer Familie erstreckt[12], entsinnt man sich unversehens daran, dass Jonatan in hohem Masse unselbständig ist und sich in auffälliger Weise an David klammert.[13] Bei Sauls Sohn Eschbaal und Enkelsohn Merib-Baal markieren die unschönen Namensdeformationen Isch-Boschet und Mefiboschet die Entwertung.[14] Beide Namen enthalten das Wort *Boschet*, das so viel wie *Scham*, *Schande* oder *Schmach* bedeutet.[15] Auffällig ist schliesslich noch die übertrieben erscheinende Härte, mit der Samuel dem Saul bei den Verwerfungsszenen in 1Sam 13 und 15 gegenübertritt und die der Situation nicht angemessen ist.[16] Sie kann als Gegenübertragung interpretiert werden, die bei Borderlinern oft sehr intensiv ist.[17]

Wenn die Talmudstelle von Makellosigkeit als Gefahr spricht, dann könnten im Hintergrund Erfahrungen mit Borderline-Persönlichkeiten stehen, auch wenn dieses Phänomen nicht mit seinem modernen Namen benannt wird. Das Streben nach Makellosigkeit wurzelt in der *primitiven Idealisierung*[18], die typisch für Borderline-Persönlichkeiten ist.

In dem unmittelbaren Kontext der zitierten Stelle in bJoma 22b werden noch zwei weitere Belege aus der Saulgeschichte aufgenommen und in einer Weise ausgelegt, welche die hier vertretene Sicht zu stützen geeignet ist:

1) «Ein Jahr alt war Saul, als er König wurde» (1Sam 13,1); R. Hona erklärte: Gleich einem ein Jahr alten Kind, das den Geschmack der Sünde noch nicht gekostet hat.
2) Er stritt im Bach (1Sam 15,5). R. Mani erklärte: wegen der Angelegenheit des Baches.[19] Als nämlich der Heilige, gepriesen sei er, zu Saul sprach: Geh und schlage Amalek (1Sam 15,3), erwiderte dieser: Wenn die Lehre sagt, dass man wegen einer Seele einem Kalb das Genick brechen soll (Dtn 21), um wieviel mehr wegen aller dieser Seelen! Was hat das Vieh verschuldet, wenn ein Mensch ein Verbrechen begangen hat? Welche Schuld trifft die Kleinen, wenn die Grossen gefehlt haben? Darauf ertönte ein Widerhall und sprach: Sei nicht allzu gerecht (Koh 7,16). Als aber Saul zu Doeg sprach: Tritt du hin und stosse die Priester nieder (1Sam 22,18), ertönte ein Widerhall und sprach: Frevle nicht zu sehr (Koh 7,17).

Bei Punkt 1) wird eine Erfahrung angesprochen, die für Borderline-Persönlichkeiten charakteristisch ist, nämlich sich wie ein Kind bzw. Jugendlicher zu benehmen.[20] Bei Punkt 2) kommt zweierlei zum Ausdruck, was für Borderline-Persönlichkeiten gilt. Das erste ist, dass sie häufig Streit provozieren.[21] In unserem Fall streitet Saul mit Gott, indem er ihn an frühere Aussprüche (Dtn 21) erinnert. Interessanterweise sind es Gesetze, an die er sich in seiner Argumentation klammert. Borderline-Persönlichkeiten haben ein ungewöhnlich hohes Bedürfnis nach Strukturierung ihres Lebens durch Gesetze.[22] Ein zweites, an ihnen häufig zu beobachtendes Kennzeichen ist, dass sie häufig zwischen Extremen schwanken.[23] Auf unseren Fall angewendet: Saul streitet einerseits mit Gott um die Beseitigung erwiesener Feinde, ja weigert sich, diese zu töten, während er andererseits bereit ist, die gesamte Priesterschaft von Nob hinzurichten.[24] Das selbstgerechte Streiten mit Gott und das grausame Morden in Nob sind zudem Hinweise auf das *Omnipotenzgefühl*, das für Borderline-Persönlichkeiten charakteristisch ist,[25] aber bei einem Herrscher, wie die Talmudstelle oben gezeigt hat, zu dessen Absetzung führen muss. An diesem Punkt stimmt die Erkenntnis des Talmud und die Erkenntnis, dass Saul eine Borderline-Störung hat, überein. Saul ist aufgrund seines Charakters zum Scheitern verurteilt.

3. Die Borderline-Persönlichkeit verkörpert zugleich die besten und schlechtesten Eigenschaften des menschlichen Charakters.[26] So auch bei Saul. Auf der einen Seite ist er untauglich, und zwar als Herrscher. Auf der anderen Seite hat er unschätzbare Qualitäten.

Eine überraschend ähnliche Ansicht von Saul als einer zwiespältigen Persönlichkeit haben bereits rabbinische Ausleger gewonnen. Der Talmud-Abschnitt bJoma 22a-23a ist eine Komposition mit einem Rahmen, der die Funktion hat, zu verdeutlichen, dass Saul ein vorbildlicher Schriftgelehrter ist![27]

> An der genannten Talmudstelle geht es darum, das Verbot, Israel zu zählen, zu begründen. Dies geschieht, indem Saul als positives Beispiel angeführt wird. Er hat sich, so die talmudische Argumentation, zweimal Kenntnis über die Anzahl der Soldaten verschafft, ohne Israel zu zählen. 1Sam 11,8 wird dahin gedeutet, dass er sich von jedem Soldaten eine Scherbe habe geben lassen – um *diese* anschliessend zu zählen; und gemäss 1Sam 15,4 habe er von jedem Soldaten ein Schaf erhalten und *diese* gezählt.[28] Damit, so die Argumentation, habe er im Einklang mit Hos 2,1 gehandelt, wo steht: «die Zahl der Israeliten... wird nicht gezählt»; also könne er als Schriftgelehrter gelten, der gezeigt hat, wie man Gebote erfüllt – und dabei doch tut, was notwendig ist.

Ist Saul also ein guter Schriftgelehrter, so doch ein schlechter Herrscher. Dies kommt an einer anderen Stelle der Komposition zum Ausdruck:

> R. Hona sagte: Wie wenig spürt und empfindet der Mensch, wenn ihm sein Schöpfer beisteht; Saul [sündigte] einmal und es wurde ihm angerechnet, David [sündigte] zweimal und es wurde ihm nicht angerechnet. – Wieso Saul einmal? Beim Ereignis mit Agag (1Sam 15). – Es gibt ja noch das Ereignis von der Priesterstadt zu Nob (1Sam 22). [Nur] beim Ereignis mit Agag heisst es: Es reut mich, dass ich Saul zum König gemacht habe (1Sam 15,11). – Wieso David zweimal? [Die Sache mit] Uria (2Sam 11) und die der Anstiftung (2Sam 24). – Es gibt ja noch die Sache mit Batseba (2Sam 11) – Wegen dieser wurde er bestraft, wie es heisst: Das Lamm muss er vierfach bezahlen (2Sam 12,6): das Kind, Amnon, Tamar und Abschalom.

Gott hält zu David, zu Saul nicht. Mag er Saul als Schriftgelehrten schätzen, als Herrscher stützt er David. David kann trotz zweier schweren Sünden sein Königtum weitervererben, während Saul wegen nur einer Sünde das Königtum verliert. Interessant ist, dass David gerade in dem Bereich sündigt, in dem Saul als Schriftgelehrter Vorbildhaftes leistet. David lässt nämlich das Volk Israel zählen (2Sam 24). Allerdings führt weder das Begehen dieser Sünde durch David zu dessen Scheitern noch vermag Sauls vorbildhaftes Verhalten jenen davor zu bewahren. Vielsagend ist auch die Tatsache, dass die einzige Sünde Sauls das Ereignis mit Agag, dem von ihm verschonten König der Amalekiter (1Sam 15), sein soll. Hier hatte Saul zu Beginn als Schriftgelehrter gehandelt (15,14), sich aber gleich danach als ungehorsam Gott gegenüber erwiesen. Letzteres betont auch die oben erwähnte talmudische Auslegung, Saul habe mit Gott Streit gesucht.

Auf den ersten Blick scheint das Beharren auf dieser Sünde Sauls in Widerspruch zur vorhin erwähnten Betonung seiner Makellosigkeit zu stehen. Beides lässt sich so vereinbaren, dass ein Mann, der zwar mit Gott zankt und nicht auf ihn hört, sonst aber makellos ist, zum Herrschen ungeeignet ist. Denn die Bereitschaft zum Streit mit Gott wurzelt ja gerade in der (eingebildeten oder wirklichen) Makellosigkeit. Indem sich nun der Makellose in dieser Hinsicht doch versündigt, kann und muss er abgesetzt werden. Auf der anderen Seite David: Er ist in Sünden tief verstrickt und ist kein Schriftgelehrter – und eignet sich doch als Herrscher. Denn wegen seiner offenkundigen Sünden könnte er jederzeit abgesetzt werden. Das ist ihm bewusst; spätestens als er erkennt, dass er über sich selbst das Todesurteil gesprochen hat.[29] Deshalb wird er sich nicht streitlustig in flagranten Ungehorsam hineinsteigern. Er zeigt sich demütig und reuig (2Sam 12,13; 24,14). Er muss daher nicht mehr abgesetzt werden. Es wird ihm vergeben.

4. Es lohnt sich, noch einmal auf das obige Zitat aus Stefan Heyms Roman zurückzukommen. Saul kann den Zwiespalt des menschlichen Geistes nicht verkraften. Er hat nicht gelernt, mit ihm zu leben. Er möchte die Realität den Lehren anpassen. Als Herrscher glaubt er, dazu in der Lage zu sein. Auf dem Weg, sein Ziel zu erreichen, streitet er mit Gott. Nach den Erkenntnissen Sauls scheint Gott mit sich selbst im Zwiespalt zu sein, da er ein Gebot erlässt, das einer früheren von ihm erlassenen Weisung (Dtn 21) widerspricht. Durch den Streit wird der Zwiespalt nicht aufgehoben, sondern intensiviert, so dass Saul alsbald ins andere Extrem fällt: von allzu grosser Gerechtigkeit in eklatanten Frevel. Das ist ein typisches Dilemma der Borderline-Persönlichkeit, die ständig mit sich selbst im Zwiespalt ist und daraus auf sich allein gestellt nicht herausfinden kann.[30] Sauls letzter, verzweifelter Gang zur Totenbeschwörerin von En-Dor (1Sam 28) und sein

Selbstmord am Berg Gilboa (1Sam 31) können aus diesem ausweglosen Zwiespalt heraus verstanden werden.

David hat gelernt, mit dem Zwiespalt des menschlichen Geistes zu leben. Nicht, dass er ihn schon überwunden hätte; das beweist die Tatsache, dass er auf Natans Einschreiten hin klare Prinzipien formulieren kann, denen er doch noch kurze Zeit zuvor zuwidergehandelt hat.[31] Trotzdem bleibt er als Mensch eine Einheit. Er hat gelernt, die Erkenntnis, dass er ein Sünder ist, zu ertragen.[32] Er muss seine Sünden nicht abstreiten wie Saul (1Sam 15,13). Durch die Reue erhalten sie sogar eine positive Funktion. Er ist absetzbar und deshalb gehorsam. Es ist ein Gehorsam in Freiheit, der eigene Verantwortung einschliesst. David ist kein Schriftgelehrter, aber ein guter Herrscher.

Anmerkungen

[1] Vgl. den Beitrag in diesem Band von W. Dietrich, König David – biblisches Bild eines Herrschers im altorientalischen Kontext. Er zeigt auf, dass die Darstellung Davids als *vielschichtige Persönlichkeit* sich von den Darstellungen altorientalischer Herrscher unterscheidet.

[2] Dieses Motiv spielt eine gewisse Rolle auch in der rabbinischen Tradition, vgl. den Beitrag in diesem Band von C. Thoma, David im antiken Judentum.

[3] Vgl. 2Sam 12,13; Ps 51.

[4] Vgl. z.B. in diesem Band den Beitrag von C. Ludwig, David – Christus – Basileus.

[5] Vgl. dazu in diesem Band den Beitrag von S. Rosenkranz, David im Koran und in der islamischen Traditionsliteratur.

[6] Vgl. in diesem Band den Beitrag von H. Herkommer, Typus Christi – Typus Regis. König David als politische Legitimationsfigur.

[7] Dass dies eine zentrale Stelle ist, hat schon C. Bohnert in ihrem in diesem Band von P. Rusterholz referierten Beitrag «Stefan Heym – Der König David Bericht» gesehen.

[8] Heym 1999.

[9] Heym 1999, 135f.

[10] Siehe in diesem Band D. Hoffmann-Axthelm, David als «Musiktherapeut». Über die musikalischen Heilmittel Klang – Dynamik – Rhythmus – Form.

[11] Wenn man psychologische Argumente anführt, entsteht oft der Verdacht, man unterstelle den antiken Texten Kenntnis moderner Psychologie. Trotz dieses Verdachts darf hier so argumentiert werden, und zwar im Wissen darum, dass antike Autoren oft genaue Menschenkenntnis besassen, Probleme erkannten und darlegten, für die es heute moderne Begriffe gibt. Wenn hier der Begriff *Borderline-Persönlichkeit* benutzt wird, um einen antiken Text verständlich zu machen, dann handelt es sich um das Übersetzen eines alten Phänomens in die Begriffe heutiger Zeit. Ähnlich argumentiert auch Hoffmann-Axthelm (a.a.O.).

[12] Vgl. Kreisman / Straus [10]2000, 77.

[13] Zum Phänomen des Anklammerns vgl. Kreisman / Straus [10]2000, 31.

[14] Zur Entwertung als Kennzeichen des Borderline-Symptoms vgl. Kernberg 1983, 126f; Dulz / Schneider [2]1999, 39-41. Im Kontext der Borderline-Störung als Familienproblem kann auch die in der Forschung öfter angestellte Spekulation, dass die Geburtsgeschichte Samuels (1Sam 1) eigentlich eine Geburtsgeschichte Sauls ist, angeführt werden (stellvertretend für viele, die diese These vertreten, vgl. Stolz 1981, 25). Wenn diese Annahme zutrifft, dann ist das tiefe Gefühl der Wertlosigkeit, das die Mutter Hanna empfindet, wich-

tig, der Streit mit Penina, die Essstörung, die Tränen, die sie im Tempel vergiesst, das Klammern an das Gelübde und nicht zuletzt die Heilung, die sie erfährt, indem sie fruchtbar wird und einen Sohn gebiert.

[15] Vgl. Gesenius [18]1987ff, 184; vgl. auch Baumgartner 1967ff, 42.

[16] 1Sam 13,13f kündigt Samuel das Ende des Königtums Sauls an, weil Saul nicht auf ihn gewartet hat. Samuel beruft sich auf einen Befehl Gottes, den Saul missachtet habe, der allerdings vom Erzähler nicht berichtet wurde. 1Sam 15 wird Sauls Königtum endgültig verworfen, weil Saul den Amalekiterkönig Agag nicht getötet und versucht hat, die Beute zu nutzen. Obwohl Saul zweimal seine Schuld bekennt, wird ihm nicht vergeben. Saul wird daraufhin fallengelassen.

[17] Zur Gegenübertragung vgl. Kernberg 1983, 97-116; Dulz / Schneider [2]1999, 43-46. Zu Übertragungs- und Gegenübertragungsprozessen in der David-Goliat-Erzählung vgl. in diesem Band den Beitrag von H.-J. Dallmeyer, David und Goliat: Eine psychoanalytische Interpretation.

[18] Zur primitiven Idealisierung vgl. Kernberg 1983, 120f; Dulz / Schneider [2]1999, 36-38.

[19] Die hebräische Präposition *b* lässt sowohl das Verständnis *im Bach* als auch *wegen des Baches* zu.

[20] Kreisman / Straus [10]2000, 229.

[21] Die Ursache für die häufigen Streitigkeiten ist der *Borderline-Zorn*, der der Situation unangemessen ist, vgl. Kreisman / Straus [10]2000, 221f.

[22] In einer gut strukturierten Umgebung funktionieren sie optimal, vgl. Kreisman / Straus [10]2000, 232. In Extremfällen kann es dazu kommen, dass nur das Gefängnis die Struktur bietet, die ihnen angemessen ist. Dann kann es vorkommen, dass Borderliner Delikte lediglich begehen, um eingesperrt zu werden (vgl. Dulz / Schneider [2]1999, 28).

[23] Ein Merkmal solchen Schwankens ist das Pendeln zwischen *primitiver Idealisierung* und *Entwertung*, ein anderes zwischen *Omnipotenzgefühl* und dem Gefühl, *es niemals zu schaffen*, vgl. Dulz / Schneider [2]1999, 37.40. Beides trifft für Saul zu, wenn er zwischen Selbstgerechtigkeit und Fanatismus schwankt.

[24] Dieses Schwanken wird im biblischen Text dadurch verstärkt zum Ausdruck gebracht, dass in zwei nahezu gleichlautenden Sätzen die Parallele zum Tragen kommt (vgl. 1Sam 15,3 mit 22,19). Parallele Sätze sind ein Phänomen, das des öfteren in den Samuelbüchern begegnet. Sofern es auf einen Vergleich zwischen Saul und David hinweist, habe ich die Erscheinung in meiner Dissertation abgehandelt (vgl. Klein 2002).

[25] Vgl. Dulz / Schneider [2]1999, 39-41; Kernberg 1983, 127f.

[26] Kreisman / Straus [10]2000, 37.

[27] Diese Erkenntnis stimmt damit überein, dass Borderline-Persönlichkeiten oft sehr intelligent sind (Kreisman / Straus [10]2000, 32) und gute Akademiker sein können. In den Fallbeispielen, die Kreisman und Straus (a.a.O.) bringen, figurieren öfter Patient(inn)en mit Hochschulabschluss, einige mit beruflich erfolgreicher Karriere.

[28] Diese Spekulation erwächst aus dem Umstand, dass die Ortsnamen *Besek* (11,8) und *Telaim* (15,4) Anklänge an die hebräischen Wörter für *Scherbe* und *Schaf* enthalten.

[29] Vgl. 2Sam 12,1-15.

[30] Zum Phänomen Spaltung vgl. Kernberg 1983, 49f.117-119; Dulz / Schneider [2]1999, 35f.

[31] Vgl. 2Sam 12,1-15 mit 2Sam 11.

[32] Es ist die Aufgabe der Borderline-Persönlichkeit, dieses mühsam zu lernen, weil sie es nie erfahren hat. Die Spaltungen, die sie durchführt, sind verzweifelte Versuche, dem Dilemma zu entgehen, das in dem Anspruch auf Perfektion einerseits und dem Erleben der Realität andererseits entsteht. Sie sind der Hauptabwehrmechanismus der Borderline-Persönlichkeit (vgl. Dulz / Schneider [2]1999, 35).

Bibliographie

Baumgartner, W., 1967ff: *Hebräisches und aramäisches Lexikon zum Alten Testament*, Leiden: Brill.
Dulz, B., / Schneider, A., ²1999: *Borderline-Störungen. Theorie und Therapie*, Stuttgart: Schattauer.
Gesenius, W., ¹⁸1987ff: *Hebräisches und Aramäisches Handwörterbuch über das Alte Testament*, Berlin / Heidelberg: Springer.
Heym, S., ²³1999: *Der König David Bericht*, München: Fischer.
Kernberg, O.F., 1983: *Borderline-Störungen und pathologischer Narzissmus*, Frankfurt a.M.: Suhrkamp.
Klein, J., 2002: *David versus Saul. Ein Beitrag zum Erzählsystem der Samuelbücher* (Beiträge zur Wissenschaft vom Alten und Neuen Testament, 158), Stuttgart u.a.: Kohlhammer.
Kreisman, J.J., / Straus, H., ¹⁰2000: *Ich hasse dich – verlass' mich nicht. Die schwarzweisse Welt der Borderline-Persönlichkeit*, München: Kösel.
Stolz, F., 1981: *Das erste und zweite Buch Samuel* (Zürcher Bibelkommentare. Altes Testament, 9), Zürich: Theologischer Verlag.

Gestalt, Symbol und Chiffre
David in der Kabbalah

R. J. Zwi Werblowsky

Zusammenfassung:

Das kabbalistische Verständnis der hl. Schrift sieht Letztere als den tiefsten, esoterischen und daher verschlüsselten Ausdruck des göttlichen Mysteriums, wie es systematisch in der Lehre von den zehn Sefiroth dargestellt wird. Biblische Gestalten fungieren daher hauptsächlich als Symbole für Wesenheiten und Vorgänge in diesem göttlichen Bereich. Auch nachbiblische und rabbinische Interpretationen und Legenden werden in diesem Sinne umgedeutet. Der Beitrag will zeigen, welche zentrale, eschatologisch ausgerichtete Rolle das Davidsymbol in diesem System spielt und wie der «männliche» David zur Chiffre für die Schechinah, den weiblichen Aspekt der Gottheit, wird.

Résumé :

La kabbale comprend l'Écriture comme l'expression la plus profonde, ésotérique et donc hermétique, du mystère divin tel qu'il est exposé dans l'enseignement des dix sefîrôt. Dans cette perspective, les figures bibliques sont essentiellement des symboles qui décrivent les entités et les processus de ce monde divin. Les commentaires et les légendes post-bibliques et rabbiniques sont également réinterprétés de cette manière. L'article se propose de mettre en évidence le rôle déterminant, à dimension eschatologique, que joue dans ce système le symbole de David, et de montrer comment l'homme David devient finalement le chiffre de la chekhinah, l'aspect féminin de Dieu.

Abstract:

Kabbalistic understanding of scripture views it as the deepest esoteric and encoded expression of the divine mystery, as laid out systematically in the teaching of the ten Sefiroth. Because of that, biblical figures mainly function as symbols for ways of being and processes in this divine realm. Even post-biblical and rabbinical interpretations and legends are re-interpreted in that way. This essay will show the central, eschatological role that the symbol of David has in this system and how the «male» David becomes a cipher for the Shechinah, the female aspect of God.

Stichwörter:

Mondsymbolik; Sabbatsymbolik; Sefirotlehre; Kabbalah

Das Netz der in diesem Band vereinigten Beiträge ist, thematisch wie auch multidisziplinär-methodisch, sehr weit gespannt: von der facettenreichen historischen Person wie sie (vielleicht) «wirklich gewesen» ist und wie sie immer wieder quasi noch wirklicher konstruiert, rekonstruiert und dekonstruiert wird, bis zum ebenso facettenreichen Symbol. Ich darf hier von David als *homme à femmes* (vgl. 2Sam 3,25; 5,13) absehen, auch von seinem Harem (vgl. 2Sam 16,20-23), da dieser weniger zu seiner Biographie als zu seiner Rolle als orientalischer König gehört. Da ist David der Krieger und Held, gross auch in seiner Treue und in seinen Schwächen, Gottes gesalbter König und Gründer einer durch einen ewigen Gottesbund verbürgten und daher bis in das Eschaton reichenden Dynastie, der Sünder und Büsser, der Beter, Sänger und ekstatische Tänzer. Hier sollte vielleicht am Rande vermerkt werden, dass im St.Galler Goldenen Psalter der thronende David mit Krone auf dem Haupt und Harfe in der Hand nicht tanzt, jedoch von Tänzern umgeben ist. Für das mir aufgegebene Thema ist David als (meistens eschatologisch konzipiertes) Erlösungssymbol wohl der geeignete Ausgangspunkt, denn gerade hier wird die Entpersönlichung der individuellen Gestalt besonders deutlich. Der historische David ist «messianisches» Symbol, weil er als zukünftiger David *per definitionem* Ahne des erwarteten «Sohns Davids» ist!

Eingangs ist ein Caveat notig. Mein Thema ist die symbolische Rolle Davids in der Kabbalah. Letztere ist für mich nicht mit jüdischer Mystik synonym. Zweifellos hat die Kabbalah ihre mystischen Dimensionen, und die spätere jüdische Mystik bedient sich beinahe notwendigerweise eines kabbalistischen Idioms. Dass gerade durch Scholems *opera magna* der Begriff «jüdische Mystik» im allgemeinen Sprachgebrauch von der Kabbalah sozusagen vereinnahmt wurde, ist bedauerlich. Seltsamerweise spielen in der jüdischen Mystik gerade die Psalmen und das öfters in ihnen angesprochene Suchen und Erlangen von Gottesnähe gegen jede Erwartung eine relativ geringe Rolle. In der Kabbalah hingegen spielt, wie wir sehen werden, das Davidsymbol eine bedeutende Rolle. Was dabei «mystisch» ist, mag hier auf sich beruhen bleiben.

Rabbinische Legende verwandelt den Krieger und Sänger in einen Talmudgelehrten.[1] Blutbefleckte Hände? Natürlich, da sich der grosse halachische Experte u.a. auch mit ritualgesetzlichen Reinheitsfragen wie Blutpollution befassen musste.[2] In Psalm 39,5 betet David[3] «Tu mir kund, o Herr, mein Ende, und welches das Mass meiner Tage sei», und erhält den Bescheid, dass es Gottes Ratschluss sei, dies keinem Sterblichen kund zu tun. David fährt fort «damit ich weiss, wann es aus mit mir ist», und Gott antwortet: «Du wirst an einem Sabbat sterben». Daraufhin verbrachte David jeden Sabbat mit ununterbrochenem Studium, da der Todesengel einem Torastudierenden ja nichts anhaben kann. Was tat der schnöde

Todesengel? Er rüttelte an den Bäumen im Garten, und David stand auf um zu sehen, was da draussen eigentlich los sei. Da brach die Treppe, auf der er sich befand, unter ihm zusammen, und der Todesengel konnte ihn erwischen. Dies sei ein erster Hinweis auf die Beziehung David und Sabbat, eine Beziehung, auf welche wir, *nota bene* in eschatologischer Perspektive, noch zurückkommen werden.

Der jüdische Kalender kennt nur Mondmonate, und Neumond ist daher immer der Erste des Monats. Doch bis zur Einführung (AD 358) eines astronomisch berechneten, festen Kalenders war der offizielle Beginn des neuen Monats, d.h. der Entscheid ob der abgelaufene Monat 29 oder 30 Tage hatte, immer von seiner Ausrufung bzw. «Weihe» oder «Heiligung» durch das höchste Gesetzesgremium abhängig, welches seinerseits glaubwürdiger Zeugenaussagen bezüglich Sichtung des neuen Mondes bedurfte. Der rituelle Festkalender war (im Gegensatz zu dem alle sieben Tage automatisch wiederkehrenden Sabbat) von dieser Heiligung des Neumonds abhängig, und Unsicherheit in dieser Hinsicht verursachte rituelle Schwierigkeiten. Es ergab sich einmal, dass der Patriarch und Präsident des Synhedrions R. Jehuda (ca. 200) sich zu diesem Zweck eines Boten bediente. Er befahl seinem Schüler R. Hiyya: «Geh nach En Tab und weihe da den Neumond, und als Zeichen [dass dies ausgeführt wurde] teile mir mit: David, der König Israels, lebt und besteht».[4] Diese bestätigende Botschaft grenzt ans Blasphemische; denn die ursprüngliche liturgische, im täglichen Morgengebet gesprochene Formel lautet «der König, Gott, der lebt und besteht». Die Familie R. Jehudas führte ihre Patriarchenautorität auf ihre Abstammung von David zurück. War dies etwa der Sinn der chiffrierten Botschaft, die dann auch eine deutlich eschatologische Implikation hätte? Die Talmudkommentatoren[5] bemühten sich, die hier ponierte Mond-David-Assoziation auch biblisch zu belegen. David gleicht dem Mond – denn, so sagt Psalm 89,37 ausdrücklich, «sein Geschlecht soll immerdar währen, sein Thron wie die Sonne vor mir, wie der Mond soll er ewig bestehen». Der offensichtliche Wunsch, David mit dem Mond zu verbinden, kehrt die Sonne, trotz ihrer expliziten Erwähnung im Psalm, sozusagen unter den Teppich. «David, der König Israels» usw. wurde im Spätmittelalter, wie wir noch sehen werden, wohl unter kabbalistischem Einfluss, auch Teil der Liturgie der «Segnung des Neumonds». Die auf den ersten Blick überraschende Kombination Neumondsegen/David entbehrt, wie sich zeigen wird, nicht einer inneren Logik. Wahrscheinlich ist es auch diesem monatlichen liturgischen Usus zuzuschreiben, dass der Spruch «David, der König Israels, lebt und besteht» zu einem verbreiteten Sprichwort und neuerdings auch zum beliebten Volkslied und Volkstanz wurde. Eine jüdische Version des Kyffhäuserlegende?

Die Formel «David, König Israels» ist also nicht so sehr eine historische als eine eschatologische Aussage. Das Nomen «Messias», gräzisierte Form des hebräischen *maschiach*, also die biblische Bezeichnung eines von Gott «Gesalbten» und dann spezifisch Davids, des gottgesalbten Königs, wurde schliesslich zur Bezeichnung des endzeitlichen «Sohns Davids» als Erlöserfigur. Die Termini fliessen ineinander, doch nicht die Personen. König David bleibt in gewissem Sinne in der Mitte der Heilsgeschichte, während in christlicher Sicht der endzeitliche Christus Rex, «Du wahrer Gott und Davids Sohn» (Bach-Kantate, BWV 23), in die Mitte der Zeit rückt. Schon die frühen Kabbalisten[6] interpretierten die drei Buchstaben, mit welchen im hebräischen Konsonantenalphabet Adam (**ADM**) geschrieben wird, als Akrostichon für **A**dam, **D**avid, **M**essias.

Der unter dem Namen «Segnung des Neumonds» bekannte liturgische Ritus (meistens am Sabbatausgang in der ersten Hälfte des Monats, d.h. vor dem Vollmond, gesprochen) wird in seiner ursprünglichen Kurzform und ohne die späteren Zusätze schon im Talmud erwähnt.[7] Der Wortlaut dieser Benediktion ist bemerkenswert:

> Gepriesen sei der Herr ... der durch sein Wort die Himmel erschaffen hat und durch den Hauch seines Mundes ihr ganzes Heer. Gesetz und Zeit gab er ihnen, dass sie ihre festgesetzte Ordnung nicht verändern. Froh sind sie und freudig, den Willen ihres Schöpfers zu vollziehen ... Und zum Monde sprach er, dass er sich erneue; eine Krone der Herrlichkeit für die, welche vom Mutterleibe an getragen [d.h. Israel, vgl. Jesaja 46,3], die gleich ihm sich dereinst erneuen und ihren Schöpfer verherrlichen werden ob des Namens der Herrlichkeit seines Reiches. Gepriesen seist Du, o Herr, der die Neumonde erneuert.

Die allmonatlich wiederkehrende Erneuerung ist Symbol einer endzeitlichen, d.h. auch endgültigen, Erneuerung. Die eschatologische Ausrichtung dieses Texts ist überdeutlich, und es ist nicht von ungefähr, dass der Spruch «David, der König Israels, lebt und besteht» später dieser Benediktion angefügt wurde (siehe unten).

Halten wir also die Stichworte Mond – Erneuerung – David – Sabbat – Königtum/Königreich Gottes fest, bevor wir uns, auf dem Wege zur Kabbalah, noch etwas näher mit dem Mond beschäftigen. Ausgangspunkt des zu erörternden kosmologischen Mythos, der dann aber bei den Kabbalisten eine eschatologisch-heilsgeschichtliche Ausrichtung erfuhr, ist Exegese[8] eines angeblichen Widerspruchs im Schöpfungsbericht Gen 1,14-16. «Gott sprach: Es seien Lichter am Himmelsfirmament ... und es ward so. Und Gott machte die zwei grossen Lichter: das grosse[re] Licht ... und das kleine[re] Licht ...». Zwei grosse Lichter oder ein grosses und ein kleines? Der sehr gewagte rabbinische Mythos erzählt, dass eines der zwei ursprünglich gleich grossen Lichter, nämlich der Mond, sich bei dem Schöpfer beschwerte: «Ist es denn angängig, dass sich zwei Könige einer Krone bedienen?», worauf Gott erwiderte: «So geh denn und vermindere Dich». Der Mond protestierte, dass er bestraft werde, weil er einen an sich richtigen Einwand vorgebracht habe. Gottes Beschwichtigungsversuche nutzten nichts, so dass er zum Schluss einlenken musste: «Bringet für mich ein Sündopfer dar, weil ich den Mond verkleinert habe». Dies gilt dann auch als Erklärung dafür, dass im Tempelritual für den Neumondstag ein besonderes Sündopfer vorgeschrieben ist (vgl. Num 28,15). Es geht hier also um eine tragische Verstrickung in der Schöpfung noch vor Adams Sündenfall! Die rabbinische Erzählung greift vielleicht auf ein älteres Mythologem zurück, denn am Tage, da Gott den Schaden seines Volkes verbinden wird und seine Wunden heilen, wird auch «das Licht des Mondes wie das Licht der Sonne sein und das Licht der Sonne siebenfach, wie das Licht der sieben Tage» (Jes 30,26). Jedenfalls wurde das sogenannte «Mysterium der Verminderung des Mondes» später explizit und implizit ein Leitfaden kabbalistischen Denkens.[9]

Wir sind am Punkt angelangt, an dem wir uns der kabbalistischen Mondsymbolik und deren an Identität grenzende Beziehung zu David zuwenden können. Es erübrigt sich, hier auf das komplexe Gottesbild der Kabbalah einzugehen. Durch die Scholemschen Arbeiten[10] und die nach ihm entstandene Sekundärliteratur ist das Thema in seinen Hauptzügen bekannt. Fassen wir nur kurz zusammen. Die, um mit Meister Eckhart zu sprechen, «überwesende» Gottheit (der blosse Gebrauch eines Hauptworts samt Subjektsatz verfälscht eigentlich schon die ganze Aussage) ist in ihrer «Nichtigkeit» praktisch irrelevant. Doch manifestiert sich das *nihil absconditum*, indem es, in einem mysteriösen Vorgang, aus sich – der neuplatonische Emanationsbegriff gibt den Sachverhalt noch am besten wieder – die existierende, seiende, in Schöpfung, Offenbarung und Geschichte dynamisch «wesende» Gottheit entlässt. Diese ist die Gottheit der Wirklichkeit und der Religion und wird in einem komplexen Bild von zehn dynamisch verbundenen Potenzen (ich folge hier Scholems Sprachgebrauch) dargestellt. Ein dekadischer Monotheismus also, für dessen, in strikter Reihenfolge auseinander emanierende Potenzen sich bald der *terminus technicus* «Sefiroth» durchgesetzt hat. Die zehn Sefiroth emanieren aber nicht nur wie in einer Kette von oben nach unten, sondern stehen in einem dynamischen Verhältnis zu einander, welches in dem beknnnten Diagramm des «Sefirothbaums» skizziert ist: rechte und linke Seite und «harmonisierende» Mitte. Die obersten drei Sefiroth sind der Urnichtigkeit zu nahe, um für unser Anliegen von Bedeutung zu sein. Es sind die unteren sieben – und jedesmal, wenn die Zahl Sieben vorkommt, z.B. die sieben Schöpfungstage, wissen die Kabbalisten genau, wovon die Rede ist –, welche die *wirkliche*, also *wirk*ende Gottheit sind: Gnade, Gericht, schöpferische Dynamis und Vollendung des Gottesreichs. Zur Benennung dieser sieben Sefiroth dienen verschiedene Namenreihen, z.B. auch die biblischen Personennamen Abraham, Isaak, Jakob, Moses, Aaron, Josef (in dieser Reihenfolge!) und David. Am verbreitetsten ist die dem Chronikbuch (1Chr 29,11) entnommene Serie von Bezeichnungen: «Dein, Herr, ist [1] die Grösse und [2] die Macht und [3] die Herrlichkeit und [4] der Sieg und [5] die Majestät ... Dein, Herr, ist [7] das Reich [bzw. das «Königtum»] ...». Die letzte Sefirah kann daher sowohl ‹David› als auch das ‹Reich› heissen. Unsere Nummer 3, Jakob, welche Abraham (Gnade, vgl. Mi 7,20) und Isaak (Gericht, vgl. Gen 31,42, wo neben dem Gott Abrahams auch der «Schrecken» bzw. «Gefürchtete» Isaaks genannt wird) in «Wahrheit» (vgl. Mi 7,20) und «Herrlichkeit» harmonisiert, wird auch als Sonne bezeichnet. Sie ist das Zentrum der als männlich gedachten sechs Sefiroth (die sechs Schöpfungstage!), deren lebenspendender Gnadenstrom und göttliche Dynamis sich in den gebärenden Schoss der (weiblichen) letzten Sefirah – des Sabbats – ergiesst. Sie, die Schechinah, auch Reich bzw. David genannt, ist also Tochter, Braut, Königin und Mutter zugleich. Und da sie, lebenspendend und herrschend, nur weitergibt, was sie empfing, ist sie auch der (weibliche) Mond, der die Welt beleuchtet, doch nur mit dem Licht, das er bzw. sie von der Sonne empfangen hat. «If this is madness there is logic in it».

Bei Nennung der Bezeichnungen für die zehnte (bzw. siebte der unteren Gruppe) Sefirah, «Schechinah», begegneten wir schon David als synonym mit «Königtum/Königreich». Jetzt wissen wir auch, dass er identisch mit dem Sabbat ist. Das örtliche Symbol für beide ist die Stadt Davids, Zion/Jerusalem, ebenfalls weiblich (Tochter Zion!) und schon in den Psalmen nachdrücklich mit der Herrschaft Gottes und der ewigen davidischen Dynastie identifiziert. Die Identität der Davidsstadt als räumlichen Symbols erlöster Vollendung mit dem Sabbat als deren zeitlichem Symbol wurde auch von einem Nicht-Kabbalisten, Peter Abaelard, besungen: *O quanta qualia/ sunt illa sabbata/ quae semper celebrat/ superna curia..... Vera Jerusalem est illa civitas/ cuius pax iugis est/ summa iucunditas*. Seit der Tempelzerstörung und bis zum Anbruch des davidisch-messianischen Reichs vergiesst die verwitwete Mutter Jerusalem (d.h. für den Kabbalisten die zehnte Sefirah) Tränen. Denn nicht nur der Kosmos und die Geschichte sind unvollkommen, sondern die Gottheit selbst, solange ihr männlicher und weiblicher Aspekt nicht vereinigt sind und der *hieros gamos* von mondhaft verminderter Schechinah und sonnenhafter «Herrlichkeit» nicht vollzogen wurde. Die Ursachen dieser tragischen Trennung können uns hier nicht aufhalten; und ich begnüge mich mit dem Hinweis, dass auch diese mit dem Mysterium der Verminderung des Mondes in Verbindung gebracht wird. Für mein unmittelbares Anliegen von Bedeutung ist die sich zwangsläufig aus der Struktur des kabbalistischen Symbolvokabulars ergebende «weibliche» Zuordnung Davids.

Wie kabbalistische Vorstellungen schon vorgegebenes tradtionelles Ritual in ihr Vokabular übersetzen können, möchte ich an einem Beispiel illustrieren, welches sich an schon Gesagtes anschliesst. Der im Talmud vorgeschriebenen liturgischen «Segnung des Neumonds» wurde schon Erwähnung getan. Diese Vorschrift ist auch vom autoritativen Gesetzeskodex des rabbinischen Judentums übernommen. Der Kodex (verfasst ca. 1560) ist ein höchst unkabbalistisches, rein halachisch-legalistisches Dokument, obwohl sein Autor, Josef Karo, auch bedeutender Kabbalist war. Trotz Karos Tendenz, sich eher auf sefardische Dezisoren zu stützen, konnte sein Kodex allgemeine Akzeptanz finden dank der Glossen des Moses Isserles aus Krakau, in welchen auch der aschkenasische Usus zu seinem Recht kam. Karo notiert den vorgeschriebenen Ritus im betreffenden Paragraphen[11] ohne weitere Bemerkung. Der polnische Moses Isserles, der sich in seinen talmudischen Schriften im allgemeinen von Kabbalah fernhält, fügt in seiner Glosse[12] hinzu: Es ist Usus [nach der Neumondsbenediktion den Satz] «David, der König Israels, lebt und besteht» zu sprechen, da sein Königtum dem Monde gleicht und sich in der [messianischen] Zukunft wie der Mond erneuern wird, und die Gemeinde Israels [ein anderer Name für die letzte Sefirah «Schechinah» bzw. «Reich»] wird sich mit dem Heiligen Gelobt Sei Er [ein anderer *terminus technicus* für die männliche sechste Sefirah] vereinen wie der Mond, der sich mit der Sonne erneuert.

Rabbinische Vorschrift verlangt, dass der Sabbat entsprechend den drei Hauptgebeten auch mit drei Mahlzeiten gefeiert werde.[13] Den Kabbalisten war diese Verordnung ohne weiteres einleuchtend, wies sie doch auf die drei Hauptsefiroth der unteren Gruppe hin, Abraham, Isaak und Jakob. Talmud und Gesetzeskodex erwähnen auch eine viertes Mahl[14], mit dem die Braut, Königin und auch von Heine besungene Prinzessin Sabbat, welche man am Freitag bei Sonnenuntergang feierlich empfangen hatte, auch feierlich verabschiedet wird. Dies war den Kabbalisten ebenfalls einleuchtend, war doch die Braut und Königin Sabbat identisch mit «Schechinah», dem «Reich», der als *corpus mysticum* verstandenen Gemeinde bzw. *ekklesia* Israel – alles Namen der weiblichen letzten Sefirah und damit auch Symbol des eschatologischen *hieros gamos*, der vollkommenen Einheit des Männlichen und des Weiblichen in der Gottheit. Die kabbalistischen Schriften nennen diese vier Sefiroth – Abraham, Isaak, Jakob und David – auch «die vier Füsse des göttlichen Throns».

Diese vierte und rein symbolische Mahlzeit bei Ausgang des Sabbat, denn es wird da kaum gegessen, hiess ursprünglich «Begleitung der Königin». Mit dem Eindringen kabbalistischer Vorstellungen in die Liturgie verändern sich auch deren symbolische Bezüge. Die Begleitung der Königin beginnt jetzt feierlich mit der Formel «Dies ist das Mahl des Königs David».[15]

Schechinah, Zion, Sabbat, Königtum/Gottesreich, *Ekklesia Israel*, Mond, David – ein verwunderliches und doch innerlich konsistentes Gemisch von Symbolen für die zehnte Sefirah, die eines gemeinsam haben: sie werden als weiblich gedacht. Ob meine Ausführungen zur Wirkungsgeschichte der Gestalt Davids beitragen, weiss ich nicht. Methodisch sollten sie gezeigt haben, wie die Kabbalah aus Symbolen Codewörter macht. Sie benutzt Namen, Begriffe und Personen, ihrem eigenen Anliegen und ihrer inneren Logik gemäss, für ihre system-spezifischen Aussagen. Symbole werden zu Chiffren. «David» ist zum Schluss weder Person noch Symbol, sondern eines der kabbalistischen Codewörter für die zehnte Sefirah, das weibliche Moment in der Gottheit.

Anmerkungen

[1] B.T. (Babylonischer Talmud), Trakt. *Berachoth* 3b-4a.
[2] Natürlich geht es in 2Chr 22,8; 28,3 um *im Krieg* vergossenes Blut, doch gerade dies wird hier umgedeutet.
[3] B.T., Trakt. *Schabbath* 30a.
[4] B.T., Trakt. *Rosch Haschanah* 25a.
[5] Raschi zur Stelle.
[6] Diese symbolische Gleichung ist in der kabbalistischen Literatur seit Ende des 13. Jh.s geläufig; vgl. Scholem, G., 1962: *Von der Mystischen Gestalt der Gottheit*, Zürich: Rhein Verlag, 211.300.
[7] B.T., Trakt. *Sanhedrin* 42a.
[8] B.T., Trakt. *Hullin* 60b.
[9] Vgl. Scholem, G., 1960: *Zur Kabbala und ihrer Symbolik*, Zürich: Rhein Verlag, 199f.
[10] Für unser Thema relevant Scholem, G., 1967: *Die jüdische Mystik in ihren Hauptströmungen*, Frankfurt a.M: Suhrkamp, Kap.6, und ders. 1962 (Anm.6), Kap.1 «Von der mystischen Gestalt der Gottheit» und Kap.4 «*Schechinah*; das passiv-weibliche Moment in der Gottheit».
[11] *Schulchan Aruch*, Teil *Orach Hajim* Kap.426.
[12] *Ibid.* Par.2.
[13] B.T., Trakt. *Schabbath* 117b.
[14] *Ibid.; Schulchan Aruch loc.cit.* Kap.300.
[15] Vgl. Scholem 1960 (Anm.9), 193.

Das Ende der David-Tradition: Jakob Frank und die Französische Revolution

MANFRED VOIGTS

Zusammenfassung:

Die philosophischen Strömungen im Judentum seit dem 1. Weltkrieg sind stark messianisch geprägt, aber die klassische messianische König-David-Tradition ist hier beendet. Der entscheidende Bruch in der davidischen Messias-Tradition vollzog sich in der Wirkung des letzten Messias-Prätendenten Jakob Frank und der Französischen Revolution. Im Übergang des angeblich davidischen Königs der Juden in die königsmordende und republikanische, die Judenemanzipation erwirkende Französische Revolution kann der tiefgreifende Wandel dargestellt werden, der zu dem neuen, abstrakten und an keine Person geknüpften jüdischen Messianismus geführt hat. Einer der wichtigsten Anhänger Franks wurde Jakobiner und starb mit Danton unter der Guillotine. Hier soll dargestellt werden, welche Elemente der Vorstellungswelt Franks Parallelen mit denen der Französischen Revolution aufweisen und wie im Übergang zu diesem sozialpolitischen Umbruch die David-Tradition an den Rand gedrängt und zuletzt verworfen wurde.

Résumé:

Si les courants philosophiques du judaïsme d'après la Première Guerre mondiale ont une forte tendance messianique, il ne s'agit plus ici de la tradition messianique classique qui se rattachait au roi David. C'est l'effet produit par Jacob Frank, le dernier prétendant messianique, et par la Révolution française qui a amené la rupture définitive avec la tradition davidique. Du roi des Juifs qui se disait issu de la lignée de David à l'élan régicide et républicain de la Révolution française qui aboutit à l'Émancipation, le basculement fait bien mesurer les transformations radicales qui sont à l'origine du nouveau messianisme, abstrait et détaché de tout messie personnel. L'un des principaux disciples de Frank rejoignit les Jacobins et mourut avec Danton sous la guillotine. L'article fait observer les analogies que présentaient certaines vues de Frank avec les idées de la Révolution française, et décrit comment la tradition davidique a été marginalisée puis rejetée dans l'évolution qui menait à ce bouleversement politique et social.

Abstract:

The Jewish philosophical movements starting with World War I are shaped by a strong messianism, while the classic, messianic King David tradition ends here. The reason for this is the impact of Jakob Frank and the French Revolution. This was the most important point where the tradition of the Davidic Messiah was broken. In the transition of the alleged Davidic king of the Jews into the regicidal and republican French Revolution, which brought about the Jewish emancipation, we can see the deep change that led to the new, abstract Jewish Messianism, which was not bound to any individual. One of the most important followers of Frank became a Jacobean and died together with Danto on the Guillotine. Here, I will show which elements of Frank's imagination parallel those of the French Revolution and how the David tradition was marginalized and, in the end, rejected, during the transitional phase of this socio-political change.

Stichwörter:

Messianismus; Französische Revolution; Rabbinertum; Erlösung durch Sünde; Sexualität; Toleranz; Trinität

Die Figur des Königs David spielte im Judentum eine zentrale Rolle bei der Konkretisierung der messianischen Hoffnungen. Über das messianische Königtum hiess es in einer Dissertation von 1892:

Diese Idee, hervorgerufen durch die geschichtliche Persönlichkeit Davids, war nun durch diesen wie durch einige seiner Nachfolger, wenn man von der Reichsspaltung absieht, zu einer relativen Verwirklichung gelangt: das Reich hatte die weiteste Ausdehnung, eine gerechte Regierung und zeitweise auch Frieden. In der Folgezeit jedoch blieb die Wirklichkeit hinter der Idee, welche einen eminent reichen Inhalt bot, weit zurück. Und je schroffer dieser Widerspruch wurde, je trüber sich die Gegenwart gestaltete, und je mehr zugleich die Psalmenpoesie dazu beitrug, den Inhalt der Idee in seiner Herrlichkeit hervortreten zu lassen, um so natürlicher war es, dass der fromme Israelit in seinem unerschütterlichen Glauben an Jhvh's Bundestreue sich von der nie befriedigenden Gegenwart abwandte und von der Zukunft hoffte, was die Gegenwart noch nicht gebracht hatte. So ward, wie Hitzig sagt, «das Unglück der Nation der Boden der messianischen Weissagung»: Es entstand in der nachdavidischen Zeit aus der Idee des theokratischen Königtums die Hoffnung auf den idealen theokratischen König, und zwar im Anschlusse an 2Sam 7,[12-]16 und 23,5 den idealen Davididen, der in der Endzeit auftreten werde, um als vollkommener menschlicher Vertreter Jhvh's dessen Herrschaft über sein erwähltes Volk zu führen.[1]

In dem, was hier als ‹eminent reicher Inhalt› bezeichnet wird, sehen wir in der altjüdischen Literatur die Meinungen über die Rolle des Messias und über den Charakter der zukünftigen Welt «ganz besonders stark durcheinander- und widereinandergehen»,[2] aber das ist in unserem Zusammenhang nicht von entscheidender Bedeutung. Für den breiten Strom der jüdischen Tradition gilt: «Gemäß unseren Rabbinen wird der Messias mit David identifiziert.»[3]

Freilich gab es schon früh Abweichungen von dieser Identifizierung des Messias mit David bzw. einem Manne aus dem ‹Stamme Davids›. Die Möglichkeit und Ursache dieser Abweichung war eine doppelte Deutbarkeit dieses Messianismus, nämlich eine nationale, jüdische und eine übernationale, menschheitliche Deutung. So wurde schon in Jes 45,1 der Perserkönig Cyrus als von Gott ‹Gesalbter› dargestellt, obwohl er als persischer König noch nicht einmal dem Volk der Juden angehörte. Der jüdische Messianismus, in dessen Zentrum unzweifelhaft die David-Tradition stand, hatte dennoch realpolitische Tendenzen, denjenigen zum Messias zu erklären, der dem Volk der Juden Gutes tat, und dies hiess vor allem: der den Juden die Möglichkeit verschaffte, ihr Gemeinschaftsleben ohne störende Ausseneinwirkungen entfalten zu können, in deren Mitte die Befolgung der Vorschriften und Riten stand.

Neben diesem ‹offiziellen› rabbinischen Messianismus gab es eine lange und fast ununterbrochene Reihe von Personen, die – beginnend mit Bar

Kochba – sich als Messias bezeichneten oder bezeichnen liessen, sich in die David-Tradition stellten oder stellen liessen, und bei denen sich später herausstellte, dass sie ‹falsche› Messiasse gewesen waren, Pseudo-Messiasse oder Messias-Prätendenten.[4] In Europa – die Person des Lubawitscher Rabbi Menachem Mendel Schneerson in Amerika soll hier ausser Betracht bleiben – war der letzte dieser Pseudo-Messiasse Jakob Frank, der den Beginn der Französischen Revolution noch miterlebte. Diese Personen waren Ausdruck und zugleich vorantreibendes Element aktueller messianischer Hoffnungen, die in Zeiten höchster Bedrängnis auftraten. Diese Bewegungen erschütterten das jüdische Leben zutiefst, nicht selten wurden Familien und ganze Gemeinden durch die Hoffnung auf das Anbrechen der messianischen Zeit zur Aufgabe ihrer letzten, auch wirtschaftlichen Sicherheiten bewegt und in tiefes Unglück gestürzt. Die Tätigkeit dieser Pseudo-Messiasse war gegen das rabbinische Judentum gerichtet, das einerseits im Erhalt der Gemeinden seine Aufgabe sah und sich andererseits für ein friedliches Zusammenleben mit den meist christlichen Machthabern verantwortlich sah, in deren Herrschaftsgebiet sie lebten. Wie tief und wie in jeder aktuellen Situation unentscheidbar der Kampf zwischen dem rabbinischen und dem pseudomessianischen Messianismus war, davon kann uns Franz Rosenzweig einen Eindruck geben:

> Der falsche Messias ist so alt wie die Hoffnung des echten. Er ist die wechselnde Form dieser bleibenden Hoffnung. Jedes jüdische Geschlecht teilt sich durch ihn in die, welche die Glaubenskraft haben, sich täuschen zu lassen, und die, welche die Hoffnungskraft haben, sich nicht täuschen zu lassen. Jene sind die Besseren, diese die Stärkeren. Jene bluten als Opfer auf dem Altar der Ewigkeit des Volkes, diese dienen als Priester vor diesem Altar. Bis es einmal umgekehrt sein wird und der Glaube der Gläubigen zur Wahrheit, die Hoffnung der Hoffenden zur Lüge wird. Dann – und niemand weiss, ob dies «Dann» nicht noch heute eintreten wird – dann ist die Aufgabe der Hoffenden zu Ende, und wer dann, wenn der Morgen dieses Heute angebrochen ist, noch zu den Hoffenden und nicht zu den Glaubenden gehört, der läuft Gefahr, verworfen zu werden. Diese Gefahr hängt über dem scheinbar gefahrlosen Leben des Hoffenden.[5]

Es ist dies einer der wenigen Texte, in dem die innere Spannung des jüdischen Messianismus und die Dramatik und innere Tragik deutlich werden, die die Jahrhunderte währenden Auseinandersetzungen zwischen rabbinischem und ‹falschem› Messianismus begleiteten. Gershom Scholem hat immer wieder auf diese innere Dialektik des Messianismus hingewiesen und den Begriff des ‹Pseudo-Messianismus› zum «törichten Wort» erklärt,[6] weil es genau diese Spannung zunichte macht.

Heute sind alle diese Traditionen weitgehend verblasst und führen – gemessen an der alten messianischen Tradition – nur noch ein Schattendasein vor allem in den jüdischen Gebeten. Die tiefe Krise des jüdischen Messianismus, des rabbinischen wie des pseudomessianischen, wurde durch die Französische Revolution und die ihr folgende Emanzipation herbeigeführt.

Von 1812 an gab es bis Mitte des Jahrhunderts heftige Auseinandersetzungen innerhalb des Judentums über die Frage, wie mit dem Messianismus umzugehen sei;[7] das Ergebnis war, dass die messianischen Elemente immer weiter in den Hintergrund gedrängt wurden und letztlich aus dem Selbstbewusstsein des mitteleuropäischen Judentums fast völlig verschwanden.

Von einer anderen Seite her aber trat der Messianismus neu in das Geistesleben nicht nur der Juden, sondern in das Selbstbewusstsein des modernen Europäers generell. Es ist nicht übertrieben zu behaupten, dass das moderne Denken seit der Jahrhundertwende und endgültig seit dem Weltkrieg, der sich später als erster herausstellte, zutiefst messianisch geprägt ist. Von Messianismus wird in den letzten Jahren sehr häufig gesprochen und geschrieben. Walter Benjamin, Gershom Scholem, Franz Rosenzweig, Gustav Landauer, Kurt Eisner, Ernst Bloch, Ernst Cassirer oder Emmanuel Lévinas – überall in der kaum mehr zu überblickenden Sekundärliteratur über diese Denker taucht der Begriff des Messianismus auf und wird als Hintergrund der weiterhin aktuellen Diskussionen benannt. Aber dieser Messianismus steht nicht in der davidischen Tradition des Gott-Königs. Weder in den *Akten des Internationalen Franz Rosenzweig Kongresses von 1986*[8] noch in dem Vortrags-Band *Messianismus zwischen Mythos und Macht*,[9] der das jüdische Denken in der europäischen Geistesgeschichte umfasst, wird der Name David erwähnt. Wenn man die Diskussionen genauer ansieht, kommt man sogar zu dem Schluss, dass dieser Messianismus sich geradezu gegen die davidische Tradition stellt, denn er ist, wie unterschiedlich auch immer, vorgeformt durch das zentrale Ereignis der neueren Geschichte, die Französische Revolution. Ein Messianismus, der sich an den Zielen dieser Revolution orientiert, musste sich offen oder verdeckt gegen die Tradition des Gott-Königs stellen, war die Vorstellung des Gottesgnadentums der absolutistischen Fürsten und Könige doch das zentrale Feindbild jener Epoche.

Messianismus ist heute vorwiegend sozialistischer Messianismus, einer der typischsten Vertreter war Gustav Landauer. Nicht die Traditionsfolge der Geschlechter war bei ihm die Grundfigur der messianischen Hoffnung, sondern die Permanenz der Revolution.[10] Waren die grossen Repräsentanten des Geistes der Völker vorher die «Repräsentanten des Volkes», so hat sich nun nach Landauer der Geist in die Einzelnen zurückgezogen; jetzt lebt der Geist «in Einzelnen, Genialen, die sich in all ihrer Mächtigkeit verzehren, die ohne Volk sind: vereinsamte Denker, Dichter und Künstler, die haltlos, wie entwurzelt, fast wie in der Luft stehen.» Im folgenden Satz wird deutlich, wie die David-Tradition noch im Hintergrund seines Denkens stand:

> Wie aus einem Traum aus urlang vergangener Zeit heraus ergreift es sie manchmal: und dann werfen sie mit königlicher Gebärde des Unwillens die Leier hinter sich und greifen zur Posaune, reden aus dem Geiste heraus zum Volke und vom kommenden Volke.[11]

Die davidische Tradition ist hier nur noch eine Erinnerung, von der sich Landauer auf doppelte Weise absetzt: Der Messias war nicht mehr nur eine einzige Person, die den Geist des Volkes repräsentierte, sondern die messianischen Potenzen brachen für Landauer in vielen Einzelnen hervor, die zudem jenseits des Volkes standen und zum Volke vom kommenden, messianischen Volk sprachen. Die davidische Tradition war hier beendet, aber Landauer war nur der Endpunkt einer Entwicklung, die mit der Französischen Revolution begonnen hatte. Für diesen modernen Messianismus, der das Geistesleben Europas tief beeinflusste, gilt: «Das Kommen des Messias als Person wird gar nicht imaginiert. Die Restitution des davidischen Königstums und der Wiederaufbau des Tempels sind höchst unerwünscht und kommen erst gar nicht vor. Statt dessen werden Messianismus, das Messianische und der Messias zu Chiffren für die kommenden Zeiten des Umsturzes und der Veränderung.»[12]

Die folgenden Überlegungen bewegen sich auf einem ausserordentlich schwierigen Feld, nämlich auf dem nicht nur vielgestaltigen sondern auch in sich äusserst widersprüchlichen Feld des Überganges des klassischen jüdischen Messianismus in den der Neuzeit während der Epoche der Französischen Revolution. Und dies ist zugleich auch das Ende der davidischen Tradition, weil dieser neue Messianismus sich nicht mehr in die David-Tradition stellt. Es kann sich hier um keine detaillierte Darstellung handeln, sondern nur um die Beleuchtung einzelner Aspekte, in denen aber die Problematik erkennbar werden soll. Eine umfassende Darstellung verbietet sich schon deshalb, weil dieser Prozess des Überganges sich in Polen, in Deutschland und in Frankreich vollzog, in drei Ländern ganz unterschiedlicher Gesellschaftsstruktur, politischer Verfassung und unterschiedlicher Entwicklungsstufen, und diese Unterschiede schlossen die Juden in diesen Ländern in sich ein.

Es ist auch fraglich, ob eine noch so detaillierte Darstellung nützen würde, denn das eigentliche Thema ist geschichtsphilosophischer Art und hat nichts an seiner damaligen Aktualität verloren, diese Aktualität hat sich nur verändert.[13] Die Wissenschaft, insbesondere die Naturwissenschaft, erhebt den Anspruch, sich durch die Vernunft von ihrem Gegenstand trennen zu können, um ihn möglichst unbeeinflusst von ihm selbst beurteilen zu können. Wir halten dies für eine besondere Errungenschaft der Neuzeit und sie hat zweifellos ihre Berechtigung. Dennoch aber gibt es eine umgekehrte Veränderung, und diese betrifft insbesondere den Problemkomplex des Messianismus. Der dem KZ entkommene Emmanuel Lévinas hat in seinem Aufsatz über *Messianische Texte* geschrieben: «Seit der Emanzipation können wir Vernunft und Geschichte nicht mehr so radikal voneinander trennen. Vielleicht, weil seit dem 18. Jahrhundert die Vernunft in die Geschichte eingedrungen ist.»[14] Das heisst: Die Vernunft kann sich nicht mehr ganz aus der Geschichte herausziehen, ein objektiv-wissenschaftliches Gegeneinander ist unmöglich. Das trifft insbesondere auf geschichtsphilosophisch beeinflusste Bereiche, also insbesondere auf den Messianismus zu. Er kann entweder als illusionäre und insofern vernunftlose da und dort auftretende Erscheinung betrachtet werden, die soziologisch, biographisch oder als seltsame Beigabe einer Volkskultur analysiert werden kann, aber dabei wird das spezifisch Messianische in dieser Analyse übersehen und verdrängt. Oder man nimmt den Messianismus als Vernunft in der Geschichte ernst. Wenn man aber die Geschichte als messianische begreift, kann man den objektiven Standort der Wissenschaft nicht mehr teilen. Wenn man also das Thema der Umwandlung des jüdischen Messianismus in den neuzeitlichen untersucht – und in dem Zitat von Lévinas ist schon der entscheidende Hinweis gegeben, dass die messianische Vernunft nicht mehr ausserhalb, sondern innerhalb der Geschichte zu suchen ist –, dann geht es vor allem um Fragen der Bewertung von Geschichte und weniger um die Details der konkreten Vorgänge, und in diese Bewertung gehen immer auch unsere eigenen Massstäbe ein.

Der Übergang des mittelalterlichen rabbinischen Messianismus in die Neuzeit ist gut erforscht und bildet dem Verständnis keine grossen Probleme. Anders steht es mit dem Übergang des Pseudomessianismus; da er bis zur Forschung Gershom Scholems als Überrest des mittelalterlichen Aberglaubens behandelt wurde und mit jenen aufklärerischen Tendenzen, die zur Französischen Revolution geführt haben, nicht verbunden werden konnte, wurde der Frankismus als letzter Ausläufer des nach Sabbatai Zwi benannten sabbatianischen Pseudomessianismus behandelt, der keine vorwärts weisenden Folgen gehabt habe. Erst Scholem hat in einer ganzen Reihe von Aufsätzen darauf hingewiesen, dass der Frankismus sehr wohl in einer sehr engen Beziehung zur Französischen Revolution stand und dass die Frankisten zu der ersten Generation der jüdischen Aufklärung gehörten. Die Frankisten standen in ihrer überwiegenden Mehrheit der Französischen Revolution, ihrem Geist und ihren Zielen nahe. Dieser Umstand ist nicht zuletzt von Gershom Scholem als sehr bedeutend erkannt worden, offenbart sich in diesem Zusammengehen doch eine innere Verbindung, die eigentlich für unmöglich gehalten werden muss: die Verbindung einer von phantastischen, ketzerischen und kabbalistisch orientierten Vorstellungen getragenen Bewegung innerhalb des kleinen Volkes der Juden mit einer ganz Europa beeinflussenden und dann beherrschenden politischen Revolution, die die Vernunft auf ihren Schild hob. Hans Joachim Schoeps, der die Position Scholems kannte, war der Überzeugung, dass Sabbatai Zwi und Jakob Frank «für die Religions- und Geistesgeschichte des Judentums folgenschwere und schicksalhaftere Bedeutung gehabt [haben] als 1600 Jahre zuvor das Ausscheiden des jungen Christentums aus dem jüdischen Religionsverband.»[15]

1. Hier kann und muss nicht auf die verschlungenen Wege eingegangen werden, die Jakob Frank gegangen ist, zumal inzwischen einige Aufsätze zu Frank vorliegen;[16] aber einige Hinweise müssen gegeben werden, um den Hintergrund seiner Anschauungen erklärbar zu machen. Als Jacob ben Judah Leib oder Leibowicz wurde er 1726 in dem kleinen Städtchen Korolevo geboren, seine Familie zog aber schon 1730 nach Czernowitz, wo Jacob wohl schon sehr früh durch seinen Lehrer mit sabbatianischen, also auf Sabbatai Zwi zurückgehenden Lehren in Kontakt kam. 1745 bis 1755 zog er als Händler durch den Balkan bis nach Smyrna, das heutige Izmir. Dort wurde er der Günstling des Führers der Sabbatianer Berechja, und dort habe er nach dessen Tod die Vision und die Berufung erfahren. In Franks eigener Darstellung vollzog sich diese Berufung so:

> Ruah Hakodesch, der heilige Geist stieg zu mir herab und ich hörte eine Stimme rufen: «Geh und hol mir den weisen Jakob, und sobald er den ersten Raum betreten hat, sollen sich alle Türen öffnen.» Zwei Jungfrauen, schöner als alle anderen, nahmen mich an den Armen und flogen mit mir durch den Weltraum jenen Räumen entgegen. In einigen von ihnen waren Frauen und Jungfrauen; in anderen waren Schüler und Lehrer, und ich musste nur ein Wort hören und verstand doch alles. Im letzten Raum da war er, der Erste, Sabbatai Zwi, in der Mitte seiner Schüler in jüdischer Kleidung. Er sagte zu mir: «Bist du der weise Jakob? Ich habe von dir gehört, von deinem Mut und der Stärke deines Geistes. Ich habe es nun getragen bis hierher, aber nun bin ich zu schwach. Wenn du willst, so trage du die Last und Gott helfe dir! Viele haben es versucht, aber sie sind gebrochen unter der Last.» Er wies durch das Fenster auf einen schwarzen Abgrund, der aussah wie das Schwarze Meer und dahinter war ein Berg, der bis in den Himmel reichte. Und ich rief: «Nun denn, so will ich gehen, so wahr mir Gott helfe!»[17]

Um die Bedeutung Franks zu erkennen, muss auf Sabbatai Zwi, den Vorgänger Franks, hingewiesen werden. Wie so oft bei den pseudomessianischen Bewegungen wurde die Ankunft des Messias kalendarisch berechnet.[18] Das nächste Datum zur Befreiung der Juden sollte nun 1666 sein, aber in diesem Jahr bekannte sich Sabbatai Zwi angesichts der Drohung der Folter zum Islam. An seine Anhänger schrieb er neun Tage danach: «Gott hat mich zum Ismaeliten gemacht, er befahl und es geschah. Am neunten Tag nach meiner Wiedergeburt.»[19] Sabbatai Zwi war also ein anderer, ein neuer Mensch geworden durch diese Apostasie. Viele seiner Anhänger wurden in furchtbare Verwirrung gesetzt, nur ein kleinerer Teil stand weiter zu ihm. Was hier als unerhörtes Geschehen und als fast unbegreifliche Ausnahme erschien, wurde durch Frank zum Prinzip erhoben. Auch Sabbatai Zwi hatte sich gegen eine Verteufelung des Christentums gestellt und wichtige Gesetze und Riten des Judentums gebrochen, aber Frank erst machte diesen Bruch zum Zweck. Gershom Scholem bezog seinen der Tradition entnommenen Begriff ‹Erlösung durch Sünde› vor allem auf Frank und seine Anhänger. Die davidische Tradition bei den Rabbinen und die bei den Frankisten standen keineswegs mehr gleichwertig oder gleichgerichtet nebeneinander in der Form, dass die Rabbinen dasselbe in eine fernere Zukunft verlagerten, was die Frankisten sofort erreichen wollten, die gleichlautende Berufung auf David hatte tatsächlich unterschiedliche Inhalte.

In Smyrna habe sich Frank auch wie Sabbatai Zwi zum Islam bekannt. 1755 jedenfalls kehrte er nach Podolien zurück, wo ein neuer Messias schon sehnsüchtig erwartet wurde. Schon im nächsten Jahr wurde er wegen des Abhaltens sabbatianischer Riten und eines orgiastisch-ekstatischen Festes verhaftet, kam aber als türkischer Staatsangehöriger frei. Die Rabbiner aber belegten ihn und seine Anhänger mit dem Bann, in dem es hiess: «Möge man sie aus jeder jüdischen Gemeinschaft ausschließen, mögen ihre Frauen und Töchter als Huren, ihre Kinder als Bastarde gelten, damit die sich nicht mit uns vermischen können.»[20] Man dürfe den Sohar nicht vor Erreichung des 30. und die Schriften des Ari – *Kitve ha-Ari* – nicht vor Erreichen des 40. Lebensjahres lesen. Unter dem Titel *Scharfes Schwert* wurde der Bann in allen Gemeinden verlesen bei ausgelöschten Kerzen und Hörnerklang. Der Bann hatte für die Anhänger Franks katastrophale Auswirkungen, ganze Familien wurden sozial geächtet, verloren Besitz und Beruf, und dieser Bann schloss Kinder ausdrücklich mit ein. In einer späteren anti-frankistischen Schrift heisst es:

> Dies ist die Fratze von Jakob Frank des falschen Messias, der Tausende und Abertausende der Kinder Israels verführt und in den Abgrund der Sünde gestürzt hat, wie einst sein Vorgänger Sabbatai Zwi, dessen Seele in ihm innewohnte, wie er sich rühmte. So gross war die Macht des Bösen, die von ihm ausging, dass seine Anhänger ihm blindlings folgten und ihm göttliche Ehren erwiesen, bis er sich ein Gott zu sein dünkte. Selbst dann noch hingen sie an ihm, wie Hunde an ihrem Herrn, als er offen seiner Gemeinde predigte: Sehet, euer alter Gott ist tot, ich bin euer Gott, und was jener verboten, das erlaube und gebiete ich euch. Sündiget, damit ihr selig werdet. Und der Frevler, sein Name sei ausgelöscht, wusste, dass seine Lehre der Lüge keinen Bestand haben wird, solange das Licht der Lehre Gottes leuchtet, wie es geschrieben steht: O mögen sie mich verlassen – so spricht Gott – nur dass sie meine Thora bewahren, ihr Licht wird sie zum Guten zurückführen. Darum verleumdete Jakob Frank den Talmud und die anderen heiligen Bücher bei den weltlichen und geistlichen Behörden und im Bunde mit Bischof Dembowski setzte er es durch, dass alle hebräischen Bücher öffentlich auf einem Scheiterhaufen verbrannt wurden. (...)
> Frank und seine Gemeinde waren gewiss die Abkömmlinge jenes fremden Gesindels, das sich an Israel beim Auszug aus Ägypten geheftet und ihm auf die Ferse gefolgt ist. (...) Heil uns, dass sie uns verlassen haben.
> So mögen alle deine Feinde, o Gott, vertilgt werden, und möchtest du uns bald unsern wahren Messias schicken. Amen.[21]

Die Rabbiner versuchten in Zusammenarbeit mit den katholischen Kirchenbehörden ein Verbot der Frankisten zu erreichen. Es kam zu zwei Disputationen zwischen den Rabbinen und den Frankisten im Juni 1757 in Kamenez-Podolsk und im Juli 1759 in Lemberg. In deren Folge wurden von den Frankisten Thorarollen entheiligt und verbrannt, sogar der Ritualmord-Vorwurf wurde von ihnen bestätigt. Frank soll hierzu an die Rabbiner gerichtet gesagt haben: «Ihr wolltet Blut, ich gab euch Blut.»[22]

Da die zweite Disputation sich gegen die Frankisten zu wenden begann, traten sie zum Christentum über. Frank selbst wurde im November 1759 getauft, sein Taufpate war kein Geringerer als der polnische König August III.[23] Diesen Schritt rechtfertigte Frank dadurch, dass er auf die Ähnlichkeit der ‹sabbatianischen Trinität› zum christlichen Glauben hinwies, der Dreiheit von heiligem Uraltem (attika kaddischa), dem heiligen König (malka kaddischa), mit dem sich Frank identifizierte, und der weiblichen Schechina oder matronita eljona.[24] Intern freilich hatte er seinen Anhängern zu verstehen gegeben, dass es notwendig sein würde, die ‹Schale› (kelipa) zu wechseln, um den ‹Kern› (toch) zu bewahren.[25]

Die Rabbiner aber setzten nun alles daran, diese Bekehrung als Scheinbekehrung zu entlarven, ein Vorwurf, der viele Marranen in Spanien das Leben gekostet hatte. Sie hatten indes Erfolg, im Januar 1760 wurde Frank verhaftet und in der Festung Czenstochau interniert. Unter seinen zahlreichen Anhängern, die ihm dort ein angenehmes Leben ermöglichten, galt die Festung als ‹Pforte Roms› und die Gefangenschaft als ‹Leiden des Messias›. Nach dreizehn Jahren kam Frank frei, ging zuerst nach Wien, wo er in Adels- und Hofkreisen Freunde gewann, dann nach Brünn und von dort 1788 nach Offenbach, wo er im Isenburger Schloss als ‹Baron von Offenbach› Hof hielt. Er hatte seine eigene Leibgarde, seinen Hofstaat und seine Gerichtsbarkeit, seine Anhänger brachten ihm aus den Zentren seiner Anhängerschaft Geld und andere Geschenke, um diesen Lebenswandel aufrecht erhalten zu können. Als Frank am 10. Dezember 1791 starb, übernahm seine Tochter Eva, die schon früher in die Rolle der matronita eljona geschlüpft war, die Leitung. Scholem gab die frankistische Deutung wieder, als er schrieb: «Der dritte Messias, der sich noch offenbaren und das Werk der Erlösung vollenden muß, wird eine Frau sein – in Franks Worten: die ‹Jungfrau›.»[26] – Soweit nur wenige Hinweise, auf das Fortleben des Frankismus vor allem in Polen und Prag kann hier nicht eingegangen werden.

Dass Frank sich wie die anderen Messias-Prätendenten[27] in die David-Tradition stellte, wird nirgends bezweifelt.[28] Als er seine Berufung erfahren hatte, behauptete er, «alle seine Vorgänger seien die Metamorphose einer und derselben Messiaspersönlichkeit gewesen. Die Seele des Messias sei nach und nach in der Person des Königs David, des Propheten Elias, Christi und Mohammeds Fleisch geworden, schließlich in der Person von Sabbatai Zewi und dessen Nachfolgern, zu denen sich Frank selbst als letzte Inkarnation des Erlösers zählte.»[29]

Von besonderem Interesse muss in unserem Zusammenhang die Frage sein, ob es innerhalb des Judentums einen Zusammenhang der David-Tradition mit der ‹Erlösung durch Sünde› gegeben hat, wie sie vor allem von Gershom Scholem als Grundlage des sabbatianischen und frankistischen Pseudomessianismus dargestellt wurde.[30] Scholem weist auf keinen solchen Zusammenhang hin, aber es gab Traditionen, die in diese Richtung weisen. Peter Beer hat schon 1823 und in offensichtlicher Kenntnis bedeutender Quellen den Frankismus dargestellt und auf die mit roter Tinte geschriebenen Sendschreiben hingewiesen, die nach Franks Tod in Umlauf gebracht wurden. In ihnen heisst es: «Beherziget, daß eben jetzt die Zeit ist, wo man Gottes wegen das Gesetz zerstören muß.» Und er kommentierte dies folgendermassen:

> David sagt (Ps 119,121): «Es ist Zeit für Gott zu thun, denn sie haben dein Gesetz zerstört.» Damit wollte er, wie es der Context bestimmt, sagen, dass Gottes Strafe wegen Nichtbeobachtung des Gesetzes nicht ausbleibt. Der Thalmud (Trakt. Themura) übersetzt diesen Vers: Wenn es Zeit ist, etwas für Gott zu thun, darf auch das Gesetz übertreten werden. Das heisst: Um ein wichtiges Gesetz aufrecht zu erhalten, darf ein minder wichtiges übertreten werden.[31]

Abgesehen davon, dass jeder noch so kleine Hinweis auf eine Erlaubnis, ein Gesetz zu übertreten, missbraucht werden konnte und auch missbraucht wurde, ist der Gedanke, dass die Gesetze Gottes in sich widersprüchlich seien, ein wirksamer Hebel zu ihrer Aufhebung. Noch interessanter ist vielleicht folgende Bemerkung Peter Beers:

> Die Kabbalisten drücken oft den Begriff von der Schechinah[32] mit dem Worte David aus. Dieses will uns belehren, dass wir die Biographie Davids, des Mannes nach Gottes Herzen, wie ihn die heilige Schrift nennet, und seinen Charakter studieren, seine guten Eigenschaften aufsuchen und nachahmen sollen, und nicht sagen dürfen, dass er gesündiget habe ...

Hieran schloss Beer folgende Anmerkung:

> Daher sagt auch der Thalmud (Trakt. Sabbath): Wer da sagt, dass David gesündiget habe, der irrt; denn er that es bloss, um die Menschen von der Kraft der Busse zu belehren.[33]

Tatsächlich aber ist der zweite Halbsatz im Talmud nicht zu finden. Dort heisst es:

> R. Semuel b. Nahmani sagte im Namen R. Jonathans: Wer da glaubt, David habe gesündigt, irrt sich nur, denn es heisst: *David war in allen seinen Wegen erfolgreich, und der Herr war mit ihm.* [1Sam 18,4] Wäre es denn möglich, dass die Göttlichkeit mit ihm war, wenn er eine Sünde begangen hätte?

Und im Folgenden wird dargelegt, dass David, wie man bei strenger Interpretation des Wortlautes erkennen könne, die Sünden nicht begangen habe.[34] Es kann nur vermutet werden, warum Peter Beer hier statt der einfachen Leugnung der Sünden Davids ihre Uminterpretation in pädagogischer Absicht als talmudisch vorstellte. Entscheidend aber ist, dass die offensichtlichen Verfehlungen Davids hier zumindest relativiert werden sollten, was auch so interpretiert werden konnte: Ein Messias kann machen, was er will, er sündigt nie, er unterliegt nicht der Scheidung von Gut und Böse.

Im Talmud findet sich auch folgende Passage, die auf die Verderbnis der Sitten zur Zeit der Ankunft des Messias direkt hinweist:

> Im Zeitalter, in dem der Sohn Davids kommen wird, werden die Jungen das Gesicht der Greise beschämen und die Greise werden vor den Jungen aufstehen; eine Tochter wird gegen ihre Mutter auftreten, eine Schwiegertochter gegen ihre Schwiegermutter; das Gesicht des Zeitalters wird dem Gesicht eines Hundes gleichen, ein Sohn wird sich vor seinem Vater nicht schämen.[35]

Eine direkte Stütze der Lehre der ‹Erlösung durch Sünde› findet sich im Midrasch Genesis Rabba zu Gen 1,31: Und Gott sah alles, was er gemacht hatte, und sieh, es war sehr gut. Im Midrasch heisst es dazu:

> Nach R. Nachman bar Samuel bar Nachman im Namen des R. Samuel bar Nachman gehen die Worte: «Siehe (hine), es war sehr gut», auf den guten Trieb, dagegen die Worte: «und siehe (wᵃhine), es war sehr gut», auf den bösen Trieb (d. h. das Vav in wᵃhine fügt etwas hinzu). Ist denn der böse Trieb sehr gut? ja, denn wenn er nicht wäre, würde kein Mensch ein Haus bauen, heiraten, Kinder zeugen und Verkehr treiben (eig. nehmen und geben) s. Qoh 4,4.[36]

Aber diesen wenigen Zitaten können viele andere entgegengestellt werden, die das genaue Gegenteil beinhalten, und es waren diese moralischen und das Gute von den Menschen fordernden Ansichten vom messianischen Zeitalter, die den Hauptstrom der jüdischen Tradition bildeten und das Verhalten der Juden gewöhnlich bestimmten.

Jedenfalls sind aus den in sich widersprüchlichen Traditionen innerhalb des Judentums ebenso widersprüchliche Berufungen auf die David-Tradition möglich. Die offene und direkte und aktuelle Berufung auf den künftigen Messias aus dem Stamme David hatte schon antirabbinische Untertöne, denn die offiziellen Vertreter des Judentums hatten kein Interesse daran, die messianischen Naherwartungen zu unterstützen, und sahen in der David-Tradition einen eher abstrakten Hintergrund ihres Glaubens, der in ferner Zukunft eingelöst werde, nicht aber in der gegenwärtigen Epoche. Dazu bewogen sie nicht nur die lange Tradition der falschen Messiasse, sondern auch die Rücksichtnahme auf die Machthaber in den Ländern, in denen sie lebten. Immerhin war die als aktuell verstandene David-Tradition als durchaus kämpferische Königs-Tradition gegen die Herrscher der anderen Völker, der gojim, gerichtet.

Der Kampf gegen die Königs-Tradition war auch der Inhalt der Französischen Revolution. Hier war eine generelle Parallele zum Frankismus gegeben, die im Folgenden dargestellt und analysiert werden soll. Hier kann aber schon ein konkreter Hinweis gegeben werden. Auf den ersten Blick scheint Jakob Frank ein Abenteurer gewesen zu sein wie etwa Cagliostro,[37] der etwa zur selben Zeit als Abenteurer und Scharlatan ganz Europa bereiste. So wie dieser ein Verbindungsglied darstellte zwischen Okkultismus und Aufklärung, so Frank und seine Nachfolger offenbar zwischen kabbalistischen Häretikern und der Französischen Revolution.

Die Französische Revolution personalisierte sich in Napoleon. Als der aus Prag stammende Zionist Hans Kohn 1939 seine Aufsätze sammelte, war auch einer über Napoleon dabei, in dem er diesen so beschrieb:

> He had broken all traditions which gave men their place in the world, often a place unjust and cruelly abused, but a place apparently secure, well-explored, and easily accepted. Man in his station lived in a static system, completely surrounded by men in similar circumstances, helped by all the established patterns of behavior and prejudices to find his way and to make his decisions. Napoleon had broken all that. He was the fist solitary man, alone against the whole world, strong only by his own force, relying only upon himself. There seemed no limits set to his march through life and to his decisions except his own daring and his confidence in himself. Napoleon was a free man, leading a life of a tenseness unknown before. The ambitions and the uniqueness of the ego growing and expanding without consideration for others, the greatness of the powerful and overbearing strong man, were first crystallized in his person.[38]

Die Parallelen von Napoleon und Frank sind, auch wenn man sie nicht überbewerten darf, deutlich; beide hatten – von ihrer eigenen Grösse und Macht überzeugt – eine zerstörerische Wirkung, die die betroffenen Menschen aus allen gewohnten Sicherheiten riss, die alle bisher geltenden Gesetze zerstörte und in eine völlig neue und geradezu ‹bodenlos› freie Welt versetzte. In diesem Zusammenhang ist ein Satz Franks über Sabbatai Zwi von Bedeutung: «Wenn Sabbatai Zwi alle Stufen dieser Welt durchmachen mußte, warum hat er dann den Geschmack der Herrschaft nicht gekostet?»[39] Scholem kommentierte diesen Ausspruch so: «Die große Geste des Herrschens ist ihm (scil. Frank) alles.»[40] Bei Napoleon richteten sich die Freiheitsbestrebungen in der Fortführung der Revolution gegen die europäischen Herrscher-Häuser, bei Frank gegen die institutionalisierten und herrschenden Religionen. Was bei ihm angelegt war, vollzogen seine Nachfolger: den Schritt zur Französischen Revolution.

2. Die Französische Revolution begann mit der Erstürmung der Bastille am 14. Juli 1789. Als am 10. August die Tuillerien durch revolutionäre Massen eingenommen wurden, war ein Mann beteiligt, der sich Junius Frey nannte und der allem Augenschein nach, wie Gershom Scholem schrieb, «das Musterbild eines Patrioten, im Sinne des jakobinischen Sprachgebrauchs»[41] war. Dieser Jude veröffentlichte anonym Schriften zur

Unterstützung der Revolution, geriet aber in die Machtkämpfe zwischen Robespierre und Danton, wurde zum Tode verurteilt und am 5. April 1794 zusammen mit Danton hingerichtet.[42] Dieser Junius Frey war Moses Dobruschka, wurde gelegentlich als Neffe von Jakob Frank ausgegeben und sollte nach dessen Tod 1791 seine Stelle einnehmen als Führer der frankistischen Bewegung.[43]

Das Leben dieses Moses Dobruschka ist inzwischen gut erforscht.[44] Moses Dobruschka, der nach seiner Taufe geadelt wurde und sich Baron Franz Thomas von Schönfeld nannte, entfaltete eine rege literarische Tätigkeit,[45] verfasste Schauspiele und eine Abhandlung *Über die Poesie der alten Hebräer*, daneben auch Gedichte mit dem Titel *Davids Kriegsgesänge* und *Davids Kriegsgefangene*, erschienen 1788 und 1789.[46] In einem der Gedichte Schönfelds mit dem Titel *Die Weihe* – Scholem wies darauf hin[47] – wurde Friedrich Gottlieb Klopstock zum neuen David erklärt. In der *Blumenlese der Musen*, Wien 1790, konnte man von Schönfeld lesen:

> So hob auch mich und schwang der Sturm
> Mich auf, daß mein Gebein erschüttert
> Und daß den Libanon entlang
> Die Zeder Gottes zittert. [...]
> Der Isaide David sah
> Im Palmenhaine seine Schöne.
> Das wehet Gottes Odem ja
> In seinem Harfgetöne.
> Dess schlug im Siegesfeld
> Bei tausend er mit Roß und Wagen
> Bezähmend hat und kühn der Held
> So Harf und Feind geschlagen.

Und trotz seiner christlichen Taufe schrieb er das Gedicht *Das unschuldige Kindlein*:

> In Israels Landen, das durch mancherlei Not
> Gebeugt schon durch mancherlei Elend vor Gott,
> Durch mancherlei Trübsal, durch mancherlei Gefahr
> Allda Verheißung von alters her war,
> Ein Kindlein geboren aus Davids Geschlecht
> Wird w i e d e r erneuern J u d ä a s Recht
> Wird König über Judäa a l l e i n ,
> Es wird es von der Herrschaft der Römer befrei'n.[48]

Dies war ein unzweideutig jüdisches und sogar national-jüdisches Bekenntnis, das sogar in der Gegnerschaft zur Herrschaft der Römer antichristlich gedeutet werden kann. Diese Gegnerschaft aber war keine gegen den christlichen Messias, sondern eine gegen die Institution der Kirche – wie die Frankisten auch scharf gegen die religiösen Institutionen der Juden kämpften, also gegen die Rabbiner und ihre rechtlich abgesicherte Autorität.

Ausserdem war Dobruschka / Schönfeld im Freimaurer-Orden der Asiatischen Brüder tätig, dem ersten Orden, der auch Juden aufnahm, und fügte «liberale Gedanken des Sabbatianismus in die Lehren des Ordens» ein.[49] Aufgenommen wurden in der Folge allerdings nur Juden, die «sich von jenem Judaismus lossagte[n], der damals vorherrschend war»,[50] also dem rabbinischen Judentum. Als sich nach einer heftigen Diskussion auch der Orden der Asiatischen Brüder gegen die Juden wendete, ging er nach Frankreich und «gab seine religiös-spirituellen Ziele zugunsten des grossen politischen Abenteuers, das ganz Paris ergriffen hatte, auf.»[51] Dabei änderte er seinen Namen in den schon erwähnten Junius Frey, wobei man sicher zu Recht an die Redensart ‹frank und frei› denken darf.

Ob Frankisten Napoleon wegen seiner Pläne, in Palästina einen Judenstaat zu errichten,[52] tatsächlich als Messias ansahen,[53] muss hier schon deswegen nicht erörtert werden, weil diese Pläne sofort aufgegeben wurden und Napoleon eine andere Juden-Politik betrieb; ausserdem ist nirgends bezeugt, dass dies zu einer messianischen Bewegung geführt hätte. Hier kann es nur darum gehen, die innere Aushöhlung der David-Tradition bei Frank nachzuzeichnen, deren Ergebnis eine Annäherung der Frankisten an aufklärerische Positionen und in der Person des Dobruschka / Schönfeld / Frey sogar zur Französischen Revolution geführt hat.

Die Nähe des Frankismus zur Französischen Revolution ist nur erkennbar und erklärbar, wenn diese aus der jüdischen Perspektive gesehen wird.[54] Wenn gesagt wird, Frank habe «die erlösende Hoffnung auf eine allgemeine und vollständige Umwälzung der sozioökonomischen Verhältnisse» geweckt,[55] oder die Frankisten hätten «die Umwälzung der gesellschaftlichen Verhältnisse und die Abschaffung des Staates» angestrebt,[56] dann ist dies eine Verengung auf soziale und politische Fragen, die hier irreführt. Denn die ‹erlösende Hoffnung› wurde vom jüdischen (Pseudo-)Messianismus nie von den gesellschaftlichen Verhältnissen her gedacht – sosehr die Erlösung auch auf diese einwirken sollte –, sondern eben von einem göttlichen Eingriff her, vollzogen durch den Messias. Deswegen greifen auch die durch solch eine gesellschaftliche Revolution hervorgerufenen moralischen Umwälzungen zu kurz, seien sie als «alle bisherigen Werte und moralische Normen hinwegfegende Revolution»[57] beschrieben oder ihr Ziel als eine neue Welt «in vollständiger Freiheit, ohne Gesetze, Vorschriften und Normen» benannt.[58] Richtiger beschrieb Scholem den Vorgang, als er schrieb: «Die Sabbatianer und Frankisten dachten an eine Revolution auf religiösem und moralischem Gebiet, doch dann kam die Französische Revolution und lieferte diesen Gedanken einen konkreten Hintergrund – und vielleicht mehr als nur einen Hintergrund.» Und er fügte hinzu: «Die Revolution wurde gewissermaßen zum Zeichen, daß der frühere Nihilismus einen Anhaltspunkt in der Wirklichkeit besessen hatte:

Nun wankten die Säulen der Welt, und die Schöpfungsordnung wollte Wandel.»⁵⁹ Erst die Vermischung, die ununterscheidbare Verschmelzung von messianischen und politischen Ideen macht den Übergang des Frankismus in die Französische Revolution und in die Aufklärung allgemein verständlich. Die Französische Revolution löste nach frankistischem Verständnis uralte Erkenntnisse ein, sie war kein evolutionistisches Produkt allein gesellschaftlicher Entwicklungen; ihre Bedeutung ging daher über den politischen Rahmen weit hinaus und weitete sich in den universalen Horizont der Schöpfung als deren Erneuerung.

Diese Auffassung hätten keine so grosse Wirkung haben können, wäre sie nicht durch eine breite Übereinstimmung mit allgemein-jüdischen Überzeugungen getragen worden. Die Französische Revolution und ihre Folgen wurden von breiten Schichten der Juden in Mitteleuropa messianisch interpretiert. Die Grundidee der Französischen Revolution war die Gleichheit der Menschen auf Grund ihrer Vernunftbegabtheit. Das auf ihr basierende Naturrecht war ausdrücklich gegen die geschichtlich gewachsenen Mächte und Institutionen gerichtet: gegen Privilegien und gottgewollte Dynastien, gegen die Gottgewolltheit selbst und damit gegen die Religion überhaupt. Zuerst also ging es um Zerstörung, um die auch materielle Vernichtung der Traditionen, denen die Hauptübel der Zeit zur Last gelegt wurden. Der berühmte Kampfruf ‹Freiheit, Gleichheit, Brüderlichkeit› stellte sich dabei nicht nur gegen den Adel, sondern auch gegen die Theorie von der unaufhebbaren Sündhaftigkeit des Menschen, der nur mit Zwangsmitteln begegnet werden könne. Das Ergebnis war zunächst – bis Napoleon wieder seine Vetternwirtschaft betrieb –, dass die Politik der Herrscherhäuser beendet wurde und Politik sich den ethischen Forderungen zu beugen hatte. Im Dezember 1791 konnte man in der *Berlinischen Monatsschrift*, einem führenden Organ der Aufklärung, folgendes lesen: «Die Menschheit reift! Die Staatskunst feiert Triumphe! Mit der Moral schließt Politik den Bund!»⁶⁰ Die Idee des ewigen Friedens wurde von den führenden Köpfen neu durchdacht und schien realisierbar.

Und noch eine Entwicklung brach jetzt durch: An die Stelle der Herrscherhäuser als der Subjekte der Politik traten nun die Völker. Der Nationalismus war eine ungeheure Befreiung, die Nationalversammlung war der Ort des Interessenausgleiches oder sollte es zumindest sein. Absolute Herrscher waren, das hatte die Geschichte häufig genug blutig bewiesen, beeinflussbar durch dunkle Machenschaften oder gar persönliche Vorlieben und Marotten – von der Verschwendung ganz zu schweigen; Nationen waren unbeeinflussbar und unterlagen keinen persönlichen Eigenheiten, sie sollten nun selbst die Politik bestimmen.

Am 28.9.1791 wurde die Gleichberechtigung der Juden in Frankreich proklamiert, die fast 2000-jährige Unterdrückung hatte ein Ende. Zog den diversen Messiassen, die die jüdische Geschichte kannte, der hoffnungsvolle Ruhm voraus, so zog er hier den realen Ereignissen hinterher. Moses Hess hat das in früheren Schriften Angedeutete 1862 in *Rom und Jerusalem* zusammengefasst:

> Die Offenbarungen des heiligen Geistes weisen wirklich auf keine andere Zukunft hin als auf die der sozialen Welt im reifen Lebensalter. – Dieses Weltalter beginnt nach unsrer Geschichtsreligion mit der Messiaszeit. Es ist die Zeit, in welcher die jüdische Nation und alle geschichtlichen Völker wieder zu neuem Leben auferstehen, die Zeit der ‹Auferstehung der Toten›, der ‹Wiederkunft des Herrn›, des ‹neuen Jerusalems› und wie die verschiedenen symbolischen Bezeichnungen, deren Bedeutung nicht mehr missverstanden werden kann, sonst noch heissen mögen. Die Messiaszeit ist das gegenwärtige Weltalter, welches mit *Spinoza* zu keimen begonnen hat und mit der grossen *Französischen Revolution* ins weltgeschichtliche Dasein getreten ist. Mit der Französischen Revolution begann die Wiedergeburt der Völker, die dem Judentum ihren nationalen Geschichtskultus verdanken.[61]

Es könnte eine ganze Reihe von Zitaten aufgeboten werden, um zu belegen, dass der von der Revolution bewegte Teil der Juden diese als den Eintritt in die messianische Geschichtsepoche ansah. Ebenso viele Belege könnten dafür aufgeführt werden, dass die Juden nicht nur im Durchbruch des Nationalitätsprinzips eine Realisierung des – wie Moses Hess es nannte – jüdischen ‹Geschichtskultus› sahen, sondern dass sie darüber hinaus die gesamte idealistische und humanistische Philosophie als zutiefst jüdisch empfanden und erkannten. Nach den Worten des Zionisten Adolf Böhm war «diese erste begeisterte Hinwendung zur modernen europäischen Kultur tief begründet in der jüdischen Wesensart.»[62] Nicht nur Moses Hess sah eine Brüderschaft zwischen den Franzosen als Trägern der politischen Revolution und den Deutschen als Trägern der geistigen Revolution. Beide zusammen könnten erreichen, dass die Wahrheit ihrer Irrealität, die Realität ihrer Unwahrhaftigkeit entledigt werden könnten, um die Wahrheit auf Erden realisieren zu können. Um die ungeheure Wirkung dieses Szenarios zu belegen, sei hier nur auf Franz Rosenzweig hingewiesen, der im *Stern der Erlösung* über die Goethe-Zeit schrieb:

> Es ist ja kein Zufall, dass nun zum ersten Mal ernsthaft begonnen wurde, die Forderungen des Gottesreichs zu Zeitforderungen zu machen. Erst seitdem wurden alle jene grossen Befreiungswerke unternommen, die, so wenig sie an sich schon des Reich Gottes ausmachen, doch die notwendigen Vorbedingungen seines Kommens sind. Freiheit, Gleichheit, Brüderlichkeit wurden aus Herz-worten des Glaubens zu Schlagworten der Zeit und mit Blut und Tränen, mit Hass und eifervoller Leidenschaft in die träge Welt hineingekämpft in ungeendeten Kämpfen.[63]

Die Französische Revolution und ihre Folgen hat in breiten Kreisen der Juden tatsächlich die Geschichte in einen neuen Aggregatzustand versetzt, der für sie nur als messianisch bezeichnet werden konnte. Die Durchsetzung des Nationalitätsprinzips, der – wie Moses Hess ihn nannte – ‹Völkerfrühling› und der Sieg des Rechtes über die Macht liessen tatsächlich und innerhalb der Geschichte das grosse Ziel des ewigen Friedens erreichbar erscheinen. Diese Ereignisse in der Realität wurden als Ergebnis der Aufklärung verstanden, und dafür, dass diese im Judentum eine starke Wurzel hatte, zeugte einer der führenden Geister der Zeit; in seiner ansonsten keineswegs judenfreundlichen Schrift *Die Sendung Moses* schrieb Schiller: «Ja in einem gewissen Sinne ist es unwiderleglich wahr, daß wir der mosaischen Religion einen großen Teil der Aufklärung danken, deren wir uns heute erfreuen.»[64]

Diese Messianisierung der Geschichte aber stand in einem unübersehbaren Gegensatz zur davidischen Tradition. Die klassische rabbinische Tradition war eine David-Tradition; von dieser wurde – wie dargestellt – schon früh abgewichen, hier aber war noch mehr geschehen, hier hatte ein ganzes Volk die Rolle des Messias übernommen, und dies war nicht das Volk der Juden, sondern ein fremdes Volk, das französische, das nach der Tradition auch fremden Göttern diente. Und hier handelte es sich nicht nur um eine politisch unrealistische messianische Bewegung, getragen nur von einer aus der Verzweiflung geborenen Begeisterung, sondern es wurde tatsächlich Geschichte bewegt und Geschichte verändert. Diese Messianisierung der Geschichte bedeutete das Ende der davidischen Tradition.

Es ist zurecht bemerkt worden, dass die Emanzipation der Juden keine geschichtlich gewachsene und gewollte, sondern mitvollzogene war, weil eben kein Mensch aus dieser Gleichheit ausgeschlossen werden konnte. Max Nordau, der grosse Zionist, hat das schon 1897 ausgesprochen: «Die Judenemanzipation ist nicht die Folge der Einsicht, daß man sich an einem Stamme schwer vergangen, daß man ihm Entsetzliches zugefügt habe und daß es Zeit sei, tausendjähriges Unrecht zu sühnen; sie ist einzig die Folge der geradlinig geometrischen Denkweise des französischen Rationalismus im 18. Jahrhundert ...»[65] Diese rationalistische Denkweise kannte nur Individuen und ihren Zusammenschluss zur Nation. Ein besonderes ‹Volk im Volke› war nicht vorgesehen. Die berühmte Formel aus dem Munde des Abgeordneten Clermont-Tonnerre in der Nationalversammlung lautete deshalb: «Den Juden als Nation ist alles zu verweigern, den Juden als Menschen aber ist alles zu gewähren.»[66] Die von Napoleon einberufene jüdische Notabelnversammlung folgte dem und erklärte 1806, dass sich französische Juden «nur als Franzosen betrachten» könnten.[67] Die rechtliche Gleichstellung war erreicht um den Preis der Aufgabe der jüdischen Nation und daraus folgend des jüdischen Gemeindelebens und seiner allerdings begrenzten Autonomie. Heute sehen wir das als einen der entscheidenden Schritte zur Auflösung des traditionellen Judentums an, aber damals konnte niemand den Gang der Geschichte voraussehen. Die Juden der ersten Emanzipationszeit waren weder dumm noch naiv, und wir müssen den umgekehrten

Schluss ziehen: Die Nation, in die sich das Volk der Juden auflöste, war das messianische Volk, die Auflösung der jüdischen Gemeinde war eine Auflösung in die von friedlichen Völkern gebildete Menschengemeinschaft. Joseph Salvador, in gewissem Sinne ein Vorläufer von Moses Hess, hatte in seiner *Geschichte der mosaischen Institutionen* über das Volk der Juden geschrieben: «Kein anderes Volk bietet das Beispiel eines so weisen und erhabenen Staats-Vertrages.»[68] Diesem Beispiel seien die Franzosen gefolgt – was konnten die Juden jetzt anderes tun, als sich diesem Staatsvertrag anzuschliessen? Ohne diesen messianischen Hintergrund sind die Entscheidungen der Notablenversammlung und später des Synhedrions ebenso wenig zu verstehen wie die vieler Juden in Westeuropa, die keineswegs nichts anderes im Sinn hatten als sich ihrer jüdischen Identität zu entledigen. Das bedeutete aber auch: Der Frankismus als pseudomessianische Bewegung traf sich in der Französischen Revolution mit einem auch von den traditionellen Juden als messianisches Ereignis angesehenen Vorgang. Nur unter dieser Voraussetzung war der Übergang des Frankismus in die revolutionären Bestrebungen der Zeit – und damit schliesslich auch die Transformation in einen breit akzeptierten Messianismus – möglich.

3. Eine Zwischenbemerkung ist notwendig zu einem Problem, das die Forschung über Frank und den Frankismus generell belastet. Es ist die Frage nach der Person, genauer: nach der Ehrlichkeit Jakob Franks und seiner engsten Mitarbeiter. Jeder Pseudo-Messias hat mit dem Vorwurf zu leben, er verbreite Lügen, führe die Ungebildeten in den Abgrund usw. Hier aber, bei Jakob Frank, waren die Verdächtigungen besonders scharf. Gershom Scholem, der immerhin eine umfassende und hoch wissenschaftliche Arbeit über Sabbatai Zwi verfasst hat,[69] charakterisierte Frank folgendermassen:

> Jakob Frank (1726-1791) gehört zweifellos zu den abstossendsten Erscheinungen der jüdischen Geschichte. Ein religiöser Anführer, der, ob nun Scharlatan oder Schurke, tatsächlich korrupt und verdorben war.[70]

Wenn dies einfach richtig wäre, könnte kaum erklärt werden, warum Scholem mit einer ganzen Reihe von Aufsätzen das Interesse gerade auf Frank und den Frankismus gelenkt hat. Der Hintergrund von Scholems Interesse kann hier allerdings nicht erörtert werden, es muss aber auf einen Deutungsversuch von David Biale hingewiesen werden, der freilich nicht ausreichen kann:

> Obwohl Scholem offenkundig von den Sabbatianern und Frankisten ebenso angezogen war wie von allen anderen untergründigen Bewegungen in der jüdischen Geschichte, sah er die politische Aufgabe seines Werks ohne Zweifel darin, eine Warnung zu geben. Das Dämonische ist ein vitales Element dieser Geschichte, vielleicht sogar das Element der Vitalität, aber es muss gebändigt werden, damit es nicht zur Katastrophe führt.[71]

Scholems Beschreibung der Person Franks hatte demnach einen politisch-pädagogischen Hintergrund. In sein Frank-Bild passt nicht hinein, dass dieser nicht nur bei den ungebildeten polnischen Juden Anhänger fand, sondern auch bei der gehobenen und an der deutschen Aufklärungsphilosophie geschulten Oberschicht. Die Widersprüchlichkeit der Person Franks war sowohl Zeichen als auch Ergebnis der Widersprüchlichkeit der Epoche – ähnlich den Persönlichkeiten von Cagliostro oder Napoleon, die auf ihre Weise Exponenten dieser Epoche waren.

In Frank vollzog sich der Übergang vom Ghetto-Juden zur Französischen Revolution. Dieser Übergang war kein harmonischer oder gar organischer, er vollzog sich in Brüchen und in Sprüngen über diese Brüche. Davon waren auch und gerade die handelnden Personen betroffen. Das zeigt sich in den widersprüchlichen Bewertungen, denen Frank noch heute unterliegt. Er wird als geldgierig und berechnend dargestellt, aber er war auch grosszügig und verteilte grosse Summen unter die Armen.[72] Er wird dargestellt als Anhänger der Kabbala und als Verächter jeder Religion. Er war sowohl ein leicht durchschaubarer Nichtsnutz und verschaffte sich doch hohes Ansehen bei Königen in Polen und Österreich. Schon 1800 erschien eine Sammlung von Predigten des Prager Rabbiners Eleasar Flekeles unter dem Titel *Ahawat David* (Die Liebe Davids), in der das angebliche Doppelspiel Franks gebrandmarkt wurde: «Das Allergefährlichste an den Frankisten war nach seiner Darlegung die Heuchelei, die Vorspiegelung, rechtgläubige Juden zu sein, sowie das Bestreben, durch scheinbare Wohltätigkeit und häufigen Synagogenbesuch den Eindruck musterhafter Juden zu erwecken und durch ihr Beispiel Gesinnungsgenossen zu werben. In Wirklichkeit jedoch waren es nach der Beweisführung von Flekeles Leute, die Gott betrügen, Unzucht treiben, ehebrechen usw.»[73]

Die Möglichkeit der ungeheuren Verschränkung, die diese Verbindung von Aberglauben und Aufklärung bedeutete, lässt sich vielleicht an Hand eines einzigen Satzes demonstrieren: «Der revolutionäre Wunsch, das Reich Gottes zu realisieren, ist der elastische Punkt der progressiven Bildung und der Anfang der modernen Geschichte.»[74] Dieser Satz kann jüdisch interpretiert werden, nur handelt es sich dann nicht um die ‹moderne Geschichte›, sondern um die ‹messianische Zeit›, er stammt aber von dem jungen Friedrich Schlegel und wendet sich gegen die christliche Vorstellung, das messianische Reich gebe es nur jenseits der Geschichte der Menschheit – ein Gedanke, der allerdings auf jüdische Überzeugungen zurückgeführt werden kann. Diese doppelte Interpretierbarkeit, diese doppelte Bewertbarkeit zeigt uns das entscheidende Problem an, denn ein und dieselbe Aussage, ein und dieselbe Vorstellung hat unter stark veränderten geschichtlichen Umständen, vor allem also in revolutionären Umbruchzeiten, unterschiedliche Inhalte. Der Frankismus konnte und musste so zur gleichen Zeit in

Polen einen ganz anderen Inhalt haben als im revolutionären Paris. Der Frankismus war zumindest in seiner letzten Phase doppelt interpretierbar, und es hat wenig Sinn, eine überall gültige Definition ‹des Frankismus› anzustreben.

Josef Karniel, der die Geschichte der Familie Dobruschka-Schönfeld untersuchte, griff diese Fragen auf und schrieb über Dobruschka / Schönfeld / Frey: «Er führte eine Doppelexistenz. Einerseits war er, wie ihn Gershom Scholem nannte, ein Karrierist, der für sein eigenes Wohl sorgte, andererseits waren seine jakobinischen Gesinnungen am Ende seines Lebens offenbar aufrichtig.»[75] Es kann kein Zufall sein, dass die doppelte Deutbarkeit, die Doppeldeutigkeit dieser Biographien mit der doppelten Deutbarkeit und Doppeldeutigkeit ihrer Visionen und Überzeugungen zusammen hing: Die Brüche der Epoche waren doppeldeutig. Über diese Brüche konnte nur der Sprung hinweghelfen, und diesen Sprung vollzogen diese Frankisten in und mit ihren Persönlichkeiten selbst. Weiter sagte Josef Karniel, «er habe sicherlich immer geglaubt die Wahrheit zu sagen, auch wenn er log.»[76] Das ist eine Beurteilung nach Massstäben, die es damals in dieser Klarheit nicht gab: Wo, wie Scholem schrieb, die Säulen der Welt wankten und die Schöpfungsordnung sich wandelte, gab es kein einfaches ‹wahr› und ‹falsch›, da mussten diese Kriterien überhaupt erst neu geschaffen werden. Hier war alles doppelt und vielleicht sogar mehrfach interpretierbar, eine ‹einfache Wahrheit› gab es nicht und konnte es in dieser revolutionären Umbruchphase nicht geben. Die innere Aushöhlung und Entleerung der David-Tradition ist nur vor diesem Hintergrund verständlich, und vielleicht wird man Jakob Frank nur gerecht, wenn man ihn als Person ansieht, die die Funktion eines Katalysators erfüllte. Noch einmal Josef Karniel über Dobruschka / Schönfeld / Frey: «Ebenso wie die anderen Sabbatianer und Frankisten wollte er das endzeitliche Heil beschleunigen und die Zukunft in die Gegenwart verlegen. So trug er das Unstete und Vorwärtsstrebende, das Anarchische und Rebellische in die europäische Gesellschaft hinein.»[77] Auch wenn dies zu generalisierend gesagt ist – natürlich brachten auch andere das Anarchische und Rebellische in die Neuzeit hinein –, so ist hier doch deutlich, dass der Frankismus gerade in seiner Funktion als Katalysator mit der davidischen Tradition nicht übereinstimmt. Das Anarchische und Rebellische musste sich ja nicht nur gegen die Könige und Herrscher der gegenwärtig realen Völker und Reiche richten, sondern gegen das Königtum und Herrschertum überhaupt, also zumindest der Tendenz nach auch gegen einen König David.

4. Die Transformation der frankistischen Ideenwelt in die der Französischen Revolution war in sich sehr widersprüchlich und facettenreich. In ihr spielte die David-Tradition keineswegs eine zentrale Rolle, man könnte eher umgekehrt sagen, dass ihre Marginalisierung ein Merkmal ihrer Entleerung war. In den Vordergrund traten andere vorwärts weisende Entwicklungen. So werden Frank und seine Anhänger wegen ihrer Geldgeschäfte als Kapitalisten dargestellt,[78] und die Verbindung zur deutschen Aufklärung war bei den Frankisten sehr eng. Hönig von Hönigsberg, der die Brünner Kreditbank leitete,[79] war nicht nur Frankist, sondern auch ein begeisterter Anhänger von Moses Mendelssohn,[80] viele seiner Gedichte waren deutschen aufklärerischen Schriftstellern gewidmet. Aber so viele Einzelheiten man auch zusammentragen mag – die Transformation eines Teiles des Frankismus, der letzten jüdischen messianischen Massenbewegung in Westeuropa, in die Aufklärung und Französische Revolution hinein wäre ohne deren messianische Unterströmungen nicht erfolgt. Mit dieser Transformation aber waren die letzten Reste der davidischen Tradition ausgelöscht. Der Hass der Frankisten gegen alle institutionalisierte Religion fand in der Französischen Revolution seine Möglichkeit, die Wirklichkeit zu verändern. Nicht nur die katholische Kirche wurde in Frankreich verfolgt, ihr Eigentum eingezogen und ihre Kirchen und Klöster als Steinbrüche benutzt, auch die Macht der jüdischen Gemeinden wurde eingeschränkt und das stärkste Band des Judentums aufgelöst, nämlich das Judentum als eigene Nation. Auch der Kampf gegen die absoluten Herrscher, so sehr Frank auch mit ihnen paktiert haben mag, war zweifellos im Sinne der Frankisten. Was sie aber sicher am heftigsten angezogen hat, war die revolutionäre Begeisterung, das messianische Klima, die Infragestellung und Umstürzung alles Bestehenden, das Erleben der Heraufkunft einer neuen Welt. Scholem hat in diesem Zusammenhang sogar den russischen Anarchisten Michael Bakunin zitiert mit dem Satz: «Die Kraft der Zerstörung ist eine schaffende Kraft.»[81] Dieselbe Faszination durch das Negative und die Destruktion habe Frank gekennzeichnet. Dass auch der Französischen Revolution etwas von dieser anarchischen Energie innewohnte, ist kaum zu bestreiten. Die erste Phase der Französischen Revolution konnte jedenfalls den Frankisten als Einlösung zumindest einiger ihrer wichtigsten Ziele angesehen werden.

Scholem berichtete von einer polnischen Schrift eines Frankisten, einer Paraphrase des Buches Jesaja, die während der Französischen Revolution geschrieben wurde. «Für den Autor scheint die französische Revolution das Instrument, durch das die Utopie ihres Meisters zur Wirklichkeit werden würde, und die Sympathie der frankistischen Gruppen, sowohl der jüdischen wie der kryptojüdischen, mit der Revolution ist evident.»[82] Leider wissen wir nicht, ob diese Schrift vor oder nach der Hinrichtung des Königs verfasst wurde, denn die Sympathien der böhmischen und polnischen Frankisten für die deutsche Aufklärung, die sich von diesem Zeitpunkt an gegen die Revolution wendete, macht hier Differenzierungen notwendig. Scholem wies jedenfalls im selben Atemzug darauf hin, dass die Frankisten in der Französischen Revolution im Gegensatz zu ihrer ursprünglichen «Vision der Destruktion und Subversion» nun in «Kontakt mit einer positiven Idee von Freiheit» kamen, «die die rein negative der ersten Frankisten schnell überwand.»[83] Ob, wie Scholem dies deutete, hier die subversiven und messianischen Energien nur umgeleitet wurden und später in die «Idee des Fortschritts» mündeten, ist eine Frage der Bewertung, die auch anders ausfallen kann, denn mit dieser Akzeptierung einer positiven Freiheit kann man auch das Ende des Frankismus konstatieren. Jenseits dieser Bewertungsfrage muss man aber feststellen, dass in der Übernahme der positiven Idee der Freiheit, wie sie die Französische Revolution formulierte, auch die Tradition des davidischen Messianismus positiv beendet und überwunden wurde.

An zwei Punkten kann man über diese allgemeinen Vorgänge hinaus die Entleerung und Beendigung der David-Tradition klar nachvollziehen. Der erste Punkt ist die schon angesprochene kabbalistische Trinität von heiligem Uraltem, dem heiligen König und der Schechina, der Jungfrau.[84] Spätestens mit der Ausrufung seiner Tochter Eva als heilige Jungfrau machte Frank deutlich, dass mit dieser Trinität auch ein Ablauf von Weltaltern gemeint war, dass also die Jungfrau den David-König ersetzte und überbot. Es wurde vermutet, dass diese Hochschätzung der Jungfrau auf Franks Festungsaufenthalt in Czenstochau und die dort besonders intensive Marienverehrung zurückgeführt werden könne.[85] Das Prinzip der Herrschaft wurde hier überboten durch das Prinzip der Weiblichkeit, und in diesem war enthalten das Prinzip der Sexualität. Nicht von ungefähr wurde Frank immer wieder vorgeworfen, die Gesetze und Grenzen der Sexualität übertreten, ja pervertiert zu haben. Diese Gesetze waren die tiefgreifendsten, und erst ihre Übertretung und Pervertierung konnte zu einer Erschütterung der bestehenden Ordnung führen. Die Frankisten taten dies aber nicht ohne Beachtung der Tradition; sie folgten vielmehr einer Tradition, indem sie sie schufen: Abraham, der älteste der Erzväter und Stammvater Israels, sei durch einen verbotenen Geschlechtsverkehr gezeugt worden, und diesem Vorbild müsse gefolgt werden.[86] Dass im Vorfeld der Französischen Revolution zumindest literarisch ähnlich gedacht wurde, ist bekannt – hier sei nur an de Sade erinnert –, und es ist dies eine der wichtigsten und aussagekräftigsten Parallelen zwischen Frankismus und Französischer Revolution. Befreiung von allen Fesseln, auch den tiefsten der sexuellen Ordnung, war das Ziel beider Bewegungen.

Jakob Franks Begründung der sexuellen Libertinage hatte allerdings noch kabbalistische Hintergründe, und hier ist einer der gravierenden Unterschiede zwischen Frank und seinen unmittelbaren Nachfolgern zu sehen. Frank hatte die auch im Chassidismus bekannte Vorstellung, dass

Gott nur dort wohnt, wo etwas ‹eins› ist wie er selbst, wo also Mann und Frau in der geschlechtlichen Vereinigung ‹eins› geworden sind.[87] Damit sei die Liebesumarmung unabhängig von anderen Geboten geheiligt und geboten. Es ist interessant, dass Frank gleichzeitig eine andere Begründung anführte.[88] Nach einer uralten Tradition werde der Messias kommen, wenn die Seelen aller Menschen wiedergeboren seien. Das aber setzte ganz praktisch voraus, dass sehr viele Kinder in die Welt gesetzt werden mussten, mehr, als unter den restriktiven Gesetzen der Ehe möglich seien. Auch hier sehen wir also das bekannte Muster der doppelten Deutung, die jeden Versuch, eine präzise und zusammenhängende Theorie des Frankismus zu definieren, abprallen lässt. Es scheint nachvollziehbar, dass die Nachfolger Franks folgerichtig den Begründungen einen nur geringen Stellenwert einräumten und dieselbe Praxis auch ohne die kabbalistischen Begründungen propagierten. Frank hatte seine Vorstellungen nicht auf den König-Gott, sondern auf die Jungfrau konzentriert. Er schrieb:

> Ich sage euch, dass alle Juden jetzt im grossen Unglück sind, weil sie das Kommen des Erlösers erwarten und nicht das Kommen des Mädchens. Blicket auf die Völker, wie sie friedlich in ihren Ländern sitzen, denn sie vertrauen auf ihr Mädchen, die ja ein blosses Abbild unseres Mädchens ist. [...] Ihr habt nie verstanden, wenn ich zu euch sagte: Ich werde euch Gott zeigen. Denn vorerst müsset ihr die *Jungfrau* schauen, da diese ein Tor zu Gott ist, durch welches man zu Gott eingeht.
> Wäret ihr wert, nach dieser *Jungfrau* zu greifen, auf welcher die Kraft der ganzen Welt geruht, so wäret ihr imstande gewesen, zur Tat zu gelangen; ihr seid aber nicht würdig, nach ihr zu greifen. [...]
> Jeder, der das Glück hat, sie [Franks Tochter Eva] in ihrer ganzen Schönheit zu sehen, – hat einen Anteil am jenseitigen Leben. Denn sie ist das Jenseits selbst. [...]
> Durch diese Tat [ein orgienähnliches Mysterium] nähern wir uns dem Dinge, das ganz nackt ist, ohne Gewand, und so müssen wir dazu schreiten. [...]
> Und der Mensch muss das Joch aller Gesetze und Religionen und aller schlechten Gewohnheiten von sich abwerfen und muss auf einer viel höheren Stufe stehen als übrige Menschen. [...]
> Jetzt werden Dinge offenbar, welche seit den Tagen der Schöpfung nicht enthüllt wurden, und verborgene, geheime Welten werden sichtbar. Wir werden der Gnade teilhaftig, sie [das Mädchen] zu erblicken und unter ihren Fittichen Schutz zu suchen. Und sie wird uns Tag für Tag immer schöner erscheinen und jedermann wird ihre Schönheit je nach seiner ‹Stufe› schauen, und je mehr Verdienste er hat, desto schöner wird er sie sehen, denn es gibt viele, viele Begriffe der Schönheit.[89]

Hierzu wäre einiges anzumerken, so, dass der Vorbildcharakter des jüdischen ‹Mädchens› für die Mädchen der Völker eine Parallele hatte in dem schon angesprochenen Vorbildcharakter der jüdischen Nation für die Nationenbildung Frankreichs und anderer europäischer Staaten. Daneben ist zu erinnern, dass in der Französischen Revolution die Vernunft als junge Frau – sicherlich auch Jungfrau[90] – imaginiert, in Standbildern dargestellt und verehrt wurde. Die Französische Revolution versuchte, «die Göttin der Vernunft an die Stelle der Jungfrau Maria zu setzen».[91] Bei Frank ist die

Parallelisierung von unverhüllter Wahrheit und unverhülltem Mädchen besonders interessant, weil sie mit den vielen Begriffen der Schönheit verbunden wird – hier wird die doppelte oder gar mehrfache Deutbarkeit in ein fast theologisches Konzept eingebunden. Dass diese ‹Buntheit› verknüpft wird mit einer ins Unendliche gehenden Steigerung der Schönheit, erinnert wohl nicht zu Unrecht an die neuzeitliche Idee der Perfektibilität der Welt, sie löst zudem den Einzelnen aus der Bindung an die Gemeinde und den ‹Glauben der Väter›; dass jedermann die Schönheit der Jungfrau «nach seiner ‹Stufe› schauen» könne, entlastete vom ‹Joch der Religionen›.

Die Aussage, dass die Menschen das Joch aller Religionen abwerfen sollten, ist eine späte Aussage Franks. Seine ursprüngliche Ansicht war die einer Art Seelenwanderung des Messias durch die grossen Religionsgründer und Messiasgestalten hindurch bis zu ihm selbst. Er selbst ist durch die Annahme verschiedener Religionszugehörigkeiten diesen Weg exemplarisch selbst gegangen. Nur wenige Wochen nach Frank wurde Gotthold Ephraim Lessing 1775 in Wien von Kaiserin Maria Theresia empfangen.[92] Wenn man Franks Auffassung mit der Lessings in *Nathan der Weise* vergleicht – und dieses Stück wurde 1779 gleich nach seiner Fertigstellung veröffentlicht, in jener Zeit also, als Frank in Brünn war –, dann zeigt sich der erhebliche Unterschied zwischen den Deutungen der Religionspluralität. Für Lessing konnte es, ob sie erkennbar war oder nicht, nur eine wahre Religion geben, wie es nur einen wahren Ring gab, wurde er verloren oder nicht. Für Frank war jede der grossen Religionen wahr und ein Durchgangsstadium des Messias in der Geschichte. Für Lessing war die Geschichte aber zugleich ein Richterstuhl, insofern Religionen veralten konnten, gemessen an dem Wachstum des Menschengeschlechts. Wie überwundene Altersstufen konnten Religionen veralten, so auch das Judentum, wie Lessing es in *Die Erziehung des Menschengeschlechts* dargelegt hat. Für Lessing war die Nachricht von Wundern etwas anderes als die unmittelbare Erfahrung des Wunders, und diese habe er nie gemacht.[93] Für Frank war die Lage völlig anders: Er war dem Wunderglauben verbunden – die Frage, ob er an sie glaubte oder nicht sei dahingestellt, und auch hier gilt wohl, dass die heute oft so scharf gezogene Grenze damals nicht vorhanden war –, und für ihn waren alle grossen Religionen wahr. Zurecht ist diese Auffassung Franks in Zusammenhang gestellt worden mit der Idee der Toleranz, und zwar nicht einer Toleranz aus Unkenntnis oder messianischem Aufschub wie bei Lessing, sondern substantiell, weil alle Religionen gleich gültig waren. Dass diese Position, die alle Religionen ernst nahm, in sich die Wirkung trug, alle gleich gültigen Religionen auch gleichgültig zu machen, zeigte sich schon bei Frank und in seiner Forderung, das Joch aller Religionen abzuwerfen. Dass diese Position Franks weit eher als die Lessings geeignet war, in jakobinisches Gedankengut eingeführt zu werden, ist offensichtlich. Lessing konnte zumindest potentiell noch mit der davidischen Tradition verbunden werden, der Richter, der «über tausend tausend Jahre»[94] richten soll, kann sehr gut als die Richter-Figur David verstanden werden. Bei Frank war dies nicht mehr der Fall: Die Position des einen endzeitlichen Richters zerfiel in die vielen, unendlich vielen Begriffe der Schönheit. Zwar nahm Frank den Messias-König David in seinen Stammbaum auf, aber indem er ihn zu einem unter vielen machte, vollzog er einen allerdings sanfteren Königs-Mord als die Jakobiner, die am 21. Januar 1793 Ludwig XVI. enthaupteten.

Die öffentliche Meinung in Paris und ganz Frankreich schlug nun allerdings um,[95] das Terror-Regime installierte sich und die Revolution begann ihre Kinder zu verspeisen – 15 Monate nach dem König starben Danton und Junius Frey unter der Guillotine. Frey hatte mit aller Radikalität jene Konsequenzen gezogen, die Frank noch in der Rolle eines Messias-Prätendenten bis an die Grenzen seiner Möglichkeiten vorgedacht und vorgelebt hatte. Mit ihm war die Idee der davidischen Tradition beendet, Jakob Frank hatte «den Weg in das neue Zeitalter der Aufklärung und der Französischen Revolution von innen her geöffnet.»[96]

Anmerkungen

[1] Vaconius 1892, 4f.
[2] Strack / Billerbeck 1986, 799.
[3] Goldmann 1993, 59.
[4] Siehe die kurze Darstellung bei Levinson 1994, 43-106.
[5] Rosenzweig 1983, 203; nach der Erstausgabe wurde eine Textauslassung zu «die Hoffnung der Hoffenden» korrigiert.
[6] Scholem 1970, 167.
[7] Siehe Elbogen 1931, 400ff. 434ff.
[8] Schmied-Kowarzik 1988.
[9] Goodman-Thau / Schmied-Kowarzik 1994.
[10] Siehe Altenhofer 1979, 181.
[11] Landauer 1925, 6f.
[12] Schulte 2000, 266f.
[13] Siehe Voigts 2000, 279-297.
[14] Lévinas 1992, 102.
[15] Schoeps 1953, 176.
[16] Zur Biographie siehe Scholem 1971; Maier 1983, 324ff; Mandel 1979; Hoensch 1990, 229-244; Haumann 1996, 441-460.
[17] Zit. und übers. vom Verf. nach Mandel 1979, 31f.
[18] Siehe Grözinger 2000, 209-227.
[19] Zit. nach Mandel 1979, 84.
[20] Zit. nach Dubnow 1930 (1928), 198.
[21] Zit. nach Agnon / Eliasberg 1916, 53 und 57, dort ohne Nachweis.
[22] Zit. nach Dan 1988, 306.
[23] Žaček 1938, 348.
[24] Scholem 1963, 24.
[25] Meisel 1928, 717.

[26] Scholem 1992b, 86.
[27] Siehe die Dokumente zu Salomo Molcho und David Reubeni in Levinson 1994, 61.
[28] Levinson 1994, 96; Hoensch 1990, 233; Maier 1983, 324.
[29] Žaček 1938, 347.
[30] Siehe Scholem 1992b, bes. 89-116.
[31] Beer 1823, 333.
[32] Schechina bedeutet die Gegenwärtigkeit Gottes.
[33] Beer 1823, 378.
[34] bTalmud, Traktat Sabbath, fol. 56a.
[35] bTalmud, Traktat Sanhedrin, fol. 97a; hier zit. nach Grözinger 2000, 214.
[36] Wünsche 1881, 38; s. zu diesem Zitat Bergmann 1913, 32ff, insbes. 40f.
[37] Diesen Vergleich zog schon Beer 1823, 327.
[38] Kohn 1939, 64f.
[39] Zit. nach Scholem 1967, 69.
[40] Scholem 1967, 69.
[41] Scholem 1969, 79f.
[42] Vgl. Karniel 1982, 51; zum Prozess gegen Frey s. Kisch 1931, 59-77.
[43] Vgl. Kestenberg-Gladstein 1969, 174f.
[44] Siehe Scholem 1969; Katz 1983; Karniel 1982.
[45] Ausführlich: Mandel 1979, 85ff; Katz 1983, 272 Anm. 6.
[46] Siehe Karniel 1982, 41.
[47] Scholem 1969, 86.89.
[48] Zit. nach Karniel 1982, 42.43f.
[49] Katz 1983, 243.
[50] Katz 1983, 251.
[51] Katz 1983, 271.
[52] Vgl. Gelber 1927, 42-48.
[53] Siehe Duker 1963, 292.307ff; s. auch Kestenberg-Gladstein 1969, 179.
[54] Vgl. zum Gesamtzusammenhang Voigts 1994, insbesondere 71ff.
[55] Hoensch 1990, 235.
[56] Haumann 1996, 450.
[57] Hoensch 1990, 243.
[58] Haumann 1996, 450.
[59] Scholem 1992b, 107.
[60] Zit. nach Weinacht 1989, 1056.
[61] Hess 1962, 272.
[62] Böhm 1935, 22.
[63] Rosenzweig 1976, 319.
[64] Schiller 1960, 783.
[65] Nordau 1909, 45.
[66] Zit. nach Höxter 1983, 8.
[67] Zit. Höxter 1983, 10.
[68] Zit. nach Graetz 1983, 172.
[69] Scholem 1992a.
[70] Scholem 1992b, 89.
[71] Biale 1995, 269.
[72] Siehe Schenck-Rinck 1866, 12.
[73] Žaček 1938, 371; s. auch Kestenberg-Gladstein 1969, 180f.
[74] Schlegel 1967, 201.
[75] Karniel 1982, 53.
[76] Karniel 1982, 54.
[77] Karniel 1982, 53.
[78] Vgl. Mandel 1979, 96ff.

[79] Vgl. Mandel 1979, 80.
[80] Siehe Žaček 1938, 383.
[81] Scholem 1963, 26.
[82] Scholem 1963, 28.
[83] Scholem 1963, 28.
[84] Vgl. Hoensch 1990, 232.
[85] Siehe Haumann 1996, 449.
[86] Vgl. Funkenstein 1995, 23.
[87] Siehe Sohar III, 81a, zit. nach Langer 1989, 20.
[88] Der Nachweis konnte nicht mehr rekonstruiert werden.
[89] Zit. nach Langer 1989, 36ff.
[90] Siehe z.B. die Darstellung der Allegorie der Vernunft bei Pleticha 1989, 107.
[91] Mosse 1993, 24.
[92] Vgl. Mandel 1979, 94, und Danzel / Guhrauer 1881, 532.
[93] Siehe Lessing 1979, 9ff.
[94] Lessing 1990, 75, Vers 2050.
[95] Siehe Reinalter 1981, 11.
[96] Scholem 1963, 22.

Bibliographie

Agnon, S.J. / Eliasberg, A. (eds.), 1916: *Das Buch von den polnischen Juden*, Berlin: Jüdischer Verlag.
Altenhofer, N., 1979: «Tradition als Revolution: Gustav Landauers ‹gewordenwerdendes› Judentum» in Bronsen, D. (ed.), *Jews and Germans from 1860 to 1933*, Heidelberg: Carl Winter, pp. 173-208.
Beer, P., 1823: *Geschichte, Lehre und Meinungen aller bestandenen und noch bestehenden religiösen Sekten der Juden und der Geheimlehre der Kabbala*, II, Brünn: Joseph Georg Traßler.
Bergmann, H., 1913: «Die Heiligung des Namens (Kiddusch Haschem)» in Verein Jüdischer Hochschüler Bar Kochba in Prag (ed.), *Vom Judentum. Ein Sammelbuch*, Leipzig: Kurt Wolff, pp. 32-43.
Biale, D., 1995: «Scholem und der moderne Nationalismus» in Schäfer, P. / Smith, G. (eds.), *Gershom Scholem. Zwischen den Disziplinen*, Frankfurt a.M.: Suhrkamp, pp. 257-274.
Böhm, A., 1935: *Die zionistische Bewegung bis zum Ende des Weltkrieges*, 2. erw. Aufl., Bd. I, Berlin / Tel Aviv: Hozaah Ivrith.
Dan, J., 1988: *Gershom Scholem and the Mystical Dimension of the Jewish History*, New York / London: New York University Press.
Danzel, Th.W. / Guhrauer, G.E. (eds.), 1881: *Gotthold Ephraim Lessing. Sein Leben und sein Werk*, II, 2. Aufl., Berlin: Theodor Hofmann.
Dubnow, S., 1928: *Weltgeschichte des jüdischen Volkes*, VII, Berlin.
Duker, A.G., 1963: «Polish Frankism's Duration. From Cabbalistic Judaism to Roman Catholicism and from Jewishness to Polishness» in *Jewish Social Studies. A Quarterly Journal*, 25, pp. 287-333.
Elbogen, I., 1931: *Der jüdische Gottesdienst in seiner geschichtlichen Entwicklung*, 3. verb. Aufl., Nachdruck 1995, Hildesheim u.a.: Olms.

Funkenstein, A., 1995: «Gershom Scholem: Charisma, Kairos und messianische Dialektik» in Schäfer, P. / Smith, G. (eds.), *Gershom Scholem. Zwischen den Disziplinen*, Frankfurt a.M.: Suhrkamp, pp. 14-31.

Gelber, N.M., 1927: *Zur Vorgeschichte des Zionismus. Judenstaatsprojekte in den Jahren 1695-1845*, Wien: Phaidon.

Goldmann, A., 1993: «Die messianische Vision im rabbinischen Judentum» in Stegemann, E. (ed.), *Messias-Vorstellungen bei Juden und Christen*, Stuttgart u.a.: Kohlhammer.

Goodman-Thau, E. / Schmied-Kowarzik, W. (eds.), 1994: *Messianismus zwischen Mythos und Macht. Jüdisches Denken in der europäischen Geistesgeschichte*, Berlin: Akademie Verlag.

Graetz, M., 1983: «Jüdischer Messianismus in der Neuzeit» in Falaturi, A. / Strolz, W. / Talmon, S. (eds.), *Zukunftshoffnung und Heilserwartung in den monotheistischen Religionen*, Freiburg u.a.: Herder, pp. 167-188.

Grözinger, K.E., 2000: «Zahlen, die auf das Ende deuten. Jüdische Endzeithoffnungen als Spiegel der Generationen» in *Menora, Bd. 11: Geschichte, Messianismus, Zeitwende*, Berlin / Wien: Philo, pp. 209-227.

Haumann, H., 1996: «Der ‹wahre Jakob›. Frankistischer Messianismus und religiöse Toleranz in Polen» in Erbe, M. u.a. (eds.): *Querdenken, Dissens und Toleranz im Wandel der Geschichte, FS H.R. Guggisberg*, Mannheim: Pallatium, pp. 441-460.

Hess, M., 1962: «Rom und Jerusalem» in Lademacher, H. (ed.), *Ausgewählte Schriften*, Wiesbaden: Fourier.

Hoensch, J.K., 1990: «Der ‹Polackenfürst von Offenbach›, Jakób Józef Frank und seine Sekte der Frankisten» in *Zeitschrift für Religions- und Geistesgeschichte*, 42, pp. 229-244.

Höxter, J., 1983: *Quellenbuch zur jüdischen Geschichte und Literatur*, V, Nachdruck Zürich: Morascha.

Karniel, J., 1982: «Jüdischer Pseudomessianismus und deutsche Kultur. Der Weg der frankistischen Familie Dobruschka-Schönfeld im Zeitalter der Aufklärung» in Grab, W. (ed.), *Gegenseitige Einflüsse deutscher und jüdischer Kultur von der Epoche der Aufklärung bis zur Weimarer Republik. Internationales Symposium April 1982* (Jahrbuch des Instituts für deutsche Geschichte, Beiheft 4), Tel-Aviv: Nateer, pp. 31-53.

Katz, J., 1983: «Der Orden der Asiatischen Brüder» in Reinalter, H. (ed.), *Freimaurer und Geheimbünde im 18. Jahrhundert in Mitteleuropa*, Frankfurt a.M: Suhrkamp, pp. 240-283.

Kestenberg-Gladstein, R., 1969: *Neuere Geschichte der Juden in den böhmischen Ländern*, 1. Teil: *Das Zeitalter der Aufklärung 1780 – 1830*, Tübingen: Mohr-Siebeck.

Kisch, E.E., 1931: «Dantons Tod und Poppers Neffen» in *Prager Pitaval*, Berlin: Erich Reiss, pp. 59-77.

Kohn, H., 1939: «Napoleon and the New Europe» in Kohn, H. (ed.), *Revolutions and Dictatorships. Essays in Contemporary History*, Cambridge MA: Harvard University Press, pp. 38-67.

Landauer, G., 1925: *Aufruf zum Sozialismus*, Köln: F.C. Marcan.

Langer, M.D.G., 1989: *Die Erotik der Kabbala*, München: Diederichs.

Lessing, G.E., 1979: «Über den Beweis des Geistes und der Kraft» in Göpfert, H.G. (ed.), *Werke*, 8, München: Carl Hauser.

Lessing, G.E., 1990: *Nathan der Weise*, Stuttgart: Philipp Reclam Jun.
Lévinas, E., 1992: «Messianische Texte» in ders. (ed.), *Schwierige Freiheit. Versuche über das Judentum*, Frankfurt a.M.: Jüdischer Verlag.
Levinson, N.P., 1994: *Der Messias*, Stuttgart: Kreuz.
Mandel, A., 1979: *The Militant Messiah or The Flight from the Ghetto. The Story of Jacob Frank and the Frankist Movement*, Atlantic Highlands NJ: Humanities Press.
Maier, J., 1983: Art. «Frank, Jakob / Frankistische Bewegung» in *Theologische Realenzyklopädie*, XI, Berlin / New York: de Gruyter, pp. 324-330.
Meisel, J. 1928: Art. «Frank, Jakob Leibowicz» in *Jüdisches Lexikon. Ein enzyklopädisches Handbuch des jüdischen Wissens in vier Bänden*, II, Berlin: Jüdischer Verlag, col.712-723.
Mosse, G.L., 1993: *Die Nationalisierung der Massen. Von den Befreiungskriegen bis zum Dritten Reich*, Frankfurt / New York: Campus.
Nordau, M., 1909: «Rede auf dem Ersten Kongress 1897» in Zionistisches Aktionskomitee (ed.), *Max Nordau's Zionistische Schriften*, Berlin: Jüdischer Verlag, pp. 39-57.
Pleticha, H. (ed.), 1989: *Aufklärung und Revolution. Europa im 17. und 18. Jahrhundert*, Gütersloh: Bertelsmann.
Reinalter, H., 1981: *Der Jakobinismus in Mitteleuropa*, Stuttgart u.a.: Kohlhammer.
Rosenzweig, F., 1976: «Stern der Erlösung» in ders., *Der Mensch und sein Werk. Gesammelte Schriften*, 2, Den Haag: Martinus Nijhoff.
Rosenzweig, F., 1983: «Jehuda Halevi» in ders., *Der Mensch und sein Werk. Gesammelte Schriften*, 4.1: Den Haag u.a.: Martinus Nijhoff.
Schenck-Rinck, A.G., 1866: *Die Polen in Offenbach am Main. Historische Erzählung aus den 80er Jahren des vorigen Jahrhunderts bis 1817*, Frankfurt a.M: Selbstverlag des Verf.
Schiller, F., 1960: «Die Sendung Moses» in Fricke, G. / Göpfert, H.G. (eds.), *Sämtliche Werke*, 4, 2.Aufl., München: Carl Hauser.
Schlegel, F., 1967: «Athenäumsfragmente» in Eichner, H. (ed.), *Kritische Friedrich-Schlegel-Ausgabe*, I.2: *Charakteristiken und Kritiken I*, München u.a.: Schöningh.
Schmied-Kowarzik, W. (ed.), 1988: *Der Philosoph Franz Rosenzweig (1886 – 1929). Internationaler Kongress Kassel 1986*, Freiburg / München: Karl Alber.
Schoeps, H.J. (ed.), 1953: *Jüdische Geisteswelt. Zeugnisse aus zwei Jahrtausenden*, Darmstadt: Werner Dausien.
Scholem, G., 1963: «Die Metamorphose des häretischen Messianismus der Sabbatianer in religiösen Nihilismus im 18. Jahrhundert» in Horkheimer, M. (ed.), *Zeugnisse. FS Th.W. Adorno*, Frankfurt a.M.: Suhrkamp, pp. 20-32.
Scholem, G., 1967: *Die jüdische Mystik in ihren Hauptströmungen*, Frankfurt a.M.: Suhrkamp.
Scholem, G., 1969: «Ein Frankist: Moses Dobruschka und seine Metamorphosen» in Gold, H. (ed.), *Max Brod. Ein Gedenkbuch 1884-1968*, Tel Aviv: Edition Olamenu, pp. 77-92.
Scholem, G., 1970: «Zum Verständnis der messianischen Idee im Judentum» in ders., *Über einige Grundbegriffe des Judentums*, Frankfurt a.M.: Suhrkamp, pp. 121-167.

Scholem, G. 1971: Art. «Frank, Jacob, and the Francists» in *Encyclopaedia Judaica*, VII, Jerusalem: Keter Publishing House, col. 55-72.
Scholem, G., 1992a: *Sabbatai Zwi. Der mystische Messias*, Frankfurt a.M.: Suhrkamp.
Scholem, G., 1992b: «Erlösung durch Sünde» in ders., *Erlösung durch Sünde. Judaica V* (ed. by M. Brocke), Frankfurt a.M.: Suhrkamp, pp. 7-116.
Schulte, Chr., 2000: «Der Messias der Utopie. Elemente des Messianismus bei einigen modernen jüdischen Linksintellektuellen» in *Menora*, Bd.11: *Geschichte, Messianismus, Zeitwende*, Berlin / Wien: Philo, pp. 251-278.
Strack, H.L. / Billerbeck, P., 1986: *Kommentar zum Neuen Testament aus Talmud und Midrasch*, IV.2: Exkurse zu einzelnen Stellen, 8. Aufl., München: C.H. Beck.
Vaconius, F., 1892: *Die messianische Idee der Hebraeer geschichtlich entwickelt. Teil I* (Dissertation Jena), Kirchhain N.-L.: Zahn & Baendel.
Voigts, M., 1994: *Jüdischer Messianismus und Geschichte. Ein Grundriß*, Berlin: Agora.
Voigts, M., 2000: «Von der Nation zur Einheit der Menschheit? Zur Dialektik des jüdischen Messianismus in der modernen Geschichte» in *Menora*, Bd.11: *Geschichte, Messianismus, Zeitwende*, Berlin / Wien: Philo, pp. 279-297.
Weinacht, P.-L., 1989: Art. «Politik» in *Historisches Wörterbuch der Philosophie*, 7, Darmstadt: Wiss. Buchgesellschaft, col. 1038-1072.
Wünsche, A., 1881: *Bibliotheca Rabbinica. Eine Sammlung alter Midraschim*, I: *Der Midrasch Bereschit Rabba*, Leipzig: Olms (Nachdruck 1967, Hildesheim: Olms).
Žaček, V., 1938: «Zwei Beiträge zur Geschichte des Frankismus in den böhmischen Ländern» in Steinherz, S. (ed.), *Jahrbuch der Gesellschaft für Geschichte der Juden in der Cechoslovakischen Republik*, 9, Prag: Taussig.

David im Islam

David im Koran
und in der islamischen Traditionsliteratur

SIMONE ROSENKRANZ VERHELST

Zusammenfassung:

Die Forschung konzentrierte sich bei der Behandlung biblischer Gestalten im Islam hauptsächlich auf den Nachweis der Abhängigkeit des Islam vom Judentum bzw. Christentum. Das Ziel des Artikels besteht darin, die Eigenheiten der islamischen David-Vorstellung hervorzuheben. Dabei zeigt sich, dass David im Islam weniger als König, als eschatologisches Vorbild oder als politische Legitimationsfigur eine Rolle spielt; David gilt im Islam vielmehr als Prophet sowie als Büsser und Sänger. Während im Judentum David später zusätzliche Sünden zugeschrieben wurden, werden die Vergehen Davids im Islam abgeschwächt. Dies ist einerseits darauf zurückzuführen, dass David zu den Propheten gehört, die gemäss der Auffassung einiger Muslime sündlos sind. Andererseits spielt aber auch die Tatsache eine Rolle, dass David in der muslimischen Welt nicht als politische Legitimationsfigur diente (diese Rolle wurde von den Aliden übernommen!) und somit im Islam eine weit weniger umstrittene Figur ist als im Judentum und im Christentum.

Résumé:

Les études consacrées aux figures bibliques dans la tradition musulmane ont surtout mis l'accent sur ce que l'islam avait repris de la religion juive et de la religion chrétienne. Cet article s'attache à souligner les particularités de l'image de David dans l'islam. Il s'avère que David y est moins roi, figure eschatologique ou modèle servant à la légitimation politique que prophète, chantre et pénitent. Alors que la tradition juive ultérieure attribue à David des péchés supplémentaires, l'islam atténue ses fautes. Il y a deux raisons à cela: d'une part, David fait partie des prophètes, et selon certains musulmans, les prophètes sont sans défaut; d'autre part, le fait que le personnage de David n'était pas, dans le monde musulman, une référence utilisée à des fins de légitimation politique – ce rôle était réservé aux Alides – lui a valu d'être bien moins contesté dans l'islam que dans les traditions juive et chrétienne.

Abstract:

In the past, when scholars have dealt with the treatment of biblical figures in Islam the main focus has usually been on showing how Islam was dependent on Judaism or Christianity. The aim of this article is to highlight the unique features of the David image in Islam. In Islam, David does not play much of a role as king, eschatological model, or political authority. Rather, the David of Islam is regarded as a prophet, an example of penitence, and a singer. Whereas in Judaism, David is later made responsible for even more sins, his offences are toned down in the Islam. This is, on the one hand, due to the fact that David is one of the prophets, who, according to some Muslims, were without sin. On the other hand, however, David is a much less controversial figure in Islam than in Judaism and Christianity, because for the Muslim world, the figure of David never served as a political authority.

Stichwörter:

Islam, Judentum, Christentum, Koran, *ḥadîth, qiṣaṣ al-anbiyâ'*, Prophetie, Eschatologie

Obgleich in einem abgelegenen Winkel der damaligen Welt, nämlich in der arabischen Wüste verkündet, entstand der Islam nicht in völliger Abgeschiedenheit von äusseren Einflüssen; vielmehr greift er auf frühere Religionen wie auf vorislamische arabische Kulte, auf den Manichäismus, den Zoroastrismus sowie in erster Linie auf das Judentum und das Christentum zurück. Ein flüchtiger Blick in den Koran genügt, um festzustellen, dass biblische Figuren wie Abraham, Isaak, Jakob, Mose, Jesus, Johannes der Täufer und eben auch David im Islam eine bedeutende Rolle einnehmen. So spielt der Koran auf verschiedene biblische David-Erzählungen an: Der Kampf zwischen David und Goliat (Sure 2,249-251) sowie die Parabel vom armen und reichen Schafbesitzer (Sure 38,21-25) finden im Koran Erwähnung. In der in den ersten Jahrhunderten islamischer Zeitrechnung entstandenen Traditionsliteratur, den sechs kanonischen *ḥadîth*-Sammlungen, den Korankommentaren (*tafsîr*) sowie den Prophetenlegenden (*qiṣaṣ al-anbiyâ'*) wurden diese Anspielungen ausgefaltet, oftmals aufgrund von Material aus dem rabbinischen Schrifttum, das seinen Weg über jüdische Konvertiten in den Islam fand.[1]

Die Araber selber haben keine eigentliche epische Literatur hervorgebracht, sie waren Meister der Poesie, wo sie sich mit Anspielungen und Hinweisen begnügten.[2] Auch der Koran weist dieses Stilelement auf. Oft werden deshalb koranische Allusionen an biblische Gestalten erst unter Beiziehung von christlichem und jüdischem Material voll verständlich. Auf diesem Hintergrund ist es vielleicht nicht verwunderlich, dass sich die moderne Forschung zu einem grossen Teil damit begnügte, die Abhängigkeiten des Islam von seinen älteren Schwesterreligionen aufzuzeigen.[3] Obgleich solche Untersuchungen nötig und aufschlussreich sind, sollte man nicht dabei stehenbleiben. Es geht vielmehr auch darum, zu zeigen, wo die Eigenständigkeit und Originalität der islamischen Vorstellungen liegt. Wie haben die Muslime die David-Figur, die sie bei Juden und Christen vorgefunden haben, interpretiert und umgeformt? Welche Aspekte haben sie besonders hervorgehoben, welche hingegen vernachlässigt?

Im folgenden sollen die wichtigsten Eigenschaften der David-Figur im Koran und in der späteren Traditionsliteratur untersucht werden. Die Reihenfolge dieser David zugeschriebenen Eigenschaften richtet sich nach der Einteilung des berühmten muslimischen Traditionssammlers al-Thaʿlabî (11. Jh.) in seinem Buch über die Propheten (*Qiṣaṣ al-anbiyâ'*), wo er die Gaben, durch die Gott David auszeichnete, folgendermassen unterteilt: 1) Prophetie/Psalter, 2) Macht der Stimme, 3) Gebet/Fasten, 4) Königsherrschaft sowie 5) die Fähigkeit, Eisen zu bearbeiten[4]. Als letzter Punkt soll schliesslich die Frage aufgeworfen werden, ob David im Islam auch die im Juden- und Christentum für die David-Gestalt charakteristische eschatologische Rolle zukommt.

1. David als Prophet und Offenbarungsempfänger

David wird in neun Suren des Koran sechzehnmal namentlich erwähnt.[5] An zwei Stellen wird ihm ausdrücklich die Gabe der Prophetie (*nubûwa*) zugeschrieben (Suren 6,84-89; 17,55), in zwei weiteren Passagen erscheint er als Empfänger einer besonderen Schrift. So heisst es in Sure 4,163:[6]

«Wir gaben dir (= Muḥammad) eine Offenbarung (*awḥaynâ*), wie Wir Noah und den Propheten (*nabiyîn*) nach ihm offenbart haben. Und Wir offenbarten auch Abraham, Ismael, Isaak, Jakob und den Stämmen, Jesus, Hiob, Jonas, Aaron und Salomo.[7] Und wir liessen David eine Schrift (*zabûr*, den Psalter)[8] zukommen.»

David gehört also zusammen mit Abraham, Isaak, Jesus u.a. in den Zyklus der Propheten, die von Gott zu einem Volk gesandt wurden, um dieses auf den rechten Weg zu führen und zu ermahnen. Wie seine Vorgänger und Nachfolger stellte sich David gegen den Polytheismus (Sure 6,84-88):

> «(6,84) Auch Noach haben Wir zuvor rechtgeleitet sowie aus seiner Nachkommenschaft David und Salomo, Hiob, Josef, Mose und Aaron – so entlohnen wir die, die Gutes tun – ; und Zakaria, Yaḥya (= Johannes der Täufer), Jesus und Elias: jeder von ihnen gehört zu den Rechtschaffenen (...) (88) Und hätten sie ‹Gott andere› beigesellt (*ashrakû*), so wäre auch ihnen wertlos geworden, was sie zu tun pflegten.[9] Das sind die, denen wir das Buch (*kitâb*), die Urteilsvollmacht (*ḥukm*) und die Prophetie (*nubûwa*)[10] zukommen liessen.»

David sowie die anderen Propheten waren also keine «Beigeseller» (*mushrikûn*), keine Polytheisten, sondern wahre Monotheisten und somit sozusagen Muslime. Den endgültigen Abschluss dieser Prophetenreihe, in der David ein Glied ist, bildet der Prophet Muḥammad, das «Siegel der Propheten» (*khâtam al-nabiyîn*).[11]

David erscheint in der Rolle des Propheten natürlich schon in der frühjüdischen Literatur sowie im Neuen Testament. Doch kann man wohl sagen, dass David als Prophet weder im Juden- noch im Christentum den Hauptstrang der Entwicklungsgeschichte ausmacht. Sowohl Juden als auch Christen legten die Schwerpunkte anders: Hier erscheint David als König, als Proto-Messias, als Legitimationsfigur für Herrscher oder als inspirierter Sänger.

Als Beispiel aus dem Judentum, wo David die Gabe der Prophetie zugesprochen wird, sei hier dennoch die Psalmenrolle aus Qumran (11Q05) erwähnt:[12]

> «Da gab ihm JHWH einen verständigen Geist und Erleuchtung, und er schrieb Psalmen...Und all diese (= 3600 Psalmen und 450 Lieder) sprach er durch Prophetie (*nevû'a*), die ihm von dem Höchsten gegeben worden war.»

David hat hier also – inspiriert durch den Heiligen Geist, der ihm von Gott gegeben wurde – die Psalmen und Lieder selber gedichtet. Auch die früheste christliche Verkündigung sieht in David einen Propheten. So heisst es in der Apostelgeschichte 1,16:

> «Ihr Männer und Brüder, es musste das Wort der Schrift erfüllt werden, das der heilige Geist durch den Mund Davids vorausgesagt hat (προειπεν) über Judas, der denen den Weg zeigte, die Jesus gefangennahmen.»

Für den Verfasser der Apostelgeschichte besteht die Prophetie Davids darin, dass er das Kommen, Leiden und die Auferstehung Jesu vorausgesagt hat. In derselben Weise erscheint Davids Prophetie in Apg 2,25; Röm 4,6f und 11,9f.

Weder die jüdische noch die christliche Interpretation von Davids Prophetie entsprechen somit der islamischen: David ist im Koran kein inspirierter Dichter wie in Qumran noch ein Prophet, der das Erscheinen einer kommenden Heilsgestalt voraussagt wie im Neuen Testament. Für die Muslime hat David wie der Prophet Muḥammad und andere Propheten eine Schrift vom Himmel erhalten. Er soll wie diese seine Zeitgenossen ermahnen. So heisst es in Sure 5,78, dass David und Jesus die Ungläubigen unter den Kindern Israel verflucht haben (luʿina). David präfiguriert also gewissermassen zusammen mit den anderen vorislamischen Propheten Muḥammad. Mit der Betonung der Prophetie Davids wird im Islam ein Attribut, das in den beiden älteren Schwesterreligionen Judentum und Christentum wohl eher nebensächlich ist, in den Mittelpunkt gerückt und umgeformt: Muḥammad hat sein David-Bild an seine eigene zyklische Offenbarungstheorie angepasst.

Da die Offenbarung, die David empfangen hat, im Koran namentlich erwähnt wird (zabûr), stellt sich ferner die Frage nach den Kenntnissen des Psalters bei den Muslimen. David wurde nach islamischer Ansicht mit dem Psalter zu einem anderen früheren Volk geschickt, die Sprache dieser Offenbarung war zudem das Hebräische, wie es ausdrücklich bei al-Thaʿlabî heisst.[13] Ausserdem wurde gegen die zeitgenössischen Juden wie Christen der Vorwurf des taḥrîf, der Schriftverfälschung erhoben. Aus diesem Grunde ist ein grosses Interesse der Muslime am eigentlichen Psalter nicht zu erwarten. Es findet sich zwar eine Anspielung auf einen Vers aus dem Psalter, Ps 37,29, in Sure 21,105:

> «Und Wir haben im Psalter (zabûr) nach der Ermahnung geschrieben, dass meine rechtschaffenen Diener das Land erben werden.»

In späteren Jahrhunderten kannten die Muslime gewisse Zitate aus dem Alten und dem Neuen Testament, die gewöhnlich von Konvertiten übermittelt worden waren. Häufig wurden diese im polemischen Kontext als Prophezeiungen auf den Propheten Muḥammad hin aufgefasst. So führt der zum Islam konvertierte Nestorianer ᶜAlî Rabbân b. al-Tabarî (Mitte 9. Jh.), der zwei Streitschriften gegen seine ehemalige Religion verfasste, mehrere Psalmenzitate an (z.B. Ps 45,4f; 149). Unter den alt- und neutestamentlichen Prophezeiungen auf den Propheten Muḥammad in muslimischen Werken nimmt aber der Psalter in keiner Hinsicht eine hervorragende Stellung ein, im Gegenteil: Die ältesten und bedeutendsten Passagen sind Zitate aus Jesaja (Jes 40,3f; 42,11-13 u.a.). Erst aus viel späterer Zeit, vom Ende des 13. Jh., stammen Handschriften, die eine «Übersetzung des Psalters» zu sein behaupten. In Wirklichkeit handelt es sich aber um eine Kompilation aus dem Koran. Über tiefergreifende Kenntnisse des *zabûr*, der David offenbarten Schrift, oder über ein besonderes Interesse daran haben die Muslime nicht verfügt.

2. David als Sänger

Die musikalische Begabung Davids ist im Koran selber nur knapp angedeutet. So heisst es etwa in Sure 21,79:

> «Und Wir machten dem David die Berge dienstbar, dass sie ‹Uns› preisen, und auch die Vögel. Ja, Wir haben es getan.»

Ähnliches steht in Sure 34,10 geschrieben:

> «Und Wir liessen David eine Huld von Uns zukommen. ‹Ihr Berge, singt Kehrverse mit ihm, und auch ihr Vögel.›»

David preist Gott in solch eindringlicher Weise, dass dieser die gesamte Natur in Davids Lobpreis einstimmen lässt. David wird im Koran also wie Orpheus beschrieben: Auch die Tiere, ja sogar die leblosen Berge werden durch seinen Gesang betört und mitgerissen.

In der späteren islamischen Traditionsliteratur wird das Motiv von Davids Gesang ins Märchenhafte gesteigert. So beschreibt al-Thaᶜlabî sehr ausführlich, dass David mit der schönsten Stimme, die Gott erschaffen hatte, ausgestattet war, und dass er den Psalter in 70 Melodien (*laḥn*) zu singen verstand. Durch seinen wunderbaren Gesang vermochte David den gesamten Kosmos zu verzaubern und anzulocken:[14]

> «Wenn er den Psalter rezitierte, ging er hinaus in die Wüste. Hinter ihm kamen die Gelehrten (*ᶜulamâʾ*) der Söhne Israels, hinter den Gelehrten die ‹gewöhnlichen› Leute, hinter den Leuten die Dämonen (*djinn*), hinter den Dämonen die Teufel (*shayâtîn*). Die wilden Tiere, die Raubtiere näherten sich, die Vögel gaben ‹David› Schatten. Das fliessende Wasser blieb still und der Wind legte sich.»

Durch Davids Gesang wird ein paradiesischer Zustand heraufbeschworen. Er erscheint sowohl im Koran als auch in der Traditionsliteratur als wahrer Orpheus, ja er übertrifft diesen noch: Er kann durch seinen Gesang nicht nur wilde Tiere und Naturgewalten zähmen, sondern er bringt sie auch – durch die Gnade Gottes – dazu, mit ihm zusammen Gott zu lobpreisen, wie es schon im Koran steht (vgl. oben).

Das David-Orpheus-Motiv ist bereits vorislamisch. Vor allem aus der jüdischen und christlichen Kunst ist es bekannt: Es sei nur an das berühmte Mosaik der Synagoge von Gaza (Anfang 6. Jh.)[15], an Dura Europos (3. Jh.) oder christlicherseits an die Callistus- und die Priscilla-Katakombe (3. bzw. 4. Jh.) erinnert.[16] Der früheste literarische Beleg für das David-Orpheus-Motiv scheint der Psalm 151A aus Qumran zu sein.[17] Doch gerade hier finden sich auch bedeutende Unterschiede zur islamischen Vorstellung: Während nämlich in Ps 151A die Berge und Hügel angeklagt werden, dass sie Gott nicht bezeugen und nur die Bäume und Tiere auf Davids Lobgesang reagieren, sind es im Koran gerade auch die Berge, die in Davids Loblied einstimmen.[18] Diese Einbeziehung der Berge ist wahrscheinlich von Passagen wie Ps 98,8; 148,9 usw. inspiriert. Bei der koranischen Betonung der Berge, die in Davids Lobgesang einstimmen, handelt es sich aber möglicherweise ausserdem um eine Adaptierung an die geographischen Verhältnisse Arabiens: Statt eine reiche Tier- und Pflanzenwelt wird die karge Berglandschaft angesprochen.

Ein interessantes Detail ist ferner die Tatsache, dass die Betonung im Koran und im *tafsîr* ganz auf der Stimme Davids liegt, ohne dass ein Instrument erwähnt wird.[19] David rezitiert hier den Psalter auf dieselbe Weise, wie der Koran rezitiert wird, nämlich ohne instrumentale Begleitung.[20]

Die literarische Ausfaltung des David-Orpheus-Motivs, das bereits in der jüdischen und christlichen bildlichen Kunst auftaucht, sowie die Einbeziehung der gesamten – auch der leblosen – Natur in den Lobpreis Davids scheint dem Islam eigen zu sein.

3. David als Sünder und Büsser

Die Sünde Davids ist im Koran nur angedeutet. Ohne einen Rückbezug auf die Bibel bleibt die Passage unverständlich. Erst in den Korankommentaren und den Prophetenlegenden wird die Batseba-Episode ausführlich erzählt. Auch Davids Buss- und Gebetsübungen stiessen bei den Korankommentatoren auf viel Interesse.

In Sure 38,17-25 ist von einer Versuchung Davids durch Gott sowie seiner nachfolgenden Reue die Rede. Die Stelle knüpft an 2Sam 12,1-4 an, ohne dass jedoch die Hauptsache, nämlich die Batseba-Episode erwähnt wird:[21]

«(17) Und gedenke unseres Dieners David, des Kraftvollen. Er war bereit zur Umkehr (*awwâb*). (18) Und Wir machten die Berge dienstbar, dass sie zusammen mit ihm am Abend und bei Sonnenaufgang lobpreisen, (19) und auch die Vögel in Scharen. Alle waren bereit, zu ihm umzukehren (*awwâb*). (20) Und Wir festigten seine Königsherrschaft (*mulk*) und liessen ihm die Weisheit (*ḥikma*) und die Fähigkeit zu entscheidendem Spruch (*faṣl al-ḵiṭâb*) zukommen.
(21) Ist der Bericht über die Streitigkeiten zu dir gelangt? Als sie über die Mauern in die Räume einstiegen. (22) Als sie bei David eintraten. Da hatte er Angst vor ihnen. Sie sagten: ‹Fürchte dich nicht. Wir sind zwei Streitparteien, von denen die eine gegen die andere Übergriffe begangen hat. So urteile zwischen uns nach der Wahrheit (*uḥkum bi'l-ḥaqq*), handle nicht ungerecht und führe uns zum rechten Weg. (23) Dieser mein Bruder besitzt 99 Schafe, ich aber ein einziges Schaf.[22] Nun sagt er: ‹Vertraue es mir an›, und er setzt mich in der Rede unter Druck. (24) Er (= David) sagte: ‹Er hat dir Unrecht getan, dass er dein Schaf zu seinen Schafen hinzu verlangte. Viele von den Partnern begehen gegeneinander Übergriffe, ausgenommen diejenigen, die glauben und die gute Werke tun – und das sind nur wenige.›
Und David verstand, dass Wir ihn der Versuchung (*fitna*) ausgesetzt hatten. Da bat er seinen Herrn um Vergebung (*istaghfara*) und warf sich in Verneigung nieder (*ḵarra râkiʿân*) und wandte sich ‹Ihm› reumütig zu (*anâba*). (25) Da vergaben Wir (*ghafarnâ*) ihm dies. Bestimmt ist ihm der Zutritt in unsere Nähe und seine schöne Heimstatt.»

Die Sünde selber wird im Koran nicht angesprochen, lediglich die Parabel der Strafrede Natans aus 2Sam 12 wird erwähnt. Diese erscheint allerdings nicht als Parabel, sondern als reale Begebenheit. Auch am Entscheid Davids, der sich für das Recht des armen Mannes entscheidet, ist nichts Anstössiges. Die Betonung auf Umkehr und Verzeihung in den Versen 17 bis 19 und 24f lässt jedoch keinen Zweifel daran aufkommen, dass David einen Fehler begangen hat.

Angesichts des Vergehens, das David in den Versen 21-24 angelastet wird, fällt ausserdem der positive Rahmen der ganzen Passage auf: David erscheint in den Versen 21-24 als von Gott begünstigter weiser König und Sänger. Im Vers 25 ist von der vollständigen Vergebung Gottes die Rede, ohne dass eine Strafe auch nur angedeutet wäre.[23]

Die Lücke der fehlenden Sünde im koranischen Text wird erst von den Korankommentatoren geschlossen: Die Geschichte von Batseba wird ganz ähnlich wie in 2Sam 11 geschildert. Das Material stammt wohl von jüdischen Konvertiten.

In der islamischen Batseba-Episode finden sich aber einige Unterschiede zum biblischen Bericht, die sich nur teilweise auf die rabbinische Interpretation zurückführen lassen: So soll David gerade in seinen Gemächern gebetet haben, als sich eine goldene Taube bei ihm niederliess und ihn ablenkte. Hinter dieser Taube verbarg sich allerdings der Teufel. Erst als David dem Wundervogel nachjagt, erblickt er die schöne Badende.[24] In der islamischen Fassung wird David durch den Zwischenfall mit der Taube deutlich entlastet: Er war ja gerade beim Gebet, hatte also keine schlechten Absichten. Zudem hatte er seinen Blick – wie al-Thaʿlabî feststellt – nicht absichtlich (*lam yata^cmid*)[25] auf Batseba gerichtet. Auch in ihrem weiteren Verlauf wird die Geschichte von ihren schlimmsten Anstössigkeiten befreit: David findet die badende Batseba etwas diskreter in einem Garten, nicht auf dem Dach (2Sam 11,2). Ausserdem war Batseba mit Urija lediglich verlobt, nicht verheiratet, und der «Ehebruch» fand erst nach Urijas Tod statt.[26]

Den muslimischen Kommentatoren gilt die Batseba-Episode als Test Davids durch Gott. Den Grund für eine solche Prüfung sehen sie darin, dass David wie Abraham, Isaak und Jakob sein wollte, die alle Prüfungen zu bestehen hatten.[27] Diesen Test besteht David allerdings nicht. Trotzdem gehört er zu den Propheten der Vorzeit, da ihm seine Sünde von Gott grosszügig verziehen wird. Gott ist der Gerechte und Barmherzige. Dies wird im Koran immer wieder betont. Diese göttliche Barmherzigkeit zeigt sich am Beispiel Davids besonders deutlich.

Besondere Aufmerksamkeit finden dann die folgenden Reu- und Bussübungen Davids. Schon vor seiner Sünde war David nach Meinung der Koranausleger ein grosser Beter, der sich sogar in das Wollgewand (*ṣûf*) der Mystiker kleidete.[28] Nach seiner Sünde soll er sich vierzig Tage und Nächte eingeschlossen, geweint und geklagt haben, bis Gras von seinen Tränen um seinen Kopf herum wuchs. Auch die Berge und die Tierwelt sollen in seine Klage eingestimmt haben. Nach einer anderen Version klagte er dreissig Jahre lang, ernährte sich nur von Tränen und trockenem Gerstenbrot.[29] Im Fasten, Klagen und Beten Davids spiegeln sich die Asketeübungen der frühen islamischen Mystiker wider.[30] Später gilt Davids Fasten in der islamischen Tradition, das abwechselnd in einem Tag Fasten und Essen bestanden haben soll, als das beste Fasten. Seine «gemässigte» Askese wird den radikalen Asketeübungen einiger früher Muslime gegenübergestellt.[31]

David spielt dann in der späteren Mystik zusammen mit den anderen Propheten eine gewisse Rolle: Die Propheten sind dabei eine Art Chiffre: Sie können verschiedene Stationen des Mystikers auf dem Weg zu Gott oder verschiedene geistige Zentren des Menschen repräsentieren. So steht David beim Mystiker ^cAlâ al-Dawla al-Simnânî (gest. 1336) für den geistigen Aspekt des Menschen.[32] Die David zugeschriebenen Funktionen sind aber nicht konstant und heben ihn auch nicht über die Bedeutung der anderen Propheten hinaus.

Trotz seinem Fehltritt erscheint David sowohl im Koran als auch im *tafsîr* in einem durchwegs positiven Licht. Die Vergebung seiner Sünde durch Gott sowie sein Platz im Paradies sind ihm gesichert (Sure 38,25). Ausser der Batseba-Episode werden ihm keine weiteren Verfehlungen angelastet.[33] Diese durchwegs positive Beurteilung hängt bestimmt damit zusammen, dass sich im Islam langsam die Ansicht durchsetzte, die Propheten seien «unfehlbar» (ma‛ṣûm).³⁴ Ein weiterer Grund für die Bagatellisierung von Davids Sünden im Islam liegt möglicherweise ausserdem darin, dass David im Islam eine Figur der Vergangenheit ohne Zukunftsdimensionen und damit auch ungefährlich ist: Es gab im Islam keine Umstürzler, die sich auf David beriefen oder religiöse Führergestalten, die ihre Abstammung von David herleiteten: David konnte so im Islam nicht zu einer polemischen Figur werden.³⁵

4. David als weiser König

Überraschend selten, nur zweimal wird David im Koran ausdrücklich die Königsherrschaft zugesprochen, nämlich in Sure 38, 20 (siehe oben) sowie in Sure 2,251:

> «Und David tötete Goliat. Und ihm liess Gott die Königsherrschaft (mulk) und die Weisheit (ḥikma) zukommen, und Er lehrte ihn manches, was Er eben wollte.»

Der Sieg über Goliat ist der unmittelbare Grund für Davids Königtum. Die Königsherrschaft scheint ausserdem untrennbar mit der Gabe der Weisheit verbunden zu sein: Sowohl in Sure 38,20 als auch in Sure 2,251 erscheinen die Gabe des Königtums und der Weisheit nebeneinander. Bei der wiederholten Zuschreibung der Weisheit an David liegt wohl eine Übertragung der Eigenschaft seines Sohnes Salomo auf den Vater selber vor. Die beiden werden in Bezug auf ihre Weisheit nämlich in Sure 21,78-80 sowie in Sure 27,15 zusammen erwähnt.

Das Königtum Davids wird auch bei den Korankommentatoren ziemlich knapp behandelt. Alles, was al-Tha‛labî dazu schreibt, ist folgendes:³⁶

> «Er (= David) war der mächtigste König der Erde in Bezug auf die Stärke. Sein Palast (miḥrâb) wurde jede Nacht von 33'000 Männern bewacht.»

Es geht al-Tha‛labî und den anderen Traditionalisten darum, die Grösse und Macht von Davids Königtum zu beschreiben. Ein Fortbestand dieser königlichen Macht oder die Hoffnung auf eine Wiedererrichtung in der Zukunft werden hingegen nicht erwähnt.

Die Weisheit Davids (und Salomos) ist bei den Korankommentatoren auf mehr Interesse gestossen als das Königtum: Gestützt auf Sure 21,78-80, wo David und Salomo gemeinsam ein Urteil über ein nicht näher beschriebenes Saatfeld fällen³⁷, werden mehrere Gerichtsfälle geschildert, die David und Salomo zusammen lösten. Salomos Entscheide finden dabei allerdings mehr Anklang. David steht hier gewissermassen hinter seinem Sohn zurück.³⁸

Ein weiteres koranisches Epithet Davids scheint mit seinem Königtum in Zusammenhang zu stehen: In Sure 38,26 wird David als «Nachfolger auf der Erde» bezeichnet:

> «O David, Wir haben dich zum Nachfolger auf der Erde (khalîfa fî'l-arḍ) bestellt. So urteile (uḥkum) zwischen den Menschen nach der Wahrheit und folge nicht der eigenen Neigung, dass sie dich nicht vom rechten Weg abirren lässt. Für diejenigen, die vom Weg Gottes abirren, ist eine harte Pein bestimmt dafür, dass sie den Tag der Abrechnung vergessen haben.»

Die Nachfolge Davids besteht darin, die Menschen in gerechter Weise, «nach der Wahrheit», zu richten. Seine Aufgabe ist vornehmlich eine politisch-juristische, wobei der juristische Aspekt natürlich untrennbar mit der Religion verbunden ist. Der Begriff khalîfa wird im Koran im Kontext der Strafgerichtsreden häufig in Bezug auf bestimmte Generationen angewendet.[39] Er erscheint aber auch in Bezug auf gewisse Einzelpersonen wie etwa Adam, den ersten Menschen: Adam war der Stellvertreter (khalîfa) Gottes auf Erden, vor dem sich sogar die Engel niederwerfen mussten (Sure 2,30). In der Mystik wurde diese Nachfolge Adams weiter ausgefaltet.[40] Die Nachfolge Davids entbehrt dieser mystisch-spekulativen Dimension. Diese Tendenz wird bei den Korankommentatoren noch deutlicher: Sie sehen in David lediglich den Nachfolger Sauls, so wie Salomo Nachfolger Davids war.[41] Durch die Bezeichnung khalîfa soll also lediglich die Kontinuität in der Abfolge der Könige gewährleistet werden.

5. David als Verfertiger von Panzergewändern

David hat im Islam neben seinen schon aus Juden- und Christentum bekannten Rollen als Prophet, Sänger, Büsser und König eine zusätzliche, überraschende Funktion: Er fertigt Panzergewänder an. Diese seine Fähigkeit wird im Koran an zwei Stellen erwähnt, nämlich in Sure 21,80 und in Sure 34,10f:

> «Und Wir machten für ihn (= David) das Eisen geschmeidig. ‹Fertige Panzergewänder an und webe im richtigen Mass die Panzermaschen aneinander. Und tut Gutes. Ich sehe wohl, was ihr tut.›»

David wird hier fast als eine Art Prometheus geschildert, nur dass seine Fähigkeit, das Eisen zu bearbeiten und daraus Kriegsgerät herzustellen, positiv bewertet wird. Aber weder in der jüdischen noch in der christlichen Literatur findet sich meines Wissens eine Parallele zu dieser sonderbaren Eigenschaft Davids.

Bereits in der vorislamischen arabischen Dichtung begegnet hingegen ein David, der Panzergewänder herstellt. So findet sich beispielsweise in einer *qaṣîda* des altarabischen Dichters al-Aʿs̠ẖâ[42] folgendes:[43]

> «... dann die Panzer von Davids Geflecht, gar vieler Tragkamele Belastung, im Arsenal ...»

Die Gestalt eines gewissen David, der Panzergewänder schmiedet, erscheint also zum ersten Mal in vorislamischer Zeit auf der arabischen Halbinsel. Ob es sich dabei um den biblischen David oder um eine lokale Figur, etwa einen jüdischen Handwerker handelt, ist ungewiss.[44] Die beiden Figuren verschmolzen jedenfalls später miteinander, möglicherweise bereits in vorislamischer Zeit. Die Identifizierung wurde sicher begünstigt durch die kriegerische Rolle, die David im Kampf gegen Goliat spielt. Trotzdem ist es interessant, dass in der biblischen Fassung gerade nicht Davids, sondern Goliats Rüstung eindrücklich beschrieben wird (1Sam 17,4-7)!

Das Handwerk Davids, Panzergewänder zu schmieden, stiess auch bei den Korankommentatoren auf Interesse. Insbesondere die Frage, wie er zu diesem Handwerk kam, wird auf originelle Weise beantwortet: Der König David hatte die Gewohnheit, sich verkleidet unter sein Volk zu mischen, um die Meinung der Untertanen über ihren König in Erfahrung zu bringen. Eines Tages meinte ein Mann ihm gegenüber, dass der König seinen Haushalt aus dem Schatzhaus ernähre, ohne dass er je etwas hinzufüge, sodass sich dieses langsam leere. Darauf betete David zu Gott:[45]

> «Er bat Gott – Er ist erhaben – darum, dass Er ihm ein Mittel zur Verfügung stelle, um Geld ins Schatzhaus zu bringen, um davon seinen Haushalt zu ernähren. Da machte Er ihm das Eisen geschmeidig, sodass es in seiner Hand wie knetbarer Wachs, wie feuchter Lehm wurde. Er formte es mit seiner Hand wie er wollte, ohne Feuer und ohne es zu schlagen. Gott lehrte ihn die Anfertigung der Panzergewänder. Er begann mit ihrer Anfertigung: Er war der erste, der sie anfertigte (...) Jedes Panzergewand verkaufte er für 4000 Dirham und ernährte ‹mit dem Erlös› seinen Haushalt.»

Auch im *ḥadîth* wird lobend erwähnt, dass David von den Früchten seiner Arbeit lebte.[46] David wird als geschäftstüchtiger Handwerker charakterisiert. Diese Darstellung Davids stammt wahrscheinlich aus späterer Zeit. Das Motiv des Herrschers, der sich verkleidet unter sein Volk mischt, ist besonders aus den Märchen aus 1001 Nacht bekannt, wo es in Bezug auf den Abbasiden Harûn al-Ras̠ẖîd erscheint. Die Darstellung Davids als eines tüchtigen Panzerschmiedes scheint ihren Ursprung deshalb in der stark urbanisierten Gesellschaft der Abbasidenzeit zu haben.

6. David als messianischer König?

Eine zentrale Eigenschaft Davids sowohl im Judentum als auch im Christentum besteht in seinem Weiterwirken nach seinem Tod sowie in den eschatologischen Erwartungen, die an ihn geknüpft sind. Im Judentum ist die Hoffnung auf einen «Spross Davids», der «am Ende der Tage» auftreten wird, schon sehr alt.[47] Im Christentum ist Jesus bereits im Neuen Testament der erwartete Messiaskönig aus dem Stamme Davids.[48] Spielt David auch im Islam, der von Juden- und Christentum beeinflusst ist, eine vergleichbare Rolle im eschatologischen Geschehen?

In den vorhergehenden Abschnitten wurde es bereits angedeutet: David kommt in den Zukunftshoffnungen der Muslime kaum oder überhaupt nicht vor. David ist eine Gestalt der Vergangenheit, die nur durch ihre Vorbildfunktion als Beter, Büsser und Asket in die Gegenwart hineinwirkt. Davids Königtum war zwar mächtig und eindrucksvoll, es spielt jedoch für die erwartete Heilszukunft keine Rolle mehr. Davids Gesang und Gebet rufen zwar paradiesische Zustände hervor; aber nirgends – weder im Koran noch in den Korankommentaren – wird ein Zusammenhang mit der endzeitlichen messianischen Glückseligkeit hergestellt.

David ist also im Islam keine Gestalt, die durch die Gegenwart hindurch ins Eschaton hineinragt. Wie kommt es aber zu dieser «Ent-eschatologisierung» Davids im Islam? Der wichtigste Grund liegt wohl darin, dass das Konzept der eschatologischen Erlösung im frühesten Islam überhaupt eine relativ geringe Rolle spielt: Der wichtigste Schritt zur Erlösung besteht für den Muslim im Beitritt zur islamischen Gemeinschaft (*umma*). Als aufrichtiges Mitglied der *umma* wird er auch den im Koran häufig geschilderten «Tag des Gerichts» gut überstehen. Wegen dieses mangelnden Interesses am endzeitlichen Heilsgeschehen kommt auch echatologischen Erlösergestalten eine weit geringere Bedeutung zu als in den beiden älteren Schwesterreligionen. So wird im Koran überhaupt keine messianische Figur erwähnt!

Später und vor allem im nichtorthodoxen Islam kam es dennoch zur Ausbildung einer Eschatologie. So haben die Schiiten jüdischen oder christlichen vergleichbare Endzeitvorstellungen. Die von den Schiiten erwartete Erlösergestalt stammt aber von ʿAli, dem Schwiegersohn des Propheten und seinen Nachkommen ab, die von den Schiiten als einzige rechtmässige Nachfolger des Propheten akzeptiert werden. Die Betonung liegt ganz auf dem Charisma, das von Muḥammad auf ʿAli und seine Nachkommen übergeht; David spielt dabei überhaupt keine Rolle. Es gab im Laufe der islamischen Geschichte viele messianische Gestalten, doch fast alle traten im Namen irgendeines ʿAliden auf; von keinem ist bekannt, dass er sich als Davidide bezeichnet hätte.

Auch die Sunniten haben im *ḥadīṯ* und in der *sunna* eine Messiaslehre entwickelt. In einem frühen Entwicklungsstadium spielt Jesus dabei die zentrale Rolle: Er wird am Ende der Tage den *daǧǧāl*, den islamischen Antichristen töten, das Kreuz zerbrechen und das Schwein vernichten, sodass alle Menschen den einen Gott auf einer paradiesischen Erde anbeten werden.[49] Aber obwohl Jesus im Christentum die Erfüllung der messianisch-davidischen Erwartungen darstellt, wird dieser davidische Einfluss im Islam äusserst abgeschwächt: Die Abstammung Jesu von David wird nämlich nirgends hervorgehoben. Jesus wird durchwegs als «Sohn der Maria» (*Ibn Maryam*) bezeichnet.[50] In späteren Traditionen wird dann Jesus durch einen anonymen *mahdî* («der Rechtgeleitete») ersetzt, dessen Verbindung zu David noch unsicherer und zweifelhafter ist.

Ein weiterer Grund für das Fehlen Davids in der islamischen Eschatologie liegt vielleicht darin, dass David – wie alle Propheten vor Muḥammad – mit seiner Botschaft zu einer vergangenen Generation geschickt wurde. Davids Botschaft war an ein anderes, verflossenes Geschlecht gerichtet. Mit David ist daher kein vergangener nationaler Idealzustand verbunden, der in Zukunft wiederhergestellt werden könnte. David bleibt damit für die Muslime ein grosser König der Vergangenheit, der im Eschaton keine Rolle mehr spielt.

Anmerkungen

[1] Jüdische Überlieferungen, die sich in der islamischen Literatur finden, wurden *Isrā'îliyyât* genannt. Ursprünglich eine neutrale Bezeichnung, erhielt der Begriff mit der Zeit abwertende Konnotationen, vgl. dazu Vajda 1978, 221f.

[2] Zu dieser Eigenart der arabischen Literatur vgl. Wagner 1987, 161-176.

[3] In Bezug auf die David-Gestalt vgl. beispielsweise Speyer 1961, 375-383, und Horovitz 1926, 109-111. Zu neuerer Literatur über David im Islam vgl. den Anhang von Shin'an A., zu Zakovitch 1995 (Hebr.), 181-199, und Hasson 2000, 19f.

[4] Vgl. al-Thaʿlabî (ohne Jahreszahlangabe), 244-247.

[5] Obwohl er nur 16mal namentlich erwähnt wird (im Vergleich dazu: Jesus wird im Koran über 50mal namentlich erwähnt, Abraham 70mal und Mose fast 120mal!), beziehen sich insgesamt etwa 20 Verse auf David. Sechs von den neun Suren, in denen David erwähnt wird, stammen aus der mekkanischen Periode, aus der Zeit also, in der Muḥammad nur beschränkten Kontakt zu Juden und in noch geringerem Masse zu Christen hatte.

[6] Der Koran wird zitiert nach der Übersetzung von Khoury 1987.

[7] Die Abfolge Abraham, Ismael, Isaak, Jakob, Stämme zusammen mit Jesus und Mose findet sich in mehreren Suren, vgl. z.B. Suren 2,136; 3,84. Die Abfolge David, Salomo, Hiob, Aaron findet sich auch in Sure 6,84 (s. unten).

[8] Das Wort *zabûr* bzw. der Plural davon *zubur* erscheint bereits in der vorislamischen Literatur im Sinne von «Schrift». Auch im Koran hat der Plural *zubur* die Bedeutung «Schrift» (z.B. Sure 26,196). Im Singular bezieht sich *zabûr* im Koran hingegen stets auf David. Das Wort ist wohl südarabischen Ursprungs und wurde später wegen der klanglichen Ähnlichkeit mit dem hebr. *mizmôr* bzw. seinem syrischen (*mazmôr*) oder äthiopischen (*mazmûr*) Äquivalent gleichgesetzt, vgl. dazu Horovitz 1987, 1184f, und Paret 1980, 111f.

9 Wahrscheinlich ist hier gemeint, dass selbst die Propheten sich das Jenseits verspielt hätten («wäre ihnen wertlos geworden»), wenn sie im Diesseits Gott andere Götter beigesellt hätten.
10 Die Dreiheit Buch, Urteilsvollmacht, Prophetie erscheint auch in anderen Suren als Gabe Gottes an Seine Gesandten, bes. an die Kinder Israels (Suren 3,79; 45,16). Mit der «Urteilsvollmacht» ist wohl eine besondere Fähigkeit zur Entscheidung in schwierigen, strittigen Fragen gemeint, die den Propheten dank ihres Offenbarungswissens zukommt. In diesem Sinn erscheint die «Urteilsvollmacht» auf David und Salomo bezogen auch in Sure 21,79.
11 Im Koran wird Muḥammad nur ein einziges Mal «Siegel der Propheten» genannt, nämlich in Sure 33,40. In der späteren Theologie wurde diese Bezeichnung jedoch zu einem zentralen Begriff. Zum Ausdruck «Siegel der Propheten» und seiner Herkunft aus dem Manichäismus vgl. Stroumsa 1992, 275-288.
12 Zitiert wird nach Maier 1995, 340f. Zum hebr. Text vgl. Sanders 1965, 48. Zu David als Prophet in Qumran vgl. auch Kleer 1996, 289f.294f.
13 Al-Thaʿlabî, 244.
14 Ebd.
15 Vgl. Avi-Yona 1971, 341.
16 Vgl. dazu Daniélou 1957, 594-603, bes. 602.
17 11Q05, vgl. Maier 1995, 341f.
18 Es ist interessant, dass in einem arabischen «Pseudo-Psalm», dessen älteste Handschrift aus dem Jahre 1262 stammt, die Berge in den Lobpreis Davids einstimmen (zit. in Kleer 1996, 257): «O David! Wenn die Berge Mich nicht lobpriesen, dann würde Ich sie fürwahr ausrotten!» Ob es sich dabei tatsächlich nur um einen «Gegenpsalm» zu Ps 151A handelt, ist fraglich: Möglicherweise hat das islamische Umfeld den Verfasser des arabischen Psalmes zu dieser «Korrektur» angeregt. Bereits die antike Orpheus-Tradition berichtet von der leblosen Natur, die Davids Spiel lauscht, vgl. Kleer 1996, 244-247.
19 Nur an einer Stelle, im Ṣaḥîḥ des Bukhârî (VI, 61, 568), wird ein Instrument Davids erwähnt.
20 Trotz seiner in der islamischen Tradition oft erwähnten musikalischen Gaben nimmt David in der arabischen Musiktheorie keine aussergewöhnliche Stellung ein: Die sieben Modi (*maqâm*) werden auf sieben vorislamische Propheten (Adam, Mose, Joseph, Jona, David, Abraham, Ismael) zurückgeführt, ohne dass David dabei besonders hervorgehoben wird, vgl. dazu Jargy 1971, 9.
21 Möglicherweise spielt auch ShemR 2,3 hinein, wo «Gott David in Bezug auf die Herde prüft». Im Midrasch geht es dann allerdings darum, dass David die Vorschriften der Mischna einhielt (1Sam 17,28 wird in Bezug auf mBQ 7,7 gelesen).
22 Die Nennung von 99 bzw. einem Schaf erinnert an Mt 18,12-14. Dies deutet möglicherweise auf eine christliche Informationsquelle der koranischen Passage.
23 In der rabbinischen Literatur hat David verschiedene Strafen zu erdulden, so wird er als Strafe von Aussatz befallen oder die Schechina verlässt ihn zeitweilig (bYom 22b; bSan 107b).
24 Al-Thaʿlabî, 248f. Eine ähnliche Episode findet sich in bSan 107a. Auch dort erscheint der Teufel dem David in Form einer Taube. David bewirft ihn mit einem Stein, wodurch er ein Loch in die Wand schlägt und so Batseba erblickt.
25 Al-Thaʿlabî, 250.
26 Ebd.
27 Der Wunsch Davids, wie die drei Patriarchen zu sein, findet sich auch im rabbinischen Schrifttum (bPes 117b) und bei den Kirchenvätern (Justin der Märtyrer, *Dial.* 141).
28 Al-Thaʿlabî, 249.
29 Al-Thaʿlabî, 253f.
30 Zu der Askese der frühen Mystiker im Islam Andrae 1960, 44-69.
31 Vgl. beispielsweise Bukhârî, *Ṣaḥîḥ,* IV, 55, 631.

32 Vgl. Schimmel 1992, 535f. David wird auch von einigen späteren Mystikern erwähnt, so vom berühmten iranisch-mystischen Dichter Djalâl al-Dîn al-Rûmî (gest. 1273), wo er zusammen mit 28 weiteren Propheten als *locus* spezieller göttlicher Manifestation beschrieben wird (Husaini 1970, 58).

33 In der Bibel versündigt sich David ausserdem durch eine Volkszählung (2Sam 24; 1Chr 21). In der rabbinischen Literatur kommen weitere Verfehlungen hinzu: David habe seinen Sohn Abschalom zu weich erzogen und die Tora unverbindlich als «Gesänge» bezeichnet (bSot 35a), vgl. dazu Thoma 1981, 386.

34 Diese Auffassung entstand zuerst bei den Schiiten in Bezug auf die Imame und wurde dann schrittweise auf die Propheten ausgedehnt. Die Muʿtaziliten schlossen sich dieser Auffassung an. Unter den Sunniten blieben die Meinungen geteilt. Al-Thaʿlabî gehört nicht zu den strikten Verfechtern dieser Theorie, da er Verfehlungen Davids – allerdings in abgeschwächter Form – erwähnt. Zum Prinzip der «Unfehlbarkeit» im Islam vgl. Madelung 1978, 190-192.

35 In der Antike wurde David beispielsweise nicht von allen geschätzt: So schreibt Epiphanius in *Pan.* 30, 18, 4, dass die Ebioniten David und Salomo verfluchten und lächerlich machten (vgl. Klijn / Reinink 1973, 186f). Zur Stellung Davids im judenchristlichen Schrifttum vgl. auch Strecker 1958, 184-187. Auch im rabbinischen Judentum ist die Bewertung Davids umstritten: So heisst es einerseits, dass David nicht gesündigt habe (bShab 56a), während andererseits David Sünden zugeschrieben werden, die nicht biblisch sind (vgl. oben Anm.33).

36 Al-Thaʿlabî, 247.

37 Speyer 1961 erwähnt ShemR 2,3 und BerR 8,1 als mögliche Vorbilder für Sure 21,78-80. Der Koran ist an unserer Stelle jedoch so knapp, dass kaum mit Sicherheit zu bestimmen ist, auf welche Begebenheit hier angespielt wird.

38 Al-Thaʿlabî, 257; Muslim, *Ṣaḥîḥ*, 18, 4269.

39 In Sure 6,165; 10,14; 10,73; 35,39 u.a. ist damit eine spätere Generation gemeint, die die Nachfolge von früheren Generationen antritt.

40 Vgl. dazu Schimmel 1992, 269.

41 Al-Thaʿlabî, 244.257.

42 Al-Aʿshâ lebte unmittelbar vor dem Aufkommen des Islam, vgl. dazu Sezgin 1967-1984, II, 130-132.

43 Das Gedicht wird zitiert in Wagner 1987, 77.

44 Die letztere Ansicht vertritt Paret 1965, 188.

45 Al-Thaʿlabî, 247.

46 Bukhârî, *Ṣaḥîḥ,* III, 34, 286.

47 Vgl. beispielsweise 4Q174 III, 11 (Maier 1995, II, 104).

48 Vgl. Mt 15,22; 20,30.

49 Vgl. dazu Lazarus-Yafeh 1981, 48-57.

50 Die Bezeichnung «Ibn Maryam» erscheint im Koran 33mal (vgl. Anawati 1978, 85-90). Sie stammt wohl aus den apokryphen Kindheitsevangelien (z.B. Protev 10,1), denn im Neuen Testament selber wird Jesus nur einmal als «Sohn der Maria» (Mk 6,3) bezeichnet.

Bibliographie

Al-Thaʿlabî, (ohne Jahreszahlangabe): *Qiṣaṣ al-anbiyâ' al-musammâ ʿarâ'is al-madjâlis*, Beirut.

Anawati, G.C., 1978: Art. «ʿÎsâ» in *Encyclopédie de l'Islam*, IV, Leiden: Brill, pp. 85-90.

Andrae, T., 1960: *Islamische Mystik*, Stuttgart: Kohlhammer.

Avi-Yona, M., 1971: Art. «Gaza» in *Encyclopaedia Judaica*, VII, Jerusalem: Keter, col. 339-342.
Daniélou, J., 1957: Art. «David» in *Reallexikon für Antike und Christentum*, 3, Stuttgart: Hiersemann, col. 594-603.
Hasson, I., 2000: Art. «David» in *Encyclopaedia of the Qur'ân*, I, Leiden: Brill, pp. 19-20.
Horovitz, J., 1987: Art. «Zabur» in *Enzyklopädie des Islam*, VIII, Leiden: Brill (Nachdruck der 1. Aufl. 1913-1938), col. 1184-1185.
Horovitz, J., 1926: *Koranische Untersuchungen*, Berlin / Leipzig: de Gruyter.
Husaini, S.A.Q., 1970: *The Pantheistic Monism of Ibn al-Arabi*, Lahore: Muhammad Ashraf.
Jargy, S., 1971: *La musique arabe*, Paris: Presses Universitaires de France.
Khoury, A.T., 1987: *Der Koran*, Gütersloh: Gütersloher Verlagshaus.
Kleer, M., 1996: *«Der liebliche Sänger der Psalmen Davids». Untersuchungen zu David als Dichter und Beter der Psalmen*, Bodenheim: Philo.
Klijn, A.F.J. / Reinink, G.J., 1973: *Patristic Evidence for Jewish-Christian Sects*, Leiden: Brill.
Lazarus-Yafeh, H., 1981: *Is there a Concept of Redemption in Islam?*, Leiden: Brill.
Madelung, W., 1978: Art. «ᶜIṣma» in *Encyclopédie de l'Islam*, IV, Leiden: Brill, pp. 190-192.
Maier, J., 1995: *Die Qumran-Essener: Die Texte vom Toten Meer*, München: Reinhardt.
Paret, R., 1980: *Der Koran. Kommentar und Konkordanz*, Stuttgart: Kohlhammer.
Paret, R., 1965: Art. «Dâwûd» in *Encyclopédie de l'Islam*, II, Leiden: Brill, pp. 187-188.
Sanders, J.A., 1965: *The Psalms Scroll of Qumrân Cave 11*, Oxford: Clarendon.
Schimmel, A., 1992: *Mystische Dimensionen des Islam*, München: Diederichs.
Sezgin, F., 1967-1984: *Geschichte des arabischen Schrifttums*, Leiden: Brill.
Speyer H., 1961: *Die biblischen Erzählungen im Qoran*, Hildesheim: Olms.
Strecker, G., 1958: *Das Judenchristentum in den Pseudoklementinen*, Berlin: Akademie-Verlag.
Stroumsa, G.G., 1992: «‹Le sceau des prophètes›: Nature d'une métaphore manichéenne» in ders., *Savoir et salut*, Paris: Cerf, pp. 275-288.
Thoma, C., 1981: Art. «David. Judentum» in *Theologische Realenzyklopädie*, VIII, Berlin / New York: de Gruyter, pp. 384-387.
Vajda, G., 1978: Art. «Isrâ'îliyyât» in *Encyclopédie de l'Islam*, IV, Leiden: Brill, pp. 221-222.
Wagner, E., 1987: *Grundzüge der klassischen arabischen Dichtung, Bd. I: Die altarabische Dichtung*, Darmstadt: Wiss. Buchgesellschaft.
Zakovitch, Y., 1995: *David: From Sheperd to Messiah* (hebr.), Jerusalem: Yad Yizhak Ben-Zwi.

Abkürzungen

Jüdische Literatur:
b   babylonischer Talmud
m   Mischna
BQ   Traktat Baba Qamma
Yom   Traktat Yoma
San   Traktat Sanhedrin
Pes   Traktat Pesahim
Sot   Traktat Sota
Shab   Traktat Shabbat
BerR   Midrasch Genesis Rabba
ShemR   Midrasch Exodus Rabba
4Q 174   Florilegium (Qumran Höhle 4)

Christliche Literatur:
Dial.   Iustini Martyris Dialogus cum Tryphone
Pan.   Panarion

König und Prophet
Zum Davidbild in islamischen Quellen

JOHANN CHRISTOPH BÜRGEL

Zusammenfassung:

Der Beitrag präsentiert einige wichtige Texte zum Erscheinungsbild Davids in der islamischen Tradition, angefangen beim Koran, wo David als gerecht und weise richtender Herrscher und als tüchtiger Waffenschmied sowie als Empfänger der Psalmen erscheint, in denen er Gott gemeinsam mit Bergen, Vögeln und Wolken preist; dagegen kennt ihn der auch sonst zum Thema Musik schweigende Koran nicht als Sänger und Musiker. Für die umfangreiche Kommentarliteratur steht Ṭabarî (9. Jahrhundert) mit seinem ausführlichen Kommentar zu dem Satz «David tötete Goliat». Sodann werden Episoden aus dem Davidkapitel in Kisâ'îs Propheten-Erzählungen vorgestellt: die Ehebruchgeschichte, Salomos Geburt und Davids Tod. Es folgen einige charakteristische Details aus mystischen Texten: ein Passus aus Ibn al-ᶜArabîs Davids-Kapitel in seinen berühmten *Ringsteinen der Weisheit* (inwiefern ist David Gottes Stellvertreter), ein Passus über David als Musiker in Hujwîrîs *Aufdeckung des Verhüllten*. Auszüge aus erbaulichen Werken, in denen David-Worte mitgeteilt werden, zeigen David als Mittler göttlicher Offenbarungen. Einige Verse aus dem *Mathnawî* Rûmîs und dem *Dîwân* des Hafis, in denen David genannt wird, runden das Bild ab. Es zeigt sich, dass einerseits Davids Bedeutung im Islam von jener Salomos weit in den Schatten gestellt wird, anderseits seine Figur viel weniger blutbefleckt ist als die des alttestamentlichen David. Namentlich Kisâ'î zeichnet ein menschlich anrührendes und in sich geschlossenes David-Bild, das eine willkommene Ergänzung zu den vagen, ohne Kommentar weitgehend unverständlichen Andeutungen des Korans darstellt.

Résumé:

L'article présente quelques textes importants qui montrent comment le personnage de David est perçu dans la tradition islamique. La première source consultée est le Coran. David y est un prophète et un souverain au jugement juste et sage, ainsi qu'un armurier de valeur; il a reçu de Dieu les psaumes dans lesquels il le glorifie de concert avec les montagnes, les oiseaux et les nuages. Mais le Coran ne connaît David ni comme chantre ni comme musicien; il ne contient d'ailleurs aucune référence à la musique. De tous les traités exégétiques, le commentaire du Coran de Ṭabarî (IXᵉ s.), *Tafsîr*, qui s'étend longuement sur la phrase «David tua Goliat», est cité ici à titre d'exemple. L'article considère ensuite divers épisodes tirés du chapitre que Kisâ'î consacre à David dans ses *Vies des prophètes* (*Qiṣaṣ al-anbiyâ'*): l'adultère, la naissance de Salomon et la mort de David. Suivent quelques détails caractéristiques choisis dans les écrits mystiques: un passage du chapitre dédié à David dans les célèbres *Gemmes de la sagesse* (*Fuṣûṣ al-ḥikam*) d'Ibn al-ᶜArabî, où l'auteur discute dans quelle mesure David est le représentant de Dieu, et un passage du *Dévoilement des choses cachées* (*Kashf al-maḥjúb*) d'Hujwîrî, qui traite de ses qualités de musicien. Des extraits d'ouvrages pieux rapportant des paroles de David le font apparaître comme le réceptacle des révélations divines. Quelques vers mentionnant David dans le *Mathnawî* de Djalâluddîn Rûmî et le *Dîvân* de Ḥâfiẓ viennent compléter le tableau. Le personnage qui se dessine à la lecture de ces textes diffère de celui de l'Ancien Testament en deux points: il n'en a pas, et de loin, l'importance – dans l'islam, la figure de Salomon a une bien plus grande influence que celle de David –, et sa carrière est beaucoup moins entachée de violence. Kisâ'î, notamment, brosse de David un portrait attachant et homogène qui vient avantageusement compléter les allusions vagues du Coran, le plus souvent incompréhensibles sans l'aide des commentaires.

Abstract:

The article discusses some important texts from medieval Arabic and Persian sources, indicative of the image of David in the Islamic tradition. The starting point is, of course, the Koran, where David is pictured as a just and wise ruler, a capable forger of weapons, and as a prophet, receiving the Psalms through divine inspiration. Furthermore, he is presented as praising God together with mountains, birds and clouds; he is also seen as a representative of God on earth. Yet, the Koran does not know David as singer and musician. The copious genre of Koran commentaries is sampled by a long passage from Ṭabarî's *Tafsîr*, one of the earliest and most comprehensive commentaries of the Koran. The passage is an exhaustive comment upon the words «and David killed Goliat». From the collection of prophetic legends by al-Kisâ'î, a work which betrays a remarkable narrative capacity, a few episodes from the chapter on David have been chosen for this article. The stories of David's adultery, the birth of Solomon and David's death. Then there are a few characteristic details from mystical texts, including a passage from Ibn al-ᶜArabî's famous *Gems of Wisdom* concerning the problem why and in what sense David is named in the Koran a representative of God. From an early Persian manual on Sufism, *The Unveiling of the Veiled* by Hujwîrî, stems a passage about David as a musician and the supernatural power his music would exert on listeners, many of whom would die under its impact. Some excerpts from edifying works show the kind of sayings David was believed to have uttered in his capacity as a prophet. Some verses from the *Mathnawî* of Jalâluddîn Rûmî and from the ghazal poetry of Ḥâfiẓ, in which David is mentioned, round off the picture. What emerges may be summarized under two major headings. On the one hand, David's importance in the pious tradition of Islam is largely outweighed by that of Solomon, on the other hand, his image is much less blood-stained than the one presented in the Old Testament. Notably, al-Kisâ'î's biography of David deserves attention because of the endearing human features, with which he endowed the prophet-king and by the narrative skill, through which he achieved a convincing, coherent image, providing a welcome enhancement to the vague, fragmented and largely incomprehensible allusions of the Koranic verses concerned with David.

Stichwörter:

Koran; Ṭabarî; Kisâ'î; Ibn al-ᶜArabî; Hujwîrî; Rûmî; Hafis (Ḥâfiẓ)

Während in der christlichen Tradition David als der Sänger der Psalmen seinen Vater überstrahlt, ist es im Islam deutlich umgekehrt. Salomo überragt David bei weitem. Im Koran erscheint er als der fromme Magier par excellence – er gebietet hier ja den Winden und den Geistern und nicht ohne Grund hat ihn die spätere Volksfrömmigkeit zum Lehrer der erlaubten Magie gemacht.[1] Davids Rolle in der islamischen Volksfrömmigkeit erscheint demgegenüber als marginal. Aber auch in ihrer Funktion als göttlich legitimierte Herrscher, deren Namen östliche und westliche Herrscher zum Zweck der Beglaubigung, Sakralisierung, Legitimierung eigener Macht beschwören, verhalten sich David und Salomo in den beiden Traditionen verschieden. Der enormen Rolle Salomos als Vorbild und Inbegriff irdisch-kosmischer Macht im Islam, vor allem bei den Moghulkaisern,[2] steht im Abendland die Rolle Davids als im Mittelalter beliebte sakrale Herrscher-Ikone gegenüber. An diesem Sachverhalt mag es liegen, dass die Rolle Davids in der islamischen Volksfrömmigkeit kaum je untersucht worden ist.[3] Hier galt es also aus den Quellen zu arbeiten. Natürlich kann es nicht um eine erschöpfende Erkundung gehen, vielmehr darum, den islamischen David in deutlichen Umrissen aus dem bisherigen Dunkel hervortreten zu lassen.

Um welche Quellen handelt es sich? Das möchte ich, ohne in Einzelheiten zu gehen, zur Einführung ganz kurz beschreiben. An erster Stelle ist selbstverständlich der Koran zu nennen, obwohl auch in ihm David eine eher marginale Bedeutung zukommt, jedenfalls wenn man den Umfang der ihn erwähnenden Verse zum Massstab nimmt. An zweiter Stelle stehen Korankommentare. Aus der grossen Fülle dieser Gattung habe ich zwei repräsentative, ganz verschiedenartige, ausgesucht, einen frühen historisch orientierten von dem Historiker al-Ṭabarī[4] und einen allegorisch-mystischen aus einer viel späteren Epoche von dem Mystiker Ibn al-ʿArabī.[5] Neben den Kommentaren habe ich zwei Werke konsultiert, die sich auf ganz unterschiedliche Weise mit den koranischen Propheten befassen. Das eine ist eine Sammlung von Biographien der im Koran erwähnten Propheten, die sich im Wesentlichen aus der jüdischen Überlieferung speisen,[6] das andere ein weiteres mystisches Werk aus der Feder des eben schon genannten Ibn al-ʿArabī,[7] seine berühmten *Ringsteine der Weisheit*, in denen er in 27 Kapiteln («Ringsteinen») je einen koranischen Propheten von Adam bis Muhammad behandelt. David findet sich natürlich auch sonst in mystischer Literatur, z.B. in einer Reihe erbaulich-lehrhafter arabischer Kompendien aus dem 10.-12. Jahrhundert, die erst seit einigen Jahren durch die Übersetzungen eines Schweizer Gelehrten, des Baslers Richard Gramlich, zugänglich und durch zuverlässige Indices erschlossen sind.[8] Die überwiegende Mehrheit dieser Belege ist jedoch ganz unspezifisch; es sind zumeist an David gerichtete Gottesworte, die ebenso gut an irgendeinen andern

Propheten gerichtet sein könnten. Eine weitere Quelle ist die persische mystische Dichtung. Schlägt man nun in H. Ritters über 700 S. starkem *Meer der Seele* nach, so zeigt sich, dass David bei dem persischen Epiker ᶜAṭṭâr, dem dieses Werk gewidmet ist, wiederum nur eine unbedeutende Rolle spielt.[9] Und ähnlich enttäuschend ist das Ergebnis für Dschalâluddîn Rûmîs grosses mystisches Lehrgedicht.[10] Bleibt schliesslich noch die Rolle Davids in der Musik. Auch hier gibt es ein handliches Hilfsmittel, einen Handschriften-Katalog für ca. 300 arabische Werke musikalischen Inhalts aus den Jahren 900 bis 1900.[11] Freilich finden sich in diesem Werk keine Texte, sondern nur kurze Inhaltsangaben, aber die archetypische Bedeutung Davids als mythischer Exponent für die Mächtigkeit der Musik ist darin unübersehbar.

Wenden wir uns nun also den einzelnen Quellen zu, d.h. zunächst dem Koran.

Im Unterschied zur Bibel liefert der Koran bekanntlich in der Regel nicht zusammenhängende Erzählungen, sondern kurze Hinweise, Andeutungen, narrative Fragmente, die jeweils über mehrere Suren verteilt sind.[12] Im Koran finden sich sowohl biblische wie ausserbiblische Elemente, über deren Herkunft ich mich hier nicht ausbreiten möchte. Zwei Besonderheiten gegenüber der Bibel möchte ich jedoch gleich hervorheben: 1) David erscheint im Koran nicht als Musiker; sein mehrfach erwähnter Lobpreis Gottes kann zwar so interpretiert werden; die verwendete Vokabel bedeutet aber weder singen noch spielen. 2) Der Koran zeigt kein Interesse an Davids in der Bibel so prominenter kriegerischer Leistung, reduziert ihn vielmehr zum blossen Waffenschmied. Eine Andeutung seiner politischen Bedeutung findet sich aber in den Worten «Wir haben sein Reich gefestigt».

Der längste zusammenhängende Passus findet sich in Sure 38 (17-26) und lautet folgendermassen:

> Ertrage geduldig das, was sie sagen, und gedenke unseres Knechtes David, des machtvollen, wahrlich er ist bussfertig! Wahrlich, wir haben die Berge unterworfen, damit sie mit ihm preisen des Abends und im Morgenlicht, und die versammelte Schar der Vögel, alles wendet sich bussfertig ihm zu. Und wir haben sein Reich gefestigt und ihm Weisheit und die Gabe schlüssiger Rede verliehen.
> Und kam dir nicht Kunde von dem Streit, als sie den Turm («miḥrâb») erstiegen und bei David eintraten? Und er erschrak vor ihnen und sie sprachen «Fürchte dich nicht! Zwei Streitende, von denen der eine den andern übervorteilt hat. Entscheide zwischen uns nach dem Recht und weiche nicht ab! Und führe uns auf den ebenen Pfad! Siehe, dieser mein Bruder hat 99 Schafe und ich habe eines. Er aber sprach: ‹Vertrau es mir an!› Und setzte mir mit Worten zu.» David aber sprach: «Er hat dir Unrecht getan, dich um dein Schaf zu bitten. Doch viele Vertragspartner übervorteilen sich, ausser denen, die glauben und gute Werke vollbringen, doch ihrer sind wenig!» Da ahnte David, dass es eine Versuchung war und bat seinen Herrn um Verzeihung und beugte die Knie und tat Busse. Und wir verziehen ihm dies; er hat wahrlich bei uns einen Ehrenrang und eine

> schöne Heimkehr. O David, wir haben dich zu einem Stellvertreter auf der Erde
> gemacht. So richte gerecht unter den Menschen und folge nicht der Willkür, dass sie
> dich nicht von Gottes Weg abirren lässt. Wahrlich, die von Gottes Weg abirren, – ihnen
> wird heftige Strafe, weil sie den Tag des Gerichts vergassen.

Der Passus besteht im wesentlichen aus zwei Teilen. Der erste schildert Davids Lobpreis, in den, von Gott dazu genötigt, auch die Berge und die Vögel einstimmen. Der zweite Teil ist ein fernes Echo jener Parabel, die in der Bibel der Prophet Natan dem durch seinen Ehebruch mit Urijas Frau schuldig gewordenen David erzählt (2Sam 12): Es ist die Erzählung von dem reichen Mann mit den vielen Schafen und dem armen, der nur ein Schaf besitzt, um das er sich liebevoll kümmert. Als der reiche Mann einen Gast hat, schlachtet er für dessen Bewirtung keines von seinen eigenen, sondern nimmt dem Armen das eine weg, das er besass. David ist empört über den reichen Mann, fordert seine Bestrafung, und ist dann zerknirscht, als er hören muss, dass er selber sich im Fall von Batseba genau so verhalten hat. Der koranische Anklang an diese in der Bibel liebevoll ausgemalte Erzählung ist bezeichnend nicht nur für den lakonischen Stil des Korans, sondern auch dafür, wie weit sich biblische Motive im Koran oft von ihrem Ursprung entfernen. Die beiden Männer sind hier nicht die Protagonisten der Parabel, sie treten selber leibhaftig vor David. Da aber die Ehebruchsgeschichte im Koran nicht erzählt wird, bleibt der Zusammenhang völlig rätselhaft und wird auch durch die wenigen weiteren, jeweils ganz kurzen David-Stellen des Korans nicht erhellt. Dort ist vielmehr davon die Rede, dass David von Gott als Stellvertreter auf Erden eingesetzt und dass ihm Weisheit und die Fähigkeit Recht zu sprechen verliehen wurde; auch erscheint David als Waffenschmied, dem Gott das Eisen erweicht hat und dem er aufträgt, Kettenhemden zu schmieden und die Bohrungen dafür sorgfältig abzumessen. Zweimal hebt der Koran hervor, dass David von Gott den Psalter erhalten hat. Schliesslich wird in Sure 2 im Rahmen einer stichwortartigen Prophetengeschichte lapidar erwähnt, dass David Goliat tötete. Es ist dieses Ereignis, zusammengefasst in dem Satz «und sie besiegten sie mit Gottes Erlaubnis [d.h. die Israeliten unter Saul besiegten die Philister] und David tötete Goliat (fa-hazamûhum bi-idhni llâhi wa-qatala Dâvûdu Jâlûta)», dem der grosse Historiker al-Ṭabarî (839-923) in seinem vielbändigen Korankommentar 12 Seiten gewidmet hat.[13]

Diesen Text möchte ich jetzt etwas näher betrachten. Es geht darin um die Einzelheiten des Hergangs, die al-Ṭabarî in mehreren Varianten aufgrund verschiedener Gewährsleute nebeneinander stellt ohne den Versuch einer Harmonisierung, ein damals in der Historiographie wie auch der Koranexegese weithin übliches Verfahren. Diese Berichte folgen im Wesentlichen der biblischen Vorlage, mischen aber auch allerlei Legendenhaftes hinein, das vermutlich aus der jüdischen Kommentarliteratur, Talmud, Haggadah etc. stammt. Auf einige Besonderheiten möchte ich kurz eingehen.

Da ist zunächst einmal das Sammeln der Steine zu erwähnen, das in allen von al-Ṭabarî angeführten Berichten ein herausspringendes legendäres Element bildet. Oft geschieht dies in Form einer kurzen dreiteiligen Wiederholungsstruktur, wie sie auch der Koran unter anderem für die Wiedergabe legendärer Elemente benutzt.[14] Das spielt sich z.B. so ab:

Isai, der Vater, schickt David mit Proviant zu seinen Brüdern, die bei Saul im Heer sind. Unterwegs ruft ihn ein Stein an: «‹O David, nimm mich und tu mich in deine Tasche, du wirst mit mir Goliat töten, denn ich bin der Stein Jakobs!› –Und er nahm ihn und legte ihn in seine Tasche. Und er ging weiter und kam an einem zweiten Stein vorbei, der rief: ‹O David, nimm mich und tu mich in deine Tasche, du wirst mit mir Goliat töten, denn ich bin der Stein Isaaks!› Und er nahm ihn und tat ihn in seine Tasche.» Das wiederholt sich dann mit dem gleichen Wortlaut noch ein drittes Mal, nur dass der dritte Stein sich als Stein Abrahams vorstellt.

In einem andern Bericht gibt David selber den drei Steinen die Namen Abraham, Isaak und Jakob und tut sie in seine Tasche. Dann greift er mit den Worten «Im Namen meines Gottes, des Gottes meiner Väter Abraham, Isaak und Jakob» danach, zieht «Abraham» heraus und tut ihn in seine Schleuder. In einer weiteren Variante verschmelzen die drei Steine zu einem, den dann David an Goliats Stirn schleudert. Der Stein durchbohrt 33 Helme (auf Goliats Kopf?) und tötet alsdann noch 30 000 hinter ihm stehende Soldaten. Mit Zahlen ist unsere Quelle so grosszügig wie die David-Berichte des Alten Testamentes oft bei der Angabe der Truppenstärke.

Ein weiterer Unterschied zur Bibel besteht in Davids Auftreten gegenüber Saul. Wir erinnern uns: In der Bibel ist es Saul, der David seine Tochter regelrecht aufdrängt, um ihn dadurch um so sicherer ins Verderben zu stürzen. David wehrt ab, er sei als Hirtenknabe einer solchen Ehre nicht würdig, aber Saul insistiert. Bei al-Ṭabarî dagegen beharrt David vor König Saul darauf, dass dieser ihm den zugesprochenen Lohn, d.h. seine Tochter, übergibt, erfüllt dann aber die Bedingung, 300 Feinde (hundert mehr als in der Bibel!) zu töten und deren Vorhäute – bei al-Ṭabarî reiht er sie auf eine Schnur – als Morgengabe zu überbringen. Das wechselnde Verhältnis der beiden wird dann grosso modo wie in der Bibel geschildert. Vermutlich war die unterwürfige Haltung, die David Saul gegenüber einnimmt, mit den eher heroischen Zügen, die die koranischen Propheten aufweisen, nicht vereinbar. Diese sind ja auch immer Projektionen Muhammads, der darin seine eigene Rolle als Prophet reflektiert.

Die in der Bibel berichtete Finte, mit der die Boten Sauls, die David verhaften sollen, getäuscht werden – Davids Frau legt «ein Götzenbild» auf Davids Bett, das vor Saul gebracht wird – taucht bei al-Ṭabarî in mehreren

Berichten in immer neuen Varianten auf. Z.B. kommt Saul selber in Davids Schlafgemach, um ihn zu töten, und wird durch einen Sack mit Weizen getäuscht, unter dem David liegt. Saul dringt nachts ins dunkle Zimmer und sticht in den Sack, da springt David auf und stellt ihn zur Rede. In einer weiteren Variante legt David einen Weinschlauch in sein Bett. Wieder kommt Saul bei Nacht und «erstich» diesmal den Schlauch, der Wein fliesst heraus, ein Tropfen kommt Saul in den Mund und er ruft aus: «Gott erbarme sich über David! Was für ein Weinsäufer er war!»

Rettet sich David hier mit List, so ist es ein andermal Gott selber, der eingreift, um ihn zu retten. Als ihm einmal Saul dicht auf den Fersen ist, flieht David in eine Höhle und «Gott gab der Spinne ein, dass sie ein Netz webte. Und als Saul zur Höhle gelangte, sah er das Spinnennetz und sagte: ‹Falls er hier hineingegangen wäre, hätte er das Netz zerrissen.› So wurde er getäuscht und liess ihn in Frieden.»

So viel zu al-Ṭabarîs Ausführungen zu Sure 2,251 «und David tötete Goliat». Da die einzige verfügbare Ausgabe dieses Kommentars mitten in der 14. Sure abbricht, wissen wir nicht, wie er die späteren David-Stellen kommentiert hat oder kommentiert hätte (blieb sein Kommentar unvollständig?).

Wenden wir uns nun den Prophetenerzählungen al-Kisâ'îs zu, die im 12. Jahrhundert entstanden, aber wie al-Ṭabarîs Kommentar Material enthalten, das schon in der Frühzeit des Islam durch jüdische Konvertiten übermittelt wurde.[15] al-Kisâ'îs Werk zeichnet sich durch erzählerisches Talent und die Gabe dramatischer Darstellung aus. Im wesentlichen folgt er in seinem David-Kapitel der biblischen Erzählung. Wo er Eigenes bringt, sind es zumeist legendäre Züge, die aber oft ein typisches Licht – mehr noch auf den Erzähler und die gedachten Rezipienten als auf die Protagonisten der Erzählung – werfen.

Besonders dramatisch, aber auch wiederum legendenumwoben erscheint bei al-Kisâ'î die Erzählung von Davids Ehebruch, den der arabische Autor auf eindrückliche und überzeugende Weise mit einem durch Davids Erfolg erwachten Erwählungsbewusstsein verbindet. Als nämlich David Gott bittet, ihm Huld zu erweisen, erinnert ihn Gott an die bereits erfolgten, uns aus dem Koran bekannten Hulderweisungen, fügt aber hinzu, im Unterschied zu früheren Propheten sei David von Gott bisher keine Prüfung auferlegt worden. David bittet daraufhin, Gott möge ihn wie die anderen Propheten behandeln. Da sprach Gott: «David, bereite dich auf die Versuchung vor und sei standhaft!»

Diese wird dann im nächsten Kapitel erzählt, überschrieben «Die Erzählung vom Vogel der Versuchung».[16] Sie beginnt mit einer ganz märchenhaften Szene, die sich in einem von unserm Autor genau beschriebenen Turm – dem im Koran Sure 38,21 erwähnten «miḥrâb», in dem David zu lesen und zu beten und seine Psalmen zu singen pflegt – abspielt. David wird dort eines Tages von einem überirdisch schönen Vogel überrascht, den er durch seinen Gesang angelockt zu haben vermeint. Er streckt die Hand nach ihm aus, da fliegt der Vogel hinaus zu einem Teich hinter dem Turm, wo die jüdischen Frauen sich zu waschen pflegen, und lässt sich dort im Geäst eines Baumes nieder. David folgt ihm mit den Blicken, bis er plötzlich das Plätschern des Wassers hört und nun im Teich die schöne Batseba wahrnimmt. Alles Weitere ist dann ähnlich wie in der Bibel. Märchenhaft wie die Verführungsgeschichte, in der Turm und Vogel eine an Freud erinnernde Rolle spielen, ist auch das Nachspiel, dem die Parabel Natans zugrunde liegt, und von dessen fernem Echo im Koran wir oben vernommen haben. Wieder wird David in seinem Turm überrascht. Plötzlich erblickt er zwei Männer und erschrickt, denn er hatte die Türen verschlossen. Und hier kommt nun ein weiteres, im Koran nicht erwähntes Element hinzu. Die beiden Eindringlinge sind nämlich bei al-Kisâ'î keine gewöhnlichen Menschen, sondern die Erzengel Gabriel und Michael. Und so wundert es denn auch nicht, dass wiederum Wunderbares geschieht. Als David von dem vermeintlichen Reichen eine vorwitzige Antwort auf seine Rüge erhält und ihm einen Schlag mit seinem Stock versetzen will, fängt nun der Stock an zu sprechen und redet David an: «Wenn das dein Urteil über den Sünder ist, so bist du selber der Sünder.» Erzengel Michael aber, der vermeintliche Reiche, lächelt: «Du verdienst den Stock mehr als ich, David, denn du entscheidest für den Kläger, ehe du den Beklagten gehört hast!» Nach diesem zweideutigen Bescheid entschweben die beiden Engel durch die Decke des Turmzimmers. David merkt nun, dass dies eine Heimsuchung war, und bittet Gott um Verzeihung. Der Bericht schliesst mit einem Hinweis auf Davids Zerknirschung. Er fastet und weint während 40 Tagen, bis Gras aus seinen Tränen wächst und die Engel sich bei Gott für ihn verwenden, worauf dieser ihm verzeiht. Es ist diese Geschichte, die dem in der Volksfrömmigkeit bekannten so genannten «David-Fasten» zugrunde liegt. Es besteht darin, dass man abwechselnd einen Tag fastet und einen Tag isst.[17]

In einem weiteren Bericht wird Davids letzte Zeit geschildert, wobei die Ehebruchsgeschichte einen bewegenden Abschluss findet. Während David in der Bibel gleich nach der Busspredigt des Propheten Natan und dem darauf erfolgten Schuldbekenntnis Absolution erhält, verharrt David bei al-Kisâ'î eine längere Zeit in erneuter Zerknirschung, ausgelöst durch die Enttäuschung über seinen Sohn Abschalom. Abschalom bedrängt und bedroht ihn und David fasst das als Strafe für seine Sünde auf. Er verbringt seine Zeit mit Weinen und Fasten. «Seine Haut war vertrocknet von Trauer, Hunger, Durst und Weinen. Und er sprach kniend: ‹Mein Gott! Du weisst, dass ich aus Furcht vor dir mutlos bin. Verzeih mir meine Sünde, denn wenn du mir nicht verzeihst, so werde ich verloren sein!›» Gott beauftragt ihn, zu Urijas Grab zu gehen und diesen um Verzeihung zu bitten, was er auch tut, und von Urijas Stimme erhält er Absolution. Allerdings hat er seine Schuld dabei nicht namentlich erwähnt. Gott schickt ihn daher ein zweites Mal: «‹Sag ihm, dass du ihn in den Krieg geschickt hast, damit er rasch getötet werde, und dann seine Frau geheiratet hast.› Da kehrte David weinend zu ihm zurück und sagte dies. Da sprach Urija: ‹Gott ist der beste Richter!› Da kehrte David zum Berg zurück und hörte nicht auf zu weinen und sich vor Gott zu beugen.»[18]

Hier endet dieser Bericht und ein neuer beginnt, mit einer typisch islamischen Pointe: Darin wird geschildert, wie Urija im Paradies ein prächtiges Schloss erblickt «mit durchsichtigen Wänden wie eine weisse Perle und einer Huri, durch die alle Menschen der Erde betört würden, wenn sie sie sähen.» Und als er fragt, wem dies gehöre, wird ihm gesagt: «‹Dem, der seinen Anspruch auf Erden preisgegeben und seinem muslimischen Bruder verziehen hat.› Da sagt Urija: ‹O Herr, ich bezeuge, dass ich David verziehen habe!› Worauf auch Gott ihm (d.h. David) verzieh und ihm seine Anmut und seine schöne Stimme und seine Herrschaft zurück gab.»[19]

Auf die Zeit der Reue im Zusammenhang mit Davids Sündenfall bezieht sich offensichtlich auch ein kurzer Passus in einer Busspredigt Ḥasan al-Baṣrîs aus der Frühzeit des Islam, der David neben Jesus und Muhammad seinen Hörern als Vorbild echter Weltflucht hinstellt mit folgenden Worten: «Nachts kleidete er sich in Sacktuch und kettete seine Hand an seinen Nacken und weinte bis zum Morgen, rohe Nahrung essend und in ein härenes Gewand gehüllt.»[20]

Verweilen wir aber noch einen Augenblick bei al-Kisâ'îs David-Kapitel und gehen auf zwei weitere Episoden ein. Da ist einmal ein wieder völlig phantastischer Bericht über Salomos Empfängnis, oder vielmehr die übersinnlichen Begleitumstände, die damit, ähnlich wie mit der Empfängnis und Geburt Christi oder der Empfängnis Muhammads, verbunden sind. Iblîs, dem Teufel, wird angekündigt, dass in dieser Nacht ein Mensch gezeugt wurde, der ihm Kummer bereiten wird und dem seine Söhne dienen werden. «Wer ist Salomo?» fragt er und wird belehrt: «Der Sohn Davids, der dir und deinem Samen (dhurrîya) den Untergang bereitet.» Iblîs ist so entsetzt, dass er sich 70 Tage lang im Ozean ertränkt. Zum Ufer zurückgekehrt, sieht er die Erde lachen und die wilden Tiere vor David niederfallen. David seinerseits erblickt Reihen von Engeln und hört sie sagen: «‹O David, seit unser Herr uns erschaffen hat, sind wir nicht vom Himmel auf die Erde herabgestiegen, ausser zur Geburt von Abraham und diesmal zur Geburt deines Sohnes Salomo.› Da fiel David zu Boden und beugte sich vor Gott und mehrte seinen Dank und opferte ihm.»[21]

Bemerkenswert schliesslich noch Davids Tod:

> David war sehr eifersüchtig, niemand durfte seinen Harem betreten; beim Ausgehen verschloss er ihn immer und nahm den Schlüssel mit. Eines Tages sah er bei seiner Rückkehr einen Mann von vollendeter Schönheit mitten in der Halle stehen. Ärgerlich fragte er: ‹Wer bist du und wer hat dich in die Halle meiner Frauen eingelassen?› Und erhält zur Antwort: ‹Er, der der Herr dieser Halle ist und der dir Herrschaft und Macht verlieh. Ich bin der, der keine Könige fürchtet: der Engel des Todes, gekommen, um deine Seele zu holen.›

David versucht Aufschub zu erhalten, um sich von Volk und Familie zu verabschieden, doch der Engel antwortet abschlägig mit einem Koranvers (Sure 10,50), und als David von ihm erfährt, Salomo werde seine Nachfolge antreten, fügt er sich in sein Geschick.[22]

Es ist das Leben eines Menschen, das hier vom Anfang bis zum Ende erzählt wird, und es ist ein eindrückliches Menschenbild, das vor uns entsteht. Diese Biographie hebt sich auch aus der üblichen Biographik des islamischen Mittelalters heraus, die oft die Ereignisse ungeordnet hintereinander stellt und im Anekdotischen verharrt.

Wenden wir uns nun den Mystikern zu. Der grosse, in Andalusien geborene, in Damaskus 1240 verstorbene Ibn al-ᶜArabî, den seine bis auf den heutigen Tag zahlreichen Anhänger verehrungsvoll den «grössten Meister (al-shaikh al-akbar)» nennen, behandelt in seinen *Ringsteinen der Weisheit* (*Fuṣûṣ al-ḥikam*) die im Koran genannten 27 Propheten von Adam bis Muhammad (denn auch Adam gilt dem Islam bereits als Prophet), darunter auch David und Salomo sowie weitere alttestamentliche Figuren, die bei uns nicht als Propheten gelten. Sein David-Kapitel ist interessant, hat aber mit der Person Davids nur sehr indirekt zu tun. Es ist vor allem eine theoretische Abhandlung über den Begriff des Kalifats. David wird ja im Koran als «khalîfa» bezeichnet, und er ist der einzige, dem diese Ehre zuteil wird ausser Adam. Ibn al-ᶜArabî unterscheidet zwei Formen des Kalifats, das Amt der Propheten, die Gott auf Erden vertreten, und das Amt der Kalifen, die den Propheten als Führer der islamischen Gemeinde («umma») vertreten. Interessanterweise spricht aber nun Ibn al-ᶜArabî auch einzelnen Mystikern die Fähigkeit zu, kraft ihrer grossen Gottesnähe ähnlich wie die Propheten zu direkten Stellvertretern Gottes zu werden. Spezifisch auf David bezogen ist an dieser ganzen Erörterung nur die Abgrenzung Davids gegenüber Adam, die Ibn al-ᶜArabî mittels einer genauen Exegese des koranischen Wortlauts vornimmt:

> Wenn du sagst: ‹Adam wird doch im Koran auch das Kalifat zugesprochen›, sagen wir: Der Wortlaut ist nicht der gleiche wie bei David. Gott sagt ja zu den Engeln nur: ‹Ich werde auf der Erde einen Kalifen einsetzen›, nicht aber, ‹ich werde Adam als Kalifen

auf der Erde einsetzen›. Und selbst wenn Er das gesagt hätte, wäre es nicht dasselbe wie die an David gerichteten Worte: ‹Wir haben dich zum Kalifen gemacht!› Das ist eine Bestätigung, das andere aber nicht. Und die Geschichte Adams (im Koran) gibt auch keinen Hinweis, dass er jener Kalif gewesen wäre, von dem Gott redet. Achte also auf Gottes Mitteilungen über seine Knechte!23

Eine ähnliche Abgrenzung nimmt übrigens ein anderer mystischer Denker, der Perser Hujwîrî († 1071), auf den wir später noch zurückkommen, zwischen David und Muhammad vor, und zwar wieder mittels einer subtilen textlichen Exegese. Um den Unterschied zwischen mystischer Nüchternheit und mystischer Trunkenheit zu erläutern, konfrontiert er David und Muhammad als Krieger und greift auf die uns bekannte Koranstelle «David tötete Goliat» zurück. Dieses Töten, so unser Autor, erfolgte in Nüchternheit. Muhammad dagegen wird in Sure 18,7 nach seinem Sieg über die Mekkaner (in der Schlacht von Badr im Ramadan des Jahres 2 nach der Hidschra = 624 AD) von Gott mit den Worten angeredet (und damit von seiner Verantwortung für die getöteten Mekkaner freigesprochen): «Nicht ihr habt sie getötet, sondern Gott, und nicht du hast geschossen, als du schossest, sondern Gott schoss.» Das aber, so belehrt uns Hujwîrî, heisst nichts anderes, als dass Muhammad in Ekstase handelte, und er ruft voll Bewunderung aus: «Welch ein Unterschied zwischen den beiden Männern!»24

Kehren wir aber noch einmal zu Ibn al-ᶜArabî zurück und verschaffen uns einen Eindruck von seinem Korankommentar. Hier begegnet uns dieselbe Hermeneutik, die er auch sonst anwendet, eine Methode totaler Allegorisierung, die z.B. in seinem grossen Hauptwerk, den *Mekkanischen Offenbarungen*, auch die Gesten und die Gewänder, überhaupt jedes Detail der rituellen Handlungen erfasst,25 die er aber auch virtuos ins Spiel bringt für die Ausdeutung einer kleinen Sammlung von Liebesgedichten, zu denen ihn eine hübsche Perserin in Mekka inspirierte.26 Alle sichtbaren, konkreten, exoterischen Dinge und Vorgänge werden esoterisch gedeutet, auf das geistig-seelische Geschehen des religiösen Menschen, bzw. genauer, des Mystikers, bezogen. Da wird David zum «David des Geistes», d.h. er wird von einer Person zu einer blossen Chiffre, einer Allegorie im Seelendrama des Menschen. Die Berge, die mit ihm Gott preisen, sind die zum Geist gehörenden Glieder, «die Berge der Glieder», die Vögel repräsentieren geistige Kräfte; das Eisen, das Gott für David erweicht, bedeutet die körperhafte elementarische Natur.27 Die anschliessende Aufforderung an David: «Verfertige Kettenpanzer und füge die Ringe genau aneinander!» bedeutet «die Belehrung stahlharter Herzen», die dadurch gegen Angriffe von Waffen aus gleichem Stoff einen Panzerschutz erhalten. Der Schutz komme nicht von fremder Seite, sondern von derselben Stelle, die die Gefahr verursachte. Die gefährdeten Herzen werden durch Einkehr ihre eigenen Erretter.[28] Und Davids Kampf gegen Goliat steht, wie wir bereits hörten, für den Kampf gegen den «Goliat der Triebseele.»[29]

Zwei Funktionen, in denen uns David in mystischen Texten begegnet, will ich im Folgenden noch kurz beleuchten. Das eine ist seine Rolle als Adressat göttlicher Rede, als Empfänger kurzer Texte, von denen die Verfasser, arabische Mystiker, offensichtlich annehmen, dass sie in den Psalmen stehen, obwohl dies nie gesagt wird, wohl weil die Psalmen arabisch nicht greifbar waren. Die andere Funktion besteht darin, dass Davids Name im Rahmen von Reihungen alttestamentlicher Prophetennamen erscheint, wobei dann jedem Namen eine bestimmte Eigenschaft zugesprochen wird. Beide Verfahren sind im Koran vorgegeben.

Zunächst also zu Davids Rolle als Empfänger göttlicher Worte. Bei den an David gerichteten Gottesworten, die wir in einer Reihe bekannter erbaulicher mystischer Traktate finden, handelt es sich um Sentenzen und Maximen religiösen Inhalts, die das Verhältnis von Gott und Mensch beschreiben, etwa im berühmten Sendschreiben des Qushairî (986-1074) an alle Mystiker der islamischen Welt,[30] wo sich unter anderem ein Echo der in den Psalmen so prominenten Freude im Herrn findet:

> In mir seid froh und meines Gedenkens erfreut euch (32,10).

Das lässt an Psalmworte wie die folgenden denken:

> Vor dir ist Freude die Fülle. (16,11)
> Du hast mich mit Freude gegürtet. (30,12)
> Freuet euch des Herrn ihr Gerechten! (32,11)
> Die Gerechten müssen sich freuen und fröhlich sein. (68,4)

und viele weitere Beispiele.[31] Dem Koran dagegen ist die Vorstellung der Freude im Herrn fremd.[32]

Den vordersten Platz nimmt aber in diesen Anreden an David die Liebe ein, Liebe zu Gott, aber auch Liebe Gottes zu den Menschen, und nicht zuletzt Liebe zwischen den Menschen als ein Gebot Gottes. Dass gerade David zum Empfänger solcher göttlicher Liebesbotschaften wird, hängt mit der Deutung seines Namens zusammen, die zwar etymologisch falsch, aber sinnfällig ist. Man bringt nämlich das Wort Dâ'ûd mit der Wurzel «wadda, yawaddu (lieben)» in Zusammenhang. In Qushairîs Sendschreiben finden sich etwa folgende Worte:

> O David! Ich habe die Herzen zum Heiligen Bezirk gemacht, auf dass die Liebe zu mir nicht zusammen mit der Liebe zu andern als mir in sie eindringe (48,17).

Die Gegenseitigkeit dieses Verhältnisses, die in der Mystik zentral werden sollte – wir kennen Ähnliches von Angelus Silesius –, kommt mehrfach zur

Sprache, etwa bei al-Makkî († 996), einem anderen bekannten mystischen Autor, in seinem umfangreichen Erbauungswerk *Nahrung der Herzen* (*Qût al-qulûb*).[33] al-Makkî zitiert z.B. eine längere Anrede Gottes an David, die dieses Verhältnis auf besonders emphatische Weise ausdrückt:

> David, tu den Bewohnern meiner Erde kund: Wer mich liebt, dem bin ich ein lieber Freund, wer sich zu mir gesellt, dem bin ich Genosse etc. Kommt her, dass ich mich grossmütig zeige und euch Freund und Gefährte sei! Habt Zutrauen zu mir, dann habe ich Zutrauen zu euch und eile eurer Liebe entgegen! Ich habe den Lehm der mir Lieben aus dem Lehm Abrahams, meines Freundes, und Moses, meines geheimen Gesprächspartners, und Muhammads, meines lauteren Getreuen, geschaffen. Ich habe die Herzen der Sehnsuchtsvollen aus meinem Licht geschaffen und ihnen die Wonne meiner Erhabenheit zu kosten gegeben (32,719).

al-Makkî zitiert auch Worte, in denen Gott David Liebe zu den Menschen auferlegt. Manchmal handelt es sich dabei um kurze Dialoge wie den folgenden:

> Gott: Liebe die, die mich lieben, und mache mich meinen Geschöpfen lieb.
> David: Herr, ich liebe dich ja und ich liebe die, die dich lieben. Wie aber soll ich dich deinen Geschöpfen lieb machen?
> Gott: Sag von mir das Schöne und Liebe, sprich von meinen Wohltaten und meinem Guttun und wecke in ihnen den Gedanken daran! Denn sie erfahren von mir nur Gutes!

Oder:

> Als Gott ihn einmal zurückgezogen und einsam fand, sagte er zu David: Warum bist du einsam?
> David: Ich bin den Menschen um deinetwillen feind.
> Gott: Wusstest du denn nicht, dass die Liebe zu mir darin besteht, dass du Mitgefühl hast mit meinen Dienern und ihnen Huld erweist? [...] Schau auf meine Diener nicht mit einem Blick der Härte und Strenge, denn sonst hast du deinen Lohn verspielt! (32,216)

Die zweite Funktion Davids, der wir wiederholt in mystischen Texten begegnen, besteht darin, in einer Aufreihung mehrerer Propheten genannt zu werden. Bei dem schon erwähnten persischen Autor Hujwîrî findet sich eine reizvolle Gleichsetzung bekannter Stationen oder Standorte («maqâm») des mystischen Pfades mit acht bekannten Propheten von Adam bis Muhammad (371). David wird darin dem Standort der Trauer zugeordnet, was kaum aus dem Koran, wohl aber aus der von al-Kisâ'î berichteten Zerknirschung im Anschluss an den Ehebruch mit Batseba erklärbar ist:

> Adam – Reue («tawbat»)
> Noah – Weltverzicht («zuhd»)
> Abraham – Hingabe («taslîm»)
> Moses – Umkehr («inâbat»)

David – Trauer («ḥuzn»)
Johannes – Furcht («khawf»)
Jesus – Hoffnung («rajâ»)
Muhammad – Gottesgedenken («dhikr»)

In einer andern, diesmal siebenteiligen Reihe erscheint wiederum David. Es handelt sich um eine Zusammenstellung von sieben Prophetennamen mit inneren Wahrnehmungsorganen, die gleichzeitig mit je einer Farbe kombiniert sind, und die ihr Erfinder, der persische Mystiker Simnânî († 1336), mit einem siebenfachen esoterischen Sinn des Korans in Verbindung bringt. Da steht, um nur diese drei Namen zu nennen, Noah für die Seele (blau), Abraham für das Herz (rot), David für den Geist (gelb). Die Zuordnung Davids zum Geist erklärt Simnânî mit seiner Stellvertreter-Funktion.[34]

Bei der Umschau nach Spuren Davids in persischer Dichtung darf der bekannte persische Epiker ᶜAṭṭâr († um 1200) nicht fehlen. Man kennt ihn als Verfasser einer zauberhaft-anmutigen Allegorie in seinem Versepos *Die Sprache der Vögel* (*Manṭiq ul-ṭair*), das die Reise der Seele mit dem Bild einer Vogelreise beschreibt und die unterschiedlichen Verhaltensweisen der Menschen bei der Suche nach der Wahrheit mit ornithologischen Bildern verdeutlicht: Nachtigall, Pfau, Ente und andere Vögel treten auf und stehen für menschliche Typen. Der Titel dieses Epos, *Die Sprache der Vögel*, stammt aus dem Koran und steht dort sogar in unmittelbarer Nähe einer flüchtigen Nennung Davids. Sure 27,16 heisst es nämlich: «Salomo trat das Erbe Davids an und sprach: O Menschen, uns ward die Sprache der Vögel gelehrt...» Ansonsten aber kommt David bei ᶜAṭṭâr auffällig selten vor. In den mir greifbaren Werken des Dichters gibt es nur einen nennenswerten Auftritt Davids, und zwar im Epos *Buch der Heimsuchung* (*Muṣîbatnâme*), das die Reise der menschlichen Seele in Gestalt eines die Weiten des Alls durchwandernden Pilgers erzählt. Auf seiner Suche nach der Wahrheit durchwandert dieser mystische Pilger den Kosmos und die sublunare Welt, trifft unter anderem Gestirne und Engel und dann auch einige Propheten, darunter David, der ihn weiter weist an Jesus; dieser nennt schliesslich dem Pilger das Ziel, wo er die Antwort auf alle Fragen finden wird: den Propheten Muhammad. Auch hier, in der Anrede des Pilgers, wird David wieder mit der Liebe verknüpft, erscheint gewissermassen als deren Schutzpatron; doch es werden auch Davids mächtiger Gesang und seine Schmiedekunst angesprochen:

> Der Pilger, die Seele am Rand der Lippen, das Herz mit Erwartung gefüllt, erschien vor David, dem Fundament der Liebe, und sprach: «O David, der du die Welt der Erkenntnis bist: In deiner Fähigkeit zu lieben erblicke ich das Wesen der Liebe. Für hundert versammelte Universen der Liebe findet die Zunge nur einen Namen –: David! Gestern, als die Geschöpfe das Licht empfingen, ward dir das stärkste Licht zuteil. Das

Licht deiner Liebe, das der Welt der Heiligkeit und des Geheimnisses entstammt, ist seit jener Zeit der Gefährte deiner Seele. In deiner Seele ist eine Welt von Licht. Gott hat sie dir in den Psalmen beschrieben. Daher finden sich diese tröstlichen Geheimnisse in deinen Liedern. O du, dessen süsser Gesang der Seele entspricht, die Menschen werden von deiner Stimme bezaubert. O du, dessen reines Herz der Ozean der Erkenntnis ist, durch das Feuer deiner Liebe wird das Eisen zu Wachs. Dieses Feuer, fähig das Eisen zu schmelzen, vermag auch die beiden Welten zu erwärmen. Was für ein mächtiges Feuer! Als seine Flammen empor schlugen, verloren bei deinem Gesang vierzigtausend das Herz. Ich bin verwirrt, zeige mir den Weg. Mit diesem Feuer begleite mich einen Augenblick, damit ich inmitten der weltlichen Verstrickung den Pfad zum verborgenen Schatz finden kann.» David antwortete ihm: «Das Geschäft der Grossen ging nie ohne Prüfung vonstatten. Die Propheten, diese Könige der Religion, wurden alle zu diesem Zweck gesandt. Wenn du an diesem Hof Audienz begehrst, habe den Mut, dich auf den Weg zu machen, dich der Heimsuchung auszusetzen. Wenn du dich mit Ernst auf den Weg begibst, wird der Erwählte (Muhammad) dich zur Schwelle führen. Wenn du den Zugang zu ihm findest, ergreife den Saum seines Rocks, solange du Kraft dazu hast. Wenn du sein Bettler bist, so wird er dich zum König machen, wenn du unwissend bist, wird er dich kundig machen. Wenn du den ersten Schritt auf dem Weg der Wahrheit getan hast, wird Muhammad dich leiten bis zum Ende der Zeiten. Pilger, suche ihn auf! Mach seine Gasse zu deinem Heiligtum! Einmal an seiner Schwelle, wirst du die Vielfalt in der Einheit erblicken. Erscheine an dieser Schwelle nicht mit totem Herzen, mit krankem Körper, empfange zuerst das Leben von Jesus!»[35]

Jalâluddîn Rûmî († 1273) ruft in einer seiner Hymnen den mystischen Freund unter den Namen mehrerer grosser Propheten an, die er im Freund verkörpert findet, und vergisst dabei auch David nicht:

> Komm, denn du bist Jesus, belebe unsere Toten!
> Komm und treibe von uns den Betrug des Antichrist!
> Komm, denn du bist David, so nimm den Kettenpanzer
> und beschütze unser Inneres vor den Pfeilen, die es bedrohen![36]

Sind es in diesem Ghasel Noah, Moses, David und Jesus, deren Archetyp Rûmî im mystischen Freund anruft, so sind es in zwei ähnlichen Rûmî-Ghaselen Moses, Joseph, Jesus und Muhammad[37] bzw. Joseph, Jesus und Moses (in dieser Reihenfolge!)[38]. Die Nennung Davids ist in seinem *Dîwân* von über 3000 Ghaselen überhaupt selten. Dass David Rûmî eher fernstand, zeigt sich aber auch an seinem spärlichen Auftreten im grossen mystischen Lehrgedicht, dem 26 000 Verse umfassenden *Mathnawî-i maʿnawî* (*Geistiges Lehrgedicht*), das man als Bibel der Sufis bezeichnet hat. Die einzig relevante David-Erzählung in diesem Riesenwerk betrifft David als Musiker; um sie zu verstehen, müssen wir aber nun diesen Aspekt kurz näher betrachten.

Wie wir eingangs gesehen haben, bleibt David als Sänger und Musikant im Koran unerwähnt, es sei denn, man würde das dort jeweils benutzte «sabbaḥa (lobpreisen)» als eine Form des Gesangs betrachten, was aber die von mir eingesehene Kommentarliteratur nicht tut. David befasst sich im Koran nicht mit Gesang und Musik, sondern mit der Schmiedekunst. So fehlt denn auch in al-Kisâ'îs David-Erzählung das musikalische Element in der Beziehung zwischen David und Saul. Nur im Zusammenhang mit der Beschreibung seines Turms wird sein machtvoller Gesang erwähnt. Relativ häufig ist dagegen die Nennung Davids in Musiktraktaten, und gelegentlich wird David da sogar auch als Tanzender genannt, der durch den Tanz göttliche Inspiration gesucht habe. Derselbe Autor, ein sonst unbekannter al-Qâri', bringt im Zusammenhang mit der schönen Stimme folgende eigenartige Überlieferung, die mir sonst nirgends begegnet ist: Die schönste Stimme, die Gott schuf, war die Stimme des Erzengels Isrâfîl (der am Jüngsten Tag in die Posaune blasen wird). Wenn er singt, unterbrechen alle Himmelsbewohner ihr Gebet, alle Bäume erblühen, alle Tore erbeben, die Türklopfer geben Töne von sich, die Vögel und die Huris singen. Dieser himmlische Chorgesang wurde erschaffen, um jene zu entzücken, die auf Erden dem Genuss der Musik entsagt haben. Die Stimme dieses Engels aber wurde noch übertönt von jener Davids.[39]

Islamische mystische Orden begannen früh, Musik und Tanz als Form des Gottesdienstes einzusetzen, als Mittel, um in Ekstase zu geraten und womöglich die unio mystica zu erleben. Die Macht oder Mächtigkeit der Musik ist ein häufig diskutiertes Thema. Ihre Einflüsse auf Körper und Seele wurden in zahlreichen Traktaten theoretisch behandelt und im Anschluss an die griechische Ethos-Lehre erläutert.[40] Danach war jeder musikalische Modus (arab. «maqâm») einer der Qualitäten (kalt, warm, trocken, feucht) zugeordnet und konnte demgemäss auf die entsprechenden Temperamente im menschlichen Körper und über diese auch auf die Seele einwirken. Es gab, wie noch heute, tröstende und beruhigende, die Seele erhebende, ebenso wie traurig machende, froh machende oder sinnlich erregende Modi. Die Mystiker wussten natürlich, welche Modi ihnen gemäss waren. Die nicht-mystischen Orthodoxen dagegen witterten Verbotenes und schleuderten immer erneut Angriffe und religiöse Urteile, Fatwas, gegen diese Praktiken, die vorislamischen Ursprungs sind, sich aber in zahlreichen mystischen Orden des Islam bis auf den heutigen Tag erhalten haben. David wird mitunter als Exempel für die Legitimität solcher musikalischer Praktiken beschworen, oder man verweist einfach auf sein Beispiel, wenn von der Wirkung der Musik, ihrem Einfluss auf Seele und Körper des Menschen, die Rede ist. Ich möchte hier nur drei Textzeugnisse aus früher Zeit zusammenstellen, um diesen Aspekt zu beleuchten.
Aus al-Qushairîs Sendschreiben:

> Wenn David den Psalter rezitierte, lauschten seinem Vortrag die Dschinnen und Menschen, die wilden Tiere und die Vögel, und von denen, die seinem Vortrag zuhörten, trug man vierhundert Tote, die dabei verstorben waren, fort (51,8).

Aus al-Kisâ'îs David-Biographie:

> Die Kinder Israels gingen ihrer Wege und gaben sich den Vergnügungen Satans («malâhî al-shaitân») hin; einige vergnügten sich mit der Laute, andere mit Trommeln («ṭanâbir»), Schalmeien («zunûj») und dergleichen mehr. Da sandte Gott den David als Propheten und offenbarte ihm 60 Teile bzw. Bücher[41] der Psalmen und gab ihm eine Stimme, mit der er über siebzig Melodien jubilieren und psalmodieren konnte («yatarassalu wa yatarattalu»), tief und hoch (oder: vom pianissimo bis zum fortissimo – «khafḍan wa-rafᶜan»), wie es nie jemand vernommen hatte. Mit seinen Flöten ahmte er den Donner und die Stimmen der Vögel nach und brachte jeden schönen Laut der Welt hervor. Da liessen die Kinder Israels ihre Vergnügungen und ihr Spiel und wandten sich seinem Turm («miḥrâb») zu und lauschten seinen Liedern. Und wenn er Gott pries, priesen die Berge und die Vögel und die wilden Tiere mit ihm, so wie Gott im Koran spricht: (es folgt Sure 38,18-19).[42]

Der nächste Text stammt aus Hujwîrîs Kapitel über die Rechtmässigkeit des «samâᶜ», was eigentlich «Hören» bedeutet, aber zum Fachterminus für – meist mit Tanz verbundene – Musik in mystischen Zirkeln wurde. Hujwîrî stellt eine Theorie auf, die er am Beispiel Davids dann illustriert:

> Du musst wissen, dass die Prinzipien des Musikhörens wechseln gemäss dem Unterschied der Temperamente, so wie es auch verschiedene Begierden in den Herzen verschiedener Menschen gibt. Es wäre Tyrannei, *ein* Gesetz für alle zu erlassen. Hörer lassen sich in zwei Klassen teilen: 1) diejenigen, die die geistige Bedeutung vernehmen, 2) jene, die den materiellen Klang vernehmen. Es gibt gute und schlechte Effekte bei beiden. Süssen Klängen zu lauschen bewirkt eine Erregung («ghalayân») der im Menschen vorhandenen Substanz, echt, wenn die Substanz echt, und falsch, wenn diese falsch ist. Wenn der Stoff des Temperaments in einem Menschen böse ist, dann wird auch das böse sein, was er hört. Diese ganze Frage wird durch die Kunde von David erhellt, den Gott zu seinem Stellvertreter machte und dem er eine schöne Stimme gab und dessen Kehle er eine melodiöse Pfeife sein liess, so dass die wilden Tiere und die Vögel von den Bergen und aus der Ebene kamen, um ihm zu lauschen, und das Wasser hörte auf zu fliessen und die Vögel fielen aus der Luft herunter. Es wird berichtet, dass während eines Monats die Menschen, die um ihn her in der Wüste versammelt waren, keine Nahrung zu sich nahmen, die Kinder weinten nicht und baten nicht um Milch. Und jedesmal wenn die Menge sich auflöste, fand man, dass einige an der Begeisterung, die sie beim Hören seiner Stimme ergriffen hatte, gestorben waren. Einmal, so wird berichtet, belief sich die Zahl der Toten auf 700 Mädchen und 12 000 alte Männer. Um jene, die bloss der Stimme lauschten und ihrem Temperament folgten, von jenen zu scheiden, die auf die geistige Wahrheit lauschten, gestattete Gott dem Teufel (Iblîs), seinen Willen zu tun und seine List zu manifestieren. Iblîs baute eine Mandoline und eine Flöte und stellte eine Stelle gegenüber dem Ort, an dem David sang, ein. Davids Hörer teilten sich nun in zwei Lager, die Gesegneten und die Verdammten. Jene, die zur Verdammnis bestimmt waren, lauschten der Musik des Teufels, und jene, die für die Glückseligkeit bestimmt waren, lauschten weiterhin Davids Stimme. Die geistigen Menschen («ahl-i maᶜnî», wörtlich: «Leute der Bedeutung») nahmen nichts wahr ausser Davids Stimme, denn sie sahen nur Gott. Wenn sie Iblîs' Musik hörten, erkannten sie darin eine von Gott ausgehende Versuchung, wenn sie Davids Stimme hörten, erkannten sie die göttliche Leitung; deswegen gaben sie alle Dinge, die nur zweitrangig sind, auf und erblickten Gutes und Böses so, wie sie wirklich sind.[43]

Nicholson, der diesen Text übersetzt hat, vermutet, dass die besonders hohen Zahlen der Toten aus einer Kontamination mit dem in der Bibel erwähnten Kehrreim «Saul hat 1000 geschlagen, David hat 10 000 geschlagen» herrührt, ja dass möglicherweise eine bewusste Übertragung ins Musikalisch-Mythische vorliegt, um den Propheten von der grossen Blutschuld zu entlasten. Allerdings ist mir dieser Kehrreim in den muslimischen Quellen nicht begegnet. Für die so eindrückliche Einteilung in himmlische und teuflische Musik hat Hujwîrî übrigens noch eines jener in der islamischen Tradition so beliebten gereimten Begriffspaare erfunden, nämlich «ilâhî» (göttlich) und «lâhî» (lasziv, sensualistisch).[44]

Der erwähnte Passus über David in Rûmîs grossem Lehrgedicht lässt sich wohl aus einer Reserve des Autors gegenüber solchen Exzessen erklären; er führt nämlich die Tatsache, dass nicht David, sondern Salomo den Tempel zu Jerusalem erbauen durfte, auf die durch seinen Gesang ihm aufgebürdete Blutschuld zurück:

> Als Davids Entschluss, die Entfernte Moschee aus Stein zu errichten, in Bedrängnis kam,
> offenbarte ihm Gott: Lass davon ab; denn dieser Raum wird nicht von dir erbaut!
> Es liegt nicht in unserer Bestimmung, dass du diese Entfernte Moschee errichten sollst, o Erwählter!
> Er sprach: Was ist mein Vergehen, o Kenner der Geheimnisse, dass du mir sagst: ‹Bau die Moschee nicht!›–?
> Er sprach: Du bist ohne Vergehen, doch du hast Blut vergossen und dir das Blut Unschuldiger aufgebürdet.
> Denn deiner Stimme sind zahllose Menschen zum Opfer gefallen und gaben den Geist auf.
> Viel Blut ist ob deiner Stimme geflossen, durch deinen schönen seelenraubenden Gesang.
> Er (David) sprach: Ich war von dir überwältigt, trunken von dir, mein Vermögen war an das deine gebunden.
> Wird nicht jedem, den der König übermächtigt, verziehen, ist nicht der Überwältigte wie der Vernichtete?[45]

Gott antwortet mit komplizierten Belehrungen zum Thema des mystischen Entwerdens, die ich hier nicht weiter verfolgen möchte.

Und wie steht es, um zum Schluss noch einen der grossen Namen persischer Dichtung zu nennen, mit Hafis, Goethes östlichem Zwilling, dem er ein Ehrendenkmal im *West-östlichen Divan* setzte? In seinem *Dîwân*[46] finden sich ganze zwei Erwähnungen Davids, beide Male im Zusammenhang mit dem Gesang der Nachtigall. Die Verse lauten wie folgt:

> Da die Rose wie Salomo auf dem Wind herbei ritt,
> im Morgendämmer, stimme der Vogel das Lied des David an![47]

> Hole wieder hervor, o Vogel des Morgendämmers, das Lied des David,
> denn der Salomo der Rose ist auf dem Wind zurückgekehrt![48]

Das sind zauberhafte Verse. Mit der Nennung von David und Salomo wird zweifellos dem Frühlingsmorgen eine religiöse Aura verliehen, der Vogel wird in Gesellschaft von David zum Vertreter jener im Koran genannten, zusammen mit David Gott preisenden Vogelschar. Gleichzeitig aber wird dieser sakrale Kontext in eine weltliche Szene, ein morgendliches Picknick projiziert und damit säkularisiert. In typisch Hafis'scher Manier werden also mehrere ontologische Ebenen auf anmutige, spielerisch-geistreiche Weise verbunden. David als Person aber ist bei Hafis so wenig gegenwärtig wie bei Ibn al-ᶜArabî oder Rûmî. In den von uns untersuchten Quellen erscheint David nur einmal als lebendige Persönlichkeit mit individuellen Zügen, die uns bei aller legendären Überformung ähnlich anrührt, wie der biblische David: in den Prophetenerzählungen al-Kisâ'îs. Dagegen haben unsere Untersuchungen doch einige wichtige Einzelheiten zutage gefördert: angefangen vom Davidbild des Korans, dem die militanten Züge des biblischen Davidbilds weitgehend fehlen, über den mit seinen Liedern Tod, d.h. unio mystica, bringenden Sänger David bis zu David als Schutzpatron der Liebe mit der durch ihn vermittelten Aufforderung, Gottesliebe als Nächstenliebe zu praktizieren. Das sind Funde, die, denke ich, es auch heute noch verdienen, darüber nachzudenken, und die Mühen der Suche lohnend machen.

Anmerkungen

[1] Vgl. Bürgel 1985; Nünlist 1992.
[2] Koch 1988.
[3] Für eine erste Orientierung s. vor allem de Vaux 1976 und Paret 1965.
[4] Ed. Shâkir 1961-1969.
[5] Ibn al-ᶜArabî, *Tafsîr al-Qur'ân*, ed. 1387/1968.
[6] al-Kisâ'î, *Vita prophetarum* (*Qiṣaṣ al-anbiyâ'*), ed. Eisenberg 1922.
[7] *Fuṣûṣ al-ḥikam*, ed. ᶜAfîfî 1365/1946.
[8] S. die Einzelnachweise unten Anm. 30 u. 33.
[9] Ritter 1978.
[10] Ed. Nicholson 1925-1960.
[11] S. unten Anm. 18.
[12] David kommt in insgesamt 21 Versen, in 9 verschiedenen Suren vor: 2,251 [D. tötete Goliat]; 4,163 [erhielt Psalter]; 5,78 [D. u. Jesus verfluchen ungläubige Juden, in Verbindung mit Sure 7,166 als Verwandlung in Affen bzw. Schweine gedeutet]; 6,84 (nur Aufzählung); 17,55 [Psalter]; 21,78-79a [D. u. Salomo urteilen über Saatfeld, wo fremde Schafe eindrangen]; 21,79b [Berge und Vögel preisen mit David]; 21,80 [Gott lehrte David «wehrhafte Kleidung» herstellen]; 27,15-16 [D. u. Salomo: Gott gab ihnen Wissen – Salomo beerbt D.]; 34,10 [Berge u. Vögel sollen Gott mit D. loben. Gott erweicht das Eisen für D., beauftragt ihn, Kettenpanzer zu schmieden]; 34,13 [Befehl Gottes: stattet der Sippe Davids Dank ab!]; 38,17-20 [D. bussfertig; Berge u. Vögel preisen mit ihm Gott. Königsherrschaft, Weisheit und Fähigkeit Recht zu sprechen], 38,21-25 [Davids Prüfung durch Prozessgegner]; 38,26 [D. «Stellvertreter» («khalîfa»)]; 38,30 [wir schenkten D. den Salomo]. Vgl. dazu u.a. Speyer 1961, 372-383.

13 *Tafsîr al-Ṭabarî* V, 354-366. Ibn ᶜArabî geht dagegen gar nicht auf Einzelheiten des Kampfes ein, sondern allegorisiert ihn sogleich nach gewohnter Manier als «Kampf gegen den Goliat der Triebseele» (*Tafsîr al-Qur'ân* I, 140-141).
14 Vgl. Bürgel 1989.
15 al-Kisâ'î, *Qiṣaṣ al-anbiyâ'*, ed. Eisenberg 1922, 258-277.
16 «Ḥadîth ṭâ'ir al-fitna»; Eisenberg 1922, 261.
17 Vgl. hierzu Hujwîrîs Traktat *Kashf al-maḥjûb*, Nicholson 1976, 320f.
18 al-Kisâ'î, *Qiṣaṣ al-anbiyâ'*, ed. Eisenberg 1922, 264-266.
19 Eisenberg 1922, 266.
20 Arberry 1950, 35, nach Abû Nuᶜaim, *Ḥilyat al-auliyâ'*, II,140.
21 al-Kisâ'î, *Qiṣaṣ al-anbiyâ'*, ed. Eisenberg 1922, 268.
22 Eisenberg 1922, 277. In der Bibel verwahrt er nach dem Tod Abschaloms seine zehn in Jerusalem zurückgelassenen Kebsweiber, d.h. er schliesst sie ein, so dass sie bis zu ihrem Tod als Witwen leben müssen (2Sam 20,3).
23 *Fuṣûṣ*, ed. ᶜAfîfî 1946, I, 162.
24 *Kashf al-maḥjûb*, Nicholson 1976, 185.
25 So behandelt etwa das 69. Kapitel der *Mekkanischen Offenbarungen* «die Kenntnis der Geheimnisse des Gebets» (Ibn al-ᶜArabî, *al-Futûḥât al-Makkîya*, I, 386-546). Vgl. jetzt auch die deutsche Textauswahl von A. Giese, München 2002.
26 *Tarjumán al-ashwáq*, ed. Nicholson 1911 (1978); zu Niẓâm vgl. Addas 1989, 252.
27 Ibn al-ᶜArabî, *Tafsîr al-Qur'ân*, ed. 1387/1968, II, 303-304 (Kommentar zu Sure 34,10-11).
28 Goldziher 1920 (1970), 240f.
29 Vgl. oben Anm. 13.
30 Vgl. Gramlich 1989. Die folgenden Zahlenangaben beziehen sich auf die Paragraphen dieser Übersetzung.
31 Allein in den Psalmen gibt es 59 Belege für den Begriff «Freude».
32 Für die Wurzel «sarra», erfreuen, bzw. «surra», sich freuen, gibt es im Ganzen nur 4 Belege (einmal «tasurru», einmal «surûr», zweimal «masrûr»), die aber alle nichts mit der «Freude im Herrn» zu tun haben. Die andere Wurzel, «fariḥa», froh sein, sich freuen, kommt häufiger vor, jedoch meist im negativen Sinn einer illusionären Freude der Ungläubigen, auch ihrer Schadenfreude über das Unglück der Frommen. Diese Bedeutung gipfelt in der Aufforderung an den reichen Korah (Krösus): «Freue dich nicht, Gott liebt die Fröhlichen nicht (lâ tafraḥ, inna llâha lâ yuḥibbu l-fariḥîna)!» (Sure 28,76); vereinzelt ist aber auch von der Freude über Gottes Huld (Sure 3,169-171) bzw. der Gläubigen über Muhammads Sendung (13,36) die Rede.
33 Vgl. Gramlich 1992-1995. Die folgenden Zahlenangaben beziehen sich auf die Paragraphen dieser Übersetzung.
34 Corbin 1971-1972, 275ff. Die Farben fehlen hier, finden sich aber in Corbin 1961, 183f, und, nach diesem, bei Schimmel 1985, 535f.
35 *Le Livre de l'Épreuve* (*Muṣîbatnâma*), nach der Übersetzung von de Gastines 1981, 265f.
36 *Dîwân*, ed. Furûzânfar 1341/1963, Ghasel Nr. 1369.
37 *Dîwân*, ed. Furûzânfar 1341/1963, Ghasel Nr. 214; vgl. die deutsche Übersetzung in Bürgel 1975, Nr. 53.
38 *Dîwân*, ed. Furûzânfar, Ghasel Nr. 16; vgl. die deutsche Übersetzung in Bürgel 1975, Nr. 81.
39 Vgl. Shiloah 1979, Nr. 164.
40 Vgl. Bürgel 1985, 89-118; Bürgel 1991, 256-271.
41 Der Text hat «saṭr», Zeile, vermutlich zu verbessern in «shaṭr», Teil, bzw. «sifr», Buch.
42 *Qiṣaṣ al-anbiyâ'*, ed. Eisenberg 1922, 258.
43 Nach *Kashf al-maḥjûb*, Nicholson 1976, 402.
44 Eigentlich «sich amüsierend», part. akt. von «lahâ», «yalhû», ein koranisches Wort mit negativer Konnotation, auf dem das Musikverbot beruht, vgl. u.a. Sure 6,32: «Das irdische

Leben ist nur Spiel und Amüsement (la ͨibun wa-lahwun)» und 31,6: «Es gibt unter den Menschen einige ohne Wissen, die amüsante Reden (lahwa l-ḥadîthi) kaufen, um vom Wege Gottes abzubringen.»

[45] *Mathnawî*, ed. Nicholson 1925-1960, Text: Bd. 3, 301; Übersetzung: Bd. 4, 293f (Verse 388-396); Kommentar: Bd. 8, 134f; obige Übertragung beruht auf dem persischen Text.

[46] Die beiden massgeblichen kritischen Ausgaben enthalten 495 (Qazwînî / Ghanî o.J.), bzw. 486 (Khânlarî 1971) Ghaselen, d.h. über 200 Ghaselen wurden von der modernen Forschung als unecht ausgeschieden.

[47] *Dîwân-i Ḥâfiẓ*, ed. Qazwînî / Ghanî o.J., Nr. 219, 7; ed. Khânlarî 1359/1971, Nr. 198,7.

[48] *Dîwân-i Ḥâfiẓ*, ed. Qazwînî / Ghanî, Nr. 174,2; ed. Khânlarî 1359/1971, Nr. 170,2.

Bibliographie

Addas, C., 1989: *Ibn ͨArabī ou la quête du Soufre Rouge*, Paris: Gallimard.

ͨAfîfî, Abu l- ͨAlâ (ed.), 1946: *Ibn ͨArabî, Fuṣûṣ al-ḥikam*, Kairo.

Arberry, A.J., 1950: *Sufism. An Account of the mystics of Islam*, London: George Allen & Unwin Ltd.

Bürgel, J.Chr., 1975: *Dschalaluddin Rumi: Licht und Reigen. Gedichte aus dem Diwan des grössten mystischen Dichters persischer Zunge*, ausgewählt, übertragen und erläutert, Bern: Lang.

Bürgel, J.Chr., 1985: *The Feather of Simurgh. The «Licit Magic» of the Arts in Medieval Islam*, New York: University Press.

Bürgel, J.Chr., 1989: «Repetitive Structures in Early Arabic Prose» in Malti-Douglas, F. (ed.), *Critical Pilgrimages. Studies in the Arabic Literary Tradition* (Literature East & West, 25), Austin: University of Texas Press, pp. 49-64.

Bürgel, J.Chr., 1991: *Allmacht und Mächtigkeit. Religion und Welt im Islam*, München: C.H.Beck.

Corbin, H., 1961: *L' homme de lumière dans le soufisme iranien*, [o.O.:] Desclée de Brouwer.

Corbin, H., 1971-1972: *En Islam iranien. Aspects spirituels et philosophiques*, 4 Bde, Bd. 3: *Les Fidèles d' amour, Shî' isme et soufisme*, Paris: Gallimard.

Eisenberg, I. (ed.), 1922: *al-Kisâ'î, Vita prophetarum (Qiṣaṣ al-anbiyâ')*, Leiden: Brill.

Furûzânfar, B. / Dashtî, ͨAli (eds.), 1341/1963: *Kullīyāt-i Shams-i Tabrīzī*, 2. Aufl., Teheran: Amîr Kabîr.

Gastines, I. de, 1981: *ͨAṭṭār, Le Livre de l' Épreuve (Muṣībatnāma)*, traduit du Persan, Paris: Fayard.

Goldziher, I., 1920 (1970): *Die Richtungen der islamischen Koranauslegung*, Leiden: Brill.

Gramlich, R., 1989: *Das Sendschreiben al-Qušayrīs über das Sufitum*, eingeleitet, übersetzt und kommentiert (Freiburger Islamstudien, 12), Stuttgart: Steiner Verlag.

Gramlich, R., 1992-1995: *Die Nahrung der Herzen. Abū Ṭālib Muḥammad al-Makkīs Qūt al-qulūb*, eingeleitet, übersetzt und kommentiert, 4 Bde (Freiburger Islamstudien, 16), Stuttgart: Steiner Verlag.

Ibn al- ͨArabî, 1387/1968: *Tafsîr al-Qur'ân al-karîm lil-shaikh al-akbar al- ͨârif billâh al- ͨallâma Muḥyiddîn Ibn ͨArabî*, Beirut: Dâr al-yaqẓa al- ͨarabîya.

Ibn al- ͨArabî, o.J.: *al-Futûḥât al-Makkîya*, Beirut: Dâr Ṣâdir.

Khânlarî, P. N. (ed.), 1359/1971: *Dîwân-i Ḥâfiẓ-Ghazalīyāt*, Teheran: Intishârât-i Khwārizmī.
Koch, E., 1988: *Shah Djihan and Orpheus. The pietre dure decoration and the programme of the throne in the Hall of Public Audiences at the Red Fort of Delhi*, Graz: Akademische Druck- u. Verlagsanstalt.
Nicholson, R. A. (ed.), 1911 (1978): *The Tarjumán al-ashwáq. A Collection of Mystical Odes by Muḥyi'ddin ibn al-ᶜArabí*, London: Philosophical Publishing House.
Nicholson, R.A. (ed.), 1925-1960: *The Mathnawí of Jalálu'ddín Rúmí*, with critical notes, translation, and commentary, 8 Bde (E.J.W. Gibb Memorial Series, 1-8), London: Luzac.
Nicholson, R. A., 1976: *The Kashf al-maḥjúb. The oldest Persian treatise on Sufism by ᶜAlí b. ᶜUthmán al-Jullábí al-Hujwírí* (E.J.W. Gibb Memorial Series, 17), Reprint London: Luzac.
Nünlist, T., 1992: *Salomo, Kämpfer wider alles Dämonische. Eine Darstellung anhand arabischer Quellen*, Bern: Lizentiatsarbeit.
Paret, R., 1965: «Dāvūd» in *Encyclopedia of Islam*, New Edition, 2, col. 187b-188a.
Qazwînî, M. / Ghanî, Q. (eds.), o.J.: *Dîwân-i Ḥâfiẓ*, Teheran: Châp-i Sînâ.
Ritter, H., 1978: *Das Meer der Seele. Welt, Mensch und Gott in den Geschichten des Farīduddīn ᶜAṭṭār*, 2. Aufl., Leiden: Brill.
Schimmel, A., 1985: *Mystische Dimensionen des Islam. Die Geschichte des Sufismus*, Köln: Diederichs.
Shâkir, M.M. (ed.), 1961-1969: *Tafsîr al-Ṭabarî – Jâmi ᶜ al-bayân ᶜan ta'wîl al-Qur'ân*, Kairo: Dâr al-maᶜârif.
Shiloah, A., 1979: *Theory of Music in Arabic Writings (c. 900-1900). Descriptive catalogue of manuscripts in libraries in Europe and the U.S.A.*, München: G. Henle.
Speyer, H., 1961: *Die biblischen Erzählungen im Qoran*, Darmstadt: Wissenschaftliche Buchgesellschaft.
Vaux, C. de, 1976: «Dāvūd» in Kramers, J.H. (ed.), *Handwörterbuch des Islam*, Leiden: Brill, p. 93.

David im Christentum

Von David zu Christus

Martin Karrer

Zusammenfassung:

Die Erwartung an unser Thema ist vorgezeichnet: In der ntl. Darstellung Christi strahle vor allem der Glanz Davids, die Erwartung eines neuen herrschenden, messianischen Davididen aus. Wer mit dieser Erwartung zum NT kommt, erlebt Überraschungen. David ist um die ntl.e Zeit in vielerlei Weise in Erinnerung (als Hirt, Psalmist und König). Doch gerade als König trägt er einen Schatten; in der Batseba-Geschichte lud er so viel Schuld auf sich, dass niemand wagt, ihn in neuen Texten Gottes Gesalbten zu nennen.

Im Neuen Testament erhält er darauf seine größte Bedeutung als Psalmist, der vom Geist Gottes bewegt prophetisch spricht. Wichtige Worte, die auf Jesus weisen, lassen sich bei ihm finden (am bedeutendsten Ps 110); gegebenenfalls erhöhen sie Jesus weit über ihn (in der Davidssohnfrage Mk 12,35-37). Der machtvolle Kämpfer und König, der Sieger über Goliat und die Philister, interessiert dagegen kaum. Für Jesus, den heilenden «Davidssohn», steht mindestens so sehr Salomo wie David Pate.

David wird also weniger zum Maßstab Jesu als erwartet, obwohl schon früh die Überzeugung begegnet, Jesus sei davidischer Herkunft (Röm 1,3), und später (nicht ohne Plausibilität) erzählt wird, er sei im davidischen Betlehem geboren. Das Joh begegnet dieser Herkunft mit sachter Ironie. Die Apk wagt sogar die paradoxe Umkehrung, nicht David bestimme das Geschlecht Jesu, sondern Jesus das Geschlecht Davids. Beachten wir das, ist für die Exegese der Psalmist alles in allem interessanter als der König David und der Glanz einer davidischen Herkunft Jesu.

Résumé:

Les associations que suscite notre sujet sont évidentes: on s'imagine que c'est surtout le rayonnement de David, l'attente messianique d'un nouveau roi issu de sa lignée, qui imprègne la représentation du Christ dans le Nouveau Testament. De ce point de vue, toutefois, le Nouveau Testament réserve des surprises. A l'époque de sa rédaction, David est dans les mémoires à différents titres, comme berger, comme psalmiste et comme roi. Mais le personnage du roi est assombri par l'histoire de Bethsabée, et sa faute paraît telle que dans les nouveaux textes, personne n'ose parler de David comme de l'oint du Seigneur.

C'est en tant que psalmiste prophétique, inspiré par l'esprit divin, qu'il prend toute sa dimension dans le Nouveau Testament. Ses psaumes (surtout le psaume 110) renferment des paroles déterminantes qui annoncent le Christ et l'élèvent d'ailleurs parfois bien au-dessus de David lui-même (sur la question du Christ fils de David, cf. Marc 12,35-37). En tant que guerrier et roi puissant, victorieux de Goliath et des Philistins, par contre, David n'éveille guère d'intérêt. Jésus le Rédempteur, «fils de David», a Salomon pour modèle au moins autant que son père.

Le personnage du Christ se réfère donc moins au personnage de David qu'on pourrait l'attendre. L'affirmation, tôt rencontrée dans les textes, que Jésus est issu de sa lignée (Romains 1,3) et celle, plus tardive mais plausible, qu'il est né à Bethléem, dans la ville de David, n'y changent rien. L'évangile selon saint Jean parle de ces origines de Jésus avec une point d'ironie. Le livre de l'Apocalypse va même jusqu'à renverser l'affirmation: ce n'est pas David qui détermine la lignée de Jésus, mais Jésus qui détermine la lignée de David (5,5; 22,16). Des différents rôles de David, le psalmiste est donc plus intéressant pour l'exégèse que le roi et le rayonnement que ce dernier pourrait avoir conféré aux origines du Christ.

Abstract:

The typical expectation of the readers for the topic of this article may be sketched as follows: The depiction of Christ in the New Testament reflects the splendor of David in the hope of a newly reigning, messianic Davidid. One who approaches the New Testament in this way, however, is going to be surprised. In New Testament times, David is remembered in a variety of roles (as shepherd, Psalmist, and king). However, his role as King is sullied by the guilt that he bore from the Bathsheba-story, such that nobody in new texts dares to call him God's anointed.

In the New Testament, therefore, he is mainly seen as the Psalmist who prophesies as the spirit of God moves him. Important words that point toward Jesus come from David (most important Ps 110); the New Testament writers exalt Jesus high above David (considering the »Son of David« question Mk 12,35-37). The mighty warrior and king, the conqueror of Goliath and the Philistines, on the other hand, is of little interest. Solomon as much as David, foreshadows Jesus as the healing «Son of David».

David is, much less than expected, the measure for Jesus, although, one finds references to Jesus' Davidic origin (Rom 1,3), and later (not without plausibility) it is said that he was born in Bethlehem, the city of David. The Gospel of John comments on this descent with slight irony. Revelation even dares to talk about a paradox: it is not David who determines Jesus' genealogy, but Jesus who determines David's (5,5; 22,16). Taking this into consideration makes the Psalmist more interesting for the exegeses than the king David and the splendor of Jesus' genealogy based on David.

Stichwörter:

Betlehem; Christologie, davidische; Davidlieder im Judentum und im Neuen Testament; Davidssohn; Jesus, davidische Herkunft; Messias

1. Einführung

«Von David zu Christus» – die Erwartung an dieses Thema ist vorgezeichnet: Im Verständnis Christi werde eine besondere Linie der Davidrezeption wirksam. Unwillkürlich denken wir an einen Davididen 1000 Jahre nach und doch unter dem Glanz Davids. Ein königlicher Messianismus tritt vor unsere Augen, den das frühe Judenchristentum belebt und zu einem Höhepunkt – samt Geburt des Davididen aus der Stadt Davids, Betlehem – geführt habe.

Ich verzichte darauf, die geistesgeschichtlichen Wurzeln nachzuzeichnen, die dieses Programm im Abendland beliebt machten. Wir würden dem Glanz des Königtums und Davids im Mittelalter und der Faszination eines Königs-Messias im Zeitalter des Absolutismus, dem Barock, begegnen: Gesellschaften, die sich an Königen orientieren, finden im davidischen Christus einen König über die Könige.[1]

Ebenso mögen zur Forschungslage wenige Sätze genügen. William Wrede begründete um 1900 mit der These, Jesu davidische Abstammung sei «ein theologischer Gedanke, keine geschichtliche Tradition»,[2] den Skeptizismus des 20. Jh., der den alten Glanz Davids über Christus und selbst den Geburtsort Betlehem aushöhlte.[3] Viele Forscher sehen seither eine zunächst schmale Spur des Davidismus in der Überlieferung rasch wachsen. Zugleich zeigen sich seit Jahrzehnten unausweichliche Verwerfungen. Gegen die Forschungshauptlinie[4] wandte sich die Erwägung, der irdische Jesus habe das Davidssohnprädikat abgewiesen und damit dessen Verwendung auf Dauer gebremst.[5] Das Messiasprädikat rückte wegen seiner nichtdavidischen Komponenten und seines neutestamentlichen Schwerpunktes bei Paulus, der es exklusiv griechisch bietet (als «Christos») und von Tod und Auferweckung Jesu aus erschliesst, aus der Mitte unseres Themas.[6] Nicht einmal die Skepsis gegen eine davidische Herkunft Jesu setzte sich ganz durch.[7]

Überschauen wir das, ist das Bild des davidischen Messias im Allgemeinbewusstsein verunsichert und hat es seinen Nimbus verloren, ohne dass der neutestamentliche Sachverhalt im Konsens geklärt wäre. «Von David zu Christus», unser Thema, geleitet uns auf einen Grat zwischen leuchtender Wirkungsgeschichte und historischer Kritik. Auf diesem Grat tritt die Vielschichtigkeit der Quellen an die Stelle einfacher Thesen und gewinnen wir Raum für Überraschungen.

Unser Thema erlaubt dabei zwei Zugänge, den vom Christusgeschehen und seinen Verschriftungen – den neuen Quellen des Christentums – her und den von den davidischen Motiven der Umwelt auf diese neuen Quellen zu. Die Abhängigkeit allen christlichen Wissens über David vom Judentum legt letzteren Zugang näher (Quellen der Völker über das Judentum verraten uns bis ins 2. Jh. n.Chr. weithin keinerlei Kenntnis Davids[8]). Ich ordne die Darstellung daher nach davidischen Sachkreisen und beginne je beim Judentum, um die frühchristlichen Quellen dazu zu korrelieren.

Zum Neuen Testament bedarf es nur einer Vorbemerkung, nämlich dass von vornherein nicht alle seine Schriftenkreise David erwähnen; eine gänzliche Lücke findet sich in den katholischen und johanneischen Briefen. Die Rezeption Davids ist mithin kein universaler Schlüssel für das frühe Christentum. Sie demonstriert vielmehr spezifische, in Teilen des Christentums unterschiedlich belebte Züge der Davidtradition und der Christologie. Der Schwerpunkt liegt bei den Synoptikern und der Apg (Mk 7, Mt 17, lukanisches Doppelwerk 24 Belege[9]). Im Joh findet sich David bloss in einem einzigen Vers (7,42), in der paulinisch-deuteropaulinischen Literatur allein im Röm (dreimal) und 2Tim (einmal), ausserdem im Hebr zweimal und der Apk dreimal. Ich versuche im Folgenden, die Belegbreite zu erfassen.[10]

2. David der Hirte, seine Herkunft und der Löwe Judas

Das Judentum um die Zeitenwende las die Davidgeschichte, es rezitierte Davids Psalmen, und es schrieb beides fort. Allerdings setzte es die Gewichte anders, als wir heute vermuten würden. Das herrscherliche Wirken Davids trat in vielen Kreisen hinter dem jungen Hirten und dem Psalmisten zurück. Beginnen wir deshalb beim Hirten aus dem Stamm Juda und begeben uns über den Psalmisten zum König:

2.1 David hatte keinen dynastischen Hintergrund. Er war *Hirte*, bevor er König wurde. Das empfand die Erinnerung nicht als Blösse. Im Gegenteil, sie verklärte es, weil es Davids Auszeichnung durch Gott herausstrich. Ein schönes Beispiel dafür bietet der Psalter der Septuaginta (LXX). Er macht an der hervorgehobenen Stelle seines Abschlusses, in seinem letzten, dem unseren Bibeln[11] fehlenden Ps 151[12] den kleinen, unscheinbaren David zur Identifikationsgestalt. Er, der Kleine mit der Kithara, die er bei den Schafen fertigte, und nicht seine grossen, schönen Brüder – heisst es[13] – überwand durch Gottes Erwählung den Andersstämmigen (Goliat).[14]

Gleichfalls beim Kleinen wuchs ausserdem die Legende. Einen Löwen und Bären habe er als Hirte bezwungen, erzählte man um die Zeitenwende (und das wird noch Teil des masoretischen, nicht mehr des griechischen Bibeltextes),[15] und vor dem Kampf gegen Goliat habe er einen Sieg über die Midianiter errungen, die seine Schafe rauben wollten.[16] Nehmen wir das Spielen (παίζειν) des jungen David unter Löwen und Bären hinzu, von dem das Sirachbuch spricht (Sir 47,3), bereiten sich neben kriegerischen und königlichen Stärken Anklänge an die Gestalt Orpheus' vor, das mythische Götterkind, das mit der Kithara selbst die Tiere bezauberte. Tatsächlich wird David im ersten überkommenen jüdischen Fresko seiner Person nicht als Krieger, sondern wie Orpheus dargestellt (in Dura Europos, ca. 250 n.Chr.). Vom Hirten und nachmals orphischen David fällt – ohne dass wir den Beginn der orphischen Bezüge genau datieren könnten[17] – Glanz auf den König, nicht umgekehrt.[18]

Die Relevanz für das Christusbild des Hirten in der alten und mittelalterlichen Kirche liegt auf der Hand. Freilich dürfen wir damit nicht unbesehen ins Neue Testament zurückgehen. Denn dieses prägt seine Hirtenmetapher nicht von David her. Nirgends erwähnt es den Hirten David, nirgends seine Musik, seine Kithara[19] oder seine Siege über die wilden Tiere. Nirgends nimmt es in den Hirtengleichnissen, der Hirtenrede Joh 10,1-18 oder der Christologie des Hirten von 1 Petr 2,25; 5,4 bis Hebr 13,20 explizit auf ihn Bezug. Das allgemeine Bild der Hirten im Sinne von Leitungsgestalten Israels und Gottes als des Hirten Israels schlechthin genügt zur Erklärung der Texte.[20] So dürfen wir das Gewicht Davids für diesen Aspekt der frühen Christologie nicht überschätzen. Allenfalls entstehen erste Andeutungen davidischer Konkretion.[21] Ihre Verdichtung gehört in die Kirchengeschichte. Wir stossen darauf, dass die Nachzeit den orphischen David, Sänger und Löwenkämpfer weit mehr liebte, als das Neue Testament es tat.[22] Statt einer davidischen Vorliebe fällt die Kargheit des Neuen Testaments in diesem Punkt auf.

2.2 Den dynastischen Mangel Davids hob, soweit wir sehen können, keine jüdische Erzählung auf.[23] Doch bot das Buch Rut wenigstens einen *Stammbaum* über mehrere Generationen zurück (Rut 4,18-22). Das half Christen des späten 1. Jh.s, die von Jesu davidischer Abstammung überzeugt waren, Jesu Abkunft zu rekonstruieren. Zwei Belege haben wir dafür, Mt 1,1-17 und Lk 3,23-38. Wieweit diese Abschnitte frühchristliche Tradition benützen oder wieweit erst die Evangelisten sie schufen, können wir offenlassen. Die Unterschiede sind ohnehin gross. Mt und Lk rezipieren selbst die Namen aus dem Buch Rut unterschiedlich (allein Mt 1,5 erwähnt dessen Hauptgestalt Rut). Indes dürfen wir über allen Unterschieden einen zentralen Impuls nicht übersehen, der sich auf beide Fassungen auswirkt:

Weil David keine Dynastie vorangeht, entschränkt Davids Genealogie auch diejenige Jesu. Es gelangen zum Königtum zusätzliche Momente in den Blick, und das wiederholt sich in den Generationen nach David. Rut, die Frau und Moabiterin, deutet so im Mt die Bedeutung scheinbarer Nebenfiguren für Gottes Handeln sowie die Öffnung zu den Völkern an, und Gestalten zwischen Serubbabel (dem letzten herrscherlichen Daviden) und Josef schaffen priesterliche Assoziationen.[24] Lukas übergeht Rut vor David, setzt aber in die Generation nach ihm anstelle Salomos durch

Natan eine davidische Nebenlinie nach 2Sam 5,14. Jesus tritt in der Geschichte seit Adam somit nur durch ein genealogisches Glied unter das Vorzeichen des davidischen Königtums. Natan deutet, da eine zusätzliche Assoziation zum Propheten Natan von 2Sam 7 entsteht, ausserdem einen Bezug zur Prophetie an. Davidische Genealogie verwehrt, so gewiss sie Jesus auch Königen zuordnet, eine königlich-davidische Engführung.

2.3 David entstammt Juda. Das konstituiert über die Genealogie hinaus eine Linie zum *Vätersegen* der Schrift. Dieser Segen ehrte – erzählt Gen 49 – Juda unter seinen Geschwistern. Der Vater Jakob verglich ihn mit einem jungen *Löwen* (V.9).

Das Fresko von Dura Europos, das ich gerade erwähnte, stellt das zusammen mit dem orphischen Hirten David dar.[25] Zwei Szenen zeigen unten den Stammvater Jakob und seine Kinder auf dem Sterbebett beim Segen. Über den Segen tritt darauf neben David der Löwe Judas. Mochte er im Segen nur ein Glied sein, in der Rezeption wird er zum Zentrum. Er steht grösser als David in der Mitte des Bildes und David links von ihm; denn die Väterverheissung hat Vorrang vor der Geschichte, die sie einlöst. Indes zeichnet die Kraft des Löwen nun speziell David aus. Er wendet sich David zu und gibt ihm das Licht des Löwen Judas. Davids Königtum oder das eines erhofften neuen David tritt darauf im Fresko, soweit wir angesichts der schlechten Erhaltung erkennen können, über unsere Szenenkombination. David und jeder verheissene König nach ihm erfährt Grösse aus dem Segen über Juda (s. die Abbildung auf der nächsten Seite).

Für das Neue Testament wesentlich, ist diese Kombination Davids mit dem Löwen sehr jung. Erst am Ende der neutestamentlichen Zeit findet sich die erste Identifikation von Löwe und davidischem Messias[26] – in 4 Esr 12,32 –, und wir sind uns nicht einmal dort über den ursprünglichen jüdischen Text sicher. Handelt es sich, wie manche vermuten, um eine christliche Interpolation, geleitet es uns in die Kirche des 2. bis 4. Jh.s.[27] So oder so verrät uns der Text, da Christen ihn übernahmen, neben dem Judentum viel über die Durchsetzung der Vorstellung Jesu als davidischen Messias-Löwen und damit über die Vorbereitung unseres landläufigen davidischen Jesusbildes in der Kirche.[28]

Bis sich dieses Bild verfestigt, bietet der Vätersegen jedoch ein Potential, die Relation zwischen Christus und David anders zu setzen. Das Neue Testament macht davon Gebrauch. Jesu Herkunft aus Juda galt unter den frühen Christen – das brauchen wir als Voraussetzung – auch dort als offenkundig,[29] wo seine etwaige speziell davidische Herkunft nicht zum Thema wurde. Hebr 7,14 greift das auf und spielt mit der Formulierung, «unser Herr» sei aus Juda entsprossen, mutmasslich auf den Judasegen an.[30] Offb 5,5 zitiert das Löwenmotiv aus Gen 49,9 sogar explizit; der Christus im

Thronsaal Gottes wird «der Löwe aus dem Stamm Juda». Mit Davidität ist beides nicht identisch, und weder der Hebr noch die Offb bemühen David als Vorfahren Jesu.[31]

Die Offb geht darüber noch hinaus. Sie zieht daraus, dass der Judasegen Vorrang vor David hat, eine heute überraschende Konsequenz: Der Christus (in ihrer Sprache: der Christuswidder), dem der Judasegen gilt, ist nicht nach, sondern sachlich vor David zu denken. Er ist, mit ihren Worten ausgedrückt, die Wurzel und das Geschlecht / der Stamm Davids, nicht umgekehrt. Ῥίζα, Wurzel Davids, nennt Offb 5,5 Christus; 22,16 ergänzt γένος, Stamm / Geschlecht Davids. David bleibt darin eine überragende Gestalt für die Reflexion der Kirche.[32] Doch nicht er leuchtet über Jesus; Jesus leuchtet über ihm, wie der Morgenstern in der Nacht leuchtet.[33] Wir dürfen spekulieren, ob die Offb damit davidische Jesusbilder ihrer Zeit zurechtrückt oder selbständig Motive der Schrift um Juda und David kombiniert.[34] Was wir nicht dürfen, ist, aus der Wurzel einen Spross Davids zu machen.[35] Der Glanz Christi ist für die Offb jedem Glanz Davids voraus und überlegen.

3. David der Psalmist und seine prophetische und apotropäische Kraft

Von David zu Christus – dieses Thema bietet schon bisher Überraschungen. Nicht alles von David wurde wichtig, sahen wir, der König David in ein breiteres Feld eingebettet und Christus zum Massstab für David statt umgekehrt. Verbreitern wir dieses Bild am Psalmisten.

Die Zuschreibung von Psalmen an David[36] wuchs und wuchs, bis er als Hauptdichter des sich fixierenden biblischen Psalters und einer grossen Zahl weiterer Lieder galt. Der berühmte Abschnitt über die Davidkompositionen in 11QPs[a] (= 11Q05) nannte darauf insgesamt 4050 Lieder Davids.[37] Der prominenteste Autor der jüdischen Diaspora im 1. Jh., Philo, erwähnte David ausschliesslich als Psalmisten.[38] Zwischen Psalmdichter und König baute sich ein sensibles Feld auf, in dem nicht unbedingt der König den Vorrang erhalten musste (die Kithara schlug ja bereits der junge David).[39]

Das frühe Christentum hat an diesen Tendenzen Anteil. Auch es würdigt David mit hohem Gewicht als Psalmdichter (etwa Röm 4,6; 11,9; Hebr 4,7). Das aber bringt weitere Aspekte mit sich:

3.1 Die Psalmen Davids fanden um die Zeitenwende gern eine *prophetische Lektüre*. David schrieb sie, wie man überzeugt war, von Gottes Geist erfüllt,[40] sprach sie durch Prophetie[41] und als Prophet. Das gab seinen Worten allgemeine Geltung,[42] und es gab ihnen spezielle Relevanz für die Gegenwart (am auffälligsten in Qumran).[43] Bei den Urchristen hiess das mit Schwerpunkt bei Lukas, dem neutestamentlichen Zeugen mit den meisten Belegen für David: Wenn David, der Psalmdichter, Prophet ist (explizit Apg 2,30), bündelt sich das Zukunftslicht, das von ihm aus auf Christus fällt, vor allem in seinen Worten.[44]

Das wehrt einer Isolierung Davids als königlicher Verheissungsgestalt für die Christologie. Zugleich gibt es den Passagen, die das Königtum integrieren, einen besonderen Klang. Schauen wir uns das an der zentralsten dieser Passagen, Apg 2,24-36, an. Sie steht im lukanischen Werk, das von Jesu davidischer Herkunft überzeugt ist, aber in die davidische Linie – wie wir nun sehen, nicht zufällig – einen prophetischen Anklang integrierte (s.o. 2.2); David eignet eine prophetische Dynamik.

Das dient an unserer Stelle – der Pfingstpredigt des Petrus – dem Nachweis, dass Gott Jesus nicht in der Totenwelt belassen, sondern erhöht habe. So nämlich stehe es in den Psalmen 16 und 110,[45] der Überlieferung nach Davidpsalmen (ich übersetze im Ausschnitt): «Du (scl. Gott) wirst mein Leben nicht in den Hades hinein preisgeben» und es Verderben sehen lassen (LXX Ps 15,10 in Apg 2,27.31) sowie «es sprach der Herr (scl. Gott) zu meinem Herrn ‹Setz› dich zu meiner Rechten [...]» (LXX Ps 109,1 in Apg 2,34).

Das Ich dieser Texte ist vordergründig das Davids. Allein, es kann – legt die Apg dar – David nicht meinen, da dieser unverändert im Grab liegt (Apg 2,29).[46] David spricht deshalb in prophetischem Wissen vom Nachkommen, der auf seinem Thron sitzen wird (2,30 unter Anspielung auf Ps 132,11 und die Natansverheissung 2Sam 7,12.13). Das Leben Jesu aus dem Tod löst die Gottesgewissheit Davids ein, und das «Setz' dich zur Rechten» Gottes, die Erhöhung Jesu, realisiert die Thronerwartung Davids und Natans. Jesus ist herrscherlicher, königlicher Davidide, doch nicht auf irdischem Thron, sondern aufgestiegen zum Himmel (vgl. 2,34a).[47] Der Blick weitet sich entsprechend von David aus über Israel[48] auf alle Welt, und gerade solche Weite richtet – erfahren wir später – das Zelt Davids auf (in der Völkermission: Apg 15,16 nach Am 9,11f LXX).[49]

Für uns heute ist dies eine urchristliche, zum David Israels kaum kompatible Glaubensentfaltung. Lukas gewinnt sie durch eine überraschende, wenn nicht irritierende Auswahl davidischen Materials (Ps 110 etc.).[50] Wie kompliziert dadurch unser Thema wird, brauche ich kaum zu sagen. Denn das Material ist im Sinne der Zeit davidisch, lediglich die Lektüre gegenüber dem, was wir primär als Davidismus skizzieren würden – eine Erwartung, die sich irdisch und an Israel orientiert – umgebrochen. Der – wenn wir der Belegzahl folgen – «davidischste» der neutestamentlichen Zeugen, Lukas, steht im Ziel für einen Anschluss an davidische Hoffnung, der diese Hoffnung ganz an der Christuserfahrung misst und bestimmt.[51]

3.2 Interessant für die frühen Christen ist noch eine andere, bislang kaum bekannte Weiterentwicklung der Davidserinnerung: Kein Psalm der in unsere Bibel eingegangenen Sammlungen spricht von einer *Macht* Davids *über die Dämonen*.⁵² Um die Zeitenwende dagegen liest man diese Macht in 1Sam 16, wo David die Zither ergreift, wenn ein böser Geist über Saul kommt. Die LXX trägt, als Saul Hilfe sucht, ein, David wisse einen Psalm.⁵³ Der Liber Antiquitatum Biblicarum (von wohl dem Ende des 1. Jh. n.Chr.) zitiert darauf diesen Psalm. David redet den Geist an: «Finsternis und Schweigen war, bevor die Welt wurde [...] damals wurde dein Name geschaffen [...]. Und jetzt falle nicht zur Beschwer⁵⁴» usw. (LibAnt 60,2f).

Wahrscheinlich liefen mehr solche Psalmen um. Jedenfalls weist die nächstliegende Übertragung von 11QPsᵃ (= 11Q05) xxvii 9f auf solche. Neben seinen Psalmen für die Opfer, die Tage, die Sabbate usw. schrieb David – heisst es dort – 4 Lieder, zu spielen zu הפגועים (*hapᵉguʿîm*, Part. Passiv qal), «den Geschlagenen». Die meisten Ausleger denken zu Recht an Besessene / Gequälte.⁵⁵ Auch dann sind vier Psalmen noch nicht viel. Indes eröffnen sie eine Dimension, die David und nach Auffassung der Zeitenwende noch souveräner der bedeutendste seiner Söhne, Salomo, beherrschte, das heilende Bezwingen von Dämonen.⁵⁶

Ein weiterer Qumranfund schliesst diesen Bogen. Die leider schlecht erhaltene Rolle 11Q11 enthält eine Sammlung von Psalmen in apotropäischem Rahmen,⁵⁷ die Salomo (soweit sich rekonstruieren lässt) am Anfang erwähnt (i 3) und Davidpsalmen integriert (iv 4 – v 14). David und Salomo werden in der Abwehr von Dämonen und Unheil gegenwärtig.⁵⁸ Wir werden diese Spur unten aufgreifen müssen (s.u. 4.3).

4. David der König, seine Schuld, sein Verhältnis zu den Völkern und seine Nachkommen

Der Hirte und Psalmist wurde König. Auch wenn wir David wegen der Verwerfungen in der Rezeptionsgeschichte nicht zuerst in seinem Königtum betrachteten, müssen wir uns diesem nun mit Nachdruck zuwenden. Ich konzentriere mich auf die Bereiche, die zum Verständnis des frühen Christentums besonders wichtig sind, und verweise für alles Weitere⁵⁹ auf die einschlägigen weiteren Beiträge in diesem Band:

4.1 David beging auf dem Weg zum Königtum und als König strittige Taten. Für seine Frühzeit liess sich das nachsehen. So entschärfte jüdische Erinnerung, dass er während der Verfolgung durch Saul vom heiligen Brot des Altars ass (1Sam 21,2-7),⁶⁰ und das Urchristentum würdigte den Vorgang geradezu positiv, da er sich als Präzendenzfall für das Ährenessen der Jünger am Sabbat eignete.⁶¹ Schwer belastete David sich hingegen später mit *Schuld*. Er bedurfte, – das war selbst im Lob klar, – dessen, dass der

Herr seine Sünden wegnimmt.[62] Bei einer Sünde, dem Mord an Urija, dem Mann Batsebas, blieb das grundsätzlich fraglich. David wurde, weil die Tora noch nicht publiziert war, vergeben – formuliert die Damaskusschrift aus der Umgebung von Qumran –, doch mit einer Ausnahme, eben dieser Bluttat an Urija.[63]

Vielleicht hängt damit eine Auffälligkeit des Davidbildes um die neutestamentliche Zeit zusammen: So oft Quellen dieser Zeit David erwähnen und so sehr sie ihn rühmen, können sie die Bluttat an Urija allenfalls verschweigen. Das gewichtigste neutestamentliche Beispiel dafür bietet Lukas, der um der Auszeichnung des Gesalbten (Christi) aus seinem Hause willen keinerlei Schatten auf David fallen lassen, ihn vielmehr als Gottes Knecht loben will, der Gottes Willen getan habe;[64] er erübrigt durch den Bruch von David zu Natan, den wir ansprachen, in der Genealogie Jesu und auch sonst im Evangelium nicht zuletzt jeden Hinweis auf Urija.[65] Doch all das kann die ethische Ambivalenz Davids nicht auslöschen. Keine Quelle des Judentums und frühen Christentums nennt David darauf Gesalbter (angefangen beim Davidlob des Sirachbuches[66] über den jüdischen Geschichtsschreiber Eupolemos,[67] alle Texte der Höhlen bei Qumran[68] und die PsSal[69] bis hin zum Neuen Testament und Josephus[70]). Als sich das am Ende des 1. Jh. im Judentum zu ändern beginnt, steht es umgekehrt in sichtbarem Zusammenhang mit der Betonung, David sei «*gerechter* Gesalbter» (18-Bitten-Gebet, 14. Bitte).[71] Die Gottesverbindung eines Gesalbten erlaubt keine Schuld.

Die Erneuerung des Gesalbtenprädikats für David erreicht das Neue Testament, wie angemerkt, nicht mehr. Letzteres enthält David bis zu seinen jüngsten Schriften die Bezeichnung Gesalbter vor; Gesalbter ist einzig Jesus. Zugleich fällt ein bemerkenswertes Schlaglicht auf den Stammbaum Jesu bei Mt. Isai – heisst es dort – «zeugte den König David, David zeugte Salomo aus der des Urija» (1,6). David erhält als einziger der Vorfahren Jesu den Königstitel. Allein, an den Königstitel schliesst gleich und ausschliesslich die eine überragende Schuld Davids an. Diese Schuld eröffnet einen Weg zu den Völkern – Urija, der durch David Ermordete, und damit auch dessen Frau sind Hetiter –, wie die Forschung immer wieder hervorhebt.[72] Ebenso bedeutsam ist eine zweite Wahrnehmung: David scheidet durch seine befleckte Macht als unmittelbares Modell für das Königtum Jesu aus. Der König Jesus ist anders als er sanft, demütig (πραΰς), wie Mt 21,5 in Anlehnung an Sach 9,9 formuliert (ein Motiv, das bei Lukas mit seinem dichteren Anschluss an David notwendig fehlt).[73] David seinerseits ist ein Glied des Volkes, das aus seinen Schulden zu retten die Aufgabe Jesu ist (s. 1,21 nach dem Stammbaum).[74] Die Verklärung Davids, an die wir durch die nachneutestamentliche Wirkungsgeschichte gewöhnt sind, differenziert sich im lukanischen und mindert sich im matthäischen Stammbaum.

4.2 Als David das Diadem trug, demütigte er – wie das Sirachbuch sagt – die Feinde ringsum.[75] Das schuf eine potentielle *Reibungsfläche zu den Völkern*. Der König David stand so nämlich für den Vorzug Israels in der Erwählung Gottes und für den Erwerb von Israels Tempelstadt gegen sie.[76] Zugleich belastete die Kriegführung ihn wiederum mit Blutschuld; weil er mit Blut besudelt war, durfte er den Tempel nicht errichten, berichtet Eupolemos.[77]

Die Reaktion der Quellen um die Zeitenwende ist eindeutig. Zum einen begründen sie Davids Kraft gegen seine Feinde nicht aus menschlicher Stärke. Vielmehr siegt er, weil er nicht Schwert und Spiess, sondern Gott vertraut und darum der Kampf zum Kampf Gottes wird.[78] Zum anderen und noch wichtiger rücken sie, wo es geht, Davids Kriegführung überhaupt in den Hintergrund.[79] Eine gegenläufig völkerkritische Spur entsteht zwar im davidischen Messianismus der PsSal (17, 3.22-25.28-31) aus der Mitte des 1. Jh. v.Chr.[80] Sie bleibt jedoch über die Grundlegungszeit des Christentums hinweg schmal: Die Verbreitung der PsSal dürfen wir nicht überschätzen, weil sich am Toten Meer keine Fragmente von ihnen fanden. Unter den fünf צמח דויד (Spross-Davids-) Texten aus Qumran lenken bloss zwei das Augenmerk gegen die Kittim (4Q161, Frg. 8-10,11-25; 4Q285 Frg. 5,3-6),[81] und selbst nach 70 n.Chr. dringt ein davidisch-völkerkritischer Messianismus lediglich begrenzt vor.[82]

Der ohnehin nicht übermässig breite davidische Messianismus erweist sich damit als in sich vielschichtig.[83] Bei dem, was die Völker – die Nichtjuden – über David wissen, spitzt sich das zu. Ihnen sind, wie wir an ihren überkommenen Quellen über das Judentum erkennen können, Davids Zusammenstösse mit den Fremdvölkern wie der König David und ein erwarteter Davidide weithin unbekannt.[84]

Das Neue Testament teilt und verlängert die Tendenz. Es erwähnt keinen der einzelnen Siege Davids. Nicht einmal die Stichworte Philister oder Goliat tauchen auf. Allenfalls eine Stelle bietet dem starken David der mittelalterlichen Kunst überhaupt einen Ansatzpunkt, der pauschale Hinweis von Hebr 11,32-34, grosse Gestalten Israels inklusive Davids hätten durch den Glauben Königreiche besiegt.[85] Aber auch diese Stelle akzentuiert nicht die Siege, sondern den Glauben Davids.

Diese Zurücksetzung aller Völkerkritik zu vergegenwärtigen, bildet eine wesentliche Voraussetzung für den Erfolg Davids – soweit wir das Wort Erfolg gebrauchen dürfen – in der Völkermission des Paulus. Ich streife, wie bescheiden dieser Erfolg zunächst ist: Folgen wir den Briefen des Paulus an seine Gemeinden in Kleinasien und Griechenland, dann blieb David für diese in der ersten Generation irrelevant (Paulus erwähnt David in seinen Briefen an sie nicht).[86] Eph und Kol schweigen darauf gleichfalls von David und unter den Pastoralbriefen 1 Tim und Tit. Ungeachtet jeder Relativierung der Lücken durch Zufälligkeiten der Verschriftung, durch die

Erinnerung, Jesus stamme aus Davids Samen, in 2Tim 2,8 und eine Ansiedlung der Apg in den (nach-) paulinischen Umkreis dürfen wir erst am Ende des ersten Jahrhunderts und lediglich in einem Teil des Paulinismus von höherem Interesse für David sprechen. Gewichtig für uns schliesst dieses höhere Interesse weiterhin eine Erwähnung des gegen die Völker siegreichen Königs David aus. Keiner der Belege – und sie sind zumindest in der Apg zahlreich – kennzeichnet David als Kämpfer oder Sieger.[87]

Begeben wir uns von daher zum Römerbrief. Es ist der irritierendste Text im Paulinismus. Denn er provoziert auf den ersten Blick gegen alles Gesagte die Völker. Jesus stamme – beginnt gleich das Präskript (Röm 1,3f) – aus dem Samen Davids und sei aus der Auferstehung erhöht als Gottessohn. Das ist nicht nur eine Kontradiktion zu den Gottessöhnen der Völker, ihren (in Rom nach dem Tod) vergotteten Herrschern.[88] Die Abfolge von davidischer Herkunft[89] Jesu zur ἀνάστασις (dem Aufstehen, der Auferstehung) stellt zudem eine Brücke zur Natanverheissung her. Natan sagte David dort ja einen Nachkommen an, dem Gott die Herrschaft bereite. Die LXX verstand das als Zusage Gottes «Ich werde deinen Samen (τὸ σπέρμα σου) nach dir aufstellen (ναστήσω) [...]» (2Sam 7,12f im Ausschnitt). Ἀναστήσω, «ich werde aufstellen», konnte darauf auch mit «ich werde auferwecken» (aufstellen aus dem Tod) übertragen werden. Paulus aktualisiert der Evidenz nach diesen Sinn[90] und präsentiert Jesus, den vom Tod abgegrenzten Sohn Gottes, den Christen aus den Völkern in Rom als den aufgestandenen (auferstandenen) Davididen der Natanverheissung.

Veranlasst ist Paulus dazu durch eine Besonderheit in Rom. Die Gemeinde ist nicht von ihm gegründet, und jüdische Einflüsse auf die Heidenchristen sind hoch.[91] Er muss, um Unterstützung zu gewinnen, daher sein Evangelium gedanklich vor Juden und Völkern verantworten, und er tut das mit einem Prä des Juden (s. das «zuerst dem Juden» 1,16). Der betonte Hinweis, Jesus stamme aus Davids Samen, entspricht diesem Prä und ist nebenbei der älteste Hinweis, dass im Judenchristentum – oder besser dem Teil des Judenchristentums, der Paulus beeinflusste – die Überzeugung herrschte, Jesus sei Davidide.[92] Paulus mutet den Völkern die Zustimmung dazu zu; Jesu Davidität ist Teil seines Evangeliums.[93] Den Erfolg der Zumutung bestätigt die angesprochene Rezeption in 2Tim 2,8.[94]

Doch ist der David des Paulus kein David eines Vorzugs Israels *gegen* die Völker. Im Gegenteil, Jesu Herkunft wird, sobald wir im Römerbrief weiter lesen, zur Hoffnung *für* sie. David erscheint nach 1,3 ausschliesslich als Psalmist, und das genauerhin mit einem Zitat aus Ps 32,1f, das den Glauben Abrahams auf die Völker hin öffnet («selig der Mann, dessen Sünde der Herr nicht anrechnet»),[95] sowie einem Nachweis für die Verblendung Israels (Ps 69,23f in Röm 11,9f). D.h. David relativiert jeden Vorrang Israels.

Israel behält über diese Kritik hinweg trotzdem das Prä der Verheissungen, und sie werden in Christus fest. Indes tun sie das – schliesst Paulus –, damit die Völker sich mit Gottes Volk freuen. Die Wurzel Isai, die in Christus erstarkt, um über die Völker zu herrschen, gewährt den Völkern die Hoffnung auf den Gott des Friedens (Röm 15,8-13 mit der bedeutendsten Rezeption von Jes 11,10 im Neuen Testament).[96] Weiter können wir uns vom einst über die Völker siegreichen David kaum entfernen.

Lukas steht eine Generation später mutatis mutandis vor einer ähnlichen Aufgabe: Der Jesus aus dem Hause Davids soll in seinem Doppelwerk zum Licht der Völker werden, ohne dass seine Zeit ihm dafür eine geradlinige Vorgabe in der Davidtradition böte.[97] Lukas löst das Problem neben der angesprochenen Amosrezeption wiederum durch die Kombination davidischer Christologie mit jesajanischer Verheissung, nun näherhin mit Jes 42,6;49,6.9;52,10 (das sind insbesondere Stellen aus den Gottesknechtsliedern; sie konzentrieren sich im Nunc dimittis Lk 2,29-32).[98] Keiner der Jesajatexte sprach dabei von David oder Isais Stamm. Die Textkombination gerät also noch kühner als bei Paulus. Wer den David der alten Quellen Israels sucht, wird nur eine ebenso beunruhigende wie in der Freiheit der Rezeption faszinierende Ferne konstatieren können. Statt eines potentiellen Feindes finden wir Licht und Frieden für die Völker.

4.3 Der König David begründete eine Dynastie. Sie verlor ihre Macht und danach sich selbst im Schatten der Geschichte. Trotzdem mochte die Hoffnung auf sie wieder aufbrechen. Glieder Israels konnten auf einen *künftigen Sohn Davids* blicken.

Dieser Sachverhalt stellt sich in den Quellen freilich komplexer dar, als weithin wahrgenommen wird. Beginnen wir, um das zu vergegenwärtigen, beim klassischen Ausgangspunkt, der Natanverheissung 2Sam 7,8-16. Wir stiessen mehrfach auf sie. Nun wird ein bislang zurückgestelltes Detail wichtig:

Die Verheissung unterscheidet sich im masoretischen Text und der LXX. Ersterer betont die Ausgangsgestalt David, und über die Thronfolge des ersten Sohnes (scl. Salomo; V.12-15) hin erhält der Thron *Davids* die Verheissung ungebrochener Dauer. «*Dein* (Davids) Thron soll ewig Bestand haben» lautet das hebräisch 2Sam 7,16. Diese Variante dominiert die ältere Forschung und das Allgemeinbewusstsein zur Davidssohnschaft Jesu; Jesus wird dort zur davidischen Zukunftsgestalt, ohne dass das Zwischenglied Salomo besonderer Aufmerksamkeit bedürfte.

Etwas anderen Klang bekommt die Natanverheissung in der LXX. Der Bestand, den Gott dem Hause Davids verleiht, konkretisiert sich in ihr entscheidend über Salomo, und V.16 spricht von diesem: «*Sein* (sc. Salomos) Haus und *seine* (sc. Salomos) Herrschaft» sollen vor Gott auf ewig fest werden. Die Septuaginta steht dafür nicht allein; der Ansatz findet sich hebräisch (MT) ebenso in der Wiedergabe der Natanverheissung 1Chr 17,14. Wir stossen somit auf eine breitere Tendenz, das davidische Königshaus an Salomo zu binden. Ob sie jünger oder älter als der MT zu 2Sam 7 ist, brauchen wir nicht zu entscheiden.[99] Um die neutestamentliche Zeit müssen wir mit einer Relevanz beider Varianten rechnen.

Die davidischen Verheissungstexte in Qumran orientieren sich dabei an dem Denken, das zum masoretischen Text von 2Sam 7 führt. Alle in den neuen Funden enthaltenen Hinweise auf Salomo, «den Sohn Davids»,[100] begegnen jenseits der Texte mit der davidischen Hoffnung,[101] und die grosse Rezeption von 2Sam 7 in 4Q174 (= 4QFlor / 4QMidrEschat^a) iii 7-13 geht in ihrer Zitatenkette von 2Sam 7,12-14 zur Hütte Davids von Am 9,11 über, ohne Salomo zu erwähnen.[102] Das bestätigt auf den ersten Blick den herkömmlichen Schwerpunkt bei David an Salomo vorbei.

Sobald wir allerdings auf das Davidssohn-Prädikat schauen, ergibt sich eine Irritation: Der erhoffte, künftige Davidide heisst in den Qumrantexten nie «Davidssohn». Die Texte lieben «Spross Davids» (angeregt durch Jer 23,5; vgl. 33,15);[103] sogar 4Q174 (= 4QFlor / 4QMidrEschat^a) iii 10f mit dem Zitat von 2Sam 7,14 (wo «Sohn» steht) wiederholt nach dem Zitat nicht das Stichwort «Sohn», sondern setzt צמח, «Spross». Die Akzente liegen mithin genau umgekehrt zum Neuen Testament, wo allenfalls einmal christologisch das Motiv des Sprosses aufscheint (und das als Spross «aus der Höhe», in einer theonomen Brechung von Jer 23,5),[104] hingegen «Davidssohn» bevorzugt wird (je nach Zählung bis zu insgesamt 18 Mal direkt oder indirekt auf Jesus bezogen).

Wie lässt sich das überbrücken? Wir kommen, was speziell das Davidssohn-Prädikat angeht, nicht mit der Betonung des Thrones Davids aus, müssen vielmehr Salomo-Konnotate einbeziehen, und zwar in doppelter Weise. Zum einen gibt es im vorneutestamentlichen Judentum jenseits der Qumranquellen – wie weithin bekannt ist – doch einen Beleg (mehr als ein Beleg wird es nicht) für das in Qumran vermisste messianische «Davidssohn». Indes steht er gerade in einem Salomo zugeschriebenen Text. Salomo[105] bittet in PsSal 17,21 den Herrn, die Natanverheissung zu erfüllen, indem er den Seinen «ihren König, den Sohn Davids» als «Gesalbten des Herrn»[106] aufrichte. Das erste Glied von Davids Samen erinnert Gott an seine Verheissung für den Samen nach ihm.[107]

Zum zweiten ist natürlich Salomo selbst Davids Sohn. Die Majorität aller frühjüdischen Belege für «Davidssohn»[108] gilt direkt ihm. Die Quellen verklären sein Bild zum weisen Sohn Davids[109] und volkstümlich zum Helfer, weil man mit der Weisheit medizinisches Wissen[110] und medizinische Kraft verband. Auf seine Sprüche und seinen Namen stützte man sich deshalb nicht zuletzt für Heilungen und magisch heilende Beschwörungen.[111]

Das TestSal, das die Erzählungen darüber später sammelt, enthält zweimal präzis die Anrede «Sohn Davids» an Salomo (1,7; 20,1), an der ersten dieser Stellen im Kontext eines Exorzismus.

Da das Gros der Davidssohn-Stellen im Neuen Testament die Anredeform hat, ist das für diese Texte – die Anreden Jesu als Sohn Davids bei seinen Heilungen – eine nähere Parallele als PsSal 17,21 (ein Text über den Davidssohn ohne Bezug auf Heilungen). Darum deutet sich seit Anfang der 1970er Jahre eine wichtige Korrektur in deren Deutung an: Wir hätten sie primär als Evokation der heilenden Kraft Salomos und nicht des Königtums Davids zu lesen (zumal sich die davidische Erinnerung und davidisch-königliche Hoffnung der Schrift im engeren Sinn einschliesslich der sog. messianischen Verheissungen nicht für Heilungen interessiert).[112] «Sohn Davids, Jesus, erbarm dich über mich» (Mk 10,47f usw.), beschwört Jesus, zu helfen, wie Salomo hilft. Wir dürfen diesen Ansatz aufgrund der in 3.2 beschriebenen Entwicklung im Davidbild allerdings nicht einseitig gegen davidische Konnotate ausspielen. Denn da auch David Kraft gegen die Geister besitzt, sucht der Schrei der Kranken unter der Kraft Salomos wahrscheinlich die Kraft Davids mit zu sammeln. Bauen wir also keinen zu grossen Gegensatz zur Davidtradition auf und verschieben lediglich den Primat zum Salomo-Bezug.[113]

Der Heilungswunsch an den Davidssohn führt uns damit allerdings an die Grenze einer magischen Beanspruchung Jesu. Aber gerade das hilft, eine Vorsicht und Korrektur im neutestamentlichen Befund zu verstehen: Mk und Lk vermeiden es, mehr als einen Beleg zu setzen (die Blindenheilung von Mk 10,46-52 par)[114], und selbst in ihm behält die Davidssohnanrede nicht das letzte Wort. Als Jesus sich dem Heilungssuchenden zuwendet, ersetzt der es vielmehr durch «rabbuni», «mein Herr» (Mk 10,51) bzw. griechisch κύριε, «Herr» (Lk 18,41).[115] Mit «Davidssohn» lässt sich Jesus demnach rufen, nicht voll erreichen.

Mt, der die Belege kräftig ausweitet,[116] präzisiert die Stellungnahme Jesu. «Ist das etwa der Sohn Davids?», fragen die Leute in 12,22-24, als sie seine Heilungen sehen, und die Pharisäer halten dagegen, er treibe die Dämonen im Beelzebul aus. Wir vernehmen die Gegenposition zu einer Heilung in der Kraft Salomos. Jesus korrigiert darauf beides, Gegenposition und Position. Ein Stärkerer als Beelzebul ist hier, vernehmen wir in Mt 12,25-30, und mehr als Salomo, in 12,42.[117]

Vorbereitet sind wir auf die markanteste Perikope zum Thema, die Davidssohnfrage Mk 12,35-37a par. Sie überschreitet den Kontext von Heilungen[118] und evoziert mit ihrer Leitfrage «Ist der *Gesalbte* Sohn Davids?» (V.35) die Hoffnung der PsSal auf einen Sohn Davids als gesalbten König.[119] In den PsSal artikulierte, wie wir sahen, Salomo diese Hoffnung. Nun antwortet darauf – zeichnet die Erzählung – der, aus dem Salomo hervorging, David selbst, und er korrigiert nach Ps 110,1, dessen zentrale Rolle für das Urchristentum als Davidspsalm wir bereits kennenlernten:[120] Der Gesalbte (Christus) ist Herr zur Rechten Gottes des Herrn (V.36).[121]

Das schärft die Pointen. Nach der Korrektur vom Davidssohn- zum Herren-Prädikat bei den Heilungen sehen alle Evangelien mit der Davidssohnfrage (Mt, Mk und Lk) auch einen Anschluss an die davidische Hoffnung von PsSal 17-18 verwehrt, solange diese nicht durch die Erhöhung Christi gebrochen wird: Wie Christus den heilenden Salomo überbietet, ist er Herr über die Königserwartung nach Salomo hinaus.[122] Die Bestätigung dafür finden wir in der christlichen Rezeption der PsSal. Sie transponiert die Vorlage «Gesalbter des Herrn» in χριστός κύριος, «gesalbter Herr / Christus der Herr». Christus ist Herr; allein in dieser Gestalt blieben uns die PsSal darauf erhalten.[123]

Innerhalb dessen spitzt das Mk weiter zu. Es bettet den Text in Streitgespräche ein und lässt ihn mit der abweisenden Frage enden, «woher» (πόθεν) der Gesalbte denn Davids Sohn sei, wenn David ihn doch selber Herr nenne. Die Antwort überlässt das Evangelium den Lesern. Implizit gibt es sie durch den Rahmen vor: Jesus ist Davids Sohn nur aus dem Woher derer, die ihn missverstehen. Die Davidssohnbezeichnung ist ihm nicht gemäss.[124]

Die Überlieferungskritik erlaubt nicht, diese kritische Position bis zum irdischen Jesus zurückzuführen. Denn ohne den markinischen Rahmen (Mk 12,35a) ist die Davidssohnfrage eine Frage *über* den Christus, nicht ein Wort Jesu, und darum als Gemeindebildung einzustufen. So scheitert ein Nachweis für die eingangs berichtete These, bereits der irdische Jesus habe das Davidssohnprädikat abgewiesen und damit eine notwendige christliche Zurückhaltung begründet.[125]

Um so hellhöriger werden wir für die Entwicklung der Tradition bis Mk. Das Mk ergänzt sie um seine Gestaltung des Einzugs nach Jerusalem. Wir müssen, um letzteren recht zu lesen, die volkstümlichen Assoziationen des Davidssohnes und Niedrigkeitskönigs Jesus nach Sach 9,9 abstreifen; diese Momente bringt erst (und allein) Mt (nicht einmal Lk) in die Perikope ein. Bei Mk liegt die Pointe in der Spannung zwischen der Vorbereitung des Einzugs durch Jesus und der Einholung Jesu durch die Menge. In der Vorbereitung nennt sich Jesus, nach allem Gesagten konsequent, «Herr» (Mk 11,3). Die Menge bei der Einholung verschiebt das. Sie bejubelt Jesus mit dem Psalmzitat «Hosanna; gesegnet, der kommt im Namen des Herrn»[126] und erläutert «gesegnet die kommende Herrschaft *unseres* Vaters David» (V.9f im Auszug). David ist *ihr* Vater, und *ihre* Hoffnung richtet sich auf ein erneuertes Davidskönigtum in Jerusalem. Die Menge instrumentalisiert Jesus für ihre Hoffnungen und initiiert damit den Weg der Passion.[127]

Überschauen wir von da aus die markinischen Belege für David und Davidssohn (wir haben inzwischen alle besprochen), wird begreiflich, dass das Mk keinen davidischen Stammbaum Jesu enthält. David ist laut Mk als Psalmsänger zu würdigen, der auf Jesus weist (12,36), und David legitimiert das Ährenraufen der Jünger (2,25f). Aber als Begründer einer irdischen Königsdynastie taugt er nicht, um Jesus recht zu erfassen.[128] Wir müssen sogar vorsichtig sein, eine davidische Herkunft Jesu im Mk vorauszusetzen.[129]

Bei Mt und Lk ändert sich das. Sie sind an der davidischen Herkunft Jesu interessiert, wenn sie sie auch im Einzelnen unterschiedlich rekonstruieren. Entsprechend modifizieren sie den Schluss der Davidssohnfrage. Beide machen aus der markinischen Abweisung die offene Erkundung, «in welcher Weise» (πῶς) der Gesalbte (Christus) Davids Sohn sei (Mt 22,45; Lk 20,44). Diese kleine Änderung erlaubt nach Ansicht vieler Exegeten, den Text nun als eine Haggadafrage zu lesen, die der Davidssohnschaft Jesu und ihrer Korrektur zum Herrn ein einander ergänzendes Recht einräumt. Ob wir in der Formbestimmung so weit gehen dürfen, scheint mir fraglich. Die Sachtendenz ist indes unfraglich.[130]

Freilich stossen wir unter dieser Gemeinsamkeit auf eine bleibende Divergenz der Evangelien: Das Mt bettet seine Fortschreibung in die Linie ein, Jesus sei über Josef mittelbar Sohn Davids (1,1-17.20)[131] und helfe als Davidssohn seinem Volk. Der Niedrigkeitskönig von Mt 21 zieht folgerichtig zum Helfen nach Jerusalem ein und stösst als Helfer dort auf die tödliche Opposition.[132] Die Belege des Prädikats vermehren sich. Lk schreibt demgegenüber den heilenden Davidssohn und überhaupt das Davidssohnprädikat klein. So konzentriert sich seine Rezeption auf das Gefälle, der Davidssohn sei recht als Herr zu verstehen, und ein Kreis schliesst sich zur Ansage Christi durch Ps 110,1 in der Apg, die wir besprachen. Das Davidssohnprädikat steigert das irdische Wirken Jesu alles in allem allein im Mt, nicht im Lk.[133]

Der komplexe Befund im Neuen Testament macht die Irritation der frühnachneutestamentlichen Zeugen begreiflich. Sie kennen die gänzliche Ablehnung von Jesu Davidssohnschaft ebenso wie eine positive Aufnahme von Jesu davidischer Herkunft.[134] Fürs Gebet und Bekenntnis eignet sich «Davidssohn» wegen der neutestamentlichen Spannungen in keinem Fall. Es geht in kein Bekenntnis ein (weder Apostolicum noch Nicaeno-Constantinopolitanum etc.), und das Gebet verwandelt das «Hosanna dem Sohn» zu «Hosanna dem Gott Davids» (Did 10,6).[135]

4.4 Beschliessen wir die Erörterung mit den populären, sachlich aber weniger wichtigen Fragen nach der historischen Genealogie Jesu und der davidischen Linie zum Geburtsort Betlehem:

Was die *davidische Herkunft Jesu* angeht, sind die Vorgaben rasch repetiert: David begründete eine Dynastie. Allein, diese Dynastie scheiterte im frühen 6. Jh. v.Chr., und die Reihe ihrer Prinzen verlor sich im oder spätestens nach dem 5./4. Jh. allmählich im Dunkel der Geschichte.[136] Danach entsteht eine jahrhundertelange Lücke, in der unseren Quellen nach kein Davidide Anspruch auf Herrschaft erhob oder vom Volk verehrt wurde. Davidische Familienlinien spielten, soweit sie überhaupt wahrnehmbar waren, keine gesellschaftliche Rolle.

Überlieferungen, die und die Familie gehöre in weitem Sinn zum davidischen Geschlecht, sind damit von vornherein auf einzelne Kreise zu beschränken. In diesen Kreisen büssten sie notwendig von Generation zu Generation weiter an Präzision ein. Kritisch historisch indiziert darum der Hinweis, Jesus sei Davidide, den wir Paulus (Röm 1,3), Mt (ab 1,1-17) und Lukas (Lk 1,27.32.69 bis Apg 2,30) verdanken – während er, wie beschrieben, für die ausserdem gern beigezogenen Quellen Mk, Hebr und Offb fraglich ist –, nicht mehr als ein volkstümliches genealogisches Denken und gewährt keinerlei Sicherheit über eine davidische Herkunft Jesu. Die Differenzen der Stammbäume bei Mt (1,1-17) und Lukas (3,23-38) bekräftigen dieses Urteil.

Wenden wir uns von da der beliebten, in der Einführung angesprochenen These zu, die Überzeugung von Jesu davidischer Herkunft habe die Wahl *Betlehems* zum Geburtsort ausgelöst. Der Befund ist hier komplexer als landläufig erwartet: Betlehem setzte sich in den Schriften Israels zwar breit als Herkunftsort Davids durch (nur ein Beispiel ist die Schrift Rut).[137] Aber es drang bis über die neutestamentliche Zeit hinaus nicht in die davidisch-messianische Hoffnung ein. Der berühmte Betlehem-Text in Mi 5,1-5[138] ist in keiner zwischentestamentlichen Quelle als messianische Verheissung rezipiert, und kein einziger der angeführten davidischen Texte aus Qumran und von den PsSal bis 4 Esr erwähnt Betlehem. Weiter als bis ins 3. Jh. n.Chr. kommen wir für eine explizite jüdische Vorstellung von Betlehem als Geburtsort des Messias nicht zurück.[139]

Postulieren wir aufgrund der Rezeption von Mi 5,1.3 in Mt 2,6 trotzdem, dieser Text bilde eine messianische Vorgabe des späten 1.Jh.s,[140] erhalten wir die nächsten Schwierigkeiten. Mt bietet nämlich eine zu MT wie LXX divergierende Textfassung: Betlehem ist nicht wie in den Vorlagen unbedeutend, sondern im Gegenteil *keineswegs* unbedeutend (Mt 2,6b fügt in den Text οὐδαμῶς). Die Wahrscheinlichkeit, dass Mt das zur Aufwertung Betlehems bildete, ist gross. Allenfalls lag dem Mt eine Einzelhandschrift mit diesem Text vor. In beiden Fällen können wir nicht mehr sagen, als dass der Text an Bedeutung zu gewinnen begann. Zur Durchsetzung kam die matthäische Textfassung nicht.

Dem tritt der Befund bei Lk zur Seite. Jeder Verweis auf Mi 5 fehlt dort, was wir, wenn Mi 5 eine zwingende Vorgabe für die Genese Betlehems im Christentum wäre, nicht erklären können. Statt dessen argumentiert Lk damit, Betlehem sei Davids Stadt (Lk 2,4.11), worauf nun das Mt nicht zufällig verzichtete. Schliesslich war Davids Stadt im Allgemeinbewusstsein Jerusalem.[141] Lk schuf seine kühne Übertragung des Attributs nach einem einzigen, vereinzelten Vorgänger (1Sam 20,6).[142]

Genügen damit die Indizien, um die These einer «Erfindung» Betlehems um davidischer Christologie willen zu erhärten? Dafür spricht, dass wir Betlehem ausschliesslich bei den neutestamentlichen Zeugen finden, die von davidischer Herkunft Jesu ausgehen, dagegen die Mühsal, die die Aufwertung Betlehems eben diesen Zeugen bereitet. So entsteht eine Pattsituation. Der Befund erklärt sich mindestens ebenso einfach wie durch die These des Theologumenons, wenn eine alte Überlieferung, Jesus sei in Betlehem geboren, allmählich eine Wechselwirkung mit der Überzeugung einging, er sei Davidide, und beides sich gegenseitig, von Autor zu Autor unterschiedlich, steigerte.

So oder so sollten wir die historischen Fragen nach Jesu Herkunft keinesfalls überbewerten. Darauf weist uns der letzte anzusprechende Text im Neuen Testament hin, Joh 7,42, die einzige Stelle mit Erwähnung Davids im Joh. Es gibt Leute – heisst es dort –, die verlangen, der Gesalbte / Christus (χριστός im vorangehenden V.41 kann beides meinen) müsse aus dem Samen Davids und aus Betlehem statt aus Galiläa (wo Nazaret, der alternative Ort der Herkunft Jesu liegt) stammen. Aber zu Jesus findet über dieser Meinung niemand; es entsteht lediglich ein Streit (V.43).

Manches spricht dafür, dass wir das als johanneische Ironie lesen müssen, das Joh mithin die Auffassung einer davidischen sowie betlehemitischen Herkunft Jesu kennt. Doch gerade dann verstärkt sich die Position: Wer seine Christus-Erwartung an David und Betlehem hängt, wird dort hängen bleiben und nicht erkennen, worauf es ankommt, nämlich auf die Herkunft Jesu von Gott, um derentwillen Joh 1 mit dem grossen Prolog anhebt und jede Geburtsgeschichte unterschlägt.[143] Unser Abschnitt schliesst neuerlich mit einer Restriktion zu hoher Erwartungen an davidische Christologie.

5. Schluss

Mit wenigen Strichen kann ich enden. Die Spuren Davids ins Neue Testament und zur Christologie brachten manche Überraschungen. Der Löwe Judas gesellte sich mehr Christus denn David zu. Salomo beeinflusste die Vorstellungen von der heilenden Macht Jesu vorrangig vor David. Im matthäischen Stammbaum holte David seine Schuld ein. Der Hirte David und der mächtige König, der alle Feinde besiegt, traten überall im christlichen Denken zurück. Die davidische Herkunft Jesu hielt nur ein Teil der frühen Christen für relevant.

All das warnt davor, davidische Christologie in den ersten christlichen Generationen zu hoch zu bewerten. Doch andererseits gibt es die glanzvolle relecture Davids zugunsten der Völkermission im Römerbrief und vor allem die Entdeckung Davids, des Psalmisten, der seinen Herrn besingt und der prophetisch darauf verweist, dass dieser Herr (Christus) beim Herrn (Gott) throne – die Rezeption des Ps 110 – in weiten Teilen des Urchristentums.

Die landläufigen Erwartungen an David mag das nicht erfüllen. Indes bringt es David für die frühen Christen über alles irdische Königtum hinaus zum Leuchten. In einem nachneutestamentlichen Text, der Apokalypse des Paulus 29, wird er sogar zur Zukunftsgestalt im Vollsinn, weil er den Psalter auf Christus hin singt. Denn so wird er beim Kommen Christi zur Herrschaft der Ewigkeit allen übrigen Heiligen überlegen sein, weil er ihnen allen voraus wieder dem Herrn zur Rechten des Vaters[144] psalmodiert. Der Intensität dieser Gewichtverlagerung zum Psalmisten werden wir heute schwerlich folgen. Aber an ihr wird die Forschung am meisten weiterarbeiten müssen.[145]

Anmerkungen

[1] Dazu sei auf die entsprechenden Beiträge in diesem Band verwiesen; vgl. auch Karrer 1991, 13-18.

[2] Wrede 1907, 165.

[3] Die Ablehnung der Betlehemgeburt gewann die Forschungsmajorität; s. z.B. Burger 1970, 104. Ausnahmen wie Dodd 1953 (^{6}1963), 90, bestätigen die Regel.

[4] Die sich auch in sich stets differenzierte: vgl. z.B. für den Stand vor einer Generation Burger 1970 und Longenecker 1970, bes. 109-113.

[5] van Iersel 1962; Auseinandersetzung damit z.B. bei de Jonge 1991.

[6] Wieder gab Wrede (nun 1901) wichtige Impulse am Anfang des 20. Jh. Inzwischen setzt die Forschung vor allem religionsgeschichtlich neue Schwerpunkte (ausgewählte Lit. in der Bibliographie; ich nenne für die Vielfalt nur Charlesworth 1992 [Relativierung der Verbindung Messias-David 20 u.ö.], Karrer 1991, Pomykala 1995 und Zimmermann 1998).

[7] S. z.B. Brown ^{2}1993, 505-512.

[8] Diese Quellen sind, obwohl meist allein durch Referate oder in Fragmenten überkommen, breit genug, um Rückschlüsse zu erlauben (Sammlungen bei Stern 1974 und in englischer Übersetzung Whittaker 1984, Kurzreferat bei Noethlichs 1996, 46-52, kritische Durchsicht bei Schäfer 1997). Ihren Ausgangspunkt bildet – wenn wir sie überschauen – ein Minimalwissen über Jerusalem und den dortigen jüdischen Tempel, das zeitgeschichtlich erklärbar ist, sowie die Begegnung mit Inhalten der Tora durch Hörensagen (nicht zuletzt ein Reflex des Primats der Tora im Judentum). Auf eine Lektüre der jüdischen Geschichtsbücher stossen wir nirgends, wenn wir von der singulären Bemühung Alexander Polyhistors absehen, der jüdisches Material im 1. Jh. v.Chr. kompilierte (in Fragmenten überkommen; vgl. Walter 1980, 93). Die Folge sind Verzerrungen: Der Erwerb Jerusalems gerät in den vorhandenen Quellen zu eng an das Mosegeschehen (von Strabo, geogr. 16, 2,36 = Stern Nr. 115, bis Tacitus, hist. 5,1-5; weitere Belege sind über das Sachregister in Sterns 3. Bd. auffindbar) und wird mit scharfer Polemik skizziert (bes. scharf Lysimachos nach Josephus, Ap. 1, 304). David wird nur im Ausnahmefall am Rand erwähnt (so bei Nikolaus Dam., hist., nach Josephus, ant. 7,101-

103 = Stern Nr. 84), eher schon wieder Salomo, da er den Tempel erbaute (s. Josephus, Ap. 1, 106-115, über tyrische Schriften).
[9] Verteilt auf 13 Belege im Lk, 11 in der Apg.
[10] Genauere Aufstellung z.B. bei Merkel [2]1992.
[11] Die dem masoretischen Text mit seinem universalen, nichtdavidischen Ausklang folgen.
[12] Nicht mehr im MT, doch dank 11QPs[a] (= 11Q05) in der hebräischen Basis rekonstruierbar. Demnach kombiniert die LXX (und die syrische Überlieferung, durch die der Psalm gleichfalls erhalten blieb) zwei ursprünglich selbständige Psalmen. In 11QPs[a] xxviii 3-12.13-14 ist deren erster vollständig, der zweite teilweise enthalten. Der Text divergiert im Hebräischen und Griechischen etwas.
[13] S. μικρός für David in Ps 151,1 LXX (die Kithara in V.2) versus καλοί, μεγάλοι für die Brüder in V.5.
[14] Wenn ein politischer Impuls zu hören ist – und dafür spricht einiges (vgl. Karrer 1991, 126-128) –, dann ist es demnach der Sieg des Kleinen, nicht der Sieg einer kommenden Dynastie. – Zur Rezeption der Erzählung vom Goliat-Kampf in frühjüdischer Literatur vgl. Nitsche 1998, 104-148.
[15] S. 1Sam 17,34; vgl. Josephus, ant. VI 181-183; LibAnt 59,5 (beides Zeugen des späten 1. Jh. n.Chr.) und die sog. Syrischen Psalmen 4 und 5 (Ps 152;153). Die LXX, der der ganze Passus um 1Sam 17,34 fehlt, ist hier möglicherweise überlieferungsälter; s. Lust 1999, 246-252.263.
[16] LibAnt 61,1.
[17] Eine Reihe von Forschern vermutet bei Ps 151(A) und somit deutlich vor dem Neuen Testament nicht nur orphische Anklänge, sondern orphische Einflüsse. Das ist allerdings umstritten; Lit. mit vorsichtiger Distanz bei van der Woude 1977, 35 Anm. 24; vgl. auch Kleer 1996, 244-281.
[18] Nachweise zum Fresko bei Schubert in ders. / Schreckenberg 1992, 173-177; Überblick über bisherige Deutungen der Fresken sowie eine neue Interpretation bei Zenger 1998, 268-274. Vgl. noch in 2.3.
[19] Alle Belege für die Kithara und das Kitharaspiel (1Kor 14,7; Offb 5,8; 14,2; 18,22) kommen ohne David aus.
[20] Ich nenne exemplarisch die Referenz von Mk 6,34 auf die Josuaerzählung Num 27,17f und die Anspielung von Lk 15,4 auf Ez 34,11f.16. Weiteres und Lit. bei Karrer 1998, 244f.
[21] Die Forschung erwägt das namentlich für die Hirtenrede in Joh 10 und stellt Bezüge von den VV.14-16 zu Ez 34,23 und vom Motiv «er setzt sein Leben» V.11 zu 1Sam 19,5 her. Diese Bezüge sind wie die Assoziationen von Hirt und König (die Kügler 1997 stark herausstreicht) als Anhalt für das Wachstum der davidischen Interpretation von Jesu Hirtentum nach dem Neuen Testament wichtig. Doch ein primäres Zeugnis davidischen Denkens entsteht nicht (Ez 34,23 schiesst nicht nur mit dem Stichwort David, sondern auch mit den Prädikaten Knecht und Fürst über den sich. Text hinaus, und 1Sam 19,5 bezieht den Lebenseinsatz auf den Kampf Davids gegen Goliat, nicht die Hirtentätigkeit, was Daly-Denton 1999, 308f in ihrer exponiert davidischen Deutung von Joh 10 vernachlässigt).
[22] All die bekannten Bilder Davids mit der Kithara, die sein Patronat über die Musik, und die seines Sieges über den Löwen, die seine Kraft zeigen, sind am Neuen Testament vorbei entstanden. Erste Hinweise zum Hirten David-Christus der Alten Kirche und der Rezeption des Sängers David mit der Kithara sowie des Löwenkämpfers bei Daniélou 1957, 600-602.
[23] Es gibt auf den ersten Blick eine Ausnahme: Nach Alexander Polyhistor bei Euseb, praep. ev. IX 30,3, machte der jüdische Historiker Eupolemos (2. Jh. v.Chr.) David zum Sohn Sauls. Aber das ist wahrscheinlich eine irrtümliche Verkürzung des Eupolemos (s. die Anmerkung bei Walter 1980, 99 z.St.).
[24] S. zu ersterem Nolland 1997, 534f.538f, und H. Stegemann 1971, 252-264, zu letzterem Ostmeyer 2000, bes. 182-185.

25 Während der Löwenkampf des jungen Hirten in Dura Europos nicht dargestellt wird, vielleicht weil er mit dem positiven Löwenbild des Segens kollidiert.
26 Zuvor bildet der Löwe ein vielschichtig verwendetes Bild für Israel, Israels Stammväter und Juda (s. Num 23,24; 24,8f; Dtn 33,20.22; Jer 2,30 usw.), ohne dass es zu einer direkten Kombination mit David kommt (Näheres bei Vermes 1961, 40-66, und Botterweck 1973, 414f). Als Vorbereitung des Befundes von 4 Esr lassen sich die Qumrantexte lesen: Die Rezeption von Gen 49,9 in 1QS^b (= 1Q28b) v 29 (die einzige des Löwen aus diesem Vers in Qumran) stellt indirekt einen Bezug zu davidischen Hoffnungen her, da der Kontext Motive von Jes 11 integriert (Lit. z.B. bei Oegema 1998, 58f, und Collins 1998, 103f), und die Rezeption von Gen 49,10 (nicht werde weichen ein Herrschender aus dem Stamm Juda) in 4QpGen^a (älter 4QPB genannt; 4Q252 Frg. 1) 1-7 blickt darüber, dass jemand auf Davids Thron sitze (eine begrenzte Akzeptanz vorhandener Herrschaft in Israel), hinaus auf den kommenden «Gesalbten der Gerechtigkeit», den «Spross Davids» (Z.3f; zur Bandbreite der Interpretation s. bes. Karrer 1991, 255-258, Pomykala 1995, 180-191, und Zimmermann 1998, 113-127 [je weitere Lit.]). Der Unterschied der Texte verwehrt, sie vorschnell zu koppeln (und vollends offen bleiben muss angesichts der Erhaltungslage des Textes ausserdem, ob 4QMidrEschat^{a,b} Dtn 33 und 2Sam 7 koppelt, wie Steudel 1994, 133f, vorsichtig vermutet). Doch die Motive sind vorhanden, aus denen in einer neuen geschichtlichen Situation – nach 70 n.Chr. – eine Position wie die von 4 Esr entstehen kann.
27 4 Esr blieb uns allein durch die christliche Rezeption und dort in Übersetzungen erhalten. Der Verweis auf David fehlt dabei 12,32 im wichtigen lat. Text. Das macht die Rekonstruktion sehr schwierig (Lit. bei Schreiner 1981, 391). Auch wenn sich die Forschungswaage derzeit dahin neigt, den Bestand mit davidischem Messias für jüdisch anzusehen, wäre das Problem in Deutungen wie bei Oegema 1994, 216ff, stärker zu berücksichtigen.
28 Vor der konstantinischen Wende gegebenenfalls mit einem Messias Christus gegen Rom und nicht zuletzt dank des Freskos von Dura Europos jedenfalls unter Vergleichsmöglichkeit zum Judentum. Zum Text und der Wirkungsgeschichte ist dabei u.a. zu beachten, dass 4 Esr juridischen Momenten in der Durchsetzung des Messias höheren Rang als militärischen gibt (Lit. und Stand der Auslegung bei Pomykala 1995, 216-221.269f).
29 Πρόδηλον, wie Hebr 7,14 sagt.
30 Κύριος, Herr, könnte eine Variante zu ἡγούμενος in der LXX-Übertragung von Gen 49,10 darstellen.
31 Hätte der Autor es gewollt, wäre der Bogen dabei im Hebr von der Darstellung der Väter (Kap. 11) aus leicht zu schlagen gewesen. Doch begnügt sich 11,32 mit einem knappen David-Hinweis (zu ihm vgl. unten bei Anm. 85). Das verbreitete Urteil, wir hätten in Hebr 7,14 und Offb 5,5 zusätzliche Hinweise auf die urchristliche Überzeugung von Jesu davidischer Herkunft (zuletzt Cangh 1999, 384f, zu Hebr 7,14 sogar Grässer 1993, 41f), ist also exegetisch unscharf.
32 Die in 22,16 angeredet ist. Eine christologische Auswirkung bildet 3,7 (der Schlüssel Davids in Jesu Hand).
33 Mit dem Motiv des Morgensterns schliesst 22,16, eine Anspielung nun zusätzlich auf den berühmten Bileamspruch vom Stern Jakobs in der Tora (Num 24,17).
34 Dass das Motiv der ῥίζα im Christentum seit Röm 15,12 nach Jes 11,10 begegnet, spricht eher für ersteres.
35 Obwohl das bis in die jüngsten Bibelübersetzungen geschieht (in der Einheitsübersetzung zu Offb 5,5 abgewandelt zu «Spross aus der Wurzel Davids»). Auch die Forschung bleibt weithin hinter dem Text zurück, dessen hier vorgeschlagene Interpretation vor allem Lohmeyer ^{2}1953, 181, vorbereitete (vgl. ausserdem Karrer 1991, 288f). Paradigmatisch für die unnötige philologische Korrektur nenne ich Burger 1970, 161f. Interessant wäre ein Vergleich mit dem Motiv der ῥίζα, die zu πυθμήν, Grund, wird, in einer Texttradition des Segens Judas TestXII Jud 24,5 (vielleicht christlich formuliert; David erscheint in den TestXII nicht).

36 Zur Grundlegung dieses Vorgangs vgl. den Beitrag von K. Seybold in vorliegendem Band.
37 11QPs^a (= 11Q05) xxvii 2-11 (David's Compositions). Im Einzelnen müssen wir mit der Zuschreibung von Psalmen an David trotz der genannten Tendenz und der späteren Zusammenfassungen, der ganze Psalter gehe auf David zurück (MTeh 1,5; bPes 117a), vorsichtig sein. Manche David-Psalmüberschrift in MT und LXX kann eine Referenz statt auf den Autor David auch zur Davidgeschichte herstellen; für Näheres s. Auwers 1999 und Dorival 1999.
38 S. τοῦ τὸν θεὸν ὑμνήσας Δαβίδ in conf. ling. 149 und vgl. agr. 50 (ohne Nennung Davids). Weitere Belege für David im Werk des Philo fehlen.
39 Die neuen Quellen aus der Umgebung Qumrans zeigen insgesamt etwas mehr Interesse an der Spiritualität und Frömmigkeit Davids – Momenten um den Psalmdichter – als am König (Übersichten bei Jucci 1995 und Coulot 1999). 11QPs^a (= 11Q05) xxvii 2-11 rühmt ihn als Schreiber (סופר; beim Denken ans Neue Testament könnte man auch übersetzen: Schriftgelehrten) und Psalmisten prophetischer Gabe, ohne sein Königtum zu notieren. Andererseits verflicht Sir 47,6.8f Königtum und Psalmen und ist der König für die Redaktionen unseres Psalters wichtig (mit unterschiedlichen Akzenten in den Psalmbüchern; s. neben der genannten Lit. Mitchell 1997, 186f u.ö., und Auwers 2000).
40 Eine Ausweitung von 2Sam 23,2.
41 11QPs^a xxvii 11.
42 So der Akzent bei Philo, agr. 50f (προφήτης dort 50-53).
43 Bes. bekannt sind die Aktualisierungen von Ps 82,1f in 11QMelch (= 11Q13) ii 10ff (eingeführt in 10 über die «Lieder Davids») und des Davidspsalmes Ps 37 in 4Q171 (4QPs^a; die Einführung als Davidstext ist nicht erhalten). Vgl. ausserdem 4Q397 (= 4QMMT^d) Frg.14-21,10. – Lit. nach Fitzmyer 1972 und Horgan 1979, 248, bei Roure 1990, 61-119, und Zimmermann 1998, 445f.
44 Unter Berücksichtigung der Qumranfunde wird der neutestamentliche Befund partiell ab Lohse 1969, 486f, deutlicher ab Fitzmyer 1972 behandelt. Zur Zahl der David-Belege s. unter 1.
45 Zitiert nach der LXX; dort Ps 15 und 109.
46 Gelegentlich wird vermutet, Lukas wende sich hier gegen eine jüdische Tradition der Erhöhung Davids (bzw. der Versetzung seiner Seele ins Paradies, während sein Leib im Jerusalemer Grab liege; so Wintermute 1983, 514). Doch der Beleg für diese Tradition, ApkZeph 9,4f, ist nicht eindeutig genug und in der Datierung zu unsicher, um der These grösseres Gewicht zu geben.
47 Zur Diskussion s. neben den Kommentaren (zuletzt Jervell 1998, 49) Juel 1981, O'Toole 1983, Steyn 1995, 105-129 u.ö., Strauss 1995, 131-148, Schaper 1995, 166-168, und die vor dem Abschluss stehende Wuppertaler Dissertation von Ulrich Rüsen-Weinhold z.St.
48 Das beim Herrschaftsgedanken die Mitte zwischen Evangelium und Apg behält: s. Apg 1,6.8.
49 Dazwischen finden sich noch die wichtigen Psalmrezeptionen in Apg 4,25-27 (Ps 2,1f) und 13,34f (nochmals Ps 16[LXX 15],10, nun zusammen mit Jes 55,3), auf die einzugehen uns hier der Raum fehlt (zur Rezeption von Jes 55,3 aber unten Anm. 97). Lit. neben den Kommentaren bei Strauss 1995, 148-192.207f.
50 Weitere Stellen im lukanischen Werk verbreitern das Feld, am markantesten die Skizze Jesu als im Himmel für Israel bereitstehenden Gesalbten Apg 3,20f.
51 Das hermeneutische Problem für das Gespräch mit Israel wird bei im Einzelnen abweichenden Exegesen seit einiger Zeit diskutiert; vgl. z.B. W. Stegemann 1993, 39.
52 Jedenfalls in heutigem Verständnis. Zur Differenzierung im Sinne der Zeitenwende s. Anm. 58.
53 LXX 1Reg [= 1Sam] 16,17f; ψαλμός V.18 über MT hinaus.
54 Wörtlich: «sei nicht lästig» (lat. molesta). Dietzfelbinger 1979, 254, dessen Übersetzung ich im Zitat bis dahin folge, überträgt «unwillig».

55 Interessant ist die Fortführung in rabbinischer Literatur: yShab 8b, 6,2 spricht von einem *šir pᵉguʿîm* im Sinne eines Liedes der Geschlagenen (der Fortsetzung nach Geisteskranke). bShev 15b bietet im Konsonantenstand ein Lied (*šir*) bezüglich der (*šäl*) פגעים, wahrscheinlich aktiv verstanden als Lied der schlagenden Geister (Dämonen; so schon die Auffassung durch Raschi).
Der alternativ erwogene Bezug der Formulierung in 11QPsª (= 11Q 05) xxvii 10 auf besondere Tage (Maier 1995a, 340f) ist nicht nur editorisch und sprachlich schwieriger zu begründen (er muss vom Part. Aktiv *hapogᵉʿim* ausgehen), sondern wäre auch sachlich völlig singulär. Weitere Lit. bei Zimmermann 1998, 444 (ohne eindeutige Entscheidung).

56 S. unten bei 4.3. Der Fortgang in LibAnt 60,3 zeigt, dass auch die Davidserinnerung Salomos Macht über die Dämonen noch höher schätzt als die Davids. Denn David selbst verweist dort darauf, dass der aus seinen Seiten Geborene die bösen Geister bezwingen werde.

57 S. den Verweis auf Geister, Dämonen und Heilung ab i 4-8.

58 Kol. v zitiert dabei Ps 91. Offenbar wird die Rettung vor Verderben, Pest, Otter, Löwen und Drachen, von der dieser Psalm spricht, auf das neue Anliegen hin durchsichtig. – Zu weiteren Kontexten in Qumranliteratur vgl. Alexander 1997.

59 Inklusive den Vorfragen zur jüdischen Geschichtsüberlieferung: Erhalten blieb uns vor dem 1. Jh. n.Chr. ausser den biblischen Texten von Aussagekraft allein ein Fragment des Eupolemos durch Euseb, praep. ev. IX 30,3-8 (vgl. Anm. 23 und 67). Womöglich enthielt auch das Werk des Theophilos einen Abschnitt über David, erhalten ist aber nur ein Fragment über Salomo (Euseb, praep. ev. IX 34,19). Das LibAnt, ein Zeuge neben Josephus für das späteste 1. Jh., bricht auffällig mit dem Tod Sauls und damit der Frühzeit Davids ab. Das schränkt unsere Kenntnis über das jüdische Bild von Davids Königtum um die neutestamentliche Zeit etwas ein.

60 Der wichtigste Zeuge für die Umgebung der neutestamentlichen Zeit, Josephus, ant. VI 12, 242-244 eliminiert, dass das Brot vom Altar stammte. Hinweise auf die halachischen Lösungsversuche bei den Rabbinen in Billerbeck 1926, 618f, Luz 1990, 230 und Roure 1990, 24f (vgl. 33-119 mit erweiternden Gesichtspunkten zu David und Gesetz).

61 Mk 2,23-28 par Mt 12,1-8 und Lk 6,1-5 verorten das Handeln Davids am Sabbat, obwohl 1Sam 21 den Sabbat nicht erwähnt, da Schaubrote laut Lev 24,8 zum Sabbat gehören. Da sich die Szene auf das Ährenraufen der Jünger konzentriert (Jesus isst nicht mit) und Jesus seine Würde am Ende der Erzählung nicht von David her, sondern als Menschensohn bestimmt (Mk 1,28 par), ist die Szene nicht für eine Davidität Jesu heranzuziehen.

62 Sir 47,11. Das berühmte Schreiben 4QMMT instrumentalisiert darauf die Vergebung, die David erfuhr (4Q398 Frg. 14 ii 1f), für den Impuls an den Adressaten, von seinen (nach Ansicht des Schreibens) bösen Ratschlüssen umzukehren (a.a.O. 2-5).

63 CD v 2-6; vgl. 2Sam 11. Die Erinnerung beeinflusst die Zukunftshoffnung in CD vii 15f: Letztere Stelle identifiziert die zerfallene Hütte Davids von Am 9,11 mit dem Gesetz und erwartet die Aufrichtung dessen von der Gemeindeversammlung (קהל), nicht einem davidischen König. Die davidische Hoffnung war freilich stets auch Rechtshoffnung (s. Jes 16,4b-5 im Endtext), und 4Q174 (= 4QFlor / 4QMidrEschatª) iii 11-13 rezipiert Am 9 anders als CD (vgl. Steudel 1994, 138f.176-178 und die unten in Anm. 102 genannte Lit.).

64 S. Lk 1,69, Apg 4,25;13,22; vgl. Apg 7,46. K. Haacker, entwickelt im Art. «pais theou» im *Theologischen Begriffslexikon zum Neuen Testament*, II, Wuppertal: Brockhaus 2000, 1055-1059, darauf auch für die Knecht-Christologie in Apg 3,13.26; 4,27.30 eine davidische Perspektive.

65 Lk 3,31; vgl. oben unter 2.2. Jeder Hinweis auf Urija und Batseba fehlt übrigens auch sonst im Neuen Testament jenseits des Mt.

66 Dessen Verzicht, David explizit «Gesalbter» zu nennen, angesichts 46,13 (wonach Samuel Fürsten salbte) besonders auffällt; die Nennung eines Salbungsvorgangs zieht nicht mehr notwendig das Gesalbtenprädikat nach sich (vgl. auch 48,8, Elija habe – neben seinem Nachfolger – Könige gesalbt).

67 Frg. 2, Euseb, praep. ev. IX 30,3.
68 Maier 1996 (III), 204, verzeichnet insgesamt 20 Belege für David. Inkl. dem berühmten Abschnitt 11QPs^a (11Q05) xxvii 2-11 steht nirgends «Gesalbter» bei David. Auch zu «König» / «Thron» entstehen übrigens nur an wenigen Stellen direkte Assoziationen (4Q174 iii 7.10; 4Q252 Frg. 1 v 2; 4Q504 Frg. 2 iv 6).
69 Dort trotz der Verweise auf Davids Erwählung und Davids Thron xvii 4.6; vgl. Karrer 1991, 125.
70 Zur Zurückhaltung von dessen Daviddarstellung auch in anderen Zügen vgl. Feldman 1989.
71 Palästinische Rezension, wohl auf diese Zeit zurückgehend. Das Gebet kann die Schuld Davids durch die Knappheit des Textes übergehen. Bei der zweiten Quelle, die David wohl noch im späten 1. Jh. wieder Gesalbten nennt, LibAnt 51,6;59,3f, wird es durch den in Anm. 59 erwähnten Abbruch vor Davids Königtum möglich (eine messianische Tendenz wird diskutiert; vgl. Mendels 1992). Ohne Gesalbtenprädikat ordnet ApkZeph 9,4 David den grössten Gerechten Israels zu (vor ihm im Text Abraham, Isaak, Jakob, Henoch und Elija; die interzessorische Funktion, die Boccaccini 1995, 181f, darauf David im Text zuschreibt, beschränkt sich aber in ApkZeph 11,4 auf Abraham, Isaak und Jakob).
72 Gestützt wird das durch die anderen Frauen im Stammbaum: vgl. in 2.2.
73 Der Einzug bei Lukas kommt ohne jeden Verweis auf Sach 9,9 (eine David nicht erwähnende Herrscheransage; zu ihr Collins 1995, 31f, und Schmidt 1997) aus. Andererseits dürfen wir auch die lukanische Szene nicht unmittelbar auf David hin stilisieren: Jesus erhält zwar durch seine Jünger das davidische Königsprädikat (Lk 19,37), aber Lk streicht auffällig die Erwähnung Davids, die seine Quelle (Mk 11,10) bot.
74 Der Stammbaum bei Mt bereitet das Wirken Jesu vor, wie sich auch an anderer Stelle zeigt: Die Erwähnung Usijas V.9 bereitet, da er aussätzig war, Jesu Aussätzigenheilungen vor (Ostmeyer 2000, 180).
75 Sir 47,6f.
76 S. bes. 4Q522 Frg. 8 ii.
77 Frg. 2 = Euseb, praep. ev. IX 30,5f.
78 S. 1QM 11,2-5. Vgl. für den Goliatkampf LXX Ps 151,6f (hebräisch Ps 151B = 11Q 05 [11QPs^a] 28,13f), LibAnt 61,2-8 und 1QM 11,1f.
79 Die mehrfach angeführte Davidkomposition in 11QPs^a xxvii 2-11 verschweigt paradigmatisch Davids Kriegführung, und der in 11QPs^a xxvii 12-15 gleich anschliessende Ps 140,1-5 konterkariert sogar eine etwaige Körperkraft Davids (David ruft dort Gott um die Rettung vor Gewalttätern an). Philo übergeht Goliat und die Siege Davids.
80 Der Kontrast zu den Völkern erlaubt dort allenfalls deren Wallfahrt zu Gott (so PsSal 17,31), keinesfalls eine freie Zuwendung an sie. Züge der Gewalt im Text (übrigens wie gegenüber den Römern auch gegen die Hasmonäer) unterstreicht Collins 1995, 53-56; sie gelten unbeschadet dessen, dass das Bild des Gesalbten auch weisheitliche Züge enthält. Weitere Lit. bei Pomykala 1995, 159-170; zur Traditionsgeschichte der Motive von PsSal 17 Waschke 1994.
81 Die Rekonstruktion und Deutung beider Texte ist umstritten (und manche zählen den zentralen Text in 4Q161 als Frg. 7); s. z.B. Allegro 1968 (= DJD 5), 14f, und die Lit. bei Zimmermann 1998, 83.85 u.ö. Ansonsten sind die Spross-Davids-Texte (noch 4Q174 Frg. 1-3 i 11-13 und 4Q252 Frg. 1 v 3-4; eine knappe Übersicht bei Abegg / Evans 1998, 197f) für unsere Frage nicht aussagekräftig. Kittim (abgeleitet von Citium auf Zypern) ist eine Chiffre für die Fremdvölker des Westens, in unserer Zeit entscheidend Rom (Collins 1995, 57f.70).
Nicht im engeren Sinn messianisch ist der wichtigste weitere davidische Text aus Qumran, der die Völker anspricht (4QDibHam^a = 4Q504 Frg. 2 iv 4-8 mit dem Herbeikommen der Völker; dazu z.B. Pomykala 1995, 268 u.ö.). Die harte Wendung gegen die Belialskinder in 4Q174 Frg. 1-2 iii 7f ist nicht vorschnell auf die Völker zu beziehen (Lit. z.B. bei Zimmermann 1998, 99-113).

82 In die Umbruchzeit um 70 führt die Eruption der Hoffnung «schau, der Gesalbte» Mk 13,21. Ob sie davidische Implikationen hat, ist unklar; jedenfalls stellt sie keinen ausdrücklichen Bezug zu David her. Gegen Ende des Jh. verdichtet sich darauf die messianische Wendung gegen die Völker in 4 Esr 12,32-34; 13,37-49 nach einem Teil der Handschriftenüberlieferung davidisch (vgl. o. bei Anm. 27). Das zweite grosse Zeugnis für den Messianismus der Zeit, das 2Bar, erwähnt David allein im Geschichtsrückblick 61,1, nicht in den Skizzen des Messias (39,7–40,2; 70,9-73) samt der blutigen Konfrontation 72. Messianismus ist, wie die Forschung seit längerem herausstellt, über eine spezielle Wirkung Davids zu entgrenzen (Weiteres zu den Quellen und Lit. in der Forschung bei Karrer 1991, 294-309, und Charlesworth 1992 [19-21 differenziert Charlesworth die Position der Quellen zu den Völkern]).
Gelegentlich wird ferner vermutet, dass die davidische Adaption von Ps 118,22f in einem Manuskript der Kairoer Genisa auf eine Texttradition noch des 1. Jh. zurück reicht. Dieses Manuskript identifiziert David als den von Bauleuten verworfenen Eckstein des Ps 118 und fügt über den Bezugstext Ps 118 hinaus die Pointe bei, Gott aber habe ihn über alle Nationen erhoben (Textübersetzung bei Berder 1996, 195-197). Für das Neue Testament wäre das hochinteressant, träte dann doch die christologische Adaption in Mk,10f par; vgl. 1Petr 2,4.7 (dazu u.a. Marcus 1993, 119-128) neben die davidische, ohne dass wir eine explizite Wechselwirkung beider ausmachen könnten. Nach dem Stand der Diskussion dürften wir den Text der Genisa jedoch nur mit grosser Beschwer vor das Mittelalter zurückführen (die Handschrift ist mittelalterlich; Referat der Diskussion bei Berder 1996, 193-195; bes. wichtig Fleischer 1991). Ich stelle ihn für die hiesige Erörterung zurück.

83 Vgl. z.B. Pomykala 1995 zu den Texten und im Ergebnis 268-271. Umfassende Lit. ist über Abegg / Evans / Oegema 1998 auffindbar.

84 Vgl. o. mit Anm. 8.

85 Zur Interpretation vgl. Rose 1994, 307f.

86 In 1Thess, Gal, 1/2Kor, Phil und Phlm fehlt jeder Beleg für David.

87 Die lukanischen Geschichtsrückblicke setzen, wie oben gesagt, statt auf die Siege Davids auf sein Einstimmen in Gottes Tun (die wichtigsten Belege in Anm. 64).

88 Die sich u.a. Gottessohn nennen liessen. Zu «Gottessohn» bei den Völkern inklusive Roms vgl. die bei Karrer 1998, 191f, aufgeführten Quellen und Literaturangaben (Augustus als Gottessohn in BGU 543,3 usw.).

89 «Aus dem Samen» ist eine Herkunftsangabe, nicht – wie immer wieder gelesen – eine Prädikatumschreibung; vgl. die überaus breiten Belege für die Wendung von Lev 21,21; 22,4 über neue Texte der frühjüdischen Zeit (Tob 1,1 u.ö.) bis hin zu Paulus selbst (Röm 11,1), für herrscherliche Geschlechter in der LXX 3Reg 1,48; 11,14 partim; 4Reg 25,25; Ez 17,13; Sir 47,23; 1Makk 5,62.

90 S. Hengel 1975, 100f, und Haacker 1999 (je Lit.).

91 Die jüngere Forschung hebt stärker als die frühere die Situationsbezogenheit des Römerbriefs hervor. Die Dominanz der Heidenchristen ergibt sich dabei daraus, dass mit einem Edikt Claudius' die Juden aus Rom ausgewiesen worden waren (ob aufgrund von Unruhen in Zusammenhang mit dem Aufkommen des Christentums, ist umstritten). Doch mit ihrer Rückkehr nach dem Tod Claudius' wuchs auch wieder ihr Einfluss (Lit. neben den Kommentaren bei Cineira 1999, 376-380).

92 Wie alt der Text ist, ist dabei umstritten. Bis Wrede 1907, 164, galt er als paulinisch. Bousset ²1921 zog ihn für älteste Gemeindetheologie und Paulus bei (Cp. 3 und 4 Anm. 5). Danach legte die Forschung den Schwerpunkt auf erstere. Schweizer 1955, 62.86f, skizzierte am Text eine (angebliche) älteste judenchristliche Zwei-Stufen-Christologie. Stuhlmacher 1967, 374-389 entwickelte das zu einer Drei-Stufen-Christologie (mit vorausgesetzter Präexistenz) fort. Dann folgten allmählich Korrekturen. Dem Stand nach behandelt unser Text nicht Stufen der Christologie, sondern Aspekte (Davidide und Sohn

Gottes), und ist offen zu lassen, ob Paulus eine feste Formel aufgreift oder Traditionen kombiniert (bes. kritisch zur Formel Haacker 1999, 25f; mit Lit.).

[93] S. das vorangestellte εὐαγγέλιον 1,1.

[94] Die dortige Formulierung steht Röm 1,3f so nahe, dass eine Verfestigung des Motivs im Paulinismus, zumindest in dessen Strang zu den Pastoralbriefen hin, angenommen werden muss, auch wenn weitere Belege fehlen. Vgl. Stettler 1998, 165-180, bes. 166-170; weitere Lit. bei Söding 1999, 165f.

[95] Röm 4,7f (ich übersetze nur V.8) nach der LXX (dort Ps 31,1f).

[96] V.12 zitiert Jes 11,10 dabei nach der Septuaginta, die das Hoffnungsmoment für die Völker deutlicher als der hebräische Text enthält. Ὁ ἀνιστάμενος in der zweiten Zeile des Zitats schlägt im Röm zugleich einen Bogen zur ἀνάστασις von 1,4. Die Wurzel Isai, die nach der ersten Zeile des Zitats da sein wird (ἔσται), ist demnach der Jesus, der als Auferstandener herrscht. Die Hoffnung der Völker (Zitat Z.3) erwächst aus der Linie von Isai zur Auferstehung und Erhöhung Jesu. Vgl. bes. Walter 2000, 255; Weiteres bei Kraus 1996, 326-333, und Wilk 1998, 146ff.169ff.237ff.394. Zur Rezeption von Jes 11,10 s. noch Offb 5,5 (dazu o. 2.3) und partiell Mt 12,21.

[97] Ps 72, in der LXX (dort Ps 71) ein an Salomo gerichteter Davidpsalm, hätte ihm, wie jüngere Forschung hervorhebt, eine Öffnung zu den Völkern erlaubt (s. den Segenshinweis in V.17; Weiteres bei Broyles 1997). Doch war dieser Psalm zur Zeit des Lukas offenkundig nur als Israelpsalm geläufig (s. die Rezeption in Lk 2,68). Das sich für die Völker öffnende Potential war nicht aktivierbar.
Fast noch auffälliger ist der Umgang mit Jes 55,3 in Apg 13,34. Der Jesajatext geht in der LXX (par MT) dazu weiter, Gott habe David als Fürsten und Anweisenden für die Völker gegeben (V.4). Aber die Apg aktiviert nicht das, sondern trägt a.a.O. einen Verweis auf die Auferweckung ein (vgl. die Akzentuierung der David-Rezeption über die Auferweckung und Erhöhung Jesu in Apg 2; dazu 3.1).

[98] Auch dieser Text enthält übrigens einen Vorrang Israels, wie jüngere Forschung betont (bes. pointiert Kellermann 1992, 12-15).

[99] Lust, der die sog. messianischen Texte in den LXX-Fassungen inzwischen fast vollständig untersucht hat (Bibliographie Lust 1999, 262 Anm. 50) und in ihnen häufig eine weniger messianisch klingende Aussage als im MT findet (vgl. bes. Jer 23,5-8; 30,8-11; 33,14-26 in LXX und 4QJer[b] [= 4Q71] neben MT), schlägt vor, die LXX spiegle einen älteren hebräischen Text und der MT eine Redaktion auf messianische Hoffnung zu (bes. 261-263). Aber die Forschung ist keinesfalls abgeschlossen (vgl. Pomykala 128-131 u.a.). Die LXX weicht übrigens auch in 2Sam 7,11 gravierend vom MT ab.

[100] So 4QMMT[e] = 4Q398 Frg. 11-13, 1.

[101] Am wichtigsten 4Q245 Frg. 1 i 11 (Salomo neben David); weitere Belege 3Q15 v 6.8f; 4Q247, 3 (unsicher); 4Q385B Frg. (Eisenman / Wise) 2 ii 2 (erst nach der noch ausstehenden DJD-Edition verifizierbar); 11Q11 i 3 (rekonstruiert, dazu o. bei Anm. 57).

[102] Nachweis der Zugehörigkeit von 4Q174 zu einem Midrasch zur Eschatologie mit der Folge neuer Benennung bei Steudel 1995. Lit. zur inhaltlichen Diskussion bei Pomykala 1995, 191-197, und Zimmermann 1998, 99-113.

[103] Belege s.o. mit Anm. 81.

[104] In Lk 1,78; das im Vers verwendete ἀνατολή ist Äquivalent der LXX zu צמח in Jer 23,5; Ez 17,10. Weiteres bei Radl 1995, 126.

[105] S. die Überschrift vor 17,1; vgl. auch die Überschrift vor 18,1. Das jeweilige τῷ Σαλωμων könnte prinzipiell auch mit «für Salomo / auf Salomo bezogen» wiedergegeben werden, was die Salomo-Orientierung dieser Psalmen äusserst steigerte. Doch die herkömmliche Interpretation, die David als Autor und Sprecher benannt sieht, hat mehr für sich. (Vgl. freilich die oben in Anm. 37 knapp angesprochene Diskussion um die vergleichbaren David-Überschriften im biblischen Psalter).

[106] Letzteres 17,32; 18,7 (und vgl. 5) in der Rekonstruktion der hebräischen Basis.

107 S. die Rezeption der Natanverheissung in 17,4. Die PsSal sind nicht in der hebräischen Originalsprache erhalten. Mit den Worten βασίλειον αὐτοῦ am Ende von V.4 steht die vorhandene griechische Fassung – im Vergleich mit MT und LXX von 2Sam 7,16 – näher bei der LXX (diese liest βασιλεία αὐτοῦ).
108 Einschliesslich der o. mit Anm. 100 zitierten Stelle 4QMMT^e = 4Q398 frg. 11-13, 1 aus den Qumranfunden. Weitere Belege fehlen dort. Eine ergänzende Übersicht über den schwierigen Befund zu «Sohn» in Qumran bei Abegg / Evans 1998, 199ff.
109 S. die Redaktion der Sprüche wie Kohelets («Davidssohn» in Spr 1,1; Koh 1,1); vgl. Sir 47,12.
110 Vgl. Weish 7,20.
111 S. Josephus, ant. 8,45-49 (vorab 8,44 Hinweis auf seine Naturkenntnis; dazu Veltri 1997, 269) und hierzu Duling 1985. Salomo-Magie wirkte übrigens lange: s. älter fürs Judentum Billerbeck 1928, 533f, und für den Übergang ins Christentum Burdach 1902 (ab dem 4. Jh. wird der heilende Siegelring Salomos in Jerusalem gezeigt usw.); reiche Textnachweise darauf bei Preisendanz 1956, Einführung in die derzeit intensive Forschung zur Spätantike bei Gideon Bohak in http://www.lib.umich.edu/pa/magic (Lit. und Material). Belege für die Salomo-Heiler-Tradition setzen sich bis ins 19. Jh. fort (s. z.B. «Salomon, du weiser König, dem die Geister untertänig, mach...» in Brentanos Märchen «Gockel und Hinkel», Brentanos Werke, hg. v. Max Preitz, II, Meyers Klassiker-Ausgaben, Leipzig o.J., 380-462: 417).
112 Weichenstellend Duling 1973/74, 1975, 1977/78, 1992 und Lövestam 1974.
113 Viel Forschung sucht anders die davidischen Züge über Drittquellen zu vertiefen (Roure 1999, 403ff, über 4Q521; doch ist das kein davidischer Text) und den Ansatz bei der herkömmlichen Sicht modifiziert aufrecht zu erhalten (vgl. differenziert für Mk Smith 1996, 524-528, für Mt Broer 1992, 1256-1261).
114 Analog stellt Apg 20,38 keinen Bezug zum Davidssohn her.
115 Mt splittert die Textrezeption auf. Aber auch seine Fortschreibungen pointieren die Anrede κύριε, «Herr»: Mt 9,28; 20,33.
116 S. insgesamt Mt 1,1; 9,27; 12,22f; 15,22; 20,30f; 21,9.14f. Belege jenseits der Synoptiker fehlen.
117 Zur divergenten Forschungsdiskussion verweise ich neben der genannten Lit. noch auf Karrer 1998, 189; Cangh 1999, 357-364, und Meynet 1999, 414ff.
118 Keine Heilung wird in ihrer Exposition erwähnt, und keine Heilung stellen ihr die Synoptiker voraus.
119 Da in den uns erhaltenen Quellen der Salomo-Heiler-Tradition die Kombination von Davidssohn und Gesalbter fehlt, in PsSal jedoch vorhanden ist (s.o. bei Anm. 106), dürfen wir sogar eine direkte Bezugnahme auf die PsSal erwägen.
120 S. verbreiternd Hengel 1995.
121 Vgl. Marcus 1993, 139-145 u.a.
122 In den PsSal spielt Ps 110,1 keine Rolle. Nur auf V.5 dieses Psalms (das Zerschmettern der Fremdkönige) könnte in PsSal 17,22 angespielt sein.
123 S. PsSal 17,32 mss.; vgl. auch Thr 4,20 in den Handschriften der christlichen LXX-Überlieferung.
124 Diese kritische Lektüre der Perikope begründete Wrede 1907, 171ff. Sie wird bis zur jüngsten Zeit immer wieder angefochten und modifiziert (Lit. z.B. bei Roure 1999, 407-410), ist aber philologisch unausweichlich (vgl. Karrer 1991, 284; dort weitere Lit.).
125 Vgl. o. Anm. 5 (zur Davidssohnfrage s. bei van Iersel 1962, 121-123).
126 VV.9 Ende bis 10a nach Ps 118,25f.
127 Ein generisches Verständnis der Davidssohnschaft ist neben dem individuellen im 1. Jh. auch sonst belegt (unterschiedlich bei Philo, conf.ling. 149, und Apg 4,25). Mk bringt den kritischen Ton ein (was die meiste, etwa bei Smith 1996, 528-532, verzeichnete Literatur abschleift).

128 Erwägbar ist, dass sich hier die Abfassung unter dem Schatten des Jüdischen Kriegs auswirkt; vgl. Smith 1996, 538.
129 Vgl. auch die kritische Haltung Jesu zu seiner Familie, über die ihm eine genealogische Davidität zugekommen sein müsste, laut Mk 3,20f. Die geläufige Auffassung, alle Davidssohn-Texte setzten «die Zugehörigkeit Jesu zu den Nachfahren Davids voraus» (Zitat Hahn ²1992, 935), ist nicht zwingend.
130 Hauptproblem ist, dass eine Haggadafrage eigentlich zwei Schriftstellen korreliert, die Davidssohn-Position in Mt 22,42 par aber nicht als Schriftzitat eingeführt wird. Die Forschung wendet die Formbestimmung oder eine ihr entsprechende Interpretation übrigens neben Mt und Lk (vgl. Strauss 1995, 128.316f) gelegentlich auf alle drei Evangelien (Lohse 1969, 488) und die vormk Tradition an (Smith 1996, 535; Lit.).
131 «Mittelbar» ist zu betonen. Denn das Mt nennt Josef lange vor Jesus «Davidssohn»: 1,20 (für Jesus erstmals 10,47).
132 Der Einzug in Mt 21,1-17 ist gegen die markinische Vorlage als Einzug in den Tempel gestaltet, wo der Davidssohn (so nun die Akklamation: 21,9.15) heilt (21,14). Zur Diskussion weiterer Aspekte s. Schmidt 1997 u.a.
133 Besonders auffällig ist die lukanische Zurückhaltung beim Einzug nach Jerusalem: Lk 19,37f legt die Akklamation gegen Mk den Jüngern in den Mund und korrigiert sie zu «gepriesen sei der Kommende, der König im Namen des Herrn». David erwähnt Lukas hier überhaupt nicht.
134 Ersteres Barn 12,10f, letzteres IgnEph 18,2;20,2; IgnTrall 9,1; IgnRöm 7,3; IgnSm 1,1 (interessanterweise ausschliesslich mit ἐκ-Formulierungen, ohne Davidssohn-Prädikat).
135 Übersicht zur frühnachneutestamentlichen Entwicklung bei Karrer 1991, 290-293. Niederwimmer 1989, 203, will «David» in Did 10,6 als «filius David» verstehen; das entschärft die Pointe.
136 Kein Name der erhaltenen vorneutestamentlichen Quellen führt uns weiter als ins späte 5. oder frühe 4. Jh. v.Chr. Für die Rekonstruktion ausschlaggebend sind dabei 1Chr 3,1-24 und APFC 30,19: s. Cross 1975, 203, zu 1Chr ausserdem Oeming 1990, 108-115 (vermutet in 3,17ff genealogische Überlieferungen des Davidshauses). Ein Wirken davidischer Fürsten im nachexilischen Judäa, möglicherweise bis an die Schwelle der hellenistischen Zeit, vermutet Ruszkowski 2000, 160-170.
137 Zum teils schwierigen Prozess der Durchsetzung Schwab 1993. Um die neutestamentliche Zeit besetzte er die Vorstellung Betlehems nur partiell: Alle Belege für Betlehem in der griechisch-jüdischen Literatur zwischentestamentlicher Zeit vor Josephus beschäftigen sich nicht mit David, sondern mit anderen Aspekten: s. Demetrius, fr. 2 (Euseb, praep. ev. IX 21,10), TestRub 3,13 und MartJes 2,7.8;3,1.5.
138 Das viel diskutierte Wachstum des Textes von Efrat(a) zu Betlehem (Lit. bei Schwab 1993, 122.126) ist vorneutestamentlich mit Sicherheit abgeschlossen, allerdings zu notieren, dass dieses Wachstum nicht zu einem expliziten David-Verweis führte. Insofern gehört Mi 5 nur implizit in den Kontext davidischer Hoffnung.
139 Die zentrale Passage TJon Mi 5 ist wohl nochmals jünger. Eine Sammlung der Quellen bei Billerbeck 1926, 83, kritische Ordnung bei Karrer 1991, 331f.
140 Wie die Mehrheit der Forschung; vgl. Radl 1995, 364f.
141 S. etwa 2Sam 5,7.9; 6,10.12.16; 1Kön 2,10; 3,1; 8,1; 9,24 u.ö., das chronistische Werk sowie Jes 22,9.
142 N. Walter, Naumburg / Jena, macht dabei (noch nicht veröffentlicht) auf eine Auffälligkeit im Lk-Text aufmerksam: 2,4 erläutert ausdrücklich, die Stadt Davids heisse Betlehem. 2,11 steht darauf «Davidstadt» so weit von ἐτέχθη («er wurde geboren») getrennt, dass wahrscheinlich zu übersetzen ist «euch wurde heute der Retter geboren, der Gesalbte, Herr in der Stadt Davids ist». Für so genommen, kann Davidsstadt in V.11 damit Jerusalem meinen. Walter erwägt deshalb, selbst die luk Tradition habe «Davidsstadt» eigentlich als Bezeichnung Jerusalems gekannt, und erst der Evangelist habe das an den Geburtsort Betlehem adaptiert.

[143] Lit. neben den Kommentaren z.B. bei Neufeld 1997, 134.
[144] Wieder eine Anspielung auf Ps 110,1.
[145] Für kritische Durchsicht des Beitrags danke ich Herrn Georg Gäbel.

Bibliographie

Abegg, M.G. / Evans, C.A., 1998: «Messianic Passages in the Dead Sea Scrolls» in *Charlesworth* 1998, pp. 191-203.
Dies. / Oegema, G.S., 1998: «Bibliography of Messianism and the Dead Sea Scrolls» in *Charlesworth* 1998, pp. 204-214.
Alexander, P., 1997: «Wrestling against Wickedness in High Places. Magic in the Worldview of the Qumran Community» in Porter, S.E. / Evans, C.A. (eds.), *The Scrolls and the Scriptures: Qumran Fifty Years After*, Sheffield: Sheffield University Press, pp. 318-337.
Allegro, J.M. (ed.), 1968: Qumran Cave 4, I, *Discoveries in the Judean Desert of Jordan*, V, Oxford: Oxford University Press.
Auwers, J.-M., 1999: «Le David des psaumes et les psaumes de David» in *Desrousseaux / Vermeylen*, pp. 187-224.
Ders., 2000: *La composition littéraire du Psautier. Un état de la question* (Cahiers de la Revue Biblique, 46), Paris: J. Gabalda.
Bassler, J.M., 1986: «A Man for all Seasons. David in Rabbinic and New Testament Literature» in *Interpretation*, 40, pp. 156-169.
Berder, M., 1996: *«La pierre rejeteé par les bâtisseurs»: Psaume 118,22-23 et son emploi dans les traditions juives et dans le Noveau Testament* (Études bibliques. Nouvelle Série, 31), Paris: J. Gabalda.
Berger, K., 1973/74: «Die königlichen Messiastraditionen des Neuen Testaments» in *New Testament Studies*, 20, pp. 1-44.
Billerbeck, P. (und Strack, H.L.) 1926 ([7]1978): *Kommentar zum Neuen Testament aus Talmud und Midrasch*, I, *Das Evangelium nach Matthäus*, München: Beck.
Ders. (dies.), 1928 ([5]1969): *Kommentar zum Neuen Testament aus Talmud und Midrasch*, IV, *Exkurse*, München: Beck.
Boccaccini, G., 1995: «La figura di Davide nei giudaismi di età ellenistico-romana» in *Richerche Storico-Bibliche*, 7, pp. 175-185.
Botterweck, G.J., 1973: Art. «אֲרִי» usw. in *Theologisches Wörterbuch zum Alten Testament*, I, Stuttgart u.a.: Kohlhammer, pp. 404-418.
Bousset, W., [6]1967 = [2]1921 ([1]1913): *Kyrios Christos. Geschichte des Christusglaubens von den Anfängen des Christentums bis Irenaeus*, Göttingen: Vandenhoeck.
Broer, I., 1992: «Versuch zur Christologie des ersten Evangeliums» in Segbroeck, F. v. u.a. (eds.), *The Four Gospels. FS F. Neirynck*, Vol. II (Bibliotheca Ephemeridum Theologicarum Lovaniensium, 102), Leuven: University Press, pp. 1250-1282.
Brown, R.E., [2]1993: *The Birth of the Messiah. A Commentary on the Infancy Narratives in the Gospels of Matthew and Luke* (The Anchor Bible Reference Library), New York u.a.: Doubleday.

Broyles, C.C., 1997: «The Redeeming King. Psalm 72's Contribution to the Messianic Ideal» in *Evans / Flint* 1997, pp. 23-40,.
Burger, Chr., 1970: *Jesus als Davidssohn. Eine traditionsgeschichtliche Untersuchung* (Forschungen zur Religion und Literatur des Alten und Neuen Testaments, 98), Göttingen: Vandenhoeck.
Cangh, J.-M. van, 1999: «‹Fils de David› dans les évangiles synoptiques» in *Desrousseaux / Vermeylen* 1999, pp. 345-427.
Charlesworth, J.H. (ed.), 1992: *The Messiah: Developments in Earliest Judaism and Christianity*, Minneapolis: Fortress.
Ders. u.a., 1998: *Qumran Messianism: Studies on the Messianic Expectations in the Dead Sea Scrolls*, Tübingen: Mohr.
Cineira, D. Alvarez, 1999: *Die Religionspolitik des Kaisers Claudius und die paulinische Mission* (Herders biblische Studien, 19), Freiburg u.a.: Herder.
Collins, J.J., 1995: *The Scepter and the Star: The Messiah of the Dead Sea Scrolls and Other Ancient Literature*, New York: Doubleday.
Ders., 1998: «Jesus, Messianism and the Dead Sea Scrolls» in *Charlesworth* 1998, 100-119.
Coulot, C., 1999: «David à Qumran» in *Desrousseaux / Vermeylen*, pp. 315-343.
Cross, F.M., 1975: «Reconstruction of the Judean restoration» in *Interpretation*, 29, pp. 187-203.
Daly-Denton, M., 1999: *David in the Fourth Gospel. The Johannine reception of the psalms* (Arbeiten zur Geschichte des antiken Judentums und des Urchristentums, 47), Leiden u.a.: Brill.
Daniélou, J., 1957: Art. «David» in *Reallexikon für Antike und Christentum*, III, Stuttgart: Anton Hiersemann, pp. 594-603.
De Jonge, M., 1991: «Jesus, Son of David and Son of God» in ders., *Jewish Eschatology, Early Christian Christology and the Testaments of the Twelve Patriarchs* (Supplements to Novum Testamentum, 63), Leiden u.a.: Brill, pp. 135-144.
Desrousseaux, L. / Vermeylen, J. (ed.), 1999: *Figures de David à travers la bible* (Lectio Divina, 177), Paris: Cerf.
Dietzfelbinger, Ch., 1979: *Pseudo-Philo: Antiquitates Biblicae* (Jüdische Schriften aus hellenistisch-römischer Zeit, II 2), Gütersloh: Gütersloher Verlagshaus.
Dodd, Ch.H., 1953 (^{6}1963): *The Interpretation of the Fourth Gospel*, Cambridge: Cambridge University Press.
Dorival, G., 1999: «Autour des titres des Psaumes» in *Revue des sciences religieuses*, 73, pp. 165-176.
Duling, D.C., 1973/74: «The Promises to David and Their Entrance into Christianity – Nailing down a Likely Hypothesis» in *New Testament Studies*, 19, pp. 55-77.
Ders., 1975: «Solomon, Exorcism, and the Son of David» in *Harvard Theological Review*, 68, pp. 235-252.
Ders., 1977/78: «The Therapeutic Son of David» in *New Testament Studies*, 24, pp. 392-410.
Ders., 1985: «The Eleazar Miracle and Salomon's Magical Wisdom in Flavius Josephus's Antiquitates Judaicae 8.42-49» in *Harvard Theological Review*, 78, pp. 1-25.

Ders., 1992: «Matthew's Plurisignificant ‹Son of David› in Social Science Perspective: Kinship, Kingship, Magic and Miracle» in *Biblical Theology Bulletin*, 22, pp. 99-116.
Evans, C.A. / Flint, P.W. (eds.), 1997: *Eschatology, Messianism, and the Dead Sea Scrolls* (Studies in the Dead Sea Scrolls and Related Literature, 1), Grand Rapids: Eerdmans.
Feldman, L.H., 1989: «Josephus' Portrait of David» in *Hebrew Union College Annual*, 60, pp. 129-174.
Fitzmyer, J.A., 1972: «David, Being therefore a Prophet... (Acts 2:30)» in *Catholic Biblical Quarterly*, 34, pp. 332-339.
Fleischer, E., 1991: «Medieval Hebrew Poems in Biblical Style» in *Te'uda*, 7, pp. 201-248 (hebr.).
Grässer, E., 1993: *An die Hebräer II; Hebr 7,1–10,18* (Evangelisch-Katholischer Kommentar zum Neuen Testament, XVII/ 2), Neukirchen-Vluyn: Neukirchener.
Haacker, K., 1999: *Der Brief des Paulus an die Römer* (Theologischer Handkommentar zum Neuen Testament, 6), Leipzig: Evangelische Verlagsanstalt.
Hahn, F., ²1992: Art. «υἱός» in *Exegetisches Wörterbuch zum Neuen Testament*, III, Stuttgart u.a.: Kohlhammer, pp. 912-937.
Hengel, M., 1975: *Der Sohn Gottes. Die Entstehung der Christologie und die jüdisch-hellenistische Religionsgeschichte*, Tübingen: Mohr.
Ders., 1995: «‹Sit at My Right Hand!› The Enthronement of Christ at the Right Hand of God and Psalm 110,1» in: ders., *Studies in Early Christology*, Edinburgh: Clark, pp. 119-225.
Horgan, M.P., 1979: *Pesharim: Qumran Interpretations of Biblical Books* (The Catholic Biblical Quarterly Monograph Series, 8), Washington: The Catholic Biblical Association of America.
Jervell, J., 1998: *Die Apostelgeschichte übersetzt und erklärt* (Meyers Kritisch-Exegetischer Kommentar über das Neue Testament, 3), Göttingen: Vandenhoeck.
Jucci, E., 1995: «David a Qumran» in *Richerche Storico-Bibliche*, 7, pp. 157-173.
Juel, D., 1981: «Social Dimensions of Exegesis: The Use of Psalm 16 in Acts 2» in *Catholic Biblical Quarterly*, 43, pp. 543-556.
Karrer, M., 1991: *Der Gesalbte. Die Grundlagen des Christustitels* (Forschungen zur Religion und Literatur des Alten und Neuen Testaments, 151), Göttingen: Vandenhoeck.
Ders., 1998: *Jesus Christus im Neuen Testament* (Grundrisse zum Neuen Testament, 11), Göttingen: Vandenhoeck.
Kellermann, U., 1992: «Jesus – das Licht der Völker. Lk 2,25-33 und die Christologie im Gespräch mit Israel» in *Kirche und Israel*, 7/1, pp. 10-27.
Kleer, M., 1996: *Der liebliche Sänger der Psalmen Israels* (Bonner biblische Beiträge, 108), Bodenheim: Philo.
Kraus, W., 1996: *Das Volk Gottes: Zur Grundlegung der Ekklesiologie bei Paulus* (Wissenschaftliche Untersuchungen zum Neuen Testament, 85), Tübingen: Mohr.
Kügler, J., 1997: «Der andere König. Religionsgeschichtliche Anmerkungen zum Jesusbild des Johannesevangeliums» in *Zeitschrift für die Neutestamentliche Wissenschaft und die Kunde der älteren Kirche*, 88, pp. 223-241.

Lohmeyer, E., ²1953: *Die Offenbarung des Johannes, erklärt* (Handbuch zum Neuen Testament, 16), Tübingen: Mohr.
Lohse, E., 1969: Art. «υἱός Δαυίδ» in *Theologisches Wörterbuch zum Neuen Testament*, VIII, Stuttgart u.a.: Kohlhammer, pp. 482-492.
Longenecker, R.N., 1970: *The Christology of Early Jewish Christianity* (Studies in Biblical Theology, II 17), London: SCM.
Lövestam, E., 1974: «Jésus Fils de David chez les Synoptiques» in *Studia Theologica*, 28, pp. 97-109.
Lust, J., 1999: «David dans la Septante» in *Desrousseaux / Vermeylen*, pp. 243-263.
Luz, U., 1990: *Das Evangelium nach Matthäus*, II, *Mt 8-17* (Evangelisch-Katholischer Kommentar zum Neuen Testament, I 2), Benziger: Zürich.
Maier, J., 1995a/b, 1996: *Die Qumran-Essener: Die Texte vom Toten Meer I-III* (I/II 1995, III 1996), München: Ernst Reinhardt.
Marcus, J., 1993: *The Way of the Lord: Christological Exegesis of the Old Testament in the Gospel of Mark* (Studies of the New Testament and Its World), Edinburgh: Clark.
Mendels, D., 1992: «Pseudo-Philo's Biblical Antiquities, the ‹Fourth Philosophy› and the Political Messianism of the First Century C.E.» in *Charlesworth 1992*, pp. 261-275.
Merkel, H., ²1992: Art. «Δαυίδ» in *Exegetisches Wörterbuch zum Neuen Testament*, I, Stuttgart u.a.: Kohlhammer, pp. 663-665.
Meynet, R., 1999: «Jésus, fils de David dans l'évangile de Luc» in *Desrousseaux / Vermeylen*, pp. 413-427.
Mitchell, D.C., 1997: *The Message of the Psalter: An Eschatological Programme in the Book of Psalms* (Journal for the Study of the Old Testament, Suppl. Ser. 252), Sheffield: Sheffield Academic Press.
Neufeld, D., 1997: «‹And When That One Comes›: Aspects of Johannine Messianism» in *Evans / Flint*, pp.120-140.
Niederwimmer, K., 1989: *Die Didache. Erklärt* (Kommentar zu den Apostolischen Vätern, 1), Göttingen: Vandenhoeck.
Nitsche, S.A., 1998: *David gegen Goliath. Die Geschichte der Geschichte einer Geschichte. Zur fächerübergreifenden Rezeption einer biblischen Story* (Altes Testament und Moderne, 4), Münster: Lit Verlag.
Noethlichs, K.L., 1996: *Das Judentum und der römische Staat: Minderheitenpolitik im antiken Rom*, Darmstadt: Wissenschaftliche Buchgesellschaft.
Nolland, J., 1997: «The Four (Five) Women and Other Annotations in Matthew's Genealogy» in *New Testament Studies*, 43, pp. 527-539.
Oegema, G.S., 1994: *Der Gesalbte und sein Volk. Untersuchungen zum Konzeptualisierungsprozess der messianischen Erwartungen von den Makkabäern bis Bar Koziba* (Schriften des Institutum Judaicum Delitzschianum, 2), Göttingen: Vandenhoeck (engl. 1998: *The Anointed and His People. Messianic Expectations from the Macabees to Bar Kochba* [Journal for the Study of the Pseudepigrapha, Suppl. ser. 27], Sheffield: Sheffield Academic Press).
Ders., 1998: «Messianic Expectations in the Qumran Writings: Theses on Their Development» in *Charlesworth 1998*, pp. 53-82.
Oeming, M., 1990: *Das wahre Israel. Die «genealogische Vorhalle» 1 Chronik 1-9* (Beiträge zur Wissenschaft vom Alten und Neuen Testament, 128), Stuttgart u.a.: Kohlhammer.

Ostmeyer, K.-H., 2000: «Der Stammbaum des Verheissenen: Theologische Implikationen der Namen und Zahlen in Mt 1.1-17» in *New Testament Studies*, 46, pp. 175-192.

O'Toole, R.F., 1983: «Acts 2:30 and the Davidic Covenant of Pentecost» in *Journal of Biblical Literature*, 102, pp. 245-258.

Pomykala, K.E., 1995: *The Davidic Dynasty Tradition in Early Judaism: Its History and Significance for Messianism* (Early Judaism and Its Literature, 7), Atlanta GA: Scholars Press.

Preisendanz, K., 1956: Art. «Salomo» in Pauly, A. / Wissowa, G. / Kroll, W. (eds.), *Realencyclopädie der classischen Altertumswissenschaft*, Suppl. 8, Stuttgart/Weimar: Metzler, pp. 660-704.

Radl, W., 1995: *Der Ursprung Jesu* (Herders Biblische Studien, 7), Freiburg i.Br.: Herder.

Rose, Ch., 1994: *Die Wolke der Zeugen. Eine exegetisch-traditionsgeschichtliche Untersuchung zu Hebräer 10,32–12,3* (Wissenschaftliche Untersuchungen zum Neuen Testament, 2/60), Tübingen: Mohr.

Roure, D., 1990: *Jesús y la figura de David en Mc 2,23-26. Trasfondo bíblico, intertestamentario y rabínico* (Analecta Biblica, 124), Roma: Pontificio Istituto Biblico.

Ders., 1999: «La figure de David dans l'évangile de Marc: des traditions juives aux interprétations évangéliques» in *Desrousseaux / Vermeylen*, pp. 397-412.

Ruszkowski, L., 2000: *Volk und Gemeinde im Wandel. Eine Untersuchung zu Jesaja 56-66* (Forschungen zur Religion und Literatur des Alten und Neuen Testaments, 191), Göttingen: Vandenhoeck.

Schaper, J., 1995: *Eschatology in the Greek Psalter* (Wissenschaftliche Untersuchungen zum Neuen Testament, 2/76), Tübingen: Mohr.

Schäfer, P., 1997: *Judeophobia: Attitudes towards the Jews in the Ancient World*, Cambridge MA: Harvard University Press.

Schiffman, L.H., 1992: «Messianic Figures and Ideas in the Qumran Scrolls» in *Charlesworth*, pp. 116-129.

Schmidt, W.H., 1997: «Hoffnung auf einen armen König. Sach 9,9f als letzte messianische Weissagung des Alten Testaments» in Landmesser, Chr. u.a. (eds.), *Jesus Christus als die Mitte der Schrift. FS O. Hofius*, Berlin / New York: de Gruyter, pp. 689-709.

Schneider, G., 1971: «Zur Vorgeschichte des christologischen Prädikats ‹Sohn Davids›» in *Trierer Theologische Zeitschrift*, 80, pp. 247-253.

Schreckenberg, H. / Schubert, K., 1992: *Jewish Historiography and Iconography in Early and Medieval Christianity* (Compendia Rerum Iudaicarum ad Novum Testamentum, III 2), Assen: van Gorcum.

Schreiner, J., 1981: *Das 4. Buch Esra* (Jüdische Schriften aus hellenistisch-römischer Zeit, V 4), Gütersloh: Gütersloher Verlagshaus.

Schwab, E., 1993: «Bethlehem Efrata: Zur Überlieferung von Davids Herkunft» in Mommer, P. u.a. (eds.), *Gottes Recht als Lebensraum. FS H.J. Boecker*, Neukirchen-Vluyn: Neukirchener, pp. 117-128.

Schweizer, E., 1955: *Erniedrigung und Erhöhung bei Jesus und seinen Nachfolgern* (Abhandlungen zur Theologie des Alten und Neuen Testaments, 28), Zürich: Zwingli-Verlag.

Smith, S.H., 1996: «The Function of the Son of David Tradition in Mark's Gospel» in *New Testament Studies*, 42, pp. 523-539.

Söding, Th., 1999: «Das Erscheinen des Retters. Zur Christologie der Pastoralbriefe» in Scholtissek, K. (ed.): *Christologie in der Paulus-Schule. Zur Rezeptionsgeschichte des paulinischen Evangeliums* (Stuttgarter Bibelstudien, 181), Stuttgart: Katholisches Bibelwerk, pp. 149-192.

Stegemann, E. (ed.), 1993: *Messias-Vorstellungen bei Juden und Christen*, Stuttgart u.a.: Kohlhammer.

Stegemann, H. 1971: «Die des Uria» in Jeremias, G. u.a. (eds.)., *Tradition und Glaube. FS K. G. Kuhn*, Göttingen: Vandenhoeck, pp. 246-276.

Stegemann, W., 1993: «Jesus als Messias in der Theologie des Lukas» in *Stegemann, E.*, pp. 21-40.

Stern, M. (ed.), 1974: *Greek and Latin Authors on Jews and Judaism*, 1, Jerusalem: Israel Academy of Sciences and Humanities.

Stettler, H., 1998: *Die Christologie der Pastoralbriefe* (Wissenschaftliche Untersuchungen zum Neuen Testament, 2/105), Tübingen: Mohr.

Steudel, A., 1994: *Der Midrasch zur Eschatologie aus der Qumrangemeinde (4QMidrEschat$^{a.b}$). Materielle Rekonstruktion [...]* (Studies on the Texts of the Desert of Judah, 13), Leiden: Brill.

Steyn, G.J., 1995: *Septuagint Quotations in the Context of the Petrine and Pauline Speeches of the Acta Apostolorum* (Contributions to Biblical Exegesis and Theology, 12), Kampen: Kok Pharos.

Strauss, M.L., 1995: *The Davidic Messiah in Luke-Acts. The Promise and its Fulfillment in Lukan Christology* (Journal for the Study of the New Testament, Suppl. Ser. 110), Sheffield: Academic Press.

Stuhlmacher, P., 1967: «Theologische Probleme des Römerbriefpräskripts» in *Evangelische Theologie*, 27, pp. 374-389.

van der Woude, A.S., 1977: *Die fünf syrischen Psalmen* (Jüdische Schriften aus hellenistisch-römischer Zeit, IV 1), Gütersloh: Gütersloher Verlagshaus.

van Iersel, B., 1962: «Fils de David et Fils de Dieu» in: Massaux, E. u.a. (éds.), *La Venue du Messie. Messianisme et Eschatologie* (Recherches Bibliques, 6), Bruges: Desclée, pp. 113-132.

Veltri, G., 1997: *Magie und Halakha. Ansätze zu einem empirischen Wissenschaftsbegriff im spätantiken und frühmittelalterlichen Judentum* (Texte und Studien zum Antiken Judentum, 62), Tübingen: Mohr.

Vermes, G., 1961: *Scripture and Tradition in Judaism. Haggadic Studies*, Leiden: Brill.

Walter, N., 1980: *Fragmente jüdisch-hellenistischer Historiker* (Jüdische Schriften aus hellenistisch-römischer Zeit, I 2), Gütersloh: Gütersloher Verlagshaus.

Ders., 2000: «Alttestamentliche Bezüge in christologischen Ausführungen des Paulus» in Schnelle, U. u.a. (eds.), *Paulinische Christologie. Exegetische Beiträge. FS H. Hübner*, Göttingen: Vandenhoeck, pp. 246-271.

Waschke, E.-J., 1994: «‹Richte ihnen auf ihren König, den Sohn Davids› – Psalmen Salomos 17 und die Frage nach den messianischen Traditionen» in Schnelle, U. (ed.), *Reformation und Neuzeit. 300 Jahre Theologie in Halle*, Berlin u.a.: de Gruyter, pp. 31-46.

Whittaker, M., 1984: *Jews and Christians: Graeco-Roman Views* (Cambridge Commentaries on Writings of the Jewish and Christian World 200 BC to AD 200), Cambridge u.a.: Cambridge University Press.

Wilk, F., 1998: *Die Bedeutung des Jesajabuches für Paulus* (Forschungen zur Religion und Literatur des Alten und Neuen Testaments, 179), Göttingen: Vandenhoeck.

Wintermute, O.F., 1983: «Apocalypse of Zephaniah» in Charlesworth, J.H. (ed.), *The Old Testament Pseudepigrapha*, I, *Apocalyptic Literature and Testaments*, New York u.a.: Doubleday, pp. 497-515.

Wrede, W., 1901 (^{3}1963): *Das Messiasgeheimnis in den Evangelien. Zugleich ein Beitrag zum Verständnis des Markusevangeliums*, Göttingen: Vandenhoeck.

Ders., 1907: «Jesus als Davidssohn» in ders., *Vorträge und Studien*, Tübingen: Mohr, pp. 147-177.

Zenger, E., 1998: «David as Musician and Poet: Plotted and Painted» in Exum, J.C. / Moore, S.D. (eds.), *Biblical Studies/Cultural Studies. The Third Sheffield Colloquium, Gender, Culture, Theory 7* (Journal for the Study of the Old Testament, Suppl. Ser. 266), Sheffield: Academic Press, pp. 263-298.

Zimmermann, J., 1998: *Messianische Texte aus Qumran: königliche, priesterliche und prophetische Messiasvorstellungen in den Schriftfunden von Qumran* (Wissenschaftliche Untersuchungen zum Neuen Testament, 2/ 104), Tübingen: Mohr.

Aufschlüsselung der Abkürzungen

Qumrantexte und Funde aus der judäischen Wüste (nicht im Verzeichnis erwähnte Handschriften werden im Beitrag lediglich nach Handschriftennummer zitiert). Bei der Zitation der Texte bezeichnen römische Ziffern (in Kleinbuchstaben) Kolumnen, die darauf folgenden arabischen Ziffern Zeilen. «Frg.» = Fragment(e):

DJD	Discoveries in the Judean Desert, 1ff, 1955ff.
CD	Cairo Documents (Damaskusschrift)
1QM	Kriegsregel [*sńrńk hammilḥamâ*] (1Q33)
1QS^b	Segenssprüche (1Q28b)
4QDibHam	*dibrê hamme'ôrôt*: 4QDibHam^{a-c} (4Q504-506)
4QFlor	Florilegium (Teil von 4QMidrEschat)
4QJer^b	4QJeremia^b (4Q71)
4QMMT	*miqsat ma'asê hattôrâ*: 4QMMT^{a-f} (4Q394-399)
4QpGen^a	Commentary on Genesis (4Q252-253.254.254a)
4QMidrEschat	Midrasch zur Eschatologie (4Q174.177)
11QPs^a	Psalmenrolle aus Höhle 11 (11Q5)
11QMelch	Melchi‚ÈdÈk-Pescher (11Q13)

Sonstige Abkürzungen:

APFC	Aramaic papyri of the fifth century BC (Cowley 1923)
ApkPaul	Apokalypse des Paulus
ApkZeph	Zefanja-Apokalypse
2Bar	2. (syrischer) Baruch
BGU	Berliner griechische Urkunden
4Esr	4. Esrabuch

praep.ev.	Euseb, Praeparatio Evangelica
IgnEph	Brief des Ignatius an die Epheser
IgnRöm	Brief des Ignatius an die Römer
IgnTrall	Brief des Ignatius an die Trallianer
LibAnt	Liber Antiquitatum Biblicarum
LXX	Septuaginta
MartJes	Martyrium Jesajas
MTeh	Midrasch Tehillim
PE	praeparatio evangelica
PsSal	Psalmen Salomos
TJon	Targum Jonatan
Tob	Tobit
TestRub	Testament Rubens (Teil der TestXII)
TestXII	Testament der zwölf Patriarchen

David – Christus – Basileus
Erwartungen an eine Herrschergestalt

CLAUDIA LUDWIG

Zusammenfassung:

Entgegen vielleicht den Erwartungen und der in der Forschung oft vertretenen Ansicht dient König David anders als beispielsweise Kaiser Konstantin der Grosse relativ selten als Vorbild für den byzantinischen Kaiser. In zwei Fällen jedoch wird der Vergleich ausführlicher gezogen: bei Kaiser Herakleios (610-641) und Kaiser Basileios I. (867-886). Beide waren Usurpatoren und Gründer einer neuen Dynastie. David, der selbst mit Gottes Billigung und Hilfe an Stelle Sauls König von Israel wurde, verkörperte somit den Typus des guten Usurpators und war in dieser Hinsicht beispielhaft. Hingegen gelang es wohl aufgrund historischer Umstände nicht, daran auch die Vorstellung einer Heilserwartung für die Zukunft zu knüpfen, obwohl ein derartiger Versuch in Bezug auf Herakleios vermutlich unternommen wurde. Diese Funktion übernahm dann die Figur des Retterkaisers in der apokalyptischen Literatur.

Résumé:

Contrairement à ce qu'on pourrait attendre et en dépit de l'opinion fréquemment exprimée par les chercheurs, le roi David a assez peu servi de modèle aux empereurs byzantins, ce rôle étant plutôt réservé à Constantin le Grand. Deux empereurs lui ont toutefois été comparés de manière assez détaillée: Héraclius (610-641) et Basile Ier (867-886). Tous deux étaient des usurpateurs et les fondateurs d'une nouvelle dynastie. David, ayant lui-même supplanté Saül sur le trône d'Israël avec l'aide de Dieu, incarnait le type du bon usurpateur et était donc une référence idéale. Cependant, la tentative, vraisemblablement entreprise sous Héraclius, de reporter également l'idée d'une attente messianique sur le souverain byzantin semble avoir échoué en raison des circonstances historiques. Cette fonction revint au personnage de l'empereur messianique dans les écrits apocalyptiques.

Abstract:

Contrary to the common opinion of scholarship and perhaps to expectations, King David, unlike Constantine the great, was seldom seen as a model for the Byzantine emperor. However, the comparison was drawn in detail in two cases: with emperor Herakleios (610-641) and emperor Basileios I. (867-886). Both were usurpers and founders of a new dynasty. David, who, with God's approval and help, became king of Israel in Saul's place, thereby embodied the «good usurper» and in this respect became exemplary. Perhaps because of historical circumstances, the idea of a good usurper could not be linked to that of a future hope of salvation, although in Herakleios' case it was probably attempted. The function of the future savior was taken over by the figure of the Savior-Emperor in apocalyptic literature.

Stichwörter:

David; Kaiser; Byzanz; Ideologie; Apokalypse; Messias; Usurpator

Zumindest für die Byzantiner steht die Frage der Erwartungen, die man auf den Kaiser richten kann, mit der nach seiner Legitimation in engem Zusammenhang. Ebenso verbunden sind von Beginn an die Vorstellung vom Typus Christi, gerade auch im Hinblick auf den Gedanken der Rettung oder einer messianischen Erwartung, und die Vorstellung des Kaisers. Hingegen hat sich die Figur des biblischen König David seltener als man erwarten würde[1] – und wenn, dann eher indirekt – in diese Vorstellungen eingefügt. In den wenigen Fällen, in denen ein direkter Vergleich bzw. eine Rückführung oder ein Bezug des herrschenden Kaisers auf David vorgenommen wurde, hat das offensichtlich zu solchen Problemen geführt, dass man vorsichtig mit diesem Vergleich umging.[2] Das wiederum hatte zur Folge, dass David namentlich in der ganz überwiegenden Zahl der Belege als Psalmist auftaucht,[3] während er mehr oder weniger anonym dennoch als Vorbild für – meist idealisierte – Kaiserdarstellungen Verwendung findet.[4]

Vorbildfunktion für die nachfolgenden byzantinischen Kaiser erfüllte in der Regel Kaiser Konstantin der Grosse, der erste christliche Kaiser und Gründer der Hauptstadt Konstantinopel, die er ganz nach seinem Konzept zu gestalten trachtete.[5] Das begründet sich vor allem aus der Tradition, in der das byzantinische Kaisertum steht. Man darf nie ausser acht lassen, dass die Byzantiner in ihrem Selbstverständnis stets Römer waren und blieben – sie haben diese Selbstbezeichnung nie abgelegt. Das byzantinische Kaisertum bildete die natürliche Fortsetzung des römischen in einer Art christlicher Mutation.

Konstantin der Grosse sah sich selbst als (fast) gleichwertigen Stellvertreter Christi auf Erden. Dies drückt sich beispielsweise in seinem Konzept für sein Mausoleum aus, welches er sich so vorstellte: In der Mitte sollte sein eigener Sarkophag stehen und darum herum zwölf Sarkophage, die Reliquien der zwölf Apostel enthalten.[6] Abgesehen davon, dass es ihm nicht einmal annähernd gelungen ist, Reliquien aller zwölf Apostel zu beschaffen, ist diese doch sehr direkte «Vergöttlichung» in heidnischer Tradition von den Nachkommen schnell dahingehend relativiert worden, dass der Sarkophag Konstantins aus der Mitte in den Kreis transferiert wurde, Konstantin also vom Christusgleichen zum Apostelgleichen wurde. Aufgrund dieser Tradition ist Byzanz für die Darstellung der Verbindung von Legitimation und Heilserwartung, die sich an eine einzige Person knüpft, ganz besonders gut geeignet.

Die Verbindung von Legitimation und Zukunftserwartung führt uns nun zum ersten Hauptthema, nämlich David als Typus des gottgewollten, also «guten» Usurpators. Der Schwerpunkt soll jedoch nicht auf der Herrschaftslegitimation als solcher liegen,[7] sondern darauf, welche Erwartungen für die Zukunft der regierende Kaiser an sein Vorbild David zu knüpfen beabsichtigt. Danach soll einerseits versucht werden, den Ursachen dafür nachzugehen, dass sich die Vorstellung eines David als Zukunftsgestalt, als Hoffnungsträger messianischer Erwartungen, in Byzanz in dieser Form nicht entwickeln konnte; andererseits sollen die Wege aufgezeigt werden, die diese Vorstellungen bei den Byzantinern schliesslich genommen haben.

1. David, der gute Usurpator

Die in Byzanz klar vorhandene Vorstellung, der Kaiser sei der Stellvertreter Christi auf Erden, als solcher von Gott auserwählt und entsprechend unterstützt, birgt ein schweres Dilemma für den (gar nicht so seltenen) Fall, dass sich der gerade amtierende Kaiser durch eine Usurpation, meist mit Gewalt selbst an die Macht gebracht hat. Auf der einen Seite hat er streng genommen Gottes Willen also missachtet, auf der anderen darf er sich selbst – die Usurpation ist ja gelungen – nun als auserwählten und damit gerechtfertigten Herrscher betrachten.

Dieses Dilemma ist im Alten Testament durch das Verhältnis von Saul und David überdeutlich beschrieben.[8] Nach der Forderung der Israeliten nach einem König wird zunächst Saul vom Herrn als Herrscher ausgewählt und eingesetzt.[9] Später wendet sich Gott von Saul wieder ab; dabei kann durchaus der Eindruck entstehen, dass Saul dagegen machtlos war, dass nicht tatsächliche Verfehlungen seinerseits dazu geführt haben, dass Gott sich abgewendet hat, sondern dass sein Verhalten eher nachträglich als fehlerhaft bewertet wurde, um die Wahl eines neuen Königs zu rechtfertigen.[10] Schliesslich wird Saul David gegenüber mehr und mehr ins Unrecht gesetzt, während bei David betont wird, dass er im Grunde Saul als König anerkennt und dann sehr betrübt ist, als er gegen ihn kämpfen muss. Immer wieder wird hervorgehoben, wie David bemüht ist, die Rechte Sauls und seines Hauses anzuerkennen und zu respektieren, aber Saul genau dies nicht zulässt. Die spätere, unumgängliche Beseitigung von Saul und seinen Nachkommen führt David nicht nur nicht selbst durch, er bestraft sie sogar mit dem Tode.[11] So bleibt er als Usurpator sozusagen anständig.[12]

Zwei herausragende Usurpationen des byzantinischen Kaiserthrones sollen hier herausgegriffen werden, die verdeutlichen, wie das Vorbild Davids in beiden Fällen angewendet wurde. Beide Male bemächtigte sich eine Dynastie des Thrones, die sich für längere Zeit an der Macht halten sollte.[13] Im älteren Fall, bei der Herrschaftsübernahme durch Herakleios im Jahre 610, ist der Bezug auf die Figur Davids in mehrfacher Hinsicht zu zeigen. Um den zweiten Usurpator, Basileios I. im Jahre 867, rankt sich eine Vielzahl von mannigfaltigen Legenden, im Prinzip ist nichts ausgelassen, was die Prädestinierung des Basileios zum Herrscher deutlich machen kann.[14] Der Bezug auf David ist hier nur einer unter vielen, und nicht einmal der bedeutungsvollste. Allgemein ist natürlich noch zu berücksichtigen, dass auch die David-Episoden Elemente enthalten, die zu den geläufigen Topoi innerhalb der Herrscherdarstellungen zählen.

Um mit Basileios I. anzufangen: Der romanhafte Aufstieg des Basileios von ganz unten auf den Kaiserthron hat mit seiner Legendenbildung dafür gesorgt, dass die tatsächlichen Ereignisse dahinter kaum noch zu erkennen sind.[15] So hat man beispielsweise die Herkunft seiner Familie von den persischen Arsakiden, Alexander dem Grossen und Konstantin dem Grossen herleiten wollen. Eine dynastiefreundliche Quellengruppe versucht so, den Aufstieg des Basileios als von Gott gewollt und gefördert darzustellen.[16] Diesem Zweck dienen einerseits die reichhaltige Legendenbildung vor allem um seine Herkunft und Jugend, andererseits auch zahlreiche Prophezeiungen und Vorzeichen, die Basileios als zukünftigen Herrscher ausweisen sollen. Konsequenterweise wird in diesen Quellen jede Verstrickung ihres Helden in irgendwelche dunklen Machenschaften geleugnet, mit Schweigen übergangen oder zumindest sehr abgemildert. Selbst der Mord an seinem Vorgänger, Kaiser Michael III., den Basileios eigentlich gegen seinen Willen begangen haben will, wird hier eher als Notwehr dargestellt. Zu dieser Tendenz passt eine konsequente Kritik an der Person und dem Verhalten Michaels III., der als der kaiserlichen Herrschaft eigentlich unwürdig dargestellt wird.

Basileios, der angeblich von einfachen Leuten abstammte, war etwa in der Mitte der fünfziger Jahre nach Konstantinopel gekommen.[17] Dort diente er zunächst in der Gefolgschaft eines gewissen Theophilos. In dieser Funktion begleitete er seinen Herrn nach Patras auf der Peloponnes, wo er u.a. der reichen Witwe Danelis auffiel,[18] die ihn dazu brachte, mit ihrem Sohn Ioannes Blutsbrüderschaft zu schliessen. Zurück in Konstantinopel, fiel er durch verschiedene, zumeist physische Leistungen und Mutproben auf. Eine davon war der Zweikampf gegen einen riesigen Bulgaren, der als unbesiegbar galt und entsprechend herausfordernd auftrat.[19] Schliesslich wechselte Basileios von der Gefolgschaft des Theophilos in diejenige Kaiser Michaels III. über, wo er zunächst als Feldherr (Strator) diente. Im Anschluss an einen fehlgeschlagenen Anschlag auf den Kaisar Bardas, den Onkel und Berater des Kaisers, wurde er im Jahre 858 an die Stelle des darin verwickelten und hingerichteten Oberkommandierenden (Protostrator) zu dessen Nachfolger ernannt. Wohl im Jahre 865 wurde er von Kaiser Michael zum Parakoimomenos erhoben, eine der einflussreichsten Positionen am byzantinischen Kaiserhof.[20] Basileios wird von seiner ersten Frau Maria geschieden und mit der Geliebten Michaels III., Eudokia Ingerina, verheiratet.[21]

Aus der Zeit seines Amtes als Parakoimomenos ist wenig über Basileios bekannt. Zum Zeitpunkt des Mordes an dem bereits erwähnten Bardas am 21. April 866, an dem Basileios massgeblich beteiligt war, bekleidete er immer noch das Amt eines Parakoimomenos, anschliessend wurde er zum Magistros erhoben, wenig später (am 26. Mai 866) von Michael III. adoptiert und zum Mitkaiser gekrönt.[22] Damit hatte er die höchste Stufe erreicht, die unterhalb des Kaisertums überhaupt möglich war. Wenig später stürzte er Michael III. und liess ihn ermorden, angeblich, weil Michael ihm nach dem Leben getrachtet habe, und bestieg selbst den Thron.

Eine Reihe von Vergleichspunkten zu David springt gleich von allein ins Auge: Dies sind im wesentlichen die niedere Herkunft, der bestandene Zweikampf mit einem übermächtigen Feind, die Etablierung am Hof des Herrschers vor der Usurpation und schliesslich und endlich die Usurpation selbst. Ebenfalls als Parallele werten könnte man die Begegnung mit der Witwe Danelis, sie entspräche der Abigajil,[23] sowie vielleicht auch die Scheidung von seiner ersten Frau und die Heirat mit Eudokia, was entfernt an Batseba erinnern mag.

Ausdrücklich formuliert wird der Bezug auf David in einem anonymen Gedicht auf Kaiser Basileios, das nur unvollständig erhalten ist.[24] In den Versen 63-76, die Basileios mit David vergleichen, wird folgendes ausgeführt: Christus hat Basileios wie Gott seinerzeit David gefunden und gesalbt mit göttlicher Macht und Stärke, ihn, der ihm im Herzen ersehnt war, weil er ihm ein frommer Diener und Freund war und seine allweisen Aufträge und frommen Gebote erfüllt und umsetzt.[25] Basileios ist ein neuer David im Haus der Eltern, klein (i.e. jung) in der Reihe der Geschwister, gross jedoch in der Herzensschau. Er achtet nicht die Stärke des Körpers hoch, sondern deutliche Taten gottgefälligen Lebens. Er kam von der Weide zur Herrschaft und wird gesalbt mit dem Öl der Herrschenden.

Zu der Betonung der Erwählung durch Gott kommt unter dem Gesichtspunkt der Usurpation noch hinzu, dass die Reichspropaganda unter Basileios seinen Vorgänger Michael III. in den schwärzesten Farben malt. Er sei ein Trunkenbold gewesen, fast ein Analphabet, habe ohne jede Umsicht regiert, ja eigentlich sich um die Regierungsgeschäfte kaum gekümmert, sei nur seinen persönlichen Vergnügungen wie Wagenrennen nachgejagt und habe sogar durch sein provokantes und schamloses Verhalten Schande über das Kaisertum gebracht.[26] Hieraus wird klar, dass Basileios nach dem Vorbild Davids geradezu gezwungen war, diesen schlechtesten aller Kaiser abzusetzen und sich selbst als auserwählt zu betrachten. Dieselbe Propaganda gab sich alle Mühe, die göttliche Wahl des Basileios durch allerlei Vorzeichen, Wahrsagungen und ähnliches zu belegen. In diesen Kontext fügt sich auch die im Gedicht hervorgehobene Erwählung durch Christus und die Salbung. Dass man auf einen weitergehenden Bezug zu David offenbar verzichtete, lag unter anderem daran, dass das aktive Streben nach der Kaiserherrschaft und der Mord an Michael III. durch Basileios selbst – und damit ein deutlicher Gegensatz zum biblischen König David – vor den Zeitgenossen kaum zu kaschieren, sondern höchstens zu rechtfertigen und damit die Schuld abzumildern war.

Auf der anderen Seite lassen sich durchaus Hinweise darauf finden, dass Kaiser Basileios I. selbst an einem Bezug auf David interessiert war. An den zu diesem Zeitpunkt (ca. 873) exilierten ehemaligen Patriarchen Photios wurde vom Kaiserhaus ein Brief geschickt, in dem um einen Kommentar zu drei Stellen des Buches der Könige gebeten wurde, die Saul betrafen, die Salbung Davids zum König und die Weisheit Salomos.[27] Letzterer diente als weiteres Bindeglied zum Haus Davids, denn Basileios' Sohn Leon, der spätere Kaiser Leon VI., liess sich in vielen Punkten mit Salomo vergleichen; nicht zuletzt zeichnete Leon geradezu sprichwörtliche Weisheit aus, die ihm auch den entsprechenden Beinamen ‹der Weise› eintrug.

Mit der Parallele Kaiser – David geht implizit auch immer die Parallele Altes Jerusalem – Neues Jerusalem (Konstantinopel) einher, wodurch indirekt Konstantinopel gleichzeitig zu einem Abbild des himmlischen Jerusalem wird, wie der dort residierende Kaiser die Stelle Christi vertritt, des Herrschers im himmlischen Jerusalem. Dies wird besonders deutlich bezüglich der gleich zu betrachtenden Parallelen zwischen David und Kaiser Herakleios. Dabei wird auch klar werden, wie oberflächlich die Verbindung zu David bei Basileios vergleichsweise war, und aus welchem Grund die Parallelen nicht mehr so eng gezogen wurden oder gezogen werden konnten.

Aus der Zeit vor seiner Usurpation im Jahre 610 wissen wir so gut wie nichts über Herakleios.[28] Von Karthago aus segelte er mit einer Flotte, unterstützt durch ein Landheer unter Führung des Feldherrn Niketas, gegen Konstantinopel, welches er am 5. Oktober 610 einnehmen konnte. Dabei stürzte er den Kaiser Phokas. Zwei Tage später, am 7. Oktober, wurde er (angeblich nach anfänglichem Zögern, die Kaiserherrschaft anzunehmen) vom Patriarchen Sergios zum Kaiser gekrönt. Am selben Tag heiratete er seine erste Frau Eudokia und krönte sie zur Augusta. Kurz nach der Geburt des zweiten Kindes, Herakleios Konstantinos, starb Eudokia im Jahre 612. Wahrscheinlich erst kurz vor dem mehrjährigen, siegreichen Feldzug gegen die Perser, also etwa 622/23, heiratete er in zweiter Ehe seine Nichte Martina, die Tochter seiner Schwester Maria. Aus dieser Ehe sind elf Kinder hervorgegangen: fünf werden auf dem sechsjährigen Perserfeldzug geboren (von ihnen überlebt nur Heraklonas), wahrscheinlich unmittelbar vor der Rückkehr ein Sohn David, und zwischen 628 und 639 in Konstantinopel die Söhne Theodosios und Phlauios, die möglicherweise behindert waren und früh starben, sowie Martinos,

Augustina und Marina. Die (unkanonische) Ehe mit seiner Nichte hat zwar Anstoss erregt, aber wohl erst dann, als abzusehen war, dass sein Erfolg beim Erhalt des Reiches nur von kurzer Dauer sein sollte und Herakleios der von den Arabern drohenden Gefahr nicht würde Herr werden können.

Die ersten Jahre nach seiner Thronbesteigung waren gekennzeichnet von innenpolitischen Schwierigkeiten, als Kaiser wirklich Fuss zu fassen, der Invasion von Slawen und Awaren auf der Balkanhalbinsel und den umfassenden Gebietsverlusten an die Perser. Syrien, Palästina (614 Fall Jerusalems und Raub der Reliquie des Heiligen Kreuzes durch die Perser) und etwas später Ägypten (619) wurden förmlich überrannt, im Jahre 616 standen die Perser vor Chalkedon, also fast vor den Toren Konstantinopels. Während sich die Perser in Ermangelung einer Flotte und nach einem vergeblichen Versuch, nach Konstantinopel überzusetzen, ruhig verhielten oder sogar zurückzogen, konnte Herakleios durch Vereinbarungen mit den Awaren (619-622) zumindest den Zweifrontenkrieg beenden.

Der Beginn des Feldzugs gegen die Perser ist umstritten (622 oder 623), doch es spricht vieles dafür, den Beginn im Jahre 623 anzusetzen, nicht zuletzt die Allegorie: sechs Kriegsjahre entsprechend den sechs Tagen der Schöpfung der Welt, die in mehreren Quellen als Ausdruck der Reichsideologie unter Herakleios belegt ist.[29] Während der Abwesenheit des Kaisers erreichten der Patriarch Sergios und der Patrikios Bonos im Jahre 626, dass eine Belagerung Konstantinopels durch Slawen und Awaren schliesslich abgebrochen wurde.

Der Kaiser selbst, der auf dem genannten Feldzug von seiner Frau Martina begleitet wurde, konnte schliesslich 628 einen glänzenden und vollständigen Sieg über die Perser erringen. Dabei kamen ihm innenpolitische Auseinandersetzungen im Perserreich zu Hilfe. Er gewann Jerusalem zurück und brachte die gestohlene Kreuzreliquie wieder in die Stadt (wohl noch 628, als Datum bietet sich der 14. September an).[30]

Es ist ganz wesentlich dem Erfolg gegen die Perser zuzuschreiben, dass der zunächst in Legitimationsnot befindliche Usurpator Herakleios sich als rechtmässiger Kaiser bestätigt sehen konnte. Daher bildete sich zunehmend eine ideologische Gleichsetzung mit dem biblischen König David heraus, die für uns noch in den epischen Gedichten des «Hofdichters» Georgios Pisides sowie in einigen andern Werken und in den noch erhaltenen und unter Herakleios angefertigten Silbertellern mit Motiven der David-Geschichte greifbar werden. Herakleios selbst liefert zusätzliche Indizien mit der Wahl des Namens (David) für seinen unmittelbar nach dem Ende der Perserkriege geborenen Sohn und mit der Übernahme des Titels Basileus in die Kaisertitulatur.[31]

Doch nur kurze Zeit später sollten alle Erfolge des Herakleios wieder zunichte gemacht werden. Die Araber drangen 634 nach Syrien ein und schlugen zwei Jahre später die Byzantiner vernichtend in der Schlacht am Yarmuk. Es war Herakleios nicht möglich, noch einmal an seine früheren Erfolge anzuknüpfen. Entsprechend wandelte sich auch sein Bild in den Quellen. Herakleios starb am 11. Februar 641 an Wassersucht. Die von ihm versuchte Nachfolgeregelung hatte nicht lange Bestand: Noch im April oder Mai desselben Jahres starb Herakleios Konstantinos (Konstantinos III.), und nach dem Sturz des Heraklonas und der Martina ging die Kaiserherrschaft im November an den im September von Heraklonas zum Mitkaiser gekrönten Konstans II.[32]

Bis zum glorreichen Ende der Perserkriege sind die Parallelen des Aufstiegs des Herakleios zu dem von David geradezu frappierend: Beide sind Usurpatoren, die gleichzeitig als neue Auserwählte den Herrscherthron an sich bringen können. Beide müssen sich erst relativ langwierig mit Feinden im Innern ihres Herrschaftsgebietes auseinandersetzen. Beide müssen sich auch als Feldherren bewähren, können dann einen langjährigen äusseren Feind mit Erfolg bekämpfen. Beiden gelingt es, die Stadt Jerusalem einzunehmen bzw. zurückzuerobern. Beide bringen das Symbol ihres jeweiligen Glaubens, David die Bundeslade und Herakleios die Kreuzreliquie, nach Jerusalem zurück.[33]

Es lassen sich einige Hinweise darauf zusammentragen, dass diese Parallelen auch von den Zeitgenossen und von Herakleios selbst gesehen und benutzt wurden. Seinen am Ende des Perserfeldzuges geborenen Sohn nannte Herakleios bereits David. Die oben schon genannten Silberteller mit Motiven aus der David-Geschichte sind in den Jahren 629/30, also unmittelbar nach dem Ende der Perserkriege entstanden.[34] Während die byzantinischen Kaiser bisher immer noch die römische Kaisertitulatur führten, übernahm Herakleios als Kaisertitel den Titel Basileus, der in der Septuaginta auch der Titel Davids ist.

Literarische Belege für die Gleichsetzung Herakleios – David sind in mehreren Quellen auszumachen, teilweise wird der Vergleich direkt, teilweise nur indirekt gezogen. In einer Predigt anlässlich des Jahrestages des Abbruchs der Belagerung Konstantinopels im Jahre 626 werden Herakleios und David als Retter ihrer Stadt gepriesen. In den Werken des Hofpanegyrikers Georgios Pisides finden sich mehrere Hinweise auf eine David-Ideologie. In seiner (fiktiven) Rede vor dem Herr während des Perserfeldzuges nimmt Herakleios auf einen Psalm Bezug. In einem weiteren Gedicht führt Pisides den Gedanken des Kreuzes als neuer Bundeslade aus, geknüpft an den Vergleich: Wie hier der Kaiser vor tanzenden Engeln das Kreuz bringt, so tanzte David beim Einzug in Jerusalem vor der Bundeslade her. In einem Lobgedicht auf den Märtyrer Anastasios werden die

Byzantiner mit dem Volk Israel gleichgesetzt, das Kreuz mit der Bundeslade, der persische Herrscher Chosrau mit Nebukadnezar, auch unter dem Aspekt des Raubes der Reliquien.

Bei Geschichtsschreibern des 9. Jahrhunderts stösst man dann auf genauere Parallelen, die aber auch Produkte einer bereits stilisierten Gleichsetzung sein können: Herakleios trägt einen Zweikampf mit einem Perser namens Rhazates aus, der deutliche Züge des Kampfes Davids mit Goliat trägt. Auf dem Perserfeldzug soll Herakleios vor einer Schlacht drei Tage Rast gemacht haben, um die Evangelien zu befragen – wie David auf den Philisterfeldzügen mehrfach den Herrn befragt, was er denn als nächstes tun soll. Schliesslich wird in einer weiteren Quelle berichtet, dass Herakleios in seinen letzten Regierungsjahren eine Volkszählung durchgeführt haben soll.

Diese letzte Parallele führt uns gleich auf die Schwierigkeiten, die mit der Gleichsetzung von David und Herakleios verbunden waren. Mit der Volkszählung hatte David den Zorn des Herrn auf sich gezogen, den er allerdings trotz mancher zu erduldender Schwierigkeiten auch wieder von sich abwenden konnte. Auch andere Fehltritte, etwa mit Batseba, machten David zwar vorübergehend unglücklich, konnten sein Lebenswerk jedoch nicht zerstören. Nicht so bei Herakleios: Nur wenige Jahre, nachdem er sich als Retter des Neuen Jerusalem und als Schöpfer einer Neuen Welt präsentiert hatte, wurden grosse Teile seines Reiches von den Arabern erobert. Damit war auch die wohl von ihm selbst initiierte David-Ideologie ad absurdum geführt. Möglicherweise drängten sich sogar negative Vergleichspunkte in den Vordergrund, auch wenn dies in den ohnehin spärlichen Quellen nicht oder kaum greifbar wird. Eventuell könnte man die erwähnte Volkszählung dahingehend interpretieren, andere Möglichkeiten wären die eigentlich in Byzanz verbotene Ehe mit seiner Nichte Martina oder die gescheiterte Nachfolgeregelung zugunsten des Sohnes aus dieser Ehe, Heraklonas, der nun eben nicht als neuer Salomo (aus der Ehe mit Batseba) anerkannt wurde. Doch kann hierüber nur spekuliert werden. Sicher ist jedenfalls, dass die explizite Gleichsetzung mit König David Kaiser Herakleios für die Zukunft kein Glück gebracht hat. Halten hingegen konnte sich der Gedanke des Kaisers als Typus Christi, für den es unzählige Belege gibt, auch für Herakleios im *Hexaemeron* des Georgios Pisides, wo der Kaiser als Schöpfer einer Neuen Welt auf der Erde beschrieben wird und grosse Hoffnungen auf eine positive Zukunft geweckt werden. David dient hier als tertium comparationis zu Herakleios und Christus, und er ist die Muse, die Georgios Pisides zu seinem Gedicht inspiriert.

Nur vereinzelt gibt es noch Versuche, einen Usurpator als Neuen David zu bezeichnen, der nach einem schlechten Herrscher eine bessere Zukunft verspricht. Der Name David ist jedoch aus der Kaiserpanegyrik und der

Darstellung des Typus Christi keinesfalls getilgt worden. Als Kitharaspieler und Psalmist hat er die Rolle der Muse übernommen, und damit auch die des Mittlers zu Gott. Nicht als Fürsprecher der Menschen oder Überbringer der Willensäusserungen Gottes, nicht als Hoffnungsträger und Vorläufer des Messias, sondern als Inspirator und unerschöpfliches Reservoir der Dichter wird er immer wieder genannt und gerne in Anspruch genommen, wo es gilt, das Lob der herausragenden Taten der Kaiser, der Stellvertreter Christi auf Erden, in den Himmel zum dortigen Herrscher zu tragen und unter den Menschen zu verbreiten.[35]

2. Der Messias – die gelebte Heilsgeschichte

Was bleibt nun für die Thematik der Zukunftsgestalt? Wir haben gesehen, dass David als Hoffnungsträger für das immer noch vergleichsweise junge, christliche Byzanz zumindest zwiespältig ist. Abgesehen von den eben vorgetragenen Überlegungen ist man ausserdem über die ganze Zeit hinweg zu sehr bestrebt, sich vom Judentum abzugrenzen, als dass der König Israels direkt Hoffnungsträger sein könnte.

Etwa gegen Ende der Regierungszeit des Herakleios, als die Invasionen der Araber das byzantinische Reich und damit auch seine Bevölkerung in grosse Bedrängnis brachten, entstanden eine Reihe apokalyptischer Werke, die die Hoffnung auf bessere Zeiten angesichts der gelebten Katastrophen dennoch erhalten sollten.[36] Eines der zentralen Themen dieser Apokalypsen ist der Letzte Römische Kaiser,[37] dessen Friedensreich das Ende der Welt und die darauf folgende Wiederkunft Christi einläuten. In der Regel tragen die Darstellungen dieses idealen Kaisers keine individuellen Züge. Einzige Ausnahme ist der (nach einigen Schwierigkeiten in der Erbfolge im Jahre 641) nach Herakleios regierende Konstans II.

Diese Apokalypsen stehen neben anderen auch in der Tradition der jüdischen Erwartungen eines Messias, sind aber für das Christentum adaptiert worden. Elemente des David-Bildes sind in den Apokalypsen ebenfalls enthalten, so zum Beispiel die Salbung, die niedrige Herkunft des Retterkaisers oder Zitate aus den Psalmen, deren Inhalt sich nun erfüllen soll.

Die apokalyptischen Motive werden, vermutlich in Anpassung an die jeweilige Situation zur Zeit der Entstehung der einzelnen Apokalypsen, zwar abgewandelt, aber die Reihenfolge ist etwa die folgende: Ein Kaiser der Römer (= Byzantiner) wird aufstehen und nach dem Sieg über die Araber (Ismaeliten) ein vollkommenes Reich errichten, ehe die Völker Gog und Magog hereinbrechen und die Schreckenszeit beginnt.[38]

Wenn man dies nun auf die Zeit des Herakleios überträgt, scheint es durchaus denkbar, dass man zunächst die Araber als Gog und Magog interpretierte, nachdem Herakleios mit dem Sieg über die Perser sein Friedensreich errichten konnte, und dann, als die Wiederkunft Christi ausblieb, das Friedensreich als Hoffnung weiter nach hinten verschob. Die Vorstellung vom idealen, von Gott unterstützten Königtum konnte wegen der Eroberungen der Araber offenbar nicht aufrecht erhalten werden. So musste eine andere Vorstellung gefunden werden, die es ermöglichte, den Einbruch der Araber nicht ausschliesslich als Strafe Gottes zu empfinden, und vielmehr Trost und neue Hoffnung in den nach so kurzer Friedenszeit wieder hereinbrechenden Katastrophen vermittelte. Eine solche Vorstellung mag uns «modernen» Menschen absurd erscheinen, wir dürfen jedoch nicht vergessen, dass die Menschen im Mittelalter Geschichte immer als Heilsgeschichte, also mit einem eindeutigen religiösen Bezug begriffen, und gerade Byzanz sich als Abbild des himmlischen Reiches verstand.

Anmerkungen

[1] In der Sekundärliteratur findet man bis heute regelmässig die Behauptung, der Vergleich mit David gehöre sozusagen zum Standardrepertoire. Doch ist das so nicht richtig. Bei genauerem Hinsehen stösst man nur immer wieder auf dieselben wenigen Stellen, wie im folgenden auszuführen sein wird.

[2] In seltenen Fällen wurde auch in Byzanz die Figur des David genutzt, um eine Kritik am Verhalten des Kaisers anzubringen, so z.B. von Ambrosius von Mailand im Jahre 390 gegenüber Kaiser Theodosios dem Grossen. Übrigens ähnelt die Darstellung recht zahlreicher byzantinischer Kaiser in ihrer Zwiespältigkeit der Darstellung Davids in der Bibel. Dies hängt wohl in erster Linie damit zusammen, dass oft Informationen aus Quellen unterschiedlicher Tendenz nebeneinandergestellt werden, was das Bild eines zwiespältigen Charakters vermittelt. Allerdings liegt uns für Byzanz in aller Regel eine deutlich weniger ausgefeilte Version des Textes vor (die Gründe dafür sind wahrscheinlich sehr verschieden), und man bleibt im Prinzip dem Anspruch verhaftet, ein einheitliches Bild des Kaisers, also weiss oder schwarz, gut oder böse, vermitteln zu wollen.

[3] Dazu s. weiter unten.

[4] Diese Gemeinsamkeiten sind vermutlich auch auf den Umstand zurückzuführen, dass die Vorstellung von einem idealen Herrscher und die Kriterien, nach denen das beurteilt wird, sich im Grunde nicht gewandelt haben. Was W. Dietrich in seinem Beitrag oben diesbezüglich für David als Herrscher herausgearbeitet hat, lässt sich mühelos mutatis mutandis auf fast jeden byzantinischen Kaiser übertragen.

[5] Speck 1995 hat dieses Konzept zu rekonstruieren versucht, dort auch die ältere Literatur.

[6] Zum Mausoleum s. zuletzt Speck 2000a. Die komplexe Frage des konstantinischen Christentums kann hier nicht erörtert werden. Das im Text Skizzierte sollte für unsere Zwecke ausreichen.

[7] Zu David als Legitimationsfigur s. den Beitrag von H. Herkommer.

[8] Auf die nicht unerhebliche Rolle Samuels hierbei einzugehen, wäre ein eigenes Thema, welches das Verhältnis von Kaiser und Kirche näher beleuchten könnte. Ganz offensichtlich ist die Bedeutung der Salbung zum Herrscher, deren Durchführung oder eben Auslassung.

[9] 1Kön 8–10.

[10] 1Kön 13–16.

[11] 2Kön 1.

12 Wie wir gleich sehen werden, ist das Bild des Vorgängers im Alten Testament sehr viel differenzierter. Die byzantinischen Usurpatoren lassen in der Regel kein gutes Haar an ihren Vorgängern, sondern rechtfertigen sich hauptsächlich mit deren Schlechtigkeit.
13 Die herakleianische Dynastie war mit einer kurzen Unterbrechung 610-711 an der Macht; die makedonische stellte jeweils den Kaiser von 867 bis 1025.
14 Zu den Legenden ist immer noch grundlegend Moravcsik 1961.
15 Dieser Effekt ist mindestens zum Teil auch beabsichtigt und bewusst gesteuert. Basileios war (wie möglicherweise David, s. den Beitrag von S.L. McKenzie) bei seinem Aufstieg alles andere als zimperlich.
16 Eine Quellengruppe ist hierbei ausgesprochen dynastiefreundlich, was sich nicht zuletzt daraus erklärt, dass mit Kaiser Konstantin VII. Porphyrogennetos der Enkel des Basileios Auftraggeber und teilweise sogar selbst Verfasser einer Vita des Basileios ist.
17 Den bis jetzt sorgfältigsten Überblick über den Lebenslauf des Basileios vor dessen Thronbesteigung bietet Tobias 1969, mit ausführlicher Diskussion der Quellen und der früheren Sekundärliteratur; s. jetzt auch in der Prosopographie der mittelbyzantinischen Zeit unter Basileios (# 832) mit neuerer Literatur. Die Hauptquellen für sein Leben sind Theophanes Continuatus (in Bekker 1838, 1-481; Buch IV dieses Geschichtswerkes ist die von Kaiser Konstantin VII. verfasste *Vita Basilii*), Skylitzes (Ausgabe Thurn 1973, dt. Übersetzung Thurn 1983), Genesios (Ausgabe Lesmüller-Werner / Thurn 1978, dt. Übersetzung Lesmüller-Werner 1989) und die sogenannte Logothetenchronik (unter dem Namen des Leo Grammaticus, Ausgabe Bekker 1842, 1-331, teilweise publiziert auch bei Moravcsik 1961, 115-122).
18 Zu ihr s. in der Prosopographie der mittelbyzantinischen Zeit unter Danelis (# 1215) mit genauen Quellen und Literatur. Sie entspricht im weitesten Sinne Abigail, s. dazu noch unten.
19 Näheres zu diesem Schauringen mit genauen Quellen und Literatur s. demnächst in der Prosopographie der mittelbyzantinischen Zeit unter Anonymus (# 12073). Überflüssig zu erwähnen, dass hier eine Entsprechung zum Kampf gegen Goliat vorliegt.
20 Der Parakoimomenos (der vor dem kaiserlichen Schlafgemach schläft) ist einer der dem Kaiser am nächsten stehenden Personen bei Hofe. In der Regel war dieser Posten mit einem Eunuchen besetzt, weil diese nicht Kaiser werden konnten. Im Falle des Basileios ist man von dieser Regel abgewichen, mit den bekannten Folgen.
21 S. in der Prosopographie der mittelbyzantinischen Zeit unter Maria (# 4741) und Eudokia Ingerina (# 1632).
22 S. in der Prosopographie der mittelbyzantinischen Zeit neben den bereits genannten Artikeln auch unter Bardas (# 791).
23 1Kön 25; die Geschichte selbst ist abgesehen von der Begegnung zwischen dem künftigen Herrscher und der reichen Frau kaum vergleichbar.
24 Markopulos 1992; der relevante Text des Gedichtes 230. Professor R. Stichel (Münster) hat in einem Vortrag, gehalten auf der Tagung der Arbeitsgemeinschaft deutscher Byzantinisten (15.-17.2.2001), auf die deutlichen Parallelen der entsprechenden Verse zu Passagen aus den Psalmen (Ps 43,22; 88,21; 146,11; 151,1.4) hingewiesen, die bei Markopulos nicht vermerkt werden.
25 Die Worte bis hierher werden Christus sogar in den Mund gelegt.
26 Zu Kaiser Michael III. s. zuletzt in der Prosopographie der mittelbyzantinischen Zeit (# 4991, mit Quellen und Literatur).
27 Zu den weiteren Bezügen zwischen David und Basileios, die alle nicht über das Gedicht hinausgehen, und der Involvierung des Photios s. Markopulos 1992, 226-228; ebenso mit weiteren Aspekten auch Magdalino 1987. Letzterer betont, dass Basileios selbst sich mit David identifizierte. Der entsprechende Brief des Photios ist ep. 241, in Laourdas / Westerink 1983-1988, hier Bd. II, 1984.
28 Zu diesem Kaiser s. Speck 1988; unter besonderer Berücksichtigung der Einzelheiten des David-Bezuges Ludwig 1991; zuletzt Winkelmann 2001, besonders 210-212 (mit Litera-

tur). Im folgenden wird ein kurzer historischer Abriss geboten mit Fokussierung auf die Problematik der David-Parallelen. Die Hauptquellen zu Herakleios sind die *Chronik des Theophanes* (Ausgabe de Boor 1883-1885, engl. Übersetzung Mango / Scott 1997) und das Geschichtswerk des Patriarchen Nikephoros (Ausgabe de Boor 1880, 1-77; engl. Übersetzung und Neuedition Mango 1990). Für eine allgemeine Darstellung des 7. Jh.s siehe z.B. Haldon 1997.

[29] In der Konzeption des *Hexaemeron* des Georgios Pisides und in der *Chronik des Theophanes* (324,27-328,2); dazu Ludwig 1991, 105. Sowohl das *Hexaemeron* als auch andere Gedichte des Georgios Pisides sind inzwischen neu ediert worden: vgl. die Ausgaben von Tartaglia 1998 und Gonnelli 1998. Ebenso ist weitere Literatur zur Interpretation einzelner Stellen des *Hexaemeron* erschienen, die hier aber nicht Gegenstand sein können, cf. Olster 1991; Whitby 1994; 1995; 1998; Speck 1998.

[30] Die Richtigkeit des Datums konnte jetzt weiter untermauert werden durch Speck 2000b. Das Jahr 629 verbrachte Herakleios sicher in Konstantinopel, und es ist unwahrscheinlich, dass er 630 noch einmal auszog, um das Kreuz nach Jerusalem zurückzubringen, s. Speck 1988, 365f. Ein weiteres Argument für die endgültige Beendigung der Perserkriege im Herbst des Jahres 628 ergibt sich aus der oben schon erwähnten Allegorie.

[31] So bereits Ludwig 1991; eine Bestätigung für die Übernahme der Titulatur zu diesem Zeitpunkt erfolgte jetzt von Kresten 2000.

[32] Zu den Ereignissen s. Speck 1988; zu Konstans II. s. in der Prosopographie der mittelbyzantinischen Zeit (# 3691, mit Quellen und Literatur).

[33] Dies ist eine Zusammenfassung früherer Ergebnisse; für die Belegstellen s. Ludwig 1991.

[34] Zu den Silbertellern s. ausführlich und mit der älteren Literatur M. Mundell Mango in Magdalino 1994, 122-135.

[35] Z.B. in den historischen Gedichten des Theodoros Prodromos (Ausgabe Hörandner 1974), wo David in der Kaiserpanegyrik oft genannt wird, aber nicht als direktes Vorbild des Herrschers, sondern als den Panegyriker inspirierend.

[36] Zu den Apokalypsen als Hoffnungsgeber s. Brandes 1991; allgemein zu apokalyptischer Literatur Alexander 1985 und Brandes in Winkelmann / Brandes 1990, 305-322.

[37] Gemeint ist der byzantinische Kaiser; wie eingangs gesagt, war die Selbstbezeichnung der Byzantiner durchwegs Römer. Zu dieser Legende cf. Alexander 1978, Nr. XII: «Byzantium and the Migration of Literary Works and Motifs: The Legend of the Last Roman Emperor», und Alexander 1985, 151-184.

[38] Zu Gog und Magog cf. Alexander 1985, besonders 185-192.

Bibliographie

Alexander, P.J., 1978: *Religious and Political History and Thought in the Byzantine Empire*, London: Variorum.

Alexander, P.J., 1985: *The Byzantine Apocalyptic Tradition*, Berkeley / Los Angeles / London: University of California Press.

Bekker, I. (ed.), 1838: *Theophanes Continuatus, Ioannes Cameniata, Symeon Magister, Georgius Monachus*, Bonn: Weber.

Bekker, I. (ed.), 1842: *Leonis Grammatici Chronographia*, Bonn: Weber.

de Boor, C. (ed.), 1880: *Nicephori archiepiscopi Constantinopolitani Opuscula historica*, Leipzig: Teubner.

de Boor, C. (ed.), 1883-1885: *Theophanis Chronographia I-II*, Leipzig: Teubner.

Brandes, W., 1991: «Endzeitvorstellungen und Lebenstrost in mittelbyzantinischer Zeit» in *Varia III* (Ποικίλα Βυζαντινά, 11), Bonn: Rudolf Habelt, pp. 9-62.

Gonnelli, F. (ed.), 1998: *Giorgio di Pisidia, Esamerone*. Introduzione, testo critico, traduzione e indici, Pisa: Edizioni ETS.
Haldon, J.F., 1997: *Byzantium in the Seventh Century. The Transformation of a Culture*, revised edition, Cambridge: University Press.
Hörandner, W. (ed.), 1974: *Theodoros Prodromos. Historische Gedichte* (Wiener Byzantinistische Studien, 11), Wien: Verlag der Österreichischen Akademie der Wissenschaften.
Kresten, O., 2000: «Herakleios und der Titel βασιλεύς» in *Varia VII* (Ποικίλα Βυζαντινά, 18), Bonn: Rudolf Habelt, pp. 178-179.
Laourdas, B. / Westerink, L.G. (eds.), 1983-1988: *Photii Patriarchae Constantinopolitani Epistulae et Amphilochia*, 6 Bde, Leipzig: Teubner.
Lesmüller-Werner, A. / Thurn, H. (eds.), 1978: *Iosephi Genesii Regum libri quattuor* (Corpus Fontium Historiae Byzantinae, 14), Berlin: de Gruyter.
Lesmüller-Werner, A., 1989: *Byzanz am Vorabend neuer Grösse. Überwindung des Bilderstreites und der innenpolitischen Schwäche (813-886). Die vier Bücher der Kaisergeschichte des Ioseph Genesios*, übers., eingel. und erklärt (Byzantinische Geschichtsschreiber, 18), Wien: Fassbaender.
Ludwig, C., 1991: «Kaiser Herakleios, Georgios Pisides und die Perserkriege» in *Varia III* (Ποικίλα Βυζαντινά, 11), Bonn: Rudolf Habelt, pp. 73-128.
Magdalino, P., 1987: «Observations on the Nea Ekklesia of Basil I» in *Jahrbuch der Österreichischen Byzantinistik*, 37, pp. 51-64.
Magdalino, P. (ed.), 1994: *New Constantines. The Rythm of Imperial Renewal in Byzantium, 4th-13th Centuries. Papers from the Twenty-sixth Spring Symposium of Byzantine Studies, St. Andrews, March 1992* (Society for the Promotion of Byzantine Studies, 2), Aldershot: Variorum.
Mango, C. (ed.), 1990: *Nikephoros Patriarch of Constantinople, Short History*. Text, Translation, and Commentary, Washington, D.C.: Dumbarton Oaks.
Mango, C. / Scott, R., 1997: *The Chronicle of Theophanes Confessor. Byzantine and Near Eastern History AD 284-813*, translated with introduction and commentary, with the assistance of G. Greatrex, Oxford: Clarendon Press.
Markopulos, A., 1992: «An Anonymous Laudatory Poem in Honor of Basil I» in *Dumbarton Oaks Papers*, 46, pp. 225-232.
Moravcsik, G., 1961: «Sagen und Legenden über Kaiser Basileios I.» in *Dumbarton Oaks Papers*, 15, pp. 59-126.
Olster, D.M., 1991: «The Date of George of Pisidias Hexaemeron» in *Dumbarton Oaks Papers*, 45, pp. 159-172.
Prosopographie der mittelbyzantinischen Zeit, 1998-2002: Abteilung I. 641-867. Nach Vorarbeiten F. Winkelmanns erstellt von R.-J. Lilie, C. Ludwig, T. Pratsch, I. Rochow, B. Zielke (ab Bd. III) u.a. Prolegomena, Bd. I-VI, Berlin / New York: de Gruyter.
Speck, P., 1988: *Das geteilte Dossier. Beobachtungen zu den Nachrichten über die Regierung des Kaisers Herakleios und die seiner Söhne bei Theophanes und Nikephoros* (Ποικίλα Βυζαντινά, 9), Bonn: Rudolf Habelt.
Speck, P., 1995: «Urbs, quam Deo donavimus. Konstantins des Grossen Konzept für Konstantinopel» in *Boreas*, 18, pp. 143-173.

Speck, P., 1998: «Ohne Anfang und Ende. Das Hexaemeron des Georgios Pisides» in Ševčenko / Hutter (eds.), ΑΕΤΟΣ. *Studies in honour of Cyril Mango presented to him on April 14*, Stuttgart / Leipzig: Teubner, pp. 314-328.

Speck, P., 2000a: «Konstantins Mausoleum» in *Varia VII* (Ποικίλα Βυζαντινά, 18), Bonn: Rudolf Habelt, pp. 113-166.

Speck, P., 2000b: «Zum Datum der Translation der Kreuzreliquien nach Konstantinopel» in *Varia VII* (Ποικίλα Βυζαντινά, 18), Bonn: Rudolf Habelt, pp. 167-177.

Tartaglia, L. (ed.), 1998: *Carmi di Giorgio di Pisidia*, Turin: Unione tipografico-editrice Torinense.

Thurn, H. (ed.), 1973: *Ioannis Scylitzae Synopsis historiarum*. Editio princeps (Corpus Fontium Historiae Byzantinae, 5), Berlin: de Gruyter.

Thurn, H., 1983: *Byzanz wieder ein Weltreich. Das Zeitalter der Makedonischen Dynastie. I: Ende des Bilderstreites und Makedonische Renaissance (Anfang 9. bis Mitte 10. Jahrhundert). Nach dem Geschichtswerk des Johannes Skylitzes*, übersetzt, eingeleitet und erklärt (Byzantinische Geschichtsschreiber, 15), Graz / Wien / Köln: Styria.

Tobias, N., 1969: *Basil I (867-886), the Founder of the Macedonian Dynasty. A Study of the Political and Military History of the Byzantine Empire in the Ninth Century*, Ann Arbor, Michigan: Universal Microfilms International.

Whitby, M., 1994: «A New Image for a New Age: George of Pisidia on the Emperor Heraclius» in Dabrowa, W. (ed.), *The Roman and Byzantine Army in the East*, Kraków: Uniwersytet Jagielloński. Instytut Historii, pp. 197-225.

Whitby, M., 1995: «The devil in disguise: the end of George of Pisidia's Hexameron reconsidered» in *Journal of Hellenic Studies*, 115, pp. 115-129.

Whitby, M., 1998: «Defender of the cross: George of Pisidia on the emperor Heraclius and his deputies» in Whitby, M., *The Propaganda of Power. The role of panegyric in Late Antiquity*, Leiden / Boston / Köln: Brill, pp. 247-273.

Winkelmann, F. / Brandes, W. (eds.), 1990: *Quellen zur Geschichte des frühen Byzanz (4.-9. Jh.). Bestand und Probleme*, Berlin: Akademie-Verlag.

Winkelmann, F., 2001: *Der monenergetisch-monotheletische Streit* (Berliner Byzantinistische Studien, 6), Frankfurt a.M. u.a.: Peter Lang.

Typus Christi – Typus Regis
König David als politische Legitimationsfigur

Hubert Herkommer

Zusammenfassung:

Nach den biblischen Genealogien aus Matthäus und Lukas, die in den Darstellungen der Wurzel Jesse illustriert werden, ist König David der Ahnherr Christi. Doch er ist noch viel mehr: So wie das Alte Testament aus christlicher Perspektive Vorstufe und Vorankündigung des Neuen Testamentes ist, so verweist auch David auf den Messias. Er ist Typus Christi. Daher lassen sich, wie in den Schriften der Kirchenväter, besonders bei Ambrosius, und in den Gattungen der Bible moralisée und der Biblia pauperum ausführlich geschehen, seine Handlungen enthistorisiert und vergeistigt betrachten als Vorzeichen der Ereignisse der christlichen Ära. Das typologische Verhältnis zwischen den beiden Testamenten prägt das ganze Mittelalter hindurch das Verständnis der Geschichte. Die Herrschenden werden an biblischen Vorbildgestalten gemessen, in erster Linie an König David.

Im Anschluss an die Königssalbung Pippins III. entfaltet sich unter den Karolingern die sakral-politische Idee des Königtums. Wie die Karolinger werden auch die nachfolgenden Könige und Kaiser, allen voran Friedrich II., nicht müde, ihren Rang als Novus David zu unterstreichen und in widerspenstigen Söhnen ihren Abschalom zu erblicken. Dieses Selbstverständnis, das sich nicht nur in der Gestaltung der Reichskrone, sondern auch in den Gebeten der Krönungsordines und insbesondere in der Ikonographie der Reimser Krönungskathedrale spiegelt, haben auch die französischen Könige intensiv gepflegt. Ein aussergewöhnliches musikalisches Zeugnis für die Tragweite des Davidvergleichs stellt der *Hoquetus David* dar, den Guillaume de Machaut für die Krönung Karls V. komponierte. Die Allgegenwart des Prophetenkönigs fasst Dante in das eindrückliche Bild des himmlischen Kaiseradlers, dessen Pupille David bildet.

Résumé:

Selon les généalogies bibliques de Luc et de Matthieu qu'illustrent les représentations de l'arbre de Jessé, le roi David est l'ancêtre du Christ. Mais il est encore bien davantage. L'Ancien Testament étant, dans la perspective chrétienne, précurseur et annonciateur du Nouveau Testament, David lui-même annonce le Messie: il est le «type» du Christ. Ses actions sont donc spiritualisées par l'exégèse, dépouillées de leur contexte historique et comprises comme des signes avant-coureurs des événements de l'ère chrétienne; les écrits des Pères de l'Église – notamment d'Ambroise de Milan –, les Bibles moralisées et les «Bibles des pauvres» offrent des exemples détaillés de ces interprétations. Le rapport typologique des deux Testaments détermine durant tout le Moyen Âge la compréhension de l'histoire. On compare les souverains aux modèles bibliques, et d'abord à David.

Après l'onction de Pépin le Bref, l'idée de la royauté sacrée se développe sous le règne des Carolingiens. Comme eux, les souverains qui leur succèdent, et l'empereur Frédéric II en particulier, ne se lassent pas de souligner leur qualité de «nouveau David» et de dénoncer Absalom en leurs fils rebelles. Les rois de France ont eux aussi cultivé cette idéologie qui se reflète non seulement dans les ornements de la couronne de l'Empire romain germanique, mais encore dans les prières des *ordines* royaux et surtout dans l'iconographie de Reims, cathédrale du sacre. Le *Hoquet David* composé par Guillaume de Machaut pour le couronnement de Charles V témoigne à sa manière de la portée de cette comparaison avec David. Dans son *Paradis*, Dante exprime l'omniprésence du roi-prophète en lui attribuant, dans l'aigle impérial céleste, la place de la pupille.

Abstract:

According to the biblical genealogies of Jesus in Matthew and Luke that are illustrated in the «Trees of Jesse», King David is the ancestor of Christ. But he is much more: From a Christian point of view, the Old Testament foreshadows the New Testament, David himself is a forerunner of the Messiah. He is a «type» of Christ. Therefore his actions can be spiritualized by exegesis and considered beyond their historical context as signs of things to come in the Christian era. Such interpretations are given at length in the writing of the Fathers of the Church, especially of Ambrose, as well as in the Bibles moralisées and the «Paupers' Bibles» (Bibliae pauperum). The typological relationship between both Testaments shapes the sense of history throughout the Middle Ages, when rulers are repeatedly compared with biblical models, above all with David.

Following the anointment of Pepin the Short, the idea of sacred kingdom develops under the reign of the Carolingians. Like the Carolingian rulers, their successors never tire of underlining their position as «new David» and of discerning Absalom in their rebelling sons. The kings of France also cultivate this ideology, which is reflected not only in the ornaments of the Crown of the German Empire, but also in the prayers of the coronation ordines and above all in the iconography of Reims, the coronation cathedral. The *David Hocket* composed by Guillaume de Machaut for the crowning of Charles V shows the range of the connection of kings with David. In Dante's *Paradise,* the omnipresence of the prophet-king is symbolized by the image of the heavenly imperial eagle whose eye has David as its pupil.

Stichwörter:

Typologie; Königssalbung; Heilsgeschichte; Novus David; Karl der Grosse; Reichskrone; Friedrich II.; französisches Königtum

Die Heilige Schrift besitzt in ihren beiden Testamenten zwei überragende Königsfiguren. Es sind der König David, der Sohn des Isai (oder Jesse) aus Betlehem, der etwa 1004/03 bis 965/964 regierte, und der ein Jahrtausend jüngere Jesus Christus, der nach Matthäus und Lukas in der Davidstadt Betlehem geboren wurde. Nach dem Johannes-Evangelium richtet Pontius Pilatus an Jesus die Frage: «Bist du der König der Juden?» Jesus antwortet auf diese Frage zunächst indirekt und spricht von einem Reich, das nicht von dieser Welt sei: «regnum meum non est de mundo hoc.» Als der Römer die Vokabel «regnum» hört, fragt er prompt zurück: «Also bist du doch ein König?» Darauf folgt die Proklamation eines ganz und gar unpolitischen Königsamtes: «Du sagst es, ich bin ein König. Ich bin dazu geboren und dazu in die Welt gekommen, daß ich für die Wahrheit Zeugnis ablege.» Als Pilatus fürchten muss, beim Kaiser in Rom wegen Hochverrats angezeigt zu werden, falls er diesen Menschen freilässt – «jeder, der sich als König ausgibt, lehnt sich gegen den Kaiser auf», gibt man ihm drohend zu bedenken, indem die Hohenpriester bekräftigen, keinen König zu haben «außer dem Kaiser» –, da befiehlt er die Todesstrafe. Oben am Kreuz lässt er ein Schild mit der hebräischen, lateinischen und griechischen Inschrift anbringen: «Iesus Nazarenus rex Iudaeorum».[1]

Welche Beziehungen bestehen nun zwischen David und Jesus Christus? Zunächst sind beide miteinander verwandt. Jesus ist nach dem genealogischen Verständnis des Neuen Testament ein Davidide. So steht es im «Liber generationis Iesu Christi» aus dem ersten Kapitel des Matthäus (Mt 1,1-17):

> Stammbaum Jesu Christi, des Sohnes Davids, des Sohnes Abrahams: Abraham war der Vater von Isaak, Isaak von Jakob, Jakob von Juda und seinen Brüdern. [...] Obed war der Vater von Isai, Isai der Vater des Königs David. David war der Vater von Salomo, dessen Mutter die Frau des Urija war. Salomo war der Vater von Rehabeam. [...] Joschija war der Vater von Jojachin und seinen Brüdern; das war zur Zeit der Babylonischen Gefangenschaft. Nach der Babylonischen Gefangenschaft war Jojachin der Vater von Schealtiël. [...] Jakob war der Vater von Josef, dem Mann Marias; von ihr wurde Jesus geboren, der der Christus (der Messias) genannt wird.

Zusammenfassend fügt Matthäus dann noch hinzu:

> Im ganzen sind es also von Abraham bis David vierzehn Generationen, von David bis zur Babylonischen Gefangenschaft vierzehn Generationen und von der Babylonischen Gefangenschaft bis zu Christus vierzehn Generationen.

Auffallend an diesem «Buch der ‹Genesis› Jesu Christi, des Davidsohns, des Abrahamsohns»[2] ist die Tatsache, dass unter allen hier aufgeführten Königen Israels David als einziger ausdrücklich als König tituliert wird. Das Geschichtsschema der dreimal 14 Generationen ergibt die drei Perioden Abraham – König David, König David – Babylonische Gefangenschaft und Babylonische Gefangenschaft – Christus. Mit dem Mittel der Zahlensymmetrie bringt eine solche Gliederung Gottes planvolles Eingreifen in die Geschichte zur Anschauung.[3]

Auf andere Weise konstruiert Lukas den Stammbaum Jesu (Lk 3,23-38).[4] Beginnt Matthäus bei Abraham, so durchläuft Lukas das ganze Menschengeschlecht von Jesus an rückwärts bis zu «Adam qui fuit Dei». Der Stammbaum Jesu Christi, des Davidsohnes, der nach Matthäus von Abraham über Jesse und David zu Christus emporsteigt, und die lukanische Genealogie, die von Jesus über David und Jesse bis zu Adam zurückführt, erschliessen sich in ihrer ganzen davidisch-christologischen Dynamik vor dem Hintergrund weiterer Bibelstellen. Locus classicus ist Jes 11,1f.10 in Verbindung mit Jes 7,14:

> et egredietur virga de radice Iesse et flos de radice eius ascendet et requiescet super eum spiritus Domini. [...] in die illa radix Iesse qui stat in signum populorum. [...] ecce virgo concipiet et pariet filium et vocabitis nomen eius Emmanuhel.

Im Blick auf diese Stelle legt die Offenbarung des Johannes Jesus die Worte in den Mund: «ego sum radix et genus David» (Offb 22,16). Matthäus lässt den Engel zu Josef sprechen, der die schwangere Maria verlassen will (Mt 1,20-23):

> Josef, Sohn Davids, fürchte dich nicht, Maria als deine Frau zu dir zu nehmen; denn das Kind, das sie erwartet, ist vom Heiligen Geist. [...] Dies alles ist geschehen, damit sich erfüllte, was der Herr durch den Propheten gesagt hat: Seht, die Jungfrau wird ein Kind empfangen, einen Sohn wird sie gebären, und man wird ihm den Namen Immanuel geben, das heißt übersetzt: Gott ist mit uns.

Nach Lukas wendet sich der Verkündigungsengel Gabriel mit mehreren messianischen Worten an Maria (Lk 1,31-33). Im Anschluss an Jes 7,14 spricht er:

> Du wirst ein Kind empfangen, einen Sohn wirst du gebären: dem sollst du den Namen Jesus geben.

Und er fährt fort:

> [...] Gott, der Herr, wird ihm den Thron seines Vaters David geben.

Hier spielt der Engel des Lukas gleich auf zwei Stellen an: 2Sam 7,16, wo Gott durch den Propheten Natan zu David spricht, und Jes 9,6 (Vulgata 9,7):

> Dein Haus und dein Königtum sollen durch mich auf ewig bestehen bleiben; dein Thron soll auf ewig Bestand haben (2Sam 7,16).
>
> Auf dem Thron Davids herrscht er über sein Reich (Jes 9,6).

Davor stehen bei Jesaja jene Verse, mit denen von altersher der Introitus der dritten Weihnachtsmesse beginnt:[5]

> Puer natus est nobis, et filius datus est nobis (Jes 9,6).

Jesaja ist der Prophet, der zwischen 735 und 697 v. Chr., also unter den Königen Ahas (742-726) und Hiskija (725-697), in Jerusalem im Südreich lebte und wirkte. Seit 20 Jahrhunderten werden die genannten Jesaja-Stellen tausendfach in der Advents- und Weihnachtsliturgie, im Stundengebet der Kirche, in der Homiletik und Hymnik beschworen, allen voran Jes 11.

Die traditionsreiche Kombination der beiden Stammbäume Jesu mit Jes 11 inspirierte die Künstler zu zahllosen Wurzel-Jesse-Darstellungen.[6] Die Darstellung des Stammbaumes Christi (Abb. 1) im *Hortus deliciarum* der Herrad von Hohenburg (Landsberg), Äbtissin des Augustinerkanonissenstifts Hohenburg / Sainte-Odile bei Strassburg, zeigt unten Gottvater, der den Baum auf einem Berg pflanzt. In der Mandorla, die das sich teilende Geäst bildet, steht Abraham. Seine Nachkommen werden so zahlreich sein wie die Sterne des Himmels, auf die Abraham blickt und der Engel zeigt. Die Miniatur führt hier also Gen 15,5 vor Augen: Der Herr «führte ihn hinaus und sprach: Sieh doch zum Himmel hinauf, und zähl die Sterne, wenn du sie zählen kannst. Und er sprach zu ihm: So zahlreich werden deine Nachkommen sein.» Über Abraham sind in sechs Reihen die Vorfahren Christi ange-

Abb. 1: *Herrad von Hohenburg*, Hortus deliciarum: *Der Stammbaum Christi. Letztes Viertel 12. Jh. Ehemals Strassburg, Stadtbibliothek, o. Sig. [1870 verbrannt], Bl. 80v.*

ordnet, darunter die vierzehn Könige nach Matthäus, von König David bis zur Babylonischen Gefangenschaft. Über den sechs Reihen schaut Joseph von Nazareth aus dem Baum heraus, im Gezweig über ihm erscheint Maria, aus der als höchste Frucht des Baumes Christus hervorgeht. Über ihm schwebt die Taube des Heiligen Geistes. In den je drei Voluten, die das Herzstück des Baumes umringen, stehen weitere Figuren des Auserwählten Volkes, die Gruppe rechts oben mit Judenhüten. Den Baum beschliesst ganz oben, links und rechts von Christus, die Galerie der Ecclesia triumphans mit Jungfrauen, bärtigen Einsiedlern, Märtyrern, Bischöfen (auch ein Papst ist darunter) und Aposteln.[7]

Suger, dem berühmten Abt von Saint-Denis (1122-1151), wird die Idee zugeschrieben, leuchtend-gläserne Wurzel-Jesse-Darstellungen zu schaffen. Das Lanzettbogenfenster im Westabschluss des Langhauses der Kathedrale von Chartres[8] ist dem ersten Jessefenster in Saint-Denis nachgebildet. Aus dem ruhenden, rot gekleideten Jesse wächst durch die königsblauen Felder der lilienweiss gezeichnete Baum empor, in dessen verschiedenen Stufen König David, drei weitere Könige, Maria und ganz oben Christus thronen. Über ihm ruht gemäss der Prophezeiung des Jesaja der «spiritus Domini», veranschaulicht durch sieben Tauben, jener Geist, der den Heilbringer aus der Wurzel Jesse erfüllen wird: «spiritus sapientiae et intellectus spiritus consilii et fortitudinis spiritus scientiae et pietatis et replebit eum spiritus timoris Domini» (Jes 11,2f).

In unmittelbarer Nachfolge der Glasfenster-Stammbäume von Saint-Denis und Chartres steht die Wurzel Jesse aus dem um 1200 entstandenen Psalter der dänischen Prinzessin Ingeborg,[9] der Gemahlin König Philipps II. August von Frankreich (Abb. 2). Der Baum, der hinter dem Pfostenbett des mit gekreuzten Armen schlafenden Jesse emporwächst, trägt gleich zwei musizierende Könige, darüber Maria und der segnende Christus, auch hier von sieben Tauben umkreist, angebetet von zwei Engeln. Links des sich emporrankenden, für Christus zu einer Mandorla sich schliessenden Baumes stehen von unten nach oben mit ihren Schriftbändern und Inspirationstauben am Prophetenohr Amos, der jugendliche Daniel und Malachias, rechts von unten nach oben Joseph mit Hut und Blütenzweig, Ezechiel und schliesslich die einzige ausserbiblische Figur, die unnimbierte, dafür aber gekrönte und gleichfalls inspirierte Sibylle. Bemerkenswert an diesem Stammbaum ist der musizierende König in zweifacher Ausführung. Handelt es sich beim ersten um David, beim zweiten um Salomon, oder gar zweimal um König David? Wie dem auch sei, Davids Ruhm als Sänger und Musiker ist seit dem frühen Christentum unbestritten. Für Clemens von Alexandrien ist er der Vater der Musik, älter als Terpandros,[10] der Kitharode des frühen 7. Jahrhunderts v. Chr., «erste wirklich faßbare griechische Musikerpersönlichkeit».[11] Hieronymus erblickt unter christlichem Vorzeichen in David

Abb. 2: Ingeborg-Psalter: *Wurzel Jesse. Um 1200.*
Chantilly, Musée Condé, Ms. 9 olim 1695, Bl. 14v.

die Vergegenwärtigung und Überhöhung der grossen Dichter des Altertums; sein Musizieren auf der Leier und dem zehnsaitigen Psalterium zielt auf den aus der Totenwelt erstandenen Christus:

> Dauid, Simonides noster, Pindarus et Alcaeus, Flaccus quoque, Catullus et Serenus, Christum lyra personat et in decacordo psalterio ab inferis excitat resurgentem.[12]

Ohne Jesses Sohn König David kein König Christus: Diese Aussage, Bild geworden in den Wurzel-Jesse-Darstellungen, gilt nach biblischem Verständnis also zunächst in einem genealogisch-blutsmässigen Sinne. Eine direkte Verwandtschaft zwischen der alttestamentlichen Königsgestalt und Christus, der nach Paulus «dem Fleisch nach geboren ist als Nachkomme Davids» (Röm 1,3), bestätigt noch der Kirchenhistoriker Eusebius von Cäsarea, als er, Hegesipp zitierend, berichtet, Kaiser Domitian habe den Befehl erteilt, die Nachkommen Davids hinzurichten. Damals seien auch «die Nachkommen des Judas, eines leiblichen Bruders unseres Erlösers,» angezeigt worden «mit dem Bemerken, sie stammten aus dem Geschlechte Davids und seien mit Christus selbst verwandt.»[13]

Über dieser Abstammungsbeziehung zwischen Christus und David wölbt sich ein heilsgeschichtlicher Bogen, bei dem sich die zeitlichen Kategorien des Früher und Später, des Vorher und Nachher mit weiteren Sinnebenen verbinden, so dass das zeitlich Frühere Chiffre ist für etwas Mögliches, für etwas Dunkles, Umrisshaftes, und das zeitlich Spätere Erscheinung des Verwirklichten, Hellen und Gestaltgewordenen. Auf diese Weise treten das Alte Testament und das Neue Testament in ein Verhältnis, in dem Vorläufigkeit gegen Endgültigkeit steht, Verhüllung und Verborgenheit gegen Enthüllung und Offenbarung, Schattenhaftigkeit gegen Klarheit, Verheissung gegen Erfüllung.

Urheber dieses vom Tieferen zum Höheren und Höchsten führenden Aufstiegs, dieser Geschichtsbewegung, die vom Niederen zum Nichtmehr-Überbiet- und Einholbaren fortschreitet, ist der göttliche Lenker der Zeiten und Völker, dessen Heilsökonomie nach patristischer Hermeneutik in den beiden Testamenten durch Exegese und Kontemplation erkennbar wird. Dieses bereits von den allerersten Christen, den Christen jüdischen Glaubens, inszenierte literarisch-theologische Zusammenspiel zwischen dem Ersten und dem Zweiten Testament, dem Alten und dem Neuen, diese «Concordia veteris et novi testamenti» sieht in der Person, den Taten und Worten König Davids ein Präludium zur Epiphanie des messianischen Davidsohnes Jesus Christus. Die Achsenzeit besteht nach dieser heilsgeschichtlichen Konzeption in der Inkarnation des Gottessohnes. Dadurch werden die biblischen Personen und Ereignisse vor der Zeitenwende zu Realprophetien der Gottesgeburt und der Kirche, zu präfigurierenden

Allegorien enthistorisiert. Sie sind, in der Terminologie der paulinisch-patristischen Exegese, der sogenannten typologischen oder figuralen Schriftauslegung gesprochen, Typoi, Figurae des Kommenden.[14] Auf unser Thema bezogen, heisst es nach dem Bedeutungswörterbuch des Hieronymus Lauretus,[15] das eine jahrhundertealte exegetische Tradition archiviert:

> David, ut fuit filius Issai, Bethlehemitae, typus est Christi.

Hieronymus Lauretus gibt dafür unter anderem folgende Beispiele:

> Et ut David occidit Goliath gigantem, ita Christus missus a Patre vicit diabolum. [...] Et ut David multa perpepessus est, imago fuit Christi patientis in carne.[16]

Einen frühen Höhepunkt für die christologisch-ekklesiologische Allegorese der David-Geschichte stellt die *Apologia David* dar, die Ambrosius 390 Kaiser Theodosius gewidmet hat. Kurz zuvor hatte der Mailänder Bischof über den Kaiser eine Kirchenbusse verhängt, nachdem dieser in Thessalonike eine Strafaktion befohlen hatte, die zu einem schweren Massaker unter der Bevölkerung führte. Um der angedrohten Exkommunikation zu entkommen, zeigte sich Theodosius in aller Öffentlichkeit als reumütiger Büsser, bis er an Weihnachten 390 zur Feier der Messe wieder zugelassen wurde.[17] Der Kaiser hatte der brieflichen Aufforderung des Ambrosius Folge geleistet, der von ihm dasselbe erwartete, was König David nach der ihm geltenden Gleichnisrede des Natan gezeigt hatte, nämlich Reue und Bussfertigkeit:

> Nun ist sie also geschehen, die Schandtat von Thessalonich! Seitdem Menschen denken können, ist so etwas nicht vorgekommen, und ich konnte nur hilflos zusehen. [...] Hier ist Buße vor unserem Gott notwendig. Oder schämt Ihr Euch, Kaiser, das zu tun, was David, der König und Prophet, der Ahnherr unseres Herrn dem Fleische nach, getan hat (An pudet te, imperator, hoc facere quod rex propheta auctor Christi secundum carnem prosapiae fecit David)? An David richtete sich das Gleichnis von dem Reichen, der viele Herden besaß, und doch um eines eben angekommenen Gastes willen das einzige Schaf eines armen Menschen raubte und schlachtete. Und als David erkannte, daß mit dem Gleichnis sein eigenes Tun gerügt wurde, sprach er: «Ich habe gesündigt vor meinem Herrn!» Nehmt es darum nicht entrüstet zur Kenntnis, o Kaiser, wenn auch Euch gesagt wird: «Ihr habt verbrochen, was der Prophet dem König David vorwarf.» Wenn Ihr dem willig Gehör schenkt und wenn Ihr sprecht: «Ich habe gesündigt vor meinem Herrn», und dazu das andere Wort des königlichen Propheten: «Kommt, laßt uns anbeten, laßt uns vor ihm niederfallen und weinen vor Gott unserem Herrn, der uns geschaffen hat» [Ps 9,6] – dann wird man Euch sagen: «Weil es dich gereut, so wird der Herr dir deine Sünden vergeben, und du wirst nicht sterben [2Sam 12,13].» [...] Dies schreibe ich nicht um Euch zu beschämen, sondern um Euch an dem Vorbild heiliger Könige Mut zu machen, den Schandfleck von Eurer Kaiserwürde wieder abzuwaschen (Haec ideo scripsi non ut te confundam, sed ut regum exempla provocent ut tollas hoc peccatum de regno tuo). Ihr werdet ihn abwaschen durch herzliche Verdemütigung vor Gott. Ihr seid ein Mensch und seid einer Versuchung unterlegen – besiegt sie wieder. Sünde tilgt man nur mit Tränen und Buße.[18]

Als Theodosius 395 starb, rühmte Ambrosius in seiner rhetorisch ausgefeilten Trauerrede in Anwesenheit des Kaisers Honorius die Herrschertugenden des Hingeschiedenen und erinnerte dabei auch an dessen Demut, die ihn mit David und mit Christus verband:

> Sie kannte jener [David], der ausrief: «Sieh, ich bin es, der gesündigt hat, ich der Hirte, der Böses getan hat: doch diese in der Herde hier, was haben sie getan? Wider mich kehre sich Deine Hand [2Sam 24,17]!» Mit gutem Grund spricht er so, nachdem er seine Krone Gott zu Füßen legte, Buße tat, seine Sünde bekannte und um Verzeihung bat: Auch er [Theodosius] hat durch Demut das Heil erlangt. Christus erniedrigte sich, um alle zu erhöhen. Auch er ist zur Ruhe Christi gelangt, der dem demütigen Christus folgte. Eben darum, weil Kaiser Theodosius sich demütig erwies und, sobald die Sünde ihn angewandelt hatte, um Verzeihung bat, kehrte seine Seele heim in ihre Ruhe (Et ideo, quia humilem se praebuit Theodosius imperator et, ubi peccatum obrepsit, veniam postulavit, conversa est anima eius in requiem suam).[19]

Vor dem Hintergrund der Blutschuld des Kaisers und seiner reumütigen Buße erscheint die *Apologia David* des Mailänder Bischofs als Mahnrede an einen schuldig gewordenen Herrscher und als Aufruf zur Umkehr. Zugleich aber liefert das Werk ein feinsinniges Bild der David-Figur, die alle Tugenden eines idealen Königs in sich vereint. Damit schafft Ambrosius ein Modell, das für die Fürstenspiegel der karolingischen Bischöfe wegweisend sein wird.[20] In seiner *Apologia* erscheint die Sünde Davids, durch dessen vorbildliche Busse aufgehoben, in typologischer Exegese als vorausdeutendes Zeichen für die Vereinigung der in Batseba präfigurierten Kirche mit Christus, dem wahren David:

> Quid igitur obstat, quominus etiam Bersabee sancto Dauid in figura sociata fuisse credatur, ut significaretur congregatio nationum, quae non erat Christo legitimo quodam fidei copulata conubio, quod transuersariis quibusdam foret uestibulis in eius gratiam praeter legis ingressura praescriptum, in qua nuda mentis sinceritas et aperta simplicitas lauacri iustificante mysterio ueri Dauid et regis aeterni mentem transduceret, lacesseret caritatem?[21]

> Was hindert uns also daran zu glauben, dass auch Batseba bei ihrer Vereinigung mit dem heiligen David ein Sinnbild war für die Kirche der Völker? Diese war mit Christus nicht vereinigt worden durch den Glauben, also gewissermassen durch eine legitime Ehe, weil sie wie durch einen Nebeneingang eintreten sollte, um seine Gnade jenseits der Vorschrift des Gesetzes zu erlangen; ihre Nacktheit, die Nacktheit eines aufrichtigen Herzens, und ihre unverhüllte Einfachheit sollten durch das Sakrament des Bades der Rechtfertigung das Herz des wahren David und ewigen Königs für sie einnehmen und seine Liebe erregen.

In solcher Spiritualisierung sitzen David und Batseba über einem Kirchenportal einander gegenüber (Abb. 3). Das Tympanonrelief in Trebnitz aus der Zeit um 1230 zeigt links den Kithara spielenden König David vor Batseba, durch Inschriften eindeutig als dieses Königspaar identifiziert, hinter Batseba eine nicht näher einzuordnende Assistenzfigur. Mithin thronen

Abb. 3: Tympanonrelief: David und Batseba. Um 1230.
Trebnitz/Trzebnica, Konvent der Salvatorianer.

hier nicht David und Batseba, sondern – alttestamentlich maskiert – Christus und die Kirche oder vielleicht auch Christus und Maria.[22]

Für die Deutung Davids als «typus Christi» liefern die Bilderzyklen der Bible moralisée[23] mit ihren allegorisierenden Kommentaren zur Heiligen Schrift besonders eindrückliche Beispiele. Hier seien nur aus der französischen Wiener Handschrift Cod. Vind. 2554 die Kommentare der Medaillons zur Geschichte von David, Goliat, Saul und Batseba auszugsweise zitiert:[24]

> Hier kommt Goliath, mit allen Waffen. Und David kommt mit seinem Stab und seiner Tasche und seiner Schleuder und wirft einen Stein und trifft Goliath mitten auf die Stirn und tötet ihn. Daß David gegen Goliath mit seinem Stab und seiner Schleuder kommt und ihn mitten auf die Stirn trifft und tötet, bedeutet, daß Jesus Christus vor den Teufel kommt mit seinem Kreuz und ihn mit dem Stein, das ist mit der lebendigen Botschaft des Evangeliums, trifft und tötet und ihm seine Kraft und Herrschaft nimmt.
> Hier kommt David und steigt mit beiden Füßen auf Goliath und schneidet ihm mit dem eignen Schwert den Kopf ab. Daß David auf Goliath steigt und ihm mit dem eigenen Schwert den Kopf abschlägt, bedeutet, daß Jesus Christus den Teufel besiegt und alle schlechten Prinzen wie Herodes und Nero, die die Heiligen quälen, und er bringt sie in die Hölle und tötet sie wegen ihrer Missetat mit ihren eigenen Waffen.[25]
> Hier kommt David und sieht durch ein Fenster, wie unter seinem Zimmer eine sehr schöne Dame geht, die den Namen Bethsabee hat, die sich badet und ihren Körper wäscht, und David sieht und liebt sie. Daß David Bethsabee sieht, die sich wäscht und badet, und er sie liebt, bedeutet, daß Jesus Christus die heilige Kirche sieht, wie sie sich wäscht und rein macht von allem Unrat, und er sieht ihre Schönheit und Reinheit und liebt sie und hält sie sehr wert.

> Hier kommt David und schickt nach dieser Dame, die er so liebt, und die Dame kommt zu ihm, und er schläft mit ihr und hat ein Kind. Daß David nach Bethsabee schickt und sie zu ihm kommt und er von ihr ein Kind hat, bedeutet Jesus Christus, der die heilige Kirche ruft, und sie kommt zu ihm und Jesus Christus hat von ihr mehrere Kinder.[26]
> Hier kommt die Nachricht zu Bethsabee, daß ihr Mann Urias tot ist, und sie weint und hat großen Schmerz, und David kommt zu ihr und stärkt sie und heiratet sie und nimmt sie zur Frau. Daß Bethsabee weint und Trauer hat wegen des Todes ihres Mannes und David sie tröstet und sie zur Frau nimmt, bedeutet die heilige Kirche, die weint und großen Schmerz hat wegen des Todes des Sünders, und Jesus Christus kommt zur heiligen Kirche und stärkt sie und nimmt sie zur Frau.[27]

Die Geschichte Davids spielt auch in den typologisch konzipierten Bilderzyklen der Biblia pauperum[28] eine wichtige Rolle. Als besonders edle Vertreterin dieser weit verbreiteten Gattung sei hier die nordniederländische Biblia pauperum angeführt, die in der British Library in London unter der Signatur Kings MS 5 aufbewahrt wird.[29] Die Ehrerbietung der drei Weisen vor Christus, die König David vorhergesagt hat («David [Ps 71,10]: Reges Tharsis et insule munera offerent»), wird dort u.a. durch die Unterordnung Abners unter die Befehlsgewalt Davids präfiguriert. Der beigegebene Text lautet in deutscher Übersetzung:

> Im 2. Buch der Könige (II Reg [Sam] 3,12-21) liest man, daß Abner, der Heerführer Sauls, zu David nach Hebron kam, um ihm das ganze Volk Israel zuzuführen, das bisher dem Hause Sauls angehangen hatte. Das ist ein gutes Vorbild für die Ankunft der Weisen bei Christus (Quod bene figurabat adventum magorum ad Christum), die diesen mit mystischen Geschenken verehrten.[30]

Die Vorführung Christi vor Kaiphas, bei dem Judas steht, ist überschrieben als «Verschwörung gegen das Leben Christi». Von David vorhergesagt («David [Ps. 30,14]: Iniqui dum convenirent, consiliati sunt accipere animam [meam]»), wird sie u.a. präfiguriert durch Abschaloms Verschwörung gegen seinen Vater. Der beigegebene Text lautet:

> Im 15. Kapitel des 2. Königsbuches (II Reg [Sam] 15,2-6) ist zu lesen, daß Absolon, der Sohn Davids, sich beim Eingang des Stadttores von Jerusalem aufstellte und zu den eintretenden Leuten sprach: Wer wird mich als Richter aufstellen? Und er gewann die Herzen der Männer, die sich mit ihm gegen seinen Vater David verschworen, ihn selbst aber zum König ausriefen. [Und] die dann, den Vater verfolgend, diesen zu töten beabsichtigten. Dieser Absolon bedeutet (significat) den Verräter Judas, der sich mit den Juden zum Tod Christi, des [Ewigen] Vaters verschwor.[31]

Diese enge Verbindung von Altem und Neuem Testament trägt seit der Patristik und bis in die frühe Neuzeit hinein die universalhistorischen Konzeptionen des Abendlandes. Aus dieser Sicht organisiert sich die Geschichte der Menschheit nach theologisch-moralischen Kriterien. Sie ist Heilsgeschichte und lässt sich als ein unter göttlicher Regie ablaufendes innerseelisches Drama darstellen. Dieses Drama verläuft zeitlich parallel zur Profangeschichte. Seine Periodisierungen leiten sich aber nicht von irdischen Herrschern oder Ereignissen her, sondern von bedeutsamen Figuren und Begebenheiten aus der Heiligen Schrift. Aufgrund der von Augustinus eingeführten Geschichtsabfolge bilden sich Epochen, die von Adam, Noe, Abraham, David, der Babylonischen Gefangenschaft und Christus ihren Namen erhalten. Eine zweite Sechserreihe stammt vom griechischen Kirchenschriftsteller Hippolyt und periodisiert nach Adam, Noe, Abraham, Moses, David und Christus. In diesen «sex aetates mundi» spiegelt sich die Totalität der Menschheitsgeschichte. Als Weltenwoche bildet sie das in den universalhistorischen Raum projizierte Modell der Schöpfungswoche ab. Eben daraus resultiert ihre Sechsergliederung, die im Weltensabbat zur Vollendung kommen wird. Diese Geschichte besitzt eine Entwicklungsdynamik, die dem Kollektivsubjekt Menschheit ebenso eigen ist wie dem einzelnen Individuum, nur dass die einzelnen Stadien nicht mit biologischen Kategorien zu begreifen sind, sondern ausschliesslich mit ethischen: Ihre Kindheit («infantia») beginnt mit Adam, das Knabenalter («pueritia») mit Noe, die Jugendzeit («adolescentia») mit Abraham, das frühe Mannesalter («iuventus») mit David, das späte Mannesalter («gravitas») mit der Babylonischen Gefangenschaft, das hohe Alter («senectus») aber mit Christus.[32]

Wendet man diese Geschichtskonzeption ins Politische, dann wird König David als Typus Christi zugleich zum Typus Regis: Die Übertragung des David-Christus-Vergleichs auf den König hebt ihn über seinen Status des Auserwählten hinaus in noch höhere Sphären. Der Gesalbte des Herrn wird zum Ebenbild Gottes: «Rex imago Dei».[33] Die Krönungsordines entfalten diesen Kerngedanken der politischen Theologie der Zeit im liturgischen Vollzug der Herrscherweihe. Das zweite, zur Königssalbung gesprochene Gebet «Deus Dei filius Iesus Christus» richtet sich ausdrücklich an den Gottessohn Jesus Christus, der «vom Vater mit dem Öle der Freude gesalbt worden ist vor seinen Genossen (a Patre oleo exultationis unctus est pre participibus suis).»[34] Die getroffene Wortwahl zielt explizit auf den Christus-David, über den der Hebräerbrief, Ps 44,8 zitierend, schreibt: «unxit te Deus Deus tuus oleo exultationis prae participibus tuis.»[35] In dieser Wendung kehrt die Auserwählung Davids zur Salbung vor seinen Brüdern wieder (1Sam 16,13). Christus selbst, so heisst es weiter in dem den Herrscher einbeziehenden Gebet, «möge durch diese gegenwärtige heilige Salbung den Segen des Heiligen Geistes über Dein Haupt ergiessen.» Und das Gebet bei der Umgürtung mit dem Schwert, dessen Eingangsworte «Accingere gladio tuo super femur tuum, potentissime»[36] Ps 44,4 zitieren, schliesst mit dem Wunsch für den persönlich angesprochenen Gesalbten und Gekrönten, dass «Du mit dem Heiland der Welt, dessen Abbild Du mit Deinem Namen [des Christus Domini] trägst, ohne Ende zu herrschen verdienen mögest (cum mundi salvatore, cuius typum geris in nomine, sine fine regnare merearis).»[37] Für eine solche sakral-politische Idee des Königtums, in dem David, als Typus Christi zugleich Typus Regis, eine wesentliche Rolle zukommt, liefert die staufische Hofkanzlei kühne Beispiele.

Der um 1221 gestorbene Petrus de Ebulo schrieb im Jahre 1195 ein panegyrisches Gedicht auf Kaiser Heinrich VI., den sogenannten *Liber ad honorem Augusti*, auch *De rebus Siculis carmen* genannt.[38] Unter den Miniaturen findet sich ein für unsere Fragestellung zentrales Bild (Abb. 4).[39] Es erweist sich als unzweideutiges Zeugnis der politischen Theologie der Stauferzeit. Die Miniatur illustriert das 50. Kapitel des Buches, das die Überschrift trägt «Domus imperialis palacii».[40] Dieses Gebäude des kaiserlichen Palastes ist in sechs Gemächer unterteilt («In talamos sex una domus partitur»). Dementsprechend weist die obere Bildzone fünf Arkaden auf, in denen biblische Szenen dargestellt sind, die das Gedicht beschreibt. Hinter den ersten fünf Themen ist unschwer die Lehre von den Aetates mundi zu erkennen: Schöpfung («Deus creans omnia»), Arche Noe, Abraham, Moses und das Rote Meer, und dann in der «Quinta domus»: «David Rex». Bliebe die Periodisierung ihrem genuinen heilsgeschichtlichen Rhythmus treu, so müsste jetzt in der zentralen Dreipassarkade Christus thronen. Dort aber sitzt, direkt hinter David, ein anderer: «Fredericus Imperator», Kaiser Friedrich I. Barbarossa, seine Hände segnend über den Häuptern seiner Söhne Heinrich VI. und Philipp von Schwaben. Friedrich Barbarossa erscheint hier als «novus David», und dies in der von ihm ausgefüllten sechsten, der letzten Aetas.

Dieses Selbstverständnis des staufischen Herrschers spiegelt sich in zahlreichen Zeugnissen seines Hofes. Als es nach dem Tode des Ravennater Erzbischofs Anselm von Havelberg wegen der Wiederbesetzung des Bischofsstuhls von Ravenna zwischen Kaiser Friedrich und Papst Hadrian IV. zu schweren Spannungen kommt, sucht Bischof Eberhard von Bamberg zwischen den beiden Kontrahenten zu vermitteln. Seine dringliche Bitte um eine Wiederversöhnung des Papstes mit dem zum Einlenken bereiten Kaiser kleidet der Bamberger Bischof in die Worte:

> Samuel umarme seinen David und lasse sich nicht mehr von ihm trennen (Samuel David suum amplectatur nec dimittat a se separari), damit das Kleid keinen Riß bekomme und Gott geehrt werde und die katholische Kirche sich in Ruhe des Gehorsams erfreue.[41]

Bis zum Äussersten betont Barbarossas Enkel, der staufische Imperator Friedrich II., die Parallele seines eigenen sakralen Herrschaftsverständnisses mit dem Davidkönigtum. Nach seiner Verheiratung mit der 13jährigen Isabella von Brienne, Tochter Johanns V. von Brienne, des Königs von Jerusalem, führt der 31jährige Friedrich den Königstitel der Davidstadt. Er

Abb. 4: Petrus de Ebulo, Liber ad honorem Augusti: *Die Stellung Kaiser Friedrichs I. in der Heilsgeschichte.* 1195/1196.
Bern, Burgerbibliothek, Cod. 120. II, Bl. 143r.

urkundet von nun an als «Romanorum imperator semper augustus, Ierusalem et Sicilie rex». Am Sonntag Oculi, dem dritten Fastensonntag, am 18. März 1229 setzt sich der neue, aber gebannte Davidkönig in der Grabeskirche von Jerusalem selbst die Krone auf. Seine Kreuzfahrt hatte einen friedlichen und glanzvollen Abschluss gefunden. Noch unter dem Datum des Krönungssonntages und mit dem Vermerk «Gegeben in der Heiligen Stadt Jerusalem» schickt der Kaiser ein Rundschreiben in die Welt hinaus, das die staufische Kanzlei mit anspielungsreichen Bibelzitaten ausgeschmückt hat.[42] Die «Encyclica Imperatoris» berichtet nicht nur über die auf dem Verhandlungswege erreichte friedliche Übergabe Jerusalems an die Christen, sondern auch über Friedrichs Krönung; «sogleich, als der katholische Kaiser, beteten wir das Grab des Herren ehrerbietig an, und am folgenden Tage trugen wir die Krone,» schreibt der Kaiser, der sich von Gott über alle Fürsten erhöht sieht:

> so sollen erkennen des rechten Glaubens Verehrer von nun an, und sollen es verkünden weit und breit auf dem Erdenrund, daß jener, der benedeit ist für alle Zeiten, uns heimgesucht hat und Erlösung geschaffen hat für sein Volk, und uns errichtet hat ein Horn des Heils im Hause Davids seines Knaben (quod ille qui est benedictus in secula visitavit et fecit redemptionem plebi sue et erexit nobis cornu salutis in domo David pueri sui).[43]

Dieser letzte Satz spielt unmittelbar auf den Lobgesang des Zacharias im Lukasevangelium an (Lk 1,68f):

> Benedictus Deus Israhel quia visitavit et fecit redemptionem plebi suae et erexit cornu salutis nobis in domo David pueri sui.

So macht sich Friedrich mit dieser ursprünglich auf den Davidsohn Christus zielenden Prophezeiung des Zacharias selbst zum erlesenen Objekt und Instrument des göttlichen Heilshandelns.[44] Doch die Rhetorik der staufischen Kanzlei hat noch mehr zu bieten. Als Friedrich, der Befreier Jerusalems, 1229 in Apulien landet, empfängt ihn in Bari ein unvergleichlicher Panegyrikos eines Mannes namens Nikolaus.[45] Dieser feiert ihn, den Barbarossa-Enkel, als Spross «de domo David», nach seinem Grossvater Friedrich I., der «virga Aaron», selber die «virga de radice Jesse, id est de avo flos».[46] Die Predigt verkündet, dass das Stauferhaus «usque ad finem mundi»[47] regieren werde. In dieser heilsgeschichtlich aufgeladenen Hymnik ist auch bereits dem Kaisersohn Konrad IV. der angemessene Platz zugewiesen. Voller Pathos ruft Nikolaus von Bari dem Kaiser zu – die biblischen Intarsien sind mit Händen zu greifen –: «Gebenedeit bist du unter den Königen, und gebenedeit sei die Frucht deines Leibes (das war Lukas 1,42), d. h. die schönste Frucht, König Konrad, Euer heißgeliebter Sohn, an dem Ihr Wohlgefallen habt (so aber sprach Gott aus der Wolke auf dem

Berg der Verklärung nach Matthäus 17,5) und ewig haben werdet»,[48] und in diesem Stile geht es weiter.

Die Verherrlichung der Staufergenealogie im Bilde des erblühenden und fruchttragenden Stammbaumes Jesse hat ihre zeitgenössische plastische Entsprechung im Kanzelrelief der Kathedrale von Bitonto, wo inmitten einer floralen Ornamentik die staufische Dynastie als aufsteigende Linie durch die Gestalten Friedrichs I., Heinrichs VI., Friedrichs II. und Konrads IV. repräsentiert ist (Abb. 5). So liest Hans Martin Schaller die Figurenfolge.[49] Eine andere Interpretation des Reliefs bietet Roswitha Neu-Kock. Sie erblickt in der links unten thronenden Königsfigur nicht Barbarossa, sondern König David, der seine Herrschaft an Konrad IV. weiterreicht. Dieser ist jetzt nach dem frühen Tod seiner Mutter Isabella der neue König von Jerusalem. Nach Frau Neu-Kock sind auf dem Kanzelrelief von Bitonto (von unten nach oben) König David, König Konrad IV., Kaiser Friedrich II. und (über dem staufischen Adler) der älteste Kaisersohn, der römische König Heinrich VII. (aus der Ehe Friedrichs mit der spanischen Königstochter Konstanze) dargestellt.[50] – Wie Kaiser Friedrich II. seinen Rang in der Heilsgeschichte sieht, zeigt sich auch in seinem Brief an seine Geburtsstadt Jesi vom August 1239.[51] Mit folgenden Sätzen preist er Jesi und sich selbst:

> Jesi, der Marken edle Stadt, [...] Unser Bethlehem, die Heimat und Ursprungsstätte des Kaisers, Unserer Brust um so tiefer eingewurzelt [...]. Und so bist Du, Bethlehem,

Abb. 5: Kanzelrelief: Stauferdynastie. 1229.
  Bitonto (Provinz Bari), Kathedrale.

> Stadt der Marken, nicht die geringste unter den Fürsten Unseres Geschlechtes. Denn aus Dir ist der Herzog hervorgegangen, der Fürst des Römischen Reiches, auf daß er über Dein Volk herrsche (Unde tu, Bethleem civitas Marchie, non minima es in generis nostri principibus. Ex te enim dux exiit, Romani princeps imperii, qui populum tuum reget) und es schirme und nicht gestatte, daß es länger Fremden untertan sei.[52]

Hier klingt unüberhörbar das Evangelium von Epiphanie durch. Es steht bei Matthäus (Mt 2,1-12). Die Magier suchen den neugeborenen König der Juden. Und auf die Frage des Herodes, wo denn Christus geboren werden solle, wird er in Anlehnung an die Prophezeiung bei Micha (Mi 5,1; Vulgata 5,2) auf die Davidstadt Bethlehem verwiesen (Mt 2,6):

> et tu Bethleem terra Iuda nequaquam minima es in principibus Iuda ex te enim exiet dux qui reget populum meum Israhel.

Das gleiche Selbstverständnis begegnet auch bei Konrad IV., dem letzten Stauferkönig, den Rudolf von Ems in seiner *Weltchronik* unmissverständlich in eine davidische Perspektive rückt, indem er den Lobpreis seines Auftraggebers zu Beginn des fünften Weltalters, der David-Aetas plaziert, bevor er auf die Einführung des Königsamtes in Israel zu sprechen kommt.[53]

Die fundamentale Beziehung des mittelalterlichen Königtums zum davidischen Königtum des Alten Testaments verdichtet sich in einzigartiger Weise in der oktogonalen Reichskrone[54] (Abb. 6). Fanden Königs- und Kaiserkrönungen in Rom und in Aachen, Mainz, Bonn, Regensburg, Augsburg oder Frankfurt am Main statt, so waren die während des liturgischen Zeremoniells verwendeten Reichsinsignien die sichtbaren Staatssymbole, durch die ihr Träger seine herrscherliche Legitimation vor den anwesenden weltlichen und geistlichen Führungsschichten zur Erscheinung brachte. Der bedeutungsträchtige Schmuck der Reichskrone besteht im wesentlichen aus ihren acht sich abwechselnden Edelstein- und Goldemailplatten. Diese Reichskrone, deren künstlerisch-theologisches Programm «die ästhetische Ausprägung einer theologisch begründeten Politik am ottonischen Hofe in den Jahren 961 bis 967»[55] vergegenwärtigt, wurde wohl erstmals in Rom an Weihnachten 967 bei der Krönung Ottos II. zum Mitkaiser verwendet.

Die bildlichen Darstellungen auf den Goldemailplatten sind von besonderem Interesse. Wir beschränken uns hier auf die David-Platte (Abb. 7) und auf die Salomon-Platte. König David trägt in seinen Händen ein Schriftband mit Vers 4 aus Ps 98: «HONOR REGIS IUDICIUM DILIGIT». Der Psalmvers zielt auf David als «rex iustus», wie er in 2Sam 8,15 vorgestellt wird: «et regnavit David super omnem Israhel faciebat quoque David iudicium et iustitiam omni populo suo.» Diese Psalmstelle klingt auch in den Ordines der römischen Kaiserkrönung an. Während der Papst dem Kaiser die Krone aufsetzt, spricht er folgendes Gebet:

Abb. 6: Die Reichskrone. 965/967.
Wien, Kunsthistorisches Museum, Schatzkammer.

> Accipe signum gloriae, in nomine Patris et Filii et Spiritus sancti, ut spreto antiquo hoste, [...] sic iudicium et iustitiam diligas et misericorditer vivas, ut ab ipso domino nostro Iesu Christo in consortio sanctorum aeterni regni coronam percipias.[56]

Die mittelalterliche Etymologie leitet das Wort «rex» ursächlich vom Regieren und vom rechten Handeln ab: «‹reges› a regendo et recte agendo».[57] Das Theorem von der Gerechtigkeitsliebe des Königs ist von jeher mit der Idealvorstellung von Herrschaft verbunden. Augustins Fürstenspie-

*Abb. 7: Die Reichskrone (Detail): David-Platte.
Wien, Kunsthistorisches Museum, Schatzkammer.*

gel knüpft daran die Glückseligkeit der Regenten: «felices eos dicimus, si iuste imperant.»[58] Es besitzt im mittelalterlichen Schrifttum zur Fürstenethik einen zentralen Stellenwert.[59]

Die Salomon-Platte der Reichskrone (Abb. 8) zeigt Davids Sohn Salomon mit dem Spruchband eines Verses aus den Sprüchen Salomonis: «TIMETE DOMINUM ET RECEDE A MALO» (Spr 3,7). Das Nebenein-

Abb. 8: Die Reichskrone (Detail): Salomon-Platte.
   Wien, Kunsthistorisches Museum, Schatzkammer.

ander von David und Salomon, nur von einer Edelsteinplatte getrennt, präfiguriert die zur ottonischen Entstehungszeit der Reichskrone gegebene Konstellation von Kaiser Otto I. dem Großen und seinem Sohn, dem Mitkaiser Otto II. Die Dichterin Hrotsvit aus dem der ottonischen Familie engstens verbundenen Frauenstift Gandersheim bezeichnet Otto II. ehrerbietig als «nostrum Salomonem». Und so verherrlicht die Nonne aus sächsischem Adelsgeschlecht die Beziehung Ottos II. zu seinem Vater:

> Sed quia te memini sublimiter assimilari
> Nato famosi regis David Salomoni,
> Qui genitore suo praesente iubenteque sancto
> Optata regnum suscepit pace paternum...
>
> Aber weil ich gedenke, wie sehr Du wunderbar ähnlich Salomon, Davids Sohne, des gepriesenen Königs, der in Gegenwart und auf Geheiß seines heiligen Erzeugers in ersehntem Frieden des Vaters Reich übernommen...[60]

Als Thronerbe Ottos des Grossen war zunächst dessen Sohn Liudolf, Herzog von Schwaben, vorgesehen gewesen. Als Liudolf aber mit den Ungarn gegen seinen Vater kollaborierte, kam es zum Eklat. Der Bruder Ottos des Grossen, der Erzbischof Brun von Köln, beschwor seinen Neffen, von seiner Rebellion gegen den Vater Abstand zu nehmen. Nach Ruotgers *Vita Brunonis* machte er ihm folgende Vorhaltungen:

> Die Freude und Krone deines Vaters bist du gewesen, die Hoffnung und Wonne des ganzen Reichs, und wie hast du dich in Bitterkeit verwandelt! Mach endlich Schluß, Absalom zu sein, damit du Salomon sein kannst![61]

Liudolf musste sich schliesslich seinem Vater unterwerfen und verlor sein Herzogtum. Vater und Sohn versöhnten sich wieder. Otto der Grosse schickte Liudolf zur Sicherung der Ansprüche des Reiches nach Italien, wo er an einem Fieberanfall starb. Der neue Salomon war dann Kaiser Otto II.

Einen ganz entscheidenden Beitrag zu dem im biblischen Davidkönigtum verankerten Verständnis mittelalterlicher Königsherrschaft hat Frankreich geliefert.[62] Er drückt sich am imposantesten aus in der königlichen Kathedralarchitektur der Gotik mit ihren Wurzel Jesse-Darstellungen in Glasfenstern und Archivolten und ihren biblischen Königen an Portalen und auf Galerien.[63] Seinen monumentalen Höhepunkt erreicht dieses sakrale Herrschaftsverständnis in der Kathedrale von Reims, der Krönungsstätte der französischen Könige,[64] deren Westfassade mit einem bezeichnenden bildhauerischen Programm ausgestattet ist. Rechts und links über der Mittelrose ist Davids Kampf mit Goliat dargestellt. In der Rosenarchivolte erblickt man, in aufsteigender Reihenfolge: David mit dem Haupt Goliats vor Saul; Davids Salbung durch Samuel (Abb. 9); David und Urija in Ritterrüstung; David, in der Haltung tiefster Niedergeschla-

Abb. 9: Davids Salbung durch Samuel. Letztes Viertel 13. Jh.
Reims, Kathedrale, Westfassade, Archivolte der Mittelrose.

genheit wegen seines sterbenskranken Kindes, und Batseba (Abb. 10). Daran schliesst sich mit Salomons Salbung durch Zadok der Beginn der Salomon-Geschichte an.[65]

Abb. 10: *Der trauernde David und Batseba. Letztes Viertel 13. Jh. Reims, Kathedrale, Westfassade, Archivolte der Mittelrose.*

Während des Krönungsgottesdienstes wurde der König mit dem heiligen Öl gesalbt. In diesem Chrisam waren auch noch Tropfen aus jener Ampulle enthalten, in der nach der Legende eine Taube vom Himmel das Tauföl für den Frankenkönig Chlodwig zum hl. Remigius von Reims brachte. Der König wurde am Haupt, an der Brust, zwischen und auf den Schultern sowie an den Gelenken der Arme und an den Händen gesalbt. Bei der Handsalbung betete der Erzbischof:

> Ungantur manus iste de oleo sanctificato, unde uncti fuerunt reges et prophete et sicut unxit Samuel David in regem, ut sis benedictus et constitutus rex in regno isto super populum istum, quem dominus Deus tuus dedit tibi ad regendum ac gubernandum.[66]

Noch sechs Jahrhunderte später, anlässlich der Krönung Karls X. in Reims im Jahre 1825, wurde dieselbe Weihehandlung vollzogen.[67]

Ein eindrückliches musikalisches Zeugnis für die vitale Präsenz des David-Vergleichs im sakral-politischen Raum liefert der *Hoquetus David* des Guillaume de Machaut, der von 1337 bis 1377 als Kanonikus in Reims wirkte. In diesem Instrumentalstück übernimmt die Tenorstimme das David-Melisma aus der Antiphon zum Fest Mariä Geburt am 8. September: «Nativitas gloriosae Virginis Mariae ex semine Abrahae, ortae de tribu Juda, clara ex stirpe David (Geburt der glorreichen Jungfrau Maria aus Abrahams Samen, hervorgegangen aus dem Stamm Juda, aus dem ruhmreichen Geschlecht Davids)». Durch ihre bewusste, majestätische Altertümlichkeit sticht diese Komposition aus Machauts übrigem zeitgenössischen Schaffen heraus. Die Zentrierung des Stücks auf das Davidmotiv, seine durchgehende trinitarische Struktur, die Assoziation mit der Gottesmutter Maria und die wiederkehrende Reminiszenz an die Eingangsmelodie der *Laudes regiae*, der Reimser Königsakklamationen, lassen keinen Zweifel daran, dass Machaut seinen *Hoquetus David* für ein ganz besonderes Ereignis komponierte, nämlich für die Krönung des «novus David» Karl V. in der Reimser Marienkathedrale am 19. Mai, dem Dreifaltigkeitssonntag des Jahres 1364.[68]

Kehren wir zurück zum staufischen David Friedrich Barbarossa. Weihnachten 1165 hielt der Kaiser einen vielbesuchten Hoftag in Aachen ab. Dort wollte er auf Bitten seines Freundes, König Heinrich II. von England, mit Zustimmung des Papstes Paschalis III. und auf den Rat der weltlichen und geistlichen Fürsten die Gebeine Karls des Grossen erheben und ihn heiligsprechen lassen. Der Stauferkaiser selbst verstand sich, wie es der Hofchronist Gottfried von Viterbo formulierte, als «natus ex clarissima progenie Carolorum»; nach dem Kaiserhymnus *Salve mundi domine* des Archipoeta vergegenwärtigte er Karl: «representat Karolum dextera victrici».[69] Die von Barbarossa mit guten Gründen inszenierte politische Heiligsprechung – man stammte von einem heiligen König ab und begründete damit den Anspruch auf Geblütsheiligkeit,[70] wobei nach der Logik des genealogisch-dynastischen Denkens die eigene Herrschaft in die sakrale Aura des heiliggesprochenen Urahnen getaucht wurde – fand nicht am Weihnachtssonntag selbst statt, sondern erst am Mittwoch der Weihnachtswoche, am 29. Dezember 1165.[71] Am 29. Dezember aber war im christlichen Kalender der Festtag des heiligen David, «Ierosolymis sancti David regis et prophetae».[72] In Protokoll- und Terminfragen überliess das Mittelalter nichts dem Zufall und untermauerte, wann immer es möglich war, seine Handlungen mit den Sinngehalten des liturgischen Jahres.[73]

Der Davidstag war der ideale Termin für die Heiligsprechung des fränkisch-römischen Kaisers Karl. Er selber war der erste weströmische Herrscher, der in grossem Stil den David-Vergleich zur Selbstdarstellung und Selbstüberhöhung einsetzte. Als er zu Paderborn im Jahre 799 mit dem eigens dorthin gereisten Papst Leo III. seine Kaiserkrönung vorbereitete, erklangen im Paderborner Epos *De Karolo rege et Leone papa* desselben Jahres schon die imperialen Fanfarenstösse: Karl war hier nicht nur «Europas ragender Leuchtturm (Europae celsa pharus)», «ein Wahrer der Gerechtigkeit [...] und ein Gerechter selbst, zum Vorbild für alle (Iustitiae cultor [...] / Iustus in exemplum cunctis)», nicht nur «das Haupt der Welt (caput orbis)» und «der verehrungswürdige Gipfel Europas (Europae venerandus apex)», «der König, der Vater Europas (Rex, pater Europe)», nein, er war noch viel mehr. Karl der Grosse war der «Rex pius David»:

> Sol nitet ecce suis radiis: sic denique David
> Inlustrat magno pietatis lumine terras.
>
> Die Sonne leuchtet mit ihren Strahlen: so erhellt David mit dem starken Licht seiner Huld die Erde.[74]

Der «novus David Carolus» pflegte an seinem Hof ein kultiviertes Namenspiel. Die aus ganz Europa um ihn versammelte Elite seines Reiches kommunizierte in Aachen, das sich als «neues Rom», als «neues Athen» und als «neues Jerusalem» verstand,[75] mit Übernamen: der Angelsachse Alkuin hiess Flaccus, Angilbert Homer, der Erzkapellan Hildibald Aaron, Karls Sohn Pippin Julius, Beonrad von Echternach Samuel, der Dichter Modoin Naso; den auch in der Baukunst bewanderten Einhard, Karls Biographen, nannte man Beseleel (nach dem Werkmeister der Stiftshütte Ex 31,21)[76] – und inmitten dieser Hofgesellschaft «dominus meus David», wie Alkuin seinen Regenten mit Vorliebe titulierte.[77] Auch bei den Hofdichtern bürgerte sich die panegyrische Identifikation des fränkischen Herrschers mit dem biblischen König David ein. Dass der überragende Davidspross («proles maxima David») seine Gedichte als Geschenk annehmen möge, das ist der demütige Wunsch des Theodulf von Orléans an Karl.[78]

Ein poetisches Kabinettstück aus der an Karls Hof gepflegten raffinierten Anspielungs- und Selbststilisierungskultur ist Homers (also Angilberts)

Ecloga ad Carolum, formal an Vergils Eklogen geschult.[79] Kaskaden von David-Vergleichen ergiessen sich in diesem «Hirtenlied» über Karl:

> Surge, meo domno dulces fac, fistula, versus,
> David amat versus, surge et fac, fistula, versus!
> David amat vates, vatorum est gloria David,
> quapropter, vates cuncti, concurrite in unum
> atque meo David dulces cantate camenas.
> David amat vates, vatorum est gloria David.
> [...]
> te quoque Christus, David, conservet in evum.
> David amor noster, David super omnia carus:
> David amat vates, vatorum est gloria David.
> David amat Christum, Christus est gloria David.[80]

Die Aura von Karls Herrscheramt ist geprägt von der Imitatio jenes heiligen Königs, der zugleich der Typus des Erlösers ist. So überragt Karl auch, wie Odilbert, der Erzbischof von Mailand, an den Kaiser schreibt, alle seine christlichen Vorgänger an Verdienst und Wissenschaft, einen Konstantin und Theodosius ebenso wie einen Marcian und Justinian:

> Quorum vos meritis et scientia praecellentes, David sanctum imitantes qui se pro populi salute in typo nostri exhibuit redemptoris.[81]

In der Frage der Nachfolgeregelung erscheint Karl selbst als der biblische König, wenn er nach dem Bericht der Chronik von Moissac im September 813, wenige Monate vor seinem Tode, in der Aachener Pfalzkapelle bei der Krönung und Akklamation seines Sohnes Ludwig des Frommen zum Mitkaiser zu einer feierlichen Gebetsrede anhebt, aus der unmittelbar die Worte herauszuhören sind, die David anlässlich der Thronerhebung Salomons gebraucht:

> Benedictus es domine Deus, qui dedisti hodie sedentem in solio meo ex semine meo filium, videntibus oculis meis.[82]

Die Bezugsstelle lautet in 3[1]Kön 1,48:

> benedictus Dominus Deus Israhel qui dedit hodie sedentem in solio meo videntibus oculis meis.
>
> Gepriesen sei der Herr, der Gott Israels, der mir heute gewährt hat, dass mein Nachkomme auf meinem Thron sitzt und dass meine Augen das noch sehen dürfen.

Als Kaiser Ludwig der Fromme die Nachfolge seines verstorbenen Vaters angetreten hat, wird er selbst zum Davidkönig. Bei der Begegnung zwischen Stephan IV. und Ludwig 816 in Reims begrüsst der Kaiser nach seinem Biographen Thegan den Papst mit den Psalmversen «Gelobt sei, der da kommt im Namen des Herrn. Gott ist der Herr, und er erleuchtet uns

[Ps 117,26f]», worauf der Papst antwortet: «Gelobt sei der Herr, unser Gott, der unsern Augen vergönnt hat, einen zweiten König David zu sehen (qui tribuit oculis nostris videre secundum David regem).»[83]

Karl der Grosse hatte den David-Vergleich von seinem Vater Pippin übernommen. Der mächtige fränkische Hausmeier wartete auf den richtigen Augenblick, um dem unter König Childerich III. darniederliegenden Merowingerreich vollends den Todesstoss versetzen zu können. Pippin schickte eine Gesandtschaft nach Rom und liess bei Papst Zacharias anfragen, ob es gut sei, dass die Merowinger zwar Könige seien, aber keine Macht hätten. Der Papst «gab Pippin den Bescheid, es sei besser, den als König zu bezeichnen, der die Macht habe, statt den, der ohne königliche Macht blieb.» Und – so heisst es in den *Reichsannalen* weiter – «um die Ordnung nicht zu stören, ließ er kraft seiner apostolischen Autorität den Pippin zum König machen. Pippin wurde nach der Sitte der Franken zum König gewählt und gesalbt von der Hand des Erzbischofs Bonifatius heiligen Andenkens und von den Franken in Soissons zum König erhoben. Hilderich aber, der Scheinkönig (qui false rex vocabatur), wurde geschoren (tonsoratus est) und ins Kloster geschickt.»[84] Pippins Wahl durch Akklamation mit anschliessender Huldigung und Thronerhebung entsprach dem juristischen Formalakt der damaligen Königserhebung. Pippin liess aber noch eine entscheidende neue Qualität hinzufügen: Sein fehlendes Königsgeblüt wurde kompensiert durch den Vorgang der Königssalbung mit dem heiligen Öl.[85] Durch die bischöfliche Weihehandlung erhielt Pippins Königtum eine sakrale Würde, die Papst Stephan II. bekräftigte, als er bei seiner Fahrt ins Frankenreich 754 die Salbung Pippins in Saint-Denis wiederholte.[86] In Gestalt von Bonifatius und Stephan II. hatte ein neuer Samuel die Bühne betreten, der abgehalfterte Childerich III. übernahm die Rolle des von Gott verworfenen Saul und Pippin erschien als neuer König David. Er wurde zum «Christus Domini», zum «Gesalbten des Herrn». Nach diesem Drehbuch entstand, unabhängig von der noch älteren Einbeziehung Davids in die oströmisch-byzantinische Kaiseridee,[87] die charakteristische Gestalt des abendländischen Königtums, das in einer besonderen historischen Stunde den von Samuel zum König gesalbten David zu seinem dauerhaften Urbild erkor. David war von nun an «Typos», der den geschichtlichen Wechselfällen eine normative Dauerhaftigkeit einprägte. So bleibt David von der Karolingerzeit an das ganze Mittelalter hindurch die Bezugsgrösse, an der man die Fürsten und ihre Handlungen misst. Noch in Luthers Schrift *Von weltlicher Obrigkeit, wie weit man ihr Gehorsam schuldig sei* aus dem Jahre 1523 heisst es:

> Dencke nur keyn furst / das ers besser haben werde / deñ David / der aller fursten exempel ist.[88]

Das angewandte Vergleichsverfahren begründet eine Übereinstimmung, die, um es mit Regino von Prüm zu sagen, nicht auf einer körperlichen, sondern auf einer geistig-moralischen Ebene liegt, «etsi non corpore, tamen spiritu et virtute.»[89] An einigen ausgewählten Beispielen soll dieser Sachverhalt nochmals veranschaulicht werden. Dabei zeigt sich, dass der Einsatz des Davidvergleiches je nach dem politischen Kontext und der Absicht des Sprechers unterschiedliche Wirkungen zeitigen kann.

König Ludwig der Deutsche, der ostfränkische Enkel Karls des Grossen, lässt sein politisches Leben, das sich durch siegreich überwundene Bedrängnisse auszeichnet, von dem Benediktinermönch Otfrid aus dem südrheinfränkischen Weissenburg mit Davids Laufbahn in Übereinstimmung bringen. So entsteht der älteste David-Vergleich in der Volkssprache:

> In ímo irhugg ih thráto Davídes selbes dáto:
> er selbo thúlta ouh nóti jú manago árabeiti,
> Uuant ér wolta mán sin (thaz ward síd filu scín),
> thégan sin in wáru in mánegeru zálu.
> Manag léid er thúlta, unz thaz tho gót gihangta;
> ubarwánt er sid thaz frám, so gotes thégane gizam.
> Ríat imo io gimúato sélbo druhtin gúato,
> thaz ságen ih thir in aláwar; sélbo maht iz lésan thar.
> Éigun wir thia gúati, gilicha théganheiti
> in thésses selben múate zi mánagemo gúate.
> [...]
> Obạ es íaman bigan, tház er widar imo wan:
> scírmtạ imo iogilícho druhtin lióblicho;
> Ríat imo ío in nótin, in swaren árabeitin,
> gilihtạ imo éllu sinu jár, thiu nan thúhtun filu suár,
> Únz er nan giléitta, sin ríchi mo gibréitta;
> bi thiu mág er sin in áhtu théra Davídes slahtu.
> Mit so sámeliche so quám er ouh zi ríche.
> was gotes drút er filu frám: so ward ouh thérer, so gizám;
> Ríhta gener scóno thie gótes liutị in fróno:
> so duit ouh thérer ubar jár, so iz gote zímit, thaz ist wár;
> Émmizen zi gúate, io héilemo múate
> fon járe zi járe, thaz ságen ih thir zi wáre.
> Gihialt Davíd thuruh nót, thaz imo drúhtin gibót,
> joh gifásta sinu thíng, ouh selb thaz ríhị al umbiríng;
> In thésemo ist ouh scínhaft, so fram sọ inan lázit thiu craft,
> thaz ér is io in nóti gote thíononti;
> Selbaz ríchi sinaz ál rihtit scóno, sosọ er scál,
> ist éllenes gúates joh wola quékes muates.[90]

Bieten sich für Ludwig den Deutschen seine Verfolgung und die gepriesenen Eigenschaften als Aufhänger des Davidbildes an, so liefert in einem zweiten prominenten volkssprachlichen Beleg Davids Kampf gegen die Ungläubigen und seine Bussfertigkeit das Tertium comparationis für den Vergleich des Sachsenherzogs Heinrich des Löwen mit dem biblischen König:[91]

> Nune mügen wir in disem zîte
> dem küninge Dâvîte
> niemen sô wol gelîchen
> sô den herzogen Hainrîchen.
> got gap ime die craft,
> daz er alle sîne vîande ervaht.
> die cristen hât er wol gêret,
> die haiden sint von im bekêret.
> daz erbet in von rechte an.
> ze flüchte gewant er nie sîn van.
> got tet in ie sigehaft.
>   [...]
> sîme schephære
> opheret er lîp unt sêle
> sam Dâvîd der hêrre.
> swâ er sich versûmet hât,
> ze gerihte er im nû stât.
> an dem jungesten tage,
> dâ got sîn gerihte habe,
> daz er in ze gerihte niene vordere,
> sunder er in ordene
> zuo den êwigen gnâden,
> dar umbe ruofe wir alle AMEN.[92]

Man mag es als Ausdruck eines Strebens nach ideeller Symmetrie bewerten, wenn der welfische Herzog sich wie sein staufischer Vetter Friedrich Barbarossa, dessen mächtiger Konkurrent er ist, nicht nur als «nepos Karoli»[93] auf die Verwandtschaft mit Kaiser Karl, dem erhabensten «novus David», beruft, sondern auch selbst als neuer David in Szene setzen lässt.

Im Investiturstreit dient Papst Gregor VII. das Vorbild Davids dazu, seinen Widerpart zurechtzuweisen. Er schreibt 1075 an Heinrich IV.:

> Und damit die Furcht vor Gott, in dessen Hand und Macht jede Königsherrschaft und das Imperium liegen, tiefer in Dein Herz dringe als unsere Ermahnung, mögest Du bedenken, was Saul nach der Erlangung des Sieges, den er auf Geheiß des Propheten errang, widerfuhr, da er sich seines Triumphes rühmte und den Mahnungen des Propheten nicht folgte, wie er von Gott verworfen wurde und wieviel Gnade dagegen für den König David aus dem Verdienst seiner Demut, umgeben von Zeichen der Tüchtigkeit (ex merito humilitatis inter virtutum insignia), folgte.[94]

Davids vorbildliche Verhaltensweise gegenüber seinem aufrührerischen Sohn dient der *Sächsischen Weltchronik* als positive Folie für ihren Bericht über Kaiser Heinrich IV. Als Herzog Heinrich von Niederlothringen König Heinrich V. gefangennehmen will, bittet der Kaiser nach dem Muster von 2Sam 18,5 um Gnade für seinen Sohn:

> De keiser bat do den hertogen, alse David dede Joab umme sinen sone Absolone, dat he sines sones gnade hadde.[95]

Eine unmittelbare Quelle für diese versöhnliche Parallele kennen wir nicht, doch ist die hier vorgeführte davidische Vaterliebe Heinrichs, wenn auch nicht so ausdrücklich formuliert, als Anspielung bei Helmold von Bosau belegt, dessen *Chronica Slavorum* wiederum dem Sächsischen Weltchronisten bekannt war. Dort mahnt 1106 vor der Schlacht von Visé der alte Kaiser die Seinen, im Falle eines Sieges den Sohn zu schonen und nicht zu töten:

> Rogavitque principes et omne robur exercitus sui dicens: ‹Si fortissimus Deus nos hodie adiuverit in prelio, factique fuerimus in conflictu superiores, servate michi filium meum [2Sam 18,5: Servate mihi puerum Absalom] et nolite interficere eum.›
>
> An seine Fürsten aber und alle Mannen seines Heeres richtete er die Bitte: «Wenn der allmächtige Gott uns heute im Kampfe zur Seite steht und wir die Schlacht gewinnen, so schont mir meinen Sohn und tötet ihn nicht!»[96]

Aber auch den Gegnern Heinrichs IV. war die Parallelisierung seines Verhaltens mit dem des alttestamentlichen Königs willkommen. Andere Vergleiche kommen hier zum Zug, und die Batseba-Geschichte erscheint plötzlich in ganz anderem Licht als bei der allegorischen Ausdeutung der Bible moralisée. So gipfelt denn in Brunos *Sachsenkrieg* die Auflistung der Schandtaten dieses Erzfeindes der Sachsen in der Bemerkung:

> Weil aber schändliche Unzucht noch schändlicheren Mord zu veranlassen pflegt, so hat auch jener Lüstling nicht nur mehr als eine Bethseba geschändet, sondern auch mehr als einen Urias grausam hingemordet (sicut ille non unam Bersabee libidinosus stupravit, ita non unum Uriam crudelis interfecit).[97]

Der Erzbischof Adalbert von Bremen, so Bruno, hätte es in der Hand gehabt, den Kaiser von seinen Vergehen abzuhalten. Doch er warnte ihn nicht und er trug auch nicht, «damit der König die schon begangene Tat mit den Tränen der Reue abwüsche, wie Nathan unter der Hülle des Gleichnisses (sub velamento parabolae) das Schwert des Vorwurfs [2Sam 12], um mit raschem Stoß das Geschwür seiner Seele aufzuschneiden, damit der Eiter des Gewissens herausfließe»,[98] sondern bestärkte Heinrich sogar noch in seiner Bosheit.

Herrscherliche Vater-Sohn-Konflikte werden regelmässig vor dem Hintergrund der Rebellion Abschaloms gegen David abgehandelt. Während der Erhebung Lothars I. gegen Kaiser Ludwig den Frommen erkundigte sich, wie der Astronomus genannte Biograph Ludwigs berichtet, der Vater nach den Beschwerden seines schwer erkrankt darniederliegenden Sohnes:

> darin ahmte er das Beispiel des seligen David nach (imitatus videlicet beatum David), der von seinem Sohn durch viele Kränkungen verletzt wurde und dennoch dessen Tod bitter beweinte.[99]

Bei der Erhebung König Heinrichs (VII.) gegen Kaiser Friedrich II. wird die Auseinandersetzung zwischen Vater und Sohn auf die gleiche biblische Folie projiziert.[100] Hier erhält die Parallele noch einen besonders dramatischen Zug: Der von seinem Vater entthronte Rebell starb nach siebenjähriger Gefängnishaft im Alter von 30 Jahren, vielleicht sogar an den Folgen eines Selbstmordversuchs. In vier Trauerbriefen, gerichtet an die Geistlichkeit Siziliens, an die Bevölkerung Messinas, an sämtliche Untertanen und an seine Schwiegertochter Margarethe von Österreich, bekundete Kaiser Friedrich II. seinen Schmerz über den Tod seines ältesten Sohnes. Die moderne Frage nach Spontaneität oder Inszeniertheit der geäusserten väterlichen Gefühle können wir hier auf sich beruhen lassen.[101] Von grösserer Bedeutung ist vielmehr die gewährte Einsicht in die zwingend notwendige politische Rhetorik, die der davidische Kaiservater seinem abtrünnigen Sohne schuldete, um damit, gleichsam nebenbei, seine biblisch begründete Vorrangstellung ein weiteres Mal zu demonstrieren und zu festigen. Die entscheidenden Passagen dieser eindrucksvollen Dokumente seien hier in der erwähnten Reihenfolge zusammengestellt, wobei das Schreiben an die Untertanen für unseren Zusammenhang unberücksichtigt bleiben kann, da ihm der obligate Verweis auf die David-Abschalom-Geschichte fehlt.[102] Das erste Beispiel zeigt zugleich, wie biblisch getöntes und römisch gefärbtes Amtsverständnis einander ergänzen:

> Wir gestehen es, dass Wir, der Wir durch des lebenden Königs Übermut nicht gebeugt werden konnten, durch den Sturz dieses Unseres Sohnes gerührt sind. Wir sind jedoch weder die ersten noch die letzten, die durch Übergriffe von Söhnen Schaden erlitten und nichtsdestoweniger an ihrem Grabe weinen. Denn auch David trauerte drei Tage über seinen Erstgeborenen Absalom (Luxit namque David triduo primogenitum Absalonem); und über der Asche seines Schwiegersohnes Pompejus, der dem Glück und dem Leben seines Schwiegervaters nachstellte, versagte sich jener erhabene Julius, der erste Caesar, nicht die Pflicht und die Tränen väterlicher Liebe.[103]
>
> Wenn sich aber Unsere Majestät in natürlicher Bewegung auf Grund des väterlichen Rechts eines so lieben Sohnes in Tränen ergießt, so müsst Ihr, Bewohner des Königreichs, die Ihr eines solchen Herrn beraubt seid, es um so mehr tun. [...] Sollten die Tränen versiegen und die aus der Tiefe gerufenen Seufzer des Schluchzens aufhören, so sammeln sie sich doch in lange Bäche, in denen die Unermeßlichkeit des Schmerzes immer lebt und wächst. Denn auch David trauerte um seinen Sohn Absalom, und der Patriarch Jakob beklagte mit lautem Wehklagen seinen Sohn Joseph, wie Wir lesen (Luxit namque David filium suum Absalonum, et patriarcha Jacob suum Joseph filium lamentis variis, prout legimus, deploravit).[104]
>
> Bisher lebte in der väterlichen Brust die Zuversicht, die geziemende Einsicht, die den Menschen verwandelt, werde im Laufe der Zeit Unserem Sohn Heinrich, Deinem Gemahl, Sinn und Verstand wiedergeben und dem Vater den Sohn und Dir den Gatten wiederschenken. [...] Dennoch fiel nach dem Ratschluß des Herrn [...] Unser Sohn, Dein Gemahl, dem unvermeidlichen Geschick zum Opfer. Auf diese Kunde hin siegte die väterliche Liebe so über Uns, erinnerte uns daran, daß Wir der Vater seien, daß aus Seufzern ein unmäßiges Leid erwuchs und Wir, des Vergangenen vergessend, mehr als David Unseren Absalom bitter beweinten (et preteritorum obliti plus quam David

nostrum amare flevimus Absalonem). Jetzt wussten Wir, daß die Liebe zum Sohne aus dem Herzen des Vaters, durch den sie ihr Wesen erhält, nicht leicht gerissen werden kann, da der, der ihm lebend keine Ursache zur Freude gab, Ihm sterbend um so mehr Grund zur Trauer bereitete.[105]

Die politisch-moralischen Dimensionen des Figurenpaars David-Abschalom – herrscherliche Legitimität und Vaterliebe auf der einen Seite, Aufruhr und Sohnesfeindschaft auf der anderen – bleiben für viele Jahrhunderte von zeitloser Aktualität, auch wenn die Autoren des Mittelalters hin und wieder den Rebell Abschalom vergessen und stattdessen an den Davidsohn nach 2Sam 14,25 als Inbegriff der Schönheit erinnern.[106]

Jenseits aller geschichtstheologisch-politischen Bezüge faszinierten die alttestamentlichen Königsbücher von jeher die Menschen durch ihre bunten, drastischen Erzählungen. Die mächtige Wirkung, die von diesen Geschichten ausging, wird anschaulich bezeugt durch das bewegte Schicksal einer kostbaren Handschrift aus der Mitte des 13. Jahrhunderts, die einen Zyklus von kommentierten Miniaturen zum Alten Testament enthält. Diese Handschrift, deren Auftraggeber bislang unbekannt geblieben ist, ging 1604 aus der Bibliothek eines polnischen Kardinals in den Besitz von Schah Abbas dem Grossen von Persien über (1587-1628), dem es eine päpstliche Gesandtschaft bei ihrer Werbung um seine Unterstützung gegen die Türken als Geschenk überreichte. Aus dieser Zeit stammen denn auch die persischen Kommentare, die den bereits vorhandenen lateinischen Bilderläuterungen hinzugefügt wurden. Auf abenteuerlichen Wegen gelangte die Handschrift schliesslich nach England und von dort aus in die Pierpont Morgan Library nach New York, wo sie heute aufbewahrt wird.[107]

Doch Schah Abbas, der seine Söhne später sicherheitshalber blenden und töten liess, um ihrer möglichen Rebellion zuvorzukommen, hatte bei seinem aufmerksamen Studium der Handschrift kurzerhand drei aufeinanderfolgende Blätter herausgetrennt, weil er befürchtete, das dort geschilderte üble Vorbild könnte zur Nachahmung einladen.[108] Auch diese drei Blätter sind erhalten. Bis heute sind sie von der übrigen Handschrift getrennt: Die zwei ersten befinden sich in der Bibliothèque nationale de France in Paris, das letzte kam aus der Sammlung Ludwig ins Getty-Museum nach Malibu. Zusammen schildern sie die Geschichte von der Auflehnung Abschaloms gegen David.[109]

Das in unseren Quellen am Fall des Königs David beobachtete literarische Verfahren, Personen der eigenen Ära mit biblischen Figuren zu vergleichen und sie an ihnen zu messen, um sie zu loben oder zu verurteilen, entspringt einem moralischen Verständnis der Geschichtsschreibung, wie es im ganzen Mittelalter vorherrschend war. Der Blick des Chronisten sucht die Vergangenheit ab nach Exempeln, die zur Nachahmung anspornen sollen oder als abschreckende Beispiele präsentiert werden. Die Autoren sind sich ihrer Vorgehensweise durchaus bewusst. Eine besonders eindrückliche Reflexion über diese durchgängig an Wertmassstäben ausgerichtete historiographische Methode bietet Wipo, der Geschichtsschreiber Kaiser Konrads II. Er spricht dabei dem Alten Testament eine erkenntnisleitende und wegweisende Funktion zu für die Bewertung von Personen und Vorgängen seiner eigenen Gegenwart und deren Integration in das kulturelle Gedächtnis:

> cum primitiva auctoritatis veteris testamenti, quae historias patrum fructifero labore diligenter exarat, novarum rerum frugem in memoriae cellario recondi debere praefiguret et doceat. Sic Abraam Loth fratuelem suum in bello liberasse commemoramus; sic filios Israel hostes diversos superasse comperimus. Sic David regis praelia, Salomonis consilia, Gedeonis ingenia, Machabeorum pugnas propter scriptorum copiam prae oculis habemus.
>
> denn das ehrwürdige Zeugnis des Alten Testamentes belehrt uns durch sein fruchtbares Bemühen um eine gründliche Darstellung der Urvätergeschichte vorbildhaft darüber, daß wir auch die Frucht neuer Ereignisse in die Scheuer des geistigen Besitzes einbringen müssen. Wir machen uns klar, daß Abraham seinen Brudersohn Loth im Kriege befreit hat; wir wissen, daß die Kinder Israel viele Feinde besiegt haben. Uns stehen vor Augen die Schlachten König Davids, die Weisheit Salomos, die Klugheit Gideons und die Kämpfe der Makkabäer, denn viele haben darüber geschrieben.[110]

König David als personifizierte Norm idealen Herrschertums erscheint in unseren Beispielen als ehrwürdige innerweltliche Vergleichsfigur, die dank ihrer singulären heilsgeschichtlichen Stellung zwar nachgeahmt, allenfalls wiederholt, aber im politischen Raum nicht überboten werden kann. Aus der mittelalterlichen Perspektive der Universalhistorie in ihrem Neben- und Miteinander heilsgeschichtlicher und profangeschichtlicher Abläufe[111] kann der Glanz Davids sogar noch auf die Gründung der Stadt Rom ausstrahlen. So sieht es jedenfalls von seiner geschichtstheologischen Warte aus Dante. Nach göttlichem Ratschluss sollte der Sohn Gottes die verloren gegangene Eintracht zwischen Mensch und Gott wiederherstellen; und zur Ankunft des Gottessohnes auf dieser Erde bedurfte es als politische Voraussetzung der diesem Ereignis angemessenen Verfassung, schreibt Dante in seinem *Convivio*.[112] Und weiter:

> e la ottima disposizione della terra sia quando ella è monarchia, cioè tutta ad uno principe [...]; ordinato fu per lo divino provedimento quello popolo e quella cittade che ciò dovea compiere, cioè la gloriosa Roma.
>
> Die Erde ist jedoch dann in der besten Verfassung, wenn sie Monarchie ist, das heißt ganz unter einem Herrscher steht [...]. Von der göttlichen Vorsehung wurde zur Ausführung dieses Werkes Volk und Staat ausersehen, nämlich das glorreiche Rom.

Für den Einzug des himmlischen Königs war «una progenie santissima» ausersehen, aus der Maria stammte, «una femmina ottima di tutte l'altre».

Dieses hochheilige Geschlecht war, wie Dante unter Berufung auf die berühmte Jesaja-Stelle (Jes 11,1) hervorhebt, das Geschlecht Davids. Dessen Geburt aber lag zeitgleich mit der Gründung Roms, als Aeneas von Troia nach Italien kam. Eben diese Synchronizität begründet die göttliche Auserwähltheit Roms von allem Anfang an:

> Per che assai è manifesto la divina elezione del romano imperio, per lo nascimento della santa cittade, che fu contemporaneo alla radice della progenie di Maria.
>
> So zeigt sich also die göttliche Auserwählung des römischen Kaisertums in der Gründung der heiligen Stadt, die mit der Geburt des Urahnen Marias zusammenfällt.[113]

Derselbe Dante verleiht in seiner *Divina commedia*[114] als poetischer Visionär dem biblischen König und Ahnherrn Jesu Christi eine kühne hieratische Aura, die alles bisher Gesagte übertrifft. Im *Purgatorio* erblickt der Seher auf den dortigen lebensnahen Reliefbildern der Demut den zum Missfallen Michals vor der Bundeslade tanzenden David – «l'umile salmista»:

> Lì precedeva al benedetto vaso,
> trescando alzato, l'umile salmista,
> e più e men che re era 'n quel caso.
> Di contra, effigïata ad una vista
> d'un gran palazzo, Micòl ammirava
> sì come donna dispettosa e trista.[115]
>
> Dort ging der gebenedeiten Lade voran,
> tanzend mit geschürztem Gewand, der demütige Psalmist
> und war dabei zugleich mehr und weniger denn König.
> Gegenüber, dargestellt an einem Fenster
> eines grossen Palastes, schaute Michal zu
> wie eine trotzige und trübsinnige Frau.

Im *Paradiso* aber, wo im Jupiterhimmel, dem Erscheinungsort der gerechten Fürstenseelen, die Geisterscharen einen sprechenden Kaiseradler bilden, das Emblem gerechter monarchischer Herrschaft, erfährt die Davidgestalt ihre äusserste Ästhetisierung und Spiritualisierung. Der Adler lenkt den Blick des Dichters auf sein Auge, dessen Pupille der biblische Sängerkönig ist – «il cantor dello Spirito Santo»:

> «La parte in me che vede e pate il sole
> nell'aguglie mortali – incominciommi –
> or fisamente riguardar si vole,
> perché, d'i fuochi ond'io figura fommi,
> quelli onde l'occhio in testa mi scintilla
> e' di tutto lor grado son li sommi.
> Colui che lùce in mezzo per pupilla
> fu il cantor dello Spirito Santo
> che l'arca traslatò di villa in villa:
> ora conosce il merto del suo canto,

in quanto effetto fu del suo consiglio,
per lo remunerar ch'è altrettanto.»[116]

«Den Teil an mir, der die Sonne sieht und erträgt
bei den irdischen Adlern – begann er –
soll man jetzt fest in den Blick nehmen,
denn von den Feuern, die meine Gestalt formen,
sind die, aus denen das Auge in meinem Kopf funkelt,
ihrem Grade nach die höchsten.
Der, der als Pupille in der Mitte leuchtet,
war der Sänger des Heiligen Geistes,
der die Lade von Ort zu Ort gebracht:
Jetzt erkennt er das Verdienst seines Gesanges,
soweit dieser Wirkung seines Willens war,
an seiner entsprechend hohen Belohnung.»

Ungeachtet dieser Transzendierung ist David – «sommo cantor del sommo duce» – nicht ein für allemal in die jenseitige Sphäre entrückt, sondern bleibt dem Dichter und dem Menschen Dante nahe. Dieser David ist die Quelle der Hoffnung für ihn und für alle, die seines Glaubens sind:

«Spene – diss'io – è uno attender certo
della gloria futura, il qual produce
grazia divina e precedente merto.
Da molte stelle mi vien questa luce;
ma quei la distillò nel mi' cor pria
che fu sommo cantor del Sommo Duce.
‹Sperino in te – nella sua tëodìa
dice – color che sanno il nome tuo› [Ps 9,11]:
e chi nol sa, s'elli ha la fede mia?»[117]

«Hoffnung – sagte ich – ist ein sicheres Erwarten
der künftigen Herrlichkeit, welches hervorbringen
göttliche Gnade und vorangehendes Verdienst.
Von vielen Sternen kommt mir dieses Licht,
aber der, welcher es zuerst in mein Herz geträufelt,
ist der, der höchster Sänger des höchsten Königs war.
‹Mögen auf dich hoffen – sagt er in seinem Gottesgesang –
diejenigen, die deinen Namen kennen›:
Und wer kennt ihn nicht, wenn er meinen Glauben hat?»

Anmerkungen

[1] Joh 18,33-37; 19,12.15.19. – Die Bibelzitate dieses Beitrages werden nach folgenden Ausgaben wiedergegeben: Biblia sacra iuxta vulgatam versionem, recensuit R. Weber, editionem quartam emendatam praeparavit R. Gryson, Stuttgart: Deutsche Bibelgesellschaft 1994; Neue Jerusalemer Bibel. Einheitsübersetzung mit dem Kommentar der Jerusalemer Bibel. Neu bearbeitete und erweiterte Ausgabe deutsch hrsg. von A. Deissler und A. Vögtle in Verbindung mit J. M. Nützel, Freiburg / Basel / Wien: Herder 1985.

[2] Zu dieser Übersetzung der Überschrift vgl. Luz 2002, 117-119.

[3] Zur Exegese des ganzen Abschnittes vgl. Luz 2002, 127-140.

[4] Zur Exegese vgl. Bovon 1989, 185-191.

5 Zu diesem Introitus vgl. Gajard 1988, 63f.
6 Vgl. den Überblick bei Thomas 1972 und bei Wedl-Bruognolo 1994; ferner: Wyss 1954, 1104f; Lee u.a. 1977, 36f; Korn 1992, 34-36; Kurmann-Schwarz 1998, 197-259.
7 Green u.a. 1979, Bd. 1, 133 und Bd. 2, 126, Abb. von Blatt 80v; Gillen 1979, 72f mit Abb.
8 Farbabbildungen bei Oldenbourg 1972, 206; Lee u.a. 1977, 36; Ladwein 1998, 141.
9 *Der Ingeborg-Psalter* 1985, Blatt 14v. Farbabbildung in *Die Psalmen* 1997, 111, und bei Steinwede 1999, 13. Vgl. den Kommentar bei Deuchler 1967, 32-34 mit Abb. 18.
10 Daniélou 1957, 598.
11 Klein 1975, 609. Zu Terpander vgl. auch Robbins 2002, 161.
12 Hieronymus, Epistula LIII, 8. Zitat nach der Ausgabe von Labourt 1953, 21, Zeile 14-17. Vgl. Daniélou 1957, 598. Zu dieser Stelle auch – dort freilich um die entscheidende christologische Aussage verkürzt – Curtius 1961, 444, und Dyck 1977, 31.
13 Eusebius von Caesarea, *Kirchengeschichte* III, 19,1-20,7. Zitat III,19,1 nach der Ausgabe von Kraft 1967, 168. Vgl. auch die Ausgabe von Schwartz / Mommsen 1999, Teil 1, 232-235.
14 Zu den hier dargestellten Grundzügen der typologischen Schriftexegese vgl. im einzelnen besonders Goppelt 1939; Auerbach 1939; Daniélou 1950; Bultmann 1950; Lubac 1959-1964; Bloch 1972; Ohly 1983; Herkommer 1987, 146f.212-218; Kemp 1987, 56-116; Bohn 1988; *Figures* 1989; Reventlow 1990-1994; Heither / Reemts 1999; *Rois et reines* 1999; Hall 2002.
15 Lauretus 1971.
16 Lauretus 1971, 311.
17 Vgl. hierzu im einzelnen Palanque 1933, 228-237; Dudden 1935, II, 381-392; Campenhausen 1960, 100-102; Schieffer 1972; Zelzer 1982, CX-CXVI; Piétri 1996, 476f; Demandt 1998, 106.
18 Ambrosius, Epistula extra coll. 11 (Maur. 51), 7.11. Zitat nach der Ausgabe von Zelzer 1982, 212-218, hier 214, Zeile 57f, u. 216, Zeile 102-104, und Rahner 1961, 185-193 (mit Abdruck des lateinischen Textes), hier 187.189.
19 Ambrosius, *De obitu Theodosii* 27.28. Zitat nach der Ausgabe von Faller 1955, 369-401, hier 385, und Niederhuber 1917, 337-423, hier 407f. Zur Trauerrede vgl. Biermann 1995, 103-119.
20 Vgl. Hadot 1977, 43.
21 Ambrosius, *Apologia David*, § 14, Zeile 1-8. Zitat nach der Ausgabe von Hadot 1977, 90.
22 Kirmeier / Brockhoff 1993, Kat. Nr. 99, 246, mit 161 (Abb.).
23 Haussherr 1968; Haussherr 1983.
24 Haussherr 1992, Blatt 38*v, 45r, 45*v.
25 Haussherr 1992, 117.
26 Haussherr 1992, 130.
27 Haussherr 1992, 130f.
28 Schmidt / Weckwerth 1968; Plotzek-Wederhake / Bernt 1983; Söding 1994.
29 *Biblia Pauperum* 1993.
30 Schmidt 1994, 214f.
31 Schmidt 1994, 236f.
32 Vgl. zu diesen Ausführungen im einzelnen Schmidt 1955/1956, und Herkommer 1987, 151-153.182-187, jeweils mit weiterer Literatur.
33 Vgl. hierzu im einzelnen Berges 1938, 24-34; Eichmann 1942, Bd. 1, 89f.207f; Kantorowicz 1957, deutsche Übersetzung 1990, siehe Register unter «christomimesis», «imago Dei (Christi)», «vicarius»; Kleinschmidt 1974, 45f; Herkommer 1980, 84-88.
34 Belege bei Elze 1960, 188 im Verzeichnis der Gebets- und Formelanfänge unter «Deus Dei filius Iesus Christus, dominus noster, qui a patre». Vgl. auch Eichmann 1942, Bd. 1, 207.
35 In der Vulgata lautet der betreffende Vers aus Ps 44: «unxit te Deus Deus tuus oleo laetitiae prae consortibus tuis.»

[36] Belege bei Elze 1960, 187 im Verzeichnis der Gebets- und Formelanfänge unter «Accingere gladio tuo circa femur tuum».
[37] Belege bei Elze 1960, 198 im Namen-, Sach- und Wortverzeichnis unter «Christus»: «salvator mundi cuius typum geris in nomine». Vgl. auch Eichmann 1942, Bd. 2, 113 Anm. 46; Kantorowicz 1957, deutsche Übersetzung 1990, 107f.
[38] Kölzer / Stähli 1994.
[39] Blatt 143r, Kölzer / Stähli 1994, 235. Vgl. auch Herkommer 1987, 265 Abb. 10 mit 264.267.269.
[40] Blatt 142v, Kölzer / Stähli 1994, 232f.
[41] Rahewin, *Gesta Frederici* IV,22. Zitat nach der Ausgabe von Schmale 1965, 566/567.
[42] Vgl. hierzu Vehse 1929, 154; Kantorowicz 1927-1931, Ergänzungsband, 74; Stürner 1992-2000, Teil 2, 161f.
[43] Kreuzzugsmanifest 18. März 1229, Fassung an den König von England. Zitate nach von den Steinen 1923, Nr. 5, 27-31, hier 30, und Weiland 1896, Nr. 122, 162-167, hier 166, rechte Spalte, Zeile 33-36. Die Anknüpfung Friedrichs an das Davidkönigtum befindet sich nur in der für den englischen König Heinrich III. bestimmten Version. Diese ist überliefert in den *Flores historiarum* Rogers von Wendover, Hewlett 1886-1889, Bd. 2, 365-369. Die kaiserliche Enzyklika ist auch abgedruckt bei Schaller 1965, Nr. 3, 10-14. Eine Übersetzung enthält die Quellensammlung von Heinisch 1968, 173-178.
[44] Zur Gesamtinterpretation von Friedrichs Rundschreiben vgl. besonders Kantorowicz 1927-1931, Hauptband, 183-185, und Stürner 1992-2000, Teil 2, 160-162.
[45] Kloos 1954 (1966), 169-179 bzw. 369-381 mit Übersetzung, 784-792. Vgl. Schaller 1963 (1966); Neu-Kock 1978; Herkommer 1987, 264-267; Stürner 1992-2000, Teil 2, 176-178.
[46] Kloos 1954 (1966), 171 bzw. 371. Vgl. Schaller 1963 (1966), 303 bzw. 604.
[47] Kloos 1954 (1966), 172f bzw. 373. Vgl. Schaller 1963 (1966), 304 bzw. 604.
[48] «*Benedictus tu inter reges*, id est super omnes reges, et *benedictus fructus ventris tui* (Lk 1,41), id est fructus pulcherrimus rex Cunradus, vester *filius praedilectus, in quo* vobis *bene complacui* (vgl. Mt 17,5) et in perpetuum complacebit.» Zitat nach Kloos 1954 (1966), 174 bzw. 375, Übersetzung 788.
[49] Schaller 1963 (1966), 304f bzw. 605f.
[50] Neu-Kock 1978. Zur Deutung des Kanzelreliefs vgl. auch Stürner 1992-2000, Teil 2, 176-178.
[51] Weiland 1896, Nr. 219, 304. Das Schreiben ist auch abgedruckt bei Schaller 1965, Nr. 12, 44. Übersetzungen bieten von den Steinen 1923, Nr. 30, 69f, und Heinisch 1968, 452f. Vgl. auch Vehse 1929, 79; Kantorowicz 1927-1931, Hauptband, 467; Stürner 1992-2000, Teil 2, 486f.
[52] Zitate nach Heinisch 1968, 453, und Weiland 1896, 304, Zeile 6-12.
[53] Zu den Einzelheiten vgl. Herkommer 1987, 267-269.
[54] Vgl. im einzelnen Decker-Hauff 1955; Staats 1976; Herkommer 1976; Trnek 1987; Staats 1991; Gerke o.J. [1992]; Wolf 1995; Ott 1998, 197-199; Ott 2001, 179-188.
[55] Staats 1991, 16.
[56] Elze 1960, 3, Zeile 3-7, u.ö.
[57] Isidor von Sevilla, *Etymologiarum sive Originum libri XX* I, 29,3. Zitat nach der Ausgabe von Lindsay 1911, Bd. 1.
[58] Augustinus, *De civitate Dei* V, 24. Zitat nach der Ausgabe von Dombart / Kalb 1928-1929, Bd. 1, 237, Zeile 5f.
[59] Vgl. Bernheim 1918, 46-50; Kantorowicz 1927-1931, Ergänzungsband, 103; Kleinschmidt 1974, siehe Register unter «rex iustus».
[60] Zitate aus Hrotsvits zweiter, an Otto II. gerichteter Widmungsvorrede zu ihren *Gesta Ottonis* nach Homeyer 1970, 389, V. 19-22.31, und Staats 1976, 40f.
[61] Ruotger, *Vita Brunonis* 18. Zitate nach der Ausgabe von Kallfelz 1973, 169-261, hier 202/203.

[62] Vgl. Anton 1968, besonders 419-436; Le Goff 2000, besonders 341-349.
[63] Vgl. Hohenzollern 1965.
[64] Vgl. Kunst / Schenkluhn 1988; Le Goff 1997; Demouy 2001; J.-C. Bonne in Le Goff u.a. 2001, 127-130.
[65] Zu dieser Szenenfolge vgl. Hamann-Mac Lean / Schüßler 1996, Abb. Nr. 3421-3445. Zur Chronologie des Skulpturenschmucks der Westfassade vgl. Demouy 2001, 170-173.
[66] Ordo von 1250. Zitat nach Jackson 1995-2000, Bd. 2, 354, Nr. 32, und nach Le Goff u.a. 2001, 275. Zur französischen Königssalbung vgl. auch Schramm 1960, 157f; Le Goff 2000, 730-736.
[67] Vgl. *Cérémonies* 1825, 59-64. Dieses Büchlein wurde in der Absicht herausgegeben, den ganzen Ablauf der Krönungsfeier für alle nachvollziehbar zu machen, für die Teilnehmer ebenso wie für diejenigen, die keinen Zutritt hatten: «La description que nous donnons est d'une indispensable utilité pour toutes les personnes qui auront l'honneur d'assister au Sacre; cet ouvrage à la main, elles pourront aisément suivre dans tous ses actes le Prélat qui sacre le Roi, comme dans les nombreuses prières que la Religion a consacrées à chaque circonstance de la cérémonie, et dont la traduction, jusqu'ici trop souvent défectueuse, a été soigneusement revue et corrigée. Quant à ceux qui ne pourront jouir de cet imposant spectacle, il leur sera facile, à l'aide de ce livre, de savoir exactement ce que c'est que la célébration du Sacre de nos Rois, d'en bien apprécier l'esprit et d'en connoître l'ordre dans ses plus petits détails, ayant sous les yeux le récit de tout ce qui précède, accompagne et suit cette auguste solennité» (ebd., Au lecteur, unpag.). – Zu den Krönungsfeierlichkeiten in ihrer historischen Entwicklung vgl. Jackson 1984.
[68] Vgl. hierzu im einzelnen Robertson 2002, 224-256: Machaut's *David Hocket* and the Coronation of Charles V (1364). Vgl. ferner Kügle 1996, 360. Eine Aufnahme des Instrumentalstücks mit zwei Altpommern und einer den cantus firmus spielenden Tenorposaune samt Trommel bei Weber 1993, CD 1, Nr. 5.
[69] Zitate nach Herkommer 1987, 246.
[70] Vgl. hierzu besonders Hauck 1950.
[71] Opll 1991, Regest 1526, 241, und Regest 1530, 243. Vgl. Petersohn 1975.
[72] Zitat nach der Ausgabe des *Martyrologium Romanum* von Delehaye 1940, 606. Vgl. *Das Römische Martyrologium* 1935, 326. Zum David-Fest des christlichen Kalenders vgl. Quentin 1908, 349.451.483.587f; Hennig 1967, 157-159.
[73] Vgl. hierzu Schaller 1974.
[74] Zitate nach Ausgabe von Brunhölzl 1966, 60, V. 12; 62, V. 32f; 66, V. 92f; 94, V. 504; 88, V. 415f; 60, V. 14f. Vgl. zu diesem Werk auch Beumann 1966; von Padberg 1999; Hack 1999.
[75] Vgl. Fleckenstein 1965, 37.
[76] Vgl. Fleckenstein 1965, 43-45; von den Steinen 1965, 75-77.80.
[77] Dümmler 1895, siehe Namensverzeichnis unter «Carolus cognomen David», ferner Braunfels 1965-1968, Bd. 5, Registerband, S. 100 unter Karl der Grosse als «novus David»; Mettauer 2002b. Zum davidischen Selbstverständnis der fränkisch-karolingischen Herrscher vgl. Kantorowicz 1946, bes. 56-58; Rieber 1949, 101-117; Ewig 1956a, 41-65; Steger 1961, 125-132; Schramm 1963, bes. 235-238; Mohr 1966; Anton 1968, bes. 419-436.
[78] Theodulf, carmen 23, V. 31f. Zitat nach der Ausgabe von Dümmler 1881, 481. Vgl. Rieber 1949, 95f.
[79] Dümmler 1881, 360-363; Klopsch 1985, Nr. 20, 104-115, Kommentar 469-471.
[80] Zitat nach der Ausgabe von Klopsch 1985, 104, V. 1-6; 112, V. 89-92.
[81] Boretius 1883, 247, Zeile 39f. Vgl. Rieber 1949, 85; Ewig 1956a, 66.
[82] *Chronicon Moissiacense*. Zitat nach der Ausgabe von Pertz 1829, 259, Zeile 29-31. Vgl. Rieber 1949, 197.
[83] Theganus, *Gesta Hludowici imperatoris*. Zitate nach der Ausgabe von Tremp 1995, 196, Zeile 17-20 / 197, Zeile 17-20.

84 *Reichsannalen.* Zitate zu den Jahren 749 und 750 nach der Ausgabe von Rau 1955, 14/15.
85 Zur Königssalbung vgl. im einzelnen Eichmann 1913; Eichmann 1942, Bd. 1, 78-94.206-208; Rieber 1949, 39-51; Staubach 1990, 335f; Anton 1995; Bloch 1998, besonders Anhang 3: Die Anfänge der Königssalbung und der Königsweihe, 485-501.
86 Zur Würdigung des Geschehens vgl. Ewig 1966, 21-23; Schulze 1987, 95f; Schieffer 1997, 59f; Angenendt 2001, 283f.
87 Vgl. hierzu im einzelnen Treitinger 1938, 81.130f.135 Anm. 23; Ewig 1956b (1975), 138-144.
88 Zitat nach der Ausgabe von Clemen 1929, 389, Zeile 26f.
89 Regino von Prüm, *Chronica,* anno 868. Regino gebraucht diese Differenzierung bei seiner Gleichsetzung des Papstes Nikolaus I. mit dem Propheten Elias: «ut merito credatur alter Helias Deo suscitante nostris in temporibus exsurrexisse, etsi non corpore, tamen spiritu et virtute.» Zitat nach der Ausgabe von Rau 1960, 218, Zeile 28-30.
90 Otfrid, *Evangelienbuch,* Ad Ludowicum V. 37-46.51-68: «Er erinnert mich unmittelbar an David: / Auch dieser hat in Bedrängnis vielfältige Mühe ertragen; / denn er hatte den festen Willen, männlich zu handeln – das zeigte sich dann auch ganz deutlich –, / ein wirklicher Kämpfer zu sein in vielen Gefahren. / Er erduldete viel Leid, solange Gott es so wollte; / das überwand er schließlich, wie es sich für einen Streiter Gottes ziemte. / Voller Gnade half ihm stets Gott, der Erhabene, / das sage ich dir wahrheitsgemäß, du kannst es selbst in der Schrift nachlesen. / Wir finden die gleiche Vollkommenheit, die gleiche Kühnheit / im Streben nach allem Guten wieder im Herzen Ludwigs. / [...] / Wenn es jemand unternahm, gegen ihn zu kämpfen, / so beschirmte ihn Gott sogleich voller Huld, / half ihm stets in Not und großer Bedrängnis, / erleichterte ihm alle seine Lebensjahre, die ihm sehr hart erscheinen mußten, / bis er ihn zum Ziel führte und ihm die Grenzen seines Reiches erweiterte. / Deshalb kann abgewogenes Urteil Ludwig mit David gleichstellen. / Auch David kam auf solche Weise an die Macht: / Er war Gott überaus lieb; ebenso erging es verdientermaßen Ludwig. / Jener lenkte das Volk Gottes erhaben und herrlich; / dies tut auch Ludwig fürwahr ununterbrochen in Gott wohlgefälliger Weise, / stets zu unserem Heil, in lauterer Gesinnung / jahraus, jahrein; dies sage ich dir wahrheitsgemäß. / David erfüllte voller Eifer, was Gott ihm gebot, / und festigte seine Herrschaft und das Reich in seinem ganzen Umkreis. / Auch an Ludwig zeigt sich deutlich, daß er, so gut er es überhaupt vermag, / immer mit allem Eifer Gott dient. / Gut regiert er sein ganzes Reich, wie es sich gebührt, / er ist von großer Tapferkeit und lebhaften Geistes.» Zitate nach der Ausgabe von Vollmann-Profe 1987, 10-13. Vgl. zu Otfrids David-Vergleich Ernst 1975, 157-161; Vollmann-Profe 1976, 15-19, und 1987, 206f; Mettauer 2002a.
91 Zum David-Vergleich des Pfaffen Konrad im Epilog des *Rolandsliedes* vgl. im einzelnen Nellmann 1965; Ohly 1987, 104-130; Herkommer 1987, 245f; ferner in diesem Band den Beitrag von M. Stolz.
92 *Rolandslied,* V. 9039-9049.9066-9076. Zitat nach der Ausgabe von Kartschoke 1996, 606-608. Vgl. Wesle / Wapnewski 1985, 317f. In neuhochdeutscher Übertragung: «Jetzt, in unsrer Zeit, können wir niemand / mit dem König David / so überzeugend vergleichen / wie den Herzog Heinrich. / Gott gab ihm die Stärke, / so dass er alle seine Feinde niederrang. / Den Ruhm der Christenheit hat er weiter erhöht, / die Heiden wurden von ihm bekehrt. / Das ist zu Recht sein Erbteil. / Nie drehte er sein Banner zur Flucht. / Gott liess ihn immer siegreich sein. / [...] / Seinem Schöpfer weiht er sein ganzes Leben / wie das König David tat. / Wo er sich etwas zuschulden hat kommen lassen / tut er schon zu seinen Lebzeiten Busse. / Am Jüngsten Tag, / wenn Gott sein Gericht abhält, / möge er ihm dort keine Strafe mehr abverlangen, / sondern ihm seinen Platz zuweisen / in der ewigen Glückseligkeit. / Darum flehen wir alle, Amen!» Vgl. auch die Übersetzung von Kartschoke 1996, 607-609.
93 Vgl. Herkommer 1987, 246 mit Anm. 544.
94 Brief Gregors VII. an Heinrich IV. vom 8. 12. 1075. Zitat nach der Ausgabe von Schmale 1978, 204 / 205.

⁹⁵ *Sächsische Weltchronik*. Zitat nach den Ausgaben von Weiland 1877, 187, Zeile 20f, und Herkommer 2000, 192.
⁹⁶ Helmold von Bosau, *Chronica Slavorum* c. 33. Zitat der Ausgabe von Stoob 1963, 138, Zeile 1-4 / 139, Zeile 1-4. –
⁹⁷ Bruno, *Sachsenkrieg* c. 10. Zitat nach der Ausgabe von Schmale 1963, 204, Zeile 10f / 205, Zeile 10-12.
⁹⁸ Bruno, *Sachsenkrieg* c. 5. Zitat nach der Ausgabe von Schmale 1963, 200, Zeile 5 / 201, Zeile 5-8.
⁹⁹ Astronomus, *Vita Hludowici imperatoris*. Zitate nach der Ausgabe von Tremp 1995, 508, Zeile 1-3 / 509, Zeile 1-3.
¹⁰⁰ Vgl. Stürner 1992-2000, Teil 2, 162 Anm. 155; 304.
¹⁰¹ Zur Funktion von Emotionen im mittelalterlichen Kommunikationssystem vgl. Althoff 1996.
¹⁰² Heinisch 1968, 311f; Huillard-Bréholles 1860, 29f.
¹⁰³ Zitate nach Heinisch 1968, 309, und Huillard-Bréholles 1860, 28.
¹⁰⁴ Zitate nach Heinisch 1968, 310, und Huillard-Bréholles 1860, 32.
¹⁰⁵ Zitate nach Heinisch 1968, 312, und Huillard-Bréholles 1860, 30f.
¹⁰⁶ Vgl. hierzu Fechter 1961/1962. – Ein singuläres Beispiel einer ganz eigenwilligen Anwendung der David-Abschalom-Analogie steht in der sogenannten *Vierten Bairischen Fortsetzung der Sächsischen Weltchronik*. In seiner Kommentierung des Vater-Sohn-Konflikts zwischen Ludwig VII. dem Bärtigen und Ludwig VIII. dem Buckligen, der von 1438 bis 1445 das Ingolstädter Herzogtum in Mitleidenschaft zieht, sieht der Chronist die biblischen Rollen vertauscht. Es ist hier der Vater, der als Abschalom gebrandmarkt wird, während der Sohn den angegriffenen David repräsentiert: «Der vater begund hassen sein sun herzog Ludweig den jungen, der doch ein edler furst was. Der alt herzog verpot allen sein steten und allen sein pflegern und richtern, daz man sein sun nindert in chain sein sloß noch stat solt lassen [...]. Nu tet herzog Ludweig seim sun ze geleicher weiz, als man dann list in der künig puch von künig Davit und von seim sun Absolon. [Hier folgt die Geschichte Abschaloms.] Und als Absolon an seim vater übel tet, an künig David, also tet herzog Ludweig übel an sein sun. Also müst herzog Ludweig der junger umbreiten in dem land und sein vater fliechen, daz er in in chaim sloß wolt lassen beleiben, wann er im veint was.» Zitat nach der Ausgabe von Weiland 1877, 367, Zeile 20-29. Vgl. Herkommer 1992, 493.
¹⁰⁷ Faksimileausgabe unter dem Titel *Die Kreuzritterbibel* 1998-1999.
¹⁰⁸ Plotzek 1979, 74.
¹⁰⁹ Die Faksimileausgabe vereinigt die Einzelblätter wieder mit dem ganzen Werk. Vgl. *Die Kreuzritterbibel* 1998-1999, Faksimile Blatt 43-45. Zur Beschreibung der dortigen Miniaturen vgl. S.C. Cockerell, ebd., Kommentar, 84-87.
¹¹⁰ Wipo, *Gesta Chuonradi II. imperatoris*, Prologus. Zitat nach der Ausgabe von Trillmich / Buchner 1961, 524, Zeile 28 - 526, Zeile 2 / 525, Zeile 29 - 527, Zeile 2.
¹¹¹ Vgl. hierzu Herkommer 1987, 147-156.182-187.
¹¹² Ausgabe Ageno 1995, deutsche Übertragung von Sauter 1965.
¹¹³ *Convivio* IV, 5,4-6. Zitate nach den Ausgaben von Ageno 1995, 283, und Sauter 1965, 177f. – An einer anderen Stelle verweist Dante nochmals auf David, als er unter Berufung auf Ps 8 den unvergleichlichen Adel des Menschen feiert. Vgl. *Convivio* XIX, 7, Ageno 1995, 382f; Sauter 1965, 230.
¹¹⁴ Ausgabe Lanza 1996. Bei der neuhochdeutschen Wiedergabe der Textstellen wird den vorhandenen metrischen Übertragungen mit ihren sprachlichen Zwängen eine zwar zeilengetreue, aber wörtlichere Prosaversion vorgezogen. Ein Beispiel mit durchaus literarischem Anspruch liefert hier die französische Ausgabe von Risset 1985-1990.
¹¹⁵ *Purgatorio* X, 64-69. Zitat nach der Ausgabe von Lanza 1996, 355. Vgl. den Kommentar von Gmelin 1949-1957, Bd. 5, 182f.

[116] *Paradiso* XX, 31-42, Lanza 1996, 680. Vgl. den Kommentar von Gmelin 1949-1957, Bd. 6, 367-369.
[117] *Paradiso* XXV, 67-75, Lanza 1996, 713. Vgl. den Kommentar von Gmelin 1949-1957, Bd. 6, 443f.

Bibliographie

Ageno, F.B. (ed.), 1995: *Dante Alighieri, Convivio.* Tom. 1-2: Introduzione. Tom. 3: Testo (Le opere di Dante Alighieri, 3), Florenz: Casa Editrice Le Lettere.
Althoff, G., 1996 (1997): «Empörung, Tränen, Zerknischung. ‹Emotionen› in der öffentlichen Kommunikation des Mittelalters» in *Frühmittelalterliche Studien*, 30, pp. 60-79; wiederabgedruckt in Althoff, *Spielregeln der Politik im Mittelalter. Kommunikation in Frieden und Fehde*, Darmstadt: Wissenschaftliche Buchgesellschaft, pp. 258-281.
Angenendt, A., 2001: *Das Frühmittelalter. Die abendländische Christenheit von 400 bis 900*, 3. Auflage, Stuttgart: Kohlhammer.
Anton, H.H., 1968: *Fürstenspiegel und Herrscherethos in der Karolingerzeit* (Bonner Historische Forschungen, 32), Bonn: Röhrscheid.
Anton, H.H., 1995: «Salbung II. Herrscherlich» in *Lexikon des Mittelalters*, 7, col. 1289-1292.
Auerbach, E., 1939 (1967): «Figura» in *Archivum Romanicum*, 22, pp. 436-489; wiederabgedruckt in Auerbach, *Gesammelte Aufsätze zur romanischen Philologie*, Bern / München: Francke, pp. 55-92.
Berges, W., 1938 (1952): *Die Fürstenspiegel des hohen und späten Mittelalters* (MGH, Schriften, 2), Stuttgart: Hiersemann (Nachdruck Stuttgart: Hiersemann).
Bernheim, E., 1918 (1964): *Mittelalterliche Zeitanschauungen in ihrem Einfluß auf Politik und Geschichtsschreibung. 1. (einziger) Teil. Die Zeitanschauungen: Die Augustinischen Ideen, Antichrist und Friedensfürst, Regnum und Sacerdotium*, Tübingen: Mohr (Nachdruck Aalen: Scientia).
Beumann, H., 1966: «Das Paderborner Epos und die Kaiseridee Karls des Großen» in Brockmann, J. (ed.), *Karolus Magnus et Leo papa. Ein Paderborner Epos vom Jahre 799* (Schriften und Quellen zur Westfälischen Geschichte, 8), Paderborn: Bonifatius, pp. 1-54.
Biblia Pauperum, 1993-1994: *Biblia Pauperum. Kings MS 5, British Library, London.* Faksimile-Edition. Kommentar von J. Backhouse / J. H. Marrow / G. Schmidt, Luzern: Faksimile Verlag.
Biermann, M., 1995: *Die Leichenreden des Ambrosius von Mailand. Rhetorik, Predigt, Politik* (Hermes-Einzelschriften, 70), Stuttgart: Steiner.
Bloch, M., 1998: *Die wundertätigen Könige.* Mit einem Vorwort von J. Le Goff. Aus dem Französischen übersetzt von C. Märtl (zugrundeliegende Originalausgabe 1983 unter dem Titel *Les rois thaumaturges. Étude sur le caractère surnaturel attribué à la puissance royale particulièrement en France et en Angleterre*, Paris: Gallimard [1. Ausgabe 1924]), München: Beck.
Bloch, P., 1972: «Typologie» in *Lexikon der christlichen Ikonographie*, 4, col. 395-404.
Bohn, V. (ed.), 1988: *Typologie. Internationale Beiträge zur Poetik* (edition suhrkamp, 1451; Neue Folge, 451), Frankfurt: Suhrkamp.

Boretius, A. (ed.), 1883: *Capitularia regum Francorum* (MGH, Capitularia, 1), Hannover: Hahn.
Bovon, F., 1989: *Das Evangelium nach Lukas. Teilbd. 1. Lk 1,1 - 9,50* (Evangelisch-Katholischer Kommentar zum Neuen Testament, III/1), Zürich: Benziger / Neukirchen-Vluyn: Neukirchener Verlag.
Braunfels, W. (ed.), 1965-1968: *Karl der Große. Lebenswerk und Nachleben*, 5 Bde, Düsseldorf: Schwann.
Brunhölzl, F., 1966 (1999): «Karolus Magnus et Leo papa. Text und Übersetzung» in Brockmann, J. (ed.), *Karolus Magnus et Leo papa. Ein Paderborner Epos vom Jahre 799* (Schriften und Quellen zur Westfälischen Geschichte, 8), Paderborn: Bonifatius, pp. 55-97; wiederabgedruckt als Beiheft zu Hentze, W. (ed.), 1999: *De Karolo rege et Leone papa. Der Bericht über die Zusammenkunft Karls des Großen mit Papst Leo III. in Paderborn 799 in einem Epos für Karl den Kaiser. Mit vollständiger Farbreproduktion nach der Handschrift der Zentralbibliothek Zürich, Ms. C 78* (Schriften und Quellen zur Westfälischen Geschichte, 36), Paderborn: Bonifatius.
Bultmann, R., 1950: «Ursprung und Sinn der Typologie als hermeneutischer Methode» in *Theologische Literaturzeitung*, 75, col. 205-212.
Campenhausen, H. v., 1960: *Lateinische Kirchenväter* (Urban-Bücher, 50), Stuttgart: Kohlhammer.
Cérémonies, 1825: *Cérémonies et prières du sacre des rois de France*, Paris: Firmin Didot.
Clemen, O. (ed.), 1929: *Luthers Werke in Auswahl*, Bd. 2, Berlin: de Gruyter.
Curtius, E.R., 1961: *Europäische Literatur und lateinisches Mittelalter*, 3. Auflage, Bern / München: Francke.
Daniélou, J., 1950: *Sacramentum Futuri. Études sur les origines de la typologie biblique* (Études de théologie historique), Paris: Beauchesne.
Daniélou, J., 1957: «David» in *Reallexikon für Antike und Christentum*, 3, col. 594-603.
Decker-Hauff, H., 1955: «Die ‹Reichskrone›, angefertigt für Kaiser Otto I.» in Schramm, P.E., *Herrschaftszeichen und Staatssymbolik. Beiträge zu ihrer Geschichte vom dritten bis zum sechzehnten Jahrhundert*, Bd. II (MGH, Schriften, 13/II), Stuttgart: Hiersemann, pp. 560-637.
Delehaye, H., u.a. (eds.), 1940: *Propylaeum ad Acta Sanctorum Decembris. Martyrologium Romanum ad formam editionis typicae scholiis historicis instructum*, Brüssel: Société des Bollandistes.
Demandt, A., 1998: *Geschichte der Spätantike. Das Römische Reich von Diocletian bis Justinian 284-565 n. Chr.*, München: Beck.
Demouy, P. (ed.), 2001: *Reims. Die Kathedrale* (Monumente der Gotik, 3) [französische Originalausgabe 2000 als Band 3 der Reihe «Le ciel et la pierre», Saint-Léger-Vauban: Zodiaque], Regensburg: Schnell & Steiner.
Deuchler, F., 1967 (1985): *Der Ingeborgpsalter*, Berlin: de Gruyter (Nachdruck Graz: Akademische Druck- und Verlagsanstalt).
Dombart, B. / Kalb, A. (eds.), 1928-1929 (1981): *Sancti Aurelii Augustini episcopi De civitate Dei libri XXII*, 2 Bde (Bibliotheca scriptorum Graecorum et Romanorum Teubneriana), Leipzig: Teubner (Nachdruck Darmstadt: Wissenschaftliche Buchgesellschaft).

Dudden, F.H., 1935: *The life and times of St. Ambrose*, 2 Bde, Oxford: Oxford University Press.
Dümmler, E. (ed.), 1881: *Poetae latini aevi Carolini*, Bd. 1 (MGH, Poetae latini medii aevi, 1), Berlin: Weidmann.
Dümmler, E. (ed.), 1895: *Epistolae Karolini aevi*, Bd. 2 (MGH, Epistolae, 4), Berlin: Weidmann.
Dyck, J., 1977: *Athen und Jerusalem. Die Tradition der argumentativen Verknüpfung von Bibel und Poesie im 17. und 18. Jahrhundert*, München: Beck.
Eichmann, E., 1913: «Die rechtliche und kirchenpolitische Bedeutung der Kaisersalbung im Mittelalter» in *Festschrift für Georg von Hertling*, München: Kösel, pp. 263-271.
Eichmann, E., 1942: *Die Kaiserkrönung im Abendland. Ein Beitrag zur Geistesgeschichte des Mittelalters mit besonderer Berücksichtigung des kirchlichen Rechts, der Liturgie und der Kirchenpolitik*, 2 Bde, Würzburg: Echter.
Elze, R. (ed.), 1960: *Die Ordines für die Weihe und Krönung des Kaisers und der Kaiserin* (MGH, Fontes iuris Germanici antiqui, 9), Hannover: Hahnsche Buchhandlung.
Ernst, U., 1975: *Der Liber Evangeliorum Otfrids von Weissenburg. Literarästhetik und Verstechnik im Lichte der Tradition* (Kölner germanistische Studien, 11), Köln / Wien: Böhlau.
Ewig, E., 1956a (1965): «Zum christlichen Königsgedanken im Frühmittelalter» in *Das Königtum. Seine geistigen und rechtlichen Grundlagen. Mainauvorträge 1954* (Vorträge und Forschungen, 3), Konstanz: Thorbecke (Nachdruck Darmstadt: Wissenschaftliche Buchgesellschaft), pp. 7-73.
Ewig, E., 1956b (1975): «Das Bild Constantins des Großen in den ersten Jahrhunderten des abendländischen Mittelalters» in *Historisches Jahrbuch*, 75, pp. 1-46; wiederabgedruckt in Hunger, H. (ed.), *Das byzantinische Herrscherbild* (Wege der Forschung, 341), Darmstadt: Wissenschaftliche Buchgesellschaft, pp. 133-192.
Ewig, E., 1966 (1985): «Die Abwendung des Papsttums vom Imperium und seine Hinwendung zu den Franken» in Kempf, F. / Beck, H.-G. / Ewig, E. / Jungmann, J.A., *Die mittelalterliche Kirche, 1. Halbbd.: Vom kirchlichen Frühmittelalter zur gregorianischen Reform* (Jedin, H. [ed.], *Handbuch der Kirchengeschichte* III, 1), Freiburg / Basel / Wien: Herder (Sonderausgabe, ebd.), pp. 3-30.
Faller, O. (ed.), 1955: *Sancti Ambrosii opera, pars septima: Explanatio symboli, De sacramentis, De mysteriis, De paenitentia, De excessu fratris, De obitu Valentiniani, De obitu Theodosii* (Corpus scriptorum ecclesiasticorum Latinorum, 73,7), Wien: Hoelder-Pichler-Tempsky.
Fechter, W., 1961/1962: «Absalom als Vergleich- und Beispielfigur im mittelhochdeutschen Schrifttum» in *Beiträge zur Geschichte der deutschen Sprache und Literatur*, 83, Tübingen: Niemeyer, pp. 302-316.
Figures, 1989: *Figures de l'Ancien Testament chez les Pères* (Cahiers de Biblia Patristica, 2), Strasbourg: Centre d'Analyse et de Documentation Patristiques.
Fleckenstein, J., 1965: «Karl der Große und sein Hof» in Beumann, H. (ed.), *Persönlichkeit und Geschichte* (Braunfels, W. [ed.], *Karl der Große. Lebenswerk und Nachleben*, 1), Düsseldorf: Schwann, pp. 24-50.

Gajard, J., 1988: *Les plus belles mélodies grégoriennes*, Solesmes: Abbaye Saint-Pierre de Solesmes.
Gerke, A., o.J. [1992]: *Des Deutschen Reiches Krone. Eine Datierung aus ihren Inschriften unter Mithilfe anderer zeitgenössischer Beispiele*, Münsterschwarzach: Selbstverlag.
Gillen, O. (ed.), 1979: *Herrad von Landsberg, Hortus deliciarum*, Neustadt/Weinstrasse: Pfälzische Verlagsanstalt.
Gmelin, H. (ed.), 1949-1957 (1988): *Dante Alighieri, Die Göttliche Komödie*. Italienisch und Deutsch. Übersetzt und kommentiert von H. Gmelin, 6 Bde, Stuttgart: Klett (Nachdruck München: Deutscher Taschenbuch Verlag).
Goppelt, L., 1939 (1973): *Typos. Die typologische Deutung des Alten Testaments im Neuen* (Beiträge zur Förderung christlicher Theologie, 2. Reihe, 45), Gütersloh: Bertelsmann (Nachdruck Darmstadt: Wissenschaftliche Buchgesellschaft).
Green, R. / Evans, M. / Bischoff, C. / Curschmann, M., 1979: *Herrad of Hohenbourg, Hortus deliciarum*, 2 Bde (Studies of the Warburg Institute, 36), London: The Warburg Institute, University of London / Leiden: Brill.
Hack, A.Th., 1999: «Das Zeremoniell des Papstempfangs 799 in Paderborn» in Stiegemann, Chr. / Wemhoff, M. (eds.), *Kunst und Kultur der Karolingerzeit. Karl der Große und Papst Leo III. in Paderborn*. Beiträge zum Katalog der Ausstellung Paderborn 799, Mainz: Philipp von Zabern, pp. 19-33.
Hadot, P. (ed.), 1977: *Ambroise de Milan, Apologie de David*. Introduction, texte latin, notes et index. Traduction par M. Cordier (Sources chrétiennes, 239), Paris: Cerf.
Hamann-Mac Lean, R. / Schüßler, I., 1996: *Die Kathedrale von Reims. Teil II. Die Skulpturen, Bd. 8: Abbildungen Obergadenzone* (Hamann-Mac Lean / Schüßler, *Die Kathedrale von Reims* II,8), Stuttgart: Steiner 1996.
Hall, St.G., 2002: «Typologie» in *Theologische Realenzyklopädie*, 34, Lieferung 2/3, pp. 208-224.
Hauck, K., 1950: «Geblütsheiligkeit» in Bischoff, B. / Brechter, S. (eds.), *Liber floridus. Mittellateinische Studien. Paul Lehmann zum 65. Geburtstag*, St. Ottilien: Eos, pp. 187-240.
Haussherr, R., 1968: «Bible moralisée» in *Lexikon der christlichen Ikonographie*, 1, col. 289-293.
Haussherr, R., 1983: «Bible moralisée» in *Lexikon des Mittelalters*, 2, col. 108f.
Haussherr, R. (ed.), 1992: *Bible moralisée. Codex Vindobonensis 2554 der Österreichischen Nationalbibliothek*. Kommentar von R. Haussherr, Übersetzung der französischen Bibeltexte von H.-W. Stork (Glanzlichter der Buchkunst, 2), Graz: Akademische Druck- und Verlagsanstalt.
Heinisch, K.J. (ed.), 1968: *Kaiser Friedrich II. in Briefen und Berichten seiner Zeit*, Darmstadt: Wissenschaftliche Buchgesellschaft.
Heither, Th. / Reemts, Chr., 1999: *Schriftauslegung – Die Patriarchenerzählungen bei den Kirchenvätern* (Neuer Stuttgarter Kommentar, Altes Testament, 33,2), Stuttgart: Katholisches Bibelwerk.
Hennig, J., 1967: «Zur Stellung Davids in der Liturgie» in *Archiv für Liturgiewissenschaft*, 10,1, pp. 157-164.
Herkommer, H., 1976 (1983): «Der Waise, *aller fürsten leitesterne*. Ein Beispiel mittelalterlicher Bedeutungslehre aus dem Bereich der Staatssymbolik, zugleich ein Beitrag zur Nachwirkung des Orients in der Literatur des Mittel-

alters» in *Deutsche Vierteljahrsschrift für Literaturwissenschaft und Geistesgeschichte*, 50, pp. 44-59; wiederabgedruckt in Schnell, R. (ed.), *Die Reichsidee in der deutschen Dichtung des Mittelalters* (Wege der Forschung, 589), Darmstadt: Wissenschaftliche Buchgesellschaft, pp. 364-383.

Herkommer, H., 1980: «Kritik und Panegyrik. Zum literarischen Bild Karls IV. (1346-1378)» in *Rheinische Vierteljahrsblätter*, 44, pp. 68-116.

Herkommer, H., 1987: «Der St. Galler Kodex als literarhistorisches Monument» in Kantonsbibliothek (Vadiana) St. Gallen und Editionskommission (eds.), *Rudolf von Ems, ‹Weltchronik.› Der Stricker, ‹Karl der Große›. Kommentar zu Ms 302 Vad.*, Luzern: Faksimile Verlag, pp. 127-273.

Herkommer, H., 1992: «‹Sächsische Weltchronik›» in *Die deutsche Literatur des Mittelalters. Verfasserlexikon*, 8, col. 473-500.

Herkommer, H. (ed.), 2000: *Das Buch der Welt. Kommentar und Edition zur ‹Sächsischen Weltchronik›, Ms. Memb. I 90 Forschungs- und Landesbibliothek Gotha*, Luzern: Faksimile Verlag.

Hewlett, H.G. (ed.), 1886-1889: *Roger de Wendover, The Flowers of History*, 3 Bde (Rerum Britannicarum Medii Aevi Scriptores, 84), London: Eyre and Spottiswoode.

Hohenzollern, J.G. v., 1965: *Die Königsgalerie der französischen Kathedrale. Herkunft, Bedeutung, Nachfolge*, München: Fink.

Homeyer, H. (ed.), 1970: *Hrotsvithae Opera*, München / Paderborn / Wien: Schöningh.

Huillard-Bréholles, J.-L.-A., 1860: *Historia diplomatica Friderici secundi*, Bd. 6,1, Paris: Plon.

Der Ingeborg-Psalter, 1985: *Der Ingeborg-Psalter. Vollständige Faksimile-Ausgabe im Originalformat der Handschrift MS 9 Olim 1695 aus dem Besitz des Musée Condé Chantilly*, 2 Bde, Kommentarband von F. Deuchler [unveränderter Nachdruck von Deuchler 1967] (Codices selecti, 80), Graz: Akademische Druck- und Verlagsanstalt.

Jackson, R.A., 1984: *Vive le Roi! A History of the French Coronation from Charles V to Charles X*, Chapel Hill / London: University of North Carolina Press.

Jackson, R.A. (ed.), 1995-2000: *Ordines Coronationis Franciae. Texts and Ordines for the Coronation of Frankish and French Kings and Queens in the Middle Ages* (The Middle Ages Series), 2 Bde, Philadelphia: University of Pennsylvania Press.

Kallfelz, H. (ed.), 1973: *Vitae quorundam episcoporum saeculorum X, XI, XII. Lebensbeschreibung einiger Bischöfe des 10.-12. Jahrhunderts* (Ausgewählte Quellen zur deutschen Geschichte des Mittelalters. Freiherr vom Stein-Gedächtnisausgabe, 22), Darmstadt: Wissenschaftliche Buchgesellschaft.

Kantorowicz, E., 1927-1931 (1963 u.ö.): *Kaiser Friedrich der Zweite*. Hauptband. Ergänzungsband, Berlin: Georg Bondi (Nachdruck Düsseldorf / München: Helmut Küpper vormals Georg Bondi).

Kantorowicz, E.H., 1946: *Laudes Regiae. A Study in Liturgical Acclamations and Mediaeval Ruler Worship*. With a study of the music of the Laudes and musical transcriptions by M. F. Bukofzer (University of California Publications in History, 33), Berkeley / Los Angeles: University of California Press.

Kantorowicz, E.H., 1957: *The King's Two Bodies. A Study in Mediaeval Political Theology*, Princeton, N.J.: Princeton University Press. Deutsche Übersetzung

1990: *Die zwei Körper des Königs. Eine Studie zur politischen Theologie des Mittelalters*. Übersetzt von W. Theimer und B. Hellmann (dtv 4465), München: Deutscher Taschenbuch Verlag.

Kartschoke, D. (ed.), 1996: *Das Rolandslied des Pfaffen Konrad*. Mittelhochdeutsch / Neuhochdeutsch. Durchgesehene Ausgabe (Universal-Bibliothek, 2745), Stuttgart: Reclam.

Kemp, W., 1987: *Sermo corporeus. Die Erzählung der mittelalterlichen Glasfenster*, München: Schirmer-Mosel.

Kleinschmidt, E., 1974: *Herrscherdarstellung. Zur Disposition mittelalterlichen Aussageverhaltens, untersucht an Texten über Rudolf I. von Habsburg* (Bibliotheca Germanica, 17), Bern / München: Francke.

Kirmeier, J. / Brockhoff, E. (eds.), 1993: *Herzöge und Heilige. Das Geschlecht der Andechs-Meranier im europäischen Hochmittelalter* (Veröffentlichungen zur Bayerischen Geschichte und Kultur, 24), Regensburg: Pustet.

Klein, U., 1975: «Terpandros» in *Der Kleine Pauly*, 5, col. 609.

Kloos, R.M., 1954 (1966): «Nikolaus von Bari, eine neue Quelle zur Entwicklung der Kaiseridee unter Friedrich II.» in *Deutsches Archiv für Erforschung der Mittelalters*, 11, pp. 166-190; wiederabgedruckt in Wolf 1966, pp. 365-395 mit einem Nachtrag 1964, p. 395, und einer Übersetzung der Lobrede des Nikolaus von Bari auf Kaiser Friedrich II., pp. 784-792.

Klopsch, P. (ed.), 1985: *Lateinische Lyrik des Mittelalters*. Lateinisch / Deutsch (Universal-Bibliothek, 8088 [6]), Stuttgart: Reclam.

Kölzer, Th. / Stähli, M. (eds.), 1994: *Petrus de Ebulo, Liber ad honorem Augusti sive de rebus Siculis. Codex 120 II der Burgerbibliothek Bern. Eine Bilderchronik der Stauferzeit*. Textrevision und Übersetzung von G. Becht-Jördens, Sigmaringen: Thorbecke.

Korn, U.-D., 1992: «Bücken – Legden – Lohne. Überlegungen zur norddeutschen Glasmalerei um die Mitte des 13. Jahrhunderts» in Becksmann, R. (ed.), *Deutsche Glasmalerei des Mittelalters. II. Bildprogramme, Auftraggeber, Werkstätten*, Berlin: Deutscher Verlag für Kunstwissenschaft, pp. 11-42.

Kraft, H. (ed.), 1967: *Eusebius von Caesarea, Kirchengeschichte*, München: Kösel / Darmstadt: Wissenschaftliche Buchgesellschaft.

Die Kreuzritterbibel, 1998-1999: *Die Kreuzritterbibel*. Faksimile Pierpont Morgan Library, New York, M 638; Bibliothèque nationale de France, Paris, Ms. nouv. acq. lat. 2294; J. Paul Getty Museum, Los Angeles, 83.MA.55. Kommentar mit Beiträgen von D.H. Weiss, S. Babaie, S.C. Cockerell, V.B. Moreen, W.M. Voelkle, Luzern: Faksimile Verlag.

Kügle, K., 1996: «Hoquetus» in *Die Musik in Geschichte und Gegenwart*, 2., neubearbeitete Ausgabe. Sachteil, 4, col. 355-361.

Kunst, H.-J. / Schenkluhn, W., 1988 (1994): *Die Kathedrale in Reims. Architektur als Schauplatz politischer Bedeutungen* (Fischer Taschenbuch, 3936), Frankfurt a.M.: Fischer Taschenbuch Verlag.

Kurmann-Schwarz, B., 1998: *Die Glasmalereien des 15. bis 18. Jahrhunderts im Berner Münster* (Corpus Vitrearum Medii Aevi, Schweiz IV), Bern: Benteli.

Labourt, J. (ed.), 1953: *Saint Jérôme, Lettres* [lateinisch / französisch], Bd. 3: Sancti Hieronymi Epistulae LIII-LXX (Collection des Universités de France), Paris: Les Belles Lettres.

Ladwein, M., 1998: *Chartres. Ein Führer durch die Kathedrale*, Stuttgart: Verlag Urachhaus.
Lanza, A. (ed.), 1996: *Dante Alighieri, La Commedia. Testo critico secondo i più antichi manoscritti fiorentini*. Nuova edizione (Medioevo e Rinascimento, 5), Anzio: De Rubeis.
Lauretus, H., 1971: *Silva Allegoriarum totius Sacrae Scripturae*. Nachdruck der 10. Ausgabe Köln 1681. Einleitung von F. Ohly, München: Fink.
Lee, L. / Seddon, G. / Stephens, F. (eds.), 1977: *Die Welt der Glasfenster. Zwölf Jahrhunderte Glasmalerei in über 500 Farbbildern*, Freiburg / Basel / Wien: Herder.
Le Goff, J., 1997: *Reims, Krönungsstadt*. Aus dem Französischen von B. Schwibs (Kleine Kulturwissenschaftliche Bibliothek, 58) [Originalausgabe 1986 in Nora, P. (ed.), *Les lieux de mémoire. La Nation*, Bd. 1, Paris: Gallimard, pp. 89-184], Berlin: Wagenbach.
Le Goff, J., 2000: *Ludwig der Heilige*. Aus dem Französischen von G. Osterwald (Originalausgabe 1996, Paris: Gallimard), Stuttgart: Klett-Cotta.
Le Goff, J. / Palazzo, É. / Bonne, J.-C. / Colette, M.-N., 2001: *Le sacre royal à l'époque de Saint Louis d'après le manuscrit latin 1246 de la BNF*. Avec la collaboration de M. Goullet (Le temps des images), Paris: Gallimard.
Lindsay, W.M. (ed.), 1911 (1957 u.ö.): *Isidori Hispalensis episcopi Etymologiarum sive Originum libri XX*, 2 Bde, Oxford: Clarendon Press (Nachdruck Oxford: University Press).
Lubac, H. de, 1959-1964 (1993): *Exégèse médiévale. Les quatre sens de l'écriture*, 4 Bde (Théologie, 41.42.59), Paris: Aubier (Nachdruck Paris: Cerf / Desclée de Brouwer).
Luz, U., 2002: *Das Evangelium nach Matthäus. Teilbd. 1. Mt 1-7* (Evangelischer-Katholischer Kommentar zum Neuen Testament, I/1), 5., völlig neubearbeitete Auflage, Zürich: Benziger / Neukirchen-Vluyn: Neukirchener Verlag.
Mettauer, A., 2002a: «David sanctissimus rex. Ein frühmittelalterliches Herrscherideal im Schnittpunkt klerikaler und laikaler Interessen» in *Höfische Literatur & Klerikerkultur. Wissen – Bildung – Gesellschaft* (encomia. Sonderheft der Deutschen Sektion der International Courtly Literature Society), pp. 25-38.
Mettauer, A., 2002b: «Der König als Priester. Der Dagulf-Psalter und das kirchenpolitische Umfeld seiner Entstehung» in *Unipress. Forschung und Wissenschaft an der Universität Bern*, 114, Oktober 2002, pp. 44-46.
Mohr, W., 1966: «Christlich-alttestamentliches Gedankengut in der Entwicklung des karolingischen Kaisertums» in Wilpert, P. (ed.), *Judentum im Mittelalter. Beiträge zum christlich-jüdischen Gespräch* (Miscellanea Mediaevalia, 4), Berlin: de Gruyter, pp. 382-409.
Nellmann, E., 1965: «Karl der Grosse und König David im Epilog des deutschen ‹Rolandsliedes›» in *Zeitschrift für deutsches Altertum und deutsche Literatur*, 94, pp. 268-279; wiederabgedruckt in Schnell, R. (ed.), *Die Reichsidee in der deutschen Dichtung des Mittelalters* (Wege der Forschung, 589), Darmstadt: Wissenschaftliche Buchgesellschaft, pp. 364-383.
Neu-Kock, R., 1978: «Das Kanzelrelief in der Kathedrale von Bitonto» in *Archiv für Kulturgeschichte*, 60, pp. 253-267.
Niederhuber, J. (ed.), 1917: *Des heiligen Kirchenlehrers Ambrosius von Mailand Pflichtenlehre und ausgewählte kleinere Schriften*, Bd. 3 (Bibliothek der Kirchenväter, 32), Kempten / München: Kösel.

Ohly, F., 1983 (1988, 1995): «Typologie als Denkform der Geschichtsbetrachtung» in *Natur, Religion, Sprache, Universität. Universitätsvorträge 1982/83* (Schriftenreihe der Westfälischen Wilhelms-Universität Münster, 7), Münster: Aschendorff, pp. 68-102; Nachdrucke in Bohn 1988, pp. 22-63, und in Ohly, *Ausgewählte und neue Schriften zur Literaturgeschichte und zur Bedeutungsforschung*, ed. Ruberg, U. und Pfeil, D., Stuttgart / Leipzig: Hirzel, pp. 445-472.

Ohly, F., 1987: «Beiträge zum Rolandslied» in Grenzmann, L. / Herkommer, H. / Wuttke, D. (eds.), *Philologie als Kulturwissenschaft. Studien zur Literatur und Geschichte des Mittelalters. Festschrift für Karl Stackmann zum 65. Geburtstag*, Göttingen: Vandenhoeck & Ruprecht, pp. 90-135.

Oldenbourg, Z., 1972: *L'épopée des cathédrales*, Paris: Hachette.

Opll, F., 1991: *Die Regesten des Kaiserreiches unter Friedrich I.: 1152(1122)-1190*, Lieferung 2. 1158-1168 (Böhmer, *Regesta imperii*, IV, 2, 2), Wien / Köln: Böhlau.

Ott, J., 1998: *Krone und Krönung. Die Verheißung und Verleihung von Kronen in der Kunst von der Spätantike bis um 1200 und die geistige Auslegung der Krone*, Mainz: Philipp von Zabern.

Ott, J., 2001: «Kronen und Krönungen in frühottonischer Zeit» in Schneidmüller, B. / Weinfurter, St. (eds.), *Ottonische Neuanfänge. Symposion zur Ausstellung «Otto der Grosse, Magdeburg und Europa»*, Mainz: Philipp von Zabern, pp. 171-188.

Padberg, L.E. v., 1999: «Das Paderborner Treffen von 799 im Kontext der Geschichte Karls des Großen» in Hentze, W. (ed.), 1999: *De Karolo rege et Leone papa. Der Bericht über die Zusammenkunft Karls des Großen mit Papst Leo III. in Paderborn 799 in einem Epos für Karl den Kaiser. Mit vollständiger Farbreproduktion nach der Handschrift der Zentralbibliothek Zürich, Ms. C 78* (Schriften und Quellen zur Westfälischen Geschichte, 36), Paderborn: Bonifatius, pp. 9-104.

Palanque, J.-R., 1933: *Saint Ambroise et l'Empire romain. Contribution à l'histoire des rapports de l'Église et de l'État à la fin du quatrième siècle*, Paris: E. de Boccard.

Pertz, G.H. (ed.), 1829: *Chronicon Moissiacense 787-789. 804-813. 816* (MGH, Scriptores, 2), Hannover: Hahn, pp. 257-259.

Petersohn, J., 1975: «Saint Denis – Westminster – Aachen. Die Karls-Translatio von 1165 und ihre Vorbilder» in *Deutsches Archiv für Erforschung des Mittelalters*, 31, pp. 420-454.

Piétri, Ch., 1996: «Die Erfolge: Unterdrückung des Heidentums und Sieg des Staatskirchentums» in Piétri, Ch. / Piétri, L. (eds.), *Das Entstehen der einen Christenheit (250-430)* (Die Geschichte des Christentums. Religion, Politik, Kultur, 2) [französische Originalausgabe 1995, Paris: Desclée de Brouwer], Freiburg / Basel / Wien: Herder, pp. 462-506, hier p. 476f.

Plotzek, J.M., 1979: «Einzelblatt aus der Schah-Abbas-Bibel» in v. Euw, A. / Plotzek, J.M., *Die Handschriften der Sammlung Ludwig*, Bd. 1, Köln: Schnütgen-Museum, pp. 72-79.

Plotzek-Wederhake, G. / Bernt, G., 1983: «Biblia pauperum» in *Lexikon des Mittelalters*, 2, col. 109f.

Die Psalmen, 1997: *Die Psalmen, mit Meisterwerken des Mittelalters und der Renaissance* [Bildauswahl, Bilderläuterungen und Register von Chr. Wetzel].

Der ökumenische Text der Einheitsübersetzung, mit einem Nachwort von E. Zenger: *Der Psalter als Lebensbuch Israels und der Kirche*, Stuttgart / Zürich: Belser / Stuttgart: Katholisches Bibelwerk.

Quentin, H., 1908: *Les martyrologes historiques du Moyen Âge. Étude sur la formation du Martyrologe romain*, Paris: Librairie Victor Lecoffre.

Rahner, H., 1961: *Kirche und Staat im frühen Christentum. Dokumente aus acht Jahrhunderten und ihre Deutung*, München: Kösel.

Rau, R. (ed.), 1955 (1962): *Fontes ad historiam regni Francorum aevi Karolini illustrandam. Quellen zur karolingischen Reichsgeschichte, Teil 1: Die Reichsannalen; Einhart, Leben Karls des Großen; zwei «Leben» Ludwigs* [Thegan, Das Leben Kaiser Ludwigs; Das Leben Kaiser Ludwigs vom sog. Astronomus]; *Nithard, Geschichten* (Ausgewählte Quellen zur deutschen Geschichte des Mittelalters. Freiherr vom Stein-Gedächtnisausgabe, 5), Darmstadt: Wissenschaftliche Buchgesellschaft (Nachdruck ebd.).

Rau, R. (ed.), 1960 (1966): *Fontes ad historiam regni Francorum aevi Karolini illustrandam. Quellen zur karolingischen Reichsgeschichte, Teil 3: Jahrbücher von Fulda; Regino, Chronik; Notker, Taten Karls* (Ausgewählte Quellen zur deutschen Geschichte des Mittelalters. Freiherr vom Stein-Gedächtnisausgabe, 7), Darmstadt: Wissenschaftliche Buchgesellschaft (Nachdruck ebd.).

Reventlow, H.G., 1990-1994: *Epochen der Bibelauslegung. I. Vom Alten Testament bis Origenes. II. Von der Spätantike bis zum ausgehenden Mittelalter*, München: Beck.

Rieber, E., 1949: *Die Bedeutung alttestamentlicher Vorstellungen für das Herrscherbild Karls des Großen und seines Hofkreises*, Tübingen: Phil. Diss. Masch.

Risset, J. (ed.), 1985-1990: *Dante, La Divine Comédie*. Texte original. Traduction, introduction et notes de J. Risset, 3 Bde, Paris: Flammarion.

Robbins, E., 2002: «Terpandros» in *Der Neue Pauly*, 12/1, col. 161.

Robertson, A. Walters, 2002: *Guillaume de Machaut and Reims. Context and meaning in his musical works*, Cambridge: Cambridge University Press.

Das Römische Martyrologium, 1935: *Das Römische Martyrologium. Das Heiligengedenkbuch der Katholischen Kirche*. Neu übersetzt von Mönchen der Erzabtei Beuron, Regensburg: Pustet.

Rois et reines, 1999: *Rois et reines de la Bible au miroir des Pères* (Cahiers de Biblia Patristica, 6), Strasbourg: Centre d'Analyse et de Documentation Patristiques.

Sauter, C. (ed.), 1965: *Dante Alighieri, Das Gastmahl*. Vollständige Ausgabe. Aus dem Italienischen übertragen und kommentiert von C. Sauter. Mit einem Geleitwort von H. Rheinfelder (Die Fundgrube, 12), München: Winkler.

Schaller, H.M., 1963 (1966): «Das Relief an der Kanzel der Kathedrale von Bitonto: ein Denkmal der Kaiseridee Friedrichs II.» in *Archiv für Kulturgeschichte*, 45, pp. 295-312; wiederabgedruckt in Wolf 1966, pp. 591-616 [mit einem Nachtrag 1965, p. 615f].

Schaller, H.M. (ed.)., 1965: *Politische Propaganda Kaiser Friedrichs II. und seiner Gegner* (Historische Texte Mittelalter), Germering bei München: S. Stahlmann.

Schaller, H.M., 1974: «Der heilige Tag als Termin mittelalterlicher Staatsakte» in *Deutsches Archiv für Erforschung des Mittelalters*, 30, pp. 1-24.

Schieffer, R., 1972: «Von Mailand nach Canossa. Ein Beitrag zur Geschichte der christlichen Herrscherbuße von Theodosius d. Gr. bis zu Heinrich IV.» in *Deutsches Archiv für Erforschung des Mittelalters*, 28, pp. 333-370.

Schieffer, R., 1997: *Die Karolinger*, 2., durchgesehene und ergänzte Auflage (Urban-Taschenbücher, 411), Stuttgart / Berlin / Köln: Kohlhammer.

Schmale, F.-J. (ed.), 1963: *Fontes historiam Heinrici IV. imperatoris illustrantes. Quellen zur Geschichte Kaiser Heinrichs IV.: Die Briefe Heinrichs IV., Das Lied vom Sachsenkrieg, Brunos Sachsenkrieg, Das Leben Kaiser Heinrichs IV.* (Ausgewählte Quellen zur deutschen Geschichte des Mittelalters. Freiherr vom Stein-Gedächtnisausgabe, 12), Darmstadt: Wissenschaftliche Buchgesellschaft.

Schmale, F.-J. (ed.), 1965: *Bischof Otto von Freising und Rahewin, Gesta Friderici seu rectius Cronica. Die Taten Friedrichs oder richtiger Cronica.* Übersetzt von A. Schmidt (Ausgewählte Quellen zur deutschen Geschichte des Mittelalters. Freiherr vom Stein-Gedächtnisausgabe, 17), Darmstadt: Wissenschaftliche Buchgesellschaft.

Schmale, F.-J. (ed.), 1978: *Fontes litem de investitura illustrantes. Quellen zum Investiturstreit. Erster Teil: Ausgewählte Briefe Gregors VII.* (Ausgewählte Quellen zur deutschen Geschichte des Mittelalters. Freiherr vom Stein-Gedächtnisausgabe, 12a), Darmstadt: Wissenschaftliche Buchgesellschaft.

Schmidt, G. / Weckwerth, A., 1968: «Biblia Pauperum (Armenbibel)» in *Lexikon der christlichen Ikonographie*, 1, col. 293-298.

Schmidt, G., 1994: «Die Texte der Armenbibel Kings MS 5» in *Biblia Pauperum* 1993-1994, Kommentar, pp. 203-271.

Schmidt, R., 1955/1956: «Aetates mundi. Die Weltalter als Gliederungsprinzip der Geschichte» in *Zeitschrift für Kirchengeschichte*, 67, pp. 288-317.

Schramm, P.E., 1960: *Der König von Frankreich. Das Wesen der Monarchie vom 9. bis zum 16. Jahrhundert. Ein Kapitel aus der Geschichte des abendländischen Staates*, 2 Bde, 2., verbesserte und vermehrte Auflage, Weimar: Hermann Böhlaus Nachfolger.

Schramm, P.E., 1963: «Das Alte und das Neue Testament in der Staatslehre und Staatssymbolik des Mittelalters» in *La Bibbia nell'alto Medioevo* (Settimane di studio del Centro italiano di studi sull'alto medioevo, 10), Spoleto: sede del Centro, pp. 229-255.

Schulze, H.K., 1987: *Vom Reich der Franken zum Land der Deutschen. Merowinger und Karolinger* (Das Reich und die Deutschen), Berlin: Siedler.

Schwartz, E. / Mommsen, Th. (eds.), 1999: *Eusebius, Die Kirchengeschichte*, 3 Teile (Die griechischen christlichen Schriftsteller der ersten Jahrhunderte, Neue Folge, 6,1-3), 2., unveränderte Auflage von F. Winkelmann [Nachdruck der Ausgabe 1903-1908], Berlin: Akademie Verlag.

Söding, U., 1994: «Biblia pauperum» in *Lexikon für Theologie und Kirche*, 3. Auflage, 2, col. 414.

Staats, R., 1976: *Theologie der Reichskrone. Ottonische «Renovatio Imperii» im Spiegel einer Insignie* (Monographien zur Geschichte des Mittelalters, 13), Stuttgart: Hiersemann.

Staats, R., 1991: *Die Reichskrone. Geschichte und Bedeutung eines europäischen Symbols*, Göttingen: Vandenhoeck & Ruprecht.

Staubach, N., 1990: «Königtum III. Mittelalter und Neuzeit» in *Theologische Realenzyklopädie*, 19, pp. 333-345.
Steger, H., 1961: *David rex et propheta. König David als vorbildliche Verkörperung des Herrschers und Dichters im Mittelalter, nach Bilddarstellungen des achten bis zwölften Jahrhunderts* (Erlanger Beiträge zur Sprach- und Kunstwissenschaft, 6), Nürnberg: Hans Carl.
Steinen, W. v.d., 1923: *Staatsbriefe Kaiser Friedrichs des Zweiten*, Breslau: Ferdinand Hirt.
Steinen, W. v.d., 1965: «Karl und die Dichter» in Bischoff, B. (ed.), *Das geistige Leben* (Braunfels, W. [ed.], *Karl der Große. Lebenswerk und Nachleben*, 2), Düsseldorf: Schwann, pp. 63-94.
Steinwede, D., 1999: *Nun soll es werden Frieden auf Erden. Weihnachten, Geschichte, Glaube und Kultur*, Düsseldorf: Patmos.
Stoob, H. (ed.), 1963: *Helmoldi presbyteri Bozoviensis Chronica Slavorum. Helmold von Bosau, Slawenchronik* (Ausgewählte Quellen zur deutschen Geschichte des Mittelalters. Freiherr vom Stein-Gedächtnisausgabe, 19), Darmstadt: Wissenschaftliche Buchgesellschaft.
Stürner, W., 1992-2000: *Friedrich II. Teil 1. Die Königsherrschaft in Sizilien und Deutschland 1194-1220. Teil 2. Der Kaiser 1220-1250* (Gestalten des Mittelalters und der Renaissance), Darmstadt: Wissenschaftliche Buchgesellschaft.
Thomas, A., 1972: «Wurzel Jesse» in *Lexikon der christlichen Ikonographie*, 4, col. 549-558.
Treitinger, O., 1938 (1956): *Die oströmische Kaiser- und Reichsidee nach ihrer Gestaltung im höfischen Zeremoniell*, Jena: Verlag der Frommannschen Buchhandlung (Nachdruck Darmstadt: H. Gentner, mit einem Wiederabdruck des Aufsatzes «Vom oströmischen Staats- und Reichsgedanken» in *Leipziger Vierteljahrsschrift für Südosteuropa*, 4, 1940).
Tremp, E. (ed.), 1995: *Theganus, Gesta Hludowici imperatoris*; *Astronomus, Vita Hludowici imperatoris. Thegan, Die Taten Kaiser Ludwigs; Astronomus, Das Leben Kaiser Ludwigs* (MGH, Scriptores rerum Germanicarum in usum scholarum separatim editi, 64), Hannover: Hahnsche Buchhandlung.
Trillmich, W. / Buchner, R. (eds.), 1961: *Fontes saeculorum noni et undecimi historiam ecclesiae Hammaburgensis necnon imperii illustrantes. Quellen des 9. und 11. Jahrhunderts der Hamburgischen Kirche und des Reiches: Rimbert, Leben Ansgars; Adam von Bremen, Bischofsgeschichte der Hamburger Kirche; Wipo, Taten Kaiser Konrads II.; Hermann von Reichenau, Chronik* (Ausgewählte Quellen zur deutschen Geschichte des Mittelalters. Freiherr vom Stein-Gedächtnisausgabe, 11), Darmstadt: Wissenschaftliche Buchgesellschaft.
Trnek, H., 1987: «Die Reichskrone» in *Kunsthistorisches Museum Wien, Weltliche und Geistliche Schatzkammer. Bildführer*, Salzburg / Wien: Residenz Verlag, pp. 148-155.
Vehse, O., 1929: *Die amtliche Propaganda in der Staatskunst Kaiser Friedrichs II.* (Forschungen zur Mittelalterlichen und Neueren Geschichte, 1), München: Verlag der Münchner Drucke.
Vollmann-Profe, G., 1976: *Kommentar zu Otfrids Evangelienbuch. Teil 1: Widmungen. Buch I,1-11*, Bonn: Rudolf Habelt.

Vollmann-Profe, G. (ed.), 1987: *Otfrid von Weissenburg, Evangelienbuch, Auswahl*. Althochdeutsch / Neuhochdeutsch (Universal-Bibliothek, 8384 [4]), Stuttgart: Reclam.
Weber, H. (Leitung), 1993: *G. de Machaut (ca. 1303-1377), 7 Isorhythmische geistliche Motetten; G. Dufay (ca. 1400-1474), Sämtliche Isorhythmische Motetten, 7 Cantilenen-Motetten* (Renaissance der Renaissance), CD IHW 3.108 I-III, Hamburg: IHW-Versand.
Wedl-Bruognolo, R., 1994: «Wurzel Jesse» in *Marienlexikon*, 6, col. 768-770.
Weiland, L. (ed.), 1877: *Sächsische Weltchronik* (MGH, Deutsche Chroniken, 2), Hannover: Hahn, pp. 1-384.
Weiland, L. (ed.), 1896: *Constitutiones et acta publica imperatorum et regum. Inde ab a. MCXCVIII usque ad a. MCCLXXII* (MGH, Constitutiones, 2), Hannover: Hahn.
Wesle, C. / Wapnewski, P. (eds.), 1985: *Das Rolandslied des Pfaffen Konrad*, 3. Auflage (Altdeutsche Textbibliothek, 69), Tübingen: Niemeyer.
Wolf, G. (ed.), 1966: *Stupor mundi. Zur Geschichte Friedrichs II. von Hohenstaufen* (Wege der Forschung, 101), Darmstadt: Wissenschaftliche Buchgesellschaft.
Wolf, G.G., 1995: *Die Wiener Reichskrone* (Schriften des Kunsthistorischen Museums, 1), Wien: Kunsthistorisches Museum.
Wyss, R.L., 1954: «David» in *Reallexikon zur deutschen Kunstgeschichte*, 3, col. 1083-1119.
Zelzer, M. (ed.), 1982: *Sancti Ambrosii opera, pars decima: Epistularum liber decimus, Epistulae extra collectionem, Gesta concili Aquileiensis* (Corpus scriptorum ecclesiasticorum Latinorum, 82, 10,3), Wien: Hoelder-Pichler-Tempsky.

David und Saul in Staats- und Widerstandslehren der Frühen Neuzeit

HANS-DIETER METZGER

Zusammenfassung:

Eine Kultur verstehen heisst die Bedeutungen ausfindig machen, die sie den symbolischen Formen, in welchen sie kommuniziert, beigelegt hat. Das Nachdenken über die politische Ordnung, die Rechte des Herrschers und die Pflichten der Untertanen bewegte sich in der Frühen Neuzeit noch weitgehend innerhalb der christlichen Tradition. Gutes und gerechtfertigtes Handeln des Fürsten wie auch des Untertans oder Bürgers wurde am Verhalten von biblischen Mustergestalten bestimmt. Sie dienten als axiomatische Idealtypen, indem sie als Massstab zur Be- bzw. Verurteilung sittlichen oder unsittlichen Handelns fungierten.

Der Beitrag widmet sich den biblischen Mustergestalten David und Saul. Untersucht werden politische und theologische Traktate, Flugschriften und Reden von so unterschiedlichen Autoren wie Thomas von Aquin, Sir John Fortescue, Martin Luther, Philipp Melanchthon, Jean Calvin, Théodore Bèze, Jean Bodin, Edmund Ludlow und Algernon Sidney. Dabei erweist es sich nicht nur, dass die beiden Samuelbücher in den Debatten um das Recht des Königs oder die Reichweite der Gehorsamspflicht der Untertanen häufiger Bezugspunkt sind. Vielmehr wird auch erkennbar, dass die Autoren die biblischen Figuren nie nur aus dem ‹Urtext› heraus, sondern im Modus ihrer Erfahrung und vor allem auch im Streit mit anderen Interpreten verstanden.

Résumé:

Comprendre une culture, c'est apprendre à connaître le sens qu'elle donne aux formes symboliques dont elle se sert pour communiquer. À l'aube de l'époque moderne, la réflexion sur l'ordre politique, sur les droits du souverain et les devoirs de ses sujets était encore largement déterminée par la tradition chrétienne. Les personnages de la Bible et leur comportement constituaient les modèles indiscutés qui servaient de référence pour prescrire et pour évaluer les actions des princes comme celles de leurs sujets, les bourgeois.

Le présent article est consacré aux modèles bibliques que sont David et Saül. Les traités politiques et idéologiques, tracts et discours analysés proviennent des auteurs les plus variés: Thomas d'Aquin, Sir John Fortescue, Martin Luther, Philippe Melanchthon, Jean Calvin, Théodore Bèze, Jean Bodin, Edmund Ludlow et Algernon Sydney. Il s'avère que les débats sur les droits du roi et sur l'étendue du devoir d'obéissance de ses sujets se réfèrent souvent aux livres de Samuel. Mais l'étude de ces documents montre aussi que les auteurs ne se contentent jamais de se reporter aux textes sacrés pour comprendre le comportement des personnages bibliques: leur interprétation est le fruit de leur propre expérience et des controverses qui les opposent à d'autres commentateurs.

Abstract:

Understanding a culture has much to do with finding out about the meanings it has attached to those symbolic figures through which the culture communicates. In the early modern history, ideas about political order, the rights of the rulers and the duties of the ruled were, overall, still within the Christian tradition. Proper behavior of rulers and subjects was determined by looking at biblical prototypes. These functioned as axiomatic ideals by being the standard for judging and condemning ethical and non-ethical deeds.

This article is concerned with the biblical ideals of David and Saul. Different genres such as political and theological tractates, flyers and speeches from such various authors such as Thomas Aquinas, Sir John Fortescue, Martin Luther, Philipp Melanchthon, Jean Calvin, Théodore Bèze, Jean Bodin, Edmund Ludlow and Algernon Sidney, will be examined. It will be shown that the Books of Samuel are often used as a standard when it comes to debates about the rights of the king or to the question of how far the subjects' duty to obedience went. In addition, we can see how the authors' concepts of biblical figures stemmed not only from the biblical text, but also from the authors' own experiences and especially from debate with other interpreters.

Stichwörter:

Widerstandslehren; Frühe Neuzeit; Reformation; Revolution; Exempla; Monarchie; Republikanismus; Monarchomachen

1. David und Saul im englischen Parlament von 1572*

Im Mai 1572 kam es zu turbulenten Szenen im englischen Parlament, in denen die biblischen Figuren David und Saul eine wichtige Rolle spielten. Rund fünf Wochen zuvor hatte die Krone die Repräsentanten des Reiches geladen, um über die Frage zu beraten, wie mit Maria Stuart zu verfahren sei. Den Anlass gab die massgebliche Beteiligung der seit 1568 im englischen Exil lebende schottische Königin an der gegen ihre Cousine Elisabeth gerichteten und mit Mühe niedergeschlagenen Rebellion von 1569. Die wichtigsten Minister Elisabeths drängten auf die Hinrichtung Marias. Elisabeth konnte sich für eine solch drastische Massnahme jedoch nicht erwärmen, sondern schwankte, wie William Cecil einem Freund besorgt mitteilte, «sometime[s] ... conclud[ing] that justice should be done; another time ... speak[ing of the] nearness of the blood.»[1] Einerseits konnte sich Elisabeth der Einsicht in die Notwendigkeit einer Bestrafung nicht entziehen, andererseits aber erschien ihr die Exekution der ihr anverwandten Königin inakzeptabel, denn sie sah darin auch die Bedrohung ihrer eigenen monarchischen Stellung. Sofort nach der Konstituierung nahmen die Abgeordneten die Arbeit auf. Ein gemeinsames Komitee des Ober- wie des Unterhauses wurde bestellt, wo man arbeitsteilig alle Gründe zusammentragen wollte, die die Königin positiv beeinflussen könnten.[2] Während sich die Politiker auf Fragen der Sicherheitspolitik verlegten und die Juristen die rechtlichen Möglichkeiten ausloteten, übernahmen die Bischöfe die Aufgabe, auf Elisabeths Gewissen einzuwirken.[3]

Bei dem ziemlich umfangreich geratenen Gutachten der Kirchenfürsten handelt es sich um eine Anklageschrift von geradezu klirrender Kälte, das Vorwürfe und Vorschläge in biblischen Zitaten und Vergleichen spiegelt.[4] Umstandslos wird Maria «the late Queene of Scottes» tituliert, die Absetzung in Schottland also als blanke Tatsache präsentiert. Maria, so heisst es, habe alle erdenklichen Verbrechen wie «Ehebruch, Mord, Verschwörung, Verrat, Rebellion und Blasphemie gegen Gott» begangen und einen Sündenberg angehäuft, der alle Vergehen der zügellosen Söhne Davids in den Schatten stelle.[5] Weiter wird es Elisabeth unter Berufung auf Römer 13 zur Pflicht gemacht, im Namen Gottes und ihres Volkes als «Rächer der Fluches, der auf dem, der Böses tut, lastet», zu wirken.[6] Für ein Zögern gebe es keine Rechtfertigung, es sei denn, die Königin wolle wie Saul untergehen, der das Gottesurteil gegen den Amalekiterkönig Agag nicht ausführte und damit die Gnade des Allmächtigen und Ehre, Verstand und Reich verspielte.[7]

Der Hinweis auf Saul diente nicht als Vergleich, sondern nur als abschreckendes Bild. Stattdessen setzten die Bischöfe Elisabeth in Analogie zum gelegentlich fehlenden, immer aber nach Gottes Gerechtigkeit strebenden David. Aber auch hier muss man genau hinsehen. Im Spiegel biblischer Zitate erscheint hier gerade nicht der heldische oder der staatsmännische König, sondern der in seine närrische Zuneigung zu Abschalom verstrickte Vater. Davids Nachsicht gegenüber dem Lieblingssohn wird als Auswuchs einer übersteigerten Liebe zu Blutsverwandten hingestellt. Kritisiert wird freilich mehr als nur ein durch menschliche Unzureichlichkeit verursachter Mangel an Klarsicht. David habe durch seine falsche Rücksicht das Tor zur Sünde geöffnet und sich mehrfach schuldig gemacht. Weil der König dem Schönling den Brudermord an Amnon nachgesehen habe (2Sam 13,28), hätte sich Abschalom in der Sicherheit wiegen können, auch künftige Verbrechen unbestraft zu überstehen. Im Glauben an die Schwäche Davids habe Abschalom gemeinsam mit Ahitophel den Staatsstreich ausgeheckt. Es sei zwar gelungen, den Aufstand abzuwehren, doch habe das Volk unter den Folgen der Rebellion und des Bürgerkriegs grösste Not leiden müssen (2Sam 18,1-8). Kein Zweifel: in den Augen der Bischöfe lockte David seinen Sohn geradezu in den Aufstand hinein. Davids Exempel sollte der wankelmütigen Elisabeth klarmachen, dass eine Schonung Marias aufgrund der verwandtschaftlichen Beziehung das Prinzip der Gerechtigkeit verletzt, eine Sünde gegenüber Gott und dem eigenen Volk bedeutet und eine Wiederholung der Rebellion möglich macht.

Wie die Minister hofften auch die Bischöfe inständig auf ein Einlenken der Königin.[8] Sie fügten indes ein weiteres Argument in ihr Gutachten ein, das nicht für die Königin, sondern für die Abgeordneten gedacht war. König David, gibt das Gutachten zu bedenken, übte sein königliches Amt gegenüber Abschalom nicht mannhaft aus. Die Bischöfe merken auch an, dass David (wie Elisabeth) während der Rebellion eigentümlich passiv geblieben sei. Der Flucht Abschaloms habe er wie ein Weib («effymately») weinend zugeschaut (2Sam 19,1-5). Die Folgen dieser Sentimentalität, meinen die Bischöfe, hätten katastrophal sein müssen, wäre nicht in diesem Augenblick höchster Gefahr Joab eingesprungen. Davids beherzter General habe sich aus der Einsicht in die Staatsnotwendigkeit kühn über den expliziten Befehl seines Königs hinweggesetzt, den Hochverräter verfolgt und gerichtet (2Sam 18,10-14).[9]

Mit dieser biblischen Begebenheit, als Gleichnis präsentiert, deuteten die Bischöfe eine Lösung an, die – das belegen Redebeiträge von Abgeordneten – ihre Adressaten fand. Das Gutachten regte an, dass nüchtern urteilende und mannhaft handelnde Repräsentanten des Volkes – «inferior magistrates» – in die Rolle Joabs schlüpfen und Elisabeth, der durch «naturall inclinations» tatenlos verharrenden Frau auf dem Thron, die Entscheidung abnehmen müssten.[10] Im Augenblick der Staatskrise lesen Bischöfe und Abgeordnete das vorherrschende Geschlechtsstereotyp von der Frau als dem «schwächeren Gefäss» in das Exempel Davids hinein. Das Versagen des «weibischen» Königs David wird unter der Hand in das Argument der exklusiven männlichen Politikfähigkeit übersetzt. Wie dieses im bischöflichen Gutachten nur angedeutete beherzte Handeln aussehen könnte, verkündete dann der Parlamentarier Robert Snag dem Unterhaus. Jehu, der von Gott direkt Beauftragte, so wirft er in seiner Rede ein, tötete die Königin und notorische Götzendienerin Jezebel ohne Umschweife («without any ado mad[e]»). Im Jargon der Zeit und auf die politischen Umstände angewandt heisst das: bleibt Elisabeth eine schwache Frau, dann muss Mann Maria Stuart umbringen.[11] Es handelte sich dabei keineswegs um eine leere Drohung. Wenig später war ein «quasi republican statement», das «Bond of Association», in Umlauf. Tausende unterzeichneten diese Erklärung und versicherten damit, dass sie bei einem neuerlichen Komplott gegen die Königin, unabhängig vom Erfolg und ohne weitere Anweisung durch eine höhere Autorität oder ein Gesetz, Maria Stuart, das Abbild Jezebels, und alle ihre Verbündeten zum Schutz des protestantischen Gemeinwesens töten würden.[12] Das Eintreten für Königin Elisabeth kann dabei nicht darüber hinwegtäuschen, dass es in der Debatte und dem «Bond of Association» um die Anwendung eines biblisch gegründeten Widerstandsrechts zur Kompensation der ausfallenden Gerechtigkeit des Herrschers handelte.

2. Das biblische Exempel

Die aussergewöhnlich gut belegte Auseinandersetzung im englischen Parlament erschliesst einen gedanklichen Raum, in dem mit Hilfe des biblischen Gleichnisses politisch kommuniziert wird. In den Darstellungen der politischen Ideengeschichte haben biblische Vergleiche freilich meist nur eine höchst beiläufige Beachtung erhalten. Den Blick fest auf die Wurzeln des modernen säkularen Politikverständnisses gerichtet, werden die in den Quellen auftauchenden alt- und neutestamentarischen Exempla als redundantes Beiwerk, als fromme Illustration oder auch als Auswuchs fundamentalistischen Eifers abgetan. Solche Sichtweisen verkennen jedoch nicht nur die Bedeutung des biblischen Zitats als überzeitlich-gültigen Beleg für eine Behauptung, sondern auch seine Funktion innerhalb eines argumentativen Zusammenhangs. Die Debatte um Saul, David und Elisabeth im englischen Parlament des Jahres 1572 lässt erkennen, mit welcher Selbstverständlichkeit theologische Vergleichungen in die politische Rede eingefügt wurden. Das Gutachten der Bischöfe verrät einen subtilen Umgang mit dem biblischen Gleichnis, das nicht nur Massstäbe zur Beurteilung von aktuellem Herrscherhandeln liefern sollte, sondern als auf eine über aller irdischen Autorität verweisende Norm auch zur Ermahnung des Regenten diente oder eine politische Kurskorrektur nahelegen konnte, wobei der Gleichnischarakter und das damit verbundene Unausdrückliche dann doch wieder das arcanum des Staates respektierte.

Voraussetzung für diese Verwendung von biblischen Zitaten in der politischen Debatte war die Auffassung, dass geoffenbarte Weisheit, wie sie in der Bibel mitgeteilt wird, und natürliche Erkenntnis, die durch die Anwendung der menschlichen Vernunft erlangt wird, einander nicht widersprechen oder ausschliessen. Beide Quellen der Erkenntnis wurden stattdessen auf einen gemeinsamen, ursächlichen, nämlich göttlichen Grund zurückgeführt. Es wurde als Gottes Wille angenommen, dass Gemeinwesen in dieser Welt bestehen, dass diese geordnet sind und dass sie ihre Ordnung mit der Seins-Ordnung synchronisieren sollen. Legitime Ausübung von Macht war an den weitgehenden Einklang mit der göttlich-sittlichen Gerechtigkeit gebunden. Die frühneuzeitlichen onto-ethischen Leitbegriffe wie ‹Gerechtigkeit›, ‹Recht›, ‹legitime Gesetze› und ‹gute Policey› bezogen ihre normative Kraft im Grunde aus beiden Quellen. Allerdings wurden Offenbarung und menschliche Vernunft nicht als gleichwertig angesehen, da man das dem Menschen eingeborene Wissen um das Gute durch den Sündenfall verdunkelt glaubte. Das geoffenbarte Gesetz der Heiligen Schrift sollte darum der Vernunft leuchten, so dass die Menschen trotz ihrer Gebrochenheit die glorreiche Ordnung des Schöpfers in vollem Glanze erkennen können.[13] Dieses Verständnis galt auch für die politische Wissenschaft. Die Aufgabe der ars politica sei es, erklärt Philipp Melanchthon, «im sogenannten bürgerlichen Recht» das Viele aufzufinden, «das eher menschliche Affekte zur Schau trägt als Naturgesetze beinhaltet», um dann «die bürgerlichen Verordnungen an das, was recht und billig ist, d.h. ... die göttlichen und natürlichen Gesetze» anzupassen.[14]

Die Offenbarung, begleitet vom Naturgesetz und gefolgt von den Autoritäten, muss also die praktisch-politische Vernunft leiten. Diese Ansicht ist in der Frühen Neuzeit über weithin opinio communis. So argumentierten die Monarchomachen Théodore Bèze oder der anonyme Verfasser von *Vindiciae contra tyrannos*.[15] Die gleiche Auffassung treffen wir aber auch bei einem politique wie Jean Bodin, bei den Theoretikern des Gottesgnadentums wie Jakob I. und Jacques-Bénigne Bossuet oder bei einem überzeugten Republikaner wie Algernon Sidney, der noch in den 1660er Jahren ausruft, er wolle in seinem Traktat «alles nach den Regeln der Heiligen Schrift, der Vernunft und den menschlichen Autoritäten begutachten.»[16] Die Bibel hatte ‹Handbuchcharakter› für jeden, der sich mit der öffentlichen Ordnung abgab, denn, so erklärt ein Zeitgenosse des frühen 17. Jahrhunderts, sie befasst sich

> mit Sachen, die das Gemeinwesen, die Regierungsformen, gute und schlechte Obrigkeit, Frieden und Krieg, Wohlstand und Seuchen, folgsame oder rebellische Untertanen betreffen.[17]

Schwieriger ist es nun aber, die strategisch-argumentative Bedeutung des biblischen Zitats im Diskussionszusammenhang einzuschätzen. Betrachtet man das in ein Traktat oder eine politische Rede eingefügte Zitat als eine feststehende Aussage, als ein blosses ‹Textobjekt›, so verfehlt man den tieferen Sinn. Mit dem indikativisch-imperativistischen Verweis auf eine Schriftstelle zeigt der Autor ja nicht nur an, selbst aus der Bibel gelernt zu haben, sondern richtet an den Leser oder Hörer auch den Anspruch des Wiedererkennens, des Verknüpfens mit anderen Bibelversen und der assoziativen Applikation des Angedachten auf die eigene Wirklichkeit.[18] Die auf das exegetische Verfahren von Wolfgang Musculus zurückgehende Form protestantischer Predigt liefert für diesen Erkenntnisvorgang das Grundmuster. So erklärt eine Anleitung für Prediger:

> Der Geistliche verliest zunächst laut und deutlich die Tageslosung aus den kanonischen Schriften; erklärt, zweitens, den engeren Sinn und den erweiterten Sinn des Verlesenen im Rahmen der gesamten Schrift; schließt daraus, drittens, einige gewinnbringende und natürliche Lehren; und wendet, viertens (und falls er die Gabe hat), diese gesammelten Lehren in nützlicher Weise auf das Leben und die Sitten der Gemeindemitglieder in einfacher und faßlicher Sprache an.[19]

Das gleiche Voranschreiten wurde bei der täglichen Bibellektüre trainiert.[20] Bei dieser Applikation auf die eigene Lebenspraxis geht es um eine tropologische Übersetzung des normativ verstandenen Bibeltexts auf die Verhältnisse der Gegenwart, oder, richtiger im Denken der Zeit, um die Heranführung der im Licht des Zitats entschlüsselten Gegenwart an das ewige Gesetz Gottes. Das Exempel führt also einen didaktischen Überschuss mit sich. Da die Botschaft gleichsam ‹im Kopf› des Adressaten entschlüsselt wird, finden sich naturgemäss selten so eindeutige Belege wie er im Fall eines Tagebuchvermerks des Chronisten Thomas Cromwell vorliegt, der für sich notierte:

> mit Ahab meint er (der Redner, d. V.) Ihre Majestät, die Königin, mit den Israeliten Ihre guten Untertanen, und mit Abinadab die Königin der Schotten, und den Grafen von Norfolk, der Abinadab [bei der Rebellion] unterstützt hat.[21]

Damit lässt sich die Funktion des biblischen Gleichnisses im politischen Diskurs der Frühen Neuzeit so bestimmen: Das Potential des Zitats liegt in der unausdrücklichen Aufforderung zu einem Vergleich, der die diskordanten Bedeutungen des biblischen Bildes sowie des innerbiblisch gegebenen referentiellen Rahmens einerseits und der eigenen Wirklichkeit andererseits zusammenzwingt; die Kraft des Vergleichs erweist sich in dem Grad, in dem es diesem Akt metaphorischer Gewaltsamkeit gelingt, eine Triftigkeit zu suggerieren, die jedermann einzuleuchten vermag. Wird der Vergleich akzeptiert, so wird eine ‹falsche› Identifikation in eine überzeugende Analogie überführt; misslingt er, so handelt es sich um pure Übertreibung und der Vergleich verfällt dem Spott.[22] Eine solche Reaktion widerfuhr Francis Alford. Als er während der Debatte über die Bestrafung Maria Stuarts plötzlich das Exempel Davids herauskramte, der den tyrannischen König Saul schonte (1Sam 24 und 26), wurde er von Thomas Norton barsch zurechtgewiesen: das Exempel sei hier nicht anwendbar, denn Maria sei «none of our anoynted.»[23] Ein vergleichbarer Zwist findet sich auch in Deutschland. Der Katholik Johann Treulinger hielt in den 1540er Jahren in einem Traktat den gegen den Kaiser kämpfenden protestantischen Ständen «das besonder merckliche Exempel des Königs David [vor] / dass er den Saul nicht hat tödten wollen.» Die mit dieser Vergleichung beabsichtigte Verunsicherung der Evangelischen richtig erkennend, reagierte der Feldprediger des sächsischen Churfürsten, Regius Silenus, ähnlich schroff wie Norton:

> Wie schicket oder ziemt sich nun hieher Davids Exempel? ... Sauls Exempel schuldiget den Keyser, vnd Davids Exempel kann die Churfürsten und das Reich nicht beschuldigen ... Darumb ist es gantz ein vngereimt ding, das Exempel Davids dahin dringen, als bind es jederman die Hände. ... Vnd weil Treulinger ein GeneralExempel daraus machet, lästert er Gott, vnd so vile ihme müglich, zerreist er alle gute Policey. ... Vnnd erstlich / will ichs in gemein also verantworten / wie man dann die Knaben auch in der Schule lehret. ... Dahero auch die Antwort / so von Exempeln genommen seynd / nicht allwegen schliessen / Sonderlich aber / wann ein Ungleichheit kann gezeigen werden ... vnd auß den Umständen erklärlich erscheinet.[24]

Die Kritik an der Verwendbarkeit eines Exempels im konkreten Zusammenhang ist also Teil des Diskurses. Sie sichert gegen die Willkür des Interpreten, indem sie die Eindeutigkeit der Parallelen prüft, und operiert mit der Idee von der Selbstbehauptung des stimmigen Arguments. Selbstredend fliessen auch hier nichttheologische Überlegungen ein, denn eng verknüpft mit der Frage nach dem rechten sittlichen Verhalten ist der politische Meinungsstreit.

3. Samuels Rede über das Recht der Könige

Die beiden Samuelbücher bieten für die politische Vergleichung besonders reiches Material. Zahlreiche für die Frühe Neuzeit relevante Themen werden diskutiert wie der Ursprung der Monarchie, die Einsetzung des Königs, die Rechte des Herrschers, das Problem der Nachfolge, die Kennzeichen eines Tyrannen, die Folgen von Übertretung und Missachtung der Regeln, die Gründe für Machtverfall und Rebellion, die Rolle der königlichen Ratgeber. Ferner werden Aspekte des Kriegsrechts angesprochen wie die Bedeutung eines Feldherrn in der Schlacht, die Rolle des Zweikampfs,

Taktik und Strategie des Partisanenkriegs, die Zweckmässigkeit und Sittlichkeit von Spionage, ebenso der Frontwechsel aus Kalkül. Schliesslich geht es auch um die Stellung der Geistlichkeit zur staatlichen Macht, die prophetische oder priesterliche Weisungskompetenz und die Reaktion des Herrschers. Alle Themen haben mit dem Problem der Gerechtigkeit oder, in diesen Antagonismus stellt Pierre Bayle die David-Gestalt, mit der Spannung zwischen Ethik und Staatsräson zu tun.[25] Sie vollständig zu behandeln, würde den Rahmen dieses Beitrags sprengen. Ich konzentriere mich darum auf die wichtigsten Aspekte: die Entstehung der Monarchie, das «Königsrecht» und, damit untrennbar verbunden, die Notrechtsdiskussionen.

Die Staatstheorie des späten Mittelalters und des 16. Jahrhunderts unterschied zwischen dem *dominium regale*, wo der Machthaber Gesetze erlassen und Steuern erheben kann, ohne seine Untertanen formell befragen zu müssen, und dem *dominium politicum et regale,* wo der Regent die Zustimmung seiner Untertanen einzuholen verpflichtet ist. Oftmals wurde das *dominium politicum et regale* als die erstrebenswertere Herrschaftsform gepriesen, weil dort im Unterschied zur despotischen Regierung die Untertanen nicht in eine sklavengleiche Abhängigkeit hinabgedrückt würden, sondern sich Staatsvernunft, die Vorrechte des Königs und die gesetzlich gesicherten Freiheiten der Untertanen in solch glücklicher Weise ergänzten, dass jeder Stand für sich – der König an Macht, der Adel an Ehre und die Untertanen an Wohlstand –, aber auch die Gesamtheit dazu gewinne. Zur Rechtfertigung dieser durch Gesetze gezügelten Herrschaft verschmolz der bedeutendste Theoretiker des späten Mittelalters, Thomas von Aquin, die aristotelische Staatslehre mit christlichem Denken und bezog sich dazu ausführlich auf das erste Samuelbuch, Kapitel 8.

Das erste Samuelbuch liefert mit seinem Bericht von der Einrichtung der Monarchie in Israel eine für eine solche Inanspruchnahme ergiebige aber knifflige Vorlage. Die Israeliten, so wird berichtet, seien der direkten Regierung Gottes, der seinem Volk die Gesetze durch Mittler wie Moses gab und die Richter danach urteilen liess, überdrüssig gewesen. Sie wandten sich deshalb mit der Bitte an Samuel, Gottes Propheten und Sprachrohr, Gott möge ihnen einen König nach Art der Heiden geben. Samuel, erzählt die Geschichte weiter, war entsetzt über diese frevlerische Zurückweisung Gottes. Als er Gott bat, das «freche Ansinnen» zu ignorieren, antwortete Gott, das Volk habe zwar auch an den, den Allmächtigen vertretenden Richtern Kritik geübt, jedoch seien nicht sie (und damit Samuel), sondern Er selbst vom Volk zurückgewiesen worden. Um die Israeliten doch noch von ihrer Sünde abzuhalten, erklärte Samuel ihnen – gleichsam als letzte Warnung ein Appell an das Eigeninteresse – das Wesen der Monarchie und legte ihnen das «Königsrecht» aus. Ein Einherrscher, kündigte Samuel an, werde dem Volk die Söhne nehmen und sie in den Kriegsdienst zwingen; er werde aus den Freien Leibeigene machen und verlangen, dass sie seine Felder bestellen; er werde dem Volk die Töchter nehmen und sie als Mägde an seinen Hof holen; er werde die besten Felder, die wertvollsten Weinberge und die ertragreichsten Olivenbäume beschlagnahmen, um sie seinen Günstlingen zu schenken; und er werde seinen Untertanen masslos Steuern auferlegen. Wenn das Volk angesichts solcher Bedrückungen dann aber aufseufze und Gott um Abhilfe bitte, werde der Allmächtige weghören (1Sam 8,1-22).

Eigentlich handelt es sich bei Samuels Rede um eine glänzende Probe antimonarchischer Rhetorik. Wird der provokante Text wörtlich verstanden, so lehrt er nichts anderes als die Missbilligung dieser absolutistischen Regierungsform durch Gott. Trotzdem hat man ihn im Mittelalter nicht als einen Affront verstanden. Die Apologeten des *dominium regale* ignorierten faktisch die Verwerfung der Institution durch Gott, indem sie die Beleidigung Gottes auf den vom Volk ausgehenden, rebellischen Wunsch nach einem Regierungswechsel reduzierten.[26] Gleichzeitig akzeptierten sie aber gerne das von Samuel dem Monarchen zugeschriebene «Königsrecht» als eine von Gott der eingesetzten Ordnungsmacht zur Erfüllung ihrer Aufgabe zugesprochene, aber sparsam und überlegt umzusetzende Blankovollmacht.[27] Die zweite, elegantere und weitreichendere Erklärung von der gemässigten Monarchie brachte Thomas von Aquin ins Spiel. Sowohl in seiner dogmatischen *Summa Theologica* als auch in seiner politisch-ethischen Schrift *De regimine principum* benutzt er das erste Samuelbuch, um die Vereinbarkeit der aristotelischen Staatslehre mit Gottes Idee von der gerechten Ordnung darzulegen.[28] Grundsätzlich preist er das Einherrschertum als die vollkommenste Form von Herrschaft, wobei Gott, selbst monarchischer Weltenherrscher, mit Gesetzen das Sein bestimme und durch diese Gesetze auf das Dasein einwirke.[29] Das innerweltliche Königtum leitet Thomas als eine verfassungsmässig gestufte Herrschaft aus dem universalen Königtum Gottes ab. Und er gibt ihm die Weisung, sich stets auf Neue an dieses Ideal anzugleichen.[30] Die Einführung der Monarchie in Israel, von der im ersten Samuelbuch berichtet wird, wird von Thomas als solch eine begrüssenswerte Angleichung an das Sein gesehen.

Freilich konnte auch Thomas die Spannung zwischen dem biblischen Text und seinem Plädoyer für die gemässigte Monarchie nicht übersehen. Zwei interpretatorische Schwierigkeiten hatte er zu meistern. Zum ersten musste Thomas begründen, weshalb das alttestamentarische Israel – jenes einzigartige Volk also, das sich einer besonderen Nähe zu Gott rühmen konnte – erst so spät in seiner Geschichte zur monarchischen Staatsform fand. Thomas behebt das Problem mit der Auskunft, die Israeliten seien anfangs grobe und tölpelhafte Menschen gewesen, unter denen sich keiner befunden habe, der würdig genug gewesen wäre, eine Krone zu tragen.[31] Saul schien die nötigen Voraussetzungen mitzubringen, habe sich dann aber als Übergangsfigur erwiesen, und erst sein Nachfolger David habe das nötige Mass an Tugend besessen, das ihn zu einem würdigen Stellvertreter Gottes machte und daran hinderte, in die Tyrannei abzugleiten.[32] Das zweite Problem war noch diffiziler. Wie konnte das von Samuel verkündete Recht des Königs, das sich wie eine Anleitung zur Knechtschaft liest, mit der Idee von der ewigen Gerechtigkeit Gottes vereinbart werden? Thomas fand auch hier eine geniale Lösung. Samuel, so meint er, habe nicht das «Recht des Königs» verkündet, auch wenn es so in der Bibel steht. Vielmehr handele es sich bei Samuels Erklärung um eine ironische Rede. Was in der Bibel unter dem Titel «Königsrecht» präsentiert wird, beschreibe in Wahrheit die Herrschaftspraxis des Tyrannen. Tatsächlich aber bedürfe jeder christliche Herrscher zur Eindämmung und Überwindung seiner egoistisch-menschlichen Leidenschaften der Anleitung durch ein wahres Königsrecht, das unglücklicherweise jedoch nur in dieser Negativform überliefert ist.[33]

Mit seiner grossen Verfassungsschrift *The Governance of England* führte Sir John Fortescue Thomas' Unterscheidung von *dominium politicum regale* und *dominium regale* in das englische Verfassungsdenken ein. Bereits im ersten Kapitel kommt er auf die beiden grundsätzlichen Herrschaftsformen zu sprechen und verweist dabei auf die Rede Samuels. Gott, schreibt Fortescue, habe das Volk Israel «chosen ... *in populum peculiarum et regnum sacerdotale*» und «roialy and politekily vndir Juges» regiert. Gottes *dominium politicum et regale* setzte sich damit scharf vom Regiment des ersten Heidenkönigs, Nimrod, ab, einem grobschlächtigen Gewaltmenschen, der sich sein Volk erobert habe, um es dann *regaliter tantum* zu beherrschen. Samuels Ansprache über das «Königsrecht» identifiziert Fortescue wie Thomas als Auskunft, die nicht das Recht des Königs erklärt, sondern das, was sich ein Tyrann als Recht herausnimmt. Zwar waren die Ausführungen Fortescues anders motiviert als die von Thomas. Auf die interpretatorischen Schwierigkeiten seines Vorgängers mit dem republikanischen Unterton der Samuelrede geht er nicht ein. Nach dem Ende der Rosenkriege wollte Fortescue vielmehr in den Engländern eine Art von Verfassungspatriotismus erwecken, einen besonderen Stolz auf die eigene, gemässigte Monarchie, die sich positiv von der Herrschaftsweise der ‹orientalischen Despotien› und dem gegenwärtigen Frankreich abhebe.[34] Doch ändern diese besonderen Motive nichts an der weitreichenden Bedeutung seiner allgemeinen Aussage: die *monarchia temperata* entspreche der Weise, wie Gott sein Volk selbst regiert hat. Und darum müsse sich jedes Gemeinwesen, das sich die Hoffnung auf den Beistand Gottes erhalten will, eine Verfassung geben, die die Ausübung einseitiger Willkür des weltlichen Herrschers durch Gesetze unterbindet.

Die aristotelisch-alttestamentarische Unterscheidung zwischen dem wahren König, der sein Volk *pro bono publico* regiert und dem Gewalthaber, der *pro bono suo* herrscht, verlor auch nach 1500 nichts von ihrer Relevanz. Das gilt selbst für den an Politik wenig interessierten Luther, der die konstitutive Differenz zwischen der *intentio recta* und *corrupta* des Herrschers akzeptiert: «Denn da seytt yhr eyn tyrann / vnnd greyfft zu hoch / da yhr widder recht noch macht habt.»[35] Die Samuelrede glossiert er schlicht mit «Recht des Königs».[36] Auch Luthers Freund, der Humanist Philipp Melanchthon, besteht auf der Unterscheidung:

> Ein ziemlicher Regent ist / des Wille gut ist / also / daß er Fleiß thut / wol und recht zu regieren / vnd mehreren Theil sein Ampt recht thut / obgleich er beyweilen fehlet / vnnd anstösset / im Ampt / oder sonst im Leben. .... Dargegen aber ist ein Tyrann / ein solcher Regent / des Wille nicht gut ist / der sich befleißiget Grausamkeit vnd Unzucht zu üben / ob er gleich bißweilen etwas gute thue.[37]

Theoretisch vermag diese unscharfe Trennung kaum zu befriedigen, doch ist der Sinn der Aussage klar: das Andauern der Rechtsbrüche charakterisiert die Herrschaftspraxis des Tyrannen *quoad exercitio*. Anders als Luther hat sich Melanchthon intensiv mit der Samuelrede auseinandergesetzt. In seiner *Chronica Carionis*[38] rekapituliert er die Weltgeschichte seit Beginn der Schöpfung. Als er zur Einführung der Monarchie kommt, streicht Melanchthon heraus, wie widerwillig Gott das freche Verlangen des Volkes nach einem König gewährte. Anders als sein Gewährsmann Thomas sieht er die Monarchie nicht als die vollkommenste Staatsform, sondern grenzt ein: sie eigne sich für besonders grosse Gemeinwesen, sei für die Untertanen insgesamt auch schwerer zu ertragen als die mildere «Aristocratia», die Regierung der Ältesten und Weisen. Melanchthon wiederholt Thomas' These, die Samuelrede beschreibe im Widerspruch zum Wortlaut der Heiligen Schrift nicht das Recht eines Königs, sondern das Regiment des Gewaltherrschers, das im krassen Widerspruch zum geoffenbarten Gesetz (Dtn 17) und zum Willen des Allmächtigen steht, der König Ahab hart strafte, als sich dieser widerrechtlich den Weinberg seines «untersassen» Naboth aneignete.[39] Wichtig ist, dass Melanchthon – der sich an Ciceros Unterscheidung der *constitutio* von der *aequitas* orientiert – die despotische Regierungsweise, obwohl von den Israeliten ausdrücklich akzeptiert, für unbillig erklärt. Eine solch widersinnige Unterwerfung widerspreche der menschlichen Vernunft, dem Naturgesetz und dem geoffenbarten Gesetz. Die Verwerfung Sauls, des ersten Königs Israels, gilt Melanchthon als zusätzlicher

Beweis dafür, dass ein Herrscher, der die Gesetze nicht achtet, Gottes Beistand verliert, Opfer seiner selbst wird und sich damit selbst entthront.

Calvin fasste die Samuelrede noch genauer in den Blick. Er verrät seine republikanische Neigung, wenn er den staatlichen Zustand Israels bis zur Königsherrschaft Sauls als einen Freiheitszustand bezeichnet[40] und die Zurückweisung der theokratischen Herrschaft entschieden kritisiert.[41] Trotz dieser generellen Sympathie empfiehlt er, wie Melanchthon, die *monarchia temperata* als die in vielen Fällen erstrebenswerteste Regierungsform. Calvin stimmt mit Melanchthon ferner darin überein, dass das wahre Königsrecht bei Moses (Dtn 17,14ff) zu finden sei. Anders als sein Wittenberger Kollege beharrt der Genfer Pastor jedoch darauf, dass es sich bei Samuels «Königsrecht» um ein vollgültiges Gesetz handele, das das israelitische Volk damals ohne wenn und aber zu befolgen hatte.[42] Calvin argumentiert damit fundamentalistischer als Melanchthon, indem er nicht den Geist der Schrift, sondern den Wortlaut zur Grundlage der Deutung macht. Wichtiger aber noch ist, dass er, im Unterschied zum naturrechtlich denkenden Wittenberger, allen Nachdruck auf die positivrechtliche Institution des Vertrags legt. In seiner *Samuelishomilie* gründet der Genfer Reformator die Idee einer beidseitigen Verpflichtung der Vertragspartner auf die etwas gewaltsam verknüpften Sätze «Samuel aber sagte dem Volk alle Rechte des Königreichs» (1Sam 10,25a) und «So gehorche nun ihrer (des Volkes, das von Samuel einen König verlangt, d. V.) Stimme. Doch bezeuge ihnen und künduige ihnen das Recht des Königs, der über sie herrschen wird» (1Sam 8,9). Festgelegt im Herrschaftsvertrag zwischen einem künftigen König und den Israeliten, meint Calvin, seien einerseits die «Königsrechte» und andererseits die Leistung des Herrschers, von dem die Israeliten verlangten, dass er ihre Streitfälle entscheide und sie in den Krieg führe.[43] Die Verlesung der «Königsrechte» durch Samuel ist demnach Fragment eines verkürzt geschilderten Vorgangs und einer nicht vollständig mitgeteilten Verfassung. Calvin konnte zur Einschränkung der weltlichen Macht auf das naturrechtliche Billigkeitsargument Melanchthons verzichten, weil er den Herrscher mit Hilfe des positivrechtlichen Vertragsgedankens viel weitgehender an das Gesetz zu fesseln versuchte. Zwar konzedierte er mit seiner Lesart der Samuelrede den israelitischen Königen ein absolutes Herrscherrecht. Im Hinblick auf das französische Königshaus konnte er so aber den Anspruch erheben, dass die Valois durch den Vertrag mit dem französischen Volk, vom König mit dem Krönungseid öffentlich bekräftigt, an die Verfassung Frankreichs und damit das salische Gesetz gebunden seien.

4. Davids Begegnung mit Saul in der Höhle von En-Gedi: Lutherisches Notrecht

Die Unterscheidung zwischen gerechtem Handeln des Regenten und Willkür des Machthabers legt ebenso wie das Problem der Vertragstreue die Frage nahe, wie sich ein Christ gegenüber einem Herrscher verhalten solle, der das Recht permanent bricht. Anders ausgedrückt: aus der Existenz des Königsrechts oder eines Vertrags ergibt sich zwingend die Frage nach der Reichweite der Gehorsamspflicht der Untertanen. Auch dieses Problem wurde anhand der Samuelbücher diskutiert. Im Brennpunkt der Debatte um das Notrecht des Untertans gegenüber dem ihn bedrückenden Tyrannen steht Davids zweifache Verschonung Sauls, einmal in der Höhle von En-Gedi und dann wieder in der Wüste Siph.

Thomas von Aquin, das ist bekannt, ergänzte seine Lehre von der *monarchia temperata* oder *monarchia commixta* durch ein weitreichendes Widerstandsrecht, das im Extremfall selbst für die Einzelperson gilt[44] und das in Wahlreichen (und das sind die Reiche, die ihre Verfassung an Gottes Ordnung ausrichten) bei den öffentlichen Autoritäten liegt. Verstösst ein Machthaber durch einseitige Rechtsfortbildung oder fortdauernde Übergriffe gegen die im Krönungseid bekräftigte wechselseitige Treuepflicht bzw. Treuebindung, so dürfen die *fideles* das Absetzungsverfahren einleiten.[45] Die Reformatoren standen diesem Widerstandsrecht zunächst sehr ablehnend gegenüber, weil sie einerseits die optimistische Auffassung von der Vernünftigkeit des Menschen verwarfen, andererseits die Konsequenz des thomistischen Systems, dass in letzter Instanz die päpstliche Kirche darüber entscheidet, wann weltliche Mächte die objektiven Normen des Naturrechts verletzt haben, nicht akzeptieren konnten. Hinter der katholischen Widerstandslehre witterten sie einen ‹Kniff› des Papstes und Antichrists, nicht genehme Könige im Schein einer trügerischen Legalität absetzen zu können. Erst der Druck der Ereignisse führte dazu, dass die Protestanten diese diskreditierte Lehre mit neuen Augen sahen.[46]

Das heisst nun aber nicht, dass Luther dem Bürger ein Notrecht ganz versagt hätte.[47] Auch er kennt Notlagen, z.B. den direkt lebensbedrohenden Angriff des Tyrannen, die Gegengewalt erforderlich machen können. Luther folgt indes Augustinus und gibt zu bedenken, dass der Christ in den meisten Fällen gar nicht klar erkennen könne, ob das ihm widerfahrene Unrecht nicht in der Absicht Gottes liegt, der ihn züchtigen und damit erziehen wolle. Die zusammen mit der Christusliebe eingeforderte Vergleichgültigung des Weltlichen verlangt nach Luther, dass der Glaubende seine eigene Not geringschätzen soll. Allenfalls in der Liebe zum Nächsten läge ein gültiger Grund für Einsatz von Gewalt zur Abwehr von Unrecht vor. Als einen gültigen Massstab für sittliches Handeln präsentiert Luther dann aber David, den zu Unrecht Verfolgten, der gegenüber Saul demütig auf die Erzwingung irdischen Rechts verzichtete und stattdessen sein ganzes Wohl und Gedeihen in die Hand Gottes legte.[48] Es ist die humilitas, «wie Job» zeige «ynn seiner anfechtung / vnd Dauid ynn seiner vorstossung vom reich (i. e. Abschaloms Rebellion und Davids Niederlage, d. V.) vnnd Christus mit allen Christen ynn yhren notten», um die es Luther geht.[49] David präfiguriert in Luthers Augen den Christen im Zeichen des Kreuzes, der sich dem Wüten des Tyrannen wie des Teufels zum Trotz seinen Glauben als Innerlichkeit bewahrt und sich zugleich in ihm bewährt.

Diese theologische Position bestimmte weitgehend Luthers Haltung gegenüber einem Widerstandsrecht.[50] Wiederholt hat er mit Entschiedenheit der Ansicht widersprochen, man dürfe sich gegen Tyrannen zur Wehr setzen – eine Überzeugung, die er in der Antike bei den Griechen, Römern und Juden, in seiner Gegenwart bei den Bauern im Reich, den Schweizern sowie den Dänen fand. Die Lehre vom legitimen Tyrannenmord, so verschärfte er noch einmal, ist eigentlich nur den Heiden eigentümlich. Für den Christen aber sei irrelevant, «was die Heyden odder Juden gethan haben.»[51] In seinem Traktat *Ob Kriegsleute auch in seligem Stande sein können* behauptet er zudem die Fruchtlosigkeit jeder Erhebung. Dies, so meint Luther, habe der Bauernkrieg schmerzhaft gezeigt, es werde sich bald wohl auch am Schicksal der Schweizer (die sich erst 1499 vom Reich gelöst hatten) erweisen. Allen, die mit dem Gedanken spielen, durch Gewalt liesse sich Unrecht abtun und die irdische Ordnung zum Besseren wenden, verwies er an das Exempel Davids:

> Darumb radte ich / das ein iglicher / der mit gutem gewissen hier ynn will faren vnd recht thun / der sey zu friden mit der weltlichen oberkeit / vnd vergreiffe sich nicht dran / angesehen / das weltliche oberkeit der seelen nicht kan schaden thun / wie die geistlichen vnd falscher lerer thun / Vnd folge hieryn dem frumen Dauid / welcher so grosse gewalt leyd von dem Könige Saul / alse du [n]ymer leyden kanst / noch wolt er nicht die hand an seinen König legen / wie er wol offt hette konnen thun / sondern befalhs Gott / lies gehen / so lange es Gott so haben wollte / vnd leyd bis ans ende hinaus.[52]

Luthers Vergleich gehört gewiss zu den am häufigsten bemühten in der Frühen Neuzeit. Der Lutheraner Lazarus Spengler verwies darauf ebenso wie der Katholik Johann Treulinger.[53] Er findet sich bei den französischen Theoretikern der Souveränität, Bodin und Bossuet («La conduite de David ne favorise pas la rébellion»),[54] ebenso in Schottland bei Jakob VI. und in England bei Richard Grafton, Lancelot Andrewes, Sir Robert Filmer, Henry Spelman sowie vielen anderen.[55] Ausführlich zitiert ihn auch die englische Kirchenpostille *Aufforderung zum rechten Gehorsam* von 1547, laut königlichem Dekret mindestens einmal im Jahr allen Kirchengemeinden zu verlesen. Besonders plastisch führt sie dem Kirchenvolk vor Augen, wie

Saul die dunkle Höhle von En-Gedi betritt, in der sich David mit seinen Männern vor dem ihnen nachstellenden König verbirgt. Beteuert wird die völlige Unschuld Davids und die grenzenlose Eifersucht des Tyrannen, der David umbringen will. Verführerisch wird der Rat von Davids Gesellen hingestellt, die günstige Gelegenheit zu ergreifen und den seine Notdurft verrichtenden, wehrlos und achtlos dasitzenden Tyrannen aus dem Leben zu schaffen. Gottesfürchtig wird Davids Haltung genannt, weil er sich von der Situation und seinen Männern nicht verleiten lässt, die Hand an den Gesalbten des Herrn zu legen, sondern nur den Zipfel von Sauls Mantel abtrennt, um dem Gewaltherrscher den Irrsinn seiner Verfolgungsangst zu beweisen. Die schweren Skrupel werden gepriesen, die David noch angesichts der Geringfügigkeit dieses raschen Schnitts befallen, nur weil er überhaupt an den König gerührt hat. Ins gleiche Licht stellt die Predigt die zweite Verschonung, als sich David und Abishai im Dunkel der Nacht in Sauls Lager schleichen und den Speer gegen den schlafenden König richten, um ihn dann aus Scheu vor dem heiligen Königsamt, das der unwürdige Mensch Saul bekleidet, wieder sinken zu lassen. Schliesslich berichtet die *Homilie* von Davids Gericht an dem verabscheuungswürdigen Amalekiter, der das Tabu gegenüber dem Gesalbten brach, als er nach der Schlacht gegen die Philister dem verwundeten Saul auf eigenen Wunsch hin den Todesstoss zufügte.[56] Wahrhaftiger Gehorsam ist eine Sache des Gewissens, das schärft dieser Sermon den Kirchgängern ein für alle Mal ein, und äussert sich immer in stillem Dulden.

Dass gerade Luther dieses Beispiel eingeführt hatte, erwies sich für den deutschen Protestantismus dann freilich als eine schwere Hypothek. Als in den 1530er Jahren ein bewaffneter Konflikt zwischen den evangelischen Ständen und dem Kaiser, der den Widerruf des neuen Bekenntnisses und die Rückkehr zur römischen Kirche forderte, immer wahrscheinlicher wurde, sah sich Melanchthon gezwungen, gerade dieses so überzeugende Exempel zu demontieren. Ein erster, noch vorsichtiger Versuch findet sich in Melanchthons Ausdeutung des 54. Psalms:

> Devs in nomine tuo saluum me fac, & in uirtute tue iudica me. / ... Quoniam alieni insurrexerunt aduersum me, & fortes quaesierunt animam meam, & non proposuerunt Deum ante conspectum suum, Sela.[57]

Um diesen und die folgenden Klagepsalmen 55-59 richtig verstehen zu können, müsse man, meint Melanchthon, die Erzählungen von Davids zweifacher Verschonung des Tyrannen Saul mitbedenken. Ausdrücklich geht er damit auf jene beiden Stellen ein, auf die Luther das Gehorsamsgebot gegenüber jeder Obrigkeit, auch einem Gewaltherrscher, gründete. Dies ist insofern konsequent, als der 57. Psalm – seit den Kirchenvätern auf 1Sam 24 bezogen – in der Luther-Bibel mit dem *incipit*: «Ein gülden

Kleinod Dauids / vor zu singen (Das er nicht vmbkeme) da er fur Saul flohe in die Höle»,[58] eingeleitet wird. Melanchthon bestätigt, dass es sich bei Davids Verhalten in der Höhle und in der Wüste Siph um eindrucksvolle Exempla der Geduld eines Untertans gegenüber seinem legitimen Herren (erga legitimos magistratus) handle. Allerdings, meint er, hätte David auf den vernünftigen Abisahi hören und nach den Grundsätzen des Naturrechts wie auch dem Beispiel des Moses folgend – der den ägyptischen Sklavenschinder erschlagen hat (Ex 2,12) – Saul töten dürfen.[59] Wenn David sein Recht nicht wahrgenommen hat, dann nur, weil er einer Eingebung seines Gewissens folgte, das ihm angezeigt habe, dass das Erlaubte, wenn es Ärgernis (scandalum) erregt – d.h. «einem armen Teufel nicht hilft und den öffentlichen Frieden stört» –, nicht immer das Richtige ist.[60]

Blieb hier noch offen, ob David sich hätte wehren können, wäre der öffentliche Friede bereits gestört gewesen, so spitzte Melanchthon wenig später seine Thesen in der von ihm überarbeiteten Schrift *Von der Nothwehr Unterricht* des Justus Menius zu. Zunächst wiederholt er dort nur das in den Psalmenkommentaren bereits Vorgetragene:

> Etliche ziehen auch an: das besonder merckliche Exempel des König David / daß er den Saul nicht hat tödten wollen. // Darauff ist eine richtige Antwort / David hette recht gehabt den Saul zu tödten / wie ihm auch andere heilige Leuthe gerathen haben.

Als Grund für die Verschonung gibt Melanchthon jetzt allerdings nicht nur an, dass David «ergerniß» habe vermeiden wollen, sondern schränkt zusätzlich qualifizierend ein, «diese Sache» habe nur «die einige Person Davids» betroffen. Solange es sich also nur um das eigene Leid handelt, da ist sich Melanchthon mit Luther einig, ist Davids Geduld ein gültiges Exempel für den Christen:

> Daß ein Hausvater selbst leidet / vnd sich von einem Tyrannen tödten lässet / vnnd will umb seines Lebens willen / nicht andere in Fahr setzen / oder grössere Unruhe anrichten / ist löblich wie Naboth gethan hat / vnd sind dieser Exempel gar viel.

An die Überlegung im *Magnificat* anknüpfend – ohne jedoch Luthers Bedenken hinsichtlich der Erkennbarkeit von Gewalt rechtfertigender Not zu berücksichtigen –, kommt der Humanist Melanchthon aber zu einem anderen Schluss, wenn die dem Hausvater Anvertrauten in Gefahr sind. «Daß er aber seine Hausfraw oder Kinder zu retten / das Schwerdt zucket / ist ein recht befehen Werck.»[61] Aus der Schirmpflicht rührt das Recht zur Ausübung von Gegengewalt. Melanchthon spricht also jedem Hausvater, d.h. dem vollwertigen Rechtssubjekt, das Notrecht als ein prinzipielles Recht zu, denn es ist gleichgültig, ob es sich bei dem Bedrücker um einen Räuber, d.h. eine das Gesetz verletzende Zivilperson, einen König, also eine Obrigkeit, die ausnahmsweise Unrecht tut, oder um einen Tyrannen handelt, der die Gesetze stets mit Füssen tritt:

> Wenn Urias in seinem Hause gewesen were / vnd David selbst das Weib hette wegführen wollen / vnd sich nicht davon abweisen lassen / so David in solchem Schutz erstochen were / hette Urias recht gethan / vnd were nicht auffrührisch.[62]

Im Vertrauen auf die Fähigkeit der natürlichen Vernunft, die Situation richtig zu bewerten, schiebt Melanchthon den quietistischen David Luthers aus den Jahren nach dem Bauernkrieg fast ganz zur Seite, wenn er, wie der späte Luther,[63] dem Bedrängten die Notwehr zur Pflicht macht und ihm zusätzlich das Recht auf kollektiven Beistand einräumt – so wie dem Tell «der Schweizer gethan / ... vnd Jolaus, der die Kinder Herculis wider seinen vnd ihren König schützet / mit Hülffe der Stadt Athen.» Dass Melanchthon angesichts der konkreten politischen Lage bei all dem weniger an den «Hausvater» im familiären Zusammenhang als an den «Hausvater» auf Landesebene, den protestantischen Fürsten oder den Rat der protestantischen Städte denkt, ist unübersehbar, denn er reklamiert das Notrecht zum «gemeinen Schutz der Unterthanen / Priester / Lehrer vnd Kirchen» und legitimiert mit dem Recht auf Beistand, post factum, auch den Schmalkaldischen Bund.[64] Wie Luther in einer Tischrede vom April 1538[65] rechnet auch Melanchthon die Kirchenordnung, d.h. die Aufrechterhaltung des evangelischen Gottesdiensts, zu einer Sache der öffentlichen Ordnung und vermag mit dieser Deutung das individualistische Naturrecht auf Notwehr zur Verteidigung der Anvertrauten auf die Fürsten anzuwenden. Im Spannungsfeld mit den Polen: Gehorsam gegenüber der Obrigkeit und Freiheit der Religionsausübung für den auf sein Gewissen hörenden Christen, konnte für die vom Kaiser bedrängten Evangelischen Davids unbedingter Gehorsam gegenüber Saul nicht mehr als angemessenes Gleichnis gelten. Der späte Luther und vor allem Melanchthon nutzten die ‹Zwei-Reiche-Lehre› und die Gegenüberstellung von natürlichem Regiment und geistlichem Regiment,[66] um dem bedrohten Individuum im Einklang mit dem deutschen (Privat[67]-)Recht im weltlichen Reich die Notwehr bei einem Angriff auf die Kirchenordnung zu gestatten. Johann Bugenhagen hatte das Problem bereits 1529 in die andere Richtung hin gelöst, als er die Aufgabe einer geistlichen Notwehr gegen den zum Privatmann gewordenen Tyrannen[68] dem Propheten Samuel zudachte:

> [Wir sollen] auch gotlosen herrn, wen got uns yhn hat unterworffen, gehorsam seyn in allen dingen, darinne sie unser uberherrn seyn, gleich alse do die Iuden darnach dem Saul gehorsam weren, bis das yhn Got den David gab. ... Wen aber der Saul were zugefaren und hatte das volck wolt mit gewalt dringen von Gots worte zu abgottereye und derwegen angefangen zu hawen und zu mörden, ich halte, Samuel hatte yhn selbs erstochen odder sich wedichlichen mit dem volcke wedder ihn gesetzt.[69]

5. Davids Begegnung mit Saul in der Höhle von En-Gedi: Calvinistisches Widerstandsrecht

Auch für Calvin war bereits in der ersten, Franz I. gewidmeten Ausgabe seiner *Institutio Christianae Religionis* von 1536 das Exempel Davids in der Höhle von En-Gedi und in der Wüste Siph Prüfstein für die Reichweite des Gehorsams:

> [David hielt,] als er bereits durch Gottes Anordnung zum König bestimmt und mit seinem heiligen Öle gesalbt war und obwohl er ohne seine Schuld von Saul unwürdig verfolgt wurde, das Haupt seines Verfolgers für unantastbar, weil der Herr es durch die Königswürde geheiligt hatte. ... Diese ehrerbietige und geradezu fromme Gesinnung sind wir allen unseren Oberen, bis zum letzten hin, schuldig, sie mögen ... geartet sein, wie sie wollen.[70]

Das Exempel lässt nach Calvins Auffassung keinen Deutungsspielraum zu. Wir können unterstellen, dass Calvin dieses Argument vor allem gegen das revolutionäre Naturrecht der Sekten vorbrachte. Obwohl der Genfer Pastor sein Hauptwerk zahlreichen Überarbeitungen unterworfen hat, liess er diese Passage in allen Ausgaben unverändert.[71]

Ein naturrechtlich begründetes Notrecht kennt Calvin, anders als Melanchthon, also nicht.[72] Aber auch in Calvins Lehre findet sich ein Schlupfloch. Abermals mit dem Blick auf David in der Höhle von En-Gedi ergänzt er: «Ich spreche immer von einer Privatperson (De privatis hominibus semper loquor).»[73] Was diese Qualifizierung bedeutet, wird sichtbar, wenn wir eine andere Überlegung Calvins hinzunehmen. In manchen Staaten der Vergangenheit, gibt er zu bedenken, sah die Verfassung eine institutionalisierte Kontrolle der öffentlichen Macht vor.[74] Heute, fährt Calvin fort, besitzen «vielleicht (forte) auch die drei Stände in einzelnen Königreichen (in singulis regni)» eine solche Gewalt. Gibt es aber von der Verfassung bestellte Amtspersonen, dann erwartet Calvin von ihnen, dass sie bei einem Abgleiten des Königs in die Tyrannei «nicht durch die Finger sehen», sondern sich auf *ihre* Amtspflicht besinnen.[75] Den sich aufdrängenden Schluss: das Exempel des unbedingt gehorsamen David gilt *nur* für Privatpersonen, liess Calvin im Raum stehen. Aber aufmerksamen Lesern wie etwa den englischen Übersetzern der Genfer Bibel entging die Konsequenz nicht. Ihre Randbemerkung zur Begegnung in der Höhle streicht, ganz im Einklang mit Calvin, Davids Status als Privatmann heraus,[76] präsentiert im Kommentar zu 1Sam 26, 9 dann aber die von Calvin nicht vollzogene Konsequenz: «Bedenke [hier an dieser Stelle], David spricht in seiner privaten Angelegenheit: denn Jehu (der direkte Beauftragte Gottes, d. V.) erschlug auf den Befehl Gottes hin zwei Könige (2Kön 9,24).»[77] Nicht der Königsmord wird kritisiert, sondern die Eigeninitiative des Privatmanns.

Der englische Historiker Harro Höpfl weist in einer eindringlichen Studie nach, dass Calvin, der 1536 die Reformation in Frankreich mit Hilfe des französischen Königs Franz I. einführen wollte, nach 1538 die Verlässlichkeit von weltlichen Obrigkeiten zunehmend pessimistisch beurteilte.[78] Am Ende dieser Desillusionierung steht seine intensive Beschäftigung mit den beiden Samuelbüchern. Am 8. August 1561 – ein im vorangegangenen Monat erlassener Edikt verbot nach mehreren früheren Toleranzedikten alle evangelischen religiösen Versammlungen von Neuem – begann Calvin über das erste Samuelbuch zu predigen. Im Februar 1563 – der erbitterte Bürgerkrieg währte schon fast ein Jahr – schloss er seine Vorlesungen über das zweite Samuelbuch ab.[79] Es wurde bereits angedeutet, dass Calvin im Zusammenhang mit Samuels Rede über das «Königsrecht» zum ersten Mal die Idee einer gegenseitigen Verpflichtung von Monarch und Untertanen entwickelte. Die Bedeutung, die der Vertragsgedanke für ihn in seinen letzten Lebensjahren erlangte, lässt sich auch daran ermessen, dass Calvin auf diesen Punkt im Laufe dieser Predigtfolge wiederholt zu sprechen kam. So liest er aus Samuels Abschiedspredigt erneut eine an König und Volk gerichtete Ermahnung heraus, die eingegangenen Pflichten zu befolgen. Stets betont er, wenn er von der Salbung Sauls oder Davids handelt, den in diesem heiligen Vorgang eingeschlossenen Vertrag. Entsprechend sieht er, als er auf Sauls Verwerfung zu sprechen kommt, den Grund weniger in der Tat als in der Verletzung der Vertragspflicht gegenüber Gott, und er hört Samuel einen neuen König ankündigen, der anders als Saul die Übereinkunft mit Gott beherzigen werde.[80] Aufschlussreich ist es auch, wenn Calvin nun angibt, das Exempel Davids in En-Gedi in einem neuen Licht sehen zu können. David habe – nachdem er die Hand nach Saul ausgestreckt und einen Zipfel seines Mantels abgetrennt hat – nicht über seine Unbotmässigkeit gegenüber dem gekrönten Haupt geweint, sondern an das Leid gedacht, das ein solch verzweifelter und gottloser Regent über sein Volk bringen werde. Überhaupt sei es ein Fehler, Davids Verhalten als Ausdruck des Mitleids mit Saul zu begreifen. Davids Sorge, meint Calvin, habe vielmehr Sauls armen Untertanen gegolten, von denen viele das Wüten des von Gott verlassenen Königs mit dem Leben bezahlen würden. Damals wie heute gehe es darum, im Wüten des Tyrannen aber den Anruf Gottes zu erkennen. Die gestellte Prüfung bestehe nur, wer, von Nächstenliebe bewegt, alles daran setzt, um dem Despoten Einhalt zu gebieten. Standhaftigkeit sei Christenpflicht, um den Tyrannen erkennen zu lassen, dass er ohne eigenen Schaden nicht noch mehr Unschuldige drangsalieren und unbekümmert weitere Ungerechtigkeiten begehen könne.[81]

Wie weit sich ein solches Widerstehen erstrecken darf, sagt Calvin nicht.[82] Sein Schüler John Knox machte den Schotten Widerstand gegen die tyrannische Staatsgewalt dagegen zur Pflicht.[83] Calvin, der Knox deswegen sogar rügte, ging nicht so weit. Er gibt aber in den Samuelhomilien mit der Empfehlung, das eigene Verhalten nicht dem demütigen David des ersten Samuelbuches abzuschauen, sondern sich an David im Spiegel der Psalmen zu wenden, seiner Lehre eine neue Wendung. Diese Anregung erstaunt im ersten Augenblick, erklärt sich aber damit, dass viele Psalmen als Versprechen verstanden wurden, es werde Gott den Schwachen aber Eifrigen im Glauben bei der Bewältigung der einem Vernunftmenschen ganz und gar unüberwindlich scheinenden Hindernisse helfen. Die Widervernünftigkeit gilt gleichzeitig als Beweis für das Fehlen eines egoistischen Motivs und damit die Lauterkeit des Anliegens, fundiert aber andererseits auch die Gewissheit des Beistands Gottes, der schwache Werkzeuge bevorzuge, um seine Allmacht um so stärker sichtbar zu machen. Die hinter dieser demütigen Minimierung der eigenen Stärke – Klaus Seyboldt spricht vom ‹Klein-Ich› in den Psalmen[84] – versteckte und anmassende Gewissheit der Zeloten, Gott besonders nahe und lieb zu sein, mobilisierte ohne Zweifel die für den Erfolg nötigen Energien. Dieses paradoxe ‹Über-sich-Hinauswachsen› im ‹Sich-Verkleinern› ist der Grund dafür, weshalb die Hugenotten und später Cromwells Puritaner im Augenblick des Angriffs mit Vorliebe Psalmen als Kampflieder anstimmten.[85] Die gleiche typische Mischung aus Demut gegenüber Gott sowie ‹heiligem Zorn› und ‹gerechtfertigter› Aggression gegenüber denjenigen, die sich Gottes Werkzeugen in den Weg stellen, kann Calvins Antwortschreiben an die Gräfin von Ferrara vom 24. Januar 1564 entnommen werden, die in einem Brief an das Haupt der reformierten Bewegung Calvin für den Tod ihres 1563 im Kampf gegen die Hugenotten gefallenen Schwiegersohns, des Herzogs von Guise, mitverantwortlich gemacht hatte. Calvin entgegnet:

> [Sie nehmen Bezug auf] meine Bemerkung, David lehre uns durch sein Beispiel, die Feinde Gottes zu hassen (Ps 31,7; 101,3). ... [M]an kann wohl sehen, daß David an Güte den besten Menschen übertraf ... . Denn wenn er sagt, daß er weinte und viele Tränen vergoß in seinem Herzen für die, die ihm nach dem Leben stellten (Ps 38,9-13) ..., so sehen wir, daß er so herzensgut war, wie man es nur wünschen kann. Wenn er aber dann doch sagt, gegen die Verworfenen hege er einen tödlichen Haß, so rühmt er sich zweifellos eines rechten, reinen Eifers, der ganz in Ordnung ist, wenn folgende drei Bedingungen erfüllt sind: erstens, daß wir nicht uns und unser persönliches Interesse in Betracht ziehen, zweitens, daß wir Klugheit und Vorsicht walten lassen und nicht leichtsinnig urteilen, schließlich, daß wir Maß halten und nicht über das hinausgehen, wozu wir berufen sind. ... Ebendarum hat uns sogar der Heilige Geist den David gegeben, als Schutzpatron sozusagen, daß wir darin seinem Beispiel folgen sollen.[86]

Deutlich wird das Dilemma Calvins: für die Umsetzung seiner Leitidee eines christlichen Gemeinwesens mit totaler Zuständigkeit im weltlichen und im sittlichen Bereich erschien die alttestamentliche Verbindung von charismatischem Amt und Gesetz Gottes, in Davids Königtum exemplifiziert, die ideale Form. Einer von Gott eingesetzten Obrigkeit ist darum unbedingt Gehorsam zu leisten. Sitzt aber ein «Heuchler» wie Saul auf dem Thron – und *hypocrita* meint einen Reprobierten, dem das Heil nie zuteil wird und von dem deshalb auch keine Besserung des Verhaltens zu erhoffen ist –, so wird durch diese konkrete Person der Staatszweck: die Verehrung Gottes, nachhaltig gefährdet. Um es noch einmal zu betonen: was genau zu tun ist, wenn ein Verworfener auf dem Thron sitzt, sagt Calvin an keiner Stelle. Vielleicht hoffte er auf einen von Gott gesandten charismatischen Retter, wie Moses oder Jehu, der das Volk gegen die Tyrannen führt und dem sich der Privatmann gleichsam aus höherer Verpflichtung und nicht aus seiner eigenen Entscheidung heraus anschliessen kann.[87] Trotz dieser fehlenden Eindeutigkeit durften seine Anhänger jedoch davon ausgehen, dass Calvin, wird die Ehre Gottes durch das Wüten eines Despoten verletzt, von einer nicht privaten Instanz, d.h. im Normalfall von den «Ephoren» des jeweiligen Landes, eine Abhilfe erwartete.

Gleichwohl war diese Uneindeutigkeit für die Calvinisten eine ebenso schwere Hypothek wie Luthers emphatische Bejahung von Davids passivem Gehorsam. Diese Schwierigkeit auszuräumen ist die Absicht von Theodore Bezas bedeutendem Traktat *Du Droit des Magistrats*, das der Nachfolger Calvins in Genf 1575 anonym und unter dem falschen Druckort Magdeburg publizieren liess.[88] Eigentlich zog er mit kräftigem Strich nur aus, was ihm sein Vorläufer vorgezeichnet hatte. Ziel des Staates, der aus der Übereinkunft des Volkes hervorgeht, ist nach Bezas Auffassung die Glückseligkeit seiner Bürger,[89] wobei er *salus* selbstverständlich nicht eudämonistisch, sondern christlich versteht.[90] Wie bei Calvin gehören alle Lebensbereiche einschliesslich der Sittenzucht in das Aufgabenfeld des Staates. Diese umfassende Zuständigkeit, die Beza dem Staat auflädt, bedeutet schon im Ansatz eine Überlastung. Das Problem liegt darin, dass eine ihrer Aufgabe nicht gerecht werdende Obrigkeit immer auch das Seelenheil der Bürger gefährdet.[91] Um den Souverän an seine Pflichten zu fesseln, präpariert Beza – über Calvin hinausgehend – die Idee vom doppelten Herrschaftsvertrag – einmal gegenüber Gott, zum zweiten gegenüber dem Volk – heraus. Sowohl Saul als auch David wurden zunächst, meint Beza, von Gott erwählt, konnten aber die Regierung des Königreichs nicht übernehmen, solange sie nicht durch den Entscheid und das freiwillige Einverständnis der Stämme Israels bestätigt waren (1Sam 10 und 11; 2Sam 2,7; 5,1-3; 15,4; 16,18).[92] Diese in Bezas *Du Droit des Magistrats* so nachdrücklich propagierte Föderaltheologie war wegweisend sowohl für den französischen als auch für den englischen und schottischen Calvinismus. Der hugenottische Kontroversalist Pierre Jurieu zieht diesen Gedanken am Ende des 17. Jahrhunderts bis zu dem Punkt aus, dass David, nachdem ihm mit Abschaloms Rebellion die Staatsmacht entglitten war, der erneuten

Zustimmung des Volkes bedurfte, um sich wieder als König eingesetzt betrachten zu dürfen.[93]

Nun versagt auch Beza der Privatperson ein Widerstandsrecht.[94] Obwohl die Obrigkeit durch die positive Entscheidung der sich zusammenschliessenden Menschen konstituiert wird, kann ein Einzelner als Einzelner seine Zustimmung nicht widerrufen. Damit ‹dichtet› Beza, wie Calvin, das Widerstandsrecht nach unten ab. Ebenfalls wie sein Vorbild meint Beza, dass es bei einem Ausfall königlicher Gerechtigkeit an den höheren Magistraten (das sind die Staatsräte und die hohen Fürsten) und dann an lokalen, niederen Magistraten liege, das Recht wieder zur Geltung zu bringen.[95] Privatleute dürfen sie anrufen, während die niedere Obrigkeit umgekehrt Privatleute in den Dienst ihrer Amtsführung stellen kann.[96] Die Pflicht der höheren wie der niederen Magistrate rührt her aus dem Vertrag, den sie in Form des Amtseids gegenüber dem Volk geleistet haben. Dieser Schwur hat gleichsam drei Valenzen: er verpflichtet gegenüber Gott, gegenüber dem König und gegenüber den Bewohnern der bestimmten Stadt oder Provinz. Für diesen jeweiligen Zuständigkeitsbereich hat auch die niedere Obrigkeit jene umfassende Sorge zu tragen, über die bereits gesprochen wurde.

Nachdem Beza diese «vernünftigen und naturrechtlichen» Überlegungen angestellt hat, wendet er sich der biblischen Geschichte zu, die, wie er sagt, viele wahre und unwiderlegbare Beispiele bietet, durch die das Gewissen der Gläubigen gestärkt werden kann. Mit unverkennbarer Sympathie spricht er von der theokratischen Phase Israels, und er entrüstet sich über das freche Volk und seinen unverschämten Wunsch nach einem König nach der Art der Heiden. Anders als Calvin und im Einklang mit Melanchthon interpretiert Beza dann Samuels «droit du Roi» als eine «chose vraiment tyrannique».[97] Noch eindeutiger setzt sich Beza von Calvin ab, als er auf die kritischen Stellen 1Sam 24 und 1Sam 26 zu sprechen kommt. Zunächst hebt er hervor, dass David unter den Obrigkeiten keine Amtsträger gefunden habe, die ihm gegen die Nachstellungen des «Tyran manifeste» Recht verschafft hätten. Dabei deutet er an, dass Sauls Wüten nicht nur das Leben Davids gefährdet, sondern die Verwüstung des ganzen Reichs mit sich gebracht hätte.[98] Beza streicht heraus, dass David als Sänger[99] am Hof alles ihm Mögliche versucht habe, um den Rasenden zu besänftigen, und er ermahnt jedermann, dem Beispiel Davids zu folgen und auf seinem Posten so lange auszuharren, wie es nur irgendwie mit seinem Gewissen zu vereinbaren ist.[100] Erst nach dem völligen Fehlschlagen aller Vermittlungsanstrengungen und angesichts einer nicht mehr abwendbaren, direkten Bedrohung seines Lebens habe David den Hof Sauls verlassen. Den flüchtigen David sieht Beza indes in einer ganz neuen Rolle. David, der Heerführer und Barde Sauls, so behauptet er, musste sich gegen seinen

König bewaffnen, um, notfalls unter Anwendung von Gegengewalt, das Reich vor Verheerung zu schützen, denn er sei eine formal und korrekt ins Amt eingesetzte Obrigkeit und damit *keine* Privatperson gewesen.[101] Dass David zum bewaffneten Widerstand bereit gewesen sei, lasse sich daran ablesen, dass er eine massive Anzahl von Kämpfern um sich scharte und die Stadt Kegila gegen Saul befestigte. Als Beza auf das bei Luther und Calvin so prominente Exempel Davids in der Höhle von En-Gedi zu sprechen kommt, erklärt er, David habe Saul dort nur geschont, weil er einerseits keinen Auftrag von Gott hatte, den Tyrannen zu töten, und andererseits von den Israeliten noch nicht als König anerkannt war. Er widerlegt also die Deutung Calvins, indem er den Gedanken des doppelten Vertrags in Anwendung bringt.

Bezas *Du Droit des Magistrats* liest sich wie ein Appell an den Adel und die städtischen Obrigkeiten, den Widerstand gegen den König in ihren Amtsbezirken und Zuständigkeiten zu organisieren. Und das Exempel der von David ins Auge gefassten Verteidigung der Stadt Kegila war zweifellos im Hinblick auf die von den Hugenotten zu Stützpunkten ausgebauten Städte Frankreichs aufgegriffen worden.[102] Zwar versucht Beza in seinem Traktat jeden weitergehenden Anspruch zu verwischen: Nur Gott allein und die Stände des Königreiches, fügt er hinzu, hätten das Recht, Saul zu stürzen.[103] Vor dem Hintergrund der politischen Konstellation aber lässt sich Bezas monarchomachischer Traktat als Plädoyer für eine protestantische «Union des französischen Südens»[104] unter der nur noch nominellen Oberhoheit des französischen Königs verstehen. So gesehen ist Bezas David ein von Gottvertrauen erfüllter und allen politischen Widrigkeiten trotzender hugenottischer Amtmann, dem die Hereinholung der civitas Dei ins Jetzt mehr als alles andere am Herzen liegt.[105]

6. Republikanische David-Deutungen

Das ganze Mittelalter hindurch und weit in die Frühe Neuzeit hinein wurde Samuels schroffe Verwerfung der Monarchie durch die Vorstellung vom himmlischen Königreich als Vorbild und Norm für die politische Organisation irdischer Gemeinwesen wirkungsvoll neutralisiert. Nur höchst gelegentlich schien vor dem 16. Jahrhundert ein republikanisches Verständnis der Samuelrede auf.[106] Und es ist ohne Zweifel sehr bezeichnend, dass die erste uns bekannte republikanische Deutung der Samuelrede aus der Schweiz stammt, die sich 1499 vom Reich gelöst hatte. 1522 führte Huldrych Zwingli Samuels Monarchiekritik in seiner Schrift *Eine Göttliche Ermahnung der Schwyzer* an, um den Eidgenossen ein Exempel für Freiheitsdrang zu geben:

> Gott ist diesem Freiheitsdrang wohl gewogen. Dies zeigte er, als er die Israeliten aus Ägypten führte, da sie von den ägyptischen Königen und vom ägyptischen Volk hart und verächtlich behandelt worden waren. ... Das bewies er auch, als er sie, die einen König forderten, über den Mißbrauch der Herrschaftsgewalt durch Könige aufklärte ... und sie damit eindeutig vor einer Monarchie warnte.[107]

Es ist gut möglich, dass Zwinglis Bemerkung auch den Verfasser des singulären Traktats *An die Versammlung gemeiner Bauerschaft* (1525) angeregt hat, der die Frage nach der Monarchie allerdings noch grundsätzlicher anging. Konstitutives Merkmal ist, wie schon bei Aquin und seinen Nachfolgern, ein tief eingewurzeltes Misstrauen gegen den Menschen. Das anthropologische Datum der Korrumpierbarkeit der Seele durch das Fleisch lässt den Verfasser jedoch im Unterschied zu anderen zeitgenössischen Theoretikern nicht nur die präventive Wirkung von Gesetzen gegen die übermächtig werdenden Leidenschaften des Menschen ins Auge fassen, sondern führt ihn zur prinzipiellen Verwerfung der Ein-Herrschaft. Seine antimonarchische Präferenz äussert sich im Lob für die römische Republik,[108] aber auch in seiner Kritik an dem «verstockt volk» Israel, das, ebenso dumm wie die Frösche, die sich in Aesops Fabel einen «storcken» zum Monarchen erwählten, einen König nach der Art der Heiden verlangte.[109] Gott, der die dreiste Forderung gewährte, «gab inen den Saul zu aimen konig», der dann «groß ellend vnd jamer mit leyb aygenschafft» über das Volk brachte.[110] In eindeutiger Wendung gegen Luthers Trennung von geistlichen und weltlichen Belangen[111] verlangt der Verfasser, das «babilonisch gefencknuß»[112] aufzubrechen, sich von der Monarchie loszusagen und stattdessen ein genossenschaftliches Regiment einzurichten, damit tätige Nächstenliebe unter Gleichen wieder zum leitenden Prinzip der Gemeinschaft werden könne. Wie für viele der nach ihm kommenden ‹Republikaner› ist für den unbekannten Verfasser dieser Flugschrift die soziale Utopie einer Gemeinschaft aus Freiwilligkeit nichts anderes als die innerweltliche Konsequenz der unmittelbaren Theokratie.

Ein unbefangenes republikanisches Verständnis der Samuelrede konnte sich aber erst während der Englischen Revolution durchsetzen, als man nach der Hinrichtung Karls I. und der Gründung des «Commonwealth» auf der Suche nach legitimierenden Argumenten auf die Verwerfung der Institution Monarchie durch Gott stiess.[113] Die Radikalisierung in den 1640er Jahren hatte einer solchen Auffassung schon vorgearbeitet. Die Ausweitung des militärischen Konflikts zwischen Parlament und Krone zum Bürgerkrieg hatte das Parlament gezwungen, ein Widerstandsrecht des Volkes zu proklamieren. Der Pfarrer Stephen Marshall machte sich zum Sprachrohr der vorwärtsdrängenden Kräfte, als er die These von der Unmittelbarkeit eines jeden Einzelnen zu Gott mit dem Recht auf politische Partizipation eines jeden verband. In einer Predigt vor dem Parlament nutzte auch er das Exempel Davids in der Höhle. Wie Calvin und die Übersetzer der in England weit verbreiteten Genfer Bibel nennt er David einen Privatmann, spricht ihm aber in dieser Stellung das Widerstandsrecht zu:

> Als David von Saul verfolgt wurde, bewaffnete er sich nicht nur zum Selbstschutz, sondern viele der würdigsten Männer ... schlossen sich ihm an und wagten ihr Leben. Ja, seine Armee wuchs, bis sie zur Heerschar Gottes wurde, und dies fand zu einer Zeit statt, als Saul noch lebte und David nur ein Privatmann war, der seinen Eid auf den König geleistet hatte.[114]

Der siegreiche Davidide Jesus wird bei Marshall zur Metapher des Volkes: «He is such a King who maketh all his Subjects to be Kings.»[115]

Mit der Errichtung der Republik verschob sich der Fokus vom Widerstandsrecht auf die Samuelrede. John Milton, Sekretär der Freien Republik England, erklärte in seiner Apologie des Selbstbestimmungsrechts des Volkes, der Schrift *First Defence of the People* (1649), Gott selbst habe den Engländern die Totenbinde von den Augen genommen, damit sie erkennen, dass die Institution der Monarchie seit ihren Anfängen bei Samuel ein Übel und eine Geissel der Menschheit ist.[116] Sein Freund, der Journalist Marchamond Nedham, verschmolz wie Milton die republikanische Idee von der psychischen Deformation, denen die Menschen durch die Monarchie ausgesetzt sind, mit dem Gedanken, diese Deformation des Gottesgeschöpfes Mensch sei eine Versündigung gegen den Schöpfer, und machte diese Überlegungen in der offiziösen Zeitung *Mercurius Politicus* einem Massenpublikum zugänglich.[117] Die Falsifikation der Idee durch die Wirklichkeit überzeugte selbst einen so eingefleischten Royalisten wie Abraham Cowley, der in seinem Epos *Davideis* verkündet – die aristotelisch-thomistische Unterscheidung von gerechtem König und ungerechtem Tyrannen in hobbistischer Kompromisslosigkeit einebnend –, man solle sich nicht durch die würdig klingende Bezeichnung «König» irreführen lassen, denn der Sache nach handele es sich bei der Ein-Herrschaft, wie schon bei Samuel zu finden, um nichts anderes als die durch ein euphemistisches Etikett geschönte Tyrannei.[118] Ebenfalls angestossen durch die revolutionären Ereignisse kritisierten Edmund Ludlow und Algernon Sidney die Institution Monarchie. Ludlow kannte Miltons *Defence* und nutzte das Buch bei der Abfassung der Urschrift seiner Memoiren, die sich leider nur für die Jahre 1660-1662 erhalten hat. Sidney hatte sich unter anderem mit Flavius Josephus, Thomas von Aquin, John Foxe, George Buchanan und Francis Hotman auseinandergesetzt.[119]

Der feste Grund, über dem beide letztgenannten Autoren ihr republikanisches Gebäude errichteten, ist auch hier das in den beiden Büchern Samuel Mitgeteilte, das mit Berichten über die Vorzüge Spartas und der römischen Republik bestätigt und ergänzt wird.[120] Wie Calvin und

Beza legen auch Ludlow und Sidney den Nachdruck auf die Idee des Herrschaftsvertrags, den die Israeliten, ungeachtet der Erwählung und Salbung durch Gott, mit Saul, David, Salomon, Rehabeam und anderen Königen abgeschlossen hätten.[121] Freilich ist dieses Vertragsdenken auch naturrechtlich begründet – hier macht sich der Einfluss von Grotius und Hobbes bemerkbar – und damit weitaus differenzierter als das der Vorgänger. Sidney zufolge geht der Gesellschaftsgründung ein realer Naturzustand mit radikal vereinzelten, freien Rechtssubjekten voraus.[122] Weil Gott die Menschen schuf, frei zu sein,[123] ist «every man a king, till he divest[s] himself of his right, in consideration of something that he thinks better for him.»[124] Die Zwecksetzung des Staates, die Verfolgung des öffentlichen Wohls sowie die Bewahrung der Freiheit,[125] bindet den Machthaber. Gott, erinnert Sidney in Übereinstimmung mit Beza seine Leser, hat die Hebräer nicht geschaffen, damit Saul sie regiere, sondern sie haben Saul gewählt, damit er in schwierigen Fällen Recht spreche und sie im Krieg führe.[126] Die gewählten Regenten seien «servants of the Commonwealth» und darum rechenschaftspflichtig.[127] Wie Beza hält Sidney Samuels «Königsrecht» für eine Karikatur der wirklichen Rechte des Regenten, die Samuel in einem anderen Buch niedergeschrieben und Gott vorgelegt (1Sam 10,25) habe, das von den israelitischen Königen und ihren Kanzlisten aus durchsichtigegoistischen Gründen unterdrückt wurde und deshalb verloren ist. Die Bestimmungen dort hätten wahrscheinlich den im Buch Deuteronomium (17,15-8) aufgelisteten Pflichten entsprochen: der König soll einer eurer Brüder sein, er soll seine Reiter und Rosse nicht vervielfachen, soll keine Reichtümer anhäufen und sich nicht dem Luxus ergeben.[128]

Jeder Regent steht bei Sidney unter dem anthropologischen Vorbehalt: «The law errs not, the king may be mad or drunk.»[129] Mit diesem notorischen Verdacht folgt er Thomas von Aquin.[130] Während dieser jedoch die Zeit vor der Einsetzung der Könige damit erklärt, dass sich unter den groben und unzivilisierten Israeliten noch keine würdigen Menschen für das Königsamt gefunden hätten, dreht Sidney den Spiess um. Nur Moses, Josua und Samuel seien fähig gewesen, das Gewicht einer unbeschränkten Macht zu tragen.[131] Nach Samuel habe es solche Heroen nicht mehr gegeben.[132] An David schätzt der Republikaner nur den jugendlichen Kämpfer gegen den Tyrannen Saul.[133] Die Verbrechen des Königs: der Mord an Urija, der von ihm mitverschuldete Aufstand Abschaloms sowie die Volkszählung, bestätigen hingegen Sidneys notorischen Verdacht einer Korrumpierung durch Macht.[134] Aus dem gleichen Grund qualifiziert Sidney Saul nicht schlichtweg als Heuchler, wie es die Prädestinarier Melanchthon, Calvin oder Beza getan hatten.[135] Vielmehr lobt er Sauls Anfang, als auch er durch Heldenmut glänzte und auf den Rat des gottesfürchtigen Samuel hörte.[136] Sauls Wahnsinn sieht er als eine Erkrankung der Königszeit und

Folge der verderbten und verderbenden Institution, die – von Übermenschen abgesehen – auch die Regenten zerstört. Doch nicht nur der König leidet unter dem Fehlen von Gesetzen. Der Niedergang von Sauls Regime war Sidney zufolge von Anfang an abzusehen, weil der Neid in Saul gegenüber wahrem, d.h. geistigem Adel, repräsentiert durch David, ein Ressentiment gegen den Helden erzeugen musste.[137] Absolute Herrschaft züchte in der Umgebung des Königs notwendig Speichellecker und Sykophanten, während tugendhafte Amtsträger zum unerträglichen Ärgernis werden müssten.[138] Nicht also der materielle Niedergang des Reiches, sondern die seelische Verelendung, die die Monarchie verursacht, wird von Sidney beklagt. Ihre katastrophale Wirkung besteht darin, dass sie das aristokratische Ethos erstickt. Damit kann der angeborene Hang dieser Klasse zur Unabhängigkeit, verstärkt durch Erziehung,[139] nicht mehr wirken und den König sowie das Volk[140] – wie es die Mischverfassung vorsieht[141] – auf das Gemeinwohl hinlenken.[142]

Zu Recht hat Caroline Robbins Algernon Sidneys *Discourses* ein «textbook of revolution» genannt.[143] Auch in seinem biblisch gegründeten Widerstandsrecht geht der Republikaner weiter als alle Vorgänger. Um Davids Handeln in der Höhle von En-Gedi erklären zu können, bezieht Sidneys Freund Ludlow eine Position zwischen Calvin und Beza. David, so heisst es, war «only a private person, and no magistrate», hätte aber im Fall der akuten Bedrohung zu seiner Verteidigung auch eine Armee gegen den König führen dürfen.[144] Sidney schlägt für die heikle Stelle eine neue, frappierende Lösung vor. Nicht die Vergleichgültigung des Irdischen wie bei Luther, ebensowenig das mögliche Ärgernis wie bei Melanchthon, nicht die Ehrfurcht vor dem Gesalbten Gottes wie bei Calvin und auch nicht die noch ausstehende Bestätigung durch das Volk wie bei Beza haben Sidneys David in der Höhle von En-Gedi das bereits gegen Saul erhobene Schwert zurückziehen lassen. Der Republikaner findet vielmehr das neue Motiv des Mitleids mit dem Mann und einstigen Recken Saul, der nur noch ein Schatten seiner selbst ist.[145] Geschickt wird der kraftvolle und junge, sittlich überlegene Aristokrat David dem moralisch verfallenden alten König – Opfer einer von Gott verworfenen Institution – entgegengestellt. Ebenso gekonnt eliminiert Sidney den anderen Einwand, den die absoluten Gehorsam verlangenden Monarchisten einwarfen. David, sagt Sidney, «a strict executor of God's commands», habe den Amalekiter, der den verletzten Saul auf dem Schlachtfeld tötete, nicht als Königsmörder hinrichten lassen. Vielmehr habe es sich um die gleichsam verspätete Durchführung des Befehls Gottes an Saul, alle Amalekiter zu erschlagen, gehandelt. Saul dagegen büsste mit seinem Tod noch einmal sein Versagen.[146]

Für Sidney steht ausser Frage, dass David gegen den Tyrannen Saul aufbegehren musste.[147] Ein Bürgerkrieg gilt ihm allemal als das geringere

Übel gegenüber dem langsamen aber unaufhaltsamen Tod des Gemeinwesens, den die Tyrannei mit sich bringe. Befreier vom Joch der Unterdrücker wie Moses, Othniel, Ehud, Barac, Gideon, Sampson, Jephta, Samuel, David, Jehu und die Maccabäer, das heisst, mit oder ohne Amt, erhalten Sidneys höchstes Lob. «Against [a tyrant]», sagt Sidney, Tertullians Diktum aufgreifend, «every man is a soldier.»[148] Auch wenn Sidney eine gewisse Verachtung für das Volk zeigt und sich den Rebellen als Aristokraten denkt, schränkt er das Widerstandsrecht doch nicht ein, sondern formuliert es als generelles Recht eines jeden Bürgers.

Die Bedeutung der ‹biblizistischen› Republikaner Milton, Ludlow und Sidney für die Amerikanische Revolution kann gar nicht überschätzt werden. Thomas Paines Schrift *Common Sense* (1776), die George Washington zufolge mit ihrem leidenschaftlichen Plädoyer für die Unabhängigkeit der dreizehn Staaten vielen Amerikanern die Augen über die wahre Natur der Erbmonarchie öffnete, widmet sich noch einmal ausführlich der Samuelrede. Das Pamphlet kommt zu dem Schluss, dass die wenigen guten Könige in der Geschichte nicht den blasphemischen Ursprung und die inhärente Schwäche der Institution übersehen lassen könnten. «'Tis a form of government which the word of God bears testimony against, and blood will attend it.» Die Krone sei eine unverantwortliche Bürde sowohl für das Volk als auch für den unglücklichen Amtsinhaber.[149] Als John Adams den Deisten Paine wenig später auf das Pamphlet ansprach und ihn der zynischen Verwendung der Heiligen Schrift zieh, verharmloste Paine die Beobachtung und gestand, dass «he had taken his Ideas in that part from Milton.»[150]

Die Forschung hat diese ‹biblizistisch› argumentierenden Republikaner lange Zeit in den Schatten Machiavellis gestellt.[151] Die amerikanischen Revolutionäre sahen das ganz anders. In *Poor Richard Improved* schwärmt Benjamin Franklin geradezu von Sidney. Und Thomas Jefferson bekennt 1804 in einem Brief an Mason Locke Weems, die *Discourses* seien «a rich treasure of republican principles» und «probably the best elementary book of principles of government, as founded in natural right which has ever been published in any language.»[152] Im gleichen Atemzug muss indes eingeräumt werden, dass kein Amerikaner des 18. Jahrhunderts Ludlows oder Sidneys Ausführungen in ihrer ursprünglichen Form zu Gesicht bekommen hat. Die Umarbeitung fällt in die Verantwortung des Deisten John Toland, der 1698 neben seinem eigenen umfangreichen Werk *The Life of John Milton* im Auftrag radikaler Whigs Ludlows *Memoirs* und Sidneys *Discourses Concerning Government* edierte.[153] Vor der Drucklegung unterzog Toland sowohl die Erinnerungen des 1692 nach langen Jahren im Exil verstorbenen Regiziden Ludlow als auch die Schrift des 1683 wegen Hochverrats hingerichteten Sidney einer gründlichen und säkularisierenden Redaktion. Ganz offensichtlich wollte Toland jeden Anflug des völlig diskreditierten und ihm selbst fremden religiösen Enthusiasmus der Revolutionszeit unterdrücken. Während der chiliastische Überschwang der Streichung zum Opfer fiel, überstanden die Reflexionen über Samuels Verwerfung der Monarchie als historische Belege Tolands Redaktion.[154] Vom Standpunkt eines Radikalen des 18. Jahrhunderts war diese Umarbeitung keine gewaltsame Verbiegung der intentio operis, sondern gleichsam eine Sicherungsmassnahme, damit die politisch bedeutenden Ideen Sidneys und Ludlows auch noch von einer durch den Rationalismus der Aufklärung vorgebildeten Leserschaft rezipiert werden konnten.

7. Ergebnisse

Unsere Untersuchung führt zu einigen Feststellungen und Hypothesen, die einerseits historischer, andererseits eher hermeneutischer Natur sind.

Zunächst verdient festgehalten zu werden, in welcher Dichte die Debatte um die Samuelrede, die Einrichtung der Monarchie, das Königsrecht und Davids Verhalten gegenüber Saul in der Frühen Neuzeit geführt wurde. Die ganze Epoche hindurch ist der Text ein häufiger Bezugspunkt. Er spielt eine prominente Rolle in den Debatten über die Legitimation von Herrschaft.

Darüber hinaus lässt sich eine Prozesslogik erkennen. Der Vorgang führt von der antik-mittelalterlichen Auffassung der Herrschaft eines menschlichen Statthalters Gottes zur modernen Konzeption der Herrschaft des von den Bürgern bzw. ihren Repräsentanten erlassenen Gesetzes. An der sich wandelnden Bewertung der Samuelrede lässt sich diese Veränderung nachvollziehen. Der Antrieb für diese Entwicklung resultiert aus der Spannung zwischen der Subjektivität des Einzelnen in seiner Beziehung zu Gott und der Objektivität der Macht in Form der frühmodernen Staatlichkeit. Dieses Spannungsverhältnis wurde in der von den Kommentatoren so unterschiedlich beobachteten Begegnung des vom Tyrannen bedrängten und auf sein Gewissen hörenden Individuums in der Gestalt des David und des Verfolgers Saul, der Personalisierung willkürlicher Macht, zum Sinnbild eines Fundamentalkonflikts.

Offensichtlich sind auch eigentümliche Schwankungen im Rezeptionsverlauf. Zweifelsohne steigt in Zeiten akuter Legitimationskrisen das Interesse an David. Im Deutschen Reich waren dies die Jahre des Konflikts der Protestantischen Stände mit dem Kaiser zwischen 1529 und 1555 und dann noch einmal nach 1618. In Frankreich finden sich Belege für eine vermehrte Auseinandersetzung zwischen 1536 und dem Edikt von Nantes, 1598, mit dem radikalsten Ausschlag zwischen 1560 und 1580. Sie lebt nach langer Pause mit der Aufhebung des Edikts durch Ludwig XIV. im Jahre 1686 noch einmal auf.[155] In England wiederum stossen wir auf den Streit um David während der Staatskrise um Maria Stuart in den 1570er und 1580er Jahren. Er klingt niemals ganz ab, erhält aber vermehrten Schwung in den Jahren der Englischen Revolution, dann wieder während der Exclusion Crisis um 1680 und noch einmal mit der Debatte um eine «standing army» um 1700. In den Phasen relativer innenpolitischer Befriedung nutzten die Apologeten monarchischer Macht die Gelegenheit, ihren David, den Gründer einer Dynastie und vorbildlichen Herrscher, zu feiern.[156]

Obwohl es sich um ein Kapitel gesamteuropäischer Geistesgeschichte handelt, lassen sich auch nationale Traditionen herauslesen. Gemeinsamer Ausgangspunkt ist die spätmittelalterliche Auffassung von der gerechten Königsherrschaft. In Deutschland brach Melanchthon, der David ein naturrechtlich begründetes Notrecht gegen Saul konzedierte, einen ersten Stein aus der von Luther errichteten Mauer des unbedingten Gehorsams gegenüber der Obrigkeit. Freilich wird man einräumen müssen, dass es trotz Hortleders Nachdruck von Melanchthons und Menius' Schriften nicht mehr zu einer politisch bedeutsamen Weiterentwicklung dieses naturrechtlich begründeten Notrechts gekommen ist. Zwar war eine Begegnung mit dem rebellischen David Bezas durch eine deutsche Übersetzung aus dem Jahr 1615 möglich.[157] Den ehrerbietigen protestantischen Hofpredigern wie Johann Jakob Braumann, Simon Pistorius, Christoph Raabe, Christoph Pelargus, Martin Moller und Franciscus Husmanus diente David aber nur noch als Exempel für einen christlichen Fürsten, der trotz kleiner Schwächen ein durchaus verehrungswürdiger Landesvater ist.[158] Anders gestaltete sich die Rezeption in Frankreich. Nachdem Calvin und Beza den Vertragsgedanken in die Diskussion geworfen und das Widerstandsrecht auf das Niveau der niederen lokalen Obrigkeit abgesenkt hatten, erlebte die monarchomachische David-Deutung mit Pierre Jurieus *Lettres Pastorales* am Ausgang des 17. Jahrhunderts eine bemerkenswerte Renaissance. Jurieus Militanz rief den katholischen Kontroversalisten und Apologeten des Gottesgnadentums Jacques-Bénigne Bossuet auf den Plan, der die republikanische Phase Israels durch die Erfindung einer bruchlosen Reihe regierender Fürsten von Adam über Abraham und Moses zu Samuel und Saul auszuwischen versuchte und den gehorsamen David in der Höhle von En-Gedi wiederentdeckte.[159] Jurieu veranlasste aber auch Pierre Bayle zu seinem genialen Artikel über David, der den israelitischen König nicht etwa traditionell nur als reumütigen Sünder, sondern als über Leichen gehenden Machtpolitiker porträtierte, der bei nüchterner Betrachtung keinem Regenten heute mehr als Vorbild dienen könne.[160] Bayles Beitrag wiederum kann in seiner Bedeutung kaum überschätzt werden. Sowohl methodisch als auch politisch versetzte er der David-Verehrung in Frankreich einen solch herben Schlag, dass die über diese Entzauberung des David-gleichen Herrschers lachende «coterie holbachique» im 18. Jahrhundert den Verfasser des *Dictionnaire* als Prezeptor der Aufklärung feiern konnte.[161] Eine ähnliche ausnüchternde Wirkung erzielte in England der gegen die puritanische David-Verehrung polemisierende Dichter John Dryden.[162] Bedeutender aber noch ist dort die Aufhebung Davids durch die ‹Rückkehr› zur Republik. In eine etwas holzschnittartige Formel zusammengeführt heisst das für die David-Debatten: Verflachung im Bild des verehrungswürdigen Musterkönigs David in Deutschland; Erledigung des biblischen Musterkönigs im aufgeklärten Frankreich; Aufhebung des rebellischen jungen David im republikanischen Denken Englands und Nordamerikas.

In dieser Betrachtung wurde der Versuch unternommen, frühneuzeitliche Interpretationen biblischer Exempel zu verstehen. Wir sehen im unzweifelhaft politischen Gebrauch der David-Geschichten dabei weder eine Vergewaltigung noch eine Entweihung des Urtexts. Vielmehr beobachten wir Serien der ‹Um-Deutung› durch Schriftsteller, Theologen und Politiker, die gleichzeitig auf dem imperativisch-sittlichen Anspruch des Exempels bestehen und doch die konstitutive Ambiguität der Texte in eigener Absicht nutzen. Nur auf den ersten Blick erscheint die Vielzahl der Motive und Gefühle, die David nach dem Verlassen der Höhle von En-Gedi nachgesagt werden, erstaunlich. Sie macht uns jedoch darauf aufmerksam, wie wenig im biblischen Bericht selbst steht, wie wesentlich die an David herangetragenen Überlegungen von der Situation des Beobachters, von dessen Fähigkeit zur Imagination, aber auch durch den Hoffnungshorizont künftiger Existenz bestimmt sind. Für den Christen der Frühen Neuzeit ist die Gegenwart nicht einfach möglicher Zustand, sondern in erster Linie eine Angelegenheit des Glaubens. Im Rahmen dieses Glaubens urteilend weiss er, dass die äusserste Vergangenheit und die äusserste Zukunft, die ersten und letzten Dinge, mit seinem Jetzt aufs Innigste zusammenhängen. Dieser konzeptuelle Zusammenhang muss von uns erst rekonstruiert werden. Kein Forscher würde von sich aus in der schottischen Königin Maria Stuart Ahab, in der englischen Königin Elisabeth Saul und im hugenottischen Amtmann David wiedererkennen. An die Logik solcher Analogien zu erinnern, ist ein Ergebnis dieser Betrachtung. Die hier vorgetragenen Leseerfahrungen mit Calvin und Sidney, Melanchthon und Ludlow sollten indes nicht nur den Historiker, sondern auch den Bibelexegeten vorsichtig stimmen, denn es bleibt doch fraglich, ob die Auslegungen von anerkannten Virtuosen wie Melanchthon oder Calvin Davids Denken angemessener erklären konnten und können als die Reflexionen von theologisch nicht ausgebildeten, aber an Davids Ethos interessierten Laien wie Edmund Ludlow oder Algernon Sidney.

Vielleicht aber steckt hinter dieser Vielzahl von Motiven, die dem bedrohten und sich doch nicht widersetzenden David zugeschrieben wurden, noch ein grundsätzlicheres Problem. Unzweifelhaft versuchten Melanchthon, Beza und Sidney mit der Einführung naturrechtlicher und positivrechtlicher Kriterien die Entscheidung für die Ausübung von Widerstand nicht nur zu legitimieren, sondern auch zu objektivieren. Welche Schwierigkeiten sich dabei ergeben, ein Recht auf Widerstand gegen die rechtsetzende Instanz theoretisch befriedigend zu begründen, zeigt der Rechtsphilosoph Franz Neumann. So systematisch diese Erklärungen ausgeführt sein mögen, so bleiben sie in gewisser Weise willkürlich, denn sie gründen auf der Unterstellung einer höheren Pflicht oder bestimmten – den Menschen etwa von Gott gegebenen – Eigenschaften, aus denen dann die konkreten Rechte und Pflichten deduziert werden. Das heisst nun nicht, dass das Nachdenken über Kriterien für Widerstand sinnlos sei oder die Möglichkeit einer rationalen Theorie der Gerechtigkeit verworfen wird, die, basierend auf universalistischen Postulaten wie die Vernünftigkeit oder Mündigkeit des Geschöpfs Mensch, eine Entrechtung und Unterjochung prinzipiell ausschliesst. Aber es bedeutet, dass man über einige sehr allgemeine Setzungen nicht hinauskommt. Der konkrete Punkt, an dem die Entscheidung zum Widerstand positiv ausfallen kann oder muss, lässt sich wahrscheinlich überhaupt nicht verbindlich bestimmen.[163] Solche Überlegungen führen auf die Samuelrede über die Rechte des Herrschers und Davids Haltung gegenüber seinem Gebieter, dem Tyrannen Saul, zurück. Es lassen sich zwar – wie die Samuelrede zeigt – Merkmale einer ungerechten Herrschaft nennen, doch ist der Entschluss zur Notwehr oder zum Widerstand – das demonstrieren Davids Verhalten gegenüber Saul sowie die Debatte über die in der Frühen Neuzeit an David herangetragenen unterschiedlichsten Motive und Rechte – immer eine konkrete moralische Entscheidung, die jeder für sich selbst treffen muss, die stets aufs Neue zu fällen ist und für die es mehr als eine Antwort gibt.

Anmerkungen

* Für Anregungen und Kritik danke ich den Organisatoren und Teilnehmern des David-Colloquiums der Schweizerischen Akademie für Geistes- und Sozialwissenschaften, insbesondere Walter Dietrich, Beat Sitter-Liver, Thomas Neumann, Philippe de Robert und vor allem Hubert Herkommer. Hans-Martin Gaugers eindringliches Buch *Davids Aufstieg. Eine Erzählung*, München: C. H. Beck 1993 lag bei der Abfassung dieser Arbeit immer in Reichweite. Mein Dank gilt auch Hans-Christoph Schröder, der die Entstehung dieser Arbeit mit Interesse verfolgt und durch hilfreiche Hinweise und Kritik bereichert hat.

[1] William Cecil, zit. nach McLaren 1999, 180.
[2] Hartley 1981-1995, Bd. 1, 318.
[3] Hartley 1981-1995, Bd. 1, 318.342f.
[4] Bowler 1984 zufolge war Edwin Sandys, Erzbischof von York, verantwortlich.
[5] Hartley 1981-1995, Bd. 1, 277.

6 So Collinson 1994, 45.
7 Hartley 1981-1995, Bd. 1, 275.
8 In Davids Fall sei es indes nur um das Volk Israel gegangen, «howe much more have we to desire God to move the Queene's Majestie by the execution of this ladye to gladd the heartes of all true Christyanes in Ewrope and to abashe and dampe the mindes of all the ennemyes of God and friendes of antechrist» (Hartley 1981-1995, Bd. 1, 279).
9 «Thou haste shamed this daye the faces of thy servantes which have saved thie lyfe and the life of thy sonnes» (Hartley 1981-1995, Bd. 1, 278).
10 Verschiedene Politiker schlugen die gleiche Saite dann noch hörbarer an. Elisabeth, die Frau auf dem Thron, erklärte Thomas Norton, sei «naturally enclined [to mercie]» (Hartley 1981-1995, Bd. 1, 326). Der eingefleischte Papistenhasser Job Trockmorton sagte über Elisabeth, «it was contrary to her nature to sheade bloude» (Hartley 1981-1995, Bd. 2, 230).
11 Hartley 1981-1995, Bd. 1, 295.324.337.356f; Collinson 1994, 46.
12 Collinson 1994, 48-51; Cressy 1982, 271-334.
13 Philipp Melanchthon, *Loci Communes 1521*; vgl. die Ausgabe von Pöhlmann ²1997, 110/111 (lat./dt.).
14 Pöhlmann ²1997, 374/375 (lat./dt.).
15 *Vindiciae contra tyrannos*, in Dennert 1968, Einleitung, 71.
16 «We will examine according to the rules of Scripture, reason, and human authors» (Sidney, *Court Maxims*; zit. nach der Ausgabe von Blom u.a. 1996, 193); «That which is approved to be good and commanded to be done at one time, is an example to be followed in like cases at another time» (ebd. 39). Ähnlich Edmund Ludlow, *A Voyce from the Watch Tower*; vgl. die Ausgabe von Worden 1978, 9.
17 «Scriptures contain matter concerning commonwealths, governments of people, by magistrates (good and evil), peace and war, prosperity and plagues, subjects (quiet or disordered) ...» (zit. in Collinson 1993).
18 Dohmen 1998.
19 William Perkins, *The Art of Prophecying* (1593): «[T]he preacher is: (1) ‹to reade the Text distinctly out of the Canonicall Scriptures›; (2) ‹to give the sense and vnderstanding of it being read, by Scripture it selfe›; (3) ‹to collect a few and profitable points of doctrine out of the natvrall sense›; (4) ‹to apply (if he have the gifte) these doctrines rightly collected to the life and manners of men in a simple and plain speech›.» Zit. in Blench 1964, 100-102.
20 «This verse marks that, and both do make a motion / Unto a third, that ten leaves off doth lie: / Then as dispersed herbs do watch a potion, / These three make up some Christian destinie: / ... Thy words do find me out, & parallels bring, / And in another make me understood» (George Herbert, *The Holy Scriptures*, in Hutchinson 1967, 58, Z. 5-9.11f).
21 Hartley 1981-1995, Bd. 1, 357.
22 Zum Sonderfall der typologischen Vergleichung s. Metzger 1998 und die dort genannte Literatur.
23 Hartley 1981-1995, Bd. 1, 335.
24 Regius Silenus, *Des Churfürstlichen Sächsischen Heer- und HoffPredigers erste Antwort / auff des vermeynten Johann Treulingers Buch / wider die Sächsische vnd Heßische Noth- und Gegenwehr, Gestellet zu Augspurg, nach der Niderlag im Teuschen Krieg, im Jahr 1547 oder 48*, abgedruckt in Hortleder ²1645, Bd. 2, 195f, zit. 184.
25 Bayle 1740. Die von mir benutzte Ausgabe enthält sowohl die gekürzte Version von 1702 als auch den ursprünglichen Artikel von 1697 als Anhang zu Bd. 2, 908-913.
26 Theologisch dürfte dies eine Fehlinterpretation sein, denn Gott will selbst ja auch ein Gerufener des Volkes sein. Das Recht des Volkes einen Herrscher zu berufen, spielt bei Calvin, Beza und Sidney eine zentrale Rolle.
27 Vgl. etwa, freilich ohne Bezugnahme auf das Königsrecht, Augustinus, *Vom Gottesstaat*, lib. V, c. 29, 21, in der Ausgabe von Andresen ³1991, 264-267.269f. Siehe auch die kon-

ventionelle Chronik von Grafton 1569, 29: «After that Samuell by the commaundement of almightie GOD had brought Oyle to annoynt the king, hee called together the people, and speciallye all the Trybes of Israell. *To whome after he had declared vnto them the aucthoritie, right power, prerogatiues, commaundementes, and executions that kynges shall dayly and from tyme to tyme haue ouer euery of them, as his Vassalles and subiectes*, and also that their request to haue a king was against the will and minde of God, and many other persuassion he vsed to haue remoued them from that opinion, but they would not, but still cryed out they would haue a king. Then he caused lots to be cast out, to know who should be king, and the lot fell vpon the Tribe of Beniamin, and to conclude, in the ende it fell vpon Saule the sonne of Cis; by reason whereof he was immediately sought out, and annointed and confirmed king» (Hervorhebung von mir, d. V.).

28 *De regimine principum*, in D'Entrèves 1947, 15.
29 *Summa Theologica*, Prima primae Qu. 103, Art. 3, in D'Entrèves 1947, 107; *De regimine principum*, ebd. 10-13.24-27.
30 «Tanto autem est aliquid Deo acceptius, quanto magis ad eius imitationem accedit» (*De regimine principum*, in D'Entrèves 1947, 50).
31 *Summa Theologica*, Prima secundae Qu. 105, Art 1, in D'Entrèves 1947, 150f.
32 Siehe dazu *De regimine principum*, ii, c. 9; iii, c. 11.
33 «Unde Samuel, Dei providentiam erga institutionem regis commendans, ait I Reg. cap. XIII, 14: Quaesivit sibi Dominus virum secundum cor suum» (*De regimine principum*, in D'Entrèves 1947, 28). «Non autem solum ratione ostenditur quod regibus excellens praemium debeatur sed etiam auctoritate divina firmatur. Dicitur enim in Zachar.XII, quod in illa beatitudinis die, qua erit Dominus protector habitantibus in Hierusalem, id est in visione pacis aeternae, aliorum domus erunt sicut domus David, quia scilicet omnes reges erunt et regnabunt cum Christo, sicut membra cum capite; sed domus David erit sicut domus Dei, quia sicut regendo fideliter Dei officium gessit in populo, ita in praemio Deo propinquius erit et inhaerebit» (*De regimine principum*, ebd. 52).
34 Fortescue, *The Governance of England*; zit. nach der Ausgabe von Plummer 1885, 109-112.
35 Luther, *Von weltlicher Oberkeit*; zit. nach der Studienausgabe von Delius 1979-1999, Bd. 3, 1983, 58, 3-4.
36 Luther, *Die gantze Heilige Schrifft Deudsch 1545*; zit. nach der Ausgabe von Volz 1971, 519.
37 Menius 1547, in Hortleder [2]1645, Bd. 2, 152-171, zit. 165. Für Melanchthons Anteil siehe Scheible 1997, 172: «Als der Krieg mitten im Gange war, vollendete er (Melanchthon, d. V.) die umfangreiche Monographie des Justus Menius ‹Von der Nothwehr› und brachte sie mit einer Vorrede zum Druck.» Die Dauerhaftigkeit der Rechtsbrüche konstituiert für Melanchthon den entscheidenden Unterschied zwischen einem Gewaltherrscher und einem König wie David, der gelegentlich Fehler begeht: «De Davide etiam querelae sunt filii. Denique amentia est in hac naturae humanae imbecillitate, et in tanta diaboli saevitia, quaerere animo politiam sine vitiis et sine erroribus» (*Oratio De Dignitate Legum*, 1543, in Hammerstein 1995, 182, Z. 20-23). Das gleiche Exempel in Menius 1547, vgl. Hortleder [2]1645, Bd. 2, 162.
38 Zu Melanchthons Anteil an dieser Schrift siehe Menke-Glückert 1912, 36-39; Klempt 1960, 17-33; Scheible 1997, 252f.
39 Melanchthon 1566, Sign. 27 recto - 30 verso. Ich verdanke diesen Hinweis Frau Johanna Loehr von der Melanchthon-Forschungsstelle Heidelberg.
40 Bohatec 1937, 134.212f.
41 *Institutio* IV, 20, 7, in der Werkausgabe von Barth / Niesel 1926ff, Bd. 5, 1936, 477, unter eindeutigem Verweis auf die Gegenwart: «qui minus vere hodie de iis dicetur, qui in praefecturas omnes a Deo institutas debacchari sibi permittunt?»
42 «Certe non id iure facturi erant Reges, quos optime ad omnem continentiam Lex instituebat [Deut. 17 c. 16. sqq.]: sed ius in populum vocabatur, cui parere ipsi necesse esset, nec

obsistere liceret» (*Institutio*, IV, 20, 26, in Barth / Niesel 1926ff, Bd. 5, 497). Nicht unähnlich zitieren Hugo Grotius und Hobbes die an Samuel gestellte Forderung nach einem König als Beleg dafür, dass sich ein Volk freiwillig in die Knechtschaft begeben könne. Entsprechend sehen sie David und Salomon als Exempel unumschränkter Herrscher (Hugo Grotius, *De Jure Belli ac Pacis*, in der Ausgabe von Campell 1901, 65; Thomas Hobbes, *Leviathan*, in Macpherson 1981, 508).

43 Wörtlich heisst es: «Hic ... iuris regni fit mentio ad mutuam obligationem inter regem et populum» (Bohatec 1937, 239f u. 240 Anm. 160). Die englischen Übersetzer der Genfer Bibel (1563) folgten hier Calvin nicht. In ihrer Randglosse zu 1Sam 8 heisst es: «Not that Kings haue this autoritie by their office, but that suche as reigne in Gods wrath shuld vsurpe this ouer their brethren contrary to the Law. Deut. 17. 20.»

44 Als Beispiel aus dem Alten Testament führt er Aioth an, der Eglon, König der Moabiter und Unterdrücker des Gottesvolkes, mit einem Dolch erstach (*De regimine principum*, in D'Entrèves 1947, 30f).

45 «Videtur autem magis contra tyrannorum saevitiam non privata praesumptione aliquorum, sed auctoritate publica procedendum. Primo quidem, si ad ius multitudinis alicuius pertineat sibi providere de rege, non iniuste ab eadem rex institutus potest destrui vel refrenari eius potestas, si potestate regia tyrannice abutatur» (*De regimine principum*, in D'Entrèves 1947, 30). Siehe dazu auch Mandt 1974, 66-71; Griewank 1955 ([4]1973), 55-57; Neumann 1978, 238.

46 Skinner 1978, passim.

47 Im *Magnificat*, im Juni 1521 abgeschlossen, heisst es: «Ists nit war / das gelt / gut / leyb / ehre / weyb / kind / vnnd freund etcetera sint auch gutte dinck von got selbst geschaffen und gegeben? ... Nun lieber got / es sind gutte dinck vnd deyne gutter / wie deyn eygen wort vnd schrifft sagt / aber ich weysz nit ob du mir sie wilt gonnen / wen ich wiste das ichs nit solt haben / so wolt ich sie nit mit einem hor widderholen / wist ich aber das du sie bey mir woltist haben / mehr denn bey yhenem / so wolt ich deynem willen daryn dienen / vnd mit leyb vnd gut widder holen / weyl ich aber der keynisz weysz / vnd sehe das gegenwertig geschicht / das du mir sie nehmen lessist / befiel ich dyr die sach / will wartten was ich dryn thun sol vnd bereyt sein / sie zu haben vnd emperen» (Delius 1979-1999, Bd. 1, 340, 11f.23-30).

48 Vgl. Gosselin 1976, 67-89; Hagen 1996, 85-102. Für Calvin siehe Bohatec 1937, 192; Bouwsma 1988, 182.253.

49 Luther, *Magnificat*, in Delius 1979-1999, Bd. 1, 329, 19f. Siehe ebd. 317f. 320. 324f. 346.355.

50 Für die Abweichung in seinem letzten Lebensjahrzehnt siehe Griewank 1955 ([4]1973), 82.

51 Luther, *Ob Kriegsleute auch in seligem Stande sein können*, in Delius 1979-1999, Bd. 3, 372, 26-29. Siehe auch Luthers Kommentar zur Totenklage Davids (2Sam 1,3-10): «Gleich wie Dauids schwert / feilete nicht / da er den jünglin lies tödten / der sich fur jhm rhümet / Er hette Saul erstochen / vnd war doch erlogen. 2. Regnum . 1. Denn Dauid sprach / Dein blut sey auff deinem kopffe / Dein mund hat widder dich selbs gered / das du sprichtst / du habest den König erstochen [2Sam 1,16] (et)c(etera). Vnd alle recht zeugen / Eigen bekentnis widder sich selbs / ist die bester vberweisunge [Überführung]» (*Von den Schlüsseln*, in Delius 1979-1999, Bd. 4, 443, 1-7).

52 Delius 1979-1999, Bd. 3, 379, 13-20. Vgl. auch Holl [3]1923, 491; Lohse 1995, 169-179.

53 Spengler, *Gutachten für Markgraf Georg von Brandenburg-Ansbach* (1530), in Scheible 1969, 55: «Wie wir deß gar ain fein exempel im Saul haben. Dann ungeachtet, das Saul als ain konig, der verworfen und das reich dem David verordnet und zugesagt ward, widerstunde doch David dem Saul kain mal mit gewalt, sonder flohe, erkenndt sich fur ain undterthan und gehorcht dem Saul in allen dingen das reich belangendt, ob er wol den gotlosen deß Sauls handlungen nit gehorsam laistet, bis so lang Sauls auß gottes ordnung zu trummern gieng und David ordentlich zum Reich kam.»

54 Jean Bodin schreibt: «Noch einzigartiger ist das Beispiel Sauls, der vom bösen Geist besessen völlig grundlos alle Priester Gottes umgebracht hatte und mit allen Mitteln ver-

suchte, David ums Leben zu bringen oder ermorden zu lassen. Trotzdem hat David, der Saul zweimal in seiner Gewalt hatte, gesagt: ‹Walte Gott, daß ich mich nicht an ihm vergreife, den Gott gesalbt hat› und hat verhindert, daß Saul irgendetwas angetan wurde. Ja selbst als Saul im Kriege getötet worden war, ließ David den Überbringer von Sauls Kopf hinrichten und sprach: ‹Du Schuft! Du wagst es, deine schmutzigen Hände an den Gesalbten Gottes zu legen? Dafür sollst du sterben!› Dabei ist folgendes besonders wichtig: David war von Saul zu Unrecht nach dem Leben getrachtet worden. Es fehlte ihm auch nicht an Macht, wie seine Feinde erfahren mußten. Überdies war David von Gott auserwählt worden und hatte aus den Händen Samuels seine Weihe zum König des Volkes empfangen. Schließlich hatte er die Tochter des Königs geheiratet. Dennoch schreckte David davor zurück, den Königstitel anzunehmen, Saul etwa gar nach dem Leben oder seiner Ehre zu trachten oder sich gegen ihn zu erheben und ging lieber aus freien Stücken außer Landes» (*Sechs Bücher über den Staat*, in Mayer-Tasch 1981, 367); Bossuet, in Le Brun 1967, 46.191f. 204-207.

55 Grafton 1569, 39; Jakob VI., *A Defence of the Right of Kings*, in McIlwain 1918, 213f; Andrewes 1628, 861; Spelman 1642, 13-16, unter Verweis auf 1Sam 24, 1Sam 26 und 2Sam 1; Bramhall 1643, 52f (1Sam 7,8; 26,9); Filmer, *The Necessity of the Absolute Power of all Kings* (1648), in Sommerville 1991, 180-182 (Verweis auf 1Sam 24, 1Sam 26 und Bodin, *Six Livres de la République*). Das Thema wurde im Regiziden-Prozess von Kronanwalt Sir Heneage Finch ins Feld geführt und wieder während der Staatskrise 1679-1682 traktiert. Vgl. Ludlow, in Worden 1978, 204; Pelling 1683.

56 *An Exhortation to Obedience*, in Bond 1987, 165 ff.

57 In der sog. Coverdale Bibel (1535) – benannt nach dem Übersetzer Miles Coverdale, der die Vulgata, Luthers Bibel und eine niederländische Bibel als Vorlage nutzte – heisst es noch schärfer: «Hear my prayer, O God: and hearken unto the words of my mouth. // For strangers are risen up against me: and *tyrants*, which have not God before their eyes, seek after my soul.» (Rylands 1926, 44; Hervorhebung von mir, d. V.).

58 Volz 1971, 1013.

59 «Alterum exemplum est patentiae subditorum erga legitimos magistratus. Iudicio humanae rationis uerum est, concessam esse defensionem aduersus Tyrannum inferentem manifestam & atrocem iniuriam. Et si in tali defensione Tyrannus interficitur, defensor iudicatur iuste fecisse. Narrat Cicero iudicium C. Marij, qui absoluit militem, qui tribunum militarem interfecerat. Et Moses interfecit uirum Aegypti qui praeerat Israelitis regio nomine, cum iniuste percuteret Israelitam. Sic & Abisai uir sapiens & sanctus, iudicauit interficiendum esse Saulem. Veríßima est vox naturae, iustam esse defensionem contra iniuriam atrocem, & Dauid defensione uitur, sed eam ita moderatur, ut tamen non trucidet Tyrannum, quod licuisse existimo, sicut & Abisai existimabat. Sed saepe regula sequenda est, ut non solum quod tibi liceat, sed multo magis quod tutius sit conscientiae, & exemplo utilius consideremus, ut dicit Paulus inquit, Omnia licent, sed non omnia expediunt» (Melanchthon 1561, Psalm 54, Sign. 153 recto – verso). Auf das Exempel Moses kommt Melanchthon auch in seiner *Vorrede zur Erklärung D. Martin Luthers von der Frage der Notwehr belangendt* von 1547 zurück: «Also hat auch Moses recht gethan / da er den Israeliten geschützt hat / wider den Egypten / der Gewalt an den Israeliten geübet» (in Hortleder [2]1645, Bd. 2, 145-147, zit. 145).

60 Vgl. Melanchthon, *Loci communes, 11: De Scandalo*, in Pöhlmann [2]1997, 370-377, zit. 372/373, ein Begriff, den Melanchthon von Thomas bezieht.

61 Menius 1547, in Hortleder [2]1645, Bd. 2, 165.

62 Menius 1547, ebd. 163.

63 Dass auch Luther – widerwillig – seine Position modifiziert hat, zeigen neben der *Erklärung D. Martin Luthers von der Frage der Notwehr belangendt* von 1547 (in Hortleder [2]1645, Bd. 2, 150 ff), seine *Tischreden*. Im Februar 1539 erklärte er etwa: «Darum ist eine Unterscheidung nötig, daß der Christ eine zweifache Person ist, nämlich eine gläubige und eine weltliche. Die gläubige (Person) erleidet alles; sie ißt nicht, sie trinkt

nicht, sie zeugt nicht. Die weltliche aber ist den Gesetzen und dem Recht untertan und ist gezwungen, sich zu verteidigen und den Frieden zu wahren. Wollte nun einer vor meinen Augen (mein) Weib und Jungfrauen schänden, so wollte ich den Christen hintansetzen und die weltliche Person gebrauchen, ihn bei der Tat erwürgen oder um Hilfe schreien. Denn wenn die Obrigkeit ausfällt, ist das Volk Obrigkeit (nam deficiente magistratu plebs est magistratus). So mag man Nachbarn zu Hilfe rufen. Denn Christus hebt das Gesetz und Staatswesen nicht auf, sondern bestätigt es» (Borcherdt u.a. 1963, 188f).

64 Menius 1547, in Hortleder ²1645, Bd. 2, 165.
65 «Daraufhin wurde die Frage aufgeworfen, ob man sich verteidigen dürfe, wenn der Kaiser gegen uns die Waffen ergriffe? Er antwortete: ‹Das ist keine theologische, sondern eine Rechtsfrage. Wenn er einen Krieg unternimmt, dann wird er zum Tyrannen gegen unser Predigeramt, sodann gegen das Staatswesen und gegen den Hausstand. Hier gibt es gar keine Frage, ob man für den Glauben kämpfen darf; vielmehr ist es notwendig, für Kinder und Familie zu kämpfen›» (Borcherdt u.a. 1963, 188).
66 Diese Deutung möchte ich der Interpretation von Brecht 1995, 199-203, gegenüberstellen, der meint, Luther habe die Notwehr theologisch begründet. Es ist ohne Zweifel richtig, dass Luther den Kaiser als Helfershelfer des Papstes und Antichrist verurteilte. Gleichwohl handelt m.E. der Fürst und «Notbischof» (Holl) primär nicht als Christ, sondern als Repräsentant des zwar von Gott gestifteten, aber doch weltlichen Regiments in Ausübung seines ‹Berufs› und in Verantwortung gegenüber den Schutzbefohlenen.
67 Für das Notrecht, das dem Privatmann in der Peinlichen Gerichtsordnung von 1532 gewährt wurde, siehe Friedeburg 1999, 52f; siehe aber auch Dammhouder von Brüg 1581, 30-35. Insofern ist die Bezeichnung «privatrechtlich», die Skinner für das lutherische Notrecht vorschlägt, dann völlig korrekt, wenn es als dem Naturrecht erwachsen und mit ihm in Einklang stehend angesehen wird (Skinner 1978, 197-199).
68 Schulze 1985, 204.
69 Bugenhagen an Kurfürst Johann den Beständigen von Sachsen, Wittenberg, 29. September 1529, in Scheible 1969, 26f.
70 Calvin, *Institutio*, 1536, in Barth / Niesel 1926ff, Bd. 1, 1926, 277. Zitiert nach der Übersetzung von Weber 1988, 1054f.
71 Calvin, *Institutio*, IV, 20, 28, in Barth / Niesel 1926ff, Bd. 5, 1936, 498f.
72 Calvin, *Institutio*, IV, 20, 6. Wolf 1972, 152ff. Moses' Totschlag des Ägypters ist für Calvin die Tat eines von Gott zum Befreier seines Volkes bereits Berufenen (*Institutio* IV, 20, 10).
73 Calvin, *Institutio*, 1536, Barth / Niesel 1926ff, Bd. 1, 277; für alle anderen Ausgaben Bd. 5, 501.
74 Skinner 1978, Bd. 2, 192f. 219f.232-235.
75 Calvin, *Institutio*, IV, 30-31. Hervorhebungen von mir, d. V.
76 «For seeing it was his owne private cause, he repented that he had touched his enemie» (Glosse zu 1Sam 24,6); über die Begleiter Davids heisst es: «Here we se how ready they were to hasten Gods promises, if the occasion serve never so little.» (Glosse zu 1Sam 24,5). Zur Radikalität der Glossen der Geneva Bible siehe Collinson 1994, 45; Greaves 1976; Betteridge 1983.
77 «And David said to Abisahi, ‹Destroye him not: for who can lay his hande on the Lords anointed, and be giltles?› ᵉ *Note* ᵉ: To wit, in his owne private cause: for Iehu slew two Kings at Gods appointment, 2 Kings 9, 24» (Geneva Bible, 1560, Sign. 133 verso).
78 Höpfl 1982; ders. 1993, XVI-XXIII.
79 Rückert 1936-1961, Vorwort, XIII.
80 Calvin, *Predigten über das 2. Buch Samuelis*, Rückert 1936-1961, 7, unter Bezug auf: «Und nun, da habt ihr den König, den ihr erwählt habt, den ihr erbeten habt, und der Herr hat euch ja einen König gegeben. Wenn ihr den Herrn fürchtet und ihm dient, auf seine Stimme hört und dem Gebot des Herrn nicht Widerstand leistet, *sondern beide ihr wie der*

König, der über euch Herrschaft hat, dem Herrn, eurem Gott, folgt, so werdet ihr es gut haben» (1Sam 12,13f); 54.298.316.528.751, Verweis auf 1Sam 13,14; 138.171, Verweis auf 1Sam 15,22; 341, Verweis auf 1Sam 15,11.

81 Rückert 1936-1961, 4f; siehe auch 257.497f.

82 Ähnlich uneindeutig ist auch das in Deutschland gedruckte *Reformierte Bekenntnis der Reformierten in Frankreich*. Der 40. Artikel lautet: «Derhalben so halten wir daruor / daß man iren gesatzen (der Obrigkeit, die auch für die Einhaltung der Gebote der ersten Tafel verantwortlich ist, d. V.) vnd ordnungen gehorsam leisten sol / inen tribut vnd scharzung geben / vnd anders was inen gebüret / vnd das joch der vnderthenigkait frey vnd gutwillig tragen: Ja auch wenn sie schon vnglaubig vnd gottloß were / *wenn allein Gott dem Herrn an seinen obersten regiment nichts benommen wird*» (*Confession oder Bekanntnuß des Glaubens der Reformierten Euangelischen Kirchen in Frankreich*, Heidelberg: Johann Meyer 1563, 47, Hervorhebung von mir, d. V.).

83 Saul «was a king anointed of God, appointed to reign over His people; he commanded to persecute David because (as he alleged) David was a traitor and usurper of the crown; and likewise commanded Ahimelech the high priest and his fellows to be slain. But did God approve any part of this obedience? Evident it is that He did not. And think ye that God will approve in you that which He did damn in others?» (vgl. Mason 1994, 154).

84 Vgl. seinen Beitrag in diesem Band.

85 Vgl. Schröder 2000, bes. 107-110.

86 Schwarz 1962, Bd. 3, 1272.

87 Calvin, *Institutio*, IV 20, 30, 1536, Barth / Niesel 1926ff, Bd. 5, 1936, 500f; dieser Gedanke findet sich bei Neumann 1978, 242.

88 Vgl. die Ausgabe von Kingdon 1970. Die Angabe spielt auf das Zentrum des protestantischen Widerstands gegen das Interim in Deutschland, Magdeburg, an. Siehe dazu Schulze 1985, 207-210.

89 «Quum ergo omnia concilia, coetusque hominum iure sociati, quas ciuitates vocamus, hunc vltimum finem spectet, vt quam felicissime viuant: vt autem ad eum finem perueniatur, certas leges perferri necessi sit, & earum legum aliquos custodes ac vindices constitui, quos generali vocabula Graeci αρχας, Latini Magistratus appellant: satis constat, ni fallor, eum esse Magistratum qui ex ciuium consensu publicae illius pacis ac tranquillitatis custos est declaratus: quae quidem pax a legum obseruatione pendet, in quibus totius ciuitatis salus consistit» (Theodore Beza, *De Haereticis*, 1554, Reprint Frankfurt: Minerva 1973, 22). Vgl. auch Kingdon 1955.

90 Theodore Beza, *The Psalmes of Dauid*, engl. Ausgabe von Gilby 1581, 25 (Ps 17); 236 (Ps 101).

91 Vgl. die ausgezeichnete Diskussion bei Kickel 1967, 258-279; ferner Kingdon 1970, Introduction, VII-XLVII; Kingdon 1991; Dennert 1968, Einleitung, XXX-LXVII; Bermbach 1985.

92 Kingdon 1970, 11.29.32. Vgl. auch Gilby 1581, 189 (Ps 82). Der Kommentar nimmt eine verschärfende apokalyptische Wende, wenn Beza sagt, heute dürfe man die Abschaffung der Gottesdienste in einer Stadt in keiner Weise dulden, da die letzten Tage der Welt angebrochen sind und der Endkampf begonnen hat. Siehe auch Ps 94, p. 221, Ps 147, p. 351. Radikaler noch ist die Lösung von John Knox. Er bestreitet in der Generalversammlung der schottischen Stände, dass es in der Gegenwart überhaupt noch Könige gebe, die von Gott gesalbt sind und auf dem Thron Davids sitzen (Mason 1994, 202).

93 Rex 1965, 223.

94 Kingdon 1970, 5.11.15-17.53.55.58.61.

95 Kingdon 1970, 15.

96 Kingdon 1970, 7.

97 «de sorte qu'il en faut revenir à ce les Philosophes en ont bien sceau cognoistre par leur raison naturelle, assavoir que le gouvernement Monarchique est plustost la ruine d'un

peuple, que la conservation, s'il n'est bridé en telle sorte que le grand bien qui en peut venir en puisse estre tiré, et le merveilleux mal empesché, qui ne peut faillir d'en sortir sans cela» (Kingdon 1970, 29).

[98] «David cherché à la mort par Saül tres cruel et tres-deloial Tyran, n'avoit ni aucun Prince de Tribu, ni chef de milliers, ni centenier, ni ancien du peuple qui prinst sa querelle contre une telle Tyrannie, qui concernoit non seulement la personne de David, mais aussi tout l'estat du Roiaume, surtout apres un si horrible meurtre des Sacrificateurs» (Kingdon 1970, 22).

[99] «David in this Psalm [XXVIII] sustaining the person not of a private man, but of a publike» (Gilby 1581, 46). Siehe auch 127 (Ps 58); 262f (Ps 109). Auf die Bedeutung des «Troubadour» David am französischen Hof wiesen die Herren de Robert und Millet während des Colloquiums hin.

[100] Gilby 1581, 42f. (Ps 26).

[101] «mais outre cela, d'autant qu'il n'estoit pas personne privee, ains Officier du Roiaume, aiant la conduite des armes d'Israël ...» (Kingdon 1970, 22).

[102] Vgl. Benedict 1996.

[103] «Et quant à ce qu'il a espargné le Tyran ..., il a fait en cela son devoir, d'autant que Saül estoit assis encores au Throsne Roial, et lui ne les siens n'avoient l'authorité de lui oster le Roiaume, ne la vie, ains appartenoit cela à Dieu et aux Estats du Roiaume, desquels ci-dessus nous avons parlé» (Kingdon 1970, 56f).

[104] «United Provinces of the Midi» (Livet 1989, 175).

[105] Gilby 1581, 318 (Ps 130). Jean Bodin hat wie kein Zweiter die von Beza und anderen Monarchomachen ausgehende Gefährdung menschlicher Existenz empfunden und mit einer grundlegend neuen Staatslehre beantwortet. Seine politisch-postulativ definierte «république» zeichnete sich durch eine rechtlich unvermittelte Vertikalverbindung von Regierenden und Regierten aus, die der intermediären Gewalten – Bezas niedere Obrigkeiten – nicht mehr bedurfte. Ebenso ignorierte er den bei Beza so wesentlichen Vertragsgedanken. In seinem Hauptwerk setzt er sich mit Luther, Melanchthon und Calvin, verdeckt auch mit Beza, in der Frage des Widerstandsrechts auseinander und pocht dabei wiederholt auf die unbedingte Gehorsamsbereitschaft Davids. Vgl. Mayer-Tasch 1981, 284.363.368.497.

[106] Etwa Josephus Flavius, *Antiquitates Judaicum*, lib. vi, c. 4; siehe auch die dort Mose unterstellte antimonarchische Einstellung, lib. iv, c. 6, 8, auf die sich auch Algernon Sidney in seinen *Court Maxims* beruft (Blom u.a. 1996, 194).

[107] Ausgabe von Brunnschweiler / Lutz 1995, Bd. I, 86.

[108] *An die Versammlung gemeiner Bauernschaft*, in Laube / Seiffert 1975, 120-122.

[109] Aesop, *Fabulae*, 44; Laube / Seiffert 1975, 123. Luther erwähnt die Fabel ebenfalls (Delius 1979-1999, Bd. 3, 379, Z. 5-6).

[110] Laube / Seiffert 1975, 123.

[111] Vgl. Wolgast 1989, 213; Laube / Seiffert 1975, 118.

[112] Laube / Seiffert 1975, 129.131 u.ö.

[113] In der Gerichtsverhandlung gegen Karl I. nannte der Staatsanwalt John Bradshaw den König einen «man of blood». Mit dieser in radikalen Kreisen geläufigen Anschuldigung spielte er auf den Fluch Schimeis an, der David die Schuld am Untergang des Hauses Saul, aber auch am Tod Abners und Ischbaals die Schuld gibt. Der Aufstand Abschaloms gilt ihm als gerechte Vergeltung für diese Schuld. Der Ausdruck «Blutmensch» gehört zu einer Episode, die David auf dem Tiefpunkt seiner Königszeit erlebte. Als er vor Abschalom fliehen muss, wirft ihm ein Mann aus Sauls Geschlecht, Schimei, Steine, Schmutz und die Verwünschung hinterher, David sei ein von der Gerechtigkeit eingeholter «Mann des Blutes» (2Sam 16). Mit dem Schimpf «Blutmensch» wird der König belegt, weil er seine Aufgabe als Hüter seines Volkes pflichtwidrig vernachlässigt und darüber hinaus das schlimmste Verbrechen begangen hat, das man einem ‹Hirten› vorwerfen kann: sein Schwert gegen die ihm Anvertrauten zu kehren und die eigenen ‹Schafe› zu töten. In der

Urteilsbegründung gegen Karl I. wurde dieser Anklagepunkt dann auch zum entscheidenden Kriterium erhoben. Siehe dazu Halpern 1993 (ich verdanke den Hinweis H.-C. Schröder); Pedersen 1972, 12f.

[114] «That David when hee was persecuted by Saul unjustly, did not onely take up Armes for his owne defence, but many of the choisest men of the Tribes did joyne with him, and adventure their lives in his defence; yeas, and his Adherents increase, till his Army grew to be like an Host of God; and all this while King Saul was alive, and David but a private man, and one that had sworne Allegiance to him» (Marshall 1644, 6f).

[115] Marshall 1644, 14.

[116] Milton, *The Tenure of Kings and Magistrates*, in der Ausgabe von Patrides 1979, 257.260. Vgl. auch Milton, *First Defence of the People in England*, Kap. 2. Als sich England 1659 auf die Restauration der Monarchie hinbewegte, verglich Milton die weitläufige Klage über die Unfähigkeit des republikanischen Regimes mit der israelitischen Klage über das angeblich laxe Amtsgebaren der Söhne Samuels. Milton schlüpfte in den Mantel Samuels und wurde selbst zum Warner vor der sich abzeichnenden Tyrannei der zurückgerufenen Stuarts. Dabei handelt es sich um eine typologische Deutung im strengen Sinn, denn die Wiedereinführung der Monarchie erschien ihm gegenüber der alttestamentarischen Begebenheit als Steigerung hin zum Schlimmeren. England war für ihn das erste Reich, das mit der Republik wieder zu der ursprünglichen Theokratie zurückgekehrt war. Mit dem Scheitern schenkte man der Monarchie den billigen Triumph, sie sei unentbehrlich, und diskreditierte die Republik für alle Zukunft (*Ready and Easy Way,* Patrides 1979, 349).

[117] *Mercurius Politicus*, No 108, 1. Juli 1652, 1689f.

[118] «Cheat not your selves with *Words*. For though a *King* / Be the mild Name, a *Tyrant* is the Thing. / Let his Power loose, and you shall quickly se / How mild a thing *unbounded Man* will be.» Abraham Cowley, *Davideis, A Sacred Poem of the Troubles of David*, in Sprat 1707, Bd. 2, 442f. Cowley geht so weit, dass er die Behauptung Jakobs, von Filmer wiederholt, die Samuelrede beschreibe die Rechte des Königs, bestraft haben will (ebd. 492 Anm. 16).

[119] Vgl. Houston 1991, 128. Houston wendet sich gegen die These, Sidney habe sich intensiv mit Beza oder Mornay befasst (vgl. Scot 1988, 16.141-143.192).

[120] Ludlow, in Worden 1978, 9; Worden 1991, 471f.

[121] Sidney, *Court Maxims*, in Blom u.a. 1996, 42f.57-59; Sidney [3]1751, 18.79-87.92-102.256.259.415 u.ö. Ludlow, in Worden 1978, 115 (unter Anspielung auf das in Dtn 17,16 ausgesprochene Verbot, Israel nach Ägypten zurückzuführen).138.226.

[122] «The matter is yet more clear in relation to those who never were in any society, as at the beginning, or renovation of the world after the flood; or who, upon the dissolution of the societies to which they did once belong, or by some other accident, have been obliged to seek new habitations» (Sidney [3]1751, 407).

[123] Sidney [3]1751, 5f.12.

[124] Sidney [3]1751, 18.

[125] Sidney [3]1751, 60.68.

[126] Sidney [3]1751, 7; der gleiche Gedanke bei Ludlow, in Worden 1978, 204.

[127] Sidney [3]1751, 281.356.377.423.429.

[128] Blom u.a. 1996, 48f.62f.

[129] Blom u.a. 1996, 82; siehe auch Sidney [3]1751, 307.

[130] Sidney [3]1751, 316: «He (der König in einer Erbmonarchie, d. V.) always fluctuates, and every passion that arises in his mind, or is infused by others, disorders him. The good of a people ought to be established upon a more solid foundation.» Vgl. Sidney [3]1751, 257.266; Blom u.a. 1996, 184.

[131] «Moses, Joshua and Samuel had been able to bear the weight of an unrestrained power» (Sidney [3]1751, 350).

[132] Sidney [3]1751, 62.66.102f.240.

[133] «Such as were instruments of the like deliverances amongst the Hebrews, as Moses, Othniel, Ehud, Barak, Gideon, Samson, Jephthah, Samuel, David, Jehu, the Maccabees and

others, have from the scriptures a certain testimony of the righteousness of their proceedings ...» Die höchste Achtung bringt er dem Freiheitshelden Gideon entgegen, der sein Volk siegreich gegen die Midianiter führte und dann hochherzig die ihm angebotene Krone ausschlug (Ri 8,23f). Vgl. Blom u.a. 1996, 31.42.56f; Sidney ³1751, 11.181.

[134] Blom u.a. 1996, 39.196. Sidney ist so erpicht darauf, die Bedeutung Davids herabzustufen, dass er Moses als Typus Christi herausstreicht und David lediglich zu den Propheten rechnet. Vgl. Blom u.a. 1996, 55; Sidney ³1751, 101f.350.

[135] Es ist nicht völlig klar, ob der independentistische Sidney sich im Lichte seiner Königskritik von der Prädestinationslehre abgewandt oder ob er sie generell verworfen hat.

[136] Blom u.a. 1996, 116f.

[137] Blom u.a. 1996, 181.

[138] Das ist ein durchgängiger Gedanke in der republikanischen Literatur. Nedham etwa meint, es sei im Interesse des Herrschers, korrupte Berater um sich zu scharen, weil er bei tugendhaften Ratgebern seine tyrannische Politik nicht ohne Widerrede durchsetzen könne.

[139] Darauf weist besonders Worden 1985, 24, hin.

[140] Sidneys aristokratische Vorbehalte gegenüber dem Pöbel (rabble, basest of the people, lewd vagabonds) schlägt immer wieder durch (z.B. Sidney ³1751, 181).

[141] Fukuda 1997, 120-123.138f.

[142] Blom u.a. 1996, 22.

[143] Robbins 1947. Umfassend und kompetent diskutiert das Widerstandsrecht Houston 1991, 208-218.

[144] Worden 1978, 134.

[145] «His generous spirit was inwardly moved too see a king great in valour, famous for victories, who had reigned in much glory, great in valour, famous in victories, brought by the hand of God to lie at his feet whom he persecuted» (Blom u.a. 1996, 50).

[146] Blom u.a. 1996, 50.

[147] «God has several times commanded kings to be slain; therefore, to slay them is not simply evil. God in some cases has approved the slaying of kings; therefore, in some cases to slay kings is not evil. And that which is approved to be good and commanded to be done at one time, is an example to be followed in like cases at another time» (Blom u.a. 1996, 55).

[148] Blom u.a. 1996, 13.

[149] Paine, *Common Sense*, in Foot / Kramnick 1987, 74.78.

[150] Butterfield 1962, 333. Ich verdanke den Hinweis Hans-Christoph Schröder.

[151] Vgl. Pocock 1975, 420f.

[152] Zit. in Houston 1991, 8; zur Rezeption Sidneys in Amerika 100-103.138f.223-267.

[153] Worden, Introduction, in Worden 1978, 1-10.17-39. Siehe auch Worden 1985, 38-40; ders. 1977. Houston glaubt hingegen, Sidney hätte die ausführlichen biblischen Belege von *Court Maxims* eingeführt, um eine gemeinsame politische Basis mit Ludlow zu finden. Eine solche taktische Überlegung hätte bei der Niederschrift der ‹säkularen› *Discourses* dann aber nicht mehr bestanden. (Houston 1991, 130 Anm. 132).

[154] Ludlow, *Memoirs*,vgl. die Ausgabe von Firth 1894, Bd. 1, 12f.37.147.345.365.368; Bd. 2, 156.161.166.204.225; Sidney ³1751, 231.254-258.264.278.

[155] Haase 1959, 98-146; Dodge 1972, 34-138.

[156] Für Frankreich vgl. de Robert 1999, 195, sowie Rex 1965, 211f; für Deutschland siehe die unten zitierten Verfasser von Fürstenspiegeln; für England siehe die Schriften Jakobs I. und Lancelot Andrewes' Predigten.

[157] Vgl. Schulze 1979.

[158] Johann Jakob Braumann, *Des sterbenden König Davids Letzter Wille an seinen Khron-Printzen Salomo*, Hamburg 1696; Christoph Raabe, *Christliche Leibh-Rede über den tödtlichen Hintritt des Allerdurchleuchtigsten Großmütigsten Fürsten und Herrn Friderichs / Ersten Christlichen Königs in Preußen*, Duisburg 1713; für Pistorius und Pelargus siehe Nischan 1994, 198-202; für Moller und Hausmann siehe Mühleisen u.a. 1997, 281.358f.

[159] Bossuet in Le Brun 1967; Riley, Introduction, in Riley 1999, XXIII-XLI; Christofides 1960.
[160] Völlig richtig beobachtet de Robert: «Par contre, il va chercher dans des passages bibliques souvent méconnus un grand nombre d'actions dont David s'est rendu coupable et dont il ne s'est apparemment pas repenti» (de Robert 1999, 195).
[161] Rex 1965, 199-203.
[162] Metzger 1998, 423f.
[163] Vgl. Neumann 1967.

Bibliographie

Andresen, C., ³1991: *Augustinus, Vom Gottesstaat*, München: dtv.
Andrewes, L., 1628: *XCVI Sermons*, London: Richard Badger.
Barth, P. / Niesel, W. (eds.), 1926ff: *Joannis Calvini Opera selecta*, 5 Bde, München: Chr. Kaiser.
Bayle, P., 1740: «David» in ders., *Dictionnaire historique et critique*, 4 Bde, Amsterdam: P. Brunel u.a., pp. 253-255.
Benedict, Ph., 1996: «Settlement: France» in Brady, T.A. / Oberman, H. / Tracy, J.D. (eds.), *Handbook of European History, 1400-1600*, Bd. 2, Grand Rapids: Eerdman, pp. 435-444.
Bermbach, U., 1985: «Die Monarchomachen» in Fetscher, I. / Münkler, H. (eds.), *Pipers Handbuch der Politischen Ideen. Bd. 3: Neuzeit*, München: Piper, pp. 114-118.
Betteridge, S., 1983: «The Bitter Notes: The Geneva Bible and its Annotations» in *The Sixteenth Century Journal*, 14, pp. 41-62.
Blench, J.W., 1964: *Preaching in England in the late Fifteenth and Sixteenth Centuries: A Study of English Sermons 1560-c.1600*, Oxford: University Press.
Blom, H.W. / Mulier, E.H. / Janse, R. (eds.), 1996: *Algernon Sidney, Court Maxims*, Cambridge: University Press.
Bohatec, J., 1937 (1968): *Calvins Lehre von Staat und Kirche*, Breslau: M. & H. Marcus (Nachdruck Aalen: Scientia).
Bond, R.B. (ed.), 1987: *Certain Sermons or Homilies (1547) and A Homily against Disobedience and Wilful Rebellion (1570). A Critical Edition*, Toronto: University Press.
Borcherdt, H.H. / Merz, G. / Fausel, H. (eds.), 1963: *Martin Luther, Tischreden*, München: Chr. Kaiser.
Bouwsma, W.J., 1988: *John Calvin*, Oxford: University Press.
Bowler, G., 1984: «An Axe or An Acte: The Parliament of 1572 and Resistance Theory in Early Elizabethan England» in *Canadian Journal of History*, 19, pp. 349-359.
Bramhall, J., 1643: *The Serpent-Salve*, o.O.
Brecht, M., 1995: *Martin Luther. Band 3: Die Erhaltung der Kirche 1532-1546*, Stuttgart: Calwer Verlag.
Brunnschweiler, T. / Lutz, S. (eds.), 1995: *Huldrych Zwingli, Schriften*, Zürich: Theologischer Verlag.
Butterfield, L.H. (ed.), 1962: *Diary and Autobiography of John Adams*, Bd. 3, Cambridge, Mass.: Harvard University Press.

Campell, A.C. (ed.), 1901: *Hugo Grotius, De Jure Belli ac Pacis*, Washington / London: M. Walter Dunne.
Christofides, C.G., 1960: «The Controversy between Bossuet and Jurieu» in *Symposium. A Quarterly Journal in Modern Literature*, 14, pp. 121-128.
Collins, S.L., 1989: *From Divine Cosmos to Sovereign State*, New York: Oxford University Press.
Collinson, P., 1993: «The sense of Sacred Wit. Radical politics and the short-lived sovereignty of Scripture in England» in *Times Literary Supplement*, 9. April 1993, p. 3.
Collinson, P., 1994: «The Monarchical Republic of Queen Elizabeth I» in ders., *Elizabethan Essays*, London: Hambledon Press.
Cressy, D., 1982: «Binding the Nation: The Bonds of Association, 1584 and 1696» in Guth, D.J. / McKenna, J.W. (eds.), *Tudor Rule and Revolution: Essays for G.R. Elton from his American Friends*, Cambridge: University Press, pp. 271-334.
D'Entrèves, A.P. (ed.), 1947: *Aquinas, Selected Political Writings*, Oxford: Basil Blackwell.
Dammhouder von Brüg, J., 1581: *Practica Gerichtlicher Handlungen in bürgerlichen Sachen*, Frankfurt a.M.: Nicolaus Basseum.
Delius, H.-U., u.a. (eds.), 1979-1999: *Martin Luther, Studienausgabe*, 6 Bde, Berlin: Evangelische Verlagsanstalt.
Dennert, J. (ed.), 1968: *Beza, Brutus, Hotman. Calvinistische Monarchomachen*, Köln / Opladen: Westdeutscher Verlag.
Dodge, G.H., 1972: *The Political Theory of the Huguenots of the Dispersion. With special Reference to the Thought and Influence of Pierre Jurieu*, New York: Octagon.
Dohmen, Chr., 1998: *Die Bibel und ihre Auslegung*, München: C.H. Beck.
Firth, C.H. (ed.), 1894: *Edmund Ludlow, Memoirs*, 2 Bde, Oxford: University Press.
Foot, M. / Kramnick, I. (eds.), 1987: *The Thomas Paine Reader*, Harmondsworth: Penguin.
Friedeburg, R. von, 1999: *Widerstandsrecht und Konfessionspolitik. Notwehr und Gemeiner Mann im deutsch-britischen Vergleich 1530 bis 1669*, Berlin: Duncker & Humblot.
Fukuda, A., 1997: *Sovereignty and the Sword. Harrington, Hobbes, and Mixed Government in the English Civil Wars*, Oxford: University Press.
Gauger, H.-M., 1993: *Davids Aufstieg. Eine Erzählung*, München: C.H. Beck.
Gilby, A. (ed.), 1581: *Theodore Beza, The Psalmes of Dauid*. Truly opened, translated from the Latin, o. O.: Anthony Gilby.
Gosselin, E.A., 1976: *The King's Progress to Jerusalem: Some Interpretations of David during the Reformation Period and Their Patristic and Medieval Background*, Malibu: Undena Publications.
Grafton, R., 1569: *A Chronicle at large and meere History of the affayres of England and the Kinges of the same, deduced from the Creation of the world, vnto ... our most deare and sovereigne Lady Queene Elizabeth*, London: Richard Grafton.
Greaves, R.L., 1976: «Traditionalism and the Seeds of Revolution in the Social Problems of the Geneva Bible» in *The Sixteenth Century Journal*, 7, pp. 94-109.

Griewank, K., 1955 (⁴1973): *Der neuzeitliche Revolutionsbegriff. Entstehung und Entwicklung*, Weimar (Nachdruck Frankfurt a.M.: Suhrkamp).
Haase, E., 1959: *Einführung in die Literatur des Refuge. Der Beitrag der französischen Protestanten zur Entwicklung analytischer Denkformen am Ende des 17. Jahrhunderts*, Berlin: Duncker & Humblot.
Hagen, K., 1996: «Omnis homo mendax: Luther on Psalm 116» in Muller, R.A. / Thompson, J.L. (eds.), *Biblical Interpretation in the Era of the Reformation*, Grand Rapids: William B. Eerdmans.
Halpern, S., 1993: «The Man of Blood» in *Times Literary Supplement*, 30.7.1993, p. 15.
Hammerstein, N. (ed.), 1995: *Staatslehre der Frühen Neuzeit*, Frankfurt: Deutscher Klassiker Verlag.
Hartley, T.E. (ed.), 1981-1995: *Proceedings in the Parliaments of Elizabeth I*, 3 Bde, Leicester: University Press.
Holl, K., ³1923: *Gesammelte Aufsätze zur Kirchengeschichte I: Luther*, Tübingen: J.C.B. Mohr.
Höpfl, H.M., 1982: *The Christian Polity of John Calvin*, Cambridge: University Press.
Höpfl, H.M., 1993: *Luther and Calvin on secular authority*, Cambridge: University Press.
Hortleder, F., ²1645: *Der Römischen Keyser und königlichen Majestät ... Handlungen und Ausschreiben ... von Rechtmäßigkeit, Anfang und Fortgang des Teutschen Kriegs Kaiser Karls des Fünften wider die Schmalkaldische Bundesoberste Chur- und Fürsten, Sachsen und Hessen ... vom Jahr 1546 biß auf das Jahr 1558*, 2 Bde (1. Aufl. Frankfurt 1618), Gotha: Wolffgang Endters.
Houston, A.C., 1991: *Algernon Sidney and the Republican Heritage in England and America*, Princeton: University Press.
Hutchinson, F.E. (ed.), 1967: *The Works of George Herbert*, Oxford: Clarendon Press.
Kickel, W., 1967: *Vernunft und Offenbarung bei Theodor Beza. Zum Problem des Verhältnisses von Theologie, Philosophie und Staat*, Neunkirchen: Neunkirchener Verlag des Erziehungsvereins.
Kingdon, R.M., 1955: «The First Expression of Theodore Beza's Political Ideas» in *Archiv für Reformationsgeschichte*, 46, pp. 88-100.
Kingdon, R.M. (ed.), 1970: *Théodore de Bèze, Du Droit des Magistrats*, Genève: Librairie Droz.
Kingdon, R.M., 1991: «Calvinism and resistance theory, 1550-1580» in Burns, J.H. (ed.), *The Cambridge History of Political Thought 1450-1700*, Cambridge: Cambridge University Press, pp. 206-214.
Klempt, A., 1960: *Die Säkularisierung der universalhistorischen Auffassung zum Wandel des Geschichtsdenkens im 16. und 17. Jahrhundert*, Göttingen: Musterschmidt-Verlag.
Laube, A. / Seiffert, H.W., 1975: *Flugschriften der Bauernkriegszeit*, Berlin: Akademie Verlag.
Le Brun, J. (ed.), 1967: *Jacques-Bénigne Bossuet, Politique tirée des propres paroles de l'Écriture sainte*. Édition critique, Genève: Librairie Droz.
Livet, G., 1989: «France: failure or spiritual heritage?» in Chaunu, P. (ed.), *The Reformation*, Gloucester: Alan Sutton, pp. 168-183.

Lohse, B., 1995: *Luthers Theologie in ihrer historischen Entwicklung und ihrem systematischen Zusammenhang*, Göttingen: Vandenhoeck & Ruprecht.
Luther, M., 1547: *Erklärung D. Martin Luthers von der Frage der Notwehr belangendt*, Wittenberg: Hans Lufft.
Macpherson, C.B. (ed.), 1981: *Thomas Hobbes, Leviathan*, Harmondsworth: Penguin.
Mandt, H., 1974: *Tyrannislehre und Widerstandsrecht*, Darmstadt / Neuwied: Luchterhand.
Marshall, S., 1644: *A Sacred Panegyrick*, London: Stephen Bowtell.
Mason, R.A. (ed.), 1994: *John Knox, On Rebellion*, Cambridge: University Press.
Mayer-Tasch, P.C. (ed.), 1981: *Jean Bodin, Sechs Bücher über den Staat, Buch I-III*, München: C.H. Beck.
McIlwain, H. (ed.), 1918: *The Political Works of James I*, Cambridge, Mass.: Harvard University Press.
McLaren, A.N., 1999: *Political Culture in the Reign of Elizabeth I*, Cambridge: Cambridge University Press.
Melanchthon, Ph., 1547: *Vorrede zur Erklärung D. Martin Luthers von der Frage der Notwehr belangendt*, Wittenberg: Hans Lufft.
Melanchthon, Ph., 1561: *Psalterium Davidis integruvm, in qvo psalmi octoginta tres illustrati sunt argumentis & enarratione viri Reuerendi & clarißimi*, Wittenberg: ohne Drucker.
Melanchthon, Ph., 1566: *Newe vollkommene Chronica Philippi Melanchthonis Zeytbuch Vnd Wahrhafftige Beschreibung / Was von anfang der Welt biß auff diß gegenwertige Jar ... je gewesen*, Frankfurt a.M.: Sigmund Feirabend.
Menius, J., 1547: *Von der Nothwehr Unterricht*, Wittenberg: Veit Creutzer.
Menke-Glückert, E., 1912: *Die Geschichtsschreibung der Reformation und Gegenreformation. Bodin und die Begründung der Geschichtsmethodologie durch Bartholomäus Keckermann*, Leipzig: J.C. Hinrichs'sche Buchhandlung.
Metzger, H.-D., 1998: «David, der Musterkönig» in Bauer, B. / Müller, W.G. (eds.), *Staatstheoretische Diskurse im Spiegel der Nationalliteraturen von 1500-1800*, Wiesbaden: Harrassowitz, pp. 402-409.
Mühleisen, H.-O. / Stammen, T. / Philipp, M. (eds.), 1997: *Fürstenspiegel der Frühen Neuzeit* (Bibliothek des deutschen Staatsdenkens, 6), Frankfurt a.M.: Insel.
Neumann, F., 1967: «Über die Grenzen berechtigten Ungehorsams (1952)» in ders., *Demokratischer und autoritärer Staat. Studien zur politischen Theorie*, ed. Marcuse, H., Frankfurt a.M.: Europäische Verlagsanstalt, pp. 195-206.
Neumann, F.L., 1978: «Typen des Naturrechts» (1940) in ders., *Wirtschaft, Staat, Demokratie. Aufsätze 1930-1954*, ed. Sölner, A., Frankfurt a.M.: Suhrkamp, pp. 223-254.
Nischan, B., 1994: «Confessionalism and absolutism: the case of Brandenburg» in Pettegree, A. / Duke, A. / Lewis, G. (eds.), *Calvinism in Europe, 1540-1620*, Cambridge: Cambridge University Press, pp. 181-204.
Patrides, C.A. (ed.), 1979: *John Milton, Selected Prose*, Harmondsworth: Penguin.
Pedersen, J., 1972: «Seelenleben und Gemeinschaftsleben» in Koch, K. (ed.), *Um das Prinzip der Vergeltung in Religion und Recht des Alten Testaments* (Wege der Forschung, 125), Darmstadt: Wissenschaftliche Buchgesellschaft, pp. 8-86.

Pelling, E., 1683: *David and the Amalekite Upon the Death of Saul. A Sermon*, London: William Abington.
Plummer, Ch. (ed.), 1885: *Sir John Fortescue, The Governance of England; otherwise called The Difference between an Absolute and a Limited Monarchy*, Oxford: Clarendon Press.
Pocock, J.C.A., 1975: *The Machiavellian Moment*, Princeton: University Press.
Pöhlmann, H.G. (ed.), ²1997: *Philipp Melanchthon, Loci Communes 1521*, Gütersloh: Gütersloher Verlagshaus.
Rex, W., 1965: «Bayle's Article on David» in ders., *Essays on Pierre Bayle and Religious Controversy*, The Hague: Martinus Nijhoff, pp. 197-255.
Riley, P. (ed.), 1999: *Jacques-Benigne Bossuet, Politics drawn from the Very Words of Holy Scripture*, Cambridge: University Press.
Robbins, C., 1947: «Algernon Sidney's Discourses Concerning Government: Textbook of Revolution» in *William and Mary Quarterly*, 3rd ser., 4, pp. 267-296.
Robert, Ph. de, 1999: «Le Roi David» in Bost, H. / Robert, Ph. de (eds.), *Pierre Bayle. Citoyen du Monde. De l'enfant du Carla à l'auteur du Dictionnaire*, Paris: Honoré Champion, pp. 187-198.
Rückert, H. (ed.), 1936-1961: *Predigten über das 2. Buch Samuelis* (Supplementa Calviniana, 1), Neukirchen-Vluyn: Neukirchener Verlag des Erziehungsvereins.
Rylands, G. (ed.), 1926: *The Psalms of David. Coverdale's Version*, London: Faber & Gwyer.
Scheible, H. (ed.), 1969: *Das Widerstandsrecht als Problem der deutschen Protestanten 1523-1546*, Gütersloh: Gütersloher Verlagshaus Gerd Mohn.
Scheible, H., 1997: *Melanchthon. Eine Biographie*, München: C.H. Beck.
Schröder, H.-Chr., 2000: «Oliver Cromwell – das Werkzeug Gottes» in Nippel, W. (ed.), *Virtuosen der Macht. Herrschaft und Charisma von Perikles bis Mao*, München: C.H. Beck, pp. 101-120.
Schulze, W., 1979: «Eine deutsche Übersetzung von Bezas De jure magistratuum in subditos aus dem Jahre 1615» in *Archiv für Reformationsgeschichte*, 70, pp. 302-307.
Schulze, W., 1985: «Zwingli, lutherisches Widerstandsdenken, monarchomachischer Widerstand» in Blickle, P. / Lindt, A. / Schindler, A. (eds.), *Zwingli und Europa*, Zürich: Vandenhoeck & Ruprecht, pp. 199-206.
Schwarz, R. (ed.), 1962: *Johannes Calvins Lebenswerk in seinen Briefen*, Neunkirchen: Neunkirchener Verlag des Erziehungsvereins.
Scot, J., 1988: *Algernon Sidney and the English Republic 1623-1677*, Cambridge: University Press.
Sidney, A., ³1751: *Discourses concerning Government*, London: A. Millar.
Skinner, Q., 1978: *The Foundations of Modern Political Thought: The Age of Reformation*, Cambridge: University Press.
Sommerville, J.P. (ed.), 1991: *Sir Robert Filmer, Patriarcha and Other Writings*, Cambridge: University Press.
Spelman, H., 1642: *Certain Considerations upon the Duties of both Princes and People*, Oxford: ohne Drucker.
Sprat, Th. (ed.), 1707: *The Works of Mr. Abraham Cowley*, 2 Bde, 10. Aufl., London: Jacob Tonson.
Volz, H. (ed.), 1971: *Martin Luther, Die gantze Heilige Schrifft Deudsch 1545*, München: Roger & Bernhard.

Weber, O., 1988: *Johannes Calvin, Unterricht in der christlichen Religion*. Nach der letzten Ausgabe übersetzt und bearbeitet, Neukirchen-Vluyn: Neukirchener Verlag.

Wolf, E., 1972: «Das Problem des Widerstandsrechts bei Calvin» in Kaufmann, A. / Backmann, L.E. (eds.), *Widerstandsrecht*, Darmstadt: Wissenschaftliche Buchgesellschaft.

Wolgast, E., 1989: «Die Obrigkeits- und Widerstandslehre Thomas Münzers» in Bräuer, S. / Junghans, H. (eds.), *Der Theologe Thomas Müntzer. Untersuchungen zu seiner Entwicklung und Lehre*, Göttingen: Vandenhoeck & Ruprecht.

Worden, B., 1977: «Edmund Ludlow: The Puritan and the Whig» in *Times Literary Supplement*, 7.1. 1977, pp. 15f.

Worden, B. (ed.), 1978: *Edmund Ludlow, A Voyce from the Watch Tower*, Part Five: 1660-1662 (Camden Fourth Series, 21), London: Royal Historical Society.

Worden, B., 1985: «The Commonwealth Kidney of Algernon Sidney» in *Journal of British Studies*, 24, pp. 1-40.

Worden, B., 1991: «English republicanism» in Burns, J.H. (ed.), *The Cambridge History of Political Thought 1450-1700*, Cambridge: Cambridge University Press, pp. 443-478.

David in der Kunstgeschichte

David Rex et Propheta
Seine Bedeutung in der mittelalterlichen Kunst

DOROTHEE EGGENBERGER

Zusammenfassung:

Die frühesten Bilder Davids begegnen in Psalter- und Bibelhandschriften: David als Verfasser der Psalmen (Amiens), als König und Priester mit der karolingischen Kaiserkrone (St. Gallen), David als Vorläufer Christi. Im Basler Münsterschatz findet sich eine goldene Davidstatuette, deren Schriftband diese heilsgeschichtliche Aussage umschreibt. Sechs Propheten-emailbilder auf dem turmartigen Unterbau deuten auf den Messias voraus, der Turm weist auf das Hohelied in dessen marianischer Auslegung, Maria selbst erscheint in einer eigens zugefügten Statuette mit dem verheissenen Kind auf dem Arm und einem Löwenkameo unter den Füssen. Der *Heilspiegelaltar* im Kunstmuseum Basel aus der Werkstatt des Konrad Witz zeigt die Geschichte von David mit den drei Helden. Als David Rex und Sacerdos hat sich Kaiser Sigismund in vollem Ornat und mit dem unverkennbaren Pelzhut porträtieren lassen. Neben die Präfiguration von Epiphanie tritt der aktuelle kirchenpolitische Bezug zum Basler Konzil. Auch im Stundenbuch des in Basel anwesenden René d'Anjou (London) wird die gleiche Geschichte Davids festgehalten. René, Titularkönig von Jerusalem, sieht sich in direkter Nachfolge Davids und er erleidet dasselbe Schicksal: Die Feinde verwehren ihm die Rückkehr in seine Stadt.

Résumé:

Les premières images de David se trouvent dans des manuscrits du Psautier et de la Bible: David y est l'auteur des psaumes (Amiens), le prêtre-roi arborant la couronne impériale carolingienne (Saint-Gall), le précurseur du Christ. La statuette dorée de David appartenant au Trésor de la cathédrale de

Bâle reprend cette perspective messianique sur son phylactère. Les six prophètes sur les plaques d'émaux du socle en forme de tour préfigurent le Messie. La tour évoque le Cantique des Cantiques et son exégèse mariale. La Vierge elle-même est présente, figurine ajoutée devant le buste de David et portant l'Enfant annoncé dans ses bras; ses pieds reposent sur un camée représentant un lion. Le *Retable du Miroir du salut* provenant de l'atelier de Konrad Witz et conservé au Musée des Beaux-Arts de Bâle consacre un panneau à l'histoire de David et des trois preux. Le prêtre-roi David a les traits de l'empereur Sigismond, qui s'est fait peindre en habit d'apparat, avec sa toque de fourrure caractéristique. Si ce panneau préfigure l'Épiphanie, il a aussi une signification politique en rapport avec le concile de Bâle. René d'Anjou était également à Bâle; son livre d'heures, conservé à Londres, illustre le même épisode de l'histoire de David. René, roi titulaire de Jérusalem, se voyait comme un successeur de David qui subissait le même destin que lui: l'ennemi l'empêchait de rentrer dans sa ville.

Abstract:

The earliest images of David are found in the biblical manuscripts, especially those of Psalms: David as the composer of the Psalms (Amiens), as king and priest with the Carolinian crown of the emperor (St. Gallen), David as forerunner of Christ. This salvation-historical message is expressed in the writing around the golden statuette of David belonging to the treasury of the Basel Cathedral. Six enamel paintings of prophets on the tower-like foundation symbolize the prediction of the Messiah; the tower represents Song of Songs and thereby, Mary; Mary herself appears in an especially affixed statuette with the promised child in one arm and a cameo of a lion under her feet. Konrad Witz's *Salvation-mirror-altar* in the Basel art museum, depicts the story of David and the three heroes. Emperor Sigismund himself is portrayed in full costume with his unmistakable fur hat as David Rex and Sacerdos. Not only is this a prefiguration of the Epiphany, but it also indicates the connection to the latest policy of the council of Basel. In René d'Anjou's prayer-book, too, the same interpretation of David is found. René, who was present in Basel and bore the title King of Jerusalem, saw himself as the direct descendant of David. He shared David's fate: the enemies did not allow him to return to his city.

Stichwörter:

David; Sigismund; König; Kaiser; Psalmen; Altes Testament; Basler Konzil; *Heilspiegel*

DOROTHEE EGGENBERGER 489

Der alttestamentliche König und Prophet David gehört zu jenen Figuren, die in der christlichen Ikonographie eine zentrale Rolle spielen und auf verschiedene Art und Weise instrumentalisiert werden. Als Präfiguration und Vorläufer Christi hat er diese Bedeutung erhalten, und seit den Karolingern wird der jeweilige Herrscher mit König David gleichgesetzt, er wird zum neuen David schlechthin. Diese Verbindung König David – Kaiser fand ihren Höhepunkt in der von Friedrich I. Barbarossa veranlassten Heiligsprechung Karls des Grossen am Davidstag, am 29. Dezember, des Jahres 1165 im Aachener Dom. Dieser vom mittelalterlichen Herrscher gepflegte Davidskult blieb nicht ohne Wirkung auf die bildende Kunst. Es sind vor allem die Psalter- und Bibelhandschriften, die sich als das ideale Umfeld für die Davidsikonographie anbieten, die Illustration der Vita Davids als Präfiguration der Vita Christi. Die Psalmen prägen seit Benedikt von Nursia den Alltag in Kirche und Kloster. Die grossen und bedeutenden mittelalterlichen Abteien verfügten über jene Skriptorien, wo die biblischen Texte abgeschrieben und illuminiert werden konnten. Aus dem reichhaltigen Bestand an Handschriften kann in diesem Zusammenhang nur auf einzelne wenige hingewiesen werden, die aber in ihrer Ikonographie als exemplarisch gelten können.

Die «Beatus vir»-Initiale im Psalter aus Corbie, als Manuscrit 18 in der Bibliothèque municipale von Amiens aufbewahrt und wenig vor 800 datiert, gibt David als inspirierten Verfasser der Psalmen wieder.[1] Der jugendlich wirkende David sitzt auf einer Bank, in der linken Hand hält er ein Buch, mit der rechten greift er nach der Feder im Tintenfass. Auf der Höhe seines linken Ohres ist eine Taube auszumachen als Symbol des Heiligen Geistes, auf dessen Eingebung hin David die Psalmen niederschreibt. Der Kreuznimbus weist ihn als Vorläufer Christi aus. Die kniende männliche Figur in Begleitung eines Engels kann als der «Beatus vir» angesehen werden. Wie sich die Davidsikonographie gemäss der karolingischen Auffassung vom alttestamentlichen Herrscher ändert, kommt sehr klar im Frontispizbild der 845/46 im Kloster St. Martin in Tours geschriebenen Bibel Karls des Kahlen, der *Viviansbibel*, zum Ausdruck (Paris, Bibliothèque Nationale, Ms. latin 1).[2] Im Vordergrund steht der Harfe spielende David, zwischen Krethi und Plethi und den vier Mitpsalmisten Asaf, Heman, Etan und Jedutun. Der nach antiker Manier gekleidete David trägt auf seinem Haupt die Krone der karolingischen Herrscher. Der Kaiser erkennt sich somit in der Gestalt von König David wieder, er ist zum neuen David geworden, und die Darstellung der vier Kardinaltugenden Prudentia, Iustitia, Fortitudo und Temperantia soll diesen Anspruch bestätigen. In dem um 900 geschriebenen *Goldenen Psalter*, Codex 22 der Stiftsbibliothek St. Gallen, steht der ebenfalls die karolingische Krone tragende David hinter der Bundeslade, was auf seine Funktion als David Rex et Sacerdos anspielt, eine Aussage, die der mittelalterliche Herrscher zu sich in Beziehung setzte.[3] Für die romanische Fassade des Domes San Donnino in Fidenza hat ein Bildhauer aus dem Umkreis des Benedetto Antelami gegen Ende des 12. Jh. die Figuren der beiden Propheten David und Ezechiel geschaffen.[4] Sie werden in Nischen in die Architektur integriert, David wird mit der Krone auf dem Haupt und dem Schriftband in den Händen als Rex et Propheta charakterisiert, während Ezechiel als Prophet gekennzeichnet ist. Auf seinem Schriftband steht geschrieben: «Ezechiel propheta vidi portam in domo domini clausam.» Auf dem Schriftband Davids ist vermerkt: «David propheta rex hec porta domini iusti intrant per eam.» Das geschlossene Portal bei Ezechiel ist ein eschatologisches Zeichen, der Hinweis auf das Jüngste Gericht in den Prophetien; David aber als Vorläufer Christi öffnet diese Tür.

Das *Goldene Davidbild* des Basler Münsterschatzes (Historisches Museum Basel, Inv.Nr. 1882.80.a) stellt hinsichtlich seiner formalen Gestaltung und seiner ikonographischen Aussage eine ausgefallene Schöpfung der hochmittelalterlichen Goldschmiedekunst um 1300 dar (Abb. 1).[5] Die Statuette ist das Geschenk eines Magisters Johannes, des Leibarztes von Herzog Leopold I. von Österreich, an den Münsterschatz. Das Werk besteht aus der Halbfigur des David und dem turmartigen Unterbau. Das Schriftband in den Händen der Figur hält die heilsgeschichtliche Aussage fest: «David rex manu fortis aspectu desiderabilis: ecce stirps mea et salus mundi qua divinitus prophetavi.» David trägt ein einfaches gegürtetes Gewand, die hochgezogene Kapuze umschliesst einen spätantiken Medusenkameo als Gesicht, auf dem Haupt sitzt eine Astwerkkrone. Das Marienfigürchen auf der Vorderseite seines Oberkörpers trägt das von ihm prophezeite Heil der Welt in ihren Armen, die Füsse der Maria stehen auf einem staufischen Löwenkameo, dem Löwen von Juda, dessen Stamm David angehört. Im sechseckigen, turmartigen Unterbau sind sechs Emailbilder mit den Propheten Ezechiel, Daniel, Jeremia, Jesaja, Ezechias und Elizeus in Halbfigur eingelassen, auch sie weisen wie David auf den Messias hin. Der Turm als Turm Davids wird im Hohelied 4,4 vom Geliebten mit seiner Freundin verglichen, und in der mittelalterlichen Auslegung des Hohelieds wird Maria, die Mutter des Messias aus dem Hause David, mit der besungenen Braut gleichgesetzt. Stilistisch stehen die Emailbilder in enger Beziehung zu den Prophetenemails auf dem *Reichenauer Markusschrein* von 1305, ein Werk, das der den Habsburgern treu ergebene Bischof Heinrich II. von Klingenberg von Konstanz in Auftrag gab. Ob der *Goldene David* in Konstanz im Umkreis der Habsburger geschaffen wurde, kann nur eine Vermutung bleiben.

In den 1430er Jahren, also während des Konzils, entstand in Basel in der Werkstatt des Konrad Witz der für das Augustinerchorherrenstift St. Leon-

Abb. 1: Das Goldene Davidbild.
Basel, Historisches Museum, Inv.Nr. 1882.80.a.

hard bestimmte *Heilspiegelaltar* (Abb. 2).⁶ Die noch erhaltenen Tafeln des einstigen Flügelaltares werden heute in den Museen von Basel, Berlin und Dijon aufbewahrt. Das *Speculum humanae salvationis*, oder eben der *Heilspiegel*, ist ein im 14. Jh. entstandenes, streng gegliedertes typologisches Text-Bild-Werk. Zu jedem Antitypus des Neuen Testamentes werden drei Typen aus dem Alten Testament oder der antiken Geschichte gegenüberge-

Abb. 2: *Konrad Witz*, Heilspiegelaltar: *König David mit Abysai.* Basel, Kunstmuseum.

stellt. In 2Sam 23,13-18 wird die Geschichte von David mit den drei Helden erzählt. König David hält sich in den Bergen in der Höhle Adullam auf. Er schickt die drei Helden Abysai, Sabobay und Benaja in seine von den Feinden belagerte Geburtsstadt Betlehem, damit sie ihm aus der Zisterne Wasser schöpften, nach welchem ihm gelüstete. Das unter Lebensgefahr herbeigebrachte Wasser wird jedoch von David nicht getrunken, sondern von ihm auf den Boden gegossen und Gott als Trankopfer dargebracht. Diese im Basler *Heilspiegel* dargestellte Begebenheit ist eine Präfiguration von Epiphanie, Epiphanie wiederum bedeutet nach Johannes Carlerius de Gerson die Einheit der Kirche. Kaiser Sigismund hat sich auf der Basler Tafel darstellen lassen, nicht nur als David Rex in vollem Ornat und mit seinem unverkennbaren Pelzhut, sondern auch als David Sacerdos, indem er die drei Finger der rechten Hand zum Segensgestus ausstreckt. Die drei Soldaten in ihrer prunkvollen Rüstung bringen dem Herrscher das Wasser nicht in einfachen Tonkrügen, sondern in wertvollen Goldgefässen und einem böhmischen Noppenglas. Sigismund traf nach seiner am 31. Mai 1433 in Rom erfolgten Kaiserkrönung am 11. Oktober des gleichen Jahres in Basel ein, wo er bis zum 13. Mai 1434 am dort tagenden Konzil teilnahm. Da Papst Eugen IV. die Rechtmässigkeit des Konzils anzweifelte und sich die Möglichkeit offenhielt, die Versammlung jederzeit aufzulösen, griff der Kaiser selber ein. Um eine Absetzung des Papstes durch das Konzil zu verhindern und das drohende Schisma von der Kirche abzuwenden, wurde der Papst aufgefordert, seine Auflösungsbulle zurückzunehmen und sich der vom Kaiser und der Konzilsversammlung vorgeschriebenen Erklärung zu unterwerfen. Der Papst kam dieser Forderung am 15. Dezember 1433 nach, und am 5. Februar 1434 wurde das unterzeichnete Dokument in einer öffentlichen Sitzung in Basel vorgetragen. Des weitern wurde die in Basel vorbereitete Übereinkunft mit den Hussiten, die sogenannten Kompaktaten, am 5. Juli 1436 auf dem Landtag zu Iglau in Böhmen im Beisein des Kaisers verkündet und am 15. Januar 1437 am Konzil ratifiziert. Sigismund stand zu diesem Zeitpunkt auf der Höhe seiner Macht. Die Kaiserwürde, seiner Überzeugung gemäss ihm allein von Gott verliehen, gab ihm die Berechtigung, nicht nur weltliche Politik zu gestalten, sondern auch in innerkirchliche Angelegenheiten einzugreifen, um dadurch die Erneuerung der Kirche an Haupt und Gliedern voranzutreiben und die Voraussetzung für die Beendigung von Glaubensspaltung zu schaffen.[7] Die Darstellung der Geschichte von David mit seinen drei Helden auf dem Basler Altar geht über die rein typologische Aussage hinaus und wird zu einem Werk mit aktuellem kirchenpolitischem Inhalt. Im Zentrum steht Kaiser Sigismund und seine Politik am Basler Konzil. Zugleich versteht er sich in der Tradition der mittelalterlichen Herrscher als Novus David.

Im April des Jahres 1434 kam René d'Anjou mit grossem Gefolge nach Basel, um dort vom Kaiser, der ihn selbst in die Konzilsstadt beordert hatte, die Entscheidung bezüglich des lothringischen Erbes abzuwarten. Während dieses Aufenthaltes in Basel muss René, der sich vornehmlich in der Umgebung des Herrschers aufhielt, die beiden Tafeln mit der Davidsszene gesehen haben, denn wenig später, 1435/36 während seiner Gefangenschaft in Dijon, lässt er dieselbe Geschichte als Miniaturbild in sein Stundenbuch einfügen.[8] René wählt eine Begebenheit aus der Davidsvita, die, wie oben erwähnt, im Zusammenhang mit dem *Heilspiegel* dargestellt wird, als Illustration seiner aktuellen, schmachvollen Situation. René, vom Kaiser offiziell mit dem lothringischen Erbe belehnt, kann nicht in seiner Stadt Nancy leben, da sein Widersacher, Herzog Philipp der Gute von Burgund, den kaiserlichen Entscheid nicht akzeptiert und ihn in Gefangenschaft hält. 1435 wird René Titularkönig von Jerusalem und als solcher sieht er sich in direkter Nachfolge von David. Und ihm widerfährt das gleiche Schicksal wie dem alttestamentlichen Herrscher: Die Feinde verhindern die Rückkehr in die Heimatstadt. Auf der Miniatur sitzt David auf seinem Thron, die Soldaten im Harnisch bringen in Tonkrügen das begehrte Wasser, der erste, in Anlehnung an die Epiphanie-Ikonographie, mit gebeugtem Knie. An der Rückenlehne des Herrscherthrones hängt die Harfe, in den *Heilspiegel*-Darstellungen nicht üblich, was hier als Hinweis auf Ps 137,1 verstanden werden muss: «An den Strömen von Babel, da sassen wir und weinten, wenn wir an Zion dachten. Wir hängten unsere Harfen an die Weiden in jenem Land» (Abb. 3).[9] René d'Anjou erkennt sich in David wieder, nicht als Herrscher wie der Kaiser, sondern als leidgeprüfter Mensch. Die angeführten Beispiele zeigen auf, dass David in der mittelalterlichen Kunst als Prophet, und als solcher als Vorläufer Christi dargestellt wird. In seiner Darstellung als König und auch als Priester steht er in enger Verbindung zum mittelalterlichen Kaiser, der sich seit den Karolingern als Novus David bezeichnet. Im *Stundenbuch des René d'Anjou* wird er zur Privatperson. René, König von Jerusalem und somit in direkter Nachfolge von David, erleidet das gleiche Schicksal.

Anmerkungen

[1] Hubert 1968, 197, Abb. 204.
[2] Hubert 1969, 140, Abb. 128.
[3] Eggenberger 1987, Abb. 7.
[4] Quintavalle 1990, 88, Abb. 65f.
[5] Ackermann 1981.
[6] ZAK 1987, 110.
[7] Hoensch 1997.
[8] Pächt 1956.
[9] König 1996, 45.

Abb. 3: Stundenbuch des René d'Anjou: *König David und seine drei Helden.*
London, British Library, Ms. Egerton 1070.

Bibliographie

Ackermann, H.Chr., 1981: *Das goldene Davidbild*, Basel: H. Sturzenegger u. Cie, Banquiers.
Eggenberger, Chr., 1987: *Psalterium aureum sancti Galli. Mittelalterliche Psalterillustration im Kloster St. Gallen*, Sigmaringen: Thorbecke.
Hoensch, J.K., 1997: *Kaiser Sigismund*, Darmstadt: Wissenschaftliche Buchgesellschaft.
Hubert, J. / Porcher, J. / Volbach, F.W., 1968: *Frühzeit des Mittelalters*, München: Beck.
Hubert, J. / Porcher, J. / Volbach, F.W., 1969: *Die Kunst der Karolinger*, München: Beck.
König, E., 1996: *Das liebentbrannte Herz. Der Wiener Codex und der Maler Barthélemy d'Eyck*, Graz: Adeva.
Pächt, O., 1956: «René d'Anjou et les van Eyck» in *Cahiers de l'Association des études françaises*, pp. 41-76.
Quintavalle, A.C., 1990: *Benedetto Antelami*, Mailand: Electa.
ZAK, 1987: *Konrad Witz*. Festschrift zum 90. Geburtstag von Joseph Gantner (*Zeitschrift für Schweizerische Archäologie und Kunstgeschichte* [ZAK], 44, Heft 2, pp. 81-139).

Sichtweisen des Mittelalters
König David im Bilderzyklus eines Bamberger Psalmenkommentars aus dem 12. Jahrhundert (Bamberg, Staatsbibliothek, Msc. Bibl. 59)

MICHAEL STOLZ

Zusammenfassung:

Das mittelalterliche Bild König Davids entsteht in einem Schnittpunkt klerikaler Denkformen und laikaler Interessen. Es erwächst aus der Begegnung gelehrter Kleriker mit der weltlich-laikalen Führungsschicht an den Bischofs- und Fürstenhöfen. Für die laikale Führungselite ist David mit der bewegten Geschichte seiner Regentschaft eine Identifikationsfigur; für die gebildeten Kleriker ist David eine Vorbildfigur, deren Gotteserfahrung sich namentlich in den Psalmen ausspricht. Dies lässt sich etwa anhand des mittelhochdeutschen *Rolandslieds* (um 1170/80) aufzeigen, in dessen Epilog der Pfaffe Konrad, ein Kleriker am Braunschweiger Hof, Herzog Heinrich den Löwen mit David gleichsetzt. In der Davidgestalt konkretisiert sich dabei gleichermassen das Bild idealer Herrschaft wie die Mahnung zur Busse. Deutlicher noch als das *Rolandslied* offenbart eine im selben Zeitraum entstandene Handschrift, die den Psalmenkommentar des Petrus Lombardus enthält, mittelalterliche Sichtweisen auf den biblischen König (Bamberg, Staatsbibliothek, Msc. Bibl. 59, um 1170/80). Dem im Bamberger Kloster auf dem Michelsberg angefertigten Codex ist ein Bilderzyklus zum Davidleben vorgebunden, der unverkennbar höfische Züge trägt. In Auswahl und Arrangement der Bildszenen, in komplexen Text-Bild-Beziehungen sowie in der Zurschaustellung höfischer Gesten und Rituale erweisen sich die Illustrationen als ein Produkt der Begegnung von Klerikern und Laien, wie sie am stauferfreundlichen Bischofshof von Bamberg gegeben ist. Im 13. Jahrhundert wird die im Davidleben des Bamberger Psalmenkommentars fassbare Szenenregie ihrerseits prägend für die Illustrationen volkssprachiger höfischer Epen.

Résumé:

L'image médiévale du roi David se constitue au croisement de la réflexion des clercs et des intérêts des laïcs. Elle naît de la rencontre entre les clercs érudits et la classe dirigeante séculière dans les cours épiscopales et princières. Alors que les dirigeants laïcs tendent à s'identifier à David à travers l'histoire mouvementée de son règne, les clercs voient en lui un modèle et dans les Psaumes l'expression de son expérience de Dieu. Ainsi, dans l'épilogue de la version allemande de la *Chanson de Roland* (vers 1170/80), le prêtre Conrad, un clerc de la cour de Brunswick, identifie le duc Henri le Lion à David – un David qui matérialise à la fois l'idéal du souverain et l'exhortation à la pénitence. Un manuscrit du commentaire sur les Psaumes de Pierre Lombard, datant de la même époque, révèle mieux encore sous quel angle le Moyen Âge se représentait le roi biblique (Bamberg, Staatsbibliothek, Msc. Bibl. 59, vers 1170/80). Ce manuscrit a été écrit et enluminé à Bamberg, au monastère du Michelsberg. Son premier cahier contient une suite d'illustrations sur la vie de David qui porte clairement la marque de la vie courtoise. Le choix et l'arrangement des scènes, les relations complexes entre le texte et l'image, ainsi que le déploiement de gestes et de rituels courtois montrent que ces illustrations sont issues de la rencontre entre clercs et laïcs à la cour épiscopale de Bamberg. Au XIIIe siècle, les scènes de Bamberg vont à leur tour influencer, par leur composition, les illustrations des épopées courtoises en langue vernaculaire.

Abstract:

The medieval image of David arises out of the intersection of clerical thought and interests of the laity. It develops out of the encounter of clerical scholars with worldly lay-leaders in the courts of bishops and princes. The political elite identified with the troubled history of David's kingship, while clerical scholars saw David as a role model whose encounters with God were expressed in the Psalms. This can be seen, for instance, in the epilog of the Middle High-German *Song of Roland* (ca. 1170/80), where the cleric priest Konrad from the Braunschweig palace equates Duke Heinrich the Lion with David. Thus, David is at once the model of government as well as an exhortation to repentance. Even more explicitly than in the *Song of Roland* medieval ideas about the biblical king are revealed in a manuscript from the same period: the commentary on Psalms by Peter Lombard (Bamberg, Staatsbibliothek, Msc. Bibl. 59, ca. 1170/80). The Codex was produced in the Bamberg monastery, located on the Michelsberg, and it contains a cycle of paintings illustrating David's life, with unmistakeable courtly traits. The selection and arrangement of the scenes, the relationship of text to picture, and the depiction of rituals and gestures commonly used at court show the illustrations to be the product of encounters between clerics and lay people as they occurred at the Staufer-friendly bishops palace in Bamberg. In the 13th century then, this sequence of portrayals of David's life in the Bamberg Psalm commentary is itself the model for illustrations of typical dialectical palace epics.

Stichwörter:

König David; Bamberg, Staatsbibliothek, Msc. Bibl. 59; Psalmenkommentare; Petrus Lombardus; Kleriker und Laien; Gesten und Rituale; *Rolandslied* des Pfaffen Konrad; mittelhochdeutsche Epenhandschriften; Gottfried von Strassburg, *Tristan*

> Uellet ir gihōren   Daviden den guoton,
> den sīnen touginon sin?   er gruozte sīnen trohtin:
> «Iā gichuri dū mih, trohtin,   inte irchennist, uuer ih pin,
> fone demo aneginne   uncin an daz enti.»
>
> Wollt ihr hören, was David der Gerechte gesungen hat,
> hören, welche Einsicht in seinem Gesang verborgen liegt?
> Er grüßte seinen Herrn auf diese Weise:
> «Wahrlich, du hast mich erkannt, Herr, und du weißt, wer ich bin,
> von meinem Anfang bis an mein Ende.»[1]

«Hören, was David gesungen hat», ist ein fester Bestandteil des geistig-kulturellen Lebens im Mittelalter. Die Psalmen, als deren Verfasser in der mittelalterlichen Bibelexegese König David gilt, können in ihrer Bedeutung für die Frömmigkeit und Gebetspraxis, aber auch für das Bildungs- und Erziehungswesen kaum überschätzt werden.[2]

Der aus 150 Psalmliedern zusammengesetzte Psalter ist im Mittelalter das Gebets- und Andachtsbuch schlechthin. Für das mönchische Stundengebet schreibt die Benediktinerregel vor, den Psalter wöchentlich einmal vollständig durchzubeten. Die Psalmen werden dabei nach einem komplizierten Schlüssel auf die verschiedenen Gebetsstunden des Tages verteilt. Im klerikalen Unterricht dient der Psalter zum Erwerb von Lateinkenntnissen, zum Erlernen des Lesens und Schreibens und zur Einübung in Techniken des Memorierens. Für die mittelalterlichen Kleriker formen sich die Psalmen damit zu einem Wissensschatz, der ihre Sprache und Weltsicht grundlegend prägt. In der früh einsetzenden Kommentierung werden wichtige Interpretationstendenzen herausgearbeitet: Man sieht in den Psalmen den Kampf des vorbildlichen Königs David gegen seine Feinde, den Kampf der Kirche gegen die Häretiker und vor allem die Bewährung des Gläubigen gegen die Anfechtungen des Bösen. Aber nicht nur bei den Klerikern spielt der Psalter eine bedeutende Rolle, sondern auch in Laienkreisen, hier besonders als privates Andachtsbuch. Als Verständnishilfen werden für ein lateinunkundiges Publikum mitunter volkssprachige Psalmglossen verfasst. Vornehme höfische Auftraggeber lassen wertvoll ausgestaltete Psalterien mit reichem Buchschmuck und Illustrationen anfertigen. Häufig begegnen adelige Damen als Besitzerinnen. Und die eingangs zitierte althochdeutsche Psalmparaphrase des frühen zehnten Jahrhunderts zeigt, dass Davids Stimme, wie sie aus den Psalmen spricht, den weltlichen Fürsten als Beispiel und Mahnung vorgehalten wird. In der Wiedergabe des 138. Psalms ist es das Vorbild gerechter Herrschaft, das den Fürsten von den Versuchungen gottloser Ratgeber abbringen soll:

> Nū uuillih mansleccun alle fone mir gituon,
> alle die mir rieton den unrehton rīhtuom.

Alle die mir rietun den unrehton rīhtuom,
die sint fīenta dīn, mit dēn uuillih gifēh sīn.

Ich will nun alle Mörder von mir weisen,
alle, die mir zu ungerechter Herrschaft geraten haben.
Alle, die mir zu ungerechter Herrschaft geraten haben,
sind deine Feinde: sie sollen auch meine Feinde sein.[3]

Mit David als dem Verfasser der Psalmen ist ein zentraler Aspekt benannt, unter dem der alttestamentliche König im Mittelalter in Erscheinung tritt. Aber es ist bei weitem nicht der einzige. So nimmt David auch in den grossen universalhistorischen Entwürfen der Zeit eine Schlüsselposition ein.[4] Im typologisch angelegten Geschichtsbild des christlichen Mittelalters stehen sich das Alte und das Neue Testament in einem Verhältnis von Verheissung und Erfüllung gegenüber. Der alttestamentliche König David erscheint dabei als Vorläufer Christi, an den messianische Hoffnungen geknüpft sind, die sich in Christus erfüllen: David ist der *Typus* Christi. In der mittelalterlichen Geschichtsauffassung wird dieser typologische Bezug noch weiter in die eigene Gegenwart verlängert. David begegnet dabei nicht allein als Typus Christi, sondern auch als Typus der Kirche und insbesondere als Typus des christlichen Herrschers.[5] Seit der Merowingerzeit und besonders unter den Karolingern ist es üblich, dass die abendländischen Könige und Kaiser als «neuer David» tituliert werden.[6] Über diesen typologischen Bezug vermag der alttestamentliche König Herrschaft zu legitimieren. Die mittelalterliche Aneignung der David-Figur verfährt dabei oft recht willkürlich, da sie aus dem biblischen Bericht die Eigenschaften und Taten des Königs den jeweiligen Bedürfnislagen entsprechend auswählt und kontextuelle Gesichtspunkte weitgehend vernachlässigt.

Die besondere Rolle Davids als Legitimationsfigur christlicher Herrschaft lässt sich an einem berühmten Beispiel der mittelalterlichen Literatur verdeutlichen. Im Epilog des deutschen *Rolandslieds*[7] wird der herzogliche Auftraggeber des Werks ausdrücklich mit König David gleichgesetzt:

Nune mugen wir in disem zite
dem chůninge Dauite
niemen so wol gelichen
so den herzogen Hainrichen. (V.9039-9042)

Nun können wir zu unserer Zeit
dem König David
keinen so gut vergleichen
wie den Herzog Heinrich.

Der mit solchem Ausschliesslichkeitsanspruch Gerühmte ist der Braunschweiger Welfenherzog Heinrich der Löwe.[8] Seine englische Ehefrau

Mathilde, Tochter Heinrichs II. Plantagenet und der Eleonore von Aquitanien, dürfte die altfranzösische Vorlage des *Rolandslieds* vom anglonormannischen Königshof mitgebracht haben. Zur mutmasslichen Entstehungszeit der deutschen Fassung, den 1170er oder 1180er Jahren, befindet sich Heinrich der Löwe im Konflikt mit dem Staufer-Kaiser Friedrich Barbarossa.[9] Die Auseinandersetzung führt zum Prozess (1178), zu Heinrichs Ächtung (1179) und lehensrechtlicher Verurteilung (1180), schliesslich zu Heinrichs Unterwerfung und zum Verlust der Reichslehen Sachsen und Bayern im Jahr 1181. Nach mehrjährigem Exil in England kann Heinrich erst 1185 in seine sächsische Residenz Braunschweig zurückkehren.

Vor diesem bewegten Hintergrund gewinnen die Wahl des altfranzösischen Stoffs und der in den Epilog eingewobene David-Vergleich an Profil: Das *Rolandslied* erzählt vom Überfall der heidnischen Mauren auf die Nachhut des fränkischen Heeres in den Pyrenäen. Dabei sterben Roland und weitere Paladine Karls des Grossen den Heldentod. Doch besiegt Karl der Grosse in einem Rachefeldzug die aus Persien angerückte Übermacht des arabischen Heeres. In der deutschen Fassung wird dieser heroische Stoff christlich überhöht: Roland und seine Mitstreiter erscheinen als heilige Pilger («heiligin pilgerime», V.245) und Märtyrer («gotes marterare», z.B. V.3881). Karl der Grosse begegnet als Gefolgsmann, ja Statthalter Gottes («gotes dinist man», z.B. V.31; «uoget uone Rome», z.B. V.973), der mit seinen Streitern die Heiden bekehrt und für ein himmlisches «erbelant» kämpft (vgl. z.B. V.58, 80-82, 4698).

Bewusst stellt sich Heinrich der Löwe mit der Repräsentationskunst seines Braunschweiger Hofs in die Nachfolge Kaiser Karls des Grossen. Im berühmten Helmarshauser Evangeliar, einem Geschenk an das Braunschweiger Stift St. Blasius aus den 1180er Jahren, lässt er sich als «nepos Karoli», als Nachkomme Karls, feiern.[10] Und diese Berufung auf Karl hat durchaus politisches Gewicht angesichts der Tatsache, dass der Karolinger auf Veranlassung Kaiser Friedrichs Barbarossa am 29. Dezember 1165, dem Festtag Davids, heilig gesprochen wurde.[11]

Erst aus diesem Blickwinkel wird die volle Tragweite des David-Vergleichs im Epilog verstehbar: Die Gleichsetzung vermag Heinrichs Verwandtschaft mit Karl dem Grossen noch durch die Bezugnahme auf den alttestamentlichen König zu überbieten. Der traditionell den Königen und Kaisern vorbehaltene David-Vergleich führt zu einer «höchste(n) Steigerung des Fürstenpreises» auf Heinrich den Löwen.[12]

Worin die Gemeinsamkeiten zwischen David und Heinrich bestehen, erläutern die folgenden Verse: Gott habe Heinrich die Macht verliehen, seine Feinde zu besiegen. Heinrich habe die Christen erhöht und die Heiden bekehrt (V.9043-9046). Damit dürfte auf den sogenannten Wendenkreuzzug angespielt sein, jenen Eroberungskrieg gegen die Slaven östlich der Elbe, in dem der junge Heinrich 1147 eine aggressive Expansionspolitik betrieb.[13] Gemäss dem Zeugnis der zeitgenössischen Chronisten war dieser Kriegszug ausschliesslich von materiellen Interessen bestimmt; von christlichen Motiven konnte keine Rede sein: «nulla de Christianitate fuit mentio, sed tantum de pecunia», heisst es etwa in der *Chronica Slavorum* (1163/72) des Helmold von Bosau.[14]

Jedoch wäre es zu kurz gegriffen, wollte man im David-Vergleich des Epilogs lediglich eine Verbrämung handfester realpolitischer Interessen sehen. Nach einer Aufzählung christlicher Herrschertugenden (V.9048-9065) wird Heinrich noch ein zweites Mal mit dem alttestamentlichen König verglichen. Und hier schlagen die Epilogverse eine andere Tonart an, wenn von dem Welfenherzog gesagt wird:

> sime schephere
> opherit er lip unt sele
> sam Dauid der herre.
> swa er sich uirsumet hat,
> ze gerichte er im nu stat. (V.9066-9070)

> Seinem Schöpfer
> bringt er Leben und Seele zum Opfer
> wie König David.
> Wo er gesündigt hat,
> rechtfertigt er sich schon jetzt vor ihm.

In der Nachfolge Davids wird Heinrich hier als der vorbildliche Büsser dargestellt. Der Abschnitt lässt Anklänge an den grossen Busspsalm 50 der Vulgata erkennen, den David spricht, als ihn der Prophet Natan wegen des Ehebruchs mit Batseba zur Rechenschaft zieht. Darin bekennt David vor Gott: «sacrificium Deo spiritus contribulatus / cor contritum et humiliatum Deus non spernet» («Ein Gott wohlgefälliges Opfer ist ein zerknirschter Geist / ein Herz voll Demut und Reue wird er nicht verschmähen»; V.19).[15]

Somit decken die beiden Vergleichsabschnitte des Epilogs ambivalente Wesenszüge auf, wie sie die mittelalterliche Rezeption an der David-Figur wahrnimmt: David erscheint nicht nur als der siegreicher Bezwinger seiner Gegner, sondern auch als der reuige Büsser. Diese differenzierten Charaktereigenschaften, die den wechselvollen Geschicken einer von Erfolgen und Verfehlungen gezeichneten Königsherrschaft entsprechen, lassen David als *die* geeignete Identifikationsfigur für die mittelalterlichen Herrscher erscheinen. Es ist anzunehmen, dass die schriftkundigen Kleriker an den Fürstenhöfen diese Identifizierung gezielt förderten.

Im Epilog des deutschen *Rolandslieds* nennt sich ein «phaffe Chunrat» als Verfasser (V.9079). Er dürfte mit einiger Wahrscheinlichkeit mit einem «magister Conradus presbiter» identisch sein, der 1176 in Braunschweig urkundlich bezeugt ist. Vermutlich war dieser gebildete Weltgeistliche in der Verwaltung oder Kanzlei am Herzogshof tätig.[16] Neueren Forschungen zufolge hat sich in der Synthese klerikaler Denkformen und laikaler Interessen der besondere geistliche Gehalt des deutschen *Rolandslieds* ausgeprägt.[17]

Aus der Begegnung von gelehrten Klerikern mit der weltlich-laikalen Führungsschicht, so die These des vorliegenden Beitrags, dürften auch wesentliche Merkmale des mittelalterlichen David-Bildes erwachsen sein: Für die laikale Führungselite ist David mit der bewegten Geschichte seiner Regentschaft eine Identifikationsfigur. Für die gebildeten Kleriker hingegen ist David eine Vorbildfigur, deren Gotteserfahrung sich namentlich in den Psalmen ausspricht. Über den reichen Erfahrungsschatz der Psalmen mit ihren Sieges-, Klage- und Bussliedern kann David von den Klerikern dazu genutzt werden, auf die laikale Oberschicht Einfluss zu nehmen. Kleriker und Laien wirken damit zusammen am Entwurf einer Symbolfigur, in der sich gemeinsame Wertvorstellungen und Interessen – etwa der Herrschaftskonzeption – kreuzen. In der Gestalt Davids kann es zum Austausch klerikaler Denkmuster und laikaler Anliegen kommen. Das dabei erarbeitete David-Bild erweist sich als Ausdruck jener *curialitas*, deren Normen und Ideale für die höfische Welt des Hochmittelalters konstitutiv sind.[18]

Welche Sichtweisen auf den biblischen König David der Kontakt von Klerikern und Laien im Einzelfall zulässt, sei im folgenden an einem aussagekräftigen Quellenzeugnis dargelegt. Als Gegenstand bietet sich dabei ein Bilderzyklus zum Davidleben an, der etwa zur selben Zeit wie das deutsche *Rolandslied* entstanden ist. Die Illustrationen sind einer Handschrift mit dem Psalmenkommentar des Petrus Lombardus vorgebunden, die heute in der Staatsbibliothek Bamberg unter der Signatur Msc. Bibl. 59 aufbewahrt wird.[19]

Der Pergamentcodex im Grossfolioformat (33 × 23,5 cm) dürfte um 1170/80 im Bamberger Kloster auf dem Michelsberg angefertigt worden sein.[20] Das Benediktinerkloster Michelsberg ist zu dieser Zeit von der Hirsauer Reform geprägt. Im Zentrum der mönchischen Aktivitäten stehen Seelsorge und Unterricht; man bemüht sich um ein verstärktes Bibelstudium und um die Aufnahme frühscholastischer Theologie. Das hochproduktive Scriptorium beschäftigt zahlreiche Schreiber, Initialen- und Miniaturmaler. Zwischen dem Kloster und dem benachbarten Dom herrschen rege Beziehungen. Die Bamberger Bischöfe machen die Stadt zu einem geistigen und politischen Zentrum im Reich. Sie unterstützen den staufischen Kaiser Friedrich Barbarossa als enge Berater und Vertraute. Im dritten Viertel des 12. Jahrhunderts ist der Bamberger Bischof Eberhard II. (1146-1170) in der kaiserlichen Kanzlei tätig und bemüht sich um einen versöhnlichen Ausgleich zwischen Kaiser und Papst. Gegen Ende des Jahrhunderts ist Otto II. (1177-1196) mit dem Bischofsamt betraut. Er entstammt der einflussreichen Grafenfamilie von Andechs-Meranien und gehört jahrzehntelang zum treuen Anhängerkreis des Kaisers. Sehr wahrscheinlich hat einer dieser beiden Bischöfe die Abschrift des Psalmenkommentars in Auftrag gegeben und war dabei womöglich auch am Konzept des vorgebundenen Bilderzyklus beteiligt.[21]

Mit dem Psalmenkommentar des Petrus Lombardus (gest. 1160) gelangt ein frühscholastisches Werk nach Bamberg, das im Lehrmilieu der Pariser Notre-Dame-Schule entstanden ist. Der Text beruht auf Vorlesungen des Lombarden, die ab der Mitte des 12. Jahrhunderts als vollständiger Psalmenkommentar verbreitet wurden und rasch zu einem Standardwerk der Bibelexegese avancierten. Die Bamberger Handschrift bezeugt zusammen mit weiteren Abschriften die frühe Rezeption des Textes im deutschen Sprachraum. Mit seiner reichen Ausstattung steht der Codex jedoch in der Überlieferung einzigartig da.[22]

Ein Bamberger Miniaturmaler, der in der Kunstgeschichte den Namen Davidmeister trägt, hat die historisierten Initialen im letzten Drittel des Kommentartextes angefertigt. Von der Hand des Davidmeisters stammt auch der Illustrationszyklus auf der vorgebundenen Lage, einem Binio, der drei Doppelseiten und eine Einzelseite umfasst.[23] Die Darstellungen weisen keine Verbindungen zum Inhalt des nachfolgenden Psalmenkommentars auf. Der Bezug ergibt sich allein aus der Rolle Davids als des mutmasslichen Verfassers der Psalmen. Thematisch geben die Illustrationen Ereignisse aus Davids Leben wieder, von denen die beiden Samuel-Bücher im Alten Testament berichten.[24] Doch weichen die Abbildungen in vielen Einzelheiten von der biblischen Vorlage ab. Eine Quelle für diese Abweichungen, sei sie textlicher oder bildlicher Art, ist bislang unbekannt.

Der Zyklus ist so angelegt, dass auf einer Seite jeweils drei Bildstreifen, sogenannte Register, zu stehen kommen. Eine aufgeschlagene Doppelseite enthält mithin sechs solcher Register. Die leicht kolorierten Federzeichnungen sind gerahmt. Sie werden durch bilderläuternde Verse, sogenannte Tituli, ergänzt, die jeweils in oder (bei den obersten Registern) über bzw. unter den Rahmenleisten angebracht sind. Die dargestellten Personen sind meist durch Namenbeischriften bezeichnet. Vereinzelt finden sich Spruchbänder oder – wie im ersten Bildstreifen – Zusatzverse, welche die handelnden Personen einrahmen.

Im folgenden wird der Zyklus gemäss dem Ablauf der Illustrationen vorgestellt.[25] Anschliessend sollen Verschiebungen gegenüber der biblischen Vorlage sowie kompositorische Fragen berücksichtigt werden.

Auf der ersten Doppelseite (Bl. 1v/2r; vgl. Abb. 1/2) wird in freier Bearbeitung des ersten Buchs Samuel die Jugendgeschichte Davids dargestellt: Der erste Bildstreifen von Bl. 1v zeigt David als Hirten, der die Herde seines Vaters Jesse (im Alten Testament: Isai) hütet. Der jugendliche David erscheint dabei gedoppelt: links als Harfenspieler, rechts als Bezwinger eines angreifenden Löwen (1Sam 17,34). Im zweiten Bildstrei-

Abb. 1: David als Hirte. Sauls Wüten. Davids Spiel vor Saul.
Bamberg, Staatsbibliothek, Msc. Bibl. 59, Bl. 1v.

fen bedroht der von Tobsuchtsanfällen gepeinigte König Saul sein Gefolge
mit einem Schwert (vgl. 1Sam 16,14f). Unter den vor Saul in alle Richtungen fliehenden Höflingen befindet sich ein junger Mann, der dem David

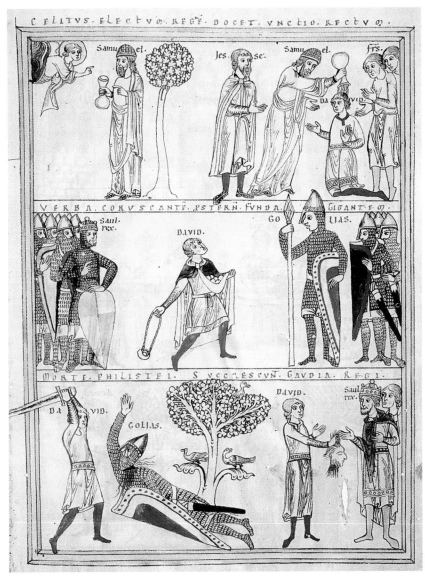

Abb. 2: Davids Salbung zum König. Kampf gegen Goliat. Davids Sieg.
Bamberg, Staatsbibliothek, Msc. Bibl. 59, Bl. 2r.

der anderen Bildszenen gleicht, hier aber namenlos bleibt (vgl. 1Sam 18,9-11; 19,9f). Im dritten Bildstreifen musiziert der von seinem Vater Jesse begleitete David vor dem thronenden Saul (1Sam 16,23). Vermittelnd steht Sauls Sohn Jonatan zwischen den Parteien. In der rechten Bildhälfte schliessen Jonatan und David den Freundschaftsbund (1Sam 18,1-3).

Auf dem oberen Bildstreifen von Bl. 2r erhält der Prophet Samuel den Auftrag, David zum künftigen König zu salben (1Sam 16,1-13). In der rechten Bildhälfte sieht man, wie David zum grossen Erstaunen seines Vaters und seiner älteren Brüder von Samuel gesalbt wird. An diese Szene schliesst sich im mittleren Bildstreifen Davids Kampf mit dem Philister Goliat an. König Saul und sein Heer verfolgen sichtlich gespannt, wie David den riesenhaften Goliat mit seiner Steinschleuder herausfordert (vgl. 1Sam 17,40-49). Im unteren Bildstreifen hat David dem verwundeten Goliat das Schwert entrissen und tötet ihn; stolz überbringt er König Saul das Haupt des Philisters als Beute (nach 1Sam 17,50-54).

Die folgende Doppelseite (Bl. 2v/3r; vgl. Abb. 3/4) schildert die Geschehnisse von Davids Hochzeit mit Sauls Tochter Michal bis zum Tode des Königs Saul. Ausführlich stellen die ersten beiden Bildstreifen von Bl. 2v den mit Michal geschlossenen Ehebund und die Hochzeitsfeierlichkeiten dar (vgl. dagegen die kurze Erwähnung in 1Sam 18,27). Der dritte Bildstreifen zeigt in einer ruhigen Szene, wie sich David in liebevoller Umarmung von Michal verabschiedet, um vor den erneuten Nachstellungen Sauls zu fliehen (anders die bewegten Geschehnisse in 1Sam 19,8-17).

Auf dem oberen Bildstreifen von Bl. 3r sieht man, dass David bei dem Philisterkönig Achis Zuflucht gefunden hat: Achis verpflichtet den nunmehr bärtigen David, mit ihm gegen die Israeliten in den Krieg zu ziehen (1Sam 28,1f). Die beiden folgenden Szenen handeln vom Untergang Sauls. Im mittleren Streifen ist Sauls Besuch bei der Hexe von Endor zu erkennen. Dort erscheint der Geist Samuels vor dem König und kündigt Saul sein baldiges Ende an. Erschrocken macht sich der König auf den Rückweg (1Sam 28,7-25). Der untere Streifen hat Sauls Tod in der Schlacht zum Thema; die Beischrift «Savl occis(us)» besagt, dass Saul im Kampf gegen Achis' Heer gefallen sei (anders 1Sam 31,1-4).

Die hieran anschliessende Doppelseite (Bl. 3v/4r; vgl. Abb. 5/6) enthält Ereignisse nach Sauls Tod, die im zweiten Buch Samuel beschrieben werden: Im ersten Streifen von Bl. 3v verflucht David die Berge von Gelboe, wo Saul und Jonatan in der Schlacht gestorben sind. Das Spruchband zitiert aus Davids Klagelied, das zu Beginn des zweiten Buchs Samuel mitgeteilt wird: «Montes Gelboe nec ros nec pluuia venia(n)t sup(er) uos ubi ceciderunt fortes ISRAHEL. ~~~» (2Sam 1,21). Der zweite Streifen zeigt Davids Krönung zum König (nach 2Sam 2,4: Salbung zum König von Juda). Die umstehenden Höflinge tragen Schriftrollen, deren Texte dem neuen König huldigen. Im dritten Streifen ist der bürgerkriegsartige Vorfall bei Gabaon dargestellt: Der sportliche Wettstreit zweier Jungmannschaften aus Juda und Israel eskaliert zu einem blutigen Kampf (2Sam 2,12-17).

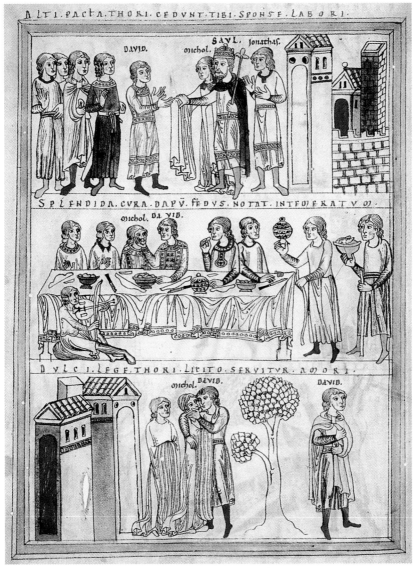

Abb. 3: Davids Ehebund mit Michal. Hochzeitsmahl. Davids Flucht. Bamberg, Staatsbibliothek, Msc. Bibl. 59, Bl. 2v.

Bl. 4r wird im oberen Streifen mit der Überführung der Bundeslade nach Jerusalem eröffnet. Nach der Vereinigung der Königreiche Juda und Israel unter Davids Herrschaft war Jerusalem zur Haupt- und Residenzstadt

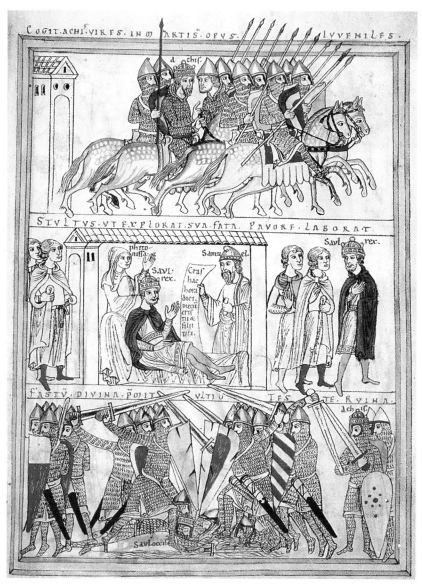

Abb. 4: *David im Heer des Philisters Achis. Weissagung der Hexe von Endor. Sauls Tod. Bamberg, Staatsbibliothek, Msc. Bibl. 59, Bl. 3r.*

geworden (2Sam 5,1-11; im Bilderzyklus nicht thematisiert). David, der bei der Überführung der Bundeslade vor Freude tanzt, wird von seiner Gemahlin Michal verspottet (2Sam 6,1-23).

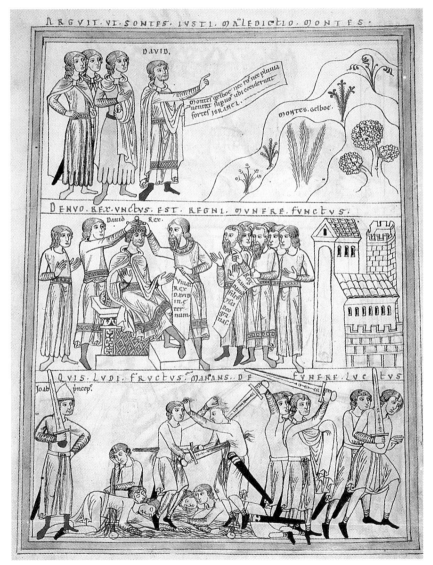

Abb. 5: *David verflucht die Berge von Gelboe. Davids Krönung zum König. Vorfall bei Gabaon.*
Bamberg, Staatsbibliothek, Msc. Bibl. 59, Bl. 3v.

Die verbleibenden Szenen des Zyklus (Bl. 4r/v; vgl. Abb. 6/7) sind dem Aufstand von Davids Sohn Abschalom gewidmet (2Sam 15-18). Der mittlere Streifen von Bl. 4r zeigt den Usurpator Abschalom auf dem Königsthron. Dieser berät sich mit Chusai, der ein heimlicher Parteigänger Davids ist

Abb. 6: *Davids Tanz vor der Bundeslade. Abschaloms Aufstand. Davids Flucht aus Jerusalem. Bamberg, Staatsbibliothek, Msc. Bibl. 59, Bl. 4r.*

(2Sam 17,1-16). Der von Abschalom zurückgewiesene Ratgeber Ahitofel –
rechts im Bild – hat sich erhängt (2Sam 17,23). Im unteren Bildstreifen sieht
man, wie David wegen der Verschwörung Abschaloms aus Jerusalem fliehen

*Abb. 7: Abschaloms Tod. Vertreibung seiner Anhänger. Davids Trauer um Abschalom.
Bamberg, Staatsbibliothek, Msc. Bibl. 59, Bl. 4v.*

muss. Gemeinsam mit seinem Gefolge wird er von Semei, einem Angehörigen der Sippe Sauls, geschmäht und mit Steinen beworfen (2Sam 16,5-7).

Bl. 4v enthält im oberen Bildstreifen die Szene von Abschaloms Tod: Auf der Flucht vor Davids Heer hat sich der Aufrührer mit seinen langen Haaren in einer Eiche verfangen. Gegen Davids Befehl, den Sohn zu schonen, durchbohrt der Feldherr Joab den hilflosen Abschalom mit einer Lanze (vgl. 2Sam 18,9-15). Im mittleren Streifen sieht man Abschalom leblos unter dem Baum liegen; seine Anhänger werden von Davids Leuten vertrieben (anders 2Sam 18,16f: Begräbnis unter einem Steinhaufen; Zerstreuung der Aufständischen). Die Schluss-Szene zeigt den um Abschalom trauernden David auf der Mauer des Königspalastes. In einem Spruchbandtext wird der biblische Klageruf nahezu wörtlich wiedergegeben: «Absalon fili mi f(ili) mi ab(salon). Quis m(ihi) det ut ego moriar pro te fili mi ABSALON.» (2Sam 18,33).

Im Vergleich mit den alttestamentlichen Samuel-Büchern wird rasch deutlich, dass in den Bildszenen manches nicht recht stimmt und passt. Eine detaillierte Analyse der einzelnen Abweichungen kann im Rahmen dieses Beitrags nicht geleistet werden, doch lassen sich einige Leitlinien aufzeigen. So sind Verschiebungen gegenüber dem biblischen Bericht insbesondere im Verhältnis Davids zu König Saul erkennbar.

Im Alten Testament wird die Salbung Davids (1Sam 16,12f) vor dessen Auftritt an Sauls Hof (1Sam 16,19-23) erwähnt: Gott hat König Saul verworfen und David zum König ausersehen (vgl. 1Sam 15,23.26; 16,13). Dies ist der Grund für Sauls Tobsucht. Der Bilderzyklus hingegen fügt die Salbung erst nach Davids Auftritt am Königshof ein und deutet sie damit als Voraussetzung für den im nächsten Bildstreifen folgenden Sieg über Goliat (Bl. 2r, oben).

Dass Saul Davids militärische Erfolge beargwöhnt, ja David planmässig verfolgt, ist aus den Hochzeitsbildern der folgenden Seite (Bl. 2v, oben und Mitte) nicht ersichtlich: Gemäss dem Alten Testament wird Saul wegen Davids grosser Beliebtheit beim Volk misstrauisch. «Saul hat Tausend erschlagen, David aber Zehntausend», singt man in den Strassen Israels (1Sam 18,7). Der hinterlistige Saul schickt David deshalb in neue Kriege, die ihm den Tod bringen sollen. Als Brautpreis für Michal verlangt Saul hundert Philistervorhäute. Doch David kehrt mit zweihundert Vorhäuten zurück und gewinnt damit die Königstochter zur Frau (vgl. 1Sam 18,25-27). Diese Begebenheiten werden in den verhaltenen Bildern des Zyklus ebenso verschwiegen wie Davids hastige Flucht ins Land der Philister. Dass David Sauls Häschern nur entgeht, weil ihn Michal im letzten Moment aus dem Palast schleust, bleibt unerwähnt (vgl. 1Sam 19,8-17). Ausgeblendet sind auch Davids unstetes Exilleben als Bandenführer und die wiederholten Begegnungen mit Saul, bei denen David seinen Widersacher bewusst schont (vgl. 1Sam 22-26). In der Entscheidungsschlacht zwischen Israeliten und Philistern (Bl. 3r, unten) scheint Saul den Heldentod im Kampf gegen Achis' Heer zu sterben; gemäss dem biblischen Bericht jedoch begeht er Selbstmord (vgl. 1Sam 31,4). Saul wird damit insgesamt in einem positiveren Licht gezeichnet, als es die düsteren Schilderungen des Alten Testaments erwarten liessen.

Doch auch David selbst kommt in der Bildfolge besser weg als in der biblischen Vorlage. Dass David beim Tanz vor der Bundeslade nur mit einem Ephod bekleidet und halb nackt war (2Sam 6,14.20; vgl. auch 1Chr 15,27), ist aus der zurückhaltenden Darstellung (Bl. 4r, oben) nicht ersichtlich.[26] Ebenso entfällt der Ehebruch mit Batseba, der chronologisch zwischen der Heimholung der Bundeslade und dem Aufstand Abschaloms zu stehen käme (2Sam 11).

Allein es bleibt nicht bei solchen Verschiebungen, Glättungen und Tilgungen. Vielmehr entwickelt der Bilderzyklus in seiner Szenenregie eine eigene Dramaturgie, die im folgenden näher zu betrachten ist. Hierbei sind vor allem die Bildanordnung und das Verhältnis der Bilder zu den begleitenden Verstexten aufschlussreich.[27]

So bietet die Aufnahme von sechs Bildstreifen auf einer Doppelseite die Möglichkeit, dass der Zeichner Parallelen und Kontraste setzen kann. Dies lässt sich aus den Darstellungen zur Jugendgeschichte Davids deutlich ersehen: In der vertikalen Achse steht Davids Harfenspiel in der Natur (Bl. 1v, oben) dem Harfenspiel an Sauls Hof (Bl. 1v, unten) gegenüber. Zum gesalbten Haupt Davids (Bl. 2r, oben) bietet der vom Rumpf gelöste Kopf des besiegten Goliat (Bl. 2r, unten) einen eindrucksvollen, ja schockierenden Gegensatz. In der Horizontalen ergeben sich Spannungen zwischen Davids Leben als Hirtenknabe (Bl. 1v, oben) und seiner Salbung zum König (Bl. 2r, oben), zwischen Sauls Wüten (Bl. 1v, Mitte) und Goliats Drohgebärde (Bl. 2r, Mitte), zwischen dem kultivierten Spiel bei Hofe (Bl. 1v, unten) und der kruden Szene von Sauls Tötung (Bl. 2r, unten). Einige Bildelemente scheinen nachgerade spiegelbildlich angelegt zu sein: So findet der vor Sauls Zornausbruch fliehende Jüngling, der vielleicht mit David identisch ist, ein symmetrisches Gegenüber in jenem David, der Goliat mit der Steinschleuder angreift (Bl. 1v/2r, jeweils Mitte). Durch solche bildnerischen Mittel gelangt der erfolgreiche Aufstieg Davids effektvoll zur Darstellung.

In die bildlichen Kompositionsprinzipien fügen sich die Versbeischriften der Tituli ein. Bei den Versen handelt es sich um leoninische Hexameter, für die eine deutliche Zweiteiligkeit charakteristisch ist: Nach dem fünften Halbfuss erfolgt eine Zäsur, die sogenannte Penthemimeres. Diese Zäsur gliedert den Vers in zwei etwa gleich grosse Teile, wobei das Zäsurwort und das Wort am Versende einen reinen oder assonierenden Reim aufweisen.²⁸ Als Beispiel lässt sich der Titulus zum zweiten Bildstreifen von Bl. 1v (Sauls Wüten) anführen, der die Reimwörter «furit» – «adurit» enthält:

> TOTVS. IN ARMA. FVRIT. QVE(M). LIVOR. AB INT(VS). ADVRIT.
> Der entlädt seinen Wahnsinn in Waffen, den der Neid von innen verbrennt.

In mehreren Bildstreifen wird die Zweiteiligkeit des leoninischen Hexameterverses geschickt überspielt und dabei in Bezug zu den zugehörigen Illustrationen gesetzt. Auf diese Weise ergeben sich kunstvolle Korrespondenzen zwischen dem Wort- und Bildmaterial.

So teilt im unteren Streifen von Bl. 1v das Schwert des hinter Saul stehenden Wächters sowohl die Bildszene wie auch den Hexametervers in zwei Hälften. Auf der Bildebene ergibt sich dadurch eine Gliederung des Bildraums im Verhältnis von 2:1: Die grössere Bildhälfte zeigt, wie David durch sein Spielen König Saul beruhigt,²⁹ die kleinere Bildhälfte beinhaltet den mit Jonatan geschlossenen Freundschaftsbund. Entsprechend ist der Hexametervers angelegt:

> HOSTICA. LENITVR. VIOLENTIA. FEDVS. INITVR.
> Feindselige Gewalt wird besänftigt; man schliesst einen Freundschaftsbund.

Hierbei steht die Zäsur nach dem achten Halbfuss; es handelt sich um eine sogenannte bukolische Diärese, die dem Versschluss ein besonderes Gewicht verleiht.³⁰ Sie wird im Verbund mit dem Bildmedium dazu genutzt, dass das Zäsurwort «violentia» unmittelbar vor dem bedrohlich hinter Saul aufragenden Schwert zu stehen kommt. Doch weicht die auf diese Weise inszenierte Gewaltbereitschaft des Königs den Hoffnungen, die sich an den Freundschaftsbund zwischen David und Jonatan knüpfen.

Von ähnlicher Raffinesse sind weitere Versbeischriften auf der ersten Doppelseite. So wird im zweiten Streifen von Bl. 2r der Schlagabtausch zwischen David und Goliat nachgerade sichtbar und hörbar:

> VERBA. CORVSCANTE(M). P(RO)STERN(IT). FVNDA. GIGANTEM.
> Den Worte schleudernden Riesen streckt die Schleuder nieder.

Im ersten Teil des Verses ist auf die Reizreden angespielt, mit denen Goliat den jungen David gemäss dem biblischen Bericht herausfordert. Im zweiten Teil trifft die Schleuder («funda») auf den Riesen («gigantem»). Die Verbform «prosternit» befindet sich dabei oberhalb des Angreifers David. Das nachfolgende Wort «funda» rückt wegen der Übergrösse des Riesen unmittelbar vor Goliat, der mit Waffe und Helm über den Bildrahmen hinausragt. Ziel des im Vers versprachlichten Schleuderwurfs aber ist das grammatische Objekt «gigantem», das rechts neben dem Riesen steht. Durch diese Anordnung ergibt sich eine Dynamisierung des Bildgeschehens: Im Verbund der Text- und Bildmedien wird der Bewegungsablauf des für Goliat tödlichen Steinwurfs nachvollziehbar.

Im unteren Bildstreifen von Bl. 2r wird aus dem Titulus die Tragweite von Davids Kriegstat erkennbar:

MORTE. PHILISTEI. SVCCRESCVNT. GAVDIA. REGI.
Durch den Tod des Philisters erwächst dem König die Freude.

Hier weist der Hexametervers eine doppelte Zäsur auf: eine Penthemimeres nach dem Wort «Philistei» und eine bukolische Diärese vor dem Wort «gaudia». Im Zentrum des Verses steht so die Verbform «succrescunt» mit der Bedeutung «emporwachsen». In der zugehörigen Bildszene entspricht diesem Wort ein blühender Baum, auf dem Vögel Platz genommen haben. Dieser Baum teilt das Bild in zwei gleich grosse Hälften. Ähnlich vermag das Wort «succrescunt» den Hexametervers zu gliedern. Im Verbund von Text und Bild kommt auf diese Weise eine Folge von Ursache und Wirkung zum Ausdruck: Der Tod des Philisters auf der einen Seite erfreut und erleichtert den König Saul auf der anderen Seite. Die einzelnen Syntagmen des Hexameterverses verteilen sich dabei klar auf die von links nach rechts zu lesende Bildfolge: Die Adverbiale «Morte Philistei» steht direkt über der Tötungsszene, das Prädikat «succrescunt» direkt über dem Baum (der nachgerade aus dem Unterkörper des sterbenden Goliat herauszuwachsen scheint), das Subjekt «gaudia regi» direkt über König Saul, dem David das abgeschlagene Haupt überbringt.

Die Beobachtungen zum Versbau der Tituli, zu den Text-Bild-Beziehungen und zur Bildanordnung deuten insgesamt darauf hin, dass der Bamberger Davidzyklus mit grossem Geschick konzipiert worden ist. Hinter der planvollen Gestaltung dürften Kleriker stehen, die über ein hohes Mass an Bildung und Bibelkenntnis verfügten. Die Bildersprache des Davidlebens zeugt von einem geistigen Milieu, in dem gelehrte Kleriker die Ausführung beratend überwachten oder sogar mit dem Dichter und Maler der Bildstreifen identisch waren.

Doch ist damit nur die eine Seite jener Interessensphäre benannt, in die der Bilderzyklus eingebettet ist. An vielen Einzelheiten der Darstellung werden höfische Sichtweisen erkennbar, die vermuten lassen, dass die Illustrationen im Blick auf ein weltliches Publikum geschaffen wurden. Zu Recht hat man in der Forschung betont, dass der Zyklus einem «zeitgenössische(n) Ritterepos»[31] gleiche.

Besonders aussagekräftig ist in diesem Zusammenhang die auf den Kampf mit Goliat folgende Doppelseite. Das im Mittelstreifen von Bl. 2v dargestellte Festmahl anlässlich der Hochzeit von David und Michal hat in der biblischen Vorlage keine Entsprechung. Es gibt jedoch in vielen Details Zeremonien und Verhaltensweisen wieder, wie sie anlässlich höfischer

Feste der Zeit üblich waren: Das Brautpaar und sein Gefolge sitzen an einer reich gedeckten Tafel. Davor spielt ein Musikant mit seiner Fiedel auf. Von der Seite tragen zwei Truchsesse mit Amtsstäben die Speisen herbei.[32] Der Bräutigam bringt seine Verbundenheit mit der Braut dadurch zum Ausdruck, dass er ihr zärtlich unter das Kinn fasst.

Ähnlich vertraut begegnen sich David und Michal im unteren Bildstreifen. Die ruhige Abschiedsszene weicht ihrerseits von der alttestamentlichen Vorlage ab, in der sich David nur durch eine tollkühne Flucht vor Saul retten kann. Der zugehörige Titulus evoziert den für die höfische Minne charakteristischen Dienstgedanken:

> DVLCI. LEGE. THORI. LICITO. SERVITVR AMORI.
> Man dient der süssen, durch den Rechtsakt der Eheschliessung legitimierten Liebe.

Ob das Minne-Ideal mit der Ehe vereinbar sei oder ob es nur ausserhalb der Ehe verwirklicht werden könne, ist ein zentraler Diskussionspunkt in der höfischen Gesellschaft und ihrer Literatur. Die Frage wird von dem französischen Hofkleriker Andreas Capellanus ebenso erörtert wie von den deutschsprachigen Epikern. Zu erinnern wäre an die konträren Positionen, wie sie Wolfram von Eschenbach in seinem *Parzival* und Gottfried von Strassburg mit seinem *Tristan*-Roman vertreten.[33]

Neben Darstellungen des höfischen Zeremoniells und der höfisch geprägten Minne wird die vorliegende Doppelseite von Kampfszenen beherrscht. Die Bildstreifen von Bl. 3r zeigen das Philisterheer des Achis und die Entscheidungsschlacht, in der Saul zu Tode kommt. Der Ausritt des Achis im oberen Bildstreifen erinnert dabei mehr an ein hochmittelalterliches Turnier als an alttestamentliche Kriegerscharen. Die dargestellten Kämpen tragen zeitgenössische Ritterrüstungen: Deutlich sind die Kettenpanzer mit angeschnittenen Kapuzen, die spitzen Helme mit Nasenschutz, die Beinpanzerungen und lange dreieckige Schilde zu erkennen.[34]

Durch solche Einzelheiten wird die Davidgeschichte in die Gegenwart des 12. Jahrhunderts verlegt. Doch bleibt es nicht bei einer äusserlichen Adaptation des biblischen Geschehens. Vielmehr bringen die einzelnen Szenen rituelle Handlungen zur Anschauung, die als Ausdruck des mittelalterlichen Herrschaftsverständnisses und zeitgenössischer politischer Gepflogenheiten zu lesen sind. Die auf die Entscheidungsschlacht folgende Doppelseite führt solche Ritualhandlungen in grosser Dichte vor:

Auf dem mittleren Bildstreifen von Bl. 3v ist Davids Krönung zum König dargestellt. Die entrollten Spruchbänder der umstehenden Würdenträger sind mit Akklamationen beschriftet, wie sie bei mittelalterlichen Krönungen üblich waren: «Viuat Rex David in. eternum.» – «Regnauit Dauid filivs Ysai Deo gratias.»[35]

Die Bundeslade im oberen Bildstreifen von Bl. 4r hat mit den Beschreibungen im Alten Testament wenig gemein. Während sie gemäss dem biblischen Bericht auf einem Ochsenkarren gefahren wurde, ruht sie hier auf den Schultern zweier Priester. In ihrer Form ähnelt sie Reliquienschreinen, die in der kultischen Verehrung mittelalterlicher Heiliger und mittelalterlicher Herrscher eine bedeutende Rolle spielten.[36] Für den 1165 heiliggesprochenen Karl den Grossen war ein solcher Schrein seit den frühen 1180er Jahren in Arbeit; er wurde jedoch erst 1215 unter Kaiser Friedrich II. fertiggestellt.[37]

Der mittlere Bildstreifen derselben Seite zeigt den David-treuen Chusai, wie er aus einem Kreis falscher Ratgeber vor den aufständischen Abschalom hintritt. Chusai wird im zugehörigen Titulus ausdrücklich als gerecht («ivstvs») bezeichnet und verkörpert den Typus der vermittelnden Berater, die in mittelalterlichen Konfliktsituationen eine wichtige Funktion innehatten.[38]

Im Schlussbild des Zyklus sieht man David, der den Tod seines Sohnes Abschalom beweint. Zum Zeichen der Trauer hat er ein Tuch um Haupt und Körper gelegt; klagend ringt er die Hände. Der zugehörige Titulus bringt Davids inneren Zwiespalt treffend zum Ausdruck, wenn er betont, dass der König zwar seinen Feind besiegt, dabei jedoch den eigenen Sohn verloren habe:

> LVGET. AMANS. NATO. GENITOR. SVPER. HOSTE. NECATO.
> Es trauert der liebende Vater um seinen wie einen Feind getöteten Sohn.

Diese Schlussszene fängt Widersprüche der mittelalterlichen Konfliktbewältigung ein, in welcher der Sieg über den Feind oft zugleich die physische oder politische Ausschaltung des eigenen Verwandten bedeutet. Eine Parallele böte das zähe Ringen zwischen den Vettern Friedrich Barbarossa und Heinrich dem Löwen in den politischen Auseinandersetzungen der Zeit.[39] Zugleich dokumentiert die Szene eine ritualisierte Öffentlichkeit des Trauerns, wie sie für die mittelalterliche Kommunikation und nicht zuletzt für das Herrscheramt charakteristisch ist.[40]

Die «Logik der Gesten»,[41] die in den Szenen des Bilderzyklus aufscheint, offenbart damit nichts weniger als «Spielregeln der Politik im Mittelalter».[42] Darstellungen, wie sie in Davids Königskrönung, der Heimführung des Schreins, der Beratung der Aufständischen und in Davids Klage um seinen getöteten Sohn begegnen, sind auf politische Geschehnisse der Zeit projizierbar. Dies soll nicht heissen, dass die einzelnen Szenen geschichtliche Ereignisse nach Art eines Schlüsselromans abbildeten. Vielmehr sind die Illustrationen in dem Sinne zu verstehen, dass sie Grundsituationen eines mittelalterlichen Herrscherlebens vergegenwärtigen. Sie zeigen Phasen des Aufstiegs, der militärischen Bewährung, der Bündnispolitik durch Heirat und der neuerlichen Bewährung in der Auseinandersetzung mit rivalisierenden Gegnern. Die Bilder liefern damit rituelle Vorgaben, in denen sich Betrachter der weltlichen Führungsschichten wiederfinden konnten.

An diesem Punkt stellt sich nun die Frage nach einem möglichen Zielpublikum. – Die enge Bindung der Bamberger Bischöfe an das staufische Haus legt es nahe, dass die Federzeichnungen im Blick auf den deutschen Hochadel, vielleicht sogar auf Friedrich Barbarossa und seinen nächsten Umkreis konzipiert worden sind. Prunkvoll ausgestattete Handschriften wie der Bamberger Psalmenkommentar wurden in mittelalterlichen Klöstern anlässlich herrscherlicher Besuche ausgestellt. Für diese Gewohnheit gibt es zwar in Bamberg selbst keine Belege. Doch lassen sich entsprechende Nachweise aus der Chronistik vergleichbarer geistlicher Zentren beibringen. So hat man etwa im Benediktinerkloster St. Gallen und in der englischen Kathedralstadt Winchester bei Königsbesuchen repräsentative Bilderhandschriften vorgezeigt.[43] Die Bamberger Illustrationen zum Davidleben könnten für ähnliche Zwecke angefertigt worden sein.[44]

Dass Bilderzyklen wie das Davidleben im Bamberger Psalmenkommentar dann ihrerseits auf die Gestaltung weltlicher Handschriften einwirkten, lässt sich an den grossen volkssprachigen Epen aufzeigen.[45] Allerdings erfolgt die Beeinflussung hier mit einer Verspätung von etwa zwei bis drei Generationen.

Ein augenfälliges Beispiel bietet die älteste erhaltene Handschrift des *Tristan* Gottfrieds von Strassburg, München, Bayerische Staatsbibliothek, Cgm 51.[46] Die Handschrift dürfte im zweiten Viertel des 13. Jahrhunderts, vielleicht im Umkreis des Staufers Konrad IV., entstanden sein. Der fortlaufende Text ist hier durch in die Lagen eingebundene Bildblätter ergänzt. Wie im Bamberger Davidzyklus sind die lavierten Federzeichnungen in drei, manchmal auch in zwei Bildstreifen untergliedert. Auf Bl. 15v ist die Jugendgeschichte Tristans zu sehen (vgl. Abb. 8).[47] Die Szenen erstrecken sich von Tristans Taufe – im oberen Bildstreifen – bis zu seiner Entführung durch die norwegischen Kaufleute – im unteren Bildstreifen.[48] Im Zusammenhang mit dem Bamberger Bilderzyklus ist besonders der mittlere Bildstreifen von Interesse, der Tristans Erziehung zum Thema hat.[49] Und hier scheint die Darstellung des jungen Ritters der Gestalt Davids doch recht ähnlich: Tristan übt sich in Kampfspielen wie dem Stein- und dem Speerwurf. Ganz rechts sieht man Tristan, der wie David auf der Harfe musiziert. Die Szene ganz links zeigt Tristan, der zusammen mit einigen Gefährten in einem Buch liest. Dieses Buch aber ist der Psalter, wie die Inschrift «Beatus vir» (Incipit von Psalm 1) bezeugt.[50]

Der David der Psalmen gibt also auch hier das verbindliche Vorbild für die Darstellung der Tristan-Figur ab.[51] Die mittelalterliche Auffassung vom

Abb. 8: *Tristans Jugendgeschichte: Taufe. Erziehung. Entführung durch die norwegischen Kaufleute.*
München, Bayerische Staatsbibliothek, Cgm 51, Bl. 15v.

Psalmsänger David rahmt dabei einen einzelnen Bildstreifen ein – so wie sie in den Bamberger Federzeichnungen den gesamten Zyklus umschliesst. Dort steht der jugendliche Harfenspieler am Anfang, während am Schluss der klagende König trauernd von der Palastmauer herabblickt. In dieser Spannweite von Erfahrungen, die recht genau der Themenvielfalt der Psalmen entspricht, spielt sich das Davidleben des Bamberger Zyklus ab. Das in David verkörperte Herrscherbild wird dort in der Nachbarschaft zu den Psalmen entfaltet, die auf den nachfolgenden Seiten der Handschrift kommentiert werden.

Erst durch den Erfahrungsschatz der Psalmen wird David damit zu jener Identifikationsfigur, in der sich mittelalterliche Herrscher wiederfinden können. Kleriker und Laien arbeiten gemeinsam an den Sichtweisen dieser David-Gestalt und sie verfahren dabei mitunter recht frei mit der biblischen Vorlage. Der mittelalterliche David steht auf diese Weise in einem Schnittpunkt klerikaler Denkformen und laikaler Interessen, welcher gemäss der Eigenart der erhaltenen Quellenzeugnisse und ihres historischen Umfelds seine jeweils besondere Ausprägung erfährt.

Anmerkungen

[1] Aus einer althochdeutschen Paraphrase zu Psalm 138 der lateinischen Vulgata, aufgezeichnet zu Beginn des 10. Jahrhunderts in einem lateinischen Formel- und Briefbuch, das der St. Galler Mönch Notker Balbulus für seine Schüler zusammengestellt hat. Zitiert nach Braune 1994, 138; Übersetzung nach Schlosser 1998, 115; vgl. zum literaturgeschichtlichen Kontext Haubrichs 1995, 132f.314-317.

[2] Vgl. Haubrichs 1995, 162f.176.204-211; Illmer 1979, 167-177; Riché 1985, 135-137, und 1989, 222-224; Schreiner 1992; Peppermüller 1995; Raeder 1997.

[3] Vgl. Anm.1.

[4] Vgl. dazu den Beitrag von Hubert Herkommer im vorliegenden Band.

[5] Dazu grundlegend Steger 1961.

[6] Vgl. Ewig 1956, Nachdruck 1976, 18.41-44.49.56-59.71 u.ö.

[7] Im folgenden zitiert nach der Ausgabe von Wesle 1985; Übersetzungen nach Kartschoke 1996.

[8] Vgl. zum David-Vergleich Wisniewski 1964, 115-117; Nellmann 1965; Geith 1995, 340-343; Steer 1995, 354. Zu David-Vergleich und *Rolandslied* im Kontext der welfischen Herrschaftsrepräsentation Bertau 1968, Nachdruck 1982, bes. 338-341; Herkommer 1987, 245-250; Ganz 1989, bes. 38f.; Mertens 1995a, bes. 204-206; Geith 1998, 79-82; Zatloukal 1998, 730-733.

[9] Als Eckpunkte der Datierung gelten die Heirat des Fürstenpaars (1168) und der Tod Mathildes (1189). Vgl. zur Datierung zuletzt Ganz 1989, 38f.; Geith 1998, 82; Lutz 1999b, 39f. Zum Konflikt mit Friedrich Barbarossa die Datentafel von C.-P. H[asse] in Luckhardt / Niehoff 1995, Bd. 1: Katalog, 154; ferner zuletzt Althoff 1992, Nachdruck 1997, bes. 77; Althoff 1995, bes. 127f.; Weinfurter 1995.

[10] Vgl. Herkommer 1987, 246; Ganz 1989, 36.38; Oexle 1989, bes. 10.18.21f. Die – nicht unumstrittene – Datierung nach Oexle; vgl. auch Lutz 1999b, 39f.

[11] Vgl. zuletzt Engels 2000.

[12] Nellmann 1965, Nachdruck 1983, 237.

¹³ Vgl. Ashcroft 1986; Herkommer 1987, 245; Mertens 1995b.
¹⁴ Helmold von Bosau, *Chronica Slavorum*, lib. I,68. Zit. nach der Ausgabe von Stoob 1963, 240, Z.2.
¹⁵ Vgl. Nellmann 1965, Nachdruck 1983, 235.
¹⁶ Vgl. Ashcroft 1994. Zu den gelehrten Klerikern am Hof Heinrichs des Löwen Kintzinger 1995a und 1995b sowie Ehlers 1998.
¹⁷ Lutz 1999a, 1999b, 2000 betont die konzeptionelle Einheit des *Rolandslieds* und des Helmarshauser Evangeliars und deutet sie als Ausdruck des Beziehungsgefüges und der Kommunikationsvorgänge am Braunschweiger Hof.
¹⁸ Vgl. dazu Jaeger 1985, dt. Übers. 2001, und Jaeger 1994.
¹⁹ Vgl. K[roos] 1977; Suckale-Redlefsen 1986; Schemmel 1990, 88f., Nr 39, und 1993; Wittekind 1994; Suckale-Redlefsen 1995a, 60-63, 1995b, 1998a, 243-245, und 1998b; Henkel 1999.
²⁰ Wittekind 1994, 221, plädiert für die Jahre «zwischen 1165 und 1169», Suckale-Redlefsen 1986, 44, für «um 1170» und in den Arbeiten ab 1995 für «um 1180».
²¹ Vgl. zu Bamberg und zum Michelsberger Scriptorium Suckale-Redlefsen 1986, 41-44, und 1995a, XXVIIIf.; Wittekind 1994, 162-169. Für Eberhard II. als Auftraggeber (und Konzeptor) plädiert Wittekind 1994, 169-183, für Otto II. Suckale-Redlefsen 1995a, XXXVf., 63. Vgl. zu Otto II. auch Schütz 1993, 63-68.114f, und 1998, 19-25.
²² Vgl. Suckale-Redlefsen 1986, 17.28-33; Wittekind 1994, 20-22.49-67.184-191; Suckale-Redlefsen 1995a, 62.
²³ Vgl. Suckale-Redlefsen 1986, 37f.44, und 1995a, XXXVI, 63.
²⁴ 1Sam 16-31; 2Sam 1-24; 3Kön 1,1-38 und 2,1-11. Vgl. ferner 1Chr 11-29 sowie den lyrischen David-Hymnus in Sir 47,1-13.
²⁵ Vgl. dazu auch Suckale-Redlefsen 1986, 18-25; Wittekind 1994, 199-220 (mit einer etwas gezwungenen Deutung Davids als Typus des Bamberger Bischofs Eberhard II.); Suckale-Redlefsen 1995a, 61f.
²⁶ Die Zurückhaltung ist durchaus typisch für die bildliche Wiedergabe der Szene im Mittelalter. Vgl. Schmitt 1990, dt. Übers. 1992, 86-88, mit Verweis auf einschlägige Darstellungen, darunter die Bamberger Handschrift, in Anm. 133; Ausnahmen bei Steger 1961, 25-27. In der patristisch-mittelalterlichen Exegese wird Davids Tanz als «geistige(r) Tanz de(s) Gläubigen zu den Sternen, das heisst zum Paradies» (Ambrosius) oder als «Beispiel der Demut, die dem Schöpfer entgegenzubringen ist» (*Glossa ordinaria*) gedeutet (Schmitt, 85). Vgl. ferner Steger 1961, 75-85; Salmen 1995, 15-18.
²⁷ Vgl. dazu auch die mitunter divergierenden Beobachtungen bei Suckale-Redlefsen 1986, 25-28; Wittekind 1994, Überblick 192-199, und 1996, 354-357; Henkel 1999. Übersetzungsvorschläge zu den lateinischen Versen bieten Suckale-Redlefsen 1986, 19-25; Wittekind 1994, 200-220; Suckale-Redlefsen 1995b; Henkel 1999.
²⁸ Vgl. Crusius 1967, 39; Kindermann 1998, 117f.; Henkel 1999, 451, mit weiterer Literatur in Anm. 9.
²⁹ Vgl. zur Tradition des Bildmotivs Steger 1961, 41; Salmen 1995, 14f.
³⁰ Vgl. Crusius 1967, 51; Henkel 1999, 454.
³¹ Zuerst Suckale-Redlefsen 1986, 28.34 (Zitat).
³² Vgl. zu mittelalterlichen Mählern und Festen Bumke 1986, 240-317. Die «besondere Eignung zur Frieden- und Bündnisstiftung» betont Althoff 1990b, 203-211 (Zitat 204f). Ähnlich Schmitt 1990, dt. Übers. 1992, 218: «Essen und Bewirten haben am Wirken der Macht teil». Suckale-Redlefsen 1986, 34, und Saurma-Jeltsch 1992, 130, verweisen auf die Parallele der Münchener *Parzival*-Handschrift Cgm 19 (Mitte 13. Jh.), Bl. 49v (oberer Bildstreifen: Gastmahl anlässlich der Hochzeit von Gramoflanz und Itonje). Als weiteres Beispiel wäre etwa die Bilderhandschrift der *Eneit* Heinrichs von Veldeke zu nennen, Staatsbibliothek zu Berlin, Preussischer Kulturbesitz, Haus 2, Ms. germ. fol. 282 (um 1220/30), Bl. IXv oben, Abbildung bei Althoff 1997, 57.
³³ Vgl. die Ausführungen zur höfischen Liebe bei Bumke 1986, 503-582.

34 Vgl. Suckale-Redlefsen 1995b, 260.
35 Vgl. z.B. die Akklamation auf Ludwig den Frommen: «Divo Hludovico vita. Novo David perennitas. Da principi, Domine, vitam» (zitiert nach Migne, *Patrologia Latina* 105, 988, bei Ewig 1956, Nachdruck 1976, 69, Anm. 313). Den Spruchbandtexten des Bildstreifens liegen Verse zugrunde, die im Zusammenhang mit der Königssalbung des Salomo gesprochen werden: 3Kön 1,31.39 und 1Chr 29,26. Entsprechend erscheint der Übergang der Königsherrschaft von David auf Salomo in den Krönungsordines der Stauferzeit: «eum benedictione siderea ac sapientie tue rore perfunde, quam beatus David in psalterio, Salomon filius eius percepit e celo» (Elze 1960, 64 u.ö.). Im zweiten – nach 1Chr 29,26 – gestalteten Spruchbandtext («Regnauit Dauid ...») wird «Davids Königsherrschaft schon im Moment ihrer Begründung gleichsam im Rückblick als ganze überschaut und gepriesen» (Wittekind 1996, 356). Der Hexametervers in der zugehörigen Rahmenleiste thematisiert die der Krönung liturgisch vorausgehende Salbung: «DENVO. REX. VNCTVS. EST. REGNI. MVNERE. FVNCTVS» (für David die zweite Salbung, vgl. Bl. 2r). Dazu auch Suckale-Redlefsen 1986, 23; Henkel 1999, 457; zu den Krönungen im Mittelalter vgl. zuletzt Kramp 2000, dort besonders den Überblick zu den Königskrönungen in Aachen von S. Müller, Bd. 1, 49-58, und den Beitrag zu Krönung, Salbung und Königsherrschaft von A. Dierkens, Bd. 1, 131-139.
36 Vgl. Suckale-Redlefsen 1986, 24; Wittekind 1994, 213.
37 Vgl. Herkommer 1987, 247-249 mit Abbildung, sowie zuletzt Engels 2000, 354, und Nilgen 2000, 361f, mit der neueren Forschungsliteratur.
38 Vgl. Althoff 1990a; am Beispiel der Welfen Althoff 1992.
39 Vgl. Althoff 1992, Nachdruck 1997, bes. 77; Althoff 1995; allgemeiner Althoff 1990b, bes. 195-203.
40 Vgl. Althoff 1996a und 1996b.
41 Vgl. Schmitt 1990, dt. Übers. 1992.
42 Vgl. Althoff 1997.
43 Belege aus den *Casus Sancti Galli* Ekkehards IV. und aus der Chronik von St. Swithun's, Winchester, bei Wittekind 1994, 223.
44 Aus diesem Blickwinkel wird auch verständlich, warum der Bilderzyklus den im Alten Testament breit ausgestalteten Konflikt Davids mit Saul nur sehr zurückhaltend wiedergibt. Offensichtlich soll die herrscherliche Legitimität nicht dadurch beeinträchtigt werden, dass gezeigt wird, wie sich der königliche Protagonist gegen die Verfolgungen eines Amtsvorgängers durchsetzen muss. Im Interesse dynastischer Kontinuitäten tendiert das Mittelalter generell dazu, das Verhältnis von Saul und David zugunsten jenes von David und Salomo zu vernachlässigen; vgl. etwa die Krönungsordines (Elze 1960).
45 Vgl. Suckale-Redlefsen 1986, 34f.; Henkel 1989, 7-10.18; Curschmann 1992, 227f.; Saurma-Jeltsch 1992, 129-131; Palmer 1993, 14-19; Huber 2000, 68.
46 Vgl. die Faksimile-Ausgabe von Montag / Gichtel 1979; Klein 1992; Baisch 2000; Keller 2001.
47 Erläuterungen bei Montag / Gichtel 1979, 106; Keller 2001, 63f.
48 Vgl. die Ausgabe von Ganz 1978, Bd. 1, 78f., V.1953-2000, und 85-92, V.2147-2348.
49 Vgl. Ganz 1978, 82f., V.2081-2120.
50 Das auf «beatus vir» folgende Wort ist schwer lesbar, vielleicht «deviabat» (vgl. Ps 1,1: «Beatus vir qui non abiit in consilio impiorum»). Ein weiterer Eintrag bezieht sich auf eine Antiphon, die zur Tagzeitenliturgie von Pfingsten gehört: «veni sancte spiritus reple» (zur Unterscheidung von der Stephan Langton zugeschriebenen Pfingstsequenz «Veni, sancte spiritus, et emitte caelitus ...» vgl. Langenbahn 2001).
51 Zu David als Modell des mittelalterlichen Tristan auch Palmer 1993, 10.19f, mit einem Beleg für die Nachbarschaft des *Tristan*-Romans (Gottfrieds?) und einer Psalter-Handschrift in der spätmittelalterlichen Bibliothek des bayerischen Adeligen Erhard Rainer von Schambach: «vnd den Trisdram han ich meiner tochter der Zengerinn gelihen; vnd ainen salter» (Inventar von 1376).

Bibliographie

Althoff, G., 1990a: «Colloquium familiare – colloquium secretum – colloquium publicum. Beratung im politischen Leben des früheren Mittelalters» in *Frühmittelalterliche Studien*, 24, pp. 145-167; Nachdruck in Althoff 1997, pp. 157-184.
Althoff, G., 1990b: *Verwandte, Freunde und Getreue. Zum politischen Stellenwert der Gruppenbildungen im früheren Mittelalter*, Darmstadt: Wissenschaftliche Buchgesellschaft.
Althoff, G., 1992: «Konfliktverhalten und Rechtsbewusstsein. Die Welfen in der Mitte des 12. Jahrhunderts» in *Frühmittelalterliche Studien*, 26, pp. 331-352; Nachdruck in Althoff 1997, pp. 57-84.
Althoff, G., 1995: «Heinrich der Löwe in Konflikten. Zur Technik der Friedensvermittlung im 12. Jahrhundert» in Luckhardt / Niehoff 1995, Bd. 2: Essays, pp. 123-128.
Althoff, G., 1996a: «Empörung, Tränen, Zerknirschung. ‹Emotionen› in der öffentlichen Kommunikation des Mittelalters» in *Frühmittelalterliche Studien*, 30, pp. 60-79; Nachdruck in Althoff 1997, pp. 258-281.
Althoff, G., 1996b: «Der König weint. Rituelle Tränen in öffentlicher Kommunikation» in Müller, J.-D. (ed.), ‹*Aufführung*› *und* ‹*Schrift*› *in Mittelalter und Früher Neuzeit* (Germanistische Symposien. Berichtsbände, 17), Stuttgart / Weimar: J.B. Metzler.
Althoff, G., 1997: *Spielregeln der Politik im Mittelalter. Kommunikation in Frieden und Fehde*, Darmstadt: Wissenschaftliche Buchgesellschaft.
Ashcroft, J., 1986: «Konrad's ‹Rolandslied›, Henry the Lion, and the Northern Crusade» in *Forum for Modern Language Studies*, 22, pp. 184-208.
Ashcroft, J., 1994: «Magister Conradus Presbiter. Pfaffe Konrad at the Court of Henry the Lion» in Maddox, D. / Sturm-Maddox, S. (eds.), *Literary Aspects of Courtly Culture. Selected Papers from the Seventh Triennial Congress of the International Courtly Literature Society. University of Massachusetts, Amherst, USA, 27 July – 1 August 1992*, Cambridge (Mass.): D.S. Brewer, pp. 301-308.
Baisch, M., 2000: *Anekdotische Varianz. Untersuchungen zur kulturellen Funktion mittelalterlicher Überlieferung am Beispiel der Handschriftengruppe um den Cgm 19 und den Cgm 51*, Diss. phil. FU Berlin.
Bertau, K., 1968: «Das deutsche Rolandslied und die Repräsentationskunst Heinrichs des Löwen» in *Der Deutschunterricht*, 20, Heft 2, pp. 4-30; Nachdruck in Bumke, J. (ed.), 1982: *Literarisches Mäzenatentum. Ausgewählte Forschungen zur Rolle des Gönners und Auftraggebers in der mittelalterlichen Literatur* (Wege der Forschung, 598), Darmstadt: Wissenschaftliche Buchgesellschaft, pp. 331-370.
Braune, W. (ed.), 1994: *Althochdeutsches Lesebuch*, 17. Auflage bearbeitet v. E.A. Ebbinghaus, Tübingen: M. Niemeyer.
Bumke, J., 1986: *Höfische Kultur. Literatur und Gesellschaft im hohen Mittelalter*, 2 Bde (dtv, 4442), München: Deutscher Taschenbuch Verlag.
Crusius, F., 1967: *Römische Metrik. Eine Einführung*, neu bearbeitet von H. Rubenbauer, München: M. Hueber.
Curschmann, M., 1992: «Pictura laicorum litteratura? Überlegungen zum Verhältnis von Bild und volkssprachlicher Schriftlichkeit im Hoch- und Spätmittelal-

ter bis zum Codex Manesse» in Keller, H. / Grubmüller, K. / Staubach, N. (eds.), *Pragmatische Schriftlichkeit im Mittelalter. Erscheinungsformen und Entwicklungsstufen (Akten des Internationalen Kolloquiums 17.-19. Mai 1989)* (Münstersche Mittelalterschriften, 65), München: Fink, pp. 211-229.

Ehlers, J., 1998: «Literatur, Bildung und Wissenschaft am Hof Heinrichs des Löwen» in Kasten u.a. 1998, pp. 61-74.

Elze, R. (ed.), 1960: *Die Ordines für die Weihe und Krönung des Kaisers und der Kaiserin* (Monumenta Germaniae Historica. Fontes iuris Germanici antiqui in usum scholarum separatim editi, 9), Hannover: Hahnsche Buchhandlung.

Engels, O., 2000: «Karl der Grosse und Aachen im 12. Jahrhundert» in Kramp 2000, Bd. 1, pp. 348-356.

Ewig, E., 1956: «Zum christlichen Königsgedanken im Frühmittelalter» in *Das Königtum. Seine geistigen und rechtlichen Grundlagen* (Vorträge und Forschungen. Konstanzer Arbeitskreis für mittelalterliche Geschichte, 3), Konstanz: Thorbecke, pp. 7-73; Nachdruck in Ewig, E., 1976: *Spätantikes und fränkisches Gallien. Gesammelte Schriften (1952-1973)*, ed. H. Atsma, Bd. 1 (Beihefte der Francia 3/1), Zürich / München: Artemis, pp. 3-71.

Ganz, P. (ed.), 1978: *Gottfried von Strassburg, Tristan*. Nach der Ausgabe von R. Bechstein, 2 Bde (Deutsche Klassiker des Mittelalters. Neue Folge, 4), Wiesbaden: F.A. Brockhaus.

Ganz, P., 1989: «Heinrich der Löwe und sein Hof in Braunschweig» in Kötzsche 1989, pp. 28-41.

Geith, K.-E., 1995: «Karlsdichtung im Umkreis des welfischen Hofes» in Schneidmüller 1995, pp. 337-346.

Geith, K.-E., 1998: «Das deutsche und das französische Rolandslied. Literarische und historisch-politische Bezüge» in Kasten u.a. 1998, pp. 75-83.

Haubrichs, W., 1995: *Die Anfänge. Versuche volkssprachiger Schriftlichkeit im frühen Mittelalter (ca. 700-1050/60)* (Geschichte der deutschen Literatur von den Anfängen bis zum Beginn der Neuzeit, 1,1), 2. durchgesehene Auflage, Tübingen: M. Niemeyer.

Heinzle, J. / Johnson, L.P. / Vollmann-Profe, G. (eds.), 1992: *Probleme der Parzival-Philologie. Marburger Kolloquium 1990* (Wolfram-Studien, 12), Berlin: E. Schmidt.

Henkel, N., 1989: «Bildtexte. Die Spruchbänder in der Berliner Handschrift von Heinrichs von Veldeke Eneasroman» in Füssel, S. / Knape, J. (eds.), *Poesis et pictura. Studien zum Verhältnis von Text und Bild in Handschriften und alten Drucken. Festschrift für Dieter Wuttke zum 60. Geburtstag* (Saecula spiritalia, Sonderband), Baden-Baden: V. Koerner, pp. 1-47.

Henkel, N., 1999: «Titulus und Bildkomposition. Beobachtungen zur Medialität in der Buchmalerei anhand des Verhältnisses von Bild und Text im ‹Bamberger Psalmenkommentar›» in *Zeitschrift für Kunstgeschichte*, 62, pp. 449-463.

Hennig, L. (ed.), 1998: *Die Andechs-Meranier in Franken. Europäisches Fürstentum im Hochmittelalter.* Katalog der Ausstellung Bamberg 1998, Mainz: Ph. v. Zabern.

Herkommer, H., 1987: «Der St. Galler Kodex als literarhistorisches Monument» in Kantonsbibliothek (Vadiana) St. Gallen und Editionskommission (eds.), *Rudolf von Ems ‹Weltchronik›. Der Stricker ‹Karl der Grosse›. Kommentar zu Ms 302 Vad.*, Luzern: Faksimile-Verlag, pp. 127-273.

Huber, Chr., 2000: *Gottfried von Strassburg. Tristan* (Klassiker-Lektüren, 3), Berlin: E. Schmidt.
Illmer, D., 1979: *Erziehung und Wissensvermittlung im frühen Mittelalter. Ein Beitrag zur Entstehungsgeschichte der Schule*, Kastellaun i. Hunsrück: A. Henn.
Jaeger, C.S., 1985: *The Origins of Courtliness. Civilizing Trends and the Formation of Courtly Ideals 939-1210*, Philadelphia: University of Pennsylvania Press; dt. Übersetzung v. S. Hellwig-Wagnitz, 2001: *Die Entstehung der höfischen Kultur. Vom höfischen Bischof zum höfischen Ritter* (Philologische Studien und Quellen, 167), Berlin: E. Schmidt.
Jaeger, C.S., 1994: *The Envy of Angels. Cathedral Schools and Social Ideals in Medieval Europe. 950-1200*, Philadelphia: University of Pennsylvania Press.
Kartschoke, D. (ed.), 1996: *Das Rolandslied des Pfaffen Konrad. Mittelhochdeutsch / Neuhochdeutsch*, übersetzt und kommentiert, 2., durchgesehene Auflage (Universal-Bibliothek, 2745), Stuttgart: Ph. Reclam jun.
Kasten, I. / Paravicini, W. / Pérennec, R. (eds.), 1998: *Kultureller Austausch und Literaturgeschichte im Mittelalter. Transferts culturels et histoire littéraire au Moyen Âge. Kolloquium / Colloque Paris 1995* (Beihefte der Francia, 43), Sigmaringen: Thorbecke.
Keller, S., 2001: *Die Text-Bild-Beziehungen der Münchener Tristanhandschrift Cgm 51*, Lizentiatsarbeit Bern.
Kindermann, U., 1998: *Einführung in die lateinische Literatur des mittelalterlichen Europa*, Turnhout: Brepols 1998.
Kintzinger, M., 1995a: «Bildung und Wissenschaft im hochmittelalterlichen Braunschweig» in Schneidmüller 1995, pp. 183-203.
Kintzinger, M., 1995b: «Herrschaft und Bildung. Gelehrte Kleriker am Hof Heinrichs des Löwen» in Luckhardt / Niehoff 1995, Bd. 2: Essays, pp. 199-203.
Kirmeier, J. / Brockhoff, E. (eds.), 1993: *Herzöge und Heilige. Das Geschlecht der Andechs-Meranier im europäischen Hochmittelalter*. Katalog der Ausstellung Kloster Andechs 1993 (Veröffentlichungen zur Bayerischen Geschichte und Kultur, 24), Regensburg: F. Pustet.
Klein, T., 1992: «Die Parzivalhandschrift Cgm 19 und ihr Umkreis» in Heinzle u.a. 1992, pp. 32-66.
Kötzsche, D. (ed.), 1989: *Das Evangeliar Heinrichs des Löwen. Kommentar zum Faksimile*, Frankfurt a.M.: Insel.
Kramp, M. (ed.), 2000: *Krönungen. Könige in Aachen – Geschichte und Mythos*. Katalog der Ausstellung Aachen 2000, 2 Bde, Mainz: Ph. v. Zabern.
K[roos], R., 1977: «Petrus Lombardus, Psalmenkommentar» in Haussherr, R. (ed.), *Die Zeit der Staufer. Geschichte – Kunst – Kultur*. Katalog der Ausstellung Stuttgart 1977, Bd. 1: Katalog, Stuttgart: Württembergisches Landesmuseum, pp. 557-559, Nr. 735.
Langenbahn, S.K., 2001: Art. «Veni, Sancte Spiritus» in *Lexikon für Theologie und Kirche*, 3., völlig neu bearb. Aufl., 10, col. 592f.
Luckhardt, J. / Niehoff, F. (eds.), 1995: *Heinrich der Löwe und seine Zeit. Herrschaft und Repräsentation der Welfen 1125 – 1235*. Katalog der Ausstellung Braunschweig 1995, 3 Bde, München: Hirmer.
Lutz, E.C., 1999a: «Zur Synthese klerikaler Denkformen und laikaler Interessen in der höfischen Literatur. Die Bearbeitung einer Chanson von Karl und Roland durch den Pfaffen Konrad und das Helmarshauser Evangeliar» in Lutz, E.C. /

Tremp, E. (eds.), *Pfaffen und Laien – ein mittelalterlicher Antagonismus? Freiburger Colloquium 1996* (Scrinium Friburgense, 10), Freiburg i.Ü.: Universitätsverlag, pp. 57-76.

Lutz, E.C., 1999b: «Literatur der Höfe – Literatur der Führungsgruppen. Zu einer anderen Akzentuierung» in Palmer, N.F. / Schiewer, H.-J. (eds.), *Mittelalterliche Literatur und Kunst im Spannungsfeld von Hof und Kloster. Ergebnisse der Berliner Tagung, 9. – 11. Oktober 1997*, Tübingen: M. Niemeyer, pp. 29-52.

Lutz, E.C., 2000: «Herrscherapotheosen. Chrestiens Erec-Roman und Konrads Karls-Legende im Kontext von Herrschaftslegitimation und Heilssicherung» in Huber, Chr. / Wachinger, B. / Ziegeler, H.-J. (eds.), *Geistliches in weltlicher und Weltliches in geistlicher Literatur des Mittelalters*, Tübingen: M. Niemeyer, pp. 89-104.

Mertens, V., 1995a: «Deutsche Literatur am Welfenhof» in Luckhardt / Niehoff 1995, Bd. 2: Essays, pp. 204-212.

Mertens, V., 1995b: «Religious Identity in the Middle High German Crusader Epics» in *History of European Ideas*, 20, pp. 851-857.

Montag, U. / Gichtel, P. (eds.), 1979: *Gottfried von Strassburg, Tristan und Isolde. Mit der Fortsetzung Ulrichs von Türheim*, Faksimile-Ausgabe des Cgm 51 der Bayerischen Staatsbibliothek München. Textband mit Beiträgen von U. Montag und P. Gichtel, Stuttgart: Müller und Schindler.

Nellmann, E., 1965: «Karl der Grosse und König David im Epilog des deutschen ‹Rolandsliedes›» in *Zeitschrift für deutsches Altertum und deutsche Literatur*, 94, pp. 268-279; Nachdruck in Schnell, R. (ed.), 1983: *Die Reichsidee in der deutschen Dichtung des Mittelalters* (Wege der Forschung, 589), Darmstadt: Wissenschaftliche Buchgesellschaft, pp. 222-238.

Nilgen, U., 2000: «Herrscherbild und Herrschergenealogie der Stauferzeit» in Kramp 2000, Bd. 1, pp. 357-367.

Oexle, O.G., 1989: «Das Evangeliar Heinrichs des Löwen als geschichtliches Denkmal» in Kötzsche 1989, pp. 9-27.

Palmer, N.F., 1993: *German Literary Culture in the Twelfth and Thirteenth Centuries. An Inaugural Lecture delivered before the University of Oxford on 4 March 1993*, Oxford: Oxford University Press.

Peppermüller, R. u.a., 1995: Art. «Psalmen. Psalter» in *Lexikon des Mittelalters*, 7, col. 296-302.

Raeder, S., 1997: Art. «Psalmen / Psalmenbuch II. Auslegungsgeschichtlich. 3. Mittelalter» in *Theologische Realenzyklopädie*, 27, pp. 627-629.

Riché, P., 1985: «Le rôle de la mémoire dans l'enseignement médiéval» in Roy, B. / Zumthor, P. (eds.), *Jeux de mémoire. Aspects de la mnémotechnie médiévale* (Études médiévales), Montréal: Les Presses de l'Université de Montréal / Paris: J. Vrin, pp. 133-148.

Riché, P., 1989: *Écoles et enseignement dans le Haut Moyen Âge. Fin du Ve siècle – milieu du XIe siècle*, 2. Auflage, Paris: Picard.

Salmen, W., 1995: *König David – eine Symbolfigur in der Musik* (Wolfgang Stammler Gastprofessur für Germanische Philologie, 4), Freiburg i.Ü.: Universitätsverlag.

Saurma-Jeltsch, L.E., 1992: «Zum Wandel der Erzählweise am Beispiel der illustrierten deutschen ‹Parzival›-Handschriften» in Heinzle u.a. 1992, pp. 124-152.

Schemmel, B., 1990: *Staatsbibliothek Bamberg. Handschriften. Buchdruck um 1500 in Bamberg. E.T.A. Hoffmann*, Forchheim: Gürtler-Druck.
Schemmel, B., 1993: [Hinweise zum Bamberger Davidzyklus] in Kirmeier / Brockhoff 1993, p. 234f, Nr. 76.
Schlosser, H.D. (ed.), 1998: *Althochdeutsche Literatur. Eine Textauswahl mit Übertragungen*, Berlin: E. Schmidt.
Schmitt, J.-C., 1990: *La raison des gestes dans l'Occident médiéval*, Paris: Gallimard; dt. Übersetzung v. Schubert, R. / Schulze, B., 1992: *Die Logik der Gesten im europäischen Mittelalter*, Stuttgart: Klett-Cotta.
Schneidmüller, B. (ed.), 1995: *Die Welfen und ihr Braunschweiger Hof im hohen Mittelalter* (Wolfenbütteler Mittelalter-Studien, 7), Wiesbaden: Harrassowitz.
Schreiner, K., 1992: «Psalmen in Liturgie, Frömmigkeit und Alltag des Mittelalters» in Heinzer, F. (ed.), *Der Landgrafenpsalter* (Codices selecti, 93), Graz: Akademische Druck- und Verlagsanstalt / Bielefeld: Verlag für Regionalgeschichte, pp. 141-183.
Schütz, A., 1993: «Das Geschlecht der Andechs-Meranier im europäischen Hochmittelalter» in Kirmeier / Brockhoff 1993, pp. 21-185.
Schütz, A., 1998: «Die Andechs-Meranier in Franken und ihre Rolle in der europäischen Politik des Hochmittelalters» in Hennig 1998, pp. 3-54.
Steer, G., 1995: «Literatur am Braunschweiger Hof Heinrichs des Löwen» in Schneidmüller 1995, pp. 347-375.
Steger, H., 1961: *David – Rex et Propheta. König David als vorbildliche Verkörperung des Herrschers und Dichters im Mittelalter, nach Bilddarstellungen des achten bis zwölften Jahrhunderts* (Erlanger Beiträge zur Sprach- und Kunstwissenschaft, 6), Nürnberg: H. Carl.
Stoob, H. (ed.), 1963: *Helmold von Bosau, Chronica Slavorum. Slawenchronik*, neu übertragen und erläutert (Ausgewählte Quellen zur deutschen Geschichte des Mittelalters. Freiherr vom Stein-Gedächtnisausgabe, 19), Darmstadt: Wissenschaftliche Buchgesellschaft.
Suckale-Redlefsen, G., 1986: *Der Buchschmuck zum Psalmenkommentar des Petrus Lombardus in Bamberg. Bamberg, Staatsbibliothek, Msc. Bibl. 59*, Wiesbaden: Reichert.
Suckale-Redlefsen, G., 1995a: *Die Handschriften des 12. Jahrhunderts der Staatsbibliothek Bamberg* (Kataloge der illuminierten Handschriften der Staatsbibliothek Bamberg, 2), Wiesbaden: Harrassowitz.
Suckale-Redlefsen, G., 1995b: «Petrus Lombardus, Psalmenkommentar (Bamberg, Staatsbibliothek Bamberg, Msc. Bibl. 59.)» in Luckhardt / Niehoff 1995, Bd. 1: Katalog, pp. 258-261, Nr. D 69.
Suckale-Redlefsen, G., 1998a: «Buchkunst zur Zeit der Andechs-Meranier in Bamberg» in Hennig 1998, pp. 239-261.
Suckale-Redlefsen, G., 1998b: «Petrus Lombardus, Psalmenkommentar (Bamberg, Staatsbibliothek, Msc. Bibl. 59)» in Hennig 1998, pp. 367-369, Nr. 6.8.
Weinfurter, S., 1995: «Die Entmachtung Heinrichs des Löwen» in Luckhardt / Niehoff 1995, Bd. 2: Essays, pp. 180-189.
Wesle, C. (ed.), 1985: *Das Rolandslied des Pfaffen Konrad*. 3., durchgesehene Auflage besorgt von P. Wapnewski (Altdeutsche Textbibliothek, 69), Tübingen: M. Niemeyer.

Wisniewski, R., 1964: «Der Epilog des deutschen Rolandsliedes» in *Zeitschrift für deutsches Altertum und deutsche Literatur*, 93, pp. 108-122.
Wittekind, S., 1994: *Kommentar mit Bildern. Zur Ausstattung mittelalterlicher Psalmenkommentare und Verwendung der Davidgeschichte in Texten und Bildern am Beispiel des Psalmenkommentars des Petrus Lombardus (Bamberg, Staatsbibliothek, Msc. Bibl. 59)* (Europäische Hochschulschriften, 28, 212), Frankfurt a.M. u.a.: P. Lang.
Wittekind, S., 1996: «Vom Schriftband zum Spruchband. Zum Funktionswandel von Spruchbändern in Illustrationen biblischer Stoffe» in *Frühmittelalterliche Studien*, 30, pp. 343-367.
Zatloukal, K., 1998: «Zwischen Kaiser und Fürst. Zur Erzählstrategie des ‹Rolandslied›-Dichters» in Tuczay, C. / Hirhager, U. / Lichtblau, K. (eds.), *‹Ir sult sprechen willekomen›. Grenzenlose Mediävistik. Festschrift für Helmut Birkhan zum 60. Geburtstag*, Bern u.a.: P. Lang, pp. 714-733.

«histrio fit David...» –
König Davids Tanz vor der Bundeslade

JULIA ZIMMERMANN

Zusammenfassung:

Ausgehend von einer Initiale im *Winchcomber Doppelpsalter* (Dublin, Trinity College, Ms. 53, fol. 151r, erste Hälfte des 12. Jahrhunderts), die den Psalmisten David nach Art mittelalterlicher Gaukler tanzend zeigt, wird in dem Beitrag zunächst der Frage nachgegangen, in welchem Verhältnis die Illustration zur mittelalterlichen David-Ikonographie steht. Da eine Verbindung des Gauklertanzes mit der religiösen Bedeutung Davids auf dem Hintergrund der negativen Wertung histrionischer Kunstfertigkeiten in der mittelalterlichen Theologie abwegig scheint, kann das Motiv nur ein ikonographischer Hinweis auf die alttestamentliche Geschichte von der Heimführung der Bundeslade sein. Während der tanzende Priesterkönig hier von seiner Gattin verspottet wird, deuten die frühchristlichen und mittelalterlichen Exegeten das unkönigliche Gebaren Davids als gottesdienstlichen Akt und Zeichen der Demut. Befragt man die traditionelle Schriftauslegung über den historischen Buchstabensinn hinaus auch im Hinblick auf ihre typologischen, anagogischen und tropologischen Sinnebenen, ergibt sich der Befund, dass Davids Demut im Winchcomber Manuskript auf eine formal neue, insbesondere im 12. Jahrhundert im monastischen Umfeld aufkommende Weise erkennbar gemacht ist.

Résumé:

L'initiale historiée d'un psautier manuscrit provenant de l'abbaye de Winchcombe (Dublin, Trinity College, 1ʳᵉ moitié du XIIᵉ siècle) montre le psalmiste David dansant à la manière des jongleurs du Moyen Âge. Comment interpréter cette illustration par rapport à l'iconographie davidique médiévale? Telle est la question posée dans cet article. Le jugement négatif porté par les théologiens de l'époque sur les prouesses artistiques des jongleurs rendant peu plausible toute association de leurs danses avec David et sa fonction de modèle religieux, ce motif ne peut être qu'un renvoi iconographique à l'histoire du retour de l'arche à Jérusalem. Alors que, dans cet épisode de l'Ancien Testament, le prêtre-roi s'attire les moqueries de son épouse parce qu'il a dansé devant l'arche, les premiers exégètes chrétiens et ceux du Moyen Âge interprètent le comportement peu royal de David comme un hommage à Dieu et comme un signe d'humilité. En dépassant le sens littéral de l'Écriture et en se référant aux trois autres dimensions, typologique, anagogique et tropologique, prises en compte dans l'exégèse traditionnelle, on constate que le manuscrit de Winchcombe a exprimé l'humilité de David sous une forme nouvelle, qui commence à s'affirmer dans les milieux monastiques du XIIe siècle.

Abstract:

The discussion in this article is triggered by an initial letter in the *Winchcombe Double-Psalter* (Dublin, Trinity College, Ms. 53, fol. 151r, first half 12th century). The initial depicts the psalmist David as a dancing juggler of the Middle Ages. This article will pursue the question of the relationship between this particular manuscript illumination and the iconography of David in the Middle Ages. It seems unlikely, given the negative evaluation of histrionic art in the theology of the Middle Ages, that the dance of the jugglers should have been related in any way to David's religious significance. The only possible meaning of the motif of the dancing juggler must be an iconographic allusion to the Old Testament story of the return of the Ark to Jerusalem. Whereas in that story, David's wife mocks the dancing priest-king, the exegetes of early Christianity and the Middle Ages interpret this inappropriate kingly behavior as an act of cultic service and a sign of humility. If one questions the traditional exegeses beyond the historical and literal sense and takes into consideration the typological, anagogic, and tropologic meanings, one finds that the Winchcombe Manuscript expressed David's humility in a formally new way, one that arose in the 12th century monastic traditions and their surroundings.

Stichwörter:

König David; Tanz; Spielleute; *Winchcomber Doppelpsalter*; Salome

An den Anfang meiner Überlegungen zum Tanz König Davids[1] sei eine mittelalterliche Buchillustration gestellt, die Produkt religiöser Kunst ist und die eine der wohl populärsten biblischen Tanzszenen des Mittelalters auf überaus unkonventionelle Weise wiedergibt (Abb. 1): Bei der aus der ersten Hälfte des 12. Jahrhunderts stammenden kolorierten Federzeichnung handelt es sich um eine mit Zierranken, Blattwerk und einer Löwenmaske ausgestattete, historisierte Initiale b(*eatus vir*) am Anfang eines Doppelpsalters, der vermutlich in der Benediktinerabtei Winchcombe (Gloucestershire) entstanden ist.[2] Die obere Endstelle des Buchstabenstammes ist hier mit der Darstellung eines schreinähnlichen Gegenstandes abgeschlossen. Unterhalb dieses Schreins, im Zwickel der Initiale, führt eine gekrönte männliche Gestalt einen akrobatisch anmutenden Tanz aus, bei dem der Oberkörper des Tänzers so weit zurückgebeugt ist, dass seine über den Kopf erhobenen Hände die eigenen Füsse beinahe berühren. Plaziert in einem rechts in die Initiale integrierten Medaillon befindet sich eine gekrönte weibliche Figur, die zu dem Tänzer aufschaut und mit ihrer linken Hand auf ihn zeigt. Diese szenischen Elemente der Initiale stehen in unmittelbarem Zusammenhang mit einer der wichtigsten Episoden aus dem Leben des alttestamentlichen König David: Sie zeigen seinen Tanz vor der Bundeslade, den seine Gattin Michal, Tochter des Königs Saul, von einem Fenster aus beobachtet.[3]

König David gilt nach mittelalterlicher Vorstellung als Verfasser der Psalmen, die mit dem Incipit *Beatus vir* beginnen. Die Psalmen sind in ihrer Gesamtheit von bedeutender Funktion innerhalb der christlichen Liturgie, das Buch selbst steht häufig sinnbildlich für die liturgische Sphäre schlechthin. Eng verknüpft mit seiner Eigenschaft als Dichter der Psalmen gilt David deshalb auch als Gründer und Ordner jener Liturgie.[4] Figürliche Darstellungen Davids in oder um die B-Initiale sind daher im Titel vieler illustrierter Psalter durchaus üblich. Diese Ausschmückungen nehmen nicht nur Bezug auf die verbürgte Autorität und Authentizität der Heiligen Schrift, sie sind darüber hinaus auch (ähnlich wie etwa die Miniaturen im *Codex Manesse*) als repräsentative Autorenbilder zu verstehen. Als überaus ungewöhnlich und nur vereinzelt in der bildlichen Kunst des 12. Jahrhunderts auftretend werden von der modernen David-Forschung allerdings Bildvorstellungen des solchermassen bewegt vor der Bundeslade tanzenden Priesterkönigs angesehen, wie sie der *Winchcomber Doppelpsalter* dokumentiert.[5]

Betrachtet man die Tanzbewegung Davids in der vorliegenden Illustration zunächst ausschliesslich vom tanzanalytischen Gesichtspunkt, dann ergibt sich der Befund, dass hier eine Bewegung in Form einer kreisförmigen Rückwärtsneigung des Oberkörpers wiedergegeben ist. Fast erscheint es, als ob der «Winchcomber David» in einer Art Rückwärtssalto über dem

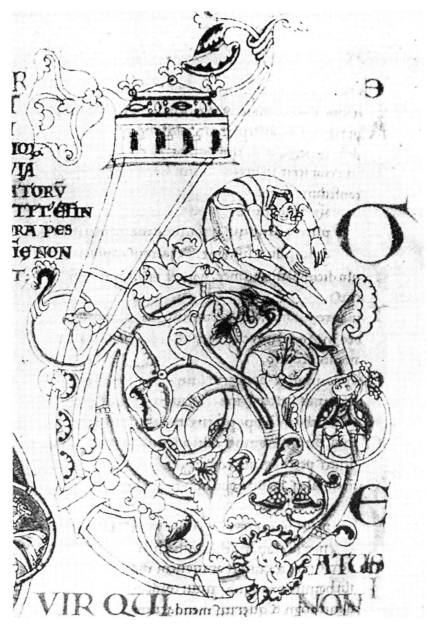

Abb. 1: Davids Tanz vor der Bundeslade.
   Dublin, Trinity College, Ms. 53: Doppelpsalter aus Winchcombe, fol. 151r.

Boden schwebt oder einen Brückenschlag ausführt. Dieser Bewegungstypus, der bereits in antiker Zeit zum traditionellen Motiv-Repertoire der Illustratoren, Skulpteure und Künstler gehört, wird als ikonographische Formel noch in der religiösen ebenso wie in der profanen Kunst des europäischen Mittelalters immer wieder zur Darstellung von histrionischen Solotänzen verwendet.[6] Was aber, so stellt sich die Frage im Hinblick auf die behandelte Illustration, hat König David, Inbegriff christlicher Frömmigkeit und Sinnbild der Liturgie, mit den Tanzkünsten von Spielleuten zu tun?

Den Histrionen, Mimen und Schauspielern und ihren Künsten begegnen die theologischen Autoritäten bereits in frühchristlicher Zeit weitgehend mit rigoroser Ablehnung, da sie im histrionischen Repertoire alte heidnische Traditionen sowie vorchristliche Elemente wiedererkennen und infolgedessen alles Schauspielerische dem satanischen Götzendienst zuordnen.[7] Mit zunehmender Festigung des Christentums werden die Glaubensanhänger durch zahlreiche Bestimmungen der Konzilien unablässig angewiesen, Theaterspiele sowie Feste und Gastmähler zu meiden, bei denen professionelle Unterhaltungskünstler auftreten. In den apostolischen Konstitutionen wird sogar bestimmt, dass diejenigen, die Theater und Spiele besuchen, von der Taufe ausgeschlossen sein sollen, dem geistlichen Stand droht in diesem Zusammenhang die Exkommunikation. Am härtesten von der theologischen Feindseligkeit gegenüber den theatralischen Künsten betroffen sind freilich die mimischen Darsteller selbst. Verfemt als «Diener des Teufels» werden sie nicht nur aus der christlichen Sozietät ausgeschlossen, auch die Sakramente sollen ihnen verweigert werden. Im Rückgriff auf das Gedankengut der frühchristlichen Autoritäten polemisieren auch die Vertreter der abendländischen Kirche des Mittelalters vehement gegen die als unmoralisch und teuflisch bewerteten Darbietungen der Gaukler. Nach Berthold von Regensburg, einem der wohl bedeutendsten Prediger des 13. Jahrhunderts, entsprechen beispielsweise der himmlischen bzw. höllischen Einteilung in Chöre auf Erden ebensoviele Klassen oder Chöre von Menschen. Die Spielleute gehören für den Franziskaner Berthold zum Ingesinde des Teufels und damit zu jenem zehnten Engelchor, der von Gott abgefallen ist und abtrünnig wurde.[8]

Trotz der apodiktisch erscheinenden Einstellung gegenüber den Histrionen belegen vor allem mittelalterliche Quellen, dass Spielmannsdarbietungen vom moraltheologischen Standpunkt aus unterschiedlich gewertet werden. So berichtet etwa Adam von Bremen um das Jahr 1000 in seiner Biographie über den Erzbischof Adalbert von Bremen, dass dieser an seinem Hof bisweilen Saitenspieler zugelassen habe, weil er sie für notwendig hielt, um Ängste und Sorgen zu lösen. Jene Gaukler (*pantomimos*) aber, die das Volk mit obszönen Körperbewegungen unterhielten, seien aus seinem

Blickfeld ganz und gar verbannt gewesen.⁹ Diesen exemplarisch erwähnten Ausführungen lässt sich entnehmen, dass histrionische Darbietungen zwar vorrangig nach ihrer moralischen Dignität eingeschätzt werden, dass aber das theologische Verwerfungsurteil über einen Gaukler auch um so drastischer lautet, je stärker seine Tätigkeit mit körperlicher Aktivität verbunden ist.¹⁰ Bedenkt man hierbei die prinzipiell tanzfeindliche Einstellung der theologischen Gelehrten von der Antike bis weit in die Neuzeit, so mag es kaum erstaunen, dass unter den moralisch verdächtigen Gauklervorführungen das Tanzen als die weitaus verwerflichste Tätigkeit genannt wird.¹¹ Insbesondere den um Broterwerb agierenden Tänzerinnen wird von theologischer Seite unablässig vorgeworfen, dass sie nicht nur ihren Körper als Mittel zum Gelderwerb gebrauchen, sondern darüber hinaus auch diesen nach Gottes Ebenbild geschaffenen menschlichen Körper herausputzen, verrenken und verzerren und durch derlei sündhafte Wahrheitsverdrehungen zur Unkeuschheit animieren würden.¹²

Das wohl herausragendste und am meisten strapazierte Beispiel zur Illustration der Sündhaftigkeit der gesamten berufsmässigen Tanzkunst ist den christlichen Predigern die neutestamentliche Figur der Salome, zumal nach mittelalterlicher Ansicht die verbürgte Autorität der Heiligen Schrift von der Authentizität der Figur zeugt. Ursache der Stilisierung Salomes als Tochter Satans ist ihr seit zweitausend Jahren unvergessener Tanz vor Herodes, der bekanntlich mit der Enthauptung Johannes des Täufers endet.¹³ Jenseits historischer Kontingenz scheint den christlichen Seelenhütern kein Tanz in seiner Verkehrtheit so perfekt wie dieser. In mittelalterlichen Traktaten, Predigten und exegetischen Auslegungen der neutestamentlichen Episode erscheint Salome immer wieder als Repräsentantin des verwerflichen und durch seine Tanzkünste betörenden *spilwîp* schlechthin.¹⁴ Diese theologische Haltung spiegelt sich auch in religiösen Kunstwerken der Zeit, die den Tanz der Salome thematisieren.

Insbesondere vom 11. bis 14. Jahrhundert treten bildliche Tanzdarstellungen, die Salome im «Brückenschlag» zeigen, überaus häufig auf. Die um 1100 entstandenen, berühmten Bronzetüren von San Zeno in Verona zeigen etwa auf einer der 73 Bronzetafeln ein Beispiel für den sogenannten artistischen Tanztypus in einer Simultandarstellung (Abb. 2): Die Fürstentochter tanzt hier in extremer, schlangenförmiger Rückwärtsneigung, wobei ihr Gesicht den Boden und die eigenen Füsse berührt.¹⁵ Betrachtet man nun die beiden vorliegenden Abbildungen von Salome und David, so ist die Ähnlichkeit der dargestellten Tanzbewegungen mehr als augenfällig. Darüber hinaus sind Salome und David auch im Sprachgebrauch der zeitgenössischen Literatur im Zusammenhang mit Schilderungen der beiden biblischen Szenen ebenfalls durch die zur Beschreibung histrionischer Tanzweisen charakteristischen Termini als tanzende Spielleute klassifi-

Abb. 2: Salomes Tanz vor der Festgesellschaft des Herodes.
Verona, San Zeno, Bronzetür (Detailaufnahme).

ziert.[16] Dass die ohnehin negativ besetzte Fürstentochter Salome als Gauklerin interpretiert werden kann, liegt in der neutestamentlichen Situation ihres Tanzes begründet, tritt sie doch als Solistin während eines Symposions öffentlich vor Gästen auf – ein Auftritt also, der in antiker und spätantiker Zeit ausschliesslich den Prostituierten und den Mimen vorbehalten ist. Dass aber ein nach Art der Spielleute tanzender König David im Kanon repräsentativer Herrscher- und religiöser Leitbilder figurieren kann, erscheint zumindest in Anbetracht der theologischen Tanz- und Theaterfeindlichkeit kaum vorstellbar.

Abgesehen von der aussergewöhnlichen Darstellung des tanzenden David im Winchcomber Manuskript haben die David-Bildprogramme der mittelalterlichen Psalter freilich eine Vielzahl von Varianten. Bei der Mehrheit der Illustrationen ist David als thronender und meist auch auf einem Saiteninstrument musizierender König in herrschaftlichem Ornat wiedergegeben. Dieser sogenannte *David-rex-et-propheta*-Bildtypus, der seit dem 8. Jahrhundert in Europa in Erscheinung tritt, steht in direktem Zusammenhang mit der mittelalterlichen Herrscher-Ikonographie: Durch die ikonographische Zusammenführung von Herrschertum und Dichter- bzw. Musikertum ist die dargestellte Figur eines vornehmen Fürsten, Königs oder Kaisers auch im Sinne der *septem-artes-liberales*-Theorie als «kunstschaffender» Adliger ausgewiesen.[17] Im Unterschied zu den mittelalterlichen Herrscherdarstellungen wird mit den Psalterillustrationen des musizierenden Psalmisten David gleichzeitig stets auch der Ursprung der himmlischen und der Massstab der irdischen Liturgie repräsentiert, die, wie ebenfalls in einigen Psalterillustrationen dargestellt, dem meist durch die Spielleute vertretenen Bereich profaner Musik und Unterhaltung diametral entgegensteht.

Besonders eingängig ist diese Differenzierung zwischen Himmel und Hölle, der extreme Gegensatz zwischen der guten, liturgischen David-Sphäre und der schlechten, dämonischen Welt der Spielleute etwa in einer aus Reims stammenden Psalterillustration aus dem ersten Viertel des 12. Jahrhunderts veranschaulicht (Abb. 3): Die Illustration ist unterteilt in zwei übereinander angeordnete Register. Im Zentrum des oberen Registers ist der thronende und gekrönte König David beim Spiel auf einem Saiteninstrument wiedergegeben. Er wird umringt von sieben Begleitern, drei von ihnen sind ebenfalls mit tonhöhenregulierbaren, d.h. theorie- und kunstfähigen Musikinstrumenten (Monochord, Glockenspiel, Panflöte und Grifflochhorn) ausgestattet, zwei fungieren als Blasebalgtreter einer Orgel, eine Figur kniet neben David, um dessen Instrument zu stützen und eine weitere stehende Gestalt singt offensichtlich aus einem Buch vor, das aufgeschlagen in ihren Händen liegt. Dieses Gesangbuch ist mit der Inschrift «Beatus vir qui non abiit in consilio impiorum» versehen und daher einwandfrei als Psalter zu identifizieren.

Das ähnlich angeordnete, untere Register zeigt hingegen die völlig entgegengesetzte Sphäre der lärmenden und mit diabolischen Zügen ausgestatteten Spielleute: Im Zentrum befindet sich eine menschengestaltige Figur in einer zotteligen Wolfs- oder Bärenmaske, die eine um ihren Hals hängende Fasstrommel schlägt. Das Tragen von Tiermasken wird von theologischer Seite seit jeher mit dem Teufel in Verbindung gebracht. Erinnert sei in diesem Zusammenhang etwa an ein Verdikt des Hinkmar von Reims, in dem «schändliche Späße mit Bären oder mit Tänzerinnen oder

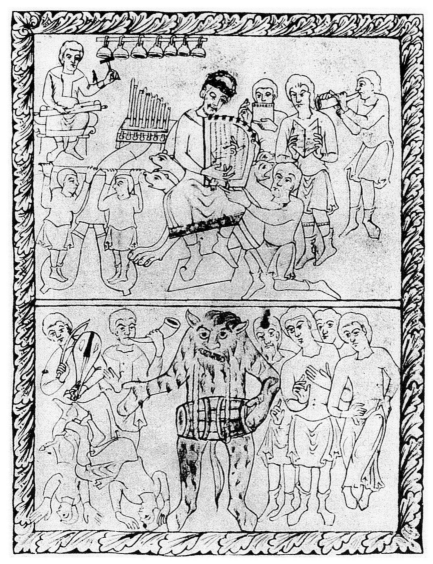

Abb. 3: Davidsmusik und Spielmannsmusik.
   Cambridge, St. John's College, Ms. B 18: Psalterium aus Reims, fol. 1.

mit anderen teuflischen Masken» rigoros untersagt und als Teufelswerk verdammt werden.[18] Das Schlaginstrument der Tiermaske gehört nach mittelalterlich-musiktheoretischer Vorstellung von der Hierarchie der Musikinstrumente her zu den Tympanuminstrumenten, stellt folglich ebenfalls ein musikalisches Werkzeug des Teufels dar.[19] Auch die Maske ist umgeben von acht Begleitern, darunter zwei Musiker, von denen der eine ein griffloses Horn, der andere ein Rebec (Saiteninstrument ohne akkurate Tonhöhenregulierung) spielt; beide Instrumente gelten aufgrund ihrer Unregulierbarkeit als nicht theorie- und damit auch nicht als *ars*-fähig.[20] Des weiteren befinden sich im unteren Register sechs offenbar tanzende Figuren, von denen zwei auf dem Kopf zu stehen oder einen Purzelbaum auszuführen scheinen.

Ohne Zweifel sind in dieser Illustration zwei entgegengesetzte Sphären dargestellt: In der einen steht David für die liturgische, gute Musik zum Lob Gottes und für den *beatus vir*, der das Gesetz Gottes achtet; die Gaukler im unteren Register repräsentieren indessen das profane, satanische Getöse der Welt und das *consilium impiorum* des ersten Psalms. Aber nicht nur anhand des verwendeten Instrumentariums wird sinnbildlich auf den Kontrast zwischen liturgischer Davids-Musik und teuflischer Gauklerwelt, zwischen *lex Dei* und *consilium impiorum* verwiesen, auch die Körperlichkeit der dargestellten Figuren, ihre Haltungen und Bewegungen verdeutlichen diesen Gegensatz: Während im oberen Register David selbst auf seinem Thron sitzend agiert und das musizierende Personal eher durch Bewegungsarmut oder statisch anmutende Haltungen charakterisiert ist, sind im unteren Register die Figuren, die das monströse, trommelschlagende Wesen umgeben, wesentlich deutlicher in ihrer Bewegtheit festgehalten. Die vier aufrecht stehenden Tänzer bedienen sich klar erkennbar der Gebärdensprache ihrer Hände. Diese dargestellten Handgebärden können ebenfalls als Verweis auf die höllische Sphäre gelesen werden, da nach theologischer Deutungstradition nicht nur misstönender Lärm, sondern auch das Schweigen bzw. die Sprachunfähigkeit als Merkmal der Teufelsbesessenheit gelten.[21] Das Bewegungsmoment der beiden auf dem Kopf stehenden Gestalten lässt sich schliesslich als geradezu charakteristisches Indiz ihres Gauklertums lesen. In der religiösen Ikonographie des Mittelalters gilt das bevorzugt mit histrionischem Personal besetzte Verkehrt-herum-Sein, das Stehen auf dem Kopf, den Händen oder auch der Brückenschlag als toposhafter Verweis auf den Höllensturz oder die Verkehrung der Welt, vor allem ist solch ein Bewegungstypus aber als teuflisches Gestikulieren der Histrionen und Gaukler überaus negativ konnotiert.[22] Um so mehr muss es deshalb erstaunen, dass die vorbildhafte und kirchenpolitisch wichtige Figur Davids im *Winchcomber Doppelpsalter* in jener histrionischen Bewegungstypik dargestellt sein kann, die der Illustrator des *Reimser Psalters* verwendet, um die dämonische Gegenwelt der Spielleute mit der guten Davids-Welt zu kontrastieren.

In den mittelalterlichen Psalter-Bildprogrammen ist König David allerdings nicht immer als ein in statischer Anmut thronender Herrscher wiedergegeben. Neben dem *David-rex-et-propheta*-Bildtypus kennt die mittelalterliche David-Ikonographie seit dem 11. Jahrhundert durchaus auch den stehenden oder sogar solistisch tanzenden Psalmenautor. Im Vergleich zu der ungewöhnlichen Bewegtheit des alttestamentlichen Königs im eingangs präsentierten *Winchcomber Doppelpsalter* lässt eine Vielzahl dieser Darstellungen jedoch eine wesentlich massvoller und «majestätischer» ausgeführte Bewegungsform des Tänzers vermuten. In den meisten Bildwerken wird sein Tanz allenfalls als angemessenes, prozessionsartiges Daherschreiten, als eine Art kontemplativer Spaziergang vor der Bundeslade visualisiert, bei dem das Saiteninstrument in den Händen des Königs oft der einzige Hinweis auf dessen musikalische Betätigung bleibt (vgl. Abb. 4). Die meisten dieser Darstellungen stehen in keinerlei Zusammenhang mit bildlichen Entwürfen von Spielmannstänzen, sondern zeigen Ähnlichkeiten mit der Gestaltung von Reigentänzen vornehmer Adliger, wie sie die höfische Bildkunst kennt. Sie verweisen insofern eher auf die elitäre Sphäre des Herrschers.

Dass es sich bei dem im *Winchcomber Doppelpsalter* auftretenden Zusammenfall von Königtum und gauklerischer Tätigkeit nicht um eine Zufälligkeit oder gar um ein Resultat der künstlerischen Eigenständigkeit des Illuminators handeln kann,[23] belegen indessen weitere Bilddokumente: So finden sich seit Beginn des 11. Jahrhunderts auch in den traditionelleren *David-rex-et-propheta*-Bildprogrammen einige Hinweise, anhand derer der biblische König dem sozial und moralisch gering geschätzten Milieu der Spielleute zugeordnet ist. Häufig sind jene ikonographischen Verweise auf das Gauklertum dergestalt in Szene gesetzt, dass David inmitten von messerwerfenden, akrobatisch tanzenden oder sich auf ähnliche Weise histrionischer Unterhaltungspraktiken bedienenden Begleitern agiert (vgl. Abb. 5, unteres Register und Eckmedaillons).

In einer anderen, noch eindeutigeren Form ist der Hinweis auf Davids spielmännisches Handeln etwa in einer Miniatur einer um 1060 entstandenen, biblische Texte enthaltenden Handschrift präsentiert (Abb. 6): In der Mitte der Miniatur spielt der thronende, mit Herrschaftsinsignien versehene und von seinen musizierenden Begleitern umrahmte König eine Harfenzither. Dieser geläufige Typus der bildlichen Interpretation Davids als Musiker und Dichter steht in Analogie zur traditionellen Herrscher-Ikonographie des Mittelalters.[24] In frappierendem Widerspruch zum repräsentativen Entwurf des Herrscherbildes lautet der Titulus in der linken Bildrahmung indessen: «Histrio fit David sub causa religionis, ipsem et ad cantum saltabat more ciclopum». Spielmannsbeschreibungen in der höfischen Erzähldichtung legen nahe, dass mimetische Imitationen von Riesen und ihrem Gebaren ebenfalls zum histrionischen Repertoire gehören;[25] das in der Bildbeschrift erwähnte Tanzen nach Art der Riesen («saltabat more

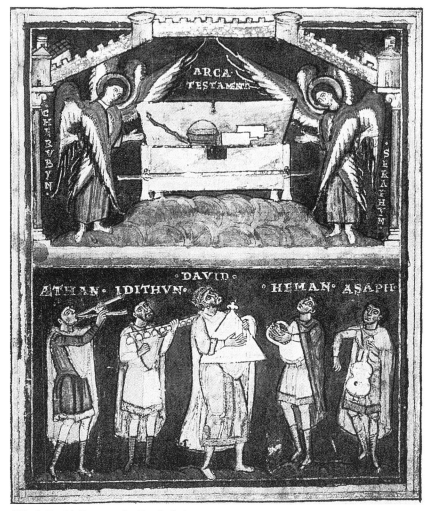

Abb. 4: Davids Tanz vor der Bundeslade.
Rom, Biblioteca Apostolica Vaticana, Cod. pal. lat. 39: Psalterium, fol. 44v.

ciclopum») lässt sich daher in noch verstärkterem Mass als Hinweis auf die gauklerische Tätigkeit Davids lesen – eine Tätigkeit, die hier allerdings in einem Atemzug mit dem Hinweis entschuldigt wird, dass sie «sub causa religionis», «aus religiösen Gründen» ausgeübt worden sei.

Dass ein als Spielmann apostrophierter, von Spielleuten umringter oder nach Art der Spielleute tanzender König David im überlieferten Kanon religiös geprägter Herrscherbilder figurieren oder sogar als Sinnbild für die

Abb. 5: David am Monochord mit zwei Musikern und zwei Tänzern (unteres Register). Berlin, Staatsbibliothek zu Berlin – Preußischer Kulturbesitz, Ms. theol. lat. fol. 358: Psalterium, fol. 1v.

Abb. 6: Musizierender und von seinen Begleitern umrahmter David. Pommersfelden, Gräflich-Schönborn'sche Schlossbibliothek, Hs. Nr. 334: rheinländische Bibelhandschrift, fol. 148v.

kirchliche Liturgie stehen kann, mag bei einem neuzeitlichen Rezipienten einiges Befremden aufkommen lassen. Gerade der biblische König David spielt zudem im ekklesiologischen Denken des Mittelalters eine signifikante und positiv besetzte Rolle. Er gilt nicht nur als direkter Vorfahr und Typus Christi, als Gerechter des Alten Bundes, Prophet und Psalmist sowie als alttestamentliches Vorbild des Messias, auch die von mittelalterlichen Fürsten geübte *imitatio David regis* und die idealisierte Apostrophierung einiger christlicher Kaiser als *novus David* zeugen von der Vorbildfunktion des biblischen Königs als hervorragender christlicher Staatsmann und politisch anerkannter Herrscher.[26]

In Anbetracht der evidenten Widersprüchlichkeit zwischen religiösem Kunstwerk und theologischem Wertesystem, die einigen mittelalterlichen Denkmälern in Gestalt des nach Art der Gaukler tanzenden König David eignet, gilt es daher vorerst nachzufragen, wodurch der Zusammenfall von Königtum und Gauklertum in der David-Ikonographie begründet ist. Hugo

Steger sieht diesen Zusammenhang in erster Linie in Davids Rolle als Dichter der Psalmen, wenn er schreibt: «Als das Mittelalter in unseren Bildern diese Synopsis vornahm, muss es also bereits seine eigenen Vorstellungen über die Zusammengehörigkeit von Dichtertum und Tanz gehabt haben, sonst könnte nicht der tanzende König für den königlichen Autor stehen.»[27] Gegen die Vermutung Stegers spricht hingegen, dass die mittelalterliche Herrscher-Ikonographie zwar durchaus den musizierenden und dichtenden, mit Ausnahme Davids aber nicht den nach Art der Gaukler tanzenden König kennt. Auch eindeutige Darstellungen von histrionisch tanzenden Dichtern sind meines Wissens nicht überliefert; die von Steger vorgenommene Gleichsetzung von *poeta* und *histrio*, von (adligem) Dichtertum und Gauklertum erscheint also wenig überzeugend, zumal dies bedeuten würde, dass gleichzeitig mit seinem Autor auch der sakrosankte Psaltertext in die von Theologen geächtete spielmännische Sphäre gerückt wäre. Wenn David in den Bildprogrammen der mittelalterlichen Psalter immer wieder tanzend dargestellt ist, sind die Gründe dafür nicht in der vermeintlichen Zusammengehörigkeit von Gauklertum und Dichtertum bzw. Autorschaft der Psalmen, sondern eher in der inhaltlichen Zusammengehörigkeit der populären alttestamentlichen Geschichte von seinem Tanz vor der Lade des Herrn mit dem Beginn des Psaltertextes zu vermuten. Die Affinität zwischen den beiden unterschiedlichen Kontexten entstammenden Bibelstellen zeigt sich bei eingehender Betrachtung erst in ihrer exegetischen Auslegung. Um besser verständlich zu machen, in welcher Form bereits im alttestamentlichen Bericht über Davids Tanz vor der Bundeslade eine Symbiose von König und Spielmann vorgenommen wird, sei an dieser Stelle zunächst die biblische Geschichte, erweitert um einige Kommentare zur grundsätzlichen Deutung des Geschehens, nach der Fassung im zweiten Buch Samuel (2Sam 6,1-23) rekapituliert:[28]

David zieht nach seinem Sieg über die Philister und nach seiner Salbung zum König von Israel mit den Männern Israels aus, um die Bundeslade nach Jerusalem zu bringen. Die problematische Heimführung dieses Kultgegenstandes, durch den Davids staatliche Macht, seine Herrschaft und Legitimität von Gott selbst gefestigt wird, macht das wesentliche Moment der alttestamentlichen Handlung aus. Als zu Beginn der Heimführung die Lade des Herrn vom Wagen zu gleiten droht, greift Usa, einer der Männer Davids, unberechtigt nach ihr und wird infolgedessen vom Zorn Gottes erschlagen. In diesem Zwischenfall zeigt sich mit erschreckender Deutlichkeit die Grösse Gottes. Weil David, belehrt durch den Tod Usas, zunächst nicht weiss, wie die Lade angemessen und ohne Gottes Strafe nach Jerusalem transportiert werden kann, wird die Reise für drei Monate unterbrochen, bis schliesslich den Leviten die Spedition des Kultgegenstandes übertragen wird. Die Leviten erweisen sich ob ihres priesterlichen Standes als berechtigte und adäquate Transporteure der göttlichen Lade, und so kann die Fahrt mit wiederholten Tieropfern, unablässiger Musik und Festreigen zu Ehren Gottes ungehindert fortgesetzt werden. Während des Einzugs nach Jerusalem tanzt David, lediglich mit dem Ephod, dem leinenen Priesterschurz der Leviten bekleidet, unter Jubelschall und Musik vor dem Festzug der Israeliten her. Seine Gattin Michal, die den Tanz vom Fenster ihres Hauses beobachtet, schämt sich über das unkönigliche Verhalten ihres Gatten und verachtet ihn «in ihrem Herzen». Als David in sein Haus zurückkehrt, spottet sie, er habe sich auf unwürdige Weise vor den Mägden entblösst, wie einer der Possenreisser (*unus de scurris*) habe er vor dem Volk getanzt. Während es Michal in ihren Vorwürfen offenbar um den herrschaftlichen Repräsentationswert ihres Gatten geht, deutet David selbst sein Agieren als demütige Form der Gottesverehrung. Er entgegnet den herabsetzenden Worten seiner Gattin, dass er vor dem Herrn, der nicht ihren Vater Saul, sondern ihn zum Fürsten erwählt habe und für den er sich aus Dankbarkeit für seine Erwähltheit gern noch geringer machen wolle, immer wieder tanzen werde. Weil er auf diese Weise seine demütige und gottesfürchtige Haltung demonstriert habe, stehe er auch als Fürst vor dem Gesinde in Ehren. Als Bestätigung der Rechtmässigkeit des David-Tanzes wird Michal aufgrund ihrer höhnenden Worte von Gott gestraft: Sie bleibt bis zu ihrem Tode unfruchtbar.[29] Dass David durch sein Verhalten sein Königtum allein auf Gott gestellt und das Königsverständnis Sauls ausser Kraft gesetzt hat, wird durch den letzten Hinweis auf Michal noch bestätigt: Mit der Kinderlosigkeit der Königstochter hat Gott das Haus Saul vollständig aus der Erbfolge ausgeschlossen.

Mit der Schilderung des David-Tanzes im Alten Testament liegt ein vielzitiertes, aber singuläres Zeugnis für einen biblischen Tanz vor, der sowohl als solistischer Kunsttanz (aus der Perspektive Michals) wie als Sakraltanz zu Ehren Gottes interpretiert werden kann. Die Anbetung Gottes im Tanz hat in der hebräischen Tanzkultur durchaus ihren legitimen Platz und gilt insbesondere im Alten Testament als adäquate Form des Gottesdienstes:[30] Mit dem Aufruf, Gottes Lob im Reigentanz zu feiern, enthalten beispielsweise die Psalmen unmissverständlich die Aufforderung, das gottesdienstliche Erlebnis nicht allein spirituell, sondern auch körperlich zu vollziehen[31] – eine Aufforderung, die allerdings von der Kirche als der massgeblichen Sozialisierungsinstanz des abendländischen Mittelalters nicht akzeptiert werden konnte, da sie dem christlichen Ideal asketischer Frömmigkeit widerspricht.[32] Der Spott, mit dem Michal das Tanzen ihres Gatten als unziemliche Entblössung und gauklerisches Tun verhöhnt, kommt aber vor dem Hintergrund der biblischen Tradition einem Sakrileg gleich und wird von Gott gestraft.

Der Grund für die in einigen mittelalterlichen Psalterillustrationen auftretende, eigentümliche Symbiose von Königtum und Gauklertum in der Gestalt des histrionisch agierenden David ist folglich weniger in dessen Rolle als Autor der Psalmen denn vielmehr in der alttestamentlichen Geschichte über die Heimführung der Bundeslade, dem ambivalenten Charakter des Tanzes und Michals Verhöhnung Davids als *scurra* auszumachen. In der biblischen Geschichte geht es aber ebenso wie in den mittelalterlichen Psalterillustrationen nicht um das Tanzen an sich, sondern um den rechtmässigen Dienst an Gott, der wiederum im ersten Psalm postuliert wird. Nach frühchristlichem und mittelalterlichem Verständnis ist es David, der trotz seines Tanzes oder wohl genauer: gerade durch seinen Tanz vor der Lade seine Ehrerweisung gegenüber Gott auf aussergewöhnlich exponierte Weise zum Ausdruck gebracht hat und insofern auch dem im ersten Psalm angesprochenen Menschen (*beatus vir*) als sinnfälliges Beispiel der Gottesfürchtigkeit dienen kann. Michal hingegen nimmt in Darstellungen, wie sie etwa der *Winchcomber Doppelpsalter* bietet, die Rolle der gottlosen Spötterin ein. Mit der Herkunft des Motives aus dem Alten Testament ist freilich nicht erklärt, warum der gute und vorbildhafte König David in Anbetracht der theologischen Feindseligkeit gegenüber den Spielleuten in mittelalterlicher Zeit auf die gleiche Art und Weise als Gaukler dargestellt sein kann wie die verwerfliche und mit diabolischen Zügen versehene Salome.

Von den unablässigen Bemühungen der theologischen Exegeten, die Tanzdarbietung Salomes als Beweis schändlichster Verführungsgewalt zu verdammen und der höllischen Sphäre zuzuordnen, das Gebaren Davids hingegen von jeglichem Verdacht der Sündhaftigkeit freizusprechen und als rechtmässigen Dienst an Gott emphatisch zu preisen, zeugen kontrastive Gegenüberstellungen der beiden biblischen Figuren, wie sie über Jahrhunderte vorgenommen werden: So fordert beispielsweise Gregor von Nazianz bereits im 4. Jahrhundert, dass man sich während Feierlichkeiten des Prunks, der sinnlichen Gelüste und der Schwelgereien enthalten solle. Am Beispiel Salomes und Davids führt er in seiner Ermahnung den Unterschied zwischen lasterhaftem und tugendhaftem Verhalten vor: «Wir wollen nicht Pauken,» schreibt Gregor in seiner zweiten Rede gegen Kaiser Julian, «sondern Hymnen, nicht schändliche Rhythmen und Lieder, sondern den Gesang der Psalmen, nicht den Lärm der Theater, sondern laute Danksagungen und wohlklingendes Händeklatschen, nicht Gelächter, sondern Ernsthaftigkeit, nicht Trunkenheit, sondern Umsichtigkeit, nicht Laszivität, sondern Erhabenheit. Wenn du aber zum Anlass eines Festes tanzen musst, so tanze, nicht aber nach Art der [Tochter der] Herodias, die den Tod des Täufers verschuldete, sondern wie David bei der Heimführung der Bundeslade. Dieser veranschaulichte, wie ich meine, die schönen und verschiedenartigen Bewegungen derer, die auf Gottes Wegen wandeln. Dies ist meine erste und wichtigste Mahnung.»³³

Etwa zur gleichen Zeit wie Gregor von Nazianz nimmt auch der überaus tanz- und theaterfeindlich gesonnene Johannes Chrysostomos den verhängnisvollen Tanz Salomes zum Anlass, um diesem «theatrum satanicum», diesem «satanischen Schauspiel» mit beissender Schärfe und mit der geläufigen toposhaften Gleichsetzung von Tanz und Teufel den Kampf anzusagen. Ihm zufolge habe der Teufel Salome dazu verholfen, durch ihren Tanz das Wohlgefallen zu erregen und Herodes zu bannen. Wo eben Tanz sei, dort sei auch der Teufel anwesend. Gott habe uns Füsse gegeben, erläutert Chrysostomos, um aufrecht zu wandeln, und nicht um damit Tanzsprünge wie Kamele zu machen. Nur die Teufel seien zu solcher Besudelung des Körpers und noch mehr der Seele fähig. Auf diese Weise würden die Teufel tanzen und auf diese Weise, nämlich mit dem Tanz, huldigen die Diener des Teufels ihren Herren.³⁴ In Antithese zu dieser Haltung stellt Chrysostomos an anderer Stelle hingegen den Priesterkönig David als Vorbild des Christentums heraus: «Wie diejenigen, die Schauspieler, Tänzer und unzüchtige Weiber zu Gastmählern einladen, die Dämonen und Teufel zu sich rufen, so laden diejenigen, die David mit der Zither herbeirufen, durch ihn Christus in ihr Haus.»³⁵

Da der ausserordentliche Gegensatz zwischen Salome und David in seiner religiösen Bedeutung evident ist, muss sich die Ähnlichkeit in der Verwendung von bestimmten Motiven innerhalb der mittelalterlichen Kunstwerke inhaltlich auflösen lassen. Den Schlüssel zum Verständnis des histrionisch tanzenden David im *Winchcomber Doppelpsalter* bieten erst die verschiedenen exegetischen Auslegungen des alttestamentlichen Berichts über die Heimführung der Bundeslade. In Anbetracht der Vielgestaltigkeit des tanzenden David in der mittelalterlichen Psalter-Ikonographie gilt es daher nachzufragen, welche theologischen Sinnebenen und Vorstellungshorizonte sich mit dem tanzenden David in den Kommentaren und Interpretationen der Theologen öffnen (und in den mittelalterlichen Kunstwerken widerspiegeln) und inwiefern sich diese Vorstellungen von ihren Auslegungen der neutestamentlichen Geschichte über die Fürstentochter Salome unterscheiden, deren Tanz in den überlieferten Denkmälern des Christentums stets exemplarisch für die Verwerflichkeit aller Tänzerinnen herhalten muss.

Interessanterweise wird Davids Tanz bereits in den patristischen Schriften nur selten mit dem Hinweis auf seine Zugehörigkeit zur heidnisch-jüdischen Kultur und Glaubenspraxis entschuldigt, vielmehr betonen die theologischen Exegeten einhellig, dass es sich bei Davids Tanz um eine Geste der *humilitas*, um eine Demutsgeste vor Gott gehandelt habe. Demgegenüber sei der im Neuen Testament erwähnte Solotanz der Fürstentochter

Salome nicht nur frei von jeder sakralen Funktion, sondern sogar Zeichen ihres Hochmuts (*superbia*) gewesen, weil er allein der Unterhaltung ihres Stiefvaters Herodes und der beim Festmahl anwesenden Gäste gedient habe. David habe seinen Tanz hingegen als eine Form der Gottesverehrung verstanden. Durch diesen Akt der Demut habe er seinen königlichen Körper auf die unterste Ebene der menschlichen Daseinsform herabgesetzt und sei deshalb als Spielmann verstanden worden.

Geprägt von diesem Verständnis stimmen bereits im 4. Jahrhundert Ambrosius von Mailand und Gregor von Nyssa das Loblied auf den «guten» und moralisch vertretbaren Tanz Davids an.[36] Für Gregor den Grossen ist der biblische Priesterkönig im 6. Jahrhundert beispielgebender Repräsentant der Demut schlechthin: In seinen *Moralia in Job* vermerkt Gregor anerkennend, dass David trotz seiner zweifellos grossen Manneskraft innegehalten habe, um sich gänzlich Gott zu unterwerfen. Wenn es deshalb auch erscheinen mag, als ob er schwach oder der Geringste vor Gott gewesen sei, so habe er auf diese Weise doch vor den Menschen seine Stärke bewiesen. Gregor zieht aus diesem Grund die Demutsgeste des Königs allen seinen Erfolgen als Herrscher und Kriegsmann vor: «Ich bewundere den tanzenden David mehr als den kämpfenden. Durch den Kampf hat er den Feind unterworfen, sich selbst hat er aber tanzend vor Gott besiegt.»[37] Noch im 9. und 12. Jahrhundert bedienen sich – in kaum veränderter Zitierweise – Hrabanus Maurus in seinem Kommentar zum vierten Buch der Könige und Petrus Cantor in seinem *Verbum abbreviatum* der Worte Gregors des Grossen, um Davids Tanz als einen Akt der Demut zu loben.[38]

Abgesehen davon, dass die theologischen Exegeten das Gebaren Davids beim Einzug nach Jerusalem einstimmig als Zeichen der Demut gegenüber Gott interpretieren, finden aber bereits in den frühchristlichen Schriften unterschiedliche Akzentuierungen statt, durch die Davids Demut näher erläutert und gedeutet werden soll. Viele dieser Deutungstraditionen stehen in unmittelbarem Zusammenhang mit der Bildgestaltung der mittelalterlichen Psalterillustrationen. In einer der signifikantesten wird etwa die Nacktheit Davids, der beim feierlichen Einzug nach Jerusalem nur mit dem Ephod bekleidet ist, als Zeichen seiner Demut gegenüber Gott hervorgehoben. So interpretiert bereits Ambrosius die spärliche Gewandung Davids als eine Verdemütigung vor Gott, weil der König seine herrschaftliche Würde dadurch zurückgestellt und Gott seinen Dienst gleichsam als geringer Diener angeboten habe.[39] In typologisch-allegorischem Sinne stellt im 6. Jahrhundert auch Prokopius von Gaza in seinem Kommentar zum 2. Buch der Könige eine sinnfällige Verbindung zwischen Typus und Antitypus, zwischen der Entblössung Davids und der Nacktheit Christi bei der Kreuzigung her. Ihm zufolge lehrt das Beispiel des tanzenden David, der durch kunstfertige Bewegungen des Körpers seine innere Einstellung auch äusserlich sichtbar gemacht habe, dass niemand sich des Kreuzes schämen solle. Wer den damaligen Tanz tadle, verhöhne nun das Kreuz (d.h. die Nacktheit Christi am Kreuz).[40] Im frühen Mittelalter erklärt auf ähnliche Weise auch die an dieser Stelle auf Hrabanus Maurus zurückgehende *Glossa ordinaria*, dass David das leinene Priestergewand «aus Gründen der Demut» («causa humilitatis») getragen habe.[41]

Während die exegetischen Auslegungen von Davids Nacktheit als Zeichen seiner Demut in den volkssprachigen Quellen des Mittelalters kaum Widerhall finden, zeigt sich insbesondere die christliche David-Ikonographie des 9. bis 12. Jahrhunderts den in den Schriften der frühchristlichen und frühmittelalterlichen Exegeten formulierten Ausführungen verpflichtet. In einigen Kunstwerken dieses Zeitraums ist infolgedessen nicht der Tanz, sondern die Nacktheit Davids deutlich akzentuiert, vielfach ist die tänzerische Aktion des Königs sogar kaum als solche erkennbar (vgl. Abb. 7). Weil aber im alttestamentlichen Bibeltext eine Entblössung Davids lediglich im Kontext der populären Geschichte von der Heimführung der Bundeslade nach Jerusalem thematisiert wird, ist mit der ikonographisch dargestellten Nacktheit des Königs gleichzeitig auch die Geschichte selbst vergegenwärtigt und das Wissen von seinem Tanz vorausgesetzt. Im überlieferten Bildmaterial, meist Psalterillustrationen, tauchen in diesem Zusammenhang darüber hinaus auch Darstellungen der Bundeslade nur äusserst selten auf. Hugo Steger schliesst aus diesem Befund die Vermutung, dass mit der bildlich umgesetzten Nacktheit Davids der Bezug zum biblischen Bericht über seinen Tanz vor der Lade zeichenhaft hergestellt werde, die Lade müsse deshalb [ebenso wie sein Tanz] nicht mehr eigens ins Bild treten. Damit fände «jener befremdende Zug eine Erklärung, die bei Betrachtung der mittelalterlichen Neigung zu abkürzender Darstellungsweise einzuleuchten vermag.»[42]

Dass aber auch Davids Tanz im Grunde keinerlei Gemeinsamkeiten mit histrionischen Tanzweisen habe, sondern allein *spiritualiter* gedeutet werden dürfe, wird ebenfalls bereits in den patristischen Schriften kontinuierlich betont. So zeigt sich im 3. Jahrhundert etwa Novatian (= Pseudo-Cyprianus von Karthago) um eine Sublimierung des David-Tanzes bei gleichzeitiger Verwerfung aller histrionischen Tanzdarbietungen bemüht. In seinem *Liber de spectaculis* erläutert Novatian, dass der Tanz Davids vor dem Angesicht Gottes keine Entschuldigung für die im Theater sitzenden gläubigen Christen sei. David habe bei der Rückführung der Bundeslade nämlich keine schamlosen, verdrehten Körperbewegungen aufgeführt wie die wollüstigen Griechen der Sage. Harfen, Zymbeln, Flöten, Tympana und Zithern seien dort zu Ehren Gottes und nicht zu Ehren der Götzen erklungen; nun aber seien durch die Kunst des Teufels aus ehedem heiligen unerlaubte Dinge geworden.[43]

Abb. 7: *Tanzender David mit Begleitern.*
   München, Bayerische Staatsbibliothek, Cod. lat. mon. 13067: *Psalterium, fol. 18.*

Deutlicher noch als Novatian weist Ambrosius von Mailand darauf hin, dass Davids Tanz allein im geistigen Sinne verstanden werden dürfe. Wiederholt erklärt er in seinem Kommentar zum Lukas-Evangelium, David habe nicht aus kindlicher Leichtfertigkeit, sondern aufgrund religiöser Emphase vor der Lade des Herrn gesungen und getanzt; sein Tanz sei nicht gewunden und verdreht wie nach Gauklerart, sondern eine vom Eifer getragene Beweglichkeit des Geistes und eine von Gottesfurcht beflügelte Beweglichkeit des Leibes gewesen.[44]

Dank dieser Erklärungen kann Ambrosius in seinen folgenden Ausführungen deshalb behaupten, dass die Heilige Schrift auch auf weise Art zu tanzen gelehrt habe. Als Gott nämlich zu Ezechiel sagte: «Klatsche mit der Hand und stampfe mit dem Fuß!» habe er, der Sittenrichter, damit niemals haltlose Körperbewegungen nach Art der Gaukler verlangt oder den Männern unanständiges Zappeln und weibisches Klatschen befohlen. Niemals hätte Gott einen so grossen Propheten zu den Schlüpfrigkeiten der Theaterleute und zu den Weichlichkeiten des Weibervolkes veranlasst. Nichts hätten die Offenbarungsgeheimnisse der Auferstehung mit schändlichen Tanzaufführungen zu tun, aber es gebe auch einen ehrenhaften Tanz, bei dem die Seele sich rhythmisch bewege und der Körper sich durch gute Werke aufschwinge.[45] Indem Ambrosius den Tanz vor der Lade des Herrn zu einem Tanz «in spiritu» erklärt, macht er diese alttestamentliche Form der Huldigung Gottes durch das Tanzen mit der im Rahmen der christlichen Glaubenspraxis postulierten Anbetung Gottes im Geiste vereinbar.

Erklärungsmuster wie dasjenige des Novatian oder des Ambrosius dokumentieren exemplarisch, wie sehr die theologischen Autoritäten bemüht sind, den Freudentanz Davids als gottesfürchtiges Agieren zu erklären und von den an sich verdammungswürdigen Bewegungsweisen der erwerbsmässig tanzenden Spielleute abzugrenzen. Von dem ausgelassenen Tanz des halbnackten Priesterkönigs bleibt nach der exegetischen Zensur nicht mehr viel übrig. Durch solche Auslegungen scheint die geheiligte Unantastbarkeit Davids trotz seiner nach christlicher Sichtweise zweifellos problematischen Tanzdarbietung gerettet. Auch in den meisten exegetischen Ausführungen der Folgezeit wird Davids Demutsgeste als akzeptable Form des Gebarens, häufig sogar als Tanz im Geiste gedeutet, der in Analogie zur Vorstellung des himmlischen, jenseits menschlicher Körperlichkeit und Sündhaftigkeit stattfindenden Reigens der Engel steht.[46] Diese vorrangig auf die anagogisch-eschatologische Sinnebene abzielende Deutungstradition[47] mag eine Erklärung dafür liefern, warum sich die Tanzbewegungen des Königs in den meisten Darstellungen des Mittelalters kaum von den Bewegungen eines einfachen Passanten unterscheiden, bei dem zuweilen das eine Bein etwas höher angehoben ist als das andere.[48] Das dem Moment seines Tanzens im alttestamentlichen Text anhaftende Stigma des

Histrionischen scheint sowohl in den frühchristlichen Schriften als auch in der mittelalterlichen Bildgestaltung zunächst getilgt.

Auf eine andere Weise deutet indessen Gregor der Grosse im 6. Jahrhundert Davids Tanz, wenn er die religiöse Haltung Davids mit seiner sozialen Gesinnung als König des Volkes Israel gleichsetzt. Lobend hebt Gregor hervor, dass David im Moment des Tanzens sein Amt und seine königliche Würde gewissermassen aus den Augen verloren und wie ein Mann des Volkes vor der Bundeslade getanzt habe. Und während dieses Tanzes habe der König sich den Sitten des Pöbels angepasst, in gotterfülltem Gehorsam habe er sich springend im Kreis gedreht («per saltum rotat»).[49] Durch seine Deutung der Szene verweist Gregor nicht nur auf die religiöse, sondern auch auf die staatsbegründende Funktion des David-Tanzes,[50] in dessen Verlauf der König durch Ausserkraftsetzung der sozialen Unterschiede eine gesellschaftliche Einheit, ja gewissermassen den Gottesstaat und das himmlische Jerusalem erschaffen habe: Als *praefiguratio* Christi stellt David, der historische König von Jerusalem, in typologischer Deutung gleichzeitig auch Christus, den himmlischen König der heiligen Stadt, dar. Mit der Formulierung «per saltum rotat», die in diesem Zusammenhang im 9. Jahrhundert von Hrabanus Maurus in seinem Kommentar zum vierten Buch der Könige und im 12. Jahrhundert von Petrus Cantor im *Verbum abbreviatum* wortgetreu aufgegriffen wird und die eine überaus aktive Bewegtheit des tanzenden Königs assoziiert,[51] veranschaulichen Gregor und seine Nachfolger darüber hinaus die tropologisch-moralische Sinndeutung des Geschehens: die Wendung Davids hin zu Gott. David wendet seinen Leib im Tanz, er wird *per saltum* zum Rad und gibt auf diese Weise seine endgültige Entscheidung für Gott öffentlich zu erkennen – eine Entscheidung, die wiederum im ersten Psalm thematisiert ist. Genau dieser tropologische Hinweis Gregors wird im 12. Jahrhundert überaus sinnfällig in Gestalt der kreisförmigen Tanzbewegung Davids in der angesprochenen Illustration im *Winchcomber Doppelpsalter* ikonographisch umgesetzt.

Bei dieser Illustration im Winchcomber Manuskript handelt es sich zwar um ein rares, nicht aber um ein singuläres Zeugnis des 12. Jahrhunderts. Mit zwei Glasfenstern in den Kathedralen von Canterbury und Lincoln sind zumindest noch zwei weitere Bilddokumente aus etwa der gleichen Zeit bekannt, die einen akrobatisch anmutenden König David im Handstand, also ebenfalls nach Art der Gaukler tanzend zeigen.[52] Diese Denkmäler bringen m.E. nicht den gespielten Wahnsinn Davids vor König Achis (1Sam 21,14) zum Ausdruck, wie von der kunsthistorischen Forschung bislang angenommen,[53] sondern eine bei Gregor dem Grossen vorformulierte religiöse Haltung, die in der ersten Hälfte des 12. Jahrhunderts verstärkt in monastischen Kreisen aufgegriffen und immer häufiger auch auf literarischem Wege thematisiert wird. Knapp ein Jahrhundert bevor Franz von Assisi im Hinblick auf seinen Orden die programmatische Formulierung «nos sumus ioculatores Domini»[54] anwandte, belegt diesen Sachverhalt besonders deutlich ein Brief Bernhards von Clairvaux an den Kanonikus Oger, in dem der Zisterzienser erste Hinweise auf eine veränderte Einstellung innerhalb des monastischen Selbstverständnisses bietet.[55] In seiner berühmten 87. Epistola vergleicht Bernhard nicht nur den Akt des unterweisenden Schreibens an Oger mit dem emphatischen David-Tanz, er setzt darüber hinaus den Orden der Zisterzienser mit den tanzenden Spielleuten gleich. Jene «auf den Händen tanzenden Gaukler»[56] scheinen ihm die geeignete Metapher für eine andere Art der Verkehrung weltlich-normativer Wertvorstellungen, die sich im Fall seines eigenen Ordens freilich als Askese, Weltentsagung und klösterliche Abgeschiedenheit darstellt.[57] Indem Bernhard sich mit der Metapher des akrobatischen David-Tanzes in die Sphäre der Spielleute versetzt, und der Priesterkönig selbst, wenn auch selten, in der Ikonographie des 12. Jahrhunderts auf eindeutig historisch tanzende Weise dargestellt wird, ist seine demütige Erniedrigung vor und seine bedingungslose Entscheidung für Gott auf eine formal neue Weise erkennbar gemacht.

Wenn der histrionische Tanz einerseits symbolisch für die Verwerflichkeit Salomes und mit ihr aller tanzenden Spielleute steht, kann er folglich auch – zunächst überraschend – positiv konnotiert etwa in der theologischen Interpretation des tanzenden alttestamentlichen Königs David auftreten. Durch diese Konfrontation mit positiven Gegenbildern tropologisch gedeuteter Gauklertänze wird die jahrhundertelange theologische Abwertung und Diabolisierung der Spielleute aber nicht etwa entschärft, sondern sogar noch sinnfälliger zum Ausdruck gebracht. Im metaphysischen Dualismus der theologischen Theorie steht dem Bereich der Hölle das Reich Gottes und den Wirkmächten des Teufels die himmlische Liturgie gegenüber. Jenseits der metaphysischen Vorstellungen wird mit der extremen Polarität von Hölle und Himmel zugleich das irdische Dasein der Christenheit bestimmt, werden Werturteile und normierte Orientierungsvorgaben für das christliche Leben in der Welt geliefert. Erst durch diese dualistischen Werteebenen, durch die Polarität von «schlecht» und «gut», «falsch» und «richtig» oder «hässlich» und «schön», gewinnt das theologische Koordinatensystem christlicher Werte an Bedeutung und Sinn. Bild und Gegenbild des histrionischen Tanzes erweisen sich insofern als elementare Bestandteile ein und desselben Diskurses, der noch in der religiösen Kunst des Mittelalters, sei es in Form von bildlichen oder literarischen Denkmälern, von einer deutlichen Traditionsgebundenheit an das in frühchristlichen Schriften formulierte Gedankengut geprägt ist. Trotz der Anknüpfung an spätantike Ideen handelt es sich bei den Vorstellungen von teuflischen oder himmlischen Gauklertänzen freilich nicht um blosse Metaphern oder erstarrte Topoi; mit der Dämonisierung und Spiritualisierung bzw. Tropologisierung histrionischen Gebarens werden vielmehr integrale Anschauungs- und Denkformen über den «falschen» bzw. «richtigen» Gebrauch des Körpers veranschaulicht. Ähnlich wie etwa in der theoretischen Auseinandersetzung mit höllischer und himmlischer Musik[58] sind diese fundamentalen Wertebenen auch der theologischen Haltung gegenüber dem Tanz stets immanent.

Anmerkungen

[1] Die vorliegenden Überlegungen zum tanzenden König David sind – in ausführlicherer Form – u.a. auch Gegenstand der Promotionsschrift der Verfasserin über den Tanz in mittelalterlichen Texten und Bildern.

[2] In dem Doppelpsalter stehen das *Psalterium Gallicanum* (Vulgata-Fassung) und das *Psalterium iuxta Hebraeos* (die Psalter-Übersetzung des Hieronymus aus dem Hebräischen) in gleich grossen Kolumnen nebeneinander. Beide Fassungen beginnen mit einer illuminierten B-Initiale; da aber dem *Psalterium Gallicanum* ein geläufigerer Darstellungstypus voransteht, ist in der vorliegenden Reproduktion nur die zweite, kleinere Initiale b am Beginn der Hieronymus-Version wiedergegeben. Beide Initialen des *Winchcomber Doppelpsalters* sind abgebildet und kommentiert bei Heimann 1965, 94-106, Pl. 15a.

[3] Vgl. 2Sam 6,14-16 sowie 1Chr 15,29.

[4] Vgl. hierzu Seebass 1973, 97f, der mit Amalar von Metz und Hrabanus Maurus auch mittelalterliche Autoritäten als Zeugen für diese Erklärung anführt.

[5] Steger 1961 geht in seiner Monographie vorrangig auf die traditionelle David-Ikonographie ein. Erst in einem jüngeren Aufsatz verweist er auf die vorliegende Darstellung im *Winchcomber Psalter*, verzichtet allerdings darauf, diese näher zu erläutern. Vgl. Steger 1994, 144f, Abb. 46.

[6] Der ausschliesslich im Zusammenhang mit solistischen Spielmannsdarbietungen in der mittelalterlichen Ikonographie immer wieder in Erscheinung tretende Brückenschlag wird – ebenso wie die Rückwärtsbeuge, der Handstand bzw. der Handstandüberschlag – von der kunsthistorischen Forschung gemeinhin dem sog. «akrobatischen Tanztypus» zugerechnet. Der akrobatische Tanztypus gibt vermutlich verschiedene Momente eines Flic-Flac wieder. Zum akrobatischen Tanztypus und zum Brückenschlag als ikonographischem Topos vgl. u.a. Busch 1982, 48-51, Faßbender 1994, 22f oder Salmen 1999, 125-128.

[7] Zur antiken und frühchristlichen Kritik an den Fertigkeiten der Mimen und am weltlichen Theater siehe u.a. die umfangreiche Studie von Reich 1903, Bd.1, 80-109.

[8] «Der almehtige got helfe mir der gnâden, daz dise niun koere behalten werden; wan der zehende kôr ist eht gar von uns gevallen und aptrünnic worden. Daz sint die gumpelliute, gîger und tambûrer, swie die geheizen sîn, alle die guot für êre nement. Sie solten den zehenden kôr geordent haben: nû sint sie uns aptrünnic worden mit ir trügenheit.» Zit. nach der Ausgabe von Pfeiffer / Strobl 1965, Bd. 1, 155, 15-21. Zu den Spielleuten im Mittelalter und ihrer theologischen Beurteilung siehe insbesondere auch Schubert 1995, 115-120 und Hartung 1982, 30-46.

[9] «Raro fidicines admittebat, quos tamen propter alleviandas anxietatum curas aliquando censuit esse necessarios. Ceterum pantomimos, qui obscenis corporum motibus oblectare vulgus solent, a suo conspectu prorsus eiecit.» Adam von Bremen, *Gesta Hammaburgensis ecclesiae pontificum* III,39. Zit. nach der Ausgabe von Schmeidler 1917, 183,2-6.

[10] Weitere Quellen, die die differenziertere Beurteilung der Spielleute durch die Theologen dokumentierten, sind aufgeführt und diskutiert bei Žak 1979, 284-286, Schreiner 1986, 104-114, Schubert 1995, 117-120 und Kotte 1994, 146-149.

[11] Theologische Verwerfungsurteile über das Tanzen um Lohn und Brot sind aufgeführt und kommentiert bei Andresen 1961, 254-262.
[12] Zum «Körper als Erwerbsmittel» der Spielleute siehe insbesondere Kotte 1995, 149-151; allgemeine Angaben zu den berufsmässigen Tänzerinnen im Mittelalter bietet Salmen 2000, 57-65.
[13] Mk 6,17-29; vgl. auch Mt 14,1-12.
[14] Über den gauklerischen Charakter des Salome-Tanzes und seine theologische Verwerfung siehe ausführlicher Hausamann 1980, 340-357, Hammerstein 1974, 53-58, Busch 1982, 15-18, Steger 1994, 151f und Zimmermann 2000, 76-85.
[15] Zu dem Salome-Bronzefries von San Zeno in Verona siehe auch Hausamann 1980, 358 und Merkel 1990, 7f.
[16] In den schriftlich fixierten Quellen werden die Tänze beider Bibelfiguren mit dem Verb lat. *saltare* bzw. mhd. *springen* oder den meist ebenso polysemantischen Alternativbegriffen für histrionische Tanzweisen (*spiln, schrecken, tûmeln*) bezeichnet. Dementsprechend ist David als lat. *saltator* oder mhd. *springer/loter*, Salome als lat. *saltatrix* bzw. mhd. *spilwîp/springerin/schreckerinne* apostrophiert. Hierzu siehe auch Harding 1973, 15-25.
[17] Vergleichend hingewiesen sei an dieser Stelle auf die Miniatur zu Kaiser Heinrich VI. im *Codex Manesse*, die grosse Ähnlichkeit mit den *David-rex-et-propheta*-Bildprogrammen aufweist und in der der Kaiser ebenfalls als dichterisch Herrscher stilisiert ist. Zum *David-rex-et-propheta*-Bildtypus und seiner Imitation in der mittelalterlichen Herrscher-Ikonographie siehe weiteres bei Steger 1961, 133-138 u.ö.
[18] Die Zitierweise patristischer Schriften folgt hier und im weiteren Text J. P. Migne, *Patrologiae Cursus Completus. Series Graeca*, Bd. 1-167, Paris 1857-76 (PG); *Series Latina*, Bd. 1-221, Paris 1844-65 (PL): «Ut nullus presbyterum ad anniversariam diem, [...] nec plausus et risus inconditos, et fabulas inanes ibi referre aut cantare praesumat, nec turpia joca cum urso vel tornatricibus ante se facere permittat, nec larvas daemonum, quas vulgo talamascas dicunt, ibi anteferre consentiat: quia hoc diabolicum est, et a sacris canonibus prohibitum.» Hinkmar von Reims, *Capitula synodica* I,14; PL 125,776.
[19] Vgl. hierzu Hammerstein 1974, 59. Zur Interpretation der Reimser Illustration vgl. u.a. Hammerstein 1974, 59-61 sowie Schade 1963, 14f, Steger 1961, 213f, Schmitt 1992, 249-252 und Faßbender 1994, 34.
[20] Hierzu siehe auch Hammerstein 1974, 59.
[21] Stummheit kommt einer furchtbaren und furchteinflössenden Strafe Gottes gleich, da die Verdammten nicht klagen können. Vgl. hierzu Hammerstein 1974, 16f und Steger 1994, 161.
[22] Vgl. hierzu Steger 1994, 163-168 und Zimmermann 2000, 83f.
[23] Gestalter eines religiösen Kunstwerkes ist in mittelalterlicher Zeit in erster Linie nicht der Illustrator, nicht der Bildkünstler oder der Dichter, sondern der Theologe, vgl. hierzu bereits Steger 1961, 75.
[24] Vgl. Heimann 1965, 95.
[25] So wird etwa in dem mhd. Karlsepos *Morant und Galie* der feierliche Einzug der Spielleute am Hof Karl des Grossen wie folgt geschildert: «ouch quamen dare me dan viere / hundert ministriere, / die wir nennen speleman / inde von wapen sprechen kan. / sulche kunden singen / van aventuren unde dingen / die geschagen in alden jaren. [...] sulich de wale dat horen blies, / sulich geberde als ein ries [...].» Zit. nach der Ausgabe von Frings / Linke 1976, V. 5145-5158.
[26] Es sei an dieser Stelle nur auf Karl den Grossen und Friedrich II. verwiesen. Weitere Beispiele aus der Zeit vom 4. Jahrhundert bis zum späten Mittelalter sind u.a. belegt bei Steger 1961, 127-129 und Kantorowicz 1963, 73f.
[27] Steger 1961, 76.
[28] Zur Deutung des Vorganges und zur Interpretation des Davidtanzes siehe u.a. Schade 1963, 1f, Heimann 1965, 85ff, Hausamann 1980, 353 und Stoebe 1994, 191-206.
[29] 2Sam 6,5-23: «David autem et omnis Israhel ludebant coram Domino in omnibus lignis fabrefactis et citharis et lyris et tympanis et sistris et cymbalis (vgl. 1Chr 13,8). [...] Et

David saltabat totis viribus ante Dominum: porro David erat accinctus ephod lineo. Et David et omnis domus Israhel ducebant arcam testamenti Domini in iubilo et in clangore bucinae. Cumque intrasset arca Domini in civitatem David, Michol filia Saul prospiciens per fenestram vidit regem David subsilientem atque saltantem coram Domino et despexit eum in corde suo (vgl. 1Chr 15,29). [...] Et egressa Michol filia Saul in occursum David ait: Quam gloriosus fuit hodie rex Israhel discoperiens se ante ancillas servorum suorum, et nudatus est quasi si nudetur unus de scurris. Dixitque David ad Michol: Ante Dominum qui elegit me potius quam patrem tuum et quam omnem domus eius et praecepit mihi ut essem dux super populum Domini Israhel, et Iudam et vilior fiam plus quam factus sum et ero humilis in oculis meis et cum ancillis, de quibus locuta es, gloriosior apparebo. Igitur Michol filiae Saul non est natus filius usque in diem mortis suae.»

30 Vgl. hierzu auch Stoebe 1994, 198.
31 Ps 149,3: «Laudent nomen eius in choro, in tympano et psalterio psallant ei.» Ps 150,4: «Laudate eum in tympano et choro, laudate eum in cordis et organo.»
32 Das Postulat «laudent nomen eius in choro» des 149. Psalmes wird beispielsweise in den Kommentaren der Kirchenväter meist als reiner Lobgesang zu Ehren Gottes interpretiert, wodurch das ursprüngliche Moment des «Lobtanzens» getilgt ist. Vgl. hierzu Hammerstein 1962, 26.
33 «Hymnos pro tympanis assumamus, psalmodiam pro foedis modulationibus et cantibus, plausum grati animi indicem et canoram manuum actionem pro theatricis plausibus, modestiam pro risu, prudentem rationem pro ebrietate, gravitatem pro lascivia. Quod si te etiam, ut laetae celebritatis et festorum amantem saltare oportet, salta tu quidem, sed non inhonestae illius Herodiadis saltationem, quae Baptistae necem attulit: verum Davidis ab arcae requiem, qua quidem Deo gratam incessionem, agilitate praeditam et versatilem mystice designari existimo. Atque haec quidem prima et maxima nostrae admonitionis pars est.» Gregor von Nazianz, *Oratio V - contra Julianum II*, 35; PG 35,710f.
34 «Nam id diabolus effecit, ut illa saltans placeret, et Herodem tunc caperet. Ubi enim saltatio, ibi diabolus. Neque enim ideo pedes nobis dedit Deus, ut iis turpiter utamur, sed ut recte gradiamur; non ut perinde atque cameli saltemus [...]. Si enim corpus id agens turpe est, multo magis anima. Sic saltant daemones: sic adulantur daemonum ministri.» Johannes Chrysostomos, *In Matthaeum*, homil. 48 al. 49,3; PG 58,491. Das ausgelassene Springen junger Mädchen beim Tanz vergleicht Chrysostomos auch im Kommentar zum Kolosserbrief mit den Sprüngen von Kamelen und Mauleseln: «saltantes tamquam camelos, tamquam mulos» (*Homilia 12 in Epistolam ad Colossenses*, homil. 12,4; PG 62,386), offenbar erscheint ihm das der Tierwelt entlehnte Bild besonders zur Desavouierung des Tanzens geeignet.
35 «Sicut enim qui mimos, et saltatores, et mulieres meretrices introducunt in convivia, daemones et diabolum illuc vocant [...]: ita qui vocant David cum cithara, intus Christum per ipsum vocant.» Johannes Chrysostomos, *Expositio in Psalmum* 41,2; PG 55,158.
36 Ambrosius, *Expositio in Psalmum 118*, sermo 7,26-27; PL 15,1357f; ders., *De poenitentia lib. II*, cap. 5,42; PL 16,529; ders., *Epistularum classis I*, epist. 58,4-8; PL 16,1229f u.ö.; Gregor von Nyssa, *In ecclesiasten*, homil. 6,4; PG 44,710.
37 «[...] intueri libet quanta virtutum munera David perceperat, atque in his omnibus quam forti se humilitate servabat. [...] Coram Deo egit vilia vel extrema, ut illa ex humilitate solidaret quae coram hominibus gesserat fortia. Quid de ejus factis ab aliis sentiatur ignoro; ego David plus saltantem stupeo quam pugnantem. Pugnando quippe hostes subdidit, saltando autem coram Domino semetipsum vicit.» Gregor der Grosse, *Moralia in Job*, lib. 27, cap. 46,77; PL 76,443.
38 Vgl. Hrabanus Maurus, *Commentarii in libros IV Regum*, lib. 2,6; PL 109,87f und Petrus Cantor, *Verbum abbreviatum*, cap. 13, PL 205,60f.
39 «Ludebat enim Domino per suus; et ideo amplius placuit, quia ita se humiliavit Deo, ut regale posthaberet fastigium, et ultimum exhiberet Deo quasi servulus ministerium.» Ambrosius, *Epistularum classis I*, epist. 58,7; PL 16,1230.

40 «Et saltabat David concinno corporis motu foris ostendens internam dispositionem, nosque simul edocens non erubescere crucem. Exprobrabatur tunc saltatio, nunc crux irridetur.» Prokopius von Gaza, *Commentarii in lib. II Regum*, cap. 5[6]; PG 87/1,1127.

41 «Ephod lineo, et David, etc. Non pontificali, sed linea veste, causa humilitatis, etc., usque ad inter flagella triumphavit.» *Glossa ordinaria*, lib. II Reg. cap. 6, vers. 14; PL 113,568.

42 Steger 1961, 26f.

43 «Et quod David in conspectu Dei choros egit nihil adjuvat in theatro sedentes Christianos fideles: nulla enim obscenis motibus membra distorquens desaltavit Graecae libidinis fabulam. Nabulae, cynarae, tibiae, tympana citharae Domino servierunt, non idolis. Non igitur praescribatur ut spectentur illicita; a diabolo artifice ex sanctis in illicita mutata sunt.» Pseudo-Cyprianus, *Liber de spectaculis*, cap. 3; PL 4,812.

44 «Cantavit [David] ipse, et ante arcam Domini non pro lascivia, sed pro religione saltavit. Ergo non histrionicis motibus sinuati corporis saltus, sed impigra mentis, et religiosa corporis agilitas designatur.» Ambrosius, *Expositio in Lucam*, lib. 6,5; PL 15,1755. Vgl. Ambrosius, *Expositio in Psalmum 118*, cap. 26-27; PL 15,1358; *De poenitentia*, lib. II,42; PL 16,529; *Epistolarum classis I*, 4-5; PL 16,1229. Eine ähnliche Deutung des David-Tanzes hatte vor Ambrosius bereits Gregor von Nazianz, O*ratio V – contra Julianum II*, 35; PG 35,711 geboten, der in diesem Zusammenhang von dem «Mysterium des rhythmischen und figurenreichen Weges zu Gott» spricht. Zur symbolischen Sublimierung des David-Tanzes durch Ambrosius siehe auch Backman 1977, 29, Andresen 1961, 233f und Schmitt 1992, 83-86.

45 «Docuit etiam saltare sapienter, dicente Domino ad Ezechiel: ‹Plaude manu, et percute pede› (Ez 6,11) neque enim histrionicos fluxi corporis motus Deus morum censor exigeret, aut indecoros crepitus viris, plaususque femineos imperaret, ut tantum prophetam deduceret ad ludibria scenicorum, et mollia feminarum. Non congruunt resurrectionis revelata mysteria, et opprobria saltationis exacta. [...]. Et honesta saltatio, qua tripudiat animus, et bonis corpus operibus elevatur, quando in salicibus organa nostra suspendimus.» Ambrosius, *Expositio in Lucam*, lib. 6,8; PL 15,1756.

46 Die imaginativen, positiv konnotierten Himmelstänze sind schon in den patristischen Schriften oft den weltlichen und als verwerflich beurteilten Tanzformen gegenübergestellt; sie basieren auf der Vorstellung der als Tanz aufgefassten, harmonischen Bewegung der Himmelskörper (etwa bei Clemens von Alexandria PG 8,243; Basilius PG 32,136; Johannes Chrysostomos PG 48,491). Das Bild des entkörperten Himmelstanzes zeichnet sich in mittelalterlicher Zeit wieder im mystischen Diskurs über spirituelle Entgrenzung und Ekstase ab. Die Konzeption des Tanzes in der Metaphorik der Mystik schliesst hingegen den aktiven Körpereinsatz aus, nicht der Leib, sondern ausschliesslich dessen Imaginationen werden in der literarischen Darstellung durch meditative Kontemplation bereits im Diesseits zum Tanzen gebracht. Vgl. hierzu Schulz 1941, 206.

47 Schon Ambrosius, *Epistolarum classis I*, epist. 58,8; PL 16,1230 deutet den Tanz Davids als Symbol der Auferstehung, wenn er behauptet, dass dieser der Tanz der glorreichen Weisen gewesen sei. Durch die Erhabenheit seines geistigen Tanzes sei David bis zum Thron Christi aufgestiegen, damit er hören und sehen sollte, wie der Herr zu seinem Herrn sagte: «Setze dich zu meiner Rechten». Die Auslegung des Davidtanzes als Bild der Auferstehung wird noch im 11. Jahrhundert von Rupert von Deutz, *De Trinitate et operibus eius libri XLII*, in Reg. lib. II,27; PL 167,1127 bestätigt. Weitere Text- und Bildbeispiele, die eine Interpretation des David-Tanzes als Sinnbild der Auferstehung und des Aufstiegs zum Himmel nahelegen, sind aufgeführt bei Schade 1963, 9-11.

48 Siehe hierzu auch Schmitt 1992, 87 und Faßbender 1994, 31-37.

49 «Et tamen cum arcam Dei in Jerusalem revocat, quasi oblitus praelatum se omnibus, admistus populis ante arcam saltat. Et quia coram arca saltare, ut creditur, vulgi mos fuerat, rex se in divino obsequio per saltum rotat.» Gregor der Grosse, *Moralia in Job*, lib. 27, cap. 46,77; PL 76,443.

50 Schade 1963, 5, interpretiert das lat. *rotare* als kollektiven Kreistanz in Reigenform, der «die innere Einheit des Staates» symbolisiere. Obgleich den Kreistänzen insbesondere

von der anthropologischen Forschung wohl nicht zu Unrecht ein gemeinschaftskonstituierendes und -stabilisierendes Moment jenseits historischer Kontingenz zugesprochen wird, bleibt Davids Tanz stets von solistischer Ausführungsart, so auch bei Gregor, Hrabanus und Petrus Cantor. Angesprochen ist an dieser Stelle nicht ein kollektiver Kreistanz, sondern eindeutig ein einzelner Tänzer, der sich im Kreis dreht.

[51] Vgl. Hrabanus Maurus, *Commentarii in libros IV Regum*, in lib. 2,6; PL 109,87 und Petrus Cantor, *Verbum abbreviatum*, cap. 13 – De humilitate; PL 205,60f.
[52] Siehe Heimann 1965, 104.
[53] So etwa Heimann 1965, 104 und James 1951, 148.
[54] Hier zitiert nach Hartung 1982, 49.
[55] Zu Bernhards Epistola 87 siehe auch Leclercq 1975, 671-684.
[56] «Nam revera quid aliud saecularibus quam ludere videmur, cum, quod ipsi appetunt in hoc saeculo, nos per contrarium fugimus, et quod ipsi fugiunt, nos appetimus more scilicet ioculatorum et saltatorum, qui, capite misso deorsum pedibusque sursum erectis, praeter humanum usum stant manibus vel incedunt, et sic in se omnium oculos defigunt?» Bernhard von Clairvaux, Epistola 87,12; PL 182,217.
[57] Vgl. Schmitt 1992, 251f. In einen ähnlichen Kontext wie Bernhards metaphorisch verhüllte Anspielung auf die geforderte Demut gehört m.E. auch die altfranzösische Verslegende *Del tumbeor Nostre-Dame* vom Ende des 12. Jahrhunderts, die interessanterweise ebenfalls auf das Kloster Clairvaux verweist: Die knapp 700 Verse umfassende Legende handelt von einem Gaukler, der dem Kloster beitritt, die monastischen Regeln der Gottes- und Heiligenverehrung aber nicht beherrscht. Getragen von dem Wunsch, der Mutter Gottes zu dienen, vollführt der *tumbeor* vor einem Marienbildnis einen demütigen Huldigungstanz. Aus Dankbarkeit und als Zeichen der Akzeptanz jener ungewöhnlichen Ehrerweisung erwacht das Bildnis zum Leben und wischt dem erschöpften Tänzer den Schweiss von der Stirn. Wie im Fall des demütig vor der Bundeslade tanzenden David heiligt der Zweck auch in der Geschichte vom «Tänzer unserer lieben Frau» die Mittel. Vgl. die Textausgabe von Foerster 1873.
[58] Die Gegensätzlichkeit von Himmel und Hölle in der mittelalterlichen Musikanschauung erläutert eingehender Hammerstein 1974, 13-21 und 1962, 100-115. Sie ist der theoretischen Auseinandersetzung mit dem Tanz vergleichbar.

Bibliographie

Andresen, C., 1961: «Altchristliche Kritik am Tanz – ein Ausschnitt aus dem Kampf der alten Kirche gegen heidnische Sitte» in *Zeitschrift für Kirchengeschichte*, 72, pp. 217-262.

Backman, E.L., 1977: *Religious Dances in Christian Church and popular Medicine*. Unveränderter Nachdruck der Ausgabe London 1952, Westport, Conn.: Greenwood Press.

Busch, G.Chr., 1982: *Ikonographische Studien zum Solotanz im Mittelalter* (Innsbrucker Beiträge zur Musikwissenschaft, 7), Innsbruck/Neu-Rum: Edition Helbling KG.

Faßbender, B., 1994: *Gotische Tanzdarstellungen* (Europäische Hochschulschriften, Reihe 28: Kunstgeschichte, 192), Frankfurt a.M.: Peter Lang Verlag.

Foerster, W. (ed.), 1873: «Del tumbeor Nostre-Dame» in *Romania*, 2, pp. 315-325.

Frings; T. / Linke, E. (eds.), 1976: *Morant und Galie* (Deutsche Texte des Mittelalters, 69), Berlin: Akademie-Verlag.

Hammerstein, R., 1962: *Die Musik der Engel. Untersuchungen zur Musikanschauung des Mittelalters*, Bern / München: Francke Verlag.

Hammerstein, R., 1974: *Diabolus in musica. Studien zur Ikonographie der Musik im Mittelalter* (Neue Heidelberger Studien zur Musikwissenschaft, 6), Bern / München: Francke Verlag.

Harding, A., 1973: *An Investigation into the Use and Meaning of Medieval German Dancing Terms* (Göppinger Arbeiten zur Germanistik, 93), Göppingen: Alfred Kümmerle Verlag.

Hartung, W., 1982: *Die Spielleute. Eine Randgruppe in der Gesellschaft des Mittelalters* (Vierteljahreszeitschrift für Sozial- und Wirtschaftsgeschichte, Beiheft 72), Wiesbaden: Franz Steiner Verlag.

Hausamann, T., 1980: *Die tanzende Salome in der Kunst von der christlichen Frühzeit bis um 1500. Ikonographische Studien*, Zürich: Juris Druck + Verlag.

Heimann, A., 1965: «A Twelfth-Century Manuscript from Winchcombe and its Illustrations» in *Journal of the Warburg and Courtauld Institutes*, 28, pp. 86-109.

James, M. R., 1951: «Pictor in Carmine» in *Archaeologia*, 44, pp. 141-166.

Kantorowicz, E.H., 1963: *Kaiser Friedrich der Zweite*. Ergänzungsband, Düsseldorf / München: Helmut Küpper Verlag.

Kotte, A., 1994: *Theatralität im Mittelalter. Das Halberstädter Adamsspiel* (Mainzer Forschungen zu Drama und Theater, 19), Tübingen / Basel: Francke Verlag.

Leclercq, J., 1975: «Le thème de la jonglerie dans les relations entre Saint Bernard, Abélard et Pierre le Vénérable» in Louis, R. / Jolivet, J. (eds.), *Pierre Abélard – Pierre le Vénérable. Les courants philosophiques, littéraires et artistiques en Occident au milieu du XIIe siècle* (Colloques internationaux du Centre national de la recherche scientifique, 546), Paris: Éditions du Centre National de la Recherche Scientifique, pp. 671-686.

Merkel, K., 1990: *Salome. Ikonographie im Wandel* (Europäische Hochschulschriften, Reihe 28: Kunstgeschichte, 106), Frankfurt a.M.: Peter Lang Verlag.

Pfeiffer, F. / Strobl, J. (eds.), 1965: *Berthold von Regensburg,* 2 Bde (Deutsche Neudrucke, Reihe: Texte des Mittelalters), Berlin: Walter de Gruyter.

Reich, H., 1903: *Der Mimus. Ein litterar-entwicklungsgeschichtlicher Versuch*, 2 Bde, Berlin: Weidmann Verlag.

Salmen, W., 1999: *Tanz und tanzen vom Mittelalter bis zur Renaissance* (Terpsichore: Tanzhistorische Studien, 3), Hildesheim / Zürich / New York: Georg Olms Verlag.

Salmen, W., 2000: *Spielfrauen im Mittelalter*, Hildesheim / Zürich / New York: Georg Olms Verlag.

Schade, H., 1963: «Zum Bild des tanzenden David im frühen Mittelalter» in *Stimmen der Zeit*, 172, pp. 1-16.

Schmeidler, B. (ed.), 1917: *Adam von Bremen, Gesta Hammaburgensis ecclesiae pontificum* (Monumenta Germaniae Historica, Script. rer. Germ., 2), Hannover / Leipzig: Hahnsche Buchhandlung.

Schmitt, J.-C., 1992: *Die Logik der Gesten im europäischen Mittelalter*, Stuttgart: Klett-Cotta Verlag.

Schreiner, K., 1986: «‹Hof› (curia) und ‹höfische Lebensführung› (vita curialis) als Herausforderung an die christliche Theologie und Frömmigkeit» in Kaiser, G. / Müller, J.-D. (eds.), *Höfische Literatur – Hofgesellschaft – Höfische Lebensformen um 1200*. Colloquium am Zentrum für interdisziplinäre Forschung der Universität Bielefeld, Düsseldorf: Droste Verlag, pp. 67-139.

Schubert, E., 1995: *Fahrendes Volk im Mittelalter,* Darmstadt / Bielefeld: Verlag für Regionalgeschichte.
Schulz, E., 1941: *Das Bild des Tanzes in der christlichen Mystik. Sein kultischer Ursprung und seine psychologische Bedeutung.* Unveröffentl. Dissertation der Philosophischen Fakultät der Philipps-Universität zu Marburg.
Seebass, T., 1973: *Musikdarstellung und Psalterillustration im frühen Mittelalter. Studien ausgehend von einer Ikonologie der Handschrift Paris Bibliothèque Nationale Fonds Latin 1118*, 2 Bde, Bern: Francke Verlag.
Steger, H., 1961: *David rex et propheta. König David als vorbildliche Verkörperung des Herrschers und Dichters im Mittelalter nach Bildvorstellungen des achten bis zwölften Jahrhunderts* (Erlanger Beiträge zur Sprach- und Kunstwissenschaft, 6), Nürnberg: Hans Carl Verlag.
Steger, H., 1994: «Der unheilige Tanz der Salome. Eine bildsemiotische Studie zum mehrfachen Schriftsinn im Hochmittelalter» in Kröll, K. / Steger, H. (eds.), *Mein ganzer Körper ist Gesicht. Groteske Darstellungen in der europäischen Kunst und Literatur des Mittelalters* (Rombach Wissenschaft – Reihe Litterae, 26), Freiburg i.B.: Rombach Verlag, pp. 131-169.
Stoebe, H.J., 1994: *Das zweite Buch Samuelis* (Kommentar zum Alten Testament, Bd. VIII,2), Gütersloh: Gütersloher Verlags-Haus.
Žak, S., 1979: *Musik als ‹Ehr und Zier› im mittelalterlichen Reich. Studien zur Musik im höfischen Leben, Recht und Zeremoniell*, Neuss: Verlag Dr. Päffgen.
Zimmermann, J., 2000: «‹Gestus histrionici›. Zur Darstellung gauklerischer Tanzformen in Texten und Bildern des Mittelalters» in Egidi, M. / Schneider, O. u.a. (eds.), *Gestik. Figuren des Körpers in Text und Bild,* Tübingen: Gunter Narr Verlag, pp. 71-85.

David in der Musikgeschichte

David als «Musiktherapeut»
Über die musikalischen Heilmittel Klang – Dynamik – Rhythmus – Form

DAGMAR HOFFMANN-AXTHELM

Zusammenfassung:

Anhand der in 1Sam 16 erzählten Geschichte vom jungen David, der mit seinem Kinnor-Spiel den gemütskranken König Saul tröstet, wird die Frage aufgeworfen, wie eine Musik beschaffen sein sollte, damit sie tröstende Wirkung ausüben kann. Aus der Sicht der heutigen analytischen Psychotherapie-, Musiktherapie- und Säuglingsforschung wird die Hypothese aufgestellt, bei Sauls Leiden habe es sich um eine frühe, präverbale Störung gehandelt, die als Echo einen einfühlsamen, liebevollen «Therapeuten» sowie eine Musik mit gleichmässig verlaufendem Rhythmus, homogenem Klangbild und eingängiger Form (Liedstrophe) verlangt. An dem von David gesungenen Trostlied «Oh Lord, whose mercies numberless ...» aus dem Oratorium *Saul* von Georg Friedrich Händel wird die Umsetzung dieser Theorie in die musikalische Praxis demonstriert.

Résumé:

Partant de l'histoire du jeune David qui rassérène par son jeu de cithare (*kinnor* en hébreu) le roi Saül assailli par le mauvais esprit (1Sam 16), cet article s'interroge sur les caractéristiques que doit présenter une musique pour avoir un effet consolateur. Il se fonde sur la recherche moderne en psychothérapie, en musicothérapie et en psychologie du nourrisson pour avancer l'hypothèse que le mal de Saül est l'expression d'un trouble précoce, remontant à une phase antérieure au langage; ce trouble demande en écho un «thérapeute» affectueux et empathique, ainsi qu'une musique au rythme égal et au timbre homogène, dont la forme se retient facilement (comme les strophes d'une chanson). Le chant consolateur qu'entonne

David dans l'oratorio *Saül* de Händel – «Oh Lord, whose mercies numberless ...» – illustre l'application de cette théorie dans la pratique musicale.

Abstract:

Taking the story of the young David as told in 1 Samuel 16, in which David comforts the emotionally disturbed Saul by playing the Kinnor (lyre), the question is asked how music can be created in order to have a comforting effect. From the viewpoint of modern analytic psychotherapy, music therapy, and infant research, the hypothesis is posed that Saul suffered from a preverbal disorder that requires two things as treatment: an understanding, compassionate «therapist» and music with a regular rhythm, a homogeneous sound colour, and a simple and clear lyric. The comforting song «Oh Lord, whose mercies numberless ...», sung by David in Handel's oratorio *Saul*, shows the application of this theory to musical practice.

Stichwörter:

König David; Musiktherapie; Säuglingsforschung; Händel, G.F.

Vorbemerkung
Aus drei Gründen erscheint das Wort Musiktherapeut im Titel meines Aufsatzes in Anführungszeichen:

1. In der Tat fehlt in kaum einem musiktherapeutischen Werk der Hinweis auf den jungen David, der Saul mit seinem Harfenspiel tröstet. Die in 1Sam 16 erzählte Geschichte kann allerdings nur in einer Hinsicht für das Phänomen «Musiktherapie» herangezogen werden. Die Musiktherapie erhebt den Anspruch, mit den Mitteln der Musik und des zwischenmenschlichen Kontaktes heilend auf eine kranke Seele einzuwirken, während es in der biblischen Erzählung um ein weniger anspruchsvolles, wenn auch wichtiges Ziel geht: um Linderung und Trost. Eine beiden Zielsetzungen gemeinsame Voraussetzung ist hierbei die uralte Erfahrung, dass Musik tröstend auf ein gestörtes Seelenleben einzuwirken vermag, ohne deswegen ein Garant für dauerhafte Besserung oder gar Heilung zu sein. In meinen Überlegungen möchte ich mich demzufolge auf den Aspekt temporärer Tröstung beschränken.

2. Es liegt im Wesen grosser historischer oder mythischer Gestalten und grosser Mythen, dass sie durch die Jahrhunderte oder Jahrtausende nichts von ihrer Kraft und Evidenz verlieren, sondern dass sie sich – ganz im Gegenteil – jedem Zeitalter aufs neue stimmig und einleuchtend präsentieren. Wenn ich also die Geschehnisse zwischen David und Saul durch die psychotherapeutische Brille betrachte, dann versuche ich damit allenfalls eine Übersetzung in eine zeitgenössische Denkungsart. Oder anders ausgedrückt: Ich fülle viele Lücken einer äusserst knapp gehaltenen, vor etwa 2600 Jahren entstandenen «Fallgeschichte» mit aus heutigem psychotherapeutischem Denken gespeisten Projektionen. Auf keinen Fall möchte ich damit besserwisserisch die Grösse der mythologischen Gestalt oder die erzählerische Kraft der biblischen Autoren schmälern.

3. Für die Überbrückung vom Damals zum Heute suche ich Hilfe bei Carl Gustav Jungs Konzept der Archetypen. In der Gestalt König Davids begegnet eine archetypische, mythische Figur, die ihre Ausdruckskraft und Lebendigkeit deswegen über die Jahrtausende bewahrt hat, weil sie beispielhaft und mit klaren Konturen den Reichtum und die Gefährdung menschlicher Existenz aufzeigt. Mythische Figuren erwachsen aus einem Sammelbecken kollektiven Wissens, in dem jeder Mensch – früher wie heute – Aspekte der eigenen Persönlichkeit wiedererkennen kann, da bei aller Veränderung die menschliche Existenz auch heute noch durch die beiden polaren Archetypen von Geburt und Tod bestimmt ist. Dies lässt psychische Strukturen und resultierende Verhaltens- und Wirkungsweisen entstehen, die ihrerseits durch die Jahrtausende gleich geblieben sind. Vor dem Hintergrund dieser Orientierung möchte ich versuchen, einige

archetypische musikalische Phänomene zu betrachten, die den Topos «Musik als Trösterin» betreffen. Mit anderen Worten: Ich werde jenseits der Wandlungen durch Epochen und Stile der Kontinuität solcher auf die menschliche Seele wirkenden musikalischen Elemente nachspüren.

I. Es ist ein hoffnungsloses Bild, das die biblischen Autoren vom Gemütszustand König Sauls zeichnen, bevor er den jungen David trifft. Mit Worten ist diesem Mann nicht mehr zu helfen. Sein Leid lässt sich weder mit herkömmlichen medizinischen Mitteln noch mit gesundem Menschenverstand beheben, denn die Ursachen liegen jenseits der Grenze von Sprache, Vernunft und schulmedizinischer Wissenschaft. Die Pathologie ist in 1Sam 16,14 knapp, aber präzise beschrieben:

> Der Geist Gottes war von Saul gewichen, und es beunruhigte ihn ein böser Geist, den Gott geschickt hatte. Die Knechte Sauls sprachen zu ihm: «Siehe, es erschreckt dich ein böser Geist Gottes. Unser Herr braucht nur zu reden – deine Knechte stehen zu deinen Diensten. Sie werden jemanden suchen, der sich auf das Citharaspiel versteht. Sooft dann der böse Geist Gottes über dich kommt, spiele er mit seiner Hand. Dann wird dir wohl zumute.» Saul befahl seinen Knechten: «Seht euch um nach jemandem für mich, der sich auf das Saitenspiel versteht, und bringt ihn her zu mir.» Da antwortete einer von den jungen Männern: «Ich kenne einen Sohn Jesses aus Bethlehem, der gut spielen kann. Er ist auch sonst ein Held, kriegstüchtig, redegewandt, von schöner Gestalt und Gott ist mit ihm.» Saul sandte Boten zu Jesse und liess ihm sagen: «Schicke mir deinen Sohn David, der die Schafe hütet.» Jesse nahm einen mit Brot beladenen Esel, einen Schlauch Wein und ein Ziegenböcklein und schickte sie mit seinem Sohn David zu Saul. ... Sooft nun der böse Geist Gottes über Saul kam, nahm David die Cithara und spielte. Saul wurde es leichter zumute, sein Zustand besserte sich, und der böse Geist wich von ihm.[1]

Zunächst also ist Davids therapeutische Intervention erfolgreich. Der junge Hirte, Krieger und Musiker, auf dem sichtbar Gottes Segen ruht, kann mit seinem Kinnor-Spiel den bösen Geist Gottes vertreiben. Jedoch ist dieser Heilungsprozess nicht von Dauer – im Gegenteil: das Übel verschlimmert sich, als Saul in David einen Rivalen und seinen potentiellen Nachfolger erkennt. David als der Auserwählte Gottes tötet Goliat und ermöglicht dadurch einen gloriosen Sieg der Israeliten über die Philister. Dafür wird er vom ganzen Volke Israel geliebt und umjubelt. Die Frauen singen: «Saul hat seine Tausend erschlagen, David aber seine Zehntausend», und je mehr Davids Glanz erstrahlt, desto dunkler wird Sauls von Gott verlassener Geist.

> Saul ergrimmte sehr, denn diese Worte missfielen ihm. Er sagte: «Zehntausend hat man dem David gegeben, mir aber nur Tausend; ihm fehlt nur noch das Königtum.» Von diesem Tag an betrachtete er David nur noch mit Argwohn. Am nächsten Tag kam ein böser Geist Gottes über Saul, und er benahm sich in seinem Haus wie ein Rasender. David aber spielte die Cithara, wie er es täglich tat. Saul hatte eine Lanze in der Hand,

schleuderte sie gegen David und dachte: «Ich will David an die Wand spiessen.» David aber wich ihm zweimal aus (1Sam 18,8-16).

Saul, einst von Jahwe zum ersten König von Israel erwählt und von Samuel gesalbt, muss erleben, wie ihm Gott seinen Segen entzieht und ihn auf einen Jüngeren überträgt. Deutet man Sauls Leiden nicht als Religionshistoriker, sondern mit dem säkularisierten Verstand einer Psychotherapeutin, dann enthält die Bibelerzählung Facetten, die sich ohne Schwierigkeiten zu einem nicht ungeläufigen psychopathologischen Konfliktmuster fügen – einem Vater-Sohn-Konflikt. Als Saul den jungen David trifft, ist er selbst nicht mehr jung – er ist Vater von Kindern im heiratsfähigen Alter, und auch im Hinblick auf David gehört er der Elterngeneration an. Die biblischen Erzähler siedeln die David-Saul-Geschichte also genau an dem biographischen Ort an, wo sich erweist, ob ein Vater seinen Platz der jungen Generation überlassen kann oder ob er mit ihr darum rivalisieren muss.

Saul versucht zunächst, den Konflikt gar nicht aufkommen zu lassen: Er liebt David wie einen Sohn – vielleicht auch wie ein jugendliches alter ego, das ihn das eigene Alter vergessen lässt –, und nachdem der junge Hirte nicht nur Goliat, sondern auch 200 weitere Philister erschlagen und seinem König auftragsgemäss die 200 zugehörigen Vorhäute abgeliefert hat, darf er zum Lohn die Königstochter Michal heiraten. Jonatan, Sauls Sohn, liebt David ohnehin wie einen Bruder, und so wäre David ein willkommener Zuwachs von Sauls Kinderschar und damit unter väterlicher Kontrolle, wenn es nicht immer deutlicher würde, dass er der genuine Nachfolger seines Schwiegervaters ist. Das Volk Israel jubelt ihm zu, und Saul erweist sich als unfähig zu erkennen, was das Leben ihm jetzt, im fortgeschrittenen Alter, abverlangt: nämlich zu verstehen und zuzulassen, dass es Zeit ist, sich in reifer, väterlicher Liebe zu Gunsten eines Jüngeren zurückzuziehen. Stattdessen versucht der König, die Realität seines Älterwerdens und den damit verbundenen Zwang, den eigenen Glanz verblassen und den Tod näherkommen zu sehen, dadurch aus der Welt zu schaffen, dass er David umzubringen trachtet.

II. Einem Vater – oder einem väterlichen Freund –, der sich derart unväterlich verhält, fehlt es an Selbstbewusstsein und Urvertrauen in die eigene Persönlichkeit, was die tiefenpsychologische Disziplin als Folge einer frühen, traumatisierenden Prägung zu deuten gewohnt ist: Vielleicht war es ein überstarker, den eigenen Sohn herabwürdigender oder gar auslöschender, oder – im Gegenteil – ein schwacher Vater, in dessen Spiegel der Sohn sich weder als kraftvoll noch als männlich erkennen konnte, woraufhin der diesen psychischen Mangel dadurch kompensiert, dass er ständig Selbstbestätigung durch äussere Anerkennung sucht.

Wir wissen zwar nichts über die Beziehung zwischen Sauls Vater Kisch und Saul, wohl aber über diejenige zwischen dem «Gottvater» Jahwe und seinem «Sohn». Für Jahwe ist Saul – ungeachtet dessen, dass er selbst es war, der ihn berufen hat – eine Enttäuschung, und das wird von den biblischen Autoren früh – nämlich bereits zum Zeitpunkt eben jener Berufung – angedeutet. In dieser farbenfrohen Geschichte gibt es eine kleine Episode, die so unwichtig erscheint, dass man sich fragt, warum sie überhaupt erzählt wird: Saul, von seinem Vater Kisch auf die Suche nach einigen entlaufenen Eselinnen geschickt, wird von dem Propheten Samuel als der Erwählte Gottes erkannt, der dem Volk Israel als König und oberster Feldherr vorstehen soll. Nachdem Saul in der Gesellschaft einiger Erleuchteter diese Botschaft des Herrn trunken vor Gottbegeisterung vernommen hat, gelangt er zu einem Onkel. Der fragt ihn neugierig nach seinen Erlebnissen mit dem berühmten Propheten, und Saul, inzwischen wieder halbwegs auf dem Boden der Realität, erzählt ihm lediglich, Samuel habe ihm prophezeit, die Eselinnen würden sich wieder einfinden. «Aber von der Angelegenheit des Königtums, über die Samuel zu ihm gesprochen hatte, verriet er nichts» (1Sam 10,1-16).

Man könnte dieses Detail als Hinweis der Autoren darauf verstehen, dass Saul für den Auftrag nicht gross genug ist; dass er sich selbst ebensowenig als Gottgeweihter sehen kann, wie er später dem jungen David dessen Erwähltheit wird lassen können. Jahwe, in der Bibel als ein extrem autoritärer Vater gezeichnet, zieht aus dieser und anderen Begebenheiten die Konsequenz. Es reut ihn, «dass er Saul zum König über Israel gemacht hatte», und er lässt ihn fallen (1Sam 15,1-35).

Saul ist von Jahwe gleichsam in Trance in sein Königtum hineingeworfen worden, ohne dass er sich diese Identität hätte durch eigene Bewusstmachung erwerben können. Das reisst in ihm einen Zwiespalt auf. Auf der einen Seite ist er ein Mann aus dem Volk und der Sohn des Kisch, auf der anderen Seite König von Jahwes Gnaden. Mit Jahwe ist er alles, ohne ihn nichts. Damit befindet er sich in der Situation des Sohnes eines übermächtigen, alles kontrollierenden Vaters, der zwei Möglichkeiten hat: Entweder er unterwirft sich diesem Vater, tut, was der von ihm verlangt und erhält dadurch einen Rang, den er sich nicht selbst erobert hat und von dem er in seinem Innern wohl spürt, dass er ihn aus eigener Kraft nicht halten kann. Oder er trennt sich, wie es so oft die jüngsten Söhne im Märchen tun, von dem mächtigen Vater, sucht seinen eigenen Weg durch die finstern Wälder, und nach vielen erfolgreich bestandenen Abenteuern wird er zu einem selbstbewussten Mann, der die schöne Prinzessin heiraten darf und König wird.

David – auch er ein Jüngster – wird später diesen Weg gehen. Saul aber ist dazu zu schwach, er wählt den Weg der Vater-Abhängigkeit. Und so steht er, als Jahwe ihm seinen Segen entzieht, vor dem Nichts – in grauer, machtloser Einsamkeit. Anders als Hiob fehlt ihm im Spektrum seines Empfindens der Ort, von dem aus er mit trauernder Zustimmung auf seinen gottgegebenen Verlust an Macht, Jugend, Schönheit und Glück blicken kann, und ihm bleibt nichts als die neurotisch verformte Sicht, in David die Ursache für sein Elend zu wähnen.

In der heutigen psychotherapeutischen Fachsprache würde man Saul als Borderline-Persönlichkeit bezeichnen. Menschen mit dieser Prägung müssen lernen, ihr Leben um eine früh verursachte Identitätsstörung herum zu organisieren, was nicht ohne schwere Verzerrungen möglich ist. Diese Menschen mögen auf den ersten Blick selbstsicher, machtbewusst und stark wirken; in Krisensituationen zeigt sich aber die Schwäche ihrer charakterlichen Ausstattung. Diese Schwäche ist nicht nur auf prägende Erfahrungen mit einem überstarken oder schwachen, in jedem Fall emotional fernen Vater, sondern auch auf frühkindliche, durch die Mutter verursachte Entbehrungen zurückzuführen. Aus irgendwelchen Gründen hat diese Mutter ihrer Aufgabe, dem Kind genug Liebe, Wärme, Schutz und Nahrung zu geben, nicht gerecht werden können, und das Baby spürt schon in den ersten Lebenswochen, dass es nicht willkommen ist in der Welt, in die es hineingeboren wurde. In einem Alter, in dem es dringend auf Geborgenheit und liebevolle Zuwendung angewiesen wäre, lernt es – viel zu früh –, sich von der als bedrohlich erlebten Umwelt zu isolieren und alle Energien zu mobilisieren, um das eigene Überleben zu sichern.[2]

Dreierlei wird diesem Menschen auf Grund seiner schwierigen Prägung bleiben: zum einen die heimliche Sehnsucht nach einer viel zu früh zerstörten Harmonie; zum zweiten ein schleichendes Gefühl, nicht aus eigener Kraft, sondern ständig an der Grenze zur Überforderung, ständig mehr oder weniger über die eigenen Verhältnisse zu leben; zum dritten die Abwehr dieser tiefen Empfindungen, und das heisst: die stolze Überzeugung, «es» allein zu schaffen und die Entschlossenheit, das Selbstideal des erfolgreichen Mannes bis aufs Messer zu verteidigen.

Als junger Mann ist Saul trunken vor Glück, von «Vater» Jahwe gesehen zu werden, und so verspricht er mehr, als er halten kann. Er identifiziert sich mit dem Vaterwillen, ohne sich zu fragen, ob dieser Weg sein Weg ist, und er geht mit eiserner Faust daran, das nicht aus eigener Kraft erworbene Lehen – die Macht des Königtums – für sich zu erhalten. Mit Jahwes gnadenlosem Entschluss, ihn durch David zu ersetzen, steht Saul vor den Trümmern seiner Existenz: David wird später als selbstbewusster Sohn Jahwe hingebungsvoll verehren, sich aber auch wortreich bei ihm beklagen, wenn er sich ungerecht behandelt fühlt. Saul hingegen ist angesichts von Jahwes Verachtung voll sprachlosen, tödlichen Hasses. Er hat nicht gelernt, eine eigene Persönlichkeit zu werden, er brauchte dafür den Segen des «Vaters», und so kann er mit dessen Verlust nicht umgehen. Er findet keine Worte für sein Leid und keinen Ausdruck für seine Anklage. Er kann nur in eine tiefe, verzweifelte, die Schuld bei anderen suchende Versteinerung verfallen. Mir scheint, Lucas van Leyden habe diese dunkle, unheilvoll-gedrückte Stimmung in seinem Kupferstich berührend getroffen (Abb. 1).

III. Eine Borderline-Persönlichkeit, die in eine Krise geraten ist – durch den Verlust eines wichtigen Menschen etwa, durch berufliches Versagen oder durch sonst ein Unglück – hat oft weder die Fähigkeit, sich aus eigener Kraft, noch die Möglichkeit, sich durch die Hilfe von anderen Menschen von diesem Schlag zu erholen. Sie fühlt keine Lebensperspektive mehr in sich, und häufig scheint ihr der einzige Ausweg im Suizid oder in der Gewalt gegen andere zu liegen.

Im glücklicheren Fall mag dieser Mensch psychotherapeutische Behandlung aufsuchen, d.h. eine in der Tiefe seiner Seele versteckte Krankheit als die Ursache seines Leides erahnen. Entsprechend sind sich im Falle Sauls nach dem Zeugnis der Bibel alle einig: Hier kann nur noch etwas helfen, was jenseits alltäglich zugänglicher Erfahrung heilsam zu wirken vermag: die Musik, das Saitenspiel, vermittelt durch einen Menschen, der zum einen ein guter Musiker, zum anderen ein schöner, kraftvoller, gottgefälliger Mann ist. Es wird also zielstrebig eine Persönlichkeit gesucht – und mit David gefunden –, die Saul zwar nicht an Ansehen, wohl aber an Begabung und psychischer Reife überlegen ist.

Davids Prägung bietet, soweit sich dies in den biblischen Erzählungen ausmachen lässt, gute Voraussetzungen für diese Herausforderung. Er muss seinen Eltern ein willkommenes Kind gewesen sein, denn sie gaben ihm den Namen «Geliebter». Im übrigen wird, ähnlich wie im Falle Sauls, auch über Davids familiäre Verhältnisse kaum etwas berichtet. Von seinem Vater Isai heisst es immerhin, er sei Spross einer der einflussreichen Betlehemitischen Familien gewesen.[3] Von seiner Mutter wissen wir demgegenüber gar nichts, sie wird weder in der Bibel noch in anderen Quellen auch nur beim Namen genannt. Doch gibt es eine Spur, die darauf hindeutet, dass die weibliche Seite der Familie von einer starken und liebenden Frauentradition getragen wurde. Denn David war ein Urenkel des Boas und der Rut; jener Rut, die aus dem Lande der Moabiter stammte, die aus Liebe zu ihrem verstorbenen Ehemann – einem Betlehemitischen Auswanderer – und aus Treue zu ihrer Schwiegermutter zusammen mit dieser das heimatliche Moabiterreich verliess und nach Betlehem ging, die dort den Boas kennen und lieben lernte und die zusammen mit ihm zur Stamm-Mutter des «Hauses David» wurde.

Abb. 1: Lucas van Leyden (1494-1533): David spielt vor Saul.
Basel, Öffentliche Kunstsammlung, Bd. M 19, fol. 6.

Während wir im Hinblick auf Saul nichts über Brüder oder Schwestern hören, wuchs David als eines unter vielen Geschwistern auf. Einige Chronisten berichten von vier, andere von sieben, wieder andere von acht Söhnen

Isais, und mit Zeruiah und Abigail werden auch zwei Schwestern genannt. Seine Berufung zum nachmaligen König von Israel verdankt David also keinem patriarchalischen Prinzip, nicht einer bevorzugten Stellung in der Geschwisterreihe, auch nicht einer besonderen Bevorzugung durch einen Elternteil, wie dies bei anderen jüdischen Patriarchen – bei Jakob etwa, oder bei Joseph – der Fall gewesen war, sondern seinen – im Sinne von C.G. Jungs Archetypen ausgedrückt – «männlichen» und «weiblichen» Anlagen.

Die «männliche» und die «weibliche» Seite von Davids Charakter sind in der Bibel und in anderen Quellen ausführlich belegt und beschrieben. Die aktiv-rauflustigen Persönlichkeitsanteile ermöglichen David seinen Aufstieg vom Schafhirten zum bedeutendsten und mächtigsten aller Herrscher über das Volk Israel. Die fühlende, zu Trauer, Mitleid und Demut fähige Seite zeigt sich demgegenüber in seiner Musikalität sowie in seiner ans Wunderbare grenzenden Fähigkeit, den Kinnor zu spielen und dazu eigene Verse zu singen. Die alten Chronisten hatten eine solche Ehrfurcht vor Davids musikalischer und dichterischer Kraft, dass sie in ihm den Hauptautor der Psalmen sahen. Er habe Freude, Gotteslob, Trauer und Verzweiflung in seinen Liedern so zu Herzen gehend auszudrücken gewusst, dass darin höhere Eingebung spürbar gewesen sei. Zum Beweis wird angeführt, dass dieser gottbegnadete Mensch schon im Mutterleib gedichtet und gesungen habe.[4]

Und so war es Davids «weibliche» Fähigkeit, seine tiefe musikalische Ausdruckskraft, mit der er – zunächst einmal – die Türen zu Sauls Herz aufschloss und die die folgende Entwicklung überhaupt erst möglich machte.[5] Meinen wir, in Saul eine Borderline-Persönlichkeit zu erkennen, so lehrt ein psychotherapeutisch diagnostizierender Blick auf David, dass wir es hier mit einer «ödipalen» Charakterstruktur zu tun haben. Die postfreudianische Tradition spricht von «ödipal» strukturierten Persönlichkeiten, soweit diese über die Fähigkeit verfügen, Selbstverantwortung zu übernehmen und sich selbst zu kennen. Anders als ein Borderline-Charakter ist der «ödipal» strukturierte Mensch imstande, sich abzugrenzen gegen Verschmelzung mit Vätern oder potentiellen Vaterfiguren – er hat gelernt, er selbst zu sein. Er ist eine unabhängige Persönlichkeit, und als Folge hat er wenig oder keine neurotischen Ängste vor anderen Menschen. Im Unterschied zur Borderline-Persönlichkeit fühlt er sich nicht beim geringsten Anlass verraten, verachtet, verschlungen oder blossgestellt, und so trägt er die kostbare Voraussetzung in sich, andere Menschen wirklich lieben zu können. Er ist dazu imstande, in dem von ihm geliebten Menschen ein Gegenüber zu erkennen und zu würdigen: einen wesensverwandten, gleichzeitig aber anderen, unabhängigen, eigenständigen Menschen, in dessen wahlverwandter Andersartigkeit er eine bereichernde Ergänzung seiner eigenen Persönlichkeitsanteile zu finden vermag.

Damit, dass in Davids Charakterspektrum neben Entschlossenheit und Aggressivität auch Liebes- und Einfühlungsfähigkeit enthalten sind,[6] ist eine wichtige Voraussetzung für einen erfolgreichen therapeutischen Verlauf gegeben: Auf Grund seines Seelenreichtums vermag David sich in Sauls Isolation einzufühlen, und als Kontaktmittel wählt er die Musik.

IV. Der musiktherapeutische Zugang verfügt über die Möglichkeit, in psychische Not geratene Menschen jenseits von Sprache, Verstand und Vernunft zu erreichen. Die frühesten Erfahrungen, die ein Neugeborenes, das sich später zu einer Borderline-Persönlichkeit entwickeln wird, mit der Welt macht, sind katastrophal – im wahrsten Sinne des Wortes niederschmetternd: Die Welt erweist sich dem gänzlich schutzlosen und unerfahrenen kleinen Wesen gegenüber nicht als behütend, wärmend und unterstützend, sondern als kalt und abweisend. Und obwohl der Säugling noch nicht denken kann, erlebt sein körperlich-seelisches Selbst diese Ablehnung ganz ungeschützt und direkt. Der Erwachsene wird sich an dieses frühe Leid nicht erinnern können, denn was ihm geschehen ist, hat er erlebt lange bevor sich in seinem Gehirn kognitive Strukturen ausbilden konnten. Auf der Landkarte seiner Erinnerung ist das frühe Trauma ein weisser Fleck, aber sein Körper und seine Seele wissen darum. Denn sobald ihm ein Mensch – es kann auch ein Buch, ein Geruch, ein Geräusch sein – zu nahe kommt, zuckt er zurück. Augen, Ohren, Herz und Poren schliessen sich. Dieses Sich-Verschliessen ist dem Betroffenen nicht bewusst; es ist ein früh erworbener Abwehrmechanismus gegen eine quälend-bedrohliche Aussenwelt, der ihm längst zur zweiten Natur geworden ist. Und es ist ihm auch nicht bewusst, dass in der Tiefe seiner Persönlichkeit eine Grundmelodie mitschwingt, die von Scheitern, Resignation und Lieblosigkeit singt, ein nonverbales, intellektuell nicht begründbares Gefühl der Trauer und des Haders über die Ungerechtigkeit der Welt.

Der Verstand des betroffenen Menschen will davon in aller Regel nichts wissen, und so arbeitet er darauf hin, diese Grundmelodie bis zur Unspürbarkeit zu unterdrücken. Er lernt, sich selbst das Gegenteil zu beweisen, und bei entsprechender intellektueller Ausstattung wird er vielleicht Firmenchef oder König. Das wird ihn von seinen tiefen Versager-Ängsten ablenken, aber gänzlich ausser Kraft setzen kann er sie nicht. Spätestens dann, wenn die Dinge nicht so laufen wie er es sich wünscht, melden sie sich, und weil seine Struktur es ihm nicht erlaubt, Spannungen und persönliches Leid auszuhalten, sieht er sich früher oder später vor dem Nichts. Findet er in dieser Situation einen Musiker wie David, dem es gelingt, mit Gesang und Saitenspiel die traurige Grundmelodie zum Klingen zu bringen, dann mögen sich die Seelenknoten ein wenig lockern. Indem die äussere an die innere Melodie anklingt, mag der betroffene Mensch im glücklichen

576   *David als «Musiktherapeut»*

Fall spüren, dass hier das Lied seiner uralten, schlimmen Wahrheit erklingt, und das kann den starren Mann[7] berühren und zu Tränen rühren.

Vielleicht hat Saul solche Wechselbäder erlebt. Der grosse Rembrandt – oder er in Zusammenarbeit mit einem seiner Schüler – hat sie jedenfalls gestaltet: Den isolierten, unnahbaren, in Hass erstarrten Herrscher, der seinen Speer umkrallt, um ihn gleich gegen seinen jungen Musiker zu schleudern (Abb. 2). Und jenen Saul, der tief berührt ist von Davids Musik, in dem Trauer über sein Leid aufsteigt und der sich die Tränen an einem schweren, schwarzen Samtvorhang trocknet (Abb. 3).

Auch wenn aus Gründen, deren Darlegung hier zu weit führte, die Therapie des komplizierten Gesalbten des Herrn letztlich scheitern musste,[8]

Abb. 2: Rembrandt: David spielt vor Saul.
         Frankfurt a.M., Städelsches Kunstinstitut und Städelsche Galerie.

Abb. 3: Rembrandt-Schule: David spielt vor Saul. Den Haag, Mauritshuis.

wird eines klar: Davids Musik trifft den richtigen Ton für Sauls Desaster – einen Zustand der Zerrissenheit zwischen Verschmelzungssehnsucht, Machtanspruch, Scham und offenkundiger Ohnmacht. Wie hat David das gemacht? Wie war die Musik beschaffen, die so tief in Sauls Inneres dringen konnte, dass der böse Geist Gottes von ihm wich?

Die biblischen Autoren geben hierüber keine Auskunft – sie erzählen lediglich von Davids Kinnor-Spiel. Aber hat der begnadete Psalmist wirklich nur gespielt, oder hat er auch gesungen und sich auf dem Instrument begleitet? Im 1. nachchristlichen Jahrhundert nimmt der Historiker Flavius Josephus dies in seinen *Antiquitates Judaicae* mit Selbstverständlichkeit an. Er erzählt die Geschichte ohne jede Mystik. Für Josephus ist Saul ein klinischer Fall, der ärztlicher Unterstützung bedarf. Folglich werden in seiner Erzählung aus den Knechten, die Saul das Saitenspiel als therapeutische Massnahme raten, Ärzte, die einen Patienten zu betreuen haben, der unter einer Krankheit des Geistes leidet. Ausdrücklich gibt Josephus im übrigen an, dass die Musiktherapie nicht nur durch Saitenspiel, sondern durch das vom Kinnor begleitete Singen frommer Lieder geschehen sei:

> Den Saul aber plagten allerhand Unruhen und böse Geister, die ihn ersticken und erwürgen wollten. Hiergegen wussten die Ärzte keinen besseren Rat, als dass man

einen erfahrenen Sänger und ... [Kinnor-] Spieler suchen müsse, der, sobald den Saul sein Übel befalle und die bösen Geister ihn heimsuchten, sich zu seinen Häupten hinstellen, ... [Kinnor] spielen und Lieder singen solle.[9]

Der Gesang ist das erste, das menschlichste und, wenn er entsprechend ausgeführt wird, das am meisten zu Herzen gehende Musikinstrument der Schöpfung – ist doch der Mensch selbst in der Trinität seines Körpers, seines Geistes und seiner Seele das Instrument, aus dem die Musik klingt. Wenn die alten Rabbiner schrieben, schon im Mutterleib – schon dort also, wo die Seele noch rein ist von der Zwiespältigkeit der Welt – habe David Lieder gesungen, dann sprachen sie von der emotionalen Macht des Gesanges, und sie führten diese Macht auf die Kräfte zurück, die zwischen Himmel und Erde wirken – auf ihre Immaterialität, die auf ein Grösseres verweist, auf ihre Spiritualität; darauf, dass Musik eine «Nabelschnur» ist, «die uns mit dem Göttlichen verbindet».[10]

Versuche ich, dies in die Sprache heutigen Realitätsbewusstseins zu übersetzen, so mag das heissen, dass Davids Musikalität – von Jahwe in ihm angelegt und genährt von guten mütterlichen Säften – aufs Innigste, Natürlichste und Authentischste mit seiner Persönlichkeit wie auch mit seinem intuitiven Wissen um Gott, um die Schöpfung und um andere Menschen verbunden war; mit einem Wissen, das den Umgang mit den Verheissungen und Geheimnissen ebenso wie mit den Erfordernissen und Kümmernissen des postparadiesischen Lebens zu pflegen verstand. Mit anderen Worten: Der junge – und natürlich (denn grosse Begabungen verlieren sich nicht) auch der spätere, der königliche – David wird als gottbegnadeter, intuitiver, charismatischer und einfühlsamer, das verdüsterte Herz seines Gegenübers erreichender Sänger und Kinnor-Spieler gezeichnet.

V. Das beantwortet freilich noch nicht die Frage, wie die Musik beschaffen war, mit der David Saul in seiner Finsternis erreichen konnte. Die alten Autoren geben uns hierüber nicht die leiseste Vorstellung. Aber so wie Sauls Krankheit ein archetypisches Phänomen ist, das damals wie heute Teil menschlichen Schicksals ist, und so wie der Topos von der Tröstung durch Musik seine Gültigkeit durch die Jahrhunderte und Jahrtausende bewahrt hat, so mag es jenseits stilistischer Unterschiede elementare, archetypisch wirksame musikalische Elemente geben, die solche tröstende Wirkung verursachen.

Mit derartigen Zusammenhängen beschäftigt sich – zumindest ansatzweise – die heutige Musiktherapie. In einigen ihrer neuesten Veröffentlichungen werden Verbindungen gezogen zwischen elementarem musikalischem Erleben und der beobachtenden Säuglingsforschung, die seit den 70er Jahren die herkömmliche Entwicklungspsychologie revolutioniert.

Für unseren Zusammenhang ist ein Blick in diese Richtung deswegen ebenso unumgänglich wie erfolgversprechend, weil die zugrunde liegende Hypothese lautet, Saul habe an einer in frühester, vorsprachlicher Kindheit entstandenen Störung – dem genuinen Arbeitsfeld der Musiktherapie – gelitten. Es sind vor allem zwei Berührungspunkte zwischen den beiden Disziplinen, die im gegebenen Zusammenhang wichtig sind:[11]

1. Ebenso, wie Sauls Tröstung durch einen bestimmten musikbezogenen Kontakt zwischen zwei Menschen erfolgte und wie es auch in der Musiktherapie immer um das Entstehen einer musikalischen Interaktion zwischen Patient und Therapeut geht, so steht im Mittelpunkt der Säuglingsforschung nicht der aus seiner Umwelt herausgelöste Säugling, sondern das Baby im Kontakt zu seinen Bezugspersonen.

2. In beiden Disziplinen vollzieht sich der Kontakt nonverbal – jenseits der Sprachgrenze. Die zwischenmenschliche Beziehung zwischen Säugling und Pflegeperson geschieht mittels «Affektabstimmung», mit der die Eltern den Bedürfnissen des Kleinkindes entgegenkommen. Deren glückliches Gelingen wird als eigentliche Voraussetzung für eine zufriedenstellend verlaufende Entwicklung betrachtet. In Entsprechung hierzu versucht die Musiktherapeutin mit feinem Ohr zu hören und zu spüren, in welchem Stimmungs- oder Spannungszustand sich ihre Patientin befindet, und mit den angemessenen musikalischen Mitteln wird sie sich darum bemühen, diesen Zustand aufzunehmen und ihn je nach Notwendigkeit zu verstärken oder zu begrenzen.

Es ist an dieser Stelle nötig, einige kurze, im Telegrammstil gehaltene Bemerkungen über die zunehmend im gesamten psychotherapeutischen Spektrum zu Bedeutung gelangende Säuglingsforschung zu machen. Der amerikanische Psychiater Daniel Stern entwickelte sein Modell aus Beobachtungen, die direkt an Säuglingen und Kleinkindern bis zum Alter von zwei Jahren gemacht worden sind.[12] Die bislang als gültig anerkannten psychoanalytischen Entwicklungsmodelle postulierten, dass der Säugling nach seiner Geburt eine Zeit der Undifferenziertheit erlebe: In den ersten drei bis vier Wochen seines Lebens befinde er sich in einem autistischen Zustand, in dem er weder sich selbst, noch seine Umwelt mitsamt seinen Pflegepersonen wahrnehme, woraufhin eine Phase der Symbiose folge, in der er die Umwelt allenfalls verschwommen zur Kenntnis nehme und sich im übrigen in passiver Verschmolzenheit mit der gebenden und nährenden Mutter fühle. Des eigenen Selbst werde er erst mit der Sprachfähigkeit inne.[13]

Abgeleitet sind diese Theorien aus der Arbeit mit neurotischen Erwachsenen, und so leugnet Stern nicht das Vorhandensein symbiotischer und autistischer Strukturen, aber er plaziert sie in den Bereich der Pathologie. Demgegenüber postuliert er auf der Basis direkter Säuglingsbeobachtung für eine normale Entwicklung, dass sich beim Kleinkind, das bereits sprechen kann und zur Selbstreflexion fähig ist, Selbstempfindungen zu erkennen geben, die sich schon im präverbalen Stadium – manche vielleicht bereits intrauterin oder kurz nach der Geburt – zu entwickeln begonnen haben. In einem andauernden Miteinander von Kontinuität und Wandlung verbinden, vernetzen und beeinflussen bereits vorhandene Selbstbereiche sich mit solchen, die neu entwickelt werden und führen zu dem letztlich erst durch den Tod abgeschlossenen Prozess dessen, was man eine Persönlichkeitsentwicklung nennt.

Stern unterteilt bei seiner Theoriebildung die ersten zwei Lebensjahre des Menschen in vier Phasen, die er aus äusserst komplexen Beobachtungen der kleinkindlichen Entwicklung ableitet: 1. die Phase des «Auftauchens» – des allmählichen Gewahrens von Selbst und Umwelt während der ersten acht Lebenswochen; 2. die Phase des «Kernselbst-Empfindens» – der wachsenden Erfahrung eigenen Wollens, Wirkens und Handelns sowie von anderen Menschen verursachten Wollens, Wirkens und Handelns (bis zum neunten Lebensmonat); 3. die Phase des «subjektiven Selbstempfindens» – des Innewerdens eines eigenen Seelenlebens, das mit dem Seelenleben anderer in Kontakt zu treten vermag (bis zum 18. Lebensmonat); 4. die Phase des «sprachlichen Selbstempfindens» – der Fähigkeit zu Reflexion, Selbstreflexion und verbaler Symbolisierung der bisher emotional-ganzheitlich erfahrenen Welt (etwa ab dem 15. Monat).

Hier sind vor allem zwei von Sterns Erkenntnissen wichtig:

1. Der Säugling ist – so weit sich dies von aussen beobachten lässt – fast vom ersten Moment an nicht nur ein hilfloser und abhängiger, sondern auch ein in vielen Aspekten selbstgesteuerter, auf Autonomie ausgerichteter Organismus. Ohne über die kognitive Fähigkeit der Selbstreflexion zu verfügen, ist er doch seiner selbst als eigenständiges, sich von der Mutter getrennt erlebendes Wesen inne. In der frühesten Phase – in der Phase des Auftauchens in der Welt – ist er, anders als die herrschende Lehrmeinung es bislang vermittelte, weder autistisch noch in der späteren Phase des Kernselbst-Empfindens symbiotisch mit der Mutter verschmolzen. Er hat eine möglicherweise angeborene, in jedem Fall rasch sich entwickelnde Fähigkeit, seine Bedürfnisse nach Zuwendung und Stimulation einerseits und Ruhe und Selbstgenügsamkeit andererseits selbständig zu regulieren; dies gilt freilich unter der Voraussetzung, dass die Bezugspersonen seine Signale verstehen, diese Signale adäquat beantworten und sich vor Über- oder Unterstimulierung hüten.

2. Die vier Phasen des Auftauchens, des Kernselbst-Empfindens, des subjektiven Selbstempfindens und des sprachlichen Selbstempfindens folgen nicht in eindimensionalem, linear-chronologischem Ablauf aufeinander, etwa so, dass ein neuer Entwicklungsschritt dann erfolgt, wenn der

vorhergegangene abgeschlossen ist. Vielmehr hat jede Phase wohl ihren Beginn, sie wird aber nie eigentlich beendet. Zwar wird sie abgelöst durch einen nächsten wesentlichen, persönlichkeitsfördernden Schritt oder Sprung, und dadurch verliert sie an Aktualität. Aber auch wenn solch ein Sprung getan ist, wenn das Kind sich mit aller Vitalität der Erforschung neuer Erlebnis-Horizonte widmet, bleiben die vorangegangenen Lebenserfahrungen lebendig und wirksam. Ein Sprung in neue Welten ist es zum Beispiel, wenn das Kind entdeckt, dass es seine Gedanken, Gefühle und Handlungen nicht nur durch nonverbale Mittel ausdrücken, sondern durch die Sprache vermitteln und austauschen kann. Natürlich wird es sich jetzt begeistert dieses neue Medium zu erobern suchen und mit ihm experimentieren. Damit geraten seine früher entwickelten kommunikativen Möglichkeiten – Blicke, Bewegung, Berührung, Lächeln, Weinen, Lallen, Gurren, Schmatzen – nach und nach in den Hintergrund, aber sie gehen nicht verloren. Sie wirken durch die neue, alle vorhergegangenen Erfahrungen revolutionierende Erlebnisebene hindurch weiter und geben dem sprachlichen Ausdruck sein eigenes, persönliches Flair.

VI. Zu diesen frühen, präverbalen, später durch die Sprache überformten Schichten versuchen Musiktherapeuten Kontakt herzustellen. Ein Mensch mit einer Pathologie, wie ich sie König Saul unterstelle, einer psychischen Struktur also, die sich mit einem anderen Menschen – oder eben auch mit Jahwe – entweder als Einheit fühlen oder diesen Kontakt vernichten muss, basiert auf einer, in Sterns Terminologie ausgedrückt, unbefriedigend verlaufenen Phase des Auftauchens und einem nicht ausreichend gut ausgebildeten Kernselbst. Das heisst, um es nochmals – und wieder etwas anders – zu formulieren: Einem Menschen mit dieser Struktur gelingt es nicht, sich im Sinne des «Urvertrauens» auf sich selbst und andere Menschen verlassen zu können und sich als aus eigener Kraft lebende, atmende, später auch handelnde, von anderen Menschen und fremdem Willen sich abhebende Persönlichkeit zu fühlen.

Wie kann hier die Musiktherapie helfen? Der Musiktherapeut Fritz Hegi bringt Sterns vier Entwicklungskategorien in Verbindung mit elementaren musikalischen Phänomenen, Formen und Wirkungsmöglichkeiten.[14] In der Phase des «auftauchenden Selbst» erfährt das Baby – so Hegi – sich selbst und die Welt nicht durch Worte, sondern durch Wahrnehmungs- und Gefühlsmomente, von denen viele eine musikalische Dimension haben: laut und leise, sanft und grob, anschwellend und abklingend, hoch und tief, beruhigend und aufregend, stetig und wechselhaft, still und geräuscherfüllt, weich und hart, fliessend und stockend. Diese Qualitäten, mit denen sich das Baby seine frühesten Orientierungen schafft, finden in der Musik ihre Entsprechungen im Bereich von Klang, Klangfarben und Dynamik.

Das «Kernselbst» als Keimzelle von Individualität und Identität, von Selbstvertrauen und Vertrauen in andere bringt Hegi in Zusammenhang mit Rhythmus und Form. Urbild des Rhythmus ist der «pulsus», der eigene Herzschlag, der über Jahrhunderte das Zeitmass aller musikalischen Dinge war, indem die unterschiedlichen Tempi aus Relationen gewonnen wurden, denen als «integer valor» – als absolut verbindliches Zeitmass – der Pulsschlag zugrunde lag. Ein sinnfälligeres Symbol für Zuverlässigkeit und Regelhaftigkeit als die ordnende Kraft des (Herz-) Rhythmus ist schwer vorstellbar. Die musikalische Form andererseits bringt Hegi in Zusammenhang mit der Wahrnehmung eines Menschen, eine eigene «Form», einen eigenen Körper zu haben und seinem Erleben, dass diese Form, dieser Körper etwas ähnliches, dabei aber auch etwas anderes ist als der Körper eines anderen Menschen, z.B. als derjenige der Mutter.

Beide, Rhythmus und Form, sind Prinzipien, die die an sich grenzenlosen Phänomene Dynamik und Klang strukturieren, ihnen Ordnung und Übersichtlichkeit verschaffen und die damit der auf kleinem Kahn in endlosem Meer treibenden jungen Seele doch so etwas wie eine Insel, wenn nicht gar ein Ufer verheissen. Musiktherapeuten meinen also, dass einem Menschen, dem auf affektiver Ebene die eigenen Grenzen nicht klar abgesteckt erscheinen, der sich nicht spürt, wenn er das Wort «Ich» ausspricht und der darüber in innere Not gerät, als Heranwachsendem oder Erwachsenem geholfen werden kann, indem er lernt, Klang und Klangfarben zu entdecken und sie einzubetten in einen ordnenden Rhythmus und eine Grenzen schaffende Form – z.B. eine Liedstrophe.

Solche Überlegungen sind Lichtjahre entfernt von einer seriösen Theorie. Sie sind aber ein erster Schritt auf eine Herausforderung hin, der bis heute nicht nur die Psychoanalyse, sondern auch die Kunstwissenschaften aus dem Wege gegangen sind: auf die Herausforderung hin, Kriterien zu finden und zu erfassen, um die gänzlich vernachlässigte, aber nicht mehr zu leugnende Bedeutung präverbalen Erlebens und präverbaler Erfahrungen als eines der prägenden Elemente unserer Welt und unserer Kultur besser verstehen zu lernen.

Was also sollte ein Musiktherapeut tun, der einer Seele wie derjenigen Sauls beistehen will, einer Seele, die sich selbst verloren hat? Um wieder auf die Frage nach dem *wie* von Davids Therapiemusik zu kommen, so haben wir inzwischen ein paar dürre Kriterien. Um «richtig» zu sein, muss die Musik, die Sauls Panzer der Erbitterung und Einsamkeit durchdringt, zum einen von jemandem gesungen und gespielt werden, dem Saul die Kompetenz einräumt, dass er ihm überhaupt vormusizieren darf, und dem der König im Rahmen seiner Möglichkeiten vertraut. Zum anderen muss die Musik in dem Sinne «stimmen», dass sie Sauls Inneres als in die Ordnung von Rhythmus und Form gefasste laut und leise, hoch und tief, anschwellend und abschwellend, einatmend und ausatmend, hell und dunkel erklingende Lebendigkeit erreicht.

VII. Nicht erst die Musiktherapeuten kamen auf die Idee, dass so elementare Wirkungskräfte wie ein klarer Rhythmus und eine klare Form wohltuend auf einen verwirrten Geist einzuwirken vermögen. Schon der grosse Philosoph Platon hatte beide als auf die Seele Einfluss nehmende Ordnungsprinzipien herausgestellt, wobei er das Kriterium der Form aus dem einem Lied zugrunde liegenden Text ableitete.[15] An Platon knüpft der zu seiner Zeit hochberühmte Universalgelehrte und Jesuit Athanasius Kircher (1602-1680) an – ein Zeitgenosse Rembrandts. In seinen Überlegungen zum «Fall Saul» führt er die beschriebene heilsame Wirkung von Davids Musik sowohl auf medizinisch-psychologische wie auch auf musikalische Gesichtspunkte zurück: Zum einen habe David Sauls charakterliche Eigenarten und seinen Säftehaushalt genau gekannt. Zum anderen sei er ein hervorragender Musiker gewesen, der es verstanden habe, seine Musik der jeweiligen Verfassung des Kranken anzupassen, und dies unter anderem durch die Verwendung bestimmter «Rhythmen, die Saul liebte.»[16]

Der ordnungschaffende Rhythmus und die Form des Strophen-Liedes sind auch für den Sorauer Musiktheoretiker Wolfgang Caspar Printz um 1690 ausschlaggebende Faktoren für die Wirksamkeit der Davidsmusik auf den melancholischen Geist Sauls, wobei man sich den Charakter der Musik als «lustig» vorstellen solle.[17]

Die Geschichte von Davids musikalischem Heilungsversuch ist im Bewusstsein aller Zeiten geblieben, und sie hat naturgemäss auch Komponisten inspiriert. Im Jahre 1738 schrieb Georg Friedrich Händel sein Oratorium *Saul*, das den Konflikt zwischen David und Saul zum Thema hat. Das Libretto von Charles Jennens übergeht die Episode von 1Sam 16, nimmt aber die Szene von 1Sam 18 – den Speerwurf – auf. Saul wütet über den Lobpreis, den das Volk Israel David nach dem Sieg über Goliat darbringt, und dies in einem Masse, dass seine Kinder Jonatan und Michal sich grosse Sorgen machen. Michal bittet David, Saul mit seinem Harfenspiel zu besänftigen, wie er es schon so oft getan habe, und David singt ein schlichtes Lied, das Gottes Güte preist und das mit einer typischen Psalm-Formel beginnt: «Oh Lord, whose mercies numberless / O'er all thy works prevail ...»

Nach einem kurzen, klanglich durch Terzparallelen und Vorhalte dominierten Vorspiel folgt Händel dem formal symmetrischen Bau des Textes musikalisch mit einem Strophen-Lied. Er gliedert die Textstrophen in zwei gleichtaktige Perioden, deren erste auf der Dominante und deren zweite in der Grundtonart F-Dur schliesst. Die Singstimme ist eingebettet in eine gleichmässige, reich mit Vorhalten versehene Achtel-Bewegung, die schon aus dem Vorspiel bekannt ist. Klanglich dominieren die «beruhigenden» Terz- bzw. Dezimen-Parallelen. Die Melodie hat keinen ausgeprägten Charakter, sie wirkt – eingebettet in die Mass und Ordnung garantierende Strophenform und den gleichmässigen Achtel-Rhythmus – wie ein Wiegenlied. Zum beruhigenden, das Moment des «Auftauchens» unterstützenden Charakter passt es auch, dass Händel dieses Air als einziges Stück im gesamten umfangreichen Oratorium als reinen Streichersatz – ohne Cembalo-, Orgel- oder Fagott-Continuo – konzipiert, dass er also nicht Klangvielfalt, sondern klangliche Einheit angestrebt hat.[18]

Händel war, wie Percy Young – der Herausgeber des *Saul* – anmerkt, zwischen 1737 und 1738 «Opfer heftiger Depressionen und physischer Unpäßlichkeiten, und die Schatten der Geistesgestörtheit ließen ihn die Tiefe der Leiden Sauls ermessen.»[19] Er hatte sich einem gnadenlosen Konkurrenzkampf mit einem Londoner Opernhaus ausgesetzt und musste nun erleben, wie sein eigenes Opernunternehmen dadurch langsam bankrott ging. Sein erster Biograph John Mainwaring schreibt – ich zitiere nach einer zeitgenössischen deutschen Übersetzung:

> Sein Verlust erstreckte sich nicht nur über sein Geld und Gut, sondern auch über seinen Verstand und seine Gesundheit. Sein rechter Arm war vom Schlage unbrauchbar geworden, und wie sehr ihm zu gewissen Stunden, auf lange Zeit, die Sinne verrückt gewesen, davon sind hundert Beyspiele vorhanden, die sich lieber zum Verschweigen, als zum Berichten, schicken. ... Während dieses melancholischen Zustandes war es ihm platterdings unmöglich, auf neue Wege, zur Verbesserung seines Glücks, bedacht zu seyn. Seine vornehmste Sorge ging also auf die Schwachheiten seines Leibes.[20]

Gegen jede Erwartung und wie durch ein Wunder erholte Händel sich von diesem Zusammenbruch. Zehn Monate nach seiner Genesung begann er mit der Komposition des *Saul*, dessen Libretto schon mehr als drei Jahre bei ihm zu Hause gelegen hatte.[21] Er mag jetzt besser als zuvor gewusst haben, wie eine Musik klingen kann, die einen von Anerkennung und Erfolg verlassenen und ins Dunkel der eigenen Hilflosigkeit gestürzten König – oder Komponisten – zu berühren vermag.

Dagmar Hoffmann-Axthelm

Musikbeispiel: Georg Friedrich Händel, «Oh Lord, whose mercies numberless...» aus dem Oratorium Saul.[22]

Anmerkungen

[1] Die Vulgata übersetzt das hebräische *Kinnor* mit Cithara, was in der Lutherbibel mit «Saitenspiel» übersetzt ist und in der bildlichen Überlieferung häufig gleichfalls durch eine Harfe, immer aber im Sinne eines Saiteninstrumentes dargestellt wird. Beim Kinnor handelt es sich um ein lyraartiges Saiteninstrument. Vgl. die Abb. bei Braun 1999, 270 und 310f; Braun 1994.

[2] Es gibt berührende Videoaufnahmen von sechs Wochen alten Babys mit ihren jungen Müttern, in denen zu sehen ist, wie die kleinen Wesen alle ihre körpersprachlichen Mittel und ihr Schreien einsetzen, um den Müttern ihre Bedürfnisse zu zeigen – aber nicht alle Mütter verstehen diese Sprache. Vgl. die Aufzeichnung von Sylvia Brody, Sidney Axelrad und Majory Adams Krimsley, die diese in den 70er Jahren in einem New Yorker Müttertagesheim machten und unter dem Titel *Mother infant interaction-forms of feeding at six weeks* als Video veröffentlichten.

[3] Hierzu und zum folgenden vgl. Ta-Shma 1971.

[4] Ta-Shma 1971.

[5] Dies zumindest nach der Überlieferung 1Sam 16. Nach 1Sam 17 wird Saul erst durch den Sieg über Goliat auf David aufmerksam.

[6] Vgl. hierzu Hoffmann-Axthelm 1999.

[7] Dasselbe gilt natürlich für die erstarrte Frau.

[8] Nach heutigem Sprachgebrauch kommen hier komplexe Übertragungs- und Gegenübertragungsprozesse zum Tragen: David wandelt sich für Saul aus einem von Gott gesandten Helfer zum ärgsten Feind – aus einer Spiegelübertragung wird eine negative Übertragung.

[9] Flavius Josephus, *Antiquitates Judaicae*, VI, 8, 2. Vgl. die Ausgabe von Niese 1885, Bd. 2, 40. Diesen wie auch viele der folgenden medizinhistorischen Hinweise entnahm ich dem brillanten Aufsatz von Kümmel 1969.

[10] So Nikolaus Harnoncourt; zitiert nach Walter 1999, 102.

[11] Zum folgenden Schumacher 1999.

[12] Stern 1992.

[13] Die wichtigste der zahllosen Publikationen zu diesem Themenkreis ist wohl Mahler / Pine / Bergman 1978.

[14] Vgl. Hegi 1998.

[15] Platon, *Der Staat*, in der Übersetzung von Rufener 1974, 180.

[16] Kümmel 1969, 202; Kircher 1650, 213-215.217. Zu einer weiteren, auf dem Zusammenwirken des schwingenden Tones und dem luftigen Wesen eines unruhigen Geistes beruhenden Theorie vgl. Kircher 1648, 139.
[17] Printz schreibt: «Denn weil die Diener des Sauls wohl wußten / daß die Melancholey durch die Music vertrieben werden kunte: so haben sie ihrem Herrn gerathen / daß er eine lustige Music hören solte. Es ist aber gewiß / daß ohne gewisse Abmessung der Zeit jeglicher *Sonorum* keines Weges eine lustige Melodey zu wege gebracht kan werden ... Dahero erscheinet aus der Würckung dieser Music / daß David solche Lieder spielen können / in welchen jegliche *Soni* ihre gewisse und lustige *Quantitatem temporalem* gehabt haben» (Printz 1690, 37).
[18] Zur Erklärung des Streichersatzes gibt es auch andere, mehr in der alten Tradition von Melancholie-Therapie wurzelnde Erklärungen, mit denen diese Ausführungen verbunden sind. Die hier im Hinblick auf Händels *Saul* vorgetragenen Überlegungen habe ich bereits publiziert: vgl. Hoffmann-Axthelm 1996.
[19] Young 1962, VI.
[20] John Mainwaring, *G. F. Händel*. Vgl. die Ausgabe von Paumgartner 1947, 95f.
[21] Hogwood 1992, 185.
[22] Vgl. Young 1962, 112f.

Bibliographie

Braun, J., 1994: Art. «Biblische Instrumente» in ²*MGG*, Sachteil, 1, col. 1516.
Braun, J., 1999: *Die Musikkultur Altisraels / Palästinas. Studien zu archäologischen, schriftlichen und vergleichenden Quellen*, Freiburg i.Ue.: Universitätsverlag / Göttingen: Vandenhoeck & Ruprecht.
Hegi, F., 1998: *Übergänge zwischen Sprache und Musik. Die Wirkungskomponenten der Musiktherapie*, Paderborn: Junfermann.
Hoffmann-Axthelm, D., 1996: «David und Saul – Über die tröstende Wirkung der Musik» in *Basler Jahrbuch für Historische Musikpraxis*, 20, pp. 139-162.
Hoffmann-Axthelm, D., 1999: «David und Oidipus. Über Vaterhass, Sohnesliebe und den liebenden Mann» in *Zeitschrift für Individualpsychologie*, 24, pp. 63-80.
Hogwood, Chr., 1992: *Georg Friedrich Händel*, Stuttgart u.a.: Metzler.
Kircher, A., 1648: *Athanasii Kirchers Neue Hall- und Thon-Kunst, / Oder Mechanische Geheim-Verbindung der Kunst und Natur*, Nördlingen: Friderich Schultes.
Kircher, A., 1650: *Musurgia universalis*, Bd. 1, Rom. Reprint 1970, Hildesheim u.a.: Olms.
Kümmel, W., 1969: «Melancholie und die Macht der Musik. Die Krankheit König Sauls in der historischen Diskussion» in *Medizinhistorisches Journal*, 8, pp. 189-209.
Mahler, M.S. / Pine, F. / Bergman, A., 1978: *Die psychische Geburt des Menschen. Symbiose und Individuation*, Frankfurt a.M.: Fischer.
Niese, B. (ed.), 1885: *Flavius Josephus, Antiquitates Judaicae*, 2 Bde, Berlin: Weidmann.
Paumgartner, B. (ed.), 1947: *John Mainwaring, G.F. Händel*. Nach Johann Matthesons deutscher Ausgabe von 1761, Zürich: Atlantis Musikbuch-Verlag.
Printz, W.C., 1690: *Historische Beschreibung der Edelen Sing- und Kling-Kunst ... von Wolfgang Caspar Printzen von Waldthurn*, Dresden: Johann Georg. Reprint 1964, Graz: Akademische Druck- und Verlagsanstalt.

Rufener, R., 1974: *Platon, Der Staat* (Jubiläumsausgabe sämtlicher Werke zum 2400. Geburtstag, eingeleitet von O. Gigon, übertragen von R. Rufener, 4), Zürich: Artemis.
Schumacher, K., 1999: *Musiktherapie und Säuglingsforschung* (Europäische Hochschulschriften VI, 630), Frankfurt a.M. u.a.: Lang.
Stern, D., 1992: *Die Lebenserfahrung des Säuglings*, Stuttgart: Klett-Cotta.
Ta-Shma, I.M., 1971: Art. «David» in *Encyclopaedia Judaica*, 5, col. 1328.
Walter, M. (ed.), 1999: *Ein Hauch der Gottheit ist Musik. Gedanken großer Musiker*, Zürich u.a.: Benzinger.
Young, P., 1962: *Hallische Händel-Ausgabe*, Bd. 13, Kassel u.a.: Bärenreiter.

König David und die Macht der Musik
Gedanken zur musikalischen Semantik zwischen Tod, Trauer und Trost

THERESE BRUGGISSER-LANKER

Zusammenfassung:

Der biblische König David ist als Symbolfigur für die abendländische Musikgeschichte von zentraler Bedeutung: Er verkörpert nicht nur den göttlichen Ursprung der Musik, in der Rolle des Urhebers des christlichen Chorgesangs begleitet er sie durch Jahrhunderte. Ausgehend von einem Traktat des Johannes Tinctoris (um 1473), der an der Schwelle zur Moderne die Wirkungsmacht der Musik zu ergründen sucht, werden die verschiedenen Facetten des David-Bildes beleuchtet: David der Hirte («bonus pastor»), der wie Orpheus die Tiere bezaubert; der tröstende David, der König Saul mit Hilfe der Musik von seiner Melancholie befreit; der Begründer der zahlhaften Musik – der «musica mundana» als der durch mathematische Proportionen gegliederten Harmonie des Kosmos und der «musica humana», welche die Harmonie auf den menschlichen Körper bezieht und damit das Gleichgewicht von Seele und Körper garantiert. Als leidender, betender Büsser kommt der Schöpfer der Psalmen den Menschen seit dem 15. Jahrhundert besonders nahe, die sich in seinen Klagegesängen wiederfinden.

Eng mit dem Verständnis des Psalmengesangs verbunden ist die Vorstellung, dass die Musik zur höchsten Glückseligkeit führen kann, dass sie letztlich auch den Tod überwindet. Sie kommt zum Ausdruck in der Auswahl der Gesänge im mittelalterlichen Requiem, die alle die Hoffnung des himmlischen Paradieses beschwören wie Ps. 42, Ps. 23 (der Psalm vom guten Hirten) oder Ps. 84, den Brahms im *Deutschen Requiem* verwendet hat: «Wie lieblich sind deine Wohnungen». Die mittelalterlichen Theoretiker haben die Wirkung des Trostes im Begriff der «compunctio» zu fassen versucht, wonach der Psalter mit seinen süssen Weisen die Herzen zur tränenreichen Reue bewegen und Gott den Weg zum Herzen öffnen könne.

Der Psalmengesang bezeichnet bereits die Präsenz des kommenden, ewigen Lebens im hiesigen, er vereinigt sich mit dem Lobgesang der Engel. Harfenmusik und Engelsgesang leben als Topoi in der Ästhetik der Romantik fort, welche die Musik selbst als utopischen Ort der Sehnsucht, ja als «letztes Geheimnis des Glaubens» begreift. Der Mythos «David» hat sich hinter dem Mythos «Musik» verflüchtigt.

Résumé:

La figure symbolique du roi David est d'une très grande importance pour l'histoire de la musique en Occident. Non seulement il représente l'origine divine de la musique, mais il l'accompagne à travers les siècles dans son rôle d'initiateur du chant choral chrétien. Partant d'un traité de Johannes Tinctoris (v. 1473) qui, au seuil de l'époque moderne, détaille les effets de la musique, cette étude passe en revue les différents aspects de l'image de David: le berger («bonus pastor») qui, tel Orphée, charme les animaux; le musicien consolateur qui, par son art, parvient à délivrer le roi Saül de sa mélancolie; le fondateur de la musique des nombres – la «musica mundana», qui reflète les harmonieuses proportions mathématiques de l'univers, et la «musica humana», qui reporte cette harmonie sur le corps humain et garantit ainsi l'équilibre entre le corps et l'âme. Quant au créateur des psaumes, à partir du XVe siècle, c'est en sa qualité de pénitent souffrant et priant qu'il est le plus proche des hommes; ils se retrouvent dans ses complaintes.

La compréhension de la psalmodie est étroitement liée à l'idée que la musique peut faire accéder au bonheur suprême, qu'elle peut même vaincre la mort. Cette idée se reflète dans le choix des chants du requiem du Moyen Âge: qu'il s'agisse du psaume 42, du psaume 23 (celui du bon pasteur) ou du psaume 84, repris par Brahms dans son *Requiem allemand* («Que tes demeures sont désirables»...), tous évoquent l'espérance du paradis. Les théoriciens du Moyen Âge ont tenté d'exprimer l'effet consolateur du Psautier dans la notion de «compunctio»: en touchant les cœurs et en suscitant des larmes de remords, les douces mélodies des psaumes ouvrent la voie à Dieu. La psalmodie se joint aux hymnes de louange des anges, elle préfigure sur terre la vie éternelle. Le chant des anges et le son des harpes subsistent sous forme de topoï dans l'esthétique romantique, qui conçoit la musique elle-même comme un lieu utopique, voire comme le «dernier mystère de la foi» vers lequel tend notre nostalgie. Le mythe de David s'est effacé derrière le mythe de la musique.

Abstract:

The symbol of the biblical king David is of central importance for occidental musical history: Not only does David represent the divine origin of music, but as the founder of Christian choruses he accompanies them through the centuries. A tractate by Johannes Tinctoris at the threshold to modern times (ca. 1473) tried to discern the effects of music. Beginning with Tinctoris, this article elucidates different facets of the David image: David the shepherd («bonus pastor») who, like Orpheus, charms the animals with the lyre; David the comforter, who frees king Saul from his melancholy with the aid of his music; David as the founder of the numbered-music, the «musica mundana», the harmony that divides the cosmos into mathematical portions, and the «musica humana», which relates harmony to the human body and thereby guarantees the balance of the soul and the body. As a suffering, praying penitent, the creator of the Psalms comes especially close to the people of the 15th century and afterward, who rediscover their own sufferings in his lamentations.

Closely connected to the understanding of Psalms is the idea that music can lead to utmost bliss, which, in the end, can even overcome death. This is expressed by the types of choruses that were chosen for the Requiem of the Middle Ages. They all conjure up the hope of a heavenly paradise as Ps 42, Ps 23 or Ps 84, which was used by Brahms in the *German Requiem*: «How lovely is your dwelling place». Theorists dealing with the Middle Ages have tried to capture the effect of comfort by using the term «compunctio». Hereby, the Psalter with its sweet hymns brought the heart to a tearful penitence that opened the way for God. The intonation of psalms marks the presence of the coming, eternal life, already in present. It unites with the praises of the angels. Harp-music and the praises of the angels continue to live as topoi in the aesthetics of romanticism, which understands music itself as the utopic place of longing and even as «last mystery of faith». The myth of «David» has vanished behind that of «Music».

Stichwörter:

David; Orpheus; Psalmen; Requiem; Mythos; Transzendenz; Tinctoris; Trost

> Rex David in Saule sedavit demonis iram
> Ostendens cithare virtutem carmine miram.
>
> Der König David dämpfte in Saul des Dämons Wut,
> Sein Lied erweist die Wunder, die eine Harfe tut.

Dieser Merkspruch findet sich im 9. Kapitel des *Complexus effectuum musices* des Johannes Tinctoris, verfasst in den späten 1470er Jahren.[1] Er wird aber von ihm auch nur zitiert aus der lange Zeit Johannes de Muris zugeschriebenen *Summa musicae*, welche die wichtigsten Elemente der Musiklehre kapitelweise in Prosa erläutert und dann in einem prägnanten Vers zusammenfasst.[2] Diese immer noch recht ausgedehnten Verse hatten die Schüler auswendig zu lernen, wahrscheinlich auch die Chorknaben an der Kathedralschule von Chartres, die Tinctoris unterrichtete. Beatrix von Aragonien, Tochter des Königs von Sizilien und spätere Königin von Ungarn, welcher der *Complexus* gewidmet ist, soll der Merkvers daran erinnern, dass die Musik den bösen Geist austreiben, das heisst im mittelalterlichen Verständnis, die Melancholie heilen könne.[3] Die kunstsinnige Prinzessin hatte sich laut Vorwort mit glühendem und heftigem Eifer dem Studium der Musik verschrieben.[4] Tinctoris schrieb deshalb für sie zur gleichen Zeit auch ein Musiklexikon, das erste gedruckte überhaupt,[5] und liess den *Mellon-Chansonnier* anfertigen, der eine an sie gerichtete Marienmotette *O virgo, miserere mei* von ihm selbst enthielt – Minnedienst im Kleide der Marienverehrung.[6] Für seine Schülerin, mit der ihn (wohl unerfüllte) Liebe und eine lebenslange Freundschaft verband, fasste er im *Complexus* in insgesamt zwanzig Punkten die «effectuus musicae», die Wirkungen der Musik, zusammen. Und er wünscht ihr, dass ihr Gemüt dank der Musik von jedem Schmerz stets völlig frei sei, nenne sie doch Plato die mächtigste, Quintilian die schönste und Augustin eine göttliche Wissenschaft.[7] Die Schrift beruht auf den autoritativen klassischen und mittelalterlichen Schriftstellern, versucht in schon beinahe wissenschaftlicher Manier, das Wichtigste daraus mitzuteilen.[8] Die Auswahl scheint auf den ersten Blick etwas zufällig, entbehrt aber trotzdem nicht der inneren Logik. Für uns ist dieses Kompendium deshalb bedeutungsvoll, weil hier – am Ende des Mittelalters – nochmals die mittelalterliche Sichtweise in all ihren Facetten aufleuchtet, andererseits jedoch bereits humanistische Einstellungen formuliert werden, die in die Moderne weisen. Und dies wird gleich beim ersten Punkt offenbar:

1.) *Die Musik erfreut Gott* (*musica deum delectat*):

> Jeder Künstler auf Erden wird durch sein Werk dann am meisten erfreut, wenn es vollkommen (perfectum) ist. Da nun Gott, der niemals etwas Unvollkommenes geschaffen hat, diese Kunst im Anbeginn als die allervollkommenste gebildet hat, muss man einsehen, dass er durch sie mehr als durch die andern Künste erfreut wird.[9]

Hier wird von der menschlichen Musik her extrapoliert auf Gott hin, nur das vollkommene Werk kann Gott erfreuen. Einer der Nachfolger von Tinctoris als Musiktheoretiker, Nicolaus Listenius, wird 1537 dafür den Begriff des «opus perfectum et absolutum» prägen, in welchem sich die Überzeugung vom exemplarischen Charakter und von der Dauerhaftigkeit des einzelnen Werkes – für Jahrhunderte gültig – bündelt.[10]

2.) *Die Musik schmückt den Lobpreis Gottes* (*musica laudes dei decorat*): Daher heisse es, dass diejenigen, welche in der Ecclesia triumphans ohne Unterlass Gott loben, dieses Lob, damit es noch schöner werde, als Gesang darbringen. Musik ist bereits seit dem frühen Mittelalter als «Schmuck» («ornatus») der liturgischen Gesänge, Mehrstimmigkeit als «Schmuck» der Einstimmigkeit verstanden worden. Zuerst nennt der gebildete Tinctoris u.a. ein Beispiel aus der Antike: Apollo, den Gott der Weisheit, dem die Schatten im Elysium ihr Lob sängen. Als Vertreter der wahren Religion bringt er aber auch König David ins Spiel, der, um Gottes Lob zu verschönern, Kantoren einsetzte, die vor der Bundeslade zu singen hätten. Hierüber lese man im 47. Kapitel des Buches Jesus Sirach: «Er stellte beim Altar Sänger auf und machte für ihre Stimmen liebliche Melodien.» Und da er den Gottesdienst mit allerlei Instrumenten verziert haben wollte, sagt er in Ps 146: «Deo nostro sit iocunda decoraque laudatio (Unserem Gott werde anmutig geschmücktes Lob zuteil).» Und im letzten Psalm fügte er hinzu: «Lobt ihn mit dem Klang der Trompete (laudate eum in sono tubae)! Lobt ihn mit Psalterium und Harfe (laudate eum in psalterio et cythara)! Lobt ihn mit Pauken und Reigen (laudate eum in tympano et choro)! Lobt ihn mit Saitenspiel und Orgel (laudate eum in chordis et organo)! Lobt ihn mit den Zimbeln des Jubels (laudate eum in cymbalis iubilationis)! Alles, was Odem hat, lobe den Herrn (omnis spiritus laudet dominum)!»[11] Der berühmte Ps 150, dessen Aufzählung aller denkbarer Instrumente allegorisch auf die Totalität der Musik allgemein zielt, verkörpert den himmlischen Lobpreis, den Tinctoris im nächsten Punkt anspricht:

3.) *Die Musik vermehrt die Freuden der Seligen* (*musica gaudia beatorum amplificat*): Die Musik gehöre nach Aristoteles zu den erfreulichsten Gütern, deshalb vergrössere auch die Süsse («dulcedo») der musikalischen Zusammenklänge die Freuden der Seligen. Ja, Musikinstrumente bedeuteten geradezu das Glück der seligen Geister! Daher stellten auch die Maler, wenn sie die Freuden der Seligen ausdrücken wollten, Engel dar, die verschiedene Musikinstrumente spielen. Dies würde die Kirche nicht zulassen, wenn sie nicht glaubte, dass die Freuden der Seligen durch Musik vermehrt werden. Tinctoris begründet also das, was eigentlich kirchliche Lehrmeinung ist, mit Kunstwerken der bildenden Kunst. Auch bei den

Freuden des Elysiums, das er als liebliche Aue, Ort der Freude, Hain des Glückes und Sitz der Seligkeit bezeichnet, sei laut Vergil (*Aeneis*) Musik dabei.

4.) *Die Musik macht die kämpfende Kirche der triumphierenden ähnlich* (*musica ecclesiam militantem triumphanti assimilat*): Hier zitiert er u.a. Bernhard von Clairvaux: «Nichts kann auf Erden eine bessere Vorstellung von der himmlischen Wohnung vermitteln als die Freudigkeit derer, die Gott loben.» Die irdische Liturgie wird damit zur himmlischen in Beziehung gesetzt. Noch einmal wird die Bedeutung des Gotteslobes unterstrichen und mit einem Zitat aus Augustins *De Civitate Dei* untermauert, der wohlproportionierte Zusammenklang verschiedener Töne verkündige die einträchtige Vielfalt des wohlgeordneten Gottesstaates.[12]

5.) *Die Musik macht einen bereit, den Segen des Herrn zu empfangen* (*musica ad susceptionem benedictionis divine preparat*), und:

6.) *Die Musik reizt die Herzen zur Frömmigkeit* (*musica animos ad pietatem excitat*): Zwei «geistliche» Wirkungen, begründet mit Augustin (aus den *Confessiones*):

> Ich neige dazu, den üblichen Kirchengesang zu billigen, damit sich der ungefestigte Geist durch das Vergnügen der Ohren erhebe zu frommen Gedanken.

Auf den inneren Zwiespalt des Augustinus in bezug auf die sinnlich-ästhetische Seite der Musik geht Tinctoris nicht ein. Im zehnten Buch der *Bekenntnisse* schreibt dieser nämlich, dass er eigentlich all die lieblichen Melodien, nach denen man Davids Psalmen singe, aus seinen Ohren und auch aus denen der Kirche verbannt wissen möchte:

> Jedoch wenn ich meiner Tränen gedenke, die ich beim Gesang der Gemeinde [...] vergoss, sodann auch dessen, wie ich noch jetzt ergriffen werde, nicht so sehr durch den Gesang als durch die Worte des Liedes, wenn es mit reiner Stimme und in passendem Tonfall gesungen wird, erkenne ich den grossen Wert auch dieses Brauches an. So schwanke ich hin und her, bald die Gefahr der Sinnenlust, bald die erfahrene Heilsamkeit bedenkend, und neige mich mehr zu der freilich nicht unwiderruflichen Ansicht, den üblichen Kirchengesang zu billigen. Mag sich immerhin ein schwächeres Gemüt durch den einschmeichelnden Wohllaut zu frommen Gefühlen anregen lassen.[13]

Damit hat er den Dauerkonflikt der Kirche hinsichtlich der Kirchenmusik angesprochen, dass sie zwar wegen ihrer Macht auf die Herzen der Gläubigen in den Dienst genommen wird, sich die Kirchenleute aber immer wieder vor ihrer ästhetischen Verselbständigung fürchteten: Man denke an das Verbot der hochartifiziellen Motette der Ars-nova-Zeit in der Bulle von Papst Johannes XXII. von 1324/25 oder an die grosse kirchenmusikalische Diskussion am Konzil von Trient, die tiefgreifende Auswirkungen auf den Kirchenstil hatte.[14]

Die Punkte 7 bis 10 bezeichnen die Wirkungen der Musik auf das menschliche Gemüt:

7.) *Die Musik vertreibt Trauer* (*musica tristiciam depellit*): «In der Liebe pflegt einem am meisten Leid zu widerfahren, doch auch dieses vertreibt die Musik mit ihrem tröstenden Wesen.» Als Beispiel wird (nach Vergil) Orpheus genannt, der sich in Trauer über den Verlust der geliebten Eurydike mit seinem Instrument selbst tröstete.

8.) *Die Musik löst die Verstocktheit des Herzens* (*musica duriciam cordis resolvit*): Hier wird noch einmal Orpheus zum Beweis herangezogen: Von ihm erzähle die Nachwelt, er habe rohe Bauerngemüter zu erweichen vermocht und wilde Tiere und sogar Felsen und Wälder bewegt. Um die Macht der Musik zur Erweichung der Herzen noch gewaltiger darzustellen, würden die Dichter noch weiter gehen (er zitiert sie also und relativiert aber zugleich):

> Orpheus betrat den Schlund der Unterwelt, das weite Tor des Hades, kam zum finsteren Hain schwarzen Schreckens, zu den Manen und zu ihrem schauerlichen König, zu den Herzen, die sich durch menschliche Bitten nicht bezähmen lassen. Von seinem Gesang bewegt, schwebten die körperlosen Schatten, die Gestalten der Verblichenen aus dem Abgrund des Erebus heran.

Und später würde berichtet (von Vergil im 4. Buch der *Georgica*):

> Sogar das Haus des Todes selber, der Tartarus, und die Eumeniden mit ihren in die Haare eingeflochtenen bläulichen Schlangen horchten auf, Cerberus hielt seine drei Mäuler staunend offen, und das Rad des Ixion blieb stehen, weil selbst der Wind sich legte.

Der Orpheus-Mythos steht auch bei Tinctoris für den (zumindest vorläufigen) Sieg der Musik über die Macht des Todes; ihre Schönheit vermag es, die Totengötter zu erweichen, Orpheus seine Eurydike zurückzugeben, auch wenn er sie, weil er in ungeduldiger Liebe zurückblickt, wieder verliert.[15]

Der nächste «Effekt», für den Tinctoris nun wieder die Bibel heranzieht, enthält unser David-Zitat, das wir aus heutigem Verständnis eher unter Punkt 14 erwarten würden:

9.) *Die Musik treibt den Teufel aus* (*musica diabolum fugat*). «David nahm die Cythara und psallierte; dadurch wurde Saul erquickt; er fühlte sich leichter, denn der böse Geist wich von ihm.» Psychische Krankheit konnte im Mittelalter nur durch Besessenheit durch den Teufel erklärt werden.

10.) *Die Musik verursacht Verzückung, Ekstase* (*musica extasim causat*). Die Begründung zum Aristoteles-Zitat «Die Melodien des Olymp raffen die Seelen fort» entlockt uns eher ein leises Lächeln: Ein Tibiabläser soll mit einer phrygischen Weise einen Priester derart in Verzückung gebracht haben, dass dieser einen Abhang hinunterstürzte, worauf der Tibiabläser als Verursacher seines Todes angeklagt wurde.

In den drei nächsten Gründen werden die positiven Wirkungen auf ein besseres Leben thematisiert, zunächst dessen «heiligster Teil» (*sanctissima pars*):

11.) *Die Musik erhebt den irdischen Geist* (*musica terrenam mentem elevat*) ist wieder eine zutiefst mittelalterliche Anschauung, die Tinctoris denn auch mit Worten des hl. Bernhard umschreibt:

> Das jauchzende Lob hebt die Augen des Herzens empor. Durch die anmutige Harmonie wird nämlich der Geist zur Betrachtung (contemplatio) der Freuden der Seligen geführt. Dies ist der heiligste Teil des besseren Lebens; denn dadurch lässt er ab von Gedanken über irdische Dinge, welche als Teile des aktiven Lebens zu Geschäftigkeit und Unruhe führen.

12.) *Die Musik hält den bösen Willen zurück* (*musica voluntatem malam revocat*): Damit ist auf die ethische Wirkung der Musik hingewiesen, dass Menschen durch sie von einer schlechten Tat abgehalten werden könnten.

13.) *Die Musik erfüllt die Menschen mit Freude* (*musica homines letificat*), allerdings die einen mehr, die anderen weniger. Nun bringt Tinctoris eine Unterscheidung ins Spiel, die auch heutige Musikwissenschaftler beschäftigt:

> Je weiter es einer in dieser Kunst gebracht hat, um so mehr wird er durch sie erfreut, weil er ihre Natur äusserlich und innerlich wahrnehmen kann: äusserlich kraft des Gehörs (potentia auditiva), durch das er den Reiz der Zusammenklänge wahrnimmt, innerlich kraft der Intelligenz (virtus intellectiva), durch die er die Gesetze der Komposition und des richtigen Wortvortrags erkennt. Nur solche Menschen können im eigentlichen Sinne urteilen und durch sie erfreut werden.

Er rät auch allen jungen Menschen, sich der Musik zu widmen, nicht nur um durch den Klang sich oder andere zu erfreuen, sondern auch, um sich im Alter dank dem erworbenen Urteilsvermögen an der Musik freuen zu können. Der Hermeneutiker Hans Heinrich Eggebrecht differenziert in bezug auf die Frage, was Musikverstehen bedeutet, genauso zwischen ästhetischem – als dem sinnlichen – und erkennendem Verstehen, das Musik in begrifflicher Reflexion zum Bewusstsein bringt. Er verurteilt deswegen das rein ästhetische Hören nicht als falsch, sondern als mehr oder weniger unvollständig, da es vom Grad der ästhetischen Erfahrung abhängt.[16] Auch Tinctoris sagt, dass die Musik sicher auch diejenigen Menschen erheitere, die sie nur in ihrem äusserlichen Gehörsinn erfassen, nur bestehe die Gefahr, dass sie, dadurch hingerissen, bei jeder schönen Stimme hinrennen und diejenigen, die für ihren Geschmack wohltönend singen, als die vortrefflichsten Musiker preisen, auch wenn ihr Vortrag aller Kunst entbehre. Der vollkommene Musikgenuss besteht demnach nur im vollkommenen Musikverständnis («perfecta cognitio»).[17] Hier wie in Punkt 19 (*Die Musik bringt kundige Musiker zum Ruhm / musica peritos in ea glorificat*) äussert sich das Renaissanceverständnis, das auf das musikalische Kunstwerk als solches und seinen ingeniösen Schöpfer gerichtet ist. Musik gilt wie in der Antike als Ausdruck vollendeter Bildung, diejenigen, die dank ihrer Erfahrung viel Ehre erlangen, werden auch unsterblichen Ruhm erlangen können, wenn er durch «virtus», persönliche Tüchtigkeit, erworben wird. Und als Vorbilder nennt er die Grossen seiner Zeit wie Dunstable, Dufay, Binchois, Ockeghem, Busnois, Regis, Caron oder Obrecht.[18]

Die Effekte 14-18 beziehen sich nun jedoch wieder auf die Rezipienten:

14.) *Die Musik heilt Kranke* (*musica ergotos sanat*) – mit dem Verweis auf Asklepiades, der durch die Kunst der Modulation einen Geisteskranken geheilt habe,

15.) *Die Musik erleichtert die Mühen der Arbeit* (*musica labores temperat*),

16.) *Die Musik spornt zum Kampf an* (*musica animos ad prelium incitat*),

17.) *Die Musik reizt zur Liebe* (*musica amorem allicit*), wie der liebliche Gesang des Orpheus viele Frauen und Knaben zu glühender Liebe verführte, und

18.) *Musik steigert beim Gastmahl die Feststimmung* (*musica jocunditatem convivii augmentat*).

In Punkt 20 kehrt Tinctoris auf die theologische Ebene zurück, den Kreis schliessend:

20.) *Die Musik macht Seelen selig, führt sie zur ewigen Glückseligkeit* (*musica animas beatificat*). Niemand zweifle – und das ist eine jahrhundertelang tradierte Ansicht –, dass die Menschen beim Hören des «Cantus» (eines Gesangs, hier vielleicht auch als «Choral» zu übersetzen) zur «compunctio», zur Reue bewegt würden. Und wenn nun die Seelen durch Reue das Heil erlangten, so sei die Musik der Grund solchen Heiles. Dieses Heil sei die höchste Seligkeit («summa beatitudo»), die nicht nur denen, die Musik hörten, sondern auch denen, die sie verstehen, zuteil werde. Er kann es also doch nicht lassen, die Musikkenner hervorzuheben, und zieht sogar einen Psalm (den 89.) zu Hilfe: «Selig das Volk, das den Jubel versteht (Beatus populus qui scit iubilationem).»[19] «Iubilatio» könnte hier als das seit Augustinus so verstandene wortlose Singen auf dem Schluss-A des Alleluia interpretiert werden, als eine Erinnerung an die ewige Seligkeit, in der es keiner Worte mehr bedarf.[20] Wenn man aber bei Ps 89 nachschlägt, wird noch ein anderer Zusammenhang deutlich: Der zum von Gott auserwählten und gesalbten König David. «Wohl dem Volk, das den Jubelruf kennt» – in der ökumenischen Einheitsübersetzung auch: «dich als König zu feiern weiss!» Der Ps 89 thematisiert im Rückblick den Treuebund zwischen Gott, dem Herrscher über Himmel und Erde, und seinem Knecht David, den er einst zum höchsten unter den Königen gemacht und nun verstossen hat: «Wie lange noch, Herr? Verbirgst du dich ewig? Soll dein Zorn wie Feuer brennen? Bedenke Herr: Was ist unser Leben, wie vergänglich hast du alle Menschen erschaffen! Wo ist der Mann, der ewig lebt und den Tod nicht schaut, der sich retten kann vor dem Zugriff der Unterwelt?»

Dieser lange Zeit verkannte Traktat markiert einen tiefgreifenden Wendepunkt in der Kunstauffassung, da in ihm einerseits ein über Jahrhunderte gültiger Katalog von Elementen der Wirkungsmacht der Musik zusammengefasst ist, anderseits jedoch ein Wandel in der ontologischen Fundierung der Musik sich abzeichnet: Tinctoris tendiert zwar zu systematischer Erfassung, es gelingt ihm aber nicht, einen kohärenten Begründungszusammenhang herzustellen. Es sind nur noch die sog. «Effekte» der Musik, die er auflistet; die Einheit in der Sinngebung der Musik, wie sie das frühe Mittelalter noch kannte, ist zerbrochen. Nicht mehr die Einbindung der Musik in eine universelle kosmische Ordnung, das heisst die Ansicht, dass sie die Harmonie des Seienden, des Ewigen und des Universalen widerspiegle, steht im Vordergrund. Der Blick ist auf die erklingende Musik selbst gerichtet, die ihr innewohnenden Kräfte wollen erkannt und begründet sein – daraus bezieht die Musik nun ihre Legitimation.

Trotzdem ist diese Haltung kein Bruch mit der Vergangenheit. Bereits im Mittelalter hat man sich intensiv mit den geistig-psychologischen Wirkungen des Gesangs beschäftigt: «Musica movet affectus (Musik bewegt den Affekt)», wie schon Isidor festhält, oder «Musica habet quandam naturalem vim ad flectendum animum (Die Musik hat eine natürliche Kraft, die Seele zu rühren)», wie es bei Amalar heisst.[21] Man hat auch zu erklären versucht, wie die Musik dies zu erreichen vermag. Damit war jedoch nur die rhetorische Seite angesprochen, ihre Fähigkeit, als «Schmuck» den Text zu verdeutlichen, zu intensivieren. Ihren Sinn, ihre causa finalis, bezog sie aus ihrer «similitudo» mit der zahlhaften Struktur des Kosmos, der sich in ihren Grundschichten (dem Tonsystem, der Intervall-Hierarchie oder den Tonarten) als klingende «imitatio mundana» vergegenwärtigt. Diese quadriviale, mathematische Seite der Musikspekulation verlagerte sich in der beginnenden Neuzeit ins Werk selbst, seine Faktur hatte den Massgaben von «numerus» und «proportio» zu folgen. Mit dem Verlust des ontologischen Begründungszusammenhangs, der in seiner Tiefe letztlich nicht mehr hinterfragt worden war, verschob sich das Gewicht auf die rhetorische, triviale Ebene der affektorientierten Wortausdeutung, also auf das, was man ursprünglich als Aussenseite, als Oberfläche («superficies») angesehen hatte. Dieses neue Spannungsverhältnis zwischen Ontologie und Rhetorik bedingte aber auch, dass die Musik von nun an zumindest partiell stets neu legitimiert werden musste. Die ständige Suche nach der «letzten» Wahrheit hat denn auch der Musikgeschichte von diesem Zeitpunkt an eine ungeheure Dynamik verliehen.[22] Was man aber vorläufig nicht aufgab, war der zeichenhafte Charakter der Musik als Abbild des ewigen Lobgesanges der Engel; sie weist weiterhin über das rein Menschliche hinaus in die göttliche Dimension.[23] Und vielleicht hat gerade die Musik eines Dufay, Ockeghem, Josquin oder Brumel diese einzigartige Balance zwischen zahlhafter Ordnung und «himmlischer» Beglaubigung sowie aufs Wort bezogener Ausdruckskraft verwirklicht, einen Grad an allseitiger «musikalischer Vollkommenheit» erreichend, deren letzter Vollender Bach geworden ist.[24]

Wie der Traktat des Tinctoris zeigt, dient König David zusammen mit dem antiken Orpheus als Symbolfigur für das, was das Wunder der Musik ausmacht. Als Urbilder sind sie Chiffren auf der Suche nach ihrem Ursprung und Wesen und ihrer Beziehung zum Göttlichen. Sie sind unendlicher Wandlung fähig und bleiben doch dieselben. Jede Epoche adaptiert sie aufs Neue, macht sich eine andere Seite ihrer Gestalt zu eigen. Es gibt jedoch eine Metapher, welche die beiden Gestalten in eine zusammenfliessen lässt: das Bild des guten Hirten («bonus pastor»), in welches auch Christus verschmolzen ist. Erst die neueste Forschung konnte zeigen, dass das Orpheus-Motiv im frühen Judentum wie im Christentum auf den «lieblichen Sänger Israels», auf David und später auf Christus, den neuen David, übertragen worden ist. Im 151. Psalm der Psalmenrolle von Qumran aus der ersten Hälfte des 1. Jahrhunderts, die 1961 erstmals entrollt wurde, findet sich eine Passage, die in der Septuaginta fehlt, möglicherweise aus Gründen der Zensur: Die Verse 3c-5, in denen David in einem inneren Monolog erwähnt, es hätten sich, als er die Zicklein hütete und sich eine Leier gemacht hätte, die Bäume bei seinen Worten und das Kleinvieh bei seinen Werken aufgerichtet (Vers 5a+b).[25] Es ist dies eine Anspielung, die in der Überlieferungsgeschichte von David nirgends vorkommt,[26] jedoch bei Orpheus eine zentrale Rolle spielt, der mit seinem Gesang die wilden Tiere, die Wälder und Felsen so bezauberte, dass sie ihm folgten und sich um ihn versammelten, als er – so Tinctoris – über den Verlust Eurydikes klagend sich mit seinem Instrument selbst tröstete.[27] Das Hirtenmotiv, der zauberhafte, auf einem Saiteninstrument begleitete Gesang der beiden, ihre göttliche Abkunft bzw. Legitimation, legten eine solche Synthese direkt nahe. In der Ikonographie erscheinen Darstellungen des Orpheus-David-Christus-Motivs in den römischen Katakomben der Frühchristen und in Handschriften aus der ostkirchlichen Tradition (Abb. 1). In der Westkirche findet man den 151. Psalm in seiner korrumpierten Fassung nur in frühmittelalterlichen Handschriften;[28] im *Stuttgarter Psalter* aus dem frühen 9. Jahrhundert ist er auch illustriert: David ist zugleich als Hirt und als Psalmist abgebildet, der mit der einen Hand auf das aufgeschlagene Buch der Psalmen, mit der andern auf eine Orgel mit Blasebalg weist, das lateinische «organum» der Hieronymus-Übersetzung wörtlich nehmend, obwohl der Begriff zu dieser Zeit sonst auch als Sammelbegriff für «Musikinstrument» allgemein verwendet wurde[29] (Abb. 2).

Die Vorstellung des in lieblicher Landschaft die Tiere weidenden Hirten ist ein Bild der Hoffnung angesichts der Vergänglichkeit des Lebens, das Bild des ewigen Friedens, ohne Nöte und Bedrohungen, die Utopie der höchsten Glückseligkeit («summa beatitudo»), wie Tinctoris sie nannte, ob sie mit dem himm-

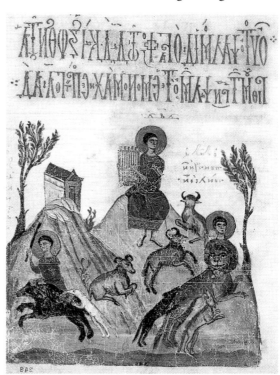

Abb. 1: Barberini-Psalter: *David spielt vor Tieren (Mitte), erwürgt den Löwen (rechts) und erschlägt den Bären (links). Konstantinopel, letztes Drittel 11. Jh. Rom, Biblioteca Apostolica Vaticana, Barb. gr. 372, fol. 248r.*

lischen Jerusalem oder dem griechischen Elysium verknüpft ist. Der Psalter fasst diese Vorstellung in wundervolle Poesie:

> Der Herr ist mein Hirte, mir wird nichts mangeln. Auf grünen Auen lässt er mich lagern, zur Ruhstatt am Wasser führt er mich. Er stillt mein Verlangen; er leitet mich auf rechtem Pfade um seines Namens willen. Und ob ich schon wanderte im finstern Tal, ich fürchte kein Unglück; denn du bist bei mir, dein Stecken und Stab, der tröstet mich. ... Lauter Glück und Gnade werden mir folgen all meine Tage, und ich werde in des Herrn Hause weilen mein Leben lang (Ps 23, ein Psalm Davids).

Von diesem Psalm soll sogar Kant gesagt haben: «Alle Bücher, die ich gelesen habe, haben mir diesen Trost nicht gegeben, den mir dies Wort der Bibel gab.»[30] Trost zu geben ist sowohl eine Funktion der Musik wie der Psalmen, die von der Figur Davids nicht zu trennen sind. In ihnen kann sich jede und jeder wiederfinden, da sie verdichtetes Leben sind, im klagenden Nein zum Leid, in Krankheit, Einsamkeit und Verzweiflung, in der Bitte um Errettung wie im beglückten Dank und Lob des (trotz allem) gütigen und barmherzigen Gottes.[31] Die Kategorie «Trost» in der Musik zu verhandeln, scheint, da sie zu sehr mit subjektiven Momenten befrachtet ist, dagegen vergleichsweise gefahrvoll zu sein. Trotzdem möchte ich eine Annäherung über den Begriff der «compunctio» sowie die Texte des Requiems versuchen, denn die

Abb. 2: Stuttgarter Psalter: *David als Hirte und als Psalmist, mit der einen Hand auf das Buch der Psalmen, mit der anderen auf eine Orgel weisend. Frühes 9. Jh. Stuttgart, Württembergische Landesbibliothek, Bibl. fol. 23, fol. 164v.*

Liturgie, die übrigens in ihrem überwiegenden Teil – nicht nur für das Stundengebet, sondern auch im Proprium der Messe[32] – aus Psalmtexten besteht, folgt höchst subtilen Wegen in der Gestaltung.

Aber zunächst sollen verschiedene andere Seiten Davids als Verkörperung der Musik anhand je eines typischen Bildes kurz zusammengefasst werden, denn letztlich machen ihn erst alle seine Komponenten zusammengenommen zur perfekten Identifikationsfigur.[33]

a) David wird im frühen Mittelalter als unvergleichlicher Schöpfer der Psalmen und Begründer der Tempelmusik verehrt. Laut der Bibel versammelte er die levitischen Chöre unter Asaph, Heman, Ethan und Idithun, damit sie vor der Bundeslade singen. «In der Mitte aber steht David, der selbst das Psalterium spielt.»[34] Als Ordner, Schöpfer und Anführer der Liturgie wird er als Präfiguration Christi gedeutet, er wird damit auch zum Begründer des christlichen Chorgesangs. Als König dargestellt, verkörpert er zugleich das Ideal christlichen Herrschertums, in der grossen Monographie von Hugo Steger unter dem Titel *David rex et propheta* vorgestellt.[35] Dass hier ganz konkret «Macht der Musik» auch in politischem Sinne zu verstehen ist, wird oft zu wenig bewusst wahrgenommen: Die Karolinger versuchten im Rahmen ihrer Kulturpolitik den römischen Gesang für ihr ganzes riesiges Reich durchzusetzen, um eine liturgische Einheit in allen Kirchen zu gewährleisten. Die gemeinsame Kultausübung aller Gläubigen wurde von oben – zum Teil gegen Widerstand – dekretiert und sowohl die erstmalige Verschriftlichung der Musik wie ihre theoretische Durchdringung hängen mit dieser kulturellen Initiative zusammen[36] (Abb. 3).

b) Dies wird deutlich in einem Pariser Codex (um 1000), der David in Verbindung zum Tonar bringt (Abb. 4): In dieser Handschrift wird jedem Korpus von Gesängen in den acht Kirchentonarten eine musizierende oder tanzende Figur zugeordnet. Der Tonar ist eine praktische Hilfe für den Kantor, da er Gesänge der gleichen Tonart mit ihren charakteristischen Wendungen unter einer Memorierformel zusammenfasst. Dies ist besonders für die Psalmodie von grundlegender Bedeutung, da das Psalmodieschema, auf welchem alle Psalmen abzusingen sind, je nach Tonart unterschiedlich gebaut ist. Die Übernahme der griechischen Modi, mit deren Hilfe sich die ursprünglich mündlich überlieferten Gesänge systematisieren und organisieren liessen, muss ebenso als eine karolingische Erfindung gelten. In der Pariser Handschrift steht David beim ersten Kirchenton, dem «protus authenticus», dessen Charakter mit «gravitas» umschrieben wird; man könnte also annehmen, dass er mit seiner königlichen Würde korrespondiert. Tilman Seebass interpretiert die Anfangs-

Abb. 3: Psalter: König David mit seinen vier Musikern Asaf, Aeman [auch Eman oder Heman], Aetan [Etan] und Idithun [Jedutun]. Mailand?, Ende 9. Jh.? Rom, Biblioteca Apostolica Vaticana, Vat. lat. 83, fol. 12v.

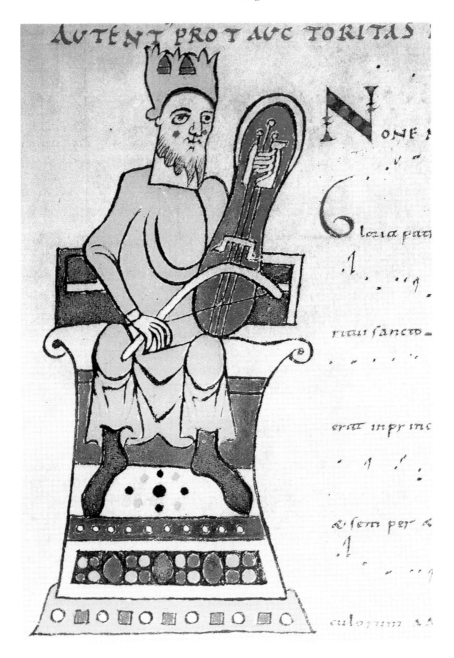

*Abb. 4: Tonar: David mit Griffbrettleier zum 1. Kirchenton. Um 1000.
Paris, Bibliothèque nationale de France, Lat. 1118, fol. 104r.*

position Davids als Sinnbild für Anfang und Ursprung der Musik.[37]

c) Der nächste Bildtyp zeigt den königlichen Psalmographen David mit Lyra und Monochord, wie er «kraft des segenspendenden Geistes auf dem Psalterium psalliert» (Abb. 5). Das Monochord gehört eigentlich zu Pythagoras, der die musikalischen Proportionen entdeckte. David wird aber auch als Verwandter Jubals gesehen, des Erfinders der Musik, sowie mit seinem Bruder Tubalkain, dem Erfinder der Schmiedekunst, in Verbindung gebracht. In den Vorreden der mittelalterlichen Theoretiker sind die beiden häufig zu

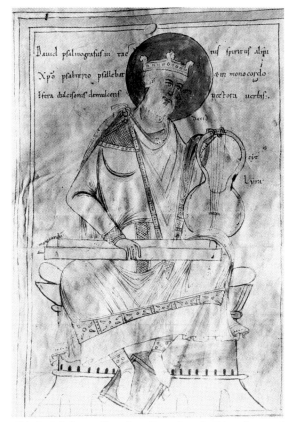

Abb. 5: Bibel (unvollständig): König David mit Rundleier und Monochord. St. Kastor in Koblenz, 2. Hälfte 11. Jh. Koblenz, Staatsarchiv, Hs. 710, Nr. 110.

einer Person namens Tubal zusammengezogen.[38] Schon Isidor legt Wert darauf, dass David ein wahrer «musicus» gewesen sei, der auch über das theoretische Wissen verfügt habe. Er wird damit neben Pythagoras auch zum Begründer der zahlhaften Musik.[39] Ende des 6. Jahrhunderts hat Boethius die Musik in drei Gattungen aufgeteilt: die «musica mundana», die «musica humana» und die «musica instrumentalis». «Musica mundana» meint die durch mathematische Proportionen abgeteilte Harmonie des Kosmos, die «musica humana» bezieht die Harmonie auf die Glieder des menschlichen Körpers und garantiert den Zusammenhalt von Seele und Körper. In den Glossen zu Plato präzisiert Bernhard von Chartres, die Seele sei zwar ursprünglich aus Konsonanzen zusammengefügt, die jedoch in Verbindung mit dem Körper in Dissonanz gebracht werden könnten. Aufgabe der klingenden Musik sei es deshalb, diesen Mangelzustand zu beheben.⁴⁰ Auch Augustin sieht in der Präexistenz verborgener Zahlen die Ursache für den Zusammenhang des Lebens mit der einen, unteilbaren Ewigkeit:

> Was kann es Höheres geben als jenes, in dem die meiste ungestörte ewige Gleichheit besteht? Wo keine Zeit ist, weil keine Veränderlichkeit, und von wo die Zeiten als Nachbilder der Ewigkeit gestaltet, geordnet und gemessen werden, während die Umdrehung des Himmels darauf antwortet und die Himmelskörper danach erneuert und mit den Tagen, Monden, Jahren, Lustren und all den Sternenbahnen den Gesetzen der Gleichheit, Einheit und Ordnung gehorcht? So vereinen sich mit den Himmlischen die unterworfenen Irdischen im Kreislauf ihrer Zeiten in zahlhafter Nachfolge zu einem Liede des Weltalls.⁴¹

d) König David als Büsser (Abb. 6): In vielen Stundenbüchern des 15. und 16. Jahrhunderts wird David auf den Knien betend dargestellt, die Harfe liegt ungenutzt daneben oder ist gar nicht abgebildet. David erscheint hier als Mensch mit all seinen Verfehlungen und Nöten, nicht mehr in der souveränen Herrscherpose des Unbesiegbaren. Parallel dazu wird auch Orpheus «personifiziert»: In Polizianos *Fabula d'Orfeo* kommt er um 1480 als Held auf die Theaterbühne,⁴² noch nicht als Operngestalt – dazu braucht er nochmals 100 Jahre, bis Jacopo Peri und Claudio Monteverdi ihn in den ersten Opern der Musikgeschichte verewigen.⁴³ In der Musik um 1500 werden erstmals Psalmen als eigentliche Psalmmotetten in eindringlicher Weise mehrstimmig vertont. Von tiefer Andacht und «compassio» – wohl auch im Hinblick auf ihren Verwendungszweck – sind die Busspsalmen 51 (50) und 130 (129) von Josquin des Prez erfüllt: das *Miserere*, geschrieben 1504/05 im Auftrag Ercoles I. von Ferrara (vielleicht in der Karwoche 1505 aufgeführt) und das *De profundis clamavi*, das vermutlich für die Begräbnisfeier des französischen Königs Ludwigs XII. bestimmt war.⁴⁴ Hier verbindet Josquin den Notschrei aus der Tiefe um Anhörung, Vergebung und Erlösung mit der auf die Totenmesse weisenden Bitte «Requiem aeternam dona eis Domine et lux perpetua luceat eis», Verzweiflung und Hoffnung im selben Werk in Beziehung setzend.⁴⁵ Das düstere, von schmerzlichen Dissonanzen durchzogene *Miserere* von Don Carlo Gesualdo da Venosa (um 1560-1613), der zeitlebens von schweren Depressionen geplagt war (nicht zuletzt aus Schuldgefühlen am Mord an seiner Ehefrau und ihrem Liebhaber),⁴⁶ ist von Bussgesinnung durchdrungen, wie sie auch die Miserere-Sätze aus den *Lacrime di Davide* (Venedig 1665)⁴⁷ von Biagio Marini prägen, die für die Liturgie der Karwoche zum Gedenken an die Leiden Christi vorgesehen waren.⁴⁸ Sie leben von der Alternatim-Anlage der Psalmen und machen von der Falsobordone-Technik, der schlichten Harmonisierung des Cantus firmus, Gebrauch. Im Verständnis der Zeit empfand man eine solcherart bewusst zurückhaltend komponierte Musik als fromm und andächtig, ja man glaubte, dass sie nicht von einem Sterblichen, sondern nur von einem Engel des Paradieses geschaffen worden sein

Abb. 6: Stundenbuch: Jean Bourdichon, David als Büsser. Die Miniatur leitet die Busspsalmen ein. Tours, um 1480-85.
Rom, Biblioteca Apostolica Vaticana, Vat. lat. 3781, fol. 74r.

könne.[49] Eine besondere Faszination ging vom berühmtesten *Miserere* dieses Typs, demjenigen Gregorio Allegris, aus, das in der Cappella Sistina während der Tenebrae-Offizien abwechselnd von einem vier- und einem fünfstimmigen Chor, die sich erst zuletzt vereinigten, gesungen wurde.

Dank dieser später als archaisch, «heilig» empfundenen Form der Verklanglichung des Gregorianischen Chorals, noch dazu in Verbindung mit den pathosgeladenen Vorhaltsbildungen und nicht zuletzt wegen seiner geheim gehaltenen improvisatorischen Verzierungen gewann dieses *Miserere* bis weit ins 19. Jahrhundert legendäre Bedeutung.[50]

e) David als Musiktherapeut (vgl. die Abb. 3 im Beitrag von Dagmar Hoffmann-Axthelm): Auf dem düsteren Bild von Rembrandt von 1655/60 wird die tiefe Melancholie König Sauls sichtbar, der sich aber bereits mit dem Vorhang die Tränen abwischt. Das Lächeln auf Davids Gesicht, seine hingebungsvolle Haltung spiegeln die Auflösung des Seelenschmerzes durch die Musik, die Verhärtung ist ins Weinen aufgebrochen, der böse Geist schon entwichen. Etwa gleichzeitig versuchten die Musiktheoretiker herauszufinden, wie eine Musik beschaffen sein sollte, um diese Wirkung zu erreichen.[51] Eine mögliche Antwort darauf gab 1738 G. F. Händel, selbst Melancholiker, in seinem Oratorium *Saul*.[52] «Oh Lord, whose mercies numberless» singt David vor Saul in einer schlichten Strophen-Arie in pastoralem F-Dur und ruhigem Grundmass über einem «Teppich» stets wiederholter Achtel in den Streichern (und nur solche sind eingesetzt):[53]

Es lässt tief blicken, dass Händel sich dabei an eine weit zurückliegende Arie aus seiner ersten Oper erinnert haben dürfte, die er 1711 für London schrieb und die seinen Ruhm als Orpheus seiner Zeit begründete:[54] an die Klage der Almirena aus *Rinaldo* «Lascia ch'io pianga» – zumindest am Anfang ist sie in ihrer Klanglichkeit sehr ähnlich. Das Libretto fusst auf einem mittelalterlichen Heldenepos aus der Kreuzfahrerzeit, das Torquato Tasso in *La Gerusalemme liberata* (1575) zu einer Dichtung umgeformt hatte, die unzählige Male vertont wurde. Der Text in deutscher Übersetzung lautet: «Lass mich dir klagen, dass mir hienieden mein Los beschieden, verbannt zu sein. Der Freiheit Wonne schwand meinem Leben, könnt' ich mit Tränen den Tod ersehnen, er bringt Erlösung von aller Pein.» Der langsame Puls, hier im durchgehenden Sarabanden-Rhythmus, ist derselbe, die gleichmässige Grundierung des Satzes fehlt aber; die häufigen Pausen, als barocke rhetorische Figur der Suspiratio, des Seufzens, zu verstehen, geben der beliebten Arie ihren schmerzlichen Charakter.

Könnte es sein, dass Händel bewusst auf diese Arie zurückgegriffen hat, da er – erst wenige Monate zuvor von einer tiefen Depression genesen – wusste, dass zum Beruhigenden das Schmerzliche, das Klagende gehört (was eben auch in Davids Lied durch Vorhalte angedeutet ist), damit Musik trösten kann? Sein Zeitgenosse Johann Sebastian Bach hat im ersten Chorsatz seiner Kantate «Ich hatte viel Bekümmernis in meinem Herzen, aber deine Tröstungen erquicken meine Seele» (BWV 21) eine ähnliche durchlaufende Achtelbewegung (hier jedoch mit Auftakten) verwendet wie Händel in Davids Beruhigungsgesang, deren Schwerpunkte bei den fugierten Einsätzen jeweils in schmerzlichen Sekundreibungen aufeinandertreffen, eine Art der Vorhaltsbildung, die Mozart im zweiten Satz der wohl subjektivsten seiner Sinfonien, derjenigen in g-Moll KV 550 von 1788, aufgriff:

Bachs auf den Chorsatz folgende Arie der eben erwähnten Kantate spricht dann das Seufzen und Weinen direkt an: «Seufzer, Tränen, Kummer, Not; Seufzer, Tränen, ängstlich's Sehnen, Furcht und Tod nagen mein beklemmtes Herz, ich empfinde Jammer Schmerz», was auch hier mit Seufzerfiguren und im Continuo mit Suspiratio-Pausen musikalisch umgesetzt wird, wie sie schon auf das klagende dreimalige «Ich, ich, ich» des Chores erklungen waren:

In der zweiten Arie derselben Kantate fliessen gleich Bäche von Tränen:

Diese Sechzehntelketten fallender Seufzerfiguren könnte Johannes Brahms im Auge gehabt haben, als er sein *Deutsches Requiem* komponierte: Im siebten und letzten Teil «Selig sind die Toten, die in dem Herren sterben» bringt er sie auf «Selig sind die Toten» in einer emphatisch aufsteigenden Linie in den Streichern, auf «die in dem Herren sterben» in absinkender Linie wie Bach. Der hoch einsetzende Sopran übernimmt die Umkehrung eines Dreitonmotivs aus Terz und Sekunde, das in seiner ursprünglich aufsteigenden Form im 1. Satz auf «[sollen] getröstet werden» vorgekommen war, die Tröstung der Leidtragenden beglaubigend mit der ewigen Seelenruhe der Verstorbenen, denen jede Mühsal genommen ist:[55]

Brahms ist auf diese Sekundenkette in seiner letzten Werkgruppe, den elf Choralvorspielen op. 122, die er kurz vor seinem Tode vollendete, noch einmal zurückgekommen: in der ersten Version des Orgelchorals «O Welt ich muss dich lassen» auf die Melodie des berühmten Innsbrucklieds von

Heinrich Isaac (übrigens in F-Lydisch wie Brahms' Bearbeitung und seine beiden Ecksätze im *Deutschen Requiem*, die in F-Dur stehen[56]).

Brahms hatte als Leiter der Wiener Singakademie 1863 die Bach-Kantate «Ich hatte viel Bekümmernis» aufgeführt, das von ihm bearbeitete Aufführungsmaterial existiert noch im Archiv der Gesellschaft der Musikfreunde, ebenso die Einrichtung von Händels *Saul*.[57] Auch das *Requiem* von Mozart hatte er in Händen, da er es für die Gesamtausgabe redigierte. Vor dessen letztem Satz der Totensequenz «Dies irae», dem «Lacrimosa», erscheint eine ähnliche Seufzerfigur, die sich einsam in der Violine aufschwingt, unterbrochen von Pausen, die von der 2. Violine und der Viola ausgefüllt sind, um zum «Lacrimosa dies illa» überzuleiten («Tränenreich ist jener Tag, an welchem auferstehen wird aus dem Staube zum Gericht der Mensch als Schuldiger»). Die autographe Vokalpartitur, die in ihrem kompakten Satz an das *Ave verum* gemahnt, bricht nach acht Takten ab, das Werk ist bekanntlich Fragment geblieben:[58]

Die Beispiele liessen sich vermehren, sie kreisen alle um die Bezugspunkte Weinen – Trauer – Schmerz – Tod und Tröstung. Die Musik «weint» selber nicht, aber sie unterstützt, was das Wort allein nicht sagen kann: das Bildliche der fliessenden und tropfenden Tränen, das Leidende in den eigentümlich «süss» wirkenden Dissonanzen.[59] Sie spricht unmittelbar zu unserer Seele, wo sie die «Bekümmernis» ins Weinen auflöst. Und sie tut dies in ihrer Schönheit, «suavitas» oder «dulcedo», wie es die mittelalterlichen Autoren umschreiben würden. Bei ihnen lassen sich Worte zur Erklärung dieses Phänomens finden, die in ihrer Gedankentiefe spätere Äusserungen weit zurücklassen. Das scheint uns heute um so erstaunlicher, als es bis ins späte 9. Jahrhundert keine Möglichkeit gab, Musik schriftlich zu fixieren. So klagt Isidor zu Beginn des 7. Jahrhunderts: «Wenn die Töne nicht vom menschlichen Gedächtnis (memoria) aufbewahrt werden, vergehen sie, weil sie nicht aufgeschrieben werden können.»[60] Vielleicht befähigte aber gerade das Memorieren des riesigen Repertoires an Gesängen der Liturgie – man denke nur an die Textfülle der Psalmen – zur vertieften Reflexion über die Vergänglichkeit der Musik, ihres Verhältnisses zwischen Mensch, Raum, Zeit und Ewigkeit.

Die Psalmen Davids spielen in diesen Überlegungen eine grosse Rolle. So schreibt Hrabanus Maurus († 865), dass es vor allem der Psalter sei, der mit seinen süssen Weisen leicht die Herzen zur «compunctio» bewegen könne. Der kaum übersetzbare Begriff, der auch noch von Tinctoris im zwanzigsten Punkt seiner Aufzählung von Effekten der Musik in der Bedeutung von Reue, die zum Seelenheil führe, gebraucht wurde, war ursprünglich viel umfassender gedacht. Nach Amalar besteht kein Zweifel darüber, dass der Gesang durch die Süsse («dulcedo») seiner Modulation die Herzen zur «compunctio» aufreissen könne wie ein Pflug Furchen im Acker hinterlässt. Sie öffneten sich deshalb wie Furchen «in confessione vocis et lacrimarum», zum Bekenntnis der Stimme wie der Tränen.[61] Oder nach Hrabanus:

> Die ‹compunctio cordis› ist die Demut des Geistes mit Tränen in Erinnerung an die Sünden und Furcht vor dem Jüngsten Gericht. Er bedenkt die Verfehlungen in seinen Werken und seufzt nach dem ewigen Leben.[62]

Die «compunctio lacrimarum» meint jedoch nicht nur die Betrübnis des Herzens aus Reue, sondern auch die Öffnung des Herzens in der Hoffnung auf den Trost Gottes. Abt Smaragdus von Saint-Mihiel († um 830) und ein unbekannter Mönch aus St. Gallen, die sich beide auf Isidor stützen, holen dazu etwas weiter aus: Der Nutzen des Psallierens liege darin, dass es traurige Herzen tröstet, den Geist in Dankbarkeit öffnet, diejenigen erfreut, die allem überdrüssig sind, die Mutlosen und Schwachen ermuntert und die Sünder zum Wehklagen reizt. Wie sehr die Herzen auch verhärtet seien, die Süsse des Psalmengesangs könne sie zur Frömmigkeit des Gemüts «beugen». Die Stimme der Psalmodie, wenn sie aus innerer Einsicht in den Sinn des Textes («per cognitionem cordis») wie auf Gott selbst ausgerichtet ist, bereitet dem allmächtigen Gott den Weg zum Herzen, wo er uns mit seiner Liebe entzündet.[63] Im Gebet wird im jetzigen Leben zur Vergebung der Sünden das Herz ausgeschüttet; das Psalmsingen als freudiger Lobgesang Gottes bezeichnet jedoch die Präsenz des kommenden, ewigen Lebens schon im hiesigen, es vereinigt sich in gewisser Weise bereits mit dem Lobgesang der Engel. Der Gesang schlägt eine Brücke zwischen Erde und Himmel, er weist über sich hinaus: Die schauende Seele («anima contemplativa») beginnt in ihrer Freude zu tanzen – «et se a terra terrenisque omnibus suspendere et ad celestium contemplationem tota mentis alienatione transcendere»[64] – und geht wie in einer Art Selbstentfremdung oder Bewusstlosigkeit hinüber in die «schowung der hymelischen dinge», wie Konrad Haller, ein St. Galler Mönch des 16. Jahrhunderts, den Begriff «contemplatio celestis» übersetzt.[65]

Das Bewusstsein der Transzendenz der Musik wird wohl dort am meisten empfunden, wo man der Unabänderlichkeit des Todes inne wird: in der Erfahrung des Todes beim Sterben eines geliebten Mitmenschen. Exemplarisch beschreibt der neunzehnjährige Augustinus im 4. Buch der *Confessiones* die Trauer, Verzweiflung und die grenzenlose Pein, die ihn beim Tod seines besten Freundes übermannte:

> Vom Schmerz darüber ward es finster in meinem Herzen, und was ich ansah, war alles nur Tod. ... Überall suchten ihn meine Augen, und er zeigte sich nicht. Und ich hasste alles, weil es ihn nicht barg und nichts von allem mir noch sagen konnte: ‹sieh, bald kommt er›, so wie es ehemals gewesen, wenn er eine Weile nicht zugegen war. Ich war mir selbst zur grossen Frage geworden, und ich nahm meine Seele ins Verhör, warum sie traurig sei und mich so sehr verstöre, und sie wusste mir nichts zu sagen. Und wenn ich ihr sagte: ‹Hoffe auf Gott›, so gab sie billig kein Gehör: denn wirklicher und besser war der Mensch, mit dem sie den liebsten verloren hatte, als der Truggott, auf den zu bauen sie geheissen war. Einzig das Weinen war mir süss, und es war an meines Freundes Statt gefolgt als die Wonne meines Herzens.[66]

Trost sind ihm nur noch die süssen Tränen, nicht mehr trösten kann ihn der berühmte Psalmvers, den er zitiert: «Quare tristis es anima mea et quare conturbas me... – Was betrübst du dich meine Seele und bist so unruhig in mir? Harre auf Gott, denn ich werde ihm noch danken, meinem Gott und Retter, auf den ich schaue.» Er erscheint insgesamt dreimal in den Psalmen 42 und 43 und wurde u.a. auch von Bach in der Kantate *Ich hatte viel Bekümmernis* vertont.

Der Anfang von Ps 42, genauer: die Verse 2-4 stehen als Tractus in der älteren Form des Requiems, so wie wir es noch bei Johannes Ockeghem oder Pierre de la Rue vorfinden; erst später wurde er ersetzt durch den nicht-biblischen Text «Absolve Domine» – die Bitte um Absolution –, wie auch die Sequenz «Dies irae» mit ihrem Schreckensszenario des Jüngsten Gerichts erst im Tridentinischen Konzil ins Messformular aufgenommen wurde. Ursprünglich begann der Tractus mit einem Notschrei der ermatteten Seele: «Sicut cervus desiderat ad fontes... – Wie der Hirsch lechzt nach frischem Wasser, so lechzt meine Seele, Gott, nach dir. Meine Seele dürstet nach Gott, nach dem lebendigen Gott. Wann darf ich kommen und Gottes Antlitz schauen? Tränen waren mein Brot bei Tag und Nacht, denn man

sagt zu mir den ganzen Tag: Wo ist nun dein Gott (Ubi est deus tuus)?»
(Abb. 7) Die bange Frage bleibt im Raum stehen, es würde nun eigentlich

Abb. 7: Le livre des sept âges du monde: *Simon Marmion, Das irdische Paradies, darüber thronend Gottvater, unten Adam und Eva und ein Hirsch nach Ps 42,1: «Wie der Hirsch lechzt nach frischem Wasser». Mons, um 1460.*
Brüssel, Bibliothèque Royale Albert Ier, ms. 9047, fol. 1v.

weitergehen mit dem Dialog mit der eigenen Seele, wie dies der *Stuttgarter Psalter* so einmalig ins Bild gesetzt hat (Abb. 8): David zupft, auf den Hirtenstab gestützt, auf seiner Leier. Er hat das Gesicht abgewandt vom fragenden Blick der ANIMA, die auf einem Berg sitzt und kummervoll den Kopf in der einen Hand hält.[67] Ein Bild der Melancholie und Trauer, der tröstende Satz: «Spera in domine» ist noch nicht ausgesprochen. Ockeghem hat den Tractus symbolisch aufgeladen umgesetzt: Ausgehend von der

Abb. 8: Stuttgarter Psalter: *Illustration zum Psalmvers «Quare tristis es anima mea et quare conturbas me». David mit der Personifikation der traurigen Seele. Frühes 9. Jh. Stuttgart, Württembergische Landesbibliothek, Bibl. fol. 23, fol. 55r.*

Zweistimmigkeit, die sich auf engstem Raum bewegt und sich stets wieder ins Unisono zusammenfindet, steigert er den Satz in eine Pseudo-Dreistimmigkeit, welche die tropfenden Tränen nachvollzieht,

und verdichtet ihn in der eindringlichen Schlussfrage zur Vierstimmigkeit. Der F-Tonraum als Symbol des Dürstens wird erst im letzten Akkord in den ursprünglichen Symbolraum G umgebogen, die Antwort auf die verzweifelte Frage «Wo ist dein Gott» ist damit musikalisch schon gegeben.[68]

Als Graduale wird wieder ein Ausschnitt aus einem Psalmtext verwendet: «Si ambulem in medio umbrae mortis – Wenn ich auch wandle unter den Schatten des Todes, so fürchte ich kein Unheil; denn du bist bei mir, dein Stock und Stab geben mir Zuversicht.» Vers 4 aus Ps 23, dem Psalm vom guten Hirten: «nichts wird mir fehlen, er lässt mich lagern auf grünen Auen und führt mich zum Ruheplatz am Wasser...» Hier wird es beschworen, das Bild des ewigen Paradieses – wenn auch nur in Gedanken als Ergänzung zum Schluss des Graduales: «Dein Stock und dein Stab sind mein Trost (virga tua et baculus tuus ipsa me consolata sunt)» – bei «consolata sunt» durch die Musik im vollen vierstimmigen Satz (wiederum im G-Tonraum) bekräftigt, die Tröstung auf diese Weise auch musikalisch nachvollziehend.

Im Requiem weisen bereits die Texte auf das Jenseitige, das, was dem Tod folgen soll, hin. Das Wasser ist die Quelle des Lebens und Quelle des Lichts, das nicht körperlich, nicht fleischlich, nicht äusserlich ist, aber es erleuchtet unser Inneres – so Augustinus in einem Psalmkommentar. Die Seele aber sucht den unsichtbaren Gott in seinem Heiligtum und hier liegt denn auch die Quelle der Erkenntnis. «In domo Dei festivitas sempiterna est – Im Hause Gottes wird ewiges Fest sein, ein ewiges Fest des Chors der Engel, das weder durch einen Anfang eröffnet noch durch ein Ende beschlossen wird»[69] (Abb. 9). Der Himmel wird als ein Klangraum voller Harmonie geschaut, er ist die grandioseste Phantasie des Einklangs, der den Menschen des Mittelalters als ein imaginärer Gefühlsraum diente, der ihren Gefühlshaushalt, ihre Emotionalität mitprägte wie die Gegenwelt der Hölle.[70] «Das Strahlen der hier Verweilenden, der liebliche Duft, die unermessliche Harmonie der hier Gott Lob Singenden – alles ist den Sinnen von Sterblichen kaum glaublich» – so die Vision einer Jenseitsreise eines englischen Mönchs um 1196.[71] Heute würde man wohl von einem virtuellen Raum sprechen, einem zwar unwirklichen, aber von unseren Gedanken trotzdem erkundeten Raum.[72]

Der vielleicht letzte, der das mittelalterliche Bild noch einmal zu evozieren vermochte, war Johannes Brahms, denn die von ihm selbst zusammengestellten Texte seines *Deutschen Requiems* folgen, ohne dass er sich wahrscheinlich dessen bewusst war, dem Muster des ursprünglichen Requiems.[73]

Abb. 9: Fresko in der «Capella vecchia» des Klosters Tor de' Specchi (Rom): Die sterbende Heilige Francesca Romana (1384-1440), deren Seele im Himmel von Christus, den Heiligen und musizierenden Engeln empfangen wird. 1468.

Nicht der Schrecken vor Sündenstrafe, Jüngstem Gericht und Hölle wie in der späteren katholischen Totenmesse, sondern Trost und Zuversicht stehen im Vordergrund. Zentrum des Werks ist der 4. Satz: «Wie lieblich sind deine Wohnungen, Herr Zebaoth! Meine Seele verlanget und sehnet sich nach den Vorhöfen des Herrn; mein Leib und meine Seele freuen sich in dem lebendigen Gott. Wohl denen, die in deinem Hause wohnen, die loben dich immerdar» – so die Verse 2, 3 und 5 aus Ps 84. Am Schluss des letzten Satzes dieses «Hohelieds des Trostes», wie es von seinem Biographen Kalbeck bezeichnet wurde,[74] lässt er – vielleicht im Blick zurück auf Schütz, der seinen *Musikalischen Exequien* im letzten Teil einen Fernchor aus zwei Seraphim und einer «beata anima» auf den denselben Text «Selig sind die Toten» beigefügt hatte – die Singstimmen auf «Selig, selig» zu einem stehenden Akkord des Orchesters verhauchen, nur die Harfe bewegt sich noch in langen Arpeggien in höchste Sphären himmlischer Verklärung.

Die Davidsharfe – wenngleich ohne ihren göttlichen Spieler – als Symbol für die Wunder der Tonkunst: In der Romantik versinnbildlicht sie den utopischen Ort der Sehnsucht, des Traumes und der Schönheit, zum Beispiel im Lied «An die Musik» von Schubert (Text: Franz von Schober): [75]

> Du holde Kunst, in wieviel grauen Stunden,
> wo mich des Lebens wilder Kreis umstrickt,
> hast du mein Herz zu warmer Lieb entzunden,
> hast mich in eine bessre Welt entrückt.
>
> Oft hat ein Seufzer, deiner Harf entflossen,
> ein süsser, heiliger Akkord von dir
> den Himmel bessrer Zeiten mir erschlossen,
> du holde Kunst, ich danke dir dafür!

Die Musik selbst wird zur himmlischen Tröstung, zur Erlösung von allen irdischen Qualen. Sie mutiert zum imaginären Geisterreich des Unendlichen, «in welcher der Mensch alle durch Begriffe bestimmbaren Gefühle zurücklässt, um sich dem Unaussprechlichen hinzugeben».[76] In der romantischen Verknüpfung der althergebrachten religiös-mythologischen Harfensymbolik mit dem Topos der Harfe als Instrument des Herzens im subjektiv-empfindsamen Sinne[77] erwuchs ihr die vielleicht grösste Macht, die ihr je zugeschrieben wurde – zu Papier gebracht in einer schwärmerischen Metaphorik, die sich ins Traumhafte, Unbestimmte verflüchtigt:

> Wenn alle die inneren Schwingungen unserer Herzensfibern, – die zitternden der Freude, die stürmenden des Entzückens, die hochklopfenden Pulse verzehrender Anbetung, – wenn alle die Sprache der Worte, als das Grab der innern Herzenswut, mit einem Ausruf zersprengen: – dann gehen sie unter fremdem Himmel, in den Schwingungen holdseliger Harfensaiten, wie in einem jenseitigen Leben in verklärter Schönheit hervor, und feiern als Engelsgestalten ihre Auferstehung. ... Oh, wie soll ich dich genug preisen, du himmlische Kunst! Ich fühle, dass hier Worte noch weniger wie bei allen übrigen Werken der Kunst genügen, ich möchte alle Bilderpracht, allen Stolz und kühnen Schwung der Sprache zusammenfassen, um recht von Herzen loszusprechen, was mein innerstes Gefühl mir sagt. ... Denn die Tonkunst ist gewiss das letzte Geheimnis des Glaubens, die Mystik, die durchaus geoffenbarte Religion.[78]

Anmerkungen

[1] Ed. Schmid 1986, cf. 134 und 150/151 (lat.-dt.). Zur Quellenlage cf. 139f.
[2] GS III, 196. Neuerdings wird an Johannes' de Muris (um 1295 – nach 1351) Autorschaft gezweifelt; diese *Summa musicae* könnte bereits um 1200 am Würzburger Dom entstanden sein (cf. Meyer 2000, 211).
[3] Hoffmann-Axthelm 1996, 148; Schipperges 1999; Klibansky / Panofsky / Saxl 1990, 125-199.
[4] Prologus, cf. Schmid 1986, 140-143.
[5] Cf. Tinctoris 1983 [1495].
[6] Gülke, in Tinctoris 1983 [1495], 65-68.
[7] Schmid 1986, 142/143 (lat.-dt.).
[8] Zu seinen Vorlagen cf. Schmid 1986, 126-134.
[9] Schmid 1986, 144/145; Hammerstein 1990, 139ff (auch zu den folgenden Punkten).

10 Zu den Zusammenhängen zwischen den Auffassungen von Tinctoris und Listenius cf. Cahn 1989, 17ff; die Idee des Werkcharakters geht letztlich bis auf Quintilian zurück, der «opus» definiert als «quod efficitur ab artifice», dessen Zweck in der Vollkommenheit liegt (14f). Die Dreiteilung der Musik in *theorica*, *practica* und *poetica*, deren Endzweck das *opus consummatum et effectum* ist, das *in labore* entsteht, stellt eine steigende Rangordnung dar, bedeutet «die Aufwertung des Schöpferischen» (12f).

11 Schmid 1986, 144/145.

12 Schmid 1986, 146/147.

13 Ed. Thimme 1950, 284. Augustinus selbst liess sich in Mailand durch den Psalmengesang so rühren, dass er in Tränen ausbrach, aber zugleich irritierte ihn die Tatsache, dass die Musik in ihrer Sinnlichkeit die Wirkung des blossen Wortes bei weitem übertrifft (cf. Eichhorn 1996, 319).

14 Leuchtmann / Mauser 1998, 91-94 (mit Text und Übersetzung der Bulle) und 106f (u.ö.). Als wichtigste Pflicht der Kirchen nennt die Bulle *Docta Sanctorum Patrum* von 1324/25 das Singen der Psalmen, welche die Andacht der Gläubigen zum Stundengebet während der Nacht und während des Tages erwecken sollen. «Dadurch aber, dass einige Anhänger einer neuen Schule ihre Wachsamkeit nur noch darauf verschwenden, Tempora zu mensurieren, ihre Aufmerksamkeit auf neue Notenformen verschwenden und lieber eigene erfinden als nach den alten zu singen, werden die kirchlichen Melodien zu Semibreven und Minimen zersungen und mit vielen kleinen Notenwerten zerstückelt. [...] Sie berauschen das Ohr, statt es zu erquicken und suchen durch Gebärden auszudrücken, was sie vortragen. Dadurch wird die Andacht, die doch der Endzweck ist, zur gleichgültigen Nebensache, und Zügellosigkeit, die doch gerade vermieden werden soll, wird öffentlich vorgeführt» (94).

15 Die Erwähnung von Orpheus hat bei den Musiktheoretikern eine lange Tradition: Man findet ihn etwa bei Aurelianus Reomensis (9. Jh., GS I, 30), bei Aribo († 1078, in einem Zug mit David, GS II, 22), oder bei Adam von Fulda (um 1445-1505, GS III, 334). Hucbald († 930) bringt eine interessante etymologische Herleitung: «Orpheum, cuius nomen *Oreophone*, id est, optima vox, sonat, in cantore perito seu dulcisono cantu intellegimus, cuius Eurydike, id est, profundam diiudicationem, si quis vir bonus, quod Aristeus interpretatur, amando sequitur, ne penitus teneri possit, quasi obeo per serpentem divina intercipitur prudentia» (GS I, 172). Die Gleichsetzung von Orpheus mit «optima vox» und Eurydike mit «profunda diiudicatio» kommt auch vor in der Allegorie der freien Künste bei Fulgentius: Orpheus repräsentiert den Dichtermusiker, während Eurydike den wahren «musicus» verkörpert, der die Musik als «scientia» versteht (Newby 1987, 82). Dies entspricht der im Mittelalter üblichen Unterscheidung zwischen «ars» und «usus» bzw. zwischen (dem höhergestellten, intellektuellen) «musicus» und «cantor» (dem ausübenden Musiker). Cf. Diehr 2000, 16-20, u.ö.

16 Eggebrecht 1995, bes. 13-15.22f.130.

17 Schmid 1986, 150-155.

18 Schmid 1986, 156/157. Der Gedanke vom Ruhm des Musikers hatte sich seit der Zeit der Ars nova seit dem 14. Jahrhundert Bahn gebrochen, der Komponist gewann seitdem an Selbstbewusstsein und trat aus seiner Anonymität heraus (Leuchtmann / Mauser 1998, 35).

19 Schmid 1986, 156-159.

20 Hammerstein 1990, 40-44.

21 Ekenberg 1987, 153.

22 Cf. dazu grundlegend Reckow 1991, bes. 172-176. Zur Entwicklung der Musiktheorie weg von der ontologisch-spekulativen Betrachtung des Tonsystems hin zur musikalischen Poiesis und zur tönenden Musik cf. auch Eusterschulte 1999, die vor allem die ethischen und affektiven Begründungen des 16. Jahrhunderts einer näheren Untersuchung unterzieht und damit den neuesten Forschungsstand reflektiert.

23 Hammerstein 1990, 142: Dem «Schwund der boethianischen Musikspekulation steht ein ungebrochenes Weiterleben, ja ein Vorrücken der theologisch-liturgischen Betrachtungs-

weise gegenüber, die auf die Engel, die Seligen, die himmlische und irdische Liturgie gerichtet ist. Diese Gedanken werden zur zentralen Begründung. An die Stelle des alten Schemas: *musica mundana – musica humana – musica instrumentalis* ist endgültig das Verhältnis von himmlischer und irdischer Liturgie getreten. Dieses liturgisch-theologische Denken stand schon immer nahe bei der Praxis. Es gehört in die *cantor*-Sphäre, die immer mehr neben der des *musicus* aufgerückt ist und in die des Komponisten hineinwächst.»

24 Geck 2000, VI: Der Begriff einer «musicalischen vollkommenheit» im Sinne des durchgearbeiteten Satzes wurde von Joh. Abraham Birnbaum zur Verteidigung Bachs gegen aufklärerische Angriffe verwendet. «Heute bezeichnet ‹Vollkommenheit› auch nicht allein ein Höchstmass an ausgewogener Satztechnik, vielmehr die Fähigkeit, Disparates und Vielfältiges zusammenzudenken: Musik und Theologie, Ordnung und Ausdruck, Poiesis und Mimesis, Struktur und Gesang, Tradition und Fortschritt.»

25 Kleer 1996, 207/208: Ps 151A: «Kleiner war ich als meine Brüder und geringer als die Söhne meines Vaters (1a+b). Und er setzte mich ein als Hirten für sein Kleinvieh und als Herrscher über seine Zicklein (2a+b). Meine Hände hatten einen/den *Ugab* gemacht und meine Finger eine/die Trageleier (3a-3b), damit ich JHWH die Ehre gebe (3c). Ich hatte gesagt, ich, in meiner Seele: ‹Die Berge, nicht legen sie Zeugnis ab für ihn; und die Hügel, nicht verkünden sie (4a-4c). Es haben sich aufgerichtet die Bäume bei meinen Worten und das Kleinvieh bei meinen Werken (5a+b). Wer denn verkündet und wer erzählt, und wer zählt auf die Werke des Herrn?› (6a-c) Das alles hatte gesehen Gott, das alles hatte er gehört, und er hatte gelauscht (7a-c). Er hatte gesandt seinen Propheten, um mich zu salben, Samuel, um mich gross zu machen (8a+b). Es waren herausgekommen meine Brüder, ihm entgegen, Schönheit in der Gestalt und Schönheit der Erscheinung (9a-c). Die Hohen in ihrem Wuchs, die Schönen in ihrer Haarpracht, nicht hatte JHWH Gott sie erwählt (10a-c). Und er salbte mich mit dem Öl der Heiligkeit (11a+b). Und er setzte mich ein als Fürsten für sein Volk und als Herrscher über die Söhne seines Bundes (12a+b).» Zur Interpretation dieses Psalms, der aus der Zeit zwischen 250-150 v. Chr. stammen dürfte, cf. 226-243 sowie einen Exkurs zur Übernahme des antiken Orpheus-Mythos im frühen Judentum und Christentum, 244-281. David erscheint hier als Psalmendichter und -sänger, als der Begründer des Gotteslobes, als Instrumentenbauer und wahrscheinlich auch -erfinder (sein Instrument ist allerdings schwer zu deuten) sowie als Weiser. Zu Beginn ist er der Kleine, Geringe, der durch sein Gotteslob erhöht wird. Die Erwählung und Salbung ist der «Lohn» für den Lobpreis Gottes, in seiner Funktion als Herrscher verkündet er – und das ist seine wichtigste Aufgabe – Gottes Taten. Sein Bild ist nicht nur historisch fundiert, es ist auch messianisch eingefärbt. Auf diese Weise weckt Ps 151A die Hoffnung auf einen neuen David bzw. greift solche Hoffnungen auf.

26 Das Tiermotiv kommt im Zusammenhang mit David erstaunlicherweise auch bei Isidor (um 560-636) vor: «Ipsas quoque bestias, nec non & serpentes, volucres atque delphinos ad auditum suae modulationis Musica provocat» (GS I, 20: *Etymologiae* III, geschrieben um 627-636). Man dürfte bei ihm also die Kenntnis des 151. Psalms, die sich im Laufe des Mittelalters verliert, noch voraussetzen.

27 Sie wurde vor allem über Boethius' (um 480-524) Buch *De consolatione philosophiae* vermittelt, in dem die Geschichte von Orpheus dichterisch gestaltet und moralisch gedeutet wird. Der erste Übersetzer ist Notker der Deutsche (um 950-1022) im Kloster St. Gallen (Stiftsbibliothek, Cod. 825). Cf. Sonderegger 1997.

28 Zum Beispiel im St. Galler *Folchart-Psalter* (Stiftsbibliothek, Cod. 23): «Pusillus eram inter fratres meos et adulescentior in domo patris mei... Der Kleinste war ich unter meinen Brüdern, der Jüngste auch in meines Vaters Haus. Ich weidete die Schafe meines Vaters. Es stellten meine Hände eine Zither her, und meine Finger formten eine Harfe. [Hier würden die Verse 3c-5b folgen.] Wer tat dies meinem Herren kund? Der Herr hat selber es vernommen. Er selber sandte einen Boten; der holte mich von des Vaters Herde und salbte mich mit dem Salböl. Schön waren meine Brüder, grossgewachsen; doch sie waren dem Herrn nicht wohlgefällig. Ich zog zum Kampfe gegen den Philister aus, und dieser fluchte

mir bei seinen Götzen. Ich aber zog sein Schwert und schlug das Haupt ihm ab und nahm so von den Söhnen Israels die Schmach hinweg» (nach der Übers. von Riessler / Storr in Ochsenbein / von Scarpatetti 1987, 203).

[29] Cf. Haas 1997. Zu den Bildillustrationen des *Stuttgarter Psalters* cf. Mütherich 1968, 151-222, oder Meyer 1980, 175-208.

[30] Cf. das Nachwort von Erich Zenger zu: *Psalmen* 1997, 195.

[31] Sehr schön hat dies Alkuin aus dem Gelehrtenkreis von Karl dem Grossen in seinem *De psalmorum usu liber* formuliert: «Wenn du die Psalmen mit aufmerksamer Seele wählst, so wirst du in ihnen ein so tief gründendes Gebet finden, dass du niemals so etwas aus dir selbst ersinnen könntest. In den Psalmen wirst du das inständige Bekenntnis deiner Sünden und die reine Bitte um das göttliche Erbarmen des Herrn finden. In den Psalmen wirst du auch eine inständige Danksagung für alle Dinge, die sich für dich ereignen, finden. In den Psalmen wirst du deine Ohnmacht und dein Elend bekennen und gerade dadurch erflehst du für dich die Barmherzigkeit Gottes. Du wirst alle Seelenkräfte in den Psalmen entdecken, wenn du von Gott damit belohnt wirst, dass er dir ihre Geheimnisse offenbart.» Zit. nach Landwehr von Pragenau 1986, 81.

[32] Im Introitus, der durch Hinzufügen von Psalmversen so lange verlängert wurde, bis alle Geistlichen ihre Plätze eingenommen hatten, und in der Communio, die so lange dauerte, bis die gesamte Gemeinde am Abendmahl teilgenommen hatte. Die Communio büsste im Spätmittelalter ihre gesungenen Psalmverse ein, der Introitus behielt einen Psalmvers und das «Gloria patri». Auch der Tractus ist eine Form der direkten Psalmodie. Cf. Seidel / Dyer / Finscher 1997.

[33] Eine kleine Typologie der Figur Davids hat schon Salmen 1995 zusammengestellt: Er behandelte die Gesichtspunkte «David und die Musiktherapie», «David und der liturgische Tanz», «David, der Büsser» und «David als Meistersänger». Zu Beginn nimmt er Bezug auf Schütz und sein op. 2, die *Psalmen Davids* von 1619, mehrchörige Psalmvertonungen «in ferner Gemahnung an die verklungene grosse Musik im Tempel als einen Reflex ‹himmlischer und rechter Davidscher Kunst›» (11), und auf die Darstellung der sächsischen Hofkapelle unter Schütz mit einer König-David-Figur im Zentrum (12). Ergänzen liesse sich hier ein Passus aus Praetorius' *Syntagma musicum II, De Organographia* (1619): «Der König David hat nicht allein eine berümbte / wolbestalte und Volckreiche Capellen zu Jerusalem angeordnet / sondern auch viele Jnstrumenta erfunden / und auss Hebenholtz ... machen lassen. [...] Es ist aber König Davids Cappell in die vier tausent personen starck und dergestalt disponirt gewesen / das darunter zweyhundert und acht und achtzig Directores, so in vier unnd zwantzig Chor abgetheilet / unnd in jedem Chor zwölff Personen gebraucht worden / unter denen sind drey tausent / sieben hundert und zwölff andere Musicanten / welche zu jedem Chor mehr alss anderhalb hundert Personen thun / gewesen. Diese alle haben auff den Jnstrumenten / So König David machen lassen / Musiciret» (ed. Gurlitt 1996, Einleitung fol. 3).

[34] Zit. nach einer weit verbreiteten Psalmenvorrede (Pseudo-Beda, *De Psalmorum libro Exegesis*): «... In medio autem illorum stabat David, tenens ipse Psalterium» (Steger 1961, 114). Die Anordnung der vier Musiker (die Bibel nennt eigentlich noch mehr Sängernamen) entspricht dem Bildtyp der «Maiestas Domini», der den thronenden Christus, umgeben von den vier Evangelisten (oder deren Symbolen), darstellt (ebd. 116f).

[35] Steger 1961, 113-125.

[36] Cf. Jungmann 1999: Sie weist erstmals u.a. am Beispiel von König David (120-122) pointiert auf diesen Zusammenhang hin. Die Monopolisierung der Musikausübung durch den Klerikerstand im Machtbündnis mit dem karolingischen Königtum bedingte, Regeln und Normen für die «richtige» liturgische Musik aufzustellen, um Abweichungen und «falsches» Singen zu unterbinden. Beim Aufbau und Erhalt von Macht wurden Antriebskräfte frei, den musikalischen Bestand zu ordnen, zu systematisieren, in Notationsform festzuhalten und rational zu durchdringen. Jungmann weist auf eine Bildüberschrift hin, die David in Begleitung seiner Kantoren zeigt (*Vivian-Bibel*, Tours 846): «Psalmificus David

resplendet et ordo peritus eius opus canere musica ab arte bene – König David erstrahlt als Psalmensänger in Ruhm, und der kundige Klerikerstand weiss sein (Gottes) Werk mit Musik von hoher Kunst zu singen» (122-125).

37 In den Kapitelldarstellungen des Oktoechos im Kreuzgang der Abtei Cluny wird David jedoch dem 3. Ton zugeordnet mit der Inschrift: «Tertius impingit Christum que resurgere fingit», ein Hinweis auf die Auferstehung Christi um der Dreizahl willen. Seebass 1973, Textbd. Kap. II und III (zum ersten Bild), sowie bes. 85-89 und Bildbd. 69 (Abb.).

38 Zum Beispiel bei Isidor (um 560-636) und Aurelianus Reomensis (um 840/50): «Primum Tubal ante diluvium huius artis fuisse praecipuum: posteaque beatissimus David cantantium habuisse abundantissimum chorum, qui laude gloriosa super Domini sacrificia musa personarent dulcedinem carminum...» (GS I, 31).

39 Zu David als Musicus und Cantor cf. auch Hoffmann-Axthelm 1980, 19-24.

40 Diehr 2000, 65.

41 Zit. nach Diehr 2000, 70f. Zum Zeitbegriff Augustins, den er im XI. Buch seiner *Confessiones* exponiert, cf. Flasch 1993.

42 Newby 1987, 144ff, und Buck 1961, 24.

43 Im Prolog von Monteverdis *Orfeo* tritt die allegorische Verkörperung der «Musica» auf, die vom Parnass gestiegen ist, um von Orpheus zu berichten, dessen Lied die wilden Tiere zähmte: «Ich bin die Musik, die mit lieblichen Tönen dem verwirrten Herzen Ruhe schenkt. Bald zu edlem Zorne, bald mit Liebe vermag ich selbst eisterstarrte Sinne zu entfachen. Singend zum Klang der goldenen Zither (cetara) entzücke ich zuweilen das Ohr des Sterblichen und erwecke in der Seele die Freude an den klangvollen Harmonien der Himmelsleier» (Strophe 2 und 3).

44 Leuchtmann / Mauser 1998, 110.

45 Das fünfstimmige *De profundis*, bei dem am Schluss nach der Zeile «Requiem aeternam dona eis Domine et lux perpetua luceat eis» noch der Hilferuf um Erbarmen «Kyrie eleison» und «Christe eleison» sowie der Adressat «Pater noster» angefügt sind, basiert auf einem strengen Kanon, der nach der Hs. Cappella Sistina 58 nach der Devise «Les trois estas sont assembles / Pour le soulas des trepasses» auszuführen ist: «Die drei Stände sind versammelt zur Linderung des Schmerzes über die Verschiedenen» (Elders 1989, 38). Elders verweist auch auf die symbolische Nachahmung des Lyra-Spiels in Totenklagen von Poliziano (Lyra des Phoebus) oder in der Chanson *Cueurs desolez* (Lyra des Orpheus), die Josquin zugeschrieben wird (31f).

46 Watkins 2000, 28-48.

47 Titelblatt: «Lacrime di Davide / sparse nel / MISERERE / Concertato in diuersi modi A due Tre Quatro e più voci / Con due violini a beneplacito Litanie de Santi abbreuiate, / Motetti, e Tantum ergo Sacramentum. / Opera XXI.» Davids Busse war in der Gegenreformation ein zentrales Thema: Die in Reue vergossenen Tränen des büssenden Sünders sind ein Sinnbild für die menschliche Unzulänglichkeit und Sündhaftigkeit, durch das Sündenbekenntnis und das daran anschliessende Sakrament der Beichte dank Gottes Gnade aufgehoben werden können. Ein berühmtes Beispiel ist das letzte, posthum erschienene Werk Orlando di Lassos *Lagrime di San Pietro* (1595), ein Zyklus geistlicher Madrigale auf italienische Texte von Luigi Tansillo, die eine Reihe von Nachahmungen hervorriefen (cf. das Kapitel «Die Macht der Musik» in Vignau-Wilberg 1999, 127-165, bes. 133).

48 Die Verknüpfung mit der intensiven Passionsfrömmigkeit hat die Miserere-Vertonungen zu einer eigenständigen Gattungstradition geführt. In den Tenebrae-Offizien kamen die Begleitumstände – das Auslöschen aller Lichter bis auf eines auf dem Fronaltar – dazu, um die Wirkung zu verstärken. In der römischen Tradition fehlte diesem und den übrigen Psalmen die Doxologie, während in den venezianischen Vertonungen, die eher in Andachten der Fastenzeit und der Karwoche gesungen wurden, das «Gloria patri» beibehalten wurde. Cf. Marx-Weber 1999, 1-40 und 41-102, bzw. Marx-Weber 1997.

49 Aus: Paolo Ferrarese (*Passiones et lamentationes*, Venedig 1565), Booklet der CD-Aufnahme Dulcimer STR 33474.

50 Berühmt ist die Beschreibung des englischen Musikforschers Charles Burney im Tagebuch seiner Italienreise 1770: «Dies Stück [Allegris *Miserere*], welches über hundertundfunfzig Jahr [seit etwa 1638] jährlich in der Karwoche in der päpstlichen Kapelle am Mittwochen und Karfreitage aufgeführt werden und dem Ansehn nach so simpel ist, dass diejenigen, welche es bloss auf dem Papiere gesehen haben, sich wundern, woher seine Schönheit und Wirkung entstehen könne, hat seinen Ruhm mehr der Art, wie es aufgeführt wird, als der Komposition zu verdanken. Die nämliche Musik wird verschiedenemal mit verändertem Texte wiederholt, und die Sänger haben eine gewisse, von alters her überlieferte Art zu singen, gewisse Ausdrücke, gewisse hergebrachte Auszierungen (*certe espressioni e gruppi*), welche grosse Wirkung tun.» Er führt den besonderen Effekt auf die Zuhörer auch zurück auf die Zeremonie: «Der Papst und das ganze Konklave liegen knieend auf der Erde, die Lichter der Kapelle und die Fackeln auf dem Geländer werden eins nach dem andern ausgelöscht, und der lange Vers dieses Psalms wird von zwei Chören beschlossen, indem der Kapellmeister den Takt immer langsamer schlägt und die Sänger die Harmonie bis zum völligen Schlusse ganz allmählich endigen oder vielmehr ausgehen lassen» (Burney 1980 [1772], 152-154).

51 Zur Geschichte musiktherapeutischer Vorstellungen cf. Möller 1971.

52 Zum Oratorium *Saul*, das Händel offenbar in einem «verbissenen Kampf» geschrieben hat, cf. Marx 1998, 198-207. Brahms führte das «herrliche Oratorium» am 28. Februar 1873 zum ersten Mal in einem Konzert der Wiener «Gesellschaft der Musikfreunde» auf (206).

53 Dem Air folgt eine Symphony, die die Melodie, allein von der Harfe gespielt, wiederholt. Zu diesem ganzen Komplex cf. Hoffmann-Axthelm 1996, die dieses Musikbeispiel erstmals im Zusammenhang mit König Sauls Melancholie in die Forschung einbrachte, sowie ihren Beitrag im vorliegenden Band.

54 So Rossi, der Librettist der Oper in seinem Vorwort, wo er «Signor Hendel» als «Orfeo del nostro secolo» bezeichnet, der in zwei Wochen eine ganze Oper im höchsten Grade der Vollkommenheit harmonisiert habe (zit. nach John Mainwaring, 1761, in Siegmund-Schultze 1979, 78).

55 Gülke 1989, 70 hat diesen Satz, der mit mildwarmem Schimmern einer Patina von Altgold «wie ein von Historie durchschienenes Transparent» anmute und in seinen historisierenden Anklängen Erinnerungslandschaften beschwöre, in höchst sensibler Weise interpretiert.

56 Just 1992, 78/79, bemerkt im Zusammenhang mit «Innsbruck, ich muss dich lassen», dass der F-Modus im deutschen Lied häufig gewählt wurde, einmal wegen seiner tiefen und weiten Lage im Tonraum, die eine Affinität zu vollem Wohlklang besitzt. Zum andern ist die kritische IV. Stufe des Lydischen (die einen verbotenen Tritonus ergäbe) oft zur Quarte erniedrigt, die vor allem bei Kadenzen auf F subdominantische Fülle suggeriert. Des weiteren kommt nicht selten die erniedrigte VII. Stufe Es vor, die mit einer zusätzlichen Farbe dem Modus, der vor allem jenen Ton von Milde und Innigkeit wiedergibt, eigentümliche Tiefe gibt. Im (hypo-)lydischen Modus steht übrigens auch der Introitus «Requiem aeternam».

57 Fellinger 1969, 157.

58 Zur komplexen Quellenlage cf. Wolff 1991. Lange wurde angenommen, diese acht Takte wären die letzten gewesen, die Mozart komponiert hat. Joseph Eyblers Eintrag «Letztes Mozarts manuscript» schliesst jedoch die folgenden Stücke des Offertoriums ein (35).

59 Eggebrecht 1997, 101-118: «Über das Weinen in der Musik» (über Schuberts Lied *Das Weinen*, seine *Winterreise*, Schumanns *Dichterliebe*, Bachs *Matthäus-* und *Johannespassion* und Mahlers Wunderhorn-Lied *Willkommen lieber Knabe mein*).

60 Diehr 2000, 70.

61 Ekenberg 1987, 65.

62 Leicht gekürzte Übersetzung eines Zitats aus dem pastoralen Handbuch *De ecclesiastica disciplina*: «Compunctio cordis est humilitas mentis cum lacrymis et recordatione peccatorum et timore iudicii. Ex genuino fonte compunctionis solent profluere lacrymae, id est, dum mens operum suorum diligentius mala considerat, aut dum desiderio aeternae vitae suspirat» (cf. Ekenberg 1987, 131).

63 Ekenberg 1987, 132/133 (mit dem lat. Text aus dem *Florilegium monachorum* von Smaragdus) und 136 (die Abschnitte 4-8 stammen aus Isidors *Etymologiae*). Weitere Belege zum Zitat aus der Benediktsregel «In conspectu angelorum psallam tibi» cf. 176-178, u.a. von Aurelianus zum Kirchengesang: «... cum angelis Dei, quos audire non possumus, laudum verba miscemus.» Zum Teil dieselben Formulierungen liessen sich in einem Exkurs zu den Sequenzen Notkers im 16. Kapitel einer Notker-Vita eines anonymen Verfassers aus dem Kloster St. Gallen finden (Stiftsbibliothek, Cod. 556, um 1220/1240, ed. Lechner 1969). Ein Teil des Exkurses findet sich auf einem eingenähten Beiblatt, stammt jedoch vom selben Verfasser, der damit eine sehr schöne, von der Forschung noch nicht zur Kenntnis genommene eigenständige Kompilation zum Wesen der Musik vorlegt. Auch er nimmt Bezug auf die «compunctio cordis», durch die viele, von der Süsse des Gesangs bewegt, ihre Sünden beweinten und mit der Fülle der Tränen zur Reue des Geistes und zur Besserung «gebeugt» würden. Dies geschehe nicht durch Worte, sondern durch die Süsse der psallierenden Stimme. Zur Vita, aber ohne Textedition, cf. Lechner 1972 und Schmuki 1999, 194-197. Zum Musiktraktat *Instituta patrum de modo psallendi sive cantandi* in derselben Handschrift und mit grosser Wahrscheinlichkeit vom selben Autor cf. Schlager 2000, 225-230.

64 Der schöne Gesang lässt den Menschen aufsteigen, was vor allem in zwei Worten ausgedrückt wird: «trahatur et suspensatur»; das Ziel dieser Erhebung ist die «contemplatio», als das das ewige Leben im Himmel vorausgreifende Sehen Gottes (Ekenberg 1987, 156).

65 Nach der Seligsprechung Notkers, die von einer eigentlichen Notker-Renaissance begleitet war, übersetzte Konrad Haller 1522 seine Vita aus Cod. 556 für die Nonnen des benachbarten Klosters St. Georgen (Stiftsbibliothek St. Gallen, Cod. 590), wobei er auch die nicht einfach ins Deutsche zu übertragenden Zeilen zur Musik berücksichtigte (ed. Koeppel 1983, 107-110).

66 Zit. nach Haas 1989, 6, der die Textstelle als Ursprung der Erkenntnis interpretiert: «Die *commentatio mortis* ist, sofern sie sich auf die tatsächliche Erfahrung des Todes (eines Mitmenschen) und auf die tatsächliche Einübung in die Todverfallenheit des eigenen Ichs einlässt, wesentlich ein Gehalt der Philosophie, der denkenden Bemühung um das Leben» (9).

67 Cf. Sears 1991, 21ff, die diese Psalterillustration mit dem entsprechenden Psalmkommentar von Augustin in Beziehung setzt.

68 Eine eingehende Analyse widmet Goldberg 1989 dem Tractus. Den Unisonus sieht Goldberg als Symbol: «So ist es sicherlich kein Zufall, wenn Ockeghem ihn, den ‹fons et origo consonantiarum›, den Ursprung aller harmonischen Verhältnisse in der Schöpfung überhaupt, mit jenem Wasserquell in Verbindung bringt, der den Menschen in der Taufe mit Gott verbindet. In der Verwendung des Unisonus' lassen sich Ursprung und Ziel zugleich verfolgen, ist mikrokosmisch enthalten, was das gesamte Requiem zeitlich entwickelt und auf das es sich als ein Symbolraum bezieht» (57).

69 *Enarrationes in psalmos*, in Psalmum XLI (30): «*Quoniam apud te est fons vitae. Ipse enim fons et lumen est; quoniam in lumine tuo uidebimus lumen.* Si et fons est, et lumen est; merito et intellectus est, quia et satiat animam audiam sciendi; et omnis qui intellegit, luce quadam non corporali, non carnali, non exteriore, sed interiore illustratur. Est ergo, fratres, quaedam lux intus, quam non habent qui non intellegunt» (Augustinus 1956, 461). Und: «In domo Dei festivitas sempiterna est. Non enim aliquid ibi celebratur et transit. Festum sempiternum chorus angelorum; uultus praesens Dei laetitia sine defectu. Dies hic festus ita est, ut nec aperiatur initio, nec fine claudatur. De illa aeterna et perpetua festiuitate sonat nescio quid canorum et dulce auribus cordis; sed si non perstrepat mundus. Ambulanti in hoc tabernaculo et miracula Dei in redemtionem fidelium consideranti, mulcet aurem sonus festiuitatis illius, et rapit ceruum ad fontes aquarum» (467).

70 Böhme 2000, bes. 75.78. Cf. zu den Paradiesvorstellungen auch Delumeau 2000.

71 Aus der *Visio monachi de Eynsham*, von Edmund von Eynsham, einem Kloster in der Diözese Lincoln (zit. nach Dinzelbacher 1989, 126/127). Andere Visionen berichten ausführ-

lich über die Musik der Engel, «...deren Stimmen an Süsse und Lieblichkeit alle Musikinstrumente zu übertreffen schienen», so die *Visio Tnugdali* von 1149. «Alle Instrumente gaben Töne von sich, ohne dass sich jemand darum bemühte, aber diese ganze Süsse übertrafen die Stimmen der Geister, für die es keine Mühe gab, die Stimmen erschallen zu lassen. Sie schienen nämlich die Lippen nicht zu bewegen und bemühten sich auch nicht, die Hände zu den Musikinstrumenten zu erheben, und dennoch liessen sie ein Lied nach eines jeden Belieben ertönen. Das Firmament aber, das über ihren Häuptern war, leuchtete sehr: Ketten aus reinstem Gold vermischt mit silbernen Reislein hingen davon herab, in schönster Buntheit zusammengefügt, woran Becher und Schalen, Schellen und Glöckchen, goldene Lilien und Kugeln hingen. Dazwischen schwebte eine riesige Menge fliegender und goldene Flügel besitzender Engel, die in leichtem Flug zwischen den Ketten fliegend den süssesten und lieblichsten Klang für die Zuhörer erzeugten» (94-97).

[72] Diese alten Vorstellungen erscheinen jedenfalls immer noch unvergleichlich viel schöner als der neue virtuelle Online-Friedhof in Japan, wo man per Mausklick der Toten gedenken, ihr Grab «besuchen» und mit Blumen schmücken kann, während über Lautsprecher ihre Stimme oder buddhistische Gesänge erklingen (Pressemitteilung im St. Galler Tagblatt vom 10.11.2000). Er zeigt aber, dass Säkularisierung und aufklärerische «Entzauberung» es nicht vermochten, das Bedürfnis nach Jenseitsbildern zu verdrängen.

[73] Zur komplexen Entstehungsgeschichte, zu Brahms' Religiosität und zu den theologischen Hintergründen dieser Textkompilation cf. neuerdings Nohl 2001, 393-496.

[74] Kalbeck 1908, 233-280. «Ich habe meine Trauermusik vollendet als Seligpreisung an die Leidtragenden. Ich habe nun Trost gefunden, wie ich ihn gesetzt habe als ein Zeichen an die Klagenden» (Brahms an Reinthaler, zit. nach Bach 1994, 99).

[75] Der eher dilettantische Text, der jedoch um so besser das Zeitgefühl wiedergibt, geht zurück auf eine Stanze von Ernst Schulze aus *Die Bezauberte Rose* (cf. Heinz 1965, 142).

[76] E.T.A. Hoffmann in seiner Rezension von Beethovens 5. Sinfonie, einem der Texte, die zur Mystifizierung Beethovens beitrugen: «Sie [die Instrumentalmusik] ist die romantischste aller Künste, – fast möchte man sagen, allein *rein* romantisch. – Orpheus' Lyra öffnete die Tore des Orkus. Die Musik schliesst dem Menschen eine unbekanntes Reich auf; eine Welt, die nichts gemein hat mit der äussern Sinnenwelt, die ihn umgibt, und in der er alle durch Begriffe bestimmbaren Gefühle zurücklässt, um sich dem Unaussprechlichen hinzugeben» (zit. nach Naumann 1994, 227).

[77] Tenhaef 1993, 392f.

[78] Ludwig Tieck und Wilhelm Wackenroder, *Phantasien über die Kunst für Freunde der Kunst*, 2. Abschnitt: Anhang einiger musikalischer Aufsätze von Joseph Berglinger (1799), zit. nach Naumann 1994, 98.111f.114.

Bibliographie

Augustinus, A., 1956: *Sancti Aurelii Augustini Enarrationes in Psalmos I-L* (Aurelii Augustini Opera, Pars X,1 [Corpus Christianorum, Series Latina, 38]), Turnhout: Brepols.

Bach, H.E., 1994: «Johannes Brahms: Ein Deutsches Requiem» in Helms, S. / Schneider, R. (eds.), *Werkanalyse in Beispielen: Grosse Chorwerke*, Kassel: Gustav Bosse Verlag, pp. 98-124.

Böhme, H., 2000: «Himmel und Hölle als Gefühlsräume» in Benthien, C. / Fleig, A. / Kasten, I. (eds.), *Emotionalität. Zur Geschichte der Gefühle*, Köln / Weimar / Wien: Böhlau, pp. 60-81.

Buck, A., 1961: *Der Orpheus-Mythos in der italienischen Renaissance*, Krefeld: Scherpe Verlag.

Burney, Ch., 1980 (1772): *Tagebuch einer musikalischen Reise: durch Frankreich und Italien, durch Flandern, die Niederlande und am Rhein bis Wien, durch Böhmen, Sachsen, Brandenburg, Hamburg und Holland 1770-1772*, Wilhelmshaven: Heinrichshofen's Verlag.

Cahn, P., 1989: «Zur Vorgeschichte des ‹Opus perfectum et absolutum› in der Musikauffassung um 1500» in Hortschansky, K. (ed.), *Zeichen und Struktur in der Musik der Renaissance*. Ein Symposium aus Anlass der Jahrestagung der Gesellschaft für Musikforschung Münster (Westfalen) 1987, Kassel / Basel u.a.: Bärenreiter, pp. 11-26.

Delumeau, J., 2000: *Que reste-t-il du paradis?*, Paris: Fayard.

Diehr, A., 2000: «*Speculum corporis*». *Körperlichkeit in der Musiktheorie des Mittelalters*, Kassel / Basel u.a.: Bärenreiter.

Dinzelbacher, P., 1989: *Mittelalterliche Visionsliteratur*. Eine Anthologie, ausgewählt, übersetzt, eingeleitet und kommentiert, Darmstadt: Wissenschaftliche Buchgesellschaft.

Eggebrecht, H.H., 1995: *Musik verstehen*, München / Zürich: Piper.

Eggebrecht, H.H., 1997: *Die Musik und das Schöne*, München / Zürich: Piper.

Eichhorn, A., 1996: «Augustinus und die Musik» in *Musica*, 50, pp. 318-323.

Ekenberg, A., 1987: *Cur cantatur? Die Funktionen des liturgischen Gesanges nach den Autoren der Karolingerzeit*, Stockholm: Almqvist & Wiksell International.

Elders, W., 1989: «Struktur, Zeichen und Symbol in der altniederländischen Totenklage» in Hortschansky, K. (ed.), *Zeichen und Struktur in der Musik der Renaissance*. Ein Symposium aus Anlass der Jahrestagung der Gesellschaft für Musikforschung Münster (Westfalen) 1987, Kassel / Basel u.a.: Bärenreiter, pp. 27-45.

Eusterschulte, A., 1999: «‹Effetti maravigliosi›. Ethos und Affektenlehre in Musiktraktaten des 16. Jahrhunderts» in *Musiktheorie*, 14, pp. 195-212.

Fellinger, I., 1969: «Brahms und die Musik vergangener Epochen» in Wiora, W. (ed.), *Die Ausbreitung des Historismus über die Musik*. Aufsätze und Diskussionen (Studien zur Musikgeschichte des 19. Jahrhunderts, 14), Regensburg: Gustav Bosse Verlag, pp. 147-163.

Flasch, K., 1993: *Was ist Zeit? Augustinus von Hippo. Das XI. Buch der Confessiones. Historisch-philosophische Studie*. Text – Übersetzung – Kommentar, Frankfurt a.M.: Vittorio Klostermann.

Geck, M., 2000: *«Denn alles findet bei Bach statt». Erforschtes und Erfahrenes*, Stuttgart / Weimar: Verlag J.B. Metzler.

Gerbert, M., 1990 (1784) [= GS]: *Scriptores ecclesiastici de musica sacra potissimum ex variis Italiae, Galliae & Germaniae codicibus manuscriptis collecti et nunc primum publica luce donati*, 3 Bde, Hildesheim /Zürich u.a.: Georg Olms Verlag.

Goldberg, C., 1989: «Musik als kaleidoskopischer Raum – Zeichen, Motiv, Gestus und Symbol in Johannes Ockeghems *Requiem*» in Hortschansky, K. (ed.), *Zeichen und Struktur in der Musik der Renaissance*. Ein Symposium aus Anlass der Jahrestagung der Gesellschaft für Musikforschung Münster (Westfalen) 1987, Kassel / Basel u.a.: Bärenreiter, pp. 47-64.

Gülke, P. 1989: *Brahms – Bruckner. Zwei Studien*, Kassel / Basel: Bärenreiter.

Gurlitt, W. (ed.), 1996: *Michael Praetorius, Syntagma musicum, Bd. II: De Organographia*, Wolfenbüttel 1619, Faksimile-Nachdruck (Documenta musicologica. Erste Reihe: Druckschriften-Faksimiles, 14), Kassel / Basel u.a.: Bärenreiter.

Haas, A.M., 1989: *Todesbilder im Mittelalter. Fakten und Hinweise in der deutschen Literatur*, Darmstadt: Wissenschaftliche Buchgesellschaft.
Haas, M., 1997: «Organum» in ²*MGG*, Sachteil, 7, col. 853-881.
Hammerstein, R., 1990: *Die Musik der Engel. Untersuchungen zur Musikanschauung des Mittelalters*, 2., durchges. Aufl., Bern: Francke.
Heinz, R., 1965: «Franz Schubert. An die Musik. Versuch über ein Musiklied» in Salmen, W. (ed.), *Beiträge zur Musikanschauung im 19. Jahrhundert* (Studien zur Musikgeschichte des 19. Jahrhunderts, 1), Regensburg: Gustav Bosse Verlag, pp. 139-150.
Hoffmann-Axthelm, D., 1980: «Instrumentensymbolik und Aufführungspraxis. Zum Verhältnis von Symbolik und Realität in der mittelalterlichen Musikanschauung» in *Basler Jahrbuch für historische Musikpraxis*, 4, pp. 9-90.
Hoffmann-Axthelm, D., 1996: «David und Saul – Über die tröstende Wirkung der Musik» in *Basler Jahrbuch für historische Musikpraxis*, 20, pp. 139-162.
Jungmann, I., 1999: «Die Macht der Musik. Musiktheorie im Machtgefüge der Karolingerzeit» in *Acta Musicologica*, 71, pp. 83-125.
Just, M., 1992: «Anschaulichkeit und Ausdruck in der Motette um 1500» in Schneider, H. (ed.), *Die Motette. Beiträge zu ihrer Gattungsgeschichte* (Neue Studien zur Musikwissenschaft, 5), Mainz / London u.a.: Schott, pp. 75-104.
Kalbeck, M., 1908: *Johannes Brahms.* II/1: 1862-1868, 2. durchges. Aufl., Berlin: Deutsche Brahms-Gesellschaft.
Kleer, M., 1996: *«Der liebliche Sänger der Psalmen Israels». Untersuchungen zu David als Dichter und Beter der Psalmen* (Bonner biblische Beiträge, 108), Bodenheim: Philo Verlagsgesellschaft.
Klibansky, R. / Panofsky, E. / Saxl, F., 1990: *Saturn und Melancholie. Studien zur Geschichte der Naturphilosophie und Medizin, der Religion und Kunst*, 2. Aufl., Frankfurt a.M.: Suhrkamp.
Koeppel, E.-A. (ed.), 1983: *Die Legende des heiligen Notker von Konrad Haller (1522)*, Göppingen: Kümmerle Verlag.
Landwehr von Pragenau, M., 1986: *Schriften zur Ars musica. Ausschnitte aus Traktaten des 5.-11. Jahrhunderts lat. und deutsch*, Wilhelmshaven: Heinrichshofen–Florian Noetzel Verlag.
Lechner, E., 1969: *Die Vita Notkeri Balbuli*, Bd. II: Edition, Anmerkungen, Literaturnachweis, Innsbruck: Diss. masch.
Lechner, E., 1972: *Vita Notkeri Balbuli. Geistesgeschichtlicher Standort und historische Kritik. Ein Beitrag zur Erforschung der mittelalterlichen Hagiographie* (Mitt. zur vaterländischen Geschichte, 47), St. Gallen: Fehr'sche Buchhandlung.
Leuchtmann, H. / Mauser, S. (eds.), 1998: *Messe und Motette*. Unter Mitarbeit von Th. Hochradner, F. Körndle, B. Lodes und B. Schmid (Handbuch der musikalischen Gattungen, 9), Laaber: Laaber-Verlag.
Marx, H.J., 1998: *Händels Oratorien, Oden und Serenaten. Ein Kompendium*, Göttingen: Vandenhoeck & Ruprecht.
Marx-Weber, M., 1997: «Miserere» in ²*MGG*, Sachteil, 6, col. 322-325.
Marx-Weber, M., 1999: *Liturgie und Andacht. Studien zur geistlichen Musik* (Beiträge zur Geschichte der Kirchenmusik, 7), Paderborn / München u.a.: Ferdinand Schöningh.

Meyer, Chr., 2000: «Die Tonartenlehre im Mittelalter» in Huglo, M. / Atkinson, Ch.M. / Meyer, Chr. / Schlager, K. / Phillips, N., *Die Lehre vom einstimmigen liturgischen Gesang* (Geschichte der Musiktheorie, 4), Darmstadt: Wissenschaftliche Buchgesellschaft, pp. 135-215.

Meyer, H., 1980: «Metaphern des Psaltertextes in den Illustrationen des Stuttgarter Bilderpsalters» in Meier, Chr. / Ruberg, U. (eds.), *Text und Bild. Aspekte des Zusammenwirkens zweier Künste in Mittelalter und früher Neuzeit*, Wiesbaden: Dr. Ludwig Reichert Verlag.

Möller, H.-J., 1971: *Musik gegen «Wahnsinn». Geschichte und Gegenwart musiktherapeutischer Vorstellungen*, Stuttgart: J. Fink Verlag.

Mütherich, F., 1968: «Die Stellung der Bilder in der frühmittelalterlichen Psalterillustration» in *Der Stuttgarter Bilderpsalter, Bibl.fol.23, Württembergische Landesbibliothek Stuttgart*, Bd. 2: Untersuchungen, Stuttgart: E. Schreiber Graphische Kunstanstalten, pp. 151-222.

Naumann, B. (ed.), 1994: *Die Sehnsucht der Sprache nach der Musik. Texte zur musikalischen Poetik um 1800*, Stuttgart / Weimar: Verlag J.B. Metzler.

Newby, E.A., 1987: *A Portrait of the Artist. The Legends of Orpheus and Their Use in Medieval and Renaissance Aesthetics*, New York / London: Garland Publishing, Inc.

Nohl, P.-G., 2001: *Geistliche Oratorientexte. Entstehung–Kommentar–Interpretation. Der Messias – Die Schöpfung – Elias – Ein Deutsches Requiem*, Kassel / Basel u.a.: Bärenreiter.

Ochsenbein, P. / von Scarpatetti, B., 1987: *Der Folchart-Psalter aus der Stiftsbibliothek Sankt Gallen. 150 faksimilierte Initialen aus dem 9. Jahrhundert zu den Psalmtexten in der Übersetzung von Martin Luther*, Freiburg / Basel / Wien: Herder.

Die Psalmen, 1997: *Die Psalmen, mit Meisterwerken des Mittelalters und der Renaissance*. Der ökumenische Text der Einheitsübersetzung mit einem Nachwort von E. Zenger, Stuttgart / Zürich: Belser / Stuttgart: Verlag Katholisches Bibelwerk.

Reckow, F., 1991: «Zwischen Ontologie und Rhetorik. Die Idee des *movere animos* und der Übergang vom Spätmittelalter zur frühen Neuzeit in der Musikgeschichte» in Haug, W. / Wachinger, B. (eds.), *Traditionswandel und Traditionsverhalten*, Tübingen: Niemeyer Verlag, pp. 145-178.

Salmen, W., 1995: *König David – eine Symbolfigur in der Musik* (Walter Stammler Gastprofessur, Vorträge, 4), Freiburg Schweiz: Universitätsverlag.

Schipperges, H., 1999: «Melancolia als ein mittelalterlicher Sammelbegriff für Wahnvorstellungen» in Walther, L. (ed.), *Melancholie*, Leipzig: Reclam Verlag, pp. 49-76.

Schlager, K., 2000: «Ars cantandi – ars componendi. Texte und Kommentare zum Vortrag und zur Fügung des mittelalterlichen Chorals» in Huglo, M. / Atkinson, Ch.M. / Meyer, Chr. / Schlager, K. / Phillips, N., *Die Lehre vom einstimmigen liturgischen Gesang* (Geschichte der Musiktheorie, 4), Darmstadt: Wissenschaftliche Buchgesellschaft, pp. 217-292.

Schmid, Th.A., 1986: «Der COMPLEXUS EFFECTUUM MUSICES des Johannes Tinctoris» in *Basler Jahrbuch für historische Musikpraxis*, 10, pp. 121-158.

Schmuki, K., 1999: «Klosterchronistik und Hagiographie des 11. bis 13. Jahrhunderts» in Wunderlich, W. (ed.), *St. Gallen. Geschichte einer literarischen Kul-*

tur. Kloster – Stadt – Kanton – Region, Bd. 1: Darstellung, St. Gallen: UVK Fachverlag für Wissenschaft und Studium, pp. 181-205.

Sears, E., 1991: «The Iconography of Auditory Perception in the Early Middle Ages: On Psalm Illustration and Psalm Exegesis» in Burnett, Ch. / Fend, M. / Gouk, P. (eds.), *The Second Sense. Studies in Hearing and Musical Judgement from Antiquity to the Seventeenth Century*, London: The Warburg Institute, University of London, pp. 19-42.

Seebass, T., 1973: *Musikdarstellung und Psalterillustration im frühen Mittelalter. Studien ausgehend von einer Ikonologie der Handschrift Paris, Bibliothèque Nationale, Fonds Latin 1118*, 2 Bde, Bern: Francke Verlag.

Seidel, H. / Dyer, J. / Finscher, L., 1997: «Psalm» in ²*MGG*, Sachteil, 7, col. 1853-1900.

Siegmund-Schultze, W. (ed.), 1979: *Georg Friedrich Händel. Beiträge zu seiner Biographie aus dem 18. Jahrhundert*, Wilhelmshaven: Heinrichshofen's Verlag.

Sonderegger, S., 1997: «Orpheus und Eurydike bei Notker dem Deutschen. Besonderheiten einer dichterischen Schulübersetzung» in Glaser, E. / Schlaefer, M. (eds.), *Grammatica Ianua Artium. Festschrift für Rolf Bergmann zum 60. Geburtstag*, Heidelberg: Universitätsverlag C. Winter, pp. 115-138.

Steger, H., 1961: *David Rex et Propheta. König David als vorbildliche Verkörperung des Herrschers und Dichters im Mittelalter, nach Bilddarstellungen des achten bis zwölften Jahrhunderts* (Erlanger Beiträge zur Sprach- und Kunstwissenschaft, 6), Nürnberg: Verlag Hans Carl.

Tenhaef, P., 1993: «Die Harfe und die absolute Musik» in *Die Musikforschung*, 46, pp. 391-410.

Thimme, W. (ed.), 1950: *Aurelius Augustinus, Bekenntnisse*. Vollständige Ausgabe eingeleitet und übertragen, Zürich: Artemis-Verlag.

Tinctoris, J., 1983 (1495): *Terminorum musicae diffinitorum*. Faksimile der Inkunabel Treviso 1495. Mit einer Übersetzung von H. Bellermann und einem Nachwort von P. Gülke, Kassel / Basel u.a.: Bärenreiter.

Vignau-Wilberg, Th., 1999: *O Musica du edle Kunst. Musik und Tanz im 16. Jahrhundert*, Ausstellungskatalog, München: Staatliche Graphische Sammlung.

Watkins, G., 2000: *Carlo Gesualdo di Venosa. Leben und Werk eines fürstlichen Komponisten*. Mit einem Vorwort von Igor Strawinsky, ed. V. von der Heyden-Rynsch, München: Matthes & Seitz.

Wolff, Chr., 1991: *Mozarts Requiem. Geschichte – Musik – Dokumente*, Kassel: Bärenreiter.

Die David-Psalmen in der Musikgeschichte

RÜDIGER BARTELMUS

Zusammenfassung:

In dem Aufsatz wird der Versuch unternommen, die höchst komplexe Rezeptionsgeschichte der Psalmen in der Musikgeschichte so aufzubereiten, dass deutlich wird, welche Veränderungen die ursprünglich anonym überlieferten Texte durch ihre Davidisierung bzw. durch die dann auch wieder erfolgte Entdavidisierung und spätere Re-Davidisierung erfahren haben. Der Schwerpunkt der Ausführungen liegt im Bereich der Rezeption der Psalmen in der christlichen Kirche, insbesondere in der westlichen Tradition, nur ganz am Rande wird auch die Wahrnehmung des Psalters im Judentum gestreift.

Résumé:

L'article tente de faire ressortir comment, au cours de l'histoire complexe de la réception des psaumes dans la musique, le sens donné à ces textes anonymes à l'origine a évolué selon qu'ils étaient attribués à David ou lui étaient retirés, pour lui être attribués à nouveau par la suite. L'analyse se concentre sur la réception des psaumes dans l'Eglise chrétienne, en particulier dans sa tradition occidentale, et ne fait qu'effleurer la question de leur compréhension dans la religion juive.

Abstract:

The article tries to trace the extremely complex reception history of the psalms in music. Its aim is to show how the reception of the initially anonymous texts changed once they were linked with David, or in other words Davidised. The article also tries to show what happened when, through time, these psalms were again de-Davidised and still later re-Davidised. The main focus is on the reception of the psalms in the Christian church of the western tradition; the reception of the psalms in the Jewish tradition is only marginally mentioned.

Stichwörter:

David; Psalmen; Musikgeschichte; Rezeptionsgeschichte

1. «David-Psalmen» – exegetisch-historische Vorüberlegungen

Je nachdem, ob man sich der Fragestellung «Die David-Psalmen in der Musikgeschichte» aus dem Blickwinkel des historisch-kritisch orientierten Exegeten oder des gläubigen Christen bzw. Juden nähert, müssen höchst unterschiedliche biblische Texte diskutiert werden. Doch auch innerhalb der damit angesprochenen Extrempositionen besteht alles andere als Einigkeit darüber, welche Texte eigentlich zu den David-Psalmen zu zählen sind. Um es im Blick auf die erstgenannte Position überspitzt zu sagen: Fasst man den Begriff «David-Psalmen» ganz eng, müsste ein konsequent historisch-kritisch denkender Exeget eine Bearbeitung des Themas ablehnen, geht doch nach verbreiteter wissenschaftlicher Anschauung kein einziger der heute im Buch der Psalmen vorfindlichen Texte auf den König David zurück, um den es bei dem Symposium ging, für das die folgenden Überlegungen konzipiert wurden. Allenfalls im Blick auf das nicht im Psalter enthaltene Klagelied Davids auf Saul und Jonatan in 2Sam 1,17-27 wird gelegentlich erwogen, dass der Kern des Lieds in der Davidzeit entstanden sein könnte; der «Psalm Davids» in 2Sam 22, der textlich weitestgehend mit Ps 18 übereinstimmt, wird dagegen zumeist in einer späteren Phase der Geschichte Israel-Judas verortet.

Aber auch wenn man sich kompromissbereit zeigt, indem man sich im Sinne der aus Amerika stammenden, immer stärker auch auf Europa übergreifenden neuen theologischen Bewegung des «canonical approach» darauf einlässt, ohne tiefergehende historisch-kritische Rückfragen den überkommenen Bibeltext zum Ausgangspunkt der Diskussion zu nehmen, kommt man in Schwierigkeiten: Eine erste liegt darin, dass die älteste uns vollständig überkommene Textausgabe der Psalmen, die in der griechischen Septuaginta (LXX) enthaltene Version (die übrigens zugleich den für die ersten Christen allein relevanten Text repräsentiert) insgesamt 86 von den in ihr enthaltenen 151 Psalmen mit David in Verbindung bringt, während die in Gestalt des masoretischen Textes (MT) überkommene hebräische Tradition, die insgesamt 150 Psalmen aufweist, nur 73mal auf David rekurriert – um nur die beiden wichtigsten Quellen ohne Rücksicht auf textkritische Einzelprobleme anzusprechen. Unter diesem Aspekt dürfte man im folgenden nur der musikalischen Rezeption der 86 bzw. 73 Psalmen nachgehen, in deren Überschrift in irgendeiner Weise auf David Bezug genommen wird, wobei man noch einmal zwischen den Psalmen unterscheiden müsste, in denen in historisierender Weise eine konkrete Situation aus dem Leben Davids als Hintergrund genannt ist und solchen, wo schlicht ein wenig spezifisches *l^{e}dāwîd* steht. Zu berücksichtigen wäre also nur etwa die Hälfte aller Psalmen unter Einbeziehung der Frage, ob man sich für die LXX oder den MT als Textbasis entscheidet. – Eine zweite

Schwierigkeit, die gewissermassen quer zum eben genannten Lösungsmodell steht, liegt nun aber darin, dass der synchron vorgehende Leser bereits am Ende von Ps 72 – der Überschrift nach zu allem Überfluss gar kein Psalm Davids, sondern ein Psalm Salomos! – mit der Information konfrontiert wird, dass mit diesem Psalm das Ende der «Psalmen Davids» erreicht sei, dies unbeschadet der Tatsache, dass der Name David im MT danach noch 17mal, in der LXX gar noch 28mal in der Überschrift eines Psalms erscheint. Zumindest hier muss auch ein Verfechter des «canonical approach» zur Vermeidung grösserer Probleme auf die gute alte historisch-kritische Methode zurückgreifen, die in Ps 72,20 den Schlussvermerk für eine ältere Sammlung von David-Psalmen – den sog.zweiten Davidspsalter (Ps 51–72) – sieht. Andernfalls wüsste man nicht recht, welchen David-Psalmen man überhaupt im Blick auf ihre Rezeptionsgeschichte die Aufmerksamkeit schenken sollte – denen vor oder denen nach Ps 72.

Für fromme Juden und Christen haben die eben genannten Fakten zwar zu keiner Zeit ein allzu grosses Problem dargestellt, wie sie sich auch selten den Kopf darüber zerbrochen haben, ob die am Beginn von Psalmen häufig gebrauchte hebräische Partikel l^e die Autorschaft Davids oder einen anderen Bezug auf David meinen könnte. Für sie geht – unbeschadet der Tatsache, dass einige Psalmenincipits explizit Autoren wie Asaf, die «Söhne Korachs», Heman, Mose, Etan oder den bereits erwähnten Salomo nennen – der ganze Psalter auf David zurück. Das kann man etwa dem Traktat Berachot des Babylonischen Talmuds (9b-10a) entnehmen, wo es heisst: «103 Psalmen sprach David. Aber er sprach kein Halleluja, bis er die Niederwerfung der Feinde gesehen hatte». Der Satz verweist zwar primär darauf, dass im Psalter vor Ps 104,35 [MT] kein «Halleluja» erscheint; aber folgt man der inneren Logik des Satzes, sind auch die Psalmen nach Ps 103 nach Meinung dieser Quelle auf David zurückzuführen.[1] So einfach die Lösung scheint, einfach alle Psalmen als Davids-Psalmen aufzufassen – die Probleme verschieben sich nur: Bei dieser Annahme mussten Juden und Christen nicht nur erklären, wie die eben genannten übrigen Autoren in die Incipits geraten sind, sie mussten u.a. auch Stellung dazu nehmen, warum denn David von sich gelegentlich in der 3. Person redet, oder woher er manche Dinge wissen konnte, die sich doch eindeutig erst nach seiner Zeit ereignet haben: So nimmt Ps 137 – schon in der LXX explizit mit David zusammengebracht – eindeutig Bezug auf das babylonische Exil, in das Juda bekanntlich erst rund 500 Jahre nach David gehen musste.

Hier alle mehr oder weniger gewundenen diesbezüglichen Erklärungsversuche zu diskutieren, ist nicht der Ort. Exemplarisch genannt seien zunächst zwei Erklärungsmodelle, die sich übrigens gegenseitig nicht widersprechen, sondern die sich eher ergänzen, und von denen eines auf eine jüdische Quelle zurückgeht, während das andere eher für christliche

Kreise typisch ist; in letzteren wurden bekanntlich AT und NT zumeist parallel – nach dem Prinzip von Verheissung und Erfüllung – gelesen. Im Traktat Baba Batra des babylonischen Talmud (15a) findet sich nun folgende Deutung: «David schrieb das Buch der Psalmen durch Vermittlung der zehn Alten, das sind Adam, Melchisedek, Abraham, Mose, Heman, Jedutun, Asaf und die drei Söhne Korachs», wobei die vier erstgenannten Gestalten offenbar symbolisch für die Verwurzelung des Psalters in der Urzeit stehen, die letzteren dagegen für dessen Fortschreibung in der Zeit Davids bzw. Salomos[2] und in der Folgezeit – kann man doch die Fügung «Söhne Korachs» in Analogie zu «Söhne Israels» ohne grössere semantische Umschweife als Bezeichnung für beliebige Nachfahren Korachs verstehen, d.h. unabhängig von der unmittelbaren Filiation (was sich gut mit dem Umstand fügt, dass die historisch-kritische Forschung die entsprechenden Sängergilden in der Zeit des Zweiten Tempels verortet). Das christliche, in Mk 12,36 par. bzw. Apg 4,25 angedachte und von den Kirchenvätern, insbesondere von der antiochenischen Schule auf den Punkt gebrachte Lösungsmodell läuft demgegenüber darauf hinaus, dass David (nicht anders als Mose) als Prophet angesehen wird, den der Heilige Geist Dinge schauen liess, die sich erst in fernerer Zukunft ereignen sollten. Theodor von Mopsuestia z.B. spricht in diesem Zusammenhang von μήνυσις πραγμάτων ὕστερον δειχθησομένων[3]. Im Psalter geht es demzufolge weniger um Ereignisse bzw. Probleme der Davidzeit, sondern um Dinge, die u.a. Hiskia oder Serubbabel betrafen, ja um solche, die erst die (frühen) Christen bewegten. Der hier vorausgesetzte David ist nicht mehr der «historische» David der Samuelbücher oder der Chronik, sondern eine dogmatische Grösse.

Weitaus folgenreicher wurde in der Folgezeit freilich eine andere christliche Interpretationsschiene, gemäss der der David des Psalters immer weniger als historische Gestalt wahrgenommen, sondern – David war ja selbst Messias und wurde von Matthäus wie von Lukas als Ahnherr des eigentlichen Messias (Christus) gesehen – mehr oder minder mit dem Messias des Christentums identifiziert wurde. Vor allem dieser christologischen, um nicht zu sagen christozentrischen Sicht des Psalters ist es wohl zu verdanken, dass die Psalmen vom frühen Christentum bis in die Gegenwart eine zentrale Rolle im christlichen Gottesdienst spielen. Als nachgeradezu klassischer Beleg für diese Sicht der Psalmen sei in Erinnerung gebracht, welch wichtige Rolle Ps 22 für den Aufbau der Passionsgeschichte des Markus spielt. – Dass diese Sicht bis heute dominant geblieben ist, ergibt sich daraus, dass allenfalls in 30% aller Fälle, wo christliche Komponisten Psalmen vertont haben, im Titel oder andernorts auf David Bezug genommen wird – und dies in der Regel nur formal. Dass sie bereits in der frühesten Zeit eine Rolle gespielt haben muss, ergibt sich m.E. aus der Tatsache, dass die Psalmen in der Alten Kirche lange Zeit ohne jede Instrumentalbegleitung gesungen wurden: Hätte der David des AT noch eine Rolle gespielt, wäre man schwerlich darum herum gekommen, den Psalmengesang wenigstens mit einer Harfe oder Leier begleiten zu lassen, um dem biblischen Vorbild gerecht zu werden. Wie lebendig die Tendenz zur messianischen Lesung des Psalters bis in unsere Zeit hinein geblieben ist, lässt sich an einem kleinen Beispiel sinnenfällig zeigen: Noch in der deutschen Ausgabe des sog. «Vatikanischen Psalters» – einer von Pius XII. veranlassten und 1945 veröffentlichten Teil-Revision der Vulgata für den praktischen Gebrauch (Brevier!) – sind bei den Psalmen 3-8 die biblischen Verweise auf David konsequent getilgt und durch christologische Ausführungen in der Einführung ersetzt. So erscheint anstelle des ersten Satzes von Ps 3: «Ein Psalm Davids, als er vor seinem Sohn Absalom floh», folgende (hier aus Raumgründen nur stark gekürzt wiedergegebene) Ausführung: «In der Not seines Paschakampfes ruft der Messias – mit ihm die Kirche der Seinen – zum Vatergott ...».[4]

Mit diesem Zitat kommt endlich das letztlich hinter der messianischen Psalmendeutung stehende hermeneutische Prinzip der frühen Christenheit in den Blick, mit dem (unbeschadet des Festhaltens an der Davidizität des Psalters) nach und nach nahezu alle Bezüge der Psalmen auf die historische Davidsgestalt neutralisiert wurden – das von der alexandrinischen Schule im Gefolge des Origenes verfochtene Prinzip der Allegorese: Die Psalmen als zeitlos gültiges Gotteswort – David war gewissermassen nur das «Medium» des Heiligen Geistes – sind recht nur zu verstehen, wenn man nach dem eigentlichen Sinn hinter den kruden Fakten fragt, und dieser Sinn bezieht sich natürlich auf Fragestellungen im Bereich des Hier und Jetzt der Gläubigen und nicht auf historische Vorgänge. So deutet selbst der so sehr um den urspünglichen hebräischen Wortlaut bemühte Hieronymus im Zusammenhang von Ps 51 David und Batseba auf Christus und die Kirche bzw. das Fleisch. Wenn überhaupt noch als historische Notizen wahrgenommen, werden auf Ereignisse aus der Davidszeit verweisende Incipits wie: «als er vor Saul in die Höhle floh» (Ps 57,1b) ab dem 4. Jahrhundert allenfalls typologisch (im Sinne der Antiochener) gedeutet: Wenn man sich in einer vergleichbaren Situation wie seinerzeit David befindet, weist der einschlägige Psalm dem bedrängten Christen den Weg.[5] Ansonsten werden die Psalmen messianisch-allegorisch gelesen – der Name David-Psalmen wird zur leeren Hülle ohne jeden Bezug zum David vom Anfang des 1. Jahrtausends v.Chr. und tritt demgemäss zugunsten des einfachen Begriffs «Psalmen» in den Hintergrund. Eine gewisse Ausnahme im Rahmen der konsequent messianisch-allegorischen Lektüre des Psalters im 1. Jahrtausend n.Chr. bildet lediglich Ps 51, dessen Bezug auf 2Sam 11 und 12 v.a. Augustinus (der in seinen «Enarrationes in Psalmos» ansonsten die allegorische Deutung favorisiert) wichtig war – liess er sich doch als ausgezeichnetes Beispiel für die Busspraxis auswerten.[6] Cassiodor hat in seiner «Expositio in Psalmos» dann neben Ps 51 auch noch die Psalmen 6; 32; 38; 102; 130 und 143 als Busspsalmen Davids gedeutet, was im Falle von Ps 102 und 130 eine Eintragung der dogmatischen Überzeugung der frühen Kirche in den Bibeltext darstellt – fehlt doch dort sowohl im MT als auch in der LXX bzw. Vulgata jeder Hinweis auf David. Immerhin blieb damit die geschichtliche Dimension der Psalmen wenigstens in diesem Teilbereich im Bewusstsein der Christenheit: Dass die Bezüge all dieser Psalmen auf David – seien es die an Erzählungen aus den Samuelbüchern orientierten historisierenden, seien es die der beiden letztgenannten dogmatischen – eine sekundäre Deutung darstellen, steht auf einem anderen Blatt.

2. Psalmen in der christlichen Musikgeschichte

Warum in der Überschrift zum zweiten Teil nurmehr pauschal von Psalmen die Rede ist, ergibt sich aus den Überlegungen des ersten Teils – die Davidgestalt soll deshalb nicht aus dem Blick geraten. Die Einschränkung auf die christliche Musikgeschichte ist zum einen durch den beschränkten zur Verfügung stehenden Raum, zum anderen durch den beschränkten Horizont des Referenten bedingt, dem eingehendere Kenntnisse der Musik des jüdischen Gottesdienstes fehlen.

Dass die Psalmen – in der eben angedeuteten messianisch-christologischen Interpretation – im christlichen Gottesdienst von Anfang an eine wichtige Rolle gespielt haben, kann man mit hoher Wahrscheinlichkeit aus Stellen wie Kol 3,16 oder Eph 5,19 erschliessen. David spielt in diesem Zusammenhang keine Rolle, auch nicht bei Tertullian, dessen dictum von der Psalmodie als einer «saturata oratio» (im Gegensatz zur «ieiunda oratio» des Alltags) häufig als ein erster Hinweis auf die Aufführungspraxis von Psalmen zitiert wird, zugleich aber einiges über das vorausgesetzte Textverständnis aussagt: Texte, die so artikuliert werden, sind keine beliebigen Texte. Analoges wie das, was eben zu den neutestamentlichen Stellen gesagt wurde, gilt für die Verwendung von Psalmen in dem ältesten mir bekannt gewordenen liturgischen Werk, einem altarmenisch erhaltenen Lektionar, das die Jerusalemer Osterliturgie des 5. Jahrhunderts enthält.[7] In diesem Lektionar sind einzelne Psalmverse als Antiphone belegt, die jeweils Bezug auf den Evangelientext des Tages nehmen. Z.T. kann man die Zitate als «vox ad Christum» verstehen; in Analogie zu den Psalmzitaten in den Passionsgeschichten der Evangelien (vgl. etwa Lk 23,46) kommt aber auch die «vox Christi» am Karfreitag mit einem Zitat aus Ps 88,6 zu Wort – David hingegen ist völlig ausserhalb des Horizonts.

So gross die Unterschiede zwischen den orientalischen und den abendländischen Gottesdienstordnungen in der Folge auch werden – im Umgang mit den Psalmen lassen sich keine gravierenden Differenzen wahrnehmen, jedenfalls nicht, soweit unsere Fragestellung berührt ist. Werden im Westen (auf den sich die folgenden Ausführungen allein beziehen) entsprechend den Regeln des Propriums der Messe einzelne Psalm-Verse als Antiphon, Introitus, Graduale, Hallelujavers, Tractus, Offertorium oder Communio gebraucht, ist ein Bezug zum historischen David fast automatisch ausgeschlossen – dienen doch diese Teile der Hinführung zum bzw. der Interpretation des Evangelium(s), nach dessen Inhalt sie ausgewählt sind: Was nunmehr in der Liturgie als Weissagung und Erfüllung nebeneinander steht – noch Luther verstand den Psalmensänger David ohne Rücksicht auf die Fakten als einen «Propheten» –, ist in der umgekehrten Abfolge generiert worden. Werden dagegen – so v.a. in den Tagesgebeten Mette und Vesper – im Gottesdienst ganze Psalmen gebetet, geht es eher um die allgemeine «Erbauung» der Gemeinde. Auch und gerade in diesem Zusammenhang ist es von geringem Belang, auf wen der gebetete bzw. gesungene Text laut der Tradition zurückzuführen ist. Wichtig ist, dass es ein heiliger bzw. moralisch auferbauender Text ist, mag der «äussere» Autor nun Mose oder dessen Interpret David sein: Das Psalmwort wird rezitiert, weil es als Wort Gottes verstanden wird – das menschliche «Medium» ist allenfalls von sekundärer Bedeutung.

Dass Psalmen nicht in der Form alltäglicher Rede artikuliert werden, sondern gemäss feststehenden Regeln gewissermassen «im höheren Ton» – schon in der Mitte des 9. Jahrhunderts liegen die noch heute verwendeten acht «Psalmtöne» praktisch fest –, unterstreicht die Dignität des Artikulierten. Eine damit zusammenhängende letzte Beobachtung zum Gebrauch der Psalmen in der mittelalterlichen Kirche sei noch kurz angefügt: Man nimmt bei der Benennung der Vortragsform nirgends auf die in den biblischen Psalmüberschriften genannten Vortragsweisen wie «Stumme Taube unter den Fremden» oder «Vertilge nicht» (Ps 56,1 bzw. 57,1 u.ö.) Bezug, sondern man spricht von den «Instituta patrum de modo psallendi sive cantandi» bzw. schlicht von den acht «tonus», d.h. von den Psalmtönen. Mit dem David des Alten Testaments hat all das somit nichts mehr zu tun, dies unbeschadet dessen, dass sein Bild mit der Harfe bzw. Leier in der Hand in Psalm- und Bibel-Handschriften häufig vorkommt – Idealbild und Realität sind weit voneinander entfernt: «Gregorianischer Gesang», wie man diese Art des Psalmvortrags in Anlehnung an Gregor den Grossen heute nennt, kennt in der reinen Form nun einmal keine Begleitung durch ein Instrument und erweist sich damit – unbeschadet unbestreitbarer struktureller Verbindungen mit dem Synagogengesang dieser Zeit – als eine eigenständige Grösse. Aus den o.g. theologischen Gründen, aber auch weil ihm die

«Stütze» durch ein Instrument fehlt, ist seine Grundgestalt sehr einfach: Auf das aufsteigend artikulierte «initium» folgt eine Reihe gleichhoher Töne («tuba» oder «tenor»); dann wird die erste Hälfte eines Psalmverses vor der Zäsur zumeist melismatisch durch eine «mediatio» abgeschlossen. Danach wird die «tuba» bzw. der «tenor» wieder aufgenommen; bei der wiederum melismatisch ausgestalteten «terminatio» gibt es die meisten «Differenzen», d.h. kadenzartige Variationen in der abwärts gerichteten Tonreihe.[8] Pointiert gesagt: Die Psalmen sind im Mittelalter endgültig aus dem von der Tradition vorgegebenen Zusammenhang mit David gelöst und Sache der Kirche geworden – der sekundär in den Psalter eingedrungene «historische» David ist durch die «Ikone» David ersetzt.

An diesem Befund hat sich vom 9. Jahrhundert bis in die Renaissance-Zeit mit ihrer Wiederentdeckung der Dimension des Historischen auch im Bereich Religion kaum etwas geändert: Die einzige Neuerung ist die, dass in den Kirchen sukzessive die Mehrstimmigkeit Eingang gefunden hat – zunächst im Bereich des Officium Missae, dann auch in anderen Bereichen. Die ersten mehrstimmigen Falsobordone- bzw. Fauxbourdon-Psalmen fügen dem überkommenen Cantus firmus lediglich bordunartige, d.h. mehr oder minder liegende Begleittöne bei, so dass Sätze einfachster akkordischer Struktur entstehen – die theologische Funktion des Psalmodierens ist davon nicht berührt. Dabei bleibt es auch, wenn sich die Satzformen von Fauxbourdon-Psalmen hin zu einer Form von Scheinpolyphonie, ja später sogar von Mehrchörigkeit entwickeln: Es bleiben «Salmi» / «Psalmen», deren liturgischer Ort die Vesper ist; der angebliche biblische Autor David spielt keine Rolle.

Um das Jahr 1500 kommt es dann zu einem Umbruch, der zweifellos nicht nur mit dem in der Renaissance erwachenden «individuelle(n) Ausdruckswille(n) der Komponisten um Josquin» zusammenhängt, der zu den «Bekenntnistexten» der Psalmen drängt.[9] Das Aufkommen der «Psalmmotette» als einer liturgisch nicht festgelegten neuen Gattung steht vielmehr sicher auch in einem Zusammenhang mit dem erwähnten wiedererwachenden historischen Bewusstsein. Man wandte sich gegen die kirchliche Okkupation der Psalmtexte, indem man letztere aus dem liturgischen Kontext der Vesper löste, sie in neuen Kontexten wie z.B. in Festgottesdiensten (als Introiten oder Predigtrahmungen) aufführte und sie – auch – als historische Texte mit einem individuellen «Sitz im Leben» las. Nicht umsonst hat Josquin Desprez (ca. 1440-1521), der spiritus rector der neuen musikalisch-theologischen Richtung, nicht nur Standardpsalmen wie Ps 19; 91; 100 oder 149 als Psalmmotetten vertont, sondern auch praktisch alle «Busspsalmen Davids» – also die Texte, an deren Personbezug auf David schon Augustin bzw. Cassiodor festgehalten hatten.[10] Dass Josquins Interesse an den Busspsalmen aller Wahrscheinlichkeit nach nicht auf einem von theologischem Interesse an der Busspraxis herrührenden Zufall beruht, lässt sich einfach nachweisen: Neben Psalmmotetten hat Josquin auch Spruchmotetten komponiert, und unter ihnen befassen sich zwei mit der Klage Davids um Absalom: «Absalon, fili mi» für 4 Stimmen und «Lugebat David Absalon» für 8 St. in zwei Teilen! Die biblische Gestalt des David, die menschliche Seite Davids, ist plötzlich musikalisch wiederentdeckt, zwar nicht unmittelbar im Sinne der vorgegebenen Themenstellung, aber dafür in umso eindrucksvollerer Weise: Es geht nicht mehr um die musikalische Ausformulierung zeitlos frommer Worte eines – namentlich gar nicht erst herausgestellten – gottunmittelbaren Propheten, vertont werden vielmehr die Worte eines leidenden bzw. sündigen Menschen.[11] Und wo es um die musikalische Darstellung subjektiver Erlebnisse bzw. Wahrnehmungen geht, sind Komponisten vom Zwang der Tradition befreit und zudem in einer ganz anderen Weise gefordert als bei der Variation vorgegebener liturgischer Melodien: Gefühle sind das Thema, nicht objektive Wahrheiten, und das setzt ungeheure kompositorische Kräfte frei.[12]

Unbeschadet dessen, dass der bisher befolgte chronologische Aufriss durch einen Seitenblick auf die vielen Kompositionen gestört wird, die – in der Tradition Josquins stehend – die Gattung der Psalmmotette kreativ weiterentwickelten, seien um der musikalischen Sache willen einige von diesen Werken bereits hier behandelt. Zu ihnen zählen neben Psalmmotetten im engeren Sinne insbesondere die vielen Kompositionen der Busspsalmen Davids. Ausdrücklich erwähnt seien wenigstens die einschlägigen Kompositionen von Orlando di Lasso (1532-1594; 1570 oder 84), Andrea Gabrieli (?1510/20-1586; 1583), Leonhard Lechner (?1553-1606; 1587) und Melchior Franck (?1579/80-1639; 1615).[13] Unter ihnen weist – rein äusserlich gesehen, aber sicher nicht zufällig – die Fassung Francks den unmittelbarsten Bezug zur Gestalt Davids auf, trägt sie doch den beziehungsreichen Obertitel «Threnodiae Davidicae». Sie gehört freilich faktisch schon einer anderen Epoche – dem Frühbarock – an. Mit dem von Franck gewählten Titel wird – wiederum kaum zufällig – überdies eine Brücke zu den in der Folgezeit häufiger komponierten «Threni» bzw. «Lamentationes Jeremiae» (also einem anderen biblischen Sujet mit explizitem Personbezug) geschlagen, was für unseren Zusammenhang insofern nicht ohne Bedeutung ist, als auch sie von vielen Komponisten gleichermassen als Zeugnisse subjektiver Auseinandersetzung mit Glaubensfragen interpretiert und dementsprechend ohne allzu grosse Rücksicht auf kirchliche Konventionen ausgestaltet wurden.

All den eben erwähnten Kompositionen der Psalmen 6; 32; 38; 51; 102; 130 und 143 ist nun gemeinsam, dass in ihnen – das ist neu gegenüber Josquins Umgang mit dem Bibeltext – die sieben Busspsalmen bewusst als Einheit aufgefasst sind (was eine liturgische Integration der Kompositionen in die üblichen Gottesdienstformen ausschliesst), und dass sie den tiefen Gefühlsgehalt der Texte in einer Weise musikalisch umsetzen, die mit der alten, und dann vom Tridentiner Konzil (1545-1563) wieder eingeforderten Einfachheit im Satz nicht zu vereinbaren ist. Für die Protestanten Lechner und Franck war dieser Umstand natürlich weit weniger ein Problem als für Lasso und Gabrieli – zeittypisch ist die Auseinandersetzung um den richtigen «Ton» in der Kirchenmusik in jedem Fall. Ja, wenn man den musikalischen Tatbestand pressen wollte, könnte man in der Komposition Lassos mit ihren unmissverständlichen Madrigalismen, mit ihrem musikalischen Eingehen auf die Schuldgefühle Davids (und ihrer indirekten Widerspiegelung der Lustgefühle) eine Protestkomposition gegen die Konzilsbeschlüsse von Trient sehen, dies unbeschadet dessen, dass sie kompositorisch natürlich immer noch ein Stück von dem entfernt ist, was dann im Gefolge Claudio Monteverdis als «seconda practica» Schule machen sollte (und trotz des hinhaltenden Widerstands der römischen Kirche auch die katholische Kirchenmusik nicht unberührt liess). So oder anders: Die Geister, die Josquin gerufen hatte, waren mit kirchlichen Beschlüssen nicht (mehr) zu bändigen. Die zur dogmatischen Chimäre verkümmerte Gestalt des David bekam jedenfalls wieder Konturen, die an einen Menschen von Fleisch und Blut erinnerten. Im Zusammenhang mit der musikalischen Rezeption der Psalmen blieben solche Versuche zwar so etwas wie musikalisch-theologische «Eintagsfliegen», was unter historisch-kritischen Gesichtspunkten ja nicht einmal zu bedauern ist, sind doch – wie oben gezeigt – die Psalmen des Alten Testaments anonyme Texte aus dem Gottesdienst der jüdischen Tempelgemeinde und keine Dichtungen Davids. Musikalisch gesehen war es dennoch ein Verlust. Doch dank des Aufkommens neuer und breit rezipierter Formen wie «Kantate» und «Oratorium», aber auch von Sonderformen wie Johann Kuhnaus «Biblischen Historien-Sonaten» blieb David in der Folgezeit musikalisch vor einem Rückfall in die dogmatische Gestaltlosigkeit bewahrt. Von entsprechenden Kompositionen soll – über die engere Themenstellung hinaus – am Ende dieses Teils zumindest in Andeutungen die Rede sein.

In gewisser Weise gilt die eben geäusserte Einschätzung auch für die zahlreichen Psalmmotetten, die im Gefolge Josquins komponiert wurden. Im Zusammenhang unserer Fragestellung ist vor allem eine von dem Pariser Drucker und Verleger Pierre Attaignant 1535 herausgegebene Sammlung von Psalmmotetten verschiedener französischer Komponisten wie Jacotin oder Claudin de Sermisy von Interesse, erwähnt doch diese wohl älteste Sammlung – unbeschadet der kaum bezweifelbaren liturgischen Abzweckung der in ihr enthaltenen Stücke – in ihrem Titel ausdrücklich David als Autor der Psalmen: «Liber nonus XVIII daviticos ... psalmos habet». Wie angesichts des bisher Gesagten kaum anders zu erwarten, erfreute sich neben vielen anderen (Vesper-)Psalmen natürlich das Mittelstück der Busspsalmen, das «Miserere» (Ps 51), besonderer Aufmerksamkeit der Komponisten dieser Zeit, erlaubte es doch vom Text her die Wahl emotional hochbesetzter Figuren, was dem Bedürfnis nach musikalischer «Selbstverwirklichung» entgegenkam. Die David-Gestalt selbst spielt aber nur ganz selten eine Rolle, so bei David (!) Köler (?1532-1565), der 1554 «Zehn Psalmen Davids 4, 5 u. 6 v.» veröffentlichte, oder bei Andrea Gabrieli (?1510/20-1586; «Psalmi Davidici a 6 v.», 1583). Was den Sprachgebrauch betrifft, verwendeten katholische Komponisten in der Regel den lateinischen Text, was ja im Blick auf die liturgische Verwendbarkeit ihrer Kompositionen so gut wie unabdingbar war. Im evangelischen Bereich wird – je nach Verwendungszweck – einmal der deutsche, dann wieder der lateinische Text komponiert, letzterer vor allem dann, wenn die Komposition für eine politische Festivität bestimmt ist; erst im 17. Jahrhundert setzt sich auch hier weitgehend der deutsche Text durch. Die Tatsache, dass ausgerechnet der jüdische Komponist Salamon(e) Rossi (?1570-1630?) seinen Psalmkompositionen in hebräischer Sprache den Titel gegeben hat: «Hashirim Asher Lish'lomo» (ital.: «Salmi e cantici ebraici a 3-8 v.»; Venedig 1623) macht auf der einen Seite deutlich, wie wenig Bedeutung man der angeblichen Davidizität der Psalmen selbst im Judentum beimass.[14] Auf der anderen Seite stellt diese Sammlung einen Beleg dafür dar, wie nahe sich jüdische und christliche musikalische Tradition im Gefolge des Aufbruchs der Renaissance kamen. Als eine Art theologisches Exoticum seien schliesslich noch von den zahlreichen Psalm-Motetten des Katholiken Thomas Stoltzer (?1480/85-1526) diejenigen erwähnt, denen nicht – wie üblich – der lateinische Text zugrundeliegt, sondern der deutsche in der Fassung der Lutherbibel;[15] die David-Gestalt spielt freilich auch für Stoltzer keine Rolle.

Mit dem Verweis auf Stoltzer haben wir wieder den ursprünglich beschrittenen chronologischen Weg der Darstellung erreicht, und zwar genau an dem Punkt, an dem wir ihn verlassen haben – im Vorfeld der Reformation bzw. des 16. Jahrhunderts. Dem einmal eingeschlagenen Weg folgend müssen als nächstes somit die Psalmen-Nachdichtungen Luthers[16] angesprochen werden, dies unbeschadet der Tatsache, dass sie auf die David-Gestalt in keiner Weise Bezug nehmen. (Hinter diesem Phänomen steht als Grund übrigens wohl nicht allein die Tatsache, dass ohnehin nur zwei von diesen Liedern[17] die Nachdichtung eines Psalms darstellen, der in der Bibel explizit als David-Psalm ausgewiesen ist[18] – der Grund dürfte vielmehr v.a. im praktisch-theologischen Bereich liegen: Es ging Luther um die Gewinnung von einfachen und zugleich schriftgemässen Liedsätzen für den evangelischen Gottesdienst.) Wenn nun Friedrich Blume und Ludwig Finscher in diesem Zusammenhang davon sprechen, dass Luthers

Psalmlieder «nicht nur Anlehnungen und Paraphrasen, sondern wirklich die Psalmen selbst» sind,[19] dann repräsentiert diese Einschätzung nur den gut lutherischen Standpunkt der beiden Autoren[20] – auf historisch-kritisch nachvollziehbaren Fakten basiert ihr Urteil nicht; zudem ist in dieser Einschätzung ohne jeden Anhalt in der Wirklichkeit unterschwellig die Wahrnehmung der Psalmen ausserhalb des Luthertums tendenziös verzeichnet: Wenn überhaupt Psalmlieder eine entsprechende theologische Qualifikation verdient haben bzw. der Sache nach anstrebten, könnte man allenfalls den gleich noch etwas genauer zu diskutierenden «Hugenotten-Psalter» von Clément Marot und Theodor Beza namhaft machen, der den Bibeltext wirklich so wörtlich wie möglich in Reimform wiederzugeben sucht.[21]

Doch zurück zu Luthers Nachdichtungen: Es ist wohl kein Zufall, dass der gleiche Melchior Franck, der seine Komposition der sieben Busspsalmen unter dem Titel «Threnodiae Davidicae» erscheinen liess, seine Komposition von Luthers (Psalm-)Liedern ausdrücklich mit dessen Namen verband: «Psalmodia sacra ... in welchem die vornehmsten geistlichen Gesäng Herrn D. Martini Lutheri ... zu befinden ... in contrapuncto simpliciter componiret, Nürnberg 1631».[22] Eindeutig auf der eben angedeuteten Linie liegt – auch wenn dort der Name Luthers nicht explizit erscheint – das nicht zu Unrecht als musikalische «Konkordienformel»[23] apostrophierte Gesangbuch des Lukas Osiander (1586),[24] dessen Titel: «Fünfzig geistliche Lieder und Psalmen mit vier Stimmen auf Kontrapunktweise» mehr verschleiert als erhellt, dass hier die Psalmen als genuiner Bestandteil lutherischer Lehre und nicht als biblische Texte erscheinen. Um aus der Fülle des Materials nur noch ein Beispiel herauszugreifen: Schon das «Bapstsche Gesangbuch», das 1545 (also gegen Ende der Lebenszeit Luthers) erschien, enthält als Anhang bzw. zweiten Teil «Psalmen und geistliche Lieder, welche von frommen Christen gemacht und zusammen gelesen sind»[25]: «Psalm» wird hier nahezu synonym mit «(Kirchen-)Lied» gebraucht. Luther und seine Anhänger gingen mit den Psalmen also kaum anders um als die Kirche des Mittelalters – er nostrifizierte sie für die Kirche der Reformation. Der einzige Unterschied zum mittelalterlichen Usus liegt darin, dass die Psalmen nunmehr in deutscher Reimform (und von der Gemeinde) gesungen werden. Der Dresdner Hofkapellmeister Matthäus Le Maistre (?1505-1577) zog aus diesem mit dem Schriftprinzip nur bedingt vereinbaren Wandel in den liturgischen Gewohnheiten eine interessante musikalische Konsequenz, indem er den Psalm 90 («Herr Gott, du bist unsere Zuflucht ...») zusammen mit einem Lied vertonte – ein frühes Beispiel für die später beliebten typisch lutherischen Choralmotetten; daneben komponierte er aber auch noch Psalmmotetten. Die Tatsache, dass im Luthertum die Psalmen weniger als Texte des Alten Testaments denn als Texte der Kirche gesehen werden, ist damit sinnenfällig zum Ausdruck gebracht.[26] Das vielzitierte lutherische «Schriftprinzip» geht nun einmal nicht vom blossen Bibeltext aus, das Alte Testament wird vielmehr durch die «Brille» des Neuen Testaments gelesen.[27] Dementsprechend wird David entweder gar nicht mehr eigens erwähnt oder als «Prophet» jeder konkreten menschlichen Gestalt entkleidet, d.h. einmal mehr als «Ikone» behandelt. Um nur ein besonders krasses musikalisches Beispiel für dieses Schriftverständnis zu erwähnen: Knapp 30 Jahre nach dem Tod Luthers (1574) veröffentlichte Joachim a Burgk (Burck) (1546-1610) eine «Passion Jesu Christi, im 22. Psalm des *Propheten* David *beschrieben*».[28] David wird zwar erwähnt, aber eben nur als «Medium» für den Vorgang der Weissagung. Als realer Beter des Psalms wird im Einklang mit den Evangelisten der Messias selbst gesehen.

Geht man von Wittenberg bzw. Deutschland etwas nach Westen, wird man mit einem an manchen Punkten vom lutherischen Verständnis der Psalmen abweichenden Umgang mit dem Psalter konfrontiert. Wo reformatorische Gemeinden von Zwingli bzw. v.a. von Calvin her beeinflusst sind (die ihrerseits übrigens nicht anders als Luther ebenfalls Psalmen nachgedichtet und vertont haben) – und sei es in so gemässigter Form wie Strassburg unter dem Einfluss Martin Bucers –, spielen die Psalmen jedenfalls eine anders akzentuierte Rolle: Die das neue Israel repräsentierende Gemeinde stellt sich in die Tradition des alten Israel und singt nur dessen Lieder. In den von Wolf Köpphel zwischen 1525 und 1545 verlegten «offiziellen», d.h. für den Gottesdienstgebrauch bestimmten Strassburger Gesangbüchern – mit die ältesten Produkte dieses neuen Genres religiöser Literatur – stehen Psalmlieder zwar zunächst nicht an erster Stelle, auch fehlt in ihren Titeln der Name Davids,[29] doch dem steht bald ein neuer Trend entgegen: 1538 ediert Köpphel in Strassburg einen von Jakob Dachser konzipierten Reimpsalter unter dem Titel: «Psalter. Das seindt alle Psalmen Davids mit jren Melodeie, sampt viel schönen Christlichen liedern, unnd Kyrchen übungen».[30] Ob die Erwähnung Davids im Titel mit dem Aufenthalt Calvins in Strassburg (1538-1541) in irgendeinem Zusammenhang steht, entzieht sich meiner Kenntnis; eher könnte es sich umgekehrt so verhalten, dass Calvin, der noch 1537 jede Musik im Gottesdienst abgelehnt hatte, durch den Strassburger Umgang mit dem Psalmengesang von der «Schriftgemässheit» dieses gottesdienstlichen Elements überzeugt wurde.[31] Sicher ist jedenfalls, dass das Insistieren auf der Biblizität bzw. Davidizität der als gottesdienstliche Lieder nachgedichteten Psalm-Texte theologisch dem Programm beider Schweizer Reformatoren entgegenkommt, ja später ein unverwechselbares Element calvinistischer Theologie darstellt.

Nicht nur als Reverenz vor dem Berner «genius loci» sei hier ein kleiner Verweis auf Wolfgang Meuslin eingeschoben – heute in breiteren Kreisen allenfalls noch aufgrund seiner Nachdichtung von Ps 23 bekannt.[32] Meuslin kann jedenfalls insofern als Berner gelten, als er nach reformatorischem Wirken in Strassburg und Augsburg 1549 Professor für Theologie in Bern wurde und dort 1563 verstarb. Der Verweis erlaubt nämlich die für unsere Fragestellung nicht belanglose Anmerkung, dass es im Blick auf die Produktion und Edition von Psalmliedern so etwas wie eine «Achse» Strassburg-Augsburg gegeben haben muss, denn schon 1537 hatte Jakob Dachser in Zusammenarbeit mit Joachim Aberlin und Sigmund Salminger den «Augsburger Psalter» herausgebracht. Ob diese musikalisch-literarische Verbindung, die offenbar trotz des Streits «Confessio Augustana» vs. «Confessio Tetrapolitana» möglich war, unmittelbar etwas mit dem Wirken des nachmaligen Berners Meuslin an beiden Orten zu tun hat, müsste einmal genauer untersucht werden. – Auf der anderen Seite kann man natürlich darüber spekulieren, ob nicht das im Jahr der Publikation des Dachserschen Psalters erfolgte Verbot des Drucks des bereits erwähnten Marotschen Psalters im nahegelegenen Frankreich die Strassburger Edition der David-Psalmen mit veranlasst haben könnte – Bedarf nach Psalmdichtungen für den gottesdienstlichen Gebrauch bestand jedenfalls überall, wo die theologischen Anschauungen Calvins dominierten.

Der Psalter Marots, auf den nun doch noch genauer eingegangen werden muss, ist unlösbar mit dem theologischen Anliegen Calvins verbunden. Das eben erwähnte, im Jahre 1538 erfolgte Druckverbot konnte es demzufolge in keiner Weise verhindern, dass der Psalter Marots weiterwuchs – in der Folge steuerte Theodor Beza, Calvins Nachfolger in Genf, mehrere Nachdichtungen von noch fehlenden Psalmen bei – und als «Hugenottenpsalter» später die ganze reformierte Welt beeinflusste.[33] Schon 1547 erschienen 50 vierstimmige Sätze aus der Feder von Loys Bourgeois (?1510-1561?), in denen Psalmlieder von Marot und Calvin selbst in schlichtem Satz für den Gottesdienst aufbereitet sind – als eigentlicher Autor der Texte wird im Titel der Ausgabe indes explizit David apostrophiert, und zwar als «roy et prophète».[34] Hier die weitere textliche bzw. musikalische Entwicklung des «Hugenottenpsalters» im einzelnen nachzuerzählen, ist nicht der Ort. Erwähnt sei immerhin seine mehrfache musikalische Gestaltung durch Claude Goudimel (1505-1572; 1551-1566), zumal die dritte von ihnen als *der* Goudimel-Psalter speziell in der Schweiz (aber auch andernorts) eine besonders hohe Wertschätzung erfuhr. Goudimel komponierte die Textvorlage von Marot-Beza einmal als motettischen Psalter (womit eine Brücke zu den oben diskutierten Psalmmotetten geschlagen ist), einmal (unvollständig) in einfacheren motettischen Liedsätzen und einmal als akkordisch-syllabischen Satz Note gegen Note, womit er (aus der Sicht des Calvinismus) musikalisch exakt das theologische Ideal erreichte; Assoziationen an weltliche Melodien sind vermieden, es herrscht das Ideal der «casta laetitia»: Die Musik dient nicht der Unterhaltung, sondern allein dem besseren Verständnis des Wortes Gottes, wie es in der Bibel ausformuliert ist. So versteht es sich fast von selbst, dass auch im Falle der Goudimel-Vertonungen in den Druckausgaben neben Marot (und Beza) in der Regel auch David als (ursprünglicher) Autor im Titel erscheint. Aber nicht nur in diesem Detail, auch in anderer Hinsicht ist die Entfernung des Hugenottenpsalters vom biblischen Text geringer als im Falle der Nachdichtungen aus dem Umfeld Luthers.

Dass die theologischen Grenzen zwischen Luthertum und Calvinismus natürlich nicht absolut starr waren, ist bekannt. Analog verhält es sich auf der musikalischen Ebene. Hier sei zunächst auf den Misch-Psalter mit lutherischen und calvinistischen Texten und Weisen aus der Feder Sigmund Hemmels verwiesen, den dieser für den württembergischen Hof 1561-1564 geschrieben hatte, und der 1569 von Lukas Osiander und Balthasar Bidenbach unter dem Titel «Der gantze Psalter Davids» veröffentlicht wurde.[35] Schon früher – zwischen 1536 und 1540 – hatte Burkhard Waldis den ganzen Psalter in 155 Liedern «mit ieder Psalmen besondern Melodien» nachgedichtet und komponiert, welch letztere dann von Johannes Heugel zwischen 1555 und 1570 vier- und fünfstimmig gesetzt wurden;[36] bei ihm fehlt freilich im Titel der Verweis auf David. Weitaus mehr Wirksamkeit als den beiden erstgenannten Sammlungen war der Übersetzung des Marot-Bezaschen Psalters durch den Lutheraner Ambrosius Lobwasser beschieden, die dieser Herzog Albrecht von Preussen widmete (1565). Verbreitung fand «der» Lobwasser – in Verbindung mit den Sätzen Goudimels – freilich weniger im lutherischen Bereich, sondern v.a. in reformierten Gemeinden,[37] denn er wurde von eingefleischten Lutheranern bald als «Kryptocalvinismus» diffamiert. Konkret hatte die rasche Verbreitung «des» Lobwassers zur Folge, dass der Leipziger Theologieprofessor Cornelius Becker zur Feder griff und seinerseits eine lutherisch-korrekte Liedfassung des Psalters in Angriff nahm, die in der Musikgeschichte des 17. Jahrhunderts eine gewichtige Rolle spielen sollte, nahm sich doch (neben dem Thomaskantor Seth Calvisius und dem kaum bekannten Magdeburger Kantor Heinrich Grimm) kein Geringerer als Heinrich Schütz (1585-1672) dieses – literarisch gesehen – wenig bedeutenden Opus an, das 1602 in Leipzig im Druck erschien. Für unseren Zusammenhang ist es natürlich wichtig, dass hier – ob dahinter ein wachsendes historisches Bewusstseins steht oder ob sich darin die calvinistische Tradition gegen den Willen des Autors unbewusst durchgesetzt hat, sei dahingestellt – im Titel explizit David erscheint: «Der Psalter Davids Gesangweis / Auff die in Lutherischen Kirchen gewöhnlichen Melodeyen zugerichtet / Durch Cornelium Beckern».[38] Es ist freilich ein gut lutherischer David.

Damit ist eine Brücke zu den Komponisten deutscher Psalmmotetten aus dem 17. Jahrhundert geschlagen, deren Werke einer breiteren Öffentlichkeit geläufiger sein dürften als die bisher diskutierten Werke. Neben Schütz wären angesichts der Fülle ihrer Psalmkompositionen hier im Prinzip v.a. auch Michael Praetorius (1571-1621)[39], Johann Hermann Schein (1586-1630) oder Samuel Scheidt (1587-1654) zu behandeln, doch fehlt dafür der Raum. Auf den ersten Blick möchte man nun erwarten, dass Schütz, der auf zwei ausgedehnten Italienreisen wesentliche musikalische Anregungen von Giovanni Gabrieli und v.a. von Claudio Monteverdi bekam, auch sonst den Geist der italienischen Renaissance bzw. des Frühbarock in sich aufgenommen hätte – auch wenn man um seine gut lutherische Grundausrichtung weiss, die insbesondere im Spätwerk zum Tragen kommt. Naturgemäss wird man Spuren der Italienaufenthalte weniger in seiner Komposition des Becker-Psalters (1628) suchen als in der als «Psalmen Davids» ausgewiesenen Komposition von 1619.[40] Der Befund ist allerdings auch dort wenig eindeutig. Zwar hebt Schütz selbst in der Vorrede zu den «Psalmen Davids» hervor, er sei der erste in Deutschland, der den «rezitierenden Stil» der Italiener aufnehme, und dazu gehören natürlich die rhetorischen Figuren zum Ausdruck von Affekten, die Monteverdi unter dem Stichwort «seconda practica» in der Kompositionslehre verankert hat und die andernorts unter dem Stichwort «poesia per musica» behandelt werden.[41] Überdies handelt es sich der Form nach bei den «Psalmen Davids», die nahezu ausschliesslich Elemente der beiden letztgenannten «Stile» enthalten, um «concerti per choros» im Stile Gabrielis, die mit dramatischem Sologesang durchsetzt sind, was Anlass zu der Vermutung gibt, Schütz komponiere die Psalmen vor dem Hintergrund der David-Erzählungen.[42] Auch wenn das bekannte, hochemotionale «Fili mi Absalom» der Symphoniae sacrae I (SWV 269) erst 10 Jahre nach den «Psalmen Davids» erschienen ist – dass in Schützens musikalische Gestaltung der «Psalmen Davids» Elemente eingegangen sein dürften, die auf einer Lektüre der David-Erzählungen der Samuelbücher basieren, kann wohl vorausgesetzt werden, sonst hätte er schwerlich all die in Italien erlernten musikalischen Mittel bei der Komposition seiner «Psalmen Davids» angewandt; möglicherweise hat ja Schütz sogar Josquins einschlägige Kompositionen gekannt. Mit dem Stichwort «seine» Psalmen Davids ist nun aber zugleich die Brücke zu der oben angedeuteten Einschränkung geschlagen: Trotz des Titels ist im textlichen Bereich keinerlei konkretes Interesse an der historischen David-Gestalt wahrzunehmen – ganz im Gegenteil: Es ist die «Ikone» David, die hier im Blick ist. Unbeschadet seiner Lernbereitschaft in musicis konnte oder wollte Schütz in theologicis offenbar seine lutherische Position nicht zur Disposition stellen; das ergibt sich aus einer genaueren Durchsicht des Textbuchs: Die Hälfte aller Nummern wird mit einem «gloria patri» abgeschlossen, der liturgischen Formel, die sicherstellen soll, dass das vorher Gesungene keinesfalls anders als christlich verstanden wird. Überdies liegen sechs von den insgesamt 26 Stücken der Sammlung keine (ganzen) Psalmen zugrunde. Die Nr. 18 und Nr. 26 (Concert) sowie Nr. 21 (Moteto) sind vielmehr Vertonungen von einzelnen Psalmversen,[43] während der Nr. 20 (Canzon) ein Psalmlied zugrundeliegt[44] und die Nr. 19 (Moteto) und Nr. 25 (Concert) gar überhaupt nichts mit dem Psalter bzw. mit der biblischen Davidsgestalt zu tun haben, sondern auf Versen aus Prophetenbüchern basieren (Jer 31,20 bzw. Jes 49,14-16a). Dass dieser Befund schwerlich anders als durch einen Verweis auf die erst um die Zeitenwende entstandene Tradition erklärt werden kann, die in David einen Propheten sieht, liegt auf der Hand – mit dem alttestamentlichen David hat er jedenfalls nichts zu tun.

Ein Beitrag Schützens zu einem singulär anmutenden Gemeinschaftswerk sei noch erwähnt, lassen sich doch daran sowohl einige musiktheoretische als auch -geschichtliche Anmerkungen knüpfen[45]. Es handelt sich um 16 Vertonungen des 116. Psalms aus der Feder von 16 Komponisten der Zeit, die von dem sächsischen Amtsschösser Burckhart Grossmann 1616 in Auftrag gegeben und 1623 unter dem Titel «Angst der Höllen und Friede der Seelen» publiziert wurden. Neben den oben genannten gehören zu den Beiträgern noch Christoph Demantius (1567-1643) und Melchior Franck. In Schützens Vertonung werden wiederum alle Register der «seconda practica» gezogen – in diesem Falle sicher nicht dadurch motiviert, dass Szenen aus dem Leben Davids als Hintergrund gedacht werden müssten. Die Bilder bzw. Affekte sind hier in fast zeitlos wirkender Weise eingesetzt – die Hölle wird durch einen Dezimlauf nach unten beschworen, die «Stricke des Todes» durch eine letztlich «unten» landende chromatische Auf- und Abbewegung, die unschwer als Verwicklung gedeutet werden kann u.s.w. Im Prinzip wäre dieses Phänomen nicht weiter erwähnenswert, liegt es doch im Wesen der musikalischen Figurenlehre bzw. Rhetorik, dass die «Figuren» feststehen, die Personen bzw. Sachverhalte, auf die sie angewandt werden, dagegen austauschbar sind. Da aber – wie im Zusammenhang mit Lassos Busspsalmen angedeutet wurde – die Anwendung besonders emotional wirkender Stilmittel in der älteren religiösen Musik nicht selten durch aussertextliche Implikationen bedingt ist, gehe ich davon aus, dass ihre Verwendung in Schützens «Psalmen Davids» vielleicht doch etwas mit dem biblischen Hintergrund der Erzählungen der Samuelbücher zu tun hat. Im Falle seines Beitrags zum Sammelwerk Grossmanns liegen die Dinge in jedem Fall anders.

Bei J.S. Bach, der die rhetorischen Figuren bereits redundant gebraucht, wäre die eben angedeutete Vermutung fehl am Platz. Er bietet indes ohnehin kaum Material für unser Thema, hat er doch – anders als die Komponisten vor ihm – so gut wie keinen Psalm vollständig vertont. Die Motette «Lobet den Herrn alle Heiden» (BWV 230 / Ps 117) steht in jeder Hinsicht singulär im Schaffen Bachs und ist zudem in ihrer Authentizität umstritten. Allenfalls könnte man noch die Motette «Singet dem Herrn» (BWV 225) nennen, doch in ihr sind weder Ps 149 (nur V.1-3) noch Ps 150 (nur V.2 und 6) ganz vertont und überdies nur Teil des Motettentextes. Daneben steht nämlich der Choralvers «Wie sich ein Vat'r erbarmet» (EG 289, Vers 3 in der älteren Fassung) – es handelt sich also um eine Choralmotette in der Tradition Le Maistres. Der David des Alten Testaments hat mit der Sache ohnehin nichts zu tun. Von den Kantaten könnte man hier allenfalls Nr. 131 («Aus der Tiefe rufe ich, Herr, zu dir») nennen, doch auch dort bleibt Ps 130 – einer der Busspsalmen – nicht allein, er wird vielmehr mit zwei Choralstrophen kommentiert und damit in die kirchliche Gegenwart geholt. Es liegt also keine reine Psalmkomposition vor, sondern eine Choralkantate; Historie bzw. David spielen keine Rolle. Pauschal gesagt: Psalmen kommen im Werk Bachs nur in der Weise vor, dass sie in Kantaten als Ausgangspunkt, Kommentar oder Schlusswort eines grösseren Argumentationszusammenhangs erscheinen, hinter dem als Grundmuster unschwer das pietistische Predigtschema der Zeit zu erkennen ist[46]. Eine selbständige Rolle spielen Psalmen nirgends und dementsprechend gering ist das Interesse an der Gestalt Davids. «Davids Sohn», der Messias Christus, steht im Vordergrund; zum David des Alten Testaments äussert sich Bach an keiner Stelle. Ja, kommt man von Schütz und seinen Zeitgenossen her, ist man fast versucht, Bach nicht nur ein Desinteresse an David zu unterstellen, man möchte fast von einem «Psalmenschweigen» des J.S. Bach sprechen.

Mit dieser Feststellung ist ein gewisser Abschluss erreicht – die Grundmuster musikalisch-theologischer Auseinandersetzung mit dem Psalter bzw. mit den Davids-Psalmen sind samt und sonders angesprochen. So kann ich mich darauf beschränken, aus der nachbarocken Musikgeschichte nur noch in irgendeiner Weise herausragende Beispiele bzw. Komponistengestalten herauszugreifen. Dass im Falle Mozarts beide Aspekte eine Rolle spielen, wird nur den überraschen, der in Mozart nur den Opernkomponisten bzw. den Meister der Sinfonie und der sonstigen Instrumentalmusik zu sehen gelernt hat. Als Angestellter des Fürstbischofs von Salzburg war Mozart indes schon früh dazu gezwungen, sich mit Fragen der Kirchenmusik auseinanderzusetzen, und die damit verbundenen Fragestellungen haben ihn bis an sein Lebensende bewegt – das unvollendete Requiem bildet nicht zufällig den Schlusspunkt seines ganzen Schaffens. Auch im Falle Mozarts kann ich nun aber natürlich nur Andeutungen bzw. Thesen zu unserer Problemstellung bieten: Mozart steht aus meiner Sicht unentschlossen zwischen den Fronten liturgischer Psalmenrezeption und einer eigenständigen Wahrnehmung der David-Gestalt. Erstere hat er in den zwei Vespern KV 321 und 339, in denen die

Pss 110-113 und 117 in christianisierter Form, d.h. unter Einfügung des «Gloria patri» vertont sind, sowie in einigen kleineren Werken wie dem «Miserere» KV 85, dem «Dixit Dominus» KV 193 u.a. recht konventionell realisiert, letztere lässt sich der späten Kantate «Davide penitente» KV 469 entnehmen, deren Text übrigens kaum etwas mit den oben diskutierten Busspsalmen zu tun hat, wie man auf den ersten Blick eigentlich vermuten würde. Es handelt sich vielmehr um eine relativ freie Zusammenstellung von Psalmworten durch einen unbekannten Dichter, wie sie in der Aufklärungszeit üblich geworden war.

Die meisten Mozart-Exegeten kümmern sich nicht weiter um das letztgenannte Werk, basiert es doch musikalisch weitestgehend auf dem Material der ersten beiden Sätze der unvollendet gebliebenen Messe in c KV 427, weshalb man von einem Verlegenheitswerk spricht, das Mozart 1785 auf den Markt warf, weil er unbedingt in die Wiener Tonkünstler-Societät aufgenommen werden wollte, der er zur Unterstützung dieses Antrags «una nuova Cantata» zugesagt hatte. Lediglich im Schlusschor, in dem die Solostimmen nunmehr eine Kadenz singen dürfen, hat er in das Material der Messe eingegriffen; zudem hat er in Form der Nummern 6 und 8 zwei neukomponierte Arien eingefügt. Drei Aspekte sind es, die mich dennoch zu der These verleiten, hier habe sich ein Komponist, der reichlich Erfahrung mit der Komposition von Psalmen zu liturgischen Zwecken hatte, einmal ernsthaft mit unserer Themenstellung auseinandergesetzt: Da ist zunächst einmal der Bezug auf David, der unübersehbar im Titel aufscheint, da ist die Qualifikation des Werks als ein «für Wien ganz neuer Psalm», die sich in Mozarts eigenhändigem «Werkeverzeichnüss» findet, und da ist die Musik, die – unbeschadet ihrer sekundären Verwendung – ein schlüssiges Bild des büssenden David zeichnet, wobei man wohl eher an den David von 2Sam 24 bzw. wohl schon von 2Sam 15,30ff zu denken hat als an den von 2Sam 12. Die theologische Aussage Mozarts hängt m.E. aufs engste mit dem Parodieverfahren zusammen: Mag David auch ein grosser König gewesen sein – coram deo steht er nicht anders da als ein gewöhnlicher Mensch: Er spricht daher mit den gleichen musikalischen Ausdrucksmitteln, die in der Messe dem Ruf «Herr, erbarme dich» zugeordnet sind, Gott an. Auch dort, wo das «Gloria» verwendet ist, geht es nicht um Verherrlichung Davids, sondern die Verherrlichung dessen, der allein zu helfen im Stande ist – eine deutliche Kritik an den Möchtegern-Davids der Zeit Mozarts. Auch bei den weiteren Stücken passen Messtext und neuer Text überraschend gut zusammen, und damit auch die musikalische Gestaltung: Was Mozart hier komponiert hat, ist zwar kein David-Psalm im biblischen Sinne, aber doch ein Psalm, in dem das Verhältnis Davids zu Gott in einer Weise beschrieben ist, die auf dem Bild aufbaut, das die uralte Thronfolgeerzählung entworfen hat.

Im Gefolge der Aufklärung und der damit aufkommenden historisch-kritischen Forschung an der Bibel lassen sich dann kaum noch Psalm-Kompositionen finden, in denen David als Autor der Psalmen explizit hervorgehoben wird: Die kirchliche Tradition – die katholische wie die lutherische – hat im Blick auf den liturgischen Gebrauch der Psalmen in der Bibelkritik überraschenderweise einen (unfreiwilligen) Verbündeten gefunden und sich so gegenüber dem biblischen Wortlaut durchgesetzt. Man komponiert «Psalmen» – sei es für den liturgischen Gebrauch der Konfession des jeweiligen Komponisten, sei es weitgehend losgelöst von irgendeinem liturgischen Bezug. Als Beispiel für letzteres erwähnt seien hier nur die Symphonie Nr. 2 in B, op. 52 («Lobgesang») von Felix Mendelssohn-Bartholdy (1809-1847), die Psalmensymphonie Igor Strawinskys (1882-1971) 1930, «composée à la gloire de Dieu» und «dédiée au Boston Symphony Orchestra à l'occasion du cinquantenaire de son existence», und – wiederum mit Blick auf den Berner genius loci – die Psalmen-Kantate von Willy Burkhard (1900-1955) für Solo-Sopran, gemischten Chor, Orgel und kleines Orchester, op. 90. Unbeschadet der unterschiedlichen Titel- und Textwahl handelt es sich in allen drei Fällen um Kombinationen aus verschiedenen Psalm(wort-)en, im Falle von Mendelssohn und Burkhard verbunden mit Texten anderer Herkunft. So bietet das von Burkhard für die Feier der 600-jährigen Zugehörigkeit des Kantons Bern zur Confoederatio Helvetica (1952) komponierte Werk die Vertonung einer Kombination von Worten aus Ps 24 und 98 mit der Nachdichtung des letzteren durch Matthias Jorissen; es repräsentiert somit – in weiterem Sinne! – eine Wiederaufnahme der von Le Maistre initiierten Gattung der Choralmotette. Strawinsky dagegen hat seiner Komposition nur Psalmworte aus den Pss 39; 40 sowie den ganzen Ps 150 zugrundegelegt. Wäre nicht die Orchesterbegleitung – auffälligerweise fehlen in der Besetzung die hohen Streicher, stattdessen schreibt Strawinsky Klavier vor! –, könnte man das dreisätzige Werk als eine Abfolge von zwei Spruchmotetten und einer Psalmmotette verstehen; mit einer Symphonie im klassischen Sinn hat es jedenfalls nichts gemein (auch wenn der Dirigent Koussevitzky, der Strawinsky den Kompositionsauftrag gegeben hatte, ein symphonisches Werk bestellt hatte). Analoges gilt für Mendelssohns Symphonie «Lobgesang», die unbeschadet ihrer komplexen Textgestalt letztlich als Choralkantate verstanden werden kann. In ihr sind freilich nicht nur Psalmworte bzw. -paraphrasen und zwei Strophen aus dem Choral «Nun danket alle Gott» (EG 321) verarbeitet, es finden sich auch – ähnlich wie in Schütz' «Psalmen Davids» – Anspielungen auf und Zitate aus andere(n) biblische(n) Bücher(n); so kann man Passagen aus dem Jesajabuch und aus Briefen des Paulus wiedererkennen. Der biblische David spielt in all diesen Psalm-Rezeptionen keine Rolle mehr, ja es ist nicht einmal mehr die «Ikone» David im Hintergrund zu erkennen.

Mit Mendelssohn ist nun aber zugleich der Komponist genannt, der im 19. Jahrhundert so etwas wie eine Wiedergewinnung der Psalmmotette für den Gebrauch in der Liturgie angeregt hat, jedenfalls im lutherisch geprägten Bereich in Deutschland. Ja, nahezu alle Formen des Umgangs mit Psalmen, die seit der Reformation aufgekommen waren, finden sich bei ihm – und die einschlägigen Werke sind dezidiert für gottesdienstlichen Gebrauch bestimmt. So hat Mendelssohn Psalmen nicht nur für Chor a capella komponiert, es finden sich auch Psalmkompositionen für Soli, Chor und Orchester bzw. Orgel, daneben Spruchmotetten auf der Basis von Versen aus Psalmen und Motetten, die auf Psalmliedern basieren, so in op. 23 eine Vertonung des Lutherlieds «Aus tiefer Not» (Ps 130). «Ach Gott vom Himmel sieh darein» (Ps 12 in der Umdichtung Luthers) hat er gar als grosse Kantate gestaltet. David spielt in keiner dieser Vertonungen eine Rolle – die Psalmen sind für Mendelssohn wieder das, was sie ursprünglich einmal waren: Gebete frommer Menschen aus der Antike, deren Bedeutung darin liegt, dass sie in der Bibel überliefert sind und dass sie allgemein-menschliche Probleme ansprechen. An diese Tradition anknüpfend haben dann auch im 20. Jahrhundert protestantische Kirchenmusiker ihre Psalmmotetten geschrieben, so Hugo Distler (1908-1942) oder Ernst Pepping (1901-1981).

Nichts anderes ergibt ein Blick auf weitere bekannte Komponisten des 19. und 20. Jahrhunderts, in deren Werk Psalmen eine Rolle spielen: Weder Anton Bruckner (1824-1896) noch Franz Liszt (1811-1886) – um wenigstens zwei Komponisten aus dem katholischen Bereich anzusprechen – haben in ihren Psalmkompositionen irgendwelche musikalischen oder verbalen Anspielungen auf die Gestalt des David untergebracht. Und wenn der Protestant Johannes Brahms (1833-1897) in seinem «Deutschen Requiem» Verse aus den Pss 39; 84 und 126 zitiert, denkt er natürlich ebenso wenig an David wie der russisch-orthodoxe Christ Sergej Rachmaninow (1873-1943), der in der liturgischen Komposition des grossen Abend- und Morgenlobs für Chor a capella (1915) in analoger Weise Psalmworte mitvertont hat – der Beter ist schlicht der Mensch coram deo. Ob exakt das Gleiche für den jüdischen Komponisten Arnold Schönberg (1874-1951) gilt, der kurz vor seinem Tod 1950 den 130. Psalm für Chor a capella komponiert hat (op. 50b), kann man als Christ allenfalls auf spekulativem Wege erschliessen; nachdem sein letztes (unvollendetes) Werk den Titel «Der moderne Psalm» trägt (op. 50c), also ersichtlich gegenwartsbezogen ist und mit den Worten endet: «Und noch immer bete ich», spricht einiges dafür, dass auch hier der Psalmdichter David keine Rolle mehr spielt.

Wo im musikalischen Bereich hat dann die Davidsgestalt einen Ort behalten? Im 20. Jahrhundert – das zeigt der Beitrag von Ernst Lichtenhahn in diesem Band – ist er Gegenstand von einigen musikdramatischen Kompositionen geworden. Sie haben indes nur wenige Vorläufer. Nimmt man die häufige Nennung Davids in der Bibel als Massstab, erscheint er in der Barockzeit – der Hochzeit (musik-)dramatischer Darstellung biblischer Gestalten – auffällig selten in Kantaten, Oratorien und Instrumentalstücken. So hat – um das Problem an einem Beispiel zu exemplifizieren – Georg Friedrich Händel (1685-1759) wohl ein Oratorium «Saul» und ein Oratorium «Solomon» geschrieben. Ein «David» fehlt in dieser Reihe (auch wenn David natürlich im «Saul» – dort als Gegenspieler – vorkommt). Für eine positive dramatische Gesamtdarstellung eignete sich die Davidsgestalt offenbar wenig, sonst hätte der Dramatiker Händel sich das Sujet schwerlich entgehen lassen. Drei Gründe vor allem scheinen mir hier eine grössere Rolle gespielt zu haben: Zum einen war David immer noch so sehr «Ikone», dass Händel allenfalls so wie Giovanni Francesco Anerio (?1567-1630), Francesco Foggia (1604-1688), Giovanni Paolo Colonna (1637-1695), Giovanni Maria Bononcini (1642-1678), Antonio Caldara (1670-1736), Johannes Mattheson (1681-1764) oder Francesco Bartolomeo Conti (1682-1732) auf Einzelszenen aus Davids Leben wie die Auseinandersetzungen mit Saul, den Sieg über Goliat oder die Absalom-Episode zurückgreifen hätte können. Dass er es sich versagte, ein Sujet wie die Goliat-Geschichte als Oratorium zu komponieren, spricht für ein solides theologisches Urteilsvermögen seitens Händels: Bei genauerem Hinsehen wirkt die Szene für sich genommen doch reichlich primitiv – vor allem wenn man sich vor Augen hält, dass der hier agierende David im AT als «Messias» bezeichnet wird, und wie sich der Messias des NT (dem Händel ein Oratorium gewidmet hat) in vergleichbaren Situationen verhält. Damit ist ein weiterer Aspekt – der wohl gewichtigste – angesprochen. Die David-Erzählungen – angesichts ihrer Entstehung aus pro- und antidavidischen Überlieferungen kein Wunder – weisen so widersprüchliche Züge auf, dass man aus ihnen kein in sich plausibles Drama herauslösen kann, ohne wichtige Aussagen zu vernachlässigen. Vereinfacht gesagt: Für einen positiven Helden weist die Davidsgestalt zu viele negative Züge auf, einer (realistisch-) negativen Darstellung à la Stefan Heym stand zu Zeiten Händels noch die unhinterfragte «Ikone» David im Wege. Und die David-Story so widersprüchlich darzustellen, wie sie in den Samuelbüchern erscheint, hätte jede dramatische Spannung zunichte gemacht.

3. Nachbemerkung

Der Autor dieses Beitrags – der Profession nach Alttestamentler und Sprachwissenschaftler – hatte die Einladung zu einer Beschäftigung mit dem Thema «Die David-Psalmen in der Musikgeschichte» zunächst nur unter grossen Bedenken angenommen, forderte doch die Themen-Vorgabe, in der von den David-Psalmen ohne Apostrophierung die Rede war, vom Historiker eine gewisse Selbstverleugnung. Die entsprechenden Einreden haben ihren Niederschlag im ersten Teil dieses Beitrags gefunden, andere Bedenken mussten unerwähnt bleiben. Der grösste Teil der Vorbehalte gegen die Themenstellung verflüchtigte sich freilich während des Symposiums, für das die meisten Beiträge in dem vorliegenden Band konzipiert wurden. Insbesondere das Gespräch, das die Herren Seybold und Rusterholz im Anschluss an das in diesem Band mit abgedrucktem Referat des Erstgenannten führten, bewirkte beim Autor einen Perspektivenwechsel. Mittlerweile kann er sich weitgehend mit der Themenstellung identifizieren. Zwar stimmt er als historisch-kritisch orientierter Exeget natürlich nach wie vor der in diesem Band von Klaus Seybold vertretenen Sicht zu, dass das im Zuge der Davidisierung des Psalters – z.T. auch schon vor bzw. parallel zu ihr – entstandene plakativ-synthetische Bildsymbol der ins Übermenschliche gewachsenen prophetisch-messianischen Gestalt des Sängers David einen Verlust an historischer Realität bewirkt hat, ja dass es tatsächlich zu erheblichen Sinnverlusten (im Blick auf das Verständnis der Einzeltexte) beiträgt. Dennoch vermag der Autor auch die in der Symposiums-Diskussion vertretene Gegenposition nachzuvollziehen, dass durch die Davidisierung des Psalters – d.h. durch die Auctorialisierung ursprünglich anonym produzierter und tradierter Einzeltexte – eine neue Sinn-Konstitution erfolgt ist, so dass man besser nicht von «Sinnverlust» sprechen sollte. In diesem Prozess begegnet nämlich nur einmal mehr das sattsam bekannte Phänomen, das bei jeder Rezeption von Texten in Rechnung zu stellen ist: Der Leser selbst wird Bestandteil des Textverständnisses.[47] Hier erscheint es freilich in einer sehr speziellen, nämlich in einer entpersonalisierten und zugleich Objektivitätsanspruch heischenden Form: Die antiken Rezipienten haben den (erfolgreichen) Versuch unternommen, ihre Lesart der Texte den späteren Lesern gewissermassen als verbindliche Vorgabe aufzuzwingen; bzw. – mit einem Bild gesprochen – sie haben eine überdimensionierte Brille mit integrierten Scheuklappen vor den Text gesetzt, die dazu dient, den Leser unbewusst in eine bestimmte Richtung des Textverständnisses zu steuern. Welcher Gruppe von antiken Lesern in diesem Prozess die gewichtigere Rolle zukommt – den Redaktoren des Psalters oder erst den (früh-) christlichen Lesern – sei dahingestellt.[48] Dass die Lesart der ersteren noch Eingang in den «Kanon» gefunden hat und somit in den Zuständigkeitsbereich der Exegeten fällt, während die der letzteren ein Thema der Kirchengeschichte ist, ist historischer Zufall und sollte nicht im Zuge der derzeit grassierenden theologischen Überschätzung des Phänomens der Kanonbildung unterschiedlich gewichtet werden. Beide haben jedenfalls massgeblich an der Entstehung der «Ikone» David mitgewirkt und die Rezeption des Psalters in der Folgezeit beeinflusst. Fakt ist seither, dass jeder Leser/Beter, der diesen frühen Lesern folgt und einen Psalm als David-Psalm liest, durch deren Brille heilsgeschichtlich relevante bzw. verwertbare Aspekte in stark vergrösserter Form sieht. Säkular-alltägliche bzw. auf die Situation des ursprünglichen Schreibers/Beters bezogene historische Aspekte werden dagegen ausgeblendet. Insofern ist es nicht zu leugnen, dass durch die Davidisierung Verzerrungen in der Textwahrnehmung entstanden sind. Unbeschadet dessen wird kaum jemand auf die Idee kommen, z.B. im Blick auf die markinische Passionsgeschichte, die u.a. auf einer entsprechenden Lesung von Ps 22 basiert, von einem «Sinnverlust» zu sprechen. Die Neukonstitution von Sinn, die Markus aufnahm oder selbst herstellte,[49] erwies sich vielmehr als ausgesprochen wirkmächtig und damit zugleich als sinn-voll. Dass die Davidisierung – vor allem in ihrer Frühphase, d.h. im Rahmen der Endredaktion des Psalters – daneben auch noch einen gewissen (pseudo-) «historisierenden» Effekt hatte – man denke nur an einleitende Bemerkungen wie: «... als ihn der Herr errettet hatte von der Hand aller seiner Feinde und von der Hand Sauls» (Ps 18,1b) – steht auf einem anderen Blatt. In jedem Fall ist auch hier eine Neukonstitution von Sinn gegenüber dem älteren Sinn gegeben, die Sinn macht.

Der damit angesprochene Prozess der Sinn-Konstitution verlief indes nicht im Sinne einer Einbahnstrasse bzw. endete nicht in der Sackgasse der Davidisierung des Psalters. Im Rahmen der liturgischen Verwendung geriet die Davidsgestalt mehr und mehr aus dem Horizont derer, die die Psalmen im Gottesdienst sangen oder beteten – auch wenn die «Ikone» David noch in entsprechenden Handschriften als Initiale oder als Titelbild erscheint. Dieser Prozess der «Entdavidisierung» erfolgte allerdings (noch) nicht im Sinne einer Rückkehr zum «ursprünglichen» Textsinn – er ermöglichte vielmehr so etwas wie eine «Freisetzung» von Sinn. Natürlich könnte man auch hier von einer erneuten Neukonstitution von Sinn sprechen, aber im Blick darauf, dass die Texte durch die theologisch motivierte Davidisierung in der Weite ihrer Sinn-Möglichkeiten doch erheblich eingeschränkt worden waren, scheint mir der Begriff der «Freisetzung» von Sinn das Phänomen zutreffender zu beschreiben – wurde doch damit der Psalter zum Gebetbuch aller Christen bzw. Juden. Die Re-Davidisierung ab der Renaissance-Zeit änderte an dieser Ausweitung von Sinn kaum etwas. Sie ermöglichte allerdings eine anthropologisch vertiefte und zugleich eine von dogmatischen Vorgaben befreite Sicht der Davidgestalt. Dass sich die entsprechenden Prozesse bis in die Gegenwart hinein fortgesetzt, gegenseitig beeinflusst oder aber auch schlicht wiederholt haben, meine ich zumindest andeutungsweise gezeigt zu haben. In der Rezeptionsgeschichte der Psalmen, die natürlich in allen eben angesprochenen wesentlichen Punkten auch und gerade im unterschiedlichen musikalisch-kompositorischen Umgang mit den Psalmen entsprechende Spuren hinterlassen hat,[50] haben wir es somit mit einem äusserst komplexen System von Sinn-Konstitution bzw. -Wahrnehmung zu tun: Der für Menschen am Beginn des 3. Jahrtausends allenfalls noch in groben Umrissen zu rekonstruierende ursprüngliche Sinn der einzelnen Psalmen – um den sich zu mühen dennoch die Aufgabe der Exegeten bleibt – erfuhr durch die Davidisierung, durch die Ent- bzw. Re-Davidisierung immer neue Sinn-Konstitutionen, und die zahllosen Psalmvertonungen im Verlauf der Musikgeschichte – mögen sie nun von anonymen oder von bekannten Komponisten stammen – spiegeln bzw. vertiefen die jeweils aktuelle bzw. vom Komponisten favorisierte Lesart der Psalmen.

Anmerkungen

[1] Dem Umstand, dass auch in keinem der dann noch folgenden Psalmen, in denen David im Incipit erscheint, ein «Halleluja» vorkommt, scheinen die Rabbinen offenbar keine Bedeutung zugemessen zu haben – anders die LXX, die Ps 104 auf David zurückführt, dafür aber kein «Halleluja» am Ende des Psalms kennt, was schwerlich ein Zufall ist.

[2] Vgl. u.a. 1Chr 16,41; 2Chr 5,12.

[3] Zitat nach Raeder 1997, 625. Auch die Judenheit deutete David als Propheten; vgl. den Traktat Sota des Babylonischen Talmuds (48b). – Der Beitrag von C. Thoma in diesem Band weist übrigens auch auf jüdische Analogien dieses Verständnisses hin.

[4] Stricker 1948, 29.

[5] Der Sache nach wird damit der Entstehungsprozess der Überschriften gewissermassen rückwärts buchstabiert, denn die Verweise auf Situationen im Leben Davids sind – vermutlich erst im Rahmen der «Davidisierung» des Psalters – sekundär entsprechend inhaltlichen Momenten der entsprechenden Psalmen «erfunden» worden.

[6] Auch im Judentum spielte dieser Aspekt eine gewichtige Rolle, vgl. etwa die einschlägigen Ausführungen im Traktat Berachot des Babylonischen Talmuds (62b).

[7] Es wurde 1971 von A. Renoux veröffentlicht; eine jüngere Variante dazu hatte F.C. Conybeare bereits 1905 publiziert. Ich beziehe mich auf die leichter zugängliche Untersuchung von Balthasar Fischer 1983, 303-313. – Bezeichnenderweise spielen auch im Ritus des jüdischen Pesach-Festes Psalmen eine wichtige Rolle; dort sind es vor allem Hallel-Psalmen. – Dass jüdischer und christlicher Umgang mit den Psalmen strukturelle Parallelen aufweist, lässt sich an einem einfachen Beispiel zeigen: Ps 30 wird im Midrasch Tehillim allegorisch auf die Exilsbefreiung bezogen, den Christen dient er seit alters als Osternachtspsalm – es geht um Befreiung aus einer aussichtslos scheinenden Lage.

[8] Dass ab dem 9. Jahrhundert auch die Orgel einen Platz im Gottesdienst bekommen hat, bildet keinen Gegensatz zu dem eben Gesagten, denn die Orgel wurde damals nicht zur Begleitung des Psalmengesangs, sondern alternierend zum monodischen Gesang des liturgischen Chors eingesetzt; überdies ist sie auch kein Saiteninstrument wie die Leier Davids.

[9] So Finscher 1962, 1697.

[10] Verifizieren konnte ich Vertonungen von Ps 6; 38; 51; 102; 130; 143. Das «De profundis» (Ps 130) hat Josquin übrigens wenigstens dreimal vertont!

[11] Erst viel später wird auch der «David triumphans» von 1Sam 17 etc. musikalisch wahrgenommen.

12 Da Josquin von explizit kritischem Umgang mit der Bibel zweifellos noch nichts wusste, spielte es für ihn auch keine Rolle, dass weder das «De profundis» noch Ps 102 im Incipit David erwähnen – die Davidizität aller Psalmen stand für ihn wie für die meisten Komponisten der Zeit fest.

13 Neben den genannten bekannten Gestalten der Musikgeschichte könnte man natürlich noch eine Fülle weniger bekannter Komponisten nennen, die die Busspsalmen als Einheit komponiert haben. So hat in Frankreich etwa Loyset Piéton (?1500/10-1560/70?) 1535 «Davidici poenitentialis psalmi septem» komponiert, die allerdings leider verloren sind.

14 Rossi spielte bei der Formulierung des Titels zweifellos in ähnlicher Weise wie Köler mit seinem Namen – die Historie ist für ihn belanglos.

15 Ps 12: «Hilf, Herr, die Heiligen haben abgenommen»; Ps 13: «Herr, wie lang»; Ps 37: «Erzürne dich nicht»; Ps 86: «Herr, neige deine Ohren».

16 Wie wichtig für Luther die Dichtung von Psalmliedern war (und wie wenig sich seine Einstellung zu den Psalmen übrigens von der mittelalterlichen unterschied), ergibt sich aus der Tatsache, dass er nicht nur selbst zur Feder griff, um Psalmen für den gottesdienstlichen Gebrauch als «de tempore»-Stücke umzudichten, sondern – offenbar aus Zeitmangel – auch andere um Umdichtungen bat. So existiert ein Brief vom 21. Dezember 1527 an Spalatin und den kursächsischen Rat von Dolzigk, in dem Luther um Umdichtungen von Ps 6; 143 und 119 bzw. von Ps 33; 34 und 103 bittet; vgl. dazu Blume / Fincscher 1965, 35.

17 «Ach Gott vom Himmel sieh darein» (Ps 12) und «Wär Gott nicht mit uns diese Zeit» (Ps 124).

18 Im Falle von Ps 124 fehlt der David-Bezug übrigens in LXX und Vulgata! Die Titel der übrigen – heute z.T. aus den Gesangbüchern verschwundenen (und im folgenden mit * versehenen) – Psalmlieder Luthers lauten: «Es spricht der Unweisen Mund wohl* ...» (Ps 10); «Ein feste Burg ist unser Gott ...» (Ps 46); «Es wolle Gott uns gnädig sein ...» (Ps 67); «Wohl dem, der in Gottes Furcht steht* ...» (Ps 128); «Aus tiefer Not schrei ich zu dir ...» (Ps 130).

19 So Blume / Fincscher 1965, 27. In der Folge wird die These noch einmal zugespitzt: «Das eben ist der entscheidende Grundgedanke des evangelischen Liedes, dass es selbst Schriftwort, nicht dessen Ersatz» ist; Sperrung R.B.

20 Zu Luthers Schriftverständnis vgl. Bartelmus 1983, 70-90.

21 Die reformierte Tradition führte damit freilich nur einen Trend fort, der auch schon vorher in Frankreich zu beobachten war. Wie wenig kontroverstheologisch motiviert Marot zunächst war, lässt sich daran zeigen, dass er auf Veranlassung von König Franz I. seine Psalmlieder zunächst auch Kaiser Karl V. vorlegte. Dass der Druck der Marotschen Psalmlieder dann 1538 gewaltsam verhindert wurde, hat weniger mit deren Inhalt als mit den aufkommenden machtpolitischen Auseinandersetzungen um religiöse Fragen zu tun; vgl. dazu Blankenburg 1965, 349. Es ist jedenfalls ein Faktum, dass der Marotsche Psalter ab der Mitte des 16. Jahrhunderts auch im katholischen Bereich (einschliesslich des Königshofs) in Verwendung stand; vgl. dazu Fincscher 1997, 1891.

22 Schon 1602 hatte Franck in Nürnberg eine Sammlung ediert, in deren Titel Psalmen quasi als christliches bzw. deutsches Proprium ohne jeden Bezug auf David erscheinen: «Contrapuncti compositi deutscher Psalmen und anderer geistlicher Kirchengesäng».

23 So Siegele 1962, 429.

24 Es basiert übrigens auf dem aus sachlichen Gründen erst später zu diskutierenden Misch-Psalter mit lutherischen und calvinistischen Texten und Weisen aus der Feder Sigmund Hemmels; näheres dazu s.u. Aus dem geistigen Umfeld Osianders wäre auch noch Nikolaus Selnecker (1528-1592) zu nennen, der 1587 «Christliche Psalmen, Lieder und Kirchengesänge, in welchen die Christliche Lehre zusammengefasst und erkleret wird» herausbrachte und – nicht anders als L. Osiander – an der Abfassung der Konkordienformel beteiligt war.

25 Zitat nach Blume / Fincscher 1965, 30.

26 Das hatte übrigens bis in die jüngste Gegenwart hinein Auswirkungen: Einfachere Christen hatten zuhause keine Vollbibel, sondern nur «das Neue Testament und die Psalmen in der Übersetzung D. Martin Luthers» – ein Verweis auf David fehlt.

27 Das Bibelwort ist nur relevant, sofern «es Christum treibet»; das schliesst eine streng historische Lektüre des Bibeltexts aus: «Sola scriptura» gilt nur unter dem Vorzeichen «solus Christus»; vgl. dazu den o. Anm.20 genannten Aufsatz.

28 Hervorhebung R.B. Der gleiche Komponist hat daneben übrigens noch eine Passion nach Johannes und eine nach Lukas komponiert, verstand sich also durchaus auf wörtliche Lesung des Bibeltextes.

29 Erwähnt seien nur das «Deutsch Kirchenamt» (1525), sowie die «Psalmen, Gebett und Kirchenübung» (1526) bzw. «Psalmen und Geystliche Lieder» (1537 u.ö.); vgl. Blume / Finscher 1965, 29.

30 Vgl. Blankenburg 1965, 346.

31 Vgl. dazu Marti 1995, 333.

32 «Mein Hirt ist Gott, der Herre mein» – das Lied EG 274 («Der Herr ist mein getreuer Hirt»), das früher auf Meuslin zurückgeführt wurde, erscheint nunmehr nur noch unter der Quellenangabe: «Augsburg 1531».

33 Dass er auch im katholischen Frankreich eine Rolle spielte, ist in diesem Zusammenhang ohne grösseren Belang, aber im Blick auf kontroverstheologische Aspekte nicht ohne Interesse (dazu o. Anm.21).

34 Vgl. dafür und zum folgenden Finscher 1997, 1890, dazu Gaillard 1952, 161f. Auch in den Drucken anderer Psalmkompositionen aus seiner Feder wird konsequent David als Autor des Psalters erwähnt. Melodien von Bourgeois haben sich bis in die Neuzeit erhalten, so die zu «Herr Gott, dich loben alle wir» (EKG 115), in EG unterlegt mit dem Text: «Lobt Gott, den Herrn der Herrlichkeit» (EG 300).

35 Das oben (Anm.24) erwähnte Gesangbuch Osianders weicht in der theologischen Tendenz übrigens deutlich vom Werk Hemmels ab. Osiander wollte offenbar ganz bewusst keine weitere Edition des Werks Hemmels vornehmen, sondern einen Gegenentwurf aus lutherischer Sicht vorlegen. Zur Sache vgl. Blume 1965, 85, bzw. den o. Anm. 21 erwähnten Artikel von Finscher 1997, 1892.

36 Vgl. Blume 1965, 85, bzw. Ameln 1968, 146f.

37 Die Druckfassung von 1573 trägt den Titel: «Der Psalter ... Davids, in deutsche Reime verständlich u. deutlich gebracht ... Und hierüber bei jedem Ps. seine zugehörigen vier St.»; vgl. Blankenburg 1960, 1074-1075. EG 294 («Nun saget Dank und lobt den Herrn») basiert auf der Nachdichtung Lobwassers.

38 Näheres dazu bei Lorenzen 1949, 1481-1483. Beckers Textfassung von Ps 119 hat sich bis heute in den Gemeinden lebendig erhalten – wohl dank der Schützschen musikalischen Ausgestaltung (EG 295); Analoges gilt – mit Abstrichen – für «Ich will, solang ich lebe» (EG 276). Noch weniger bekannt ist das sprachlich unbeholfen wirkende «Ich heb mein Augen sehnlich auf» (EG 296).

39 Der Lutheraner Praetorius hat seinem Erstlingswerk bezeichnenderweise den Titel gegeben: «Musarum Sioniarum Motectae et Psalmi» (1607?). Offenbar nahm er lieber heidnische Assoziationen in Kauf als den Juden David im Titel zu nennen – im Gegensatz zum Calvinismus kannte das Luthertum von allem Anfang an eine antijudaistische Strömung!

40 Vgl. zum folgenden die instruktive Kurzdarstellung «Komponierte Abbildungen von Gottes Schöpfung» von W. Steude, die sich im Beiheft zur CD-Einspielung der «Psalmen Davids» mit dem Kammerchor Stuttgart unter der Leitung von F. Bernius findet (Vivarte / Sony S2K 48 042, Booklet 16-19); weiter s.a. Blume 1965, 140.

41 Der Schütz-Schüler Christoph Bernhard hat die unterschiedlichen Kompositionsstile im Werk seines Lehrers mit den Stichworten «stylus gravis» (≈ Palaestrinastil), «stylus luxurians communis» (≈ Monteverdi: prima practica) und «stylus luxurians theatralis» (≈ Monteverdi: seconda practica) umschrieben.

42 Schütz selbst hat – aus welchen Gründen auch immer – die Bezeichnung «Concert» nur in drei Fällen beigefügt. Neben «Psalm» und «Concert» (3mal) erscheinen noch die Bezeichnungen «Moteto» (2mal) und «Canzon» (1mal).

[43] Im Falle von Nr. 18 und 21 stammen die Verse aus je einem Psalm (Ps 103,2-4 bzw. 126,5f), im Falle von Nr. 26 aus drei Psalmen (Ps 98,4-7; 148,4; 117). Der Gattung nach handelt es sich somit um Spruchmotetten!

[44] «Nun lob mein Seel den Herren ...»; EG 289 – Nachdichtung von Ps 103 durch Johann Gramann.

[45] Das Werk repräsentiert – wie Blume 1965, 106, aufzeigt – freilich kein Einzelphänomen; ihm voraus geht ein Sammeldruck von 17 Kompositionen des Psalms «Beati omnes», den Clemens Stephani unter dem Titel «Psalmus CXXVIII Davidis» (!) 1569 veranstaltete.

[46] So dient in Kantate Nr. 43 («Gott fähret auf mit Jauchzen») zum Himmelfahrtstag Ps 47,6f nur als typologischer «Aufhänger» für die Himmelfahrtsgeschichte; in Kantate Nr. 71 («Gott ist mein König») entfernt sich Bach bzw. sein Textdichter noch weiter vom Ausgangstext (Ps 74,12), geht es ihm doch darum, mit Bibeltexten verschiedenster Herkunft die Neuinstallation des Mühlhausener Rats zu kommentieren. Selbst in diesem Zusammenhang kommt ihm die Herrschergestalt David nicht in den Sinn.

[47] Vgl. dazu neuerdings den kurzen Abschnitt «Leserorientierte Ansätze» in dem auch für exegetische Laien gut lesbaren und ansprechend aufgemachten Methodenbuch von Georg Fischer (Fischer 2000, 51f).

[48] Welch enge strukturelle Beziehungen zwischen Redaktionsgeschichte und Rezeptionsgeschichte bestehen, hat der Autor am Beispiel des innerbiblischen Wachstums der Belsazzar-Erzählung von Dan 5 und von Händels Oratorium Belshazzar zu zeigen versucht. Vgl. dazu Bartelmus 1998, 135-199.

[49] Vgl. dazu etwa Schulz 1967, 114ff, bes. 121.137.

[50] Wie nicht anders zu erwarten, verhielt es sich häufig auch umgekehrt: Von Komponisten eingesetzte musikalische Mittel wie die rhetorischen Figuren der Barockzeit veränderten (mehr oder weniger unterschwellig) die Wahrnehmung des jeweils komponierten Psalmtextes.

Bibliographie

Ameln, K., 1968: Art. «Waldis» in *Die Musik in Geschichte und Gegenwart*, XIV, Kassel: Bärenreiter, pp. 146-147.

Bartelmus, R., 1983: «Das Alte Testament – deutsch. Luthers Beitrag zu Theorie und Praxis der Übersetzung religiöser Texte» in *Biblische Notizen*, 22, pp. 70-90.

Bartelmus, R., 1998: «Von der Redaktionsgeschichte zur Rezeptionsgeschichte. Überlegungen zu einem Teilaspekt biblischer Hermeneutik am Beispiel von Dan 5 bzw. Händel-Jennens' Oratorium ‹Belshazzar›. Mit zwei Nachträgen: Zum Problem des Übersetzens von Libretti / Kommentierte englisch-deutsche Synopse des Librettos von Händel-Jennens' Oratorium ‹Belshazzar›» in ders., *Theologische Klangrede. Studien zur musikalischen Gestaltung und Vertiefung theologischer Gedanken durch J.S. Bach, G.F. Händel, F. Mendelssohn, J. Brahms und E. Pepping*, Zürich: Pano, pp. 135-199.

Blankenburg, W., 1960: Art. «Lobwasser» in *Die Musik in Geschichte und Gegenwart*, VIII, Kassel: Bärenreiter, pp. 1074-1075.

Blankenburg, W., 1965: «Die Kirchenmusik in den reformierten Gebieten des europäischen Kontinents» in *Blume u.a.*, pp. 271-400.

Blume, F. u.a. (eds.), 1965: *Geschichte der evangelischen Kirchenmusik*, 2. neubearb. Aufl., Kassel u.a.: Bärenreiter.

Blume, F., 1965: «Das Zeitalter des Konfessialismus» in *Blume u.a.*, pp. 77-213.

Blume, F. / Finscher, L., 1965: «Das Zeitalter der Reformation» in *Blume u.a.*, pp. 1-75.

Finscher, L., 1962: Art. «Psalm. C. Die mehrstimmige Psalmenkomposition» in *Die Musik in Geschichte und Gegenwart*, X, Kassel: Bärenreiter, pp. 1697-1713.
Finscher, L., 1997: Art. «Psalm III. Die mehrstimmige Psalm-Komposition» in *Die Musik in Geschichte und Gegenwart*, VII, 2. Ausgabe, Kassel: Bärenreiter, pp. 1876-1897.
Fischer, B., 1983: «Der liturgische Gebrauch der Psalmen im altchristlichen Gottesdienst, dargestellt am ältesten bezeugten Beispiel: Jerusalem, 5. Jahrhundert» in Becker, H. / Kaczynski, R. (eds.), *Liturgie und Dichtung. Ein Interdisziplinäres Kolloquium I. Historische Präsentation*, St. Ottilien: EOS, pp. 303-313.
Fischer, G., 2000: *Wege in die Bibel. Leitfaden zur Auslegung*, unter Mitarbeit von Boris Repschinski und Andreas Vonach, Stuttgart: Katholisches Bibelwerk.
Gaillard, P.-A., 1952: Art. «Bourgeois» in *Die Musik in Geschichte und Gegenwart*, II, Kassel: Bärenreiter, pp. 161-162.
Lorenzen, K., 1949: Art. «Becker, Cornelius» in *Die Musik in Geschichte und Gegenwart*, I, Kassel, Bärenreiter, pp. 1481-1483.
Marti, A., 1995: Art. «Calvinistische Musik I. Begriff und Ursprünge» in *Die Musik in Geschichte und Gegenwart*, II, Kassel: Bärenreiter, pp. 333-336.
Raeder, S., 1997: Art. «Psalmen/Psalmenbuch II. Auslegungsgeschichtlich» in *Theologische Realenzyklopädie*, 27, pp. 625-634.
Schulz, S., 1967: *Die Stunde der Botschaft. Einführung in die Theologie der vier Evangelisten*, Hamburg: Furche.
Siegele, U., 1962: Art. «Osiander» in *Die Musik in Geschichte und Gegenwart*, X, Kassel: Bärenreiter, pp. 428-429.
Steude, W., o.J.: «Komponierte Abbildungen von Gottes Schöpfung» in *Beiheft zur CD-Einspielung der «Psalmen Davids» mit dem Kammerchor Stuttgart unter der Leitung von F. Bernius* (Vivarte / Sony S2K 48 042, Booklet) pp. 16-19.
Stricker, S., 1948: *Der Vatikanische Psalter ins Deutsche übertragen und neutestamentlich eingeleitet*, Regensburg-Münster: Kerum.

König David als Typus Christi in der «Ordnung Melchisedeks»
Musikologische und theologische Bemerkungen zu Antonio Vivaldis Dixit Dominus (Ps 110 bzw. Ps 109, Vulgata)

JOCHEN ARNOLD

Zusammenfassung:

Antonio Vivaldis *Dixit Dominus* (RV 594) ist eine der bedeutendsten Psalmvertonungen des Barock und gehört zu den sog. Bekennervespern (*Vesperae de Confessore*: Ps 109-112; 116 / Vulg. plus Magnificat).

Indem Vivaldi eine Komposition für Doppelchor und Orchester schreibt, nimmt er die altvenezianische Tradition der *cori spezzati* auf. Er zeigt sich als Meister «atmosphärischer» Tonkunst, wenn er jedem der zehn Sätze seinen eigenen Charakter gibt und wenn er die Schlüsselworte des Psalms (*«sede», «inimicos», «genui te»*) mit spezifischen musikalischen Themen unterlegt. Am Höhepunkt des Werkes, der apokalyptischen Vision des Jüngsten Gerichts (*«Iudicabit in nationibus»*), kombiniert er die Doppelchortechnik mit Elementen der Oper.

Insgesamt begreift Vivaldi das *Dixit* mehr christologisch als historisch. Das zeigt deutlich die musikalische Entsprechung zwischen Satz I (*«Dixit Dominus Domino meo»*) und Satz IX (*«Gloria patri et filio»*). Der Psalm wird von Vivaldi interpretiert als Weissagung der Königsherrschaft Christi, die sich in der Himmelfahrt erfüllt. Der Proklamation des himmlischen Königs Jesus (Apg 2,34-36) entspricht die doxologische Akklamation des «Sohnes» in der kirchlichen Liturgie. Zugleich hat Vivaldi eine eschatologische Botschaft: Christus wird wiederkehren zum Jüngsten Gericht (Satz VII), was an das *Dies Irae* im Requiem gemahnt.

Vivaldis *Dixit* zeichnet David implizit als Typus Christi: Er ist der König, dem ursprünglich die Prophetie von Ps 109 gilt; zugleich ist er (vgl. Apg 2,29-31) einer der alttestamentlichen Propheten und verheisst der Kirche das Kommen des Messias, der «Priester nach der Ordnung Melchisedeks» und ewiger König auf dem Thron Davids ist.

Résumé:

Le *Dixit Dominus* de Vivaldi (RV 594) est l'une des compositions les plus importantes qu'un psaume de David ait inspirées à l'époque baroque. Il fait partie des *Vêpres Solennelles pour un Confesseur* (*Vesperae de Confessore*, Vulgate: Ps 109-112.116 et Magnificat).

En écrivant ce morceau pour double chœur et orchestre, Vivaldi recourt à l'ancienne tradition vénitienne des *cori spezzati*. Il démontre sa maîtrise incomparable de l'invention lyrique en attribuant à chacun des dix mouvements un caractère ou un sentiment précis, mais aussi en commentant les différents mots-clés du psaume («Sede», «inimicos», «genui te», etc.) par ces motifs et des thèmes spécifiques. Lorsque le morceau culmine dans la vision apocalyptique du Jugement Dernier («Judicabit in nationibus»), Vivaldi combine la technique du double chœur issue de la musique religieuse avec des éléments tirés de l'opéra.

Vivaldi voit le *Dixit* dans une perspective plus christologique qu'historique; la relation musicale explicite entre le nº 1 («Dixit Dominus Domino meo») et le nº 9 («Gloria patri et filio») en est la preuve: Vivaldi interprète le psaume 109 (110) comme la promesse de la royauté du Christ, qui se réalisera dans son Ascension. La proclamation du Christ Roi monté aux cieux (cf. Actes 2,34-36) correspond à l'acclamation doxologique du Fils de Dieu dans la liturgie de l'Eglise. Toutefois, le message de Vivaldi est aussi eschatologique: le retour du Christ au Jugement Dernier (nº 7) rappelle le Dies Irae du Requiem.

De manière implicite, le *Dixit* de Vivaldi présente David comme le type du Christ, parce qu'il est le roi à qui la prophétie du psaume 109 s'adressait à l'origine; mais l'œuvre joue aussi avec une autre signification (cf. Actes 2,29-31): David, que le titre du psaume présente comme son auteur, est l'un des prophètes de l'Ancien Testament et annonce à l'Eglise la venue du Messie, prêtre «selon l'ordre de Melchisédech» et roi éternel sur le trône de David.

Abstract:

Vivaldis *Dixit Dominus* (RV 594) is one of the most important compositions of a Psalm of David in the baroque epoque and belongs to the so called Vespers of a Confessor (*Vesperae de Confessore*: Ps 109-112.116 / Vulgata, and Magnificat).

Vivaldi makes use of the old Venetian tradition of *cori spezzati* in writing this piece for double chorus and orchestra. He shows his unique mastery of «atmospherical» invention by *creating a special character or «affect» in each of the ten movements*, but also by *interpreting the different key words of the Psalm* (eg. «*Sede*»; «*inimicos*»; «*genui te*» etc.) with specific motifs and themes. In the climax of the work, the apocalyptic vision of the Last Judgement («*Iudicabit in nationibus*»), Vivaldi combines the double-chorus-technique of the ecclesiastic tradition with elements of the opera.

In general we state, that Vivaldis understanding of the *Dixit* is *more christological than historical*, which becomes evident by the explicit musical relationship of No. I («*Dixit Dominus Domino meo*») and No. IX (*Gloria patri et filio*): Ps 109 (110) is interpreted by Vivaldi as a promise of the Kingdom of Christ, which is fulfilled in his Ascension. The *proclamation* of King Jesus in heaven (cf. Acts 2,34-36) corresponds with the doxological *acclamation* of the Son in the Liturgy of the Church. Nevertheless Vivaldi also preaches an eschatological message: it is the return of Christ to the Last Judgement (No. VII) similar to the Dies Irae in the Requiem.

In Vivaldi's *Dixit* David implicitely is understood as a *typos Christi*, because he is the King the original prophecy of Ps 109 was spoken to, but (cf. Acts 2,29-31) might also be comprehended as one of the Old Testament's prophets announcing the Church the appearance of the Messiah who is Priest «in the order of Melchisedek» and eternal King on the throne of David.

Stichwörter:

Antonio Vivaldi; Dixit Dominus; Venezianische Vesperliturgie; Psalmenvertonung; «Jüngstes Gericht» als musikalischer Topos; Psalm 110 (109 Vulgata); David als Typos Christi; David als König, Priester und Prophet

Antonio Vivaldi (1678-1741): Dixit Dominus (RV 594) in due Cori à 8 con Istromenti

I. Allegro
Dixit Dominus Domino meo:
«Sede a dextris meis.

Der Herr sprach zu meinem Herrn:
«Setze dich zu meiner Rechten,

II. Largo
Donec ponam inimicos tuos
scabellum pedum tuorum.

bis ich hinlege deine Feinde
als Schemel deiner Füsse!

III. Allegro
Virgam virtutis tuae
emittet Dominus ex Sion
dominare in medio inimicorum tuorum.

Das Szepter deiner Macht
wird Gott aus Zion entsenden,
zu herrschen inmitten deiner Feinde.

IV. Andante
Tecum principium in die virtutis tuae
in splendoribus sanctorum.
Ex utero ante luciferum genui te.»

Bei dir ist der Sammelplatz am Tage deiner Macht
im Glanze deiner Heiligen.
Aus meinem Schoss habe ich dich vor dem
Morgensterne gezeugt.»

V. Adagio. Allegro
Iuravit Dominus, et non poenitebit eum:
«Tu es sacerdos in aeternum
secundum ordinem Melchisedech..

Gott hat geschworen, und es wird ihn nicht
gereuen: «Du bist Priester in Ewigkeit nach der
Ordnung Melchisedeks.

VI. Allegro
Dominus a dextris tuis
confregit in die irae suae reges.»

Gott hat zu deiner Rechten am Tage seines Zornes
die Könige zerschmettert.»

VII. Largo. Allegro molto
Iudicabit in nationibus, implebit ruinas.
Conquassabit capita in terra multorum.

Er wird Gericht halten unter den Völkern,
Trümmer auf Trümmer anhäufen und die Häupter
vieler auf der Erde zermalmen.

VIII. Andante
De torrente in via bibet,
propterea exaltabit caput.

Aus dem Bach am Wege wird er trinken,
darum wird er sein Haupt erheben.

IX. Allegro
Gloria Patri et Filio et spiritui sancto.

Ehre sei dem Vater und dem Sohne und dem
Heiligen Geiste.

X. Allegro
Sicut erat in principio et nunc et semper
et in saecula saeculorum. Amen.

Wie es war im Anfang jetzt und immerdar
und von Ewigkeit zu Ewigkeit. Amen.

JOCHEN ARNOLD

1. Vorbemerkungen

Vor unserer Beschäftigung mit Ps 110 (Ps 109 Vulgata), dem neben Ps 23 wohl meistrezipierten Psalm in der abendländischen Theologie- und Kulturgeschichte, einige Vorbemerkungen, die sowohl die Aufgabenstellung als auch den Kontext des Beitrags abstecken sollen.

1.1 Die Aufgabe

Bei der Beschäftigung mit der Figur König Davids stellt sich die Frage, von welchem hermeneutischen Standpunkt aus der katholische Priester Antonio Vivaldi im Kontext des 18. Jahrhunderts den alten Davidpsalm versteht, der – darüber ist sich die exegetische Forschung einig – ja kaum von David selbst sein kann, wie es die Überschrift nahezulegen scheint.[1] Diese Frage stellt uns vor weitere Aufgaben: Welche christliche Rezeption oder gar «Vereinnahmung» des Psalms 110 hat innerhalb der biblischen Tradition stattgefunden[2] und ist für die weitere Kirchen-, Theologie- und Geistesgeschichte bis in die Barockzeit prägend geworden?[3] Welche klassischen Attribute, Rollen oder Ämter des David (z.B. König, Priester, Prophet, Sänger[4]) lassen sich an Ps 110 festmachen? Wie werden sie im Schema von Verheissung und Erfüllung dann typologisch auf Christus bezogen?[5] Wir stellen uns damit dem rezeptionsästhetischen, wirkungsgeschichtlichen und hermeneutischen Horizont, in dem die Davidfigur zu sehen ist. Die hier exponierten Fragen lassen sich nicht umfassend, aber immerhin skizzenhaft am Beispiel der Vertonung des *Dixit Dominus* von Vivaldi darstellen.

1.2 Unsere Aufgabe im Blick auf Vivaldis Vertonung des biblischen Textes

Unter den zahlreichen Vertonungen von Ps 109 (Vulgata-Zählung) bzw. 110 (Dixit Dominus), man denke etwa an die einschlägigen Sätze aus Monteverdis *Marienvesper (1610),* Heinrich Schützens *Psalmen Davids (1619),* Mozarts *Vesperae solennes de Confessore (1780),* gehört Vivaldis *Dixit Dominus*[6] zu den eher selten gespielten (und eingespielten) Vertonungen dieses Davidspsalms. Von ihrem kompositorischen Rang als eigenständiges, in sich abgeschlossenes Werk (im Gegensatz etwa zur «zyklischen» Marienvesper von Monteverdi) her dürfte sie die etwas früher (1707) entstandene Komposition G.F. Händels (HWV 232) erreichen oder gar übertreffen.[7] Ich habe dieses Stück ausgewählt, weil es sowohl «Ohren»- als auch «Augenmusik» ist: Der Sinn der Musik erschliesst sich sowohl durch die Betrachtung des Notentextes als auch durchs Hören.

Vivaldi gilt im Gegensatz etwa zu Schütz und Bach *nicht* als ein Komponist, der für seine musikalische Rhetorik oder einen Reichtum musikalischpoetischer Figuren, die den Text- oder Wortsinn unmittelbar ausleuchten, bekannt wäre. Vielmehr gilt folgendes Urteil als Konsens: «In his church music Vivaldi succeeded admirably in conveying the *general sense of the text*, but his word-setting can be cavalier [...] and his attentiveness to the individual word or phrase disappointingly slight.»[8]

Im Folgenden soll u.a. versucht werden, diese These zu widerzulegen und zu zeigen, dass Vivaldi mit den einzelnen Chören und «Arien» seines Dixit nicht nur den «Pauschalsinn» oder die «Grundstimmung» eines Textes erfasst, sondern auch einzelne Begriffe auslegt, ja den unmittelbaren Wortsinn mit äusserst sprechenden Motiven ausleuchtet.

Damit soll auch dem immer noch geltenden Vorurteil, Vivaldis Kirchenmusik sei schwach und stünde zurecht im Schatten seiner Instrumentalmusik, widersprochen werden. Vielmehr scheint mir das Urteil zutreffend, dass im Gefolge der Neuedition bisher unbekannter Werke (Mess-Sätze, Vesper-Kompositionen, Solo-Motetten u.a.) Entdeckungen zu machen sind, die man «als Sensation» werten kann und die zu «Vergleichen mit entsprechenden Werken Johann Sebastian Bachs» animieren.[9]

2. Historische Einordnung des Werkes

Antonio Vivaldis doppelchöriges *Dixit Dominus* (RV 594) gehört zu den herausragenden Psalmvertonungen seiner Zeit[10] und könnte in den späten 1730er Jahren nach seiner Kapellmeistertätigkeit in Mantua entstanden sein.[11] Es lässt sich liturgisch dem Formular der *Vesperae de confessore* («Bekennervespern») zuordnen, «ein Formular, das an vielen Hochfesten und Sonntagen in reiner Form oder modifiziert dem Vespergottesdienst zugrunde liegt»[12] und die Psalmen 109–112.116 (Vulgata) samt *Magnificat* umfasst.[13]

Vivaldi hatte in seiner Jugend bei dem Kapellmeister an *San Marco, Giovanni Legrenzi*, studiert, der ihm die venezianische Tradition G. Gabrielis, C. Monteverdis und anderer grosser Meister vermittelte. Obwohl Vivaldi selbst weder als Organist noch als Kapellmeister an San Marco wirkte, war der «*prete rosso*» (der «rote Priester») schon zu Lebzeiten aufgrund seiner ausgedehnten Reisen vor allem als Violinvirtuose weit über Venedig hinaus bekannt. Er wirkte als *Maestro di violino* und zeitweise auch als *Maestro di Coro* am *Ospedale della Pietà*, einem der grössten Waisenhäuser (ausschliesslich für Mädchen) in Venedig, das sich nicht zuletzt durch die Spenden finanzierte, die für Aufführungen von Vivaldis Musik in den Gottesdiensten eingespielt wurden.[14] 1740 fiel er, von Klerikern und Musikern in gleicher Weise beneidet, in Venedig in Ungnade und starb verarmt und vergessen am 28. Juli 1741 in Wien, wo er auf eine Anstellung beim Kaiser gehofft hatte. Noch am selben Tag wurde er auf dem Spettaler Gottesacker in einem Massengrab bestattet.

3. Exegetisch-hermeneutische Bemerkungen

Sowohl traditionsgeschichtlich als auch wirkungsgeschichtlich ist Ps 110, einer der wenigen Davidspsalmen ausserhalb der beiden grossen Davidssammlungen Ps 3–41.51–71 [72], von eminenter Bedeutung. Er ist der am häufigsten zitierte Psalm im Neuen Testament, galt also schon in der Urgemeinde als ein wichtiges Zeugnis alttestamentlicher, ja explizit davidischer Prophetie (vgl. besonders Apg 2,29f und Hebr 4,7).[15] Überlieferungs- und traditionsgeschichtlich lassen sich schon innerhalb der biblischen Tradition mindestens drei Verstehensebenen unterscheiden, die jeweils auch ein anderes *Zeitverständnis* implizieren. Je nach gesellschaftlich-politischem und religiösem Kontext konnte dieser Psalm dann ganz verschieden gebetet und interpretiert werden. Dazu zunächst eine knappe Skizze:

a) Mit der Mehrzahl der Exegeten wird hier vorausgesetzt, dass der archaisch wirkende Text, auf dessen sprachliche Probleme hier nicht näher eingegangen werden kann, zumindest überlieferungsgeschichtlich ziemlich alt ist, also noch in die Königszeit zurückgeht. Gattungskritisch gehört er zu den Königsliedern und ist besonders mit Ps 2 verwandt. Der Psalm dürfte in einer Krisensituation dem König aus dem Geschlecht Davids als ein ermutigendes göttliches Wort zugesprochen worden sein.[16] Der Davidide, der als *vicarius Dei* in einer Art priesterlich-königlicher Personalunion vom Zion aus regiert,[17] wird darin von einem prophetischen Sprecher[18] aufs Neue an seine Inthronisation erinnert, die man als «Gottesgeburt» verstand (vgl. Ps 2,7). So gesehen, ist der Psalm – oder zumindest sein erster Teil – ein Text, der unmittelbar in die *Gegenwart* spricht. Die Proklamation des Prophetenwortes geschieht in einer aktuellen politischen Krise im Kontext des Jerusalemer Heiligtums.

b) Am Ende der Genese des Alten Testamentes bzw. in frühjüdischer Zeit wurde der Psalm dann als Verheissung auf den kommenden Messias Israels gedeutet, der vom Zion aus ein messianisches Weltreich proklamieren wird.[19] Die apokalyptischen Wendungen («am Tage seines Zorns», vgl. Zef 1,15; 2,2f), die besonders den zweiten Teil des Liedes (Ps 110,4-7) prägen, geben diesem Verständnis bis heute eine hohe Plausibilität. Gott wird als der Richter der Völker gepriesen, der «das weite Land oder die ganze Erde zum Schlachtfeld und Totenacker»[20] werden lässt. Hier dominiert also der *Zukunftsaspekt*. Der Psalm ist, so verstanden, eine Weissagung künftiger messianischer Ereignisse mit einer kaum zu leugnenden politischen, ja militärischen Dimension, die gleichsam «apokalyptisch eingefärbt»[21] ist.

c) Nach Mk 12,35 versteht Jesus selbst sich als der Priesterkönig, der in der Nachfolge Melchisedeks, des Königs von Salem (Gen 14,18-20), die Königsherrschaft Gottes herbeibringt. In ähnlicher Weise nehmen weitere Stellen des NT (etwa Apg 2,33-35; Röm 8,34 u.a.) die königliche Messianität Jesu in Anspruch, die sich besonders in der *sessio ad dexteram* (Himmelfahrt), der Inthronisation zur Rechten Gottes festmacht,[22] während besonders der Hebräerbrief auf die aus Ps 110 gespeiste hohepriesterliche Tradition (Mclchisedek-Typologie, vgl. Hebr 5,6; 7,21 u.ö.) abhebt. Für die neutestamentlichen Autoren (vgl. besonders Apg 2,29f) steht der Psalm somit im Gefälle von Verheissung und Erfüllung, er hat also gleichsam *perfektischen Charakter*: Die Weissagung des «Propheten» David hat sich in Christus erfüllt. Manifest wird dessen Herrschaft allerdings erst bei seiner Wiederkunft zum Weltgericht (vgl. Mk 14,62; Dan 7,13 u.ö.). Von daher kann vor allem der zweite Teil des Psalms auch wieder *futurisch* gedeutet werden. Dann spiegelt Ps 110 gleichsam die eschatologische Spannung von «Schon jetzt» (Sitzen zur Rechten Gottes) und «Noch nicht» (Kommen zum Weltgericht) innerhalb der Christologie des Neuen Testamentes. Die apokalyptisch-jüdische Sicht (vgl. b) wird also christlich adaptiert und modifiziert.

Zusammenfassend wird man zur christlichen Rezeption des *Dixit Dominus* sagen können: Ps 110 eröffnet «nicht nur eine ‹Rückschau› auf den in Jesus Christus kulminierenden Heilsplan Gottes, sondern bleibt immer noch endzeitliches Königslied auf den ‹König der Könige und Herrn der Herren› (Apk 19,16), dessen sichtbare Offenbarung der ganzen Welt gegenüber noch aussteht.»[23] Dieses christologische und eschatologische Verständnis des Psalms ist auch der hermeneutische Schlüssel für die Interpretation der Musik Vivaldis. «*Der Herr sprach zu meinem Herrn*» bedeutet bei Vivaldi: Der König, Priester und Messias Jesus Christus bekommt aus dem Munde des *alttestamentlichen Propheten David* (!) von Gott, dem Vater, die Vollmacht zur Weltherrschaft übermittelt.

4. Vivaldi als Ausleger des biblischen Textes

In seinem *Dixit Dominus* nimmt Vivaldi die alte venezianische Technik der Mehrchörigkeit auf und verbindet sie mit Elementen des Instrumentalkonzertes und der Oper. Das doppelchörige Prinzip mit seinem «Stereoeffekt» kann von Vivaldi dialogisch und emphatisch gebraucht werden. Die Gattung des Stückes wird man als eine Art «Psalmkantate» verstehen können, eine Form, die Felix Mendelssohn-Bartholdy (vgl. op. 31 zu Ps 115; op. 42 zu Ps 42, op. 51 zu Ps 114 u.a.) zur höchsten Blüte geführt hat.[24]

Das Werk wird tonartlich durch die strahlend-pompösen Ecksätze I und IX (mit X) in D-Dur zusammengehalten. Der erste Satz ist festlich besetzt (mit zwei Oboen, zwei Trompeten, Pauken, Streichern und beiden Chören[25]). In No. IX, das dem ersten Satz tonartlich, motivisch und von der Besetzung genau entspricht, aber um ca. ein Drittel (23 Takte) gekürzt ist, erklingt dieselbe Musik *zum Lobpreis des Dreieinigen* («*Gloria Patri et filio et spiritui sancto*»). (S. Notenbeispiel 0.)
Spätestens hier, wenn der formelhafte doxologische Abschluss des Psalms, gefordert durch den liturgischen Kontext der Vesperliturgie, erreicht ist, wird klar, dass der Psalm ganz vom christlichen Verstehenshorizont geprägt ist. Dann liegt folgende Interpretation nahe:

Von der hymnischen Akklamation des trinitarischen Gloria Patri in No. 9 her wird der Beginn des Psalms durch das Medium der Musik im Nachhinein als Huldigung des Gottessohnes Jesus Christus evident, der bei seiner Erhöhung (vgl. Apg 2,34-36) vom Vater zur königlichen Herrschaft über die Welt eingesetzt wird. Das *Dixit Dominus* Vivaldis ist eine «Krönungs- oder Himmelfahrtsmusik».[26] Die beiden Sätze I und IX fungieren also gleichsam als trinitätstheologische Klammer. Die trinitarisch verstandene «Überschrift» des Psalms *(Dixit Dominus Domino meo: «Sede a dextris meis»)* und seine doxologische Beantwortung durch die Kirche entsprechen sich musikalisch.

Im Blick auf die entscheidende Textpassage «*Sede a dextris meis*» lässt sich in No. I Folgendes beobachten: Die Oktavsprünge bei dem Imperativ «Sede» bilden die Geste eines Sich-Niederlassens ab, womit gleichsam eine Thronbesteigung inszeniert wird. Dieses göttliche Vollmachtswort wird zunächst immer nur von einer Männerstimme des Chors gesungen und raunt dann noch dreimal «durch den himmlischen Thronsaal» (vgl. Takt 34-35 bzw. 54-55). Das vollständige «*sede a dextris (meis)*» wird daraufhin zunächst *unisono* und dann im vierstimmigen Satz vom ganzen Chor vorgetragen, womit eine Art universaler «himmlischer» Akklamation (Takt 36-38) ausgedrückt ist. (S. Notenbeispiel 1.)

670　　　König David als Typus Christi in der «Ordnung Melchisedeks»

Notenbeispiel 0a und b.

Notenbeispiel 1.

Die kunstvolle Doppelfuge (X), die das ganze Werk abschliesst, enthält vier musikalische Motive, die alle eine unterschiedliche rhythmische Anlage aufweisen: Das erste Thema, das in einer fallenden Linie den Umfang einer Oktave durchschreitet, verweist mit seinen ganzen Noten auf die *Ewigkeit Gottes* (*Sicut erat in principio*), auf den, «der da war».

Der zweite Teil des Textes «*et nunc et nunc et semper*», besingt den, «der da ist und der da kommt», also den *gegenwärtigen und kommenden Gott*. Das einzige, diesen Text (samt dem vorangegangenen) aufnehmende Thema besteht aus einer lebendig deklamierten syllabischen Achtelbewegung.

Die Amen-Akklamation kleidet Vivaldi in zwei verschiedene kontrapunktische Motive: Zum einen in virtuose, meist halbtaktige Sechzehntel-Koloraturen, sodann aber auch in einfache Viertel (A-men), bezeichnenderweise in Oktavsprüngen, so dass man ein Zitat des «Sede» aus dem Kopfsatz zu hören glaubt. Vivaldi gelingt es, zuweilen alle vier Themen bzw. Motive gleichzeitig singen bzw. spielen zu lassen und zugleich ein Höchstmass an Transparenz zu bewahren, ein kontrapunktisches Meisterstück (Notenbeispiel 2).

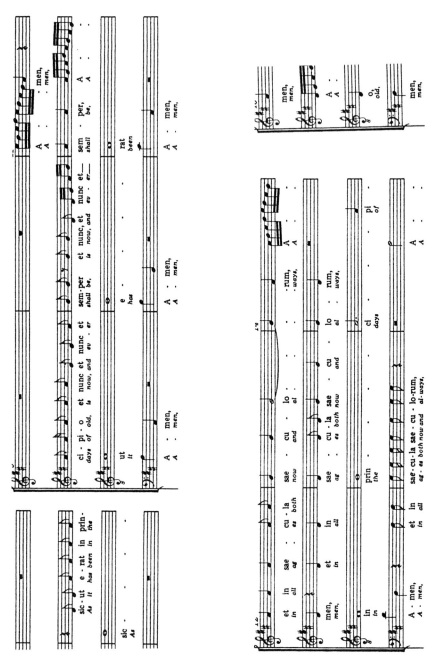

Notenbeispiel 2.

Die ständig präsenten Einsätze eines Themas in gleicher bzw. ähnlicher Gestalt (mit Vergrösserungen und Verkleinerungen) bringen zum Ausdruck, dass die göttliche Sphäre alles umspannt, was sich geschichtlich, und – wenn man so will – auch «übergeschichtlich» ereignet und dass Gott deshalb auch an allen Orten und in allen Formen Lob und Ehre gebührt.

Damit ist der Rahmen der Komposition, eine Art von hymnischem Prolog und Epilog, im Gefälle von *göttlicher Proklamation* (*Dixit Dominus*) und *ekklesialer Akklamation* (*Gloria Patri*) umrissen. Alles Weitere ist eher «irdisch»:

Im *Donec ponam* (II), das doppelchörig in h-moll gesetzt ist, wird das Niedersinken der widergöttlichen Feinde durch ein breites, Viertonmotiv inszeniert, das in zahlreichen Veränderungen (z.B. rhythmisiert, verkleinert etc.) wiederkehrt.

Durchgehende Achtelpunktierungen in den Streichern geben dem Stück eine dramatische Belebung, ein unerbittliches Pochen und zugleich etwas Martialisches, Kriegerisches, sie schildern – schlicht gesagt – die heranrückenden Feinde Gottes. Dass mit den Punktierungen tatsächlich die «Feinde» gemeint sind, lässt sich in diesem Satz auf Schritt und Tritt belegen: Überall, wo der Text «*inimicos*» vorkommt, findet sich auch die Achtelpunktierung mit Sechzehntel:[27]

Notenbeispiel 3.

Mit eindringlicher Kraft ist der Text «*scabellum pedum tuorum*» vertont: im Unisono von Chor und Orchester «purzeln» die Feinde beim Wort «*pedum*» in langen Skalen von ganz oben nach unten dem göttlichen Herrscher vor die *Füsse*.

Notenbeispiel 4.

Das Wort «*scabellum*» (Schemel) ist dagegen durch Tonwiederholungen meist als etwas Ebenes, Gerades abgebildet.

Notenbeispiel 5.

Die folgenden beiden Nummern sind brillante solistische Kirchenarien, die im vokalen und instrumentalen Bereich an die Ausführenden höchste Ansprüche stellen. Das Duett der beiden Soprane in No. III lässt die Herrschaft vom Zion her gegen die Feinde als etwas Leichtfüssiges, Brillantes, nie Gefährdetes erscheinen. An der Stelle «*dominare*» fallen Sechzehntelketten in vier Sequenzgängen *unisono* nach unten, man kann sich dabei die Bewegung eines Szepters oder eines fallenden Schwertes vorstellen.

Notenbeispiel 6.

Die Alt-Arie No. IV (*Tecum principium*) breitet in weit ausladenden Akkordketten, über lange Strecken nur in e-moll oder H-Dur gehalten (I. und V. Stufe), und langen, beinahe endlos wirkenden Koloraturen des Soloalts auf dem Schlüsseltext «*genui te*» die Geburt bzw. Zeugung des Gottessohnes aus. Die langen Koloraturen suggerieren m.E. den *spezifisch christlichen Aussagegehalt* einer «ewigen Zeugung» wie sie das Nicaeno-Constantinopolitanum formuliert hat[28] und nicht das punktuelle Ereignis einer Einsetzung zum Sohn (vgl. Ps 2,7), wie sie der hebräische Text nahelegt.[29]

Der Grundcharakter des Stückes hat etwas Schwebendes, stets Fortschreitendes, was durch die durchgehende Achtelbewegung (entweder im Bass oder komplementär in Bass und hohen Streichern bzw. Singstimme) erreicht wird. So gewinnt der Hörer den Eindruck eines fortwährenden Kontinuums, wie es der Gedanke einer *ewigen* göttlichen Zeugung des Logos vor der Schöpfung und vor der Inkarnation Jesu impliziert.

Notenbeispiel 7.

Dann folgt der chorisch besetzte, in breit ausladenden C-Dur-Akkorden im langsamen Adagio daherkommende Treueschwur Gottes an seinen Gesalbten: *Iuravit Dominus* (No. V). Der aufsteigende Vierklang gleich zu Beginn könnte für das Erheben der Hand zum Schwur oder zumindest für ein göttliches Machtwort stehen. (S. Notenbeispiel 8.)

Dieser homophone, blockartige Teil, in dem sich die beiden Chöre gleichsam gegenseitig an die Treue Gottes erinnern und ihrer vergewissern, mündet in eine rasche Fuge (Allegro), bei der Vivaldi sich eindrucksvoll der Kunst des doppelten Kontrapunkts bedient. Vertont ist hier der Text «*Tu es sacerdos in aeternum secundum ordinem Melchisedek*», die wörtliche Rede Gottes bei der *Einsetzung* des (himmlischen) Königs *zum Priester*.

Vivaldi zeigt ein feines Gespür für die sprachliche Struktur des Psalms, wenn er den Einsatz der «direkten Rede» auch durch eine Veränderung der musikalischen Form und ein neues Tempo vom Vorigen abhebt. Für den Text «*Tu es sacerdos in aeternum...*» präsentiert Vivaldi zwei *gleichwertige Themen* (Subjekt und Kontrasubjekt), die beide in syllabischer Diktion mit spritzigen Achtelnoten daherkommen. Wenige Viertelnoten (*tu es;* bzw. *Melchisedek*, bzw. «*aeternum*») sind auf diese Weise rhetorisch hervorgehoben. Rhythmisch gesehen, sind beide Themen fast spiegelbildlich. Wenn sie gleichzeitig erklingen, bilden sie in komplementärer Weise stets eine

Notenbeispiel 8.

Achtelbewegung. Hinzu tritt dann noch ein kontrapunktisches Motiv, das den Text «*in aeternum*» mit langen Notenwerten abbildet.

Im zweiten Teil des Allegro verdichtet sich der Satz zu einer Art «Stretta», indem sich die beiden Chöre die göttliche Zusage «*tu es sacerdos*» in ständigem Wechsel zusingen (Takt 31-50), um dann am Ende in einem homophonen und homorhythmischen Höhepunkt sich emphatisch zu vereinen.

Wie im *Sicut erat in principio* (No. X) steht die musikalische Form der Fuge für eine archaische und ewig fortwährende Ordnung, die «*ordo Melchisedek*», für den Bund Gottes mit dem Priesterkönig von Salem (vgl. Gen 14,18-20),[30] wie er dem Haus David, aber auch dem Davididen göttlicher Herkunft gilt. Es ist durchaus möglich, dass der Exeget Vivaldi mit der *Duplizität der Themen an dieser Stelle die Zweiheit der Ämter Christi «Priester und König» zum Ausdruck* bringen wollte, die in Ps 110 beide auf David zurückgeführt werden. Vivaldi dürfte also auch diesen Psalmvers

Notenbeispiel 9.

dezidiert christlich und somit im Wesentlichen perfektisch verstanden haben: Was der *Prophet David* in Ps 110 verheissen hat (vgl. Apg 2,29f), ist in Christus erfüllt, reicht aber in die Gegenwart hinein: Die Kirche partizipiert in Wort und Sakrament an der Einsetzung Christi zum «Hohenpriester in Ewigkeit».

Das folgende kraftvoll-virtuose Duett (VI) von Tenor und Bass beleuchtet das Schicksal der feindlichen Herrscher, die am Tag des Gerichtes Gottes (*in die irae suae*) zerschmettert («*confregit*») werden bzw. wurden. Vivaldi führt dazu lange «Schüttel-Koloraturen» auf der Silbe «fre» (mit der grellen Vokalfarbe ä) in einer dreifachen Sequenz (*Climax*) nach oben. Besondere Emphase erhalten die «Schüttelmotive» durch ihre jeweilige Wiederholung (*Epizeuxis*).[31] (S. Notenbeispiel 10.)

Dieser Satz nimmt, obwohl sprachlich ein Perfekt vorliegt, im Gesamtzusammenhang des Textes eher eine *futurische Blickrichtung* ein, weil er sprachlich gewisse Assoziationen an die römisch-katholische Totenmesse (Requiem mit der apokalyptischen Sequenz *Dies irae*) hervorruft. So wird man hier die Scharnierstelle sehen können zwischen einem eher perfektischen (No. I-V) und einem futurischen Teil des Psalms (No. VI-VIII) nach der Vulgata.

Das eigentliche *Dies irae* und zugleich der dramatische Höhepunkt des ganzen Werkes ist das folgende *Judicabit* (VII): Hier malt Vivaldi eine apokalyptische Vision des Jüngsten Gerichtes mit fanfarenartigen Trompetenstössen und rasanten Trompetenläufen,[32] die beinahe opernhafte Züge hat. (S. Notenbeispiel 11.)

Notenbeispiel 10.

Nach 48 Takten (ausschliesslich auf den Text «*Iudicabit in nationibus*») wird erstmals ein spannungsgeladener verminderter Septimakkord (Fermate) erreicht, der in ein rasches *Allegro molto* mündet. Nach der Aufladung höchster Energie in drei aufsteigenden Sequenzen («*Implebit*») – die beiden Chöre und Orchester spielen immer versetzt, schaukeln sich also gegenseitig hoch – entlädt sich diese in einem fulminant nach unten stürzenden cis-moll-Dreiklang («*ruinas*»). Vivaldi lässt somit vor den Ohren seiner Hörer gleichsam Trümmer über Trümmer stürzen. Der *attaca* folgende ekstatische 3/8-Takt steigert dann mit eindringlichen Unisoni (u.a. 32-tel-Repetitionen der Streicher) noch das Vorangegangene: die Zer-

Notenbeispiel 11.

störung der feindlichen Stadt wird durch die Enthauptung der feindlichen Einwohner («*conquassabit capita*») überhöht. Die in No. II («*Donec ponam inmicos tuos*») angekündigte Herrschaft über die Feinde wird also blutig konkretisiert, das ausstehende Gericht durch die eindringliche Musik proleptisch zur Gegenwart.

Notenbeispiel 12.

Diesem extravertierten Höhepunkt folgt der vielleicht intimste Satz des Werkes und mit ihm die *tonmalerische* Abbildung eines Textes, den schon Monteverdi in seinen drei Vertonungen des Dixit (Marienvesper; Selva morale) stets lyrisch angelegt hat: «*De torrente in via bibet*». Die ruhig dahinfliessende Streicherbewegung (Sechzehntel-Akkordbrechungen bzw. Wechselnoten mit Sechzehntel-Triolen in den Violinen und Achtelnoten in Viola und Bassgruppe) lässt – lange vor Beethovens Pastorale und Smetanas Moldau – den Eindruck eines plätschernden Baches entstehen, aus dem der Gesalbte nach den Gerichtsereignissen trinken und sich laben wird.

Notenbeispiel 13.

An der Textstelle «*exaltabit (caput)*» steigt der Soloalt in einer langen aufsteigenden, z.T. chromatischen Linie nach oben, wird also buchstäblich «erhöht».[33]

Notenbeispiel 14.

5. Fazit

Fassen wir unsere Ergebnisse zusammen: Vivaldi stellt in seinem *Dixit Dominus* in jedem der zehn einzelnen Sätze einen *zentralen Affekt*[34] des Psalmtextes in den Vordergrund («festliche Inthronisation» in No. I; «kriegerische Auseinandersetzung» in No. II; «souveräne Herrschaft» in No. III; «ewige Zeugung» in No. IV; «Schwur» in No. V; «Gericht» in No. VI und VII; «fliessender Bach» in No. VIII; «hymnische Akklamation» in No. IX und «Lob des ewigen Gottes» in No. X). In den Sätzen No. VII und VIII setzt er dazu sogar *tonmalerische Mittel* ein. Darüber hinaus hat Vivaldi aber auch einzelne Schlüsselwörter des Textes *(«sede», «inimicos»; «scabellum pedum tuorum» «dominare» «genui te»; «iuravit Dominus»; «in aeternum» «confregit»; «implebit ruinas»; «conquassabit capita»; «exaltabit caput»; «sicut erat in principio»; «et nunc et nunc et semper»)* durch prägnante Motive oder Themen besonders beleuchtet und herausgehoben. Er erweist sich somit nicht nur als ein Meister des musikalischen Einfalls im Grossen, sondern auch als sorgfältiger Exeget und Interpret des Textes im Kleinen.

«Sitz im Leben» des *Dixit Dominus* Vivaldis ist die (venezianische) Vesperliturgie. Von der in diesem Kontext laut werdenden, *spezifisch christlichen trinitarischen Doxologie (Gloria patri)* als Antwort auf den Psalm ist ein historisches Verständnis des *Dixit*, gleichsam *«Christo remoto»*, kaum möglich. *Christus kommt vielmehr implizit von Anfang an vor.* Musikalisch evident wird das dadurch, dass die Sätze I und IX (*Dixit Dominus* ... bzw. *Gloria patri et filio et spiritui sancto*) musikalisch dasselbe Material enthalten. Die hymnische Akklamation des Dreieinigen durch die Kirche beantwortet und bestätigt den innertrinitarischen Dialog bei der Inthronisation des Sohnes im Kontext seiner Erhöhung zum Vater. Vivaldi setzt also das hermeneutische Schema von Verheissung und Erfüllung, wie es Apg 2,33-36 nahelegt, voraus: In Christus erfüllt sich die dem König David zugesprochene bzw. vom Propheten David selbst ausgeprochene Prophezeiung einer *ewigen Herrschaft vom Zion*. Innerhalb dieser christologischen Deutung des Psalms – gleichsam *sub specie aeternitatis* – ist *David* (wie der Priester Melchisedek) also *Typus Christi und Prophet für die Kirche*.

Anmerkungen

[1] Nach der neuen Untersuchung von M. Kleer muss die Überschrift *le-dawid* gar nicht auf die Autorschaft abzielen («von David»), sondern könnte als «für David» oder «mit Blick auf David» verstanden werden.

[2] Vgl. dazu die Beiträge von W. Dietrich, E.J. Waschke, K. Seybold und M. Karrer in diesem Band.

[3] Vgl. dazu den Beitrag von C. Ludwig in diesem Band.

[4] Vgl. dazu die Beiträge von K. Seybold, E. Lichtenhahn, W. Salmen, R. Bartelmus und D. Eggenberger in diesem Band.

[5] Vgl. dazu die Beiträge von M. Karrer, H. Herkommer und C. Ludwig in diesem Band.

[6] Der Notentext ist in einer praktischen Ausgabe (mit einigen fragwürdigen Ergänzungen etwa in der Trompetenstimme des letzten Satzes) erschienen im Carus-Verlag, Stuttgart, 1978. Das Partiturautograph Vivaldis befindet sich in der Universitätsbibliothek in Turin.

[7] Weitere Vertonungen des Dixit (auch in deutscher Sprache) finden sich aufgeführt bei Nohl 1996, 230-232.

[8] Vgl. Talbot 2001, 37.

[9] Vgl. M. Fechner im Vorwort zu Vivaldi 1998, 3.

[10] Vgl. auch das nahezu ebenbürtige doppelchörige Beatus vir, RV 597.

[11] Vgl. P. Horn im Vorwort zu Vivaldi 1978, IV: «Ein Entstehungsdatum ließ sich bisher nicht ermitteln. Stil und Form der Komposition lassen vermuten, dass sie in den späteren Jahren des Meisters entstanden ist».

[12] Fechner, a.a.O., 4.

[13] Vgl. Fechner, a.a.O. In älteren Vesperzyklen (vgl. Monteverdis Marienvesper und Selva morale bzw. die lateinischen Psalmvertonungen Johann Rosenmüllers, der lange Zeit [1655-1682] in Venedig wirkte) finden sich auch noch Ps 121, Laetatus sum, und Ps 126, Nisi Dominus.

[14] Vgl. Talbot 2001, 32: «Services with music – one might almost call them concerts – at the Pietà were a focal point in the social calendar of the Venetian nobility and foreign visitors, and it was essential to ensure both the competent instruction and rehearsal of the young musicians and the regular supply of new works of them».

[15] David selbst kommt hier also primär als Prophet in Blick, während Christus dann die beiden anderen Titel des Psalms, Priester und König, zugesprochen bekommt (vgl. den Beitrag von K. Seybold in diesem Band).

[16] Vgl. Seybold 1996, 437: «Der Sprecher, wohl in des Königs Diensten (1), bezieht sich bei seiner Anrede auf zwei dem König wahrscheinlich aus Anlaß seiner Thronbesteigung zugesprochene Gottesworte (1.4). [...] Offenbar bildet eine kritische Situation des Staates und der Stadt den Hintergrund für die Aktualisierung der Zusicherungen an den Davididen».

[17] Vgl. dazu Gese 1990, 138: «Israel sah in dem Königwerden auf dem Zion eine reale Geburt durch den auf dem Zion thronenden Weltenkönig, der hier in diese Welt und Erde eingetreten war und Wohnung genommen hatte.»

[18] Die prophetische «Gottesspruchformel» (vgl. Seybold 1996, 438) in V.1 («Dixit Dominus») findet sich in den Psalmen nur an dieser Stelle (vgl. Deissler 1989, 439.)

[19] Deissler (1989, 438f), der diesen Text für nachexilisch hält, meint, er könne schon ursprünglich nur dem «neuen David gelten» und sei als ein «die Zukunft vergegenwärtigendes Gebet der den Heilskönig erwartenden Gemeinde» zu verstehen.

[20] Seybold 1996, 439.

[21] Vgl. Deissler 1989, 442.

[22] Vgl. dazu Hengel 1993, 108-194.

[23] Deissler 1989, 443.

[24] Im Bachschen Kantatenwerk finden sich etliche Eingangschöre, denen Psalmtexte zugrunde liegen (vgl. BWV 17: Ps 50,23; BWV 21: Ps 94,19; BWV 76: Ps 19,2f; BWV 79:

Ps 84,12; BWV 106: Ps 90,12; Ps 31,6; BWV 131: Ps 130; BWV 171: Ps 48,11; BWV 190: Ps 149,1; 150,4.6 u.a.). Bach hat freilich nie einen ganzen Psalm fortlaufend vertont. Auch die Kantaten zu Misericordias Domini, zum Sonntag des guten Hirten (BWV 85; 104 und 112), sind lediglich Nachdichtungen des 23. Psalms. Von einem gänzlichen «Psalmenschweigen» Bachs (vergleiche den Beitrag von Bartelmus in diesem Band) kann aber kaum die Rede sein.

25 Mit Chor II musizieren als 2. Orchester nur Streicher und Orgel II.
26 Vgl. dazu Bachs Kantate «Gott fähret auf mit Jauchzen» (BWV 43) nach Ps 47,6f, ähnlich festlich besetzt, allerdings mit drei Trompeten und Pauken, wie bei Bachs Festkantaten üblich. Auch bei Bach bildet ein Psalmvers den Schlüsseltext der gottesdienstlichen Musik.
27 Dieses Motiv findet sich auch in einem Dixit Dominus von J. Rosenmüller. In Monteverdis berühmter Marienvesper bekommt das Possessivpronomen «tuos» diese Figur.
28 Vgl. dazu den zweiten Glaubensartikel im Nicaeno-Constantinopolitanum: «*genitum non factum, consubstantialem Patri*», in der Synopse abgedruckt bei Denzinger-Hünermann 1991, 150. In den Bekenntnisschriften der evangelisch-lutherischen Kirche (Göttingen 1959, 22) findet sich der wichtige Hinweis, dass in den älteren orientalischen Symbola die «vorweltliche Zeugung des Logos vom Vater» stets vor der «Geburt aus der Jungfrau Maria» placiert ist. Damit dürfte auch deutlich werden, dass hier mit Zeugung gerade nicht an eine «leibliche» Vaterschaft gedacht ist.
29 Gese 1990, 138, deutet die schwierige Stelle Ps 110,3 («vor der Morgenröte») von Ps 2,7 her: «Vielmehr wird in dieser Morgenröte des neuen Tages das Pendant zu dem ‹heute› von Ps 2,7 stecken: aus diesem werdenden Tag heraus wird der Davidide als Gottessohn geboren, nämlich am Tage seiner Inthronisation».
30 Der rätselhafte Melchisedek (hebr. = König des Rechts) steht in Hebr 7 als Typus Christi für Gottes Handeln in Verheissung und Erfüllung. Mit der Figur des Hohenpriesters ist das Motiv der Stellvertretung vor Gott impliziert.
31 Vgl. zu den Begriffen Epizeuxis und Climax Bartel 1985, 165-167 bzw. 122-127.
32 Dies dürfte eine der wenigen, wenn nicht die einzige Stelle in der barocken Literatur sein, an denen (Natur)trompeten 32tel-Noten blasen müssen. Vgl. als ähnlich naturalistische Schilderung das *Tuba mirum* in Mozarts Requiem KV 626.
33 In der musikalisch-poetischen Figurenlehre des deutschen Barock wird dieses Phänomen als Anabasis (Hinaufschreiten) bezeichnet, vgl. Bartel 1985, 84f.
34 Vgl. dazu Athanasius' Epistula ad Marcellinum in interpretationem psalmorum, Migne Patres Latini 27,11-46, bzw. in der Aufnahme Martin Luthers, Weimarer Ausgabe 5,23,30-33: «[Der Heilige Geist] bereitet uns mit diesem Buch [sc. dem Psalter] sowohl die Worte als auch die Affekte vor, mit denen wir den himmlischen Vater anreden und bitten sollen im Blick auf das, was er in den übrigen Büchern zu tun und nachzuahmen gelehrt hat, damit keiner vermissen kann, was zu seinem Heil nötig ist.» [Übersetzung des lat. Textes, vgl. Bayer 1994, 85, Anm. 235].

Notenabbildungen

Bsp. 0a und 0b: Synopse von No. I T22-25 und No. IX T11-14
Bsp. 1: No. I T34-38, Chorsatz
Bsp. 2: No. X T8-15, Chor I
Bsp. 3: No. II T21-23, Chor I
Bsp. 4: No. II T67-70, Chorsatz, pp. 36-37
Bsp. 5: No. II T29-32, Alt I/II
Bsp. 6: No. III T18-20, Instr./Solo I, p. 43
Bsp. 7: No. IV T51-60, Solo, p. 59
Bsp. 8: No. V T1-3, Chorsatz/Chor 1, p. 61

Bsp. 9: No. V T22-25, Chor 2, p. 66
Bsp. 10: No. VI, T14-16, Soli, p. 78
Bsp. 11: No. VII T1-8, Trompeten, pp. 84-85
Bsp. 12: pp. 93-95, ganz oder Chor/Orchester I, jeweils obere Hälfte der Seite
Bsp. 13: No. VII T1-3, p. 104
Bsp. 14: No. 8 T17-21, Solostimme, p. 106

Bibliographie

Bartel, D., 1985: *Handbuch der musikalischen Figurenlehre*, Laber: Laber-Verlag.
Bayer, O., 1994: *Theologie* (Handbuch Systematischer Theologie, 1), Gütersloh: Gütersloher Verlagshaus.
Deissler, A., 1989: *Die Psalmen*, Düsseldorf: Patmos-Verlag.
Denzinger, H. / Hünermann, P., 1991: *Enchiridion symbolorum definitionum et declarationum de rebus fidei et morum*, Freiburg u.a.: Herder.
Gese, H., 1974: «Natus ex virgine» in ders., *Vom Sinai zum Zion* (Beiträge zur evangelischen Theologie, 64), München: Kaiser, pp. 130-146.
Hengel, M., 1993: «‹Setze dich zu meiner Rechten!› Die Inthronisation zur Rechten Gottes und Psalm 110,1» in Philonenko, M. (éd.), *Le Trône de Dieu* (Wissenschaftliche Untersuchungen zum Neuen Testament, 69), Tübingen: Mohr, pp. 108-194.
Kleer, M., 1996: *Der liebliche Sänger der Psalmen Israels. Untersuchungen zu David als Dichter und Beter der Psalmen* (Bonner Biblische Beiträge, 108), Bodenheim: Philo.
Nohl, P.-G., 1996: *Lateinische Kirchenmusiktexte: Geschichte – Übersetzung – Kommentar*, Kassel: Bärenreiter.
Seybold, K., 1996: *Die Psalmen* (Handbuch zum Alten Testament, 15), Tübingen: Mohr.
Talbot, M., 2001: Art. «Vivaldi, Antonio» in Sadie, S. / Tyrell, J. (eds.), *The New Groove. Dictionary of Music and Musicians,* London: Macmillan, pp. 816-824.
Vivaldi, A., 1998: *Beatus vir*, Stuttgart: Carus.
Vivaldi, A., 1978: *Dixit Dominus*, Stuttgart: Carus.

Die Vielzahl der Attribute des musizierenden und «springenden» David

WALTER SALMEN

Zusammenfassung:

Im 2. Jahrtausend ist das Bild König Davids von dessen Harfenspiel bestimmt gewesen. Das Attribut dieses Zupfinstrumentes ist auch in der Forschung einseitig herausgestellt worden. Zu dieser Einschätzung sind Kunsthistoriker, Musikologen und Literarhistoriker u.a. deswegen verleitet worden, weil sie zumeist lediglich die Quellen süd- und westeuropäischer Provenienz ihren Studien zugrunde legten. In diesem Beitrag wird der Versuch unternommen, auch ost- und südosteuropäische Bilder sowie Texte einzubeziehen. Als Ergebnis ist festzustellen, dass der Psalmist nicht nur durch Psalter und Harfe gekennzeichnet worden ist, sondern auch mittels Kleinorgeln, Fideln, Triangel, Glockenspiel, Monochord, Drehleier, Lira da braccio, Lauteninstrumente. Diese Attribute sollten den Betrachtern andere Bedeutungen optisch sinnfällig machen.

Résumé:

L'image que le deuxième millénaire se faisait de David était dominée par son jeu de harpe. Les chercheurs – historiens de l'art, musicologues et historiens littéraires – ont eux aussi mis l'accent sur ce seul attribut. Leur jugement s'explique notamment par le fait qu'ils se fondaient en général uniquement sur des sources du sud et de l'ouest de l'Europe. Cet article tente d'élargir la discussion en faisant appel également à des illustrations et à des textes de l'est et du sud-est. Il s'avère alors que le psalmiste n'a pas seulement été caractérisé par le psautier et par la harpe, mais par bien d'autres attributs encore: positif, fidula (vièle à archet), triangle, carillon, monocorde, vielle à roue, lira da braccio et diverses formes de luth. Ces instruments devaient attirer l'attention sur d'autres significations.

Abstract:

In the second millennium, playing the harp played the most important role in portraying King David. Even in research the attribute of plucking this string instrument alone was emphasized. What led art historians, musicologists and literary historians to this judgement was among other things that they usually only looked at South and West-European sources when doing their research. In this article, we try to consider also East- and Southeast-European images and texts. As a result, we can say that the psalmist was not only portrayed with psalter and harp, but also with small organs, violins, triangles, glockenspiel, monochord, barrel-lyre, Lira da braccio, and lute instruments. These depictions make other interpretations meaningful to the viewers.

Stichwörter:

Psalmist; Harfenist; Tanz vor der Bundeslade; Cheironomie; inventor musicae

> Der König David hat nicht allein eine berümbte / wolbestalte vnd Volckreiche Capellen zu Jerusalem angeordnet / sondern auch viele Instrumenta erfunden / vnd auß Hebenholtz / so auß Ophir gebracht vnd vor diesem in Palæstina nicht gesehen worden / machen lassen / welches denn Besaytete Instrumente gewesen / weil sie geschlagen worden / 2.Chronic.c.29.v.27. vnter diesen ist auch die Harffe / 1.Reg.c.10.vers.11.12. So mit den Fingern gegriffen / 2.Sam.c.6.v.5.
> Vnd das David viel Instrument erfunden / auch machen lassen / bezeuget die heilige Schrifft / 1.Chron.c.23.v.5. vnd c.25.v.7, 2.Chron.c.29.v.26.27 vnd Iosephus lib.7. Antiquit.Iudaic.

Mit dieser Behauptung, König David habe in Jerusalem nicht nur eine gemischte Kapellbesetzung im Tempel angeordnet, sondern überdies zahlreiche Instrumente erfunden, versuchte der Wolfenbütteler Hofkapellmeister Michael Praetorius 1619 – wie viele Autoren vor und nach ihm – aus biblischen Zeugnissen heraus eine allgemeine Zustimmung zu gewinnen für seine umgreifend orientierende Publikation *De Organographia*. Der kenntnisreiche Autor brachte diese Organologie heraus zu einer Zeit, welche an der Definition festhielt «musica est ars canendi». Zur Legitimierung vor allem des Gebrauchs von Pfeifen, Posaunen oder Pauken in der Kirchenmusik rief er den Liturgen und Psalmisten David als Kronzeugen herbei und erklärte ihn zum «inventor instrumentorum».[1] Wiederholt bekräftigte er die Hypothese, dieser habe gar «viele Instrumente erfunden», darunter auch solche, die ansonsten Jubal oder Pythagoras zugeschrieben wurden (z.B. bei Aurelian). Alles mithin, was in den Psalmen klingend genannt wird, soll demnach seiner Schöpferkraft zuzuschreiben sein und nicht nur die Harfe oder das Psalterium. Praetorius war somit nicht bereit – auch aus Gründen der Legitimierung seiner aufwendigen Kirchenmusiken –, die Vorstellung vom legendären «inventor David» zu reduzieren auf das Bild und den Inbegriff eines Harfenisten. Auch etwa der evangelische Superintendent Christoph Frick widersprach in seinem *Music-Büchlein* von 1631 dieser möglichen Einengung.[2] Vielmehr suchte er mit z.T. tendenziösen Bibelinterpretationen seine Leser von der Fülle jener Instrumente zu überzeugen, für die David angeblich bereits vor 3000 Jahren als Liturge eingetreten sein soll, nämlich für:

> Musicalische Instrument / Als Harpffen / strack darauff gedenckt er der Trometen vnnd Posaunen / Psalm 81. gedencket er der Paucken / Psalm 150. sagt er von Posaunen / Psalter / Harpffen / Paucken / Seiten / Pfeiffen / hellen Cymbeln vnd wolklingenden Cymbeln / etc. ...
> Nun hiemit / sagt David / nemlich mit Harpffen / allerhand Instrumenten vnd Seitenspielen / vnd denn auch mit Psalmen / solle aus rechter gläubiger andächtiger Frewde des Hertzen solch ehren / preisen / vnd loben verrichtet werden.

Beide Autoren, die offensichtlich die klangliche Pracht einer höfischbarock inszenierten Kirchenmusik hoch schätzten, hätten gewiss auch als

Kenner von Bildwerken der vermeintlichen, auf einer offensichtlich unzureichenden Quellenkenntnis basierenden Feststellung widersprochen, die im Lexikon der christlichen Ikonographie in der Ausgabe von 1994 zu finden ist,[3] wonach «seit 14. Jh. D[avid] nur noch mit Harfe erscheint». Vielmehr liessen sie sich gern beeindrucken von möglichst prachtvollen Ausschmückungen altisraelischer Tempelmusiken, als deren Organisator der «citharoeda» David galt, die z.B. der Niederländer Pieter Lastman (1583-1633) in seinem Gemälde *David im Tempel* (Abb. 1) sinnlich berückend und zur Nachahmung anreizend ausmalte, nachdem durch etliche Jahrhunderte hindurch der christliche Gottesdienst und die Instrumentalmusik in Capellstärke voneinander abgetrennt worden waren. Er hatte keine Scheu, die Orgel neben der Schellentrommel liturgisch eingesetzt sich vorzustellen.

Weitet man den Blick über Europa aus, dann lässt sich der im Lexikon der christlichen Ikonographie publizierte Befund leicht entkräften. Zweifelsfrei gab es seit dem 8. Jahrhundert Bildtopoi des Leier- oder Harfenspielers David, die tradiert, kopiert oder abgewandelt wurden. Daneben freilich erfanden von Russland bis Schweden und Portugal reichend Bildkünstler in beachtenswerter Fülle Darstellungen von David als dem tanzenden, musizierenden und gelegentlich auch singenden König mit Attributen, die in der Wertschätzung und Praxis der jeweiligen Region, Epoche und Konfession als die angesehensten galten. Nur diese konnten David als die

Abb. 1: Pieter Lastman, David im Tempel. *1618.*
Braunschweig, Herzog Anton Ulrich-Museum, Inv. Nr. 208. Öl/Holz (79 × 117 cm).

Leitfigur für viele Ideen und Glaubensvorstellungen angemessen repräsentieren. Aus dieser Fülle der Zeichensetzungen (significatio) und Symbole, die bis ins 18. Jahrhundert hinein zu registrieren und zu interpretieren sind, möchte dieser Beitrag einige erinnernswürdige Exempla zur Betrachtung anempfehlen.

Die ausgewählten Text- und Bildquellen sind in ihrem Gehalt und Zweck recht unterschiedlich. Lehrbilder sind mit anderen Intentionen befrachtet als der Erbauung dienliche Sinnbilder, verkürzt darstellende Skulpturen und Initialen in Psaltern bieten andere Informationen als narrative Illustrierungen in einer Bible Moralisée oder «picturae» in theologisch-theoretischen Traktaten. Quellen, die etwa aus der Abtei Cluny stammen, vermitteln andere Leitbilder als solche, die im 13. Jahrhundert von geistigen Strömungen bestimmt waren, die von der Universität Paris ausgingen. Die einen haften stärker an Topoi, die seit der Spätantike verbindlich blieben,[4] andere sind stärker an zeitgenössischen Praktiken sowie Gegenständen orientiert und spiegeln die Veränderungen sowie die wechselnden Wertigkeiten im Instrumentarium. Sichtet man etwa 70 Bilder aus Österreich aus der Zeit vom 11. bis 16. Jahrhundert, erfährt man, dass bis 1200 Zupf- und Streichleiern sowie Harfen abgebildet wurden, bis 1400 zudem auch Glockenspiele, nach 1550 hingegen nur mehr Harfen.[5] In Quellen aus Kroatien findet man ausser diversen Harfentypen auch Harfenpsalter und Fideln, in serbischen Psalterhandschriften «kimbal» (= Cymbel), «psaltir» (Psalterion), «gusle» (Geige), «pregudnica» (Streichinstrument) und «truba» (Trompete).[6]

Mit all diesen kennzeichnenden Attributen ausgestattet soll somit David als ein vielseitig Musizierender erscheinen. Der junge Hirte wirkte als Musiktherapeut mit seinem Gesang und Saitenspiel tröstend auf die Melancholie von König Saul.[7] Er besänftigte wie Orpheus und Christus die Tiere, er war der Liturg im Tempel, Urheber der Psalmen und des «canticum novum» des Neuen Testaments; in Tonarien wird er stets mit dem ersten Ton assoziiert. Die Psalmen 1 mit der Initiale «B», 80 mit der Initiale «E» sowie 97 mit der Initiale «C» regten zu den meisten Wiedergaben von «citharae» und anderen Klanggeräten an,[8] wobei zwischen Text und Bild, «nomen» und «res» nicht selten Divergenzen auszumachen sind.

1. Der Autor und Cheironom

David ist memoriert worden als derjenige König der Könige, der im Tempel zu Jerusalem die kultisch eingebundene vokale und instrumentale Musik mit Hilfe von Leviten erweiterte, ordnete und etablierte. Er legte damit die Basis für diese Praxis als Kunstübung, denn in der Einschätzung etwa des Isidor von Sevilla war er ein dazu befähigter musicus: «Erat autem David in canticis musicis eruditus.» Er betrieb sein Singen nicht «ex usu», sondern «ex arte». Im Psalter der *Viviansbibel* steht der rühmende Satz:

> Psalmificus David resplendet et ordo peritus
> Eius opus canere musica ab arte bene.[9]

Ob dieser ihm zugebilligten Qualifikation sollte er bis ins 17. Jahrhundert hinein «aller fursten exempel sein», die Martin Luther zufolge es sich als Pflicht aufzuerlegen hatten, an ihren Höfen vollstimmige Capellen (wie im Tempel) zu unterhalten und – falls dies möglich war – zu dichten und zu komponieren.

Diese Leistung hat man versucht während des Mittelalters auch bildlich zu vermitteln, obwohl in den damaligen Kirchen und Synagogen instrumental nichts Vergleichbares realisiert werden konnte. David wird die Gestik von cantores und succentores zugeschrieben, die singende Mönche und Kleriker im Gottesdienst zu leiten hatten. Sie taten dies in der Tradition von Praktiken, die in die antiken Hochkulturen zurückreichen und als Cheironomie von Experten für geschulte Sänger geübt wurden. Koptische Priester bedienten sich der Handzeichen ebenso wie die «vorsinger» in der Synagoge, die griechisch-orthodoxen Mönche bei melodischen Rezitationen oder die «primicerii scholae cantorum». In Monte Cassino wurde im 11. Jahrhundert der Leiter des Mönchchores «chironomica» genannt.[10] Auf diesem Hintergrund von Praktiken sind jene Miniaturen zu lesen, auf denen David inspiriert vom Heiligen Geist mit Schriftrollen zu sehen ist, wie er mit einer Hand (Abb. 2) oder auch mit beiden den ohne Notenvorlagen musizierenden Instrumentalisten leitende Fingerzeige gibt, die sowohl die Rhythmik als auch die Diastematik des Vortrages betreffen konnten.[11] Ein Miniaturmaler wies ihm gar die Rolle eines Spielmannkönigs zu, der am Aufgang zu einer Kirche allerlei unwissende joculatores, die selbstverständlich nicht den sakralen Raum betreten durften, ante portas einstimmt auf ein Gott wohlgefällig dienendes Musizieren, das sich von jenem unterscheidet, welches Vaganten ansonsten auf den Strassen und in Tavernen betrieben (Abb. 3).[12]

2. Leier – Rotte – Crowd

In biblischen Texten wird 27 Mal das Zupfinstrument «nebel» (z.B. in Psalm 33,2) genannt.[13] Ausserdem kannte man in der Antike «asor», «psalterion», «trigonon», «kithara» oder «kinnor» benannte Saiteninstrumente. In Äthiopien wird in den Kirchen zudem seit Jahrhunderten eine zehnsaiti-

Abb. 2: Byzantinisch-griechischer Psalter: David der Cheironom. 10. Jh.
Rom, Biblioteca Apostolica Vaticana, Ms. graec. 752, fol. 23v.

ge Standleier (= baganâ) zur Gesangsbegleitung benutzt, deren Alter unbekannt ist, der jedoch von den Priestern als einer Nachbildung des angeblich in der Hand des Psalmisten gewesenen Saiteninstruments die höchste Verehrung entgegengebracht wird. Im Wortschatz des 6. Jahrhunderts begegnen nebeneinander, ohne eine eindeutige Spezifizierung, die Fachtermini rotta – lyra (lîre) – harpa,[14] die zu dieser Zeit noch ausschliesslich gezupfte Instrumente meinen konnten, da die Streichrotte erst im 11. Jahrhundert, im Endstadium der Leierarten in Europa, kurzzeitig in den Gebrauch kam.[15]

Antike Leiern wurden zusammengesetzt aus dem Resonanzkorpus, den Jocharmen sowie dem Joch. Mittelalterliche Instrumente hingegen suchte man mehrheitlich aus einem Stück Holz herzustellen (Abb. 4)[16] und zur Abhebung der Saiten vom Korpus mit Stegen zu versehen, die auch aus Bernstein geschnitzt sein konnten.[17]

Im Mittelenglischen «crowde», im Galloromanischen und Mittelhochdeutschen «rotte»,[18] in lateinischen Texten «cithara» benannte Instrumente wurden variantenreich gebaut z.B. als Rundkopfleiern mit oder ohne seitliche Einengung (Abb. 5), als asymmetrische Leiern oder als viereckige

694 *Die Vielzahl der Attribute des musizierenden und «springenden» David*

Abb. 3: Brevier der Königin Isabella von Spanien: *David auf der Kirchentreppe mit Spielleuten. Um 1480.*
London, British Library, Add. MS 18851, fol. 184v.

Rahmenleiern. Auf «biblischen» Steinkreuzen in Irland begegnen seit dem frühen 10. Jahrhundert verschiedene Arten, da sich in dieser Bildhauerkunst antike, keltische und germanische Muster gemischt finden lassen.[19] Die nach dem 13. Jahrhundert als Attribut dem Psalmisten noch beigegebenen sogenannten «Davids Leiern» sind zumeist nur Phantasiegeräte ohne Bezug zu realen Instrumenten.[20] Zudem nimmt der Zerfall zwischen

Abb. 4: *Tragaltar des Eilbertus (Welfenschatz aus Köln, Detail): David mit Rotte. Um 1150. Berlin, Kunstgewerbemuseum, Inv. Nr. W 11.*

«nomen» und «res» zu, denn häufig gibt die Beschriftung ein Psalterium an (etwa «Hec est forma psalterium»), abgebildet indessen ist eine Rotte.[21]

Aus der Fülle des grösstenteils bereits zugänglich gemachten Bildmaterials sei eine Darstellung herausgegriffen, die im Jahre 1992 in der Königstrasse 51 zu Lübeck aufgedeckt worden ist (Abb. 6).[22] Im ehemaligen Festsaal eines repräsentativ den Reichtum eines hanseatischen Kaufmannes manifestierenden Hauses sind an den Wänden in Spitzbogenfeldern zu Anfang des 14. Jahrhunderts Heilige aufgemalt worden. Im dritten Bogenfeld befindet sich bemerkenswerterweise auch das Bild von König David mit Nimbus und Krone, der eine asymmetrische Leier in den Händen hält, die – wie in der Antike – ein Widderkopf ziert. Dieser Figur ist das Spruchband beigegeben «Post Pira Vinum» (nach den Birnen der Wein), womit signifikant auf den Zweck dieses für Feste und Gelage bestimmten Saales verwiesen wird (siehe Sir 47,10).

3. Harfen und Harfenpsalter

Unter den Attributen des Liturgen und Psalmisten haben sich die Harfen in allen Künsten am nachhaltigsten ab dem 8. Jahrhundert durchgesetzt. Als

696 *Die Vielzahl der Attribute des musizierenden und «springenden» David*

*Abb. 5: «Davit» spielt vor «Bersa-bee». Um 1230.
Trzebnica (Trebnitz), Schlesien, nördliches Seitenportal der ehem. Zisterzienserkirche, Tympanonfragment.*

*Abb. 6:
David mit Rotte.
Anfang 14. Jh.
Lübeck, Königsstrasse 51,
ehemaliger Festsaal,
Wandmalerei in
Spitzbogenfeld.*

Marc Chagall 1936-39 und 1952-56 die Bibel illustrierte, gab er 1956 der Kraft des königlichen Sängers sowohl in glühender Farbigkeit als auch in einem Harfenpsalter beredten Ausdruck. 1985 komponierte Horst Franke aus Anlass der Einweihung der St. Stephan-Kirche in Mainz eine Trilogie für Harfe-Solo mit dem Titel *König David mit der Harfe* (Frankfurt a.M. 1989, Verlag Belcanto) in Erinnerung an den oftmals zitierten Satz: David «psallebat in cythara manu sua».[23] Lionel Hampton schrieb 1994 für Harfen und Vibraphon derselben Tradition sich anschliessend eine *King David Suite*. Diese überzeitliche Urbildlichkeit brachte 1838 Eugène Dévéria zum optisch wirksamen Ausdruck in einem Fresko der Kirche Notre-Dame des Doms zu Avignon (Vaucluse), indem er den König aufspielen liess für Figuren aus der Antike, für Jesus als dessen Nachfolger wie auch für Kinder und Erwachsene seiner Zeit (Abb. 7). In Stefan Heyms Roman *Der König David Bericht* von 1972 wartet der junge machtbesessene, jähzornige Held, der sich beim Tanz vor der Bundeslade «schamlos wie ein Hurer» (p. 154) zeigt, selbst zwar vor König Saul mit der damals nicht verfügbaren Laute auf (p. 45), in seinem Gefolge lässt er als arrivierter König, der nicht mehr selbst in die Saiten greift, indessen «vor dem Herrn auf Harfen spielen» (p. 148).

Nur wenige Instrumente sind derart symbolträchtig gewesen wie dieses. Es wurde verehrt als «göttlicher Widerhall», als «Gottesharfe» (Friedrich

Abb. 7: Eugène Dévéria, David mit Harfe. 1838.
  Avignon (Vaucluse), Cathédrale Notre-Dame des Doms. Fresko.

Spee), als pseudo-cithara. Es wurde zeichenhaft verwendet zur Vergegenwärtigung kosmischer Harmonie, in den Händen musizierender Esel freilich auch zur Demonstration von «ignorantia» oder im Kontext von Totentänzen zur Anprangerung des anmassenden Auftretens von «dumherrn» und anderen, in der kirchlichen Hierarchie aufgestiegenen Klerikern. Bis im 20. Jahrhundert Dichter, etwa Georg Trakl, dieses Attribut und Symbol zum unbedeutend gewordenen erklärten. Mit Versen wie:

> Die heiligsten Harfen ohnmächtig zerschellen

Abb. 8: Streifen von einem Messgewand: Stammbaum Christi. Um 1520. Darmstadt, Hessisches Landesmuseum. Deutsche Stickerei.

ging dieses als «goldene Harfe» seit alters vom Nimbus umgebene Klanggerät in die heutige Beliebigkeit unlimitierten Gebrauchs ein.

In der Hand Davids, der dieses Instrument im Stehen und Gehen, im Sitzen und Knien spielt, sind alle Bauarten von der Bogenharfe, Winkelharfe, der Dreiecksharfe (cythara anglica) und Rahmenharfe bis zum Harfenpsalter seit dem 8. Jahrhundert in Bildern präsent gemacht worden (Abb. 8 und 9).[24] Dies gilt auch für illuminierte jüdische Handschriften. In diesen wird vom Mittelalter bis ins 19. Jahrhundert hinein nicht an das im Psalm 137 genannte «kinorot» oder hebräische «nevel» erinnert, sondern in Anlehnung an die Septuaginta und Vulgata ebenfalls die Harfe beigegeben.[25]

Den zeichenhaften Sinn, der in die diversen Harfenarten gelegt wurde, hat man mit vielerlei Mitteln und Konnotationen zu explizieren gesucht. Die Dreieckform (irisch «clairseach») sollte sowohl die Trinität als auch die Kreuzigung Christi symbolisieren, das in Glasfenstern von Kathedralen mit der Farbe rot dargestellte Korpus die Liebe, die blaue Säule die Reinheit, der in Goldtönen gefasste

Abb. 9: Kanzional von Krumlov: David vor der Bundeslade. Anfang 15. Jh. Prag, Nationalmuseum.

700 Die Vielzahl der Attribute des musizierenden und «springenden» David

Hals das Licht oder die Erleuchtung,[26] die aufgezogenen Saiten aus Darm sollten auf die abgestorbenen Lüste des Leibes hinweisen. David, der mit dem Stimmschlüssel die Harfe stimmt (Abb. 10), bezeugt mit dieser Intention seine Zuständigkeit für die «mensura», die Ordnung im Makrokosmos, gelegentlich auch klassische Bildung (als Nachfolgerin

Abb. 10: Biblia Latina aus St. Castor in Koblenz: David inmitten seiner vier Begleiter. Anfang 12. Jh.
Pommersfelden, Schlossbibliothek, Cod. 334, fol. 148v (eingeschobenes Halbblatt).

der cithara) oder christliche Theologie. Die von ihm am Boden abgelegte Harfe gemahnt hingegen an die Disharmonie, die Verderbnis der profanierten Musik und die Bereitschaft des Sünders zu Verzicht und Reue.[27] Instrumente, die abgebildet werden ohne Resonanzkorpus, ohne die stützende Vorderstange oder Stimmwirbel, die somit nicht spielbar sind oder in einer Art gehalten werden, die zum Harfenieren ungeeignet ist, stellen betont ihren zeichenhaften Sinn heraus, der ins Metamusikalische zielt.

Mit all diesen Konnotationen überlebten die vielgestaltigen Bilder von David als dem «kungklich harpfensinger» (Ambrosius Blarer) die Reformationszeit, wenngleich einige Eiferer, wie etwa Calvin, sein Instrumentalspiel als Ausnahmeerscheinung unter den «puerilia elementa» in Frage stellten. Gesangbücher aller Konfessionen wurden mit dem Bild des Gott lobenden Harfenisten mustergebend geschmückt (Abb. 11).[28] Zahllosen Orgelprospekten wurde als Bekrönung ein harfenierender David aufgesetzt (Abb. 12). Als «König David» verkleidete Gläubige traten in Festzügen,[29] Prozessionen und Volksschauspielen auf. Sein Name blieb bis um 1800 in vielen, vornehmlich protestantisch orientierten Familien präsent in Gestalt der sogenannten Davidsharfe. Dieses gewöhnlich dreieckige und mit 34 Saiten bezogene, diatonisch gestimmte Instrument ohne Pedale wurde vornehmlich zur Begleitung des häuslichen Kirchenliedersingens benutzt.[30] Für den Unterricht in dieser Praxis boten sich vor allem im 18. Jahrhundert in vielen Städten Lehrer an, die sich auf billige Privatlektionen mit der «Zionsharfe»

Abb. 11: David thront über Jerusalem. 1689. Kupferstich in De CL. Psalmen Davids, in Nederduytsche Zang, übersetzt von J. v. Duisberg, Amsterdam 1689, Gesellschaft der Musikfreunde Wien.

702 *Die Vielzahl der Attribute des musizierenden und «springenden» David*

Abb. 12: Piantanida, Orgelprospekt. 1837.
Avignon (Vaucluse), Cathédrale Notre-Dame des Doms. Holzschnitzerei.

spezialisiert hatten. Z.B. druckten die in Zürich erscheinenden *Wöchentlichen Nachrichten* am 31. Mai 1736 die Annonce ab:

Ein fremder Harfenist befindet sich beym [Gasthaus] Storchen / der seine Dienste antragt / auf der Davids-Harfe zu unterweisen. Wer ihn zuerst hören will / dem anerbietet er umsonst ins Haus zukommen / und eine Prob von seiner Kunst zumachen in geistlich- und weltlichen Liedern.

Dieser Elementarunterricht hatte lediglich eine kunstlos-simple Gesangsbegleitung zum Ziel. Als jedoch um 1780 die mit Pedalen und chromatischer Saitenbespannung versehenen Harfen zum Galanterieinstrument feiner Damen erkoren wurden, geriet die kleinere Davidsharfe in Vergessenheit. Diese Ablösung kann man z.B. ablesen an vielen Anzeigen, die vor 1800 in den *Weimarischen Wöchentlichen Nachrichten* publiziert wurden, in denen man abgelegte, damals veraltete Davidsharfen zum Kauf feilbot.[31]

4. Psalterium

Bis in die Gottesdienste des 21. Jahrhunderts hinein hat sich der Aufruf des Kirchendichters Joachim Neander von 1680 im Gemeindegesang lebendig erhalten: «Kommet zuhauf, Psalter und Harfe, wacht auf ...». Dass man diesem nicht wörtlich nachzukommen vermag mangels derzeit noch gespielter Psalterinstrumente, war gewiss auch in früheren Jahrhunderten bereits ein Problem. In Ländern Europas, wo dieses halslose gezupfte Saiteninstrument unter dem Namen canon, canale, psaltery, salterio oder psaltir tatsächlich gespielt wurde, suchte man es abbildlich in die Darstellungen Davids einzubringen, während man andernorts dazu entweder Muster von ausserhalb übernahm oder Phantasieinstrumente ohne Realitätsbezug erfand. Dementsprechend ist eine breit gestreute Vielfalt in den Quellen aufzufinden.

Im 8. Jahrhundert schrieb Pseudo-Beda in *Origo Psalmorum*: «David, tenens ipse Psalterium», was historisch im alten Israel gewiss nicht möglich war. Dennoch schrieb man ihm zu, der «inventor» dieser formenreichen Instrumentenfamilie gewesen zu sein.[32] In westeuropäischen Quellen gibt es zahlreiche Belege für Psalterinstrumente, die «in modum Deltae» (= dreieckig), kastenförmig viereckig oder trapezförmig (Abb. 13 und 14), auch mit eingezogenen Seiten oder als Hälfte eines symmetrischen Trapezes gebaut sind.[33] Diese Vielfalt reicht (z.B. über Raffaels *Disputà* hinaus) bis ins späte 16. Jahrhundert, als Psalter nahezu ausschliesslich in den Händen König Davids abgebildet wurden als Symbole, die real nur noch selten vorkamen.[34] Bildkünstler in Ost- und Südosteuropa bereicherten diesen Vorstellungskomplex mit Arten, die regional in Böhmen, Russland oder Griechenland favorisiert wurden und dort teilweise derzeit noch im Gebrauch sind. In Russland und Polen stattete man den Psalmisten mit der helmförmigen, «gusli» oder «geślach» genannten Form aus,[35] die im Musik-

704   Die Vielzahl der Attribute des musizierenden und «springenden» David

Abb. 13: Grosser Psalter aus Canterbury: David mit Judenhut und Psalterium. Um 1180/90.
Paris, Bibliothèque nationale de France, Ms. lat. 8846, fol. 54v.

Abb. 14: «David rex» als Psalmendichter. 1423.
Siena, Dom, Marmorfussboden (Detail).

leben mit epischem Gesang assoziiert wurde. In Böhmen, wo die tschechischen Termini «husla», «husle», «huslice» seit dem 14. Jahrhundert als generelle Bezeichnungen von Saiteninstrumenten gebräuchlich waren, bildete man das eindeutiger als «ala bohemica» benannte, beidhändig gespielte Instrument bevorzugt ab.[36] In Serbien wurde noch im 17. Jahrhundert die dortige dreisaitige «gusle» bildlich wiedergegeben.[37] Dieses Instrument hat man im kroatischen Hvar in der zweiten Hälfte desselben Jahrhunderts auch Darstellern in die Hand gegeben, die in Mysterienspielen in der Rolle des Psalmisten auftraten.[38] In Griechenland ist noch gegenwärtig ein trianguläres Psalterium im Gebrauch, das im Mittelalter «psaltirion» benannt wurde, heute indessen mit dem Namen «kanonaki» bekannt ist. Dieses wird auch auf Bildern Davids mit und ohne Plektrum gezupft (Abb. 15).[39]

5. Lauten

Zupfinstrumente des Lautentyps sind auf Bildern südosteuropäischer Provenienz zu sehen. In Rumänien sind diese dominant.[40] Ein Wandgemälde im Kloster Voronet aus der Zeit um 1550 zeigt paradigmatisch den König David mit einer Langhalslaute, die mit der Bezeichnung «Cobza» noch derzeit in Moldavien sowie in der Walachei mit dem Plektrum gespielt wird (Abb. 16).[41]

Ein serbischer Psalter aus dem 14. Jahrhundert zeigt ausserdem David in der Rolle des Aufsehers beim Bau des Tempels in Jerusalem. Einige der Arbeiter sind auf dem Dach beschäftigt, andere tanzen zur Begleitung des Königs, der auf einem Instrument spielt, welches der Gruppe der Mandora-Mandola-Art zuzuschreiben ist (Abb. 17).[42]

6. Organum

Harfen und Fideln repräsentieren auf Bildern Davids die Chordophone, Glocken die Idiophone, Orgeln die Aerophone. Analog zum Monochord oder dem Glockenspiel symbolisieren auch die Orgeln die Idee des ordo, der «mensura» und des «numerus» in den Proportionen der Pfeifen, in der Sicht der Theologen auch die «concordia». Als ab dem 9. Jahrhundert der Orgel in Westeuropa ein hoher Status eingeräumt wurde, verbunden mit der Vorstellung von Macht und Stärke, konnte auch dieses Instrument dem David als ein ihm angemessenes, der Verkündigung dienliches zugeordnet werden. Nahe gelegt wurde diese Verbindung zudem durch eine missverständliche Übersetzung des hebräischen Wortes «ugab» im 150. Psalm der Vulgata in «organum».

706 *Die Vielzahl der Attribute des musizierenden und «springenden» David*

*Abb. 15: David mit Psalterium. 12. Jh.
       Kloster Stavronikita auf dem Berg Athos, Cod. 911, fol. 2v.*

*Abb. 16: David mit Laute. Um 1550.
Kloster Voronet (Rumänien). Wandmalerei.*

708 *Die Vielzahl der Attribute des musizierenden und «springenden» David*

Abb. 17: Serbischer Psalter: David beaufsichtigt den Tempelbau. 14. Jh. München, Bayerische Staatsbibliothek, Cod. slav. 4, fol. 124v.

Ab dem 13. Jahrhundert wurden vermehrt Illustrationen zum 80. Psalm mit David an Positiven sitzend gezeichnet und gemalt, dem ein Kalkant beim Spielen zu Diensten steht.[43] Nach dem 14. Jahrhundert wurde auch der Satz «David schlug uf ainem portatif» anschaulich gemacht (Abb. 18). In der Initiale zum 136. Psalm einer Bible Moralisée mit dem Text

> Super flumina Babylonis illic sedimus et flevimus, cum recordaremur Sion. In salicibus in medio eius suspendimus organa

hält der König vor einem Baum stehend eine Kleinorgel in die Höhe, um diese darin aufzuhängen. Zu berücksichtigen sind bei der Interpretierung dieser Figuration die textlichen Abweichungen in der hebräischen und der gallikanischen Version, denn das Wort

Abb. 18: *Bible Moralisée, Initiale: David mit Kleinorgel. 13. Jh.*
Paris, Bibliothèque nationale de France, Cod. lat. 11560, fol. 36.

«cithara» wurde gegen «organa» ausgetauscht; demnach wurden in der babylonischen Gefangenschaft nicht Leiern mit Wehklagen in die Bäume zum Verklingen abgestellt. Diese Initiale ist somit als eine wörtlich gemeinte Textillustration einzuschätzen.

7. Organistrum

Als ein Beispiel für die Veranschaulichung der verkehrten Welt aus der Sicht eines mittelalterlichen Miniaturmalers ist die Initiale «B» aus einer Bibelhandschrift des 13. Jahrhunderts betrachtenswert (Abb. 19). Zusammen mit Fabelwesen, Tieren und einem verkrüppelten Zwerg werden acht Spielleute, ein Kalkant sowie ein singender Mönch in diesem Bild dargestellt, in dem ein Glockenspiel und eine Orgel in der unteren Hälfte eingebracht sind, Trommel, Querflöte und Drehleier hingegen in der oberen. König David mit einer Rotte sitzt deplaziert seitlich, auf seinem Thron hat ein Leiermann Platz genommen. Hierzu ist allerdings zu bemerken, dass diesem Streichinstrument mit bordunierender Spielweise vom 12. bis 15. Jahrhundert bei Theore-

710 *Die Vielzahl der Attribute des musizierenden und «springenden» David*

*Abb. 19: Initiale: «David» mit Rotte im Nebenfeld eines Bildes. 13. Jh.
München, Bayerische Staatsbibliothek, Cod. lat. 2599, fol. 96v.*

tikern wie Praktikern eine höhere Wertschätzung zukam als später. Der Abstieg in das missachtete Gewerbe der bettelnden Spielleute («Weiber-Leyer») ging ab dem 14. Jahrhundert überall dort vonstatten, wo die Bindung des Musizierens an Orgelpunkte zugunsten der durchrationalisierten Polyphonie mit wechselnden Harmonien aufgegeben wurde.

8. Cymbala und Monochord

Arithmetische Prinzipien verhiessen nicht nur in der Musik der Sphären, sondern auch im Bereiche der klingenden «musica» Ordnung und Harmonie. Diese galt es als ein «donum Dei» proportioniert zu erhalten durch ständiges Überprüfen der Grundlagen sowie bereinigendes Stimmen der Instrumente. Cymbala sowie das mittels verschiebbarer Stege teilbare Monochord dienten diesem Zwecke als didaktisch nutzbare Geräte, an denen sich die harmonischen Gesetze, die Bedeutung von Zahlen und Gewichten deutlich demonstrieren liessen. Nachdem seit der Spätantike vornehmlich die Legende von Pythagoras als dem «inventor musicae» («Pitagoras reperit, transfert Boethius ipse»)[44] tradiert worden war, rückte nach dem 12. Jahrhundert David auch in diesen Fundamentalbereich der «theoria musicae» nach. Das Symbol des antiken Philosophen, die Aufreihung verschieden grosser und gewichteter Glocken, wurde auf den rex et propheta als zusätzlichen Garanten übertragen. «cymbala» werden fortan auch in «E»-Initialen des 80. Psalms als Attribut beigegeben, wenngleich der Terminus lediglich im fünften Vers des 150. Psalms vorkommt.[45] David bedient sich zweier Hämmer (Abb. 20) oder zweier Stäbe (Abb. 21), um die Reinheit der diatonischen Skala, der Intervalle wie auch der Konsonanzen mit Hilfe von 4, 5, 7 oder 8 «campanulae» erfahrbar zu machen. Bildzeugnisse dafür gibt es in Psalter- oder Bibelhandschriften aus Frankreich, England und Italien ebenso wie aus Polen.[46] In einigen Handschriften wird dieses propädeutische Handeln auch in Kirchenräumen mit Sängern lokalisiert, wo David somit wie ein «carillonneur» am Gottesdienst, speziell am «Te Deum», teilnimmt.[47]

Abb. 20: *Psalter des Robert of Ormesby, Initiale «E»: David am Glockenspiel. Um 1325. Oxford, Bodleian Library, MS Douce 366, fol. 109.*

Denselben Sinn sollten jene Bilder haben, denen zufolge der «David psalmografus ... in monocordo» seiner Aufgabe als «rector harmoniae» waltet.[48]

712 *Die Vielzahl der Attribute des musizierenden und «springenden» David*

Abb. 21: Huth Psalter, *Initiale «E»: David am Glockenspiel mit Fidler und Tänzer. Um 1280/90. London, British Library, Add. MS 38116, fol. 89.*

9. Tripos

In einem Breviarium Romanum aus der zweiten Hälfte des 15. Jahrhunderts ist eine Rarität enthalten. Der Salzburger Maler Ulrich Schreier (um 1430-um 1490) hat in einer «B»-Initiale den König David als Spieler des idiophonen Schlaginstruments Triangel (= ein Dreieck mit spitzen Ecken, deutsch «stegereyff») dargestellt (Abb. 22).[49] Er bedient sich dabei eines noch heute üblichen Stabes (aus Holz oder Stahl) und schlägt ein Instrument, welches mit Klirreifen auf der Unterstange ausgestattet ist. Diese Zutat legt die Vermutung nahe, dass das Triangel stellvertretend entweder als Nachfahre für das antike «sistrum» abgebildet wurde oder für die Sammelbezeichnung «cymbel» (cymbala) einzustehen hat. Im 14. und 15. Jahrhundert wurde es mehrmals Musikern beigegeben, die im Gefolge Davids

Abb. 22: Ulrich Schreier, Initiale «B» in Breviarium: David mit Triangel. Um 1470. Salzburg, Studienbibliothek, Cod. M III 21, fol. 10v.

musizieren (siehe z.B. Abb. 3), auch wurden Engel sowie die Muse Erato, gelegentlich auch Tod und Teufel, mit diesem Attribut versehen.

10. «Viellator»

Wenn in mittelalterlichen Bildern von den Freuden im Himmel Christus als Fidler vorgestellt wird, der den Engeln und Heiligen sowie den mystisch verzückten «minnenden seelen» zum Tanze aufspielt, dann ist nicht verwunderlich, dass auch König David, gleichsam als Spielmann Gottes, die Fidel streicht.[50] «Histrio fit David» schrieb man im hohen Mittelalter, als man sich im *Nibelungenlied* den «videlaere» Volker als «ein edel spileman» und «herre» vorstellen konnte,[51] und David gar als einen Spielmann von königlichem Stande. Bis um 1250 wurde in der höfischen Gesellschaft generell die «viella» höher eingeschätzt als die Harfe und deswegen auch bevorzugt als zur Bildung eines Edelmannes beitragendes Instrument geübt. Erst im 14. Jahrhundert wurde diesem Streichinstrument dieser Rang abgesprochen.[52] Da es viele Skulpturen und Miniaturen seit dem 10. Jahrhundert mit diesem Attribut gibt, lässt sich an ihnen der Formenreichtum von Rebec, Fidel und Violen sowohl im zeitlichen

Nebeneinander als auch im Nacheinander ablesen.[53] Die Nutzung dieser Möglichkeiten für organologische Forschungen ist vergleichbar denen, welche die Volto-Santo-Bilder seit dem 14. Jahrhundert bieten. Da diese in grosser Zahl aus mehreren Ländern vorliegen, lassen sich daran minutiös Entwicklungen von der Fidel zur Violine, oder von der Viole hin zur Violine ausfindig machen.

Die Instrumentenbezeichnung «fidula» ist seit dem 9. Jahrhundert bekannt. In griechisch-byzantinischen Handschriften sind die ältesten Bilder zu finden.[54] Diese zeigen Instrumente, deren Hals vom Korpus abgesetzt ist, die mit einem Bogen gestrichen und auf dem Knie oder im Schoss des Spielers gehalten werden (Abb. 23). Später wird das Instrument auch

Abb. 23: David mit Fidel. 11. Jh.
Jaca (Spanien), Kathedrale, südliche Vorhalle. Plastik an Säulenkapitell.

mit dem Kinn abgestützt (Abb. 24). Wollte der Spieler zum Fideln auch singen, dann lehnte er sein Instrument gegen die Brust. Ein sehr seltenes Dokument für den singenden und zugleich fidelnden David norditalienischer Provenienz wird in der Schatzkammer der Kathedrale in Split aufbewahrt (Abb. 25).

Mary Remnant trennt in ihren organologischen Forschungen «the mediaeval viol» sowie «the Renaissance viol» von «the fiddle». Violen wurden oval gebaut oder in Form einer acht (Abb. 26).[55]

Rebecs (= lyra) gab es im Mittelalter ebenfalls in mehreren Arten: keulenförmig, birnenförmig oder flaschenförmig. Bei diesen zumeist kleinen, mit drei Saiten bezogenen Streichinstrumenten ist das Korpus nicht von einem Hals abgesetzt, sondern reicht in steter Verengung bis zur Wirbelplatte (Abb. 27 und 28). Diesen Instrumententyp gibt es in griechisch-byzantinischen Psalterhandschriften des 10. Jahrhunderts ebenso wie in englischen oder kroatischen Quellen.

Abb. 24: Bibel Karls V., Initiale «B»: David mit Fidel. 14. Jh. Gerona (Spanien), Kathedrale.

11. Lira da Braccio und Lirone

Die mit sieben bis dreizehn Griffbrettsaiten sowie ein oder vier abgespreizten Bordunsaiten bezogene Lira da Braccio war seit dem Ende des 15. Jahrhunderts das spezifische Streichinstrument der italienischen Renaissance. Es wurde von Vornehmen und Gebildeten, darunter Leonardo da Vinci, von improvisierenden Humanisten, Lautenisten und Schauspielern als ein Soloinstrument benutzt, auf dem man die Erneuerung einer Rhapsodenkunst nach antikem Muster verwirklichen zu können anstrebte. Komponierte Stücke sind für dieses aus der Fidel heraus entwickelte Instrument nicht bekannt. Die Bezeichnung «lira» oder «lira moderne» sollte deutlich auf den intendierten Rückbezug zur abhanden gekommenen antiken Leier verweisen. Um diesem die gebührende Dignität zu verleihen, stattete man damit Bildnisse von Jupiter, Homer, Orpheus oder Apoll aus, so etwa Raf-

716 *Die Vielzahl der Attribute des musizierenden und «springenden» David*

Abb. 25: *Psalterium Romanum aus Norditalien, Initiale «B»: David mit Fidel. 15. Jh. Split (Kroatien), Schatzkammer der Kathedrale, Ms. 633, fol. 5.*

Abb. 26: Albani-Psalter: *David mit Viole. Frühes 12. Jh.* Hildesheim, Bibliothek von St. Godehard, fol. 447.

718 Die Vielzahl der Attribute des musizierenden und «springenden» David

Abb. 27: David mit Rebec. 12. Jh.
          Santiago de Compostela (Spanien), Kathedrale. Skulptur.

Abb. 28: David mit Rebec. Um 1300.
Colmar (Elsass), Stiftskirche St. Martin, Skulptur am Westportal.

fael 1511 auf seinem Parnass-Fresko in der Sala della Segnatura des Vatikans in Rom. Das älteste erhaltene Instrument wird mit 1511 datiert.[56] Indem z.B. der in Rom tätig gewesene Maler Bartolomeo Passarotti (1529-

720 *Die Vielzahl der Attribute des musizierenden und «springenden» David*

1592) anstelle der verklungenen Leier, aber auch von Psalter und Harfe, seinem König David dieses zeitgenössische, «moderne» Instrument in die Hände gab (Abb. 29), rückte er diesen in die Nähe der Vorstellungswelt von der griechischen Antike und der Repräsentation im Rahmen der septem artes liberales. Er assoziierte mit diesem Symbol für Poeten, Sänger und Musiker mehr dessen Urbildhaftigkeit für das damals in den italienischen Akademien rege säkulare Musizieren denn dessen Zuständigkeit für die musica sacra. Der diesem Bildnis eingeprägte aufwärts gerichtete Blick der

Abb. 29: Bartolomeo Passarotti, David mit Lira da braccio. 2. Hälfte 16. Jh. Rom, Galleria Spada. Öl.

Inspiration, des Sehers ohne sichtbaren Himmel (vor dem Hintergrund einer Mauer) ist damaligen Bildern von Homer ebenfalls eigen. Es assoziiert den Epensänger ebenso eindrücklich wie den Psalmisten.[57]

Ausser der in Schulterhöhe zu streichenden Kleinform baute man in Italien auch grössere Instrumente als «lirone» oder als «lira da gamba». Den Lirone brachte man ebenfalls in Verbindung mit David, sowohl in einem Holzschnitt von 1497 mit dem reuig betenden[58] als auch 1530 mit dem als König über den geköpften Goliat triumphierenden (Abb. 30). Da der Maler Camillo Boccaccino aus Cremona (1501-1546) die Rückansicht des mit sechs Wirbeln, Bünden und Intarsien versehenen Instrumentes dem Betrachter bietet, ist eine verlässliche Identifizierung nicht möglich. Die Inschrift auf dem Marmorsockel lässt die Forderung des Gotteslobes «in cythara et organo» erkennen, ein Streichbogen fehlt. Es könnte eine Lira da gamba oder eine Abart davon, eine Viola bastarda gemeint sein, die auch als Attribut der hl. Cäcilie verwendet worden ist.[59]

12. «David vor der arche sprang»

Rudolf von Ems, der Vorarlberger Ministeriale, vermittelte um 1250 den Lesern seiner *Weltchronik* (V.27940f), die mit Salomo im fünften Weltalter abbricht, den gereimten Bericht:

> David vor der arche sprang
> mit allirhande vroide spil ...

Er erinnerte damit an das Ereignis, «cum David reduxisset arcam ...» nach Jerusalem und «saltabat totis viribus ante Dominum».[60] David tat dies mit aller Kraft und «heiligen Liebe des guten Geists»[61] als ein «Beten mit Füssen» (Cervantes). In der Begeisterung für den Herrn legte er gar die Kleider und die Fussbedeckung ab und gebärdete sich wie ein «saltator», ein Springer.[62] Springer waren im Mittelalter als geübte Spezialisten auftretende, zumeist fahrende Solisten, die über ein mannigfaltiges Repertoire an Bewegungen, Torsionen, Fussstellungen und akrobatischen Fertigkeiten verfügten.[63] Zur optisch fesselnden Ausgestaltung ihrer Vorführungen bedienten sie sich vieler Tanzgeräte, z.B. Tücher, Rasseln, Stöcke, Messer, Schwerter, Reifen und Musikinstrumente. Auch Spielleute warteten mit «snelleclîchem springen» auf, wobei sie sich selbst auf Trommeln oder Fideln begleiteten und rhythmisch anfeuerten.[64] Nach solchen Mustern wurden seit dem frühen Mittelalter auch Bilder des enthemmt springenden Königs gestaltet. David tanzt, oft ohne Schuhe,[65] mit einer Chlamys oder nur einem Königsmantel knapp bekleidet zum Spiel einer Leier, einer Harfe, einer Fidel oder eines Portativs.[66] Er bewegt sich eng oder weit ausschreitend, mit gespreizten Beinen, hüpfend, in der Hocke wip-

Abb. 30: Camillo Boccaccino, David mit Lirone (?). 1530.
Piacenza, Museo Civico – Palazzo Farnese. Öl (Detail).

pend oder auch frohlockend hoch springend.⁶⁷ Um diese Bewegtheiten nicht durch das Musikinstrument zu behindern, hält er dieses – nach landläufiger, auf dem Balkan heute noch mit Trommeln praktizierten Manier – entweder vom Körper fern oder angehoben auf der Schulter (Abb. 31).⁶⁸ Wenn er,

Abb. 31: Domenico Zampieri, David springt mit Harfe. 1625/29.
Rom, San Silvestro al Quirinale, Wandgemälde in der Kuppel der Cappella Bandini.

wie z.B. auf einem Schnitzwerk aus Kroatien (um 1770), beim Springen hohe Stiefel trägt, dann wird damit dem Bild eine regionale Besonderheit eingeprägt, die dem in diesem Lande jedermann geläufigen Usus abgeschaut ist (Abb. 32).

Da bei liturgischen Prozessionen und geistlichen Prozessionsspielen (etwa am Fronleichnamstage) diese Figur des König David auch Teil von Tableaus war, geben einige wenige Bilder verknappt einen Einblick in die Umzugspraktiken. Im englischen *Tickhill Psalter* aus der Zeit von 1303 bis 1313 beispielsweise ist David mit einer Fidel in Begleitung eines Trompeters zu sehen, wie er in einem Umzug der Bundeslade voranschreitet (Abb. 33) und selbst dazu aufspielt.

Abb. 32: *Juniper-Stilp, David springt mit Harfe. 1765/74.*
  Masice (Kroatien), Antonius-Kirche, Holzschnitzerei am Chorgestühl.

Anmerkungen

1 Diese Annahme basiert auf Amos 6,5, Randglosse. Auch in den Texten von Qumran (Psalm 151 A, V.2) ist zu lesen: «My hands have made an ugav and my fingers a lyre.» In der Legende *Salman und Morolf* (468,4) wird sagenhaft erzählt, König David habe vor Troja «erdâcht das êrste seitenspil».
2 Frick 1631, 9. Auch der Weimarer Organist Johann Gottfried Walther repetiert fraglos in seinem *Musikalischen Lexikon*, Leipzig 1732, 199 den unglaubwürdigen Satz: «David ... hat ... verschiedene musicalische Instrumente erfunden»; vgl. auch *MGG*, 3, 401.
3 Band 1, Freiburg i.Br. 1994, 479.
4 Dazu Haseloff 1938.
5 Salmen 1980, Kat. Nr. 85-114, 158-167, 565-571, 781 und 782.
6 Kos 1972, Abb. 53 ff; Djurić-Klajn 1966, 124.

Abb. 33: Tickhill Psalter, *Initiale (Detail): David mit Fidel vor der Bundeslade. 1303/13.* New York, Public Library, MS Spencer 26, fol. 64v.

7 Suckale-Redlefsen 1972, 38.
8 Schaik 1988b, 94ff.
9 Bibl. Nat. Paris, Ms. lat. I, fol. 215v.
10 Hickmann 1949, 417ff.
11 Siehe auch die Initiale «C» in London, British Library, MS Royal 1 E.IX, fol. 151 (Ende 14. Jahrhundert) bei Besseler 1934, Abb. 93.
12 Hierzu siehe auch den Abschnitt «Viellator» in diesem Aufsatz.
13 Bayer 1968, 89.
14 Steger 1971, 37ff.
15 Remnant 1986, Abb. 1; Bachmann 1964, Abb. 91. Bemerkenswert an dieser kolorierten Federzeichnung aus einem bei Auch entstandenen Troparium ist, dass der Streichbogen unterhalb des Steges angesetzt ist, was spieltechnisch ohne Effekt ist.
16 Besseler 1934, Abb. 32; Rozanow 1965, Abb. 6.

17 Salmen-Schwab 1971, Tafel 3, Nr. 6.
18 Z.B. bei *Moriz v. Craun* «... der ander sůze wise greif / an harpen unde an rotten» (= Altdt. Textbibliothek 45, Tübingen 1956, V.867f).
19 Vgl. *Harpa*, 7 (1992), 15ff sowie Buckley 1991. Ein Mischgebilde aus Harfe und Leier enthält auch ein Graduale aus dem schlesischen Kloster Camanz, abgebildet bei Kloss 1942, Abb. 25.
20 Siehe Smits van Waesberghe 1969, Abb. 40 und 96.
21 Siehe Beispiele bei Besseler 1934, Abb. 48 und Seebass 1973, II, 48, Abb.
22 Clasen 1996, 62.
23 Zur Harfen-Problematik siehe Steger 1971, 29ff sowie Schaik 1988b.
24 Steger 1961, 50f; Haseloff 1938; Besseler 1934, Abb. 21 und 26; Salmen-Schwab 1971, Tafel 20; Braun 1980, 319; *Harpa*, 30 (1999), Titelbild.
25 Z.B. in: *Kaufmann Mishneh Torah* – Nr. A 27, Faksimile-Ausgabe Budapest 1984, Plate XXXIII; Roth 1963, Bd. I, Abb. 214. Ein im Jüdischen Museum in Göppingen-Jebenhausen aufbewahrtes Wirtshausschild aus dem 19. Jahrhundert zeigt ebenfalls den König David mit Harfe.
26 Auskröpfungen an Harfen in Gestalt von Vogelköpfen sollten ebenfalls das Licht symbolisieren.
27 Salmen 1995, Abb. 6.
28 Siehe auch: *MGG*, 1, Tafel LXIV,2 sowie Tafel XXXVIII,1 und 1483.
29 Sieber 1960, Abb. 101.
30 Siehe de Mirimonde 1975, Planche XL oder Stözel 1777.
31 Hingewiesen sei auch auf den Schweizer Pfarrer und Romanautor Jeremias Gotthelf (1797-1854), der gegen diesen Wandel in der Erziehung dilettierender junger Frauen polemisierte, indem er eine spöttelnd sagen lässt: «Ich bin schön, ich kann klavieren besser als König David harfen, tanzen ebenfalls besser als er, zeichnen wie ein Blitz ...».
32 Schaik 1988b, 44f.
33 Siehe Beispiele bei Salmen 1995, Abb. 2; Salmen / Salmen 1992, 60f; *Imago Musicae*, 1 (1984), 233; Kos 1972, Abb. 70ff.
34 Ravizza 1970, 15.
35 Findeisen 1928, Abb. 34, 44 und 45; Rozanow 1965, Abb. 40; Poplawska 1996, 63-69.
36 Buchner 1956, Abb. 133.
37 Djurić-Klajn 1966, 128.
38 Kos 1972, 91.
39 Anoyanakis 1979, Abb. 1 und 56.
40 Siehe Brâncuşi 1978, Abb. nach 208.256.
41 Alexandru 1956, 105ff.
42 Auf einer Miniatur des 9. Jahrhunderts zupft David, thronend ohne Krone, ein Instrument, das möglicherweise den später «cetula» oder citole benannten zuzuordnen ist (= London, British Library, Add. MS 37768, fol. 5), bei Steger 1961, Tafel 2.
43 Bachmann 1964, Abb. 86; Salmen 1995, 24; Hickmann 1972, 19f aus 4 Livres des Rois: «E David sunont / une manière d'orgenes».
44 Dazu Smits van Waesberghe 1969, 64f.
45 Schaik 1988a, 38ff; Foster 1977, 22.
46 Hickmann 1972, Tafel 4; Rozanow 1965, Abb. 11.
47 Z.B. London, British Library, MS Cotton Augustus VI, fol. 457v; Brüssel, Bibliothèque Royale Albert 1er, Ms. 9511, fol. 307; siehe Hottois 1982, Abb. 49-51; Salmen 1980, Nr. 308 und 388.
48 Steger 1971, Abb. 2; Seebass 1973, II, 80, Abb.; Staatsbibliothek Berlin, Ms. theol. lat. 358, fol. 1v.
49 Salmen 1980, Nr. 379.
50 Salmen 1997a, Abb. 5.
51 Dazu Steger 1961, 75ff.

[52] Bachmann 1964, 140.
[53] Zur Frage der Klassifizierung und Benennung siehe Remnant 1986 sowie Bec 1992; Steger 1971, 13ff.
[54] Bachmann 1964, Abb. 5.
[55] Beispiele bei Bec 1992, Abb. 19ff; Remnant 1986, Abb. 8ff.
[56] Salmen 1966, Abb. nach 64 sowie Salmen 1997b, 46f; Blažeković 1999, 94-106.
[57] Winternitz 1979, Plate 30ff.
[58] Ebd. 89.
[59] Sachs 1967, 195.
[60] Dazu Salmen 1995, 15f.
[61] Pasch 1707, 156.
[62] Der Mönch von Salzburg dichtete in *Das guldein Abc*: «das wir sigleich werden springen / als künig Dauid mit der slingen.»
[63] Busch 1982; Salmen 1999, 7ff sowie Abb. 6 und 7.
[64] Salmen 1983, 79.
[65] Siehe z.B. das Frontispiz zu Zinckeisen 1584.
[66] Dazu detaillierter Steger 1961, 81ff; Thomas 1970, 11ff; Kessler 1977, Abb. 158ff.
[67] Seebass 1973, II, Abb. 44.
[68] Hickmann 1972, Tafel 3, Nr. 7.

Bibliographie

Alexandru, T., 1956: *Instrumentele muzicale ale poporului romîn*, Bukarest: Editura de Stat Pentru Literatură şi Artă.
Anoyanakis, F., 1979: *Greek popular musical instruments*, Athen: National Bank of Greece.
Bachmann, W., 1964: *Die Anfänge des Streichinstrumentenspiels*, Leipzig: Deutscher Verlag für Musik.
Bayer, B., 1968: «The Biblical Nebel» in *Yuval*, 1, pp. 89-131.
Bec, P., 1992: *Vièles ou Violes?*, Paris: Éditions Klincksieck.
Besseler, H., 1934: *Die Musik des Mittelalters und der Renaissance*, Potsdam: Akademische Verlagsgesellschaft.
Blažeković, Z., 1999: «What Marsyas May Have Meant to the Cinquecento Venetians, or, Andrea Schiavone's Symbolism of Musical Instruments» in Katalinić, V. / Blažeković, Z. (eds.), *Music, Words, and Images. Essays in Honour of Koraljka Kos*, Zagreb: Croatian Musicological Society, pp. 93-116.
Boyer Owens, M., 1989: «The Image of King David in Prayer in Fifteenth-Century Books of Hours» in *Imago Musicae*, 6, pp. 23-38.
Brâncuşi, P., 1978: *Muzica Românească şi marile ei primeniri*, Bukarest: Ed. Muzicala.
Braun, J., 1980: «Musical instruments in Byzantine illuminated manuscripts» in *Early Music*, 8, pp. 312-327.
Buchner, A., 1956: *Musikinstrumente im Wandel der Zeiten*, Prag: Artia.
Buckley, A., 1991: «Music-related imagery on early Christian insular sculpture: identification, context, function» in *Imago Musicae*, 8, pp. 135ff.
Busch, G. Ch., 1982: *Ikonographische Studien zum Solotanz im Mittelalter*, Innsbruck: Musikverlag Helbling.
Clasen, A., 1996: «Heiligenbilder und trinkfrohe Sprüche. Das Frömmigkeitszeugnis eines Lübecker Kaufmanns in der Königstraße 51» in *Zeitschrift des Vereins für lübeckische Geschichte und Altertumskunde*, 76, pp. 55-90.

Deusen, N. van, 1994: *Theology and Music at the Early University*, Leiden: Brill.
Djurić-Klajn, S., 1966: «Certains aspects de la musique profane serbe de l'époque féodale» in Lissa, Z. (ed.), *Musica Antiqua Europae Orientalis*, Warschau: Paristwowe Wydawnictwo Naukowe, pp. 117-139.
Findeisen, N.F., 1928: *Otscherki po istorii muzyki w Rossii*, Moskau / Leningrad.
Foster, G., 1977: *The iconology of musical instruments and musical performance in thirteenth-century French manuscript illuminations*, New York: Phil. Diss. masch.
Frick, Chr., 1631: *Music=Büchlein oder Nützlicher Bericht von dem Uhrsprunge, Gebrauche vnd Erhaltung Christlicher Music*, Lüneburg: J. u. H. Stern.
Haseloff, G., 1938: *Die Psalterillustration im 13. Jahrhundert*, Göttingen: Phil. Diss.
Hickmann, H., 1949: «Observations sur les survivances de la chironomie égyptienne» in *Annales du service des antiquités*, p. 417.
Hickmann, H., 1972: *Das Portativ*, Kassel: Bärenreiter.
Hottois, I., 1982: *L'Iconographie musicale dans les manuscrits de la Bibliothèque Royale Albert Ier*, Catalogue de l'exposition, Brüssel: Bibliothèque Royale Albert Ier.
Kessler, H.L., 1977: *The illustrated Bibles from Tours*, Princeton, N.J.: University Press.
Kloss, E., 1942: *Die schlesische Buchmalerei des Mittelalters*, Berlin: Deutscher Verein für Kunstwissenschaft.
Kos, K., 1972: *Musikinstrumente im mittelalterlichen Kroatien*, Zagreb: Phil. Diss.
Mamczarz, I., 1987: «Iconographie musicale des gravures polonaises du XVIe au XVIIIe siècle» in *Imago Musicae*, 4, pp. 79-97.
MGG 1949 ff = *Die Musik in Geschichte und Gegenwart, Allgemeine Enzyklopädie der Musik*, Kassel: Bärenreiter.
Mirimonde, A.P. de, 1975: *L'Iconographie musicale sous les rois Bourbons*, Paris: Éditions A. et J. Picard.
Page, Chr., 1977: «Biblical Instruments in medieval manuscript illustration» in *Early Music*, 5, pp. 299-309.
Pasch, J., 1707: *Beschreibung wahrer Tanz-Kunst*, Franfurt a.M.: W. Michahelles.
Pope, I., 1966: «King David and his Musicians in Spanish Romanesque Sculpture» in LaRue, J. (ed.), *Aspects of Medieval and Renaissance Music. Festschrift für Gustav Reese*, New York: Norton, p. 693, Pl. 24-26.
Poplawska, D., 1996: «String Instruments in medieval Russia» in *RIDIM Newsletter*, 21, pp. 63-70.
Ravizza, V., 1970: *Das instrumentale Ensemble von 1400-1550 in Italien*, Bern: P. Haupt.
Remnant, M., 1986: *English Bowed Instruments from Anglo-Saxon to Tudor Times*, Oxford: Clarendon Press.
Roth, C., 1963: *Die Kunst der Juden*, Frankfurt a.M.: Ner-Tamid Verlag.
Rozanow, Z., 1965: *Muzyka w miniaturze polskiej*, Warszawa: Polskie Wydawnictwo Muzyczne.
Sachs, C., 1967: *Handbuch der Musikinstrumentenkunde*, Hildesheim: Olms.
Salmen, W., 1966: *Geschichte der Rhapsodie*, Zürich / Freiburg i.Br.: Atlantis.
Salmen, W. / Schwab, H.W., 1971: *Musikgeschichte Schleswig-Holsteins in Bildern*, Neumünster: K. Wachholtz.

Salmen, W., 1980: *Katalog der Bilder zur Musikgeschichte in Österreich*, Teil 1: bis 1600, Innsbruck: Musikverlag Helbling.
Salmen, W., 1983: *Der Spielmann im Mittelalter*, Innsbruck: Musikverlag Helbling.
Salmen, G. und W., 1992: *Bilder zur Musikgeschichte Ostmitteleuropas*, Kassel: Bärenreiter.
Salmen, W., 1995: *König David – eine Symbolfigur in der Musik*, Freiburg Schweiz: Universitätsverlag.
Salmen, W., 1997a: *Der Tanzmeister*, Hildesheim: Olms.
Salmen, W., 1997b: «Raffael und die Musik» in *Freiburger Universitätsblätter*, 136, pp. 43-56.
Salmen, W., 1999: *Tanz und Tanzen vom Mittelalter bis zur Renaissance*, Hildesheim: Olms.
Schaik, M. van, 1988a: «The Cymbala in Psalm 80 Initials: A Symbolic Interpretation» in *Imago Musicae*, 5, pp. 23-40.
Schaik, M. van, 1988b: *De harp in de middeleeuwen*, Utrecht: Privatdruck.
Seebass, T., 1973: *Musikdarstellung und Psalterillustration im früheren Mittelalter I-II*, Bern: Francke.
Seebass, T., 1987: «Idee und Status der Harfe im europäischen Mittelalter» in *Basler Jahrbuch für historische Musikpraxis*, 11, pp. 139-152.
Sieber, F., 1960: *Volk und volkstümliche Motivik im Festwerk des Barocks*, Berlin: Akademie-Verlag.
Smits van Waesberghe, J., 1969: «Musikerziehung» in *Musikgeschichte in Bildern*, Bd. III, 3, Leipzig: Deutscher Verlag für Musik.
Steger, H., 1961: *David Rex et Propheta*, Nürnberg: Hans Carl.
Steger, H., 1971: *Philologia Musica*, München: Wilhelm Fink.
Stözel, J. G. (ed.), 1777: *Neu bezogenes Davidisches Harpfen= und Psalter=Spiel, oder Neu aufgesetztes nach dem Würtembergischen Landgesangbuch eingerichtetes Choral=Buch*, Stuttgart: J.B. Mezler.
Suckale-Redlefsen, G., 1972: *Die Bilderzyklen zum Davidleben. Von den Anfängen bis zum Ende des 11. Jahrhunderts*, München: Phil. Diss.
Thomas, E., 1970: *King David leaping and dancing*, Budapest: Akad. Kiadó.
Winternitz, E., 1979: *Musical Instruments an their Symbolism in Western Art*, New Haven / London: Yale University Press.
Zinckeisen, E., 1584: *Kirchen Gesäng / So bey der predigt deß Göttlichen Worts vnd außspendung der H. Sacrament in den Kirchen Augspurgischer Confession gebraucht werden*, Frankfurt a.M.: S. Feyrabend.

David im Musiktheater des 20. Jahrhunderts
Bemerkungen zu Werken von Carl Nielsen, Arthur Honegger, Kurt Weill und Darius Milhaud

ERNST LICHTENHAHN

Zusammenfassung:

David erscheint im 20. Jahrhundert in vier sehr unterschiedlichen Werken auf der Bühne des Musiktheaters, in Carl Nielsens dänischer Oper *Saul og David*, in Arthur Honeggers *Roi David*, der ursprünglich für das Volkstheater von Mézières bestimmt war, heute aber nur noch in seiner Oratorien-Fassung bekannt ist, in Kurt Weills monumentaler Darstellung des Judentums *Der Weg der Verheissung* und in Darius Milhauds für Jerusalem komponierter Oper *David*. Skizziert werden die verschiedenen Zielsetzungen und musikalisch-dramatischen Gestaltungen der Werke. Während Nielsen dem David-Bericht eine Opernhandlung in der Tradition des 19. Jahrhunderts abzugewinnen sucht, ist Honeggers *Roi David* vor allem auf die Psalmen ausgerichtet. Unmittelbare szenische Verbindung des biblischen Geschehens mit der Gegenwart kennzeichnet die Werke Weills und Milhauds. Genauere analytische Untersuchungen gelten den Darstellungen des jungen Sängers David vor Saul.

Résumé:

Au XXe siècle, quatre drames lyriques très différents ont pris David comme sujet: l'opéra danois de Carl Nielsen *Saul og David;* *Le Roi David* d'Arthur Honegger, destiné à l'origine au théâtre populaire de Mézières, mais qu'on ne connaît plus aujourd'hui que dans sa version oratorio; *La Voie de l'Espérance (Der Weg der Verheissung)* de Kurt Weill, épopée monumentale de l'histoire juive; et l'opéra *David* composé pour Jérusalem par Darius Milhaud. L'article retrace l'objectif et la dramaturgie musicale de chacune de ces œuvres. Alors que Nielsen tente de tirer de la chronique de David un scénario dans la tradition du XIXᵉ siècle, *Le Roi David* d'Honegger s'inspire surtout des psaumes. L'oratorio de Weill et l'opéra de Milhaud se caractérisent par le rapprochement direct effectué entre les événements bibliques et l'histoire contemporaine. L'article consacre une analyse approfondie aux chants par lesquels le jeune David apaise Saül dans ces quatre compositions.

Abstract:

David appeared on the stages of music theatres in the 20th century in four very different works: Carl Nielsen's Danish opera *Saul og David*, Arthur Honegger's *Roi David*, which was originally meant for the folk-theatre of Mézières, but is today only known in its oratorio version, Kurt Weill's monumental portrayal of Judaism *The Eternal Road*, and Darius Milhaud's opera *David*, composed for Jerusalem. In this article, the different aims of the musical works are presented and their different musical and dramatic arrangements are outlined. Whereas Nielsen tries to mould the David-story into an opera in the tradition of the 19th century, Honegger's *Roi David* focuses mainly on the psalms. The direct connection of biblical events with contemporary ones marks the works of Weill and Milhaud. The representations of the young David singing before Saul are given more precise analytical investigation.

Stichwörter:

David; Saul; Musiktheater; 20. Jahrhundert; Honegger, Arthur; Milhaud, Darius; Nielsen, Carl August; Weill, Kurt; Werfel, Franz; Psalmen

> «Nicht mit einem Paukenschlag ... erscheint der jüngste Sohn des Bethlehemiters Ischai auf der Bühne der israelitischen Geschichte, sondern mit einem Akkord, auf der viersaitigen Kinnor geschlagen, der Frieden stiften soll; Frieden in der zwischen manisch-euphorischen und depressiven Stimmungen bis zum Zerreissen angespannten Psyche des Soldatenkönigs Saul. – Ein Akkord, der Wirkung zeitigt. Ein Akkord freilich auch, der sich schon bald verlieren wird in ganz anderen, lauteren, gewaltsameren Tönen.»[1]

Im vorliegenden Beitrag geht es nicht um die Frage, wie David auf der Bühne der israelitischen Geschichte, sondern wie er auf der Bühne des Musiktheaters des 20. Jahrhunderts erscheint. Beides ist indes miteinander verbunden: In den musikdramatischen Darstellungen spiegelt sich – grundlegend, wenn auch von andern Absichten überlagert – die jeweilige Kenntnis der historischen Gestalt, wie umgekehrt die «Dramaturgie» und «Inszenierung» der Geschichte und Person Davids auch für die historische Deutung – so sehr sie auf «Objektivität» gerichtet sein mag – immer wieder eine Rolle gespielt hat. Dabei scheint es in der Tat, als habe die Polarität, die Nitsche anspricht, Deutung wie Darstellung stets von neuem vor Probleme gestellt. Zu dem Hirtenknaben und Jüngling, der, die Kinnor (Leier, «Harfe») schlagend, Frieden stiften soll und hinter dem sich der Psalmensänger abzeichnet, zu der Seite also, die von vornherein der musikalischen Ausgestaltung reichen Anlass bietet, steht der Staatsgründer, Politiker und Gewaltherrscher in hartem Kontrast. Ein einheitliches Bild lässt sich ebenso schwer gewinnen wie eine gradlinige Handlung, und damit mag es zusammenhängen, dass bei aller Vielfalt der Episoden, die für die dramatische Gestaltung eigentlich ähnlich ergiebig sein könnten wie für die – ja tatsächlich in sehr grossem Umfang vorhandene – bildnerische, David im Musiktheater nur eine untergeordnete Rolle spielt.[2] Deutlich überlagert sich denn auch dem Bestreben, dem Stoff ein Handlungsgefüge, eine in sich schlüssige Dramaturgie abzugewinnen, eine andere Dimension, nämlich eine Art «Instrumentalisierung» der David-Gestalt im weiteren Rahmen einer von Gott verheissenen Ordnung und Erfüllung, die über das Ende Davids hinausweist, auf Salomo oder – je nach Standpunkt – auf Christus, bzw. den Messias. Je deutlicher der Verkündigungscharakter in den Vordergrund rückt, desto stärker wenden sich die Werke von der Bühne ab und dem Oratorienhaften zu. So ist es sicher kein Zufall, dass Honeggers *Roi David* ebenso wenig auf der Bühne überlebt hat wie Kurt Weills *Weg der Verheissung* – von neuesten Versuchen, deren wirkungsgeschichtlicher Erfolg abzuwarten bleibt, abgesehen –,[3] dass die Uraufführung von Darius Milhauds *David* 1954 in Jerusalem nur konzertant stattfand und dass selbst Carl Nielsens *Saul og David*, das vergleichsweise opernhafteste unter den vier Werken, welches auch der Bühne am engsten verhaftet blieb, durch den hohen Anteil der Chorsätze als ausgesprochen oratorienhaft gilt. Mit dem Oratorienhaften verbunden ist eine Nähe zum epischen Theater, die Honeggers und Weills Werke gleichermassen kennzeichnet, die aber auch für Milhauds Oper charakteristisch ist.

1. Die Entstehungsgeschichten

Die folgenden Skizzen zu den Entstehungsgeschichten der vier genannten Werke aus dem 20. Jahrhundert sind darauf ausgerichtet, die Motivationen und Absichten zu ermitteln, die zur Themenwahl führten.

1.1 Am wenigsten lässt sich über Carl Nielsens dänische Oper *Saul og David* beibringen; zu nahtlos reiht sich die Oper in die Tradition des späten 19. Jahrhunderts ein. Carl August Nielsen, 1865-1931, am Kopenhagener Konservatorium u.a. Schüler von Nils W. Gade, seit 1889 in der zweiten Geige des Orchesters der Hofkapelle beschäftigt, begeisterte sich früh für die Opern und Musikdramen Richard Wagners, deren damalige Kopenhagener Aufführungen einen hohen Standard erreichten. Auf Reisen nach Deutschland, Frankreich und Italien vertiefte er seine Kenntnisse der zeitgenössischen Musik, wohl nicht zuletzt im Bereich des Musiktheaters, das – in der Wagner-Nachfolge – weithin von Werken geprägt war, die dem «Allgemein Menschlichen» und «Immergültigen» im Rückgriff auf den Mythos – den germanischen, aber auch den märchenhaft-exotischen und eben nicht zuletzt den biblischen – erhabenen und monumentalen Ausdruck zu geben suchten. So scheint es 1896 Nielsens freie und kühne Entscheidung gewesen zu sein, die Geschichte von Saul und David als Sujet seiner ersten Oper zu wählen. Arne Einar Christiansen, der spätere Direktor des Königlichen Theaters, schrieb das Libretto, 1898-1901 komponierte Nielsen die Musik, für die er sich – neben der Instrumentalmusik, die eigentlich immer im Zentrum seines Schaffens stand – durch einige Schauspielmusiken und Chorwerke das Rüstzeug geholt hatte. Abgesehen von der Komischen Oper *Maskerade*, die unmittelbar auf den *Saul* folgte, schrieb Nielsen danach keine Oper mehr. Der Bühne blieb er allerdings bis in sein letztes Lebensjahr durch die weitere Komposition von Schauspielmusiken – Lieder und Instrumentalstücke – eng verbunden.

Nielsens Interesse am Saul- und David-Stoff dürfte, wie dies auch von Jørgen I. Jensen betont wird,[4] vor allem ein aktuelles politisches gewesen sein: Dänemarks Niederlage im zweiten deutsch-dänischen Krieg von 1864 hatte im Wiener Friedensabkommen dazu geführt, dass die Herzogtümer Holstein, Lauenburg und Schleswig an Preussen und Österreich verloren gingen und 1867 preussisch wurden. Zu dieser Schwächung des dänischen Staates von aussen traten innere Schwierigkeiten, die sich in heftigen

Auseinandersetzungen des Königs Kristian IX. und seiner konservativen Regierung mit der demokratisch-bäuerlichen Mehrheit des Folketings äusserten. So wie Johannes Vilhelm Jensen 1901 in seinem Roman *Des Königs Fall* die aktuellen politischen Zustände an der Gestalt Kristians II. aus dem 16. Jahrhundert spiegelte, so dürfte es Nielsen im Rückgriff auf die Bibel mit seiner Saul-Darstellung versucht haben. Die äussere Gefährdung Israels durch die Philister wie auch die Spannungen zwischen Saul und dem Volk, das in Nielsens Oper eine zentrale Rolle spielt, weisen gleichermassen auf die damalige Aktualität.

Saul und David wurde im November 1902 in Kopenhagen unter Nielsens Leitung uraufgeführt und erlebte in jener Spielzeit acht Wiederholungen. Erst eine Neuinszenierung im Jahre 1934 führte zu grösserem Erfolg. Zumal auf skandinavischen Bühnen – ausser in Dänemark vor allem in Stockholm – konnte sich das Werk seither relativ konstant im Spielplan halten.

1.2 Anders als Nielsens *Saul* trägt Arthur Honeggers *Roi David* von Anfang an Kennzeichen des Einmaligen und Experimentellen. Das Werk entstand für die Volkstheater-Bühne des «Théâtre du Jorat» im waadtländischen Mézières nahe des Genfersees. Dieses Volkstheater, im wesentlichen eine Gründung des Dichters René Morax, existierte seit 1903 und vereinigte in der Regel alle zwei Jahre eine grosse Zahl von Laienschauspielern, Dorfchören und Mitgliedern von Musikvereinen («Fanfares») wie insbesondere auch ein ansehnliches Publikum zu Theateraufführungen mit Musik, die in mancher Hinsicht in der Tradition der Schweizer Festspiele seit dem mittleren und späten 19. Jahrhundert zu sehen sind. Der Erste Weltkrieg brachte eine Unterbrechung; als letztes Werk war im Frühsommer 1914 ein *Tell* mit Text von Morax und Musik von Gustave Doret über die Bühne gegangen.

In den *Cahiers Vaudois* erschien auf Morax' Veranlassung im Januar 1915 ein Heft unter dem Titel *Louvain-Reims* mit Beiträgen von Romain Rolland, Claudel, Strawinsky, Auguste Forel und anderen, die die deutschen Grausamkeiten in Belgien und Nordfrankreich anprangerten. Morax' eigener Beitrag, «Le droit à la résistence», brachte Anspielungen auf Tell und andere Episoden der Schweizer Geschichte, in denen es um Widerstand gegen eine Besatzungsmacht geht. Mit Rolland, dem der Text offenbar zu radikal war, kam es darüber zum Zerwürfnis. Morax verfolgte den Gedanken weiter; seine tiefe Betroffenheit über die weltumwälzenden Kriegsereignisse brachten ihn jedoch zur Überzeugung, dass das Théâtre du Jorat, wenn es denn seine Aktivität wieder aufnehmen sollte, sich nicht mehr mit lokalpatriotischen Sujets begnügen dürfe, sondern in weitere Dimensionen ausgreifen müsse. Hier dürfte die Idee gereift sein, die

Geschichte Davids zum Thema zu wählen.⁵ Hinzu kam eine Reise nach Indien, zu welcher der Winterthurer Mäzen Werner Reinhart Morax 1919 einlud und bei der eine hinduistische Zeremonie besucht wurde. «Cet événement avait fait sur moi la plus forte impression et m'avait donné l'idée de créer une œuvre de caractère oriental ayant un rapport à la Bible. C'est à ce moment-là que j'ai eu l'idée du *Roi David*.»⁶ Auch Morax' Hauskomponist, Gustave Doret, drängte darauf, die Spiele in Mézières wieder aufzunehmen: «Au travail ... ! Le bouleversement moral de la guerre est passé. L'ordre doit revenir et il faut renouer les traditions du passé en les renouvelant sans doute, mais sans les briser ... »⁷ Was Doret vorschwebte – und hier dürften die Auffassungen über Erneuerung weit auseinander gegangen sein –, war eine Rückkehr zu den lokalen Sujets. Jedenfalls verschreckte ihn, dessen antisemitische Tendenzen bekannt waren, die Vorstellung eines David-Dramas, und er lehnte die Mitarbeit ab.

Im letzten Moment gelang es durch Vermittlung des Dirigenten Ernest Ansermet, den jungen, in Paris lebenden, von Schweizer Eltern abstammenden Arthur Honegger für die Aufgabe zu gewinnen. Honegger, den der Stoff als bibelfest erzogenen Protestanten und als Bach-Verehrer von vornherein anspricht, sagt am 21. Januar 1921 zu und bittet um Zusendung des Textes. Am 25. Februar beginnt er mit der Komposition, wobei er die Chorsätze vorzieht, um sie laufend zwecks Einstudierung mit den Laienchören ins Waadtland zu schicken. Am 28. April ist die Komposition beendet, am 11. Juni findet in Anwesenheit des Gesamtbundesrates, des waadtländischen Staatsrats und hoher Schweizer Militärs die Premiere statt. Der Erfolg ist ausserordentlich; insgesamt finden zwölf statt der vorgesehenen zehn Aufführungen statt. Damit ist dann freilich auch bereits das Ende der Geschichte des – überaus langen und in der Produktion extrem aufwendigen – Bühnenwerkes erreicht; was überlebt hat, und zwar bis heute mit unvermindertem Erfolg, ist die oratorische Konzertfassung, die Honegger mit Morax' (wohl eher contre cœur geleisteter) textlicher Hilfe – fast alle Personen sind auf den Erzähler-Bericht reduziert – bald darauf erarbeitete.

1.3 Nicht minder einmalig und experimentell ist das David-Drama im Werk Kurt Weills. 1933, nach der nationalsozialistischen Konfiszierung von Max Reinhardts Deutschem Theater, schlug der junge amerikanische Produzent und Zionist Meyer Weisgal dem berühmten Intendanten vor, ein musiktheatralisches Werk über die gegenwärtige Misere der Juden in Europa zu konzipieren. Für den Text wandte sich Reinhardt offenbar zunächst an Lion Feuchtwanger, der indes ablehnte, und dann erst an seinen Freund Franz Werfel.⁸ Für die Musik bestimmte er Kurt Weill, Sohn eines jüdischen Kantors und damals im Exil in Paris lebend.

Der Weg der Verheissung, ein «Bibelspiel in vier Teilen», bringt im dritten Teil (nach [I] Abraham bis Joseph, [II] Auszug aus Ägypten bis zu Moses Tod und vor [IV] Zerstörung des Tempels und apotheotische Verheissung) Episoden aus der Regierung Sauls, Davids und Salomos mit der Errichtung des Tempels als Schlusspunkt und Symbol ewiger Hoffnung. Im Oktober 1934 lag Werfels Text vor, und Weill konnte Reinhardt mitteilen, dass er dabei sei, das Werk in grossdimensionalen musikalischen Formen auszuarbeiten, die von gesprochenen Szenen unterbrochen würden. Für Januar 1936 war die Premiere an der New Yorker Manhattan Opera vorgesehen, für welche Ludwig Lewisohn Werfels Text zunächst unter dem Titel *The Road of Promise* und schliesslich unter dem Titel *The Eternal Road* ins Englische übertrug. Die Schwierigkeiten begannen mit Reinhardts Beiziehung des Bühnenbildners Bel Geddes. Dessen Entwürfe waren so gigantisch, dass für das Orchester immer weniger und schliesslich überhaupt kein Platz blieb, so dass nur die Sängerinnen und Sänger live mitwirken konnten, der Orchesterpart aber (offenbar mit wenigen Ausnahmen einiger nachkomponierter Songs[9]) als voraus gefertigte Aufnahme eingespielt wurde (mittels Lichtton wie im damaligen Tonfilm) – wohl die erste Playback-Produktion in der Geschichte des Musiktheaters überhaupt. Nach zwischenzeitlichem Bankrott des ganzen Unternehmens kam die Uraufführung am 7. Januar 1937 endlich doch zustande, in einer gekürzten und veränderten Fassung, die wohl nur noch Reinhardts, kaum mehr aber Werfels und Weills Vorstellungen entsprach. Wohl zu Recht bemerkt David Farneth: «Die komplizierte Entstehungsgeschichte des Werks resultiert in großem Maß aus den unsicheren politischen und den sich überschneidenden kulturellen Bedingungen, unter denen die Beteiligten arbeiteten. Sie alle kämpften mit persönlichen und beruflichen Umbrüchen und Identitätskrisen, wie sie mit den Erfahrungen des Exils einhergingen. Zudem wurde das biblische Drama unter den Bedingungen des kommerziellen Theaters in Amerika produziert, die die Autoren bisher nicht kannten. Das Werk richtete sich an ein fremdes Publikum, dem entweder das Verständnis für seine Beweggründe fehlte oder das persönliche Gründe vorgab, um sie zu ignorieren.»[10] Das Werk stiess auf unterschiedliche Reaktionen: Konzept, theatralisches Experiment, Text und Musik wurden im allgemeinen positiv aufgenommen; das Anliegen des Stücks, auf das Leid der europäischen Juden aufmerksam zu machen, kam jedoch kaum an. Seitens der zionistischen Presse wurde Werfel dafür kritisiert, dass er das Judentum zu passiv dargestellt und die Wiedererrichtung des Zweiten Tempels zu Unrecht weggelassen habe. Nach 153 oft schlecht besuchten Vorstellungen – für Broadway-Verhältnisse übrigens keine sonderlich hohe Zahl – musste Weisgal das Projekt mit rund einer halben Million Dollar Defizit abbrechen.

1.4 Der Klavierauszug von Darius Milhauds Oper *David* trägt die faksimilierte handschriftliche Bemerkung des Komponisten: «Cette œuvre a été commandée par la ‹Koussevitzky Foundation in the Library of Congress, Washington D.C.› Elle est écrite à la mémoire de Nathalie et Serge Koussevitzky et dédiée au peuple d'Israel à l'occasion du trois millième anniversaire de la fondation de Jerusalem. Milhaud 1952-1953.»[11] Der Dirigent Kussewizki hatte selber noch kurz vor seinem Tod im Frühsommer 1951 Milhaud – neben andern Komponisten – angefragt, für das von ihm geplante Israel-Festival ein auf David bezogenes Werk zu schaffen. Es war Milhauds Entscheidung, seinem Beitrag die Form einer Oper zu geben,[12] und er bat seinen Freund Armand Lunel, der wie er selber einer alten provenzalisch-jüdischen Familie entstammte und mit dem er bereits 1937 für die heitere Oper *Esther de Carpentras* zusammen gearbeitet hatte, das Libretto zu liefern. Eine Reise nach Jerusalem – übrigens seine erste, da er den schon 1925 gehegten Wunsch, seine «Heimat» zu sehen, damals krankheitshalber nicht hatte verwirklichen können – gab Milhaud die Möglichkeit, bis hin zur Rekrutierung der Sänger die Aufführung vorzubereiten. Denn es war ihm daran gelegen, mit einheimischen Kräften zu arbeiten; moderne Israelis sollten selber ihre Vorfahren darstellen. Wie denn überhaupt die In-Beziehung-Setzung von Geschichte und Gegenwart Milhauds zentrales Anliegen war: «Nous allons chercher à confronter ces deux idées: l'histoire ancienne, David rassembleur, réunisseur de peuples, et l'histoire moderne, la reconnaissance d'une nation après sa Libération.»[13]

Die Uraufführung des *David* fand hebräisch gesungen (in der Übersetzung durch Aharon Aschman) am 1. Juni 1954 im Edison-Kino in Jerusalem im Rahmen des 28. Weltmusikfests der Internationalen Gesellschaft für Neue Musik statt, als dessen unbestrittener Höhepunkt das Werk galt. Die Aufführung war allerdings nur konzertant.[14] Die erste szenische Aufführung folgte 1955 an der Mailänder Scala in der italienischen Übersetzung Claudio Sartoris; im selben Jahr brachte das Théâtre de la Monnaie in Bruxelles die erste Aufführung im französischen Original, und 1956 kam es zu einer besonders spektakulären amerikanischen Freilichtaufführung vor zwanzigtausend Zuschauern in Hollywood.

2. Aspekte der dramatischen Gestaltung

Auswahl, Gewichtung und Deutung der Episoden aus dem biblischen David-Bericht entsprechen den unterschiedlichen Zielsetzungen der vier Werke. Knapp zusammengefasst lassen sich diese Zielsetzungen folgendermassen umschreiben: Christiansen und Nielsen sind bestrebt, dem biblischen Bericht unter Inkaufnahme erheblicher Kürzungen und Änderungen eine der Oper des 19. Jahrhunderts entsprechende, geschlossene Handlung abzugewinnen. Morax und Honegger legen besonderes Gewicht darauf, die Psalmen als Spiegelung des Geschehens in die breit angelegte Handlung einzubeziehen. Werfel und Weill, für welche die David-Geschichte nur eine Episode unter vielen ist, verkürzen den biblischen Bericht auf eine vergleichsweise knappe Bilderfolge, sind zugleich aber bestrebt, das historische Geschehen in vielfältige Beziehung zur Gegenwart zu setzen. Auch für Lunel und Milhaud, die freilich den David-Bericht wiederum viel breiter und differenzierter in eine dramatische Handlung umsetzen, steht das Bestreben im Vordergrund, biblische Geschichte und Gegenwart mit einander zu verbinden.

2.1 Für Nielsens Oper ist die Grundlage, knapp zusammengefasst, die folgende:

> 1. Akt: Sauls Haus in Gilgal. Saul, Jonatan und das von den Philistern bedrängte Volk Israel warten ungeduldig auf den Propheten Samuel. Saul nimmt selbst die Opferhandlung vor, mit der Gott um Errettung und Sieg im Kampf gebeten werden soll. Der eintreffende Samuel verurteilt die vorschnelle, Saul nicht zustehende Handlung und sagt Saul Gottes Zorn voraus. Der empörte und niedergeschlagene Saul findet durch Davids Gesang seinen Lebensmut wieder. Saul begibt sich zum Heer, David bleibt auf Sauls Wunsch am Hof zurück, David und Michal erklären sich gegenseitig ihre Liebe.
>
> 2. Akt: Derselbe Schauplatz. David singt vor Saul, Abner meldet das Heranrücken des Feindes in zehnfacher Stärke sowie Goliats Vorschlag zum Zweikampf. David erklärt sich zum Kampf bereit, Saul verspricht dem nur mit der Schleuder bewaffneten Jüngling die Hand seiner Tochter. Jonatan teilt Michal den glücklichen Ausgang des Kampfes mit, die Hochzeit wird vorbereitet. Weil das Volk Davids Tat höher rühmt als Sauls Verdienste, schleudert der zornige König seinen Speer gegen den singenden Helden und verbannt ihn.
>
> 3. Akt: Sauls Lager am Hügel Hachila in der Wüste Siph. Jonatan tröstet die sich sehnende Michal. David schleicht heimlich ins Lager und nimmt dem schlafenden Saul Lanze und Becher weg. Saul nimmt reuevoll David als Schwiegersohn wieder auf. Der sterbende Samuel wird hereingetragen und verkündet Gottes Auftrag, David zum König zu salben. Der erzürnte Saul vertreibt David und Michal aus dem Lager.
>
> 4. Akt, 1. Bild: Hütte in Endor. Die Zauberin beschwört Samuels Geist, der Saul den Zorn Gottes, Niederlage und Tod verkündet. 2. Bild: Auf dem Berg Gilboa. Jonatan, der nach verlorener Schlacht verwundet geflohen ist, rühmt sterbend David als Hoffnung Israels. Saul stürzt sich in sein Schwert, um ein schmachvolles Ende durch die Philister zu vermeiden. Davids und Michals Trauer, Zuversicht des Volkes in den neuen Herrscher, Lobpreisung Gottes.

Nielsen und sein Librettist Christiansen setzen zwei Akzente, deren einer der Absicht folgt, mehr eine Saul- als eine David-Oper zu schreiben – die Handlung endet denn auch mit Sauls Tod –, und deren anderer mit der starken Hervorhebung der Figur Michals die opernhaften Ansprüche jener Zeit an eine zentrale Liebesgeschichte erfüllt. Hier erlaubt sich das Libretto denn auch die grössten Freiheiten gegenüber dem biblischen Bericht. Zwar flieht Michal nach Sauls Speerwurf nicht mit David, sie bleibt aber seine Frau, wird also ebenso wenig dem Palti gegeben, wie David sich mit Ahinoam und Abigail vermählt. Michal macht, wie auch Jonatan, Sauls Kriegszug gegen David in die Wüste Siph mit, dort trifft sie wieder mit David zusammen, dem sie daraufhin in die erneute Verbannung folgt. Dieser teilweise reichlich stereotypen Konzession ans traditionelle Operntheater steht eine differenzierte Zeichnung der Beziehung Davids zu Saul gegenüber. Sowohl Davids Lieder vor Saul – die im Folgenden genauer betrachtet werden – als auch die Szene auf dem Hügel Hachila sind Beispiele für ein recht genaues Eingehen auf den biblischen Bericht. Das gilt für Davids Zwiesprache mit Abischai (1Sam 26,8-11) ebenso wie für die Worte, die er danach an Abner richtet (1Sam 26,15-16): David zeigt sich als grossmütig, königstreu und gottesfürchtig wie auch als ein zu Unrecht Verfolgter. Seine neuerliche Flucht vor Saul ist dann allerdings nicht wie im biblischen Bericht durch die blosse Überlegung motiviert, dass Sauls Versöhnung trügerisch sei, sondern wird sehr frei, aber bühnenwirksam dadurch inszeniert, dass der sterbende Samuel (der nach 1Sam 25,1 damals schon nicht mehr lebte) Davids Herrschaft verkündet und so von neuem Sauls Zorn erweckt.

2.2 Im Gegensatz zu Nielsens Oper folgt Morax im Aufbau des ursprünglich für Mézières geschriebenen Stückes dem biblischen Bericht recht genau, freilich mit zahlreichen Auslassungen, insgesamt aber doch in einer für ein einziges Stück enormen Breite. Die fünfteilig in «Stufen» (*Degrés*) angelegte Handlung hat zunächst David als Hirten, weiter als Stammes- und Heerführer, als Rädelsführer, als König und schliesslich als Propheten zum Inhalt. Die Szenenfolge der Bühnenfassung stimmt mit der dreiteiligen Version des *Psaume symphonique* weitgehend überein, nur dass eben im *Psaume* der gesprochene Dialog vollständig wegfällt und nur in den Berichten des Erzählers resümiert wird. Die einzige «Rolle», die im Oratorium bestehen bleibt, ist diejenige der Seherin von Endor. In der anschliessenden Übersicht über die insgesamt 25 Episoden sind in Parenthese die Nummern und Überschriften der Stücke aus Honeggers Partitur des *Psaume symphonique* in der ursprünglichen Reihenfolge beigegeben.

> 1. Stufe: (Nr. 1, *Introduction*) Samuel in Betlehem, Salbung Davids, Davids Hirtenlied (Nr.2, *Cantique du berger David*). / Terebinthental, Auftritt Goliats (Nr.3bis [urspr. 3], *Fanfare*).
>
> 2. Stufe: Davids Kampf gegen Goliat (Nr. 4 *Chant de victoire*, Nr. 5 *Cortège*). / Sauls Palast, Verdacht gegen Michal, Michals Liebeserklärung an David, Davids Lied (Nr. 6, *Psaume*), Sauls Speerwurf. / Sauls Zorn gegen David. / Michals Kammer, Liebeserklärung, Michals List, Davids Flucht. / David in Najot bei den Propheten, deren

Gesang (Nr.8 [urspr. 7], *Cantique des prophètes*). / Davids Abschied von Jonatan (Nr.7 [urspr. 8], *Psaume*).

3. Stufe: David im Tempel von Nob, der Verrat Doegs. / David als Räuberhauptmann in der Höhle von Engedi. / Sauls Tötungsabsichten (Nr. 9, *Psaume*). / David in Karmel, Nabal und Abigajil, Abigajil will Davids Sklavin sein. / Sauls Lager, der schlafende Saul wird von David verschont (Nr.10, *Camp de Saül*), Psalm der Israeliten (Nr. 11, *Psaume*). / Saul bei der Seherin («Hexe») von Endor (Nr.12, *Incantation*). / Tod Sauls und Jonatans in der Schlacht auf dem Gebirge Gilboa, Flucht der Hebräer, Auftritt von Achisch auf einem Kriegswagen, Marsch der Philister (Nr.13, *Marche des Philistins*). / Davids Trauer vor den Toren der Stadt Ziklag (Nr.14, *Lamentations de Guilboa*).

4. Stufe: Davids Palast in Hebron (Nr. 17 [urspr. 15] *Cantique*), Bündnis mit Abner, Erwartung Michals, Joab tötet Abner, um Asahel zu rächen. / Abholung der Bundeslade nach Jerusalem (Nr. 15 [urspr. 16], *Cantique de fête*), Davids Tanz (Nr. 16 [urspr. 17], *La danse devant l'Arche*), Michals Spott, Davids Zorn, Michals Unfruchtbarkeit. / David auf der Terrasse des Palasts, Batsebas Bad, Gesang der Dienerin (Nr.18, *Chant de la Servante*), David lässt Batseba kommen, verherrlicht sie. / Davids Begegnung mit Urija. / Tod des Kindes von David und Batseba (Nr. 19, *Psaume de pénitence*), Dialog David-Batseba, Natans Vorwürfe (Nr. 20, *Psaume*), Abschaloms Aufstand (Nr. 21, *Psaume*). / Davids Flucht vor Abschalom gemeinsam mit Batseba, Abschaloms Niederlage und Tod. / David im Tor von Mahanaim erfährt von Abschaloms Tod (Nr. 22, *La chanson d'Ephraïm*), Dialog David-Joab, Verfluchung Joabs, Berufung des Heerführers Amasa (Nr. 23, *Marche des Hébreux*). / Davids Dankgesang (Nr.24, *Psaume*).

5. Stufe: Davids Volkszählung wird mit der Pest bestraft, Natans [nach dem biblischen Bericht Gads] Strafpredigt (Nr. 25, *Psaume*). / Davids Plan, einen Tempel zu bauen (Nr. 3 [urspr. 26], *Psaume*). / David beruft Salomo auf Intervention Natans und Batsebas zum König, Salomos Krönung (Nr.26, *Couronnement de Salomon*). / Davids Tod (Nr.27, *La mort de David*).

Wie kein anderes der hier behandelten Werke ist der *Roi David* auf die Psalmen ausgerichtet. Bereits in der ursprünglichen dramatischen Gestalt ist die Spiegelung des Geschehens in den Psalmen das hervorstechende Merkmal, und darin lag für Honegger denn auch die Möglichkeit begründet, nicht nur eine reiche Vielfalt solistischer und chorischer Sätze auszubreiten, sondern in der Oratorien-Fassung das ganze Werk gleichsam auf einen einzigen, grossen «sinfonischen Psalm» – im Wechsel mit wenigen kurzen Instrumentalstücken – zu konzentrieren.[15] Das beginnt mit dem für eine Kinderstimme geschriebenen Hirtenlied Davids (Nr. 2, «L'Eternel est mon berger»), dessen erste Strophe Ps 23,1 nachgebildet ist, während die übrigen zwei Strophen – Gott als Fels und Zuflucht – an Ps 18,3 und Ps 62,8 erinnern. Auf das kurze Siegeslied für Frauenchor (Nr. 4, «Vive David»), das sich an 1Sam 18,7 anlehnt, folgt Davids zweites Lied (Nr. 6, «Ne crains rien») – der unten näher zu betrachtende Gesang vor Saul –, der mit den Bildern des fliehenden Vogels und des schwirrenden Pfeiles an die ersten zwei Verse von Ps 11 erinnert. Der Gesang der Propheten zu Najot (Nr. 8), ein zweistimmiger Chorsatz für Männerstimmen, hat die Vergänglichkeit des Menschen zum Inhalt und bezieht sich auf Ps 39,7 und Ps 103,15f. Die diesem Gesang folgende – in der Oratorien-Fassung vorangehende – erste Klage des einsamen David in der Wüste (Nr. 7, «Ah, si j'avais des ailes de colombe»), für Solosopran geschrieben, paraphrasiert die Verse 7 und 18 von Ps 55, während das zweite, vom Solotenor gesungene Klagelied (Nr. 9, «Pitié de moi, mon Dieu») Ps 57,2.8.9 nachgebildet ist. In dem darauf folgenden vierstimmigen Chorlied (Nr. 11, «L'Eternel est ma lumière infinie») sind den Israeliten – obwohl sie sich in diesem Moment der Handlung in Gegnerschaft zu David befinden – mit den ersten zwei Versen von Ps 27 Worte in den Mund gelegt, welche die Bibel David selber zuweist, die dadurch aber umso deutlicher eine übergeordnete göttliche Geborgenheit in Kriegsnot zum Ausdruck bringen. Den Abschluss des dritten Teils bildet das nicht in die Psalmen eingegangene so genannte «Bogenlied» aus dem «Buch der Gerechten», wie es in 2Sam 1,19-27 aufgezeichnet ist (Nr. 14). Der Text ist lediglich gesprochen; der Erzähler übernimmt hier in der Oratorien-Fassung – als dramatisches Gegenstück zur Rede der Seherin – die Rolle Davids, dazu gesellen sich, von zwei Frauenstimmen intoniert, Vokalisen und die Klageworte «Pleurez Saül».

Das den vierten Teil des Dramas eröffnende Lied für einstimmigen gemischten Chor (Nr. 17 «De mon cœur jaillit un cantique») ist Ps 45,2ff.17f nachgebildet; dadurch, dass es in der Bibel als «Brautlied» ausgewiesen ist, steht es hier in beziehungsvollem Zusammenhang mit Davids Wiederbegegnung mit Michal.[16] Das darauf folgende Festlied (Nr. 15) für Solosopran und vierstimmigen gemischten Chor lässt sich textlich nicht sicher zuordnen, bringt aber mit den Worten «Dieu n'a jamais abandonné dans la captivité ni dans l'adversité, son peuple préféré» einen Anklang an Ps 94,14. Die gross angelegte Szene mit Davids Tanz vor der Bundeslade (Nr. 16) beginnt mit der gesprochenen Ankündigung des «Königs der Ehren» nach Ps 24,7 bzw. 9, nimmt in den vierstimmigen Chorgesängen der Priester und der Krieger Ps 118,20 und 10-12 auf, mündet sodann mit dem einstimmigen Chor der jungen Frauen in Ps 98,1.7f sowie Ps 104,2f, mithin in Texte, welche die Bibel als Jubellied und Schöpfungslob ausweist. Den Abschluss der Szene bildet die auf 2Sam 7,12f basierende und mit der Ankündigung des Davidsohns auf Jes 9,5f anspielende, vom Solosopran gesungene Verkündigung des Engels, dass David der Tempelbau verwehrt bleiben soll. Die anschliessende Batseba-Episode bringt in der Bühnenfassung zunächst den Gesang der Dienerin (Nr. 18, «Bien-aimé prends ma main»), ein Liebeslied für eine Altstimme, das an Hld 7,12f angelehnt ist. Die beiden folgenden Busspsalmen (Nr. 19, «Miséricorde, ô Dieu», und Nr. 20, «Je fus conçu dans le péché»), beide chorisch gesetzt, beziehen sich auf Ps 51,1-4 bzw. 7. Dabei besteht sowohl textlich als auch musikalisch eine Beziehung zum Hugenottenpsalter, indem Morax in Nr. 19 Clément Marots Textanfang «Miséricorde» ebenso aufnimmt wie Honegger im Vorspiel von Nr. 20 die zugehörige Melodie von Claude Goudimel.[17] Das anschliessende Lied für Solotenor (Nr. 21, «Je lève mes regards») stützt sich als Segensbitte des von Abschalom verfolgten David auf Ps. 121,1-4.

Die auf 2Sam 19,1 bezogene Klage über Abschaloms Tod (Nr. 22, «O forêt d'Ephraïm») ist für Solosopran geschrieben, über chorisch besetzten Altstimmen, die mit ihren Vokalisen – ähnlich wie im «Bogenlied» – die israelitische Tradition der Totenklägerinnen vergegenwärtigen.

In der ursprünglichen dramatischen Fassung folgen, getrennt durch die Volkszählungs-Episode, zwei Chöre (Nr. 24, «Je t'aimerai, Seigneur», und Nr. 3 [urspr. 26], «Loué soit le Seigneur»), der eine aus der Zweistimmigkeit in die Vierstimmigkeit anwachsend, der andere einstimmig für Frauen- und Männerstimmen unisono. Beide haben Ps 18 zur Grundlage, und zwar, der Angabe von Morax zufolge, in Textfassungen Clément Marots.[18] Musikalisch ist die Verbindung zum Hugenottenpsalter wiederum dadurch hergestellt, dass Honegger im instrumentalen Einleitungstakt zu Nr. 3 Goudimels Melodieanfang leicht verändert zitiert. Die drei Strophen von Nr. 24 folgen den Psalmversen 1-6, die beiden Strophen der ursprünglichen Nr. 26 den Versen 47-49. Ps 18 nimmt eine Sonderstellung im Psalter ein, ist er doch der einzige, der auch im David-Bericht (2Sam 22) als «Rede» Davids zitiert und zudem in übergreifender Weise – «End- und Höhepunkt eines langandauernden Lebensabschnitts»[19]– als Lobgesang für die Errettung «von der Hand aller seiner Feinde und von der Hand Sauls» bezeichnet wird. In der Oratorien-Fassung hob Honegger diese Sonderstellung dadurch besonders hervor, dass er die ursprüngliche Nr. 26 an den Anfang von Davids «öffentlicher» Laufbahn verschob, unmittelbar anschliessend an den Bericht der Salbung durch Samuel und angekündigt durch die Worte «Et dès ce jour l'Esprit de Dieu resta sur lui.»[20] Psalm 18 erhält so im *Psaume symphonique* die Funktion eines Rahmens, in den das gesamte Geschehen eingespannt ist.

Der in der ursprünglichen Fassung zwischen diese beiden Psalmteile geschobene einstimmige Chor (Nr. 25, «Dans cet effroi») scheint an Ps 46,1.4 angelehnt, während der auf das kurze instrumentale Zwischenstück zur Krönung Salomos (Nr. 26) folgende Schlusschor (Nr. 27 «Dieu te dit un jour viendra, où une fleur fleurira») an Jes 11,1 erinnert. Der an Bachschen Choralbearbeitungen orientierte, in ein mächtiges «Alleluia» mündende Chorsatz bringt so die Wendung in die christliche Verheissung des Messias.

Trotz dieser abschliessenden Wendung ins Christliche bleibt der *Roi David* – ebenso wie Nielsens Oper *Saul og David* – in der szenischen Darstellung ein rein alttestamentliches Historiendrama. Demgegenüber ist es ein verbindendes Merkmal der beiden anderen Werke, dass sie das Geschehen in eine sichtbare Beziehung setzen zur Gegenwart des 20. Jahrhunderts.

2.3 Im *Weg der Verheissung* schafft eine Rahmenhandlung den Bezug zur Gegenwart: Eine verfolgte jüdische Gemeinde hat in der Synagoge Zuflucht gesucht, um die Entscheidung des Herrschers zu erwarten, der sie verschonen, aus der Gesellschaft ausschliessen oder vernichten wird. Der Rabbi liest – belehrend und zugleich Mut und Vertrauen spendend – aus den Schriften. Auf mehreren Bühnenebenen vergegenwärtigen sich die erinnerten Geschehnisse, wobei die Gemeindeglieder vielfältig in die Handlung einbezogen sind. So erscheint beispielsweise «das fremde Mädchen», die nicht-jüdische Freundin eines jungen Juden, welche sich trotz aller Gefährdung zu ihrem Freund bekennt, als modernes Abbild der Rut. Durch die Geschichte der Rut wird die David-Episode denn auch bedeutungsvoll eingeleitet: «Aus Rut, der Fremden, kommt David und kommt Messias ...», wie «der Fromme» bemerkt, eine jener Gestalten, die, halb Gemeindeglied, halb allegorische Figur, das Geschehen kommentierend und aktualisierend begleiten.[21] Und Rut ist es auch, die als «Erscheinung» am Ende der David-Episode ihrem sterbenden Urenkel die unverbrüchliche Treue Gottes und den Tempelbau durch den Sohn Salomo verkündigt.[22]

Der folgenden Übersicht über die David-Episode sind in Parenthese die Nummern aus Weills Partitur beigegeben. Das sind – im Wechsel mit gesprochenen Passagen ohne Musik – zum einen die rezitativischen, gelegentlich an jüdische Melodien angelehnten Lesungen des Rabbi,[23] zum andern Lieder, kurze Chorsätze, wenige gleichfalls rezitativisch gehaltene Dialogpartien sowie instrumentale Zwischenspiele, die mitunter die rhythmisch notierte gesprochene Rede begleiten.

> Schon vor dem Auftritt Sauls befindet sich David – als schlafender Jüngling – auf der Bühne, um sogleich, nachdem Samuel verkündet hat, Gott habe sich von Saul infolge der selbstherrlich vollzogenen Opferhandlung abgewandt, als der neu Erwählte zu erwachen und als Sänger vor Saul ins Geschehen einzugreifen (Nr. 26.1, Davids Lied). Es folgt die Goliat-Szene (Nr. 26.2), endend mit Davids zweitem Lied und Sauls Speerwurf. David nimmt von Jonatan Abschied. Kurze Lesung: Davids Flucht (Nr. 26.3). Szenenwechsel: Bergland [Hügel Hachila] (Nr. 26.4 und 5, instrumentale Zwischenspiele), David mit Kriegsgefährten, Saul mit den Seinen. Kurze Lesung: Betäubungsschlaf kommt über Saul (Nr. 26.6), David raubt Saul Krug und Lanze. Gespräch zwischen Saul und David (Nr. 26.7). Saul beim Weib von Endor (Nr. 27.1). Kurze Lesung: Tod Jonatans und Sauls (Nr. 27.2), Davids Klage (Nr. 27.3). Einholung der Bundeslade nach Jerusalem (Nr. 27.4). Kurze Lesung: David sieht Batseba (Nr. 27.5), Gespräch Davids mit Batseba (Nr. 28), Davids Brief an Joab (Nr. 29), Gespräch Davids mit dem «Dunklen Engel», der das Gleichnis vom reichen und vom armen Mann erzählt (Nr. 30). David tröstet Batseba, die Erscheinung Ruts verkündet David den Tempelbau durch Salomo (Nr. 31).

Die David-Geschichte findet sich im dritten Teil von Werfels «Bibelspiel», der unter dem Titel «Die Könige» Israels Begehren zum Inhalt hat, zu «sein wie die anderen Völker».[24] Dieser Aspekt spielt sowohl in der Auswahl und Gewichtung der Episoden als auch im Aktualitätsbezug eine besondere Rolle. Einerseits werden die Verlockungen der Selbstherrlichkeit irdischer Herrschaft aufgezeigt, so etwa in der verhältnismässig breit ausgeführten Batseba-Uria-Szene, andrerseits thematisiert das Rahmenspiel immer wieder die Gefahr der Isolierung, die mit dem Auserwähltsein als Volk Gottes gegeben ist. Einige der halb allegorischen Figuren verdeutlichen dies, so etwa «der Widersprecher», der beständig Zweifel und Unglauben verbreitet, oder auch «der Entfremdete», der «die Last Gottes»[25] von sich geworfen hat und erst durch sein Kind, «den Dreizehnjährigen», wieder zum Glauben geführt wird.

2.4 In Milhauds Oper *David* wird der Aktualitätsbezug nicht durch ein Rahmenspiel gestiftet, sondern durch einen Chor, der das Geschehen kommentierend begleitet. Gebildet wird dieser «Chor der Israeli» aus Frauen und Männern in moderner Kleidung, die nach Milhauds Vorschlag in den Proszeniumslogen platziert werden können, also auch räumlich als Verbindung zwischen Bühne und Publikum gedacht sind. Die Rolle dieses Chors ist eine doppelte: Zum einen übernimmt er in bestimmten Momenten die Aufgabe des Chronisten, ähnlich wie der Rabbi im *Weg der Verheissung*, beispielsweise in der ersten Szene mit dem Bericht, Gott habe Samuel, der allein es hören konnte, geheissen, unter den Söhnen Jesses David auszuwählen, oder gleich darauf in der zweiten Szene, wenn die Männerstimmen im Sprechgesang den mit finsterer Miene wie leblos in seinem Zelt hockenden Saul beschreiben und die Frauenstimmen dazu wortlose Klagen anstimmen. Häufig sind diese informierenden Chorstücke als «Interludes» zwischen die Szenen gesetzt. Andrerseits stellt der «Chor der Israeli» Verbindungen zwischen dem historischen Geschehen und der Gegenwart her, so etwa zu Beginn der eben genannten Szene, wenn die Frauen und Männer im Anblick von Sauls Heerlager sich in Erinnerung rufen, wie seit Tausenden von Jahren das Volk unter dieser Sonne im Angesicht des Feindes Hitze und Durst erlitt.[26] Vor allem aber sind es Davids Siege und die Vereinigung ganz Israels unter seine von Gott gewollte Herrschaft, was als Vorbild und Versprechen für den jungen Staat Mitte des 20. Jahrhunderts erscheint: «...Aujourd'hui quel exemple et quel encouragement!» – «Victoire sur les mêmes champs de bataille qu'il y a trois mille ans!»[27] Insbesondere in der Schlussszene, wo sich der «Chor der Israeli» mit dem «Chor des Volkes» und einem Kinderchor verbindet, sind die Parallelen deutlich ausgesprochen: «Gloire à David qui rassemblant toutes les forces du passé, paracheva l'œuvre d'Abraham, de Moïse et de Josué, et qui, du fond des siècles regardant vers l'avenir, nous ouvrit les portes de l'espérance! ... Et son histoire héroïque est celle que nous revivons, afin que devant nous rayonne la splendeur d'un nouveau règne de Salomon! Plus de captifs ni d'éxilés! Israël, tout Israël en sécurité ... Le message de la Justice et de la Paix!»[28]

Wiederum – wie auch im *Weg der Verheissung* – erscheint David so letztlich mehr als Vorbereiter denn als Vollender. Insgesamt aber zeichnet die Handlung ein helles und positives Bild des Helden; die dunklen Seiten treten zurück oder bleiben überhaupt ausgespart. Die Szenenfolge ist knapp zusammengefasst die folgende:

> 1. Akt, 1. Szene: Samuel erwählt David unter den acht Söhnen Isais. 2. Szene: David singt vor Saul, Aufzug der Heere, Davids Sieg über Goliat, Davids zweites Lied, Sauls Speerwurf, Abschied von Michal und Jonatan.
>
> 2. Akt, 1. Szene: Abigail kommt nach Doegs Tod zu David, Abischai kündigt Sauls Heerlager an, Raub von Lanze und Krug, Dialog David-Abner-Saul. 2. Szene: Saul bei der Seherin von Endor. 3. Szene: Davids Tanz der Hora in den Ruinen von Ziklag, Bericht über Niederlage und Tötung Sauls, Klage von Gilboa.
>
> 3. Akt: David mit seinen Frauen und Söhnen im Thronsaal zu Hebron, Joabs Bericht über die Tötung Asahels durch Abner; David ist bereit, Abner zu verzeihen, wenn er ihm Michal wieder bringt. Joab tötet Abner, Michals Rückkehr. David als König über ganz Israel beschliesst, die Hauptstadt Jerusalem zu erbauen.
>
> 4. Akt, 1. Szene: Einholung der Bundeslade, Davids Tanz, Michals Kritik und Bestrafung. 2. Szene: David und Batseba ein Jahr nach ihrer ersten Begegnung, Natans Gleichnis vom reichen und vom armen Mann, Davids Klage. 3. Szene: Davids Flucht vor Abschalom. 4. Szene: Ahimaaz' Bericht über Abschaloms Flucht und Ermordung durch Joab.
>
> 5. Akt, 1. Szene: David singt mit Abischag; Batseba und Natan bitten um Erwählung Salomos zum König. 2. Szene: Einzug des Knaben Salomo, Lobgesang des Volkes.

Der sorgfältigen Differenzierung der Handlung entspricht die ausserordentlich grosse Zahl an Personen. Ganz offensichtlich war es Lunels Absicht, die Geschichten um David so farbig und realistisch wie möglich darzustellen, mit allen Brüdern, vielen Frauen, Söhnen und Heerführern Davids und dem sichtbar ausgetragenen Kampf gegen Goliat, den weder Nielsen noch Weill auf die Bühne bringen. Milhauds Vertonung, die den Text unmittelbar und prägnant umsetzt, folgt dem, wie das unten erörterte Beispiel zeigt, sehr genau, wie denn auch dem Sänger David – bis hin zu dem anrührenden, biblisch allerdings nicht belegten Zwiegesang des alten Königs mit seiner Dienerin Abischag – musikalisch volles Recht widerfährt. Die Verlebendigung entspricht dem biblischen Bericht: David als Mensch aus Fleisch und Blut erfüllt das Ziel, bis in die Gegenwart stets von neuem zu einer Identifikationsfigur zu werden, weit besser als eine Gestalt, die sich gleichsam hinter den Mythos zurückzieht. Nur ist diese Verlebendigung bei Lunel/Milhaud eben darauf gerichtet, David als leuchtendes

Vorbild hinzustellen und vor allem in seinen hellen Seiten zu zeigen. Es ist bezeichnend für diese Gewichtung, dass eine der dunkelsten Episoden, Davids Verrat an Urija, nicht zur Darstellung gelangt, sondern nur indirekt, im nachträglichen Gleichnis, aufscheint. Gerade diese Episode hatte Werfel ja fast unverhältnismässig breit ausgebaut. Vielleicht lassen sich aus dieser unterschiedlichen Gewichtung Rückschlüsse auf die unterschiedlichen Haltungen ziehen, aus denen heraus die Parallelen zur Gegenwart gezogen wurden: Während Werfel in der Ausweglosigkeit der Situation des Judentums in den späten dreissiger Jahren des 20. Jahrhunderts weithin ein düsteres Bild malt und der Frage nach Schuld und Verfehlung – zumal in Figuren wie dem «Entfremdeten», dem «Widersprecher» und dem «dunklen Engel» – breiten Raum gibt, zeigen sich Lunel und Milhaud geprägt vom Optimismus der frühen fünfziger Jahre, der sich ja auch in Milhauds Überzeugung von der «reconnaissance d'une nation après sa libération» ausdrückt.[29] – Zu vermuten bleibt, dass eine David-Oper im frühen 21. Jahrhundert die Akzente wiederum anders, vielleicht wieder näher bei Werfels Deutung, setzen müsste.

3. David singt vor Saul

So sehr die David-Geschichte als Ganzes dem Musiktheater Widerstände entgegensetzt, so spannend und dankbar muss doch die Aufgabe sein, den Sänger David auf die Bühne zu bringen. In besonderem Masse gilt dies für Davids Lieder vor Saul. Hier bietet sich einerseits die Chance, die heilende Kraft, die der Musik von jeher zugeschrieben wird, unmittelbar zu erproben, während andrerseits der textlich-musikalischen Gestaltung insofern keine Grenzen gesetzt sind, als im biblischen Bericht jeder Hinweis fehlt, mit welchen Worten und Tönen David – ausser dass er die Kinnor gespielt habe – auf Sauls Gemüt einwirkte.[30] Selbst darüber, ob David vor Saul nur zu spielen pflegte, oder ob er zum Saitenspiel auch sang, lassen sich nur Vermutungen anstellen. Letzteres ist indes anzunehmen: Die Leier ist traditionellerweise, von der griechischen Antike bis zu heutigen Praktiken im Vorderen Orient und im Sudan, ein Begleitinstrument zum Gesang, und David wird als Sänger zum Saitenspiel im Psalter ja vielfach genannt.

Die Psalmen sind es denn auch vor allem, die in den hier besprochenen Werken die textliche Grundlage für Davids Gesänge vor Saul abgeben. Dabei fällt allerdings auf, dass sich die Textdichter ganz unterschiedliche Vorstellungen davon machten, wie David auf Saul einzuwirken versuchte. Das reicht von der Erzählung grosser Taten über den Lobpreis der Kraft und Herrlichkeit Gottes bis hin zur Unterwerfung unter Gottes Willen und zur demütigen Zwiesprache im Gebet. So lässt Werfel seinen Sänger mit den Worten von Psalm 114 den Auszug aus Ägypten in Erinnerung rufen, während Lunels David in seinem zweiten Lied vor Saul auf den Gesang der Deborah aus dem Buch der Richter zurückgreift und daraus ausgerechnet – als wollte er Sauls Sperwurf geradezu provozieren – jenen Abschnitt wählt, in dem Jael dafür gepriesen wird, dass sie dem Sisera einen Pflock in die Schläfe schlug (Ri 5,3.24-26). Das Lob der Allmacht Gottes besingt David in Nielsens Oper in seinem ersten Lied mit Worten aus Psalm 104, während das zweite Lied den Ausdruck kindlicher Demut aus Psalm 131 aufgreift. In ähnlicher Weise lässt Morax seinen David im Rückgriff auf Psalm 11 Gott als Zuflucht in der Gefahr preisen. Persönliche Zwiesprache mit Gott im Gebet auf Worte aus Psalm 25 kennzeichnet schliesslich Davids erstes Lied in Milhauds Oper.

Unterschiedlich wie die Texte sind auch die musikalischen Gestaltungen. Das ist selbstverständlich bedingt durch die ganz unterschiedlichen Stil- und Gattungstraditionen, in denen die vier Werke stehen. Doch weniger darauf soll hier Gewicht gelegt werden als vielmehr auf die Frage, wie die vier Komponisten uns den singenden und durch seinen Gesang auf Saul einwirkenden David unmittelbar und glaubhaft zu vergegenwärtigen suchen. Es ist ja davon auszugehen, dass sich der Hörerin und dem Hörer etwas von der Suggestivkraft, die auf Saul wirkt, mitteilen muss, wenn die szenische Vergegenwärtigung ihren Zweck erfüllen soll.[31] Davon einen Eindruck zu vermitteln, ist in den folgenden knappen Bemerkungen allerdings nur sehr bedingt möglich, und dies umso mehr, als lediglich die melodische Gestaltung betrachtet wird. Immerhin sollten sich darin die Ansätze erkennen lassen, von denen die musikalischen Deutungen Davids als Sänger vor Saul ausgehen.

In Nielsens Oper steht David – sein Alter wird vom Librettisten auf zwanzig Jahre festgelegt – vom Typus her ganz in der Tradition des Heldentenors, kraftvoll, mit Bevorzugung hoher Lagen und weit gespannter Bögen. Vor diesem allgemeinen Hintergrund erscheint das erste, von Harfen-Arpeggien begleitete Lied vor Saul verhältnismässig schlicht:[32]

Die Akklamation – «Lobe den Herrn, meine Seele» – gibt das Mass für die Gliederung in recht kurze, ein- bis zweitaktige Melodieeinheiten ab, mit zunächst deutlichen Haltepunkten zu Beginn des zweiten und dann auch des vierten Taktes auf den Schluss der Aussage «seine Gnade ist gross».

Der folgende Vergleich – die Gnade ist wie Manna, das aus den Wolken fällt – bringt Bewegung und Aufschwung, darauf folgt, wiederum geprägt von der Devotionsgeste des triolischen Abstiegs, der schon im ersten Takt erklang, das Bild von der Quelle, die des Wildesels Durst stillt (Ps 104,10.11), ehe das Bild vom Tau, der die Felder kühlt, parallel zur ersten Zeile, aber tiefer ansetzend und höher aufsteigend, zum Abschluss führt. Nicht zuletzt sind es die rhythmischen Entsprechungen in den Triolen, die dem ganzen Gebilde suggestive Kraft verleihen. Saul nimmt zur Antwort denn auch selber das letzte Bild auf: «Wie Tau in die Täler fällt deine Stimme in mein Gemüt».

Einen ganz andern Charakter hat Davids zweites Lied:[33]

David singt in höherer Lage, in grösseren Bögen, mit stärkerer Emphase. Das kontrastiert merkwürdig mit dem Demuts-Psalm 131, der hier zu Grunde liegt, mit dem «gesenkten Blick», dem «Dank auf den Lippen», der Absage an allen Hochmut, der Beteuerung, die Seele sei stille geworden wie ein Kind in den Armen der Mutter, und mit dem Bekenntnis, alles Erbetene allein im Namen Gottes erbeten zu haben. Es ist vor allem dieser Schluss, der mit seinem weit ausholenden Gestus und dem extremen Hochton im drittletzten Takt weit entfernt ist von einer demütigen Gebetshaltung, wie sie Saul, der über die Zurückstufung der eigenen Taten hinter diejenigen Davids erzürnt ist, besänftigen könnte. Nielsens Gestaltung erweist sich indes als wohl überlegt: Ganz offensichtlich will er uns das in den Speerwurf mündende Scheitern des neuerlichen Besänftigungsversuchs glaubhaft machen. Saul scheint hier nicht ganz Unrecht zu haben, wenn er auf das Lied mit den zornigen Worten reagiert: «Du lügst, du bist ein Heuchler, du lobst Gott, aber meinst dich selber.»

In Honeggers *Roi David* kommt nur das zweite Lied vor, und um den Versuch, die Wirkung des Gesangs auf Saul zu erproben, scheint es überhaupt nicht zu gehen.[34]

David lässt das «Fürchte dich nicht», das den Rahmen bildet, eher zu sich selbst gesprochen sein, als dass er es Saul mitteilen wollte. Die Ich-Bezogenheit bestätigt sich zweifach: einmal in dem «Warum sagt ihr zu mir» nach Ps 11,1, dann vor allem aber in dem folgenden Vers desselben Psalms, der mit dem fliegenden Pfeil auf Sauls Speerwurf direkten Bezug nimmt. Es ist Saul, der aus dem Schatten auf den Gerechten schiesst. Die Vertonung ist mit ihrem kirchentonalen (dorischen) Einschlag des Refrains psalmenartig ruhig, setzt dazu im Mittelteil aber einen deutlichen Kontrast durch die rezitativische Beweglichkeit der Deklamation wie auch durch die dramatische Anschaulichkeit des Vogelflugs und des schwirrenden Pfeils, der denn auch – wohl wiederum zugleich Sauls Sperwurf malend – von der Piccoloflöte auf die letzte Silbe des Wortes «siffler» nachgeahmt wird:

Ganz anders beginnt David bei Kurt Weill zu singen. Sein heiteres, naives Liedchen, das den Jubel über die Bewahrung des Volkes Israel beim Auszug aus Ägypten nach Psalm 114 zum Inhalt hat, steht unverkennbar in der Tradition der Songs, wie wir sie vor allem aus Weills Zusammenarbeit mit Brecht kennen.[35]

Gebrochen wird dieser Song-Stil in doppelter Hinsicht: zum einen durch die fast durchweg beibehaltene Begleitfigur des Cellos, die als eine Art barocker oder Bachscher Kontrapunkt mitläuft – eine Stil-Assoziation übrigens, die sich im *Weg der Verheissung* immer wieder, und zumal bei den Chorsätzen einstellt. Mit dem ersten Takt des Liedes setzt diese Figur folgendermassen ein:

Zum andern brechen die melismatischen, erregten Fragen an Meer, Fluss, Berg und Hügel, in die das Liedchen mündet, den simplen Song-Stil. Sie wecken und berühren, durchaus nachvollziehbar, den vor sich hin dämmernden Saul, der mit einem erstaunten «David! Isais Sohn ... Deine Stimme!» reagiert und sogleich die Aufforderung anschliesst: «Sing weiter ... Allelujah!», was David denn im gleichen melismatischen Stil auch voller Begeisterung tut. In der Szene nach dem Sieg über Goliat nimmt David auf Sauls Aufforderung hin das erste Liedchen Ton für Ton wieder auf, wird aber bereits nach «der Jordan wich ...» vom Sperwurf jäh unterbrochen.[36]

Die eindrücklichste und differenzierteste Gestaltung erfährt Davids erstes Lied vor Saul zweifellos in Milhauds Oper. Bereits Lunels Wahl der Psalmen 25 und 27 als hauptsächliche Textgrundlage stellt das therapeutische Geschick des Sängers unter Beweis: demütige Unterwerfung, Bitte um Vergebung und anschliessendes Gotteslob aus dem Bewusstsein neu verliehener Kraft, ein Gotteslob, in das Saul denn auch selber mit einstimmt. Musikalisch etwas näher betrachtet sei der erste Teil, Davids Sologesang:[37]

Ernst Lichtenhahn

Als einziger der vier Komponisten gibt Milhaud dem jungen David nicht eine Tenor-, sondern eine Baritonstimme – eine auf die Stimm- und Mutationseigenschaften des Vorderen Orients hin gesehen durchaus einleuchtende, zudem die männliche Kraft des Jünglings hervorhebende Entscheidung. Mit einer einfachen, ruhigen Melodie setzt David zum ersten Vers von Psalm 119 ein, um sogleich die – weiterhin mehrfach wiederholte – Anrufung Gottes nach Psalm 25 anzuschliessen. In lebendiger Deklamation, zwischen erregteren Phrasen in höherer Lage und verhalteneren, tieferen Abschnitten wechselnd, folgen Sündenbekenntnis und Bitte um Vergebung. Mit dem «Eternel, tire-moi du filet!» setzt schliesslich eine eindringliche, aus wenigen wiederholten Motiven gebaute Anrufung ein, die deutlich den Charakter eines liturgischen Gesangs trägt. Den letzten im Notenbeispiel wiedergegebenen Takt singt nicht David, sondern Saul; leise, in tieferer Lage nimmt er Davids Melodie auf. In eindrücklicher Weise ist es David hier gelungen, sich in Sauls Gemüt hinein zu versetzen, ihn, der bei Davids Auftritt seit Stunden wie versteinert in seinem Zelt sass, zum Bewusstsein der eigenen Not und Niedergeschlagenheit zu bringen, um ihn sodann mit neu gespendeter Kraft zum gemeinsam gesungenen, im Einklang endenden Loblied zu ermuntern:

Die Vielfalt der Deutungen, die die Gestalt Davids im Musiktheater des 20. Jahrhunderts gefunden hat, spiegelt sich aufschlussreich in den Gesängen vor Saul. Keinem der andern Komponisten ist es jedoch so wie Darius Milhaud gelungen, die Faszination, die bis heute von dieser Gestalt ausgeht, ebenso facettenreich wie differenziert und unmittelbar darzustellen. Dass ausgerechnet dieses Werk keine Aufführungen mehr erlebt und auch nicht auf Tonträger vorliegt, ist bedauerlich.

Anmerkungen

[1] Nitsche 1994, 92f.
[2] Obwohl wahrscheinlich nur ein Missgeschick, erscheint es doch symptomatisch, dass der breit angelegte Registerband zu *Pipers Enzyklopädie des Musiktheaters* zwar zu «Salomo» die Eintragung enthält «König von Israel und Juda (um 965-926)», zu «David» aber – übrigens unter Auslassung Honeggers und Weills – nur den spärlichen Verweis auf Milhaud. An anderer Stelle wird dann unter «David, Saul og» mit Nielsen und unter «David et Jonathas» auf Charpentier verwiesen, also auf Carl Nielsens Oper *Saul og David* (Kopenhagen 1902) und auf Marc-Antoine Charpentiers Tragédie en musique *David et Jonathas* (Paris 1688). – Was die untergeordnete Rolle Davids im Musiktheater betrifft, so ist für frühere Jahrhunderte in Rechnung zu stellen, dass biblische Stoffe auf der Bühne nur bedingt zulässig waren.
[3] Deutsche Erstaufführung Juni 1999 an der Oper von Chemnitz, eine New Yorker Produktion im Sommer 2000.
[4] Notiz im Begleitheft zur CD-Aufnahme Nielsen 1990, 16f.
[5] Vgl. Meylan 1966, 21: « ... le ‹grand drame› ... l'a profondément affecté. Il avouera plus tard qu'il lui eût été impossible de faire renaître le Théâtre du Jorat avec une pièce tirée de l'histoire locale: la guerre est, pour une grande part, à l'origine du renouveau qui se manifeste par le choix du sujet du *Roi David*. Par elle le Théâtre du Jorat va communiquer avec l'universel.»
[6] Ebd., 22.
[7] Brief Dorets an Morax vom 31. Juli 1919, zitiert ebd., 25.
[8] Mitteilung Feuchtwangers an Bertolt Brecht vom 16. Februar 1936, ursprünglich sei er

gebeten worden, den Text für das «Jüdisch-amerikanische Oberammergau» zu liefern, er habe aber dankend abgelehnt, denn: «Ohne Zweifel fühlten Werfel und Reinhardt eine grössere innere Sendung» – zitiert in Abels 2000, 145. Zu Recht bemerkt Abels (ebd.), mit dem Begriff «Jüdisch-amerikanisches Oberammergau» sei Reinhardts Broadway-Inszenierung treffend charakterisiert; auf Werfels Text passe die Bezeichnung jedoch ebenso wenig wie auf Weills Musik.

[9] Die Quellenlage ist noch immer unklar.
[10] David Farneth, «Der Weg der Verheissung», in Dahlhaus 1997, Bd.6, 710f.
[11] Milhaud 1954.
[12] Anderslautend allerdings die Bemerkung von Jeremy Drake: «Israel decided to commission an opera from him [sc. Milhaud] based on the life of David, second king of the united Israel and founder of the city of Jerusalem», Drake 1989, 306.
[13] Milhaud 1952, 181.
[14] Die Gründe hierfür sind unklar; evtl. ist ein Zusammenhang zu sehen mit vorausgegangenen Bedenken religiöser Kreise gegenüber einer David-Oper, ausgelöst durch den in Israel weithin als schockierend empfundenen Hollywood-Film *David and Batseba*, der kurz zuvor zu sehen gewesen war.
[15] Auf die oft beschriebene Geschichte der Instrumentation des *Roi David* wird hier nicht näher eingegangen. Bekanntlich hatte Honegger für Mézières kein Streichorchester zur Verfügung; zu Holz- und Blechbläsern, Schlagzeug, Klavier, Harmonium und Celesta gesellte sich lediglich ein Kontrabass. Für den *Psaume symphonique* behielt Honegger zunächst diese Besetzung bei (Honegger 1924-1925a), erweiterte dann aber das Orchester um weitere Bläserstimmen, Harfe, Orgel und volles Streichorchester; Klavier und Harmonium fielen weg (Honegger 1924-1925b) – vgl. Halbreich 1994, 476-493.
[16] In der Oratorien-Fassung ist das Stück an den Anfang des dritten Teils verschoben; der Bezug auf die «Braut» verlagert sich damit auf Batseba.
[17] Vgl. Lenselink 1969, 170, und Pidoux 1986, 164.
[18] Allerdings in einer von den Ausgaben von 1543 und 1562 abweichenden Fassung, die nicht von Marot selber stammen kann, da für Ps 18 keine Varianten bekannt sind – vgl. Lenselink 1969, 218; Pidoux 1986, 45-51, und Jeanneret 1969, 78. Die folgende Gegenüberstellung gibt links den Text aus Honegger 1924-25a, 150ff und 7ff, und rechts den Text aus den *Dix-neuf Psaumes* von Clément Marot nach Lenselink 1969, 218:

Je t'aimerai, Seigneur, d'un amour tendre,
Toi dont le bras me sut si bien défendre.
Dieu fut toujours mon fort, mon protecteur.
Ma tour, ma roche et mon libérateur.

Je t'aimeray en toute obeissance,
Tant que vivray, ô mon Dieu ma puissance:
Dieu est mon roc, mon rempart haut & seur,
C'est ma rançon c'est mon fort defenseur.

Je trouve en lui tout ce que je souhaite.
C'est mon bouclier, mon salut, ma retraite.
Dès qu'au besoin, je l'invoque avec foi,
Des ennemis, délivré, je me vois.

En luy seul gist ma fiance parfaite,
C'est mon pavois, mes armes, ma retraitte.
Quand je l'exalte & prie en ferme foy,
Soudain recoux des ennemis me voy.

Tel qu'un torrent, ils pensaient me surprendre.
Cent fois la mort ses filets vint me tendre
Et tous les jours quelque péril nouveau
Me conduisait sur le bord du tombeau.

Dangers de mort un jour m'environnerent,
Et grands torrens de malins m'estonnerent,
J'estoy' bien pres du sepulchre venu,
Et des filez de la mort prevenu.

Loué soit le Seigneur plein de gloire
Le Dieu vivant, l'auteur de ma victoire.
Par qui je vois mes outrages vengés,
Par qui sous moi les peuples sont rangés.

Vive mon Dieu, à mon Sauveur soit gloire,
Exalté soit le Dieu de ma victoire,
Qui m'a donné pouvoir de me venger,
Et qui sous moy les peuples fait renger:

Quand les plus grands contre moi se soulèvent	Me garentit qu'ennemis ne me grevent:
Au-dessus d'eux ses fortes mains m'élèvent.	M'esleve haut sur tous ceux qui s'eslevent,
Des orgueilleux, il confond le dessein	Encontre moy me delivrant à plein
Que pour me perdre ils couvaient dans leur sein.	De l'homme ayant le cœur d'outrage plein.

[19] Kleer 1996, 11.
[20] Honegger 1924-1925a, 7.
[21] Werfel 1959, 147.
[22] Eine Tonaufzeichnung dieses Lieds der Rut, in der englischen Fassung gesungen 1957 von Weills Frau Lotte Lenya, findet sich auf der CD *Lotte Lenya sings Kurt Weill*, New York: Sony Music Entertainment Inc., 1999, 13.
[23] Vgl. hierzu Ringer 1993, 41ff.
[24] Werfel 1959, 147; Weill (ohne Jahr), 69f.
[25] Werfel 1959, 163.
[26] Milhaud 1954, 36f: Chor der königlichen Garde auf der Bühne: «Midi! Midi! Et sous le soleil qui tape et qui brûle, on a encore plus soif que faim.» Chor der Israeliten: «Encore plus soif que faim, comme eux, comme il y a des milliers d'années, sous le même soleil, lorsque l'ennemi nous encerclait, Tu t'en souviens?»
[27] Milhaud 1954, 166-171.
[28] Milhaud 1954, 303-316.
[29] Milhaud 1952, 181.
[30] Stefan Ark Nitsche hat in einem Diskussionsvotum zum vorliegenden Beitrag betont, dass es zur klugen Strategie der Redaktoren des David-Berichts gehöre, Leserinnen und Leser durch solche Auslassungen ihre eigenen Vorstellungen einbringen zu lassen.
[31] Georg Friedrich Händel hat hier, wie Dagmar Hoffmann-Axthelm in ihrem Beitrag zum vorliegenden Band zeigt, in seinem *Saul* – auch ohne szenische Vergegenwärtigung – einen hohen Massstab gesetzt.
[32] Nielsen 1931, 49f.
[33] Nielsen 1931, 138-141.
[34] Honegger 1924-1925a, 15-19.
[35] Weill (ohne Jahr), 3, 71-78.
[36] Weill (ohne Jahr), 3, 106; nach Werfels Text (Werfel 1959, 150) erfolgt die Unterbrechung bereits nach «Das Meer floh ...».
[37] Milhaud 1954, 146ff.

Bibliographie

Abels, N., 2000: «Von den Mühen eines Bibelspiels» in Weill, K., *Auf dem Weg zum «Weg der Verheissung»* (ed. by Helmut Loos und Guy Stern), Freiburg i.B.: Rombach, pp. 133-156.

Dahlhaus, C. (ed.), 1986-97: *Pipers Enzyklopädie des Musiktheaters*, 1-7, München: Piper.

Drake, J., 1989: *The Operas of Darius Milhaud*, New York & London: Garland.

Halbreich, H., 1994: *L'œuvre d'Arthur Honegger. Chronologie-Catalogue raisonné-Analyses-Discographie,* Paris: Honoré Champion.

Honegger, A., 1924-1925a: *Le Roi David (Version originale)*, Partitur, Lausanne: Foetisch.

Honegger, A., 1924-1925b: *Le Roi David (Version augmentée)*, Partitur, Lausanne: Foetisch.

Honegger, A., 1999: *Le Roi David (Original version)*, Tonaufnahme CD, Leitung: Michel Piquemal, Unterhaching: Naxos HNH.
Jeanneret, M., 1969: *Poésie et tradition biblique au XVIe siècle. Recherches stylistiques sur les paraphrases des psaumes de Marot à Malherbe*, Paris: José Corti.
Jensen, J.I., 1990: «Saul und David» in *Begleitheft zur Tonaufnahme Nielsen 1990*, pp. 16-18.
Kleer, M., 1996: *«Der liebliche Sänger der Psalmen Israels». Untersuchungen zu David als Dichter und Beter der Psalmen* (Bonner Biblische Beiträge, 8), Bodenheim: Philo.
Lenselink, S.J., 1969: *Les Psaumes de Clément Marot. Edition critique du plus ancien texte* (Le Psautier huguenot du XVIe siècle, 3), Assen / Kassel u.a.: van Gorcum / Bärenreiter.
Meylan, P., 1966: *René Morax et Arthur Honegger au Théâtre du Jorat*, Lausanne: Éditions du Cervin.
Milhaud, D., 1952: *Entretiens avec Claude Rostand*, Paris: Juillard.
Milhaud, D., 1954: *David. Opéra en cinq Actes et douze Tableaux. Réduction pour Chant et Piano par l'Auteur*, Tel-Aviv: Israeli Music Publications.
Mogensen, M.R., 1992: *Carl Nielsen. Der dänische Tondichter. Biographischer Dokumentationsbericht*, Arbon: Eurotext.
Nielsen, C.A., 1931: *Saul und David. Oper in 4 Akten. Klavierauszug*, Oslo & Stockholm: Hansen.
Nielsen, C.A., 1990: *Saul & David*, Tonaufnahme CD, Leitung: Neeme Järvi, Colchester: Chandos Records.
Nitsche, S.A., 1994: *König David. Gestalt im Umbruch*, Zürich: Artemis.
Pidoux, P., 1986: *Clément Marot et Théodore de Bèze. Les Psaumes en vers français avec leurs mélodies*. Fac-similé de l'édition genevoise de Michel Blanchier, 1562, Genève: Droz.
Ringer, A., 1993: «Recordare – Never to Forget» in *Canadian Univ. Music Review*, 13, pp. 41-54.
Weill, K., ohne Jahr: *Der Weg der Verheissung*, Partitur, Paris: Heugel.
Weill, K., 1999: *Der Weg der Verheissung*, Fernsehaufzeichnung einer Aufführung der Oper Chemnitz; Bühnenfassung Gerhard Müller, Inszenierung Michael Heinicke, Musikalische Leitung John Mauceri, ARD.
Werfel, F., 1959: «Der Weg der Verheissung» in *Gesammelte Werke. Die Dramen*, 2 (ed. by Adolf D. Klarmann), Frankfurt a.M.: S. Fischer, pp. 91-177.

David in der Literaturgeschichte

David im englischen Drama

BALZ ENGLER

Zusammenfassung:

Am englischen Drama wird exemplarisch versucht, die Verwendung des David-Stoffs nachzuzeichnen. Dabei erweist sich, dass sich eine eigenständige Tradition nicht herausbilden konnte; ihr stehen einerseits die religiös-ideologischen Auseinandersetzungen in der englischen Geschichte entgegen, andererseits das Wirken der Zensur. Vor allem anhand der Stücke von George Peele (publiziert 1599), Hannah More (1782), Stephen Phillips (1904) und D.H. Lawrence (1926) wird gezeigt, wie Episoden aus der Geschichte Davids eingesetzt werden, um ideologische Anliegen darzustellen.

Résumé:

L'article étudie le traitement de l'histoire de David dans le théâtre anglais. Comme le montre l'analyse, les querelles religieuses et idéologiques qui ont caractérisé l'histoire de l'Angleterre ainsi que les effets de la censure ont empêché le développement d'une tradition théâtrale originale. Les pièces de George Peele (publ. 1599), Hannah More (1782), Stephen Phillips (1904) et D.H. Lawrence (1926) sont autant d'exemples représentatifs qui illustrent la manière dont les auteurs dramatiques recourent à certains épisodes de l'histoire de David pour exprimer des préoccupations idéologiques diverses.

Abstract:

This paper examines how the story of David has been used in English drama. It shows that an independent tradition could not develop, due to the religious and ideological disagreements characteristic of English history, and the intervention of censorship. The analysis of plays by George Peele (published 1599), Hannah More (1782), Stephen Phillips (1904), and D.H. Lawrence (1926) demonstrates how episodes from the story of David have been used to express ideological concerns.

Stichwörter:

English drama; King David; reception studies; Peele, George; More, Hannah; Phillips, Stephen; Lawrence, D.H.

Die Geschichte von David ist ein Mythos, eine Geschichte, die immer wieder erzählt wird, die uns hilft zu erklären, wer wir sind, wo wir herkommen und wo wir hingehen, eine Geschichte, die uns Deutungsmuster für unsere Erfahrungen anbietet und es uns ermöglicht, diese in eine überzeitliche Ordnung einzubetten. Die Vielgestalt der Figur – David als Hirte, als weiser Monarch, als Diener Gottes, als Ehebrecher, als reuiger Sünder, als Freund, als unerbittlicher Gegner – macht es möglich, dass diese für die verschiedensten Zwecke eingesetzt werden kann. Dies lässt sich an ihrer Verwendung in der englischen dramatischen Literatur eindrücklich belegen; sie zeigt aber auch, welche Rollen Davids aus religiösen und politischen Gründen kaum dargestellt werden konnten.

Zwei Komplikationen sind dabei gleich vorweg zu nennen. Die erste ergibt sich aus der allgemeinen Bekanntheit Davids[1] und seiner Verwendung im Rahmen eines sich wandelnden Gebäudes politischer und religiöser Glaubenssätze, Glaubenssätze, die sich gerade in England im Laufe der Neuzeit auseinander bewegten und in heftige Konflikte miteinander gerieten.[2] Dies bringt es mit sich, dass sich eine eigentliche Tradition in der Verwendung des Stoffes nicht entwickeln konnte.

Die zweite Komplikation betrifft die Zensur. Drama und Theater unterscheiden sich nicht nur in der Darbietungsform von anderen literarischen Genres.[3] Als Darstellung von Handlungsmustern vor einem grösseren Publikum, das als Gruppe reagiert, hat Drama im Theater immer wieder in besonderem Masse die Befürchtungen derer geweckt, die sich um die öffentliche Ruhe Sorgen machten. Wo in dieser öffentlichen Ordnung religiöser Dissens ein wichtiges Problem darstellte, war davon das religiöse, und erst recht das biblische, Drama besonders betroffen. Hinzu kommt, dass in England das Theater im allgemeinen puritanisch Gesinnten als eine unmoralische und verwerfliche Institution galt.

Die Theaterzensur spielte in England ihre Rolle besonders eifrig.[4] So wurde im Laufe des 16. Jahrhunderts die mittelalterliche Tradition der Mysterienspiele unterdrückt; sie galt den Reformatoren als ein Überbleibsel mittelalterlicher Frömmigkeit. In Shakespeares Zeit gab es einen regulären Zensor, den *Master of the Revels*, dem alle Stücke vor der Aufführung vorgelegt werden mussten. 1737 wurde, vor allem um politisch-satirischen Stücken einen Riegel vorzuschieben, ein eigentliches Zensurgesetz geschaffen; es wurde 1843 neu gefasst. Nirgends sagen diese Gesetze etwas Spezifisches aus darüber, wie im Theater mit biblischen Stoffen umzugehen sei; aber sie gaben dem *Lord Chamberlain* umfassende Befugnisse. Es bildete sich der Brauch heraus – ein genaues Datum ist dafür nicht zu eruieren –, dass kein Stück, das einen biblischen Stoff behandelte, die Erlaubnis zur öffentlichen Aufführung erhielt. Die Theaterzensur wurde in England erst 1968 abgeschafft – im Zusammenhang mit der Debatte um

Rolf Hochhuths *Der Stellvertreter*. Eine Möglichkeit, die Zensur zu unterlaufen, bot allerdings schon vorher die Gründung von Clubs, in denen die Stücke «privat» aufgeführt werden konnten. An der Kasse erwarb man sich dann statt der Theaterkarte einfach die Club-Mitgliedschaft für einen Abend.

Beide genannten Komplikationen bringen es mit sich, dass es nicht möglich ist, eine eigenständige Tradition des Umgangs mit dem David-Stoff nachzuzeichnen. Über das Selbstverständliche und über das Gefährliche wird geschwiegen, aus ganz verschiedenen Gründen.

1. In den mittelalterlichen Mysterienspielen, die an einzelnen Orten in England bis in die zweite Hälfte des 16. Jahrhunderts aufgeführt wurden,[5] geht es im wesentlichen um die Geschichte von Sünde und Erlösung. Ihre Szenen betreffen vor allem das Leben und den Tod Christi; Szenen aus dem Alten Testament werden nur aufgenommen, wenn sie sich in den thematischen Zusammenhang fügen (wie der Sündenfall) oder prophetisch oder typologisch auf Christus vorausweisen (wie die Geschichten von Noah oder Abraham und Isaak). David spielt dabei nicht als Person, sondern nur als Vorfahre Christi eine eng begrenzte Rolle. Diese überlieferte Ausformung der Gestalt spielte entsprechend für die erste bedeutende Behandlung des David-Stoffs bei George Peele auch keine wichtige Rolle.[6]

In *The Love of David and Fair Bersabe, with the Tragedie of Absolon* (publiziert 1599) bringt Peele die im Titel genannten Abschnitte von Davids Leben in einer Reihe von lose zusammengefügten Episoden auf die Bühne.[7] Die Struktur des Stücks ist mit jener von Shakespeares Historiendramen verglichen worden, mit dem Unterschied, dass hier statt Raphael Holinsheds *The Chronicles of England, Scotland, and Ireland* das Alte Testament als Quelle verwendet wird. In der Tat folgt das Stück seiner Quelle sehr eng.[8] Aber eine Beziehung zur Heilsgeschichte wird nicht thematisiert.

Das Hauptgewicht der Gestaltung liegt auf dem Diesseitig-Sinnlichen. Inga-Stina Ekeblad hat nachgewiesen, dass neben dem Text der Bibel die Tradition der erotischen Dichtung Ovids als ebenso wichtig anzusetzen ist. Sie zeigt, wie alle Sinne in der Handlung eingesetzt werden, und geht so weit zu vermuten, dass die Szene von Batseba im Bade (mit der das Stück beginnt) Peele überhaupt dazu angeregt habe, sich mit dem Stoff auseinanderzusetzen.[9]

Dem Moment in seiner Biographie entsprechend wird David in allen Aspekten seines Daseins gezeigt: als Bewahrer seiner Dynastie, als Liebhaber, als Sänger, als Herrscher und als Heerführer. Er wird als ein Renaissance-Fürst, als kraftvoll handelnder Mensch gezeigt, der seine Schwächen hat, der Schicksalsschläge erleidet, diese aber (mit Ausnahme des Tods von

Batsebas Kind) kaum als Strafe Gottes sieht. Anders als bei Marlowe, wo die Handelnden ganz auf sich selbst gestellt sein wollen, weiss Peeles David aber letztlich auch stets Gott auf seiner Seite.

Peele macht Gebrauch von den Möglichkeiten, die ihm sein Stoff eröffnet, und gestaltet vor allem Konflikte zwischen öffentlicher Aufgabe und privatem Leben. Die Schuld, die David durch den Ehebruch mit Batseba auf sich lädt, wird durch den Tod des gemeinsamen Kindes auf einfache Weise gesühnt; danach ist von ihr nicht mehr die Rede. Das Leiden des Herrschers als Vater steht im Zentrum, die Vergewaltigung seiner Tochter durch ihren Bruder Amnon, dessen Tötung durch Abschalom, die Rebellion von Abschalom und dessen Tod. Immer steht für ihn der männliche Nachwuchs im Zentrum, der erhalten werden soll.

2. Das 18. Jahrhundert liefert uns zwei ganz verschiedene David-Bilder.[10] Das eine ist geprägt von einem Rationalismus, welcher einen naiven Glauben an die Wahrheit der biblischen Berichte in ihrer Konsistenz, vor allem aber die Vorbilder, die aus ihnen abgeleitet wurden, in Frage stellt. Das andere versucht, dieser Tendenz entgegenzuwirken, und den Modellen aus der biblischen Geschichte emotionell mitvollziehbare Aspekte abzugewinnen. Für das erste soll hier die anonyme Schrift *The Life of David: or, the History of the Man after God's Heart* (1772) stehen,[11] die Voltaire nach seiner eigenen Auskunft als Quelle für sein Stück *Saul et David* verwendete.[12]

Der Titel kann nur ironisch gemeint sein.[13] Die Geschichte Davids wird so nacherzählt, dass alles, was an ihr bewundernswert war oder als Zeichen von Gottes Eingreifen galt, sich als Zeichen von Ehrgeiz und Hinterhältigkeit erweist.[14] Das beginnt schon mit Samuels Bestimmung von David zum König:

> The death of Saul facilitated his advancement to a sovereignty to which he had no pretension, either by the right of inheritance [...] nor by popular election [...]: but by the clandestine appointment of an old prophet, which inspired him with hopes, of which, by arms and intrigue, he at length enjoyed the fruition. (79)

Voltaire machte daraus eine Burleske,[15] die in rasch wechselnden Szenen vom Leben an Davids Hof erzählt, in einer Weise, die in erstaunlichem Masse an ein Stück wie Dürrenmatts *Frank der Fünfte* erinnert. Sie erzählt von seinen insgesamt achtzehn Frauen, die untereinander zerstritten sind, davon, wie er im vollen Wissen von Batseba ihren Mann in den Tod schickt, und von dessen Tod, den Batseba mit den Worten quittiert: «Dieu merci, nous en voilà défaits»[16] (jetzt sind wir ihn los). Voltaires David wird im Stück treffend von Abigajil charakterisiert, als sie erfährt, dass der Rebell Abschalom, um seinen Anspruch auf den Thron zu legitimieren, mit allen achtzehn Frauen Davids geschlafen habe:

> O ciel! que n'étais-je là! J'aurais bien mieux aimé coucher avec ton fils Absalon qu'avec toi, vilain, voleur, que j'abandonne à jamais : [...] il est jeune, il est aimable, et tu n'es qu'un barbare débauché, qui te moques de Dieu, des hommes, et des femmes.[17]

3. Wie anders sieht David bei Hannah More aus, in *David and Goliath*,[18] das im Rahmen ihrer *Sacred Dramas: Chiefly intended for young persons: the subjects taken from the Bible* (1782)[19] erschien. Das Stück ist offensichtlich ein Lesedrama; seine fünf Teile werden bezeichnenderweise nicht als Akte, sondern als *Parts* bezeichnet. Es fällt damit auch nicht unter die Schwierigkeiten, welche die Zensur hätte bereiten können.

Das Versdrama greift einen Teil der frühen Geschichte Davids heraus, ohne diesen zu einem geschlossenen Ganzen umformen zu wollen. Es zeigt ihn singend bei seinen Schafen, wie sein Vater ihn mit Nahrungsmitteln zu seinen Brüdern ins Kriegslager schickt, ihn vor den Verlockungen des Kriegs warnt und stattdessen die Bescheidenheit als Tugend preist. David nimmt alle diese Ratschläge als guter Sohn an. Erst als er die Szene verlassen hat, schildert Jesse in einem Monolog, dass David von Samuel als König auserwählt worden ist. Der zweite und dritte Teil schildern Davids Ankunft im Lager, die Missgunst seiner Brüder und seine Annahme von Goliats Herausforderung. Saul beklagt sich in einem langen Monolog darüber, dass sein Sohn Jonatan allzu beliebt geworden sei. Im vierten Teil stehen sich David und Goliat gegenüber in einer langen Debatte. Ihr Kampf wird nicht gezeigt, sondern erst im fünften Teil berichtet. Saul preist David, ist aber neidisch auf ihn. Das Stück endet mit einem Chor der Frauen, die den Sieg Israels preisen.

All dies weicht kaum vom biblischen Bericht ab. More geht es offensichtlich nicht darum, einen biblischen Stoff neu zu gestalten. Im beigefügten «Advertisement» betont sie, sie habe so viel wie möglich vom biblischen Text beibehalten, und sie habe sich mehr um die moralische Unterrichtung bemüht als um eine korrekte dramatische Form.[20] Vielmehr will sie den Stoff in Dialog-Form einem Publikum nahe bringen,[21] das sich von ihm abzuwenden beginnt. Dabei wählt sie einen relativ engen thematischen Bereich aus. Es geht um David, dem sein fester Glaube, er sei das Werkzeug Gottes, den Mut gibt, den Feind Israels zu besiegen.

> [...] inborn courage,
> The gen'rous child of Fortitude and Faith,
> Holds its firm empire in the constant soul,
> And, like the steadfast pole-star, never once
> From the same fix'd and faithful point declines.[22]

Wie Mores Biograph von den *Sacred Dramas* bemerkt: «In each group of verses, God chooses nobly simple outsiders, like Hannah More, to alert royalty and their subjects to the evils of epicene and selfish courtiers.»[23]

Am ehesten im Zusammenhang mit More ist vielleicht eine weitere Bearbeitung des Stoffs zu erwähnen; sie ist von allen hier behandelten die dürftigste: John Bentleys *The Royal Penitent* (1803).[24] Das Prosa-Stück, dessen Sprache keinerlei Verständnis für die Bedingungen einer Aufführung belegt, behandelt Davids Beziehung zu Batseba als plumpe moralische Ermahnung, aber auch als Versprechen der Vergebung. Es beginnt mit einem langen Monolog Davids, in dem er beklagt, dass er der Versuchung des Ehebruchs erlegen sei. Der Monolog endet mit den Worten – und diese mögen auch als Beispiel für den Stil des ganzen Stücks dienen:

> May all take warning by David's sad example, and turn away their faces from the first allurements of temptation, which presents a golden cup, pleasing to the sight; but its contents once tasted, the deadly poison flows rapidly through every vein, and fills the whole vitiated frame with excruciating pains and fearful horrors, known to those only who have been deceived by the enchanted lure.[25]

Bentley verwendet die Geschichte von Batsebas Schwangerschaft, um Urija als Gegenpol zu David aufzubauen. Er spielt im Plan Davids, ihn als Vater erscheinen zu lassen, nicht mit, weil er sich seiner militärischen Ehre mehr verpflichtet fühlt als seinem häuslichen Wohlergehen – also nicht zu Hause schläft. Der erste Akt endet mit einem Monolog Davids, in dem er wiederum vor den Gefahren der Versuchung warnt, und in dem er Urijas Ehrgefühl und Pflichtbewusstsein als etwas erkennt, was ihm selbst abgeht.

Danach nimmt das Stück eine einigermassen überraschende Wendung: Als David gegenüber dem Propheten Natan seine Schuld bekennt, sagt ihm dieser, Gott vergebe dem reuigen Sünder alles. Damit ist alles Schlimme abgewendet, David greift zur Harfe und stimmt eine «Ode to Mercy» an. Als er Batseba trifft, sagt er zu ihr:

> Greatly is it to be wished, that those who have swerved from the ways of duty, or are endangered by circumstances which may tempt them to forsake the paths of virtue, would more frequently fly for council to those whose office it is, by their advice and exhortation, to guard them against despondent obstinacy or bold presumption [...] (der Satz geht noch sieben Zeilen weiter).[26]

David übt öffentlich Reue für seine Tat, wie Batseba von ihrer treuen Freundin Rachel berichtet wird. Der Tod des gemeinsamen Kindes führt zu keinerlei Überlegungen der beiden betreffend möglicher Schuld, sondern zu einem philosophischen Dialog über das Leben nach dem Tode. Im dritten Akt findet eine Feier statt, bei der Natan die Geburt des Erlösers aus der Familie Davids prophezeit; und das Stück schliesst oratorienhaft mit einer Apotheose Davids, die auch den intendierten kirchlichen Charakter des Stücks klar macht.

> Symphony – Grand Chorus, accompanied by all the Congregation.

> Eternal goodness, hail!
> Thy mercies never fail!²⁷

Viel stärker als bei More tritt hier die Ankündigung der Erlösung als Motiv in den Vordergrund.²⁸

4. Zu Beginn des 20. Jahrhunderts finden wir David in zwei Stücken, die, obwohl ihre Autoren ganz verschiedener Herkunft und verschiedener Überzeugung waren, einiges gemeinsam haben: Stephen Phillips, *The Sin of David* (1904), und D.H. Lawrence, *David*.

Stephen Phillips²⁹ verlegt sein Stück in die englische Geschichte – offensichtlich ein Versuch, die eingangs erwähnten Probleme mit der Zensur zu umgehen, gleichzeitig aber auch, um den Stoff seinem englischen Publikum näherzubringen und Kritik an jenen zu üben, welche die Behandlung biblischer Stoffe auf der Bühne so schwierig machen.

Das Stück spielt im englischen Bürgerkrieg, 1643, unter Angehörigen der parlamentarischen, protestantischen (oft auch puritanisch genannten) Truppen. Es beginnt mit dem Gericht über einen jungen Offizier, der eine Frau vergewaltigt hat. Das Gericht ist über seine Strafe unentschieden. Aber der neu eintreffende Kommandant Sir Hubert Lisle (David) verhängt ohne Zögern den Tod über ihn – die Sündlosigkeit der Truppe sei für den Erfolg ihres Anliegens wichtig. Oberst Mardyke (Urija), ein bärbeißiger Mann, hat Miriam (Batseba), die Tochter eines Offizierskollegen, der in den französischen Religionskriegen umgekommen ist, aufgezogen und zu seiner Frau gemacht. Sie verliebt sich in den neuen Kommandanten, umwirbt ihn, und dieser verliebt sich auch in sie. Als sich die Gelegenheit ergibt, jemanden für die gute Sache in den Heldentod zu schicken, schickt er ihren Mann.

Der dritte Akt spielt fünf Jahre später. Lisle und Miriam sind Mann und Frau und haben ein kleines Kind. Dieses entwickelt eine unerklärliche Krankheit und stirbt. Miriam sieht dies als Strafe für ihre unbedachte Sinnlichkeit.

> I rushed into thy arms
> In headlong passion and in frenzied blood,
> And recked not of my husband, nor of law.
> This is my punishment!

Lisle aber gesteht ihr nun, was er getan hat. Sie weist ihn von sich. Am Schluss aber sehen beide, dass der Tod ihres Kindes sie erst wahrhaft zu einem Paar gemacht hat.

> Marriage at last of spirit, not of sense,
> Whose ritual is memory and repentance,

> Whose sacrament this deep and mutual wound,
> Whose covenant the all that might have been. [...]
> We by bereavement henceforth are betrothed,
> Folded by aspirations unfulfilled,
> And clasped by irrecoverable dreams.[30]

Phillips betont die Nähe zur Bibel – Lisle liest im zweiten Akt auch selbst die entsprechenden Stellen aus ihr.[31] Aber die – zumindest teilweise durch die Zensur erzwungene – Distanz zur Quelle macht es auch möglich, bestimmte Elemente deutlicher herauszuarbeiten. Die Zeit der Handlung, vor allem aber auch die Gerichtsszenen am Anfang, betonen die moralische Strenge, an denen die späteren Handlungen gemessen werden sollen. Zugleich können dadurch Elemente der Warnung Natans an David integriert werden in ein Stück, das in einer Zeit spielt, zu der sich Gott nicht mehr durch Propheten an diese Welt wendet, sondern zum Inneren jedes einzelnen Menschen spricht, und in der Konflikte psychologisch motiviert werden. Die Frau spielt, wie auch in anderen Dramen der Zeit, eine sehr aktive, geradezu schicksalshafte Rolle; wohl nicht zufällig heisst sie Miriam wie die Frau, die nach der Durchquerung des Roten Meeres durch das Volk Israel vor Gott tanzte[32] – ein Motiv, das in seiner Verbindung von Religiosität und Sinnlichkeit in der viktorianischen Epoche Bedeutung gewonnen hatte.

Das Stück versucht nicht, eine christliche Botschaft zu vermitteln, eine Tatsache, die ausgerechnet durch den Ort und die Zeit der Handlung hervorgehoben wird. Vielmehr geht es für Mardyke und Miriam darum, ihre eigene Geschichte, die zum Schicksal geworden ist, zu akzeptieren.

Was bei Phillips im wesentlichen in den Begriffen der Psychologie zur Sprache gebracht wird, verwendet Lawrence für ein religiöses – allerdings keineswegs christliches – Anliegen. *David* ist sein letztes Stück.[33] Es wurde im Mai 1927 aufgeführt, aus Gründen der Zensur im Rahmen der «300 Club and Stage Society». Es thematisiert in fünfzehn Szenen die David-Geschichte von Sauls Verstossung durch Samuel, bzw. Gott, bis zur Flucht Davids vor ihm, schliesst also den Kampf mit Goliat und die Heirat mit Michal ein, nicht aber die Beziehung zu Batseba – was nur Leute zu überraschen vermag, die Lawrence bloss oberflächlich kennen. Zwei Aspekte werden dabei hervorgehoben: die Auseinandersetzung zwischen Saul und David und die Freundschaft zwischen David und Jonatan.

Ohne auf die faszinierende und komplexe Frage von D.H. Lawrences Religiosität näher eingehen zu können, sei doch so viel angedeutet: Lawrence war überzeugt, dass eine tiefgreifende Wandlung der Menschen stattfinden müsse, eine, welche die Trennung von Körper und Intellekt wieder aufhebt. Diese Trennung geht in vielem auf die christliche Lehre zurück, deren Gründer aus dem Stamm Davids kommt – eine Tatsache, die für Lawrences Stück nicht ohne Bedeutung ist.

Warum greift Lawrence dabei auf den David-Stoff zurück? Die Auseinandersetzung zwischen Saul und David stellt einen wichtigen Moment in der Geschichte der Menschheit dar – jenen, in dem die Aera beginnt, die Lawrence zu Ende gehen sieht. Saul ist der Vertreter einer im guten Sinne primitiven Religion, für die das Göttliche allem innewohnt,[34] und in welcher es das Ziel des Menschen ist, in diesem aufzugehen. Es fällt auf, dass vor allem am Anfang des Stücks der Name «Gott» (der eine Person voraussetzen würde) vermieden wird; stattdessen wird Gott mit der Tiefe des Meeres, dem Wind und dem Feuer verglichen.[35] Davids Beziehung zum Göttlichen dagegen ist die zu einem als Person gesehenen Gegenüber.[36] Samuel macht David auf diesen Unterschied aufmerksam:

> Thou seest thy God in thine own likeness, afar off, or as a brother beyond thee, who fulfils thy desire. — Saul yearneth for the flame: thou for thy to-morrow's glory. The God of Saul has no face. But thou wilt bargain with thy God.[37]

Davids Zugang zu den Dingen ist rational, berechnend, schlau – die Art, wie er Goliat erledigt, ist ein erstes Beispiel dafür. Er sieht zwei Kräfte, die die Welt bewegen: den menschlichen Willen und Gott, und er weiss, dass die Dinge nur gut gehen können, wenn der Mensch sich nach Gott richtet.[38]

Die Frauen durchschauen ihn: «I do not like his brow, it is too studied», sagt Michal. Und Saul, der David gegenüber misstrauisch wird, hält ihn für «smooth faced and soft-footed», und fügt bei: «I like not this weasel.»[39] Aber er weiss auch, dass die Tage seiner eigenen Welt gezählt sind, und sagt in einer prophetischen Rede:

> Yea, by cunning shall Israel prosper, in the days of the seed of David [...] the Lord of Glory will have drawn far off, and gods shall be pitiful, and men shall be as locusts.[40]

Das Bild, das hier von David entworfen wird, gleicht in erstaunlicher, aber nicht überraschender Weise jenem, das im oben zitierten Pamphlet aus dem 18. Jahrhundert entworfen wird.

Im Zusammenhang der Zeitenwende wird Jonatan wichtig, der als Sauls Sohn und Davids Freund zwischen ihnen und ihren Welten steht: Einmal hat seine Beziehung zu David, welche die beiden Welten zusammenbringt, etwas Utopisches an sich, das die Welt Davids überwindet.[41] Dann aber ist Jonatan, dem die letzten Worte im Stück gegeben werden, auch die Person, die das Ende von Davids Zeit selbst absieht, die am ehesten die neue Vereinigung von Intellekt und Körper zustande bringen wird.

> thy wisdom is the wisdom of the subtle, and behind thy passion lies prudence. And naked thou wilt not go into the fire. — Yea, go thou forth, and let me die. For thy virtue is in thy wit and thy shrewdness. But in Saul have I known the splendour and the magnanimity of a man. — Yea, thou art a smiter down of giants, with a smart stone! Great

men and magnanimous, men of the faceless flame, shall fall from Strength, fall before thee, thou David, shrewd whelp of the lion of Judah! [...] In the flames of death where Strength is, I will wait and watch till the day of David at last shall be finished, and wisdom no more be fox-faced, and the blood gets back its flame.[42]

5. Lassen sich aus diesem Überblick über mehr als drei Jahrhunderte englischer Dramatik verallgemeinernde Schlüsse ziehen? Vorsicht ist angesichts des doch spärlichen Materials geboten.

Zuerst ist wohl gerade die Spärlichkeit des Materials zu vermerken, die sicher mit den Bedingungen zu tun hat, die eingangs erwähnt wurden. Dass die Zensur aber mit biblischen Stoffen besonders streng umging, hat wiederum mit der Geschichte Englands zu tun, in der auch politische Konflikte in besonderem Masse in den Begriffen der christlichen Religion formuliert wurden und mit einer Heftigkeit ausgetragen wurden, die im 17. Jahrhundert zu einem Bürgerkrieg und zur Hinrichtung des Königs führten.

Dass biblische Stoffe wie die Geschichte von David so selten behandelt wurden, hatte zur Folge, dass sich keine dramatische Tradition im Umgang mit ihnen herausbilden konnte. In jedem Fall wird auf den Text der Bibel zurückgegriffen, und dieser wird je nach dem – oft sehr spezifischen – Anliegen des Dramatikers oder der Dramatikerin neu gestaltet. Dadurch werden die ideologischen Voraussetzungen und Absichten deutlicher sichtbar als dies wohl sonst der Fall wäre. Dies zeigt sich besonders an den zitierten Beispielen aus dem 18. und dem 20. Jahrhundert.[43]

Was die Figur Davids im Besonderen betrifft, so fällt auf, dass er als guter Herrscher in der englischen Dramatik – ausser bei Peele – nur eine geringe Rolle spielt. Auch dies ist aus der englischen Geschichte gut zu verstehen: David, der als Herrscher seinen Auftrag durch Samuel von Gott erhalten hat, muss ideologisch vor allem für Monarchen von Interesse sein, welche Gottesgnadentum für sich in Anspruch nehmen. Der erfolglose Versuch der Stuarts im 17. Jahrhundert, diesen Anspruch zu erneuern und durchzusetzen, war aber einer der Gründe, die zum englischen Bürgerkrieg führten. Es überrascht deshalb nicht, dass David als guter Herrscher in der englischen Tradition nach dem frühen 17. Jahrhundert kaum mehr eine Rolle spielt. Wo er als Herrscher vorkommt, wird er vor allem als Mensch mit seinen Schwächen gezeigt.

Anmerkungen

1 Nach 1544 wurde in anglikanischen Gottesdiensten regelmässig aus der Bibel vorgelesen, aus dem 2. Buch Samuel zwischen dem 24. April und dem 5. Mai. Die Psalmen, als deren Autor David galt, wurden jeden Monat im Gottesdienst einmal vorgetragen.
2 Dies ist ein Thema, auf das hier nicht mit der Genauigkeit eingegangen werden kann, die vielleicht wünschbar wäre. Einen breiten Überblick über die Verwendung von König David im religiös-politischen Diskurs des 17. Jahrhunderts gibt Metzger 1998.
3 Vgl dazu Engler 1997.
4 Vgl. Dawson 1997.
5 Shakespeare hätte als Kind noch den Zyklus in Coventry sehen können!
6 Peele 1952-1970, 175: «*David and Bethsabe* stands alone in the Elizabethan period as an extant play based completely on the Bible.» Bei der Suche nach möglichen Quellen gibt die Einleitung auch einen nützlichen Überblick über David im Drama vor 1600, nicht nur in England (165-176).
7 Der Text ist schlecht überliefert. Zu Details siehe Peele 1952-1970, 135-290.
8 S. dazu Ekeblad 1958. Mögliche Quellen finden sich dagegen in der französischen Literatur; vgl. den Beitrag von Millet und de Robert in diesem Band.
9 Ekeblad 1958, 61.
10 Hier sollten wohl auch zwei wichtige nicht-dramatische Bearbeitungen des David-Stoffs erwähnt werden, die allerdings keine Hinweise darauf enthalten, dass sie in die gleiche Tradition gehören: Abraham Cowleys biblisches Epos *Davideis, a Sacred Poem of the Troubles of David* (1656), welches in vier von zwölf geplanten Teilen das Leben Davids bis zum Triumph über die Philister behandelt. Dabei geht es Cowley vor allem um den Nachweis, dass sich wahres (biblisches oder historisches) Material durchaus für die epische Behandlung eigne. S. Cowley 1987. In der Satire *Absalom and Achitophel* (1681), in der John Dryden Intrigen am Hofe behandelt, tritt König Karl II. als David auf. Das gibt uns allerdings kein wichtiges zusätzliches Material zu David als Herrscher; Thomas 1978, 18, ist der Überzeugung, der Vergleich werde gemacht wegen der vielen, mit mehreren Frauen gezeugten Kinder, die beiden gemeinsam sind.
11 Die Formel «a man after God's own heart» kommt aus der Bibel, 1Sam 13,14, wo Samuel zu Saul sagt (in der King James Version): «thy kingdom shall not continue: the Lord hath sought him a man after his own heart.»
12 Voltaire 1768.
13 Als Ausgangspunkt wird die Tatsache gewählt, dass König Georg II., der wie David 33 Jahre regiert hatte, nach seinem Tod 1760 als weiser Herrscher mit ihm verglichen worden war – was der Autor als Lob völlig verfehlt findet.
14 Am Schluss der Schrift (146-150) steht eine Zusammenfassung ihres Inhalts; sie soll hier wenigstens als Fussnote wiedergegeben werden:
«A shepherd youth is chosen by a disgusted prophet to be the instrument of his revenge on an untractable king. To this end he is inspired with ambitious hopes, by a private inauguration; is introduced to court, in the capacity of a harper; and by knocking a man with a stone, whom, if he had missed once, he had four more chances of hitting; and from whom, at the least he could have easily run away; he was advanced to the dignity of son-in-law to the King. So sudden and un-looked-for a promotion, within sight of the throne, stimulated expectations already awakened; and Saul soon perceived reasons to repent his alliance with him. Being obliged to retire from court, he assembled a gang of ruffians, the acknowleged outcasts of their country and became the ring-leader of a lawless company of banditti. In this capacity he seduces his brother-in-law Jonathan, from his allegiance and filial duty; and covenants with him, that if he obtained the kingdom, Jonathan should be the next person in authority under him. He obtains a settlement in the dominions of a Philistine prince, where, instead of applying himself laudably to the arts of cultivation, he subsists by plundering and butchering neighbouring nations. He offered his assistance to the Philistine

armies, in the war against his own country, and father-in-law; and is much disgusted at their distrust of his sincerity. He however availed himself of the defeat and death of Saul, and made a push for the kingdom. Of this he only gained his own tribe of Judah: but strengthened by this usurpation, he contested the remainder with Saul's son, Ish-bosheth, whom he persecuted to the grave. Ish-bosheth being assassinated by two villains, with intention to pay their court to the usurper; he is now King of Israel. In which capacity he plundered and massacred all his neighbours round him at discretion. He defiled the wife of one of his officers, while her husband was absent in the army: and finding she was with child by him, he, to prevent a discovery, added murder to adultery, which being accomplished, he took the widow directly into his well-stocked seraglio. He then repaired to the army, where he treated the subjected enemies with the most wanton inhumanity. A rebellion is raised against him by his son Absalom; which he suppressed, and invited over the rebel-general, to whom he gave the supreme command of the army, to the prejudice of the victorious Joab. After this he cut off the remainder of Saul's family, in defiance to the solemn oaths by which he engaged to spare that unhappy race: reserving only one cripple from whom he had no apprehensions: and who, being the son of Jonathan, gave him the opportunity of making a merit of his gratitude. When he lay on his death-bed, where all mankind resign their resentments and animosities, his latest breath was employed in dictating two posthumous murders to his son Solomon! and, as if one more crime was wanting to complete the black catalogue, he clothed all his actions with the most consummate hypocrisy; professing all along the greatest regard for every appearance of virtue and holiness.

These, Christians! are the outlines of the life of a Jew, whom you are not ashamed to continue extolling, as a man after God's heart.»

[15] Der Inhalt macht diese Abhängigkeit eindeutig. Die Chronologie ist allerdings schwieriger festzustellen, da Voltaire, wie anderswo auch, seine Quellen verdeckt oder gar erfindet. Voltaire schrieb seinen *Saul* wohl 1762 und behauptet, er sei «Traduit de l'anglais de M. Hut», eine Erfindung seinerseits. Als Datum der anonymen Vorlage nennt er selbst in seinem *Dictionnaire philosophique* 1761. In englischen Bibliotheken ist allerdings nur eine Neuausgabe von 1772 vorhanden.

[16] Voltaire 1877, 611.
[17] Voltaire 1877, 600.
[18] In More 1782.
[19] Die anderen Stücke tragen die Titel: *Moses in the Bulrushes, Belshazzar, Daniel.* Hannah More war eine sehr produktive Dichterin und Schriftstellerin, die sich auch in vielen Schriften und als Gründerin einer Schule um die Frauenbildung verdient machte. Im Theater hatte sie Erfolg mit den Tragödien *Percy* (1777) und *The Fatal Falsehood* (1779). Danach, nach dem Tod ihres Förderers David Garrick (1779), wandte sie sich aber vom öffentlichen Theater ab.
[20] Zitiert bei Ford 1996, 55 («aspired after moral instruction [more] than the purity of dramatic composition»).
[21] Ford 1996, 54.
[22] More 1782, 108-109.
[23] Ford 1996, 56.
[24] Bentley 1803.
[25] Bentley 1803, 2.
[26] Bentley 1803, 26-27.
[27] Bentley 1803, 43-44.
[28] Als Kuriosum sei hier noch eine *sacred operetta* erwähnt: Brooks' und Phelps' (1888) *David, the son of Jesse, or. The Peasant, the Princess and the Prophet,* Part 1: «The Spoiling of Goliath», Part 2: «The Winning of Michal.» Das Vorwort bestätigt, was die Untertitel andeuten: Es sollen die romantischen Aspekte der David-Geschichte behandelt werden. Das Stück endet mit einer Prophezeiung Samuels: Ein Vorhang öffnet sich, und das

Christkind im Stall wird als Tableau gezeigt; danach öffnet sich ein weiterer Vorhang und zeigt «The Tableau of Christian Centuries». Zum Schluss singt die ganze Besetzung gemeinsam Psalm 117.

29 Stephen Phillips (1864-1915) war im ersten Jahrzehnt des 20. Jahrhunderts als Dichter und Dramatiker sehr erfolgreich. Heute ist er vergessen. S. Davis / Weaver 1927, 435. Das Stück wurde am 30.9.1905 erstaufgeführt.
30 Phillips 1904, 76.
31 Phillips 1904, 45-48: «A sallow gleam of dawn falls on the Book, as Lisle opens and reads ‹And it came to pass in the morning, that David wrote a letter [...]›» (2Sam 11,14ff).
32 Vgl. Exodus 15,20-21.
33 Lawrence 1926. Hier zitiert nach Lawrence 1999.
34 Lawrence schrieb das Stück während seiner Zeit im Südwesten der USA. Er war sehr beeindruckt von den indianischen Religionen und sah diese zusammen mit anderen, auch europäischen, primitiven Religionen als vorbildhaft.
35 Eine Häufung solcher alternativen Nennungen findet sich auf 442.
36 Lawrence 1999, lxx: «The play creates Saul as the last of the old civilization, as one of the believers in the old relationship between man and the cosmos, whereas David is by comparison modern man, living through his wits and his intelligence, and believing in a personal relationship with a personal God, which is all that his intelligence permits him.»
37 Lawrence 1999, xxx.
38 Lawrence 1999, 460.
39 Lawrence 1999, 483.485.
40 Lawrence 1999, 520.
41 Vgl. dazu auch Brunsdale 1983, 129.
42 Lawrence 1999, 524.
43 Der Text von Ch.W. Winne, *David and Bathshua* (1903), hat sich nicht eruieren lassen.

Bibliographie

Anon., 1772: *The Life of David: Or, the History of the Man After God's Heart*, London: T. Coote.
Bentley, J., 1803: *The Royal Penitent, a Sacred Drama*, London: C. Whittingham.
Brooks, E.S. (Libretto) / Phelps, E.C. (Musik), 1888: *David, the Son of Jesse, or. The Peasant, the Princess and the Prophet*, Brooklyn: Phelps.
Brunsdale, M.M., 1983: «D.H. Lawrence's David: Drama as a Vehicle for Religious Prophecy» in *Drama and Religion, Themes in Drama*, 5, pp. 123-138.
Cowley, A., 1987: *A Critical Edition of Abraham Cowley's DAVIDEIS*, ed. by Shadduck, G., New York: Garland.
Davis, H.W.C., / Weaver, J.R.H., 1927: *Dictionary of National Biography*, 1912-1921, London: Oxford University Press.
Dawson, D.P. (ed.)., 1997: *Censorship*, Pasadena: Salem Press.
Ekeblad, I.-S., 1958: «The Love of King David and Fair Bethsabe: A Note on George Peele's Biblical Drama» in *English Studies*, 39, pp. 57-62.
Engler, B., 1997: «Buch, Bühne, Bildschirm: König Lear Intermedial» in Helbig, J. (ed.), *Intermedialität: Theorie und Praxis eines interdisziplinären Forschungsgebiets*, Berlin: Erich Schmidt, pp. 57-66.
Ford, C.H., 1996: *Hannah More: A Critical Biography*, New York: Peter Lang.
Lawrence, D.H., 1926: *David; a Play*, New York: Knopf.

Lawrence, D.H., 1999: *Plays*, ed. by Schwarze, H.-W. / John Worthen, Cambridge: Cambridge University Press.

Metzger, H.-D., 1998: «David, der Musterkönig. Zur politischen Interpretation eines religiösen Sinnbilds in England» in Bauer, B. / W.G. Müller (eds.), *Staatspolitische Diskurse im Spiegel der Nationalliteraturen von 1500 bis 1800* (Wolfenbütteler Forschungen, 27), Wiesbaden: Harrassowitz, pp. 393-426.

More, H., 1782: *Sacred Dramas*, London: T. Cadell.

Peele, G., 1952-1970: «The Love of David and Fair Bersabe, with the Tragedie of Absolon», ed. by E. Blistein in *The Life and Works of George Peele*, vol. 3, ed. by Prouty, C.T., New Haven: Yale University Press.

Phillips, S., 1904: *The Sin of David*, London: Macmillan.

Roston, M., 1968: *Biblical Drama in England*, London: Faber and Faber.

Thomas, W.K., 1978: *The Crafting of ‹Absalom and Achitophel›*, Waterloo: Wilfrid Laurier University Press.

Voltaire, 1768: *Saul et David: Tragédie en Cinq Actes: D'après l'Anglais, Intitulé, The Man After God's Own Heart*, London: ohne Verlag.

Voltaire, 1877: *Œuvres Complètes*, Paris: Garnier.

David et Batsheba dans la littérature française
Sens spirituel et littérature d'imagination

OLIVIER MILLET, PHILIPPE DE ROBERT

Résumé:

Les exemples retenus appartiennent surtout à la littérature française, avec deux exceptions latine et italienne. On souligne, du Moyen Âge au XXe siècle, un déplacement graduel des lectures théologiques relevant d'une foi collective vers la littérature d'imagination personnelle. Cependant, le premier exemple, le *Mystère du Vieil Testament*, dramatise de façon déjà originale l'épisode biblique. Les textes humanistes du XVIe siècle (Théodore de Bèze, Belleau et du Bartas) multiplient les fictions poétiques et les jeux de style. Le XVIIe siècle représente à cet égard une rupture, par respect pour le texte sacré de la Bible; le XVIIIe siècle (Bayle, Voltaire) accentue cette rupture avec la crise, dont David est la victime, de la foi religieuse. La modernité (Milosz, Gide, Coccioli) redécouvre un rapport familier avec la figure de David. Sa plasticité poétique et psychologique est enrichie au moyen d'une riche intertextualité biblique, mais la dimension politique de l'épisode est désormais sacrifiée.

Zusammenfassung:

Mit zwei Ausnahmen, einer lateinischen und einer italienischen, stammen die hier ausgewählten Beispiele aus der französischen Literatur. Sie belegen, wie auf dem Weg vom Mittelalter ins 20. Jahrhundert die Geschichte Davids und Batsebas schrittweise vom Gegenstand theologischer, einem kollektiven Glauben verpflichteter Auslegungen zum Thema persönlicher Fiktionsliteratur wird. Doch auch schon das erste Beispiel, das *Mystère du Vieil Testament*, stellt eine originelle Dramatisierung der biblischen Episode dar. Die humanistischen Texte des 16. Jahrhunderts (Théodore de Bèze,

Belleau und du Bartas) schmücken die Thematik mit dichterischen Erfindungen und stilistischen Pointen. Das 17. Jahrhundert bricht mit dieser Praxis aus Ehrfurcht vor dem heiligen Bibeltext. Der Bruch verschärft sich weiter mit der Glaubenskrise des 18. Jahrhunderts (Bayle, Voltaire), der auch die Behandlung des David-Themas zum Opfer fällt. Erst die Moderne (Milosz, Gide, Coccioli) findet wieder einen vertrauten Zugang zur David-Gestalt. Deren poetische und psychologische Zeichnung wird durch eine Fülle intertextueller biblischer Bezüge verdichtet. Die politische Dimension der Episode geht dabei jedoch verloren.

Abstract:

With two exceptions, one Latin and one Italian, the examples in this article pertain to French literature. From the Middle Ages to the 20th century, one notes a gradual shift in readings of the David and Bathsheba story from those that are theological in nature and based on widely held faith to a literature of personal imagination. However, the first example, the *Mystère du Vieil Testament*, already dramatizes the biblical story of David in an original way. The humanist texts of the 16th century (Théodore de Bèze, Belleau and du Bartas) embellish the story with poetic fiction and stylistic play. The 17th century breaks with this practice out of its respect for the sacred text of the Bible; the 18th century (Bayle, Voltaire) accents this break with the crisis of religious faith in which David falls victim. Modernity (Milosz, Gide, Coccioli) rediscovers a familiar rapport with the figure of David. His poetic and psychological portrait is enriched by means of rich biblical intertextuality, while the political dimension of the story is sacrificed.

Mots-clés:

Bèze (Théodore de); Voltaire; Milosz (Lubicz); Gide (André); Coccioli (Carlo); littérature française; théâtre biblique

Les traditions juive et chrétienne antiques ont généralement cherché à atténuer les aspects scandaleux du récit de 2Sam 11, et diverses excuses sont avancées pour la double faute de David, souvent présentée comme son unique péché conformément à la remarque de 1Rois 15, 5 qu'il aurait toujours bien agi «sauf dans l'affaire de Urie le Hittite». C'est ainsi que dans le Talmud (Megilla 4, 10) on discute de l'opportunité de lire ce passage au cours de la liturgie synagogale, du moins de le traduire et le commenter, de même que ceux qui rapportent les relations de Ruben avec Bilha (Genèse 35) ou d'Amnon avec Tamar (2Sam 13). Par ailleurs on considère que Batsheba était destinée à devenir l'épouse de David dès la création du monde, mais qu'il la posséda «prématurément» (b. Sanhédrin 10a). Néanmoins les Rabbins reconnaissent implicitement la gravité du péché de David puisqu'ils soulignent l'importance du pardon qui lui est accordé. De leur côté, les Pères de l'Église ont insisté sur la repentance modèle de David selon le Psaume 51, comme Ambroise de Milan dans son *Apologie de David*, ou bien ont développé une interprétation allégorique de l'épisode, comme Augustin dans le *Contra Faustum* qui voit en Batsheba, arrachée par David à l'étranger qu'est Urie le Hittite pour en faire sa femme, une figure de l'Église arrachée par le Christ au paganisme pour entrer dans le peuple de Dieu. En fait les traditions juive et chrétienne ont un présupposé commun, c'est que la faute de David est une *felix culpa*, un péché exceptionnel et fondateur, comme celui d'Adam, parce qu'il ouvre avec Salomon l'histoire du salut. Mais dès la fin du Moyen Âge on constate, en particulier dans les Mystères, un déplacement graduel de ces lectures théologiques vers une littérature d'imagination, qui cherche à mettre en scène les éléments dramatiques même les plus profanes du récit biblique. Cette perspective nous servira de fil conducteur. Faute de pouvoir présenter ici une étude exhaustive des œuvres consacrées à ce thème, nous limiterons notre communication à des textes particulièrement significatifs de langue française, en y ajoutant quelques références latines et italiennes.

Nous prendrons comme point de départ une œuvre dramatique de la fin du Moyen Âge, *le Mystère du Vieil Testament,*[1] elle-même point d'aboutissement d'une longue tradition chrétienne, à la fois exégétique et théâtrale, et source des déplacements d'intérêt qui caractérisent les réinterprétations modernes de l'épisode. Les scènes correspondant à notre récit biblique (plus de mille vers) ne sont qu'un épisode parmi d'autres de l'histoire de David, elle-même élément d'un drame qui, conformément au genre, représente la totalité de l'histoire chrétienne du salut. Il s'agit donc *a priori* de représenter non pas un fait scabreux, mais l'histoire d'un péché qui conduit à une repentance, signe d'espérance, comme l'atteste la dernière réplique de l'épisode dans la bouche de David, qui répond à Nathan l'assurant de la grâce de Dieu: «Helas! encor ay je esperance / Que Dieu me face quelque grace» (vers 31918-19). Vont également dans le sens de cette perspective d'ensemble les quatre avertissements successifs adressés par Nathan à David au moment où celui-ci, contemplant Batsheba au bain, est en train de succomber à la tentation, et l'évocation constante du désir de David (et de la sexualité) comme relevant de la «nature» ou de l'«humanité» (vers 31274), termes qui rappellent la condition pécheresse de ces fils d'Adam et Ève, et qui appellent le correctif d'un salut surnaturel.[2] Autre rappel de leur condition de représentants de l'humanité pécheresse: Batsheba enceinte, et qui va coucher avec Urie pour cacher l'origine davidique de son état, déclare «Nous couvrirons en effect / Nostre cas» (vers 31393-94). «Cas» désigne ici la situation, mais le même terme peut signifier en ancien français le sexe de la femme, ce qui rappelle la découverte par Adam et Ève de leur nudité dans la Genèse. David et Batsheba sont donc d'abord les figurations d'une humanité en attente du salut. Image d'une humanité aveuglée et coupable, David déclare que dans les bras de son amante il est «en ung droit Paradis» (vers 31363), antiphrase ironique dont ce pécheur ne mesure pas la signification symbolique, évidente pour le spectateur. L'ironie, qui résulte du décalage entre le point de vue des personnages et celui des spectateurs, est ainsi un élément essentiel de la signification symbolique et esthétique du texte.

À côté de cette typologie théologique, il y a une forte caractérisation morale et sociale des personnages. Batsheba est représentée, dans la scène du bain, avec complaisance dans sa «mondanité», selon le stéréotype de la femme vaniteuse, aimant le luxe, fière de ses pouvoirs de séduction, etc. Cette scène débouche sur une scène du miroir, symbole de vanité narcissique et de complaisance orgueilleuse. Mais cette Batsheba ne se confond pas avec la Marie-Madeleine de la tradition, notamment celle que mit en scène le théâtre contemporain. La caractérisation de Batsheba sert en fait à souligner plus particulièrement son comportement de grande dame, et il actualise ainsi le personnage biblique dans la perspective morale et sociale d'une critique de la mondanité courtoise. Batsheba, épouse par ailleurs honnête et fière de son mari, qui sera désespérée par la mort de celui-ci, est surtout soucieuse, quand elle accepte la proposition de David (présentée comme difficile à refuser), de garder son «honneur» au moyen de la discrétion qu'elle sollicite de la part de son amant; son désespoir de veuve s'efface instantanément devant la proposition de mariage que lui fait David à la fin de l'épisode. Le texte n'est pas soucieux de «psychologie»; il essaie simplement de rendre cohérent le comportement des personnages avec le caractère qu'ils incarnent. Parallèlement, les personnages guerriers (Urie et les autres officiers hébreux, mais aussi les soldats philistins) sont caractérisés comme des hommes d'armes, courageux et dévoués, prenant plaisir au combat dans lequel ils n'hésitent pas à engager leur vie, assez fanfarons aussi. Cela permet de comprendre le comportement d'Urie et son assassinat: convoqué à Jérusalem (pour coucher avec sa femme et couvrir le crime de David), il refuse en effet de goûter auprès de sa femme le repos du guerrier par solidarité avec les soldats restés au front, ce qui va précipiter sa mort. Il est le contraire de David, roi veule et cynique éloigné du combat et obsédé par sa passion amoureuse. Cette caractérisation érige les personnages en types sociaux et moraux (la femme de cour honnête mais faible, le soldat dévoué, etc.), et elle fonde la vraisemblance humaine du drame.

Du point de vue esthétique, l'accent est mis sur le spectaculaire. Mentionnons à ce sujet la «mondanité» de Batsheba, avec la scène du bain en présence de deux dames de compagnie, une revue militaire avant la bataille, une scène de bataille, une scène de banquet à la cour, destinée à amollir Urie, mari trop attaché à ses devoirs militaires, et bien d'autres scènes de cour contenant des commentaires narquois ou complaisants des témoins (qui sont des courtisans). Cette représentation du «triumphant lieu» qu'est la cour correspond à la représentation plastique de notre épisode la plus riche qu'ait laissée la fin du Moyen Âge, les dix tapisseries dites de David conservées au Musée de Cluny à Paris,[3] dont cinq sont consacrées à l'histoire de David et Batsheba. Comme dans ces tapisseries, la pièce présente des points de vue simultanés et différents sur un même fait, vécu par des personnages et parfois commenté par d'autres, et elle illustre la technique des lieux multiples sur la scène, qui permet la représentation d'actions et de paroles parallèles et simultanées. Par exemple, nous voyons ce que font et disent parallèlement les soldats philistins, Urie et les soldats hébreux, et les personnages de la cour de Jérusalem, ce qui souligne le contraste entre la réalité militaire et les plaisirs mondains. De même, nous entendons les paroles simultanées et parallèles de David et de Batsheba pendant la scène du bain. Il s'agit d'un drame intime, mais aussi politique, qui illustre (comme dans les tapisseries) la perversion par David de la monarchie de droit divin et la corruption du jugement moral des courtisans, dans le cadre d'une vie de cour réglementée par une étiquette protocolaire, avec la multiplication (comme dans les tapisseries) des scènes de messager et d'escorte. L'esthétique spectaculaire ne trahit donc pas une insistance scabreuse pour la dimension érotique du drame. Nous assistons certes à la scène du bain, avec un grand luxe de paroles et de détails, à partir d'un double point de vue, celui de Batsheba, qui ne se sait pas regardée, et celui de David. Mais si dans la tapisserie correspondante l'union sexuelle des deux amants est évoquée au moyen d'une petite scène – on les voit tous les deux seuls, habillés mais enlacés dans un cabinet discret du palais –, dans la pièce ce cabinet est mentionné (vers 31274 et 31280) sans être représenté sur scène. Il y a donc à la fois spectacle et suggestion, complaisance et retenue.

Au total, nous retiendrons de cette pièce l'équilibre et la cohérence entre la typologie théologique, la caractérisation morale et socio-politique qui rend l'épisode dramatiquement efficace et crédible humainement, et enfin la sollicitation du goût du spectacle, mais sans voyeurisme.

Un poème latin de Théodore de Bèze représente un tournant esthétique majeur et décisif pour la suite. Il s'agit d'une des *Sylvae* de ses *Pœmata* (1548),[4] qui porte le titre de *Praefatio pœtica in Davidicos Psalmos, quos paenitentiales vocant*. Théodore de Bèze, avant de devenir le collaborateur puis le successeur de Calvin à Genève, fut un des meilleurs et des plus célèbres poètes latins de la Renaissance. Ce poème date d'avant sa conversion à la Réforme protestante, et il fut reproduit dans les éditions suivantes des *Pœmata*, après cette conversion. La version corrigée à partir de la seconde édition[5] introduit des considérations qui explicitent ce qui était parfois implicite dans la première version, et elle devient plus fidèle à certaines données bibliques.

Ce poème illustre la rencontre humaniste de la tradition chrétienne et de la tradition classique, dans la forme mais aussi dans la conception de l'épisode, pour ce qui concerne aussi bien la composition et les thèmes que le style. L'Amour personnifié va séduire David; c'est un démon ailé. Le sous-titre du poème, «préface poétique», signifie la rencontre des deux traditions, celle d'une fiction de type mythologique et celle d'une tradition spirituelle biblique, puisque cet Amour est Cupidon, le fils de Vénus, et que ce Cupidon est en même temps un démon séducteur, caché comme le dit la version corrigée «pulchri sub falsa imagine». L'épisode est centré sur la figure de David. Cupidon aperçoit Batsheba, décrite comme une beauté érotique latine, et – dialoguant avec lui-même – il décide de faire de cette beauté l'instrument de son entreprise; la version corrigée précise qu'il s'agit de ruiner l'espérance d'une descendance messianique davidique, qui serait la ruine de Satan. Pour cela, Cupidon se métamorphose en corps aérien (ce que lui permet sa qualité de démon) invisible, et il se cache dans les yeux de Batsheba, ce qui rend celle-ci maîtresse des gestes de la séduction érotique. Au cours de la scène du bain, David (se tenant en haut d'une tour dans la version corrigée) est «aveuglé par une pareille lumière», et l'amour se répand en lui, conformément au langage néo-platonicien et pétrarquiste de l'amour comme fluide qui pénètre par les yeux. On trouve ici des allusions à l'épisode célèbre de Didon tombant amoureuse d'Énée dans l'*Énéide* et à la suite de cette aventure. David séduit Batsheba, la rend enceinte, et l'épisode est rapidement conduit jusqu'à la mort d'Urie. Le poète insère ici une petite diatribe contre la *voluptas*; et nous avons ainsi une première synthèse des traditions poétiques latines, avec les genres de l'élégie érotique, de l'épopée et de la satire. Suit une scène céleste (cour des

Anges, etc.): la colère de Dieu, représenté comme un Jupiter irrité sur son Olympe, donne lieu à une description de Justitia et de Clementia, qui préconise le pardon face à David pécheur. Ces deux personnifications (après celle de Cupidon) proviennent d'un mystère médiéval, la *Passion* d'Arnoul Gréban,[6] et de sa célèbre scène du «procès en Paradis», où Miséricorde tente devant Dieu de convaincre Justice du caractère licite de la rédemption de l'humanité avec comme principal argument la nécessité de tenir les promesses divines. L'idée de cette scène, également représentée dans une des tapisseries sur David et Batsheba mentionnées plus haut, remonte à saint Bernard via le Pseudo-Bonaventure, mais elle s'appuie chez Théodore de Bèze sur le procédé de la personnification poétique classique comme celle de la *fama* dans l'*Énéide* de Virgile. Il y a donc une synthèse de la poésie classique et de la tradition dramatique médiévale. Mais le procédé de la personnification, qui dans le Mystère servait de cadre initial, objectif et dramatique à la représentation de toute l'histoire du salut, est ici intégré à l'intérieur du poème, à titre d'ornement poétique de facture humaniste, et seule la voix de Clémence se fait entendre après que Dieu a exprimé lui-même son propre désir de justice. Simultanément, le poème érotique et moral de Bèze, racontant une aventure singulière dans un style maniériste, avec sa synthèse de la palette des styles poétiques latins, intègre ainsi dans un tableau (sorte d'idylle qui tourne mal) au format réduit une seconde dimension «épique», celle de l'histoire du salut, qui s'ajoute à celle d'un style parfois élevé et d'allusions épiques. Dieu menace d'effacer de la terre un «populum ferocem», après tout ce qu'il a fait en sa faveur; mais Clémence intervient pour rappeler que le salut n'a pas été promis en vain aux pauvres hommes. La peine infligée au coupable consistera à l'avertir de son crime et à le menacer. Un ange (sorte d'Iris masculin, en plus hiératique: c'est l'antithèse de Cupidon) est envoyé sur terre. Revêtant une apparence humaine, cet ange apparaît à David sous l'apparence de Nathan; dans la version corrigée, il va trouver Nathan sans remplacer celui-ci. Ce dernier intervient auprès du roi pécheur. Le prophète lui annonce qu'il verra sa famille déchirée, etc.; dans la version corrigée, Nathan indique à David qu'il ne lui reste qu'à pleurer et il le console. Cupidon est vaincu, David hésite entre vivre et mourir; dans la version corrigée, ce motif de la tentation du suicide disparaît et David exprime directement son repentir. Il se retire dans une grotte derrière son palais, le soir, par une lune rouge, avec sa lyre d'ivoire, enveloppé dans un manteau, et il entonne sa plainte, ce qui permet d'évoquer le Psaume 51 à travers le langage d'un poème élégiaque.

On le voit, Bèze a corrigé son texte pour des raisons idéologiques, en atténuant ce que la première version avait de trop fictif (un des sens de «poétique») par rapport au texte biblique. D'autre part, «poétique» signifie que ce poème ambitionne de faire la synthèse de divers styles et genres poétiques classiques, au nom de l'idée, implicite, que la Bible contient en elle virtuellement toutes les ressources de la littérature profane. Enfin, il s'agit de faire se rencontrer cette tradition poétique latine avec la tradition chrétienne, notamment celle, dramatique, des Mystères.[7] La «fable» de Cupidon qui nous est ici racontée intègre une large vision du drame du salut (intervention de Clémence) provenant de la littérature dramatique médiévale, mais exprimée dans un style classicisant imité de l'épopée latine. Le style épique, celui d'un genre poétique supérieur et «total», apparaît alors comme le plus apte à signifier la dimension collective et eschatologique du drame personnel de David, mais dans le cadre d'une Sylve, «poème mélangé» ou de style mélangé. À la suite de Bèze, Rémy Belleau (1528-1577) a proposé un équivalent français de ce poème. Belleau appartient à la même génération que Bèze, il est le poète catholique français de son temps qui a le plus goûté la poésie biblique. Ses *Amours de David et de Bersabée*[8] suivent de très près, dans leurs 488 vers, le poème latin de Bèze dont c'est une adaptation en français: rôle initial du dieu Amour, voluptueuse description des beautés de la femme d'Urie, supplication de Clémence adressée à Dieu, etc. Il faudrait donc étudier ce texte comme transposition en langue vernaculaire des ambitions poético-littéraires du précédent, ce qui excède notre propos. Mais nous soulignerons ici le fait que ce texte achève un recueil consacré essentiellement à l'amour profane, composé de «fictions poétiques» (dédicace), et que caractérise une esthétique de la diversité, puisqu'il est «ramassé de pieces rapportées» (*ibidem*).

À partir de là, deux voies s'ouvraient. Soit traiter l'épisode en se concentrant sur la figure humaine d'un David repentant, et en le dépouillant d'autres dimensions (fable, personnification, etc.) excessivement poétiques; c'est ce que va faire le théâtre. Soit exploiter certains motifs introduits par Bèze, et propices à des développements poétiques de type baroque; c'est ce que fait Guillaume de Saluste du Bartas (1544-1590), poète réformé mais d'inspiration œcuménique. Son poème fait partie de son immense œuvre inachevée qui commence par *La Semaine*, laquelle développe le récit de la création en sept jours dans la Genèse, et qui se poursuit, avec *La seconde Semaine*, par une sorte d'épopée sur les autres livres de la Bible. Dans cette *Seconde Semaine*, le quatrième jour comprend une première partie (parue en 1591, et inachevée) intitulée «Les Trophées», avec l'histoire de David.[9] Celle-ci s'interrompt sur l'épisode de Batsheba et la repentance de David. La scène du bain donne lieu à une extraordinaire amplification poétique dans le style baroque caractéristique de du Bartas. David est frappé par les éclats de lumière que reflètit l'eau du bain, sorte de miroir aveuglant et mouvant où se reflètent simultanément plusieurs images d'êtres réels (des poissons), mythologiques (Vénus) ou artistiques (la statue d'une Grâce maniériste en stuc). Ce détail suffit à indiquer ce qui a intéressé du Bartas du point de vue artistique: c'est l'extrême amplification de certains détails narratifs, par chacun desquels se trouvent signifiés quelques thèmes ou images structurant l'ensemble du poème: l'eau, la lumière ou l'obscurité, la passion, la beauté, le regard et l'aveuglement, etc. L'érotisme et la signification spirituelle de l'épisode sont ainsi également assumés, puisque par exemple David repentant versera «de perleuses larmes», qui rappellent et effacent la précieuse eau du bain. Du Bartas a sans doute lu le poème latin de Bèze et celui de Belleau, il en reprend certains thèmes d'origine pétrarquiste, il joue comme lui d'une large palette de genres et de styles poétiques. Mais à la place des personnifications de Clémence (mentionnée comme ce qui lave du péché) et de Justice, il met une évocation des suites du péché de David, la peste collective qui frappera le peuple et la crucifixion rédemptrice du Christ. Dans cette différence, nous retrouvons la même ambition que celle de Bèze, de mettre en œuvre dans le cadre de cet épisode biblique restreint un maximum d'effets poétiques profanes (y compris un style épique intégré aux mignardises maniéristes de l'idylle amoureuse), au service d'une vision totalisante de l'histoire du salut. La vision et l'art baroques du protestant du Bartas assument ainsi, jusque dans son esthétique de la fascination, la signification chrétienne traditionnelle de l'épisode telle que le drame médiéval l'avait fixée et que l'avaient transmise le poème latin et humaniste de Bèze et son adaptateur en français, Rémy Belleau.

La génération immédiatement suivante a repris l'épisode, pour le ramener sur la scène dramatique. Aujourd'hui oublié, Antoine de Montchrestien est en France un des principaux dramaturges pré-classiques. Sa tragédie *David ou l'adultere* apparaît dans l'édition de 1601 de ses *Œuvres*.[10] La préface souligne la signification morale et spirituelle de la pièce: David est un exemple de la présomption humaine quand l'homme, chéri de Dieu, s'imagine pouvoir rester debout sans l'aide de Dieu, puis, s'affligeant de son péché, obtient miséricorde. «La vraie pénitence est signée et scellée par le ministère du prophète», indique dans la préface Montchrestien, poète d'origine réformée. Une autre pièce liminaire explique que ce qui fait de cette pièce une tragédie, ce n'est pas la mort de l'enfant né de l'adultère, ni celle d'Urie, c'est la mort de David à lui-même dans la repentance. Soulignons sur ce point le contraste entre cette pièce et une tragédie italienne antérieure, *David sconsolato*, de Piergiovanni Brunetto, parue en 1586.[11] Cette dernière exhibe le pathos tragique selon les procédés usuels et moralisateurs de la tragédie humaniste et baroque, en montrant les conséquences catastrophiques de la faute de David: inceste, conjurations, massacres, etc. Montchrestien au contraire a concentré l'action de sa pièce sur l'épisode de la faute, sur la mort d'Urie et la repentance. La pièce commence quand Batsheba devient enceinte de David, et la femme aimée ne réapparaît qu'au cinquième acte pour pleurer la mort d'Urie (ce qui innocente en quelque sorte son comportement antérieur). L'action est donc très resserrée, ce qui permet d'évacuer la scène du bain (racontée), et de privilégier le thème spirituel. Pour remplir les cinq actes, le récit biblique est partout amplifié au moyen de *topoi* littéraires et rhétoriques: narration par David de son «innamoramento», inspirée du poème de du Bartas (et indirectement de Bèze), méditations lyriques, morales et politiques du chœur, monologue d'Urie exprimant sa crainte et sa jalousie ou son mépris pour un David tyran, etc. Ces *topoi* servent – au sens propre de ce terme – de lieux communs, c'est-à-dire de médiation entre les éléments narratifs et spirituels du récit biblique et la culture rhétorique, littéraire et morale du public contemporain. Les personnages ne sont plus d'abord des types théologiques, comme dans le *Mystère du Vieil Testament*, mais des types rhétorico-littéraires, porte-parole éloquents des passions et des idées d'une culture commune. Mais comme dans le Mystère, les thèmes moraux, socio-politiques et spirituels sont inséparables les uns des autres. David devient par son crime un tyran (cf. le modèle tragique sénéquien), qui se repent en paraphrasant longuement le Psaume 51. Mais cette appropriation scénique du récit biblique au moyen du genre tragique et de la culture profane entraîne une crainte, sans doute partagée par l'auteur et son public, de compromettre le religieux chrétien par l'immoralité ou la fiction poétique: pas de scène du bain, on l'a dit, et peu d'invention nouvelle en comparaison des poèmes de Bèze et de du Bartas. Cette crainte, et le respect moralisant du sacré aboutiront en France à exclure du théâtre public[12] les sujets bibliques, dans la deuxième moitié du XVIIe siècle, après le triomphe du classicisme au théâtre.

Le XVIIe siècle classique a volontiers présenté de David l'image sacralisée du fondateur de dynastie et de l'ancêtre du Christ, par exemple dans les œuvres de Bossuet ou dans *Athalie* de Racine (1691), qui fait dire au jeune Joas à l'acte IV:

> David, pour le Seigneur plein d'un amour fidèle,
> Me paraît des grands rois le plus parfait modèle.

Mais à la fin du siècle cette image est remise en question par Pierre Bayle dans l'article «David» très controversé de son *Dictionnaire historique et critique* (1697) où, sans s'attarder sur l'épisode trop connu de Batsheba, il relève sans indulgence bien d'autres fautes commises par David selon l'Écriture et habituellement passées sous silence.

Cette veine sera exploitée de façon systématique par Voltaire,[13] tant dans l'article «David» de son *Dictionnaire philosophique* (1767) que dans une pièce intitulée *Saül* (1763), qui s'inspire du pamphlet de Peter Annet *The Man after God's Own Heart* (1761) et comme lui vise délibérément à déconsidérer les personnages bibliques. Cette pièce, écrite en prose, n'a pas été composée pour être jouée, elle ne respecte d'ailleurs pas les unités (de lieu, de temps et d'action) du théâtre classique. David y est présenté sous les traits d'un despote grossier et sans scrupule (ancêtre de l'*Ubu roi* d'Alfred Jarry), et Batsheba comme une sorte de «mégère apprivoisée». Apprenant qu'elle est enceinte de lui, David rédige sous ses yeux la lettre qui envoie Urie à la mort. À l'acte IV, après une dispute entre Batsheba et Abigaïl, David annonce qu'il est détrôné par Absalon, pour lequel Abigaïl l'abandonne alors en lui lançant: «Tu n'es qu'un barbare débauché, qui te moques de Dieu, des hommes et des femmes.» La scène suivante présente de façon dérisoire les reproches de Nathan, et David rassuré compose des «chansons gaillardes», pastiches de versets sanguinaires ôtés de leur contexte (Ps 68,24 et 137,9), en dansant de façon indécente devant Batsheba scandalisée: «Il n'y a point de sauvage qui voulût chanter de telles horreurs.» Cette farce d'un goût douteux, prêtant aux personnages un langage familier et vulgaire, détournant à plaisir le sens des épisodes bibliques, a pour but manifeste de ridiculiser l'Ancien Testament et ceux qui, juifs ou chrétiens, y trouvent l'origine de leur foi.

Le romantisme français, malgré son retour à la Bible, ne consacre pas d'œuvre importante à David, sensible plutôt, comme Lamartine dans sa tragédie *Saül* (1818), qui s'inspire de la pièce d'Alfieri (1782), au destin de son rival malheureux, type du héros victime de l'arbitraire divin et révolté contre Dieu. On peut noter que Gérard de Nerval, dans son *Voyage en Orient* (1851), présente Salomon, trompé par la reine de Saba, comme «le fils du berger Daoud et de Bethsabée, veuve adultère du centenier Uriah».

Il faut attendre le début du XXe siècle pour trouver deux tentatives nouvelles de porter à la scène l'aventure entre David et Batsheba. Celle d'André Gide est une œuvre brève en trois scènes, intitulée *Bethsabé*, écrite en 1903[14] peu après la pièce consacrée à Saül, et qui comme elle réinterprète l'histoire et les personnages en fonction de préoccupations psychologiques modernes. Bien qu'en principe destiné au théâtre, ce texte est plus méditatif que dramatique: il n'y a pas vraiment d'action, elle est rapportée dans les longs monologues de David, seul en scène avec Joab qui lui sert de confident, à quoi s'ajoute à la fin l'apparition muette de Bethsabé.

À la scène I, David se compare à Saül vieillissant, ne recevant plus de réponse à ses prières, et il évoque l'apparition d'un oiseau – la colombe de l'Esprit – qui l'entraîne sur une terrasse, d'où il aperçoit un jardin où se baigne une femme inconnue. Apprenant qu'Urie, dont il exalte la vaillance, refuse de venir manger au palais, il s'invite chez lui. À la scène II, quelques jours plus tard, le roi raconte à Joab le dîner dans le jardin d'Urie, où il a reconnu en Bethsabé la femme entrevue. Depuis il l'a séduite, mais, déçu, la fait reconduire chez elle, où son mari doit revenir, réalisant que le véritable objet de sa convoitise était en réalité le bonheur d'Urie, qu'il ne peut s'approprier. À la scène III, David rapporte une apparition nocturne d'Urie, qui semble lui reprocher muettement ce rapt, puis l'intervention du prophète Nathan, dont il comprend dès les premiers mots la parabole accusatrice, sans vouloir se reconnaître vraiment coupable. Lorsqu'enfin Joab vient annoncer la mort d'Urie, David distingue derrière lui Bethsabé en deuil, mais il refuse de la revoir et finit sur ces mots: «Je la hais!»

Si l'intrigue prend beaucoup de libertés avec le récit de 2Sam 11–12, elle est enrichie par une subtile intertextualité biblique. Ainsi Urie est assimilé à l'un des preux qui, selon 2Sam 23,15s, auraient autrefois ramené de Bethléem au risque de leur vie une eau que David désirait et qui lui rappelle le vin du jardin d'Urie. À ce thème se rattache la vigne d'où est tirée ce vin, la source où Bethsabé se baignait, le jardin lui-même, autant de motifs inspirés du Cantique des cantiques. La convoitise du roi pour un jardin proche de son palais, qui entraîne la mort du propriétaire, fait allusion à celle du roi Achab pour la vigne de Naboth (1Rois 21). Le rejet de Bethsabé par David et la haine de la femme qu'il a aimée sont inspirés de l'histoire de Tamar et d'Amnon (2Sam 13). La prière que David compose au début de la pièce emprunte évidemment aux Psaumes, tandis que l'idée que l'adultère restera caché est exprimée à partir de Proverbes 30,19:

> Car la trace du navire sur l'onde,
> De l'homme sur le corps de la femme profonde,
> Dieu lui-même, Joab, ne le connaîtrait pas.

Enfin si les Évangiles ont inspiré l'image de la colombe, on peut aussi discerner quelques motifs folkloriques ou littéraires, comme l'apparition d'Urie rappelant la statue du Commandeur dans le *Don Juan* de Molière.

Néanmoins, le centre d'intérêt de la pièce est d'ordre psychologique. C'est une réflexion, familière à Gide, sur le désir – qu'il assimile au voyageur de la parabole de Nathan: «Le désir entre dans l'âme comme un étranger qui a faim» –, non seulement sa puissance, supérieure à la volonté, mais surtout son objet parfois indiscernable. David avait cru désirer une femme, il réalise que c'était plutôt son environnement: le jardin, le vin, et surtout ce bonheur d'Urie, «fait de peu de choses», un bonheur que sa condition de roi et l'acte même qu'il vient de commettre lui rendent justement inaccessible. On peut évidemment lire aussi dans la déception causée par la possession de la femme, qui finit par se muer en haine, une expression de l'homophilie de Gide, qui s'était manifestée plus nettement encore dans *Saül* à propos des relations entre Saül, David et Jonathan. On doit noter à ce sujet l'absence de toute allusion au fait que Bethsabé soit enceinte et à plus forte raison que David puisse avoir d'elle une descendance.

Mais sans doute la plus grande qualité de cette œuvre, par-delà sa richesse thématique et sa subtilité psychologique, réside-t-elle dans l'élégance de sa prose poétique.

> Bethsabé! Bethsabé... Es-tu la femme? Es-tu la source?
> Objet vague de mon désir.
> Joab, quand dans mes bras enfin je l'ai tenue,
> Le croirais-tu, je doutais presque si ce que je désirais c'était elle,
> Ou si ce n'était pas peut-être le jardin...
> Et ce vin! ce vin que j'ai bu,
> Le vin de sa petite vigne!
> Ai-je bu tout ce qu'il en avait? J'en ai peur.
> C'est de ce vin que j'avais soif, te dis-je;
> Il semblait qu'il touchât, qu'il mouillât goutte à goutte
> Un coin aride de mon cœur...
> Tu te souviens: cette eau de Bethléem
> Qu'Urie alla chercher pour moi un jour de fièvre;
> Seule elle pouvait étancher ma soif; pas une autre:
> J'ai soif de ce bonheur d'Urie
> Et qu'il soit fait de peu de choses...

Toute autre est la perspective de l'écrivain lithuanien de langue française Oscar Vladislas de Lubicz Milosz, qui a publié à Paris en 1914 un «mystère en trois tableaux et un épilogue» intitulé *Méphiboseth*,[15] lequel fait partie d'une «trilogie de la conversion» avec deux autres pièces, *Miguel Manara* et *Saul de Tarse*. Le personnage qui donne son titre à l'œuvre est le fils infirme de Jonathan, et l'action débute par son accueil à la cour en compagnie de son serviteur Tsiba (2Sam 9), David célébrant le souvenir de Jonathan comme son protecteur et son bien-aimé. L'entrée en scène de Bath-Sebah est précédée par une voix de femme anonyme où David reconnaît une chanson de son enfance, avant d'apercevoir celle qui chante en se baignant. Saisi par l'émotion, il a la vision fugitive d'un mystérieux enfant de sa descendance. Il fait alors appeler Bath-Sebah, qui se montre très consentante: «Je pense que la main de l'Éternel est sur le Roi et sa servante», puis il envoie à Joab l'ordre de faire tuer Urie. Au début de l'acte II, David adresse à Bath-Sebah, devenue reine, un poème plein de tendresse, mais elle lui fait part de ses appréhensions, en particulier pour l'enfant qui leur est né. David rappelle alors la prophétie attribuée à Nathan en 2Sam 7, qui se prolonge en termes voilés par l'annonce de Jésus et de sa passion. Mais arrive Méphiboseth, qui adresse à David la parabole de la brebis et les accusations attribuées à Nathan en 2Sam 12, en annonçant la mort prochaine de l'enfant. L'acte III s'ouvre par un conciliabule des serviteurs du roi ne sachant comment annoncer à David la mort de son fils, puis surpris par sa décision de cesser le jeûne. Alors que Méphiboseth annonce qu'il quitte Jérusalem avec Tsiba, David évoque son fils mort sous les traits de Jésus, comme dans les visions précédentes. Dans l'épilogue, un chœur trinitaire se lamente sur le drame qui vient de se dérouler, mais la voix divine proclame que les fils du criminel règneront après lui: «Telle est ma volonté.»

Les écarts par rapport au texte biblique sont assez notables ici aussi, le plus remarquable étant le rôle attribué à Méphiboseth, qui prend la place du prophète Nathan mais parle à David en confident et en ami plus qu'en accusateur. L'intertextualité biblique joue un rôle tout aussi important que dans la pièce de Gide: non seulement le Cantique des cantiques inspire les déclarations de David à Bath-Sebah – avec le refrain «Que le monde est beau, bien-aimée, que le monde est beau!» –, mais ses visions d'avenir reprennent divers traits messianiques et font directement allusion aux Évangiles, notamment à la généalogie de Jésus selon Matthieu avec la mention des quatorze générations et surtout aux récits de la Passion.

Ces annonces christiques d'un enfant élu et promis à la mort sont particulièrement caractéristiques des préoccupations de l'auteur. L'intention globale de la pièce est en effet de montrer que le drame humain du rapt de Bath-Sebah et du meurtre d'Urie est sinon justifié du moins absorbé par le plan divin de salut s'accomplissant avec le Christ, comme le proclame l'épilogue, ou encore que la morale est dépassée par la mystique. Milosz, de mère juive et de père chrétien, semble s'inspirer de la tradition talmudique qui veut que Batsheba était destinée de toute éternité à David, en même temps que de l'affirmation paulinienne que là où le péché a abondé, la grâce surabonde.

Le style n'est pas moins remarquable que la pensée: ample prose poétique à la forte saveur biblique, souvent hiératique, et maniant volontiers l'image.

> Est-ce le passé de la lune qui chante ainsi? la douce et triste voix! son écho éploré sonne au fond de mon cœur comme au creux de la conque le souvenir de la mer.
> Je la vois... qu'elle est grande et belle! elle laisse tomber ses voiles... O Beauté! que tu es chaste. O sœur du bonheur, qui n'est pas venu, je te reconnais!
> Maintenant, elle incline l'urne brillante et l'eau ruisselle avec la lune sur ses fortes épaules et sur ses nobles flancs. Ce n'est pas une vierge, c'est une figure de l'été puissant.

Nous mentionnerons pour finir une œuvre contemporaine. L'itinéraire assez particulier de Carlo Coccioli, écrivain italien trilingue fixé à Paris puis au Mexique, converti au judaïsme, l'a conduit à publier en français des *Mémoires du roi David* (1976)[16] où la fiction littéraire fait parler le vieux roi, réchauffé par Abisag, se remémorant toute son existence et s'adressant de temps en temps à Dieu.

L'épisode de Batsheba y occupe quatre chapitres (74 à 77): outre le récit biblique, qu'il enrichit à l'aide de citations des Psaumes ou des «annales» et qu'il amplifie de façon romanesque, l'auteur fait place à l'interprétation juive, par exemple en mentionnant les opinions qui disculpent David – en partant au front, Urie aurait concédé un divorce de principe à son épouse; en refusant d'obéir au roi, il aurait mérité la mort – mais surtout en faisant dire à David que dès l'abord il eut l'intuition que Batsheba lui était prédestinée, conformément à l'affirmation talmudique.

L'aventure amoureuse est contée avec une sensualité délicate, relevée par des formules inspirées du Psaume 98:

> Quand tu me permettras de te connaître,
> les collines éclateront en clameurs de joie,
> les arbres battront des mains!

Dès le lendemain, David est tourmenté: il confesse sa faute à Dieu avec le Psaume 6, tente de se confier à Abigaïl, s'emporte contre la désobéissance d'Urie tout en se réjouissant qu'il ne soit pas allé coucher avec sa femme, flagelle un enfant comme si c'était son propre corps. Vient alors l'intervention du prophète Nathan – située dans le cadre solennel d'une ambassade africaine – qui entraîne la repentance de David avec les mots du Psaume 51, puis la maladie de l'enfant de Batsheba et sa mort. La brève évocation de la naissance de Salomon fournit alors la transition pour retourner aux problèmes de la succession de David et aux manœuvres de Batsheba pour faire monter son fils sur le trône.

Autobiographie du héros, la narration comporte des touches psychologiques très justes: l'exaltation amoureuse de David, la jalousie qu'il ressent à l'égard d'Urie, la conscience de sa faute et sa peur de Dieu, sa détresse devant l'agonie de son enfant. Mais de plus, l'habileté du conteur fait que ce récit prend souvent une dimension dramatique, et parfois paradigmatique.

> On n'a pas encore fini de se raconter en Israël la délicieuse et terrible histoire de David et Bethsabée, le couple du péché et à la fois, paradoxalement, le couple de la gloire d'amour.

En conclusion, nous soulignerons deux points. D'abord, le contraste entre les œuvres anciennes, du Moyen Âge au XVIIe siècle, et les œuvres modernes. Les premières expriment une foi religieuse collective, même quand elles font œuvre originale et laissent toute leur place aux droits de l'imagination et de l'invention poétique. Dans les textes modernes, au contraire, l'épisode sert de support à une recomposition personnelle de la matière biblique au moyen d'une riche intertextualité, et cette recomposition est mise au service d'une vision personnelle de l'homme, mais qui efface la dimension politique du drame. D'autre part, il existe une continuité littéraire, discrète mais réelle, entre les œuvres, du Moyen Âge au début du XVIIe siècle, du *Mystère* à la tragédie de Montchrestien, malgré les ruptures de genre et de contexte socio-culturel. Cette continuité s'explique par le rôle médiateur du poème latin de Bèze, héritier de certains aspects de la tradition médiévale en même temps qu'il annexe l'épisode à la nouvelle poétique humaniste et moderne, illustrée sur ce thème en latin, puis, avec Belleau, en français. Des ruptures ont lieu au cours du XVIIe siècle et du XVIIIe siècle. La rupture est à la fois esthétique et idéologique, avec le classicisme et l'exclusion, par respect du texte sacré, du thème biblique de la scène; cette première rupture prépare la seconde, idéologique et critique, quand David revient au premier plan mais pour se voir contester sa légitimité de figure fondatrice. Mais cette seconde rupture prépare positivement la modernité, qui peut alors s'approprier librement David et son aventure avec Batsheba, et jouer parfois avec des interprétations traditionnelles (notamment juives) précédemment refoulées.

Notes

[1] Voir l'édition du baron de Rothschild 1878-1891; notre épisode se trouve vol. 4, 168-213. Voir aussi la notice bibliographique sur ce mystère dans Hasenohr/Zink 1992, 1050-1051. L'œuvre date de *circa* 1450, elle a connu trois éditions au XVIe siècle, a été jouée deux fois à Paris à la même époque.

[2] Batsheba avertit David de prendre garde au «dampnement de noz ames» (v. 31264).

[3] Voir les reproductions et les analyses dans Salet 1980. Sur les rapports entre les mystères et l'iconographie médiévale, voir Mâle 1908, chap. II.

[4] On peut consulter la reproduction de l'édition de 1548 dans l'édition moderne de Machard 1879, 18-28.

[5] Pour la version corrigée, nous avons consulté une édition ultérieure, *Pœmata varia*, 1597, Genève. Sur les éditions successives des *Pœmata*, voir Gardy 1960.

[6] Voir Hasenohr / Zink 1992, 1036 sq.

[7] Tradition dramatique chrétienne que Bèze connaît bien, comme le montre sa pièce *Abraham sacrifiant*, autre exemple d'une synthèse humaniste entre deux traditions, celle de la tragédie grecque (*Iphigénie*) et du théâtre religieux médiéval.

[8] Parution dans la seconde édition de sa *Bergerie* (1572), dont le poème biblique fait formellement partie. Réédition moderne (en attendant l'édition dans la série des *Œuvres complètes* en cours de publication, Paris: Champion) de Marty-Laveaux 1878; le texte se trouve tome second, 138 sq.

[9] Nous avons consulté l'édition suivante: du Bartas, G. de Saluste, 1610-1611: *Les Œuvres*, Paris: Toussaint Du Bray; l'épisode se trouve 350 sq. Voir l'édition moderne de Bellenger 1994, 223 sq., v. 887-1094.

[10] Voir l'édition moderne de Petit de Julleville 1891.

[11] Sous-titre: *tragedia spirituale*, Fiorenza: Giorgio Marescotti, 1586. L'auteur est franciscain. D'après le catalogue de la Biblioteca Marciana, de Venise, il y a plusieurs pièces italiennes intitulées David au XVIIe et au XVIIIe siècle, mais seul un *Davide penitente* de Flaminio Scarselli, Roma, 1755, semble porter également sur notre épisode. Le triomphe de David a davantage inspiré les auteurs. Madame D. Dalla Valle, que je remercie cordiale-

ment, me signale aussi un *Figlio ribelle overo Davide dolente* (Venezia, 1668) de Giacinto Andrea Cicognini, qui doit porter sur les suites du péché de David (cf. la pièce antérieure de Brunetto).

[12] Il y a des exceptions dans le théâtre privé des collèges (Racine, voir *infra*, et ceux qui ensuite essaient d'exploiter son succès).

[13] Sur Voltaire et la Bible, voir la bibliographie donnée dans Pomeau 1994, 435-437.

[14] Gide 1912. L'édition originale a paru avec une gravure la même année à Paris: Bibliothèque de l'Occident.

[15] Voir l'édition de 1946. La première édition (1914) a paru à Paris: Eugène Figuière.

[16] Paris: La Table Ronde.

Bibliographie

Bellenger, Y. (éd.), 1994: *du Bartas (G. de Saluste), Les Suittes de la Seconde Semaine*, Paris: Société des Textes français modernes.

Coccioli, C., 1976: *Mémoires du roi David*, Paris: La Table Ronde.

Gardy, F., 1960: *Bibliographie des œuvres théologiques, littéraires, historiques et juridiques de Théodore de Bèze*, Genève: Droz.

Gide, A., 1912: *Bethsabé*, Paris: NRF Gallimard.

Hasenohr, G. / Zink, M. (éds.), 1992: *Dictionnaire des Lettres françaises, Le Moyen Âge*, Paris: Fayard.

Machard, A. (éd.), 1879: *Théodore de Bèze, Les ‹Juvenilia›, texte latin complet...*, Paris; reprint 1970, Genève: Slatkine.

Mâle, É., 1908: *L'Art religieux de la fin du Moyen Âge en France. Étude sur l'iconographie du Moyen Âge et ses sources d'inspiration*, Paris: A. Colin.

Marty-Laveaux, Ch. (éd.), 1878: *Œuvres poétiques de Remy Belleau*, Paris; reprint 1974, Genève: Slatkine.

Milosz, O.V. de L., 1946: *Méphiboseth (Œuvres complètes*, 4), Paris: Librairie Les Lettres / Fribourg: Egloff.

Petit de Julleville, L. (éd.), 1891: *Antoine de Montchrestien, Tragédies*, Paris: E. Plon, Nourrit et Cie.

Pomeau, R. (éd.), 1994: *Voltaire en son temps*, tome 4: *Écraser l'infâme. 1750-1770*, Oxford: Voltaire Foundation – Taylor Institution.

Rothschild, baron J. de (éd.), 1878-1891: *Le Mystère du Vieil Testament*, 6 vols, Paris: Société des Anciens Textes français.

Salet, F., 1980: *David et Batsheba*, Château d'Écouen: Éditions de la réunion des musées nationaux.

«König David, der liebliche Poet»
Die Konkurrenz zwischen Antike und Christentum im deutschen Barock

JOACHIM DYCK

Zusammenfassung:

Die Dichtungtheorie im deutschen Barock macht sich zur Aufgabe, der muttersprachlichen Dichtung ein Regelwerk vorzugeben und die ideologisch zweifelhafte Stellung des Dichters in der Gesellschaft zu rechtfertigen. Innerhalb des Lobpreises des Dichters und der Dichtung, für die die Vorreden der Poetiken dienen, finden wir die zentralen Argumente zur Rechtfertigung der Poesie. Die zwei wichtigsten betreffen die berühmten «Erfinder» der Dichtkunst und das Alter der Dichtung. In beiden Fällen ist David die herausragende Beispielfigur. Gleichzeitig dient er aber auch zum Beweis der Priorität der alttestamentarischen Patriarchen vor den griechischen Dichtern. Implizit wird mit diesem Argument die Kultur der griechischen Antike entwertet, da sie nur als Imitation der jüdisch-christlichen Kultur erscheint.

Résumé:

La poétique du baroque allemand se donne pour tâche d'établir un ensemble de règles pour les textes lyriques en langue vernaculaire et de légitimer la position idéologiquement ambiguë du poète dans la société. Les prologues de ces ouvrages théoriques, qui font l'apologie du poète et de son art, livrent les principaux arguments destinés à affirmer l'autorité de la poésie: son âge et ses fameux «inventeurs». Dans les deux cas, les auteurs se réfèrent surtout à David pour illustrer leurs assertions. Mais David leur sert aussi à prouver l'antériorité des patriarches de l'Ancien Testament par rapport aux poètes grecs. Implicitement, la civilisation de l'Antiquité grecque est ainsi rabaissée à une simple imitation de la civilisation judéo-chrétienne.

Abstract:

Poetic theory in the German baroque period tries to advance a set of rules for German written poetry and to justify the ideologically doubtful position of the poet in society. In the prologues of such theoretical works, which serve to praise the poet and his art, one finds the essential arguments for the justification of poetry. The two most important arguments concern the famous ‹inventors› of the art of poetry and the age of poetry. In both cases, David serves as an outstanding example. At the same time, however, he is the proof of the priority of the Old Testament patriarchs over the Greek poets. Classical Greek culture is thereby implicitly belittled, because it is regarded only as an imitation of Jewish-Christian culture.

Stichwörter:

Bibel; Poetik des deutschen Barock; Bibel und Poetik; Psalmen als Dichtung im deutschen Barock; David; Antike im deutschen Barock; Christentum im 17. Jahrhundert

Seit der Renaissance gehörte die Poesie, wie auch die Grammatik, die Rhetorik, die Moralphilosophie und die Historie, zum Kanon der *studia humanitatis*. Die intensive Beschäftigung mit den Voraussetzungen und Grundlagen dieser Kunst fand im 17. Jahrhundert in Hunderten von deutschsprachigen und lateinischen Poetiken ihren Niederschlag: Erst das Barock hat die Gattung Poetik zu wirklichem Ansehen gebracht, weil der handwerkliche Charakter von Dichtung selbstverständlich war. Die Poetiken stellten einen umfänglichen Regelapparat zur Verfügung, der Schülern und Studenten als Richtschnur für ihre poetischen Produktionen dienen sollte. Diesen rein scholastischen Zweck verband die Poetik noch mit einem weiteren Ziel. Sie suchte die zweifelhafte Stellung des Dichters in der Gesellschaft ideologisch zu festigen. Diesem Ziel dienten die Vorreden, die jedem Werk vorausgingen, und die nichts anderes waren als ein reichhaltiges und wohlgeordnetes Arsenal überzeugender Argumente zum Lobe des Dichters und seiner Kunst. Diese Funktion stellt die Vorreden in die Tradition der Lobreden auf Künste und Wissenschaften, die sich seit Cicero und Varro üppig entwickelt hatten. Sie bildeten eine eigene Gattung und folgten, gemäss humanistischer Literaturauffassung, rhetorischen Gesetzen.

Die Lob- und Prunkrede, das *genus demonstrativum* der antiken Rhetorik, hat am nachdrücklichsten auf die europäische Literatur und ihre Theorie gewirkt. Jedes rhetorische oder poetische Handbuch des 17. Jahrhunderts gibt genauestens Auskunft über die anzuwendende Technik. Die Gegenstände des Lobes werden grob eingeteilt nach Personen und Sachen. Die *laudatio* der *res*, zu denen sowohl Städte, Berge und Brunnen als auch die Künste gehören, hat drei Topoi zu berücksichtigen: «Res laudantur ex utilitate, facilitate et honestate.»[1] Im Bereich eines jeden Topos stehen nun verschiedene Argumente zur Verfügung. So kann die *utilitas* etwa durch Aufzählung des Nutzens, des Zweckes und der Wirkung dargelegt werden. Die *facilitas* fordert vom Redner oder Schriftsteller die Nennung von Umständen, die deutlich zu machen vermögen, wie leicht dieser Nutzen zu erreichen sei. Zur *honestas* schliesslich gehören die Argumente vom Alter, vom Ursprung und von den Erfindern.

Schlagen wir eine der meistgebrauchten Poetiken auf, nämlich Sigmund von Birkens *Teutsche Rede-bind- und Dicht-Kunst / oder Kurze Anweisung zur Teutschen Poesy / mit Geistlichen Exempeln*, Nürnberg 1679, und studieren die Vorrede zu diesem Werk, so springt die Kenntnis der Lobtopik sofort ins Auge. Birken beginnt seine Übersicht über die Entstehung der Poesie im wahrsten Sinne bei Adam und Eva, streift die literarischen Verhältnisse zu Zeiten der Sündflut, würdigt den Poeten David, nennt Homer und Hesiod, Jesaias und Jeremias, auch Vergil, Ovid und Horaz und erinnert zum Ende an die christlichen Dichter des Mittelalters. Mit der Bemerkung, es sei nun «klar und wahr / daß die edle Poesy / nach der Musik / die älteste Kunst / und vor allen anderen Künsten am ersten sei erfunden worden»,[2] springt er darauf zu der Frage über, worin der Nutzen und das Ziel der Dichtung überhaupt begründet seien.

Die Vorrede seines Werkes macht es Birken zur Pflicht, die Dichtkunst zu preisen und zu verteidigen. Ein so gewichtiges Thema wie das Lob seines Metiers wird er aber nicht der Willkür persönlicher Meinung überlassen. Getreu seiner humanistischen Bildung baut er seine *laudatio* der Poesie auf den Argumenten vom Alter, vom Ursprung und von den Erfindern auf. Und mit dem Rückgriff auf die Bibel demonstriert er, dass ihm die Dichtung ihrem Herkommen und Wesen nach eine christliche Kunst ist: Das Lob der Poesie wird von Birken als Lob der christlichen Poesie begriffen. Er beginnt daher auch mit dem Erzvater:

> Adam / der Fürst und Vatter... hat ohnezweifel / mit seiner Eva / im Paradeis unter dem Baum des Lebens / Gott ihrem Schöpfer Lob gesungen.[3]

Und er geht noch einen Schritt weiter. Er behauptet nämlich, dass die Rede von Apoll und den Musen auf Parnass und Helikon, wo die berühmte Quelle entsprang, die den Trinkenden inspirierte, nur ein Plagiat sei, denn in Wahrheit habe David den Griechen für diesen Mythos zum Vorbild gedient, scharte er doch viele Sänger und Dichter um sich «als Musen», die auf dem Berg Sion wohnten, von wo «der Brunn Siloha geflossen».[4]

Mit dem Hinweis auf David wird deutlich, dass Birken die Priorität der alttestamentarischen Patriarchen vor den griechischen Dichtern aufzeigen und die Antike als eine *imitatio* der jüdisch-christlichen Kultur erweisen möchte. Er kommt daher auch zu dem Schluss:

> Aus dem bisher-erzehlten erhellet nun / daß keineswegs die Griechen / wie zwar von ihnen gerühmt wird / sondern die Ebreer und Israeliten / die ersten Poeten gewesen / und zwar nur GOtt zu Ehren Lieder gesungen.[5]

Nun sind diese Begründungen keineswegs neu. Sie stammen aus der jüdisch-christlichen Kultur, die dem Barock durch die Kirchenväter vermittelt wurde. Seit Alexander unterlagen die Juden in steigendem Masse dem Einfluss griechischen Ideengutes. Die Kenntnis des Hebräischen ging so weit zurück, dass sogar dem Verständnis des Pentateuch in der Ursprungssprache Grenzen gesetzt waren, und eine Übersetzung ins Griechische sich als unumgänglich erwies: Die Septuaginta entstand. Dadurch wurden die Griechen auf den Glauben und die Geschichte des jüdischen Volkes verwiesen, und es entspann sich eine heftige Auseinandersetzung zwischen beiden Kulturen. Der griechischen Welt galt die jüdische Religion als «barbara superstitio».[6] Man warf den Juden vor, sie stünden allen Kulturvölkern an Alter weit nach und ihr Beitrag zur geistigen Bildung sei mehr als gering. Diesen Anwürfen traten die Juden entschieden entgegen. Sie versuchten, die griechische Philosophie mit dem Buchstaben der Schrift zu harmonisieren und ihren Gegnern die Religion Israels in möglichst günstigem Licht erscheinen zu lassen. Vor allem bemühten sie sich mit Hilfe des von der Stoa ausgebildeten Systems allegorischer Exegese um den Nachweis, dass ihre heiligen Schriften älter und damit wahrer als die der griechischen Schriftsteller seien.[7] Dieser sogenannte Altersbeweis mündet im 2. Jahrhundert in die Auseinandersetzung des jungen Christentums mit der Obrigkeit einerseits und der heidnischen Philosophie andererseits.[8] Von den frühchristlichen Apologeten Justin, Tatian und Theophilos gehen diese Spekulationen in das Werk der griechischen und lateinischen Kirchenväter ein. Sie stehen als theologische Lehrer, die eine «wissenschaftliche Bildung und Ausbildung voraussetzen und von hier aus die christliche Wahrheit zu verteidigen, zu begründen und zu entfalten suchen,»[9] vor dem Problem, die griechisch-römische Bildung mit dem Buchstaben des Heiligen Geistes in Einklang bringen zu müssen.

Clemens von Alexandrien wendet auf die griechischen Dichter und Philosophen die Schriftstelle Joh 19,8 an: «Alle die vor mir gekommen sind, sind Diebe und Räuber.» Und zitiert in den *Stromata* genaue Stellen, die aus der jüdisch-christlichen Lehre gestohlen sein sollen.[10] Origenes antwortet auf die Vorwürfe des Celsus, Moses und die Propheten hätten die Gedanken Platos entlehnt und missverstanden: Niemand könne von einem Ungeborenen etwas entlehnen, denn Moses und die Propheten hätten schon vor der Erfindung der griechischen Schriftzeichen gelebt.[11]

Auch Hieronymus stützt die Rechtfertigung der Heiligen Schrift in Übernahme der Argumentation seiner Vorgänger auf den Altersbeweis. Allerdings ist die Bibel für ihn nicht allein eine Urkunde autoritativen Alters, die die umfassende Gelehrsamkeit ihrer Autoren bezeugt, sondern sie dokumentiert gleichzeitig deren rhetorisch geschulte Sprachgewalt. Er stellt die Verfasser der poetischen Bücher des Alten Testaments den heidnisch-profanen Autoren ebenbürtig zur Seite, denn säkulare und biblische Dichtung entsprechen einander. David und die antiken Autoren stehen als Dichter auf der gleichen Stufe, ihr gemeinsamer Nenner ist der literarische: «David Simonides noster, Pindarus et Alcaeus, Flaccus quoque Catullus atque Serenus.»[12] In diesem Satz findet ein «literarisches Konkordanz- und Entsprechungssystem», wie Ernst Robert Curtius gesagt hat, seinen Ausdruck, das zwischen Akademie und Kirche nicht trennt.[13]

Auch Augustin rechtfertigt die Bibel aus dem Geiste der klassischen Bildung, misst sie mit den Massstäben der weltlichen Literatur und entdeckt in ihr den Formenschatz der Rhetorik. Ihre Autoren sind nicht nur weise, sie sind auch durchdrungen vom Feuer der römischen Beredsamkeit.[14]

Dieser Auffassung schliesst sich auch Isidor von Sevilla an, dessen *Etymologiarum sive originum libri XX* von grosser Bedeutung für die kulturelle Entwicklung des folgenden Jahrtausends wurde. In das Kapitel «De metris» hat er literaturgeschichtliche Notizen eingelassen. Das erste Hochzeitslied verfasste Salomon (Hohes Lied), später erst die Griechen. Den Klagegesang erfand Jeremias, «post hunc apud Graecos Simonides poeta lyricus». Hymnen jedoch dichtete zuerst David zum Lobe Gottes, darauf erst benutzten die Griechen diese Gattung, «longe post David.»[15]

Das 17. Jahrhundert als die «letzte große Phase christlich-mittelalterlicher Kultur», wie Erich Trunz formulierte,[16] hat die Argumente der Kirchenväter übernommen, denn sie bilden den Drehpunkt der Achse, die die antike Geisteswelt mit dem Weltbild des Barock verbindet.

Die Lektüre der Heiligen Schrift machte einen guten Teil des täglichen Lektürepensums aus, und den Umgang mit Erbauungsschriften und den Werken der Väter war man gewöhnt. Denn die *patres ecclesiae* wurden natürlich in theologischen Fragen als wichtige Autoritäten bemüht und ihr Urteil galt allen Konfessionen gleichermassen als verbindlich, besonders, wenn es um das Textverständnis der Heiligen Schrift ging. Aber auch in der medizinischen, naturwissenschaftlichen und historischen Literatur jener Zeit stossen wir immer wieder auf Zitate aus den Väterschriften. Das 17. Jahrhundert war eine Kultur der Enzyklopädie und des Registers. In umfänglichen Kommentaren und Handbüchern waren die Ansichten der Kirchenväter besprochen, und jeder Dichter konnte sich mit leichter Hand die nötigen Belege und Argumente zusammenstellen. Wenn Johann Valentin Pietsch zu Beginn des 18. Jahrhunderts daher behauptet, dass sich so mancher mit Gregor, Lactanz, Justin, Origines oder Augustin brüste, ohne jedoch mit den Werken selbst vertraut zu sein, dann hat er recht:[17]

> Die Väter, die er kennt,
> Hat Gerhard ihm gezeigt und Novarin genennt,
> Was sie aus jener Schrift mit vielem Fleiß gezogen
> Zeigt ihr Register ihm im Schlaf auf wenig Bogen.

Pietsch verweist auf die bekannte Sammlung von Aloysius Novarin (1594-1650), *Adagia ex SS. Patrum, ecclesiasticorumque scriptorum monumentis prompta*, Lyon 1637, und auf Johann Gerhards *Patrologia sive de primitivae Ecclesiae Christi Doctorum vita ac lucubrationibus opusculum posthumum*, Jena 1653.

So kommt es auch, dass König David immer im selben Zusammenhang und an denselben Stellen als Autorität und Vorbild für den christlichen

Dichter genannt wird. Denn die Poeten des Barock waren oft gebildete Theologen und amtierende Geistliche. In Deutschland kommt noch die besondere historische Situation der deutschen Poetik hinzu. Opitz und seine Nachfolger waren an einer wirkungsvollen Legitimation ihres Dichtungsprogramms besonders interessiert, denn das Konzert der europäischen Nationalliteraturen war schon in vollem Gange, als die Deutschen sich erst anschickten, die Bedingungen für eine deutsche Nationaldichtung zu schaffen. Dazu gehörte die Verteidigung der Muttersprache als eines literaturfähigen Idioms und die Verteidigung der Kunst. Die Apologie der Kunst machte einen wichtigen Teil der Poetik aus und für die Argumente griff man auf die Patristik zurück, besonders auf das Argument vom Alter und der poetischen Qualität der Bibel. Es ist besonders überzeugungskräftig und erfüllt gleichzeitig mehrere Funktionen innerhalb der Dichtungsapologie.

Da das Alter einer Lehre oder Schrift ihre Nähe zum göttlichen Ursprung verbürgt, wird der Altersbeweis im Argumentenspiel ein wichtiger Trumpf und König David ein herausragendes Exempel.

Abb.: Kupfertitel zu Drexel, J., 1652: David Regius Psaltes descriptus et morali doctrina illustratus, *Antwerpen: Apud Viduam et Haeredes Ioannis Cnobbari.*

August Buchner verweist in der Vorrede zu Gotthilf Treuers *Deutschem Dädalus* auf die ethischen Qualitäten der Dichtung, denn sie unterrichte, vergnüge und belustige:

> Was letztens bey denen Griechen die weisen Meister oder Philosophen gewesen / das waren Anfangs die Poeten / zuvor auch bey denen Ebreern selbst / wer trieb die Poesie anders als die Propheten und Grossen Gottes Männer / wie Moyses / wie David war / der eben mit der jenigen Hand / da er den Königlichen Scepter geführt / so viel heilige Lieder aufgesetzt und gespielet hat. Dieser Fußtappen nun / wann unsere Geister eiffrig folgen / und ihre edele Geister zum Lobe Gottes / zum Ruhm der Tugend / zu nützlicher Außführung herrlicher Lehren anlegen / so haben sie ihrem Ambte volle Gnüge gethan / und ihre Poesie dahin gewendet / worzu sie erstens erfunden worden. Wir Deutschen zwar sind etwas später zu dieser edelen Wissenschafft gelangt / dieselbige doch nunmehro so weit gebracht / daß sie kaum höher steigen kan / und wir also denen Lateinern und Griechen (anderer zu geschweigen) wenig oder gar nichts nachzugeben haben / mit allem Fleisse doch zu verwehren / daß solcher Preiß uns abgedrungen / und wir des erlangten Kleinods beraubet werden möchten.[18]

Schlägt man bei Treuer unter dem Stichwort «David» nach, so erscheint dort die Definition: «Der Gottes Capellmeister und Sänger-Fürst. Der königliche Poet / dessen Parnassus Sion gewesen. Der fromme Harfenist. Der geistliche Orpheus.» Nichts könnte den enzyklopädischen Charakter der Argumentation und ihre Stereotypie deutlicher machen als dieser Katalog.

Die Poesie mag so für den weltlichen Dichter gerechtfertigt sein. Das Problem ihrer Legitimität erfährt jedoch eine besondere Zuspitzung, wenn sich die Frage stellt, ob es für den Theologen schicklich sei, zu dichten, oder ob der geistliche Beruf die Beschäftigung mit der Poesie nicht zulasse. Der Kirchenlieddichter und Pastor Johann Heermann gibt darauf folgende Antwort:[19]

> Hier möchte einer einwenden: Es habe ihme als Theologus nicht angestanden / sich mit der Poeterey / welche eine heidnische Erfindung / zuverwirren / weil Athen und Jerusalem keine Gemeinschafft haben. Aber daß die Poeterey so wol als die Philosophi eine Gabe Gottes sey / und die Heyden dieser Kunst unrechte Besitzer gewesen / ist von hohen Gemütern gründlich ausgeführt. Wie ein lieblicher Poet ist David gewesen? Was ist das Hohelied Salomons anders denn ein Poetisch Gedichte?

Durch den Rückgriff auf die Bibel kann auch dem Vorwurf, die Dichter verfälschten die Wahrheit durch sprachlichen Schmuck, schlagkräftig begegnet werden. Harsdörffer teilt die Bücher des Alten Testaments in zwei Gruppen, die historischen und die poetischen Bücher:[20]

> Die Historien oder Geschicht-Erzehlungen (sc. der Heiligen Schrift) sind mit einfältigen Worten fürgetragen; Gestalt ein Geschichtschreiber der Wahrheit allein verbunden / und sich mit vielen beygedichten (sic) zierlichen Worten zu weilen verdächtig machet. Wann aber die Gemüter zu erregen / die Hertzen zu bewegen / und in den-

selben Hoffnung oder Furcht auszuwürcken ist / da findet man alle Rednerische Poetische überträfflichkeit in den Psalmen / in Job / in den Propheten / in dem Hohenlied Salomonis.

Aber nicht allein die Dichtkunst erhält ihre Würde und Berechtigung durch die Autorität der Heiligen Schrift und ihres Dichterkönigs. Auch die Bibel kann mit den Massstäben der weltlichen Wissenschaft verteidigt werden. Wir haben diesen Vorgang schon in der Patristik beobachtet und können ihn auch im 17. Jahrhundert verfolgen. Es gilt als ausgemacht, dass die Bibel neben der Heilsbotschaft auch die Keime sämtlicher *artes* enthält: «In Sacra Scriptura Omnium prope artium et scientiarum vestigia apparent», schreibt Johann Conrad Dieterich 1671 in seinen *Antiquitates Biblicae*.[21]

Diese Meinung wurde durch die intensive philologische Beschäftigung mit den heiligen Texten im 17. Jahrhundert untermauert. In Form einer universalen Analyse wird der Beweis für die Erhabenheit des göttlichen Wortes angetreten. Ein gutes Beispiel gibt uns der Theologieprofessor an der Hohen Schule zu Herborn, Johann Heinrich Alsted. In seinem *Triumphus Biblicus* von 1625 unternimmt er den Versuch, die Wissenschaften in ein enzyklopädisches System zu bringen. Er will dabei auf die zeitübliche Hilfe der Philosophie verzichten und allein die Heilige Schrift der Darstellung aller Disziplinen und Künste zugrunde legen. In 65 Kapiteln stellt er das gesamte Wissen seiner Zeit dar. Neben der Grammatik und Logik, der Chronologie und Lexikographie behandelt er auch die Rhetorik als Stillehre. Alsted hält sich zwar an das klassische Schema und benutzt zur Beschreibung der Stilmittel auch die Definitionen aus der antiken Rhetorik, kleidet das Ganze jedoch in ein biblisches Gewand. Er findet in den Heiligen Schriften 26 Satz- und 38 Gedankenfiguren. Wenn Christus spricht: «Hütet euch vor dem Sauerteig der Pharisäer», dann gebraucht er eine Metapher ebenso wie Gott, wenn er zu Abraham sagt: «Ich bin dein Schild.»[22] Von der Darstellung der Stillehre geht Alsted zur Logik und Oratorie über und behandelt als letzte «rhetorische» Kunst die Poetik. Ein Gedicht ist eine Rede, die im Gegensatz zur Prosa gebunden ist und sich eines hohen Stils befleissigt. Diese Definition erlaubt es Alsted, mit den Theologen von den poetischen Büchern der Bibel zu sprechen: «Iobum, Psalmos, Proverbia et Canticum canticorum». Unter diese weite Bestimmung fallen aber auch viele andere Lieder. Fünfzehn «scripta poetica» stellt Alsted vor, darunter drei Lieder Davids (2Sam 7, 1Chr 16).[23]

Alsted sieht in dem geoffenbarten Wort Gottes die Grundlage der geistigen und weltlichen Ordnung und führt den Nachweis, dass alle Disziplinen und Künste in der Heiligen Schrift implizit enthalten sind. Säkulare Wissenschaft und Kenntnis der antiken Bildung bilden gemeinsam das Fundament dieses durchdachten Baus.

Die Rechtfertigung der Heiligen Schrift unter dem Aspekt ihrer sprachlichen Gestalt ist allen Poetiken des 17. Jahrhunderts gemeinsam. Gerade die poetischen Bücher der Bibel werden als Gattungen erhabener Dichtung analysiert und nachgeahmt, seit Luther im Vorwort zum *Deudschen Psalter* (1541) die rhetorische Sprachkraft der Psalmen gepriesen und sie zum Beweis für die ciceronianische Sentenz angeführt hatte, dass sich der Mensch weniger durch seine aufrechte Haltung als durch sein Sprachvermögen von den Tieren unterscheide.[24] In seinem ausführlichen Bibelkommentar macht Johann Olearius daher seinen Lesern klar, dass der Psalter «kein unnütz Gemurr oder Geplerre / sondern ein verständlicher / wohlbedächtig und vorsichtig gemachter Gesang / welcher andächtig / wohl erwogen / und mit sonderbaren Nachdencken verfertiget ist».[25] Der Psalter wird so als Kunstdichtung charakterisiert, die kein Produkt augenblicklicher Eingebung und schneller Ausführung, sondern ein Resultat ausdauernder Reflexion und mühevollen Handwerks ist. Er stammt aus der Feder eines vom Heiligen Geist inspirierten Mannes, nämlich Davids, «welcher hier im Psalter ein rechtes Kunst-Stück erweiset». Bei der Beschreibung des Poeten beruft Olearius keinen geringeren als Cicero zum Zeugen jeglicher Kunstsprache, der vom Redner drei Dinge gefordert hatte: «Oratorius proprium est apte, distincte ornateque dicere, Cicero lib. 1 Offic.»[26] Die Aufgabe des göttlichen Dichters wird im Rückgriff auf humanistisches Bildungsgut erläutert, seine Leistung an der Idealperson des antiken Rhetors gemessen.

Die Massstäbe der Rhetorik, die Olearius für den Dichter-Rhetor geltend macht, legt Christoph Corner der Gesamtkonzeption der Psalmen zugrunde, die er als Schatzkammer so vieler und bedeutender Dinge bezeichnet, und in der auch «exempla omnis generis orationum» zu finden seien.[27] Der Heilige Geist als der eigentliche Autor offenbarte seinen Willen durch den Mund Davids in rhetorischer Kunstsprache, und es gäbe keine rhetorische Vorschrift, für die sich nicht auch Beispiele in den Psalmen finden liessen. Was die Art und Weise der Invention betrifft, so sieht Corner in den Psalmen berühmte Epigramme oder ausgezeichnete Oden, und ihr grösster Teil kann entweder dem *genus deliberativum* oder dem *genus demonstrativum* zugeordnet werden.

Wir können hier schliessen. Die Urteile über die sprachliche und formale Gestalt des Psalters haben gezeigt, dass die barocken Schriftsteller auch für die biblische Poesie nur *ein* Kriterium kennen, nämlich den Regelkanon, der von Kirchenvätern vermittelt wurde. Noch ist es ihnen unmöglich, die sprachliche Eigenständigkeit der Bibel anzuerkennen, weil sie sich damit auch der Möglichkeit begeben hätten, sie unter Hinweis auf Vorbilder und anerkannte Autoritäten zu preisen.

Der Anspruch auf Originalität lässt sich in Deutschland erst hundert Jahre später durch die Autoren des Sturm und Drang durchsetzen. Herder schlägt die gelehrten Ausführungen der Kommentatoren in den Wind, verzichtet auf den Vergleichsmassstab mit der Antike und gibt der biblischen Dichtung ihre eigene Würde: Sie ist der Ausdruck wahrer Empfindungen und quoll aus erregten Herzen. David ist für diese Haltung das beste Beispiel. Man «beurteile David nicht nach dem Gerüst lyrischer Regeln, das unsre Zeit aufgebaut hat», forderte Herder in der Schrift *Vom Geist der Ebräischen Poesie*:[28]

> Wo die Regeln wahr sind, fließen sie aus der Natur der Empfindung und Beherzigung des besungenen Gegenstandes. Jedesmal aber fließen Characterzüge des Sängers, der Situation und Sprache mit ein.[29]

In dieser historisch relativierenden Sicht Herders wird der Weg sichtbar, auf dem sich die ästhetische Kategorie des Irrationalen, des Spontanen, des Genialen im 18. Jahrhundert voll entwickeln konnte und schliesslich bei Hamann und Lavater neuen Ausdruck fand. Herder sieht in Klopstock einen «Novus David», denn seine Gedichte sind wie die Psalmen «Ausdrücke der innersten, der individuellsten Herzenssprache.»[30]

Die Schriftsteller des Barock in Deutschland hätten diese Argumentation nicht verstanden. Sie waren keine Vorläufer der Hamann, Herder und Klopstock. Sie massen die Bibel noch mit den rhetorischen Massstäben der klassischen Antike, rechtfertigten ihre eigene Kunst mit biblischen Autoritäten. Den Text der Psalmen verstanden sie als «illustria epigrammata»[31] und David, den «Dichter der Christen»,[32] bewunderten sie als einen zweiten Cicero.

Anmerkungen

[1] Alsted 1612, 95: «Ad honestatem referuntur antiquitas, origo, inventores, et rei praestantia. Ad utilitatem usus, commoda, fine, effectaque cum circumstantiis. Facilitas est, quando utilitas facile parabilis ostenditur.» Vgl. zur literarischen Technik im 17. Jahrhundert Dyck 1991.
[2] Birken 1679, Vorrede, § 11.
[3] Birken 1679, Vorrede, § 3.
[4] Birken 1679, Vorrede, § 12.
[5] Birken 1679, Vorrede, § 9.
[6] Cicero, *Pro Flacc.* 28,67. Zitiert bei Heinisch 1908, 3. Vgl. die grundlegenden Darstellungen zu diesem Komplex: Altaner 1958; Bardenhewer 1913-1932; Krause 1958. Diese Zusammenhänge werden dargestellt bei Dyck 1977, 13ff.
[7] Vgl. dazu Heinisch 1908, 30.
[8] Zum Altersbeweis und seiner Funktion in der Apologetik vgl. Curtius 1954, 226.443; Altaner 1958, 91ff; Krause 1958, 62f.
[9] Campenhausen 1955, 14.
[10] Zitiert nach Heinisch 1908, 31. Vgl. *Stromata* I, 25; II, 5. Plato hat seiner Ansicht nach David gekannt, und die Moralphilosophie der Griechen ist von Moses abhängig (*Strom.* II, 18).

[11] Origenes, *Contr. Cels.* VI, 7. Der Vorwurf, Plato habe aus Jesaias ganze Stellen entnommen, *Contr. Cels.* VII, 29.
[12] Augustin, *Ep.* 53,8 = PL 22, 548.
[13] Curtius 1954, 444.
[14] Augustin, *De doctr. Chr.* IV,6,9; CC Ser. Lat. XXXII, 122: «Nam ubi eos (sc. auctores nostri) intellego, non solum nihil eius sapientius, verum etiam nihil eloquentius mihi videri potest.»
[15] Isidor, *Et.* I, 39, 11ff. Vgl. dazu die ausführliche Darstellung von Curtius 1954, 447.
[16] Vgl. seine Goethe-Ausgabe von 1948-60: Hamburger Ausgabe, 14 Bde, Hamburg: Christian Wegner Verlag, Bd. VII, 615.
[17] Vgl. Goebel 1914, 140.
[18] Buchner, in Treuer 1675, Bd. 1, Vorrede, fol. A 6 r.
[19] Heermann 1656, 7.
[20] Harsdörffer 1648-1653, 3. Teil, § 27, 21f.
[21] Dieterich 1671, Praefatio ad Lectorem, fol. XX.
[22] Alsted 1625, cap. XXIV, § 10, 219. Zur Begründung der Enzyklopädie im 17. Jahrhundert vgl. Henningsen 1966, zu Alsted dort 288ff.
[23] Alsted 1625, cap. XXVII, § III, 257.
[24] Luther 1541, Vorrede: «Es ist ja ein stummer mensch gegen einem redenden schier als ein halb toder mensch zuachten / und kein krefftiger noch edler werck am menschen ist / denn reden / sintemal der mensch durchs reden von andern tieren am meisten geschieden wird / mehr denn durch die gestalt.» Luther beruft sich hier verdeckt auf Cicero, *De oratore* 1,8,30ff und 2,9,35ff.
[25] Olearius 1678-1681, Bd. III: Der Psalter Davids, Kap. I, § 1.
[26] Olearius 1678-1681, Kap. I, § 1.
[27] Corner 1578, fol. B 5 verso – B 6.
[28] Vgl. die Ausgabe von Suphan 1877-1913, Bd. XII, 209.
[29] Suphan 1877-1913, Bd. XII, 207.
[30] Suphan 1877-1913, Bd. XII, 232.
[31] Corner 1578, 78.
[32] Petrarca, *ep. fam.* X, 4: «Cristianorum poetam nuncupare ausim.» Zit. nach Garin 1964-1967, Bd. II: Humanismus, 108.

Bibliographie

Alsted, J.H., 1612: *Orator, sex libris informatus*, Herborn: ohne Drucker.
Alsted, J.H., 1625: *Triumphus Bibliorum Sacrorum Seu Encyclopaedia Biblica*, Frankfurt a.M.: Schmidt.
Altaner, B., 1958: *Patrologie. Leben, Schriften und Lehre der Kirchenväter*, 5., völlig neu bearbeitete Aufl., Freiburg: Herder.
Bardenhewer, O., 1913-1932 (1962): *Geschichte der altkirchlichen Literatur*, 5 Bde, 2. Aufl., Freiburg: Herder (Nachdruck Darmstadt: Wissenschaftliche Buchgesellschaft).
Birken, S. von, 1679: *Teutsche Rede-bind- und Dicht-Kunst / oder Kurze Anweisung zur Teutschen Poesy / mit Geistlichen Exempeln*, Nürnberg: Riegel.
Campenhausen, H. von, 1955: *Griechische Kirchenväter* (Urban Bücher, 14), Stuttgart: Kohlhammer.
Corner, Chr., 1578: *Psalterium latinum Davidis Prophetae et regis cum familiari et pia expositione, ac brevi notatione artificii Rhetorici pertinentis ad rationem inventionis, dispositionis et elocutionis*, Leipzig: Steinmann.

Curtius, E.R., 1954: *Europäische Literatur und lateinisches Mittelalter*, 2. Aufl., Bern: Francke Verlag.
Dieterich, J.C., 1671: *Antiquitates Biblicae, In Quibus Decreta, Prophetiae, Sermones Consuetudines... expenduntur*, Giessen / Frankfurt: Seyler.
Dyck, J., 1977: *Athen und Jerusalem. Die Tradition der argumentativen Verknüpfung von Bibel und Poesie im 17. und 18. Jahrhundert*, München: Beck.
Dyck, J., 1991: *Ticht-Kunst. Deutsche Barockpoetik und rhetorische Tradition*, Erstaufl. 1966 Bad Homburg / Berlin / Zürich: Gehlen, 3. ergänzte Aufl. Tübingen: Niemeyer.
Garin, E., 1964-1967: *Geschichte und Dokumente der abendländischen Pädagogik*, 3 Bde (rowohlts deutsche enzyklopädie 205/206.250/251.268/269) [italienische Originalausg. 1957 unter dem Titel *L'educazione in Europa*, Bari: Laterza], Reinbek bei Hamburg: Rowohlt.
Goebel, M., 1914: *Die Bearbeitungen des Hohenliedes im 17. Jahrhundert*, Leipzig: Diss. phil., Halle a.S.: John.
Harsdörffer, G.Ph., 1648-1653: *Poetischer Trichter*, Drei Teile, Nürnberg: Endter.
Heermann, J., 1656: *Poetische Erquickstunden*, Nürnberg: Endter.
Heinisch, P., 1908: *Der Einfluss Philos auf die älteste christliche Exegese. Ein Beitrag zur Geschichte der allegorisch mystischen Schriftauslegung im christlichen Altertum* (Alttestamentliche Abhandlungen, 1), Münster: Aschendorff.
Henningsen, H., 1966: «‹Enzyklopädie›. Zur Sprach- und Bedeutungsgeschichte eines pädagogischen Begriffs» in *Archiv für Begriffsgeschichte*, 10, pp. 271-362.
Krause, W., 1958: *Die Stellung der frühchristlichen Autoren zur heidnischen Literatur*, Wien: Herder.
Luther, M., 1541: *Der Deudsch Psalter, mit den Summarien*, Wittenberg: H. Lufft.
Olearius, J., 1678-1681: *Biblische Erklärung, darinnen / nechst dem allgemeinen Hauptschlüssel der gantzen heiligen Schrift / I. Bey einem iedem Buch 1. Die Benahmung... II. Bei ieglichem Capitul 1. Die summarische Vorstellung ... zu finden*, 3 Bde, Leipzig: Tarnov.
Suphan, B. (ed.), 1877-1913: *Herders sämmtliche Werke*, 33 Bde, Berlin: Weidmann.
Treuer, G., 1675: *Deutscher Dädalus / Oder Poetisches Lexicon*, 2 Bde, Berlin: Völcker.

Stefan Heym – *Der König David Bericht*

PETER RUSTERHOLZ

Zusammenfassung:

Vorerst werden die Bedingungen der Genese des Texts *Der König David Bericht* von Stefan Heym im Osten und die Erstrezeption im Westen kritisch dargestellt und anschliessend verschiedene Möglichkeiten theologischer und literaturwissenschaftlicher Deutung referiert und kritisch gewürdigt. Aufgrund der Entwicklung der Erzählerfigur und ihrer sich wandelnden Funktion im Textprozess wird anschliessend die These begründet, dass auch das David-Bild sich wandle, nicht auf zur Zeit der Entstehung des Textes regierende historische Figuren zu reduzieren sei, sondern eine ernsthafte Auseinandersetzung mit der biblischen Figur und ihren Widersprüchen darstelle, die auch für gegenwärtige und künftige Probleme des Verhältnisses von Idealen des Glaubens und Ansprüchen der Herrschaft ihre Bedeutung behalte.

Résumé:

L'article replace d'abord la genèse de l'ouvrage de Stefan Heym, paru en français sous le titre *La Chronique du roi David*, dans son contexte historique; il évoque la première réception de l'œuvre à l'Ouest et donne un aperçu critique des diverses analyses qu'en ont livré théologiens et historiens littéraires. S'appuyant sur l'évolution du personnage du narrateur et de sa fonction dans le développement du texte, il soutient ensuite la thèse que l'image de David évolue également; loin de se laisser ramener à des personnages historiques au pouvoir au moment de la rédaction de l'œuvre, elle traduit une réflexion approfondie sur le personnage biblique et ses contradictions. Cette réflexion garde son actualité face aux conflits présents et futurs entre les idéaux religieux et les exigences du pouvoir.

Abstract:

The conditions leading to the origin of the novel *Der König David Bericht* (the American original: *The King-David-Report*) by Stefan Heym in East Germany and its initial reception in West Germany are outlined critically. Then, different possibilities of interpretation based on theological and literary scholarship are presented and critically assessed. Based on the evolution of the character of the story's narrator (Ethan) and his changing function as the text develops, the hypothesis of the article is offered. That hypothesis is that the image of David also changes, that it should not be reduced to a reflection of historical individuals in power at the time the novel was written. Rather, Heym's image of David is a profound encounter with the biblical figure and his contradictions that retains its importance for present and future problems in the relationship of the ideals of faith and claims of power.

Stichwörter:

Stefan Heym; *König David Bericht*; literaturwissenschaftliche und theologische Bedeutung; historisches Dokument oder literarischer Text?

1. Erstrezeption im Westen – Bedingungen der Entstehung im Osten

Stefan Heym, vor dem Nationalsozialismus nach Amerika emigriert, wegen McCarthys Kampagnen aus Amerika nach Europa zurückgekehrt, hatte sich nach verschiedenen erfolglosen Bemühungen um eine Aufenthaltsbewilligung in anderen Ländern in der DDR niedergelassen. Er hat den *König David Bericht* vorerst auf Englisch geschrieben, an die Sprache der King-James-Bibel erinnernd, und anschliessend ins Deutsche, in eine oft an die Luther-Bibel gemahnende Sprache übertragen. Die deutsche Ausgabe konnte dann 1972 im Westen, nicht aber im Osten erscheinen. Erst 1973 erschien in London und New York in kleiner Auflage die englische Fassung. Marcel Reich-Ranicki schloss seine am 18. August 1972 in der Wochenzeitung *Die Zeit* erschienene Kritik des Romans mit der Bemerkung, wie man sehe, könne es sich die DDR nicht leisten, dieses Buch zu veröffentlichen, doch wage sie es immerhin, ein Buch dieser Art für den Westen freizugeben.[1] Ob Reich-Ranicki dieses Buch verstanden hat, ist diskussionswürdig, wie er es verstanden hat aber verrät ganz unmissverständlich der Titel seiner Kritik: «König David alias Stalin. Stefan Heyms pseudobiblischer Roman». Auf eine ernsthafte Diskussion über Inhalt und Form des Romans lässt er sich nicht ein, da er die historischen Figuren nur als Masken aktueller Politik betrachtet. Freilich sieht er, seinen eigenen Titel desavouierend, nicht die Abrechnung mit dem Stalinismus im Vordergrund, «sondern die Auseinandersetzung mit den Propagandamethoden, mit dem sozialistischen Realismus». Er hält deshalb auch eine Diskussion über die ästhetische Qualität und über die Gattung ‹historischer Roman› für sinnlos, da Heym die epische Form lediglich als «Verpackung und Vehikel für zeitkritische Befunde» verwende und «offensichtlich über keine andere Möglichkeit verfügt».

Heinrich Bölls Kritik mit dem Titel «Der Lorbeer ist immer noch bitter» lobt nicht nur wie Reich-Ranicki den Text als Medium politischer Aufklärung, sondern geniesst sichtlich «Phantasie, Witz und Frechheit», mit der Stefan Heym «durch die Nähte geschlüpft» ist, «die der offizielle David-Text hat». Er gesteht, er «möchte aus diesem Buch pausenlos zitieren, was man als Zeugnis literarischer Qualität betrachten darf».[2] Er verbindet abschliessend seine lobende literarische Anerkennung Heyms mit dem Tadel der Literaturpolitik der DDR, die das Erscheinen von Heyms Büchern verhindert hat. Dies sei «eines Staates unwürdig, der international anerkannt werden möchte, aber seine Literatur, die längst international anerkannt ist, selbst nicht anerkennt».

Heyms *David Bericht*, gewiss das komplexeste seiner Werke, ist vorerst sehr simplifiziert, reduziert auf eine literaturpolitische Botschaft, wahrgenommen worden. Die Kritiken der genannten Spitzenrepräsentanten dürfen als exemplarische Beispiele westlicher Rezeption verstanden werden. Stefan Heym hat die DDR-Spitze mehrfach an ihrem empfindlichsten Punkt getroffen, ihrem und der Partei Führungsanspruch. Heym hatte am 20. August 1965 vorerst in einer slowakischen Kulturzeitschrift, dann in je einer Zeitschrift der französischen und italienischen Kommunisten einen Aufsatz veröffentlicht, dessen autorisierte deutsche Fassung schliesslich nicht in der DDR, wohl aber am 25. Oktober 1965 in der Hamburger Wochenzeitung *Die Zeit* mit der Überschrift «Die Langeweile von Minsk» erschien. Darin heisst es: «Jedes Zeitalter hat seine Sprecher, die die Ängste und Hoffnungen der Menschen zum Ausdruck bringen. Im grauen Altertum waren das die Propheten. Heute in der Ära des Atoms und der Revolutionen [...] scheinen Schriftsteller und Naturwissenschaftler diese Funktion zu übernehmen.»[3] Das elfte Plenum des Zentralkomitees der sozialistischen Einheitspartei Deutschlands befasste sich im Dezember 1965 ausschliesslich mit der als kritisch betrachteten Lage im Kulturbereich. Mit Bezug auf den zitierten Artikel unterstellte Honecker Heym die Behauptung, «daß nicht die Arbeiterklasse, sondern nur die Schriftsteller und Wissenschaftler zur Führung der neuen Gesellschaft berufen seien».[4] Die Zeit der Entstehung des *David Berichts* (1969-1971) ist keine günstige Phase der Kulturpolitik der DDR gewesen. Es waren die letzten Jahre der Ära Ulbrichts. Im Mai 1969 wurden auf dem VI. Schriftstellerkongress Christa Wolf und Reiner Kunze angegriffen, und selbst der Roman des parteifrommen Hermann Kant, *Die Maßnahme,* der ein überaus positives Bild der DDR zeichnet und nur wenige höchst behutsame kritische Anmerkungen enthält, lag zwar 1969 schon vor, durfte aber erst 1972 nach der Übernahme der Macht durch Honecker erscheinen.[5] Zwischen 1971 und 1975 erfolgte zwar eine begrenzte Abkehr von alten Tabus, die es möglich machte, dass drei Bücher Heyms – *Die Schmähschrift*, *Lasalle* und *Der König David Bericht* – nun in kurzer Folge erscheinen konnten. Wie wenig geschätzt Heym in offiziellen Kreisen aber auch in dieser Zeit war, bezeugt die Tatsache, dass in dem die offizielle literaturwissenschaftliche Parteilinie vertretenden Band *Literatur und Geschichtsbewußtsein. Entwicklungstendenzen der DDR-Literatur in den sechziger und siebziger Jahren* (Berlin und Weimar 1976) Stefan Heym überhaupt nicht vorkommt.[6] Er wird wie Ethan im *David Bericht* totgeschwiegen. Wie aber sieht die westliche Germanistik den *König David Bericht*?

2. Literaturwissenschaftliche Annäherungen 1976-1999

Michael Schädlichs «Notizen zu Stefan Heyms Roman ‹Der König-David-Bericht›» betrachten den Text unter den je verschiedenen Gesichtspunkten des Reportageromans, der Parodie des biblischen Berichts, der Selbstparodie und des historischen Romans.[7] Schädlich interessiert vor allem «das allgemeinere und moralisch-politische Ziel», das Heym verfolgt, und «seine literarische Gestaltung».[8] Er versteht den Text im Gegensatz zu Thomas Manns *Joseph*-Romanen nicht als Neuinterpretation und psychologische Analyse des Mythos. Er betrachtet Heyms Darstellung der biblischen Geschichte als «theologische Verbrämung, um nicht zu sagen ideologische Verfälschung des wirklichen Geschehens».[9] Die im Text wahrgenommene Theologiekritik wird als Modellfall der Ideologiekritik verstanden, eine Ideologiekritik, die sich auf die Kritik der Erwerbung und der Geschichtsschreibung von Macht und auf die Rolle des Intellektuellen in diesem Prozess bezieht. Dass der Germanist die gründliche historische und theologische Kritik jenen anderen Disziplinen überlassen will, ist eher verständlich als die Tatsache, dass auch seine literaturwissenschaftlichen Überlegungen lückenhaft bleiben. Wie verhalten sich der Reportageroman und seine Parodien zum historischen Roman, wie ist die von Schädlich festgestellte unterschiedliche Stilqualität des Textes – Schädlich spricht von «reißerischen Zügen» und von Stellen, die «ins Dichterische reichen»[10] – schlussendlich präziser zu begründen und zu werten? Diese Fragen bleiben offen, angesichts der kümmerlichen Forschungslage aber ist es schon ein Verdienst, sie provoziert zu haben.

Wesentlich gründlicher, aber mit schon durch den Titel angezeigter Beschränkung des Themas analysiert Peter Hutchinson Heyms *Bericht* als exemplarisches Beispiel der Probleme sozialistischer Historiographie.[11] Hutchinson sieht wie früher Reich-Ranicki als «major parallel of the novel – that of King David with Joseph Stalin».[12] Immerhin relativiert er diese grob simplifizierende Gleichung mit dem Hinweis, dass David manchmal eher an Lenin erinnere oder Züge von Chruschtschow trage, und meint schliesslich, es handle sich doch eher um symbolische als um allegorische Entsprechungen. – Anspielungen auf zeitgenössische Probleme und Figuren sind gewiss nicht zu übersehen. Erzwungene Geständnisse und vorschriftsgemäss funktionierende Zeugen erinnern an Stalins Schauprozesse, Salomons Minenarbeiter an sibirische Straflager, «wunderbare Leistungen» im offiziellen Titel des Berichts an die in der stalinistischen Ära übliche Bezeichnung für militärische und wirtschaftliche Fortschritte, Davids Dialog mit Joab im zwölften Kapitel des *David Berichts* schliesslich verwendet den berühmten Ausspruch Trotzkis vom «Kehrichthaufen der Geschichte».[13] Von grösster Bedeutung aber für das Problem der Historiographie ist die Nähe der im *Bericht* formulierten Aufgabe der Kommission, für die Ethan arbeitet, zur Funktion der Geschichtswissenschaft in der DDR. Josaphat ben Ahilud im *David Bericht* meint: «Unsere Aufgabe ist es, die Größe unseres Zeitalters zu widerspiegeln, indem wir einen glücklichen Mittelweg wählen zwischen dem, was ist, und dem, was die Menschen glauben sollen.»[14] Das Zentralkomitee der SED bestimmte die Funktion der Geschichtswissenschaft mit den Worten: «Durch gründliche wissenschaftliche Arbeiten und durch Verbreitung richtiger historischer Erkenntnisse den Massen unseres Volkes den Weg zum Sieg über seine Feinde [...] zu weisen – darin besteht die Hauptaufgabe der deutschen Geschichtswissenschaft.»[15] Hutchinsons Artikel ist in gekürzter Form in seine ursprünglich in englischer Sprache erschienene Gesamtdarstellung Stefan Heyms aufgenommen worden und erschien in revidierter deutscher Übersetzung 1999 in seinem Band *Stefan Heym: Dissident auf Lebenszeit.*[16] Hutchinson verweist auf eine zur Zeit der Genese und der Erstpublikation wichtige Bedeutungsdimension des Texts, argumentiert nicht so vereinfachend in bezug auf die Allusionen an den Stalinismus wie Reich-Ranicki, bleibt aber unklar in bezug auf die Unterscheidung allegorischer und symbolischer Bezüge.

Die umfangreichste im Druck vorliegende Abhandlung über den *Bericht* von Christiane Bohnert interpretiert den Text nicht als Schlüsselroman, wie Reich-Ranicki und nach ihm viele andere es getan haben, und reduziert ihn auch nicht auf seine Bedeutung als Kritik parteiamtlicher Historiographie. Sie versucht, den Roman in seinem doppelten Bezug auf die biblische Geschichte und die aktuelle Gegenwart zu lesen, sieht sein Wirkungspotential und auch das Ärgernis, das er Marxisten wie Christen bedeuten kann, in der Gattung Satire begründet. Der Roman wäre dann eine Doppelsatire, eine Satire auf die Bibel wie auf den Marxismus, die biblischen Stoffe nicht nur Masken aktueller Probleme, die marxistische Problematik durchaus auch Herausforderung für die Christen. Die radikale Satire stellt die verkehrte Welt dar, eine Welt des Normbruchs, die nur indirekt durch die Übertreibung des Falschen und Perversen ihr utopisches Gegenbild evoziert. Der Eunuch Salomos, Amenoteph, ist in diesem Sinne wohl am ausgeprägtesten satirische Figur, für den Glauben wie für das Denken verloren. Seit ihm die Hoden zermalmt wurden, glaubt er an keinen Gott, «heiße er Jahwe oder Ra».[17] Auf die Versöhnung von Ideal und Wirklichkeit verzichtet er zum vornherein. Er erwidert Ethan, der auf die Lehren der weisen Richter und Propheten verweist, die man befolgen solle, dass das Denken der Menschen wie auch ihre Zunge sonderbar zwiegespalten sei. In absolutem Gegensatz zu Ethan, der unter diesem Zwiespalt leidet, lobt er ihn:

> Gepriesen sei dieser Zwiespalt des Geistes, denn durch ihn kann der Mensch tun, was die Gesetze der wirklichen Welt erfordern, ohne deshalb den schönen Glauben an die Lehren der Weisen und Richter und Propheten aufgeben zu müssen; und nur jene enden in Verzweiflung, die in Erkenntnis des großen Zwiespalts sich vornehmen, die Wirklichkeit den Lehren anzupassen. Denn es gibt keinen Weg zurück zu dem Garten Eden, von dem ich in euren Büchern gelesen habe.[18]

Dies trifft wirklich, wie Ethan sofort erkennt, auch «das Herz der Sache» in bezug auf seine Arbeit am *David Bericht* und die ihn betreffenden Gedanken: «Auch mein Denken ist ständig gespalten, indem ich eines weiß und ein anderes sage, oder zu sagen suche, was ich weiß, oder sage, was ich nicht denke, oder denke, was ich nicht sage, oder sagen möchte, was ich nicht denken soll, oder wissen möchte, was ich nie sagen darf», klagt Ethan.[19] Amenoteph schlägt darauf Ethan seine eigene Lösung vor: «Vielleicht wäre es ratsam, Ethan, du kastriertest dein Denken. Kastration schmerzt nur einmal; danach aber fühlt man sich um so besser: ruhig, beinahe glücklich. Und vergiß nicht die große Anzahl von Leuten, die nie einen mannhaften Gedanken hatten.»[20] Amenoteph ist die Inkarnation der satirischen Figur, indem er die Negation der Utopie zum Idealzustand, die verkehrte Welt zur richtigen erklärt. Auf ihn lässt sich das Satiremodell bruchlos beziehen. An Ethan aber zeigen sich die Grenzen dieses Modells. Ethan ist weder eine ungebrochen satirische Figur, noch vertritt er ungebrochen eine christliche oder marxistische Utopie. Er versucht verzweifelt, das Richtige im Falschen zu leben, und ist insofern, als er schlussendlich die Gründe seines Scheiterns erkennt, weder eine satirische noch eine utopische, sondern eine tragische Figur. Freilich bleibt die Frage, welche Position er einnehme, ob er sowohl im theologischen wie im marxistischen Bereich der Rechtdenkende und schlechthin Wissende und ob er in seiner Funktion als Erzähler wirklich Herr der Erzählung und damit auch Subjekt der Lenkung des Lesers sei. Während Salomon wie sein Sklave Amenoteph zweifellos als satirische Figur betrachtet werden kann, ist die Frage nach dem Bild der zentralen Figur Davids nicht so leicht zu beantworten. Die Antwort ist in engstem Zusammenhang mit der Frage nach der Funktion des Erzählers zu sehen, der den Perspektivismus des Textes bestimmt. Ausser Christiane Bohnert hat sich in den gedruckt vorliegenden Texten bisher niemand mit dieser Frage beschäftigt. Bohnerts Argumentation aber halte ich für fragwürdig und widersprüchlich. Ohne Zweifel betrachtet sie Ethan als allwissenden auktorialen Ich-Erzähler, wenn sie sagt:

> Der Leser durchschaut nicht, [...] was Ethan nicht durchschaut, aber wie Ethan kann er einordnen, was er durch Ethans Brille sieht. Verdeckt wird dieser exklusive Bezug auf Ethan durch die häufigen Dialogpartien, die Zeugenbefragungen und die fiktiven Zitate aus Archiven, in denen alle beteiligten Personen scheinbar authentisch vor den Leser hintreten. ‹Ethan› schreibt insofern den eigentlichen «*Einzig Wahren und Autoritativen*» Bericht über David und Salomo, in dem statt auf Mythen auf Fakten rekurriert wird [...].[21]

Sie kommt schliesslich zu dem bedenklichen Schluss: «Der Zielsetzung der Satire entsprechend ist der *König David Bericht* kein Gegenstand der Interpretation, sondern eher der ‹Rekonstruktion›.»[22] Nun besteht kein

Zweifel, dass besonders im ersten Teil des Buches und in bezug auf theologische Probleme der Auslegung Stellen beigebracht werden können, die diese These belegen. Würde sie aber den Text als Ganzes treffen, stünde dessen literarische Qualität in Frage, würde er doch zum ideologischen Text, der den Lesenden nur Decodierung, aber keine Sinnkonstitution ermöglichte.

3. Kritische Würdigung von theologischer Seite: Walter Dietrich 1976

Die bisher zweifellos anregendste kritische Würdigung von Heyms *Bericht* stammt von dem Alttestamentler Walter Dietrich. Der schon 1976 erschienene Aufsatz ist in keiner Bibliographie der Germanistik verzeichnet, nicht einmal in dem jede literaturkritische Rezension verzeichnenden *Kritischen Lexikon der Gegenwartsliteratur*. Mit Ausnahme von Christiane Bohnert und der unter meiner Leitung entstandenen Lizentiatsarbeit von Beatrice Blumenstein ist er von der Literaturwissenschaft zu ihrem Nachteil nicht zur Kenntnis genommen worden.[23] Es ist ebenso verständlich wie erfreulich, dass der Theologe trotz wohlbegründeter Bedenken diesen Text nicht nur für den an politischen Fragen Interessierten, sondern auch für den Theologen und den an biblischen Problemen interessierten Laien für anregend und diskussionswürdig hält. Er anerkennt Heyms Kunst anschaulicher Darstellung, die Bildlichkeit der Sprache, ihre Konkretion und Sinnlichkeit, die szenische Vergegenwärtigung der biblischen Welt trotz einiger Freiheiten und dem gelegentlich wenig skrupulösen Umgang mit Verfasserfragen (Hohes Lied, Psalmen). Als fruchtbarstes Problem aber, das der Text Heyms dem Theologen stelle, nennt Dietrich «die Frage, ob nicht die bei uns übliche alttestamentliche Exegese, ungeachtet ihres feinen Instrumentariums, in der Gefahr steht, bestimmte, dem Ideologieverdacht unterliegende Wertvorstellungen in die Bibeltexte einzutragen oder sie sich von ihnen bestätigen zu lassen.»[24] Dies leuchtet um so eher ein, wenn man sich die Eigenart alttestamentlicher Geschichtsschreibung überlegt und ihre Freiheiten, mit überlieferten Sachverhalten umzugehen und sie auf die Gegenwart, respektive das Gegenwartsinteresse der Schreibenden und ihrer Zeitgenossen zu beziehen, bewusst macht.[25] Dietrich betont in diesem Zusammenhang die Qualität Heyms, nicht nur mit ausserordentlicher Frische und Brillanz Charaktere zu zeichnen, sondern zu zeigen, wie sie ihre Umwelt prägen und von ihr geprägt sind. «Dass er dies tut und wie er dies tut», sagt Dietrich, «verrät seinen marxistischen Denkansatz.»[26] Nun ist Stefan Heym gewiss auch heute noch erklärter Marxist. Dass die Art und Weise seines Schreibens in diesem, nicht in jedem Text von Heym, ebenso gut auf einen durch nichtmarxistische Sozialphilosophie oder interaktionistische Soziologie geprägten Autor bezogen werden könnte, dass keine ideologische Phrase darin zu finden ist, halte ich für eine besondere Qualität dieses Texts. Kritischer steht der Theologe einigen Kühnheiten der Auslegung gegenüber, die sich Heym leistet, und er fragt sich, welche Absicht er damit verfolge.

Als erstes Beispiel nennt er das Problem der Erstbegegnung Sauls und Davids, respektive das Problem, ob die Erzählung von Davids Berufung an den Hof Sauls und die Legende oder Sage von David und Goliat nebeneinander Platz hätten und in welcher Reihenfolge. Im *König David Bericht* spricht der Heerführer Benaja ein Machtwort und schlägt vor, einen Zusatz einzuführen, um den Sänger Sauls wieder als Hirten nach Betlehem zurückzubringen: «Aber David ging wiederum von Saul, daß er die Schafe seines Vaters hütete zu Bethlehem.» Der nicht Bibelkundige könnte nun meinen, die Kühnheit bestehe in der Einfügung. Sie ist aber durchaus biblisch (1Sam 17,15) und auch von modernen Kommentaren als spätere Einfügung zur Verbindung dieser Texte bezeichnet worden.[27] Die Kühnheit besteht darin, dass Heym diese Zufügung Benaja andichtet, wovon der wissenschaftliche Kommentar nichts weiss. Das Beispiel zeigt aber auch, wie raffiniert Heym wissenschaftliche Kenntnis und Fiktion verbindet. Auch der Zweifel an der Goliat-Geschichte ist nicht allzu kühn. Die Sage wird zwar im *Bericht* nur von drei zweifelhaften volkstümlichen Barden bezeugt, in den Heeresberichten aber sei sie nicht dokumentiert, bekundet Benaja, und deshalb meint Ethan, falls sich die Geschichte eines Tages als fromme Mär erweisen sollte, wäre Benaja jedenfalls unschuldig. In diesem Zusammenhang wird später dann auch der Name Elkanan genannt, den moderne Kommentare als historischen Sieger über Goliat betrachten.[28] Auch hier ist die Fiktion, der Auftritt der Barden, mit Indizien verbunden, die sorgfältige Information über die prekäre Textgenese der Goliat-Geschichte verraten. Die auch für die historische Forschung schwer zu beantwortende Frage, ob David, nachdem er auf der Flucht vor Saul zu den Philistern übergelaufen ist, als Vasall des Philisterkönigs Achisch von Gat Mord- und Raubzüge nur gegen Negevnomaden unternommen hätte oder auch gegen Stämme des eigenen Volks, wird im *Bericht* Heyms sehr zweideutig dargestellt. Benaja plädiert dafür, David hätte sich gegen den eigenen Stamm gewendet.[29] Ethan aber sagt in einer Stilart, die gewöhnlich die Lüge verrät: «Wenn der König und meine Herren gestatten [...], so möchte ich versuchen, darzulegen, wie wir bei der Darstellung der doch recht verschlungenen Wege, die der Erwählte des Herrn gewandelt, mit Diskretion verfahren können.» Er sagt darauf, dass David auf die Frage des Königs Achisch selber zugegeben hätte, dass er im Süden von Juda geplündert habe. Aber das beweise angesichts der Situation Davids nichts, und da es ohnehin keine Zeugen gebe, stellt er die seine Stellungnahme abschliessende Frage: «Wäre es daher nicht gerechtfertigt, in unserem Text anzudeuten, daß David seine Raubzüge eher gegen die feindlichen Stämme in Geschur oder Geser oder Amalek richtete, denn gegen sein eigenes Volk Juda?»[30] Auch hier ist eine Fiktion dem Urteil der Forschung sehr nahe. Silvia Schroer spricht vom «raffinierten Doppelspiel» Davids:

> Während David sich so in Juda als starker Schild gegen Übergriffe der Negevnomaden beliebt machte, gibt er seinem gatischen Herrn an, er habe Raubzüge in Südjuda bzw. gegen nomadische Clans, die mit Juda verbündet sind, wie die Jerachmeeliter und die JHWH-gläubigen Keniter, unternommen. Da er bei diesen Beutezügen keine Zeugen am Leben lässt, ist Achisch im guten Glauben, dass sein Vasall im Interesse der Philister das verhasste eigene Volk bekämpfe. Sein Vertrauen geht soweit, dass er David als persönlichen Leibwächter in den Kampf gegen Israel mitnehmen will (1Sam 28,1-2).[31]

Etwas kühner behandelt Heym die zweimalige Verschonung Sauls durch David (1Sam 24,26). Ethan behauptet, hier handle es sich nicht um Geschichten, die das Volk erfunden hätte, sondern David selbst hätte sie Josaphat, dem Kanzler, berichtet, allerdings sei dies durch die königlichen Archive nicht zu belegen. Mit guten Gründen darf behauptet werden, dass der Erzähler der Aufstiegsgeschichte die beiden Geschichten planvoll parallel und die Rechtschaffenheit Davids betonend ausgestaltet, nicht aber, dass David sie selbst berichtet hätte.[32] Dietrich erwähnt als weitere Kühnheit, dass Heyms Text Ethan über Josaphat berichten lässt, David persönlich hätte die Ermordung der Nachkommen Sauls durch die Einwohner Gibeons veranlasst und sich die Erklärung, dass dadurch eine Hungersnot verhindert würde, als Alibi ausgedacht.[33] Natürlich sind das recht saloppe Formulierungen und Vereinfachungen der Motive. Die Wahrscheinlichkeit, dass David aber eine Blutschuld Sauls gegenüber den Gibeoniten zur Zeit einer dreijährigen Hungersnot ausgenützt haben könnte, um einen Teil der Sauliden aus dem Weg zu schaffen, wird auch durch wissenschaftliche Kommentare gestützt.[34] Fragwürdig, ja wohl eher nicht zutreffend im Lichte neuerer Forschung ist allerdings die eindeutige Stellungnahme für eine der beiden in den Samuelbüchern gegebenen Varianten vom Tode Sauls. Nach der einen stürzt er sich selbst ins Schwert (1Sam 31,1-7), nach der anderen wurde er von einem jungen Amalekiter getötet. Heym stellt die Geschichte so dar, dass die zweite Möglichkeit als historisch zutreffend erscheint, die erste, die eine denkbare Beteiligung Davids am Tod seines Gegners ausschliessen würde, aber als falsch deklariert wird. Hier tendiert die historische Forschung eher zur ersten Variante und hält den jungen Amalekiter für einen Leichenräuber, für einen «finsteren Gesellen».[35]

Insgesamt aber sind Heyms Fiktionen der historischen Forschung näher als man wegen der kühnen Erfindungen von Quellen- und Autorzuschreibungen denken könnte. Dietrich schliesst eine Revue philologischer «Kühnheiten» Heyms mit der Hoffnung ab, dass Heym sich darüber im klaren gewesen sei, dass er nicht mit allen seinen Exegesen oder auch Eisegesen Anspruch auf Wissenschaftlichkeit und historische Sicherheit würde erheben können, und stellt darauf die Frage: «Welche Absicht aber steht dann hinter seinen Kühnheiten?»[36]

Dass die Texte von Schriftstellern und Dichtern keinen Anspruch auf Wissenschaftlichkeit und historische Sicherheit erheben können, scheint mir nun allerdings völlig selbstverständlich. Selbst wenn der Dichter sich aristotelischer Poetik verpflichtet weiss, wird von ihm im Gegensatz zum Geschichtsschreiber nicht Tatsachenwahrheit erwartet, sondern bestenfalls die Darstellung von Möglichkeiten, was Menschen allenfalls getan haben könnten. Freilich ist klar, dass sich Heym nicht für die Glaubenswahrheiten des Theologen, sondern für deren Entmythologisierung und Konzentration auf allfällige historische Möglichkeiten interessiert und diese spekulativ in poetische Fiktionen umsetzt, und dies nicht ohne Berücksichtigung aktueller Probleme. Zwar kann er die neueren Kommentare, die ich benutzte, bei der Konzeption des *David Berichts* nicht gekannt haben, um so verwunderlicher scheint es, wie nahe seine Spekulationen der neueren Forschung doch oft kommen. Dies ist wohl im Zusammenhang mit der aktuellen Tendenz zu sehen, den Anfang alttestamentlicher Geschichtsschreibung nicht mehr als theologische, sondern als politische Geschichtsschreibung zu betrachten und die prosalomonische Interpretation der Thronfolgeerzählung als unhaltbar zu erklären.[37] Aus mir schwer verständlichen Gründen haben bisher weder Germanisten noch Theologen sich um den wissenschaftlichen Berater von Stefan Heym gekümmert, obgleich er ihn in einer nicht zu übersehenden Dankadresse vor dem *David Bericht* «für seine guten und hilfreichen Vorschläge» lobt.[38] Es handelt sich um Dr. Walter Beltz, damals wissenschaftlicher Mitarbeiter, heute Professor für Orientalistik und Religionsgeschichte an der Universität Halle. Er hat 1975 erstmals ein Buch mit dem Titel *Gott und die Götter. Biblische Mythologie* veröffentlicht, dessen Konzept und Art und Weise, die biblischen Geschichten zu betrachten, auch für das Verständnis des *David Berichts* wichtig sind. Beltz begründet sein Unternehmen mit der These, die biblischen Mythen seien so zu sehen wie die Mythen der griechisch-römischen Geschichte und deshalb unabdingbare Quellen zum Verständnis der Weltkultur. Er unterscheidet die Aufgaben einer biblischen Theologie deutlich von den Aufgaben seiner biblischen Mythologie:

> Kein unbefangener Leser der Bibel kann heute noch die biblische Verflechtung von Mythos, Geschichte und deren Deutung auflösen und zwischen dem ursprünglichen Mythos und seiner biblischen Interpretation unterscheiden, wobei die Erklärung dieser Interpretation – nämlich die Funktion, die in der Bibel dem Mythos zugeschrieben

> wird – die Aufgabe einer biblischen Theologie ist. Eine biblische Mythologie aber wird sich der Darstellung und Erklärung des Mythos selber zuwenden, der im Historischen liegenden, nichtwissenschaftlichen Vorstellungswelt von Kosmos, Mensch und Gesellschaft.[39]

Es ist dies ein trotz seiner gut dreihundert Seiten allgemeinverständliches, knapp zusammenfassendes Buch, das in dem Kapitel «Die Königslegenden» die für den Bericht wichtigen Bibeltexte zusammenfasst und geschichtlichen Gehalt und Sinndeutung kommentiert. Die Darstellung dürfte wesentlich knapper sein als die ausführlichere und detailliertere Beratung Heyms durch Beltz, die noch durch gemeinsame Studien der Kautzschen Textbibel ergänzt wurde. In der Einstellung zur biblischen Mythologie vertreten sie aber übereinstimmende Positionen eines nicht religiösen, wohl aber menschlich-kulturellen und poetischen Verständnisses, ebenso in der Tendenz, die Veränderungen des Gottesbildes im Kontext gesellschaftlicher Entwicklungen zu sehen.

Aus diesen und aus später zu belegenden literaturwissenschaftlichen Gründen halte ich Dietrichs Antwort auf seine Frage, welche Absicht hinter Heyms Kühnheiten der Auslegung stünde, für zu eng. Er meint nämlich,

> um dieses Bild zu gewinnen, das Bild eines Mannes, der nicht, wie Salomo ‹ein kleiner Halsabschneider› ist, sondern ‹ein grosser Mörder›, der sich als Erwählter Gottes weiß und darüber zum ‹Despot› (!) wird [...], um das Bild eines solchen Mannes zeichnen zu können, greift Heym nach den biblischen Berichten über David und gestaltet sie, wo sie sich seiner Absicht nicht fügen, neu.[40]

Die Tendenz zur Entmythologisierung ist gewiss unverkennbar. Für unverkennbar halte ich aber auch die Faszination Heyms für diese Figur und die Faszination Heyms für die Entwicklungen der Konflikte von Davids Zeit.

4. Der König David Bericht – Historisches Dokument oder literarischer Text von bleibender Bedeutung?

Stefan Heyms Intentionen und Schreibanlass lassen sich jedenfalls nicht auf die satirische Destruktion einer biblischen Heldenfigur reduzieren. Freilich werden wir uns anschliessend fragen müssen, ob er seine Intentionen erreicht oder verfehlt habe. In seinem autobiographischen Werk *Nachruf* nennt er den Anlass, der ihn zur Bibel greifen liess, eine der verzweifelten Nächte unmittelbar nach dem Tod seiner Frau. Er öffnet den Band zufällig an der Stelle 1Sam 16, wo Samuel zu Jesse kommt und schliesslich seinen jüngsten Sohn David salbt. Heym hat seine Autobiographie fast durchwegs in der Er-Form gestaltet und spricht üblicherweise von sich als er und S.H. An dieser bedeutungsschweren Stelle aber wechselt er in die

Ich-Form und erzählt: «Ich habe mich mehr als einmal gefragt, wessen Hand hier im Spiel war; S.H. hätte ja ebenso gut das Buch Esther aufschlagen können oder Hiob, und der Rest seines Lebens wäre anders verlaufen.»[41]

Die folgenden Zeilen bezeugen die Begeisterung für Davids Leben, ja noch weit mehr. Denn nach Ausdrücken der Begeisterung für den Roman dieses Lebens kommt es zu dem folgenden Geständnis:

> Und dann wieder frage ich mich, wie das Hirn dieses S.H. konstruiert sein muß, daß er, das Herz voll Trauer und Schwermut, gleichzeitig sein literarisches Gewerbe betreiben kann. Und ich gestehe, ich fühlte mich wohler heute, moralisch, hätte S.H. sich müde gelesen in jener Nacht an I. und II. Samuel und wäre eingeschlafen in dem Bewußtsein, daß vielleicht doch ein Gott lebt irgendwo, der die Gerechten in seinen Schoß nimmt; oder war das Nachdenken des S.H. über die Story des König David, und wie man sie erzählen könnte, und was in Wahrheit dahinter stecken möchte, einfach seine Art, sich bei Sinn und Verstand zu halten?[42]

Die Bedeutung des *David Bericht* als historisches Dokument der Kulturpolitik der DDR und als Beispiel von Schreibweisen, die eine solche Politik fördert, ist unbestritten. Der Text kann auch als parabolische Gestaltung der Konflikte einer wissenschaftlichen Historiographie mit der Staatsmacht gelesen werden, ebenso in doppelter Funktion als Bibelsatire wie als Satire auf den totalitären Staat. Allerdings erfassen diese Leseweisen den Text nicht in seiner Fülle und Differenziertheit, nicht in der anfangs eingeschränkten, schliesslich aber ständig zunehmenden Fülle seines Bedeutungspotentials.

Allein schon der doppelte Bezug zur biblischen und zur zeitgenössischen Welt verhindert eine allzu einfache Rezeption. Die biblischen Szenen sind nicht nur ihren archaischen Handlungen entsprechend historisierend inszeniert, sondern auch moderner Psychologie entsprechend motiviert. In ständigem Wechsel von distanzierten Berichtformen, verschiedenen Sorten historischer Quellenfiktionen, Interviews und dem Übergang der Erzählformen vom narrativen zum dramatischen Modus erfahren die Lesenden den ständigen Wechsel von Identifikation und Verfremdung, der sie schliesslich zu eigenem Urteil zwingt. Allerdings drängt sich die kritische Frage auf: Beherrscht nicht letzten Endes Ethan als auktorialer Ich-Erzähler doch den Text und seine Bedeutungsbildung? Als Beleg könnte man Ethans Beurteilung seines Auftrags und sein David-Bild im ersten Kapitel zitieren:

> Mit einigem Glück und mit der Hilfe unseres HErrn Jahweh mochte es mir sogar gelingen, ein Wörtchen hier und eine Zeile dort in den König-David-Bericht einzufügen, aus denen spätere Generationen ersehen würden, was wirklich in diesen Jahren geschah und welch ein Mensch David, Jesses Sohn, gewesen: der zu ein und derselben Zeit einem König und des Königs Sohn und des Königs Tochter als Hure diente, der als

Söldling gegen sein eignes Volk focht, der den eignen Sohn töten und seine treuesten Diener umbringen ließ, ihren Tod aber laut beweinte, und der einen Haufen elender Bauern und widerspenstiger Nomaden zu einem Volk zusammenschmiedete.[43]

Als Gegenbild liesse sich das David-Bild zitieren, das Ethan auf die Frage Michals «Was weisst Du von David?» entwickelt:

> Ausgenommen den jetzigen Inhaber des Throns, Salomo, war David unstreitig der bedeutendste Mann in Juda und Israel, der Erwählte des HErrn, unsres Gottes, welcher einen Bund schloß mit David und Davids Feinde schlug und alle seine Hasser zuschanden werden ließ, und welcher ferner versprach, daß Davids Samen sollte ewig währen.[44]

Die verschiedenen Gespräche und Interviews mit Michal, zweifellos die psychologisch schwierigste und raffinierteste, hochdifferenzierte Figur in diesem Text, widerlegen sowohl das erste radikal negative wie das letztzitierte rein positive Bild. Die entscheidende Stelle der Fortsetzung der zweiten Aussage der Prinzessin lautet:

> «Er hat so viele Gesichter. Ich gebe zu, das macht es schwer, ihn zu ergründen. Mein Bruder Jonathan und ich haben häufig darüber gesprochen. Wir kamen einander sehr nahe in jenen Tagen. Oft ritten wir aus vom Haus des Königs zu Gibea bis zu den roten Felsen und stiegen hinauf, Ausschau zu halten über das Land, als könnte ein Zeichen vom ihm kommen, ein Rauchzeichen über den Bergen. Aber da war nichts, nur die Geier kreisten. Und Jonathan sprach zu mir von dem Bund, den er mit David geschlossen, da er ihn liebte wie seine eigne Seele; und dass David der Erwählte des HErrn sei; und wie David ihm geschworen habe, allzeit seiner Kinder Hüter und Beschützer zu sein um ihrer großen Freundschaft und ihres Bundes willen. Aber wie ist's mit dem Königreich, fragte ich; wirst du denn nicht König sein, mein Bruder Jonathan?»
> Die Prinzessin erhob sich und schritt auf und ab. Ihre Füße in den offenen Sandalen waren von bemerkenswerter Schönheit.
> «Und Jonathan sagte zu mir: Um zu herrschen, darfst du nur ein Ziel sehen – die Macht. Darfst du nur einen Menschen lieben – dich selbst. Sogar dein Gott muß ausschließlich dein Gott sein, der ein jedes deiner Verbrechen rechtfertigt und es mit seinem heiligen Namen deckt.»
> Die Prinzessin blieb stehen und sah mich an.
> «Beachte, Ethan: all das wußte Jonathan, und doch liebte er David. Die Geier hingen am Himmel. Dann schoß einer herab. Ich fragte: Weißt du, wo David sich aufhält? Und Jonathan erwiderte: Er ist in der Höhle Adullam, und seine Brüder und seine ganze Sippe kamen zu ihm daselbst, und allerlei Männer, die in Not sind, und die verschuldet sind, und viele Unzufriedene, zusammen etwa vierhundert Mann, und er ist ihr Anführer. Und ich sah David, meinen Gatten, wie er aus der Höhle Adullam hervortrat an der Spitze seiner Bande, ich sah sein gebräuntes Gesicht und den geschmeidigen Leib, und ich sprach zu meinem Bruder Jonathan: Sei er ein Viehdieb oder ein Wegelagerer, es ist ein Verlangen in mir, und ich will zu ihm.»[45]

In der Tat versteht es Michal, die in ihrer Liebe zu David immer wieder enttäuschte und missbrauchte Tochter Sauls, die schillernde Figur Davids mit allen menschlichen und künstlerischen Qualitäten und allen Schattenseiten des Machtpolitikers zu zeichnen und sowohl das Bild idealisierender Konvention, wie der Hof Salomons es fordert, als auch das radikale Vorurteil, mit dem Ethan beginnt, zu zerstören. Michal ist zwar die wichtigste, aber nicht die einzige Figur, die das David-Bild differenziert. Selbst Natan, der Prophet, sonst in korrumpiertem Zustand gezeichnet, erscheint ganz am Schluss in einem vorübergehenden Zustand der Erkenntnis und der Wahrheit und bemüht sich, Ethan die Differenz zwischen David, der Gleichnisse versteht, ja in bezug auf seine Schuld gegenüber Urija, Batsebas Mann, auch auf sich beziehen konnte, und dem eitlen Salomo mit den Worten zu erklären:

> «Selbst wenn ich ein Gleichnis erfände, welches zehnmal besser und ursprünglicher wäre als das von dem einzigen kleinen Schäflein, und es Salomo erzählte, so würde er mich doch zum Teufel schicken. Sein Vater, König David, war ein Dichter und besaß die Vorstellungskraft eines Dichters. So kam es, daß er sich in einer besonderen Beziehung zu GOtt sah: als den Erwählten des HErrn, und dennoch als GOttes Diener, der aufgerufen war, sich im Dienst der Sache zu verschleißen. König David konnte daher den armen Mann mit seinem einzigen kleinen Schäflein verstehen. Dieser aber? –» Nathan spuckte aus – «dieser ist nur ein Nachäffer, eitel, ohne Erleuchtung [...], seine Verbrechen Ergebnis seiner Furcht, nicht seiner Größe.»[46]

Der reichhaltige Perspektivismus dieses Erzählens richtet sich sowohl gegen das David-Bild als Schlächter und Mörder wie gegen seine heroische Idealisierung und versucht, seine Verbrechen als Ausdruck seiner Grösse nicht zu entschuldigen, wohl aber zu verstehen, ohne sie zu billigen.

Auf eindrückliche Weise demonstriert eine Rede Davids seine Qualifikation als mitreissender Heerführer, der Text

> ANSPRACHE KÖNIG DAVIDS AN SEIN VERSAMMELTES HEER IN VORBEREITUNG DES ANGRIFFS AUF DIE FESTE ZION; WIE SIE DER SITZUNG UNTERBREITET WORDEN VON BENAJA BEN JEHOJADA, UND AUCH VON IHM DEN MITGLIEDERN DER KOMMISSION VORGETRAGEN:
> «Also, ihr Söhne Israels sowie Judas, hört den Erwählten des HErrn. Unsere Priester haben männliche Schafe geschlachtet und auch das Orakel Urim und Tummim befragt; sie schwören mir, noch nie sei ein Tag günstiger gewesen, die Stadt der Jebusiter, Jerusholayim, zu erstürmen und sie den Heiden abzunehmen. Außerdem habe ich einen Traum geträumt, in welchem Jahweh, der HErr der Heerscharen, mir erschien und zu mir sprach: Siehe, ich habe Israel aus Ägypten herausgeführt, und bin vor ihnen hergezogen bei Tage in einer Wolkensäule und des Nachts in einer Feuersäule: so will ich dir und deinem Volke voranziehen, wenn sie vorgehen gegen die Wälle von Jerusholayim.» (Hurrarufe.)
> «Ah, meine Tapferen, deren Schwert Schrecken erregt im Herzen des Feindes: ich will, daß er euch ausgewählt hat, diesen Tag zu erleben. Denn ihr werdet beneidet werden ewiglich, weil ihr von allen Männern in Israel auserlesen wurdet, die Feste Zion zu stürmen und sie für den HErrn GOtt der Heerscharen zu erobern und für euren König David, und dadurch eure Namen unsterblich zu machen und nebenher große Beute zu gewinnen, jeder einzelne von euch.»

(Laute Hurrarufe.)
«Nun hat es da Stimmen gegeben, und ich habe ein gutes Ohr für Stimmen, die stellten die Frage: Warum eigentlich will David dieses Jerusholayim als seine Stadt? Es ist nur ein Haufen Steine, heiß im Sommer, kalt im Winter, und überhaupt unerfreulich. Aber in dem Traum, den zu erwähnen ich schon Gelegenheit hatte, sprach Jahweh des weiteren zu mir, und er sagte: David, du bist König von allen Kindern Israels; darum soll deine Stadt auch nicht in Juda sein, und nicht in Benjamin, und nicht in Manasse, und überhaupt nicht in einem der Stämme, sondern es soll deine eigne, Davids Stadt sein, und in der Mitte gelegen; und ich, der HErr, dein GOtt, werde persönlich kommen und in Jerusholayim wohnen, zum großen Nutzen ihrer Bürger und des ganzen Volkes Israel. Woraus ihr ersehet, meine Löwenherzigen, daß Jahweh, der Herr der Heerscharen, große Pläne für die Rolle Jerusholayims in der Geschichte hat; uns obliegt nur, die Stadt einzunehmen.»
(Hurrarufe.)
«Auch ist gesagt worden, und ich habe ein sehr gutes Ohr für alles, was gesagt wird, die Feste Zion und die Mauern Jerusholayims seien derart uneinnehmbar, daß Lahme und Blinde sie verteidigen könnten. Dies ist aber nichts als ein Gerücht, verbreitet von den Feinden Davids. Denn in dem Traum, auf den ich wiederholt Bezug genommen habe, sprach Jahweh ferner zu mir, und sagte: David, da ist ein Durchgang durch den Fels, der führt von einer Quelle draußen vor der Stadt zu einer Zisterne innerhalb der Wälle, und wer durch diesen hinaufsteigt, wird im Rücken der Verteidiger heraufkommen und derart verrichten, was wohlgefällig ist im Auge des HErrn.»
(Überraschung, Hurrarufe.)
«Darum also, meine Unbesiegbaren, sage ich euch: GOtt tue mir dies und jenes, wenn die Stadt Jerusholayim nicht unser ist beim Anbruch der Nacht. Und wer als erster durch den Durchgang hinaufsteigt, und die Zisterne erreicht, und die Jebusiter schlägt samt ihren Lahmen und Blinden, der soll mein Oberster und Feldhauptmann sein. Trompeter, blas zum Angriff!»
(Nicht enden wollende Hurrarufe. Die Posaune bläst zum Angriff.)[47]

Diese Rede ist nach allen Regeln rhetorischer Kunst gestaltet, mit einem Exordium, das Aufmerksamkeit und Wohlwollen der Zuhörer erringt, ihnen Gewissheit gibt, dass Gott und alle seine Zeichen dem gemeinsamen Vorhaben der Eroberung Jerusalems geneigt sind. Einwänden wird mit religiösen und politischen Argumenten begegnet, Zweifel am möglichen Gelingen des Unternehmens auf feindliche Propaganda zurückgeführt; das faktische Konzept aber, das den sicheren Sieg verspricht, hat Gott, wie David eindringlich verkündet, David selbst im Traum verraten, und so darf David die Seinen als die «Unbesiegbaren» bezeichnen und dem ersten, der diesen Siegerweg geht, die Würde des Feldherren versprechen. Die Vielfalt der Textsorten, der Prosa in direkter Rede, szenischen Prosa in Dialogen, der Reflexion verschiedener Personen, der Aktenstücke und Protokolle von Interviews, der Geschichten und Legenden von behördlich zugelassenen und nicht zugelassenen Erzählern verschiedener sozialer Schichten ermöglicht ein differenzierteres Bild, als es die journalistische wie die literaturwissenschaftliche Rezeption wahrgenommen hat. Dieser Perspektivismus prägt sich auch sehr deutlich in der Figur Ethans und in der Art und Weise seines Erzählens aus.

Ethan endet nicht als der selbstgerechte auktoriale Ich-Erzähler, der er zu Anfang war. Anfangs werden die Ergebnisse seiner Nachforschungen immer wieder in spätere Partien integriert. Der Leser weiss schliesslich, «wie es wirklich gewesen ist.» Gegen Schluss aber wird der Zusammenhang lockerer und damit die Leserlenkung. Das zweiundzwanzigste Kapitel beginnt gleich mit einer Fortsetzung der Aufzeichnungen des Ahitophel. Am Schluss sagt Ethan nur, dass ihm dabei so vieles klar geworden sei über David. Was, kann sich der Leser nun selbst ausdenken. Es spricht aber einiges dafür, dass er Ahitophels Urteil über Davids Sprache teilt: «Dies ist die Sprache eines Menschen, der Niedriges tat für einen hohen Gedanken.»[48] Ethan fühlt sich offensichtlich Ahitophel und seiner gescheiterten Unternehmung nahe, ohne dass dies klar und deutlich erläutert würde. Es verändert sich aber gegen Schluss nicht nur die zuvor straffere Fügungsart der Textsorten, sondern auch das Selbstverhältnis des Erzählers, der sich selbst reflektiert und erkennt,

> wie sehr ich gefangen war in meiner Zeit und außerstande, ihre Begrenzungen zu durchbrechen. Der Mensch ist wie ein Stein in der Schleuder, und wird geworfen auf Ziele, die er nicht kennt. Was kann er mehr tun denn versuchen, daß seine Gedanken ihn um ein weniges überdauern, als Zeichen, als undeutliches, den kommenden Geschlechtern.[49]

Ethans Totenklage über Esther erinnert in ihrer echten Verzweiflung an den *Ackermann aus Böhmen,* und der Schluss, mit dem der Gescheiterte, zum Tod durch Verschweigen verurteilte Chronist die Szene verlässt, lässt vielleicht sogar, gegen die Intention Heyms, jede Art einer Reich-Gottes-Idee, eines marxistischen wie eines nicht-marxistischen Prinzips Hoffnung offen, wenn Ethan seinen Bericht beschliesst mit den Worten:

> Als wir aber den Bach Kidron überquert und die Höhe am andern Ufer erklommen hatten, hielt ich an, um einen letzten Blick auf die Stadt Davids zu werfen. Und ich sah sie liegen auf ihren Hügeln, und ich wollte sie verfluchen; doch ich konnte es nicht, denn ein großer Glanz des HErrn lag über Jerusholayim im Lichte des Morgens.[50]

Nicht nur deshalb, aber auch deshalb ist dieser Text nicht nur ein historisches Dokument, sondern ein literarischer Text tieferer Bedeutung.

Wenn wir den Text Heyms mit anderen literarischen Texten der Geschichte wie der Gegenwart vergleichen, werden wir zwar grosse Unterschiede des Davidbildes feststellen, Heyms *David Bericht* aber bestimmt nicht auf eine zeitgenössische Aktualisierung reduzieren können.

Im Mittelalter erscheint David als Typus Christi, als Vorbild aller Christen und als Legitimationsmodell des durch Gott erwählten Herrschers. Da in katholischer Tradition Kaiser und Papst sich um die Rolle des Vicarius

Christi stritten, brachte die Reformation insofern eine Intensivierung typologischer Analogie als der reformierte Fürst unbestritten geistliche und weltliche Hoheit in sich vereinigt. Die David-Allegoresen werden im 16. Jahrhundert freier entfaltet. In der deutschen Literatur schreibt vor allem Hans Sachs, Nürnberger Meistersinger und reformierter Laientheologe, zahlreiche «Tragedien» und «Comedien» über den David-Stoff, so zum Beispiel *Comedia mit 10 personen, der David mit Batseba im ehbruch* oder *Tragedia mit 14 personen, die vervolgung könig David von dem könig Saul, Tragedia mit 9 personen zu agieren, Thamar, die tochter könig David, mit irem bruder Ammon und Absalom* oder *Tragedia könig Sauls, mit verfolgung könig Davids, gantz*.[51] In letzterer nennt Hans Sachs König Saul «ein klar fürbild / Aller weltkinder, toll und wild», David aber «ist ein Figur / Aller christen, recht glaubig nur, / Sind durch den tauff gesalbet frumb / Zu eim königlichen priesterthumb».[52] Im 17. Jahrhundert schreibt Grimmelshausen seinen *Simplicianischer Zweyköpffiger Ratio Status*, über die Staatsräson gottesfürchtiger Herrscher und gottloser machiavellistischer Tyrannen (1670).[53] Grimmelshausen stellt David als guten, Saul, dem bösen Herrscher, gegenüber. Dennoch idealisiert er David nicht als Mann der Tugend. Er betont sogar und nennt ausführlich seine Vergehen:

> Genugsam ists bekannt / daß dieser löbliche und heilige König kein Engel gewesen / der nicht sündigen können / sondern er war ein Mensch / der so wol als andere gebrechliche Menschen auch gesündigt hat; Als vornehmlich mit dem Ehebruch mit der Bathseba / Mit dem Todschlag ihres Manns Uriae, und mit dem / daß er wider das Göttliche Verbot das Volck Israel zehlen liese / dardurch er beydes ihm und seinem Reich / grosse Ungelegenheit und Land-Straffen über den Hals zog / dergleichen Saul niemal begangen / und doch verstossen worden! Wie gieng es aber zu / daß er gleichwol je und allwegen ein Mann nach dem Willen und Hertzen Gottes verblieben? Antwort; Sündigen ist Menschlich; darinnen verharren / ist Teufflisch; viel abscheulicher aber / wann der Gefallene sich noch unterstehet / durch seine Vernunfft und GOtt widerstrebende spitzfindige Staats-Griff der Machiauellisten / ihm selbst zu helfen; wie Saul gethan.[54]

Grimmelshausen betont das aufrichtige Gemüt, das Gottvertrauen Davids und meint, dass Davids «Ratio Status» die Zuflucht zu Gott gewesen sei und dass er deshalb «des Sauls politischen Ratio Status überwunden» hätte.[55] Im 18. Jahrhundert erscheint in der deutschen Literatur David vor allem als Dichter der Psalmen und damit als Vorbild der Dichtung Klopstocks und seiner zahlreichen Nachfolger. In der zweiten Hälfte des 19. Jahrhunderts und um 1900 herum fasziniert vor allem die erotische Dimension des Stoffes, das Batseba-Motiv. Richard Beer-Hofmanns lebenslängliche, das ganze Werk des Wiener Dichters und späteren Emigranten prägende Beschäftigung mit dem David-Stoff ist Dokument des tragischen Scheiterns der Kultur des assimilierten Juden. Die geplante David-Trilogie konnte trotz immer wieder erneuerten Versuchen nie vollendet werden. Nur das «Vorspiel» *Jaákobs Traum* erlebte 1919 in Wien die Uraufführung.[56] Der erste Teil der geplanten Trilogie *Der junge David* konnte 1933 noch vollendet, aber in Wien nicht mehr aufgeführt werden.[57] Nach 1937 hat Beer-Hofmann am David-Stoff nicht mehr weiter gearbeitet. Er verliess Wien am 19. August 1939 und lebte bis 1945 im amerikanischen Exil.[58] Im Gegensatz zu Richard Beer-Hofmanns historisch-kultischen Weihespielen, die die David-Figur idealisieren, ist Heyms Text zwar eindeutig durch eine Tendenz der Entmythologisierung gekennzeichnet, doch bleibt bemerkenswert, wie sehr sein David-Bild sich dennoch manchen Aspekten neuerer alttestamentlicher Forschung nähert. Ebenfalls aber ist sein Text ein gelungener Versuch, historische Rekonstruktion und literarische Fiktion so zu verbinden, dass der Text nicht nur als historisches Dokument, sondern als literarischer Text gelesen werden kann, der jederzeit aktualisierbare Fragen stellt: Wie verhält sich historische Forschung zur Staatsgewalt? Ist christliche Politik und Herrschaft möglich oder ein Widerspruch in sich selbst? Deshalb ist der Text nicht nur ein historisches Dokument der Kulturpolitik der DDR, sondern auch eine parabolische Gestaltung der Konflikte zwischen wissenschaftlicher Historiographie und totalitärem Staat und schliesslich nicht zuletzt eine ergreifende Gestaltung der menschlichen und politischen Widersprüche der David-Figur und der mit ihr verbundenen Hoffnungen «im Lichte des Morgens».

Anmerkungen

[1] Reich-Ranicki 1972.
[2] Böll 1972.
[3] Jäger 1982, 116f.
[4] Jäger 1982, 116f.
[5] Jäger 1982, 136.
[6] Diersch / Hartinger 1976.
[7] Schädlich 1978.
[8] Schädlich 1978, 143.
[9] Schädlich 1978, 141.
[10] Schädlich 1978, 146.
[11] Hutchinson 1986.
[12] Hutchinson 1986, 35. Andere wie zum Beispiel Roberts 1977 sehen eine Entsprechung David – Lenin und Salomon – Stalin. Zachau 1982 sieht als einzige Parallelen solche mit Stalin und Beria. Zachau meint, der Roman sei «in erster Linie an den Problemen der DDR interessiert» (Zachau 1982, 81).
[13] Heym 1998, 124.
[14] Heym 1998, 48.
[15] Hutchinson 1986, 134.
[16] Hutchinson 1999, 133-145.
[17] Heym 1998, 67.

[18] Heym 1998, 135f.
[19] Heym 1998, 136.
[20] Heym 1998, 136.
[21] Bohnert 1986, 191.
[22] Bohnert 1986, 192.
[23] Blumenstein 1995. Blumensteins Arbeit kritisiert begründet die Interpretation des *David Berichts* als Schlüsselroman oder DDR-Satire, vergleicht mit besonderer Differenziertheit die Frauenfiguren mit ihren biblischen Vorbildern und untersucht die Funktion, die sie im neuen Kontext bekommen. Sie kommt zu folgendem Schluss: Durch die Distanz, die Heym zwischen dem Leser, der Leserin und dem historischen Geschehen immer wieder schafft, wird der Blick auf Mechanismen im menschlichen Umgang gelenkt, die damals wie heute und in den dazwischen liegenden dreitausend Jahren gang und gäbe waren und sind.
[24] Dietrich 1976, 60.
[25] Siehe dazu Stolz 1981, 11-21.
[26] Dietrich 1976, 60.
[27] Stolz 1981, 111 und Anm. 42: Spätere Zufügungen zum Ausgleich mit 1Sam 6,1-13.14-23.
[28] Siehe Stolz 1981, 115, Schroer 1992, 89f. und Nitsche 1994, 53.
[29] Heym 1998, 92.
[30] Heym 1998, 94.
[31] Schroer 1992, 118.
[32] Vgl. Stolz 1981, 163f. Stolz schliesst den Abschnitt über die Redaktion der Parallelvorgänge 1Sam 24 und 26 mit den Sätzen ab: «David wird ohne das geringste Fehlverhalten Sauls Nachfolger; dieser verwirkt das Königtum aus eigener Schuld. Letztlich aber steht Jahwe hinter diesem Geschehen. – Dass der Erzähler die historischen Vorgänge recht einseitig interpretiert, braucht nicht eigens nochmals herausgestellt zu werden.»
[33] Siehe Heym 1998, 168ff.
[34] Siehe Stolz 1981, 280.
[35] Siehe Schroer 1992, 128f.
[36] Dietrich 1976, 53.
[37] Siehe dazu Veijola 1990, speziell das Kapitel: Theologische Erfahrungen ohne theologische Sprache, 52f.
[38] Heym 1998, 5.
[39] Beltz 1990, 5.
[40] Dietrich 1976, 56.
[41] Heym 1988, 760.
[42] Heym 1988, 760.
[43] Heym 1998, 14.
[44] Heym 1998, 36.
[45] Heym 1998, 75.
[46] Heym 1998, 264.
[47] Heym 1998, 152.
[48] Heym 1998, 225.
[49] Heym 1998, 266.
[50] Heym 1998, 281.
[51] Keller 1876, 319-341.262-287.342-364; ders. 1885, 31-69.
[52] Keller 1885, 67.
[53] Siehe die Ausgabe von Tarot 1968.
[54] Tarot 1968, 45.
[55] Tarot 1968, 46.
[56] Siehe die Ausgabe von Eke 1996, 5-117.
[57] Eke 1996, 118-488.

[58] Er hat seinen Nachlass der Harvard Universität übergeben. Die vollendeten Texte wie die Entwürfe und Materialien der geplanten Fortsetzungen sind von Norbert Otto Eke im fünften Band der grossen Richard-Beer-Hofmann-Ausgabe herausgegeben worden. Zur Struktur und Deutung der Texte siehe Neumann 1972.

Bibliographie

Beltz, W., 1990: *Gott und die Götter. Biblische Mythologie*, Berlin / Weimar: Aufbau-Verlag.

Blumenstein, B., 1995: *Die Macht des Wortes. Biblischer Stoff und zeitlose Aussage in Stefan Heyms «König David Bericht»*, Bern [Lizentiatsarbeit Universität Bern].

Bohnert, C., 1986: «Stefan Heym: ‹Der König-David-Bericht›. Die Ohnmacht der Macht vor der Geschichte» in Klussmann, P.G. / Mohr, H. (eds.), *Dialektik des Anfangs: Spiele des Lachens, Literaturpolitik in Bibliotheken; über Texte von: Heiner Müller, Franz Führmann, Stefan Heym* (Jahrbuch zur Literatur der DDR, 5), Bonn: Bouvier.

Böll, H., 1972: «Der Lorbeer ist immer noch bitter» in *Der Spiegel*, 18. 9. 1972 (auch in Böll, H., 1974: *Der Lorbeer ist immer noch bitter. Literarische Schriften*, München: Deutscher Taschenbuch Verlag).

Diersch, M. / Hartinger, W. (eds.), 1976: *Literatur und Geschichtsbewusstsein. Entwicklungstendenzen der DDR-Literatur in den sechziger und siebziger Jahren*, Berlin / Weimar: Aufbau-Verlag.

Dietrich, W., 1976: «Von einem, der zuviel wußte. Versuch über Stefan Heyms ‹König David Bericht›» in ders., *Wort und Wahrheit. Studien zur Interpretation alttestamentlicher Texte*, Neukirchen-Vluyn: Neukirchener Verlag, pp. 41-67; wieder abgedruckt in ders., *Von David zu den Deuteronomisten. Studien zu den Geschichtsüberlieferungen des Alten Testaments* (Beiträge zur Wissenschaft vom Alten und Neuen Testament, 156), Stuttgart u.a.: Kohlhammer, pp. 100-112.

Dietrich, W., 1992: *David, Saul und die Propheten. Das Verhältnis von Religion und Politik nach den prophetischen Überlieferungen vom frühesten Königtum in Israel* (Beiträge zur Wissenschaft vom Alten und Neuen Testament. Siebente Folge, 2), zweite, verbesserte und erweiterte Auflage, Stuttgart u.a.: W. Kohlhammer.

Eke, N.O. (ed.), 1996: *Richard Beer-Hofmann, Die Historie von König David und andere dramatische Entwürfe* (Grosse Richard-Beer-Hofmann-Ausgabe in sechs Bänden, ed. G. Helmes, Bd. 5), Paderborn: Igel Verlag Literatur.

Heym, S., 1988: *Nachruf*, München: C. Bertelsmann Verlag.

Heym, S., 1990: *Stalin verlässt den Raum. Politische Publizistik*, ed. Henninger, H., Leipzig: Reclam.

Heym, S., 1998: *Der König David Bericht. Roman*, Werkausgabe (btb Taschenbuch), München: Goldmann.

Hutchinson, P., 1986: «Problems of socialist historiography: The example of Stefan Heym's ‹The King David Report›» in *Modern Language Review*, 81, no. 1, pp. 131-138.

Hutchinson, P., 1999: *Stefan Heym. Dissident auf Lebenszeit*. Aus dem Englischen von Verena Jung, Würzburg: Königshausen & Neumann.
Im, T.-S., 1984: *Das Davidbild in den Chronikbüchern*, Bonn [Diss. Ev.-Theol. Universität Bonn].
Jäger, M., 1982: *Kultur und Politik in der DDR. Ein historischer Abriss* (Edition Deutschland Archiv), Köln: Verlag Wissenschaft und Politik.
Keller, A. von (ed.), 1876: *Hans Sachs*, Bd. 10, Tübingen: H. Laupp.
Keller, A. von (ed.), 1885: *Hans Sachs*, Bd. 15, Tübingen: [ohne Verlagsangabe].
Krämer, H., 1998: «Identitäten. Zur Biographie Stefan Heyms und zur Problematik jüdischer Schriftsteller in der DDR» in Detering, H. / Krämer, H. (eds.), *Kulturelle Identitäten in der deutschen Literatur des 20. Jahrhunderts* (Osloer Beiträge zur Germanistik, 19), Frankfurt a.M. u.a.: Peter Lang.
Liron Frei, H., 1992: *Das Selbstbild des Juden, entwickelt am Beispiel von Stefan Heym und Jurek Becker*, Zürich [Diss. Phil. I Universität Zürich].
Neumann, H.G., 1972: *Richard Beer-Hofmann. Studien und Materialien zur ‹Historie von König David›*, München: Fink.
Nitsche, S.A., 1994: *König David. Gestalt im Umbruch*, Zürich: Artemis.
Reich-Ranicki, M., 1972: «König David alias Stalin» in *Die Zeit*, 18. 8. 1972 (auch in Reich-Ranicki, M., 1974: *Zur Literatur der DDR*, München: Piper, pp. 37-40).
Roberts, D., 1977: «Stefan Heym: ‹Der König David Bericht›» in *Journal of the Australian Language and Literature Association*, no. 48, pp. 201-211.
Schädlich, M., 1978: «Zwischen Macht und Geist. Notizen zu Stefan Heyms Roman ‹Der König-David-Bericht›» in ders., *Titelaufnahmen. Studien zu Werken von Thomas Mann, Heinrich Böll, Max Frisch, Graham Greene, Michail Bulgakow, Hermann Kant u. Stefan Heym*, Berlin: Union-Presse Hass, pp. 141-148.
Schroer, S., 1992: *Die Samuelbücher* (Neuer Stuttgarter Kommentar. Altes Testament, 7), Stuttgart: Verlag Katholisches Bibelwerk.
Steck, O.H., 1972: *Friedensvorstellungen im alten Jerusalem. Psalmen, Jesaja, Deuterojesaja* (Theologische Studien, 111), Zürich: Theologischer Verlag.
Stolz, F., 1981: *Das erste und zweite Buch Samuel* (Zürcher Bibelkommentare: Altes Testament, 9), Zürich: Theologischer Verlag.
Tarot, R. (ed.), 1968: *Grimmelshausen, Simplicianischer Zweyköpffiger Ratio Status*. Abdruck der Erstausgabe von 1670 (Hans Jacob Christoph von Grimmelshausen: Gesammelte Werke in Einzelausgaben), Tübingen: Niemeyer.
Veijola, T., 1990: *David. Gesammelte Studien zu den Davidüberlieferungen des Alten Testaments* (Schriften der Finnischen Exegetischen Gesellschaft, 52), Göttingen: Vandenhoeck & Ruprecht.
Wolfschütz, H., 1996: «Stefan Heym» in Arnold, H.L. (ed.), *KLG. Kritisches Lexikon zur deutschsprachigen Gegenwartsliteratur*, München: Edition Text und Kritik.
Zachau, R.K., 1982: *Stefan Heym* (Autorenbücher, 28), München: C.H. Beck und Edition Text und Kritik.

Grundfragen und Grundlinien der David-Rezeption
Eine Nachlese

WALTER DIETRICH
in Zusammenarbeit mit
REGINE HUNZIKER-RODEWALD und JOHANNES KLEIN

Das Folgende will kein wissenschaftlicher Fachbeitrag sein, auch nicht die Quintessenz der voranstehenden Fachbeiträge, sondern ein Nachklang zu ihnen, ihr essayistischer Ausklang gewissermassen. In ihm soll noch einmal angedeutet werden, dass und warum «David» nicht ein konturloser Schwarm flüchtiger Imaginationen ist, sondern letztlich doch *eine* Gestalt. Aus theologisch-exegetischer Perspektive wird der schlichte – und doch auch gewagte – Versuch unternommen, einiges von dem zur Sprache zu bringen, was gleichsam zwischen den vielen Zeilen dieses Bandes steht: zwischen ihnen fast verloren und sie zugleich verbindend.

I. Die vorangehenden 31 Arbeiten bieten ein *Mosaik des Königs David*, das zahlreiche Facetten mit zahllosen Farbnuancen aufweist. Wer ein einzelnes Detail betrachtet, wird es nicht immer leicht haben, seinen Ort und seine Funktion im Ganzen wahrzunehmen. Und wer das Ganze betrachtet, könnte Mühe haben, in ihm klare Linien und Konturen ausfindig zu machen. Eine Orientierungshilfe bietet die *Anordnung* der Teilbilder. Wir haben die einzelnen Beiträge bestimmten Wissensgebieten zugewiesen.

Naheliegenderweise steht am Anfang das *Alte Testament*, die literarische Quelle, aus der alles weitere Wissen und Nachdenken über David geschöpft ist. Freilich haben wir es schon hier eher mit einem Strom als mit einer einzelnen Quelle zu tun, fliessen doch bereits im Alten Testament Davidbilder unterschiedlichster Herkunft zusammen. Da ist David als Prototypus des Messias in den prophetischen Schriften, da ist der fromme Kultgründer in den Chronikbüchern, der Beter und Dichter in den Psalmen, und da ist schliesslich der in sich schon wieder vielgesichtige David der Samuelbücher: Krieger, Abenteurer, Staatslenker, Liebender, Vater, Poet, Büsser – alles in einem.

Dieser biblische David hat eine äusserst vielfältige *Wirkungsgeschichte* entfaltet: zunächst in den drei biblischen Religionen, dem Judentum, dem Islam und dem Christentum. Diese sind in sich wiederum alles andere als monolithisch: man denke an die Vielzahl der Richtungen und Strömungen, der Konfessionen und Institutionen, der Grundnormen und Textformen, die sie hervorgebracht haben. Vor allem (aber nicht nur!) über das Christentum fand die Gestalt Davids enormen Widerhall in der gesamten europäischen Kunst- und Geistesgeschichte. Wir gliedern hier in drei grosse Bereiche: bildende Kunst, Musik, Literatur. Es liegt auf der Hand, dass Kategorien wie Ästhetik, Philosophie, Geschichte, Politik, Nation, Ethos, Recht gleichsam quer oder diagonal zu diesem Raster liegen. So erklärt sich, dass die Davidfigur in den genannten Gebieten ungemein vielfältige Ausprägungen erfahren hat, von denen auch in einem Buch wie diesem nur eine höchst unvollkommene Anschauung geboten werden kann.

Die Gliederung in Wissens- bzw. Wissenschaftsgebiete ist in gewisser Weise ein Notbehelf. Er legte sich darum nahe, weil das Auge, der Verstand durch Herkommen daran gewöhnt sind, sich innerhalb einer solchen Einteilung relativ rasch orientieren zu können. Es liessen sich indes auch ganz andere Gliederungen vorstellen: nicht entlang den Fächergrenzen, sondern entlang bestimmten *Kernfragen* oder *Sachthemen*, die von den verschiedenen Fächern her interdisziplinär anzugehen wären. Tatsächlich wurde so das Symposium vorbereitet und durchgeführt, das den Ausgangspunkt dieses Bandes bildete. Bei seiner Konzipierung wurden drei leitende Gesichtspunkte benannt: a) der hermeneutisch-rezeptionsästhetische (welche biblischen Texte werden wann aufgenommen, wie und warum? Was wird in sie hinein- oder aus ihnen herausgelesen?); b) der künstlerisch-kulturästhetische (welche Metaphern, Bilder, Texte aus der Davidüberlieferung werden bestimmend und tragend innerhalb des Gefüges abendländischer Kultur?); c) der philosophisch-anthropologische (welche Wertvorstellungen und Handlungsmuster – etwa zur Frage von Herrschaft und Freiheit, von Macht und Glauben, von Schicksal und Erfolg, von Gewaltbereitschaft und Friedfertigkeit, vom Verhältnis der Geschlechter – wurden und werden aus den Davidtexten und der Davidgestalt für die jeweilige Gegenwart gewonnen?).

Dem entsprechend wurde die Gesamtthematik des Symposiums in mehrere Teilthemen aufgegliedert, die unter den genannten Gesichtspunkten jeweils *interdisziplinär* angegangen wurden: «David als Herrscher», «David, der Mann», «David und die Gewalt», «David als Büsser, Beter, Sänger» und «David als Zukunftsgestalt». Die Fachleute, deren Wissen hierzu einzuholen war, beschäftigten sich mit einem dieser Teilthemen bzw. bestimmten Aspekten daraus jeweils aus der Sicht ihres Fachgebietes, wendeten die ihnen vertrauten Fragestellungen und Arbeitsweisen an. Doch sollte es diesmal zu mehr kommen als nur zu fachinternen Debatten: Es galt, die fachspezifischen Perspektiven und Methoden fächerübergreifend zu vernetzen. Das gewohnte Forschen und Lehren lässt Fachgelehrte aus der Judaistik, der Musik- und der Literarurwissenschaft kaum einmal nach gemeinsamen Berührungspunkten fragen; diesmal aber sollten sie sich untereinander – und darüber hinaus noch mit solchen aus der Theologie, der Kunst- und der Geschichtswissenschaft verständigen: ein anspruchsvoller Auftrag!

Der interdisziplinäre Ansatz tritt in dem Band, wie er jetzt vorliegt, ein wenig zurück. Zwar ist sofort erkennbar, dass Fachleute verschiedenster geisteswissenschaftlicher Disziplinen an ihm mitgewirkt haben. Auch können über Leitbegriffe im Register rasch fachübergreifende Linien aufgefunden werden. Bei fortschreitender, die Grenzen der Fachkapitel bewusst überschreitender Lektüre werden sich nach und nach auch thematische Bezüge zwischen den Beiträgen erschliessen, wie sie durch die Anlage des Symposiums von Anfang an intendiert waren. Was aber auch dann noch zu wenig zum Tragen kommt, ist das gemeinsame Gespräch der Fachgelehrten, sind die auf die Fachvorträge jeweils folgenden, ausgiebigen interdisziplinären *Diskussionen*. Diese förderten neben fach- und methodenbedingten Divergenzen erstaunlicherweise sehr viele (und wohl mehr!) Konvergenzen zwischen den verschiedenen Sichtweisen und Ergebnissen zutage. Davon kann im Folgenden zwar kein vollständiger Bericht, wohl aber ein gewisser Eindruck gegeben werden. Dies soll in der Konzentration auf einige thematische Schwerpunkte geschehen, die in den Debatten immer wieder eine Rolle gespielt haben.

II. Die Beschäftigung mit einer Gestalt wie König David und ihren vielfältigen Erscheinungsformen in den biblischen Texten wie in der von ihnen ausgelösten Wirkungsgeschichte stellt vor grundlegende *hermeneutische Fragen*: Wie wurden ältere in jüngeren biblischen Texten, wie wurden die biblischen Quellen in nachbiblischer Zeit, wie wurden sie in unterschiedlichen Literatur- und Lebenskontexten aufgenommen? Lassen sich dabei Gesetzmässigkeiten beobachten, lässt sich illegitimer von legitimem Gebrauch scheiden, ergeben sich Konsequenzen für heutigen angemessenen Umgang mit biblischen und anderen Texten?

Einzusetzen ist bei dem stupenden *Facettenreichtum des biblischen Davidbildes*. Kann man überhaupt von *einem* Bild, oder muss man von vielen, miteinander kaum abgestimmten, womöglich gar unvereinbaren Bildern sprechen? In einigen Referaten wurden eher grossflächige David-Porträts entworfen, die sich auf relativ breite Textbereiche abstützten und dem entsprechend ambi- oder polyvalent waren. Dies wurde von anderen bemängelt, die dahinter postmodern-dekonstruktivistische Absichten vermuteten und für möglichst prägnante, jeweils auf eine schmale, in sich kohärente Textbasis zugeschnittene Teilbilder plädierten. Zwischen beiden Positionen unstrittig ist, dass die meisten biblischen Schriften nicht frei konzipierte Texte einzelner Autoren sind, sondern über lange Zeit hin angewachsene Traditionsliteratur. Worauf aber hat sich der Fokus zu richten: auf die vermuteten Vorstufen oder auf die jetzt vorliegende Endgestalt des Textes? Im einen Fall strebte man nach historisch verortbaren, widerspruchsfreien Teilinformationen, im anderen nach einem Gesamtbild, das die aus der Fortschreibung resultierenden Spannungen in sich integriert. Beides hat seine Vorzüge, beides seine Grenzen. Die Rezeptionsgeschichte jedenfalls hat ihren Ausgang beim Endtext genommen und aus seiner Beschaffenheit ein Gutteil ihrer Inspiration bezogen. Die in ihm vorhandenen Brüche und Lücken forderten zum Überbrücken und Auffüllen heraus, eröffneten alternative Deutungsmöglichkeiten, drängten aus der Rolle des neutralen Beobachters in die des am Geschehen und an der Geschichte Beteiligten.

Zweifelsohne sind alle biblischen Davidbilder – ungeachtet dessen, dass sie sich mehr oder minder stark an historischen Gegebenheiten oder vorausliegender Überlieferung orientieren – zunächst einmal literarische Konstrukte. Deren Schöpfern waren unsere Unterscheidungen von *fact* und *fiction*, von *history* und *story* fremd. Gewiss wollten sie David zeigen, wie er war – zugleich aber auch so, wie sie ihn gesehen haben wollten. Diese Intention mag in einzelnen Fällen sehr markant und dominant gewesen sein: etwa, indem neben alte antidavidische Tendenzen bald und immer bestimmender prodavidische traten. Freilich wäre es verfehlt, sich die hinter solchen Tendenzen zu vermutenden Autoren als platte Propagandisten vorzustellen; anscheinend waren sie (auch) sorgfältig abwägende Historiker, kunstsinnige Literaten und tiefsinnige Theologen. Jedenfalls im jetzigen Text liegt nicht mehr ein eindeutig-tendenziöses Davidbild vor, sondern gleichsam ein komplexes Vexierbild, das in seinen unterschiedlichen Tiefenschichten eine Gestalt voller Widersprüche und mit einer wechselvollen inneren Entwicklung schildert.

Schon in den *Samuelbüchern* erscheint David anfangs als Glücksritter und leichtfüßiger Sieger, später mehr und mehr als ein an seinen Unzulänglichkeiten Leidender und vom Schicksal Gezeichneter. Er zeigt strahlend helle Seiten, aber auch beunruhigend düstere. Warum haben ihn die Tradenten und die Schlussredaktoren nicht in eine klare Lichtgestalt verwandelt? Historisch-kritische Analyse neigt zu der Auskunft: Weil sich der durch und durch problematische, um nicht zu sagen: üble Charakter des historischen David nicht ganz überdecken liess und es von da her geraten schien, dies hier und dort zu konzedieren und sich zugleich davon zu distanzieren. Literatur-ästhetische Betrachtung neigt zu der Annahme, die Autoren hätten ein glattes Propagandabild schlicht langweilig gefunden, hätten viel lieber ein zerklüftetes Davidbild entworfen, an dem sich Grundsatzfragen erörtern liessen wie die nach dem Verhältnis von Macht und

Recht, von idealer Herrschaft und realer Politik. So oder so: Das Davidbild der Samuelbücher weist darauf hin, dass die Gesellschaft Altisraels und die religiösen Vorstellungen der Bibel durchaus dishomogen sind und dass sie ein erhebliches Widerstandspotenzial bergen gegen die bei einer Gestalt wie David naheliegende Versuchung zur Verherrlichung und Vergötterung der Macht.

Die Wahrnehmung differenziert sich noch, wenn man den *Psalter* hinzunimmt. Auch hier ist David Vieles und nicht Einer: Feldherr und Frommer, Jubelnder und Klagender, Sieger und Sünder. Von vornherein bedeutet seine Wandlung zum Psalmisten eine gewisse Enthistorisierung. Der David der Psalmen hat mit dem der Historie wenig bis nichts zu tun. Wer sich David so vorstellt, wie er uns aus dem Psalter entgegentritt – und das haben viele, wohl die meisten im Lauf der Rezeptionsgeschichte getan –, bekommt eine Reihe scharfer Konturen des geschichtlichen David nicht zu Gesicht. Es ist indes sehr die Frage, ob dieser Sinnverlust nicht durch den Sinngewinn bei weitem aufgewogen wird, welcher der Davidgestalt durch ihre Spiritualisierung in den Psalmen – und etwa auch in der Chronik – zugewachsen ist.

Die *Davidisierung des Psalters* setzte schon früh ein und erreichte keineswegs bei der Kanonbildung ihren Endpunkt. Der späteren Zeit galt fraglos David als Verfasser sämtlicher Psalmen. Damit wuchsen ihm zwei für die Rezeption bedeutsame Rollen zu: die des Propheten und die des Poeten. Alle drei biblischen Religionen lasen die Psalmen als Weissagungen – die Christen als Vorankündigungen Christi, wie sich schon im Neuen Testament nachlesen und wie es sich weiter verfolgen lässt bis weit in die Neuzeit hinein. So kam es, dass im christlichen Mittelalter David vorrangig als Ikone frommer Christusminne und -erwartung verehrt wurde. Daneben galt er, der Urheber der Psalmlieder, als grosser Sänger und Dichter. In dem frühjüdischen 151. Psalm und in der berühmten Synagoge von Dura Europos (3. Jh.) und danach in manchen mittelalterlichen Buchillustrationen tritt er in Parallele zu Orpheus, dem sonst unerreichten Sängermythos der Antike. Zu seinem ständigen Attribut wird neben der Krone auf dem Haupt das Instrument in der Hand (vorzugsweise, aber keineswegs nur, die Harfe). Psalterhandschriften zeigen ihn – namentlich in der Anfangsinitiale des 1. Psalms – mit der siebensaitigen Harfe: Symbol für den Makrokosmos und die Weltharmonie. (Eben darum war es ihm möglich, so wie in 1Sam 16,14-23 geschildert, den von einem bösen Geist befallenen Saul zu besänftigen: Schöne Musik – nicht unbedingt beschwingt-heitere! – ist Ausdruck sphärischer Harmonie und bewirkt darum Beruhigung und Sanftmut.) An den europäischen Fürstenhöfen wird David zum Inbegriff und Vorbild für Kunstsinn und Mäzenatentum. Die höfische Musik Europas hat gleichsam einen davidischen Grundton – so wie der europäischen

Dichtkunst eine davidische Grundkomponente innewohnt. Dem Barock gilt die Poesie der Psalmen als gleichrangig mit derjenigen der grossen Poeten der klassischen Antike, und Herder stuft sie als «Kindheit der Kunst» sogar noch höher ein.

Indes hatte mit der Reformation schon die *Entdavidisierung des Psalters* begonnen. Nicht, dass die Reformatoren das Bild des königlichen Beters und Propheten aufgegeben hätten, doch wandelten sich unter ihrem Einfluss die Psalmen in Gemeindegesänge, traten also die Gläubigen in die Rolle Davids ein. Das war der Beginn seiner Entmythisierung. Die aufkommende historische Forschung sprach ihm nach und nach die Autorschaft an den Psalmen ab. Das hatte einen dramatischen Umbruch der Wahrnehmung Davids zur Folge. In dem Mass, in dem ihm die Psalmen abgesprochen wurden und man den ‹wirklichen› David in den Samuelbüchern zu suchen begann, verlor sein Bild seine geistlichen Züge – und damit einen Grossteil seiner Vorbildhaftigkeit. David geriet, in der historischen Kritik sowohl wie in der schönen Literatur, mehr und mehr zur nichts-als-menschlichen, gar zur abgründigen und fragwürdigen Figur, während umgekehrt etwa die seines biblischen Widersachers Saul sich zunehmend aufhellte zu der eines gutwilligen, tüchtigen, nur etwas glücklosen, ja fast tragischen Charakters.

Die Frage nach dem Warum solcher *Perspektivwechsel* drängt sich auf. Warum werden zu bestimmten Zeiten die einen Züge des biblischen Davidbildes aufgenommen, hervorgehoben, verstärkt, die anderen abgedrängt, umgedeutet, vergessen? Offenbar gestalten die jeweiligen Zeitumstände und Interessen am jeweiligen Davidporträt mit. Bedingt durch Entwicklungen und Veränderungen in der Politik-, der Sozial-, der Religions-, der Mentalitätsgeschichte, trifft einmal diese, einmal jene biblische Quelle oder Nachricht auf erhöhte Verstehensbereitschaft oder verstärktes Unverständnis. Man hat sich das keineswegs einlinig vorzustellen: als Formung etwa des jeweils erwünschten Davidbildes gemäss der Interessenlage der betreffenden Rezipienten. Es ist auch das Umgekehrte denkbar (und von manchen Autoren, biblischen wie nachbiblischen, tatsächlich und mitunter erfolgreich angestrebt worden): dass den jeweiligen Zeitgenossen ein David vor Augen gemalt wird, der konträr zu den vorfindlichen Gegebenheiten und den gängigen Erwartungen steht. Düster eingefärbte Erzählungen (etwa die vom Urija-Batseba-Skandal 2Sam 11–12) oder Psalmen (das Busslied Ps 51) konnten als narrative oder poetische Sündenspiegel dienen – in die naturgemäss niemand gern schaut –, positiv getönte (etwa die Schilderungen seiner Grossmut und die Äusserungen seiner Frömmigkeit) konnten nachlässig oder müde Gewordene zum Nachleben und zum Nacheifern anspornen. Sowohl aus exegetischer als auch aus rezeptionsästhetischer Perspektive wäre es verfehlt, die eine Textsorte als feindselige Polemik gegen David, die andere als rührselige Propaganda für ihn zu lesen (obwohl man das immer wieder getan hat und tut). Die Texte sind derart vielschichtig, dass sie ein starkes Potential zur Korrektur solch flacher Einschätzungen in sich bergen.

Die ungemein grosse Vielfalt an Facetten, Linien, Farben, Dimensionen im biblischen und nachbiblischen David-Mosaik muss keineswegs als Last, sie kann auch als Lust empfunden werden. Die zahllosen David-Autoren und David-Interpreten spielen gleichsam miteinander ein *intertextuelles Spiel*, dem man mit einem erheblichen Mass an Freude zusehen kann. Zuweilen kommt es dabei zu bedenklichen Einseitigkeiten, aber auch immer wieder zu überraschenden Ausweitungen. Keineswegs ist dies ein historisches, abgeschlossenes Spiel. Heutige Leser, Exegetinnen, Romanciers nehmen daran teil wie die früheren Rezipienten: so wahr Texte und Textsinn immer von den Auslegenden mitkonstruiert werden. Ein rigides historisches Dreinfahren – «Aber das ist ja nicht der wirkliche David, das steht ja nicht im Text!» – würde das Spiel verderben. Damit ginge nicht nur Kreativität verloren, sondern auch Aneignungskapazität. Aneignung von Texten ist unmöglich ohne Interpretation, und nichtgewagte Interpretation gibt es nicht.

Das alles bedeutet nun aber nicht, dass es in jenem Spiel keine *Spielregeln* gäbe. Die Mitspielenden sollten ein gemeinsames Interesse daran haben, nicht in Beliebigkeit und Widersinnigkeit abzugleiten. Indes, die Anleitung dazu ist nirgendwo schriftlich fixiert und darf von niemandem diktiert werden; sie ist im Diskurs der Beteiligten und speziell der beteiligten Wissenschaften je neu zu bestimmen.

Es gibt in der Wirkungsgeschichte mahnende Beispiele, die zeigen, was geschieht, wenn nicht gewisse Grundregeln der Interpretation eingehalten werden. Auch David-Texte sind nicht gefeit dagegen, für oder gegen bestimmte Interessen gebraucht und gegebenenfalls missbraucht zu werden. Was sich besonders häufig beobachten lässt, ist ihre *Vereinnahmung im Kampf um die Macht*. Der Bibel zufolge hat sich David bekanntlich gegen ein regierendes Herrscherhaus, das der Sauliden, aufgelehnt und ihm schliesslich die Macht abgejagt – was man immer wieder als Legitimation für angestrebte oder erfolgte Machtwechsel benutzt hat. Andererseits hat David den Aufstand seines Sohnes Abschalom, der ihm die Macht abjagen wollte, unnachsichtig und blutig niedergeschlagen – was immer wieder als Warnung vor jeglicher Widersätzlichkeit gegen etablierte Machthaber ausgedeutet wurde. Gleich, auf welcher Seite im Einzelfall die Sympathien liegen mögen: Es hinterlässt einen unangenehmen Nachgeschmack, wenn die Verteidigung oder die Bestreitung bestehender Machtverhältnisse derart mit einem religiösen Nimbus versehen wird. Doch umgekehrt: Wie sollte man in einer Zeit, da die Bibel über alle Massen viel galt, eine Gestalt wie

David *nicht* in Kämpfen um die Macht «verzwecken» (ein im Symposium gefallener Begriff)? Es könnte ja nicht nur verständlich, sondern unter Umständen sogar begrüssenswert zu nennen sein, wenn unter Berufung auf den «Revolutionär» David unerträglich gewordene Machtverhältnisse aufgebrochen werden – oder wenn unter Berufung auf den Staatsmann David bewährte und dem Zusammenleben dienliche Machtstrukturen erhalten werden. Die Massstäbe, um im Einzelfall für das eine und gegen das andere zu votieren, waren und sind schwer zu benennen. Vielleicht könnte als Grundmaxime die den biblischen Texten inhärente Tendenz geltend gemacht werden, David auch (und gerade) im Kampf um die Macht nicht als reinen Machtmenschen, sondern (gerade dann) als Vorbild an Edelmut und Demut, an Nachdenklichkeit und Bussfertigkeit darzustellen. In der Tat geriet diese Seite des biblischen Davidbildes während der Rezeptionsgeschichte – jedenfalls bis in jüngste Zeit – nie ganz aus dem Blick.

Übrigens hat man sich keineswegs überall, wo dies möglich gewesen wäre, auf König David berufen. Die frühen *christlichen Kaiser*, voran Konstantin, und in ihrer Nachfolge dann die Byzantiner, haben sich vorzugsweise am westlich-römischen Kaisertum ausgerichtet, nicht so sehr am orientalisch-davidischen Königtum. Über die Gründe dafür kann man nur spekulieren: Sollten sie etwa in den genannten ‹sanften› Seiten des biblischen Davidbildes gelegen haben? Standen eben diese Seiten vor Augen, als die Herrscher des fränkischen Reiches David für sich entdeckten – oder führte dabei nicht vielmehr der Wunsch Regie, sich gegen den Osten zu profilieren? Gar nicht uneigennützig lässt sich Pippin vom Papst (als dem Nachfolger Samuels!) feierlich als «David» titulieren. Karl der Grosse folgt ihm darin. Die Stauferkaiser sehen sich, wie andere Herrscher auch, in der unmittelbaren Nachfolge Davids *und* Christi. Nicht von ungefähr ist in von Königen gestifteten Gotteshäusern – von England bis zur Moldau – der «Stammbaum Jesse» ein bevorzugtes Motiv: Man begriff sich als Erbe des biblisch-davidischen Königtums. Mit der aufkommenden Neuzeit dann begann sich David aus den Ahnengalerien der europäischen Königs- und Fürstenhäuser wieder zurückzuziehen. An seine Stelle traten zunehmend Herrschergestalten der klassisch-antiken Mythen- und Sagenwelt, bis auch diese in der Götterdämmerung des zu Ende gehenden Monarchismus ihren Glanz verloren. Wie ein skurriler Anachronismus mutet es an, wenn der deutsche Kaiser Wilhelm II. im beginnenden 20. Jahrhundert die mittelalterliche David-Christus-Kaiser-Typologie für sich zu reanimieren suchte: abzulesen an der Ikonographie der von ihm gestifteten beiden Kirchen in Jerusalem, der Erlöserkirche in der Altstadt und der Himmelfahrtskirche im Gebäudekomplex der Auguste-Viktoria-Stiftung auf dem Ölberg.

Es verwundert nicht, dass sich in solch staatlich-politischem Kontext – aber ebenso (und damit oft genug verbunden) auch in kirchlich-geistlichem und in künstlerisch-literarischem Milieu – eine starke Tendenz zum *Schönmalen* der Davidgestalt herausgebildet hat. Das Fragwürdige, Abgründige, Negative, Tragische der biblischen Figur ging weitgehend verloren oder verlagerte sich auf die Figur Sauls: ein bemerkenswerter Verdrängungs- und Abspaltungsprozess. In der Neuzeit – beginnend eben mit der Entdavidisierung des Psalters – beginnt sich das Blatt zu wenden. War der biblische König erst einmal der Frömmigkeit und dem Gottesdienst entwunden, war sein Schicksal vorgezeichnet: Nach und nach wurde er auf das Normalmass eines – allenfalls überdurchschnittlich erfolgreichen – weltlichen Herrschers zurechtgestutzt. Neuestens möchte man ihn nicht einmal mehr dieses Mass erreichen lassen. (Hyper-)kritische Wissenschaftler und einfallsreiche Romanciers überbieten sich in der *Dekonstruktion* eines ehedem respektgebietenden Standbildes. Der grosse biblische König wird nahezu aller politischen, moralischen und menschlichen Grösse entkleidet und nur mehr als aufgestiegener Bandenführer, skrupelloser Warlord und gerissener Kleinfürst gezeichnet (bzw. karikiert). Was dabei leicht in Vergessenheit gerät, ist, dass derartige Mutmassungen und Unterstellungen überhaupt erst durch die biblische David-Darstellung ermöglicht werden. Die vielerlei Lücken und Auslassungen, Andeutungen und Ambivalenzen im biblischen Text erlauben es, ja fordern geradezu dazu heraus, dieses zu denken oder jenes oder auch etwas ganz anderes. Glatte Vereinfachungen – sei es in Richtung von Schönfärberei oder von Schwarzmalerei – sagen oft weniger über die interpretierten Texte aus als über die Interpretierenden.

Dies gilt gerade auch für ein besonders heikles Sujet im Leben des biblischen David: sein (vermeintliches oder wirkliches) *Liebesleben*. Wenn er von sich selbst sagt, die Liebe seines Freundes Jonatan habe ihm mehr bedeutet als Frauenliebe (2Sam 1,26), versteht man das heutigentags flugs als Bekenntnis zu homo- bzw. bisexueller Veranlagung. Was sein Verhältnis zu Frauen betrifft, ist rasch das Urteil bei der Hand, es sei von Berechnung und Gefühlskälte geprägt gewesen. Speziell die Begegnung mit Batseba (2Sam 11) wird entweder als ‹brutale Vergewaltigung› oder als ‹fatale Verführung› verstanden. Seltsam, wie sich der Drang zur Vereindeutigung uneindeutiger Texte durchhält. Im Mittelalter sah man in der Beziehung David-Batseba nicht im mindesten eine zweideutige Liebesaffäre (was sie nach dem biblischen Text sehr wohl ist), sondern das Vorabbild der Liebe Christi zu Maria bzw. zur Kirche. Solch fromme Einseitigkeit rückte sich freilich spätestens dann selber ins Zwielicht, als im Gegenzug Michal, die unbotmässige und darum zur Kinderlosigkeit verurteilte Gattin Davids (2Sam 6,20-23), mit der Synagoge gleichgesetzt wurde.

Kaum weniger weitläufig und uneben ist ein anderes, wichtiges Feld der Rezeptionsgeschichte: Die Wahrnehmung Davids als einer *Zukunftsgestalt*. In der Hebräischen Bibel, namentlich in den Prophetenschriften, wird immer wieder die Hoffnung auf einen kommenden Befreier und Erlöser vom Stamme Davids laut. Dies nehmen gewisse, vor allem apokalyptisch gestimmte Strömungen im antiken Judentum auf – aber keineswegs alle. Bei anderen sind die Zukunftserwartungen nicht auf eine davidische Endzeitgestalt ausgerichtet, sie erhoffen sich ihre Erlösung von Gottes höchsteigenem Auftreten und Eingreifen – allenfalls noch vermittelt durch den «Menschensohn», eine dezidiert nicht-königliche Figur. Von einem gottgesandten «Menschensohn» sprach auch Jesus, möglicherweise hielt er sich selber dafür. In jedem Fall vollzogen die frühen Christen diese Gleichsetzung, und ihnen war vor Augen, dass Jesus Christus kein politischer Herrscher war.

Die Hoffnung auf einen wiederkehrenden David ist somit nur eine Möglichkeit neben anderen, der Überzeugung Ausdruck zu geben, dass die gegenwärtige Welt nicht genügt und dass Gott sie neu ordnen oder schaffen muss. Immerhin, dieser *chiliastische Impetus* wohnte der Davidgestalt von früh an inne, und es ist erstaunlich, wie oft er sich im Laufe der Geschichte reaktivierte. Es scheint, dass messianische Hoffnungen umgekehrt proportional zu den eigenen politischen Gestaltungsmöglichkeiten der Betroffenen aufkeimen oder welken: je weniger Macht, desto mehr Hoffnung auf den machtvoll kommenden David, je mehr Machtteilhabe, desto weniger Endzeithoffnung. So ist es durchaus pikant zu sehen, wie machtbewusste Menschen sich die Hoffnungen der Leute immer wieder zunutze machten: politische Führer wie Johannes Hyrkan, Herodes der Grosse, Bar Kochba, aber auch geistliche Anführer unterschiedlichster Provenienz und Dignität. Vielleicht trugen manche von ihnen ja wirklich die Hoffnung in sich, deren Erfüllung sie selber zu sein vorgaben. Doch lauerten da Irrtum und Arglist um die Ecke. Wie sollten sich hoffnungsvoll Gläubige vor falschen Endzeitpropheten schützen? Im Judentum liess sich deren Wesen und Handeln an der Tora, im Christentum an Jesus Christus selbst messen. Anhand solcher – biblischer! – Massstäbe waren die Geister zu scheiden. Es gilt auch hier: Die Legitimität jeglicher Rezeption der Davidgestalt bemisst sich daran, ob und wie sie sich mit den biblischen Quellen korrelieren und gegebenenfalls durch sie relativieren lässt. Absolute Rechts- und Wahrheitsansprüche sind von vornherein verdächtig!

Abschliessend bleibt festzustellen: Wohl kaum eine andere Figur spielt in der Bibel eine derartige Schlüsselrolle und hat über die biblisch-jüdisch-christliche (und in Teilen auch: islamische!) Tradition die Geistes- und Kulturgeschichte Europas derart stark geprägt wie die des Königs David. Wenn es zuweilen den Anschein hat, als sei im aufgeklärt-westlichen Europa die Bedeutung der Religion und damit auch des Grundbuchs dreier Weltreligionen, der Bibel, im Schwinden begriffen, so bedarf ein solcher Eindruck differenzierender Betrachtung. In den Fundamenten der europäischen Kultur sind biblische Kategorien und Maximen, wie David sie verkörpert, tief verankert. Mehr noch: In einer Gestalt wie David dürften sich Konturen dessen abbilden, was man eine *Menschheitskultur* nennen könnte. Darin wohl liegt die Faszination begründet, die von diesem antik-biblischen König bis heute ausgeht.

Register

I. Personen, Orte und Werke

Im Register richtet sich die Schreibung der biblischen Namen durchgängig nach den Loccumer Richtlinien (Stuttgart ²1981).

A

Aachen 408f, 524
Abaelard, Peter 245
Abbas der Grosse,
   Schah von Persien 416
Abigajil 17, 39, 55, 76, 372,
   765, 787, 791
Abischag 790
Abner 42, 395
Abraham 271, 307
Abschalom 15, 17, 20, 45f, 309, 395,
   413-416, 424, 440, 451, 458, 463,
   476, 512-515, 519, 765, 787
Achisch, Philisterkönig 508, 510,
   515, 518, 553, 817
Adalbert von Bremen,
   Erzbischof 414, 535
Adam 779f
Adam von Bremen 535
Adams, John 465
Adonija 74
Aeneas 418, 782
Agag, Amalekiterkönig 439
Ahab, König von Israel 448, 468, 788
Ahitofel 440, 513, 825
Aioth 472
Akiba, Rabbi 219
Akkade 9
Alexander der Grosse, König 371
Alfieri, Vittorio 787
Alford, Francis 444

ᶜAli 295
Alkuin 409, 621
Allegri, Gregorio,
   Miserere 606-608, 623
Alsted, Johann Heinrich 803
Amalar von Metz 555, 612
Amasa 46
Ambrosius, Bischof von Mailand 378,
   392, 523, 549, 552, 557f, 779
– Apologia David 392f
– De obitu Theodosii 393
Amnon 45, 765, 779, 788
Andreas Capellanus 518
Andrewes, Lancelot 451, 478
Angilbert 409
– Ecloga ad Carolum 410
Annet, Peter 787
Apoll 798
al-ᶜArabî, Ibn 311f
Archipoeta 408
Arsakiden 371
Asaf 489, 603
Asahel 43
Asarhaddon, Assyrerkönig 7, 10
Aschman, Aharon 738
Astronomus 414
ᶜAṭṭâr 315
Augustinus, Aurelius 450, 594, 606,
   613, 616, 619, 622, 624,
   636, 639, 779, 799
Avignon, Kathedrale 697, 702

B

Babylon 11
Bach, Johann Sebastian 609, 611, 620, 648, 666
Bamberg 504f, 520, 523
Bandinelli 99
Bar Kochba 251f
Barberini-Psalter 600
Bardas, Kaisar 371f
Bartas, Guillaume de Salluste du 784-786
Basileios I., Kaiser 370-373
Basilius der Grosse 558
al-Baṣrî, Ḥasan 310
Batseba 19, 64-70, 72, 74f, 289, 306, 338, 372, 376, 393-395, 407, 414, 515, 696, 764f, 767-769, 779-792, 823, 826, 839
Bayle, Pierre 445, 467, 786
Becker, Cornelius 646
Beer-Hofmann, Richard 826f
Belleau, Rémy 784f, 792
Benaja 817
Benedikt von Nursia 489
Bentley, John 767
Berechja 256
Bernhard von Chartres 605
Bernhard von Clairvaux 554, 559, 783
Berthold von Regensburg 535
Beseleel 409
Betlehem 330, 346f, 386, 400f, 493
Bèze, Théodore de 442, 458-460, 463f, 467, 469f, 475f, 645f, 782-786, 792
Bible moralisée 394, 414
Biblia pauperum 395
Bilha 779
Binchois, Gilles 597
Birken, Sigmund von 797f
Bitonto, Kathedrale 400
Blarer, Ambrosius 701
Boas 572
Boccaccino, Camillo 721f
Bodin, Jean 442, 451, 476
Boethius 605, 619f, 711
Bonifatius 411
Bonos, Patrikios 374

Book of Homilies 452
Bossuet, Jacques Bénigne 442, 451, 467, 786
Bourdichon, Jean 607
Bradshaw, John 476
Brahms, Johannes 610f, 616, 625
Braumann, Johann Jakob 467
Braunschweig 502f, 523
Brooks, E.S. 773
Brumel, Antoine 599
Brun von Köln, Erzbischof 405
Brunetto, Piergiovanni 785
Bruno, Sachsenkrieg 414
Buchanan, George 462
Buchner, August 802
Bugenhagen, Johann 454
Burkhard, Willy 651
Busnois, Antoine 597
Byzanz 102

C

Cäcilie, hl. 721
Cagliostro 261, 268
Calvin, Johannes 449, 455-460, 462-464, 467f, 470, 472, 474, 476, 644f, 701, 782
Caron, Philippe 597
Cassiodor 637, 639
Cérémonies et prières du sacre des rois de France *siehe auch* Register II, Krönungsordines 422
Cervantes, Miguel de 721
Chagall, Marc 697
Chanson de Roland 502
Chartres, Kathedrale 389
Childerich III., Frankenkönig 411
Chlodwig, Frankenkönig 408
Chosrau 376
Christiansen, Arne Einar 734, 738
Christus *siehe* Jesus Christus
Chronicon Moissiacense 410
Chruschtschow, Nikita 813
Cicero 448, 804f
Clemens von Alexandrien 389, 558, 799
Coccioli, Carlo 790
Colmar, St. Martin 719

Register 845

Corner, Christoph 804
Coverdale, Miles 473
Cowley, Abraham 462, 772
Cromwell, Oliver 457
Cupido 782f
Cuyp, Jakob Gerritszen 100
Czenstochau 258, 271

D

Danelis 371f
Dante, Convivio 417f
– Divina commedia 418f
Danton, Georges Jacques 262, 274
David, Sohn des Herakleios 373-375
Dévéria, Eugène 697
Dido 782
Dieterich, Johann Conrad 803
Dobruschka, Moses 262f, 269
Domitian, Kaiser 391
Dosa ben Hyrkanos, Rabbi 219
Dryden, John 468, 772
Dufay, Guillaume 597, 599
Dunstable, John 597
Dürrenmatt, Friedrich 765

E

Eberhard II. von Bamberg, Bischof 397, 504, 523
Eckhart, Meister 244
Eglon, Moabiterkönig 472
Einhard 409
Ekkehard IV., Casus Sancti Galli 524
Eleonore von Aquitanien, Gemahlin Heinrichs II. Plantagenet 502
Elhanan 47, 94, 110
Elija 258
Elisabeth I., Königin von England 439-441, 468, 470
Endor, Hexe von 508, 510
Eschbaal, König von Israel 43f
Etan 489, 603, 812-815, 817f, 821-825
Eudokia Ingerina 371f
Eugen IV., Papst 493
Eupolemos 339, 349, 352
Eusebius von Cäsarea 391
Eva 780

Evangeliar Heinrichs des Löwen *siehe* Helmarshauser Evangeliar
Ezechiel 219, 490, 552

F

Ferrara, Gräfin von 457
Filmer, Sir Robert 451
Finch, Sir Heneage 473
Flavius Josephus *siehe* Josephus Flavius
Flekeles, Eleasar 268
Florenz 97
Folchart-Psalter 620
Fortescue, Sir John 447
Foxe, John 462
Franck, Melchior 640, 643, 648
Frank, Eva 258, 271
– Jakob 249-280
Franke, Horst 697
Franklin, Benjamin 465
Franz I., König von Frankreich 455f
Franz von Assisi 553f
Freud, Sigmund 133, 140
Frey, Junius 261, 263, 269, 274
Frick, Christoph 689
Friedrich I. Barbarossa, Kaiser 397-400, 408, 413, 489, 502, 504, 519f, 522
Friedrich II., Kaiser 397, 399f, 415, 519, 556

G

Gabriel, Erzengel 309
Gabrieli, Andrea 640, 642
– Giovanni 647, 666
Gamliel 218
Gaza 161
Gelboe *siehe* Gilboa
Geneva Bible 455, 474
Georg II., König von England 772
Gerhard, Johann 800
Gerona, Kathedrale 715
Gerson, Johannes Carlerius de 493
Gesualdo, Don Carlo, Miserere 606
Gibeon 509, 511
Gide, André 787f, 790
Gilboa 41, 508, 511

Glossa ordinaria 523, 550
Gog und Magog 377
Goliat 12, 17, 39, 47, 88f, 94, 306,
    331, 353, 376, 394, 405, 507f,
    514-517, 766, 769, 817
Gottfried von Strassburg, Tristan 518,
    520, 524
Gottfried von Viterbo 408
Goudimel, Claude 645f
Grafton, Richard 451
Gréban, Arnoul, Mystère de la Passion
    783
Gregor I. der Grosse, Papst 549, 553,
    557-559
Gregor VII., Papst 413
Gregor von Nazianz 547f, 557f
Gregor von Nyssa 549, 557
Grimmelshausen,
    Hans Jakob Christoffel von 826
Grotius, Hugo 463, 472
Guise, Herzog von 457

H

Hadrian IV., Papst 397
Hafis 319f
Haggai 192, 198
Haller, Konrad 613, 624
Hampton, Lionel 697
Hananja 109f
Händel, Georg Friedrich 583f, 586f,
    608f, 611, 623, 665
Harsdörffer, Georg Philipp 802
Hattuschili, Hethiterkönig 10
Heermann, Johann 802
Hegesippus 391
Hegi, Fritz 581f
Heilspiegel *siehe* Speculum humanae
    salvationis
Heinrich IV., Kaiser 413f
Heinrich V., König 413f
Heinrich VI., Kaiser 397, 400
Heinrich VII., König 400, 415
Heinrich II. Plantagenet, König von
    England 408, 502
Heinrich der Löwe, Herzog 412f,
    501-503, 519, 523
Heinrich von Niederlothringen,
    Herzog 413

Heinrich II. von Klingenberg,
    Bischof 490
Heinrich von Veldeke, Eneit 523
Helmarshauser Evangeliar 502, 523
Helmold von Bosau,
    Chronica Slavorum 414, 503
Heman 489, 603
Herakleios, Kaiser 370, 373-378
Herakleios Konstantinos
    (Kaiser Konstantinos III.) 373, 375
Heraklonas 373, 375f
Herder, Johann Gottfried 804f
Herodes der Grosse, König 536f, 548f
Herrad von Hohenburg (Landsberg),
    Hortus deliciarum 388f
Hesiod 797
Hess, Moses 265
Heym, Stefan 54, 62, 231, 697,
    809-830
Hieronymus 389, 636, 799
Hildesheim, St. Godehard 717
Hinkmar von Reims 538, 556
Hiob 571
Hippolyt von Rom 396
Hiskija, König von Juda 189
Hobbes, Thomas 463, 472
Hochhuth, Rolf 764
Holbach, Thierry de 468
Homer 797
Honegger, Arthur 735f, 739-743, 750
Hönigsberg, Hönig von 270
Horaz 797
Hortleder, Friedrich 467
Hotman, Francis 462
Hrabanus Maurus 549, 553, 555,
    557, 559, 612
Hrotsvit von Gandersheim 405
Hujwîrî 312, 314, 318f
Huschai 519
Husmanus, Franciscus 467
Hussiten 493

I

Iblîs 310
Idrimi, König von Alalach 7, 10
Ignatius 357
Ingeborg-Psalter 389f

Register   847

Isaak 307
Isabella von Brienne,
    Gemahlin Friedrichs II. 397
Isai / Jesse 307, 386f, 391, 506,
    508, 518, 766, 820
Isebel 441
Isidor von Sevilla 598, 605, 612,
    620, 622, 624, 692, 800

J

Jaca, Kathedrale 714
Jakob 220, 307
Jakob I. (VI.), König von England
    (und Schottland) 442, 451, 478
Jarry, Alfred 787
Jedutun 489, 603
Jefferson, Thomas 465
Jehu, König von Israel 441, 455,
    458, 477
Jehuda, Rabbi 242
Jeremia 219, 797
Jerusalem 15, 191, 397, 399, 494,
    510, 667, 838
Jesaja 387f, 797
Jesi 400
Jesse *siehe* Isai
Jesus Christus 226, 258, 286, 332, 335,
    338, 341f, 345, 347, 386, 391,
    393-395, 501, 548f, 553, 600,
    677, 733, 779, 785, 790, 840
Jesus Sirach 157
Joab 17, 42f, 46, 413, 440, 514,
    787f, 813
Johannes Chrysostomos 102, 548,
    557f
Johannes der Täufer 536
Johannes Hyrkan I. 222
Johannes von Tepl,
    Der Ackermann aus Böhmen 825
Johannes XXII., Papst 594
Johannes, Magister 490
Jonatan 12f, 40, 54, 59-61, 76, 508,
    516, 569, 739f, 766,
    769f, 789, 822
Joschija, König von Juda 106, 189
Josef, Sohn Jakobs 92
Josef, Mann Marias 332, 345

Josephus Flavius 222, 338, 348f,
    352, 356, 462, 577
Josquin Desprez 599, 606, 622,
    639-641, 647
Josua 199, 463
Jubal 689
Judas 395
Julian, Kaiser 547
Jung, Carl Gustav 567, 574
Jurieu, Pierre 458, 467

K

Kaiphas 395
Karl der Grosse, Kaiser 409, 411,
    502, 556
Karl der Kahle, Kaiser 489
Karl I., König von England 461, 476
Karl II., König von England 772
Karl V., König von Frankreich 408
Karl X., König von Frankreich 408
Karo, Josef 246
Karolinger 501
Kegila 460
Kilamuwa, König von Sam'al 7
Kircher, Athanasius 583
al-Kisâ'î 308-310, 318, 320
Kisch 570
Klopstock, Friedrich Gottlieb 805, 826
Knox, John 456, 475
Köler, David 642
Konrad II., Kaiser 417
Konrad IV., König 399-401, 520
Konrad, Pfaffe 503
– Rolandslied 423, 501-504, 523
Konstans II., Kaiser 375, 377
Konstantin der Grosse,
    Kaiser 369, 371
Kreuzritterbibel 424
Kyros der Grosse,
    Perserkönig 8, 10, 251

L

Lamartine, Alphonse de 787
Landauer, Gustav 253
Langton, Stephan 524
Lasker-Schüler, Else 53

Lasso, Orlando di 640, 648
Lastman, Pieter 690
Laudes regiae 408
Lawrence, D.H. 768-770
Lechner, Leonhard 640
Legrenzi, Giovanni 666
Leib, Jacob ben Judah 256
Le Maistre, Matthäus 643
Lenin, Wladimir Iljitsch 813
Leo III., Papst 409
Leon VI., Kaiser 373
Leonardo da Vinci 715
Leopold I. von Österreich, Herzog 490
Lessing, Gotthold Ephraim 273
Lévinas, Emmanuel 254
Lipiteschtar, König von Isin 6
Listenius, Nicolaus 593
Liudolf, Herzog von Schwaben 405
Lobwasser, Ambrosius 646
Lothar I., König 414
Lübeck 695f
Lucas van Leyden 572f
Ludlow, Edmund 462-466, 468, 478
Ludwig der Deutsche, König 412
Ludwig der Fromme, Kaiser 410, 414
Ludwig XIV., König von Frankreich 466
Ludwig XVI., König von Frankreich 274
Lunel, Armand 738f, 746, 748, 752
Luther, Martin 103, 411, 448, 450-454, 458, 460f, 464, 467, 472-474, 476, 638, 642f, 692, 804

M

Machaut, Guillaume de, Hoquetus David 408
Machiavelli, Niccolò 465
al-Makkî 314
Manesse-Codex 533, 556
Maria 394, 408
Maria Magdalena 780
Maria Stuart, Königin von Schottland 439-441, 444, 467f
Marini, Biagio 606
Marlowe, Christopher 765
Marmion, Simon 614

Marshall, Stephen 461
Martina, Gemahlin des Herakleios 373-376
Masice, Antoniuskirche 724
Mathilde, Gemahlin Heinrichs des Löwen 502, 522
Mauren 502
Medici, Cosimo de 100
Mefiboschet 789f
Melanchthon, Philipp 442, 448f, 452-455, 459, 463f, 467-469, 471, 473, 476
Melchisedek 668, 677
Menachem 224
Mendelssohn-Bartholdy, Felix 651f
Menius, Justus 453, 467
Merab 58
Meribaal 44
Mescha, Moabiterkönig 11
Metatron 226
Meuslin, Wolfgang 644f
Michael, Erzengel 309
Michael III., Kaiser 371-373
Michal 13, 40, 58f, 76, 418, 508f, 511, 514, 517f, 533, 546f, 569, 739f, 769f, 822f, 839
Michelangelo 53, 97-99
Michelsberg, Kloster 504, 523
Milhaud, Darius 738f, 745f, 748, 752-754
Milosz, Oscar Vladislas de Lubicz 789f
Milton, John 462, 465, 477
Mirjam 769
Muhammad 258, 286, 295, 304, 307, 310-312, 314-316, 321
Molière 788
Moller, Martin 467
Montchrestien, Antoine de 785, 792
Monteverdi, Claudio 606, 622, 641, 647, 665f, 681
Morax, René 735f, 739f, 742
More, Hannah 766, 773
Mose 216f, 219, 225, 453, 458, 467, 474, 478
Mozart, Wolfgang Amadeus 609, 611, 649f, 665
Müntzer, Thomas 103

Musculus, Wolfgang 443
Mystère du Vieil Testament 779-782,
  786, 792

N

Nabal 17, 39
Nabot 448, 788
Napoleon 261, 263, 268
Natan 21, 64f, 74, 333, 392, 414, 767,
  769, 779f, 783, 787-789, 791, 823
Neander, Joachim 703
Nebukadnezar, Babylonierkönig 376
Nedham, Marchamond 462
Nehemia 192
Nerval, Gérard de 787
Neumann, Franz 469
Nielsen, Carl 734, 738f, 748, 750
Nikolaus von Bari 399
Nimrod 447
Nordau, Max 266
Norton, Thomas 444, 470
Notker Balbulus 522, 624
Novarin, Aloysius 800
Novatian 550, 552, 558

O

Obrecht, Jacob 597
Ockeghem, Johannes 597, 599,
  613f, 624
Odilbert von Mailand, Erzbischof 410
Offenbach 258
Oger, Kanonikus 554
Olearius, Johann 804
Opitz, Martin 801
Origenes 799
Orpheus 173, 289, 331f, 595, 599f,
  606, 608, 619f, 622f, 625, 691,
  715, 802, 835
Otfrid von Weissenburg,
  Evangelienbuch 412, 423
Otto I. der Grosse, Kaiser 405
Otto II., Kaiser 401, 405
Otto II. von Bamberg,
  Bischof 505, 523
Ovid 764, 797

P

Paderborner Epos (De Karolo rege et
  Leone papa) 409
Paine, Thomas 465
Palti 59
Panammu, König von Sam'al 10
Paris, Musée de Cluny 781
Passarotti, Bartolomeo 719f
Paulus 340f
Peele, George 764f, 771
Pelargus, Christoph 467
Peri, Jacopo 606
Petrus Cantor 549, 553, 557, 559
Petrus de Ebulo, Liber ad honorem
  Augusti 397f
Petrus Lombardus 504f
Phelps, E.C. 773
Philipp von Schwaben, König 397
Philipp der Gute,
  Herzog von Burgund 494
Phillips, Stephen 768f
Philo 351, 353, 356
Phokas, Kaiser 373
Photios, Patriarch 373
Pietsch, Johann Valentin 800
Pilatus, Pontius 386
Pippin III., Frankenkönig 411
Pisides, Georgios 374-376
Pistorius, Simon 467
Platon 583, 605, 799
Poliziano, Angelo 606, 622
Praetorius, Michael 689
Printz, Wolfgang Caspar 583
Prokopius von Gaza 549, 558
Pseudo-Beda 703
Pseudo-Bonaventura 783
Pseudo-Cyprianus von Karthago
  siehe Novatian
Pythagoras 605, 689, 711

Q

Qumran 216, 220, 268, 335, 337-339,
  342, 350f
al-Qushairî 313, 317

R

Raabe, Christoph 467
Racine, Jean 786
Raffael 703, 715, 719
Regino von Prüm 412, 423
Regis, Johannes 597
Rehabeam, König von Juda 463
Reichsannalen 411
Reims, Kathedrale 405-408
Reimser Psalter 540
Rembrandt 576f, 583
Remigius von Reims 408
René d'Anjou, Herzog 493f
– Stundenbuch des René d'Anjou 494
Rilke, Rainer Maria 53
Rizpa 43
Robespierre, Maximilien de 262
Roland 502
Rom 224, 401, 417
Rosenzweig, Franz 252, 265
Rossi, Salamone 642
Roswitha von Gandersheim
    siehe Hrotsvit
Ruben 779
Rudolf von Ems, Weltchronik 401, 721
Rûmî, Jalâluddîn 316, 319
Ruotger, Vita Brunonis 405
Rupert von Deutz 558
Rut 332, 346, 572, 744

S

Saba, Königin von 787
Sacharja 192, 198
Sachs, Hans 826
Sächsische Weltchronik 413
– Vierte Bairische Fortsetzung 424
Sade, Marquis de 271
Saint-Denis 389, 411
Salome 536f, 547-549, 554, 556
Salomo, König von Juda und Israel 6, 9, 20, 64, 74, 155, 310, 332, 337, 341, 373, 376, 404f, 407, 410, 417, 463, 524, 733, 737, 743, 746, 779, 787, 813-815, 822f
Salvador, Joseph 267
Samuel 219, 397, 405f, 409, 411, 444-449, 454, 456f, 459-463, 465-467, 469, 508, 570, 739, 765f, 769-771, 773, 820
Sanherib, Assyrerkönig 8
Sankt Gallen, Kloster 520, 522
Santiago de Compostela, Kathedrale 718
Sargon, König von Akkade 7, 9, 11
Saul, König von Israel 13, 16, 18, 20, 40f, 57f, 90, 94, 96, 108, 219, 232, 234f, 307f, 370, 373, 394f, 405, 411, 413, 439, 441, 444, 447-456, 458-464, 466-469, 507f, 510, 514-518, 524, 533, 546, 567-579, 581-584, 586f, 592, 595, 608, 623, 691, 697, 733, 737, 739, 741, 744f, 747f, 750, 752f, 766, 769f, 787, 789, 817f, 826, 835, 839
Scheba 15
Schiller, Friedrich 266
Schimi 42, 476
Schlegel, Friedrich 268
Scholem, Gershom 244, 252, 255, 258, 263, 267
Schönfeld, Franz Thomas von 262f, 269
Schreier, Ulrich 712
Schulgi, König von Ur 6, 9
Schütz, Heinrich 646-648, 651, 665
Sergios, Patriarch 373f
Serubbabel 192
Sidney, Algernon 442, 462-465, 468-470, 478
Sigismund, Kaiser 493
Silenus, Regius 444
Simnânî 315
Smaragdus von Saint-Mihiel, Abt 612, 624
Soissons 411
Speculum humanae salvationis 492, 494
Spee von Langenfeld, Friedrich 698
Spelman, Henry 451
Spengler, Lazarus 451
Split, Kathedrale 715f

Stephan II., Papst 411
Stephan IV., Papst 410f
Stern, Daniel 579-581
Stoltzer, Thomas 642
Strawinsky, Igor 651
Stuttgarter Psalter 600, 614f, 621
Suger, Abt 389

T

al-Ṭabarî 306, 307
Tamar 779, 788
Tasso, Torquato,
    La Gerusalemme liberata 608
Terpandros 389
Tertullian 465, 637
al-Tha῾labî 285
Thegan 410
Theodor von Mopsuestia 635
Theodosius, Kaiser 392
Theodulf von Orléans 409
Thessalonike 392
Thomas von Aquin 445-447, 450, 462f
Tinctoris, Johannes 592f, 595-600, 612, 618f
Toland, John 465
Trakl, Georg 698
Trebnitz / Trzebnica 393f, 696
Treuer, Gotthilf 802
Treulinger, Johann 444, 451
Tristan 520f, 524
Trockmorton, Job 470
Trotzki, Leo 813

U

Urija 19, 64, 291, 306, 310, 338, 395, 405, 454, 463, 767f, 779-782, 784-791, 823, 826
Usa 545

V

Venedig 666
Veni, sancte spiritus 524
Venus 782
Vergil 797
– Aeneis 782f

Visé 414
Vivaldi, Antonio 661-685
Voltaire 765, 786

W

Washington, George 465
Weems, Mason Locke 465
Weill, Kurt 736, 739, 744, 751
Werfel, Franz 736f, 739, 745, 747
Winchcomber Doppelpsalter 533f, 538, 540f, 547f, 553, 555
Winchester 520, 524
Winne, Ch.W. 774
Wipo 417
Witz, Konrad 490, 492
– Heilspiegelaltar 492-494
Wolfram von Eschenbach,
    Parzival 518, 523

Z

Zacharias, Papst 411
Zadok 407
Zakkur, König von Hamat 8, 10
Zampieri, Domenico 723
Zidkija, König von Juda 107, 109
Zion 191, 224, 245, 675
Zwi, Sabbatai 255f, 261
Zwingli, Huldrych 460f, 644

II. Sachbegriffe

A

Aberglaube 268
Absolutismus 253, 270
Achtzehngebet 221, 224
Aetates mundi *siehe* Weltalter
Ägypten 181, 183
Akklamation 673
ala bohemica (Musikinstrument) 705
Allegorese 392
Alter Ego 134
Alter Orient 5
Altersbeweis 799, 801
Anarchie 269f
Apokalypsen 377
Apologetik 25, 38-40, 46
Apologie der Kunst 801
Archetypen 567, 574
Ästhetik, postmoderne 112
Aufklärung 255, 261, 263, 268, 270, 468
Augenmusik 665
Aussenpolitik 9

B

Bann 257
Barock 785
Befreiung 93, 100, 108
Begehren 780, 788
Bekehrung 258
Beziehungsfähigkeit 58
Bogen(lied) 149, 232, 234f
Bogenharfe 698
Bond of Association 441
Borderline-Persönlichkeit 232-234, 571f, 574f
Brautpreis 58
Bund 193, 220, 677
Bundeslade *siehe* Lade
Burleske 765
Busse 291, 305, 392f, 423
Busspsalmen 503, 639f, 642, 648-650, 742
Byzantinisches Kaisertum 367-382, 411

C

Charakter 66-71, 75
Chassidismus 271
Cheironom / Cheironomie 691-693
Choralmotette 643, 649, 651
Chronikbücher 152
citharoeda David 690
Climax 678
compassio 606
compunctio 597, 601, 612, 623f
contemplatio 596, 613, 624
Crowd (Musikinstrument) 692
curialitas *siehe* Höfische Kultur
Cymbala *siehe* Zymbel
Cythara 595, 622

D

Dämonen 337
David-Allegoresen 826
David-Bund 196
David-Fasten 309
David-Ikone 160
David-Psalter 18, 195, 634, 667
David-rex-et-propheta-Bildprogramme 538, 541, 556
Davids Frauenbeziehungen 53, 839
Davidsharfe 701, 703
Davidsohn 341-345, 386f, 391, 399, 742
David-Teppiche 781, 783
Demokratie / Demokratisierung 13, 186, 198
Demut / demütig 135, 338, 393, 413, 418, 503, 523, 548-550, 552, 559, 742, 748, 750
Deuteronomismus 181f, 186, 197
Dies irae 678
Diplomatie / diplomatisch 14, 93
Disputation 257f
Doppeldeutigkeit 269
Doppelfuge 671
Drama 763-775
Dreiecksharfe 698

Register

E

Edikt von Nantes 466
Ehe 56f
Ekstase 312
Elysium 594, 601
Emanzipation 252, 266
Empfängnis Salomos 310
Endvollendung 216
Endzeit 221, 224
Engel 225f, 593, 599, 616-618, 620, 625, 783
England 763-775
Englische Revolution 461, 466f
Englisches Parlament von 1572 439, 441, 444
Entmilitarisierung 92f
Entmythologisierung 819f, 827
Entwicklung 131, 136, 141
Epiphanie 401
Epizeuxis 678
Erlöser 223
Erlösung 768
Erlösung durch Sünde 256, 259f
Erster Weltkrieg 253
Erwählung 16, 221
Erwartung 188f, 192
Erzählkunst 56
Eschatologie 241, 295f
Esoterik 312
Ethos, aristokratisches 464, 468
Ethos-Lehre 317
Exclusion Crisis 467
Exegese, allegorische 799
–, typologische siehe Typologie

F

Fasten 309
Feinde Israels 89, 92, 96, 100, 105, 225
Fidel / Fidler 691, 705, 713-715, 721, 724
Fortschrittsidee 271
Frankismus 255, 260, 264, 267-269
Französisches Königtum 405
Freiheit 271
Freimaurer 263

Friede 224, 266
Frömmigkeit 10, 16
Fürstenspiegel / Fürstenethik 393, 402f

G

Gebet 16, 21, 252
Geblütsheiligkeit 408
Gegenübertragung 124, 137f
Geige 691
Gerechtigkeit 9, 15, 20, 189, 193
Gesang 578
Gesang Davids 288, 317
Geschichte 266
Geschichtsphilosophie 254
Geschichtswissenschaft
    in der DDR 813
Gesetzesübertretung 259
Gewalt 17, 72
Glockenspiel 691, 705, 709, 711f
Gloria Patri 669
Gnade 218
Gottesharfe 697
Graduale 616
Griffbrettleier 604
gusle (Musikinstrument) 705

H

Harfe *siehe auch* Bogenharfe,
    Davidsharfe, Dreiecksharfe,
    Gottesharfe, Harfenpsalter,
    Rahmenharfe, Winkelharfe,
    Zionsharfe 592f, 606, 617f, 620,
    623, 689-691, 695, 697, 700f, 703,
    705, 721, 723, 767, 835
Harfenpsalter 691, 695, 698
Harfensymbolik 698, 700
Heiligsprechung Karls des Grossen 408f, 502, 519
Heilsgeschichte 391, 395, 397f, 400
Hekhalot-Literatur 225
Herkunft 371f
Hermeneutik 70, 391, 833
Heroen 91, 97
Herrschaft 5, 22, 60, 91f, 167, 184, 189, 193, 196, 745
Herrschaftsvertrag 449, 456, 458f, 463

Herrschertugenden 22, 393, 503
hieros gamos 245
Hirte, Hirtenmotiv 109, 167f, 190, 193, 331, 600, 616
Historischer Roman 811, 813
Hochmut 232
Hoffnung 105, 192, 221, 251
Höfische Kultur 504, 517f
Hoheslied 788, 790
Homoerotik / Homosexualität 53, 62f
Hugenotten-Psalter 643, 645f
Humanismus 782, 785

I

Ideologiekritik 813
Instrumentenbauer 161
Intertextualität 788, 790, 837
inventor David 689

J

JHWH-Krieg 88-90, 95
Judenfeindschaft 223
Jungfrau 272
Jüngstes Gericht 678

K

Kabbalah 241, 261, 268
Kairoer Genisa 354
Kaiseradler 418
Kanon 155
Kantor / cantor 593, 619f, 622
khalîfa 311
Kinnor 574, 577f, 586, 692, 733, 747
Klagelied 18, 25, 61
Klassizismus 786
Knechtsprädikation 171
Konflikt 15, 148f, 232, 569, 583
–, unbewusster 132
Konfliktlösung 102
Königsdogma 181
Königsideologie 184, 200
Königsmutter 75
Königsprädikation 171
Königspsalmen 153, 183, 193-195
Königsrecht 445-447, 449f, 456, 466

Königssalbung *siehe* Salbung
Königstheologie 183, 186, 197
Königtum 198, 292, 838
Königtum Gottes 226
Konzil von Trient 595
Koran 305-308, 313f, 316f
Körper 536, 540, 555f, 558
Kosmos 598f
Krieg / Krieger 8, 10, 19, 109, 223
Krönungsordines *siehe auch* Register I, Cérémonies 396, 401, 524
Kultmusik 152
Kulturpolitik der DDR 821

L

Lade 16, 21, 375f, 418, 510f, 515, 519, 533, 541f, 545-548, 550, 552f, 559, 699, 724
Laute 697, 705, 707
Legitimation 7, 91, 96f, 369, 374, 837
Leid 17
Leier, Lyra *siehe auch* Lira da braccio, Lira da gamba, Lirone, Rahmenleier, Standleier, Streichleier, Zupfleier 599, 605, 614, 622, 625, 692-695, 721
Lesedrama 766
Liebe 55, 58, 839
Liebesmetaphorik 62
Lira da braccio 715, 720
Lira da gamba 721
Lirone 715, 722
Literatur, altjüdische 251
Literaturgeschichte, biblische 147, 160
Liturgie 152, 246, 533, 535, 538, 544, 554, 594, 602, 612, 621
Lobtopik 797
Logos 225
Löwe Judas 333

M

Makellosigkeit 233, 235
Männerbeziehung 60
maqâm 314
Marienverehrung 271
Mars 101

Register 855

memoria 612
Messianismus 252f, 840
Messias 222-225, 243, 252, 256, 258, 260, 267, 273, 333, 339, 343, 346
Metaphorik 171
miḥrâb 308
Miserere-Vertonungen 622
Monarchie 444-448, 460-462, 464-466, 781
Mond 242f, 246
Monochord 605, 710
Moral 19
Mord 38, 44, 46
Muse 376f
musica humana 605, 620
– instrumentalis 605, 620
– mundana 605, 620
Musik 331, 337, 538f, 555, 559
Musiktheater 733
Musiktherapeut / Musiktherapie 12, 567, 578f, 581, 691
Musiktraktate 317
Musterbiographie 156
Mysterienspiele 763f
Mysterium 219
Mystik 225, 241, 291
Mythologie, biblische 820
Mythos 88, 567

N

Nacktheit 549f
Naherwartung 260
Namenspiel 409
Narratologie 70
Narzissmus 123, 135
Natansverheissung 336, 340f
Nationalismus 264
Naturgesetz 442, 448
Naturrecht 264, 449f, 453-455, 459, 463, 467, 469, 474
Neuer David / Novus David 170, 372, 376, 397, 408f, 411, 413, 422, 489, 493f, 501, 544, 805
Neues Testament 159, 339, 345
Neumond 242
Nicaeno-Constantinopolitanum 675
Nihilismus 263

Notrecht 445, 450, 453-455, 467, 474
Nüchternheit 312

O

Objekt-Beziehung 123
Obrigkeit, niedere 459f, 468
Offenbarungsmittler 157
Okkultismus 261
Orakel 16
Organistrum 709
Organum 705
Orgel 593, 600
Orgelsymbolik 705

P

Panzergewand 293
Patristik 391f, 395, 800f, 803
Pesach 224
Pescher 159
Pharisäer 223
Philister 13, 18, 41, 47, 107, 339, 508, 514f, 517f
Politische Theologie 397
Portativ 721
Positiv 709
Postmodernismus 112
Präfiguration *siehe* Typologie
Priester 217
Priesterkönig 489, 493, 677
Profangeschichte 396
Projektion 134
Proklamation 673
Propaganda 19, 834, 837
Prophetenkanon 155
Prophetie 158, 187f, 198f, 286, 335f, 667, 835
Prophezeiungen 371
Prozessionen / Prozessionsspiele 701, 724
Psalmen *siehe auch* Psalter 216, 335, 340, 344, 457, 500, 503-505, 520, 522, 524, 533, 545f, 547, 593f, 598f, 600-602, 606, 612f, 616f, 691, 733, 741f, 747, 749, 751f, 772, 804f
Psalmenbücher 193f, 196

Psalmlied 644f, 648, 652
Psalmmotette 639-641, 645, 651f
Psalmtöne 638
Psalmüberschriften 153
Psalter *siehe auch* Psalmen 183f, 193, 195, 287, 500, 520, 524, 538, 601, 603, 612, 708, 716f, 724, 743, 804, 835f
Psalterium 593, 602, 605, 689, 691, 695, 703f, 706
Psychoanalyse 582

Q

Qumran-Psalter 158

R

Rabbinen 219, 257f
Rahmenharfe 698
Rahmenleier 694
Rationalismus 266, 765
Realprophetie 391
Rebec (Musikinstrument) 713, 715, 718f
Rebellion 269
Recht 189f, 193
Reich Gottes 222, 246, 265
Reichskrone 401-404
Relecture 89
Religionspluralität 273
Reliquie des Heiligen Kreuzes 374f
Reliquien der zwölf Apostel 369
Republikanismus 447, 460, 468
Requiem 601, 606, 610f, 613, 616, 622-624, 678
Reue 73, 217f, 235f, 289, 291, 310, 314, 503, 779, 784f
Rex et sacerdos *siehe* Priesterkönig
Rex imago Dei 396
Rex iustus 401f
Rezeptionsgeschichte 88f, 96, 111, 147
Rhetorik 797, 800, 803f
Riesen 541
Romantik 787
Rotte 692f, 695, 709f
Rundleier 605

S

Sabbat 241, 243, 246
Sage 147, 150
Salbung 372f, 377, 396, 405-408, 411, 422f, 508
Salisches Gesetz 449
samâᶜ (Fachterminus für Musik) 318
Satan *siehe* Teufel
Satire 814
Säuglingsforschung 578f
Schechinah 245f, 259
Schiiten 295
Schisma 493
Schöpfung 264
Schriftgelehrter 235
Seele 605, 613-617
Sefiroth 244
Septuaginta 159, 331, 336, 340f, 633
Sexualität 68, 271
Sonne 242, 246
Sozialistische Historiographie 813
Sozialistischer Realismus 811
Spielleute 535-541, 544f, 547-549, 552, 554-556, 694, 709f, 721
Spielmannkönig 692, 713
Springer 721
Spruchmotette 640, 651f
Stammbaum Jesu *siehe auch* Wurzel Jesse 338, 386-388, 698, 790
Standleier 693
Staufergenealogie 400
Stimmschlüssel 700
Stoa 799
Streichleier 691
Sukzession 219
Sünde / Sünder 217f, 232, 259, 289, 836
Symbol / Symbolik 125, 129-131, 136, 141
Synthetisierung 160

T

Talmud 232f, 259f, 779, 790
Tanz 59, 531-564
Tapisserien *siehe* David-Teppiche
Taufe 262

Tempel 11, 16, 19, 21, 220, 222, 226
Tempelkult 216
Tempelsänger 152
Teufel 535f, 538-540, 550, 554, 595
Theater 535, 547, 550, 555
Theokratie 198
Thronfolge 15, 74
Tiermasken 538f
Titulus, Tituli 505, 515-517, 519
Toleranz 273
Tonmalerei 681
Toraauslegung 220
Totenklagelied 148
Tractus 614, 621, 624
Trauer 56
Traum 123f, 130, 133, 136, 138-140
Triangel 712f
Trinität 669
–, kabbalistische 271
–, «sabbatianische» 258
Tripos 712
Trompete / Trompeter 691, 724
Typologie 391-396, 420, 492, 501, 668
Typus Christi 369, 376f, 392, 394, 396f, 478, 501, 544, 553, 661, 682, 825
Tyrann / Tyrannei 444, 447f, 450-456, 458-460, 462-466, 469

U

Übertragung 125, 132, 135, 138, 141, 586
Übertragungskonflikt 131
Umkehr 222
Unreinheit 72
Urvertrauen 581
Usurpation / Usurpator 13, 369f, 372-376
Utopie 815

V

Vaterbindung 136
Vergewaltigung 69, 71
Vergöttlichung 369
Verheissung 187f, 190f
Vernunft 254, 272
Versöhnungstag 218
Vertragsgedanke 467
Vesper 666
Viola bastarda 721
Viole 713-715, 717
Violine 714
Volk, messianisches 254, 266f
Volkszählung 376
Vorzeichen 371f
Voyeurismus 67

W

Wahn 125, 135, 139
Weinen 309
Weisheit 6, 12, 292
Weissagung 183, 190
Weltalter 396f, 401
Weltgericht 668
Winkelharfe 698
Wirklichkeitsdeutung 91
Wirkungsgeschichte 111
Wunderglaube 273
Wurzel Jesse *siehe auch* Stammbaum Jesu 388-391, 405

Z

Zensur 763f, 766, 769
Zionsharfe 701
Zukunftserwartung 225
Zupfleier 691
Zweikampf 371f, 376
Zymbel / Cymbala 691, 710-712